인강 강사가 떠먹여주는
" 과외식 기출 문제집 "

나기출

12개년
평가원 기출
전문항 수록

2026
수능 국어 대비

언어와 매체

단순 해설이 아니라,
최신 트렌드 설명과 풀이 방법까지 과외식으로!

콘텐츠가 강하다!
실전 국어 전형태

메가스터디 전형태

수능국어, 전형태로 ALL IN ONE!
전형태의 실전 국어

전형태 실전 국어 커리큘럼

입문	실전 국어 기초 시리즈	수능 국어 입문 강좌 **올인원 베이직**		문학의 기초 확립 **평가원에서 쓰는 문학 개념.zip**
개념	올인원 시리즈	일주일 만에 끝내는 **고전시가 올인원**	해석이 쉬워지는 **문학 올인원**	독해가 쉬워지는 **독서 올인원**
		전형태 시그니처 **언어와 매체 올인원**		화작의 모든 것 **화법과 작문 올인원**
기출	모의평가 분석	6평 상세 해설 및 EBS 연계 분석		9평 상세 해설 및 EBS 연계 분석
연계	나 없이, EBS 하지 마라!	나BS 수능특강 문학	나BS 수능특강 문학 변형문제 N제	나BS 수능완성 문학 스페셜
			나BS 언어와 매체	
심화	클리어 시리즈		언어(문법) 심화 학습 **언어(문법) 클리어**	
파이널	EBS 파이널	일주일 연계 작품 총정리! **나BS 파이널.zip**		EBS 파이널 문법 특강 + 언매 모의고사 10회
	전형태 파이널	수능 시험장의 행동강령 **파이널 최종점검**		전형태 **파이널 모의고사**

교재 전용 커리큘럼

올인원		수능 국어에 필요한 모든 어휘 **어휘 올인원**		
나 없이, 기출 풀지 마라	나기출 베이직		나기출 언어와 매체	
	나기출 문학	나기출 독서	나기출 화작	나기출 고난도
N제 시리즈	문법 N제		매체 N제	

인강 강사가 떠먹여주는
" 과외식 기출 문제집 "

나기출

12개년
평가원 기출
전문항 수록

2026
수능 국어 대비

언어와 매체

단순 해설이 아니라,
최신 트렌드 설명과 풀이 방법까지 **과외식으로!**

콘텐츠가 강하다!
실전 국어 전형태

메가스터디 **전형태**

나기출 언매의 구성과 접근법

나기출 언매는 개념 영역에 따라 문제를 구성하였다. 단순하게 연도별로 구성할 수도 있지만, 개념 영역에 따라 물어보는 초점과 개념이 다르기 때문이다. 문법의 핵심적인 개념은 해설지의 각 파트 초반부에 압축적으로 정리해 두었다.

언어 파트

1. 단어 - 갈래

품사와 문장 성분의 구분, 어미와 조사의 구분 등 문법의 근간에 해당하는 내용들을 물어본다. 이때 자주 등장하는 조사나 어미는 <보기>에서 주지 않고 물어보기에, 반드시 숙지를 해야 한다. 또한 각 품사별 특징은 기본적으로 인지하고 있어야 품사의 구분 및 띄어쓰기 확인이 가능하다.

2. 문장 - 성분과 종류

겹문장에 대해 집중적으로 물어보는 파트다. 특히 조사가 생략된 상태로 문장 성분을 물어보니, 생략된 조사에 유의해서 문제에 접근해야 한다.

3. 단어 - 형성과 관계

합성어와 파생어에 대한 문제가 등장한다. 기존에 물어보았던 어미와 조사의 구분과 함께 접사도 구분할 줄 알아야 한다. 자주 등장하는 접사는 <보기>에서 주지 않고 물어보기에 숙지하고 있어야 한다.

4. 문장 - 표현

높임법과 사동/피동을 집중적으로 물어보는 파트다. 높임법에서는 높임의 대상과 방법에 주의해서 문제를 풀어야 한다. 사동과 피동의 구분도 자주 물어보니 유의해서 풀이해야 한다.

5. 음운 변동과 발음 규정

교체/탈락/첨가/축약 등 음운 변동과 관련한 문제가 출제된다. 자주 등장하는 발음 규정은 숙지해야 한다. 최근 평가원 문제는 <보기>에서 주는 정보가 제한적이기 때문이다.

6. 중세 국어

고전 문법이지만 현대 문법을 근간으로 출제한다. 즉, 고전 문법에 대한 상세한 개념은 〈보기〉로 주고 출제하기에
가장 기본적인 고전 문법 개념만 있다면 수월하게 풀이할 수 있다.

7. 지문형

비문학스러운 긴 지문과 함께 2문제가 세트로 구성된다. 다양한 영역에 대한 문제가 출제된다. 문제가 쉬울 때는
긴 지문을 대충 읽어도 문제가 풀리지만, 고난도로 구성된 경우 긴 지문을 꼼꼼하게 읽어야 문제를 풀 수 있다.

매체 파트

화작과 마찬가지로 개념을 물어보는 것이 아니라, 단순한 정보 처리 능력을 물어본다.
자료에 대한 합리적인 해석과 내용 일치 여부를 통해 쉽게 정답이 도출된다.

너의 싸움을 응원한다. 불끈!

전형태

나기출 언매의 특징

| 과외식 기출 분석서, 나기출

01. 평가원 기출 + 교육청까지 완벽하게

교육청 문제의 경우 일부 문항은 완성도를 높이는 작업을 거쳐서,
평가원 경향에 맞는 높은 수준의 문제만을 풀 수 있도록 제작하였다.

Contents | 이 책의 순서

나 없이
기출
풀지마라

실전 국어 전형태

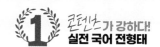

문제편

02. 모의고사와 동일한 문항 배치로 연습을 실전처럼!

언어와 매체

문장[성분과 종류]

풀이시간 　　분　　초
정답과 해설　　p.32

---

01 〈보기〉를 바탕으로 '목적어'에 대해 탐구한다고 할 때, 적절하지 <u>않은</u> 것은? `14학년도 예비A`

보기

　⊙ 오늘 아침에 나는 빵을 먹었다. 내가 ⓒ 빵을 먹은 건, 늦잠을 잤기 때문이다. ⓒ 그런 내 모습을 어머니께서 보시고, "공부하느라 힘들지?" 하면서 냉장고에서 ② 우유를 꺼내주셨다. 고맙기도 하고 죄송하기도 해서 같이 드시지 않겠냐고 여쭤 보았다. 어머니께서는 "그럼, ⑩ 우유나 마실까?" 하면서 식탁에 앉으셨다. 어머니께서 환하게 웃으셨는데 ⑭ 그 모습이 참 고우셨다.

① ⊙과 ⓒ을 보니, 목적어는 동작을 나타내는 서술어의 대상으로 쓰이는군.
② ⊙과 ⓒ을 비교해 보니, 문장 안에서 목적어의 자리는 고정적이지 않군.
③ ⊙과 ⑩을 비교해 보니, 목적어가 생략될 수도 있군.
④ ⊙과 ⑭을 비교해 보니, 목적어가 필요 없는 문장도 있군.
⑤ ⓒ과 ②을 보니, 자음 뒤에 '을', 모음 뒤에 '를'이라는 목적격 조사가 쓰이는군.

---

03 〈보기〉의 ⊙에 해당하는 예가 <u>아닌</u> 것은? `15학년도 9월A`

보기

　⊙ 하나의 문장이 관형절로 다른 문장에 안길 때, 원래 있었던 주어가 생략되는 경우가 있다.

　(가) 민수가 열심히 공부한다.
　(나) 형이 민수에게 음료수를 주었다.
　(다) 형이 <u>열심히 공부하는</u> 민수에게 음료수를 주었다.

　(가)가 (나)에 관형절로 안겨 (다)가 만들어질 때, (가)의 '민수'와 (나)의 '민수'가 중복된다. 이 경우, (가)의 주어 '민수가'가 (다)의 밑줄 친 관형절에서는 나타나지 않는다.

① 형이 <u>숙제를 하는</u> 동생을 불렀다.
② 동생은 <u>대학생이 된</u> 형과 여행을 했다.
③ 영수가 <u>버스에 탄</u> 경희에게 말을 걸었다.
④ 나는 <u>정수가 은희와 결혼한</u> 사실을 몰랐다.
⑤ 그는 <u>이 그림을 그린</u> 화가의 전시회에 갔다.

---

02 〈보기〉의 ⊙~⑩에 대한 설명으로 적절하지 <u>않은</u> 것은? `14학년도 수능A`

보기

　명사절은 명사와 마찬가지로 문장에서 다양한 문장 성분으로 쓰인다. 다음의 밑줄 친 명사절이 어떤 문장 성분으로 쓰이는지 알아보자.

　⊙ <u>색깔이 희기</u>가 눈과 같다.
　ⓒ 농부들은 <u>비가 오기</u>를 기다린다.
　ⓒ 부모는 언제나 <u>자식이 행복하기</u> 바란다.
　② 제비는 <u>겨울이 오기</u> 전에 남쪽으로 떠났다.
　⑩ 지금은 <u>우리가 학교에 가기</u>에 아직 이르다.

① ⊙ : 명사절이 조사와 결합하여 주어로 쓰였다.
② ⓒ : 명사절이 조사와 결합하여 목적어로 쓰였다.
③ ⓒ : 명사절이 조사와 결합하지 않고 목적어로 쓰였다.
④ ② : 명사절이 조사와 결합하지 않고 부사어로 쓰였다.
⑤ ⑩ : 명사절이 조사와 결합하여 부사어로 쓰였다.

---

04 다음 ⊙, ⓒ의 문장 성분과 문장 구조에 대한 설명이 옳은 것은? `15학년도 수능A`

　⊙ 친구들은 <u>내가 노래 부르기</u>를 원한다.
　ⓒ 우리는 <u>이 지역 토양이 벼농사에 적합함</u>을 몰랐다.

① ⊙에는 부사어가 있지만 ⓒ에는 부사어가 없다.
② ⊙에는 명사절이 안겨 있지만 ⓒ에는 부사절이 안겨 있다.
③ ⊙에는 서술절이 안겨 있지만 ⓒ에는 관형절이 안겨 있다.
④ ⊙의 안긴문장 속에는 관형어가 있지만 ⓒ의 안긴문장 속에는 관형어가 없다.
⑤ ⊙의 안긴문장 속에는 목적어가 있지만 ⓒ의 안긴문장 속에는 목적어가 없다.

나기출 언매의 특징

| 과외식 기출 분석서, 나기출

01. 핵심 개념 정리로 개념 학습하기

01 언어와 매체
단어[갈래]

개념 정리 01 | 품사

1	분류 기준	형태	가변어(용언) / 불변어(나머지 - 서술격 조사는 예외)
		기능	체언 / 용언 / 수식언 / 관계언 / 독립언
		의미	명사 / 대명사 / 수사 / 동사 / 형용사 / 관형사 / 부사 / 조사 / 감탄사
2	종류	체언	명사	사람이나 사물의 이름을 나타내는 단어
			대명사	사람이나 사물의 이름을 대신하여 나타내는 단어
			수사	수량이나 순서를 나타내는 단어
		용언	동사	주어의 동작이나 작용을 나타내는 단어
			형용사	주어의 성질이나 상태를 나타내는 단어
		수식언	관형사	체언 앞에 쓰여 체언을 꾸며 주는 단어
			부사	용언이나 문장 전체를 꾸며 주는 단어
		관계언	조사	체언 뒤에 붙어서 문법적인 관계를 나타내거나 의미를 더해 주는 단어
		독립언	감탄사	부름, 느낌 등의 감탄을 나타내면서, 다른 성분들에 비하여 비교적 독립적인 단어

01 용언 : 주로 문장의 주어를 서술하는 기능을 하며, 활용을 하는 말들을 가리켜 용언이라 한다.

1	동사	주어의 동작이나 작용을 나타내는 단어이다.	
		자동사	움직임이 주어에만 관련되는 동사이다. 예 영수가 뛴다. 철수가 집에 간다.
		타동사	움직임이 다른 대상, 목적어에 미치는 동사이다. 예 영수가 공을 잡는다. 철수가 종이를 태운다.
2	형용사	주어의 성질이나 상태를 나타내는 단어이다.	
		성상 형용사	성질이나 상태를 나타내는 형용사이다. 예 동네가 고요하다. 꽃이 예쁘다.
		지시 형용사	지시성을 나타내는 형용사이다. 예 사건의 실상은 이러하다. 그 애는 원래 저러하다.
		동사와 형용사를 구분하는 기준	① 동사는 주어의 동작이나 작용을, 형용사는 성질이나 상태를 나타낸다. 예 그는 자리에서 일어난다. (동작 → 동사) 물이 솟는다. (작용 → 동사) 과일은 맛이 달다. (성질 → 형용사) 새가 아름답다. (상태 → 형용사) ② 기본형에 어미 '-ㄴ다/-는다'가 결합할 수 있으면 동사이고, 결합할 수 없으면 형용사이다. 예 물이 솟는다.(○) → 동사 맛이 단다.(×) → 형용사 매우 예쁜다.(×) → 형용사 ③ '의도'를 뜻하는 어미 '-려'나 '목적'을 뜻하는 어미 '-러'와 함께 쓰일 수 있으면 동사, 그렇지 못하면 형용사이다. 예 철수는 사과를 버리려 한다.(○) → 동사 김 씨는 공책을 사러 나갔다.(○) → 동사 영미는 아름다우려 화장을 한다.(×) → 형용사 영미는 예쁘러 간다.(×) → 형용사

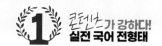

해설편

02. 형태쌤의 과외시간

전형태 선생님과의 1:1 과외!
자주 물어보는 질문에 대한 상세한 과외식 해설.

03. 학생들이 자주 묻는 질문

질문 게시판을 통해 수험생들이 무엇을 어려워하는지 파악하고,
이에 대한 자세한 개념 설명과 접근법 제시로 기출 분석을 완성한다.

06

정답설명

형태쌤의 과외시간

- **자동적 교체** : 음운론적 제약으로 인해 필연적으로 일어나는 교체
  ex) '잇다[읻ː때]'의 '읻-', '잇는[인ː는]'의 '인-' 등
- **비자동적 교체** : 음운론적 제약 X, 필연적으로 일어나는 교체 X
  ex) '(신발을) 신고[신ː꼬]'의 '-꼬'(↔ '산과[산과] 바다'의 '과') 등
- **규칙적 교체** : 일반적인 음운 규칙으로 설명할 수 있는 것
  ex) '(신발을) 신고[신ː꼬]', '(물건을) 담지[담ː찌]' 등
  ⇒ 'ㄴ, ㅁ'으로 끝나는 용언의 어간 뒤에서 일어나는 된소리되기
- **불규칙적 교체** : 일반적인 음운 규칙으로 설명할 수 없는 것
  ex) '(짐을) 이어[이어]'의 'ㅅ' 탈락 등

	자동적 교체	비자동적 교체
규칙적 교체	⑦ 짚는[짐는], 맞추고[맏추고]	© 감자[감ː짜]
불규칙적 교체	X	@ 고우니[고우니], 들어서[드러서]

④ '감자[감ː짜]'에서 어미 '-자'가 'ㅁ' 뒤에서 '-짜'라는 형태로 실현되는 것은 예외 없이 필연적으로 일어나는 교체가 아니므로, 비자동적 교체에 해당한다. 한편, 'ㄴ, ㅁ'으로 끝나는 용언의 어간 뒤에서 일어나는 된소리되기는 일반적인 음운 규칙으로 설명할 수 있으므로 규칙적 교체에 해당한다. 따라서 '감자[감ː짜]'는 ©의 예로 적절하다.

오답설명

① '고우니[고우니]'에서 어간 '곱-'의 'ㅂ'이 모음 앞에서 'ㅜ'로 교체되는 것은 예외 없이 필연적으로 일어나는 교체가 아니며, 일반적인 음운 규칙으로 설명할 수 없는 경우이므로 비자동적 교체이자 불규칙적 교체에 해당한다. 따라서 '고우니[고우니]'는 ⑦이 아닌 @의 예로 적절하다.

② '짚는[짐는]'에서 어간 '짚-'이 '짐-'이라는 형태로 실현되는 것은 종성에 자음 'ㅍ'이 올 수 없다는 음운론적 제약과 비음 앞에 평파열음이 연속해서 결합할 수 없다는 음운론적 제약으로 인한 것이므로 자동적 교체에 해당한다. 한편, 이러한 교체 양상은 음절의 끝소리 규칙과 비음화라는 일반적인 음운 규칙으로 설명할 수 있으므로 규칙적 교체에 해당한다. 따라서 '짚는[짐는]'은 ©이 아닌 ⑦의 예로 적절하다.

③ '들어서[드러서]'에서 어간 '듣-'의 'ㄷ'이 모음 앞에서 'ㄹ'로 교체되는 것은 예외 없이 필연적으로 일어나는 교체가 아니며, 일반적인 음운 규칙으로 설명할 수 없는 경우이므로 비자동적 교체이자 불규칙적 교체에 해당한다. 따라서 '들어서[드러서]는 ©이 아닌 @의 예로 적절하다.

⑤ '맞추고[맏추고]'에서 어간 '맞추-'가 '맏추-'라는 형태로 실현되는 것은 종성에 자음 'ㅈ'이 올 수 없다는 음운론적 제약으로 인한 것이므로, 자동적 교체에 해당한다. 한편, 이러한 교체 양상은 음절의 끝소리 규칙이라는 일반적인 음운 규칙으로 설명할 수 있으므로 규칙적 교체에 해당한다. 따라서

'맞추고[맏추고]'는 ©이 아닌 ⑦의 예로 적절하다.

07

정답설명

① 2문단에 따르면, 관형사는 일반적으로 뒤에 오는 체언을 꾸며 주고 조사와 결합하지 않는다. ⑦(이)은 뒤에 오는 체언 '장소'를 꾸며 주고 조사와 결합하지 않으며, @(여러)은 뒤에 오는 체언 '개'를 꾸며 주고 조사와 결합하지 않으므로 ⑦과 @은 모두 관형사로 분류할 수 있다.

학생들이 자주 묻는 질문

Q. 지시 관형사와 지시 대명사는 어떻게 구분하나요?
A. 지시 관형사는 뒤에 체언이 오고, 지시 대명사는 뒤에 조사가 결합합니다. 또한 지시 대명사 '이, 그, 저'는 대신에 '이것, 그것, 저것'으로 대치할 수 있으나, 지시 관형사 '이, 그, 저'는 '이것, 그것, 저것'으로 대치할 수 없습니다.

오답설명

② ⑦은 말하는 이에게 가까이 있는 '장소'를 가리키는 관형사이다. 반면 ⑭(반)은 어떤 사물을 가리키는 것이 아닌, '둘로 똑같이 나눈 것의 한 부분'을 의미하는 명사이다.

③ ©(크는)은 어간 '크-'에 어미 '-는'이 결합한 동사이며, @(큰)은 어간 '크-'에 어미 '-ㄴ'이 결합한 형용사이다. 즉, ©과 @은 동일한 형태의 어미가 결합하고 있지 않으며, 품사가 서로 다르므로 선지의 내용은 적절하지 않다. 참고로, **현재 시제를 나타내는 관형사형 전성 어미 '-는'은 동사와만 결합하므로 결합된 어미의 형태를 통해서 품사를 판단할 수 있다.**

④ ©(둘)은 '하나에 하나를 더한 수', 즉 대상의 정확한 수량을 나타내는 수사이다. 반면 ⑭은 대상의 수량을 정확하게 나타내는 것이 아닌, '둘로 똑같이 나눈 것의 한 부분'을 의미하는 명사이다.

⑤ @은 어간 '크-'에 관형사형 전성 어미 '-ㄴ'이 결합하여 뒤에 오는 체언 '무'를 꾸며 주는 형용사의 활용형으로, 품사는 형용사이다. 반면, ⑦은 어간과 어미로 나눌 수 없는 관형사이므로 선지의 내용은 적절하지 않다.

08

정답설명

④ 현대어 풀이를 고려할 때, (라)에서 중세 국어의 '늘'은 '날것'의 의미로 쓰이던 명사였으나 현대 국어에서는 접사 '날-'로 사용되고 있으므로 ©의 사례로 적합하다.

오답설명

① 현대어 풀이를 고려할 때, (가)에서 중세 국어의 '어느'는 '어느 것'의 의미로 쓰이던 명사였으나 현대 국어에서는 체언 '것'을 수식하는 관형사로 사용되고 있으므로 @가 아닌 ⓑ의 사례임을 알 수 있다.

② 현대어 풀이를 고려할 때, (나)에서 중세 국어의 '기피'는 현대 국어의 '깊이'

나 없이
기출
풀지마라

Contents | 이 책의 순서

I

단어

[갈래]

01 다음의 탐구 과정에서 ㉠에 들어갈 내용으로 적절하지 <u>않은</u> 것은?

`14학년도 6월B`

자료	• (선생님께) "아니요, 모르겠습니다." • (친구에게) "아니, 몰라."	• "나는 주인공이 아니오."

▼

의문점	'아니요'의 '요'와 '아니오'의 '오'는 어떠한 차이가 있을까?

▼

문제 탐구	자료에서 '아니요'의 쓰임을 확인한다. ☞ 윗사람이 묻는 말에 부정으로 대답할 때 쓰이는데, '아니'에 '요'가 붙어서 된 말이다.	자료에서 '아니오'의 쓰임을 확인한다. ☞ 보어를 취하는 서술어로 쓰이는데, '아니-'에 '-오'가 붙어서 된 말이다.
	자료와 다음 사례를 통해 '요'의 문법적 특성을 알아본다. • 뭘 할까요? 　 뭘 할까? • 어서요, 빨리요. ☞ 단어, 어말 어미 등에 붙어 높임의 뜻을 더해 주는 보조사인데, '요'가 빠지더라도 문장이 성립한다.	자료와 다음 사례를 통해 '-오'의 문법적 특성을 알아본다. • 얼마나 기쁘오? 　 얼마나 기쁘니? • 일단 멈추시오. ☞ 　　　㉠

▼

적용	"그러면 안 되□."의 □ 안에는 '오'가 들어간다.

① 어간에 붙는다.
② 선어말 어미에 붙는다.
③ 평서문에는 쓰이지 않는다.
④ '-오'가 빠지면 문장이 성립하지 않는다.
⑤ 상대방을 보통으로 높이는 종결 어미이다.

02 〈보기〉를 바탕으로 어미를 분류한 것 중, 적절하지 <u>않은</u> 것은?

`14학년도 9월A`

> **보기**
>
> 　단어의 끝에 들어가는 어말어미는 그 기능에 따라 다음과 같이 분류할 수 있다.
>
> ㉠ 문장을 끝맺어 주는 기능을 하는 어미.
> 　예 '동생은 책을 읽었다.'의 '-다'
> ㉡ 두 문장을 연결해 주는 기능을 하는 어미.
> 　예 '이것은 장미꽃이고, 저것은 국화꽃이다.'의 '-고'
> ㉢ 용언을 명사, 관형사, 부사처럼 기능하게 하는 어미.
> 　예 '내일 읽을 책을 미리 준비해라.'의 '-을'

① '지금쯤 누나는 집에 도착했겠구나.'의 '-구나'는 ㉠에 해당한다.
② '할아버지께서는 어디 갔다 오시지?'의 '-지'는 ㉠에 해당한다.
③ '이렇게 일찍 가는 이유가 뭐니?'의 '-는'은 ㉡에 해당한다.
④ '형은 밥을 먹었으나, 누나는 밥을 먹지 않았다.'의 '-으나'는 ㉡에 해당한다.
⑤ '지금은 운동하기에 좋은 시간이다.'의 '-기'는 ㉢에 해당한다.

03 다음은 '사전 활용하기' 학습 활동을 위한 자료이다. 이에 대해 탐구한 내용으로 적절하지 <u>않은</u> 것은? `14학년도 수능A`

> 에 조
> 　① ① 앞말이 처소의 부사어임을 나타내는 격 조사.
> 　　　¶ 동생은 지금 집에 없다.
> 　　② 앞말이 진행 방향의 부사어임을 나타내는 격 조사.
> 　　　¶ 형은 방금 집에 왔다.
> 　② 둘 이상의 사물을 같은 자격으로 이어 주는 접속 조사.
>
> 에서 조
> 　① 앞말이 행동이 이루어지고 있는 처소의 부사어임을 나타내는 격 조사.
> 　② 앞말이 출발점의 뜻을 갖는 부사어임을 나타내는 격 조사.
> 　③ (단체를 나타내는 명사 뒤에 붙어) 앞말이 주어임을 나타내는 격 조사.

① '에'는 격 조사와 접속 조사로 쓰일 수 있는 반면, '에서'는 격 조사로만 쓰이는군.
② '에 ②'의 용례로 "오늘 저녁은 밥에, 국에, 떡에 아주 잘 먹었다."를 들 수 있겠군.
③ '에서 ③'의 용례로 "우리 학교에서 사람들이 운동을 한다."를 들 수 있겠군.
④ '에 ① ①'의 용례에 쓰인 '에'는 '에서'로 바꿔 쓸 수 없군.
⑤ '에 ① ②'의 용례에 쓰인 '에'를 '에서'로 바꾸면 문장의 의미가 바뀌는군.

04 〈보기〉의 ㉠~㉤에 대한 설명으로 적절하지 <u>않은</u> 것은?

14학년도 수능A

보기

선생님 : 안녕? 어, 손에 들고 있는 그거 뭐니?
학생 : 네, 중생대 공룡에 관한 책이에요. 할아버지께서는 제 생일마다 책들을 사 주셨는데, ㉠ 이것도 ㉡ 그것 중 하나예요. 해마다 할아버지께서는 ㉢ 당신 손으로 직접 골라 주신답니다.
선생님 : 그렇구나. ㉣ 우리 집 아이들도 공룡 책을 참 좋아하지. 우리 아이들은 ㉤ 저희들끼리 책을 고르려고 아옹다옹한단다.

① ㉠은 대화 상황에서 눈에 보이는 대상, 곧 학생이 들고 있는 책을 가리킨다.
② ㉡은 앞서 언급한 대상, 곧 할아버지께서 사 주신 책들을 가리킨다.
③ ㉢은 3인칭으로 사용되고 있다.
④ ㉣은 청자를 포함하지 않는다.
⑤ ㉤은 1인칭으로 사용되고 있다.

05 다음의 밑줄 친 부분에 해당하는 예로 적절하지 <u>않은</u> 것은?

15학년도 6월A

국어의 조사 중에는 결합하는 앞말과 다른 말과의 문법적인 관계를 표시하는 격 조사와 특별한 뜻을 더해 주는 <u>보조사</u>가 있다. 격 조사는 특정한 문장 성분에만 쓰인다. 가령 주격 조사는 주어에, 목적격 조사는 목적어에 쓰인다. 반면 보조사는 하나의 문장 성분에만 쓰이는 것이 아니라 여러 문장 성분에 쓰일 수 있다.

① '삼촌이 밤에<u>만</u> 글을 썼다.'에서의 '만'.
② '선수들이 오늘<u>은</u> 간식을 먹었다.'에서의 '은'.
③ '내가 친구<u>한테</u> 가방을 선물했다.'에서의 '한테'.
④ '아이들이 유치원에서 악기<u>도</u> 연주한다.'에서의 '도'.
⑤ '누나가 일기를 책으로<u>까지</u> 만들었다.'에서의 '까지'.

06 밑줄 친 부분이 〈보기〉의 ⓐ~ⓒ에 해당하는 예로 적절하지 <u>않은</u> 것은?

15학년도 수능A

보기

선어말 어미 '-았-/-었-'은 여러 가지 의미를 지닌다.

(가) 오늘 아침에 누나는 밥을 안 먹었어요.
(나) 들판에 안개꽃이 아름답게 피었습니다.
(다) 이렇게 비가 안 오니 농사는 다 지었다.

(가)에서와 같이 ⓐ <u>사건이나 상태가 과거의 것임을 나타내기도</u> 하고, (나)에서와 같이 ⓑ <u>과거에 일어난 사건의 결과 상태가 현재까지 지속되고 있음을</u> 나타내기도 한다. (가)의 경우와 달리 (나)의 경우에는 '-았-/-었-'을 보조 용언 구성 '-아/-어 있-'이나 '-고 있-'으로 교체하여도 의미가 달라지지 않는다. 또한 (다)에서와 같이 ⓒ <u>미래의 일을 확정적인 사실로 받아들임을</u> 나타내기도 한다.

①	ⓐ	A : 어제 뭐 했니? B : 하루 종일 텔레비전만 <u>보았어</u>.
②	ⓐ	A : 너 아까 집에 없더라. B : 할머니 생신 선물 사러 <u>갔어</u>.
③	ⓑ	A : 감기 걸렸다며? B : 응, 그래서인지 아직도 목이 <u>잠겼어</u>.
④	ⓑ	A : 소풍날 날씨는 괜찮았어? B : 아주 <u>나빴어</u>.
⑤	ⓒ	A : 너 오늘도 바빠? B : 응, 과제 준비하려면 오늘도 잠은 다 <u>잤어</u>.

07 〈보기〉에 제시된 국어사전 정보를 완성한다고 할 때, ㉠~㉤에 대한 설명으로 적절하지 <u>않은</u> 것은? `16학년도 6월A`

> **보기**
>
> **과** 「조사」 (받침 있는 체언 뒤에 붙어)
>
> ①
> ① 다른 것과 비교하거나 기준으로 삼는 대상임을 나타내는 격 조사.
>   ¶ 막내는 큰형과 닮았다. / ___㉠___
> ② 일 따위를 함께 함을 나타내는 격 조사.
>   ¶ 나는 방에서 동생과 조용히 공부했다. / ___㉡___
> ③ 상대로 하는 대상임을 나타내는 ___㉢___.
>   ¶ 그는 거대한 폭력 조직과 맞섰다.
> ② 둘 이상의 사물을 같은 자격으로 이어 주는 접속 조사.
>   ¶ 닭과 오리는 동물이다. / 책과 연필을 가져와라.
> [유의어] 하고, ___㉣___
> [형태 정보] 받침 없는 체언 뒤에는 '___㉤___'가 붙는다.

① ㉠에는 '그는 낯선 사람과 잘 사귄다.'를 넣을 수 있다.
② ㉡에는 '그는 형님과 고향에 다녀왔다.'를 넣을 수 있다.
③ ㉢에 들어갈 말은 '격 조사'이다.
④ ㉣에 '이랑'이 들어갈 수 있다.
⑤ ㉤에 들어갈 말은 '와'이다.

08 〈보기〉의 선생님의 설명을 바탕으로 할 때, ㉠에 들어갈 말로 적절하지 <u>않은</u> 것은? `16학년도 6월B`

> **보기**
>
> **학생** : '되어요, 돼요, 되요' 중에서 어느 게 맞는지 궁금해요.
> **선생님** : "어간 모음 'ㅚ' 뒤에 '-어'가 붙어서 'ㅙ'로 줄어지는 것은 'ㅙ'로 적는다."라는 맞춤법 규정에 따르면 '되어요'는 어간 '되-'에 '-어요'가 결합된 것이므로 '돼요'로 줄어들 수 있어. 그러니까 '되어요, 돼요'는 맞는 말이지만 '되요'는 틀린 말이지. '(바람을) 쐬다, (턱을) 괴다, (나사를) 죄다, (어른을) 뵈다, (명절을) 쇠다' 등도 이 규정에 따라 적으면 돼.
> **학생** : 아, 그러면 _____ ㉠

① '쐬어라'는 '쐬-'와 '-어라'가 결합된 것이므로 '쐬라'로 줄어들 수 있겠네요.
② '괴-'와 '-느냐'가 결합될 때는 '-어'가 들어갈 수 없으므로 '괘느냐'는 틀린 말이겠네요.
③ '쾌도'는 '죄-'와 '-어도'가 결합된 말이 줄어든 것이겠네요.
④ '뵈-'가 '-어서'와 결합되면 '봬서'로 줄어들 수 있겠네요.
⑤ '쇠-'와 '-더라도'가 결합될 때는 '쇄더라도'로 적으면 틀린 것이겠네요.

09 밑줄 친 부분이 〈보기〉의 ㉠에 해당하지 <u>않는</u> 것은? `16학년도 9월A`

> **보기**
>
> 국어에서는 의존 명사가 수량을 표현하는 말 뒤에 쓰여 수효나 분량 따위의 단위를 나타내는 경우가 일반적이지만, ㉠ <u>자립 명사가 단위를 나타내는 경우</u>도 있다. 예를 들어 '사람'은 자립 명사로 쓰이기도 하지만 수량을 표현하는 말 뒤에 쓰여 사람을 세는 단위를 나타낼 수도 있다.
>
> • 의존 명사 : 그 아이는 올해 아홉 <u>살</u>이다.
> • 자립 명사 : 그는 <u>사람</u>을 부리는 재주가 있다.
> • 자립 명사가 단위를 나타내는 경우
>   : 친구 다섯 <u>사람</u>과 함께 도서관에 갔다.

① 이 글에는 여러 <u>군데</u> 잘못이 있다.
② 앉은자리에서 밥 두 <u>그릇</u>을 다 먹었다.
③ 시장에서 수박 세 <u>덩어리</u>를 사 가지고 왔다.
④ 할아버지께서는 밥을 몇 <u>숟가락</u> 겨우 뜨셨다.
⑤ 나는 서너 <u>발자국</u> 뒤로 물러서다가 냅다 도망쳤다.

10 〈자료〉의 밑줄 친 발음 표시 부분을 맞춤법에 맞게 표기할 때에 적용되는 원칙을 〈보기〉에서 찾아 바르게 짝지은 것은? `16학년도 9월B`

> **자료**
>
> ㉠ 이것은 유명한 책이 [아니요].
> ㉡ 영화 구경 [가지요].
> ㉢ 이것은 [설탕이요], 저것은 소금이다.

> **보기**
>
> • 용언의 어간과 어미는 구별하여 적는다.
>   - 종결형에서 사용되는 어미 '-오'는 '요'로 소리 나는 경우가 있더라도 그 원형을 밝혀 '오'로 적는다. ………………… ⓐ
>   이리로 오시오. (○) 이리로 오시요. (X)
>   - 연결형에서 사용되는 '이요'는 '이요'로 적는다. …………………… ⓑ
>   이것은 책이요, 저것은 붓이다. (○)
>   이것은 책이오, 저것은 붓이다. (X)
> • 어미 뒤에 덧붙는 조사 '요'는 '요'로 적는다. …………………… ⓒ
>   읽어 읽어요   먹을게 먹을게요

① ㉠-ⓐ   ② ㉠-ⓑ   ③ ㉡-ⓑ
④ ㉢-ⓐ   ⑤ ㉢-ⓒ

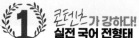
11 다음의 (가)에 들어갈 말로 가장 적절한 것은? `16학년도 수능A`

> **선생님 :** 지금까지 형태소의 개념 및 유형 그리고 특성에 대해 공부했지요? 그럼, 다음 자료에서 밑줄 친 말들이 가진 공통점이 무엇인지 한 번 찾아보세요.
>
> - 하늘은 맑고 바다는 푸르다.
> - 그의 말은 듣지 말고 내 말을 들어라.
> - 나는 물고기를 잡았지만 놓아주었다.
>
> **학생 :** 밑줄 친 말들은 모두 ⟨　　　　　(가)　　　　　⟩

① 단어의 자격을 가지고 반드시 다른 말과 결합하여 쓰이는군요.
② 단어의 자격을 가지고 실질적 의미가 아닌 문법적 의미를 나타내는군요.
③ 반드시 다른 말과 결합하여 쓰이고 음운 환경에 따라 그 형태가 바뀌는군요.
④ 음운 환경에 따라 형태가 바뀌고 실질적 의미가 아닌 문법적 의미를 나타내는군요.
⑤ 실질적 의미가 아닌 문법적 의미를 나타내고 반드시 다른 말과 결합하여 쓰이는군요.

12 ⟨보기⟩의 ㉠~㉤에 쓰인 ⓐ, ⓑ에 대한 설명으로 옳지 <u>않은</u> 것은?

`17학년도 9월`

> **보기**
>
> 용언은 어간에 어미가 붙어 다양한 의미를 나타내며 활용된다. 어미는 ⓐ 선어말 어미와 ⓑ 어말 어미로 나뉜다. 어말 어미는 다시 종결 어미, 연결 어미, 전성 어미로 나뉜다. 용언의 활용형에서 선어말 어미는 없는 경우가 있어도 어말 어미는 반드시 있어야 한다.
>
> ㉠ 민수가 그 나무를 심었구나!
> ㉡ 저기서 청소하는 아이가 내 동생이야.
> ㉢ 그 친구가 설마 그 음식을 다 먹었겠니?
> ㉣ 그가 나에게 권한 책은 이미 읽은 책이다.
> ㉤ 주말에 바람은 불겠지만 비는 오지 않을 것이다.

① ㉠에는 과거 시제를 나타내는 '-었-'이 ⓐ로 쓰였고, 감탄형 종결 어미 '-구나'가 ⓑ로 쓰였다.
② ㉡에는 ⓐ는 없고 동사의 현재 시제를 나타내는 관형사형 전성 어미 '-는'이 ⓑ로 쓰였다.
③ ㉢에는 과거 시제를 나타내는 '-었-'과 주체의 의지를 나타내는 '-겠-'이 ⓐ로 쓰였고, 의문형 종결 어미 '-니'가 ⓑ로 쓰였다.
④ ㉣에는 ⓐ는 없고 동사의 과거 시제를 나타내는 관형사형 전성 어미 '-은'이 ⓑ로 쓰였다.
⑤ ㉤에는 추측의 의미를 나타내는 '-겠-'이 ⓐ로 쓰였고, 대등적 연결 어미 '-지만'이 ⓑ로 쓰였다.

13 밑줄 친 말에 주목하여 ⟨보기⟩의 ㉠~㉤에 대해 탐구한 결과로 적절하지 <u>않은</u> 것은? `18학년도 9월`

> **보기**
>
> ㉠ 거기에는 눈이 <u>왔겠다.</u> / 지금 거기에는 눈이 <u>오겠지.</u>
> ㉡ 그가 집에 <u>갔다.</u> / 막차를 놓쳤으니 나는 집에 다 <u>갔다.</u>
> ㉢ 내가 떠날 때 비가 올 것이다. / 내가 떠날 때 비가 왔다.
> ㉣ 그는 지금 학교에 <u>간다.</u> / 그는 내년에 <u>진학한다고</u> 한다.
> ㉤ 오늘 보니 그는 키가 <u>작다.</u> / 작년에 그는 키가 <u>작았다.</u>

① ㉠을 보니, 선어말 어미 '-겠-'이 미래의 사건을 추측하는 데에 쓰이고 있군.
② ㉡을 보니, 선어말 어미 '-았-'이 과거 시제를 나타내지 않는 경우도 있군.
③ ㉢을 보니, 관형사형 어미 '-ㄹ'이 붙을 때 미래의 사건을 나타내지 않는 경우도 있군.
④ ㉣을 보니, 현재 시제 선어말 어미 '-ㄴ-'이 미래의 사건을 나타낼 때도 쓰이고 있군.
⑤ ㉤을 보니, 형용사에서 현재 시제를 나타낼 때 시제 선어말 어미가 나타나지 않고 있군.

14 ⟨보기⟩의 ㉠~㉤의 예로 적절하지 <u>않은</u> 것은? `19학년도 6월`

> **보기**
>
> 선어말 어미 '-더-'는 시간 표현, 주어의 인칭, 용언의 품사, 문장 종결 표현 등과 다양하게 관련을 맺는다.
> 예컨대 '아까 달력을 보니 내일이 언니 생일이더라.'와 같이 ㉠ 새삼스럽거나 새롭게 알게 된 내용이 비록 미래의 일이라도 그것을 안 시점이 과거이면 '-더-'가 쓰일 수 있다. 또한 '-더-'가 쓰인 문장에는 특정 인칭의 주어만 나타나는 경우가 있다. 가령, ㉡ 본인만이 직접 느껴 알 수 있는 감정이나 감각을 표현하는 형용사가 서술어일 때, 평서문에는 1인칭 주어만이 '-더-'와 함께 쓰인다. ㉢ 이 경우, 의문문에는 2인칭 주어만이 '-더-'와 함께 쓰인다. 단, ㉣ 이때도 수사 의문문에는 '-더-'와 함께 1인칭 주어가 나타날 수 있다. 한편, '꿈에서 내가 하늘을 날더라.'처럼 ㉤ 꿈속의 일이나 무의식중에 일어난 일을 말할 때, 화자가 자신의 행동이나 상태를 타인이 관찰하듯이 진술할 경우 '-더-'가 1인칭 주어와 쓰일 수 있다.

① ㉠ : 아까 수첩을 보니 다음 주에 약속이 있더라.
② ㉡ : 나는 그의 합격이 놀랍더라.
③ ㉢ : 영수야, 넌 내가 그리 말했는데도 안 믿더냐?
④ ㉣ : 기어이 우승한 그날, 우리 어찌 아니 기쁘더냐?
⑤ ㉤ : 내가 어제 마신 약은 생각보다 안 쓰더라.

15 〈학습 활동〉을 해결한 내용으로 적절한 것은? `20학년도 수능`

학습 활동

관형사형 어미의 형태는 시제 및 단어의 품사에 의해 결정된다. [자료]에서 밑줄 친 단어의 품사와 시제를 분석하여 그 단어에 쓰인 어미가 [표]의 ㉠~㉢ 중 어느 것에 해당하는지 확인해 보자.

[자료]

ⓐ 하늘에 뜬 태양
ⓑ 우리가 즐겨 부르던 노래
ⓒ 늘 푸르던 하늘
ⓓ 운동장에 남은 아이들
ⓔ 네가 읽는 소설
ⓕ 이미 아이들로 가득 찬 교실
ⓖ 달리기가 제일 빠른 친구

[표] 관형사형 어미 체계

	동사	형용사
현재	-는	㉠
과거	㉡	㉢
	-던	
미래	-(으)ㄹ	-(으)ㄹ

① ⓐ의 '뜬'에 쓰인 어미 '-(으)ㄴ'은 ㉠에 해당한다.
② ⓑ의 '부르던'과 ⓒ의 '푸르던'에 쓰인 어미 '-던'은 ㉢에 해당한다.
③ ⓓ의 '남은'과 ⓕ의 '찬'에 쓰인 어미 '-(으)ㄴ'은 ㉡에 해당한다.
④ ⓔ의 '읽는'에 쓰인 어미 '-는'은 ㉡에 해당한다.
⑤ ⓖ의 '빠른'에 쓰인 어미 '-(으)ㄴ'은 ㉢에 해당한다.

16 〈보기〉의 [A]에 들어갈 말로 적절한 것만을 있는 대로 고른 것은?

`21학년도 6월`

보기

학생 : 선생님, 자기 소개서를 써 봤는데, 띄어쓰기가 맞는지 가르쳐 주시겠어요? 헷갈리는 부분을 표시해 왔어요.

양로원에 가서 봉사 활동을 했습니다. 사실 그 시간에 ㉠ 봉사 보다는 게임을 하고 싶었습니다. 그저 작은 일을 ㉡ 도울 뿐이었는데 ㉢ 너 밖에 없다며 행복해하시는 어르신들의 말씀을 들을 ㉣ 때 만큼은 마음이 뿌듯해졌습니다.

선생님 : 한글 맞춤법에 따르면, 문장의 각 단어는 띄어 써야 하지만, 조사는 예외적으로 그 앞말에 붙여 쓴단다.
학생 : 아, 그럼 _____[A]_____ 은/는 앞말에 붙여 써야 하는군요.

① ㉠의 '보다', ㉢의 '밖에'
② ㉡의 '뿐', ㉢의 '밖에'
③ ㉡의 '뿐', ㉣의 '만큼'
④ ㉠의 '보다', ㉡의 '뿐', ㉣의 '만큼'
⑤ ㉠의 '보다', ㉢의 '밖에', ㉣의 '만큼'

17 〈학습 활동〉을 수행한 결과로 적절한 것은? `21학년도 9월`

학습 활동

품사는 다양한 방식을 통해 문장 성분으로 실현된다. 품사가 어떻게 문장 성분으로 실현되는지 다음 밑줄 친 부분을 중심으로 알아보자.

ⓐ 빵은 동생이 간식으로 제일 좋아한다.
ⓑ 형은 아주 옛 물건만 항상 찾곤 했다.
ⓒ 나중에 어른 돼서 우리 다시 만나자.
ⓓ 친구가 내게 준 선물은 장미였다.
ⓔ 다람쥐 세 마리가 나무를 오른다.

① ⓐ : 명사가 격 조사와 결합해 목적어로 쓰였다.
② ⓑ : 부사가 관형사를 수식하는 부사어로 쓰였다.
③ ⓒ : 명사가 조사와 결합 없이 주어로 쓰였다.
④ ⓓ : 명사가 어미와 직접 결합해 서술어로 쓰였다.
⑤ ⓔ : 수사가 명사를 수식하는 관형어로 쓰였다.

18
@~@는 잘못된 표기를 바르게 고친 것이다. 고치는 과정에서 해당 단어에 적용된 용언 활용의 예로 적절하지 <u>않은</u> 것은? `21학년도 수능`

> **'국물 떡볶이' 만드는 법**
>
> ○ 떡을 물에 담궈 → @담가 둔다.
>
> ○ 멸치를 물에 넣고 끓인 다음 체에 거러서 → ⓑ걸러서 육수를 준비한다.
>
> ○ 육수에 고추장, 갈은 → ©간 마늘, 불린 떡, 어묵을 넣는다.
>
> ○ 하얬던 → ⓓ하얬던 떡이 빨갛게 될 때까지 잘 젓어 → @저어 익힌다.

① @ : 예쁘- + -어도 → 예뻐도

② ⓑ : 푸르- + -어 → 푸르러

③ © : 살- + -니 → 사니

④ ⓓ : 동그랗- + -아 → 동그래

⑤ @ : 긋- + -은 → 그은

19
〈보기〉의 ㉠~㉴에 대한 이해로 적절하지 <u>않은</u> 것은? `22학년도 6월`

보기

(같은 동아리에 소속된 후배 부원 둘과 선배 부원의 대화 장면)

선배 : ㉠ 학교에서 열린 회의는 잘 끝났니?

후배 1 : 네. 조금 전에 끝났어요.

선배 : 수고했어. ㉡ 학교에서 우리 동아리 활동 지원 예산안에 대해 뭐라고 해?

후배 2 : 지난번에 저희가 선배님과 함께 제안했던 예산안은 수용하기 힘들다고 했어요.

선배 : ㉢ 우리가 제안한 예산안이 그렇게 무리한 건 아니었을 텐데.

후배 1 : 그런데 학교에서는 ㉣ 자신의 형편을 감안해 달라는 동아리가 한둘이 아니라면서, ㉤ 우리의 제안을 수용하기 쉽지 않다고 했어요.

선배 : ㉥ 서로 만족할 만한 결과를 얻기가 쉽지 않겠구나. 고생했어. 지도 선생님께 말씀드려 볼게.

후배 2 : 네. 그럼 ㉦ 저희도 그렇게 알고 있을게요.

① ㉠과 ㉡은 문장 성분이 서로 다르군.

② ㉢에는 화자와 청자가 모두 포함되어 있군.

③ ㉣은 뒤에 있는 '동아리'를 가리키는 말이군.

④ ㉥은 ㉡의 '학교'와 ㉤의 '우리'를 모두 포함해서 가리키는 말이군.

⑤ ㉦은 화자가 청자와 자신을 모두 낮추기 위해 쓰는 말이군.

20
〈보기〉의 ㉠~㉽에 대한 설명으로 적절한 것은? `22학년도 수능`

보기

(두 사람이 공원에서 만난 상황)

민수 : 영이야, ㉠ 우리 둘이 뭐 하고 놀까? 이 강아지랑 놀까?

영이 : (민수 품에 안겨 있는 강아지를 가리키며) 아, 얘?

민수 : 응, 얘가 전에 말했던 봄이야. 봄이 동생 솜이는 집에 있고.

영이 : 봄이랑 뭐 하고 놀까? 우리 강아지 별이는 실뭉치를 좋아해서 ㉡ 우리 둘은 실뭉치를 자주 가지고 놀아. 너네 강아지들도 그래?

민수 : 실뭉치는 ㉢ 둘 다 안 좋아해. 그런데 공은 좋아해서 ㉣ 우리 셋은 공을 갖고 자주 놀아. 그래서 공을 챙겨 오긴 했어.

영이 : 그렇구나. 별이는 실뭉치를 좋아하니까, 다음에 네가 혼자 나오고 내가 별이랑 나오면 그때 ㉤ 우리 셋은 실뭉치를 갖고 놀면 되겠다.

민수 : 그러자. 그럼 오늘 ㉽ 우리 셋은 공을 가지고 놀자.

① ㉠과 ㉡은 가리키는 대상이 동일하다.

② ㉡이 가리키는 대상은 ㉤이 가리키는 대상에 포함된다.

③ ㉢이 가리키는 대상은 ㉽이 가리키는 대상에 포함된다.

④ ㉣과 ㉤은 가리키는 대상이 동일하다.

⑤ ㉣과 ㉽은 가리키는 대상이 동일하다.

21
〈보기〉의 @~@에 대한 이해로 적절한 것은? `23학년도 9월`

보기

국어의 어미는 용언 어간에 붙어 여러 가지 문법적인 기능을 수행한다. 어미는 선어말 어미와 어말 어미로 나누어진다. 선어말 어미는 용언 어간과 어말 어미 사이에 들어가는 것으로 시제나 높임과 같은 문법적 의미를 나타낸다. 선어말 어미는 하나 혹은 둘 이상이 쓰일 수도 있고 아예 쓰이지 않을 수도 있다. 한편 어말 어미에는 종결 어미, 연결 어미, 전성 어미가 있다. 어말 어미는 선어말 어미와 달리 하나만 붙고, 반드시 있어야 한다.

> ○ 머무시는 동안 @ 즐거우셨길 바랍니다.
>
> ○ 이 부분에서 물이 ⓑ 샜을 가능성이 높다.
>
> ○ © 번거로우시겠지만 서류를 챙겨 주세요.
>
> ○ 시원한 식혜를 먹고 갈증이 싹 ⓓ 가셨겠구나.
>
> ○ 항구에 @ 다다른 배는 새로운 항해를 준비했다.

① @ : 선어말 어미 두 개와 연결 어미가 사용되었다.

② ⓑ : 선어말 어미 없이 전성 어미가 사용되었다.

③ © : 선어말 어미 세 개와 연결 어미가 사용되었다.

④ ⓓ : 선어말 어미 두 개와 종결 어미가 사용되었다.

⑤ @ : 선어말 어미 한 개와 전성 어미가 사용되었다.

22 〈보기〉를 바탕으로 'ㅎ' 말음 용언의 활용 유형을 탐구한 내용으로 적절하지 않은 것은? 24학년도 수능

보기

다음은 어간의 말음이 'ㅎ'인 용언이 '아/어'로 시작하는 어미와 만날 때 보이는 활용의 유형을 정리한 것이다. 이들은 활용의 규칙성뿐만 아니라 모음조화 적용 여부나 활용형의 줄어듦 가능 여부에 따라 그 유형이 구분된다.

불규칙 활용 유형		규칙 활용 유형	
㉠-1	노랗- + -아 → 노래	㉢-1	닿- + -아 → 닿아(→ *다)
㉠-2	누렇- + -어 → 누레		
㉡	어떻- + -어 → 어때	㉢-2	놓- + -아 → 놓아 (→ 놔)

('*'은 비문법적임을 뜻함.)

① '조그맣-, 이렇-'은 '조그매, 이래서'로 활용하므로 ㉠-1과 활용의 유형이 같겠군.
② '꺼멓-, 뿌옇-'은 '꺼메, 뿌옜다'로 활용하므로 ㉠-2와 활용의 유형이 같겠군.
③ '둥그렇-, 멀겋-'은 '둥그렜다, 멀게'로 활용하므로 ㉡과 활용의 유형이 같지 않겠군.
④ '낳-, 땋-'은 활용형인 '낳아서, 땋았다'가 '*나서, *땄다'로 줄어들 수 없으므로 ㉢-1과 활용의 유형이 같겠군.
⑤ '넣-, 쌓-'은 활용형인 '넣어, 쌓아'가 '*너, *싸'로 줄어들 수 없으므로 ㉢-2와 활용의 유형이 같지 않겠군.

23 〈학습 활동〉을 수행한 결과로 적절한 것은? 24학년도 수능

학습 활동

부사어는 부사, 체언+조사, 용언 활용형 등으로 실현된다. 부사어로써 수식하는 문장 성분은 부사어, 관형어, 서술어 등이다. 일례로 '차가 간다.'의 서술어 '간다'를 수식하기 위해 부사 '잘'을 부사어로 쓰면 '차가 잘 간다.'가 된다. [조건] 중 두 가지를 만족하도록, 주어진 문장에 부사어를 넣어 수정해 보자.

[조건]
㉠ 부사어를 수식하기 위해 부사를 부사어로 쓴 문장
㉡ 관형어를 수식하기 위해 용언 활용형을 부사어로 쓴 문장
㉢ 관형어를 수식하기 위해 부사를 부사어로 쓴 문장
㉣ 서술어를 수식하기 위해 '체언+조사'를 부사어로 쓴 문장
㉤ 서술어를 수식하기 위해 용언 활용형을 부사어로 쓴 문장
⋮

	조건	수정 전 ⇨ 수정 후
①	㉠, ㉡	웃는 아기가 귀엽게 걷는다.
		⇨ 방긋이 웃는 아기가 참 귀엽게 걷는다.
②	㉠, ㉢	화가가 굵은 선을 쭉 그었다.
		⇨ 화가가 조금 굵은 선을 세로로 쭉 그었다.
③	㉡, ㉤	그를 싫어하는 사람이 있다.
		⇨ 그를 무턱대고 싫어하는 사람이 많이 있다.
④	㉢, ㉣	딴 사람이 그 문제를 해결했다.
		⇨ 전혀 딴 사람이 그 문제를 한순간에 해결했다.
⑤	㉣, ㉤	영미는 그 일을 처리했다.
		⇨ 영미는 그 일을 원칙대로 깔끔히 처리했다.

나 없이

기출

풀지마라

| 과외식 기출 분석서, 나기출 |

나 없이
기출
풀지마라

언어와 매체

I-1

교육청 기출

01 〈보기〉의 ⊙~⊗에 대한 설명으로 적절한 것은?

보기

[승준, 아영, 민찬이 도서관 앞에서 만난 상황]
승준 : 다들 ⊙ 이미 와 있었네. 책 찾으러 들어갈까?
아영 : 서우가 아직 안 왔는데, 연락해 볼까?
민찬 : 어제 ⓒ 우리 회의할 때, 서우가 오늘 모임에 30분 정도 늦을 거 같다고 ⓒ 우리한테 미안한 표정으로 말했잖아.
승준 : 맞아, 회의하다가 ⓔ 자기 좀 늦는다고 말했잖아. 곧 올 거야.
아영 : 아, 깜빡했네. 그럼 내가 서우를 기다렸다가 같이 들어갈게. 휴대폰으로 ⓜ 미리 자료 좀 찾고 있어야겠다.
민찬 : 그래. 그럼 ⓑ 우리 ⊗ 먼저 들어가서 책 보고 있을게.

① ⊙과 ⓜ은 발화 시점을 기준으로 과거를 가리킨다.
② ⊙이 가리키는 시간대는 ⊗이 가리키는 시간대보다 나중이다.
③ ⓒ이 가리키는 대상은 ⓔ이 가리키는 대상을 포함한다.
④ ⓒ과 ⓑ은 가리키는 대상이 동일하다.
⑤ ⓒ과 달리 ⓑ은 담화에 참여한 모든 사람들을 가리킨다.

02 〈보기〉의 ⊙~⊗에 대한 설명으로 적절한 것은?

보기

[예은, 세욱, 나라가 만나서 조별 과제를 하는 상황]
예은 : 나라야, 괜찮아? 많이 피곤하니?
나라 : ⊙ 어제 밤을 새웠더니 나도 모르게 졸았나 봐.
세욱 : 그래? 조사할 자료가 많았구나. ⓒ 우리 다 같이 모여서 할걸.
나라 : 그게 아니라 나는 ⓒ 오늘까지 제출해야 할 과제가 더 있어서 ⓔ 그거 준비하다가 못 잤어.
예은 : 그랬구나. ⓜ 너 몸이 안 좋아 보이는데 ⓑ 지금 들어갈래?
나라 : 괜찮아. 오늘은 자료 정리만 하면 되잖아. 할 수 있어.
세욱 : 아니야. 거의 다 했는걸. 예은이랑 내가 ⊗ 이거 마무리할게. 끝나고 연락할 테니까 ⊙ 너는 집에서 쉬고 있어.
나라 : 정말 괜찮겠어?
예은 : 당연하지. ⊗ 우리만 믿어.

① ⊙은 ⓒ과 달리 발화 시점과 관계없이 정해진다.
② ⓔ이 지시하는 대상은 ⊗이 지시하는 대상과 같다.
③ ⓜ이 지시하는 대상은 ⊙이 지시하는 대상과 다르다.
④ ⓑ이 가리키는 시간은 ⊙을 기준으로 정해진다.
⑤ ⊗이 지시하는 대상은 ⓒ이 지시하는 대상에 포함된다.

03 〈보기〉의 '학습 활동'을 수행한 결과로 적절하지 <u>않은</u> 것은?

보기

[학습 활동] 용언의 어간에 어미가 결합하는 것을 활용이라고 한다. 용언의 활용에는 규칙 활용과 불규칙 활용이 있다. 다음 예문에서 밑줄 친 말의 기본형을 생각해 보면서 용언의 활용 양상을 설명해 보자.

[예문]

	ⓐ 규칙 활용의 예	ⓑ 불규칙 활용의 예
⊙	형은 교복을 <u>입어</u> 보았다.	꽃이 <u>아름다워</u> 보였다.
ⓒ	나는 언니에게 죽을 <u>쑤어</u> 주었다.	오빠는 나에게 밥을 <u>퍼</u>주었다.
ⓒ	누나는 옷을 벽에 <u>걸어</u> 두었다.	삼촌은 눈길을 <u>걸어</u> 집에 갔다.
ⓔ	동생은 그릇을 <u>씻어</u> 쟁반에 놓았다.	이 다리는 섬과 육지를 <u>이어</u> 주는 역할을 한다.
ⓜ	우리는 짐을 <u>쌓아</u> 놓았다.	하늘이 <u>파래</u> 예뻤다.

① ⊙ : ⓐ에서는 어간의 형태가 유지되었지만, ⓑ에서는 어간의 'ㅂ'이 달라졌다.
② ⓒ : ⓐ에서는 어간의 형태가 유지되었지만, ⓑ에서는 어간의 'ㅜ'가 없어졌다.
③ ⓒ : ⓐ에서는 어간의 형태가 유지되었지만, ⓑ에서는 어간의 'ㄷ'이 달라졌다.
④ ⓔ : ⓐ에서는 어간의 형태가 유지되었지만, ⓑ에서는 어간의 'ㅅ'이 없어졌다.
⑤ ⓜ : ⓐ에서는 어간과 어미의 형태가 유지되었지만, ⓑ에서는 어간의 'ㅎ'과 어미가 모두 없어졌다.

04 〈보기〉의 [A]에 들어갈 말로 적절하지 <u>않은</u> 것은?

보기

선생님 : 화자의 다양한 심리적 태도는 '보조적 연결 어미와 보조 용언'의 구성을 통해 나타낼 수 있습니다. ⊙~ⓜ의 '보조적 연결 어미와 보조 용언'에 대해 탐구해 봅시다.

지혜 : 쉬고 있는 걸 보니 안무를 다 ⊙ 짰나 본데?
세희 : 아니야, 잠시 쉬고 있어. 춤이 어려워서 친구들이 공연 중에 동작을 ⓒ 잊을까 싶어 걱정이야.
지혜 : 그렇구나. 동작은 너무 멋있던데?
세희 : 그렇게 말해줘서 고마워. 근데 구성까지 어려우니까 몇몇 친구들은 그만 ⓒ 포기해 버리더라고.
지혜 : 그럼 내가 내일 좀 ⓔ 고쳐 줄까?
세희 : 괜찮아. 고맙지만, 오늘까지 ⓜ 마쳐야 해.

학생 : [A]

① ㉠에는 화자가 어떠한 행동에 대해 추측하고 있음이 나타나 있습니다.
② ㉡에는 화자가 뜻하는 행동을 하고자 하는 의도가 나타나 있습니다.
③ ㉢에는 어떠한 행동이 이루어진 결과에 대해 화자가 아쉬운 감정을 갖게 되었음이 나타나 있습니다.
④ ㉣에는 화자가 상대를 위해 무언가를 베푼다는 심리적 태도가 나타나 있습니다.
⑤ ㉤에는 화자가 어떠한 행동을 하는 것이 필요함을 나타내고 있습니다.

06 〈보기〉를 참고할 때, 밑줄 친 단어의 활용이 적절하지 않은 것은?

보기

'다양한 기능을 갖은 물건이다.'에서 '갖은'은 '가진'을 잘못 쓴 예이다. '갖다'는 본말 '가지다'의 준말로, '갖다'와 '가지다' 는 모두 표준어이다. 그런데 '갖다'는 '갖고', '갖지만'과 같이 활용할 수 있지만 '갖아', '갖으며'와 같이 활용할 수는 없는데, 이는 모음으로 시작하는 어미가 연결될 때에는 준말의 활용형을 인정하지 않기 때문이다. '내디디다/내딛다, 서투르다/서툴다, 머무르다/머물다, 서두르다/서둘다, 건드리다/건들다'등도 모음으로 시작하는 어미 앞에서는 본말의 활용형만 쓴다.

① 그녀는 새로운 삶에 첫발을 <u>내딛었다</u>.
② 아저씨가 농사일에 <u>서투른</u> 줄 몰랐다.
③ 우리는 여기에 <u>머물면서</u> 쉴 생각이다.
④ <u>서두르지</u> 않으면 출발 시간에 늦겠다.
⑤ 조금만 <u>건드려도</u> 방울 소리가 잘 난다.

05 〈보기〉의 [A]에 들어갈 말로 적절하지 않은 것은?

보기

선생님 : 단어는 다음과 같이 세 가지 기준으로 분류될 수 있습니다.

기준	분류
㉠	가변어, 불변어
㉡	용언, 체언, 수식언, 관계언, 독립언
㉢	동사, 형용사, 명사, 대명사, 수사, 관형사, 부사, 조사, 감탄사

자, 이제 아래 문장의 단어들을 탐구해 봅시다.

> 음, 우리가 밝은 곳에서 그 나비 하나를 또 잡았어.

학생 : [[A]   ]

선생님 : 네, 맞아요.

① '나비 하나를 또 잡았어'는 ㉠에 따라 분류하면 가변어 한 개, 불변어 네 개를 포함합니다.
② '나비 하나를'은 ㉡에 따라 분류하면 체언 두 개, 관계언 한 개를 포함합니다.
③ '음, 우리가 밝은 곳에서 그 나비 하나를 또 잡았어'는 ㉢에 따라 분류하면 아홉 개의 품사를 모두 포함합니다.
④ '밝은'과 '잡았어'는 ㉡이나 ㉢ 중 어느 것에 따라 분류하더라도 서로 다른 부류로 분류됩니다.
⑤ '그'와 '또'는 ㉡에 따라 분류하면 수식언이고, ㉢에 따라 분류하면 각각 관형사, 부사입니다.

07 〈보기〉의 밑줄 친 관형어에 대해 탐구한 내용으로 적절하지 않은 것은?

보기

<u>나의</u> 일기장에는 "일에는 <u>정해진</u> 시기가 <u>있는</u> 법이니 <u>그</u> 시기를 놓치면 안 된다."라고 적혀 있다. <u>이</u> 구절은 <u>온갖</u> 시련으로 <u>방황했던</u> <u>사춘기의</u> 나를 반성하게 만든다.

① '그', '이', '온갖'은 관형사가 그대로 관형어로 쓰인 경우에 해당한다.
② '정해진', '있는', '방황했던'은 용언의 관형사형이 관형어로 쓰인 경우에 해당한다.
③ '그', '이'는 앞에서 이미 언급된 것을 가리키며 뒤에 있는 말을 꾸며 주는 역할을 한다.
④ '나의', '사춘기의'는 체언에 관형격 조사가 결합된 형태가 관형어로 쓰인 경우에 해당한다.
⑤ '정해진', '있는', '온갖', '방황했던'은 각각 문장에서 생략할 수 없는 필수 성분에 해당한다.

08 〈보기 1〉의 ㉠~㉣에 해당하는 가장 적절한 예를 〈보기 2〉에서 고른 것은?

보기 1

　　용언의 활용은 규칙 활용과 불규칙 활용으로 나눌 수 있다. ㉠규칙 활용은 용언이 활용될 때 어간과 어미의 기본 형태가 바뀌지 않거나, 어간이나 어미의 기본 형태가 바뀌는 모습을 일정한 규칙으로 설명할 수 있다. 한편 불규칙 활용은 용언이 활용될 때 어간이나 어미의 기본 형태가 바뀌는 이유를 일정한 규칙으로 설명할 수 없다. 불규칙 활용에는 ㉡어간이 불규칙적으로 바뀌는 경우, ㉢어미가 불규칙적으로 바뀌는 경우, ㉣어간과 어미가 모두 불규칙적으로 바뀌는 경우가 있다.

보기 2

○놀이터에서 놀다 보니 옷에 흙이 <u>묻었다</u>.
○나는 동생에게 출발 시간을 <u>일러</u> 주었다.
○우리는 한라산 정상에 <u>이르러</u> 잠시 쉬었다.
○드디어 사람들은 그를 <u>우러러</u> 섬기게 되었다.
○하늘은 맑고 강물은 <u>파래</u> 기분이 정말 상쾌했다.

	㉠	㉡	㉢	㉣
①	묻었다	이르러	일러, 우러러	파래
②	일러	이르러, 파래	묻었다	우러러
③	이르러	묻었다, 우러러	파래	일러
④	묻었다, 우러러	일러	이르러	파래
⑤	일러, 우러러	묻었다	파래	이르러

09 〈보기 1〉을 바탕으로 〈보기 2〉의 ㉠~㉤에 대해 이해한 내용으로 적절하지 <u>않은</u> 것은?

보기 1

　　보조 용언도 하나의 단어이므로 띄어 쓰는 것이 원칙이나 경우에 따라서는 붙여 쓰는 것도 허용한다. 다만 본용언에 조사가 붙거나 본용언이 합성 용언인 경우, 본용언이 파생어인 경우는 그 뒤에 오는 보조 용언은 붙여 쓰지 않는다. 그런데 본용언이 합성어나 파생어라도 그 활용형이 2음절인 경우에는 본용언과 보조 용언을 붙여 쓰는 것도 허용한다. 그리고 본용언 뒤에 보조 용언이 거듭 나타나는 경우는 앞의 보조 용언만을 본용언에 붙여 쓸 수 있다.

보기 2

○그는 우리를 위기에서 ㉠구해 주었다.
○오늘 일은 일기에 ㉡적어 둘 만하다.
○나는 어제 그 책을 ㉢읽어는 보았다.
○아마도 이런 기회는 ㉣다시없을 듯하다.
○이번에는 제발 열심히 ㉤공부해 보아라.

① ㉠은 본용언이 복합어이지만 활용형이 2음절인 경우이므로 '구해'와 '주었다'를 붙여 쓸 수 있다.
② ㉡은 본용언 뒤에 보조 용언이 거듭 나타나는 경우이므로 '둘'과 '만하다'를 붙여 쓸 수 있다.
③ ㉢은 본용언에 조사가 붙은 경우이므로 '읽어는'과 '보았다'를 붙여 쓰지 않는다.
④ ㉣은 본용언이 합성 용언인 경우이므로 '다시없을'과 '듯하다'를 붙여 쓰지 않는다.
⑤ ㉤은 본용언이 파생어인 경우이므로 '공부해'와 '보아라'를 붙여 쓰지 않는다.

10 〈보기〉의 밑줄 친 단어의 품사에 대한 이해로 적절하지 <u>않은</u> 것은?

보기

ㄱ. <u>그곳</u>에서는 빵을 <u>아주</u> <u>쉽게</u> <u>구울</u> 수 있다.
ㄴ. <u>그</u> 사람은 자기<u>가</u> 잠을 <u>잘</u> 잤다고 말했다.
ㄷ. <u>멋진</u> 형이 근처 식당<u>에서</u> 밥을 <u>지어</u> 왔다.

① ㄱ의 '그곳'과 ㄴ의 '그'는 어떤 처소나 대상을 지시하는 대명사이다.
② ㄱ의 '아주'와 ㄴ의 '잘'은 용언 앞에 놓여서 그 뜻을 한정하는 부사이다.
③ ㄱ의 '구울'과 ㄷ의 '지어'는 용언의 어간이 불규칙적으로 활용되는 동사이다.
④ ㄱ의 '쉽게'와 ㄷ의 '멋진'은 어떤 대상의 성질이나 상태를 나타내는 형용사이다.
⑤ ㄴ의 '가'와 ㄷ의 '에서'는 앞말과 다른 말과의 문법적인 관계를 나타내는 조사이다.

11 사전 자료의 일부인 〈보기〉를 바탕으로 어미의 쓰임을 탐구한 학습지 활동의 결과로 적절하지 <u>않은</u> 것은?

보기

-ㄴ「어미」

이야기하는 시점에서 볼 때 사건이나 행위가 현재 일어남을 나타내는 어미.

¶ 일을 마치고 집으로 간다.

-ㄴ「어미」

① 사건이나 행위가 과거 또는 말하는 이가 상정한 기준 시점보다 과거에 일어남을 나타내는 어미.

¶ 이것은 털실로 짠 옷이다.

② 현재의 상태를 나타내는 어미.

¶ 누나는 유명한 성악가이다.

[학습지]

각 질문에 대해 '예'는 ○, '아니요'는 ×로 표시하시오.

질문	-ㄴ-	-ㄴ	
		①	②
◦ 다른 어미 앞에 붙을 수 있는가?	○	×	× …㉠
◦ 어미 '-(으)시-' 뒤에 붙을 수 있는가?	○	○	○ …㉡
◦ 어간에 붙어 관형어 구실을 하게 하는가?	×	○	○ …㉢
◦ 받침 없는 용언의 어간 뒤에 붙어 현재 시제를 나타내는가?	○	×	○ …㉣
◦ 예문으로 '흰 눈이 내립니다.'를 추가할 수 있는가?	○	×	× …㉤

① ㉠   ② ㉡   ③ ㉢
④ ㉣   ⑤ ㉤

12 〈보기〉의 ㉠~㉤에 대한 수정 방안으로 적절하지 <u>않은</u> 것은?

보기

결석해서 무엇을 공부해야 ㉠ <u>할 지</u> 모르는 나에게 승호는 필기한 공책을 ㉡ <u>주고 갔다</u>. 승호는 역시 듬직한 ㉢ <u>형같다</u>. 이제 내가 심혈을 ㉣ <u>기울일것은</u> ㉤ <u>공부 뿐이다</u>.

① ㉠ : '-ㄹ지'가 하나의 어미이기 때문에 '할'과 '지'를 붙여 '할지'로 수정한다.

② ㉡ : '갔다'가 본동사이기 때문에 '주고'와 '갔다'를 붙여 '주고갔다'로 수정한다.

③ ㉢ : '같다'가 형용사이기 때문에 '형'과 띄어 '형 같다'로 수정한다.

④ ㉣ : '것'이 의존 명사이기 때문에 '기울일'과 띄어 '기울일 것'으로 수정한다.

⑤ ㉤ : '뿐'이 조사로 쓰였기 때문에 '공부'와 붙여 '공부뿐이다'로 수정한다.

13 〈보기〉를 바탕으로 ㄱ~ㅁ을 이해한 내용으로 적절하지 <u>않은</u> 것은?

보기

한글 맞춤법 제15항 용언의 어간과 어미는 구별하여 적는다.

[붙임 2] 종결형에서 사용되는 어미 '-오'는 '요'로 소리 나는 경우가 있더라도 그 원형을 밝혀 '오'로 적는다.

㉎ 이것은 책이오. / 이것은 책이 아니오.

[붙임 3] 연결형에서 사용되는 '이요'는 '이요'로 적는다.

㉎ 이것은 책이요, 저것은 붓이요, 또 저것은 먹이다.

선생님의 설명 : 제15항 [붙임 2]에서 설명하는 어미 '-오'는 하오체 종결 어미입니다. 이 어미 '-오'는 [오]로 발음하는 것이 원칙이지만 [요]로 발음할 수도 있습니다. 그리고 이 '-오'가 '이다', '아니다'의 어간 뒤에 붙어 '-이오'로 활용할 때, '차(車)'처럼 모음으로 끝나는 체언과 결합하는 경우 '차이오→차요'와 같이 '-이오'가 '-요'로 줄어 쓰이기도 합니다. 이때 '-이오'가 줄어든 형태인 '-요'는 청자에게 존대의 뜻을 나타내는 보조사 '요'와 그 형태나 발음이 동일하기 때문에 언어생활에서 주의가 필요합니다. 이제 다음 제시된 자료를 분석해 봅시다. 단, ㄹ과 ㅁ은 모두 말하는 도중에 상대 높임의 등급을 바꾸지 않는다고 가정합니다.

ㄱ. 이것은 들판이요, 저것은 하늘<u>이오</u>.

ㄴ. 내 나라는 한국<u>이요</u>, 중국이 아니오.

ㄷ. (고향을 묻는 물음에 대한 답) <u>부산이오</u>.

ㄹ. 무얼 좋아하시오? 소설이오? 아니면 영화<u>요</u>?

ㅁ. 무얼 좋아하세요? 소설<u>요</u>? 아니면 영화<u>요</u>?

① ㄱ의 밑줄 친 '이오'는 [이요]로 발음할 수 있다.

② ㄴ의 밑줄 친 '이요'를 '이오'로 바꾸어 적을 수 있다.

③ ㄷ의 밑줄 친 '부산이오'는 하오체 문장에 해당한다.

④ ㄹ의 밑줄 친 '요'는 모음으로 끝나는 체언 뒤에서 '-이오'가 줄어든 형태에 해당한다.

⑤ ㅁ의 밑줄 친 '요'는 둘 다 청자에게 존대의 뜻을 나타내는 보조사에 해당한다.

14 〈보기〉의 (가)~(다)에 들어갈 내용으로 적절한 것은?

> **보기**
>
> 선생님 : 지난 시간에 배운 음운의 변동에 대해 잘 기억하는지 질문 하
> 나 하겠습니다. '낫다'와 '낳다'가 활용될 때 공통적으로 일어나는 음
> 운 변동은 무엇일까요?
> 학 생 : 둘 다 음운의 ___(가)___ 현상이 일어납니다.
> 선생님 : 맞아요. 그래서 사람들이 가끔 혼동해서 틀리곤 하지요.
> ___(가)___ 현상이 일어나는 용언들 가운데 불규칙 활용을 하는 것은
> 모두 음운 변동이 표기에 반영되는 반면, 규칙 활용을 하는 것은 표
> 기에 반영되기도 하고 반영되지 않기도 합니다. '낫다'와 '낳다'는 다
> 음 중 어떤 유형에 해당할까요?
>
> | 표기 반영 여부
활용 유형 | 반영 | 미반영 |
> |---|---|---|
> | 규칙 활용 | Ⓐ | Ⓑ |
> | 불규칙 활용 | Ⓒ | ▨ |
>
> 학 생 : '낫다'는 ___(나)___ , '낳다'는 ___(다)___ 에 해당됩니다.

	(가)	(나)	(다)
①	축약	Ⓐ	Ⓒ
②	탈락	Ⓑ	Ⓐ
③	탈락	Ⓒ	Ⓑ
④	교체	Ⓑ	Ⓒ
⑤	교체	Ⓒ	Ⓑ

15 〈보기〉를 바탕으로 하여 조사의 특성에 대해 탐구한 내용이 적절하지 <u>않은</u> 것은?

> **보기**
>
> ◦ 형(은/*는) 학교에 가고, 나(*은/는) 집에 갔다.
> ◦ 민수(가/는) 운동(을/은) 싫어한다.
> ◦ 나는 점심에 국수 먹었는데 너는 무엇을 먹었어?
> ◦ 어서요 읽어 보세요.
> ◦ 빵만으로 살 수 없다.
>
> (*는 비문법적인 표현임.)

① 격 조사 자리에 보조사가 올 수도 있군.
② 격 조사는 담화 상황에 따라 생략할 수도 있군.
③ 앞에 오는 말의 받침 유무에 따라 조사를 선택하기도 하는군.
④ 보조사는 체언뿐 아니라 부사 뒤에도 붙을 수 있군.
⑤ 보조사는 격 조사와 결합할 때 격 조사 뒤에만 붙을 수 있군.

16 〈보기〉의 설명에 따라 학습지를 푼 결과 중, 바르지 <u>않은</u> 것은?

> **보기**
>
> 선생님 : 본용언과 보조 용언은 띄어 쓰는 것이 원칙이지만 경우에 따라
> 붙여 쓰는 것도 허용하고 있어요. 그렇지만 앞말에 조사가 붙거나
> 앞말이 합성 동사인 경우에 그 뒤에 오는 보조 용언은 띄어 써야
> 해요. 예를 들어, '도와 드리다'의 경우 '드리다'가 보조 용언이니까
> '도와 드리다'로 쓰는 것이 원칙이지만 '도와드리다'도 허용하는 것
> 이지요. 그럼 선생님 설명을 얼마나 잘 이해했는지 확인해 볼까
> 요?

> **학습지**
>
> * 다음은 보조 용언이 쓰인 문장이다. 띄어쓰기에 맞는 표현을
> 　모두 찾아 ○표 하시오.
>
> | |
> |---|
> | ○ 활활 타던 불이 (꺼져 갔다 / 꺼져갔다). … ① |
> | ○ 의자를 뒤로 (밀어내 버렸다 / 밀어내버렸다). … ② |
> | ○ 네가 그 일에 (덤벼들어 보아라 / 덤벼들어보아라). … ③ |
> | ○ 책을 여러 번 (읽어도 보았다 / 읽어도보았다). … ④ |
> | ○ 둘이 잘도 (놀아만 나는구나 / 놀아만나는구나). … ⑤ |

17 〈보기 1〉을 바탕으로 ㉠과 품사가 같은 것만을 〈보기 2〉에서 고른 것은?

보기 1

수 관형사는 수사와 형태가 같은 경우가 많아 혼동하기 쉽다. 문장에서 둘 다 활용을 하지 않고 사물의 수량이나 순서를 가리키지만, 수 관형사는 수사와 달리 단위를 나타내는 의존 명사와 함께 쓰인다는 차이가 있다.

◦ 이 일을 마치는 데에 ㉠ 칠 개월 걸렸다. (수 관형사)
◦ 육에 일을 더하면 칠이다. (수사)

보기 2

◦ 명호는 바둑을 ㉮ 다섯 판이나 두었다.
◦ 윤배가 고향을 떠난 지 ㉯ 팔 년이 지났다.
◦ 은주는 시장에서 토마토를 ㉰ 하나 사 왔다.
◦ 현수는 달리기 시합에서 ㉱ 셋째로 들어왔다.

① ㉮, ㉯   ② ㉮, ㉰   ③ ㉯, ㉰
④ ㉯, ㉱   ⑤ ㉰, ㉱

18 〈보기〉의 담화 상황으로 볼 때, ㉠~㉱에 대한 설명으로 적절하지 **않은** 것은?

보기

A : 영희가 말도 없이 책을 가져갔다고 민수가 화가 많이 났더라. 그런데 ㉠ 그것이 사실이야?
B : 아니, 내가 영희에게 민수 말이 맞느냐고 물어봤는데, ㉡ 자기는 분명히 말하고 가져갔다고 그러더라.
A : 서로 의사소통이 잘 안됐나 보다. ㉢ 아무나 좋으니 일단 나서서 민수와 영희의 오해를 풀어주는 게 좋겠다. 그나저나 어제 저녁에 교실에 있었던 애들이 ㉣ 누구였는지 기억나?
B : 나도 ㉤ 거기에 누가 있었는지는 기억이 안 나네.

① ㉠은 '민수가 화가 많이 난 것'을 간단히 표현하려고 사용한 대명사이다.
② ㉡은 B가 앞서 언급한 '영희'를 도로 나타내기 위해 사용한 대명사이다.
③ ㉢은 화자가 불특정 대상을 가리키기 위해 사용한 대명사이다.
④ ㉣은 화자가 지시 대상을 정확히 모르고 있어서 사용한 대명사이다.
⑤ ㉤은 A가 앞서 언급한 '교실'을 가리키기 위해 사용한 대명사이다.

19 다음 탐구 과정에서 ㉠에 들어갈 사례로 적절한 것은?

| 의문 | '자리를 바꿔(○) 앉았다.'와 '잔금을 치뤄(×) 두었다.'에서 '바꿔'와 달리 '치뤄'의 표기가 어문 규정에 어긋나는 이유는 무엇일까? |

⇩

| 탐구 | (1) 각 단어의 기본형을 찾아 활용 형태를 분석해 본다.
◦ 바꾸-(다) + -어 → 바꾸어 → 바꿔
◦ 치르-(다) + -어 → 치러

(2) '치러'와 같은 형태로 활용하는 사례를 찾아본다.

㉠ |

⇩

| 결과 | '치르다'를 '바꾸다'와 같이 어간이 'ㅜ'로 끝나는 사례와 혼동하였기 때문이다. '치르-'는 어간이 'ㅡ'로 끝나는 용언이므로 모음으로 시작하는 어미와 결합할 때, 'ㅡ'가 탈락한다. |

① 할머니께서 아침에 동생을 깨워 주셨다.
② 그는 자물쇠로 책상 서랍을 잠가 놓았다.
③ 오늘은 가족과 함께 고기를 구워 먹었다.
④ 언니의 얼굴이 오늘따라 몹시 하얘 보였다.
⑤ 오빠가 하는 이야기를 자세히 들어 보았다.

20 〈보기〉의 ㉠~㉤에 나타난 심리적 태도로 적절하지 **않은** 것은?

보기

◦ 어미를 사용하여 추정, 감탄, 단정, 확인, 의지, 전달 등의 화자의 심리적 태도를 드러낼 수 있다.

영희 : 너 오늘 산에 간다고 했잖아. 오늘 간 거 ㉠ 맞지?
철수 : 아니, 못 갔어. 내일은 꼭 가고 ㉡ 말겠어.
영희 : 그럼 너희 형은?
철수 : 아마 ㉢ 갔을걸. 아까 엄마 말씀이 ㉣ 갔다더라고.
영희 : 우와. 너희 형은 정말로 ㉤ 대단하구나.

① ㉠ : 확인   ② ㉡ : 의지   ③ ㉢ : 추정
④ ㉣ : 단정   ⑤ ㉤ : 감탄

21 〈보기〉는 '문법 학습 게시판'에 올라온 자료이다. 이를 참고할 때, (가)~(마) 중 적절하지 <u>않은</u> 것은?

보기

【 질문 】

선생님! 띄어쓰기와 관련해서 헷갈리는 것이 있어요. '만큼, 대로, 뿐' 은 어떤 경우에 띄어 쓰고 어떤 경우에 붙여 쓰나요? 그리고 '못하다'와 '못 하다'의 차이는 무엇인가요?

【 답변 】

'만큼, 대로, 뿐'이 조사로 쓰일 때는 앞말에 붙여 쓰고, 의존 명사로 쓰일 때는 띄어 쓴단다. 그러니까 앞말이 체언일 경우에는 붙여 쓰고, 용언의 관형사형일 경우에는 띄어 쓴다고 생각하면 되는 거지. 그리고 '못 하다'는 부사인 '못'이 동사인 '하다'를 꾸미는 것이고, '못하다'는 형용사나 동사로 그 자체가 하나의 단어란다. 형용사일 때는 '정도가 극에 달한 나머지', '비교 대상에 미치지 아니함' 등의 뜻을 나타내지.

(가) 공부를 할 만큼 했으니 성적이 오르겠지?
(나) 나는 <u>나대로</u> 열심히 공부했어.
(다) 지금까지 공부한 것이 고작 <u>그것 뿐</u>이야?
(라) 배가 고프다 <u>못해</u> 아프다.
(마) 실력이 예전보다 많이 <u>못하구나</u>.

① (가)　　　② (나)　　　③ (다)
④ (라)　　　⑤ (마)

22 〈보기〉의 밑줄 친 내용을 설명하기 위해 활용할 수 있는 사례로 가장 적절한 것은?

보기

동음이의(同音異義) 관계에 있는 용언들은, 그 기본형은 같지만 다양한 어미를 결합시켜 활용을 해 보면 <u>하나는 규칙, 다른 하나는 불규칙 활용을 함으로써 두 용언의 활용 형태가 서로 달라지는 경우가 있다.</u> 이를 통해 동음이의 관계의 두 용언이 각각 서로 다른 단어임을 좀 더 명확하게 확인할 수 있다.

① ┌ 친구가 병이 <u>낫다</u>.
　└ 동생이 형보다 인물이 <u>낫다</u>.

② ┌ 벽에 바른 벽지가 <u>울다</u>.
　└ 시합에 진 어린이가 <u>울다</u>.

③ ┌ 소나무가 마당 쪽으로 <u>굽다</u>.
　└ 어머니께서 빵을 <u>굽다</u>.

④ ┌ 친구에게 약속 시간을 <u>이르다</u>.
　└ 약속 장소에 <u>이르다</u>.

⑤ ┌ 장작이 벽난로에서 <u>타다</u>.
　└ 학교에 가려고 버스를 <u>타다</u>.

23 다음은 사전의 일부이다. 이를 바탕으로 〈보기〉를 탐구한 내용으로 적절하지 <u>않은</u> 것은?

가 조

[1] (받침 없는 체언 뒤에 붙어)
　① 어떤 상태나 상황에 놓인 대상, 또는 상태나 상황을 겪거나 일정한 동작을 하는 주체를 나타내는 격 조사.
　② ('되다', '아니다' 앞에 쓰여) 바뀌게 되는 대상이나 부정(否定)하는 대상임을 나타내는 격 조사. 바뀌게 되는 대상을 나타낼 때는 대체로 조사 '로'로 바뀔 수 있다.
[2] (받침 없는 체언이나 부사어 뒤, 또는 연결 어미 '-지' 뒤에 붙어) 앞말을 지정하여 강조하는 뜻을 나타내는 보조사. 연결 어미 '-지' 뒤에 오는 '가'는 '를'이나 'ㄹ'로 바뀔 수 있으며, 흔히 뒤에는 부정적인 표현이 온다.

이 조

[1] (받침 있는 체언 뒤에 붙어)
　① 어떤 상태를 보이는 대상이나 일정한 상태나 상황을 겪는 경험주 또는 일정한 동작의 주체임을 나타내는 격 조사.
　② ('되다', '아니다' 앞에 쓰여) 바뀌게 되는 대상이나 부정(否定)하는 대상임을 나타내는 격 조사. 바뀌게 되는 대상을 나타낼 때의 '이'는 대체로 조사 '으로'로 바뀔 수 있다.
[2] ('-고 싶다' 구성에서 본동사의 목적어나 받침 있는 부사어 뒤에 붙어) 앞말을 지정하여 강조하는 뜻을 나타내는 보조사.

보기

◦ ⓐ<u>올챙이가</u> ⓑ<u>개구리가</u> 되었다.
◦ 방이 ⓒ<u>깨끗하지가</u> 않다.
◦ 그 넓던 갈대밭이 모두 ⓓ<u>뽕밭이</u> 되었다.
◦ 나는 ⓔ<u>백두산이</u> 제일 보고 싶다.

① ⓐ의 '가'와 ⓓ의 '이'는 '가 [1]'과 '이 [1]'을 통해 앞 체언의 받침 유무에 따라 선택된 격 조사임을 알 수 있군.
② ⓑ의 '가'는 조사 '로'로 바꾸어 쓸 수 있는 걸 보니, '가 [1] ②'를 통해 '되다' 앞에 쓰여 부정하는 대상을 나타내는 격 조사임을 알 수 있군.
③ ⓒ의 '가'는 '를'로 바꾸어 쓸 수 있는 걸 보니, '가 [2]'를 통해 앞말을 지정하여 강조하는 뜻을 나타내는 보조사임을 알 수 있군.
④ ⓓ의 '이'는 조사 '으로'로 바꾸어 쓸 수 있는 걸 보니, '이 [1] ②'를 통해 '되다' 앞에 쓰여 바뀌게 되는 대상을 나타내는 격 조사임을 알 수 있군.
⑤ ⓔ의 '이'는 '이 [2]'를 통해 앞말을 지정하여 강조하는 뜻을 나타내는 보조사임을 알 수 있군.

24 〈보기〉의 ㉠을 설명할 수 있는 사례로 가장 적절한 것은?

보기

　　동사는 움직임이나 작용을 나타내고, 형용사는 성질이나 상태를 나타낸다. 그런데 ㉠하나의 단어가 하나 이상의 문법적 성질을 가지고 있어 동사와 형용사 두 가지로 사용되는 경우가 있다. '밝다'의 경우, '달이 밝다.'에서는 '환하다'의 의미로 쓰여 형용사가 되고 '날이 밝는다.'에서는 '밤이 지나고 환해지다'의 의미로 쓰여 동사가 된다.

① 그녀의 속눈썹은 길다.
　　긴 겨울방학이 끝났다.
② 나이보다 얼굴이 젊다.
　　젊은 나이에 성공을 했다.
③ 봄바람이 따뜻하다.
　　따뜻한 마음씨를 가져야 한다.
④ 나는 너에 대한 기대가 크다.
　　우리 아들은 키가 쑥쑥 큰다.
⑤ 외출하기에는 시간이 너무 늦다.
　　그는 늦은 나이에 대학에 진학했다.

25 다음은 '다의어'에 관한 탐구학습지의 일부이다. ㉮에 들어갈 내용으로 적절한 것은?

※ 〈보기〉의 예를 바탕으로 '가다'의 의미를 파악해 보자.

보기

ㄱ. 그 분은 아침에 서울로 <u>가셨다</u>.
ㄴ. 너에게 신호가 <u>가면</u> 직접 슛을 해.
ㄷ. 그 아이는 학교에서 성적이 중간은 <u>간다</u>.
ㄹ. 그렇게 이른 시간에 친구 집을 <u>가</u> 본 적은 없다.
ㅁ. 장사꾼들 사이에 시비가 오고 <u>가는지</u> 소란스러웠다.
ㅂ. 물이 어른 무릎쯤 <u>가는</u> 냇물이라 아이들이 놀기에도 적당하다.

(1) ㄱ~ㅂ을 비슷한 의미를 지닌 것끼리 묶어 보자.
　　(ㄱ, 　　) (ㄴ, 　　) (ㄷ, 　　)

(2) (1)의 결과를 바탕으로 '가다'의 의미를 정리해 보자.
　　- 한 곳에서 다른 곳으로 장소를 이동하다.
　　- 말이나 소식 따위가 알려지거나 전하여지다.
　　- _____㉮_____

---

① 어떤 대상을 기준으로 해서 어느 정도까지 이르다.
② 일정한 시간이 되거나 일정한 곳에 이르다.
③ 그러한 상태가 생기거나 일어나다.
④ 어떤 현상이나 상태가 유지되다.
⑤ 관심이나 눈길 따위가 쏠리다.

26 아래의 글에서 〈보기〉의 ㉮와 ㉯가 모두 나타난 것은?

보기

　　응집성이란 담화를 이루는 발화나 문장들이 형식상 특정한 장치에 의해 연결되는 것을 말하며, 이는 주로 지시 표현, 접속 부사 등과 같은 ㉮연결어에 의해 표현된다. 또한 유사한 어휘 또는 표현을 반복함으로써도 표현된다. 이 외에도 ㉯직접적으로 순서나 과정을 드러내는 어휘를 사용하기도 한다.

　　청소년 목공동아리 '목동'의 이번 활동은 연필꽂이 만들기입니다. ① 먼저 디자인을 구상합니다. 다음으로 치수를 정합니다. 그리고 치수에 따라 나무를 자르는 재단이 끝나면 작업이 시작됩니다. 재단된 나무를 잘 배치해서 접착제로 붙입니다. ② 여기 목동 친구들은 잘 아시죠? 접착제를 너무 많이 쓰면 접착제가 나무의 겉면으로 삐져나와 굳잖아요. ③ 그러니 욕심 부리지 말고 적당량만 발라줍니다. 접착제로 다 붙인 후에는 못을 자동으로 박는 목공 기구인 '타카건'으로 나무판들을 고정합니다. ④ 이렇게 한 다음 연필꽂이의 바닥까지 모두 조립하고 사포질을 해줍니다. 사포질을 안 한 모서리에 찔리면 다칠 수 있으니 조심하세요. ⑤ 사포질을 할 때에는 나무의 결을 따라 하는 것이 보기에 좋습니다. 사포질을 마친 후에는 연필꽂이에 칠을 하거나 장식을 붙여 완성합니다.

---

27 다음의 탐구 과정에서 ㉠과 ㉡에 들어갈 내용으로 옳은 것은?

자료	• 차에 실은(○) 것이 뭐니? • 시들은(×) / 시든(○) 꽃 한 송이가 있다. * ○ : 어문 규정에 맞음. × : 어문 규정에 어긋남.

의문	• 어문 규정에 따를 때, '싣다'처럼 어간 끝이 'ㄷ'인 용언과 '시들다'처럼 어간 끝이 'ㄹ'인 용언에 관형사형 어미가 결합하면 어떻게 될까?

<table>
<tr><td rowspan="9">탐구</td><td colspan="4">① '실은', '시든'이 어떻게 만들어진 것인지 분석해 본다.
• 실은 → 싣-(어간) + -은(어미)
• 시든 → 시들-(어간) + -ㄴ(어미)

② 유사한 사례를 찾아 분석해 본다.</td></tr>
<tr><td>예문</td><td>기본형</td><td>활용형</td><td>형태소 분석</td></tr>
<tr><td>이것이 바로 내가 들은(○) 소리다.</td><td>듣다</td><td>들은</td><td>듣-+-은</td></tr>
<tr><td>정성을 쏟은(○) 일은 실패하지 않는다.</td><td>쏟다</td><td>쏟은</td><td>쏟-+-은</td></tr>
<tr><td>예문</td><td>기본형</td><td>활용형</td><td>형태소 분석</td></tr>
<tr><td>그가 내밀은(×) / 내민(○) 손을 잡지 못했다.</td><td>내밀다</td><td>내민</td><td>내밀-+-ㄴ</td></tr>
<tr><td>부풀은(×) / 부푼(○) 꿈을 안고 왔다.</td><td>부풀다</td><td>부푼</td><td>부풀-+-ㄴ</td></tr>
</table>

결과	• 어간 끝이 'ㄷ'인 용언은, 관형사형 어미 '-은'이 결합하면 'ㄷ'이 그대로 유지되거나, _____㉠_____. • 어간 끝이 'ㄹ'인 용언은, 관형사형 어미 '-ㄴ'이 결합하면 _____㉡_____.

	㉠	㉡
①	'ㄷ'이 'ㄹ'로 교체됨	'-으-'가 삽입됨
②	'ㄷ'이 'ㄹ'로 교체됨	'ㄹ'이 탈락함
③	어미의 형태가 바뀜	어미의 형태가 바뀜
④	'ㄷ'이 탈락함	'ㄹ'이 탈락함
⑤	어간의 형태가 바뀜	어미의 형태가 바뀜

28 〈보기〉는 단어의 의미 관계에 관한 수업 자료의 일부이다. 〈보기〉에서 이끌어 낼 수 있는 내용으로 적절하지 <u>않은</u> 것은?

> **보기**
>
> ※ 유의 관계에 있는 '기르다', '키우다', '먹이다'의 쓰임 비교
> (두 단어가 결합 가능하면 ○, 그렇지 않으면 ×)
>
> | | 기르다 | 키우다 | 먹이다 | |
> | --- | --- | --- | --- | --- |
> | 돼지를 | ○ | ○ | ○ | …… ⓐ |
> | 감나무를 | ○ | ○ | × | …… ⓑ |
> | 인내심을 | ○ | ○ | × | …… ⓒ |
> | 수염을 | ○ | × | × | …… ⓓ |
> | 첨단산업을 | × | ○ | × | …… ⓔ |

① ⓐ의 경우 '기르다', '키우다', '먹이다'는 모두 '사육하다'를 대신해 쓸 수 있다.
② ⓑ의 경우 '기르다'와 '키우다'는 '재배하다'를 대신해 쓸 수 있다.
③ ⓒ와 ⓔ를 보면 '키우다'는 '기르다', '먹이다'와 달리 추상적인 의미를 지닌 말과 결합하여 쓸 수 있다.
④ ⓓ의 경우 '기르다'는 '깎다'와 반의 관계에 있다고 할 수 있다.
⑤ ⓐ~ⓔ를 보면 '기르다'는 '먹이다'에 비해 '키우다'와 더 많은 상황에서 서로 바꾸어 쓸 수 있다.

29 〈보기〉는 국어사전 편찬을 위하여 언어 자료를 정리한 내용의 일부이다. 〈보기〉의 예를 바탕으로 〈국어사전〉의 ㉠에 추가할 뜻풀이로 적절한 것은?

> **보기**
>
> • 그는 관객들에게 최면을 걸고 모두 잠들게 했다.
> • 정보 산업에 미래를 걸고 있었다.
> • 왜 지나가는 사람에게 시비를 걸고 그래.

> **국어사전**
>
> 걸다[걸:다] 〔걸어, 거니, 거오〕 동
> • 어떤 상태에 빠지게 하다.
> • 앞으로의 일에 대한 희망을 품다.
> • _____㉠_____

① 의논이나 토의의 대상으로 삼다.
② 상대편을 넘어뜨리려는 동작을 하다.
③ 다른 사람이 관련이 있음을 주장하다.
④ 명예나 목숨을 위해 희생할 각오를 하다.
⑤ 다른 사람을 향해 먼저 어떤 행동을 하다.

30 다음의 ㉠, ㉡에 들어갈 용례로 적절하지 <u>않은</u> 것은?

> **학생 :** 선생님, '이렇게 많은 걸 언제 다 모았니?'라고 할 때, 여기서 '걸'은 띄어 써야 하나요? 아니면 붙여 써야 하나요? '걸'은 앞말에 붙여 쓰기도 하고 띄어 쓰기도 해서 혼란스러워요.
>
> **선생님 :** 이 경우에는 띄어 쓰는 것이 맞아요. '걸'은 '것을'을 구어적으로 나타낸 것이랍니다. 여기서 '거'는 의존 명사 '것'에 해당하므로 앞말과 띄어 써야겠지요. 그런데 '걸'이 가벼운 반박이나 감탄의 뜻을 나타낼 때에는 앞말에 붙여 써야 합니다. 왜냐하면 이 때 '걸'은 '-ㄴ걸, -는걸' 등과 같은 어미의 일부이기 때문이지요. 그럼 이를 바탕으로 각각의 용례에 해당하는 것을 찾아볼까요?

띄어 쓰는 경우	붙여 쓰는 경우
㉠	㉡

① ㉠ : 몸에도 좋지 않은 **걸** 왜 먹니?
② ㉠ : 내가 바라는 **걸** 너는 알고 있지?
③ ㉡ : 날이 흐린**걸** 보니 곧 비가 오겠네.
④ ㉡ : 그만하면 훌륭하던**걸** 뭐.
⑤ ㉡ : 야, 눈이 많이 쌓였는**걸**!

31 〈보기〉의 밑줄 친 부분의 사례에 해당하는 것은?

> **보기**
>
> 선어말 어미 '-겠-'은 일반적으로 미래 시제를 나타내기 위하여 사용되며, 미래의 일에 대한 추측이나 가능성, 말하는 이의 의지 등을 나타내기도 한다. 그러나 특정 담화 상황에서는 말하는 이의 <u>완곡한 태도를 나타내기 위해 사용</u>되기도 한다.

① 제가 잠시 들어가도 되**겠**습니까?
② 동생은 영화를 보러 가**겠**다고 한다.
③ 지금 떠나면 저녁에야 도착하**겠**구나.
④ 다음 달 정도면 날씨가 시원해지**겠**지?
⑤ 이 정도의 고통은 내 힘으로 이겨내**겠**다.

32 다음의 탐구 과정에 따라 〈보기〉의 ㉠~㉤을 분류하고자 한다. A~C에 해당하는 사례를 올바르게 짝지은 것은?

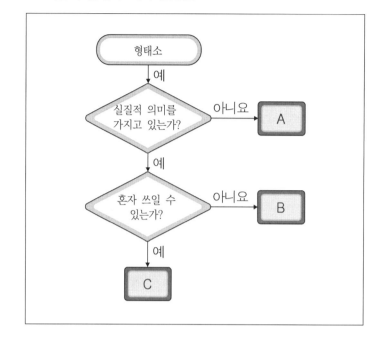

> **보기**
>
> 북두칠성은 ㉠<u>어느</u> 계절에나 북쪽 밤하늘을 보면 쉽게 찾을 수 ㉡<u>있</u>다. 북두칠성을 흔히 국자㉢<u>에</u> 비유하는데, 그것이 국자라면 국을 쏟을 때 국이 흐를 마지막 두 별을 잇㉣<u>는</u> 직선상에 있는 별 중 가장 밝고, 두 별의 간격의 다섯 배쯤에 있는 별을 발견할 것이다. 그 ㉤<u>자리</u>에 보이는 것이 바로 우리가 알고 있는 밤 하늘의 북극성이다.

	A	B	C
①	㉠, ㉤	㉢	㉡, ㉣
②	㉡, ㉢	㉠, ㉤	㉣
③	㉢, ㉣	㉠, ㉡	㉤
④	㉢, ㉣	㉡	㉠, ㉤
⑤	㉣	㉢, ㉤	㉠, ㉡

33 〈보기〉는 '용언의 불규칙 활용'에 대한 설명이다. ㉠에 해당하는 것은?

보기

　용언의 활용에서 용언의 어간이나 어미의 기본 형태가 불규칙적으로 달라지는 것을 '불규칙 활용'이라고 하는데, 불규칙 활용에는 다음과 같은 세 가지 유형이 있다.

• 어간만 바뀌는 경우

〈예시〉　어간　　　어미의 기본형태
　　　　걷- 　+　-고　　　→　걷고
　　　　　　 +　-아/어　　→　걸어
　　　　　　 +　-아라/어라　→　걸어라
　　　　　　　　　⋮

• 어미만 바뀌는 경우

〈예시〉　어간　　　어미의 기본형태
　　　이르(至)- 　+　-고　　　→　이르고
　　　　　　　 +　-아/어　　→　이르러
　　　　　　　 +　-아서/어서　→　이르러서
　　　　　　　　　⋮

• 어간과 어미가 모두 바뀌는 경우 ⋯⋯⋯⋯⋯⋯⋯ ㉠

① 사람들을 빨리 불러 <u>오너라</u>.
② 하늘이 <u>파래서</u> 기분이 좋다.
③ 그런 식으로 말을 <u>지어</u> 내지 마라.
④ 지나가는 사람에게 길을 <u>물어</u> 봐라.
⑤ 공부를 열심히 <u>하여</u> 좋은 결과를 얻자.

34 〈보기〉의 품사 분류 기준에 따라 예문의 단어를 분류해 보았다. 적용한 기준에 따른 분류로 알맞은 것은?

보기

□ 품사 분류 기준
• 형태에 따라 : 가변어, 불변어
• 기능에 따라 : 체언, 용언, 관계언, 수식언, 독립언
• 의미에 따라 : 명사, 대명사, 수사, 동사, 형용사, 관형사, 부사, 감탄사, 조사

□ 예문
• 호수가 깊다.
• 강의 깊이는 누구도 모른다.

	기준	분류(※‖는 분류의 경계를 표시함.)
①	형태	깊다, 깊이‖호수, 가, 강, 의, 는, 누구, 도, 모르다
②	기능	깊다, 모르다‖호수, 강, 깊이‖누구‖가, 의‖는, 도
③	기능	깊다, 모르다‖호수, 강, 깊이, 누구‖가, 의, 는, 도
④	의미	깊다, 깊이‖모르다‖호수, 강‖누구‖가, 의, 는, 도
⑤	의미	깊다‖깊이‖모르다‖호수‖강‖누구‖가‖의‖는‖도

35 〈보기〉의 설명에 해당하는 예로 적절하지 <u>않은</u> 것은?

보기

　'보다', '듣다', '느끼다', '맛보다', '맡다'와 같은 단어들은 감각 기관을 통해 인식한 것을 표현하기도 하지만, 추상적인 인식이나 판단을 표현하기도 합니다. 그럼, 각각에 해당하는 예를 찾아볼까요?

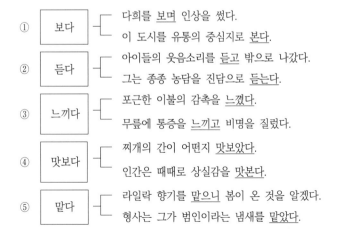

① 보다 ┬ 다희를 <u>보며</u> 인상을 썼다.
　　　　└ 이 도시를 유통의 중심지로 <u>본다</u>.

② 듣다 ┬ 아이들의 웃음소리를 <u>듣고</u> 밖으로 나갔다.
　　　　└ 그는 종종 농담을 진담으로 <u>듣는다</u>.

③ 느끼다 ┬ 포근한 이불의 감촉을 <u>느꼈다</u>.
　　　　　└ 무릎에 통증을 <u>느끼고</u> 비명을 질렀다.

④ 맛보다 ┬ 찌개의 간이 어떤지 <u>맛보았다</u>.
　　　　　└ 인간은 때때로 상실감을 <u>맛본다</u>.

⑤ 맡다 ┬ 라일락 향기를 <u>맡으니</u> 봄이 온 것을 알겠다.
　　　　└ 형사는 그가 범인이라는 냄새를 <u>맡았다</u>.

나 없이

기출

풀지마라

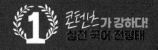

문장

[성분과 종류]

문장[성분과 종류]

01 〈보기〉를 바탕으로 '목적어'에 대해 탐구한다고 할 때, 적절하지 <u>않은</u> 것은?

14학년도 예비A

보기

ㄱ 오늘 아침에 나는 빵을 먹었다. 내가 ㄴ 빵을 먹은 건, 늦잠을 잤기 때문이다. ㄷ 그런 내 모습을 어머니께서 보시고, "공부하느라 힘들지?" 하면서 냉장고에서 ㄹ 우유를 꺼내주셨다. 고맙기도 하고 죄송하기도 해서 같이 드시지 않겠냐고 여쭤 보았다. 어머니께서는 "그럼, ㅁ 우유나 마실까?" 하면서 식탁에 앉으셨다. 어머니께서 환하게 웃으셨는데 ㅂ 그 모습이 참 고우셨다.

① ㄱ과 ㄷ을 보니, 목적어는 동작을 나타내는 서술어의 대상으로 쓰이는군.
② ㄱ과 ㄷ을 비교해 보니, 문장 안에서 목적어의 자리는 고정적이지 않군.
③ ㄱ과 ㅁ을 비교해 보니, 목적어가 생략될 수도 있군.
④ ㄱ과 ㅂ을 비교해 보니, 목적어가 필요 없는 문장도 있군.
⑤ ㄴ과 ㄹ을 보니, 자음 뒤에 '을', 모음 뒤에 '를'이라는 목적격 조사가 쓰이는군.

02 〈보기〉의 ㄱ~ㅁ에 대한 설명으로 적절하지 <u>않은</u> 것은?

14학년도 수능A

보기

명사절은 명사와 마찬가지로 문장에서 다양한 문장 성분으로 쓰인다. 다음의 밑줄 친 명사절이 어떤 문장 성분으로 쓰이는지 알아보자.

ㄱ 색깔이 희기가 눈과 같다.
ㄴ 농부들은 비가 오기를 기다린다.
ㄷ 부모는 언제나 자식이 행복하기 바란다.
ㄹ 제비는 겨울이 오기 전에 남쪽으로 떠났다.
ㅁ 지금은 우리가 학교에 가기에 아직 이르다.

① ㄱ : 명사절이 조사와 결합하여 주어로 쓰였다.
② ㄴ : 명사절이 조사와 결합하여 목적어로 쓰였다.
③ ㄷ : 명사절이 조사와 결합하지 않고 목적어로 쓰였다.
④ ㄹ : 명사절이 조사와 결합하지 않고 부사어로 쓰였다.
⑤ ㅁ : 명사절이 조사와 결합하여 부사어로 쓰였다.

03 〈보기〉의 ㄱ에 해당하는 예가 <u>아닌</u> 것은?

15학년도 9월A

보기

ㄱ 하나의 문장이 관형절로 다른 문장에 안길 때, 원래 있었던 주어가 생략되는 경우가 있다.

(가) 민수가 열심히 공부한다.
(나) 형이 민수에게 음료수를 주었다.
(다) 형이 열심히 공부하는 민수에게 음료수를 주었다.

(가)가 (나)에 관형절로 안겨 (다)가 만들어질 때, (가)의 '민수'와 (나)의 '민수'가 중복된다. 이 경우, (가)의 주어 '민수가'가 (다)의 밑줄 친 관형절에서는 나타나지 않는다.

① 형이 숙제를 하는 동생을 불렀다.
② 동생은 대학생이 된 형과 여행을 했다.
③ 영수가 버스에 탄 경희에게 말을 걸었다.
④ 나는 정수가 은희와 결혼한 사실을 몰랐다.
⑤ 그는 이 그림을 그린 화가의 전시회에 갔다.

04 다음 ㄱ, ㄴ의 문장 성분과 문장 구조에 대한 설명이 옳은 것은?

15학년도 수능A

ㄱ 친구들은 내가 노래 부르기를 원한다.
ㄴ 우리는 이 지역 토양이 벼농사에 적합함을 몰랐다.

① ㄱ에는 부사어가 있지만 ㄴ에는 부사어가 없다.
② ㄱ에는 명사절이 안겨 있지만 ㄴ에는 부사절이 안겨 있다.
③ ㄱ에는 서술절이 안겨 있지만 ㄴ에는 관형절이 안겨 있다.
④ ㄱ의 안긴문장 속에는 관형어가 있지만 ㄴ의 안긴문장 속에는 관형어가 없다.
⑤ ㄱ의 안긴문장 속에는 목적어가 있지만 ㄴ의 안긴문장 속에는 목적어가 없다.

05 〈보기〉의 내용을 근거로 하여 잘못된 문장을 수정한 예로 적절하지 않은 것은? `15학년도 수능AB`

보기

서술어의 자릿수는 문법적으로 정확하지 못한 문장을 수정하는 데 고려해야 할 중요한 기준이다. 서술어의 자릿수란 서술어가 반드시 갖추어야 하는 문장 성분의 수를 의미하는데, 다음과 같은 예를 들 수 있다.

- 한 자리 서술어 : 꽃이 <u>피었다</u>.
- 두 자리 서술어 : 고양이가 쥐를 <u>잡았다</u>.
- 세 자리 서술어 : 동생은 나에게 책을 <u>주었다</u>.

서술어가 요구하는 문장 성분이 빠져 있으면 문법적으로 정확하지 못한 문장이 되므로 그 성분을 보충하여야 한다.

① 그들은 양식이 다 떨어지자 식량 공급을 요청했다.
　→ 그들은 양식이 다 떨어지자 정부에 식량 공급을 요청했다.
② 문제는 우리가 예의를 지키지 못하는 경우가 많다.
　→ 문제는 우리가 예의를 지키지 못하는 경우가 많다는 사실이다.
③ 나는 오늘 점심을 먹으면서 내 친구를 소개하였다.
　→ 나는 오늘 점심을 먹으면서 내 친구를 누나에게 소개하였다.
④ 우리는 전화위복의 계기로 삼아 지금보다 강해질 것이다.
　→ 우리는 그 일을 전화위복의 계기로 삼아 지금보다 강해질 것이다.
⑤ 형은 이곳에 온 지 얼마 되지 않아 어두울 수밖에 없다.
　→ 형은 이곳에 온 지 얼마 되지 않아 동네 지리에 어두울 수밖에 없다.

06 밑줄 친 부분이 〈보기〉의 ㉠에 해당하지 않는 것은? `16학년도 9월A`

보기

동사의 어간에 연결 어미 '-(으)며'가 결합할 때, ㉠ <u>앞 문장과 뒤 문장의 주어가 서로 같고, '-(으)며'를 연결 어미 '-(으)면서'로 바꾸어 쓸 수 있는 경우에 '-(으)며'는 앞뒤 문장의 동작이 동시에 일어남을 나타낸다.</u>

㉔ 철수가 음악을 듣는다. + 철수가 커피를 마신다.
　→ 철수가 음악을 들<u>으며</u>(들<u>으면서</u>) 커피를 마신다.

① 우리는 함께 걸<u>으며</u> 희망에 대해 이야기했다.
② 모두들 음정에 주의하<u>며</u> 노래를 제대로 부르자.
③ 아는 사람 하나가 미소를 지<u>으며</u> 내게 다가왔다.
④ 마라톤 선수가 가쁜 숨을 몰아쉬<u>며</u> 결승선을 통과했다.
⑤ 출근할 때, 일부는 버스를 이용하<u>며</u> 일부는 지하철을 이용한다.

07 〈보기〉를 참고할 때 밑줄 친 서술어의 문형 정보를 바르게 추출한 것은? `16학년도 9월B`

보기

서술어의 필수적 문장 성분은 사전의 문형 정보에 제시되어 있다. 이러한 문형 정보를 추출하는 과정을 '지내다'의 예로 간략히 보이면 아래와 같다.

['지내다'의 문형 정보 추출 과정]

예문	• 민수가 요즘에 조용하게 <u>지낸다</u>. • 할아버지가 노년에 편하게 <u>지내신다</u>.

▼

문장 성분 분석	• 주어 : 민수가, 할아버지가 • 부사어 : 요즘에, 조용하게, 노년에, 편하게

▼

필수적 문장 성분 추출	• 주어 : 민수가, 할아버지가 • 필수적 부사어 : 조용하게, 편하게

← 주어 제외

문형 정보	【-게】

	예문	문형 정보
①	• 이 나라는 국토가 대부분 산으로 <u>되어</u> 있다. • 요즘에 가죽으로 <u>된</u> 지갑이 인기다.	【…으로】
②	• 모두 그 속임수에 아무렇지 않게 <u>넘어갔다</u>. • 제 꾀에 자기가 자연스럽게 <u>넘어간</u> 꼴이다.	【-게】
③	• 나는 언니와 옷 때문에 <u>다투기도</u> 했다. • 그는 누군가와 한밤중에 <u>다투곤</u> 했다.	【…에】
④	• 가방에 지갑이 사은품으로 <u>딸려</u> 있다. • 그 책에 단어장이 부록으로 <u>딸려</u> 있다.	【…으로】
⑤	• 옷에서 때가 깨끗하게 <u>빠졌다</u>. • 청바지에서 물이 허옇게 <u>빠졌다</u>.	【-게】

08 〈보기〉의 ㉠~㉢에 해당하는 예로 적절하지 <u>않은</u> 것은? 17학년도 6월

보기

(가)~(다)는 관형절을 안은 문장이고 [A]~[C]는 안긴문장인 관형절을 완결된 문장으로 바꾼 것이다. 이를 보면 (가)의 '동생', (나)의 '책', (다)의 '도서관'은 완결된 문장 [A], [B], [C]에서 뒤에 붙는 조사와 함께 각각 ㉠ <u>주어</u>, ㉡ <u>목적어</u>, ㉢ <u>부사어</u>로 기능을 하고 있다.

(가) 어제 책만 읽은 <u>동생</u>에게 오늘은 쉬라고 했다.
　　[A] 동생이 어제 책만 읽었다.
(나) 아이가 읽은 <u>책</u>은 동화책이다.
　　[B] 아이가 책을 읽었다.
(다) 형이 책을 읽은 <u>도서관</u>은 집 근처에 있다.
　　[C] 형이 도서관에서 책을 읽었다.

①	㉠	어제 결혼한 <u>그들</u>에게 나는 미리 선물을 주었다. 누나를 많이 닮은 <u>친구</u>를 우리는 오늘도 만났다.
②	㉠	나무로 된 <u>탁자</u>에 동생이 낙서를 하고 있다. 그들은 시대에 뒤떨어진 <u>생각</u>을 여전히 하고 있다.
③	㉡	두 사람이 어제 헤어진 <u>공원</u>이 지금 공사 중입니다. 나는 어제 부모님이 시키신 <u>일</u>을 오늘에야 다 끝냈다.
④	㉡	친구가 나에게 준 <u>옷</u>이 나는 마음에 든다. 누나는 털실로 짠 <u>장갑</u>도 내게 주었습니다.
⑤	㉢	아이들이 운동장에서 공을 찬 <u>주말</u>을 기억해 보세요. 그는 관중이 쓰레기를 남긴 <u>경기장</u>을 열심히 청소했다.

09 〈보기〉의 ⓐ~ⓓ에 들어갈 말을 올바르게 짝지은 것은? 17학년도 9월

보기

㉠ 영희 어머니께서는 "네 동생은 착해."라고 말씀하셨다.
㉡ 영희 어머니께서는 내 동생이 착하다고 말씀하셨다.

㉠은 영희 어머니의 발화를 그대로 옮긴 직접 인용이고, ㉡은 영희 어머니의 발화를 풀어 쓴 간접 인용이다. 그런데 직접 인용을 간접 인용으로 바꿀 때나 간접 인용을 직접 인용으로 바꿀 때는 인용절 속의 어미, 인용 조사, 대명사, 지시 표현, 높임 표현 등에 변화가 생길 수 있다.

직접 인용	아들이 어제 저에게 "내일 사무실에 계십시오."라고 말했습니다.

▼

간접 인용	아들이 어제 저에게 (ⓐ) 사무실에 (ⓑ) 말했습니다.

직접 인용	언니는 어제 "나의 휴대 전화에 메시지를 꼭 남겨라."라고 나에게 말했다.

▼

간접 인용	언니는 어제 (ⓒ) 휴대 전화에 메시지를 꼭 (ⓓ) 나에게 말했다.

	ⓐ	ⓑ	ⓒ	ⓓ
①	오늘	있으라고	자기의	남기라고
②	어제	계시라고	자기의	남겨라고
③	오늘	있으라고	나의	남겨라고
④	오늘	계시라고	자기의	남겨라고
⑤	어제	계시라고	나의	남기라고

10 ㉠~㉣의 문장 성분과 문장 구조에 대한 설명으로 적절하지 <u>않은</u> 것은?

18학년도 6월

㉠ 그녀는 따뜻한 봄이 빨리 오기를 기다린다.
㉡ 내가 만난 친구는 마음이 정말 착하다.
㉢ 피곤해하던 동생이 엄마가 모르게 잔다.
㉣ 그가 시장에서 산 배추는 값이 비싸다.

① ㉠과 ㉡은 체언을 수식하는 안긴문장이 있다.
② ㉢과 ㉣은 서술어의 기능을 하는 안긴문장이 있다.
③ ㉠은 명사절 속에 부사어가 있고, ㉡은 서술절 속에 부사어가 있다.
④ ㉠은 주어가 생략된 안긴문장이 있고, ㉣은 목적어가 생략된 안긴문장이 있다.
⑤ ㉢은 부사어의 기능을 하는 안긴문장이 있고, ㉣은 관형어의 기능을 하는 안긴문장이 있다.

11 다음은 부사어에 대해 탐구한 것이다. 탐구 내용으로 적절하지 <u>않은</u> 것은?

18학년도 수능

①	하늘이 눈이 부시게 푸른 날이다.
	→ 절인 '눈이 부시게'가 부사어로 쓰였군.
②	함박눈이 하늘에서 펑펑 내리고 있다.
	→ 부사격 조사가 결합한 '하늘에서'와 부사 '펑펑'이 부사어로 쓰였군.
③	그는 너무 헌 차를 한 대 샀다.
	→ 부사 '너무'가 서술어 '샀다'를 수식하는군.
④	㉠ 영이는 엄마와 닮았다. / *영이는 닮았다.
	㉡ 영이는 취미로 책을 읽는다. / 영이는 책을 읽는다.
	→ ㉠의 '엄마와', ㉡의 '취미로'는 둘 다 부사어인데, ㉠의 '엄마와'는 ㉡의 '취미로'와 달리 필수 성분이군.
⑤	㉠ 모든 것이 재로 되었다. / *모든 것이 되었다.
	㉡ 모든 것이 재가 되었다. / *모든 것이 되었다.
	→ ㉠의 '재로'는 부사어이고 ㉡의 '재가'는 보어로서, 문장 성분은 서로 다르지만 서술어가 반드시 필요로 하는 성분이라는 점에서는 같군.

※ '*'는 비문임을 나타냄.

12 〈보기〉의 자료를 탐구한 결과로 적절한 것은? 19학년도 9월

보기

• **탐구 과제**

　하나의 문장이 안긴문장으로 다른 문장에 안길 때, 원래 있던 문장 성분이 생략되는 경우가 있다. 아래의 각 문장에서 안긴문장을 파악한 후, 생략된 문장 성분이 있다면 무엇인지 확인해 보자.

• **자료**

　㉠ 부모님은 자식이 건강하기를 바란다.
　㉡ 그 친구는 연락도 없이 그곳에 안 왔다.
　㉢ 동생은 자신의 판단이 옳았음을 깨달았다.
　㉣ 그는 내가 늘 쉬던 공원에서 산책을 했다.
　㉤ 그 사람들은 아주 어려운 과제를 금방 끝냈다.

		안긴문장의 종류	생략된 문장 성분
①	㉠	부사절	없음
②	㉡	명사절	없음
③	㉢	명사절	주어
④	㉣	관형절	부사어
⑤	㉤	관형절	목적어

13 〈보기〉의 ⓐ~ⓒ를 이해한 내용으로 적절하지 <u>않은</u> 것은?

19학년도 수능

보기

　ⓐ 그는 위기를 좋은 기회로 삼았다.
　ⓑ 바다가 눈이 부시게 파랗다.
　ⓒ 동주는 반짝이는 별을 응시했다.

① ⓐ의 '삼았다'는 주어 이외에도 두 개의 문장 성분을 필수적으로 요구하는군.
② ⓑ의 '바다가'와 '눈이'는 각각 다른 서술어의 주어이군.
③ ⓒ의 '별을'은 안긴문장의 목적어이면서 안은문장의 목적어이군.
④ ⓐ의 '좋은'과 ⓒ의 '반짝이는'은 안긴문장의 서술어이군.
⑤ ⓑ의 '눈이 부시게'와 ⓒ의 '반짝이는'은 수식의 기능을 하는군.

14 〈보기〉의 ㉠~㉤에 해당하는 문장으로 적절하지 <u>않은</u> 것은?

20학년도 9월

보기

[학습 활동]

　겹문장은 홑문장보다 복잡한 생각을 효과적으로 표현할 수 있는 장점이 있다. 〈자료〉에 제시된 홑문장을 활용하여 〈조건〉에 해당하는 겹문장을 만들어 보자.

〈자료〉	〈조건〉
• 날씨가 춥다. • 형은 물을 마셨다. • 동생은 얼음을 먹었다. • 동생은 추위와 상관없다. • 형은 동생에게 불평을 했다.	㉠ 명사절을 안은 문장 ㉡ 관형절을 안은 문장 ㉢ 부사절을 안은 문장 ㉣ 인용절을 안은 문장 ㉤ 대등하게 이어진 문장

① ㉠ : 동생은 추운 날씨에도 얼음을 먹었다.
② ㉡ : 형은 얼음을 먹는 동생에게 불평을 했다.
③ ㉢ : 동생은 추위와 상관없이 얼음을 먹었다.
④ ㉣ : 형은 동생에게 날씨가 춥다고 불평을 했다.
⑤ ㉤ : 형은 물을 마셨지만 동생은 얼음을 먹었다.

15 〈보기〉의 ㉠~㉤과 관련된 설명으로 적절한 것은? 21학년도 6월

보기

주기적으로 운동하기가 ㉠ 건강의 첫걸음이다. 그것을 꾸준하게 ㉡ 실천하기 ㉢ 원한다면 제대로 ㉣ 된 계획 세우기가 ㉤ 선행되어야 한다.

① ㉠이 서술어인 문장에서 명사절이 주어 기능을 하고 있다.
② ㉡이 서술어인 문장에서 명사절이 목적어 기능을 하고 있다.
③ ㉢이 서술어인 문장에서 명사절이 부사어 기능을 하고 있다.
④ ㉣이 서술어인 문장에서 명사절이 보어 기능을 하고 있다.
⑤ ㉤이 서술어인 문장에서 명사절이 관형어 기능을 하고 있다.

17 〈학습 활동〉을 수행한 결과로 적절한 것은? 22학년도 6월

학습 활동

아래 그림에 따라 [자료]의 ㉮~㉰를 분류할 때, ⓒ에 해당하는 것만을 있는 대로 찾아보자.

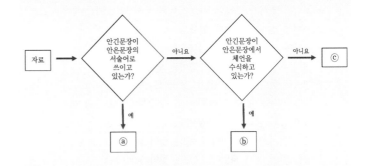

[자료]
㉮ 노래를 부르기가 쉽지가 않다.
㉯ 마당에 아무도 모르게 꽃이 피었다.
㉰ 나는 동생이 오기 전에 학교에 갔다.
㉱ 내 동생은 누구보다 마음씨가 착하다.

① ㉮
② ㉮, ㉯
③ ㉰, ㉱
④ ㉮, ㉯, ㉰
⑤ ㉯, ㉰, ㉱

16 〈학습 활동〉을 수행한 결과로 적절하지 않은 것은? 21학년도 수능

학습 활동

겹문장은 다른 문장 속에 들어가 안긴문장으로 쓰일 수 있다. 또한 겹문장은 안은문장에서 다양한 문장 성분으로도 쓰인다. 다음 밑줄 친 겹문장 ⓐ~ⓔ의 쓰임을 설명해 보자.

◦ 기상청은 ⓐ 내일은 따뜻하지만 비가 온다는 예보를 했다.
◦ 시민들은 ⓑ 공원이 많고 거리가 깨끗한 도시를 만들었다.
◦ ⓒ 바람이 거세지고 어둠이 내리기 전에 산에서 내려갔다.
◦ 나는 나중에야 ⓓ 그녀는 왔으나 그가 안 왔음을 깨달았다.
◦ 삼촌은 주말에 ⓔ 꽃이 피고 새가 지저귀는 들판을 거닐었다.

① ⓐ는 인용절로 쓰이고 있다.
② ⓑ는 관형절로 쓰이고 있다.
③ ⓒ는 명사절로 쓰이고 있다.
④ ⓓ는 조사와 결합하여 주성분으로 쓰이고 있다.
⑤ ⓔ는 조사와 결합 없이 부속 성분으로 쓰이고 있다.

18 밑줄 친 서술어가 요구하는 필수 성분의 개수와 종류가 〈보기〉의 문장과 같은 것은? 22학년도 수능

보기

이곳의 지형은 외적의 침입을 막기에 유리하다.

① 그 광물이 원래는 귀금속에 속했다.
② 그는 바람이 불기에 옷깃을 여몄다.
③ 우리는 원두막을 하루 만에 지었다.
④ 나는 시간이 남았기에 그와 걸었다.
⑤ 나는 구호품을 수해 지역에 보냈다.

19 ㉠~㉣의 문장 성분과 문장 구조에 대한 설명으로 적절한 것은?

23학년도 수능

> ㉠ 나는 내 친구가 보낸 책을 제시간에 받기를 바란다.
> ㉡ 나는 테니스 배우기가 재미있다고 친구에게 말했다.
> ㉢ 이 식당은 우리 가족이 점심을 먹은 식당이 아니다.
> ㉣ 그녀는 아름다운 관광지를 신이 닳도록 돌아다녔다.

① ㉠에는 필수적 부사어가 생략된 안긴문장이 있고, ㉡에는 주어가 생략된 안긴문장이 있다.

② ㉠과 ㉡에는 모두, 주어 기능을 하는 명사절이 있다.

③ ㉠과 ㉢에는 모두, 주어가 생략된 안긴문장이 있다.

④ ㉢에는 보어 기능을 하는 안긴문장이 있고, ㉣에는 부사어 기능을 하는 안긴문장이 있다.

⑤ ㉢과 ㉣에는 모두, 목적어가 생략된 관형사절이 있다.

20 〈학습 활동〉의 ㉠~㉢에 들어갈 예문으로 적절한 것은? 24학년도 6월

학습 활동

〈보기〉의 조건이 실현된 예문을 만들어 보자.

〈보기〉

> ⓐ 현재 시제만 쓰일 것.
> ⓑ 서술어의 자릿수가 둘일 것.
> ⓒ 안긴문장이 부사어로 기능할 것.

실현 조건	예문
ⓐ, ⓑ	㉠
ⓐ, ⓒ	㉡
ⓑ, ⓒ	㉢

① ㉠ : 그 집 마당에는 감나무 한 그루가 자란다.

② ㉠ : 선생님께서는 여전히 학교 근처에 사시는지요?

③ ㉡ : 산중에 있으므로 여기는 도시보다 조용합니다.

④ ㉡ : 오늘부터 아침으로 과일만 먹기로 마음먹었니?

⑤ ㉢ : 오래전 큰아버지께 받은 책에 곰팡이가 슬었어.

21 밑줄 친 서술어가 필수적으로 요구하는 문장 성분의 개수 및 종류가 같은 것끼리 짝지어진 것은? 25학년도 6월

① ┌ 할아버지는 형님 댁에 <u>계신다</u>.
  └ 여객선이 <u>도착한</u> 항구엔 안개가 꼈다.

② ┌ 저 친구는 불평이 <u>그칠</u> 날이 없다.
  └ 그는 배에서 <u>내리는</u> 장면을 상상했다.

③ ┌ 나는 이 호박을 죽으로 <u>만들</u> 것이다.
  └ 아버지는 뜬눈으로 밤을 <u>새웠다</u>.

④ ┌ 얼음으로 <u>된</u> 성이 나타났다.
  └ 그는 남이 <u>아니고</u> 가족이다.

⑤ ┌ 그의 신중함은 아무래도 <u>지나쳤다</u>.
  └ 언니는 간이역만 <u>지나치는</u> 기차를 탔다.

| 과외식 기출 분석서, 나기출 |

나 없이
기출
풀지마라

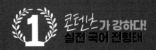

언어와 매체

II-1

교육청 기출

01 〈보기〉의 ㄱ~ㅁ을 이해한 내용으로 적절하지 <u>않은</u> 것은?

보기

ㄱ. 마을 사람들은 그가 가족과 만나기를 바란다.
ㄴ. 그들은 옛 친구가 살던 동네에서 시간을 보냈다.
ㄷ. 어제 동생은 무역 회사에 다니는 사람을 만났다.
ㄹ. 나는 문득 그가 나에게 호의를 가졌음을 느꼈다.
ㅁ. 뒷산에서 다리를 다친 언니는 병원에 입원하였다.

① ㄱ과 ㄷ의 안긴문장에는 모두, 필수적 부사어가 있다.
② ㄱ의 안긴문장은 목적어 기능을 하고, ㅁ의 안긴문장은 관형어 기능을 한다.
③ ㄴ의 안긴문장에는 필수적 부사어가 생략되어 있고, ㄹ의 안긴문장에는 생략된 필수 성분이 없다.
④ ㄴ과 ㄷ의 안긴문장은 모두, 체언을 수식하는 기능을 한다.
⑤ ㄹ과 ㅁ의 안긴문장에는 모두, 필수적 부사어와 목적어가 있다.

02 〈보기〉의 (가)~(다)에 들어갈 내용을 바르게 짝지은 것은?

보기

선생님 : 관형사절은 안은문장에서 관형어로 쓰이는데 이때 관형사절의 문장 성분이 생략되어 나타날 수 있습니다. [자료]를 아래의 그림에 따라 분류해 봅시다.

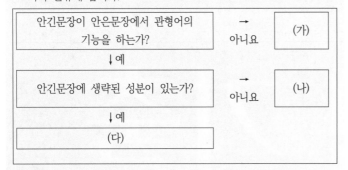

[자료]

ㄱ. 나는 동생이 좋아하는 음식을 준비했다.
ㄴ. 책의 내용을 모두 암기하기는 불가능하다.
ㄷ. 교실에 있던 학생들이 운동장으로 나갔다.
ㄹ. 악어가 물 밖으로 나온다는 사실을 알았다.
ㅁ. 형이 내게 아홉 시까지 집에 오라고 말했다.
ㅂ. 나는 그 사람이 너를 속일 줄은 꿈에도 몰랐다.

	(가)	(나)	(다)
①	ㄱ, ㄴ	ㄹ, ㅂ	ㄷ, ㅁ
②	ㄱ, ㄷ	ㄴ, ㅁ	ㄹ, ㅂ
③	ㄴ, ㅁ	ㄹ, ㅂ	ㄱ, ㄷ
④	ㄴ, ㅁ	ㄷ, ㄹ	ㄱ, ㅂ
⑤	ㄹ, ㅁ	ㄴ, ㅂ	ㄱ, ㄷ

03 〈보기〉에 대한 설명으로 적절하지 <u>않은</u> 것은?

보기

ㄱ. 동생이 내가 읽던 책을 가져갔다.
ㄴ. 그는 자신이 그 일의 적임자임을 주장했다.
ㄷ. 무장 강도가 은행에 침입한 사건이 발생했다.
ㄹ. 이곳의 따뜻한 기후는 옥수수가 자라기에 적합하다.

① ㄱ은 목적어가 생략된 안긴문장이 있다.
② ㄴ은 조사와 결합하여 목적어의 기능을 하는 안긴문장이 있다.
③ ㄱ과 ㄷ은 체언을 수식하는 기능을 하는 안긴문장이 있다.
④ ㄴ과 ㄹ은 명사형 어미가 결합된 안긴문장이 있다.
⑤ ㄷ은 ㄹ과 달리 문장 성분이 생략된 안긴문장이 있다.

04 〈보기〉의 ㉠이 사용된 문장으로 적절한 것은?

보기

　　주어와 서술어를 갖추었으나 독립하여 쓰이지 못하고 다른 문장의 성분으로 쓰이는 의미 단위를 절이라 한다. 문장에서 부속 성분으로 쓰인 절은 수식의 기능을 하여 생략될 수 있지만, ㉠ <u>부속 성분이면서도 서술어가 필수적으로 요구하는 성분으로 쓰여 생략될 수 없는 절</u>도 있다.

① 우리는 밤이 새도록 토론을 하였다.
② 나는 그가 있는 가게로 저녁에 갔다.
③ 그는 어느 날 갑자기 말도 없이 자취를 감췄다.
④ 부지런한 동생은 나와는 달리 일찍 일어난다.
⑤ 저기 서 있는 아이가 특히 재주가 있게 생겼다.

05 〈보기〉의 ㉠~㉢에 대한 설명으로 적절하지 <u>않은</u> 것은?

보기

㉠ 어머니는 아들이 비로소 대학생이 되었음을 실감했다.
㉡ 파수꾼이 경계 초소에서 본 동물은 늑대는 아니었다.
㉢ 감독이 그 선수를 야구부 주장으로 삼기로 결심했다.

① ㉠에는 안긴문장에 보어가 있고, ㉡에는 안은문장에 보어가 있다.
② ㉠은 안긴문장이 안은문장의 목적어로 사용되고, ㉢은 안긴 문장이 안은문장의 부사어로 사용된다.
③ ㉡과 달리 ㉢의 안긴문장의 서술어는 부사어를 필수 성분으로 요구한다.
④ ㉢과 달리 ㉡의 안긴문장에는 목적어가 생략되어 있다.
⑤ ㉠~㉢은 모두 안긴문장의 주어와 안은문장의 주어가 다르다.

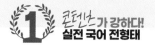
06 〈보기 1〉의 ㉠~㉢에 해당하는 예만을 〈보기 2〉에서 고른 것은?

보기 1

연결 어미 '-고'의 쓰임은 다양하다. 먼저 ㉠ 앞 절과 뒤 절의 사실을 대등하게 벌여 놓는 경우가 있다. 또한 ㉡ 앞뒤 절의 두 사실 간에 계기적인 관계가 있음을 나타내는 경우나, ㉢ 앞 절의 동작이 이루어진 그대로 지속되는 가운데 뒤 절의 동작이 일어남을 나타내는 경우도 있다.

보기 2

∘ 그들은 서로 손을 쥐고 팔씨름을 했다.
　　　　　　　　　ⓐ
∘ 어머니는 나를 업고 병원으로 달려갔다.
　　　　　　　ⓑ
∘ 나는 그가 정직하고 성실하다는 것을 알고 있었다.
　　　　　　　ⓒ
∘ 눈 깜짝할 사이에 다리가 벌에 쏘이고 통통 부었다.
　　　　　　　　　　　　　ⓓ
∘ 그 책은 내가 읽을 책이고 이 책은 내가 읽은 책이다.
　　　　　　　　　　ⓔ

① ㉠ : ⓐ, ⓒ　　　② ㉡ : ⓑ, ⓔ　　　③ ㉡ : ⓓ, ⓔ
④ ㉢ : ⓐ, ⓑ　　　⑤ ㉢ : ⓒ, ⓓ

07 〈보기〉의 ㄱ~ㄷ을 이해한 내용으로 적절한 것은?

보기

ㄱ. 신중한 그는 고민을 가족들과 의논했다.
ㄴ. 너는 밥 먹기 전에 손을 좀 씻어!
ㄷ. 네가 들은 소문은 정말 사실이 아니다.

① ㄱ의 '신중한'은 안은문장의 필수 성분이군.
② ㄱ의 '가족들과'와 ㄷ의 '정말'은 생략이 가능한 성분이군.
③ ㄴ의 '먹기'는 안긴문장의 부속 성분이군.
④ ㄴ의 '너는'은 안긴문장의 주어이면서 안은문장의 주어이군.
⑤ ㄷ의 '네가'와 '사실이'는 각각 다른 서술어의 주어이군.

08 〈보기〉를 모두 충족하는 문장으로 적절한 것은?

보기

· 서술어의 자릿수가 한 자리인 용언이 포함될 것.
· 관형사절 속에 보어가 포함될 것.

① 화단도 아닌 곳에 진달래꽃이 피었다.
② 대학생이 된 누나가 주인공을 맡았다.
③ 학생이었던 삼촌은 마흔 살이 되었다.
④ 큰언니는 성숙했지만 성인이 아니었다.
⑤ 나무로 된 책상을 나는 그에게 주었다.

09 〈보기〉의 선생님의 질문에 대한 답으로 옳은 것은?

보기

선생님 : 문장에서 부사어는 다양한 형태로 실현됩니다. 명사에 부사격 조사가 결합하여 부사어로 쓰이는 경우도 그 중 하나입니다. 다음의 ⓐ~ⓔ 중 관형사절이 꾸미고 있는 명사에 부사격 조사가 붙은 형태를 찾아볼까요?

∘ 오늘의 행복은 ⓐ 내일의 성공만큼 중요하다.
∘ 이곳의 토양은 ⓑ 토마토 농사를 짓기에 적합하다.
∘ 너는 ⓒ 너에게 주어진 문제만 해결해서는 안 된다.
∘ 형은 ⓓ 머리가 덜 마른 상태로 국어 교과서를 읽었다.
∘ ⓔ 열심히 공부하는 친구들은 나에게 많은 자극을 주었다.

① ⓐ　　② ⓑ　　③ ⓒ　　④ ⓓ　　⑤ ⓔ

10 〈보기〉의 ㉠에 들어갈 예로 적절한 것은?

보기

주어와 서술어의 관계가 한 번만 나타나는 문장인가요?
↓아니요

예

하나의 문장에 다른 문장이 문장 성분의 자격으로 들어가 있나요?

↓예　　　　　　　　　　↓아니요

안긴문장에 생략된 문장 성분이 있나요?	문장이 동등한 자격으로 이어지나요?

↓예　↓아니요　　　　↓예　↓아니요

㉠

① 아버지가 만든 책꽂이가 제일 멋지다.
② 어머니는 그 일이 끝나기를 기다렸다.
③ 그녀는 지난주에 고향 집으로 떠났다.
④ 창밖에는 비가 내리고 바람이 불었다.
⑤ 형은 개를 좋아하지만 나는 싫어한다.

11 〈보기〉의 ㉠~㉢에 대한 설명으로 적절하지 <u>않은</u> 것은?

<u>보기</u>

㉠ 우리는 봄이 어서 오기를 기다렸다.
㉡ 나는 그가 범인이 아니었음에 안도했다.
㉢ 우유를 마신 아이가 마루에서 잠들었다.

① ㉠에는 목적어의 기능을 하는 안긴문장이 있다.
② ㉡에는 서술어의 기능을 하는 안긴문장이 있다.
③ ㉢에는 관형어의 기능을 하는 안긴문장이 있다.
④ ㉢과 달리 ㉠에는 안긴문장 속에 부사어가 있다.
⑤ ㉡과 달리 ㉢에는 주어가 생략된 안긴문장이 있다.

12 〈보기〉는 문법 수업의 일부이다. 선생님의 설명에 따라 ㉠~㉤을 이해한 내용으로 적절하지 <u>않은</u> 것은?

<u>보기</u>

선생님 : 관형절은 안은문장에서 관형어로 쓰이는데 관형절에는 주어가 생략된 관형절, 목적어가 생략된 관형절, 부사어가 생략된 관형절 등이 있어요. 그리고 명사절은 안은문장에서 조사와 결합하여 주어, 목적어, 부사어 등으로 쓰일 수 있어요. 그럼 다음 문장에 대해 관형절과 명사절에 주목하여 분석해 볼까요?

㉠ 약속 시간에 늦은 친구들이 많았다.
㉡ 마지막 문제를 풀기가 생각보다 어렵다.
㉢ 나는 아버지께서 주신 빵을 형과 함께 먹었다.
㉣ 그는 지금 사는 집에서 계속 머무르기를 희망했다.
㉤ 그들은 우리가 어제 목적지에 도착했음을 이미 알았다.

① ㉠에는 주어가 생략된 관형절이 있고, 명사절은 없습니다.
② ㉡에는 관형절이 없고, 주어로 쓰인 명사절이 있습니다.
③ ㉢에는 목적어가 생략된 관형절이 있고, 명사절은 없습니다.
④ ㉣에는 부사어가 생략된 관형절이 있고, 부사어로 쓰인 명사절이 있습니다.
⑤ ㉤에는 관형절이 없고, 목적어로 쓰인 명사절이 있습니다.

13 〈보기〉의 ㉮~㉰에 대한 설명으로 적절하지 <u>않은</u> 것은?

<u>보기</u>

㉮ 그 사람이 범인임이 확실히 밝혀졌다.
㉯ 부상을 당한 선수는 장애물 달리기를 포기하였다.
㉰ 학생들은 성적이 많이 오르기를 마음속으로 빌었다.

① ㉮는 명사절 속에 관형어가 한 개 있다.
② ㉮에는 주어의 기능을 하는 안긴문장이 있다.
③ ㉯에는 주어가 생략된 안긴문장이 있다.
④ ㉰는 ㉮와 달리 안긴문장 속에 부사어가 있다.
⑤ ㉯와 ㉰에는 목적어의 기능을 하는 안긴문장이 있다.

14 ㉠~㉣의 문장 성분과 문장 구조에 대한 설명으로 적절하지 <u>않은</u> 것은?

㉠ 내가 빌린 자전거는 내 친구의 것이다.
㉡ 우리는 공연이 시작되기 전에 극장에 도착했다.
㉢ 피아노를 잘 치는 영수는 손가락이 누구보다 길다.
㉣ 파수꾼이 마을에 사는 사람들을 속였음이 드러났다.

① ㉠, ㉢에는 모두 서술어의 기능을 하는 안긴문장이 있다.
② ㉠, ㉣에는 모두 체언을 수식하는 안긴문장이 있다.
③ ㉡의 안긴문장에는 부사어가 없지만, ㉢의 안긴문장에는 부사어가 있다.
④ ㉡에는 관형어의 기능을 하는 안긴문장이 있고, ㉣에는 조사와 결합하여 주어의 기능을 하는 안긴문장이 있다.
⑤ ㉢, ㉣에는 모두 주어가 생략된 안긴문장이 있다.

15 ㉠~㉣에 대해 이해한 내용으로 적절한 것은?

㉠ 드디어 나도 일을 끝냈다.
㉡ 벌써 바깥이 칠흑같이 어둡다.
㉢ 신임 장관은 이번 회의에 참석한다.
㉣ 새 컴퓨터가 순식간에 고물이 되었다.

① ㉠과 ㉡에서 주어는 명사에 조사가 붙은 형태이다.
② ㉠과 ㉢에서 격 조사가 문장의 주어를 나타내 주고 있다.
③ ㉡과 ㉢에서 주어는 서술어가 나타내는 동작의 주체이다.
④ ㉢과 ㉣에서 주어는 체언 구실을 하는 구에 조사가 붙은 형태이다.
⑤ ㉣에서는 상태의 변화를 의미하는 서술어의 영향으로 주어가 두 번 쓰였다.

16 〈보기〉의 [A]에 들어갈 말로 적절한 것은?

<u>보기</u>

선생님 : 두 개의 홑문장을 하나의 겹문장으로 만들 때, 두 홑문장 중 한 문장에서 특정 성분이 생략되는 경우가 있습니다. 다음은 홑문장 ㉠, ㉡을 하나의 겹문장 ㉢으로 만든 예인데요, ㉢에 대해 설명해 볼까요?

㉠ 철수가 공원에서 산책을 하였다.
+
㉡ 공원은 학교 뒤에 있다.
↓
㉢ 철수가 산책을 한 공원은 학교 뒤에 있다.

학생 : _____[A]_____

① ㉠이 ㉡에 관형절로 안기면서 ㉠의 목적어가 생략되었습니다.
② ㉠이 ㉡에 관형절로 안기면서 ㉠의 부사어가 생략되었습니다.
③ ㉠이 ㉡에 부사절로 안기면서 ㉠의 부사어가 생략되었습니다.
④ ㉠이 ㉡에 부사절로 안기면서 ㉡의 주어가 생략되었습니다.
⑤ ㉠이 ㉡에 명사절로 안기면서 ㉡의 주어가 생략되었습니다.

17 〈보기〉는 '학습 활동'에 대해 짝 토론을 한 것이다. ㉠~㉢에 알맞은 말을 골라 바르게 연결한 것은?

> [학습 활동] 다음 문장의 짜임에 대해 알아보자.
> 그가 아끼던 제자가 상을 받았음을 그녀가 알려 줬다.

보기

학생 1 : 어제 보았던 거꾸로 수업 동영상 강의에서 문장 속에 들어가 있는 절을 '안긴문장'이라고 하고, 절을 포함하고 있는 문장을 '안은문장'이라고 했지?

학생 2 : 그래. 그리고 어떤 문장의 짜임을 이해하려면 그 문장의 주어와 서술어를 파악하는 것이 중요하다고 했어. 그럼, 먼저 주어를 서술하는 기능을 가진 단어부터 찾아보자. 음…… '알려 줬다'와 '받았음' 이렇게 두 개인가?

학생 1 : 아니야. '아끼던'도 서술 기능이 있잖아.

학생 2 : 그렇구나. 그러면 그중에서 문장 전체의 서술어는 '알려 줬다'이고, 그것의 주어는 (㉠)이겠다.

학생 1 : 맞아. 그럼 '받았음'의 주어는 (㉡)이겠지?

학생 2 : 응. 명사절이 문장 전체의 목적어 역할을 하며 안겨 있는 거지.

학생 1 : 명사절 외에 관형절도 있잖아. 그러면 이 관형절의 주어는 (㉢)이겠다.

학생 2 : 그래. 국어의 안은문장은 이렇게 여러 개의 안긴문장으로 이루어질 수 있는 거구나.

	㉠	㉡	㉢
①	그녀가	제자가	그가
②	그녀가	그가	제자가
③	그가	그녀가	제자가
④	그가	제자가	그녀가
⑤	제자가	그녀가	그가

18 〈보기〉의 ㉠~㉤에 대한 탐구로 적절하지 <u>않은</u> 것은?

보기

서술어의 자릿수란 서술어가 필수적으로 요구하는 문장 성분의 개수를 의미한다. 그런데 서술어는 문장에서 사용되는 의미에 따라 필수적으로 요구하는 문장 성분이 달라지기도 한다.

	의미	예문
살다	불 따위가 타거나 비치고 있는 상태에 있다.	바람 때문에 불씨가 다시 ㉠ <u>살았다</u>.
	본래 가지고 있던 특징 따위가 그대로 있거나 뚜렷이 나타나다.	이 한 구절로 글이 ㉡ <u>살았다</u>.
	어떤 직분이나 신분의 생활을 하다.	그는 조선 시대에 오랫동안 벼슬을 ㉢ <u>살았다</u>.
놓다	계속해 오던 일을 그만두고 하지 아니하다.	그는 잠시 일손을 ㉣ <u>놓았다</u>.
	잡거나 쥐고 있던 물체를 일정한 곳에 두다.	형은 책을 책상 위에 ㉤ <u>놓았다</u>.

① ㉠은 주어만 필수적으로 요구하는 한 자리 서술어이군.
② ㉡은 주어와 부사어를 필수적으로 요구하는 두 자리 서술어이군.
③ ㉢은 주어와 목적어를 필수적으로 요구하는 두 자리 서술어이군.
④ ㉣은 주어와 목적어를 필수적으로 요구하는 두 자리 서술어이군.
⑤ ㉤은 주어, 목적어, 부사어를 필수적으로 요구하는 세 자리 서술어이군.

19 〈보기〉의 ㄱ~ㅁ에 대한 설명으로 적절하지 <u>않은</u> 것은?

보기

ㄱ. 그가 이 사건의 범인임이 밝혀졌다.
ㄴ. 언니가 빵을 먹은 사실이 드러났다.
ㄷ. 오빠가 동생이 가게에서 산 빵을 먹었다.
ㄹ. 나는 집에 가기만을 기다렸다.
ㅁ. 누나가 집에 가기에 바쁘다.

① ㄱ과 ㄴ의 안긴문장은 각각의 안은문장에서 다른 문장 성분으로 쓰인다.
② ㄴ과 ㄷ의 안긴문장은 각각의 안은문장에서 동일한 문장 성분으로 쓰인다.
③ ㄴ의 안긴문장은 ㄷ의 안긴문장과 달리 안긴문장 속에 생략된 필수 성분이 없다.
④ ㄷ과 ㅁ의 안긴문장의 주어는 각각의 안은문장의 주어와 다르다.
⑤ ㄹ과 ㅁ의 안긴문장은 각각의 안은문장에서 다른 문장 성분으로 쓰인다.

20 〈보기〉의 ㉠~㉤에 대한 설명으로 옳지 <u>않은</u> 것은?

> 보기

① ㉠은, ㉡과 ㉢이 대등하게 연결된 이어진문장이다.
② ㉡은, '나는'에 대응하는 서술어인 ㉣을 안고 있다.
③ ㉡과 ㉢은, 각각 '주어-서술어'의 관계가 두 번 이상 나타난다.
④ ㉣과 ㉤은, '주어-서술어'의 관계가 한 번씩만 나타난다.
⑤ ㉤은, '책'을 수식하는 관형어 역할을 하면서 ㉢에 안겨 있다.

21 〈보기〉를 참고할 때, 다음 중 '이어진문장'에 해당하지 <u>않는</u> 것은?

> 보기

 '우리는 자유와 평화를 원한다.'라는 문장은 서술어가 하나뿐이어서 홑문장처럼 보이지만, 실제로는 '우리는 자유를 원한다.'와 '우리는 평화를 원한다.'라는 두 홑문장이 결합된 **이어진문장**이다. 이때의 '와/과'는 접속 조사로, '자유'와 '평화'를 같은 자격으로 이어준다. 한편, '와/과'는 '빠르기가 번개와 같다.'나 '그는 당당히 적과 맞섰다.'처럼 비교의 대상이나 행위의 상대임을 나타내는 격 조사로도 쓰이는데, 이때는 서술어가 하나이면 홑문장이 된다.

① 나는 시와 소설을 좋아한다.
② 그녀는 집과 도서관에서 공부했다.
③ 고향의 산과 하늘은 예전 그대로였다.
④ 성난 군중이 앞문과 뒷문으로 들이닥쳤다.
⑤ 나는 그 사람과 오래 전부터 서로 사귀어 왔다.

22 〈보기〉를 이해한 내용으로 적절한 것은?

> 보기

ㄱ. 지훈이가 눈이 크다.
ㄴ. 그는 지훈이가 성실하고 눈이 크다는 사실을 알고 있었다.

① ㄱ의 '크다'와 ㄴ의 '알고 있었다'는 전체 문장의 서술어 역할을 한다.
② ㄱ은 주어와 서술어의 관계가 한 번만 나타나므로 홑문장이다.
③ ㄴ의 '성실하고'와 '크다'의 주어는 모두 '지훈이가'로 동일하다.
④ ㄴ의 안긴문장에서 앞뒤 절은 종속적으로 이어져 있다.
⑤ ㄴ의 안긴문장은 목적어를 가지지 않는다.

23 다음 ㄱ~ㄹ의 문장 성분과 문장 구조에 대한 설명으로 옳지 <u>않은</u> 것은?

> 보기

ㄱ. 그가 마침내 대학생이 되었다.
ㄴ. 이 전시장은 창문이 아주 많다.
ㄷ. 우리는 그가 정당했음을 깨달았다.
ㄹ. 절약은 부자를 만들고, 절제는 사람을 만든다.

① ㄱ은 보어가 있고, ㄷ은 보어가 없다.
② ㄴ은 목적어가 없고, ㄹ은 목적어가 있다.
③ ㄱ과 ㄴ은 부사어가 있고, ㄷ과 ㄹ은 부사어가 없다.
④ ㄱ과 ㄴ은 주어와 서술어의 관계가 한 번만 나타나고, ㄷ과 ㄹ은 두 번 이상 나타난다.
⑤ ㄷ은 절이 전체 문장 속에 안겨 있고, ㄹ은 두 개의 절이 대등한 관계로 이어져 있다.

24 〈보기〉의 ㉠~㉣에 대한 설명으로 적절하지 <u>않은</u> 것은?

> 보기

• 영수는 ㉠<u>집에 가기</u>를 원한다.
• 친구는 ㉡<u>밥을 먹기</u>에 바쁘다.
• 영희는 ㉢<u>동생이 산</u> 빵을 먹었다.
• 그는 ㉣<u>우리가 이곳으로 돌아온</u> 사실을 모른다.

① ㉠은 조사 '를'과 결합하여 안은문장의 목적어로 쓰이고 있다.
② ㉡은 조사 '에'와 결합하여 안은문장의 서술어를 수식하고 있다.
③ ㉢은 안은문장의 목적어로 쓰이고 있는 체언을 수식하는 관형절이다.
④ ㉡과 달리 ㉣의 주어는 안은문장의 주어와 다르다.
⑤ ㉢과 달리 ㉣에서 생략된 문장 성분은 안은문장의 목적어이다.

25 〈보기〉를 참고할 때, 밑줄 친 부분에 대한 설명으로 적절하지 <u>않은</u> 것은?

보기

안긴문장은 문장에서 기능에 따라 명사절, 관형절, 부사절, 인용절, 서술절로 나누어진다. 명사절은 '-(으)ㅁ', '-기', 관형절은 '-(으)ㄴ', '-는', 부사절은 '-이', '-게', '-도록', 인용절은 '고', '라고' 등이 붙어서 만들어지며 서술절은 절 표지가 따로 없이 절 전체가 서술어의 기능을 한다.

용례	설명
• 코끼리는 <u>코가 길다</u>. ⇨	'코끼리는'이라는 주어를 서술하는 서술절이다. ……… ①
• 친구가 <u>소리도 없이</u> 내 뒤로 다가왔다. ⇨	'다가왔다'라는 서술어를 수식하는 부사절이다. ……… ②
• 지금은 <u>학교에 가기에</u> 늦은 시간이다. ⇨	'-기'라는 명사형 어미를 사용하여 만든 명사절이다. ……… ③
• 오늘 <u>급식을 일찍 먹기는</u> 힘들겠다. ⇨	'우리'라는 주어가 생략된 관형절이다. ……… ④
• 현태는 <u>자기가 옳다고</u> 주장했다. ⇨	'현태'의 말을 인용하여 쓴 인용절이다. ……… ⑤

26 〈보기〉를 바탕으로 '주어'에 대해 탐구한 내용으로 적절하지 <u>않은</u> 것은?

보기

지난 토요일에 ㉠<u>사촌 동생이</u> 왔다. 뭘 할까 고민하다 ㉡<u>사촌 동생에게</u> 미술관에 가자고 했다. ㉢<u>지하철이</u> 있었지만, 한 정거장이라 걸어가기로 했다. 재미있게 놀다 오라고 하시며 ㉣<u>어머니께서</u> 용돈을 주셨다. 걷다 생각해 보니, ㉤<u>우리가</u> 함께 노는 것도 오랜만이었다. 다들 바빠서인지 ㉥<u>친척도</u> 서로 만나기가 쉽지 않은 듯하다.

① ㉠, ㉣, ㉥을 보니, 주어는 '무엇이 어찌한다 / 어떠하다'에서 '무엇이'에 해당하는군.

② ㉠과 ㉣을 비교해 보니, 서술어의 자릿수에 따라 주격 조사의 형태가 달라지는군.

③ ㉡을 보니, 문맥상 주어를 분명히 알 수 있을 경우에는 주어가 생략되기도 하는군.

④ ㉢과 ㉤을 비교해 보니, 자음 뒤에서는 '이', 모음 뒤에서는 '가'가 주격 조사로 쓰이는군.

⑤ ㉥을 보니, 체언뿐 아니라 명사절도 주어가 될 수 있군.

27 다음 자료를 통해 '부사어'에 대해 탐구한 내용으로 적절하지 <u>않은</u> 것은?

내 단짝 친구는 **바로** 은수인데, 은수는 춤을 **매우** 잘 춘다. <u>쉬는 시간에</u> 은수가 (㉠) 교실 앞에 나와서 춤을 췄다. 은수는 요즘 인기가 많은 <u>가수와</u> (㉡) 비슷했다. 친구들이 박수를 치면서 호응을 해 주자 은수는 <u>무척</u> 즐거워했다.

	탐구 결과
'바로'와 '매우'가 꾸미는 문장 성분을 살핀다. ⇨	부사어는 다양한 문장 성분을 꾸민다. ……… ①
'쉬는 시간에'를 ㉠에 옮겨 본다. ⇨	부사어의 위치를 바꾸면 부사어의 의미가 달라진다. ……… ②
'매우'와 '가수와'를 생략해 본다. ⇨	부사어는 문장에서 반드시 필요한 경우가 있다. ……… ③
㉡에 '정말'을 넣어 본다. ⇨	부사어를 넣어 서술어의 의미를 강조할 수 있다. ……… ④
'무척' 뒤에 '이나'를 붙여 본다. ⇨	부사어는 보조사와 결합하여 쓰일 수 있다. ……… ⑤

28 〈보기〉는 이어진문장과 안은문장에 대해 정리한 것이다. 탐구의 결과로 적절하지 <u>않은</u> 것은?

보기

• **이어진문장** : 둘 이상의 홑문장이 대등하거나 종속적으로 이어진 문장

ㄱ. 동생은 과일은 좋아하지만, 야채는 싫어한다.
　　동생은 야채는 싫어하지만, 과일은 좋아한다.
　　(동생은 과일을 좋아하다. / 동생은 야채를 싫어하다.)

ㄴ. 철수가 오면 그들은 출발할 것이다.
　　그들이 출발하면 철수가 올 것이다.
　　(철수가 오다. / 그들이 출발하다.)

• **안은문장** : 홑문장을 전체 문장의 한 성분으로 안고 있는 문장

ㄷ. 언니는 <u>그 아이가 학생임</u>을 알았다.
　　(언니는 그것을 알다. / 그 아이가 학생이다.)

ㄹ. <u>책을 읽던</u> 영수가 수지에게 다가왔다.
　　(영수가 책을 읽다. / 영수가 수지에게 다가오다.)

* ▨ 표시 : 안긴문장임.

① ㄱ과 ㄴ으로 볼 때, 이어진문장은 두 문장이 '대조'나 '조건'의 의미 관계로 연결되기도 하는군.

② ㄱ과 ㄴ으로 볼 때, 이어진문장은 앞뒤 문장의 순서가 바뀌어도 동일한 의미를 나타내는군.

③ ㄱ과 ㄹ로 볼 때, 이어진문장과 안은문장 모두 중복된 내용을 생략할 수 있군.

④ ㄷ과 ㄹ로 볼 때, 안긴문장은 안은문장에서 명사처럼 쓰이거나 명사를 꾸미는 등 다양한 역할을 하는군.

⑤ ㄷ과 ㄹ로 볼 때, 안긴문장과 안은문장의 주어는 같을 수도 있고 서로 다를 수도 있군.

| 과외식 기출 분석서, 나기출 |

나 없이 기출 풀지마라

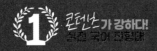

단어

[형성과 관계]

03 단어[형성과 관계]

01 〈보기 1〉을 바탕으로 ㉠과 품사가 같은 것을 〈보기 2〉에서 고른 것은? `14학년도 6월A`

보기 1

문장
• 아침에 하는 ㉠ 달리기는 건강에 매우 좋다.
• 나는 모임에 늦지 않으려고 더 빨리 ㉡ 달리기 시작했다.

설명
ㅤ㉠과 ㉡은 형태는 같으나 품사가 다르다. ㉠은 '달리-'에 접미사가 붙은 명사로서 관형어의 수식을 받고 있다. 이에 반해, ㉡은 '달리-'에 명사형 어미가 붙은 동사로서 부사어의 꾸밈을 받으며 서술하는 기능을 유지하고 있다.

보기 2

• 그는 멋쩍게 ㉮ 웃음으로써 답변을 회피했다.
• 그 가수는 현란한 ㉯ 춤을 추며 노래를 불렀다.
• 오늘따라 학생들의 ㉰ 걸음이 가벼워 보였다.
• 자기 소개서에 "만화를 잘 ㉱ 그림."이라고 썼다.

① ㉮, ㉯ㅤㅤㅤㅤ② ㉮, ㉱ㅤㅤㅤㅤ③ ㉯, ㉰
④ ㉯, ㉱ㅤㅤㅤㅤ⑤ ㉰, ㉱

02 다음은 '사전 활용하기' 학습 활동을 위한 자료이다. 이에 대한 이해로 옳지 않은 것은? `14학년도 6월B`

바라다 〔바라, 바라니〕 [동] 【…을】
ㅤㅤ㉠ 〖-기를〗 어떤 일이나 상태가 이루어지거나 그렇게 되었으면 하고 생각하다.
ㅤㅤㅤ¶ 요행을 바라다 / 시험에 합격하기를 바란다.
ㅤㅤ㉡ 원하는 사물을 얻거나 가졌으면 하고 생각하다.
ㅤㅤㅤ¶ 돈을 바라고 너를 도운 게 아니다.

바래다 〔바:--〕 〔바래어(바래), 바래니〕 [동]
ㅤㅤ㉠ 볕이나 습기를 받아 색이 변하다.
ㅤㅤㅤ¶ 빛 바랜 편지 / 색이 바래다
ㅤㅤ㉡ 〖…을〗 볕에 쬐거나 약물을 써서 빛깔을 희게 하다.
ㅤㅤㅤ¶ 이불을 볕에 바래다

① '바라다'과 '바래다'은 모두 다의어이다.
② '바라다'과 '바래다'㉡은 주어 이외에도 다른 문장 성분을 필요로 한다.
③ '바라다'에 의하면, "나는 너의 성공을 바래."의 '바래'는 '바라'의 잘못이다.
④ '바래다'의 첫 음절은 장음으로 발음된다.
⑤ '바래다'㉠의 용례로 '종이가 누렇게 바래다'를 추가할 수 있다.

03 다음은 '사전 활용하기' 학습 활동을 위한 자료이다. 이에 대한 이해로 옳지 않은 것은? `14학년도 9월A`

갈-리다¹ [동]
ㅤㅤ① '갈다¹' ①의 피동사.ㅤㅤ¶ 맷돌에 콩이 갈리다.
ㅤㅤ② '갈다¹' ②의 피동사.ㅤㅤ¶ 벼루에 먹이 잘 갈리다.
갈-리다² [동] '갈다²'의 피동사.ㅤ¶ 논이 깊이 갈리다.

① '갈-리다¹'을 보니, '갈다¹'은 다의어이겠군.
② '갈-리다¹'과 '갈-리다²'를 보니, '갈다¹'과 '갈다²'는 품사가 다르겠군.
③ '갈-리다¹'을 보니, '갈-리다¹'은 '갈다¹'에 피동 접미사가 결합된 단어이겠군.
④ '갈-리다¹ ①'을 고려할 때, '갈다¹ ①'의 용례로 '맷돌에 콩을 갈다.'가 가능하겠군.
⑤ '갈-리다²'를 고려할 때, '갈다²'는 '농기구나 농기계로 땅을 파서 뒤집다.'의 의미이겠군.

04 〈보기〉의 ㉠, ㉡의 예로 적절한 것은? `14학년도 수능B`

보기

ㅤ〈한글 맞춤법〉 제4장(형태에 관한 것)의 파생어와 합성어에 대한 표기 규정은 다음과 같이 네 가지로 정리해 볼 수 있다.

• 파생어이면서 어근의 원형을 밝히어 적는 경우
• ㉠ 파생어이면서 어근의 원형을 밝히어 적지 않는 경우
• ㉡ 합성어이면서 어근의 원형을 밝히어 적는 경우
• 합성어이면서 어근의 원형을 밝히어 적지 않는 경우

	㉠	㉡
①	길이, 마중	무덤, 지붕
②	무덤, 지붕	뒤뜰, 쌀알
③	뒤뜰, 쌀알	무덤, 지붕
④	길이, 무덤	뒤뜰, 쌀알
⑤	마중, 지붕	길이, 쌀알

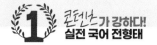
05 (가)에 들어갈 내용으로 적절하지 않은 것은? 15학년도 6월AB

탐구 목표	실제 담화를 분석하여, 화자와 청자가 누구인지에 따라 동일한 인물이 다르게 표현될 수 있음을 이해한다.
탐구 자료	**[은미의 고모가 은미 집을 찾아온 상황]** **할머니** : 어서 와라. ㉠ <u>김 서방</u>도 잘 지내지? **고모** : 네, 엄마. ㉡ <u>그이</u>도 잘 지내요. 언니, 그동안 잘 지내셨어요? **엄마** : 네, ㉢ <u>아가씨</u>. 배고프실 텐데 과일 좀 드세요. **고모** : 고마워요, 언니. 은미야, 공부하느라 힘들지? **은미** : 아니에요, ㉣ <u>고모</u>. 고모부는 같이 안 오셨어요? **고모** : 응, ㉤ <u>고모부</u>는 다른 약속이 있어서 못 왔어.
탐구 결과	(가)

① ㉠과 ㉡을 보면, 화자와 청자가 맞바뀌어 동일한 인물이 다르게 표현되고 있다.

② ㉠과 ㉢을 보면, 청자는 같지만 화자가 달라 동일한 인물이 다르게 표현되고 있다.

③ ㉠과 ㉤을 보면, 화자도 다르고 청자도 달라 동일한 인물이 다르게 표현되고 있다.

④ ㉡과 ㉤을 보면, 화자는 같지만 청자가 달라 동일한 인물이 다르게 표현되고 있다.

⑤ ㉢과 ㉣을 보면, 화자가 달라 동일한 청자가 다르게 표현되고 있다.

06 다음은 띄어쓰기 문제를 해결하는 과정이다. ㉠~㉢의 띄어쓰기가 바르게 된 것은? 15학년도 6월AB

> **[문제]**
> 다음 문장의 밑줄 친 부분을 맞춤법에 맞게 띄어 써 보자.
> • 열심히 삶을 ㉠ <u>살아가다</u>.
> • 주문한 물건을 ㉡ <u>받아가다</u>.
> • 딸이 엄마를 ㉢ <u>닮아가다</u>.
>
> **[확인 사항]**
> • 단어와 단어는 띄어 쓴다.
> • 단어는 사전에 표제어로 실린다.
> • 보조 용언은 띄어 씀을 원칙으로 하되 붙여 씀도 허용한다.
> • '-아'를 '-아서'로 바꿔 쓸 수 있으면 '본용언+본용언' 구성이고, 그렇지 않으면 한 단어이거나 '본용언+보조 용언' 구성이다.
>
> **[문제 해결 과정]**
>
> | ㉠ 살아가다   ㉡ 받아가다   ㉢ 닮아가다 |
> |---|
>
> ↓
>
> | 사전에 표제어로 실렸나요? | 예 → ㉠ |
>
> ↓ 아니요
>
> | '-아'를 '-아서'로 바꿔 쓸 수 있나요? | 예 → ㉡ |
>
> ↓ 아니요
>
> | ㉢ |

	㉠	㉡	㉢
①	살아가다	받아 가다	닮아 가다 또는 닮아가다
②	살아가다	받아 가다 또는 받아가다	닮아 가다
③	살아가다	받아가다	닮아 가다
④	살아 가다	받아 가다 또는 받아가다	닮아가다
⑤	살아 가다	받아가다	닮아 가다 또는 닮아가다

07 〈보기〉의 ㉠의 방식에 따라 형성된 단어로 적절한 것은?

15학년도 9월A

보기

국어의 단어 형성 방식을 알아보기 위해 한 단어가 아닌 '오고 가다'를, 한 단어인 '뛰어가다', '오가다'와 비교해 보자.

- 많은 사람들이 <u>오고 가다</u>.
- 사람들이 바쁘게 <u>뛰어가다</u>.
- <u>오가는</u> 사람이 많다.

'오고 가다'라는 구(句)는 단어 '오다'의 어간 '오-'에 연결 어미 '-고'가 결합하여 '가다'와 이어진 것이다. 이러한 방식은 단어 형성에서도 찾아볼 수 있다. 예를 들어, '뛰어가다'는 '뛰다'와 '가다'의 ㉠ <u>어간이 연결 어미로 연결되어</u> 형성된 한 단어이다. 한편 '오가다'는 어간과 어간이 직접 결합해서 한 단어가 되었다는 점에서 '뛰어가다'와 차이가 있다.

① 꿈꾸다   ② 돌아서다   ③ 뒤섞다
④ 빛나다   ⑤ 오르내리다

08 다음은 '사전 활용하기' 학습 활동을 위한 자료이다. 이에 대해 탐구한 내용으로 적절하지 <u>않은</u> 것은?

15학년도 9월AB

크다 ① 혱 ㉠ 길이, 넓이, 높이, 부피 따위가 보통 정도를 넘다.
¶ 눈이 크다 / 글씨를 크게 적는다.
㉡ 신, 옷 따위가 맞아야 할 치수 이상으로 되어 있다.
㉢ 일의 규모, 범위, 정도, 힘 따위가 대단하거나 강하다.

② 동 동식물이 몸의 길이가 자라다.
¶ 키가 몰라보게 크는구나.
반의어 크다 ① ↔ 작다

작다 혱 ㉠ 길이, 넓이, 부피 따위가 비교 대상이나 보통보다 덜하다.
㉡ 정하여진 크기에 모자라서 맞지 아니하다.
㉢ 일의 규모, 범위, 정도, 중요성 따위가 비교 대상이나 보통 수준에 미치지 못하다.
반의어 작다 ↔ 크다 ①

① '크다 ①'과 '크다 ②'는 품사의 차이에 따라 구분된 것이겠군.
② '크다 ①㉠'의 용례에서 '크다'를 '작다'로 바꾸면 '작다 ㉠'의 용례가 되겠군.
③ '크다 ②'는 뜻풀이와 용례로 보아 '작다 ㉢'과 반의 관계를 이루겠군.
④ '작다 ㉡'의 용례로 '키가 자라서 바지가 작다.'를 들 수 있겠군.
⑤ '작다 ㉢'의 용례로 '작은 실수를 하다.'를 들 수 있겠군.

09 〈보기〉에 제시된 국어사전의 정보를 완성한다고 할 때, ㉠~㉤에 대한 설명으로 적절하지 <u>않은</u> 것은? 15학년도 수능A

보기

더-하다

[Ⅰ]   ㉠
【…보다】 어떤 기준보다 정도가 심하다.
¶ 추위는 작년보다 올해가 더하다.

[Ⅱ] 동사
①   ㉡   【…을 (…과)】 (('…과'가 나타나지 않을 때는 목적어가 복수의 의미를 지닌다)) 더 보태어 늘리거나 많게 하다.
¶ 둘에 셋을 더하면 다섯이다. / 2만 원을 3만 원과 더하면 5만 원이다. / 아래의 숫자들을 모두 더하시오.
② 【…을】 【…에/에게 …을】 어떤 요소가 더 있게 하다.
¶ 너의 격려는 나의 자신감을 더해 준다. /   ㉢   / 그의 표정은 우리에게 행복감을 더해 주었다.
③ 어떤 정도나 상태가 더 크거나 심하게 되다.
¶ 그는 갈수록 고약한 잠버릇이 더했다. /   ㉣

덜-하다 형용사
【…보다】 어떤 기준이나 정도가 약하다.
¶ 찌개 맛이 어제보다 덜하다.
반의어   ㉤

① ㉠에 들어갈 말은 '형용사'이다.
② ㉡에 들어갈 말은 【…에 …을】이다.
③ ㉢에는 '그의 등장은 영화에 재미를 더했다.'를 넣을 수 있다.
④ ㉣에는 '그들의 횡포가 점점 더하다.'를 넣을 수 있다.
⑤ ㉤에 들어갈 말은 '더하다[Ⅱ]②'이다.

10 〈보기〉의 ㉠, ㉡에 해당하는 예로 적절하지 <u>않은</u> 것은? 16학년도 6월A

보기

단어는 다양한 맥락에서 사용되면서 ㉠ <u>중심적 의미</u>가 ㉡ <u>주변적 의미</u>로 확장되어 다의 관계를 이루기도 한다. 일례로 자연과 관련된 단어가 자연물이나 자연현상을 그대로 나타내는 중심적 의미로 쓰이다가 비유적으로 확장되어 주변적 의미로 사용되기도 한다.

(가) 여름이 오기 전에 <u>홍수</u>를 대비한다.
(나) 우리는 정보의 <u>홍수</u> 시대에 살고 있다.

(가)의 '홍수'는 중심적 의미로, (나)의 '홍수'는 주변적 의미로 사용되었다.

① ㉠ : 천체 망원경으로 밤하늘의 별을 관찰했다.
　㉡ : 어제 물리학계의 큰 별이 졌다.
② ㉠ : 천둥과 번개를 동반한 비가 내렸다.
　㉡ : 그는 도망가는 데만큼은 정말 번개야.
③ ㉠ : 그는 자신의 뿌리를 찾고자 노력한다.
　㉡ : 잡초가 다시 자라지 않도록 뿌리를 뽑았다.
④ ㉠ : 일출을 기다리는 우리 앞에 붉은 태양이 떠올랐다.
　㉡ : 그녀는 그가 자기 마음의 태양이라고 말했다.
⑤ ㉠ : 들판에는 풀잎마다 이슬이 맺혔다.
　㉡ : 그녀의 두 눈에 맺힌 이슬이 뜨겁게 흘러내렸다.

12 〈보기〉는 한글 맞춤법 제1항이 파생어와 합성어에 적용된 예를 찾아본 것이다. ㉠~㉤에 들어갈 예로 적절한 것은? `16학년도 수능B`

보기

제1항 한글 맞춤법은 표준어를 ⓐ 소리대로 적되, ⓑ 어법에 맞도록 함을 원칙으로 한다.

	파생어	합성어
ⓐ만 충족한 경우	㉠	㉡
ⓑ만 충족한 경우	㉢	㉣
ⓐ, ⓑ 모두 충족한 경우	㉤	줄자(줄+자), 눈물(눈+물)

① ㉠ : 이파리(잎+아리), 얼음(얼+음)
② ㉡ : 마소(말+소), 낮잠(낮+잠)
③ ㉢ : 웃음(웃+음), 바가지(박+아지)
④ ㉣ : 옷소매(옷+소매), 밥알(밥+알)
⑤ ㉤ : 꿈(꾸+ㅁ), 사랑니(사랑+이)

11 다음은 '사전 활용하기' 학습 활동을 위한 자료이다. 이에 대해 탐구한 내용으로 적절하지 않은 것은? `16학년도 6월B`

> **굳다** 〔굳어, 굳으니, 굳는〕
> [Ⅰ] 통
> 　㉠ 무른 물질이 단단하게 되다. ¶ 시멘트가 굳다
> 　㉡ 근육이나 뼈마디가 뻣뻣하게 되다. ¶ 허리가 굳다
> [Ⅱ] 형 흔들리거나 바뀌지 아니할 만큼 힘이나 뜻이 강하다.
> 　　　¶ 굳은 결심 / 성을 굳게 지키다
> 반의어 [Ⅰ] ㉠ 녹다 ①㉡
>
> **녹다** 〔녹아, 녹으니, 녹는〕 통
> ① ㉠ 얼음이나 얼음같이 매우 차가운 것이 열을 받아 액체가 되다.
> 　　　¶ 얼음이 녹다 / 눈이 녹다
> 　㉡ 고체가 열기나 습기로 말미암아 제 모습을 갖고 있지 못하고 물러지거나 물처럼 되다. ¶ 엿이 녹다
> ② 【…에】
> 　㉠ 결정체(結晶體) 따위가 액체 속에서 풀어져 섞이다.
> 　　　¶ 소금이 물에 녹다
> 　㉡ 어떤 물체나 현상 따위에 스며들거나 동화되다.
> 　　　¶ 우리 정서에 녹아 든 외국 문화
> 반의어 ①㉡ 굳다 [Ⅰ] ㉠

① '굳다'는 '녹다'와 달리 두 개의 품사로 쓰인다.
② '시멘트가 굳다'의 '굳다'와 '엿이 녹다'의 '녹다'는 반의 관계이다.
③ '굳다 [Ⅱ]'의 용례로 '마음을 굳게 닫다'를 추가할 수 있다.
④ '녹다 ②㉡'의 용례로 '글에는 글쓴이의 생각이 녹아 있다.'를 추가할 수 있다.
⑤ '초콜릿이 순식간에 녹았다.'의 '녹다'는 '녹다 ②㉠'에 해당하므로 주어 외에도 다른 문장 성분을 필요로 한다.

13 〈보기〉의 ㉠~㉨에 대한 설명으로 적절하지 않은 것은? `16학년도 수능B`

보기

(엄마와 아들이 둘이서 걸어가며)
아들 : 엄마, 올해 마지막 날 엄마와 쇼핑 나와서 참 좋아요.
엄마 : ㉠ 엄마도 영수랑 같이 나오니까 참 좋다.
아들 : 어, 저거 뭐지? 엄마, 저 옷 가게 광고판 좀 보세요.
엄마 : 뭐? ㉡ 저거?
아들 : 네, ㉢ 저거요. '2015년 12월 30일, ㉣ 오늘 하루만 50% 할인'이라고 쓰여 있는데요.
엄마 : 그래? 그러면 ㉤ 어제였네. ㉥ 누나 옷 사야 되는데.
아들 : 엄마, 그 옆 가게는 오늘까지 할인하는데요. 그런데 제 옷도 사 주시면 안 돼요?
엄마 : 그래. 알았어. ㉦ 우리 아들. ㉧ 영수도 옷 사 줘야지.
아들 : 와, 잘됐다. 다음 주 여행 갈 때 입고 가야겠다.

① ㉠과 ㉥은 청자의 관점에서 사용한 지칭어이다.
② ㉠과 ㉦은 현재의 담화 상황에 참여하고 있는 사람을 가리킨다.
③ ㉡과 ㉢은 동일한 대상을 가리킨다.
④ ㉣과 ㉤은 동일한 날을 가리킨다.
⑤ ㉥과 ㉧은 화자와 청자를 제외한 제삼자를 가리킨다.

14 다음은 '사전 활용하기' 학습 활동을 위한 자료이다. 이에 대한 이해로 적절하지 <u>않은</u> 것은? `16학년도 수능AB`

같이[가치]

① <u>부</u>

　① 둘 이상의 사람이나 사물이 함께. ¶ 친구와 **같이** 사업을 하다

　② 어떤 상황이나 행동 따위와 다름이 없이.

　　¶ 예상한 바와 **같이** 주가가 크게 떨어졌다.

② <u>조</u>

　① '앞말이 보이는 전형적인 어떤 특징처럼'의 뜻을 나타내는 격 조사.

　　¶ **얼음장같이** 차가운 방바닥

　② 앞말이 나타내는 그때를 강조하는 격 조사. ¶ **새벽같이** 떠나다

같이-하다[가치--] <u>동</u> 【(…과)…을】

　① 경험이나 생활 따위를 얼마 동안 더불어 하다.

　　= 함께하다①. ¶ 친구와 침식을 **같이하다** / 평생을 **같이한** 부부

　② 서로 어떤 뜻이나 행동 따위를 동일하게 가지다.

　　= 함께하다②. ¶ 그와 의견을 **같이하다** / 견해를 **같이하다**

---

① '같이'의 품사 정보와 뜻풀이를 보니, '같이'는 부사로도 쓰이고 부사격 조사로도 쓰이는 말이로군.

② '같이'의 뜻풀이와 용례를 보니, '같이②①'의 용례로 '매일같이 지하철을 타다'를 추가할 수 있겠군.

③ '같이'와 '같이하다'의 표제어 및 뜻풀이를 보니, '같이하다'는 '같이'에 '하다'가 결합한 복합어로군.

④ '같이하다'의 문형 정보 및 용례를 보니, '같이하다'는 두 자리 서술어로도 쓰일 수 있고, 세 자리 서술어로도 쓰일 수 있군.

⑤ '같이하다'의 뜻풀이와 용례를 보니, '평생을 같이한 부부'의 '같이한'은 '함께한'으로 교체하여 쓸 수 있겠군.

16 〈보기〉의 ㉠, ㉡에 해당하는 예로 적절한 것은? `17학년도 수능`

보기

학생 : 선생님, 다음 두 문장을 보면 모두 '가깝다'가 쓰였는데 의미가 좀 다른 것 같아요.

　　(1) 우리 집은 학교에서 가깝다.

　　(2) 그의 말은 거의 사실에 가깝다.

선생님 : (1)의 '가깝다'는 "어느 한 곳에서 다른 곳까지의 거리가 짧음"을 뜻하고, (2)의 '가깝다'는 "성질이나 특성이 기준이 되는 것과 비슷함"을 뜻한단다. 이는 본래 ㉠ 공간과 관련된 중심적 의미를 지니던 것이 ㉡ 추상화되어 주변적 의미도 지니게 된 것이라고 할 수 있지.

학생 : 아, 그렇군요. 그러면 '가깝다'는 여러 의미를 지닌 단어로군요.

선생님 : 그렇지. 그래서 '가깝다'는 다의어란다.

	㉠	㉡
①	물은 <u>낮은</u> 곳으로 흐른다.	환경에 대한 관심도가 <u>낮다</u>.
②	그는 성공할 가능성이 <u>크다</u>.	힘든 만큼 기쁨이 <u>큰</u> 법이다.
③	두 팔을 최대한 <u>넓게</u> 벌렸다.	도로 폭이 <u>넓어서</u> 좋다.
④	내 <u>좁은</u> 소견을 말씀드렸다.	마음이 <u>좁아서는</u> 곤란하다.
⑤	<u>작은</u> 힘이라도 보태고 싶다.	우리 학교는 운동장이 <u>작다</u>.

15 〈보기〉의 ㉠에 해당하는 예로 적절한 것은? `17학년도 6월`

보기

　합성어는 어근과 어근이 결합하여 형성되는데, 어근들의 결합 방식에 따라 다음과 같이 둘로 나눌 수 있다.

- 통사적 합성어 : 어근들의 결합 방식이 일반적인 문장 구성 방식과 같은 합성어
- ㉠ 비통사적 합성어 : 어근들의 결합 방식이 일반적인 문장 구성 방식과 다른 합성어

① 아이들이 <u>뛰노는</u> 소리가 밖에서 들렸다.

② 서로 <u>몰라볼</u> 정도로 세월이 많이 흘렀다.

③ 저마다의 <u>타고난</u> 소질을 계발하는 것이 중요하다.

④ <u>지난달</u>부터 공부를 열심히 했더니 자신감이 생겼다.

⑤ 망치질을 자주 하다 보니 손바닥에 <u>굳은살</u>이 박였다.

17 〈보기〉의 담화 상황에서 ⓐ~ⓔ가 가리키는 대상이 같은 것끼리 바르게 짝지은 것은? `18학년도 9월`

보기

(수빈, 나경, 세은이 대화를 하고 있다.)

수빈 : 나경아, 머리핀 못 보던 거네. 예쁘다.

나경 : 고마워. ⓐ <u>우리</u> 엄마가 얼마 전 새로 생긴 선물 가게에서 사 주셨어.

세은 : 너희 어머니 참 자상하시네. 나도 그런 머리핀 하나 사고 싶은데 ⓑ <u>우리</u> 셋이 지금 사러 갈까?

수빈 : 미안해. 나도 같이 가고 싶은데 ⓒ <u>우리</u> 집에 일이 있어 못 갈 것 같아.

세은 : 그래? 그럼 할 수 없네. ⓓ <u>우리</u>끼리 가지, 뭐.

나경 : 그래, 수빈아. 다음엔 꼭 ⓔ <u>우리</u> 다 같이 가자.

① ⓐ - ⓑ　　　② ⓐ - ⓓ　　　③ ⓑ - ⓔ

④ ⓒ - ⓓ　　　⑤ ⓒ - ⓔ

18 〈보기〉는 사전의 개정 내용을 정리한 자료의 일부이다. ㉠~㉤에 대한 이해로 적절하지 <u>않은</u> 것은? 18학년도 수능

보기

	개정 전	개정 후
㉠	**긁다** 동 「1」 손톱이나 뾰족한 기구 따위로 바닥이나 거죽을 문지르다. ⋮ 「9」 ……	**긁다** 동 「1」 손톱이나 뾰족한 기구 따위로 바닥이나 거죽을 문지르다. ⋮ 「9」 …… 「10」 물건 따위를 구매할 때 카드로 결제하다.
㉡	**김-밥**[김:밥] 명 ……	**김-밥**[김:밥/김:빱] 명 ……
㉢	**냄새** 명 「1」 코로 맡을 수 있는 온갖 기운. 「2」 어떤 사물이나 분위기 따위에서 느껴지는 특이한 성질이나 낌새.	**냄새** 명 「1」 코로 맡을 수 있는 온갖 기운. 「2」 어떤 사물이나 분위기 따위에서 느껴지는 특이한 성질이나 낌새.
	내음 명 '냄새'의 방언(경상).	**내음** 명 코로 맡을 수 있는 나쁘지 않거나 향기로운 기운. 주로 문학적 표현에 쓰인다.
㉣	**태양-계** 명 태양과 그것을 중심으로 공전하는 천체의 집합. 태양, 9개의 행성, ……	**태양-계** 명 태양과 그것을 중심으로 공전하는 천체의 집합. 태양, 8개의 행성, ……
㉤	(표제어 없음)	**스마트-폰** 명 휴대 전화에 여러 컴퓨터 지원 기능을 추가한 지능형 단말기.

※ 사전의 개정 내용은 표준어와 표준 발음의 최신 정보를 반영한 것임.

① ㉠ : 표제어의 뜻풀이가 추가되어 다의어의 중심적 의미가 수정되었군.
② ㉡ : 표준 발음이 추가로 인정되어 기존의 표준 발음과 함께 제시되었군.
③ ㉢ : 방언이었던 단어가 표준어의 지위를 얻고 뜻풀이도 새롭게 제시되었군.
④ ㉣ : 과학적 정보를 반영하여 뜻풀이 일부가 갱신되었군.
⑤ ㉤ : 새로운 문물을 지칭하는 신어가 표제어로 추가되었군.

19 〈보기〉를 활용하여 국어사전을 만드는 활동을 하였다. 표제어 ⓐ와 예문 ⓑ, ⓒ에 들어갈 말로 적절한 것은? 19학년도 수능

보기

㉠ 약속 날짜를 너무 <u>밭게</u> 잡았다.
㉡ 서로 <u>밭게</u> 앉아 더위를 참기 어려웠다.
㉢ 시간이 더 필요한데 제출 기한을 너무 <u>바투</u> 잡았다.
㉣ 어머니는 아들에게 <u>바투</u> 다가가 두 손을 움켜쥐었다.
⋮

> ⓐ
> ① 두 대상이나 물체의 사이가 썩 가깝게.
> ¶ ⓑ
> ② 시간이나 길이가 아주 짧게.
> ⋮
>
> **밭다** 형
> ① 시간이나 공간이 다붙어 몹시 가깝다.
> ¶ ⓒ
> ② 길이가 매우 짧다.
> ¶ 새로 산 바지가 **밭아** 발목이 다 보인다.
> ③ 음식을 가려 먹는 것이 심하거나 먹는 양이 적다.
> ¶ 우리 아들은 입이 너무 **밭아서** 큰일이야.
> ⋮

	ⓐ	ⓑ	ⓒ
①	밭게 부	㉠	㉡
②	밭게 부	㉡	㉢
③	밭게 부	㉢	㉣
④	바투 부	㉢	㉠
⑤	바투 부	㉣	㉠

20 〈보기〉의 ㉠과 ㉡을 모두 충족하는 예로 적절한 것은? 20학년도 9월

보기

'붙잡다'의 어간 '붙잡-'은 어근 '붙-'과 어근 '잡-'으로 나뉘고, '잡히다'의 어간 '잡히-'는 어근 '잡-'과 접사 '-히-'로 나뉜다. 이렇듯 어떤 말을 둘로 나누었을 때 나누어진 두 요소 각각을 직접 구성 요소라 하는데, 어근과 어근으로 분석되는 말을 합성어라 하고 어근과 접사로 분석되는 말을 파생어라 한다.

그런데 ㉠ 어간이 3개 이상의 구성 요소로 이루어진 경우가 있다. 이때 ㉡ 직접 구성 요소가 먼저 어근과 어근으로 분석되면 합성어이고 어근과 접사로 분석되면 파생어이다. 예컨대 '밀어붙이다'는 직접 구성 요소가 먼저 어근과 어근으로 분석되므로 합성어이다.

① 밤새 거센 비바람이 <u>내리쳤다</u>.
② 책임을 남에게 <u>떠넘기면</u> 안 된다.
③ 차바퀴가 진흙 바닥에서 <u>헛돌았다</u>.
④ 거리에는 매일 많은 사람이 <u>오간다</u>.
⑤ 그들은 끊임없이 <u>짓밟혀도</u> 굴하지 않았다.

21 〈보기〉를 바탕으로 할 때, ㉠~㉢에 해당하는 단어가 사용된 예로 적절한 것은? 22학년도 6월

보기

선생님 : 신체 관련 어휘는 ㉠ <u>신체 부위를 나타내는 중심적 의미</u>가 ㉡ <u>주변적 의미</u>로 확장될 수 있어요. 이때 ㉢ <u>소리는 같지만 중심적 의미가 다른 단어</u>와 잘 구분해야 합니다. 그럼 아래에서 이러한 의미 관계를 확인해 봅시다.

코¹
• 포유류의 얼굴 중앙에 튀어나온 부분.
• 콧구멍에서 흘러나오는 액체.
코²
• 그물이나 뜨개질한 물건의 눈마다의 매듭.

① ㉠ : 묽은 코가 옷에 묻어 휴지로 닦았다.
② ㉠ : 어부가 쳐 놓은 어망의 코가 끊어졌다.
③ ㉡ : 코끼리는 긴 코를 자유자재로 사용한다.
④ ㉡ : 동생이 갑자기 코를 다쳐서 병원에 갔다.
⑤ ㉢ : 어머니께서 목도리를 한 코씩 떠 나가셨다.

22 〈보기〉의 ㉮에 들어갈 말로 적절하지 <u>않은</u> 것은? 22학년도 9월

보기

선생님 : 다음은 접사의 특징을 확인하기 위해 수집한 파생어들이에요. ㉠~㉤에서 각각 확인되는 접사의 공통점을 설명해 보세요.

㉠ 넓이, 믿음, 크기, 지우개
㉡ 끄덕이다, 출렁대다, 반짝거리다
㉢ 울보, 낚시꾼, 멋쟁이, 장난꾸러기
㉣ 밀치다, 살리다, 입히다, 깨뜨리다
㉤ 부채질, 풋나물, 휘감다, 빼앗기다

학생 : 예, 접사가 ㉮ 는 공통점이 있습니다.

① ㉠에서는 용언에 결합하여 명사를 만든다
② ㉡에서는 부사에 결합하여 동사를 만든다
③ ㉢에서는 사람을 가리키는 의미의 단어를 만든다
④ ㉣에서는 주동사에 결합하여 사동사를 만든다
⑤ ㉤에서는 어근과 품사가 동일한 단어를 만든다

23 〈학습 활동〉을 수행한 결과로 적절한 것은? 23학년도 6월

학습 활동

형태소는 자립성의 유무와 의미의 유형에 따라 다음과 같이 구분된다.

자립성의 유무 의미의 유형	자립 형태소	의존 형태소
실질 형태소	㉠	㉡
형식 형태소	✕	㉢

다음 문장의 형태소를 ㉠, ㉡, ㉢으로 분류한 후, 그 결과를 정리해 보자.

우리는 비를 맞고 바람에 맞서다가 드디어 길을 찾아냈다.

① '우리는'의 '우리'와 '드디어'는 ㉡에 속한다.
② '비를'과 '길을'에는 ㉠과 ㉡에 속하는 형태소만 있다.
③ '맞고'의 '맞-'과 '맞서다가'의 '맞-'은 모두 ㉢에 속한다.
④ '바람에'에는 ㉡과 ㉢에 속하는 형태소만 있다.
⑤ '찾아냈다'에는 ㉡과 ㉢에 속하는 형태소만 있다.

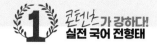
24 밑줄 친 두 단어가 〈보기〉의 ㉠~㉤에 해당하는 것은?　25학년도 수능

보기

　동일한 모습의 단어가 다른 의미로 쓰일 때, 이들은 의미의 연관성이 없는 ㉠ <u>동음이의어 관계</u>(예 단풍 <u>철</u> : <u>철</u> 성분)나 연관성이 있는 ㉡ <u>다의 어 관계</u>(예 <u>머리</u>를 깎다 : 배의 <u>머리</u>)에 놓인다. 다의어는 한 단어가 여러 의미를 지닌 것인데, 이때 그 구체적 의미가 달라 유의어나 반의어가 다 른 경우가 있다. 용언이 다의어일 때는 ㉢ <u>필수 성분의 개수가 다르거나, 개수는 같고 종류가 다른 경우</u>가 있다. 물론 다의어의 각 의미 간에 유의 어나 ㉣ <u>반의어가 같은 경우</u>도 있고 ㉤ <u>필수 성분의 개수와 종류가 모두 동일한 경우</u>도 있다.

① ㉠ [난로에 <u>불</u>을 피웠다.
　　　　그들의 사랑에 <u>불</u>이 붙었다.

② ㉡ [이곳엔 가위표를 <u>치는</u> 거야.
　　　　구슬 <u>치는</u> 아이가 있다.

③ ㉢ [나는 종소리를 <u>듣지</u> 못했다.
　　　　충고까지 잔소리로 <u>듣지</u> 마.

④ ㉣ [배우가 <u>엷은</u> 화장을 했다.
　　　　아이가 <u>엷은</u> 잠에 들었다.

⑤ ㉤ [이곳은 벌써 따뜻한 봄이 <u>왔다</u>.
　　　　그의 성공은 부단한 노력에서 <u>왔다</u>.

나 없이
기출
풀지마라

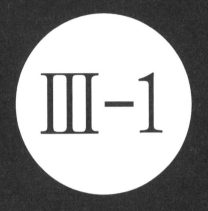

교육청 기출

01 〈보기〉의 ㉠~㉽에 대한 이해로 적절한 것은?

> **보기**
>
> 　용언은 활용을 하기 때문에 어간과 어미로 나눌 수 있으며 어미에는 어말 어미와 선어말 어미가 있다. 용언이 복합어인 경우에 합성어 용언의 어간은 '어근+어근'으로 구성되어 있고, 파생어 용언의 어간은 '접두사+어근' 혹은 '어근+접미사'로 구성되어 있다.
>
> ○ 뛰는 토끼 잡으려다 잡은 토끼 ㉠ 놓친다.
> ○ 치료 시기를 ㉡ 넘기면 건강을 ㉢ 되찾기 어렵다.
> ○ 책임자는 건물의 완공일을 일주일 정도 ㉣ 앞당겼다.
> ○ 그는 흙과 모래를 ㉤ 뒤섞는 일을 혼자 ㉽ 끝마치곤 했다.

① ㉠과 ㉽은 동일한 선어말 어미가 쓰였다.
② ㉡과 ㉣은 어간에 동일한 접사가 쓰였다.
③ ㉢과 ㉤의 어간은 접두사와 어근으로 구성되었다.
④ ㉣은 두 개의 선어말 어미와 한 개의 어말 어미가 쓰였다.
⑤ ㉽의 어간은 어근과 접미사로 구성되었다.

02 〈보기〉를 읽고 이해한 내용으로 적절하지 않은 것은?

> **보기**
>
> 　합성어 중에는 ㉮ 두 어근이 대등하게 결합하는 것이 있고, ㉯ 한 어근이 다른 어근을 수식하는 것도 있다. 한편 ㉰ 각각의 어근이 원래 지닌 의미와는 다른 새로운 의미를 가지는 것도 있다.
>
> ㄱ. 시냇물 주위로 논밭이 펼쳐진 경치가 아름답다.
> ㄴ. 오늘 오랜만에 점심으로 보리밥 한 그릇을 먹었다.
> ㄷ. 버스가 돌다리를 건너 우리 마을로 들어서고 있었다.
> ㄹ. 지난밤 폭설로 인해 눈이 얼어 길바닥이 미끄러워졌다.
> ㅁ. 그는 피땀을 흘려 모은 재산을 장학금으로 기부하였다.

① ㄱ의 '논밭'은 두 어근이 대등하게 결합하고 있으므로 ㉮에 해당한다.
② ㄴ의 '보리밥'은 두 어근이 대등하게 결합하고 있으므로 ㉮에 해당한다.
③ ㄷ의 '돌다리'는 앞의 어근이 뒤의 어근을 수식하고 있으므로 ㉯에 해당한다.
④ ㄹ의 '길바닥'은 앞의 어근이 뒤의 어근을 수식하고 있으므로 ㉯에 해당한다.
⑤ ㅁ의 '피땀'은 두 어근의 의미와 다른 새로운 의미를 가지므로 ㉰에 해당한다.

03 〈보기〉의 ⓐ~ⓒ에 들어갈 말을 바르게 짝지은 것은?

> **보기**
>
> **학생 1** : 우리 스무고개 할래? [자료]에 있는 단어 중에서 내가 무얼 생각하는지 맞혀 봐.
>
> | [자료] | | |
> |---|---|---|
> | 높이다 | 접히다 | 여닫다 |
>
> **학생 2** : 좋아. 그 단어는 어근과 어근으로 구성되었니?
> **학생 1** : 아니, 어근과 접사로 이루어져 있어.
> **학생 2** : 그렇다면 　ⓐ　는 아니겠군. 그러면 단어의 품사가 어근의 품사와 같니?
> **학생 1** : 아니, 이 단어의 품사는 어근의 품사와 달라.
> **학생 2** : 　ⓑ　는 접사가 결합하며 품사가 달라지지 않았고, 　ⓒ　는 접사가 결합하며 품사가 달라졌네. 그렇다면 네가 생각하는 단어는 　ⓒ　이구나!
> **학생 1** : 맞아, 바로 그거야.

	ⓐ	ⓑ	ⓒ
①	여닫다	접히다	높이다
②	여닫다	높이다	접히다
③	높이다	여닫다	접히다
④	높이다	접히다	여닫다
⑤	접히다	여닫다	높이다

04 〈보기〉의 ㉠에 들어갈 말로 적절한 것은?

> **보기**
>
> **선생님** : 우리말에서 '새-, 샛-, 시-, 싯-'은 색채를 나타내는 형용사에 붙어 '매우 짙고 선명하게'의 뜻을 더하는 접두사입니다. 이 접두사들은 결합하는 형용사의 어두음과 첫음절의 모음에 따라 각각 다르게 사용되는데요, 다음의 자료를 바탕으로 '새-, 샛-, 시-, 싯-'에 대해 탐구해 보세요.
>
> | 자료 | | ㉮ | ㉯ |
> |---|---|---|---|
> | ⓐ | | 새까맣다 | 시꺼멓다 |
> | ⓑ | | 새파랗다 | 시퍼렇다 |
> | ⓒ | | 새하얗다 | 시허옇다 |
> | ⓓ | | 샛노랗다 | 싯누렇다 |
> | ⓔ | | 샛말갛다 | 싯멀겋다 |
>
> **학생** : _____㉠_____

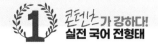
① ⓐ를 보니, '새-'와 달리 '시-'는 결합하는 형용사의 어두음이 된소리일 때에 붙었어요.
② ㉮를 보니, '샛-'과 달리 '새-'는 결합하는 형용사의 첫음절의 모음이 양성 모음일 때에 붙었어요.
③ ㉯를 보니, '시-'와 달리 '싯-'은 결합하는 형용사의 첫음절의 모음이 음성 모음일 때에 붙었어요.
④ ㉮와 ㉯를 보니, '새-', '샛-'과 달리 '시-', '싯-'은 결합하는 형용사의 어두음이 거센소리일 때에 붙었어요.
⑤ ⓐ~ⓒ와 ⓓ~ⓔ를 보니, '새-', 시-'와 달리 '샛-', 싯-'은 결합하는 형용사의 어두음이 울림소리일 때에 붙었어요.

05 〈보기〉의 '복합어'를 '분류 과정'에 따라 분류할 때, ㉠과 ㉡에 들어갈 말을 바르게 짝지은 것은?

보기

[복합어]

헛수고, 어느새, 톱질, 마음껏, 꺾쇠, 지우개

[분류 과정]

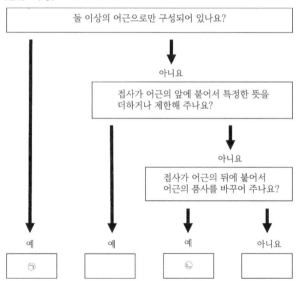

	㉠	㉡
①	어느새, 꺾쇠	마음껏, 지우개
②	헛수고, 어느새	지우개
③	톱질, 꺾쇠	헛수고, 마음껏
④	톱질, 마음껏, 꺾쇠	헛수고
⑤	어느새, 톱질, 꺾쇠	지우개

06 〈보기〉는 학생들이 작성한 탐구 보고서의 일부이다. [가]에 들어갈 내용으로 적절한 것은?

보기

◦**탐구 개요**

학생들은 형태가 동일한 두 형태소가 하나는 어근, 하나는 접사로 사용되는 경우 이를 구분할 때 어려움을 겪는 경향이 있다. 그래서 우리 반 학생들을 대상으로 관련 사례에 대한 반응을 조사한 후 이를 토대로 결과를 분석하고 추가 예시 자료를 제시하여 학생들의 이해를 돕고자 한다.

◦**사례**
1. 마당 ㉠한가운데 꽃이 폈다.
2. 그가 이 책의 지은㉡이다.
3. 커다란 ㉢알밤을 주웠다.

◦**학생들의 반응**

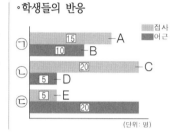

(단위: 명)

◦**결과 분석 및 추가 예시 자료 제시**

[가]

① '사례 1'에 대해 ㉠을 잘못 알고 있는 학생들이 더 많다. 이에 따라 'A 집단'의 이해를 돕기 위해 ㉠이 쓰인 예로 '한번'을 제시한다.
② '사례 1'에 대해 ㉠을 잘못 알고 있는 학생들이 더 적다. 이에 따라 'B 집단'의 이해를 돕기 위해 ㉠이 쓰인 예로 '한복판'을 제시한다.
③ '사례 2'에 대해 ㉡을 잘못 알고 있는 학생들이 더 많다. 이에 따라 'C 집단'의 이해를 돕기 위해 ㉡이 쓰인 예로 '먹이'를 제시한다.
④ '사례 2'에 대해 ㉡을 잘못 알고 있는 학생들이 더 적다. 이에 따라 'D 집단'의 이해를 돕기 위해 ㉡이 쓰인 예로 '미닫이'를 제시한다.
⑤ '사례 3'에 대해 ㉢을 잘못 알고 있는 학생들이 더 적다. 이에 따라 'E 집단'의 이해를 돕기 위해 ㉢이 쓰인 예로 '알사탕'을 제시한다.

07 [학습 활동]을 수행한 결과로 적절하지 <u>않은</u> 것은?

선생님 : 형용사 형성 파생법은 크게 접두사에 의한 파생법과 접미사에 의한 파생법으로 나누어 볼 수 있습니다. 일반적으로 접두사에 의한 파생법은 ㉠ <u>형용사 어근 앞에 뜻을 더하는</u> 접사가 붙은 것이고, 접미사에 의한 파생법은 대체로 ㉡ <u>명사 어근 뒤에 어근의 품사를 형용사로 바꾸는</u> 접사가 붙은 것입니다. 그럼 아래를 참고하여, [학습 활동]을 해결해 볼까요?

[접두사] 새-, 시-
[접미사] -롭다, -되다, -답다, -스럽다

[학습 활동] 다음에서 ㉠, ㉡에 해당하는 예를 찾아보자.

나는 바닷가 산책로를 따라 걸었다. 바로 코끝에서 **시퍼런** 바닷물이 철썩거리고 있었다. 늘 걷던 길이 오늘따라 **새롭게** 느껴지는 것은 곧 이곳을 떠나야 한다는 사실 때문일 것이다. 여기 머문 지도 어느새 삼 년이 되어 간다. 돌이켜 보면 **복된** 나날이었다. 이웃들과 매일 **정답게** 인사를 주고받았으며, 어디서든 아이들의 **사랑스러운** 웃음소리를 들을 수 있었다.

① '시퍼런'은 접두사 '시-'가 형용사 어근 앞에 붙어 형성된 말의 활용형으로, ㉠에 해당하는 예이다.
② '새롭게'는 접두사 '새-'가 형용사 어근 앞에 붙어 형성된 말의 활용형으로, ㉠에 해당하는 예이다.
③ '복된'은 접미사 '-되다'가 명사 어근 뒤에 붙어 형성된 말의 활용형으로, ㉡에 해당하는 예이다.
④ '정답게'는 접미사 '-답다'가 명사 어근 뒤에 붙어 형성된 말의 활용형으로, ㉡에 해당하는 예이다.
⑤ '사랑스러운'은 접미사 '-스럽다'가 명사 어근 뒤에 붙어 형성된 말의 활용형으로, ㉡에 해당하는 예이다.

08 〈보기〉의 ㉠~㉣을 바르게 분류한 것은?

보기

※ 다음 밑줄 친 단어를 통해 합성어의 형성 과정을 탐구해 보자.

- 이곳은 ㉠<u>이른바</u> 우리나라의 곡창 지대이다.
- 붕대로 ㉡<u>감싼</u> 상처가 정말 심각해 보였다.
- 집행부가 질서를 ㉢<u>바로잡을</u> 계획을 세웠다.
- 대학교에 가려면 ㉣<u>건널목</u>을 건너야만 한다.

[탐구 과정]

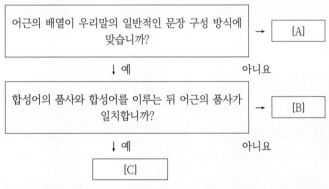

	[A]	[B]	[C]
①	㉠	㉡, ㉣	㉢
②	㉠, ㉢	㉡	㉣
③	㉡	㉠	㉢, ㉣
④	㉡	㉢	㉠, ㉣
⑤	㉡, ㉣	㉢	㉠

09 〈보기 1〉을 참고하여 〈보기 2〉를 이해한 내용으로 적절하지 <u>않은</u> 것은?

보기 1

언어의 의미는 끊임없이 변화한다. 원래 '주책'은 '일정하게 자리 잡힌 주장이나 판단력'이라는 의미였다. 그런데 '주책없다'처럼 '주책'이 주로 '없다'와 함께 쓰이다 보니 부정적인 의미도 갖게 되었다. 즉, '주책'은 '일정한 줏대가 없이 되는 대로 하는 짓'이란 의미도 갖게 되어 '주책없다'와 '주책이다'가 같은 의미로 쓰이게 되었다. 한편 '에누리'는 상인과 소비자가 물건값을 흥정하는 상황에서 자주 쓰이다 보니 '값을 올리는 일'이라는 의미뿐만 아니라 '값을 내리는 일'이라는 의미로도 쓰이게 되었다.

보기 2

ㄱ. 다른 사람의 말에 쉽게 흔들리는 것을 보니 그는 <u>주책</u>이 없구나.
ㄴ. 뜬금없이 그런 말을 하다니 그도 참 <u>주책</u>이다.
ㄷ. <u>에누리</u>를 해 주셔야 다음에 또 물건을 사러 오지요.
ㄹ. 그 가게는 <u>에누리</u> 없이 장사를 해서 적게 팔고도 많은 이윤을 남긴다.

① ㄱ의 '주책'은 '일정하게 자리 잡힌 주장이나 판단력'의 의미로 쓰였군.
② ㄴ의 '주책'은 부정적인 의미로 쓰였군.
③ ㄴ의 '주책이다'는 '주책없다'로도 바꿔 쓸 수 있겠군.
④ ㄷ의 '에누리'는 '값을 올리는 일'의 의미로 쓰였군.
⑤ ㄹ의 '에누리'는 '값을 내리는 일'의 의미로 볼 수 있겠군.

10 〈보기 1〉을 바탕으로 〈보기 2〉의 ㉠~㉤에 대해 설명한 내용으로 적절하지 <u>않은</u> 것은?

보기 1

합성 명사의 구성 요소 중 선행 요소는 다양한 품사의 단어이지만 후행 요소는 일반적으로 명사이다.

보기 2

㉠새해를 맞이하여 오랜만에 할머니 댁에 갔다. 할머니께서 점심으로 ㉡굵은소금 위에 새우를 올려놓고 구워 주셨고, 저녁에는 ㉢산나물을 넣은 비빔밥을 해 주셨다. 내가 할머니께 스마트폰의 여러 기능을 알려 드리자 "㉣척척박사로구나."라며 ㉤어린아이처럼 좋아하셨다.

① ㉠은 관형사와 명사가 결합한 합성 명사이다.
② ㉡은 동사의 활용형과 명사가 결합한 합성 명사이다.
③ ㉢은 명사와 명사가 결합한 합성 명사이다.
④ ㉣은 부사와 명사가 결합한 합성 명사이다.
⑤ ㉤은 형용사의 활용형과 명사가 결합한 합성 명사이다.

11 〈보기 1〉은 '사전 활용하기' 학습 활동을 위한 자료이다. 〈보기 1〉을 바탕으로 〈보기 2〉의 ㉠~㉥을 이해한 내용으로 적절하지 <u>않은</u> 것은?

보기 1

한01 관
1 (일부 단위를 나타내는 말 앞에 쓰여) 그 수량이 하나임을 나타내는 말.
2 '어떤'의 뜻을 나타내는 말.
3 '같은'의 뜻을 나타내는 말.
4 (수량을 나타내는 말 앞에 쓰여) '대략'의 뜻을 나타내는 말.

한02 명
1 ('-는 한이 있더라도' 또는 '-는 한이 있어도' 구성으로 쓰여) 어떤 일을 위하여 희생하거나 무릅써야 할 극단적 상황을 나타내는 말.
2 (주로 '-는 한' 구성으로 쓰여) 조건의 뜻을 나타내는 말.

보기 2

결승점을 ㉠한 200미터 앞두고 달리고 있다. ㉡한 이불을 덮고 자며 훈련했던 동료 선수들의 응원 속에 나는 온 힘을 다해 ㉢한걸음씩 내딛고 있다. 쓰러지는 ㉣한이 있더라도 힘이 남아 있는 ㉤한 포기는 하지 말라고 외치던 ㉥한 친구의 말을 떠올리며 나는 힘을 낸다.

① ㉠은 '한01 4'의 뜻으로, ㉡은 '한01 3'의 뜻으로 쓰였겠군.
② 뒤에 오는 체언을 수식한다는 점에서 ㉠과 ㉥의 품사는 모두 관형사이겠군.
③ ㉡과 ㉣은 서로 동음이의 관계이겠군.
④ ㉢의 '한'은 '한01 1'의 의미를 가지므로 '한∨걸음'으로 띄어 써야겠군.
⑤ '옛날 강원도의 한 마을에 효자가 살고 있었다.'의 '한'은 ㉥과 같은 의미로 쓰였겠군.

12 〈보기 1〉은 '사전 활용하기' 학습을 위한 자료이다. 이를 바탕으로 〈보기 2〉의 ㉠~㉤에 대해 탐구한 내용으로 적절하지 <u>않은</u> 것은?

보기 1

지¹ 「의존 명사」
    (어미 '-은' 뒤에 쓰여) 어떤 일이 있었던 때로부터 지금까지의 동안을 나타내는 말.

-지² 「어미」
    「1」 (용언의 어간이나 어미 '-으시-', '-었-' 뒤에 붙어) 그 움직임이나 상태를 부정하거나 금지하려 할 때 쓰이는 연결 어미. '않다', '못하다', '말다' 따위가 뒤따른다.
    「2」 상반되는 사실을 서로 대조적으로 나타내는 연결 어미.

-지³ 「어미」
    ('이다'의 어간, 용언 어간이나 어미 '-으시-', '-었-', '-겠-' 뒤에 붙어) 어떤 사실을 긍정적으로 서술하거나 묻거나 명령하거나 제안하는 따위의 뜻을 나타내는 종결 어미. 서술, 의문, 명령, 제안 따위로 두루 쓰인다.

보기 2

○ 내일은 비가 오겠<u>지</u>?
          ㉠
○ 눈길을 걸은 <u>지</u>도 꽤 오래되었<u>지</u>.
      ㉡   ㉢
○ 친구 사이는 대등한 관계이<u>지</u> 종속 관계가 아니다.
               ㉣
○ 이곳에 쓰레기를 버리<u>지</u> 마시오.
           ㉤

① ㉠은 어떤 움직임이나 상태를 부정하거나 금지하려 할 때 쓰이는 〈보기 1〉의 '-지²「1」'에 해당하겠군.
② ㉡은 어떤 일이 있었던 때부터 지금까지를 의미하는 것으로 보아 〈보기 1〉의 '지¹'에 해당하겠군.
③ ㉢은 '-었-' 뒤에 붙어 쓰인 종결 어미에 해당하므로 〈보기 1〉의 '-지³'에 해당하겠군.
④ ㉣은 상반되는 사실을 서로 대조적으로 연결하는 것으로 보아 〈보기 1〉의 '-지²「2」'에 해당하겠군.
⑤ ㉤은 용언의 어간과 결합하고 '마시오'가 뒤따르는 것으로 보아 〈보기 1〉의 '-지²「1」'에 해당하겠군.

13 〈보기〉의 선생님 물음에 대한 답으로 가장 적절한 것은?

보기

선생님 : 지난 시간에 형태소와 단어에 대해 공부했는데, 이를 바탕으로 다음 자료에서 ㉠, ㉡, ㉢의 공통점과 차이점이 무엇인지 말해 볼까요?

[자료]

○ 이 문제는 나한테 묻지 말고 그에게 물어라.
                ㉠

○ 귀로는 음악을 들었고 눈으로는 풍경을 보았다.
              ㉡

○ 나는 산으로 가자고 했지만 동생은 바다로 갔다.
           ㉢

① 공통점은 단어의 자격을 가진다는 것이고, 차이점은 ㉠만 실질적 의미를 나타낸다는 것입니다.
② 공통점은 문법적 의미를 나타낸다는 것이고, 차이점은 ㉢만 단어의 자격을 가진다는 것입니다.
③ 공통점은 단어의 자격을 갖지 못한다는 것이고, 차이점은 ㉡, ㉢만 문법적 의미를 나타낸다는 것입니다.
④ 공통점은 음운 환경에 따라 그 형태가 바뀐다는 것이고, 차이점은 ㉡, ㉢만 문법적 의미를 나타낸다는 것입니다.
⑤ 공통점은 반드시 다른 말과 결합하여 쓰인다는 것이고, 차이점은 ㉡, ㉢만 음운 환경에 따라 그 형태가 바뀐다는 것입니다.

14 〈보기〉의 ㉠과 ㉡에 모두 해당하는 단어로 적절한 것은?

보기

    복합어는 어근과 어근이 결합되거나 어근에 접사가 결합되어 만들어진다. 이런 결합 관계는 여러 번에 걸쳐 일어나기도 해서, ㉠<u>어근과 어근이 결합한 데 다시 접사가 붙는 경우</u>도 있고, 어근과 접사가 결합한 데 다시 접사가 붙는 경우도 있다. 이때 ㉡<u>접사가 결합되어 어근의 품사가 변하는 경우</u>도 있다.

① 군것질
② 바느질
③ 겹겹이
④ 다듬이
⑤ 헛웃음

15 〈보기 1〉은 '사전 활용하기' 학습 활동을 위한 자료이다. 이를 바탕으로 〈보기 2〉의 ㉠~㉤을 탐구한 내용으로 적절하지 <u>않은</u> 것은?

보기 1

1. 밖 「명사」

　「1」 어떤 선이나 금을 넘어선 쪽. ¶ 이 선 밖으로 나가시오.
　「2」 겉이 되는 쪽. 또는 그런 부분. ¶ 옷장 안은 깨끗했으나, 밖은 긁힌
　　　자국으로 엉망이었다.
　「3」 일정한 한도나 범위에 들지 않는 나머지 다른 부분이나 일.
　　　¶ 예상 밖으로 일이 복잡해졌다.

2. 밖에 「조사」

　(주로 체언이나 명사형 어미 뒤에 붙어) '그것 말고는', '그것 이외에
　는', '기꺼이 받아들이는', '피할 수 없는'의 뜻을 나타내는 보조사.
　¶ 공부밖에 모르는 학생

3. 뜻밖-에 「부사」

　생각이나 기대 또는 예상과 달리. 늑 의외로.
　¶ 아버지께 여행을 가겠다고 조심스럽게 말씀드렸는데 뜻밖에도 흔쾌
　　히 허락하셨다.

보기 2

　출입문 ㉠밖 복도는 시끌시끌하다. 이런 생기를 느낄 수 있는 날도
㉡며칠 밖에 남지 않았다. 졸업이 가까워지면 후련할 줄 알았는데 ㉢
뜻밖에도 아쉬움이 더 크다. 추억이 많으니 그럴 ㉣수밖에 없는 것 같다.
하지만 졸업 후 주어질 ㉤기대 밖의 선물 같은 시간들을 그려 보며 남은
시간을 잘 마무리해야겠다.

① ㉠은 〈보기 1〉의 1 「1」의 의미로 쓰인 것이군.
② ㉡은 〈보기 1〉의 2가 사용되었으므로 '며칠'과 '밖에'를 붙여 써야겠군.
③ ㉢은 〈보기 1〉의 3이 사용되었으므로 '의외로'라고 바꿔 쓸 수 있겠군.
④ ㉣은 〈보기 1〉의 1 「2」의 의미이므로 '수'와 '밖에'를 띄어 써야겠군.
⑤ ㉤은 〈보기 1〉의 1 「3」의 용례로 추가할 수 있겠군.

16 〈보기〉의 밑줄 친 부분과 관련한 탐구로 적절하지 <u>않은</u> 것은?

보기

　선생님 : 지난 시간에 모둠별로 〈그림〉의 대상을 지칭하는 새말을 만드
　　　는 활동을 했어요. <u>이번 시간에는 지난 시간에 만든 새말들의 단
　　　어 구조에 대해 탐구해 봅시다.</u>

• 모둠 활동 결과

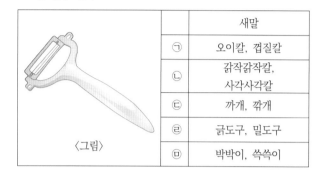

	새말
㉠	오이칼, 껍질칼
㉡	갉작갉작칼, 사각사각칼
㉢	까개, 깎개
㉣	긁도구, 밀도구
㉤	박박이, 쓱쓱이

〈그림〉

① ㉠은 명사 어근들을 결합하여 만든 통사적 합성어입니다.
② ㉡은 부사 어근과 명사 어근을 결합하여 만든 비통사적 합성어입니다.
③ ㉢은 동사 어근에 접사를 결합하여 만든 파생어입니다.
④ ㉣은 명사 어근에 접사를 결합하여 만든 파생어입니다.
⑤ ㉤은 부사 어근에 접사를 결합하여 만든 파생어입니다.

17 (가)는 학생의 메모이고, (나)는 추가로 조사한 자료이다. (가)와 (나)를 참고하여 〈보기〉에 대해 탐구한 것으로 적절하지 **않은** 것은?

(가) 두 용언이 연결 어미로 이어진 경우

유 형	특 징
본용언 + 본용언	• 각각의 용언이 주어와 호응한다. • 두 용언 사이에 다른 문장 성분이 올 수 있다. • 반드시 띄어 쓴다.
본용언 + 보조 용언	• 앞의 용언만으로 문장이 성립되나, 뒤의 용언만으로는 문장이 성립되지 않는다. • 보조 용언은 띄어 쓰는 것이 원칙이지만 경우에 따라 붙여 쓰는 것도 허용한다.
합성 동사	• 국어사전에 하나의 단어로 등재되어 있다. • 반드시 붙여 쓴다.

(나) 표준국어대사전 검색 결과

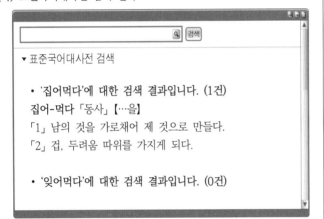

• '집어먹다'에 대한 검색 결과입니다. (1건)
집어-먹다 「동사」【…을】
「1」 남의 것을 가로채어 제 것으로 만들다.
「2」 겁, 두려움 따위를 가지게 되다.

• '잊어먹다'에 대한 검색 결과입니다. (0건)

보기

◦ 온순했던 청년들은 지레 겁을 ㉠집어먹었다.
◦ 나는 시험 준비를 하느라 잠자는 것도 ㉡잊어 먹었다.
◦ 그는 그녀에게 진 빚을 갚기 위해 공금을 ㉢집어먹었다.
◦ 그는 굶주림에 지쳐 땅 위에 버려진 빵을 ㉣집어 먹었다.
◦ 그들은 서로 만나기로 했던 사실을 새까맣게 ㉤잊어먹었다.

① ㉠은 국어사전에 단어로 등재되어 있는 합성 동사이므로 두 용언을 붙여 쓴 것이겠군.
② ㉡은 뒤의 용언만으로 문장이 성립되지 않으므로 원칙에 따라 두 용언을 띄어 쓴 것이겠군.
③ ㉢은 각각의 용언이 모두 주어인 '그는'과 호응하고 있으므로 두 용언을 붙여 쓴 것이겠군.
④ ㉣은 두 용언 사이에 '허겁지겁'과 같이 다른 문장 성분이 올 수 있으므로 두 용언을 띄어 쓴 것이겠군.
⑤ ㉤은 사전에 등재된 단어가 아니고, 뒤의 용언만으로 문장이 성립하지 않으므로 두 용언을 띄어 써야 하지만 붙여 쓴 것을 허용한 것이겠군.

18 〈보기〉의 ⓐ, ⓑ가 사용된 예를 ㉠~㉤에서 바르게 고른 것은?

보기

선생님 : 여러분이 헷갈려 하는 것들 중 ⓐ용언의 어간과 결합하는 명사형 어미 '-(으)ㅁ', '-기'와 ⓑ어근과 결합하여 명사를 만드는 접미사 '-이', '-음', '-기'가 있어요. 전자는 용언의 품사를 바꾸지 않으며, 전자가 결합해 활용된 용언은 서술하는 기능이 유지되고 부사어의 수식을 받을 수 있어요. 한편 후자가 결합하여 만들어진 명사는 관형어의 수식을 받을 수 있어요.

◦ 세상은 홀로 ㉠살기가 어렵다.
◦ 형은 충분히 ㉡잠으로써 피로를 풀었다.
◦ 날씨가 더워 시원한 ㉢얼음이 필요하다.
◦ 우리에게 건전한 ㉣놀이 문화가 필요하다.
◦ 이곳은 풍경이 매우 ㉤아름답기로 유명하다.

	ⓐ	ⓑ
①	㉠, ㉡	㉢, ㉣, ㉤
②	㉠, ㉤	㉡, ㉢, ㉣
③	㉢, ㉣	㉠, ㉡, ㉤
④	㉠, ㉡, ㉤	㉢, ㉣
⑤	㉡, ㉢, ㉣	㉠, ㉤

19 〈보기〉를 참고할 때, 밑줄 친 부분이 바르게 쓰인 것은?

보기

채 「의존 명사」
이미 있는 상태 그대로 있다는 뜻을 나타내는 말.
체 「의존 명사」
그럴듯하게 꾸미는 거짓 태도나 모양.
-째 「접사」
'그대로', 또는 '전부'의 뜻을 더하는 접미사.

① 사과를 껍질째로 먹었다.
② 나는 앉은 체로 잠이 들었다.
③ 그녀는 혼자 똑똑한 채를 한다.
④ 사나운 멧돼지를 산 쩨로 잡았다.
⑤ 곰이 다가오자 그는 죽은 채를 했다.

20 〈보기〉는 사전 자료의 일부분이다. 이에 대한 이해로 가장 적절한 것은?

> **보기**
>
> **크다** [커, 크니]
> [I] 형용사
> 사람이나 사물의 외형적 길이, 넓이, 높이, 부피 따위가 보통 정도를
> 넘다. 예 키가 크다.
> [II] 동사
> 동식물이 몸의 길이가 자라다.
> 예 날씨가 건조하면 나무가 크지 못한다.
>
> **키우다** 【…을】 [키우어(키워), 키우니]
> 크다[II]의 사동사

① '크다[I]'과 '크다[II]'는 별도의 품사로 기술된 걸 보니 동음이의어이겠군.
② '크다[I]'과 '크다[II]'의 반의어로는 모두 '작다'가 가능하겠군.
③ '크다[I]'의 용례로 '전보다 키가 몰라보게 컸구나.'를 추가할 수 있겠군.
④ '크다[II]'는 사동사로 바뀌면 서술어의 자릿수가 하나 늘어나는군.
⑤ '크다'와 '키우다'는 모두 어미 '-어'가 결합하면 어간 끝의 모음이 탈락하는군.

21 다음은 '사전 활용하기' 학습 활동을 위한 자료이다. 이에 대해 탐구한 내용으로 적절하지 <u>않은</u> 것은?

> **이르다¹** [이르러, 이르니] 툉 【…에】
> ① 어떤 장소나 시간에 닿다. ¶ 목적지에 이르다.
> ② 어떤 정도나 범위에 미치다. ¶ 결론에 이르다.
>
> **이르다²** [일러, 이르니] 툉
> ① 【…에게 …을】【…에게 -고】 무엇이라고 말하다.
>   ¶ 나는 아이들에게 내가 알고 있는 것을 모두 일러 주었다.
>   ‖ 아이들에게 주의하라고 이르다.
> ② 【…을 -고】 어떤 대상을 무엇이라고 이름 붙이거나 가리켜 말
>   하다. ¶ 이를 도루묵이라 이른다.
>
> **이르다³** [일러, 이르니] 혱 【…보다】【-기에】
> 대중이나 기준을 잡은 때보다 앞서거나 빠르다.
>   ¶ 그는 여느 때보다 이르게 학교에 도착했다.
>   ‖ 아직 포기하기엔 이르다.

① '이르다¹①'과 '이르다¹②'의 유의어로 '다다르다'가 있겠군.
② '이르다¹'과 '이르다²'와 '이르다³'은 서로 동음이의 관계이겠군.
③ '이르다¹'은 규칙 활용을 하지만 '이르다²'와 '이르다³'은 불규칙 활용을 하겠군.
④ '이르다¹'과 '이르다²'는 움직임을 나타내는 단어이고, '이르다³'은 성질 혹은 상태를 나타내는 단어이겠군.
⑤ '이르다³'의 용례로 '올해는 예년보다 첫눈이 이른 감이 있다.'를 추가할 수 있겠군.

22 〈보기〉의 한글 맞춤법 규정을 적용한 것으로 옳지 <u>않은</u> 것은?

> **보기**
>
> **제19항** 어간에 '-이'나 '-음/-ㅁ'이 붙어서 명사로 된 것과 '-이'나 '-히'가 붙어서 부사로 된 것은 그 어간의 원형을 밝히어 적는다. ····· ㉠
> [붙임] 어간에 '-이'나 '-음' 이외의 모음으로 시작된 접미사가 붙어서 다른 품사로 바뀐 것은 그 어간의 원형을 밝히어 적지 아니한다.
>   .... ㉡
>
> **제20항** 명사 뒤에 '-이'가 붙어서 된 말은 그 명사의 원형을 밝히어 적는다. .... ㉢
> [붙임] '-이' 이외의 모음으로 시작된 접미사가 붙어서 된 말은 그 명사의 원형을 밝히어 적지 아니한다. ······························ ㉣
>
> **제21항** 명사나 혹은 용언의 어간 뒤에 자음으로 시작된 접미사가 붙어서 된 말은 그 명사나 어간의 원형을 밝히어 적는다. ················ ㉤

① '다듬이'로 표기하는 것은 ㉠의 규정을 적용한 것이군.
② '마개'를 '막애'로 표기하지 않는 것은 ㉡의 규정을 적용한 것이군.
③ '삼발이'를 '삼바리'로 표기하지 않는 것은 ㉢의 규정을 적용한 것이군.
④ '귀머거리'로 표기하는 것은 ㉣의 규정을 적용한 것이군.
⑤ '덮개'로 표기하는 것은 ㉤의 규정을 적용한 것이군.

23 다음은 '사전 활용하기' 학습 활동을 위한 자료이다. 이에 대한 이해로 옳지 않은 것은?

하다01

☐ 「동사」【…을】

① 사람이나 동물, 물체 따위가 행동이나 작용을 이루다.
　¶ 운동을 하다. / 사랑을 하다.

② 먹을 것, 입을 것, 땔감 따위를 만들거나 장만하다.
　¶ 나무를 하다. / 밥을 하다.

③ 표정이나 태도 따위를 짓거나 나타내다.
　¶ 어두운 얼굴을 하다.

☐ 「보조 동사」

① (동사나 형용사 뒤에서 '-게 하다' 구성으로 쓰여) 앞말의 행동을 시키거나 앞말이 뜻하는 상태가 되도록 함을 나타내는 말.
　¶ 숙제를 하게 하다. / 노래를 부르게 하다. / 몸을 청결하게 하다.

-하다02 「접사」

① (일부 명사 뒤에 붙어) 동사를 만드는 접미사.
　¶ 운동하다. / 사랑하다.

② (일부 명사 뒤에 붙어) 형용사를 만드는 접미사.
　¶ 건강하다. / 순수하다.

③ (의성·의태어 이외의 일부 성상 부사 뒤에 붙어) 동사나 형용사를 만드는 접미사.　¶ 달리하다. / 빨리하다.

④ (몇몇 의존 명사 뒤에 붙어) 동사나 형용사를 만드는 접미사.
　¶ 체하다. / 척하다. / 듯하다.

---

① '하다01☐'은 두 개 이상의 의미를 갖는 다의어이겠군.
② '하다01☐'는 '하다01☐'과는 달리 혼자 쓰이지 못하고 다른 용언 뒤에 함께 사용되겠군.
③ '-하다02'는 앞 단어에 붙어 품사를 바꾸는 기능을 하겠군.
④ '하다01☐②'의 용례로 '새 옷을 한 벌 했다.'를 추가할 수 있겠군.
⑤ '물에 빠질 뻔하다.'의 '뻔하다'는 '-하다02④'의 용례라고 할 수 있겠군.

24 밑줄 친 말 가운데 〈보기〉의 [A]의 사례로 추가하기에 적절하지 <u>않은</u> 것은?

보기

　합성어의 품사는 합성어를 구성하는 어근의 품사와 관계없이 새로운 품사가 되기도 하지만, [A] 일차적으로 직접 구성 성분* 분석을 했을 때 맨 끝 구성 성분의 품사에 따라 결정되는 경우가 많다. 그 사례는 아래와 같다.

단어	직접 구성 성분 분석	단어의 품사
큰집	큰(형용사) + 집(명사)	명사
본받다	본(명사) + 받다(동사)	동사
⋮	⋮	⋮

* 직접 구성 성분 : 어떤 언어 단위를 층위를 두고 분석할 때 일차적으로 분석되어 나오는 성분.

① 입학했던 때가 엊그제 같은데 <u>어느새</u> 3학년이구나.
② 그는 농구는 몰라도 축구 실력만큼은 <u>남달랐다</u>.
③ 어제 친한 친구와 함께 맛있는 <u>덮밥</u>을 먹었다.
④ 길을 가는데 <u>낯선</u> 사람이 알은척을 했다.
⑤ <u>하루빨리</u> 여름방학이 왔으면 좋겠다.

25 〈보기〉를 바탕으로 '속'과 '안'에 대해 탐구한 내용으로 적절하지 <u>않은</u> 것은?

보기

ㄱ. 건물 {속/안}으로 들어가다.
ㄴ. 한 시간 {*속/안}에 돌아올게.
ㄷ. 벙어리 냉가슴 앓듯 혼자 {속/*안}을 썩였다.
ㄹ. 오랜만에 과식했더니 {속/*안}이 더부룩하다.
　　외국에 살아도 우리나라 {*속/안}의 일을 훤히 안다.
ㅁ. 겉으로는 태연한 척하지만 속으로는 겁을 먹었다.
　　어제는 바깥에 나가지 않고 온종일 집 안에 있었다.

*는 부자연스러운 쓰임.

① ㄱ을 보니 '속'과 '안'은 '사물이나 영역의 내부'라는 공통 의미를 지닌 유의어로군.
② ㄴ을 보니 '속'과 달리 '안'은 시간적 범위를 한정할 때 쓰이는군.
③ ㄷ을 보니 '안'과 달리 '속'은 관용구에 사용되어 사람의 마음을 가리킬 때 쓰이는군.
④ ㄹ을 보니 '속'은 추상적인 대상, '안'은 구체적인 대상의 내부를 가리키는군.
⑤ ㅁ을 보니 '속'은 '겉', '안'은 '바깥'과 각각 반의 관계에 있군.

26 〈보기〉를 바탕으로 하여 단어들의 표기 원리를 이해한 것으로 적절한 것은?

> **보기**
>
> 〈 한글 맞춤법의 '접미사가 붙어서 된 말' 중 일부 〉
>
> ㉠ 어간에 '-이'나 '-음/-ㅁ'이 붙어서 명사로 된 것 중, 어간의 뜻을 유지하는 경우에는 그 어간의 원형을 밝히어 적는다.
>   예 길이, 믿음
> ㉡ 어간에 '-이'나 '-음'이 붙어서 명사로 바뀐 것이라도 그 어간의 뜻과 멀어진 것은 그 어간의 원형을 밝히어 적지 아니한다.
>   예 목거리(병의 일종), 거름(비료)
> ㉢ '-이'나 '-음/-ㅁ' 이외의 모음으로 시작된 접미사가 붙어서 다른 품사로 바뀐 것은 그 어간의 원형을 밝히어 적지 아니한다.
>   예 나머지, 올가미

① '맞다'에서 파생된 '마중'은 어간의 원형을 밝히어 적은 것으로, ㉠에 따른 것이다.
② '걷다'에서 파생된 '걸음'은 어간의 원형을 밝히어 적지 않은 것으로, ㉡에 따른 것이다.
③ '막다'에서 파생된 '마개'는 어간의 원형을 밝히어 적지 않은 것으로, ㉡에 따른 것이다.
④ '넘다'에서 파생된 '너머'는 어간의 원형을 밝히어 적지 않은 것으로, ㉢에 따른 것이다.
⑤ '놀다'에서 파생된 '노름'은 어간의 원형을 밝히어 적지 않은 것으로, ㉢에 따른 것이다.

27 〈보기〉의 국어사전 자료를 탐구한 내용으로 적절하지 않은 것은?

> **보기**
>
> **배¹** [배] 명
> 「1」 사람이나 동물의 몸에서 위장, 창자, 콩팥 따위의 내장이 들어 있는 곳으로 가슴과 엉덩이 사이의 부위.
>   ¶ 배가 나오다.
> 「2」 긴 물건 가운데의 볼록한 부분.
>   ¶ 배가 부른 마대 자루.
>
> **배²** [배] 명
> 사람이나 짐 따위를 싣고 물 위로 떠다니도록 나무나 쇠 따위로 만든 물건.
>   ¶ 배를 띄우다.
>
> **배³**(倍) [배ː] 명
> (주로 고유어 수 뒤에 쓰여) 일정한 수나 양이 그 수만큼 거듭됨을 이르는 말.
>   ¶ 힘이 세 배나 들다.

① '배¹'은 하나의 표제어 아래 여러 뜻을 지니고 있으므로 다의어라고 볼 수 있겠군.
② '배¹'의 「2」의 용례로는 '배가 불룩한 돌기둥'을 들 수 있군.
③ '배²'를 활용한 속담으로 '사공이 많으면 배가 산으로 간다'를 들 수 있군.
④ '배³'은 소리의 길이에 의해 '배¹', '배²'와 의미가 변별될 수 있겠군.
⑤ '배¹', '배²', '배³'은 모두 의미적 연관성이 있으므로 사전에 각각 등재하는군.

28 다음은 〈보기〉의 한글 맞춤법 규정을 참고하여 두 친구가 나눈 대화의 일부이다. ㉠~㉤ 중 적절하지 않은 것은?

> **보기**
>
> 제27항 둘 이상의 단어가 어울리거나 접두사가 붙어서 이루어진 말은 각각 그 원형을 밝히어 적는다.
>   예 꽃잎, 헛웃음
> 제28항 끝소리가 'ㄹ'인 말과 딴 말이 어울릴 적에 'ㄹ' 소리가 나지 아니 하는 것은 아니 나는 대로 적는다.
>   예 따님(딸님), 화살(활살)
> 제29항 끝소리가 'ㄹ'인 말과 딴 말이 어울릴 적에 'ㄹ' 소리가 'ㄷ' 소리로 나는 것은 'ㄷ'으로 적는다.
>   예 숟가락(술~), 사흗날(사흘~)

우진 : 수업 시간에 선생님께서 '꽃잎'은 [꼰닙]이라고 발음을 하지만 합성어는 원형을 밝혀 적기에 '꽃잎'이라고 적어야 한다고 하셨는데, 어떤 예가 또 있을까?

정인 : ㉠ '칼날'을 [칼랄]이라고 발음하지만 '칼날'로 표기하는 것도 이에 해당하겠지. 그런데 '소나무'는 합성어인데 왜 '솔나무'라고 적지 않을까?

우진 : ㉡ '솔'의 끝소리가 'ㄹ'이고 '나무'와 어울릴 때 'ㄹ'이 탈락하여 소리가 나지 않기 때문이지. 'ㄹ'이 탈락하는 다른 예가 뭐가 있을까?

정인 : 다른 예로는 '마소, 아드님'이 있어.

우진 : 그래, 그런데 '마소'와 '아드님'은 단어 형성법이 다르네.

정인 : ㉢ '마소'는 '말'과 '소'가 합성어를 이루는 과정에서 'ㄹ'이 탈락한 것이고, ㉣ '아드님'은 파생어로 명사 '아들'과 접미사 '-님'이 결합하면서 'ㄹ'이 탈락한 것이지.

우진 : 그런데, '숟가락'은 '술'과 '가락'이 합성된 말인데 왜 '숟가락'이라고 적을까?

정인 : ㉤ 본래 끝소리가 'ㄹ'인 말과 딴 말이 어울릴 적에 'ㄹ' 소리가 'ㄷ' 소리로 나는 것은 'ㄷ'으로 적도록 한 것이지. '여닫이'도 이에 해당해.

① ㉠   ② ㉡   ③ ㉢
④ ㉣   ⑤ ㉤

29 〈보기〉는 국어사전의 일부이다. 이를 탐구한 것으로 적절하지 <u>않은</u> 것은?

> **보기**
>
> **번(番)**
>   Ⅰ   __㉠__
>   차례로 숙직이나 당직을 하는 일. ¶ 번을 서다.
>   Ⅱ 의존 명사
>   ① 일의 __㉡__ 을/를 나타내는 말. ¶ 둘째 번.
>   ② 일의 횟수를 세는 단위. ¶ 여러 번.
>
> **한-번(番)**
>   Ⅰ 명사
>   ((주로 '한번은' 꼴로 쓰여)) 지난 어느 때나 기회.
>   ¶ 한번은 그런 일도 있었지.
>   Ⅱ 부사
>   ① ((주로 '-어 보다' 구성과 함께 쓰여)) 어떤 일을 시험 삼아 시도함
>   을 나타내는 말. ¶ 한번 해 보다. / 한번 먹어 보다.
>   ② 기회 있는 어떤 때에.
>   ¶ 우리 집에 한번 놀러 오세요. / __㉢__ / 한번 찾아뵐게요.
>   ③ ((__㉣__ 바로 뒤에 쓰여)) 어떤 행동이나 상태를 강조하는 뜻을
>   나타내는 말. ¶ 춤 한번 잘 춘다. / 공 한번 잘 찬다.

① ㉠, ㉣에 들어갈 말은 모두 '명사'이겠군.
② ㉡에 들어갈 말은 '차례'이겠군.
③ ㉢에는 '시간 날 때 낚시나 한번 갑시다.'를 넣을 수 있겠군.
④ '한-번 Ⅰ'과 달리 '한-번 Ⅱ'는 문장에서 자립하여 쓰일 수 없겠군.
⑤ '난 제주도에 한 번 가 봤어.'에서 '번'은 '번 Ⅱ-②'의 뜻으로 쓰였겠군.

30 〈보기〉에 제시된 수업 내용을 바탕으로 학생이 탐구한 결과로 적절한 것은?

> **보기**
>
> **선생님 :** 지난 시간에 부사화 접미사 '-이'와 '-히'의 표기에 대해 공부했
> 습니다. 한글 맞춤법 51항의 해설을 통해 '-하다'가 붙지 않는 용언의
> 어간이나 'ㅅ' 받침 뒤에서는 '-이'로 적는다고 배웠는데, 여기에는 다
> 음의 세 가지 경우가 더 제시되어 있습니다.

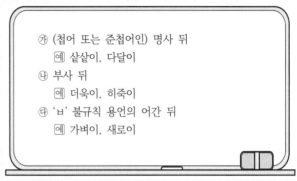

> ㉮ (첩어 또는 준첩어인) 명사 뒤
>   예 살살이, 다달이
> ㉯ 부사 뒤
>   예 더욱이, 히죽이
> ㉰ 'ㅂ' 불규칙 용언의 어간 뒤
>   예 가벼이, 새로이

> 판서 내용을 참고하여, 다음의 단어들을 ㉮~㉰로 구분해 봅시다.
>
> 나날이, 오뚝이, 일찍이, 즐거이, 겹겹이

	㉮	㉯	㉰
①	나날이, 오뚝이	일찍이	즐거이, 겹겹이
②	나날이, 즐거이	겹겹이	오뚝이, 일찍이
③	나날이, 겹겹이	오뚝이, 일찍이	즐거이
④	오뚝이, 겹겹이	일찍이, 즐거이	나날이
⑤	겹겹이	오뚝이, 즐거이	나날이, 일찍이

31 다음은 접사와 어근의 결합 양상에 대해 수업 중 발표한 내용이다. 이에 대한 학생들의 반응으로 적절하지 <u>않은</u> 것은?

> **발표 1 :** 어근에 접두사가 결합되면 어근에 의미가 더해집니다. 예
> 를 들어 '선무당'은 어근 '무당'에 접두사 '선-'이 결합하여 '서툰'
> 이라는 의미가 더해진 것입니다. '군말', '군살'도 그 예에 속합니
> 다.

> **발표 2 :** 어근에 접미사가 결합되면 어근에 의미가 더해집니다. 예
> 를 들어 '꾀보'는 어근 '꾀'에 접미사 '-보'가 결합하여 '그것을 즐
> 기거나 그 정도가 심한 사람'의 의미가 더해진 것입니다.

> **발표 3 :** 어근에 접미사가 결합하면 품사가 바뀌기도 합니다. 예를
> 들어 '사랑'은 '-하다'가 붙으면 명사에서 동사로 품사가 바뀝니
> 다.

① '발표 1'의 내용 중 '군말', '군살'의 '군-'은 '쓸데없는'의 의미를 어근에 더해 주는군.
② '발표 1'과 '발표 2'를 종합해 보면, 접두사와 접미사는 어근과 결합하여 새로운 단어를 만드는군.
③ '발표 2'의 단어에 '멋쟁이', '장난꾸러기'를 더 추가할 수 있겠군.
④ '발표 2'와 '발표 3'을 종합해 보면, '꾀보'는 '-보'에 의해 의미가 더해지고 품사가 바뀌었군.
⑤ '발표 3'에는 '숙제하다'를 더 추가할 수 있겠군.

32 〈보기〉에 제시된 국어사전의 정보를 완성한다고 할 때, ㉠~㉤에 대한 설명으로 적절하지 <u>않은</u> 것은?

보기

주다
1 **동사**
① 【…에/에게 …을】 물건 따위를 남에게 건네어 가지거나 누리게 하다. ¶ 친구에게 선물을 주다.
  반의어 주다 ↔ ㉠
② 남에게 어떤 자격이나 권리, 점수 따위를 가지게 하다.
  ¶ 일등 항해사에게 가산점을 주다. / ㉡
③ 좋지 아니한 영향을 미치게 하다.
  ¶ 동생과 싸웠다고 어머니가 나에게 핀잔을 주다. / ㉢

받다
1 **동사**
① 【…에서/에게서/…으로부터 …을】 다른 사람이 주거나 보내오는 물건 따위를 가지다. ¶ 남자 친구로부터 선물을 받다.
② 【…을】 공중에서 밑으로 떨어지거나 자기 쪽으로 향해 오는 것을 잡다. ¶ 날아오는 공을 받다.
  반의어 받다 ↔ ㉣
③ 【 ㉤ 】 흐르거나 쏟아지거나 하는 것을 그릇 따위에 담기게 하다.
  ¶ 따끈한 차를 찻잔에 받다.

① '주다1①'의 뜻풀이와 용례로 보아 ㉠에 들어갈 말은 '받다1①'이다.
② ㉡에는 '약을 사 먹으라고 누나가 나에게 돈을 주다.'를 넣을 수 있다.
③ ㉢에는 '아무렇지도 않게 내뱉은 말이 다른 사람에게 상처를 주다.'를 넣을 수 있다.
④ '받다1②'의 용례로 보아 ㉣에는 '던지다'를 넣을 수 있다.
⑤ ㉤에 들어갈 말은 '…을 …에'이다.

33 〈보기〉의 ㉠~㉢에 들어갈 말로 적절한 것은?

보기

선생님 : 어간은 용언의 활용 시 변하지 않는 부분을, 어근은 단어 분석 시 실질적 의미를 나타내는 중심 부분을 가리킵니다.

용언	어간	어근
솟다 (단일어)	솟-	솟-
치솟다 (파생어)	치솟-	솟-
샘솟다 (합성어)	샘솟-	샘, 솟-

위의 예에서 알 수 있듯이 어떤 용언이 단일어일 경우 어간과 어근이 일치합니다. 하지만, 용언이 파생어나 합성어일 경우 어간과 어근이 일치하지 않습니다. 그렇다면 이번에는 다음 세 단어의 어간과 어근을 분석해 볼까요?

용언	어간	어근
줄이다	줄이-	㉠
힘들다	힘들-	㉡
오가다	오가-	㉢

	㉠	㉡	㉢
①	줄이-	힘들-	오가-
②	줄이-	힘들-	오-, 가-
③	줄-	힘들-	오가-
④	줄-	힘, 들-	오-, 가-
⑤	줄-	힘, 들-	오가-

34 다음은 '달다'에 관한 사전 자료의 일부분이다. 이를 탐구한 결과로 적절하지 <u>않은</u> 것은?

> 보기

달다¹ 동 【…에 …을】[달아, 다니, 다오]
　㉠ 물건을 일정한 곳에 걸거나 매어 놓다.
　　예 배에 돛을 달다.
　㉡ 이름이나 제목 따위를 정하여 붙이다.
　　예 작품에 제목을 달다.

달다² 형 [달아, 다니, 다오]
　㉠ 꿀이나 설탕의 맛과 같다.
　　예 아이스크림이 달다. 속 달면 삼키고 쓰면 뱉는다.
　㉡ 흡족하여 기분이 좋다.
　　예 나른한 식곤에 잠이 달았다.

① '달다¹'과 '달다²'는 별개의 표제어로 기술된 걸 보니 동음이의어에 해당하는군.
② '달다¹'과 '달다²'는 모두 연결 어미 '-니'가 결합되면 '다니'로 활용되는군.
③ '달다¹' ㉠의 용례로 '소금의 무게를 저울에 달아 보았다.'를 추가할 수 있겠군.
④ '달다¹' ㉡의 용례로 '새로 작곡한 곡에 부제를 달았다.'를 추가할 수 있겠군.
⑤ '달다¹'의 ㉡은 '달다²' ㉡보다 서술어가 필수적으로 요구하는 문장 성분의 개수가 더 많군.

35 〈보기 1〉은 접미사 '-시키다'와 관련하여 국어사전을 찾아본 결과이다. 〈보기 1〉을 참고하여 〈보기 2〉에서 '-시키다'가 바르게 사용된 것을 모두 고른 것은?

> 보기 1

국어사전의 정보 1
-시키다 접 (서술성을 가지는 일부 명사 뒤에 붙어) '사동'의 뜻을 더하고 동사를 만드는 접미사.

국어사전의 정보 2
사동 명 주체가 제3의 대상에게 동작이나 행동을 하게 하는 동사의 성질.

> 보기 2

ㄱ. 내 힘으로는 군중을 진정시키기 어려웠다.
ㄴ. 여러분들께 저희 가족을 소개시켜 드리겠습니다.
ㄷ. 우리 군대는 적군을 항복시켜 사실상 전쟁을 끝냈다.
ㄹ. 경수는 몸이 아픈 수희를 병원에 급히 입원시켰다.

① ㄱ, ㄴ, ㄷ　　② ㄱ, ㄷ, ㄹ　　③ ㄴ, ㄷ, ㄹ
④ ㄴ, ㄷ　　⑤ ㄱ, ㄷ

36 〈보기〉는 '사전 활용하기' 학습 활동을 위한 자료이다. 이에 대한 이해로 적절하지 <u>않은</u> 것은?

> 보기

맞다¹ [맏따] [맞아, 맞으니, 맞는[만-]] 「동사」
「1」 문제에 대한 답이 틀리지 아니하다.
　¶ 과연 그 답이 맞는지는 더 생각해 보기로 하자.
「2」 어떤 대상의 맛, 온도, 습도 따위가 적당하다.
　【…에/에게】 ¶ 음식 맛이 내 입에 맞는다.

맞다² [맏따] [맞아, 맞으니, 맞는[만-]] 「동사」
「1」 오는 사람이나 물건을 예의로 받아들이다.
　【…을】 ¶ 현관에서 방문객을 맞다.
「2」 시간이 흐름에 따라 오는 어떤 때를 대하다.
　【…을】 ¶ 그 신문은 창간 일곱 돌을 맞았다.

① 맞다²는 주어 이외에도 다른 문장 성분을 필요로 하는군.
② 맞다²의 「1」의 용례로 '추석을 맞아 온 가족이 모였다.'를 추가할 수 있겠군.
③ 맞다¹과 맞다²는 동음이의어라 할 수 있군.
④ 맞다¹의 「2」는 부사어를 반드시 필요로 하는군.
⑤ 맞다¹과 맞다²는 활용을 할 때에 어간의 형태가 변하지 않는군.

37 다음은 '사전 활용하기' 학습 활동을 위한 자료이다. 이에 대해 탐구한 내용으로 적절하지 <u>않은</u> 것은?

> **고르다¹** 동 〔골라, 고르니〕
> ㉠ 울퉁불퉁한 것을 평평하게 하거나 들쭉날쭉한 것을 가지런하게 하다.
> 　¶ 땅을 고르다.
> ㉡ 붓이나 악기의 줄 따위가 제 기능을 발휘하도록 다듬거나 손질하다.
> 　¶ 붓을 고르다.
>
> **고르다²** 형 〔골라, 고르니〕
> ㉠ 여럿이 다 높낮이, 크기, 양 따위의 차이가 없이 한결같다.
> 　¶ 이익을 고르게 분배하다.
> ㉡ 상태가 정상적으로 순조롭다.
> 　¶ 숨소리가 고르다.

① '고르다¹' ㉠의 용례 '땅을 고르다'에서 '고르다'의 유의어로는 '메우다'가 가능하겠군.
② '고르다²' ㉠의 용례로 '방바닥이 고르지 않다'를 들 수 있겠군.
③ '고르다²' ㉡의 용례 '숨소리가 고르다'에서 '고르다'의 반의어로는 '거칠다'가 가능하겠군.
④ '고르다¹', '고르다²'의 활용 정보에 '골라', '고르니'로 나타난 것을 보니 불규칙 용언이겠군.
⑤ '고르다¹', '고르다²'의 품사 표시를 보니, '악기의 줄을 고르다'의 '고르다'는 동사, '치아가 고르다'의 '고르다'는 형용사이겠군.

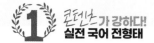
38 〈보기〉의 '뜨개질'과 단어의 구조가 동일한 것은?

> 보기
>
> '뜨개질'의 형태소를 분석해 보면 '어근 + 접미사 + 접미사'의 구조로 되어 있음을 알 수 있다. 그런데 이 세 가지 구성 요소는 동일한 층위에서 결합된 것이 아니라 계층적으로 결합된 것이다. 즉, 어근 '뜨-'에 접미사 '-개'가 붙어 먼저 '뜨개'가 만들어지고, 여기에 다시 접미사 '-질'이 붙어 '뜨개질'이 된 것이다. 따라서 '뜨개질'은 '(어근 + 접미사) + 접미사'의 구조로 된 파생어이다.

① 싸움꾼 ② 군것질 ③ 놀이터
④ 병마개 ⑤ 미닫이

39 〈보기〉 (가)의 한글 맞춤법 규정을 바탕으로 (나)의 밑줄 친 부분을 평가한 내용으로 적절하지 <u>않은</u> 것은?

> 보기
>
> **(가)** 한글 맞춤법 규정
> 제2항 문장의 각 단어는 띄어 씀을 원칙으로 한다.
> 제41항 조사는 그 앞말에 붙여 쓴다.
> 제42항 의존 명사는 띄어 쓴다.
> 제43항 단위를 나타내는 명사는 띄어 쓴다.
> 제47항 보조 용언은 띄어 씀을 원칙으로 하되, 경우에 따라 붙여 씀도 허용한다.
>
> **(나)** ㉠ 내게는 키가 <u>큰형</u>이 있다.
> ㉡ 나는 연필 한<u>자루를</u> 샀을<u>뿐이다.</u>
> ㉢ 나를 <u>믿어줄</u> 사람은 너<u>뿐이다.</u>

① ㉠의 '큰'과 '형'은 제2항에 따라 띄어 써야겠군.
② ㉡의 '자루'는 제43항에 따라 '한'과 띄어 써야겠군.
③ ㉡의 '뿐'은 제42항에 따라 ㉢의 '뿐'과 달리 띄어 써야겠군.
④ ㉢의 '믿어'와 '줄'은 띄어 쓰는 것이 원칙이지만 제47항에 따라 붙여 쓰는 것도 허용되겠군.
⑤ ㉡과 ㉢의 '이다'는 제2항에 따라 '뿐'과 띄어 써야겠군.

| 과외식 기출 분석서, 나기출 |

나 없이
기출
풀지마라

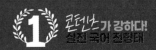

언어와 매체

IV

문장
[표현]

01 다음은 틀리기 쉬운 문장 표현에 대한 학습 자료이다. 적절하게 고쳐 쓴 것을 모두 고른 것은? 14학년도 예비B

(가) 문장 성분 간의 호응 문제
• 주어와 서술어의 호응
　예 무엇보다 중요한 점은 목표가 분명해야 한다.
　　→ 무엇보다 중요한 점은 목표가 분명해야 한다는 것이다. ·㉠
• 부사어와 서술어의 호응
　예 이것은 비단 우리 학교만의 문제였던 것이다.
　　→ 이것은 비단 우리 학교만의 문제가 되어 버렸다. ·········㉡

(나) 중의적인 문장의 문제
• 접속 표현에 의한 것
　예 민수와 진희는 결혼을 했다. [둘이 부부인 경우]
　　→ 민수는 진희와 결혼을 했다. ·····················㉢
• 수식 구조에 의한 것
　예 귀여운 영희 친구가 놀러 왔다. [친구가 귀여운 경우]
　　→ 귀여운 영희의 친구가 놀러 왔다. ················㉣

① ㉠, ㉢　　② ㉠, ㉣　　③ ㉡, ㉢
④ ㉡, ㉣　　⑤ ㉢, ㉣

02 〈보기〉를 참고하여, 학습 자료를 분석한 결과로 옳은 것은? 14학년도 6월A

보기

　일반적으로 사동문은 주어가 다른 대상을 동작하게 하거나 특정한 상태에 이르도록 하는 문장을 가리킨다. 사동문은 어근에 접미사가 결합한 사동사나 어간에 '-게 하다'가 결합한 구성에 의해 만들어진다.

학습 자료

	A : 주동문	B : 사동사에 의한 사동문	C : '-게 하다'에 의한 사동문
㉠	동생이 숨는다.	누나가 동생을 숨긴다.	누나가 동생을 숨게 한다.
㉡	동생이 밥을 먹는다.	누나가 동생에게 밥을 먹인다.	누나가 동생에게 밥을 먹게 한다.
㉢	실내 온도가 낮다.	누나가 실내 온도를 낮춘다.	누나가 실내 온도를 낮게 한다.
㉣	동생이 공을 찬다.	해당 사례 없음	누나가 동생에게 공을 차게 한다.

① ㉠, ㉡을 보니, A의 주어는 C에서 동일한 문장 성분으로 나타나는군.
② ㉠, ㉢을 보니, A가 B로 바뀌면 서술어의 자릿수가 늘어나는군.
③ ㉡, ㉢을 보니, A가 B로 바뀌면 겹문장이 되는군.
④ ㉡, ㉣을 보니, A의 서술어가 타동사이면 대응하는 사동사가 없군.
⑤ ㉢, ㉣을 보니, A의 서술어가 형용사이면 사동문을 만들지 못하는군.

03 〈보기 1〉을 참고하여 〈보기 2〉와 같이 문장을 수정하였다. 〈보기 2〉의 (가), (나)에 들어갈 내용을 바르게 고른 것은? 14학년도 6월B

보기 1

　정확한 문장을 구성하기 위해서는 문장을 형성하는 규칙인 문법을 잘 지켜야 한다. ㉠ 주어, 목적어, 필수적 부사어 등 서술어가 필요로 하는 문장 성분이 빠져 있는 경우, ㉡ 주어와 서술어, 부사어와 서술어 등 문장 성분 간의 호응이 지켜지지 않은 경우, ㉢ 조사나 어미를 잘못 사용한 경우에는 문법성이 결여되어 바르지 않은 문장이 된다.

보기 2

원래의 문장 → 수정한 문장	고려한 사항
• 이 장면은 연출된 것이니 반드시 따라 하지 마세요. → 이 장면은 연출된 것이니 절대로 따라 하지 마세요.	(가)
• 우리는 타인의 인격을 존중해야 하고 나와 평등하다는 생각을 지녀야 한다. → 우리는 타인의 인격을 존중해야 하고 타인이 나와 평등하다는 생각을 지녀야 한다.	(나)

	(가)	(나)
①	㉠	㉡
②	㉠	㉢
③	㉡	㉠
④	㉡	㉢
⑤	㉢	㉡

04 〈보기〉의 ㉠~㉤에 대한 설명으로 옳은 것은? 14학년도 6월AB

보기

　높임법은 화자가 높이려는 대상이 누구인지에 따라 주체 높임법, 상대 높임법, 객체 높임법으로 구분된다. 주체 높임법은 주어가 나타내는 대상인 주체를 높이는 것이며, 상대 높임법은 대화의 상대인 청자를 높이거나 낮추는 것이고, 객체 높임법은 문장의 목적어나 부사어가 나타내는 대상인 객체를 높이는 것이다.

동생 : 학교 다녀왔습니다. / **누나** : ㉠ 이제 오는구나.
동생 : 누나밖에 없어? ㉡ 아버지 안 계신 거야?
누나 : 응. 너 저녁 안 먹었지? ㉢ 아버지께 전화 드리고 얼른 나가자.
동생 : 무슨 일인데?
누나 : ㉣ 아버지께서 너 데리고 식당으로 오라셨어. ㉤ 할머니 모시고 저녁 먹으러 가자고 그러시더라.

① ㉠은 '-는구나'를 사용하여 상대인 동생을 높이고 있다.
② ㉡은 '계시다'를 사용하여 객체인 '아버지'를 높이고 있다.
③ ㉢은 '께'를 사용하여 주체인 '아버지'를 높이고 있다.
④ ㉣은 '께서'를 사용하여 객체인 '아버지'를 높이고 있다.
⑤ ㉤은 '모시다'를 사용하여 객체인 '할머니'를 높이고 있다.

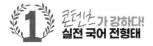
05 〈보기 1〉의 ㉠, ㉡에 해당하는 가장 적절한 예를 〈보기 2〉에서 고른 것은?

14학년도 9월AB

보기 1

대답을 요구하는 의문문에는 긍정이나 부정의 대답을 요구하는 것과 ㉠ 구체적인 설명을 요구하는 것이 있다. 대답을 요구하지 않는 의문문은 구체적인 담화 상황에 따라 화자의 의도를 나타내는데, 서술을 나타내는 경우, 감탄을 나타내는 경우, ㉡ 명령을 나타내는 경우 등이 있다.

보기 2

• 학교에서 수업을 하는 상황
선생님 : ㉮ 독서 모둠 활동은 언제, 어디에서 하면 좋겠니?
학생 : 3시부터 도서실에서 하면 좋겠어요.

• 늦잠 자는 아들을 깨우는 상황
어머니 : 학교 늦겠어! ㉯ 그만 자고 얼른 일어나지 못하겠니?
아들 : 엄마, 제발요. 조금만 더 잘래요.

• 두 학생이 함께 하교하는 상황
학생 A : ㉰ 나랑 같이 문구점에 갈 수 있니?
학생 B : 나도 연필 살 게 있었는데, 참 잘됐다.

• 동생이 억울한 일을 겪은 상황
언니 : ㉱ 어쩜 이럴 수 있니?
동생 : 아, 정말 억울해서 못 견디겠어.

	㉠	㉡
①	㉮	㉯
②	㉮	㉰
③	㉯	㉱
④	㉰	㉯
⑤	㉰	㉱

06 다음의 ㉠~㉤에 대해 검토한 것으로 적절하지 않은 것은?

14학년도 9월AB

◆ 문장의 중의성 해소 방법 학습 활동지 ◆	
중의성 있는 문장	**중의성 해소 방법**
예쁜 모자의 장식물이 돋보였다.	'장식물'이 예쁜 경우에는 ㉠ "예쁜, 모자의 장식물이 돋보였다."로 고친다.
손님들이 다 오지 않았어.	손님들 중 일부만 온 경우에는 ㉡ "손님들 중 일부가 오지 않았어."로 고친다.
언니가 교복을 입고 있다.	교복을 입는 동작이 진행 중인 경우에는 ㉢ "언니가 교복을 입는 중이다."로 고친다.
형은 나보다 동생을 더 좋아한다.	'나'와 '동생'이 비교 대상인 경우에는 ㉣ "형은 나를 좋아하는 것보다 동생을 더 좋아한다."로 고친다.
나는 웃으면서 매장에 들어오는 손님에게 인사했다.	'나'가 웃으면서 인사하는 경우에는 ㉤ "나는 매장에 들어오는 손님에게 웃으면서 인사했다."로 고친다.

① ㉠은 "모자의 예쁜 장식물이 돋보였다."로도 고칠 수 있다.
② ㉡은 "손님들이 다는 오지 않았어."로도 고칠 수 있다.
③ ㉢은 "언니가 지금 교복을 입고 있다."로도 고칠 수 있다.
④ ㉣은 "형은 나와 동생 중에서 동생을 더 좋아한다."로도 고칠 수 있다.
⑤ ㉤은 "매장에 들어오는 손님에게 나는 웃으면서 인사했다."로도 고칠 수 있다.

07 ㉠~㉤에 들어갈 문장으로 적절하지 않은 것은? 14학년도 9월B

부정확한 문장	수정 방법	수정한 문장
예의가 바른 사람은 오만하게 대하지 않는다.	'대하지'와 어울리는 성분을 찾아 넣는다.	㉠
우리는 친구에게 화를 내기도 하지만 친하게 지내기도 한다.	'지내기도'와 어울리는 성분을 찾아 넣는다.	㉡
정부는 기술을 외국에서 도입했지만 해결책이 되지는 못했다.	'되지는'과 어울리는 성분을 찾아 넣는다.	㉢
선생님께서는 우리를 많이 아끼셨고 우리 또한 존경했다.	'존경했다'와 어울리는 성분을 찾아 넣는다.	㉣
이이의 호는 율곡이며 조선을 대표하는 유학자이다.	'유학자이다'와 어울리는 성분을 찾아 넣는다.	㉤

① ㉠ : 예의가 바른 사람은 남에게 오만하게 대하지 않는다.
② ㉡ : 우리는 친구에게 화를 내기도 하지만 친구와 친하게 지내기도 한다.
③ ㉢ : 정부는 기술을 외국에서 도입했지만 여전히 해결책이 되지는 못했다.
④ ㉣ : 선생님께서는 우리를 많이 아끼셨고 우리 또한 선생님을 존경했다.
⑤ ㉤ : 이이의 호는 율곡이며 그는 조선을 대표하는 유학자이다.

08 〈보기〉의 ⊙, ⓒ이 모두 사용된 문장은? 14학년도 수능AB

보기

우리말에서는 일반적으로 선어말 어미나 종결 어미, 조사 등을 통해 높임을 표현하지만, **어휘를 통해 높임을 표현하는 경우**도 있다. 높임 표현에 쓰이는 어휘들은 다음과 같이 분류할 수 있다.

• 주체를 높이는 용언 (예 계시다) ·················· ⊙
• 객체를 높이는 용언 (예 드리다)
• 높여야 할 인물을 직접 높이는 명사 (예 선생님)
• 높여야 할 인물과 관련된 것을 높이는 명사 (예 진지) ·········· ⓒ

① 나는 아직 그분의 성함을 기억하고 있다.
② 누나는 여쭐 것이 있다며 할머니 댁에 갔다.
③ 연세가 많으신 할머니께서는 홍시를 잘 잡수신다.
④ 우리는 부모님을 모시고 바닷가로 여행을 떠났다.
⑤ 어머니께서는 몹시 피곤하셨는지 거실에서 주무신다.

10 〈보기〉의 ⊙, ⓒ에 해당하는 것은? 15학년도 6월A

보기

우리말의 용언 중에는 피동사와 사동사의 형태가 동일한 것이 있다. 예를 들어, '보다'는 사동사와 피동사가 모두 '보이다'로 그 형태가 같다. 이때 ⊙ 사동사로 쓰인 경우와 ⓒ 피동사로 쓰인 경우는 다음과 같이 문장에서의 쓰임을 통해 구별된다.

┌ 동생이 새 시계를 내게 보였다. (사동사로 쓰인 경우)
└ 구름 사이로 희미하게 해가 보였다. (피동사로 쓰인 경우)

① ⊙ : 운동화 끈이 풀렸다.
  ⓒ : 아빠의 칭찬에 피로가 금세 풀렸다.
② ⊙ : 우는 아이가 엄마 등에 업혔다.
  ⓒ : 누나가 이모에게 아기를 업혔다.
③ ⊙ : 나는 젖은 옷을 햇볕에 말렸다.
  ⓒ : 동생은 집에 가겠다는 친구를 말렸다.
④ ⊙ : 새들이 따뜻한 곳에서 몸을 녹였다.
  ⓒ : 햇살이 고드름을 천천히 녹였다.
⑤ ⊙ : 형이 친구에게 꽃다발을 안겼다.
  ⓒ : 아기 곰이 어미 품에 포근히 안겼다.

09 〈보기〉의 ⊙에 들어갈 예로 가장 적절한 것은? 14학년도 수능B

보기

"확실한 사실은 그가 지금까지 성실하게 살아왔다."는 주어인 '사실은'과 호응하는 서술어가 없어서 잘못된 문장이다. 이와 같이 주어와 서술어 사이에 호응이 이루어지지 않은 또 다른 문장의 예는 다음과 같다.

┌──────────────┐
│   ⊙   │
└──────────────┘

① 회원들은 상품 구매를 싸게 구입할 수 있다.
② 이 글의 특징은 길이가 짧지만 인상은 강하다.
③ 아들의 성공 소식은 부모께 여간한 기쁨이었다.
④ 새 기계는 유해 물질과 연료 효율을 높여 주었다.
⑤ 그는 자신의 행복한 마음을 형언할 방법을 찾았다.

11 다음 중 수정 이유에 따라 고쳐 쓴 문장으로 가장 적절한 것은?

15학년도 6월B

학습 활동 : 정확한 문장 표현 익히기
[사례 1] 사람들은 쾌적한 환경을 위한 조치에 찬성하는 경향이다. 〈이유〉 주어와 서술어의 호응이 맞지 않다. → **사람들은 쾌적한 환경을 위한 조치에 찬성하는 경향인 것이다.** ······ ①
[사례 2] 동생은 평소에 건강을 위해 야구나 공을 찬다. 〈이유〉 목적어와 서술어의 호응이 맞지 않다. → **동생은 평소에 건강을 위해 공이나 야구를 한다.** ······················ ②
[사례 3] 동물은 사람을 경계하기도 하고 기대기도 한다. 〈이유〉 서술어가 필요로 하는 부사어가 없다. → **동물은 사람을 경계하기도 하고 사람에게 기대기도 한다.** ············ ③
[사례 4] 사람을 좋아하는 친구의 고양이가 새끼를 낳았다. 〈이유〉 문장의 의미가 중의적이다. → **사람을 좋아하는 친구의 고양이가, 새끼를 낳았다.** ················· ④
[사례 5] 누구나 자기의 처한 현실에 직시해야 한다. 〈이유〉 조사가 잘못 사용되었다. → **누구도 자기의 처한 현실에 직시해야 한다.** ················· ⑤

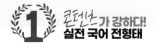
12 〈보기〉의 ㉠~㉤에 대한 설명으로 적절하지 <u>않은</u> 것은?

`15학년도 9월B`

보기

영희 : 경준아, 선생님께서 다음 국어 시간에 있을 모둠 과제 발표는 네가 주도해서 ㉠ <u>준비하시라고</u> 하셔.

경준 : 시인 소개 모둠 과제 말이지?

영희 : 응.

경준 : 그런데 어떤 시인을 주제로 발표하는 게 좋을지에 대해서도 말씀 ㉡ <u>있으셨니?</u>

영희 : 아니. 그건 시간이 날 때 네가 직접 선생님께 ㉢ <u>물어서</u> 알아봐.

경준 : 아무래도 그래야겠어.

영희 : 그런데 선생님께서 저번 수업 시간에 김소월의 시가 ㉣ <u>자기의</u> 애 송시라고 ㉤ <u>말했잖아.</u> 김소월은 우리나라 사람들이 좋아하는 시인이 기도 하니까 김소월의 시 세계를 주제로 하여 발표해 보는 건 어때?

① ㉠ : 주체가 '경준'이므로 '준비하라고'로 바꿔 말해야 한다.

② ㉡ : 주어가 '말씀'이므로 '있었니'로 바꿔 말해야 한다.

③ ㉢ : 윗사람인 '선생님'께 묻는 것이므로 '여쭤서'로 바꿔 말해야 한다.

④ ㉣ : '선생님'을 높이는 것이므로 '당신'으로 바꿔 말해야 한다.

⑤ ㉤ : 주체가 '선생님'이므로 '말씀하셨잖아'로 바꿔 말해야 한다.

13 ㉠~㉤의 잘못된 문장을 수정할 때 고려한 문법적 기준으로 적절하지 <u>않은</u> 것 은? `15학년도 9월AB`

잘못된 문장 → 수정한 문장	
㉠	그는 양말을 벗고 바위에 앉아서 발을 넣었다. → 그는 양말을 벗고 바위에 앉아서 물에 발을 넣었다.
㉡	내가 주장하는 바는 문화 회관 건설로 주민 생활이 개선된다. → 내가 주장하는 바는 문화 회관 건설로 주민 생활이 개선된다는 것이다.
㉢	이번 일로 우리는 불편과 피해를 입었다. → 이번 일로 우리는 불편을 겪고 피해를 입었다.
㉣	우리 모두 쓰레기 줄이기 운동을 동참합시다. → 우리 모두 쓰레기 줄이기 운동에 동참합시다.
㉤	이 사람에게 그 일은 여간 기쁜 일이다. → 이 사람에게 그 일은 여간 기쁜 일이 아니다.

① ㉠ : 목적어인 '발을'을 수식하는 관형어가 있어야 한다.

② ㉡ : '내가 주장하는 바는'과 호응하는 서술어가 있어야 한다.

③ ㉢ : 목적어의 하나인 '불편'과 호응하는 서술어가 있어야 한다.

④ ㉣ : 서술어인 '동참합시다'가 요구하는 부사어에 정확한 조사를 사용해야 한다.

⑤ ㉤ : 부사 '여간'은 부정의 의미를 나타내는 말과 호응해야 한다.

14 〈보기 1〉의 ㉠~㉣ 중 〈보기 2〉와 같이 문장을 수정하는 데에 반영된 것만을 있는 대로 고른 것은? `16학년도 6월AB`

보기 1

문장을 수정할 때는 아래와 같은 사항을 점검해야 한다.

㉠ 문장의 필수 성분이 다 갖추어져 있는가?

㉡ 조사가 적절하게 사용되었는가?

㉢ 어미가 적절하게 사용되었는가?

㉣ 불필요한 의미 중복 표현이 사용되지는 않았는가?

보기 2

수정 전	지난여름 청소년 문화 교류단에 참여하려는 학생들은 각 지역에 청소년들과 소통하고 답사함으로써 즐거운 추억을 만들 수 있었다.

▼

수정 후	지난여름 청소년 문화 교류단에 참여한 학생들은 각 지역의 청소년들과 소통하고 유적지를 답사함으로써 즐거운 추억을 만들 수 있었다.

① ㉠, ㉢   ② ㉠, ㉣   ③ ㉡, ㉣

④ ㉠, ㉡, ㉢   ⑤ ㉡, ㉢, ㉣

15 담화 상황을 고려할 때, 〈보기〉의 ㉠~㉤에 대한 이해로 적절하지 <u>않은</u> 것은?

`16학년도 6월AB`

보기

A : 어제 낮엔 많이 바빴니? 전화를 바로 끊더라.

B : 아니야, 끊은 게 아니라 ㉠ <u>끊어진 거야.</u> 바로 전화 못해서 미안해. 표정이 심각해 보이는데 무슨 일 있었어?

A : 아니, ㉡ <u>저기,</u> 심각한 건 아니고. 어제 점심에 도서관에서 만나기로 했잖아. 기다려도 안 오길래 말이야.

B : ㉢ <u>아차!</u> 내가 먼저 얘기하려고 했는데 깜빡했네. 가려고 했는데 ㉣ <u>못 갔어.</u>

A : ㉤ <u>자세히 말해 볼래?</u>

B : 동생이 갑자기 아파서 병원에 데리고 가야 했거든.

A : 그런 일이 있었구나. 동생은 좀 괜찮니?

① ㉠ : 피동 표현을 사용하여 상황이 B의 의지와 무관하게 일어났음을 나타낸다.

② ㉡ : 지시 대명사를 사용하여 B로부터 멀리 떨어져 있는 곳으로 관심을 유도한다.

③ ㉢ : 감탄사를 사용하여 A의 발화를 듣고 어떤 것을 갑자기 깨달았음을 나타낸다.

④ ㉣ : 부정 부사 '못'을 사용하여 B에게 일어난 상황이 불가피했음을 나타낸다.

⑤ ㉤ : 의문 표현을 사용하여 B에게 일의 까닭을 상세히 말해 달라고 요청한다.

16
⟨자료⟩와 같이 문장을 수정할 때 고려한 사항을 ⟨보기⟩의 ㉠~㉣에서 고른 것은? 16학년도 9월AB

보기

㉠ 주어와 서술어의 호응
- 너희가 기억할 것은 좋은 지도자는 실패하더라도 좌절하지 않는다.
→ 너희가 기억할 것은 좋은 지도자는 실패하더라도 좌절하지 않는다는 점이다.

㉡ 부사어와 연결 어미의 호응
- 그는 아무리 돈이 많아서 그것을 쓸 줄 모른다.
→ 그는 아무리 돈이 많아도 그것을 쓸 줄 모른다.

㉢ 목적어의 누락
- 상대방의 함정에 빠진 그들은 머리를 모아 궁리하기 시작했다.
→ 상대방의 함정에 빠진 그들은 머리를 모아 탈출 방법을 궁리하기 시작했다.

㉣ 피동의 중복
- 그것은 오래전에 불려지던 노래이다.
→ 그것은 오래전에 불리던 노래이다.

자료

- 그 프로그램을 쓰면 비록 초보자일수록 누구나 쉽게 표와 그래프 등을 그려서 작성할 수 있다.
→ 그 프로그램을 쓰면 비록 초보자일지라도 누구나 쉽게 표와 그래프 등을 그려서 문서를 작성할 수 있다.

① ㉠, ㉡   ② ㉠, ㉢   ③ ㉡, ㉢
④ ㉡, ㉣   ⑤ ㉢, ㉣

17
밑줄 친 부분이 ⟨보기⟩의 ㉠에 해당하는 예로 적절하지 <u>않은</u> 것은? 16학년도 9월AB

보기

일반적으로 의문문은 화자가 청자에게 질문에 대한 대답을 요청하는 문장인데, 화자가 청자에게 행동을 요청할 때 쓰이기도 한다. 청유문은 화자가 청자에게 함께 행동할 것을 요청하는 문장이다. 그러므로 이 문장 유형들은 ㉠ 화자가 청자에게 요청을 할 때 쓰이는 것이라는 점에서 공통적이다.

① A : 괜찮다면, 우리 여기서 잠깐 <u>기다릴래요</u>?
  B : 좋아요. 10분만 더 기다려요.
② A : 다친 곳은 어떤가? 한번 <u>보세</u>.
  B : 보시다시피 많이 좋아졌습니다.
③ A : 저기요. 먼저 좀 <u>내립시다</u>.
  B : 아, 예. 저도 여기서 내려요.
④ A : 저 혹시, 모자를 <u>벗어 주실 수 있을까요</u>?
  B : 제가 방해가 되었군요. 미안합니다.
⑤ A : 어디 <u>보자</u>. 내가 다 챙겼나?
  B : 거기서 혼자 뭐 해요. 빨리 나와요.

18
다음 중 문법적으로 가장 정확한 문장은? 16학년도 수능AB

① 그는 자기가 창안한 사회 이론을 더욱 발전해 사회 문제의 해결에 기여하고자 하였다.
② 참관인 자격으로 회의에 참석한 두 사람은 눈짓을 주고받은 후 조용히 회의장을 빠져나갔다.
③ 유럽은 18세기 후반부터 약 100년 동안 생산 기술의 발달과 그에 따라 사회 조직의 큰 변화를 겪었다.
④ 이 책의 저자가 독자에게 말하려는 요점은 모름지기 사람은 남을 위하여 자기를 희생할 줄도 알아야 한다.
⑤ 그의 작품들은 엇비슷해서 학생들이 작품 이름의 혼동이나 각 작품의 이야기 줄거리를 잘 기억하지 못했다.

19
⟨보기⟩의 ⓐ~ⓒ에 해당하는 예로 적절하지 <u>않은</u> 것은? 16학년도 수능A

보기

보조 용언 구성 '-고 있-'은 크게 두 가지 의미를 지닌다.

(가) 민수는 지금 떡국을 <u>먹고 있다</u>.
(나) 선생님은 너를 <u>믿고 있다</u>.
(다) 지혜는 모자를 <u>쓰고 있다</u>.

(가)에서처럼 ⓐ <u>'어떤 동작이 진행되고 있음'</u>을 나타내기도 하고, (나)에서처럼 ⓑ <u>'어떤 상태가 지속되고 있음'</u>을 나타내기도 한다. (가)의 '-고 있-'은 '-는 중이-'로 교체하여도 ⓐ의 의미가 유지되지만, (나)의 '-고 있-'은 교체하면 부자연스러운 문장이 되거나 ⓑ의 의미가 유지되지 않는다. 한편 (가), (나)에서는 특정한 문맥이 주어지지 않아도 그 의미를 확정할 수 있는 데 반해, (다)에서는 문맥이 충분히 주어지지 않으면 '-고 있-'이 ⓒ <u>두 가지 의미 모두로 해석될 수 있다</u>.

①	ⓐ	A : 아빠 들어오실 때 형은 뭐 하고 있었니?
		B : 형은 양치질을 하고 <u>있었어요</u>.
②	ⓑ	A : 오빠가 너한테 화가 많이 났나 봐.
		B : 오빠는 지금 날 오해하고 <u>있는</u> 것 같아.
③	ⓑ	A : 내일이 고모님 생신이라고 하네.
		B : 아, 나 그거 이미 알고 <u>있어</u>.
④	ⓒ	A : 너 안경 잃어버렸다며? 괜찮아?
		B : 눈이 아주 나쁘진 않아서 안경 벗고 <u>있어도</u> 괜찮아.
⑤	ⓒ	A : 저 중에 신입 사원이 누구야?
		B : 저기에 있잖아. 넥타이를 매고 <u>있네</u>.

20 〈보기〉의 ㉠, ㉡에 해당하는 예끼리 묶인 것으로 적절한 것은?

20학년도 6월

보기

[선생님의 설명]

여러분, '쓰이다'라는 단어를 어떻게 해석해야 할까요? 우선 '쓰이다'는 피동사이기도 하고 사동사이기도 하므로 이를 구별해야겠죠? 또한 '쓰다'는 동음이의어나 다의어이므로 그 의미에도 유의해야 합니다. 단어를 이해할 때, 이러한 점들을 모두 고려해야 해요. 그럼 이와 관련된 학습 활동을 해 볼까요?

[학습 활동]

다음은 국어사전의 일부이다. 제시된 단어의 의미에 유의하여 각각의 피동사와 사동사가 포함된 예를 들어 보자.

> 갈다¹ 통 【…을 …으로】② 어떤 직책에 있는 사람을 다른 사람으로 바꾸다.
> 깎다 통 ① 【…을】③ 값이나 금액을 낮추어서 줄이다.
> 묻다¹ 통 【…에】① 가루, 풀, 물 따위가 그보다 큰 다른 물체에 들러붙거나 흔적이 남게 되다.
> 물다² 통 ① 【…을】② 윗니와 아랫니 사이에 끼운 상태로 상처가 날 만큼 세게 누르다.
> 쓸다² 통 【…을】① 비로 쓰레기 따위를 밀어내거나 한데 모아서 버리다.

피동문	사동문
㉠	㉡

① ㉠ : 학생회 임원이 새 친구로 갈렸다.
　 ㉡ : 삼촌이 형에게 그 텃밭을 갈렸다.
② ㉠ : 용돈이 이달에 만 원이나 깎였다.
　 ㉡ : 나는 저번 실수로 점수를 깎였다.
③ ㉠ : 내 친구는 가래떡에 꿀만 묻혔다.
　 ㉡ : 누나는 붓에 먹물을 듬뿍 묻혔다.
④ ㉠ : 아빠가 아이 입에 사탕을 물렸다.
　 ㉡ : 큰형이 동네 개에게 발을 물렸다.
⑤ ㉠ : 큰 마당의 눈이 빗자루에 쓸렸다.
　 ㉡ : 내 동생에게 거실 바닥만 쓸렸다.

21 〈학습 활동〉의 ㉠에 들어갈 예로 적절한 것은? 22학년도 9월

학습활동

높임 표현이 홑문장에서 실현될 수도 있지만, 겹문장의 안긴문장 속에서도 실현될 수 있다. 다음 조건에 해당하는 예문을 만들어 보자.

조건	예문
안긴문장에서의 주체 높임의 대상이 안은문장에서 주어로 실현된 겹문장	공원에서 산책하시던 할아버지께서 활짝 웃으셨다.
안긴문장에서의 객체 높임의 대상이 안은문장에서 목적어로 실현된 겹문장	㉠
⋮	⋮

① 편찮으시던 어르신께서는 좀 건강해지셨나요?
② 오빠는 고향에 계신 부모님을 집으로 모시고 갔다.
③ 나는 할아버지께서 선물을 주신 날짜를 아직도 기억해.
④ 누나는 다음 주에 인사를 드릴 할머니께 편지를 썼어요.
⑤ 형은 동생이 찾아뵈려던 선생님을 학교에서 만났습니다.

22 〈보기〉의 ㉠~㉤에 해당하는 예로 적절한 것은? 23학년도 6월

보기

피동문은 대응하는 능동문과 일정한 문법적 관련을 맺는다. 그중 피동문의 서술어는 능동문의 서술어에 피동의 문법 요소를 결부하여 만드는데, 국어에서는 ㉠ 동사 어근에 피동 접사 '-이-', '-히-', '-리-', '-기-'를 결합하는 방법(접-/접히-), ㉡ 접사 '-하-'를 접사 '-받-', '-되-', '-당하-' 등으로 교체하는 방법(사랑하-/사랑받-), ㉢ 동사 어간에 '-아지-/-어지-'를 결합하는 방법(주-/주어지-) 등이 쓰인다. 단, '날씨가 풀리다'에서처럼 ㉣ 자연적으로 발생하는 사태를 표현할 때에는 피동문에 대응하는 능동문을 상정하기 어려운 경우가 있다.

한편 '없어지다'나 '거긴 잘 가지지 않는다.'처럼 ㉤ '-아지-/-어지-'는 형용사나 자동사에 변화의 의미를 더하는 데 쓰이기도 하는데 이런 용법일 때는 피동문을 이루지 않는다.

① ㉠ : 아버지가 아이에게 두터운 점퍼를 <u>입혔다</u>.
② ㉡ : 내 몫의 일거리는 형에게 <u>건네받았다</u>.
③ ㉢ : 언론에 의해 사건의 전모가 자세히 <u>밝혀졌다</u>.
④ ㉣ : 그 사람은 많은 사람들에게 <u>존경받는다</u>.
⑤ ㉤ : 모두가 바라던 소원이 드디어 <u>이루어졌다</u>.

23 〈보기〉의 ㉠, ㉡에 해당하는 예끼리 묶인 것으로 적절한 것은?

23학년도 9월

보기

국어의 부정에는 '안'이나 '-지 않다'를 사용하는 '의지 부정'과 '못'이나 '-지 못하다'를 사용하는 '능력 부정'이 있다고 알려져 있다. 그러나 '안'이나 '-지 않다'가 사용된 부정문이 주어의 의지와 무관한 '단순 부정'을 나타내는 경우도 많다. ㉠ 형용사가 서술어로 쓰이면 '안'이나 '-지 않다'는 단순 부정을 나타낸다. 형용사가 나타내는 성질이나 상태에는 주어의 의지가 작용할 수 없기 때문이다. ㉡ 동사가 서술어로 쓰이는 경우에도 주어가 의지를 가지지 못하는 무정물이면 '안'이나 '-지 않다'가 단순 부정을 나타낸다. 또한 동사가 서술어로 쓰이고 주어가 유정물이더라도 '나는 깜빡 잊고 약을 안 먹었다.'에서와 같이 '안'이 단순 부정을 나타낼 수 있다.

① [㉠ : 옛날엔 통신 기술이 발달하지 않았다.
     ㉡ : 주문한 옷이 아직도 도착하지 않았다.

② [㉠ : 이 문제집은 별로 어렵지 않더라.
     ㉡ : 저는 이 은혜를 잊지 않겠습니다.

③ [㉠ : 나는 그 이야기가 궁금하지 않아.
     ㉡ : 동생이 오늘 우산을 안 가져갔어.

④ [㉠ : 내 얘기에 고모는 놀라지 않았다.
     ㉡ : 이 물질은 전기가 통하지 않는다.

⑤ [㉠ : 밤바다가 그리 고요하지는 않네.
     ㉡ : 아주 오래간만에 비가 안 온다.

24 〈보기〉의 ㉠~㉩에 대한 이해로 적절한 것은? 24학년도 6월

보기

(희철, 민수, 기영이 ○○ 서점 근처에서 만난 상황)

희철 : 얘들아, 잘 지냈어? 3일 만에 보니 반갑다.

민수 : 동해안으로 체험 학습 다녀왔다며? ㉠ 내일은 도서관에 가서 발표 준비하자. 기영인 어떻게 생각해?

기영 : ㉡ 네 말대로 하는 게 좋겠다. 그럼 정수도 부를까?

희철 : 그러자. ㉢ 저기 저 ○○ 서점에서 오전 10시에 만나서 다 같이 도서관으로 가자. ㉣ 정수한테 전할 때 서점 위치 링크도 보내 줘. 전에도 헤맸잖아.

민수 : 이제 아냐. ㉤ 어제 나랑 저기서 만났는데 잘 ㉥ 왔어.

희철 : 그렇구나. 어제 잘 ㉦ 왔었구나.

민수 : 아, 기영아! ㉧ 우리는 회의 가야 돼. ㉨ 네가 ㉩ 우리 셋을 대표해서 정수에게 연락을 좀 해 줘.

① ㉠은 ㉤과 달리 발화 시점과 관계없이 언제인지가 정해진다.

② ㉢은 ㉡과 달리 지시 표현이 이전 발화를 직접 가리킨다.

③ ㉣은 ㉨과 달리 담화 참여자에 따라 지시 대상이 달라진다.

④ ㉥은 ㉦과 달리 화자가 있던 장소로의 이동을 나타낸다.

⑤ ㉧은 ㉩과 달리 담화에 참여한 모든 사람들을 가리킨다.

25 〈보기〉의 ㉠~㉢에 들어갈 수 있는 내용으로 적절하지 <u>않은</u> 것은?

24학년도 9월

보기

선생님 : 능동·피동 표현과 주동·사동 표현에서 높임 표현과 시간 표현이 어떻게 나타나는지 알아봅시다.

  ⓐ 형이 동생을 업었다.
  ⓑ 동생이 형에게 업혔다.
  ⓒ 나는 동생에게 책을 읽혔다.
  ⓓ 나는 동생이 책을 읽게 했다.

먼저 ⓐ, ⓑ에서 '형'을 높임의 대상인 '어머니'로 바꿀 때, 서술어에는 어떤 차이가 생기는지 말해 볼까요?

학생 : [㉠]

선생님 : 맞아요. 그럼 ⓒ나 ⓓ에서 '동생'을 '할머니'로 바꾸면 어떻게 될까요?

학생 : [㉡]

선생님 : '-(으)시-'가 어떻게 나타나는지를 잘 이해하고 있네요. 그럼 ⓐ, ⓑ, ⓒ의 서술어에서 '-었-'을 '-고 있-'으로 바꾸면 어떤 의미를 나타낼까요? ⓐ와 ⓑ의 차이점이나 ⓐ와 ⓒ의 공통점을 말해 볼까요?

학생 : [㉢]

선생님 : '-고 있-'의 의미가 어떻게 나타나는지도 잘 이해하고 있군요.

① ㉠ : ⓐ에서는 서술어에 '-으시-'를 넣어야 하지만, ⓑ에서는 '-시-'를 넣지 않습니다.

② ㉡ : ⓒ에서는 '동생에게'를 '할머니께'로 바꾸고, '읽혔다'에 '-시-'를 넣어야 합니다.

③ ㉡ : ⓓ에서는 '동생이'를 '할머니께서'로 바꾸고, '읽게'에 '-으시-'를 넣어야 합니다.

④ ㉢ : ⓐ는 동작의 완료 후 상태 지속의 의미를 나타낼 수 있지만, ⓑ는 그럴 수 없습니다.

⑤ ㉢ : ⓐ와 ⓒ는 모두 동작의 진행 의미를 나타낼 수 있습니다.

26 〈보기〉의 ㉠~㉨에 대한 설명으로 적절한 것은? 24학년도 수능

보기

[영민, 평화가 학교 앞에 함께 있다가 지혜를 만난 상황]

영민 : 너희들, 오늘 같이 영화 보기로 한 거 잊지 않았지?

평화 : 응, ㉠ 6시 걸로 세 장 예매했어. 근데 너, 어디서 와?

지혜 : 진로 상담 받고 오는 길이야. 너흰 안 가?

평화 : 나는 어제 ㉡ 미리 받았어.

영민 : 나는 4시 반이야. 그거 마치고 영화관으로 직접 갈게.

지혜 : 알겠어. 그럼 우리 둘이는 1시간 ㉢ 앞서 만나자. 간단하게 저녁이라도 먹고 거기서 바로 ㉣ 가지 뭐.

평화 : 좋아. 근데 ㉤ 미리 먹는 건 좋은데 어디서 볼까?

지혜 : 5시까지 영화관 정문 ㉥ 왼쪽에 있는 분식집으로 와.

평화 : 왼쪽이면 편의점 아냐? 아, 영화관을 등지고 보면 그렇다는 거구나. 영화관을 마주볼 때는 ㉦ 오른쪽 맞지?

지혜 : 그러네. 아참! 영민아, 너 상담 시간 됐다. 이따 늦지 않게 영화 ㉧ 시간 맞춰서 ㉨ 와.

① ㉠과 ㉧은 가리키는 시간이 상이하다.

② ㉡과 ㉤은 발화 시점을 기준으로 과거를 가리킨다.

③ ㉢과 ㉥이 가리키는 시간대는 ㉧을 기준으로 정해진다.

④ ㉣과 ㉨은 이동의 출발 장소가 동일하다.

⑤ ㉥과 ㉦은 기준으로 삼은 방향이 달라 다른 곳을 의미한다.

27 〈보기〉의 [조건]이 모두 실현된 문장으로 적절한 것은? 25학년도 9월

보기

[조건]

◦ 안긴절이 한 번만 나타날 것.

◦ 안긴절에는 짧은 부정 표현이 나타날 것.

◦ 안은문장은 사건시가 발화시보다 앞설 것.

① 그는 한동안 차갑지 않은 음식만 먹었었다.

② 그는 바쁜 업무들이 안 끝났다고 통보했다.

③ 나는 결코 포기를 하지 않겠다고 결심했다.

④ 나는 그 버스가 제때 못 올 것을 예상한다.

⑤ 나는 그가 못 읽은 소설을 이미 다 읽었다.

28 〈보기〉를 바탕으로 〈자료〉를 이해한 내용으로 적절한 것은?

25학년도 수능

보기

간접 인용될 때 원 발화의 인칭·지시·시간 표현 등은 맥락에 따라 조정되며, 상대 높임 종결 어미는 격식체든 비격식체든, 높임이든 낮춤이든, 문장의 종류별로 한 가지로 한정된다. '보다'를 예로 들면 '본다고'(평서), '보냐고'(의문), '보라고'(명령), '보자고'(청유)처럼 나타난다. 감탄형 어미는 평서형으로 실현된다(예 보는구나→본다고). 이런 이유로 서로 다른 발화라도 간접 인용될 때 같은 형식을 가질 수 있다.

자료

◦ 그는 그제 우리에게 ㉠ 오늘은 청소를 같이 하자고 말했다.

◦ 김 선생은 ㉡ 자기도 시를 좋아한다고 학생들에게 말했다.

◦ 어제 나한테 ㉢ 네가 내일 퇴원을 할 수 있겠냐고 물었지?

① ㉠은 '모레는'이라는 부사어를 가진 발화를 인용한 것일 수 없다.

② ㉠의 '하자'는 '해요'를 간접 인용한 것일 수 있다.

③ ㉡은 2인칭 주어를 가진 발화를 인용한 것일 수 있다.

④ ㉡의 '좋아한다'는 '좋아합니다'를 간접 인용한 것일 수 없다.

⑤ ㉢은 미래 시제 선어말 어미를 가진 발화를 인용한 것일 수 없다.

| 과외식 기출 분석서, 나기출 |

나 없이
기출
풀지마라

언어와 매체

IV-1

교육청 기출

01 〈학습 활동〉의 ㉠~㉢에 들어갈 예문으로 적절한 것은?

학습 활동

〈보기〉의 조건이 실현된 예문을 만들어 보자.

〈보기〉
ⓐ 과거 시제가 나타날 것.
ⓑ 객체 높임 표현이 나타날 것.
ⓒ 명사절이 문장 안에 안겨 있을 것.

조건	예문
ⓐ, ⓑ	㉠
ⓐ, ⓒ	㉡
ⓑ, ⓒ	㉢

① ㉠ : 날씨가 좋으면 형이 할머니를 모시고 나올 것이다.
② ㉠ : 아버지께서 옷을 들고 저를 마중하러 나오셨습니다.
③ ㉡ : 그가 아침에 수영장에 갔음을 친구에게 전해 들었다.
④ ㉡ : 동생은 우산이 없어서 비가 그치기를 기다리고 있다.
⑤ ㉢ : 저는 어머니께 식사를 차려 드리고 학교에 갔습니다.

02 〈보기〉의 ㉠에 해당하는 문장으로 적절한 것은?

보기

선생님 : 오늘은 주체 높임과 객체 높임에서 특수 어휘로 높임 표현을 실현하는 방법에 대해 배웠습니다. 지난 시간에 겹문장에 대해 배운 내용을 활용하여, ㉠ 안긴문장 내에서 특수 어휘를 통해 주체 높임을 표현하고 있는 문장을 찾아봅시다.

① 나는 친척 어르신께 안부를 여쭙기가 쑥스러웠다.
② 아버지께서는 오랜만에 뵌 은사님과 저녁을 잡수셨다.
③ 고향에 계신 할머니께서 앞마당에 감나무를 심으셨다.
④ 머리가 하얗게 세신 할아버지께서 멋진 옷을 입으셨다.
⑤ 어머니는 삼촌이 편하게 쉬시도록 침구를 바꿔 드렸다.

03 〈보기〉의 ㄱ~ㄷ을 이해한 내용으로 적절한 것은?

보기

　주체 높임은 화자가 문장의 주체, 곧 주어가 지시하는 대상에 대해 높임의 태도를 나타내는 표현으로, 선어말 어미, 조사나 특수한 어휘 등을 통해 실현된다. 그리고 상대 높임은 화자가 청자, 곧 말을 듣는 상대에게 높임이나 낮춤의 태도를 나타내는 표현으로, 주로 종결 어미를 통해 실현된다. 또한 객체 높임은 화자가 문장의 객체, 곧 목적어나 부사어가 지시하는 대상에 대해 높임의 태도를 나타내는 표현으로, 조사나 특수한 어휘를 통해 실현된다.

ㄱ. (아버지가 아들에게) 네가 할머니께 여쭈러 가거라.
ㄴ. (점원이 손님에게) 제가 손님을 모시고 가겠습니다.
ㄷ. (동생이 형님에게) 저 기다리지 마시고 형님은 먼저 주무십시오.

① ㄱ에서는 부사어가 지시하는 대상을 높이기 위해, 조사와 특수한 어휘가 사용되었다.
② ㄷ에서는 주어가 지시하는 대상을 높이기 위해, 조사와 선어말 어미가 사용되었다.
③ ㄱ과 ㄴ에서는 모두 주어가 지시하는 대상을 높이기 위해, 특수한 어휘가 사용되었다.
④ ㄴ과 ㄷ에서는 모두 말을 듣는 상대를 높이기 위해, 조사와 종결 어미가 사용되었다.
⑤ ㄱ~ㄷ에서는 모두 목적어가 지시하는 대상을 높이기 위해, 특수한 어휘가 사용되었다.

04 〈보기〉의 ⓐ~ⓒ에 대해 탐구한 내용으로 적절하지 <u>않은</u> 것은?

보기

[탐구 과제]
　직접 인용절을 가진 안은 문장이 간접 인용절을 가진 안은 문장으로 바뀌었을 때의 높임 표현, 지시 표현, 인용 조사 등의 변화 탐구하기

[탐구 자료]

직접 인용절을 가진 안은 문장	간접 인용절을 가진 안은 문장	
그가 어제 나에게 "내일 서울에 갑니다."라고 말했다.	→	그가 어제 나에게 오늘 서울에 간다고 말했다. … ⓐ
희수가 민주에게 "힘든 일은 나에게 맡겨라."라고 말했다.	→	희수가 민주에게 힘든 일은 자기에게 맡기라고 말했다. … ⓑ
부산에 간 친구가 나에게 "이곳이 참 아름답구나."라고 말했다.	→	부산에 간 친구가 나에게 그곳이 참 아름답다고 말했다. … ⓒ

① ⓐ : '오늘'을 보니, 직접 인용절의 시간 부사가 간접 인용절에서는 바뀌어 나타났군.
② ⓐ : '간다고'를 보니, 직접 인용절에서 '그'가 '나'를 고려해 사용한 높임 표현이 간접 인용절에서는 바뀌어 나타나는군.
③ ⓑ : '맡기라고'를 보니, 직접 인용절이 명령문일 때 간접 인용절의 인용 조사는 '고'가 사용되었군.
④ ⓒ : '그곳이'를 보니, 직접 인용절의 발화자인 '친구'의 관점으로 지시 표현이 바뀌어 나타나는군.
⑤ ⓒ : '아름답다고'를 보니, 직접 인용절의 감탄형 종결 어미는 간접 인용절에서 평서형 종결 어미로 바뀌어 나타났군.

05 〈보기〉의 ㉠과 ㉡이 모두 사용된 문장으로 적절한 것은?

보기

　국어의 높임 표현은 조사나 어미로 실현되기도 하지만 ㉠ <u>그 자체에 높임의 의미가 담긴 어휘</u>를 통해 실현되기도 한다. 또한 국어에는 대상을 높이는 것이 아니라 자신을 낮추는 겸양의 표현도 존재한다. 겸양의 표현은 일부 어미로 실현되기도 하지만 ㉡ <u>그 자체에 낮춤의 의미가 있는 어휘</u>를 통해 실현되기도 한다.

① 저희가 어머니께 드렸던 선물이 여기 있네요.
② 연세가 지긋하신 할아버지께서 걸어가신다.
③ 제 말씀은 그런 의도가 아니었어요.
④ 이 문제는 아버지께 여쭈어보자.
⑤ 지나야, 가서 할머니 모시고 와.

06 〈보기〉의 ㉠~㉤에 대한 이해로 적절하지 <u>않은</u> 것은?

보기

㉠ 담장이 낮다. → 동네 사람들이 담장을 낮춘다.
㉡ 아이가 옷을 입었다. → 엄마가 아이에게 옷을 입히었다.
㉢ 사람들이 방으로 이삿짐을 옮긴다.
㉣ 선생님께서 철수에게 책을 [읽히셨다 / 읽게 하셨다].
㉤ ┌ 아기가 웃는다. → 아빠가 아기를 웃긴다.
　　└ 철수가 짐을 졌다. → 형이 철수에게 짐을 지웠다.

① ㉠ : 형용사에 사동 접사가 결합되어 사동사가 되었군.
② ㉡ : 주동문이 사동문으로 바뀌면 서술어가 필요로 하는 문장 성분의 개수가 달라지는군.
③ ㉢ : 사동문 중에는 대응하는 주동문을 만들 수 없는 경우가 있군.
④ ㉣ : 접사에 의한 사동 표현은 직접 사동의 의미로, '-게 하다'에 의한 사동 표현은 간접 사동의 의미로 해석되는군.
⑤ ㉤ : 주동문의 서술어가 자동사인지 타동사인지에 따라 주동문의 주어는 사동문에서 그 문장 성분이 달라지는군.

07 〈보기〉는 문법 수업의 일부이다. 선생님의 설명에 따라 ㉠~㉣을 이해한 내용으로 가장 적절한 것은?

보기

선생님 : 오늘은 사동문과 피동문의 서술어 자릿수에 대해 공부해 봅시다. 주동문이 사동문으로 바뀔 때나, 능동문이 피동문으로 바뀔 때는 서술어 자릿수가 변하기도 합니다. 이 점을 고려하면서 다음 문장들을 살펴봅시다.

㉠ 얼음이 매우 빠르게 녹았다.
㉡ 아이들이 얼음을 빠르게 녹였다.
㉢ 사람들은 산을 멀리서 보았다.
㉣ 그 산이 잘 보였다.

① ㉠은 피동문이며, ㉣과 서술어 자릿수가 서로 같다.
② ㉡은 사동문이며, ㉢과 서술어 자릿수가 서로 같다.
③ ㉡은 피동문이며, ㉣과 서술어 자릿수가 서로 다르다.
④ ㉣은 피동문이며, ㉡과 서술어 자릿수가 서로 같다.
⑤ ㉣은 사동문이며, ㉢과 서술어 자릿수가 서로 다르다.

08 〈보기〉에 제시된 ㉮와 ㉯의 사례를 올바르게 짝지은 것은?

보기

파생어는 어근에 접사가 붙어 이루어진 말이다. 파생어 형성의 결과 품사가 달라지는 경우가 있고, 문장에 사용된 어떤 단어가 파생어로 바뀌면 그 파생어로 인해 문장 구조가 달라지는 경우도 있다. 예컨대 형용사 '괴롭다'는 동사 '괴롭히다'로 파생된다. 또한 '마음이 괴롭다.'의 '괴롭다'를 '괴롭히다'로 바꾸면 '마음을 괴롭히다.'와 같이 문장 구조가 달라진다.

품사	문장 구조	
○	○	… ㉮
○	×	
×	○	… ㉯
×	×	

(○ : 달라짐. × : 달라지지 않음.)

	㉮	㉯
①	(풀을) 깎다 → (풀이) 깎이다	(발을) 밟다 → (발이) 밟히다
②	(풀을) 깎다 → (풀이) 깎이다	(불이) 밝다 → (불을) 밝히다
③	(방이) 넓다 → (방을) 넓히다	(책을) 팔다 → (책이) 팔리다
④	(방이) 넓다 → (방을) 넓히다	(굽이) 높다 → (굽을) 높이다
⑤	(음이) 낮다 → (음을) 낮추다	(문을) 밀다 → (문을) 밀치다

09 〈보기〉의 사례를 탐구한 내용으로 적절하지 <u>않은</u> 것은?

보기

㉠ 똑같은 일을 반복하니 지루하다 못해 졸리다.
㉡ 나는 자전거를 {못 탄다 / 타지 못한다}.
㉢ 컴퓨터를 너무 오래하지 {*않아라 / *못해라 / 마라}.
㉣ 시간이 {*못 넉넉하다 / 넉넉하지 못하다}.
㉤ ┌ 그녀는 결코 거짓말을 {*했다 / 하지 않았다}.
   └ 그녀는 분명히 거짓말을 {했다 / 하지 않았다}.

'*'는 비문법적 표현.

① ㉠을 보니, '못하다'는 앞말의 상태에 미치지 아니함을 나타내어 뒷말을 부정하기도 하는구나.
② ㉡을 보니, 부정 표현은 부정 부사를 통해 실현되기도 하고, 부정 용언을 통해 실현되기도 하는구나.
③ ㉢을 보니, 명령문의 부정 표현에서는 '않다'나 '못하다'가 아니라 '말다'를 사용하는 것이 자연스럽구나.
④ ㉣을 보니, 서술어가 형용사인 경우에는 부정 부사 대신 부정 용언을 사용하는 것이 자연스럽구나.
⑤ ㉤을 보니, 부사에 따라 반드시 부정 표현이 함께 쓰여야 하는 경우가 있겠구나.

10 다음의 학습 활동을 수행한 결과로 적절하지 <u>않은</u> 것은?

학습 활동 : 어떠한 두 사건을 '-다가'나 '-아서/-어서'에 의해 연결할 때, 두 사건의 시제가 문장에서 어떻게 나타나고, 두 사건의 의미가 어떠한 관계를 맺게 되는지 (가)~(라)에서 살펴봅시다.

(가) 찌개를 먹다가 혀를 데었다.
(나) 찌개를 끓였다가 다시 식혔다.
(다) 그는 종이를 접어서 주머니에 넣었다.
(라) 내가 문을 쾅 닫아서 동생이 잠을 깼다.

① (가)와 (나)에서는 앞 절과 뒤 절의 사건이 모두 과거에 일어났지만, (가)에는 (나)와 달리 '-다가'로 연결된 앞 절에 현재 시제 선어말 어미가 나타났어.
② (가)와 (다)에서는 뒤 절의 시제가 과거임을 확인해야 '-다가'와 '-아서/-어서'가 쓰인 앞 절의 사건이 과거에 일어났음을 알 수 있어.
③ (가)와 (라)에서는 모든 사건이 과거에 일어났는데도, '-다가'와 '-아서/-어서'가 쓰인 앞 절에 과거 시제 선어말 어미를 사용하지 않았어.
④ (나)와 (다)에서는 '-다가'와 '-아서/-어서'가 쓰인 앞 절의 사건이 끝난 후 뒤 절의 사건이 일어나고 있어.
⑤ (다)와 (라)에서는 앞 절과 뒤 절이 모두 '-아서/-어서'로 이어졌지만, (라)는 (다)와 달리 앞 절의 사건이 뒤 절의 사건의 원인이나 이유로 이해될 수 있어.

11 〈보기〉의 ㉠~㉤에 대한 설명으로 옳지 <u>않은</u> 것은?

보기

높임법은 화자가 높이려는 대상이 누구인지에 따라 주체 높임법, 상대 높임법, 객체 높임법으로 구분된다. 주체 높임법은 주어가 나타내는 대상인 주체를 높이는 것이며, 상대 높임법은 대화의 상대인 청자를 높이거나 낮추는 것이고, 객체 높임법은 문장의 목적어나 부사어가 나타내는 대상인 객체를 높이는 것이다.

㉠ 할머니께서 책을 읽고 계신다.
㉡ 누나는 어머니께 모자를 선물로 드렸다.
㉢ 할아버지께서 월요일 오후에 병원에 가신다.
㉣ (선생님과의 대화 중) 선생님, 제가 드릴 말씀이 있습니다.
㉤ (아버지와의 대화 중) 아버지, 저는 아버지를 예전부터 존경해 왔습니다.

① ㉠은 주체인 '할머니'를 높이는 데에 '께서'와 '계시다'를 사용하고 있다.
② ㉡은 객체인 '어머니'를 높이는 데에 '께'와 '드리다'를 사용하고 있다.
③ ㉢은 주체인 '할아버지'를 높이는 데에 '께서'와 '-시-'를 사용하고 있다.
④ ㉣은 주체인 '선생님'을 높이는 데에 '말씀'을 사용하고 있다.
⑤ ㉤은 상대인 '아버지'를 높이는 데에 '-습니다'를 사용하고 있다.

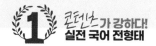
12 다음은 잘못된 문장 표현을 고쳐 쓴 것이다. 적절하지 <u>않은</u> 것은?

> ˚ 단어의 사용이 잘못된 경우
>   예 나이가 많고 작음은 큰 의미가 없다.
>   → 나이가 크고 작음은 큰 의미가 없다. ·················· ①
>
> ˚ 조사의 쓰임이 잘못된 경우
>   예 우리는 아버지에 생신을 축하하려고 모였다.
>   → 우리는 아버지의 생신을 축하하려고 모였다. ········· ②
>
> ˚ 어미의 사용이 잘못된 경우
>   예 집에 가던지 학교에 가던지 해라.
>   → 집에 가든지 학교에 가든지 해라. ······················ ③
>
> ˚ 문장 성분 간의 호응이 잘못된 경우
>   예 그것은 결코 우연한 일이었다.
>   → 그것은 결코 우연한 일이 아니었다. ···················· ④
>
> ˚ 문장 성분이 과도하게 생략된 경우
>   예 그녀는 노래와 춤을 추고 있다.
>   → 그녀는 노래를 부르며 춤을 추고 있다. ················ ⑤

13 〈보기 1〉을 바탕으로 〈보기 2〉의 ㉠~㉤을 이해한 것으로 적절하지 <u>않은</u> 것은?

> **보기 1**
>
> **선생님** : 담화에서 화자가 자신의 의도를 직접 드러내고자 하는 상황이라면 종결 표현과 화자의 의도를 일치시켜 명시적으로 표현합니다. 반면 명령이나 요청 등과 같이 청자에게 부담을 주거나 예의에 어긋날 수 있는 상황이라면 화자의 의도와는 다른 종결 표현을 사용하거나, '저기', '만', '좀'과 같은 언어 표현을 사용하여 완곡하게 표현합니다.

> **보기 2**
>
> **어머니** : (지연을 토닥이며) ㉠저기, 지연아 이제 좀 일어나라.
> **지 연** : (힘없이 일어나며) ㉡엄마, 선생님께 학교에 조금 늦을 거 같다고 전화해 주시겠어요?
> **어머니** : (걱정스러운 표정으로) 어디 아프니?
> **지 연** : 네, 그런 것 같아요. 열도 좀 나고요.
> **어머니** : ㉢그럼 선생님께 전화 드리고 엄마랑 병원에 가자.
> **지 연** : 네, 그렇게 해야 할 것 같아요.
> **소 연** : (거실에서 큰 소리로) 지연아, 학교 늦겠다. ㉣빨리 가라.
> **어머니** : 소연아! ㉤동생이 아프다니까 조금만 작은 소리로 말해 주면 참 좋겠다.

① ㉠ : 명령의 의도를 '저기', '좀' 등의 언어 표현을 사용하여 표현함으로써 청자에게 부담을 주려 하지 않고 있군.
② ㉡ : 요청의 의도를 의문형 종결 표현을 사용하여 완곡하게 표현하고 있군.
③ ㉢ : 화자의 의도와 종결 표현을 일치시켜 청유의 의도를 직접 드러내고 있군.
④ ㉣ : 화자의 명령에 대한 청자의 부담을 덜어 주기 위해 화자의 의도와 종결 표현을 일치시키지 않고 있군.
⑤ ㉤ : 명령의 의도를 평서형 종결 표현과 '만'과 같은 언어 표현을 사용하여 부드럽게 표현하고 있군.

14 〈보기〉는 문법적으로 바르지 않은 문장 유형 중 일부이다. 〈보기〉의 어느 경우에도 해당하지 <u>않는</u> 것은?

> **보기**
>
> ˚ 높임 표현이 적절하게 사용되지 않은 경우
> ˚ 연결 어미가 의미에 맞게 사용되지 않은 경우
> ˚ 피동 표현이 중복되어 과도한 피동이 된 경우
> ˚ 목적어에 대응하는 서술어가 잘못 생략된 경우

① 고등학생이라면 모름지기 그 정도는 다 할 줄 안다.
② 예상치 못했던 결과가 나온다면 실망할 필요가 없다.
③ 그 복지 시설은 지금 민간에 위탁 운영되어지고 있다.
④ 특별한 일이 없을 때는 텔레비전이나 라디오를 듣는다.
⑤ 이것은 어머니가 외할머니한테 생신 선물로 드린 것이다.

15 〈보기〉의 ㉠~㉤은 모두 중의적인 문장이다. 괄호의 의미만을 나타내도록 수정한 방법으로 적절하지 <u>않은</u> 것은?

보기

㉠ 교실에 학생들이 다 오지 않았다.
　(→ 학생들이 한 명도 오지 않았다는 의미로)
㉡ 현규와 숙희는 어제 결혼했다.
　(→ 현규가 숙희의 남편이 되었다는 의미로)
㉢ 이것은 선생님의 그림이다.
　(→ 그림 속 인물이 선생님이라는 의미로)
㉣ 아버지께서 귤과 사과 두 개를 가져오셨다.
　(→ 과일 세 개 중 두 개가 사과라는 의미로)
㉤ 그녀는 밝은 표정으로 환영하는 사람들에게 인사했다.
　(→ 표정이 밝은 사람은 그녀라는 의미로)

① ㉠ : '않았다'를 '못했다'로 바꾼다.
② ㉡ : '현규와 숙희는'을 '현규는 숙희와'로 교체한다.
③ ㉢ : '선생님의'를 '선생님을 그린'으로 교체한다.
④ ㉣ : '귤과 사과 두 개'를 '귤 한 개와 사과 두 개'로 바꾼다.
⑤ ㉤ : '밝은 표정으로'를 '사람들에게'의 뒤로 옮긴다.

16 〈보기〉를 통해 부정 표현의 특성에 대해 탐구한 내용으로 적절하지 <u>않은</u> 것은?

보기

ㄱ. 나는 수학 공부를 안 했다.
　나는 수학 문제가 어려워서 못 풀었다.
ㄴ. 여기에는 이제 해가 비치지 {않는다/못한다}.
ㄷ. 그녀를 만나지 {*않아라/*못해라/마라}.
ㄹ. 그는 결코 그 일을 {*했다/안 했다}.
　그는 분명히 그 일을 {했다/안 했다}.
ㅁ. 교실이 {안/*못} 깨끗하다.

'*'는 비문법적인 표현.

① ㄱ을 보니, '안' 부정문은 '의지 부정'을 나타내고, '못' 부정문은 '능력 부정'을 나타내는군.
② ㄴ을 보니, 행동 주체의 의지를 부정할 때는 '긴 부정문'만 쓸 수 있군.
③ ㄷ을 보니, 명령문의 부정 표현은 보조 용언 '말다'를 활용하여 사용하는군.
④ ㄹ을 보니, 어떤 부사는 반드시 부정 표현과 함께 쓰여야 하는군.
⑤ ㅁ을 보니, 형용사를 부정할 때에는 부사 '못'을 사용하여 부정 표현을 나타낼 수 없군.

17 다음은 잘못된 문장 표현을 고쳐 쓴 것이다. 적절하지 <u>않은</u> 것은?

◦ 문장 성분 간의 호응이 잘못된 경우
예 그는 마음먹은 일은 절대로 하고 만다.
→ 그는 마음먹은 일은 반드시 하고 만다. ·················· ①
◦ 활용 어미의 사용이 잘못된 경우
예 알맞는 답을 고르시오.
→ 알맞은 답을 고르시오. ························· ②
◦ 불필요한 어휘가 중복된 경우
예 이 사람의 장점은 노래를 잘한다는 것이 장점이다.
→ 이 사람의 장점은 노래를 잘한다는 것이다. ·········· ③
◦ 시간 표현이 잘못된 경우
예 철수가 어제 집에 오지 않습니다.
→ 철수가 어제 집에 오지 않았습니다. ················ ④
◦ 필수적인 문장 성분이 지나치게 생략된 경우
예 인사 발령이 나서 가게 되었다.
→ 인사 발령이 나서 급히 가게 되었다. ·············· ⑤

18 〈보기 1〉을 바탕으로 〈보기 2〉의 ㉠~㉤에 대해 설명한 내용으로 적절하지 <u>않은</u> 것은?

보기 1

　지칭어와 호칭어, 높임 표현이 발달한 우리말에서는 특히 담화 상황에서 화자, 청자, 맥락 등을 종합적으로 고려해야 한다. 다른 사람에게 그 대상을 가리킬 때 사용하는 말인 지칭어와 그 대상을 직접 부를 때 사용하는 말인 호칭어를, 화자와 청자, 담화에 언급된 대상의 상황을 종합적으로 고려하여 선택해야 한다. 또한 높임 표현은 청자나 담화 속 주체와 객체의 높임 관계를 고려하여 어미, 조사, 선어말 어미, 어휘 등을 적절하게 사용해야 한다.

보기 2

혜연 : 삼촌, 어서 오세요. 좀 늦으셨네요?
삼촌 : 생각보다 차가 밀리더구나. 다들 오셨니?
혜연 : 아니요. 차가 밀리는지 ㉠할머니께서도 아직 도착하지 못하셨어요.
삼촌 : ㉡어머니는 어디 계시니?
혜연 : ㉢할아버지를 모시고 조금 전에 결혼식장에 들어가셨어요.
삼촌 : 아침부터 너희 ㉣어머니께서 많이 바쁘셨겠네. 너도 언니 결혼식 때문에 옆에서 이것저것 도와주느라 힘들었지?
혜연 : 아니에요. 그것보다 ㉤삼촌께서 이렇게 멀리서 오셨으니 언니가 정말 기뻐할 것 같아요.

① ㉠에서는 화자가 자신을 기준으로 대상을 파악하여 지칭어를 사용하고 있군.
② ㉡에서 화자는 문장의 주체를 높이기 위해 특수한 어휘를 통해 높임을 실현하고 있군.
③ ㉢에서 문장의 객체는 화자가 높여야 할 대상이므로 조사를 통해 높임을 실현하고 있군.
④ ㉣에서는 화자가 청자를 기준으로 대상을 파악하여 지칭어를 사용하고 있군.
⑤ ㉤에서는 주체를 높이기 위해 조사와 선어말 어미를 사용해 높임을 실현하고 있군.

19 ㉠~㉤에 들어갈 문장으로 적절하지 <u>않은</u> 것은?

원래 문장	표현하려는 의미	수정한 문장
현우는 새로 산 옷을 입고 있다.	옷을 입는 동작이 진행 중임을 나타내고자 함.	㉠
영철이는 지수보다 야구 경기를 더 좋아한다.	영철이가 더 좋아하는 것은 지수가 아니라 야구 경기임.	㉡
친구들이 약속 장소에 다 나오지 않았다.	친구들이 일부만 참석함.	㉢
민수는 아침에 윤서가 여행에서 돌아왔다고 말했다.	돌아온 사실을 말한 시점이 아침임.	㉣
그는 내게 장미와 튤립 두 송이를 주었다.	받은 꽃의 개수가 세 송이임.	㉤

① ㉠ : 현우는 새로 산 옷을 입는 중이다.
② ㉡ : 영철이는 지수를 좋아하는 것보다 야구 경기를 더 좋아한다.
③ ㉢ : 친구들이 약속 장소에 다는 나오지 않았다.
④ ㉣ : 윤서가 아침에 여행에서 돌아왔다는 것을 민수는 말했다.
⑤ ㉤ : 그는 내게 장미 한 송이와 튤립 두 송이를 주었다.

20 ㉠~㉤의 사례로 적절하지 <u>않은</u> 것은?

> 문장을 어법에 어긋나거나 부자연스럽게 사용한 대표적 유형으로는, ㉠주어와 서술어가 호응하지 않는 경우, ㉡부사어와 서술어가 호응하지 않는 경우, ㉢서술어가 요구하는 문장 성분이 부적절하게 생략된 경우, ㉣서술어가 부적절하게 생략된 경우, ㉤불필요하게 의미가 중복되는 경우 등이 있다.

① ㉠ : 내가 하고 싶은 말은 다른 사람을 배려해서 행동하자.
② ㉡ : 새벽에 잠을 깬 사람은 비단 나뿐이었다.
③ ㉢ : 나는 집에 오자마자 들고 있던 가방을 두었다.
④ ㉣ : 새로 산 자동차에 짐과 동생을 태우고 여행을 떠났다.
⑤ ㉤ : 착한 너의 후배를 나한테 빨리 소개해 주었으면 좋겠다.

21 〈보기〉를 참고하여 ㉠~㉣에 대해 탐구한 결과로 적절하지 <u>않은</u> 것은?

보기

> 문장은 동작이나 행위를 누가 하느냐에 따라 능동문과 피동문으로 나누어진다. 주어가 동작을 제힘으로 하는 문장을 능동문이라고 하고, 다른 주체에 의해 동작이 이루어지거나 영향을 받는 문장을 피동문이라고 한다.

탐구결과

	능동문	피동문
㉠	눈이 온 세상을 덮었다.	온 세상이 눈에 덮였다.
㉡	두 학생이 참새 네 마리를 잡았다.	참새 네 마리가 두 학생에게 잡혔다.
㉢	낙엽이 바람에 난다.	낙엽이 바람에 날린다.
㉣	해당 사례 없음.	오늘은 날씨가 갑자기 풀렸다.

① ㉠의 피동문은 능동문에 비해 주어의 동작성이 잘 드러나지 않는다.
② ㉠과 ㉡은 모두 능동문의 주어가 피동문에서 부사어로 나타나는 사례이다.
③ ㉡과 ㉢은 모두 능동문과 달리 피동문이 여러 가지 의미로 해석될 수 있다.
④ ㉢은 자동사를 피동사로 만들 수 있음을 보여 주는 사례이다.
⑤ ㉣은 피동문에 대응하는 능동문을 상정할 수 없는 경우가 있음을 보여 주는 사례이다.

22 〈보기〉의 밑줄 친 부분에 해당하는 예로 가장 적절한 것은?

보기

> 우리말의 특정 부사어는 서술어와의 호응이 매우 고정적이다. 그래서 <u>부사어와 서술어 간의 호응이 이루어지지 않는 경우에는 어법에 맞지 않는 문장</u>이 된다.

① 그런 짓은 절대로 하지 마라.
② 나는 나대로 여간 힘든 것이 아니었다.
③ 수지는 차마 친구에게 사실을 말하였다.
④ 이런 사건은 비단 어제오늘의 일이 아니었다.
⑤ 이 시험에서는 반드시 직접 쓴 글을 제출해야 한다.

23 〈보기〉는 과거 시제를 표현하는 방법에 대해 조사한 것이다. ㄱ~ㅁ에 해당하는 예로 적절하지 <u>않은</u> 것은?

보기

ㄱ. 과거 시제란 사건시가 발화시보다 앞서 있는 시제로, 주로 과거 시제 선어말 어미 '-았/었-'을 통해 실현된다.
ㄴ. '-았었/었었-'은 발화시보다 전에 발생하여 현재와는 단절된 사건을 표현하는 데 쓰일 수 있다.
ㄷ. '-더-'는 과거 어느 때의 일이나 경험을 회상할 때에 사용하기도 한다.
ㄹ. 동사 어간에 붙는 관형사형 어미 '-(으)ㄴ'은 과거 시제를 표현하는 데 사용하기도 한다.
ㅁ. 관형사형 어미 '-던'은 과거 시제를 표현하는 데 사용하기도 한다.

① ㄱ : 너는 이제 집에 돌아오면 혼났다.
② ㄴ : 나는 예전에 그 집에 살았었다.
③ ㄷ : 지난여름에는 정말 덥더라.
④ ㄹ : 방학 동안 읽은 책이 제법 여러 권이다.
⑤ ㅁ : 여름에 푸르던 산이 붉게 물들었다.

24 '높임 표현'과 관련하여 〈보기〉의 ㉠~㉢에 대해 탐구한 내용으로 적절하지 <u>않은</u> 것은?

보기

어머니 : 진우야, 엄마 좀 도와줄래? (손에 든 짐을 보여 주며) 할머니 ㉠<u>댁에</u> 가져갈 건데 너무 무겁구나.
진우 : ㉡<u>잠시만요.</u> (한 손에 짐을 들고, 다른 팔로 어머니의 팔짱을 끼면서) 사모님, 같이 ㉢<u>가실까요?</u>
어머니 : (웃으며) 얘도 참. 어서 가자. ㉣<u>할머니께서</u> 기다리실 거야.
진우 : 할머니 댁까지 ㉤<u>모시게</u> 되어 영광입니다.

① ㉠은 '할머니'와 관련된 대상을 높여 '할머니'를 높인 표현이다.
② ㉡은 보조사 '요'를 붙여 대화 상대방을 높인 표현이다.
③ ㉢은 주체 높임 선어말 어미 '-시-'를 사용하여 '어머니'를 높인 표현이다.
④ ㉣은 주격 조사 '께서'를 사용하여 '할머니'를 높인 표현이다.
⑤ ㉤은 '모시다'라는 특수 어휘를 사용하여 '할머니'를 높인 표현이다.

25 〈보기〉의 ㉠~㉢에 들어갈 문장으로 적절한 것은?

보기

　　부정문에는 주체의 의지에 의한 행동의 부정을 나타내는 '안' 부정문과 주체의 의지가 아닌, 그의 능력이나 외부의 원인으로 그 행위가 일어나지 못함을 나타내는 '못' 부정문이 있다.
　　'동생이 잔다.'라는 긍정문을 아래의 과정을 통해 부정문으로 바꾸어 보자.

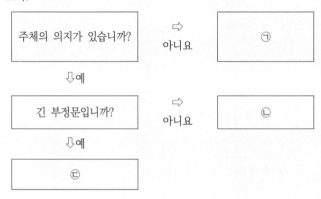

	㉠	㉡	㉢
①	동생이 자지 못한다.	동생이 못 잔다.	동생이 안 잔다.
②	동생이 못 잔다.	동생이 안 잔다.	동생이 자지 않는다.
③	동생이 안 잔다.	동생이 자지 않는다.	동생이 못 잔다.
④	동생이 자지 못한다.	동생이 못 잔다.	동생이 자지 않는다.
⑤	동생이 못 잔다.	동생이 안 잔다.	동생이 자지 못한다.

26 다음 문장을 바르게 고친 것으로 적절하지 <u>않은</u> 것은?

① 어제는 비와 바람이 많이 불었다.
　→ 어제는 비가 내리고 바람이 많이 불었다.
② 너는 반드시 약속을 어겨서는 안 된다.
　→ 너는 절대 약속을 어겨서는 안 된다.
③ 전체가 모여 회의를 갖는 것이 바람직합니다.
　→ 전체가 모여 회의하는 것이 바람직합니다.
④ 문제는 박물관에 전시된 유물이 다른 곳으로 이동되었다.
　→ 문제는 박물관에 전시된 유물이 다른 곳으로 이동하였다.
⑤ 정의 사회 구현을 위해 모든 사회악을 뿌리 뽑아 근절해야 한다.
　→ 정의 사회 구현을 위해 모든 사회악을 근절해야 한다.

27 〈보기〉의 예문을 통해 문장의 의미 관계를 이해한 내용으로 적절하지 <u>않은</u> 것은?

> **보기**
>
> ㄱ. 나는 그를 안다.
> ㄴ. 너는 가만히 있어라.
> ㄷ. 방 안에 있다.
> ㄹ. 늑대가 양을 물었다.
> ㅁ. 그는 옳은 일이라면 적극적으로 나선다.

① ㄱ : 반의어를 사용한 반의 관계 문장으로 '나는 그를 모른다'를 쓴다.
② ㄴ : 부정 표현을 사용한 반의 관계 문장으로 '너는 가만히 없어라'를 쓴다.
③ ㄷ : 반의 관계에 있는 문장으로 만들면, '방 안에 없다' 외에 '방 밖에 있다' 도 가능하다.
④ ㄹ : 피동 표현을 통해 유의 관계에 있는 문장을 만들면, '양이 늑대에게 물렸다'가 된다.
⑤ ㅁ : 관용적 표현을 통해 유의 관계에 있는 문장을 만들면, '그는 옳은 일이라면 발 벗고 나선다'가 된다.

28 B를 고려하여 A를 고친 문장으로 적절하지 <u>않은</u> 것은?

A : 틀린 문장	B : 고쳐야 하는 이유	고친 문장
그는 슈퍼맨이라 불리우는 사람이다.	피동 표현이 잘못됨.	㉠
손님, 저쪽 방으로 들어가실게요.	화자의 약속, 의지를 나타낼 때 사용하는 '-ㄹ게요'를 부적절하게 사용함.	㉡
그는 설레임 때문에 잠을 잘 수 없었다.	'설레다'의 명사형이 잘못됨.	㉢
주호는 나보다 책을 더 좋아한다.	비교하는 대상이 불분명함.	㉣
지금 보고 계신 제품은 올해 신상품이셔요.	높임 표현이 잘못됨.	㉤

① ㉠ : 그는 슈퍼맨이라 불리는 사람이다.
② ㉡ : 손님, 저쪽 방으로 들어가세요.
③ ㉢ : 그는 설렘 때문에 잠을 잘 수 없었다.
④ ㉣ : 주호는 책을 나보다 더 좋아한다.
⑤ ㉤ : 지금 보고 계신 제품은 올해 신상품이에요.

29 다음은 학교 홈페이지의 '질의-응답 게시판'의 일부이다. 이를 바탕으로 〈보기〉의 과제를 수행했을 때, 적절하지 <u>않은</u> 것은?

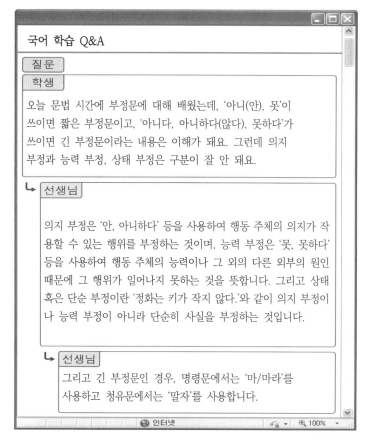

> **보기**
>
> **문법 과제**
>
> '가다, 던지다, 먹다, 어둡다, 예쁘다'를 활용하여 다양한 부정문을 만들어 봅시다.

① '가다'를 사용하여 긴 부정문의 명령문을 만들면 '위험한 곳에는 가지 마라.'가 됩니다.
② '던지다'를 사용하여 능력 부정의 긴 부정문을 만들면 '민지는 공을 던지지 못했다.'가 됩니다.
③ '먹다'를 사용하여 능력 부정의 짧은 부정문을 만들면 '나는 밥을 못 먹었다.'가 됩니다.
④ '어둡다'를 사용하여 상태 부정의 긴 부정문을 만들면 '하늘이 어둡지 않다.'가 됩니다.
⑤ '예쁘다'를 사용하여 의지 부정의 짧은 부정문을 만들면 '꽃이 안 예쁘다.'가 됩니다.

30 〈보기〉의 ㉠~㉤에 대한 설명으로 적절하지 <u>않은</u> 것은?

> **보기**
>
> 　서술어로 사용된 용언에 접미사나 선어말 어미를 결합시키면 사동이나 피동, 높임, 시간 표현, 주체의 심리적 태도 등 다양한 문법 범주를 실현할 수 있다.
>
> ◦ 할머니께서 진지를 ㉠드신다.
> ◦ 아버지께서 연을 ㉡날리신다.
> ◦ 그는 운동장을 열심히 ㉢뛰었다.
> ◦ 나는 지금 영화관에 ㉣가겠다.
> ◦ 도둑이 경찰에게 ㉤쫓기고 있다.

① ㉠의 '-시-'와 ㉡의 '-시-'는 각각의 행위 주체를 높이기 위해 사용된 선어말 어미이다.
② ㉠의 '-ㄴ-'과 ㉢의 '-었-'은 현재나 과거 등의 시제를 나타내기 위해 사용된 선어말 어미이다.
③ ㉡의 '-리-'는 행위 주체인 '아버지'가 다른 대상으로 하여금 어떤 동작을 하게끔 만드는 것을 나타내기 위해 사용된 접미사이다.
④ ㉣의 '-겠-'은 행위 주체인 '나'의 의지를 나타내기 위해 사용된 선어말 어미이다.
⑤ ㉤의 '-기-'는 행위 주체인 '경찰'이 자신의 의지와 상관없이 다른 대상에 의해 동작을 당하는 것을 나타내기 위해 사용된 접미사이다.

31 ㉠~㉤의 문장을 고쳐 쓴 이유로 적절하지 <u>않은</u> 것은?

	잘못된 문장	고쳐 쓴 문장
㉠	이는 미리 예상했던 일이다.	이는 예상했던 일이다.
㉡	나는 어제 친구와 의논했다.	나는 어제 친구와 그 일을 의논했다.
㉢	나는 눈이 시리도록 파란 하늘을 보았다.	나는 파란 하늘을 눈이 시리도록 보았다.
㉣	이 책은 쉽게 읽혀진다.	이 책은 쉽게 읽힌다.
㉤	선생님께서는 귀여운 따님이 계십니다.	선생님께서는 귀여운 따님이 있으십니다.

① ㉠ : 비슷한 의미의 단어가 중복되어 사용되었다.
② ㉡ : 주어와 서술어의 호응이 적절하지 않다.
③ ㉢ : 문장의 의미가 중의적으로 해석된다.
④ ㉣ : 이중피동이 사용되었다.
⑤ ㉤ : 높임법의 표현이 잘못 사용되었다.

32 〈보기〉의 설명을 바탕으로, 피동 표현을 만들어 보았다. 잘못된 것은?

> **보기**
>
> 　피동 표현은 피동 접미사 '-이-, -히-, -리-, -기-'에 의한 피동과 '-되다', '-게 되다', '-어지다'에 의한 피동이 있다. 이 외에 피동의 의미를 갖는 단어를 이용하여 피동 표현을 만들 수 있다.

① '아이가 밥을 먹었다.'를 피동 접미사 '-이-'를 사용하여 '아이에게 밥을 먹였다.'로 바꾸었다.
② '아이들이 꼬마를 놀렸다.'를 '당하다'를 사용하여 '꼬마가 아이들에게 놀림을 당했다.'로 바꾸었다.
③ '사냥꾼이 토끼를 잡았다.'를 피동 접미사 '-히-'를 사용하여 '토끼가 사냥꾼에게 잡혔다.'로 바꾸었다.
④ '사람들이 생태계를 파괴하였다.'를 '-되다'를 사용하여 '생태계가 사람들에 의해 파괴됐다.'로 바꾸었다.
⑤ '박 감독이 이 영화를 만들었다.'를 '-어지다'를 사용하여 '이 영화는 박 감독에 의해 만들어졌다.'로 바꾸었다.

33 〈보기〉의 (가)~(다)를 고친 이유에 따라 짝지은 결과로 적절한 것은?

> **보기**
>
> (가) 나는 그에게 곧 가겠다라고 말했다.
> 　→ 나는 그에게 곧 가겠다고 말했다.
> (나) 실내에서 답답할 때에는 창문을 열어 공기를 환기해야 한다.
> 　→ 실내에서 답답할 때에는 창문을 열어 환기해야 한다.
> (다) 그는 이번 사태의 발생 원인과 재발 방지 계획을 세우겠다고 약속했다.
> 　→ 그는 이번 사태의 발생 원인을 규명하고 재발 방지 계획을 세우겠다고 약속했다.

	필요한 문장 성분 누락	의미 중복	조사의 잘못된 사용
①	(다)	(나)	(가)
②	(다)	(가)	(나)
③	(나)	(가)	(다)
④	(나)	(다)	(가)
⑤	(가)	(나)	(다)

콘텐츠가 강하다!
실전 국어 전형태

34 〈보기〉의 ㉠~㉤에 대한 설명으로 옳지 <u>않은</u> 것은?

보기

    시간을 표현하는 방법에는 시제와 동작상이 있다. 시제는 화자가 말하는 시점인 발화시와 동작이나 사건이 일어나는 시점인 사건시의 관계에 따라 과거 시제, 현재 시제, 미래 시제로 나뉜다. 동작상은 발화시를 기준으로 동작이 일어나고 있는 모습을 표현한 것인데, 동작이 진행되고 있음을 표현하는 진행상과 동작이 이미 완결되었음을 표현하는 완료상이 있다.

어머니 : 방 정리를 ㉠하고 있구나.
아들 : 네. 필요 없는 물건은 다 ㉡내놓았어요.
어머니 : 잘했구나. 그런데 얼마 전에 ㉢산 책은 어디 있니?
아들 : 아, 그 책은 이미 다 읽어서 동생에게 ㉣줘 버렸어요.
어머니 : 그래 잘했다. 아참, 오늘 네 친구가 오기로 했지.
아들 : 네. 조금 있다 저하고 같이 ㉤공부할 친구가 오기로 했어요.
어머니 : 그래. 깨끗한 방에서 친구랑 재미있게 놀면 되겠구나.

① ㉠ : '-고 있구나'는 동작이 진행되고 있음을 나타내고 있다.
② ㉡ : '-았-'은 사건시가 발화시에 앞선다는 것을 나타내고 있다.
③ ㉢ : '-ㄴ'은 발화시가 사건시에 앞선다는 것을 나타내고 있다.
④ ㉣ : '-어 버렸어요'는 동작이 이미 완결되었음을 나타내고 있다.
⑤ ㉤ : '-ㄹ'은 발화시가 사건시에 앞선다는 것을 나타내고 있다.

35 다음은 바른 문장 표현에 대한 학습 자료이다. 적절하게 고쳐 쓴 것만을 있는 대로 고른 것은?

필요한 문장 성분이 생략됨	문예 동아리는 창작 활동과 전시회를 열었다. → 문예 동아리는 창작 활동을 하고 전시회를 열었다. ·········· ㉠
이중 피동이 사용됨	나는 선생님께 이름이 불려졌다. → 나는 선생님께 이름이 불렸다. ················ ㉡
중의적 표현이 사용됨	아버지의 그림은 언제나 인기가 많다. → 언제나 아버지의 그림은 인기가 많다. ········· ㉢
조사를 잘못 사용함	나는 오늘 아침 나무에게 물을 주었다. → 나는 오늘 아침 나무에 물을 주었다. ·········· ㉣

① ㉠, ㉡, ㉢　　　② ㉠, ㉡, ㉣　　　③ ㉠, ㉢, ㉣
④ ㉡, ㉢, ㉣　　　⑤ ㉠, ㉡, ㉢, ㉣

36 다음은 틀리기 쉬운 문장에 대한 탐구 학습지이다. 과제를 수행한 내용으로 적절하지 <u>않은</u> 것은?

탐구 학습지

과제 : 다음 [탐구 자료]를 [과제 수행표]에 맞게 고쳐 쓰시오.

[탐구 자료] 틀리기 쉬운 문장
㉠ 오랜만에 친구를 만나서 여간 기뻤다.
㉡ 나는 주중에는 자전거를, 주말에는 수영을 한다.
㉢ 버스가 왼쪽으로 좌회전한 후, 정류장에 정차하였다.
㉣ 우리 학교는 도서관을 매일 개방하게 하고 있습니다.
㉤ 그 문제는 어려워서 풀려지지 않았다.

[과제 수행표]

자료	고쳐야 하는 이유	고친 문장
㉠	문장 성분 간의 호응이 올바르지 않음.	오랜만에 친구를 만나서 여간 기쁘지 않았다. ············· ①
㉡	필요한 문장 성분이 생략됨.	나는 주중에는 자전거를 타고, 주말에는 수영을 한다. ········· ②
㉢	불필요하게 의미가 중복됨.	버스가 좌회전한 후, 정류장에 정차하였다. ············· ③
㉣	사동 표현을 부적절하게 사용함.	우리 학교는 도서관을 매일 개방시키고 있습니다. ············ ④
㉤	이중 피동을 사용함.	그 문제는 어려워서 풀리지 않았다. ············· ⑤

37 〈보기 1〉을 참고하여 〈보기 2〉를 이해한 내용으로 적절하지 <u>않은</u> 것은?

> **보기 1**
>
> 　실제 발화의 의미는 말하는 이, 듣는 이, 장면 등 담화를 구성하고 있는 다양한 요소들을 고려해야만 제대로 이해할 수 있다. 발화에서의 지시 표현은 시간적, 공간적 장면이 있어야 그 의미를 정확히 이해할 수 있고, 높임 표현도 구체적인 발화 상황을 고려했을 때 인물들 사이의 상하 관계나 친소 관계를 정확하게 파악할 수 있다. 또한 확신이나 추정 등 말하는 이의 심리적 태도나 의도, 생략된 내용 등을 정확하게 파악하려면 담화 맥락과 상황을 고려해야 한다.

> **보기 2**
>
> **영희** : 여기 있던 빵 누가 치웠어? (철수를 쳐다보며) ㉠ <u>네가 먹었지?</u>
> **철수** : 아니, 내가 먹은 건 아니고 아까 희수가 배고프다고 해서 줬어.
> **영희** : 아이고, ㉡ <u>참 잘하셨네요.</u>
> **철수** : 그 빵이 네 빵이었어? 미안해. ㉢ <u>대신 이 과자라도 먹을래?</u>
> **영희** : 그거? 그래, ㉣ <u>먹을래.</u> (과자를 먹다가 건네며) 근데 넌 배 안 고파?
> **철수** : ㉤ <u>난 점심 먹었어.</u>

① ㉠ : 영희의 행위를 고려할 때 '먹었지?'라는 표현은 어떤 사실에 대해 의심하면서 이를 확인하려는 심리를 전달한다.
② ㉡ : 발화 상황을 고려할 때 '참 잘하셨네요.'는 표현된 진술과 발화의 의도가 일치하지 않음을 알 수 있다.
③ ㉢ : 이어지는 영희의 반응을 고려할 때 '이'라는 지시 표현은 '과자'가 철수보다는 영희에게 가까운 위치에 있음을 나타낸다.
④ ㉣ : 철수의 직전 발화 내용을 고려할 때 행위의 주체와 대상이 생략되었음을 알 수 있다.
⑤ ㉤ : 과자를 건네는 영희의 행위와 마지막 물음에 담긴 의도를 고려할 때 제안을 거절하려는 철수의 심리가 담겨 있다.

38 〈보기〉의 높임 표현에 대한 설명으로 적절하지 <u>않은</u> 것은?

> **보기**
>
> **점원** : 손님, 어떤 옷을 ㉠ <u>찾으십니까?</u>
> **손님** : 셔츠를 좀 보려고요. ㉡ <u>저희 아버지께서</u> 입으실 거거든요.
> **점원** : 이 셔츠는 어떠세요? 선물로 ㉢ <u>드리시면</u> 무척 좋아하실 겁니다.
> **손님** : 저희 아버지는 ㉣ <u>어깨가 넓으신데</u> 잘 맞을지 모르겠네요.
> **점원** : 그러시면 ㉤ <u>어르신을 모시고</u> 한번 들러 주세요.

① ㉠ : '-ㅂ니까'라는 종결 어미를 사용하여 말을 듣는 상대를 높이고 있다.
② ㉡ : '저희'라는 자신을 낮추는 어휘를 사용하여 '아버지'를 높이고 있다.
③ ㉢ : '-시-'를 사용해서 선물을 주는 사람을, '드리다'를 사용해서 선물을 받는 사람을 동시에 높이고 있다.
④ ㉣ : '아버지'가 높임의 대상이므로 그 신체의 일부가 주어로 올 때도 높임 표현을 쓰고 있다.
⑤ ㉤ : 높임을 나타내는 특정한 어휘를 사용하여 높임의 의도를 표현하고 있다.

39 〈보기〉의 담화에 대한 이해로 가장 적절한 것은?

> **보기**
>
>

> "다음 뉴스입니다. 사랑의 온도계에 대해서 들어 보셨습니까? 사랑의 온도계는 도움이 필요한 이웃을 위한 모금의 목표액을 온도계의 온도로 나타낸 것입니다. 그런데 온도계의 온도가 아직 50℃를 넘지 못하고 있다고 합니다."

① 공적인 말하기와 사적인 말하기의 특징을 모두 갖추고 있다.
② 정보 제공의 기능을 가진 담화가 호소의 기능을 수행할 수도 있다.
③ 상세한 내용 제시 후 일반적 내용을 제시하는 담화 구조를 갖추고 있다.
④ 비문법적인 표현, 단어의 반복이 나타나는 구어 담화의 특성을 가지고 있다.
⑤ 1:1 소통을 통해 실시간 의견 교환이 가능한 매체 담화의 특성을 보여 준다.

나 없이

기출

풀지마라

나 없이

| 과외식 기출 분석서, 나기출 |

나 없이
기출
풀지마라

음운 변동과
발음 규정

음운 변동과 발음 규정

01 〈보기〉는 한글 맞춤법 제1항에 대한 선생님의 설명이다. ㉠, ㉡에 대해 학생들이 이해한 내용으로 적절한 것은? `14학년도 예비B`

보기

　제1항 : 한글 맞춤법은 표준어를 ㉠ 소리대로 적되, ㉡ 어법에 맞도록 함을 원칙으로 한다.

　선생님의 설명 : 한글 맞춤법은 소리대로 표기하는 것이 근본 원칙이에요. '구름, 나라, 하늘' 등은 표준어를 소리 나는 대로 적은 예이지요. 그런데 이 원칙만 따른다면 '밥'과 같은 단어는 뒤에 오는 말에 따라 '바비(밥+이), 밥또(밥+도), 밤만(밥+만)'처럼 여러 가지로 표기될 수 있어요. 그래서 원래 형태를 알기 어려워지고 이로 인해 독서의 능률도 크게 떨어지지요. 이 때문에 발음과 상관없이 형태를 고정시키는 방법, 즉 어법에 맞도록 한다는 원칙을 추가한 거예요.

① '먹어, 먹은'은 어간과 어미를 분리해서 적은 것을 볼 때 ㉠에 해당하겠군.
② '굳이, 같이'는 음운 현상을 반영하지 않고 적은 것을 볼 때 ㉠에 해당하겠군.
③ '퍼서(푸+어서), 폈다(푸+었다)'는 어간을 원래 형태에서 벗어난 대로 적은 것을 볼 때 ㉠에 해당하겠군.
④ '미덥다, 우습다'는 어간을 밝혀 적지 않은 것을 볼 때 ㉡에 해당하겠군.
⑤ '노인(老人)'과 '원로(元老)'는 같은 한자를 '노'와 '로'로 적은 것을 볼 때 ㉡에 해당하겠군.

02 다음의 ㉠~㉤에 들어갈 내용으로 적절한 것은? `14학년도 6월A`

※ 다음 단어들을 발음해 보고 단계별 활동을 수행해 보자.

부엌, 간, 옷, 빛, 달, 섬, 앞, 창

(1) 음절 끝의 자음이 바뀌는 것과 그렇지 않은 것을 구분해 보자.
　(　　　　　　㉠　　　　　　)
(2) 음절 끝의 자음이 안 바뀌는 경우는 어떤 경우인지 알아보자.
　(　　　　　　㉡　　　　　　)
(3) 음절 끝의 자음이 바뀌는 경우에는 어떤 자음으로 변하는지 정리해 보자. (　　　　㉢　　　　)
(4) (3)과 동일한 음운 변동이 일어난 예들을 더 찾아보자.
　(　　　　　　㉣　　　　　　)
(5) 이상의 활동을 바탕으로 음절 끝에서 발음되는 자음의 목록을 정리해 보자. (　　　㉤　　　)

① ㉠ : 음절 끝의 자음이 바뀌지 않는 경우는 '부엌, 간, 달, 섬, 창'이다.
② ㉡ : 음절 끝의 자음이 예사소리일 때에는 바뀌지 않는다.
③ ㉢ : 음운 변동이 일어나면 'ㄱ, ㄹ, ㅂ' 중 하나로 바뀐다.
④ ㉣ : '밖'과 '밑'을 음운 변동의 예로 추가할 수 있다.
⑤ ㉤ : 음절 끝에서는 'ㄱ, ㄴ, ㄹ, ㅁ, ㅂ, ㅅ, ㅇ'만 발음된다.

03 〈보기〉를 고려하여 모음의 발음을 이해한 내용으로 옳은 것은? `14학년도 6월B`

보기

〈모음의 표준 발음〉
• 국어의 단모음은 'ㅏ, ㅐ, ㅓ, ㅔ, ㅗ, ㅚ, ㅜ, ㅟ, ㅡ, ㅣ'의 10개를 원칙으로 한다. 다만 'ㅚ, ㅟ'는 이중 모음으로 발음하는 것도 허용하는데, 특히 'ㅚ'를 이중 모음으로 발음하면 [ㅞ]와 같아진다.
• '예, 례' 이외의 'ㅖ'는 [ㅔ]로 발음할 수 있다.
• 자음을 첫소리로 가지고 있는 음절의 'ㅢ'는 항상 [ㅣ]로 발음하되, 단어의 첫 음절 이외의 '의'는 [ㅣ]로, 조사 '의'는 [ㅔ]로 발음할 수 있다.

① '개'와 '게'를 동일하게 발음하는 것은 표준 발음에 해당한다.
② '금괴'를 [금궤]로 발음하는 것은 표준 발음에 해당하지 않는다.
③ '지혜'를 [지혜]로 발음하는 것은 표준 발음에 해당하지 않는다.
④ '비취다'와 '비치다'를 모두 [비치다]로 발음하는 것은 표준 발음에 해당한다.
⑤ '충의의 뜻'에서 '충의의'를 [충이에]로 발음하는 것은 표준 발음에 해당한다.

04 〈보기〉를 바탕으로 음운 변동을 바르게 이해한 것은? `14학년도 9월A`

보기

　음운의 변동은 크게 네 가지로 나눌 수 있다. 어떤 음운이 다른 음운으로 바뀌는 ㉠ 교체, 어떤 음운이 없어지는 ㉡ 탈락, 새로운 음운이 생기는 ㉢ 첨가, 두 음운이 하나의 음운으로 합쳐지는 ㉣ 축약이 그것이다.

① '가랑잎[가랑닙]'에서는 ㉢과 ㉡의 음운 변동이 일어난다.
② '값지다[갑찌다]'에서는 ㉠과 ㉢의 음운 변동이 일어난다.
③ '숱하다[수타다]'에서는 ㉣과 ㉡의 음운 변동이 일어난다.
④ '급행열차[그팽녈차]'에서는 ㉣과 ㉢의 음운 변동이 일어난다.
⑤ '서른여덟[서른녀덜]'에서는 ㉠과 ㉣의 음운 변동이 일어난다.

05 다음은 표준 발음에 관한 인터넷 게시판의 질문과 답변이다. (가)에 들어갈 내용으로 적절한 것은? `14학년도 9월B`

> • 질문 : '앞앞이'는 [아바피]로 발음하는 게 맞나요? 같은 받침 'ㅍ'인데 [ㅍ]과 [ㅂ]으로 그 발음이 달라지는 이유가 궁금해요.
>
> → 답변 : '앞앞' 뒤에 모음으로 시작되는 형식 형태소가 올 때는 마지막 받침 'ㅍ'을 ㉠ 제 음가대로 뒤 음절의 첫소리로 옮겨 발음합니다. 반면, '앞'과 '앞'이 결합한 '앞앞'처럼 받침이 있는 말 뒤에 모음 'ㅏ, ㅓ, ㅗ, ㅜ, ㅟ'들로 시작되는 실질 형태소가 오게 되면 그 받침을 ㉡ 대표음으로 바꾸어서 뒤 음절의 첫소리로 옮겨 발음합니다. 그래서 '앞앞이'는 [아바피]로 발음됩니다. ㉠과 ㉡에 해당하는 구체적인 예를 살펴보면 다음과 같습니다.
>
> (가)

① '무릎이야'는 ㉠에 해당하고 '무릎 아래'는 ㉡에 해당합니다.
② '서녘이나'는 ㉠에 해당하고 '서녘에서'는 ㉡에 해당합니다.
③ '겉으로'와 '겉아가미'는 모두 ㉠에 해당합니다.
④ '배꽃이'와 '배꽃 위'는 모두 ㉡에 해당합니다.
⑤ '빛에'와 '빛이며'는 모두 ㉡에 해당합니다.

06 〈보기〉는 사이시옷 표기 조건에 관한 학습 활동지의 일부이다. 학습한 결과를 정리한 것으로 적절하지 <u>않은</u> 것은? `14학년도 9월B`

보기

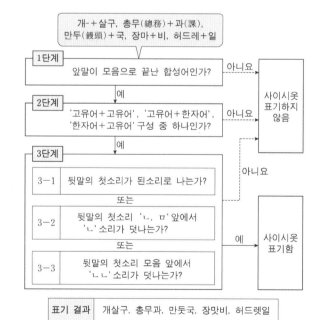

① '개-+살구' 구성은 1단계를 만족시키지 못하므로 '개살구'라고 쓴다.
② '총무+과' 구성은 2단계를 만족시키지 못하므로 '총무과'라고 쓴다.
③ '만두+국' 구성은 1, 2, 3-1단계를 만족시키므로 '만둣국'이라고 쓴다.
④ '장마+비' 구성은 1, 2, 3-2단계를 만족시키므로 '장맛비'라고 쓴다.
⑤ '허드레+일' 구성은 1, 2, 3-3단계를 만족시키므로 '허드렛일'이라고 쓴다.

07 다음 ㉠~㉢의 음운 변동에 대한 설명으로 적절한 것은? `14학년도 수능A`

> ㉠ 빗 → [빋], 앞 → [압], 안팎 → [안팍]
> ㉡ 약밥 → [약빱], 잡다 → [잡따]
> ㉢ 놓지 → [노치], 맏형 → [마텽]

① ㉠과 ㉡은 음절 종성에 놓인 자음이 바뀌는 변동이다.
② ㉠은 거센소리를 예사소리로, ㉢은 거센소리를 된소리로 바꾸는 변동이다.
③ ㉠과 ㉢의 변동이 모두 일어난 예로 '따뜻하다 → [따뜨타다]'를 들 수 있다.
④ ㉡과 ㉢의 변동은 뒤의 자음이 앞의 자음에 동화된 것이다.
⑤ ㉡은 음운의 첨가에, ㉢은 음운의 축약에 속한다.

08 (가)의 ㉠, ㉡에 들어갈 표준 발음을 (나)를 참고하여 바르게 짝지은 것은? `14학년도 수능B`

> **(가) 학생의 탐구 내용**
>
> 지난 시간의 새말 만들기 활동에서 '꽃잎 표면에 이랑처럼 주름이 진 부분'을 가리키는 말로 '꽃이랑', '꽃의 가운데에 오목하게 들어간 부분'을 나타내는 말로 '꽃오목'을 만들었어. 이번 시간에 배운 표준 발음법에 따라 이 단어들의 올바른 발음을 생각해 보니, **'꽃이랑'**은 (㉠), **'꽃오목'**은 (㉡)으로 발음해야 해.
>
> **(나) 표준 발음법 조항**
>
> **제15항** 받침 뒤에 모음 'ㅏ, ㅓ, ㅗ, ㅜ, ㅟ'들로 시작되는 실질 형태소가 연결되는 경우에는, 대표음으로 바꾸어서 뒤 음절 첫소리로 옮겨 발음한다.
>
> 예 겉-옷[거돋], 헛-웃음[허두슴]
>
> **제29항** 합성어 및 파생어에서, 앞 단어나 접두사의 끝이 자음이고 뒤 단어나 접미사의 첫 음절이 '이, 야, 여, 요, 유'인 경우에는, 'ㄴ' 소리를 첨가하여 [니, 냐, 녀, 뇨, 뉴]로 발음한다.
>
> 예 담-요[담:뇨], 홑-이불[혼니불]

	㉠	㉡
①	[꼰니랑]	[꼬도목]
②	[꼰니랑]	[꼬초목]
③	[꼰니랑]	[꼰노목]
④	[꼬디랑]	[꼬초목]
⑤	[꼬디랑]	[꼬도목]

09 다음 〈자료〉를 바탕으로 국어의 '음절'에 대해 설명한 내용으로 적절하지 않은 것은? `15학년도 6월A`

자료

음운이 모여서 이루어지는 소리의 결합체를 음절이라고 한다. 현대 국어의 음절 유형은 다음 네 가지로 나눌 수 있다.

ㄱ. '중성'으로 이루어진 음절 (예 아, 야, 와, 의)
ㄴ. '초성+중성'으로 이루어진 음절 (예 끼, 노, 며, 소)
ㄷ. '중성+종성'으로 이루어진 음절 (예 알, 억, 영, 완)
ㄹ. '초성+중성+종성'으로 이루어진 음절 (예 각, 녹, 딸, 형)

① 초성에는 최대 두 개의 자음이 온다.
② 중성에 올 수 있는 음운은 모음이다.
③ 종성에 올 수 있는 음운은 자음이다.
④ 초성 또는 종성이 없는 음절도 있다.
⑤ 모든 음절에는 중성이 있어야 한다.

11 (가)에 들어갈 내용으로 적절하지 않은 것은? `15학년도 6월B`

선생님 : 로마자 표기법은 국제화 시대에 그 중요성이 더 커지고 있습니다. 로마자 표기법을 구체적으로 배우기 전에, 다음 자료로 탐구한 내용을 발표해 봅시다.

표기	표준 발음	올바른 로마자 표기	
가락	[가락]	garak	… ㉠
앞집	[압찝]	apjip	… ㉡
장롱	[장:농]	jangnong	… ㉢

학생 : (가)

① ㉠에서 '가'의 'ㄱ'은 'g'로, '락'의 'ㄱ'은 'k'로 표기한 것을 보니, '가락'의 두 'ㄱ'은 같은 자음이지만 다른 로마자로 적었어요.
② ㉡에서 '앞'의 'ㅍ'과 '집'의 'ㅂ'을 모두 'p'로 표기한 것을 보니, '앞집'의 'ㅍ'과 'ㅂ'은 다른 자음이지만 동일한 로마자로 적었어요.
③ ㉢에서 장음을 표시하는 기호인 ':'가 로마자 표기에 없는 것을 보니, 장단의 구별은 로마자 표기에 반영하지 않았어요.
④ ㉠에서 '락'의 'ㄹ'은 'r'로, ㉢에서 '롱'의 'ㄹ'은 'n'으로 표기한 것을 보니, ㉢ '장롱'의 로마자 표기는 자음 동화를 반영하여 적었어요.
⑤ ㉡에서 '집'의 'ㅈ'과 ㉢에서 '장'의 'ㅈ'을 같은 로마자로 표기한 것을 보니, ㉡ '앞집'의 로마자 표기는 된소리되기를 반영하여 적었어요.

10 ㉠~㉢에 대한 설명으로 적절하지 않은 것은? `15학년도 6월B`

〈한글 맞춤법〉에 따르면 표준어를 소리 나는 대로 적는 경우도 있지만, 어법에 맞게 적는 경우도 있다. 그런데 간혹 이 사실을 모르고 소리 나는 대로 적어서 틀릴 때가 있다.

올바른 표기	잘못된 표기	발음	
들어서다	드러서다	[드러서다]	……… ㉠
그렇지	그러치	[그러치]	……… ㉡
해돋이	해도지	[해도지]	……… ㉢

① ㉠은 연음 현상 때문에 잘못 적는 경우이다.
② ㉠과 같은 예로 '높이다'를 '높히다'로 잘못 적는 경우를 들 수 있다.
③ ㉡은 거센소리되기 때문에 잘못 적는 경우이다.
④ ㉡과 같은 예로 '얽혀'를 '얼켜'로 잘못 적는 경우를 들 수 있다.
⑤ ㉢과 같은 예로 '금붙이'를 '금부치'로 잘못 적는 경우를 들 수 있다.

12 〈보기〉의 ㉠에 들어갈 내용으로 알맞은 것은? `15학년도 9월A`

보기

학생 : '식물'이 [싱물]로 발음되는데, 두 자음이 만나서 발음될 때 조음 위치나 방식 중 무엇이 바뀐 것인가요?

선생님 : 아래의 자음 분류표를 보면서 그 답을 찾아봅시다.

조음 방식 ＼ 조음 위치	양순음	치조음	연구개음
파열음	ㅂ	ㄷ	ㄱ
비음	ㅁ	ㄴ	ㅇ

이 표는 국어 자음을 조음 위치와 조음 방식에 따라 분류한 자음 체계의 일부입니다. '식'의 'ㄱ'이 '물'의 'ㅁ' 앞에서 [ㅇ]으로 발음되지요. 이와 비슷한 예들로는 '입는[임는]', '뜯는[뜬는]'이 있는데, 이 과정에서 무엇이 달라졌나요?

학생 : 세 경우 모두 두 자음이 만나서 발음될 때, _____㉠_____ 이/가 변했네요.

① 앞 자음의 조음 방식
② 뒤 자음의 조음 방식
③ 두 자음의 조음 방식
④ 앞 자음의 조음 위치
⑤ 뒤 자음의 조음 위치

13 〈보기〉의 [가]에 들어갈 말로 적절하지 <u>않은</u> 것은? 15학년도 9월B

보기

선생님 : 오늘은 겹받침 'ㄻ'의 표준 발음법에 대해 알아보도록 합시다. 우선 'ㄻ'과 관련한 발음 원칙을 정리한 내용을 잘 보세요.

> ㉠ 겹받침 'ㄻ'은 어말 또는 자음 앞에서 각각 [ㅁ]으로 발음한다.
> ㉡ 겹받침 'ㄻ'은 모음으로 시작된 조사나 어미, 접미사와 결합되는 경우 뒤의 'ㅁ'만을 뒤 음절 첫소리로 옮겨 발음한다.
> ㉢ 어간의 겹받침 'ㄻ' 뒤에 결합되는 어미의 첫소리 'ㄱ, ㄷ, ㅅ, ㅈ'은 된소리로 발음한다.

선생님 : 자, 그러면 겹받침 'ㄻ'을 갖는 말의 표준 발음이 ㉠~㉢ 중 어느 발음 원칙과 관련되는지 말해 봅시다. 모음의 장단(長短)은 고려하지 않아도 됩니다.

학생 : _____ [가]

① '삶과 자연'에서 '삶과'의 표준 발음이 [삼과]인 것은 ㉠에 따른 것입니다.
② '국수를 삶고'에서 '삶고'의 표준 발음이 [삼꼬]인 것은 ㉠, ㉢에 따른 것입니다.
③ '바람직한 삶'에서 '삶'의 표준 발음이 [삼]인 것은 ㉠에 따른 것입니다.
④ '삶에 대한 의지'에서 '삶에'의 표준 발음이 [살메]인 것은 ㉡에 따른 것입니다.
⑤ '나의 삶만'에서 '삶만'의 표준 발음이 [삼만]인 것은 ㉡에 따른 것입니다.

14 〈보기〉는 '한글 맞춤법'의 일부를 정리한 것이다. 이를 통해 알 수 있는 사실로 적절한 것은? 15학년도 9월B

보기

[제19항]
• 어간에 '-이'가 붙어서 명사로 된 것과 '-이'가 붙어서 부사로 된 것은 그 어간의 원형을 밝히어 적는다.
  예 먹이, 굳이, 같이 ································· ㉠

[제25항]
• '-하다'가 붙는 어근에 '-히'나 '-이'가 붙어서 부사가 되는 경우에는 그 어근의 원형을 밝히어 적는다.
  예 꾸준히, 깨끗이 ································· ㉡
• 부사에 '-이'가 붙어서 역시 부사가 되는 경우에는 그 부사의 원형을 밝히어 적는다.
  예 더욱이, 생긋이 ································· ㉢

① '급히 떠나다'의 '급히'는 ㉠의 '굳이'를 표기할 때 적용된 규정을 따른 것이군.
② '방긋이 웃다'의 '방긋이'는 ㉠의 '같이'를 표기할 때 적용된 규정을 따른 것이군.
③ '많이 먹다'의 '많이'는 ㉡의 '꾸준히'를 표기할 때 적용된 규정을 따른 것이군.
④ '깊이 파다'의 '깊이'는 ㉡의 '깨끗이'를 표기할 때 적용된 규정을 따른 것이군.
⑤ '일찍이 없던 일'의 '일찍이'는 ㉢의 '더욱이'를 표기할 때 적용된 규정을 따른 것이군.

15 다음의 ⓐ에 해당하는 것을 ㉠~㉣ 중에서 고른 것은? 15학년도 수능A

[모음의 변동]

단모음으로 끝나는 어간과 단모음으로 시작하는 어미가 결합하면 모음의 변동이 자주 일어난다. 모음 변동의 결과 두 개의 단모음 중 하나가 없어지기도 하고, ⓐ 두 개의 단모음이 합쳐져 이중 모음이 되기도 하며, 단모음 사이에 반모음이 첨가되기도 한다.

[모음 변동의 사례]

> ㉠ 기+어 → [기여]
> ㉡ 살피+어 → [살펴]
> ㉢ 배우+어 → [배워]
> ㉣ 나서+어 → [나서]

① ㉠, ㉡   ② ㉠, ㉢   ③ ㉡, ㉢
④ ㉡, ㉣   ⑤ ㉢, ㉣

16 〈보기〉의 표준 발음 자료를 탐구한 내용으로 적절하지 <u>않은</u> 것은?

15학년도 수능B

보기

표준 발음법 제8항
받침소리로는 'ㄱ, ㄴ, ㄷ, ㄹ, ㅁ, ㅂ, ㅇ'의 7개 자음만 발음한다.

해설
이 조항은 ⓐ 받침 발음의 원칙을 규정한 것이다. 어말이나 자음 앞에서 모든 받침은 제시된 7개의 자음 중 하나로만 발음할 수 있을 뿐이다. 이 원칙을 지키기 위해 두 가지 음운 변동이 적용된다. 하나는 ㉠ <u>자음이 탈락되는 것</u>이고 다른 하나는 ㉡ <u>자음이 다른 자음으로 교체되는 것</u>이다.

표준 발음 자료
읽다[익따], 옳는[올ː는], 닦지[닥찌], 읊기[읍끼], 밟는[밤ː는]

① '읽다[익따]'는 ⓐ를 지키기 위해 ㉠이 적용되었다.
② '옳는[올ː는]'은 ⓐ를 지키기 위해 ㉠이 적용되었다.
③ '닦지[닥찌]'는 ⓐ를 지키기 위해 ㉡이 적용되었다.
④ '읊기[읍끼]'는 ⓐ를 지키기 위해 ㉠, ㉡이 모두 적용되었다.
⑤ '밟는[밤ː는]'은 ⓐ를 지키기 위해 ㉠, ㉡이 모두 적용되었다.

17 밑줄 친 부분이 한글 맞춤법에 맞게 쓰인 것은? 15학년도 수능B

① <u>엇저녁</u>에는 고향 친구들과 만나서 식사를 했다.
② 그가 발의한 안건은 다음 회의에 <u>부치기로</u> 했다.
③ <u>적잖은</u> 사람들이 그 의견에 찬성의 뜻을 보였다.
④ 동생은 누나가 직접 만든 <u>깍뚜기</u>를 먹어 보았다.
⑤ 저기 <u>넙적하게</u> 생긴 바위가 우리들의 놀이터였다.

18 〈보기〉의 [가]에 들어갈 말로 가장 적절한 것은? 16학년도 6월A

보기

선생님 : 어떤 음운이 주위에 있는 다른 음운의 영향을 받아 그것과 동일한 음운으로 바뀌거나, 조음 위치 또는 조음 방법이 그것과 같은 음운으로 바뀌는 현상을 동화라고 합니다. 그럼 ㉠~㉤ 중에서 하나를 골라 그것이 동화인지 아닌지 판단해 보고 그 이유를 말해 봅시다.

㉠ 듣+고 → [듣꼬]   ㉡ 놓+고 → [노코]
㉢ 훑+네 → [홀레]   ㉣ 뽑+느라 → [뽐느라]
㉤ 넓+더라 → [널떠라]

학생 : _____ [가]

① ㉠은 동화입니다. 왜냐하면 'ㄱ'이 'ㄷ'의 영향을 받아 'ㄱ'과 같은 위치에서 소리 나는 'ㄲ'으로 바뀌기 때문입니다.
② ㉡은 동화입니다. 왜냐하면 'ㅎ'이 'ㄱ'의 영향을 받아 'ㅎ'과 거센소리라는 점이 같은 'ㅋ'으로 바뀌기 때문입니다.
③ ㉢은 동화입니다. 왜냐하면 'ㄴ'이 'ㅌ'의 영향을 받아 'ㅌ'과 같은 위치에서 소리 나는 'ㄹ'로 바뀌기 때문입니다.
④ ㉣은 동화입니다. 왜냐하면 'ㅂ'이 'ㄴ'의 영향을 받아 'ㄴ'과 콧소리라는 점이 같은 'ㅁ'으로 바뀌기 때문입니다.
⑤ ㉤은 동화입니다. 왜냐하면 'ㅂ'이 'ㄷ'의 영향을 받아 'ㄷ'과 동일한 소리인 'ㄷ'으로 바뀌기 때문입니다.

20 〈보기〉의 ㉠~㉤의 밑줄 친 부분과 동일한 음운 변동이 일어난 예가 모두 바르게 제시된 것은? 16학년도 9월A

보기

국어에는 거센소리되기, 자음군 단순화, 된소리되기, 비음화, 유음화 등의 음운 변동이 있다.

㉠ 내가 좋아하는 음식은 <u>밥하고</u>[바파고] 떡이다.
㉡ 옷에 <u>흙까지</u>[흑까지] 묻히고 시내를 쏘다녔다.
㉢ 우리는 손을 <u>잡고</u>[잡꼬] 마냥 즐거워하였다.
㉣ 그는 고전 음악을 즐겨 <u>듣는다</u>[든는다].
㉤ <u>칼날</u>[칼랄]에 다치지 않도록 조심하여야 한다.

① ㉠의 예 : 먹히다, 목걸이
② ㉡의 예 : 값싸다, 닭똥
③ ㉢의 예 : 굳세다, 솜이불
④ ㉣의 예 : 겁내다, 맨입
⑤ ㉤의 예 : 잡히다, 설날

19 〈보기〉에 따라 표준 발음을 이해한 내용으로 적절한 것은?
16학년도 6월B

보기

〈표준 발음법의 '된소리되기' 중 일부〉

㉠ 어간 받침 'ㄴ(ㄵ), ㅁ(ㄻ)' 뒤에 결합되는 어미의 첫소리 'ㄱ, ㄷ, ㅅ, ㅈ'은 된소리로 발음한다.
㉡ 어간 받침 'ㄼ, ㄾ' 뒤에 결합되는 어미의 첫소리 'ㄱ, ㄷ, ㅅ, ㅈ'은 된소리로 발음한다.
㉢ 관형사형 '-(으)ㄹ' 뒤에 연결되는 'ㄱ, ㄷ, ㅂ, ㅅ, ㅈ'은 된소리로 발음한다. '-(으)ㄹ'로 시작되는 어미의 경우도 이에 준한다.

① '(가슴에) 품을 적에'와 '(며느리로) 삼고'에서의 된소리되기는 모두 ㉠에 따른 것이다.
② '(방이) 넓거든'과 '(두께가) 얇을지라도'에서의 된소리되기는 모두 ㉡에 따른 것이다.
③ '(신을) 신겠네요'와 '(땅을) 밟지도'에서의 된소리되기는 모두 ㉢에 따른 것이다.
④ '(남들이) 비웃을지언정'과 '(먼지를) 훑던'에서의 된소리되기는 각각 ㉠, ㉡에 따른 것이다.
⑤ '(물건을) 얹지만'과 '(자리에) 앉을수록'에서의 된소리되기는 각각 ㉠, ㉢에 따른 것이다.

21 〈보기〉의 표준 발음법을 바르게 적용한 것은? 16학년도 9월B

보기

㉠ 받침 'ㄷ, ㅌ'이 조사의 모음 'ㅣ'와 결합되는 경우에는, [ㅈ, ㅊ]으로 바꾸어서 뒤 음절 첫소리로 옮겨 발음한다.
예 밭이[바치]

㉡ 받침 'ㄷ, ㅌ(ㄾ)'이 접미사의 모음 'ㅣ'와 결합되는 경우에는, [ㅈ, ㅊ]으로 바꾸어서 뒤 음절 첫소리로 옮겨 발음한다.
예 미닫이[미다지]

㉢ 받침 'ㄷ' 뒤에 접미사 '히'가 결합되어 '티'를 이루는 것은 [치]로 발음한다.
예 묻히다[무치다]

① '같이 걷다'의 '같이'는 ㉠에 따라 'ㅌ'을 [ㅊ]으로 바꿔 [가치]로 발음해야겠군.
② '솥이나 냄비를 준비하다'의 '솥이나'는 ㉠에 따라 'ㅌ'을 [ㅊ]으로 바꿔 [소치나]로 발음해야겠군.
③ '그것은 팥이다'의 '팥이다'는 ㉡에 따라 'ㅌ'을 [ㅊ]으로 바꿔 [파치다]로 발음해야겠군.
④ '자전거에 받히다'의 '받히다'는 ㉡에 따라 'ㅌ'를 [치]로 바꿔 [바치다]로 발음해야겠군.
⑤ '우표를 붙이다'의 '붙이다'는 ㉢에 따라 'ㅌ'를 [치]로 바꿔 [부치다]로 발음해야겠군.

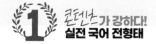
22 다음 ㉠~㉤에서 일어나는 음운 변동에 대한 설명으로 적절한 것은?

`16학년도 수능A`

> ㉠ 옳지 → [올치], 좁히다 → [조피다]
> ㉡ 끊어 → [끄너], 쌓이다 → [싸이다]
> ㉢ 숯도 → [숟또], 옷고름 → [옫꼬름]
> ㉣ 닭는 → [당는], 부엌문 → [부엉문]
> ㉤ 읽지 → [익찌], 훑거나 → [훌꺼나]

① ㉠, ㉡ : 'ㅎ'과 다른 음운이 결합하여 한 음운으로 축약되는 현상이 일어난다.

② ㉠, ㉢, ㉤ : 앞 음절의 종성에 따라 뒤 음절의 초성이 된소리로 되는 현상이 일어난다.

③ ㉢, ㉣ : '깊다 → [깁따]'에서처럼 음절 끝에서 발음되는 자음이 7개로 제한되는 현상이 일어난다.

④ ㉣ : '겉모양 → [건모양]'에서처럼 앞 음절의 종성이 뒤 음절의 초성과 조음 위치가 같아지는 현상이 일어난다.

⑤ ㉣, ㉤ : '앉고 → [안꼬]'에서처럼 받침 자음의 일부가 탈락하는 현상이 일어난다.

24 〈보기〉의 ㉠~㉣에 대한 설명으로 적절하지 <u>않은</u> 것은? `17학년도 6월`

> **보기**
>
> ㉠ 맑+네 → [망네]
> ㉡ 낮+일 → [난닐]
> ㉢ 꽃+말 → [꼰말]
> ㉣ 긁+고 → [글꼬]

① ㉠ : '값+도 → [갑또]'에서처럼 음절 끝에 둘 이상의 자음이 오지 못하기 때문에 일어난 음운 변동이 있다.

② ㉠, ㉢ : '입+니 → [임니]'에서처럼 인접하는 자음과 조음 방법이 같아진 음운 변동이 있다.

③ ㉡ : '물+약 → [물략]'에서처럼 자음이 교체된 음운 변동이 있다.

④ ㉡, ㉢ : '팥+죽 → [판쭉]'에서처럼 음절 끝에 올 수 있는 자음이 제한되어 있기 때문에 일어난 음운 변동이 있다.

⑤ ㉣ : '잃+지 → [일치]'에서처럼 자음이 축약된 음운 변동이 있다.

23 〈보기〉에 따라 겹받침의 표준 발음에 대하여 단계별로 학습하였다. 각 예에 적용된 내용과 그 발음이 모두 바른 것은? `16학년도 수능B`

> **보기**
>
> • 겹받침이 모음으로 시작된 조사나 어미, 접미사와 결합되는 경우에는 뒤엣것만을 뒤 음절 첫소리로 옮겨 발음한다. 이 경우, 'ㅅ'은 [ㅆ]으로 발음한다. ···················· ⓐ
> • 겹받침 'ㄳ', 'ㄺ', 'ㄼ', 'ㅄ'은 어말 또는 자음 앞에서 각각 [ㄱ, ㄹ, ㅂ]으로 발음한다. ···················· ⓑ
>
> 이 후에는 다음과 같이 발음한다.
> * [ㄱ, ㅂ]은 'ㄴ, ㅁ' 앞에서 각각 [ㅇ, ㅁ]으로 발음한다. ············ ⓒ
> * [ㄱ, ㅂ] 뒤에 연결되는 'ㄱ, ㄷ, ㅂ, ㅅ, ㅈ'은 각각 [ㄲ, ㄸ, ㅃ, ㅆ, ㅉ]으로 발음한다. ···················· ⓓ
> * [ㄱ, ㅂ]은 'ㅎ'과 결합되는 경우, 두 음을 합쳐서 각각 [ㅋ, ㅍ]으로 발음한다. ···················· ⓔ

	예	적용 내용	발음
①	여덟 + 이	ⓐ	[여더리]
②	몫 + 을	ⓐ	[목슬]
③	흙 + 만	ⓑ, ⓒ	[흑만]
④	값 + 까지	ⓑ, ⓓ	[갑까지]
⑤	닭 + 하고	ⓑ, ⓔ	[다카고]

25 〈보기〉의 (가), (나)를 중심으로 음운 변동을 이해한 내용으로 적절한 것은?

`17학년도 수능`

> **보기**
>
> 국어의 음운 변동은 교체, 탈락, 첨가, 축약으로 구분된다. 이 중에는 음절의 종성과 관련된 음운 변동이 있다.
>
> (가) ┌ 음절의 종성에 마찰음, 파찰음이 오거나 파열음 중 거센소리나 된소리가 올 경우, 모두 파열음의 예사소리로 교체된다. 이는 └ 종성에서 발음될 수 있는 자음의 종류가 제한됨을 알려 준다.
>
> (나) ┌ 또한 음절의 종성에 자음군이 올 경우, 한 자음이 탈락한다. └ 이는 종성에서 하나의 자음만이 발음될 수 있음을 알려 준다.

① '꽃힌[꼬친]'에는 (가)에 해당하는 음운 변동이 있다.

② '몫이[목씨]'에는 (나)에 해당하는 음운 변동이 있다.

③ '비옷[비옫]'에는 (나)에 해당하는 음운 변동이 있다.

④ '않고[안코]'에는 (가), (나) 모두에 해당하는 음운 변동이 있다.

⑤ '읊고[읍꼬]'에는 (가), (나) 모두에 해당하는 음운 변동이 있다.

26 〈보기〉를 바탕으로 음운 변동 사례에 대해 이해한 내용으로 적절한 것은?

18학년도 6월

보기

　　교체, 탈락, 축약, 첨가의 음운 변동이 일어나는 경우 음운 개수의 변화가 나타나기도 한다.
　　먼저 '집일[짐닐]'은 첨가 및 교체가 일어나 음운의 개수가 늘었다. 그런데 '닭만[당만]'은 탈락 및 교체가 일어나 음운의 개수가 줄었고, '뜻하다[뜨타다]'는 교체 및 축약이 일어나 음운의 개수가 줄었다. 한편 '맡는[만는]'은 교체가 두 번 일어나 음운의 개수가 변하지 않았다.

① '흙하고[흐카고]'는 탈락 및 축약이 일어나 음운의 개수가 두 개 줄었군.
② '저녁연기[저녕년기]'는 첨가 및 교체가 일어나 음운의 개수가 두 개 늘었군.
③ '부엌문[부엉문]'과 '볶는[봉는]'은 교체가 한 번 일어나 음운의 개수가 변하지 않았군.
④ '얹지[언찌]'와 '묽고[물꼬]'는 교체 및 축약이 일어나 음운의 개수가 각각 한 개 줄었군.
⑤ '넓네[널레]'와 '밝는[방는]'은 탈락 및 교체가 일어나 음운의 개수가 각각 두 개 줄었군.

27 〈보기〉의 음운 변동을 분석한 것으로 적절하지 않은 것은?

18학년도 수능

보기

㉠ 흙일 → [흥닐]
㉡ 닳는 → [달른]
㉢ 발야구 → [발랴구]

① ㉠~㉢은 각각 2회 이상의 음운 변동이 일어났다.
② ㉠~㉢에 공통적으로 일어난 음운 변동은 첨가이다.
③ 음운 변동의 결과 음운의 개수에 변화가 없는 것은 ㉠이다.
④ ㉡과 ㉢에서 일어난 음운 변동의 횟수는 같다.
⑤ ㉢에서 첨가된 음운은 ㉠에서 첨가된 음운과 같다.

28 〈보기〉의 1가지 조건으로 적절하지 않은 것은?

19학년도 6월

보기

　　'한글 맞춤법'에 따르면, 사이시옷은 아래의 조건 @~@가 모두 만족되어야 표기된다. 단, '곳간, 셋방, 숫자, 찻간, 툇간, 횟수'는 예외이다.

• 사이시옷 표기에 고려되는 조건
ⓐ 단어 분류상 '합성 명사'일 것.
ⓑ 결합하는 두 말의 어종이 다음 중 하나일 것.
　• 고유어+고유어　• 고유어+한자어　• 한자어+고유어
ⓒ 결합하는 두 말 중 앞말이 모음으로 끝날 것.
ⓓ 두 말이 결합하며 발생하는 음운 현상이 다음 중 하나일 것.
　• 앞말 끝소리에 'ㄴ' 소리가 덧남.
　• 앞말 끝소리와 뒷말 첫소리에 각각 'ㄴ' 소리가 덧남.
　• 뒷말 첫소리가 된소리로 바뀜.

　　㉠~㉤ 각각의 쌍은 위 조건 @~@ 중 1가지 조건만 차이가 나서 사이시옷 표기 여부가 갈린 예이다.

	사이시옷이 없는 단어	사이시옷이 있는 단어
㉠	도매가격[도매까격]	도맷값[도매깝]
㉡	전세방[전세빵]	아랫방[아래빵]
㉢	버섯국[버섣꾹]	조갯국[조개꾹]
㉣	인사말[인사말]	존댓말[존댄말]
㉤	나무껍질[나무껍찔]	나뭇가지[나무까지]

① ㉠ : ⓐ　　② ㉡ : ⓑ　　③ ㉢ : ⓒ
④ ㉣ : ⓓ　　⑤ ㉤ : ⓓ

29 〈보기〉의 @~ⓒ에 들어갈 말로 적절한 것은?　19학년도 6월

보기

◦ 탐구 과제
　　겹받침을 가진 용언을 발음할 때 어떤 음운 변동이 나타나야 표준 발음에 맞는지 혼동되는 경우가 있다. 자음군 단순화, 된소리되기, 비음화, 유음화, 거센소리되기 등의 음운 변동으로 비표준 발음과 표준 발음을 설명해 보자.

◦ 탐구 자료

		비표준 발음	표준 발음
㉠	긁는	[글른]	[긍는]
㉡	짧네	[짬네]	[짤레]
㉢	끊고	[끈고]	[끈코]
㉣	뚫지	[뚤찌]	[뚤치]

◦ 탐구 내용
　　㉠의 비표준 발음과 ㉡의 표준 발음에는 자음군 단순화 후 (@)가 나타난다. 이에 비해, ㉠의 표준 발음과 ㉡의 비표준 발음에는 자음군 단순화 후 (ⓑ)가 나타난다. ㉢과 ㉣의 표준 발음은 (ⓒ)만 일어난 발음이다.

	ⓐ	ⓑ	ⓒ
①	유음화	비음화	거센소리되기
②	유음화	비음화	된소리되기
③	비음화	유음화	거센소리되기
④	비음화	유음화	된소리되기
⑤	비음화	된소리되기	거센소리되기

31 〈보기〉의 ㉠에 들어갈 말로 적절하지 <u>않은</u> 것은? `19학년도 수능`

보기

선생님 : 최소 대립쌍이란 하나의 소리로 인해 뜻이 구별되는 단어의 짝을 말해요. 가령 최소 대립쌍 '살'과 '쌀'은 'ㅅ'과 'ㅆ'으로 인해 뜻이 달라지는데, 이때의 'ㅅ', 'ㅆ'은 음운의 자격을 얻게 되죠. 이처럼 최소 대립쌍을 이용해 음운들을 추출하면 음운 체계를 수립할 수 있어요. 이제 고유어들을 모은 [A]에서 최소 대립쌍들을 찾아 음운들을 추출하고, 그 음운들을 [B]에서 확인해 봅시다.

[A] 쉬리, 마루, 구실, 모래, 소리, 구슬, 머루
[B] 국어의 단모음 체계

혀의 앞뒤 / 입술 모양 / 혀의 높낮이	전설 모음		후설 모음	
	평순	원순	평순	원순
고모음	ㅣ	ㅟ	ㅡ	ㅜ
중모음	ㅔ	ㅚ	ㅓ	ㅗ
저모음	ㅐ		ㅏ	

[학생의 탐구 내용]
추출된 음운들 중 [㉠]을 확인할 수 있군.

① 2개의 전설 모음
② 2개의 중모음
③ 3개의 평순 모음
④ 3개의 고모음
⑤ 4개의 후설 모음

30 〈보기〉의 ㉠~㉤에 대한 설명으로 적절한 것은? `19학년도 9월`

보기

〈로마자 표기 한글 대조표〉

자음	ㄱ	ㄷ	ㅂ	ㄸ	ㄴ	ㅁ	ㅇ	ㅈ	ㅊ	ㅌ	ㅎ
표기 모음 앞	g	d	b	tt	n	m	ng	j	ch	t	h
그 외	k	t	p								

모음	ㅏ	ㅐ	ㅗ	ㅣ
표기	a	ae	o	i

〈로마자 표기의 예〉

	한글 표기	발음	로마자 표기
㉠	같이	[가치]	gachi
㉡	잡다	[잡따]	japda
㉢	놓지	[노치]	nochi
㉣	맨입	[맨닙]	maennip
㉤	백미	[뱅미]	baengmi

① ㉠에서 일어나는 음운 변동은 '땀받이[땀바지]'에서도 일어나고, 로마자 표기에 반영되었다.
② ㉡에서 일어나는 음운 변동은 '삭제[삭쩨]'에서도 일어나고, 로마자 표기에 반영되었다.
③ ㉢에서 일어나는 음운 변동은 '닳아[다라]'에서도 일어나고, 로마자 표기에 반영되었다.
④ ㉣에서 일어나는 음운 변동은 '한여름[한녀름]'에서도 일어나고, 로마자 표기에 반영되지 않았다.
⑤ ㉤에서 일어나는 음운 변동은 '밥물[밤물]'에서도 일어나고, 로마자 표기에 반영되지 않았다.

32 〈보기〉에 대한 이해로 적절하지 <u>않은</u> 것은? `20학년도 6월`

보기

㉠ 풀잎[풀립]
㉡ 읊네[음네]
㉢ 벼훑이[벼훌치]

① ㉠, ㉡에서는 음운 변동이 각각 세 번씩 일어났군.
② ㉠, ㉡에서는 인접한 자음과 조음 방법이 같아지는 음운 변동이 일어났군.
③ ㉠에서 첨가된 음운과 ㉡에서 탈락된 음운은 서로 다르군.
④ ㉠, ㉢에서는 음운 개수가 달라지는 음운 변동이 일어났군.
⑤ ㉠은 'ㄹ'로 인해, ㉢은 모음 'ㅣ'로 인해 동화되는 음운 변동이 일어났군.

33 〈보기〉의 ⊙에 들어갈 말로 적절한 것은? `20학년도 9월`

보기

선생님 : 오늘은 일상생활에서 흔하게 들을 수 있는 부정확한 발음에 대해 알아볼까요? 우선 아래 표에서 부정확한 발음과 정확한 발음을 확인해 보세요.

예	찰흙이	안팎을	넋이	끝을	숲에
부정확한 발음	[찰흐기]	[안파글]	[너기]	[끄츨]	[수베]
	↓	↓	↓	↓	↓
정확한 발음	[찰흘기]	[안파끌]	[넉씨]	[끄틀]	[수페]

다 봤나요? 그럼 정확한 발음을 참고하여, 부정확한 발음을 하게 된 이유를 말해 볼까요?

학생 : ⟨⊙⟩

선생님 : 네, 맞아요, 이제 정확한 발음을 일상생활에서 실천해 보세요.

① '찰흙이'는 자음군 단순화를 적용하고 연음해야 하는데, [찰흐기]는 자음군 단순화를 적용하지 않고 연음을 했습니다.

② '안팎을'은 음절의 끝소리 규칙을 적용하지 않고 연음해야 하는데, [안파글]은 음절의 끝소리 규칙을 적용하고 연음을 했습니다.

③ '넋이'는 연음을 하고 된소리되기를 적용해야 하는데, [너기]는 음절의 끝소리 규칙을 적용하고 연음을 했습니다.

④ '끝을'은 연음을 하고 구개음화를 적용해야 하는데, [끄츨]은 구개음화를 적용하고 연음을 했습니다.

⑤ '숲에'는 거센소리되기를 적용하지 않고 연음해야 하는데, [수베]는 거센소리되기를 적용하고 연음을 했습니다.

34 〈보기〉의 [A]에 들어갈 말로 적절한 것은? `20학년도 수능`

보기

선생님 : 음절은 발음할 수 있는 최소의 언어 단위인데, 음절의 유형은 크게 분류하면 '① 모음, ② 자음+모음, ③ 모음+자음, ④ 자음+모음+자음'이 있어요. 예를 들면 '꽃[꼳]'은 ④, '잎[입]'은 ③에 속하지요. 그런데 복합어 '꽃잎'은 음운 변동이 일어나 [꼰닙]으로 발음돼요. 이때 [닙]은 ④에 해당되며 음운의 첨가로 음절 유형이 바뀐 것이지요. 이제 아래 단어들을 탐구해 봅시다.

밥상(밥+상), 집일(집+일), 의복함(의복+함), 국물(국+물), 화살(활+살)

학생 : [A]

선생님 : 네, 맞아요.

① '밥상[밥쌍]'에서의 [쌍]은 첨가의 결과이고, 음절 유형이 단일어인 '상[상]'과 달라졌어요.

② '집일[짐닐]'에서의 [닐]은 교체의 결과이고, 음절 유형이 단일어인 '일[일]'과 달라졌어요.

③ '의복함[의보캄]'에서의 [캄]은 축약의 결과이고, 음절 유형이 단일어인 '함[함]'과 달라졌어요.

④ '국물[궁물]'에서의 [궁]은 교체의 결과이고, 음절 유형이 단일어인 '국[국]'과 같아요.

⑤ '화살[화살]'에서의 [화]는 탈락의 결과이고, 음절 유형이 단일어인 '활[활]'과 같아요.

35 〈보기〉의 ㉮에 들어갈 말로 적절한 것은? `21학년도 9월`

보기

선생님 : 용언 어간 뒤에 '-아/어'로 시작하는 어미가 결합할 때, 단모음이 반모음으로 교체되는 음운 변동이 일어날 수 있어요. 가령, 어간 '오-'와 어미 '-아'가 결합해 [와]로 발음될 때, 단모음 'ㅗ'가 반모음 'w'로 교체되는 것이지요. 우리말의 반모음은 'j'도 있으니까 반모음 'j'로 교체되는 예도 있겠죠? 그럼 용언 어간의 단모음이 '-아/어'로 시작하는 어미와 결합할 때 반모음 'j'로 교체되는 예를 들어 볼까요?

학생 : 네, ㉮ 로 발음되는 예를 들 수 있어요

① 어간 '뛰-'와 어미 '-어'가 결합해 [뛰여]

② 어간 '차-'와 어미 '-아도'가 결합해 [차도]

③ 어간 '잠그-'와 어미 '-아'가 결합해 [잠가]

④ 어간 '견디-'와 어미 '-어서'가 결합해 [견뎌서]

⑤ 어간 '키우-'와 어미 '-어라'가 결합해 [키워라]

36 〈보기〉는 준말에 관한 한글 맞춤법의 일부이다. 이를 적용한 내용으로 적절하지 않은 것은? `22학년도 수능`

보기

제34항 [붙임 1] 'ㅐ, ㅔ' 뒤에 '-어, -었-'이 어울려 줄 적에는 준 대로 적는다. ⋯⋯⋯⋯⋯⋯ ⊙

제35항 모음 'ㅗ, ㅜ'로 끝난 어간에 '-아/-어, -았-/-었-'이 어울려 'ㅘ/ㅝ, 왔/웠-'으로 될 적에는 준 대로 적는다. ⋯⋯⋯⋯⋯⋯ ⓒ

제35항 [붙임 2] 'ㅚ' 뒤에 '-어, -었-'이 어울려 'ㅙ, ㅙㅆ'으로 될 적에도 준 대로 적는다. ⋯⋯⋯⋯⋯⋯ ⓒ

제36항 'ㅣ' 뒤에 '-어'가 와서 'ㅕ'로 줄 적에는 준 대로 적는다. ⋯⋯⋯⋯ ㉣

제37항 'ㅏ, ㅕ, ㅗ, ㅜ, ㅡ'로 끝난 어간에 '-이-'가 와서 각각 'ㅐ, ㅖ, ㅚ, ㅟ, ㅢ'로 줄 적에는 준 대로 적는다. ⋯⋯⋯⋯⋯⋯ ⓜ

① ⊙을 적용하면 '(날이) 개었다'와 '(나무를) 베어'는 각각 '갰다'와 '베'로 적을 수 있다.

② ⓒ을 적용하면 '(다리를) 꼬아'와 '(죽을) 쑤었다'는 각각 '꽈'와 '쒔다'로 적을 수 있다.

③ ⓜ을 적용할 때, 어간 '(발로) 차-'에 '-이-'가 붙은 '(발에) 차이-'에 '-었다'가 붙으면 '채었다'로 적을 수 있다.

④ ⓜ을 적용한 후 ⓒ을 적용할 때, 어간 '(벌이) 쏘-'에 '-이-'가 붙은 '(벌에) 쏘이-'에 '-어'가 붙으면 '쐐'로 적을 수 있다.

⑤ ⓜ을 적용한 후 ㉣을 적용할 때, 어간 '(오줌) 누-'에 '-이-'가 붙은 '(오줌을) 누이-'에 '-어'가 붙으면 '뉘여'로 적을 수 있다.

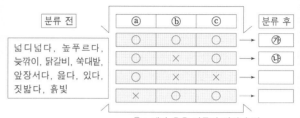

37 [A]에 들어갈 말로 적절한 것은? 23학년도 9월

> **학생** : 선생님, 표준 발음법 제18항을 보다가 궁금한 점이 생겼어요. 이 조항에서 'ㄱ, ㄷ, ㅂ' 옆의 괄호 안에 다른 받침들이 포함된 것은 무엇을 나타내나요?
>
> > 제18항 받침 'ㄱ(ㄲ, ㅋ, ㄳ, ㄺ), ㄷ(ㅅ, ㅆ, ㅈ, ㅊ, ㅌ, ㅎ), ㅂ (ㅍ, ㄼ, ㄿ, ㅄ)'은 'ㄴ, ㅁ' 앞에서 [ㅇ, ㄴ, ㅁ]으로 발음한다.
>
> **선생님** : 좋은 질문이에요. 그건 받침이 'ㄱ, ㄷ, ㅂ'이 아니더라도, 음운 변동의 결과로 그 발음이 [ㄱ, ㄷ, ㅂ]으로 바뀌면 비음화 현상이 적용될 수 있다는 사실을 나타낸 거예요.
>
> **학생** : 아, 그렇다면 ___[A]___ 비음화 현상이 적용된 거네요?
>
> **선생님** : 네, 맞아요.

① '밖만[방만]'은 자음군 단순화가 적용된 후
② '폭넓다[퐁널따]'는 자음군 단순화가 적용된 후
③ '값만[감만]'은 음절의 끝소리 규칙이 적용된 후
④ '겉늙다[건늑따]'는 음절의 끝소리 규칙이 적용된 후
⑤ '호박잎[호방닙]'은 음절의 끝소리 규칙이 적용된 후

38 다음은 된소리되기와 관련한 수업의 일부이다. [A]에 들어갈 말로 적절하지 않은 것은? 23학년도 수능

> **선생님** : 오늘은 표준 발음을 대상으로 용언의 활용에서 나타나는 된소리되기를 알아봅시다. '(신발을) 신고[신ː꼬]'처럼 용언의 활용에서는 마지막 소리가 'ㄴ, ㅁ'인 어간 뒤에 처음 소리가 'ㄱ, ㄷ, ㅅ, ㅈ'인 어미가 결합하면 어미의 처음 소리가 된소리로 바뀌어요.
>
> **학생** : 아, 그렇군요. 그런데 선생님, 국어에서 'ㄱ, ㄷ, ㅅ, ㅈ'이 'ㄴ, ㅁ' 뒤에 이어지면 항상 된소리로 바뀌나요?
>
> **선생님** : 항상 그런 것은 아니에요. 표준 발음에서는 용언 어간에 피·사동 접사가 결합하거나 어미끼리 결합하거나 체언과 조사가 결합하는 경우에는 된소리되기가 일어나지 않아요. 그리고 '먼지[먼지]'처럼 하나의 형태소 안에서 'ㄴ, ㅁ' 뒤에 'ㄱ, ㄷ, ㅅ, ㅈ'이 있는 경우에도 된소리되기가 일어나지 않아요. 그럼 다음 ⓐ~ⓔ의 밑줄 친 말에서 'ㄴ'이나 'ㅁ' 뒤의 소리가 된소리로 바뀌지 않는 이유를 설명해 볼까요?
>
> > ⓐ 피로를 <u>푼다[푼다]</u>　　ⓑ 더운 <u>여름도[여름도]</u>
> > ⓒ 대문을 <u>잠가[잠가]</u>　　ⓓ 품에 <u>안겨라[안겨라]</u>
> > ⓔ 학교가 <u>큰지[큰지]</u>
>
> **학생** : 그 이유는 ___[A]___ 때문입니다.
>
> **선생님** : 네, 맞아요.

① ⓐ의 'ㄴ'과 'ㄷ'이 모두 어미에 속해 있는 소리이기
② ⓑ의 'ㅁ'과 'ㄷ'이 체언과 조사가 결합하면서 이어진 소리이기
③ ⓒ의 'ㅁ'과 'ㄱ'이 모두 하나의 형태소 안에 속해 있는 소리이기
④ ⓓ의 'ㄴ'과 'ㄱ'이 어미끼리 결합하면서 이어진 소리이기
⑤ ⓔ의 'ㄴ'과 'ㅈ'이 어간과 어미가 결합하면서 이어진 소리가 아니기

39 〈보기〉의 ㉮, ㉯에 들어갈 수 있는 단어로 적절한 것은? 24학년도 6월

보기

> **선생님** : 지난 시간에 음운의 변동 가운데 ⓐ 음절의 끝소리 규칙, ⓑ 자음군 단순화, ⓒ 된소리되기를 학습했는데요. 이번 시간에는 음운 변동의 적용 유무를 기준으로 단어를 분류하는 활동을 진행해 볼게요. 그럼, 표준 발음을 고려해서 다음 단어들을 분류해 보죠.

분류 전	ⓐ	ⓑ	ⓒ	분류 후
넓디넓다, 높푸르다, 늦깎이, 닭갈비, 쑥대밭, 앞장서다, 읊다, 있다, 짓밟다, 흙빛	○	○	○	㉮
	○	×	○	㉯
	○	×	×	
	×	○	○	

○ : 해당 음운 변동이 일어난 것.
× : 해당 음운 변동이 일어나지 않은 것.

　　㉮　　　　　　㉯
① 짓밟다　　　　늦깎이
② 넓디넓다　　　있다
③ 읊다　　　　　높푸르다
④ 흙빛　　　　　쑥대밭
⑤ 닭갈비　　　　앞장서다

40 〈학습 활동〉을 수행한 결과로 적절한 것은? 24학년도 9월

학습 활동

> '교체, 탈락, 첨가, 축약'과 같은 네 가지 유형의 음운 변동을 탐구해 보면, 한 단어에서 서로 다른 유형의 음운 변동이 일어나기도 하고 같은 유형의 음운 변동이 두 번 이상 일어나기도 한다.
>
> > • 한 단어에 음운 변동이 한 번 일어난 예
> > 　예 빗[빋], 여덟[여덜], 맨입[맨닙], 축하[추카]
> > • 한 단어에 서로 다른 유형의 음운 변동이 일어난 예
> > 　예 밟는[밤ː는], 닭장[닥짱]
> > • 한 단어에 같은 유형의 음운 변동이 두 번 이상 일어난 예
> > 　예 앞날[암날], 벚꽃[벋꼳]
>
> 이를 참고하여 ㉠~㉤에 해당하는 예를 두 개씩 생각해 보자.
> ㉠ '교체가 한 번, 탈락이 한 번' 일어난 것
> ㉡ '교체가 한 번, 첨가가 한 번' 일어난 것
> ㉢ '교체가 한 번, 축약이 한 번' 일어난 것
> ㉣ '교체가 두 번, 탈락이 한 번' 일어난 것
> ㉤ '교체가 두 번, 첨가가 한 번' 일어난 것

① ㉠ : 재밌는[재민는], 얽매는[엉매는]
② ㉡ : 불이익[불리익], 견인력[겨닌녁]
③ ㉢ : 똑같이[똑까치], 파묻힌[파무친]
④ ㉣ : 읊조려[읍쪼려], 겉늙어[건늘거]
⑤ ㉤ : 버들잎[버들립], 덧입어[던니버]

41 〈보기〉의 [A]에 들어갈 말로 적절한 것은? `25학년도 6월`

보기

선생님 : 한 단어에서 둘 이상의 음운 변동이 일어날 때 이들 간에 순서가 있을 수 있어요. 경우에 따라 먼저 일어난 음운 변동 결과로 다른 음운 변동이 일어날 조건이 마련되기도 하지요. 예컨대, '찾는'은 [찬는]으로 발음되는데, 음절의 끝소리 규칙이 일어나 비음화가 일어날 조건이 마련된 것이에요. ㉠~㉤에서 이런 순서나 조건을 확인할 수 있으니 ⓐ 자음군 단순화, ⓑ 된소리되기, ⓒ 비음화, ⓓ 음절의 끝소리 규칙을 활용해 설명해 봅시다.

㉠ 실없네[시럼네]	㉡ 깊숙이[깁쑤기]
㉢ 짓밟지[진빱찌]	㉣ 꺾는[껑는]
㉤ 훑고[홀꼬]	

학생 : _____ [A]
선생님 : 네, 맞아요.

① ㉠은 ⓐ가 일어나 ⓒ가 일어날 조건이 마련된 것이네요.
② ㉡은 ⓑ가 일어나 ⓓ가 일어날 조건이 마련된 것이네요.
③ ㉢은 ⓓ가 일어나 ⓐ가 일어날 조건이 마련된 것이네요.
④ ㉣은 ⓒ가 일어나 ⓓ가 일어날 조건이 마련된 것이네요.
⑤ ㉤은 ⓑ가 일어나 ⓐ가 일어날 조건이 마련된 것이네요.

42 〈학습 활동〉을 수행한 결과로 적절하지 <u>않은</u> 것은? `25학년도 9월`

학습 활동

국어에는 ㉠ 유음화, ㉡ 'ㄹ'의 비음화, ㉢ 구개음화, ㉣ 음절의 끝소리 규칙, ㉤ ㄴ 첨가 같은 다양한 음운 변동이 있다. 대부분의 표준 발음에는 이러한 음운 변동이 적용돼 있다. 그런데 음운 변동이 잘못 적용되거나, 적용되지 않아 비표준 발음이 나타나기도 한다. 이를 고려하여 [자료]의 ⓐ~ⓔ가 비표준 발음이 되는 이유를 설명해 보자.

예	표준 발음	비표준 발음
ⓐ 인류가	[일류가]	[인뉴가]
ⓑ 순환론	[순환논]	[순활론]
ⓒ 코끝이	[코끄치]	[코끄티]
ⓓ 들녘을	[들녀클]	[들녀글]
ⓔ 봄여름	[봄녀름]	[보며름]

① ⓐ는 ㉠이 적용돼야 하는데 ㉡이 적용되었기 때문이다.
② ⓑ는 ㉡이 적용돼야 하는데 ㉠이 적용되었기 때문이다.
③ ⓒ는 ㉢이 적용돼야 하는데 그렇지 않았기 때문이다.
④ ⓓ는 ㉣이 적용돼야 하는데 그렇지 않았기 때문이다.
⑤ ⓔ는 ㉤이 적용돼야 하는데 그렇지 않았기 때문이다.

43 〈학습 활동〉을 수행한 결과로 적절한 것은? `25학년도 수능`

학습 활동

조음 방법 \ 조음 위치	양순음	치조음	경구개음	연구개음	후음
파열음	ㅂㅃㅍ	ㄷㄸㅌ		ㄱㄲㅋ	
파찰음			ㅈㅉㅊ		
마찰음		ㅅㅆ			ㅎ
비음	ㅁ	ㄴ		ㅇ	
유음		ㄹ			

국어 자음은 조음 위치와 조음 방법에 따라 분류할 수 있다. 이를 정리한 위 표를 바탕으로 [자료]의 자음 교체 양상을 알아보자.

[자료]

ⓐ 덧쌓는[덛싼는]   ⓑ 속력도[송녁또]   ⓒ 읽었고[일걷꼬]
ⓓ 겉옷만[거돈만]   ⓔ 맞붙임[맏뿌침]

① ⓐ에는 조음 위치와 조음 방법이 모두 변하는 자음 교체가 있다.
② ⓑ에는 조음 위치는 변하고 조음 방법은 변하지 않는 자음 교체가 있다.
③ ⓒ에 나타나는 자음 교체는 모두, 조음 위치와 조음 방법이 변한다.
④ ⓓ에 나타나는 자음 교체는 모두, 조음 위치와 조음 방법이 변하지 않는다.
⑤ ⓔ에 나타나는 자음 교체는 모두, 조음 위치는 변하지 않고 조음 방법만 변한다.

Free note.

나 없이

기출

풀지마라

나 없이
기출
풀지마라

언어와 매체

V-1

교육청 기출

01 다음은 수업 상황의 일부이다. ㉠에 들어갈 말로 적절하지 <u>않은</u> 것은?

선생님 : 표준 발음법을 살펴보고 [자료]처럼 된소리로 발음해야 하는 이유를 발표해 볼까요?

표준 발음법
제24항 어간 받침 'ㄴ(ㄵ), ㅁ(ㄻ)' 뒤에 결합되는 어미의 첫소리 'ㄱ, ㄷ, ㅅ, ㅈ'은 된소리로 발음한다.
제25항 어간 받침 'ㄼ, ㄾ' 뒤에 결합되는 어미의 첫소리 'ㄱ, ㄷ, ㅅ, ㅈ'은 된소리로 발음한다.
제27항 관형사형 '-(으)ㄹ' 뒤에 연결되는 'ㄱ, ㄷ, ㅂ, ㅅ, ㅈ'은 된소리로 발음한다.
[붙임] '-(으)ㄹ'로 시작되는 어미의 경우에도 이에 준한다.

[자료]
할게[할께]   훑고[훌꼬]   신다[신ː따]
다듬지[다듬찌]   만날 사람[만날싸람]

학생 : ㉠
선생님 : 네, 잘했어요.

① '할게'는 관형사형 '-ㄹ' 뒤에 'ㄱ'이 오기 때문에 제27항에 따라 된소리로 발음해야 해요.
② '훑고'는 어간 받침 'ㄾ' 뒤에 어미의 첫소리 'ㄱ'이 오기 때문에 제25항에 따라 된소리로 발음해야 해요.
③ '신다'는 어간 받침 'ㄴ' 뒤에 어미의 첫소리 'ㄷ'이 오기 때문에 제24항에 따라 된소리로 발음해야 해요.
④ '다듬지'는 어간 받침 'ㅁ' 뒤에 어미의 첫소리 'ㅈ'이 오기 때문에 제24항에 따라 된소리로 발음해야 해요.
⑤ '만날 사람'은 관형사형 '-ㄹ' 뒤에 'ㅅ'이 오기 때문에 제27항에 따라 된소리로 발음해야 해요.

02 〈학습 활동〉을 수행한 결과로 적절한 것은?

학습 활동

아래의 단어들을 발음할 때에는 음절의 끝소리 규칙, 된소리되기, 거센소리되기, 자음군 단순화가 일어난다. ㉠~㉣에 해당하는 음운 변동이 각각 무엇인지 찾고, ㉠~㉣ 중 두 가지가 일어나는 예를 생각해 보자.

흙화덕[흐콰덕], 드넓다[드널따]
끊겼다[끈켣따], 걷치레[걷치레]

• '흙화덕'과 '드넓다'에서 공통적으로 일어나는 음운 변동 : ㉠
• '흙화덕'과 '끊겼다'에서 공통적으로 일어나는 음운 변동 : ㉡
• '끊겼다'와 '걷치레'에서 공통적으로 일어나는 음운 변동 : ㉢
• '끊겼다'와 '드넓다'에서 공통적으로 일어나는 음운 변동 : ㉣

① ㉠, ㉡이 모두 일어난 예 : 밝히다[발키다]
② ㉠, ㉢이 모두 일어난 예 : 닭고기[닥꼬기]
③ ㉠, ㉣이 모두 일어난 예 : 깎고서[깍꼬서]
④ ㉡, ㉢이 모두 일어난 예 : 숱하다[수타다]
⑤ ㉡, ㉣이 모두 일어난 예 : 단팥죽[단팓쭉]

03 ㉠과 ㉡에 모두 해당하는 예만을 〈보기〉의 [탐구 자료]에서 고른 것은?

보기

[탐구 내용]
국어의 음운 변동은 교체, 탈락, 첨가, 축약의 네 가지 유형으로 나눌 수 있다. 어떤 단어는 여러 음운 변동이 일어나는데 위의 네 가지 유형 중 ㉠ <u>두 유형 이상의 음운 변동이 일어나는 경우</u>, ㉡ <u>한 유형의 음운 변동이 여러 번 일어나는 경우</u>도 있다.

[탐구 자료]

꽃향기[꼬턍기], 똑같이[똑까치],
흙냄새[흥냄새], 첫여름[천녀름],
넙죽하다[넙쭈카다], 읊조리다[읍쪼리다]

① 꽃향기, 똑같이
② 꽃향기, 흙냄새
③ 첫여름, 넙죽하다
④ 첫여름, 읊조리다
⑤ 넙죽하다, 읊조리다

04 〈학습 활동〉을 수행한 결과로 적절하지 <u>않은</u> 것은?

학습 활동

다음은 국어의 음운 변동과 관련된 내용이다. 자료에서 ⓐ~ⓔ를 확인할 수 있는 예를 모두 골라 묶어 보자.

ⓐ [ㄱ, ㄷ, ㅂ]으로 발음되는 종성은 'ㄴ, ㅁ' 앞에서 [ㅇ, ㄴ, ㅁ]으로 발음한다.

ⓑ [ㄱ, ㄷ, ㅂ]으로 발음되는 종성 뒤에 연결되는 'ㄱ, ㄷ, ㅂ, ㅅ, ㅈ'은 된소리로 발음한다.

ⓒ 'ㄱ, ㄴ, ㄷ, ㄹ, ㅁ, ㅂ, ㅇ' 이외의 자음이 종성에 놓일 때에는 [ㄱ, ㄴ, ㄷ, ㄹ, ㅁ, ㅂ, ㅇ] 중 하나로 발음한다.

ⓓ 받침 뒤에 모음 'ㅏ, ㅓ, ㅗ, ㅜ, ㅟ' 들로 시작되는 실질 형태소가 연결되는 경우에는, 대표음으로 바꾸어서 뒤 음절 첫소리로 옮겨 발음한다.

ⓔ 합성어 및 파생어에서 앞 단어나 접두사의 끝이 자음이고 뒤 단어나 접미사의 첫음절이 '이, 야, 여, 요, 유'인 경우에는, 'ㄴ' 음을 첨가하여 [니, 냐, 녀, 뇨, 뉴]로 발음한다.

자료 겉옷[거돋], 국밥만[국빰만], 백분율[백뿐뉼]
    색연필[생년필], 헛일[헌닐]

① ⓐ : 국밥만, 색연필, 헛일   ② ⓑ : 국밥만, 백분율
③ ⓒ : 겉옷, 헛일   ④ ⓓ : 겉옷, 백분율
⑤ ⓔ : 백분율, 색연필, 헛일

05 〈보기 1〉은 준말에 관한 한글 맞춤법의 일부이다. 〈보기 1〉을 참고하여 〈보기 2〉의 ㉠~㉤을 이해한 내용으로 적절하지 <u>않은</u> 것은?

보기 1

第35항 모음 'ㅗ, ㅜ'로 끝난 어간에 '-아/-어, -았-/-었-'이 어울려 'ㅘ/ㅝ, 왔/웠'으로 될 적에는 준 대로 적는다.

第35항 [붙임2] 'ㅚ' 뒤에 '-어, -었-'이 어울려 'ㅙ, 쌨'으로 될 적에도 준 대로 적는다.

第38항 'ㅏ, ㅗ, ㅜ, ㅡ' 뒤에 '-이어'가 어울려 줄어질 적에는 준 대로 적는다.

보기 2

◦ 새끼줄을 열심히 ㉠ 꼬았다.
◦ 올해도 큰집에서 설을 ㉡ 쇠었다.
◦ 자전거 앞바퀴에 돌을 ㉢ 괴어 놓았다.
◦ 그의 표정에서 지친 기색이 ㉣ 보이어 안타까웠다.
◦ 산 정상에 올라가니 시야가 탁 ㉤ 트이어 상쾌했다.

① ㉠ : 모음 'ㅗ'로 끝난 어간에 '-았-'이 어울려 줄어들 수 있는 경우로, '꽜다'로도 적을 수 있겠군.

② ㉡ : 모음 'ㅚ' 뒤에 '-었-'이 어울려 줄어들 수 있는 경우로, '쇘다'로도 적을 수 있겠군.

③ ㉢ : 모음 'ㅚ' 뒤에 '-어'가 어울려 줄어들 수 있는 경우로, '괘'로도 적을 수 있겠군.

④ ㉣ : 모음 'ㅗ' 뒤에 '-이어'가 어울려 줄어들 수 있는 경우로, '봬어'로도 적을 수 있겠군.

⑤ ㉤ : 모음 'ㅡ' 뒤에 '-이어'가 어울려 줄어들 수 있는 경우로, '틔어'로도 적을 수 있겠군.

06 다음은 음운의 변동과 관련된 활동에 대한 설명이다. 이를 적용한 내용으로 적절한 것은?

〈음운의 변동 이해하기 활동〉

- 카드에는 한 개의 단어와 그 단어의 표준 발음이 적혀 있다.
- 카드에 적힌 단어에서 일어나는 음운 변동의 유형과 유형별 횟수가 같은 카드끼리는 짝을 이룬다.
- 단, 음운 변동 유형은 교체, 축약, 탈락, 첨가로만 구분하고, 음운 변동의 순서는 고려하지 않는다. 예를 들어, '흙빛[흑삗]'이 적힌 카드는 교체가 두 번, 탈락이 한 번 일어나는 단어가 적힌 카드와 짝을 이룬다.

| 국화꽃 [구꽈꼳] ⓐ | 옆집 [엽찝] ⓑ | 칡넝쿨 [칭넝쿨] ⓒ | 삯일 [상닐] ⓓ | 호박엿 [호:방녇] ⓔ |

---

① '백합화[배카퐈]'가 적힌 카드는 축약이 두 번 일어나는 단어가 적힌 ⓐ와 짝을 이룬다.

② '샅샅이[삳싸치]'가 적힌 카드는 교체가 두 번 일어나는 단어가 적힌 ⓑ와 짝을 이룬다.

③ '값없이[가법씨]'가 적힌 카드는 교체와 탈락이 한 번씩 일어나는 단어가 적힌 ⓒ와 짝을 이룬다.

④ '몫몫이[몽목씨]'가 적힌 카드는 교체가 두 번, 탈락이 한 번 일어나는 단어가 적힌 ⓓ와 짝을 이룬다.

⑤ '백분율[백뿐뉼]'이 적힌 카드는 교체가 두 번, 첨가가 한 번 일어나는 단어가 적힌 ⓔ와 짝을 이룬다.

---

07 〈보기〉에 제시된 ⓐ~ⓔ의 발음에 대한 탐구 내용으로 적절하지 **않은** 것은?

보기

ⓐ 옷고름[옫꼬름]　ⓑ 색연필[생년필]　ⓒ 꽃망울[꼰망울]
ⓓ 벽난로[병날로]　ⓔ 벼훑이[벼훌치]

① ⓐ : 음운의 개수가 변하지 않는 음운 변동이 첫째 음절의 종성 위치와 둘째 음절의 초성 위치에서 각각 한 번씩 일어난다.

② ⓑ : 첨가된 자음으로 인해 조음 방법이 변하는 음운 변동이 일어난다.

③ ⓒ : 첫째 음절의 종성 위치에서 두 번의 음운 변동이 순차적으로 일어난다.

④ ⓓ : 둘째 음절의 초성 위치에서 음운 변동이 일어난 후 둘째 음절의 종성 위치에서 음운 변동이 일어난다.

⑤ ⓔ : 조음 위치와 조음 방법이 모두 변하는 음운 변동이 일어난다.

---

08 〈학습 활동〉을 수행한 결과로 적절한 것은?

학습 활동

[자료]의 단어들은 음운 변동 중 탈락이 일어난 예이다. 단어들을 [분류 과정]에 따라 분류할 때 ㉮, ㉯, ㉰에 들어갈 단어를 바르게 짝지은 것은?

[자료]
ⓐ 뜨- + -어서 → 떠서[떠서]
ⓑ 둥글- + -ㄴ → 둥근[둥근]
ⓒ 좋- + -아 → 좋아[조:아]

[분류 과정]

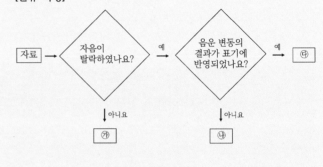

	㉮	㉯	㉰
①	ⓐ	ⓒ	ⓑ
②	ⓐ	ⓑ	ⓒ
③	ⓒ	ⓐ	ⓑ
④	ⓒ	ⓑ	ⓐ
⑤	ⓑ	ⓐ	ⓒ

09 〈보기〉의 활동을 수행한 결과로 적절하지 <u>않은</u> 것은?

보기

[활동] 제시된 단어의 발음을 [자료]에 근거하여 탐구해 보자.

훑이[훌치]	훑어[훌터]	없는[언는]
끓고[끌코]	끓는[끌른]	

[자료]

- 자음군 단순화만 일어나는 경우도 있지만, 자음군 단순화가 일어난 후에 비음화나 유음화와 같은 음운 변동이 일어나는 경우도 있음.
- 자음군 단순화는, 두 자음 중 뒤의 자음이 구개음화되거나 뒤의 자음과 그다음 음절의 처음에 놓인 자음이 축약되면 일어나지 않음.
- 자음군 단순화는 모음으로 시작하는 형식 형태소가 와서 뒤의 자음이 연음되면 일어나지 않음.

① '훑이[훌치]'는 모음으로 시작하는 접사 '-이'가 와서 'ㅌ'이 'ㅊ'으로 교체된 후 자음군 단순화가 일어난 것이군.
② '훑어[훌터]'는 모음으로 시작하는 어미 '-어'가 와서 'ㅌ'이 연음되어 자음군 단순화가 일어나지 않은 것이군.
③ '없는[언는]'은 'ㄵ' 중 뒤의 자음인 'ㅈ'이 탈락되어 자음군 단순화만 일어난 것이군.
④ '끓고[끌코]'는 'ㅎ'과 그다음 음절의 'ㄱ'이 축약되어 자음군 단순화가 일어나지 않은 것이군.
⑤ '끓는[끌른]'은 자음군 단순화가 일어난 후 남은 'ㄹ'로 인해 'ㄴ'이 'ㄹ'로 교체된 것이군.

10 〈보기〉의 ㉠과 ㉡에 들어갈 말로 바르게 짝지어진 것은?

보기

탐구 주제 : '훑다'는 어떤 과정을 거쳐서 [훌따]로 발음될까?
[자료]

(1) 종성의 'ㄲ, ㅋ', 'ㅅ, ㅆ, ㅈ, ㅊ, ㅌ', 'ㅍ'은 어말 또는 자음 앞에서 각각 대표음 [ㄱ, ㄷ, ㅂ]으로 발음한다.
(2) 어말 또는 자음 앞에서 음절 종성에 두 개의 자음이 놓이면 두 개의 자음 중 하나만 발음한다.
(3) 종성의 'ㄱ, ㄷ, ㅂ' 뒤에 연결되는 'ㄱ, ㄷ, ㅂ, ㅅ, ㅈ'은 된소리로 발음한다.
(4) 갈다[갈다], 날겠다[날겓따], 거칠더라도[거칠더라도]

탐구 과정 :

가설 1 : 어간의 종성에서 탈락이 일어난 후에 어미의 초성에서 교체가 일어난다.
→ [자료] (4)에서 확인되듯이, 어간이 (㉠) 끝날 때 그 어간 바로 뒤에 오는 어미의 초성에서는 된소리되기가 일어나지 않음.

가설 2 : 어간의 종성과 어미의 초성에서 교체가 일어난 후에 어간의 종성에서 탈락이 일어난다.
→ [자료] (1)의 현상이 어간 종성에서 일어나 어간 종성의 'ㅌ'이 (㉡), [자료] (3)의 현상이 일어날 수 있음. 이후 [자료] (2)의 현상이 일어났다고 볼 수 있음.

탐구 결과 : '가설 1'을 기각하고 '가설 2'를 받아들인다.

	㉠	㉡
①	'ㄷ'으로	'ㄷ'으로 교체된 후
②	'ㄷ'으로	탈락하게 된 후
③	'ㄹ'로	'ㄷ'으로 교체된 후
④	'ㄹ'로	탈락하게 된 후
⑤	'ㅆ'으로	'ㄷ'으로 교체된 후

11 〈보기〉를 바탕으로 음운 변동에 대해 이해한 내용으로 적절하지 <u>않은</u> 것은?

보기

한 음운이 다른 음운과 만날 때 환경에 따라 다른 음운으로 바뀌어서 소리 나는 현상을 음운 변동이라고 한다. 음운 변동은 그 양상에 따라 교체, 축약, 탈락, 첨가로 나눌 수 있다. 이러한 음운 변동은 한 단어에서 두 가지 이상이 함께 나타나기도 한다.

① '물약[물략]'에서는 첨가와 교체의 음운 변동이 일어난다.
② '읊는[음는]'에서는 탈락과 교체의 음운 변동이 일어난다.
③ '값하다[가파다]'에서는 탈락과 축약의 음운 변동이 일어난다.
④ '급행요금[그팽뇨금]'에서는 탈락과 축약과 첨가의 음운 변동이 일어난다.
⑤ '넓죽하다[넙쭈카다]'에서는 탈락과 교체와 축약의 음운 변동이 일어난다.

12 다음의 ⓐ에 해당하는 것을 ㉠~㉣ 중에서 바르게 고른 것은?

원격 수업에서 활용하기 위해 우리말 음성을 한글로 변환하는 프로그램이 개발되고 있다. 아래는 이 프로그램의 개발자가 쓴 일지의 일부이다.

- **프로그램의 원리**

  사용자가 한글 맞춤법에 맞게 표기된 자료를 표준 발음법에 따라 발음하면, 프로그램은 그 발음에 나타난 음운 변동 현상을 분석해 본래의 표기된 자료로 출력한다.

- **확인된 문제**

  프로그램이 입력된 발음을 본래의 자료로 출력하지 못한 사례가 확인되었다. 아래의 잘못 출력된 사례에서 한글 맞춤법에 맞게 표기된 자료와 출력된 자료를 대조해 ㉠ 교체, ㉡ 탈락, ㉢ 첨가, ㉣ 축약 중 ⓐ 프로그램이 분석하지 못한 음운 변동 현상이 무엇인지 알아봐야겠다.

표기된 자료	표준 발음	출력된 자료
끊어지다	[끄너지다]	끄너지다
없애다	[업ː쌔다]	업쌔다
피붙이	[피부치]	피부치
웃어른	[우더른]	우더른
암탉	[암탁]	암탁

① ㉠, ㉡
② ㉠, ㉣
③ ㉡, ㉢
④ ㉡, ㉣
⑤ ㉢, ㉣

13 〈보기〉에 제시된 '선생님'의 질문에 대한 답으로 적절한 것은?

보기

선생님 : 음운 변동이 일어날 때에는 조음 위치 및 조음 방법이 변하기도 합니다. 다음 단어를 발음할 때 일어나는 변화를 자음 체계를 참고하여 설명해 볼까요?

맏이[마지], 꽃눈[꼰눈], 강릉[강능], 실내[실래], 앞날[암날]

조음 위치 조음 방법	양순음	치조음	경구개음	연구개음	후음
파열음	ㅂ/ㅃ/ㅍ	ㄷ/ㄸ/ㅌ		ㄱ/ㄲ/ㅋ	
파찰음			ㅈ/ㅉ/ㅊ		
마찰음		ㅅ/ㅆ			ㅎ
비음	ㅁ	ㄴ		ㅇ	
유음		ㄹ			

① '맏이'를 발음할 때 일어나는 음운 변동에서는 조음 위치만 한 번 변합니다.
② '꽃눈'을 발음할 때 일어나는 음운 변동에서는 조음 위치만 두 번 변합니다.
③ '강릉'을 발음할 때 일어나는 음운 변동에서는 조음 방법만 한 번 변합니다.
④ '실내'를 발음할 때 일어나는 음운 변동에서는 조음 위치가 변한 후 조음 방법이 변합니다.
⑤ '앞날'을 발음할 때 일어나는 음운 변동에서는 조음 방법이 변한 후 조음 위치가 변합니다.

14 〈보기〉의 음운 변동을 분석한 것으로 적절하지 않은 것은?

보기

㉠ 밭일[반닐]   ㉡ 훑는[훌른]   ㉢ 같이[가치]

① ㉠에는 음절 끝에 올 수 있는 자음이 제한되어 있기 때문에 일어난 음운 변동이 있다.
② ㉠과 ㉡은 음운 변동의 결과 음운의 개수에 변화가 생겼다.
③ ㉠은 실질 형태소끼리 결합할 때, ㉢은 실질 형태소와 형식 형태소가 결합할 때 음운 변동이 일어났다.
④ ㉡은 자음으로 인한, ㉢은 모음으로 인한 음운 변동이 일어났다.
⑤ ㉠, ㉡, ㉢에 공통적으로 일어난 음운 변동은 탈락과 교체이다.

15 〈보기〉를 바탕으로 단모음의 변별적 자질을 탐구한 내용으로 적절하지 <u>않</u>은 것은?

보기

　변별적 자질이란 한 음소를 이루는 여러 음성적 특성들을 별개의 단위로 독립하여 표시한 것이다. 하나의 변별적 자질은 오로지 두 부류로만 구별해 주며, 해당 변별적 자질이 나타내는 특성을 가진 부류는 '+', 그렇지 않은 부류는 '-'로 표시한다.

[자료 1] 단모음의 변별적 자질

◦ [후설성] : 혀의 전후 위치와 관련된 자질로 혀의 최고점이 중립적 위치보다 뒤에 놓이는 성질. 후설 모음은 [+후설성], 전설 모음은 [-후설성]이다.
◦ [고설성] : 혀의 높낮이와 관련된 자질로 혀의 최고점이 중립적 위치보다 높아지는 성질. 고모음은 [+고설성], 중모음과 저모음은 [-고설성]이다.
◦ [저설성] : 혀의 높낮이와 관련된 자질로 혀의 최고점이 중립적 위치보다 낮아지는 성질. 저모음은 [+저설성], 중모음과 고모음은 [-저설성]이다.
◦ [원순성] : 입술을 동그랗게 오므리는 성질. 원순 모음은 [+원순성], 평순 모음은 [-원순성]이다.

[자료 2] 단모음 체계표

혀의 전후 위치　　입술 모양　　혀의 높낮이	전설 모음		후설 모음	
	평순 모음	원순 모음	평순 모음	원순 모음
고모음	ㅣ	ㅟ	ㅡ	ㅜ
중모음	ㅔ	ㅚ	ㅓ	ㅗ
저모음	ㅐ		ㅏ	

① 'ㅡ'는 [+후설성]으로, 'ㅣ'는 [-후설성]으로 표시한다.
② 'ㅏ'와 'ㅓ'는 [저설성]을 나타내는 변별적 자질의 특성이 서로 다르다.
③ 'ㅚ'와 'ㅜ'의 동일한 변별적 자질의 특성은 [+원순성]과 [-저설성]이다.
④ 'ㅔ'와 'ㅗ'는 [저설성]을 나타내는 변별적 자질의 특성은 동일하고, [고설성]을 나타내는 변별적 자질의 특성은 서로 다르다.
⑤ 'ㅐ'와 'ㅟ'는 [후설성]을 나타내는 변별적 자질의 특성은 동일하고, [고설성]을 나타내는 변별적 자질의 특성은 서로 다르다.

16 〈보기〉의 학습 과제를 수행한 결과로 가장 적절한 것은?

보기

◦ **학습 내용** : 음운 변동의 유형에는 교체, 탈락, 첨가, 축약이 있다. 음운 변동은 한 단어를 단독으로 발음하는 경우에만 일어나는 것이 아니라 둘 이상의 단어를 이어서 한 마디로 발음하는 경우에도 일어날 수 있다. 예를 들어 '낮'과 '한때'를 각각 단독으로 발음하는 경우에 '낮[낟]'은 교체가 일어나고 '한때[한때]'는 음운 변동이 일어나지 않는다. 그런데 '낮'과 '한때'를 이어서 한 마디로 발음하는 경우에는 교체와 축약이 일어나 '낮 한때[나탄때]'로 발음된다.

◦ **학습 과제** : 아래의 ㄱ과 ㄴ에서 두 단어를 이어서 한 마디로 발음하는 경우 공통적으로 일어나는 음운 변동의 유형을 찾고, 그 유형의 적절한 예를 제시하시오.
　ㄱ. 잘 입다[잘립따]
　ㄴ. 값 매기다[감매기다]

	공통적인 음운 변동의 유형	예
①	교체	책 넣는다[챙넌는다]
②	교체	좋은 약[조:은냑]
③	교체	잘한 일[잘한닐]
④	첨가	슬픈 얘기[슬픈내기]
⑤	첨가	먼 옛날[먼:녠날]

17 〈보기〉의 ⓐ~ⓓ를 발음할 때 일어나는 음운 변동을 탐구한 내용으로 적절한 것은?

보기

◦ ⓐ <u>밭일</u>을 하며 발에 ⓑ <u>밟힌</u> 벌을 보았다.
◦ ⓒ <u>숱한</u> 시련을 이겨 내 승리를 ⓓ <u>굳혔다</u>.

① ⓐ에서는 뒷말의 초성이 앞말의 종성과 조음 방법이 같아지는 비음화가 일어난다.
② ⓐ에서는 '일'이 실질 형태소이기 때문에 구개음화가 일어나지 않고 'ㅌ'이 연음된다.
③ ⓑ와 ⓒ에서는 모두 음운 변동의 결과 전체 음운의 개수가 줄어든다.
④ ⓑ와 ⓓ에서는 모두 어떤 음운이 다른 음운으로 바뀌는 교체 현상이 일어난다.
⑤ ⓒ와 ⓓ에서는 모두 거센소리되기가 먼저 일어난 후 구개음화가 일어난다.

18 〈보기〉의 ㉠, ㉡에 해당하는 예로 적절한 것은?

> **보기**
>
> 국어에서 'ㄴ'과 'ㄹ' 소리를 연달아 내는 것은 어려운 일이다. 그래서 'ㄹ'과 'ㄴ'이 연쇄적으로 발음될 때 순행적 유음화가 일어나고, 반대로 'ㄴ'과 'ㄹ'이 연쇄적으로 발음될 때 ㉠ 역행적 유음화가 일어난다. 그런데 표면적으로 순행적 유음화나 역행적 유음화가 일어날 조건이 충족된다고 하더라도 용언의 활용이나 합성어, 파생어 형성 과정에서 순행적 유음화가 아닌 'ㄹ' 탈락이 일어나기도 하고, 역행적 유음화가 아닌 ㉡ 'ㄹ'의 비음화가 일어나기도 한다.

	㉠	㉡
①	산란기[살:란기]	표현력[표현녁]
②	줄넘기[줄럼끼]	입원료[이붠뇨]
③	결단력[결딴녁]	생산량[생산냥]
④	의견란[의:견난]	향신료[향신뇨]
⑤	대관령[대:괄령]	물난리[물랄리]

19 〈보기 1〉의 탐구 과정을 바탕으로 〈보기 2〉의 ㉠~㉤을 바르게 분류한 것은?

> **보기 1**

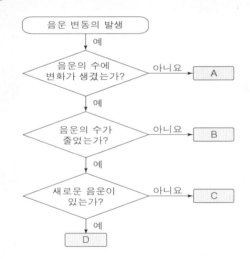

> **보기 2**
>
> ○ 그는 열심히 ㉠ 집안일을 했다.
> ○ 그녀는 기분 ㉡ 좋은 웃음을 지었다.
> ○ 그는 나에게 말을 하지 ㉢ 않고 떠났다.
> ○ 세월이 화살과 ㉣ 같이 빠르게 지나간다.
> ○ 집이 추워서 오래된 ㉤ 난로에 불을 지폈다.
> ○ 면역력이 떨어지면 병이 ㉥ 옮는 경우가 있다.

	A	B	C	D
①	㉠	㉢	㉣, ㉤	㉡, ㉥
②	㉡, ㉥	㉠	㉣, ㉤	㉢
③	㉡, ㉥	㉣, ㉤	㉠	㉢
④	㉣, ㉤	㉠	㉡, ㉥	㉢
⑤	㉣, ㉤	㉡, ㉥	㉢	㉠

20 〈보기〉는 표준 발음법 중 '된소리되기'의 일부이다. 이를 바탕으로 표준 발음을 이해한 내용으로 적절하지 <u>않은</u> 것은?

> **보기**
>
> ㉠ 받침 'ㄱ(ㄲ, ㅋ, ㄳ, ㄺ), ㄷ(ㅅ, ㅆ, ㅈ, ㅊ, ㅌ), ㅂ(ㅍ, ㄼ, ㄿ, ㅄ)' 뒤에 연결되는 'ㄱ, ㄷ, ㅂ, ㅅ, ㅈ'은 된소리로 발음한다.
> ㉡ 어간 받침 'ㄴ(ㄵ), ㅁ(ㄻ)' 뒤에 결합되는 어미의 첫소리 'ㄱ, ㄷ, ㅅ, ㅈ'은 된소리로 발음한다.
> ㉢ 어간 받침 'ㄼ, ㄾ' 뒤에 결합되는 어미의 첫소리 'ㄱ, ㄷ, ㅅ, ㅈ'은 된소리로 발음한다.
> ㉣ 관형사형 '-(으)ㄹ' 뒤에 연결되는 'ㄱ, ㄷ, ㅂ, ㅅ, ㅈ'은 된소리로 발음한다. '-(으)ㄹ'로 시작되는 어미의 경우에도 이에 준한다.

① '국밥'과 '(계란을) 삶고'에서의 된소리되기는 각각 ㉠, ㉡에 따른 것이다.
② '꽃다발'과 '(그릇을) 핥지만'에서의 된소리되기는 각각 ㉠, ㉢에 따른 것이다.
③ '(시를) 읊조리다'와 '(죽을) 먹을지언정'에서의 된소리되기는 각각 ㉠, ㉣에 따른 것이다.
④ '(바닥에) 앉을수록'과 '(몸을) 기댈 곳이'에서의 된소리되기는 각각 ㉡, ㉣에 따른 것이다.
⑤ '(샅샅이) 훑다'와 '(내가) 떠날지라도'에서의 된소리되기는 각각 ㉢, ㉣에 따른 것이다.

21 〈보기〉는 수업의 한 장면이다. 선생님의 질문에 대한 답을 바르게 짝지은 것은?

> **보기**
>
> **선생님** : 국어를 로마자로 표기할 때는 국어의 표준 발음법에 따라 적는 것을 원칙으로 합니다. 따라서 음운 변동의 결과를 표기에 반영하지요. 이때, 'ㄱ, ㄷ, ㅂ'은 모음 앞에서는 'g, d, b'로, 자음 앞이나 어말에서는 'k, t, p'로 적습니다. 'ㄹ'은 모음 앞에서는 'r'로, 자음 앞이나 어말에서는 'l'로 적으며, 'ㄹㄹ'은 'll'로 적지요.
> 그럼 아래의 표기 일람을 참고할 때, '독립문'과 '대관령'의 로마자 표기는 어떻게 될까요?

ㄱ	ㄴ	ㄷ	ㄹ	ㅁ	ㅂ	ㅇ
g, k	n	d, t	r, l	m	b, p	ng

ㅐ	ㅕ	ㅗ	ㅘ	ㅜ	ㅣ
ae	yeo	o	wa	u	i

	독립문	대관령
①	Dongnimmun	Daegwallyeong
②	Dongnimmun	Daegwalryeong
③	Dongrimmun	Daegwallyeong
④	Dongrimmun	Daegwanryeong
⑤	Doknipmun	Daegwanryeong

22 〈보기〉의 ㉠~㉣에 대한 설명으로 적절한 것은?

보기

음운의 변동은 한 음운이 다른 음운으로 바뀌는 교체, 한 음운이 없어지는 탈락, 새로운 음운이 생기는 첨가, 두 음운이 하나의 음운으로 합쳐지는 축약으로 구분된다. 한 단어가 발음될 때 이 네 가지 변동 중 둘 이상이 나타나는 경우도 있고, 하나의 음운이 두 번 이상의 음운 변동을 겪기도 한다.

㉠ 낱낱이 → [난:나치]
㉡ 넋두리 → [넉뚜리]
㉢ 입학식 → [이팍씩]
㉣ 첫여름 → [천녀름]

① ㉠과 ㉣에서는 공통적으로 음운이 첨가되는 현상이 나타난다.
② ㉡과 ㉢에서 공통적으로 나타나는 음운의 변동은 탈락이다.
③ ㉠에서 발음된 'ㅊ'과 ㉢에서 발음된 'ㅍ'은 공통적으로 음운이 축약된 것이다.
④ ㉠에서 'ㅌ'이 'ㄴ'으로, ㉣에서 'ㅅ'이 'ㄴ'으로 발음될 때 일어나는 음운 교체의 횟수는 같다.
⑤ ㉡에서 'ㄳ'이 'ㄱ'으로, ㉢에서 'ㅅ'이 'ㅆ'으로 발음될 때 일어나는 음운 변동의 횟수는 다르다.

23 〈보기〉를 참조하여 단어의 발음을 설명한 내용으로 적절하지 않은 것은?

보기

연음은 앞 음절의 종성에 있던 자음이 모음으로 시작하는 뒤 음절의 초성으로 옮겨 가 발음되는 현상이다. 뒤에 모음으로 시작하는 형식 형태소가 오면 곧바로 연음이 일어나지만, 'ㅏ, ㅓ, ㅗ, ㅜ, ㅟ'들로 시작하는 실질 형태소가 올 때에는 '홑옷[호돋]'처럼 음절의 끝소리 규칙이 먼저 적용된 후 연음이 일어난다.

① '밭은소리'는 용언의 활용형인 '밭은'과 명사 '소리'가 결합된 단어이므로 [바든소리]로 발음한다.
② '낱'에 조사 '으로'가 붙으면 [나트로]라고 발음하지만, 어근 '알'이 붙으면 [나달]로 발음한다.
③ '앞어금니'는 어근 '앞'과 '어금니'가 결합된 단어이므로 [아버금니]로 발음한다.
④ '겉웃음'은 '웃-'이 어근이고, '-음'이 접사이므로 [거두슴]으로 발음한다.
⑤ '밭' 뒤에 조사 '을'이 붙으면 연음되어 [바틀]로 발음한다.

24 〈보기〉의 ㉠에 해당하는 예로 적절한 것은?

보기

음운 변동의 유형으로는 교체, 탈락, 축약, 첨가가 있다. 한 단어가 발음될 때, 이러한 음운 변동 유형들 중 ㉠한 가지 유형만 나타나는 경우가 있고, 두 가지 이상의 유형이 나타나는 경우가 있다. 가령 '꽃밭[꼰빧]'은 교체 한 가지만 나타나지만, '꽃잎[꼰닙]'은 교체와 첨가 두 가지가 나타난다.

① 깎다[깍따]
② 막일[망닐]
③ 색연필[생년필]
④ 값하다[가파다]
⑤ 설익다[설릭따]

25 〈보기 1〉을 참고하여 〈보기 2〉의 ㉠~㉤에 대해 설명한 내용으로 가장 적절한 것은?

보기 1

[구개음화]
교체 현상의 하나로, 받침이 'ㄷ', 'ㅌ'인 형태소가 모음 'ㅣ'나 반모음 'ㅣ[j]'로 시작되는 형식 형태소와 만나면 그것이 각각 구개음 [ㅈ], [ㅊ]이 되거나, 'ㄷ' 뒤에 형식 형태소 '-히-'가 올 때 'ㅎ'과 결합하여 이루어진 [ㅌ]이 [ㅊ]이 되는 현상.

보기 2

· 나는 벽에 ㉠붙인 게시물을 떼었다.
· 교수는 문제의 원인을 ㉡낱낱이 밝혔다.
· 그녀는 평생 ㉢밭이랑을 일구며 살았다.
· 그의 말소리는 소음에 ㉣묻히고 말았다.
· 그는 겨울에도 방에서 ㉤홑이불을 덮고 잤다.

① ㉠의 '붙-'은 접미사의 모음 'ㅣ'와 만나므로 구개음화 현상이 일어나지 않는다.
② ㉡의 '-이'는 실질 형태소이므로 '낱'의 받침 'ㅌ'은 [ㅊ]으로 발음되지 않는다.
③ ㉢의 '이랑'은 모음 'ㅣ'로 시작되는 형식 형태소이므로 '밭'의 'ㅌ'은 [ㅊ]으로 발음된다.
④ ㉣의 '묻-'은 접미사 '-히-'와 만나므로 'ㄷ'이 'ㅎ'과 결합하여 이루어진 [ㅌ]은 [ㅊ]으로 발음된다.
⑤ ㉤의 '홑-'과 결합한 '이불'은 모음 'ㅣ'로 시작되는 실질 형태소이므로 '홑-'의 받침 'ㅌ'은 구개음화 현상이 일어난다.

26 〈보기〉의 ㉠~㉤의 밑줄 친 부분과 동일한 음운 변동이 일어나는 예가 모두 바르게 제시된 것은?

> **보기**
>
> 국어에는 자음군 단순화, 구개음화, 비음화, 된소리되기, 거센소리되기 등의 음운 변동이 있다.
>
> ㉠ 우리는 자리를 옮겨서[옴겨서] 밥을 먹었다.
> ㉡ 그녀는 내 말을 굳이[구지] 따지려 들지는 않았다.
> ㉢ 그는 정계에 입문하여[임문하여] 활동을 시작했다.
> ㉣ 나는 말을 더듬지[더듬찌] 않고 또박또박 대답했다.
> ㉤ 그는 듬직한[듬지칸] 성품으로 주변에 친구가 많았다.

① ㉠의 예 : 굵기다, 급하다
② ㉡의 예 : 미닫이, 뻗대다
③ ㉢의 예 : 집문서, 맏누이
④ ㉣의 예 : 껴안다, 꿈같이
⑤ ㉤의 예 : 굽히다, 한여름

27 〈보기 1〉은 문법 수업의 한 장면이다. 〈보기 1〉을 참고하여 〈보기 2〉를 탐구한 것으로 옳지 <u>않은</u> 것은?

> **보기 1**
>
> **선생님** : 표준 발음법에 대한 이해는 올바른 발음 생활뿐만 아니라 국어를 로마자로 표기하려고 할 때도 많은 도움을 줍니다. 국어의 로마자 표기는 표준 발음에 따라 적는 것을 원칙으로 하기 때문입니다.
>
> ---
>
> **[표준 발음법]**
> **제13항** 홑받침이나 쌍받침이 모음으로 시작된 조사나 어미, 접미사와 결합되는 경우에는, 제 음가대로 뒤 음절 첫소리로 옮겨 발음한다.
> **제15항** 받침 뒤에 모음 'ㅏ, ㅓ, ㅗ, ㅜ, ㅟ'들로 시작되는 실질 형태소가 연결되는 경우에는, 대표음으로 바꾸어서 뒤 음절 첫소리로 옮겨 발음한다.
> **제17항** 받침 'ㄷ, ㅌ(ㄾ)'이 조사나 접미사의 모음 'ㅣ'와 결합되는 경우에는, [ㅈ, ㅊ]으로 바꾸어서 뒤 음절 첫소리로 옮겨 발음한다.
> **제18항** 받침 'ㄱ(ㄲ, ㅋ, ㄳ, ㄺ), ㄷ(ㅅ, ㅆ, ㅈ, ㅊ, ㅌ, ㅎ), ㅂ(ㅍ, ㄼ, ㄿ, ㅄ)'은 'ㄴ, ㅁ' 앞에서 [ㅇ, ㄴ, ㅁ]으로 발음한다.
> **제29항** 합성어 및 파생어에서, 앞 단어나 접두사의 끝이 자음이고 뒤 단어나 접미사의 첫 음절이 '이, 야, 여, 요, 유'인 경우에는, 'ㄴ' 소리를 첨가하여 [니, 냐, 녀, 뇨, 뉴]로 발음한다.

> **보기 2**
>
> 덮이다, 웃어른, 굳이, 집일, 색연필

① '덮이다'를 로마자로 표기하려면, 표준 발음법 제13항에 대한 이해가 필요하겠군.
② '웃어른'을 로마자로 표기하려면, 표준 발음법 제15항에 대한 이해가 필요하겠군.
③ '굳이'를 로마자로 표기하려면, 표준 발음법 제17항에 대한 이해가 필요하겠군.
④ '집일'을 로마자로 표기하려면, 표준 발음법 제13항, 제18항에 대한 이해가 필요하겠군.
⑤ '색연필'을 로마자로 표기하려면, 표준 발음법 제18항, 제29항에 대한 이해가 필요하겠군.

28 〈보기 1〉을 참고할 때, 〈보기 2〉의 ㉠~㉤ 중, 표준 발음에 해당하지 <u>않는</u> 것은?

보기 1

표준 발음법
제5항 'ㅑ ㅒ ㅕ ㅖ ㅘ ㅙ ㅛ ㅝ ㅞ ㅠ ㅢ'는 이중 모음으로 발음한다.
　다만 1. 용언의 활용형에 나타나는 '져, 쪄, 쳐'는 [저, 쩌, 처]로 발음
　　한다.
　다만 2. '예, 례' 이외의 'ㅖ'는 [ㅔ]로도 발음한다.
　다만 3. 자음을 첫소리로 가지고 있는 음절의 'ㅢ'는 [ㅣ]로 발음한다.
　다만 4. 단어의 첫음절 이외의 '의'는 [ㅣ]로, 조사 '의'는 [ㅔ]로 발음
　　함도 허용한다.

보기 2

　○ 긍정적인 마음을 ㉠<u>가져야[가저야]</u> 한다.
　○ ㉡<u>협의[혀비]</u>를 거쳐서 결정한 사안이다.
　○ 젊은이들에게 ㉢<u>희망[희망]</u>과 용기를 불어넣다.
　○ 문화 유적에는 조상들의 ㉣<u>지혜[지헤]</u>가 담겨 있다.
　○ ㉤<u>우리의[우리에]</u> 힘을 합치면 못할 일이 뭐가 있겠어요?

① ㉠　　　　　② ㉡　　　　　③ ㉢
④ ㉣　　　　　⑤ ㉤

29 〈보기〉의 ㉠과 ㉡에 해당하는 예가 바르게 짝지어진 것은?

보기

　비음화는 ㉠<u>홑받침 또는 쌍받침이 'ㄱ, ㄴ, ㄷ, ㄹ, ㅁ, ㅂ, ㅇ'의 일곱</u>
<u>자음으로만 발음되는 현상</u>을 겪은 후에 나타나기도 하고, ㉡<u>겹받침이</u>
<u>그 중 한 자음만 발음되는 현상</u>을 겪은 후에 나타나기도 한다.

	㉠	㉡
①	깎는[깡는]	흙만[흥만]
②	끝물[끈물]	앉자[안짜]
③	듣는[든는]	읊는[음는]
④	숯내[순내]	닳은[다른]
⑤	앞마당[암마당]	값이[갑씨]

30 〈보기〉의 표준 발음 자료를 탐구한 내용으로 적절하지 <u>않은</u> 것은?

보기

　제23항 받침 'ㄱ(ㄲ, ㅋ, ㄳ, ㄺ), ㄷ(ㅅ, ㅆ, ㅈ, ㅊ, ㅌ), ㅂ(ㅍ, ㄼ, ㄿ,
　　ㅄ)' 뒤에 연결되는 'ㄱ, ㄷ, ㅂ, ㅅ, ㅈ'은 된소리로 발음한다. ‥㉠
　제24항 어간 받침 'ㄴ(ㄵ), ㅁ(ㄻ)' 뒤에 결합되는 어미의 첫소리 'ㄱ, ㄷ,
　　ㅅ, ㅈ'은 된소리로 발음한다. ‥‥‥‥‥‥‥‥‥‥‥‥‥‥‥‥‥㉡
　　다만, 피동, 사동의 접미사 '기'는 된소리로 발음하지 않는다. ‥㉢
　제27항 관형사형 '-(으)ㄹ' 뒤에 연결되는 'ㄱ, ㄷ, ㅂ, ㅅ, ㅈ'은 된소리로
　　발음한다. ‥‥‥‥‥‥‥‥‥‥‥‥‥‥‥‥‥‥‥‥‥‥‥‥‥‥‥㉣
　　[붙임] '-(으)ㄹ'로 시작되는 어미의 경우에도 이에 준한다. ‥‥‥㉤

① ㉠에 따르면 '꽃다발이 예쁘다.'에서 '꽃다발'의 표준 발음은 [꼳따발]이겠군.
② ㉡에 따르면 '아기를 꼭 껴안고 갔다.'에서 '껴안고'의 표준 발음은 [껴안꼬]
　이겠군.
③ ㉢에 따르면 '감기를 옮기다.'에서 '옮기다'의 표준 발음은 [옴기다]이겠군.
④ ㉣에 따르면 '여기 외엔 갈 데가 없다.'에서 '갈 데가'의 표준 발음은 [갈떼가]
　이겠군.
⑤ ㉤에 따르면 '사랑할수록 참아야지.'에서 '사랑할수록'의 표준 발음은 [사랑
　할수록]이겠군.

31 다음 ㄱ~ㄷ의 음운 변동에 대한 설명으로 적절하지 <u>않은</u> 것은?

보기

　ㄱ. 솥[솓], 잎[입], 동녘[동녁]
　ㄴ. 닭[닥], 값[갑], 여덟[여덜]
　ㄷ. 국화[구콰], 쌓다[싸타], 입학[이팍]

① ㄱ은 음절의 끝에서 한 음운이 다른 음운으로 바뀌는 현상으로, ㄱ의 예로
　'꽃[꼳]'을 추가할 수 있다.
② ㄴ은 음절의 끝에 두 개의 자음이 올 때 이 중에서 한 자음이 없어지는 현상
　으로, ㄴ의 예로 '넋[넉]'을 추가할 수 있다.
③ ㄷ은 두 음운이 만나 하나의 음운이 되는 현상으로, ㄷ의 예로 '놓지[노치]'를
　추가할 수 있다.
④ ㄱ과 ㄷ의 변동이 모두 일어난 예로는 '첫해[처태]'를 들 수 있다.
⑤ ㄴ과 ㄷ의 변동이 모두 일어난 예로는 '핥다[할따]'를 들 수 있다.

32 〈보기〉의 자료를 탐구한 내용으로 적절하지 <u>않은</u> 것은?

> **보기**
>
> [표준 발음법]
> **제18항**
>   받침 'ㄱ(ㄲ, ㅋ, ㄳ, ㄺ), ㄷ(ㅅ, ㅆ, ㅈ, ㅊ, ㅌ, ㅎ), ㅂ(ㅍ, ㄼ, ㄿ, ㅄ)' 은 'ㄴ, ㅁ' 앞에서 [ㅇ, ㄴ, ㅁ]으로 발음한다.
>
> **제23항**
>   받침 'ㄱ(ㄲ, ㅋ, ㄳ, ㄺ), ㄷ(ㅅ, ㅆ, ㅈ, ㅊ, ㅌ), ㅂ(ㅍ, ㄼ, ㄿ, ㅄ)' 뒤에 연결되는 'ㄱ, ㄷ, ㅂ, ㅅ, ㅈ'은 된소리로 발음한다.

① '앞마당'은 제18항이 적용되어 [암마당]으로 발음된다.
② '늦가을'은 제23항이 적용되어 [늗까을]로 발음된다.
③ '꽃망울'은 제18항과 제23항이 모두 적용되어 [꼰망울]로 발음된다.
④ '맞먹다'는 제18항과 제23항이 모두 적용되어 [만먹따]로 발음된다.
⑤ '홑낚시'는 제18항과 제23항이 모두 적용되어 [혼낙씨]로 발음된다.

33 다음은 '음운의 변동'과 관련된 학습지의 일부이다. ㉠과 ㉡에 들어갈 단어로 적절한 것은?

>   음운의 변동은 어떤 음운이 놓이는 환경에 따라 다른 음운으로 바뀌는 현상을 말한다. 음운의 변동은 그 결과에 따라 교체, 축약, 첨가, 탈락으로 나눌 수 있다. 이러한 음운의 변동은 한 단어에 2개 이상이 함께 나타나기도 한다.
>
> 맨입[맨닙] ─────────────── ㉠
>
> 설날[설:랄] ─┐
>   ├───────── ㉡
> 좋은[조은] ─┘
>
> 1. ㉠에는 '맨입'을 발음할 때 나타나는 음운의 변동이 일어난 단어를 자료에서 찾아 쓴다.
> 2. ㉡에는 '설날'을 발음할 때와 '좋은'을 발음할 때 나타나는 음운의 변동이 함께 일어난 단어를 자료에서 찾아 쓴다.
>
> **자료**
> 논일[논닐],   나뭇잎[나문닙],   칼날[칼랄]
> 늦여름[는녀름],   닳은[다른],   닳는[달른]

	㉠	㉡
①	논일[논닐]	늦여름[는녀름]
②	닳은[다른]	닳는[달른]
③	칼날[칼랄]	나뭇잎[나문닙]
④	논일[논닐]	닳는[달른]
⑤	닳은[다른]	칼날[칼랄]

34 〈보기〉는 겹받침 'ㄺ'의 표준 발음 규정을 정리한 것이다. ㉠~㉤ 각각에 해당하는 표준 발음의 예로 적절하지 <u>않은</u> 것은?

> **보기**
>
> ㉠ 'ㄺ'은 어말 또는 자음 앞에서 [ㄱ]으로 발음한다.
> ㉡ 용언의 어간 말음 'ㄺ'은 'ㄱ' 앞에서 [ㄹ]로 발음한다.
> ㉢ 받침 'ㄺ'이 뒤 음절 첫소리 'ㅎ'과 결합되는 경우에는 뒤엣것과 'ㅎ'을 합쳐서 [ㅋ]으로 발음한다.
> ㉣ 'ㄺ'이 모음으로 시작된 조사나 어미, 접미사와 결합되는 경우에는, 뒤엣것만을 뒤 음절 첫소리로 옮겨 발음한다.
> ㉤ 받침 'ㄺ'은 'ㄴ, ㅁ' 앞에서 [ㅇ]으로 발음한다.

① ㉠ : 햇살이 눈부시게 <u>밝다</u>[박따].
② ㉡ : <u>밝게</u>[발께] 웃으며 인사하다.
③ ㉢ : 그는 진실을 세상에 <u>밝혔다</u>[발켣따].
④ ㉣ : 전등의 <u>밝기</u>[발끼]를 낮추다.
⑤ ㉤ : 동쪽에서 날이 <u>밝는다</u>[방는다].

35 〈보기〉는 한글 맞춤법에 대한 설명이다. 한글 맞춤법 조항의 내용과 ㉠, ㉡을 적절하게 연결하지 <u>못한</u> 것은?

> **보기**
>
>   한글 맞춤법은 표준어를 ㉠ <u>소리대로 적되</u>, ㉡ <u>어법에 맞도록 함</u>을 원칙으로 한다. 표준어를 소리대로 적는다는 것은 표준어의 발음대로 적는다는 뜻이다. 그리고 각 형태소가 지닌 뜻이 분명히 드러나도록 하기 위하여, 그 본 모양을 밝혀 어법에 맞도록 적는다는 또 하나의 원칙이 추가되었다.

①	'ㄷ, ㅌ' 받침 뒤에 종속적 관계를 가진 '-이(-)'나 '-히-'가 올 적에는, 그 'ㄷ, ㅌ'이 'ㅈ, ㅊ'으로 소리 나더라도 'ㄷ, ㅌ'으로 적음. 예 맏이, 굳이, 묻히다	㉡
②	자음을 첫소리로 가지고 있는 음절의 'ㅢ'는 'ㅣ'로 소리 나는 경우가 있더라도 'ㅢ'로 적음. 예 희망, 하늬바람	㉠
③	체언은 조사와 구별하여 적음. 예 떡이, 손이, 팔이	㉡
④	어간에 '-이'나 '-음'이 붙어서 명사로 바뀐 것이라도 그 어간의 뜻과 멀어진 것은 원형을 밝히어 적지 아니함. 예 목거리(목병), 노름(도박)	㉠
⑤	둘 이상의 단어가 어울리거나 접두사가 붙어서 이루어진 말은 각각 그 원형을 밝히어 적음. 예 꽃잎, 헛웃음, 굶주리다	㉡

36 〈보기〉와 같은 활동 과제를 수행한 결과로 적절한 것은?

보기

[활동 과제]
음운 변동의 유형에는 '교체', '탈락', '첨가', '축약'이 있다.
ⓐ: 교체 - 한 음운이 다른 음운으로 바뀌는 현상
ⓑ: 탈락 - 한 음운이 없어지는 현상
ⓒ: 첨가 - 없던 음운이 새로 생기는 현상
ⓓ: 축약 - 두 음운이 합쳐져 다른 음운으로 줄어드는 현상

다음 사례가 ⓐ~ⓓ 중, 어떤 음운 변동에 해당하는지 생각해 보자.

옷하고[오타고]	홑이불[혼니불]

	옷하고[오타고]	홑이불[혼니불]
①	ⓐ, ⓒ	ⓐ, ⓑ
②	ⓐ, ⓓ	ⓐ, ⓒ
③	ⓐ, ⓓ	ⓑ, ⓒ
④	ⓑ, ⓒ	ⓑ, ⓓ
⑤	ⓑ, ⓒ	ⓒ, ⓓ

37 〈보기〉를 바탕으로 겹받침의 표준 발음에 대해 탐구한 내용으로 적절하지 않은 것은?

보기

[표준 발음법 - 받침의 발음]

제10항 겹받침 'ㄳ', 'ㄵ', 'ㄼ, ㄽ, ㄾ', 'ㅄ'은 어말 또는 자음 앞에서 각각 [ㄱ, ㄴ, ㄹ, ㅂ]으로 발음한다.

제14항 겹받침이 모음으로 시작하는 조사나 어미, 접미사와 결합되는 경우에는, 뒤엣것만을 뒤 음절 첫 소리로 옮겨 발음한다. (이 경우, 'ㅅ'은 된소리로 발음함.)

① 제10항을 보니, '몫'을 [목]으로 발음해야겠군.
② 제10항을 보니, '앉는'을 [안는]으로 발음해야겠군.
③ 제14항을 보니, '핥은'을 [할튼]으로 발음해야겠군.
④ 제14항을 보니, '없어서'를 [업써서]로 발음해야겠군.
⑤ 제14항을 보니, '여덟이다'를 [여더리다]로 발음해야겠군.

38 〈보기〉에서 설명한 음운 현상과 관계가 있는 질문이 <u>아닌</u> 것은?

보기

동화란 한 음운이 앞이나 뒤에 있는 음운의 영향을 받아 그 음운과 닮아 가는 현상이다. 대표적인 동화 현상으로는 비음화, 유음화, 구개음화 등이 있다.

① '붙이다'는 왜 [부티다]가 아니라 [부치다]로 소리 날까?
② '집안일'은 왜 [지바닐]이 아니라 [지반닐]로 소리 날까?
③ '권력'은 왜 [권력]이 아니라 [궐력]으로 소리 날까?
④ '먹는다'는 왜 [멍는다]로 소리 날까?
⑤ '굳이'는 왜 [구지]로 소리 날까?

39 〈보기〉는 '끝말잇기' 놀이에서 제시된 단어들이다. 표준 발음법을 참고할 때, 단어의 표기대로만 발음해야 하는 것을 모두 고른 것은?

보기

예의 → 의의 → 의무 → 무예 → 예절 → 절의

표준 발음법
◦ 'ㅑ, ㅒ, ㅕ, ㅖ, ㅘ, ㅙ, ㅛ, ㅝ, ㅞ, ㅠ, ㅢ'는 이중 모음으로 발음한다.
◦ 다만 2. '예, 례' 이외의 'ㅖ'는 [ㅔ]로도 발음한다.
　예 지혜[지혜/지헤]
◦ 다만 4. 단어의 첫음절 이외의 '의'는 [ㅣ]로, 조사 '의'는 [ㅔ]로 발음함도 허용한다.
　예 주의[주의/주이]

① 예의, 의의, 의무
② 예의, 무예, 절의
③ 의무, 무예, 예절
④ 의의, 의무, 무예
⑤ 무예, 예절, 절의

40 다음 ㄱ~ㄹ의 음운 변동에 대한 설명으로 적절하지 않은 것은?

> ㄱ. 꽃[꼳], 앞[압]
> ㄴ. 맨입[맨닙], 담요[담ː뇨]
> ㄷ. 안다[안ː따], 탁구[탁꾸]
> ㄹ. 낳다[나ː타], 오+아서→와서[와서]

① ㄱ과 ㄴ의 변동이 모두 일어난 예로 '홑이불 → [혼니불]'을 들 수 있다.
② ㄱ과 ㄷ은 모두 교체에 해당하는 음운 변동 현상이다.
③ ㄱ과 ㄷ의 변동이 모두 일어난 예로 '엎다 → [업따]'를 들 수 있다.
④ ㄹ의 [나ː타]는 자음 축약에, [와서]는 모음 축약에 해당된다.
⑤ ㄹ의 [와서]와 같은 예로 '집에 가아 → 집에 가[가]'를 들 수 있다.

41 〈보기〉는 표준 발음법의 일부이다. 이를 이해한 학생의 반응으로 적절하지 않은 것은?

보기

제18항 받침 'ㄱ(ㄲ, ㅋ, ㄳ, ㄺ), ㄷ(ㅅ, ㅆ, ㅈ, ㅊ, ㅌ, ㅎ), ㅂ(ㅍ, ㄼ, ㄿ, ㅄ)'은 'ㄴ, ㅁ' 앞에서 [ㅇ, ㄴ, ㅁ]으로 발음한다.

제29항 합성어 및 파생어에서, 앞 단어나 접두사의 끝이 자음이고 뒤 단어나 접미사의 첫음절이 '이, 야, 여, 요, 유'인 경우에는, 'ㄴ' 음을 첨가하여 [니, 냐, 녀, 뇨, 뉴]로 발음한다.
[붙임 1] 'ㄹ' 받침 뒤에 첨가되는 'ㄴ' 음은 [ㄹ]로 발음한다.
[붙임 2] 두 단어를 이어서 한 마디로 발음하는 경우에도 이에 준한다.

① '먹물'은 제18항에 따라 [멍물]로 발음해야겠군.
② '물약'은 제29항에 따라 [물냑]으로 발음해야겠군.
③ '한 입'은 제29항에 따라 [한닙]으로 발음해야겠군.
④ '집일'은 제29항에 따라 [집닐]로, 다시 제18항에 따라 [짐닐]로 발음해야겠군.
⑤ '색연필'은 제29항에 따라 [색년필]로, 다시 제18항에 따라 [생년필]로 발음해야겠군.

42 다음은 '축약'에 대한 문법 수업의 일부이다. (가)~(다)의 사례를 〈보기〉에서 골라 바르게 짝지은 것은?

선생님의 설명

음운의 변동 중 '축약'은 자음 간의 축약과 모음 간의 축약으로 크게 나눌 수 있습니다. '놓고'가 [노코]로 발음되는 (가) 거센소리되기는 자음이 축약된 사례이고, '보아'가 '봐'로 음절이 줄어드는 경우는 모음이 축약된 사례라고 할 수 있지요. 그런데 모음의 축약을 용언으로 한정할 경우, (나) 어간에서만의 축약, 어미에서만의 축약, (다) 어간과 어미의 축약 등으로 구분할 수도 있답니다. 예를 들어 '입으셨다'는 선어말 어미인 '-시-'와 '-었-'이 '-셨-'으로 축약되었으므로 어미에서만의 축약으로 볼 수 있습니다.

보기

고등학교 ⓐ입학 후 중학교 친구들을 만났다. 우리들은 오랜만에 이렇게 만나니 정말 ⓑ좋다며 반갑게 인사를 ⓒ나눴다. 눈에 ⓓ띄게 모습이 변한 친구들도 있었지만, 다들 마음만은 여전해 ⓔ보였다. 우리들은 많은 이야기를 나눈 뒤, 다음을 기약하며 헤어졌다.

	(가)	(나)	(다)
①	ⓑ	ⓐ, ⓓ	ⓒ, ⓔ
②	ⓒ	ⓐ, ⓑ	ⓓ, ⓔ
③	ⓐ, ⓑ	ⓓ	ⓒ, ⓔ
④	ⓐ, ⓑ	ⓒ, ⓔ	ⓓ
⑤	ⓐ, ⓔ	ⓑ, ⓓ	ⓒ

43 〈보기〉는 국어 수업 게시판의 문답 내용이다. ㉠과 ㉡에 들어갈 단어를 바르게 짝지은 것은?

보기

문 선생님, 안녕하세요? 제가 어제 동생이랑 밥을 먹는데 동생이 갑자기 왜 '젓가락'은 'ㅅ' 받침을 쓰는데, '숟가락'은 'ㄷ' 받침을 쓰느냐고 묻더라고요. 아무리 생각을 해 보아도 답을 찾기가 어려워서 이렇게 질문을 드립니다.

답 '젓가락'과 '숟가락'은 비슷한 합성어처럼 보이지만, 그 구성을 살펴보면 다른 점이 있어. 먼저, '젓가락'은 '저'와 '가락'이 결합된 말로, 합성어를 이룰 때 앞말이 모음으로 끝나고 뒷말의 첫소리가 된소리로 나기 때문에 사이시옷을 붙인 것이지. ' ㉠ ' 같은 단어도 같은 원리가 적용된 말이야. 그런데 '숟가락'은 '수'와 '가락'이 결합된 것이 아니라, '술'과 '가락'이 결합된 합성어야. 한글 맞춤법에서는 이처럼 끝소리가 'ㄹ'인 말이 딴 말과 어울릴 적에 'ㄹ' 소리가 'ㄷ' 소리로 나는 것은 'ㄷ'으로 적는 것을 원칙으로 하고 있어. ' ㉡ ' 같은 단어가 여기에 해당하지.

	㉠	㉡
①	첫째	삼짇날
②	맷돌	미닫이
③	혼삿길	섣달
④	나뭇잎	섣부르다
⑤	샛노랗다	맏며느리

44 〈보기〉의 표준 발음 규정을 활용하여 답변하기 어려운 질문은?

보기

제18항 받침 'ㄱ(ㄲ, ㅋ, ㄳ, ㄺ), ㄷ(ㅅ, ㅆ, ㅈ, ㅊ, ㅌ, ㅎ), ㅂ(ㅍ, ㄼ, ㄿ, ㅄ)'은 'ㄴ, ㅁ' 앞에서 [ㅇ, ㄴ, ㅁ]으로 발음한다.
제19항 받침 'ㅁ, ㅇ' 뒤에 연결되는 'ㄹ'은 [ㄴ]으로 발음한다.
제20항 'ㄴ'은 'ㄹ'의 앞이나 뒤에서 [ㄹ]로 발음한다.

① '항로'의 'ㄹ'을 [ㄴ]으로 발음하는 이유는 앞 음절의 받침과 관계가 있을까요?
② '금융'의 발음이 [금늉/그뮹]의 두 가지로 허용되는 이유는 무엇인가요?
③ '광한루'은 [광한누]라고 발음하나요, [광할루]라고 발음하나요?
④ '칼날'은 표기 그대로 발음할 수 있는 단어에 해당되나요?
⑤ '밥물'이 [밤물]과 같이 발음되는 이유가 무엇인가요?

45 〈보기〉의 음운 현상과 가장 관계 깊은 것은?

> **보기**
>
> 'ㅎ'은 끝소리인 어간이 모음으로 시작하는 어미나 접미사 앞에 위치할 경우 탈락된다. '낳으세요'를 [나으세요]로 발음하거나 '쌓이다'를 [싸이다]로 발음하는 것도 이와 관련된다.

① '하얗다'를 [하야타]라고 발음한다.
② '좁히다'를 [조피다]라고 발음한다.
③ '놓는다'를 [논는다]라고 발음한다.
④ '그렇죠'를 [그러쵸]라고 발음한다.
⑤ '좋아요'를 [조아요]라고 발음한다.

46 〈보기〉를 고려하여 '동화'와 관련된 표준 발음을 이해한 내용으로 옳지 <u>않은</u> 것은?

> **보기**
>
> **[표준 발음법 – 음의 동화]**
> ◦ 받침 'ㄷ, ㅌ(ㄾ)'이 조사나 접미사의 모음 'ㅣ'와 결합되는 경우에는, [ㅈ, ㅊ]으로 바꾸어서 뒤 음절 첫소리로 옮겨 발음한다.
> ◦ 받침 'ㄱ(ㄲ, ㅋ, ㄳ, ㄺ), ㄷ(ㅅ, ㅆ, ㅈ, ㅊ, ㅌ, ㅎ), ㅂ(ㅍ, ㄼ, ㄿ, ㅄ)'은 'ㄴ, ㅁ' 앞에서 [ㅇ, ㄴ, ㅁ]으로 발음한다.
> ◦ 받침 'ㅁ, ㅇ' 뒤에 연결되는 'ㄹ'은 [ㄴ]으로 발음한다.
> ◦ 'ㄴ'은 'ㄹ'의 앞이나 뒤에서 [ㄹ]로 발음한다. 단, 일부 한자어의 경우 예외가 있다.
> ◦ 위에서 지적한 이외의 자음 동화는 인정하지 않는다.

① '미닫이'는 'ㄷ'이 모음 'ㅣ'에 동화되므로 [미다지]가 표준 발음이다.
② '닫는'은 'ㄷ'이 'ㄴ'에 동화되므로 [단는]이 표준 발음이다.
③ '침략'은 'ㄹ'이 'ㅁ'에 동화되므로 [침냑]이 표준 발음이다.
④ '칼날'은 'ㄴ'이 'ㄹ'에 동화되므로 [칼랄]이 표준 발음이다.
⑤ '신문'은 'ㄴ'이 'ㅁ'에 동화되므로 [심문]이 표준 발음이다.

47 〈보기〉를 참고하여 철수에게 해 줄 수 있는 조언으로 가장 적절한 것은?

> **보기**
>
> ◦ 국어의 단모음 체계

혀의 앞뒤 입술 모양 혀의 높낮이 (입의 개폐)	전설 모음		후설 모음	
	평순	원순	평순	원순
고모음(폐모음)	ㅣ	ㅟ	ㅡ	ㅜ
중모음(반개모음)	ㅔ	ㅚ	ㅓ	ㅗ
저모음(개모음)	ㅐ		ㅏ	

> **철수 :** 영희야, 넌 '게'와 '개'를 정확하게 구분해서 발음할 수 있니? 난 잘 안 돼서 말할 때마다 머뭇거리게 돼. 어떻게 하면 좋을까?

① '개'를 발음할 때는 '게'와 달리 입술을 동그랗게 오므려야 해.
② '개'를 발음할 때는 '게'에 비해 입을 더 크게 벌려서 혀의 높이를 낮추어야 해.
③ '게'를 발음할 때는 '개'와 달리 소리 내는 동안 입술과 혀를 움직이지 말아야 해.
④ '개'를 발음할 때는 '게'에 비해 입술을 더 평평하게 하고 입을 조금만 벌려야 해.
⑤ '게'를 발음할 때는 '개'와 달리 혀의 최고점이 앞쪽에 있다는 느낌으로 발음해야 해.

48 〈보기 1〉의 밑줄 친 부분에 해당하는 예를 〈보기 2〉에서 모두 고른 것은?

> **보기 1**
>
> <u>두 음운이 결합할 때 어느 한 음운이 없어지는 현상을 음운의 탈락</u>이라 한다. 끝소리 'ㅎ'이 모음으로 시작하는 어미나 접미사 앞에서 탈락하는 경우나, 음절의 끝에 두 개의 자음이 올 때 이 중에서 한 자음이 탈락하는 경우가 이에 해당한다.

> **보기 2**
>
> 내일은 소풍 가는 날, 비 오지 ㉠<u>않기</u>를 바라며 잠자리에 들었다. 잔디밭을 ㉡<u>밟고</u> 친구들과 ㉢<u>같이</u> 즐겁게 놀며 ㉣<u>멋진</u> 경치를 볼 생각에 기분이 ㉤<u>좋아서</u> 잠도 오지 않았다.

① ㉠, ㉡   ② ㉠, ㉢   ③ ㉡, ㉤
④ ㉢, ㉣   ⑤ ㉣, ㉤

49 〈보기〉의 ⊙에 들어갈 말로 적절한 것은?

보기

'막일'은 [망닐]로 발음된다. 이는 표준 발음법 제18항과 제29항이 적용된 것이다.

제18항
받침 'ㄱ(ㄲ, ㅋ, ㄳ, ㄺ), ㄷ(ㅅ, ㅆ, ㅈ, ㅊ, ㅌ, ㅎ), ㅂ(ㅍ, ㄼ, ㄿ, ㅄ)'은 'ㄴ, ㅁ' 앞에서 [ㅇ, ㄴ, ㅁ]으로 발음한다.

제29항
합성어 및 파생어에서, 앞 단어나 접두사의 끝이 자음이고 뒤 단어나 접미사의 첫음절이 '이, 야, 여, 요, 유'인 경우에는, 'ㄴ' 음을 첨가하여 [니, 냐, 녀, 뇨, 뉴]로 발음한다.

이 과정을 도식화하면 다음과 같으며, 이와 같은 예로는 ___⊙___ 을/를 들 수 있다.

막일	→	[막닐]	→	[망닐]
	제29항		제18항	

① 식용유   ② 색연필   ③ 솜이불
④ 맨입   ⑤ 국물

50 〈보기 1〉의 ⓐ, ⓑ의 밑줄 친 부분에 나타나는 음운 현상에 대한 설명을 〈보기 2〉에서 찾아 바르게 짝지은 것은?

보기 1

ⓐ 나는 듬직한 맏형이 좋다.
  [나는 듬지칸 마텽이 조타]
ⓑ 작문 시간에 해돋이를 주제로 글을 쓴다.
  [장문 시가네 해도지를 주제로 그를 쓴다]

보기 2

ㄱ. 두 음운이 하나의 음운으로 줄어든다.
ㄴ. 두 음운이 만나 그 중의 하나가 탈락한다.
ㄷ. 두 음운이 만나 그 중의 하나가 다른 음운으로 바뀐다.
ㄹ. 두 음운이 합쳐질 때 그 사이에 새로운 음운이 덧붙는다.

	ⓐ	ⓑ
①	ㄱ	ㄷ
②	ㄱ	ㄹ
③	ㄴ	ㄷ
④	ㄴ	ㄹ
⑤	ㄷ	ㄹ

51 〈보기 1〉을 참고하여 〈보기 2〉의 메모를 한글 맞춤법에 맞게 완성하려고 한다. 적절하지 않은 것은?

보기 1

한 단어 안에서 뚜렷한 까닭 없이 나는 된소리는 다음 음절의 첫소리를 된소리로 적는다. '가끔'처럼 두 모음 사이에서 나는 된소리나 '산뜻하다, 훨씬, 움찔, 엉뚱하다'처럼 'ㄴ, ㄹ, ㅁ, ㅇ' 받침 뒤에서 나는 된소리는 된소리로 적는다.

다만, '갑자기'와 같이 'ㄱ, ㅂ' 받침 뒤에서 나는 된소리는, '똑똑(-하다)'처럼 같은 음절이 겹쳐 나거나 '쓱싹'처럼 비슷한 음절이 겹쳐 나는 경우가 아니면 된소리로 적지 아니한다.

보기 2

형의 ⊙ (해슥한/해쓱한) 모습에 어머니께서도 걱정되셨나 봐. ⓛ (짭잘한/짭짤한) 음식은 몸에 좋지 않다고, ⓒ (깍두기/깍뚜기)를 심심하게 담그시더니 형에게 보내라고 하시네. 혼자서 밥을 챙겨 먹기는 힘들겠지만 ⓔ (듬북/듬뿍) 담긴 어머니의 정성을 생각해서 끼니 거르지 마. 이제 형은 집 걱정 ⓜ (몽당/몽땅) 잊고, 건강 먼저 챙겨.

동생이

① ⊙은 한 단어 안에서 까닭 없이 된소리로 발음되고, 두 모음 사이에서 된소리로 발음되므로 '해쓱한'으로 써야 한다.
② ⓛ은 'ㅂ' 받침 뒤에서 된소리로 발음되고 비슷한 음절이 겹쳐 나고 있으므로 '짭짤한'으로 써야 한다.
③ ⓒ은 'ㄱ' 받침 뒤에서 된소리로 발음되고 같은 음절이나 비슷한 음절이 겹쳐 나지 않으므로 '깍뚜기'로 써야 한다.
④ ⓔ은 'ㅁ' 받침 뒤에서 된소리로 발음되므로 '듬뿍'이라고 써야 한다.
⑤ ⓜ은 한 단어 안의 첫 음절 'ㅇ' 받침 뒤에서 까닭 없이 된소리로 발음되므로 '몽땅'으로 써야 한다.

52 다음은 표준 발음법과 국어의 로마자 표기법의 일부이다. 로마자로 표기하는 방법에 대해 설명한 내용으로 적절한 것은?

【표준 발음법】

제2장 제5항 'ㅑ ㅒ ㅕ ㅖ ㅘ ㅙ ㅛ ㅝ ㅞ ㅠ ㅢ'는 이중 모음으로 발음한다.

다만2. '예, 례' 이외의 'ㅖ'는 [ㅔ]로도 발음한다.

다만3. 자음을 첫소리로 가지고 있는 음절의 'ㅢ'는 [ㅣ]로 발음한다.

다만4. 단어의 첫 음절 이외의 '의'는 [ㅣ]로, 조사 '의'는 [ㅔ]로 발음함도 허용한다.

【국어의 로마자 표기법】

제1장 제1항 국어의 로마자 표기는 국어의 표준 발음법에 따라 적는 것을 원칙으로 한다.

제2장 제1항 모음은 다음 각 호와 같이 적는다.

1. 단모음

ㅣ	ㅔ
i	e

2. 이중 모음

ㅖ	ㅢ
ye	ui

[붙임1] 'ㅢ'는 'ㅣ'로 소리 나더라도 ui로 적는다.

---

① '숭례문'에서 '례'의 'ㅖ'는 [ㅔ]로 발음해야 하므로 'e'로 표기해야 한다.

② '도예촌'에서 '예'의 'ㅖ'는 [ㅔ]로도 발음할 수 있으므로 'e'로 표기할 수 있다.

③ '퇴계원'에서 '계'는 '예, 례' 이외의 'ㅖ'이어서, [ㅔ]로 발음해야 하므로 'e'로 표기해야 한다.

④ '충의사'에서 '의'는 단어의 첫 음절 이외의 '의'이어서, [ㅣ]로도 발음되나 'ui'로 표기해야 한다.

⑤ '광희문'에서 '희'는 자음을 첫소리로 가지고 있는 음절이어서, [ㅣ]로 발음되므로 'i'로 표기해야 한다.

53 다음은 문법 수업의 일부이다. 이를 바탕으로 〈보기〉의 밑줄 친 부분을 이해한 내용으로 적절하지 <u>않은</u> 것은?

지난 시간에 공부한 내용

〈자음 동화〉

자음 동화에는, 자음 'ㄱ, ㄷ, ㅂ'이 비음 'ㄴ, ㅁ' 앞에서 비음의 영향을 받아 각각 'ㅇ, ㄴ, ㅁ'으로 발음되는 '비음화'와 자음 'ㄴ'이 유음 'ㄹ'의 앞이나 뒤에서 유음의 영향을 받아 'ㄹ'로 발음되는 '유음화'가 있다. '국물[궁물]'은 'ㄱ'이 'ㅁ' 앞에서 'ㅇ'으로 발음되는 비음화의 사례이며, '난리[날리]'는 'ㄴ'이 'ㄹ' 앞에서 'ㄹ'로 발음되는 유음화의 사례이다.

선생님의 설명

'음운의 첨가'란 원래는 없던 소리가 첨가되어 발음되는 것을 말합니다. 예를 들어 '맨입으로는 알려 줄 수 없다.'에서 '맨입'은 [맨닙]으로 발음됩니다. 합성어나 파생어에서 앞말의 끝이 자음이고 뒷말이 '이, 야, 여, 요, 유'로 시작하는 경우에는 뒷말의 첫소리에 'ㄴ' 소리가 첨가되기 때문이지요. 또 합성어에서 앞말이 모음으로 끝나고 뒷말이 'ㄴ, ㅁ'으로 시작되는 경우에도 앞말의 끝소리에 'ㄴ' 소리가 첨가됩니다. 이때에는 '뒷문[뒨문]'의 경우처럼 앞말에 사이시옷('ㅅ')을 넣어서 이를 표시해 준답니다.

보기

ㄱ. 그는 날렵한 @콧날[콘날]이 매우 인상적이다.

ㄴ. 나는 아끼던 ⓑ색연필[생년필]을 잃어버려 속이 상했다.

ㄷ. 그 사람은 회사의 ⓒ막일[망닐]을 도맡아 하고 있었다.

ㄹ. 아이가 아직 알약을 먹지 못해서 ⓓ물약[물략]을 지어갔다.

ㅁ. 그녀는 ⓔ잇몸[인몸]이 약해져서 정기적으로 치료를 받았다.

① @는 앞말이 모음으로 끝나고 뒷말이 'ㄴ'으로 시작되는 합성어이므로 앞말의 끝소리에 'ㄴ' 소리가 첨가된 경우라고 할 수 있군.

② ⓑ에서 'ㄴ' 소리가 첨가된 이유는 앞말의 끝이 자음이고 뒷말이 '여'로 시작하는 합성어이기 때문이군.

③ ⓒ는 'ㄴ' 소리가 첨가된 후, 'ㅁ'의 영향으로 'ㄱ'이 비음화된 경우라고 할 수 있군.

④ ⓓ는 'ㄴ' 소리가 첨가되어 [물냑]으로 바뀐 후, 'ㄹ'의 영향으로 유음화가 일어난 경우라고 할 수 있군.

⑤ ⓔ는 사이시옷을 넣어서 'ㄴ' 소리가 첨가됨을 표시한 경우라고 할 수 있군.

54 다음은 '안다'의 표준 발음에 관해 어느 학생이 수행한 탐구 과정이다. ⓐ에 들어갈 내용으로 가장 적절한 것은?

| 의문 | "아기를 <u>안다[안:따]</u>."와 "그 사람을 잘 <u>안다[안:다]</u>."에서 '안다'의 표준 발음이 다른 이유는 뭘까? |

⇩

| 탐구 | (1) 음운 환경이 유사한 단어를 된소리 발음 여부에 따라 분류한 후 그 특성을 분석한다. |

된소리로 발음되는 경우	된소리로 발음되지 않는 경우
(신발을) 신다[신:따]	(하늘을) 난다[난다]

어간	어미	어간	어미
신-	-다	날-	-다
	-고		-고
	-어서		-아서

(2) 표준 발음법 규정을 확인하여 분석 결과와 비교한다.

제24항 어간 받침 'ㄴ(ㄵ), ㅁ(ㄻ)' 뒤에 결합되는 어미의 첫소리 'ㄱ, ㄷ, ㅅ, ㅈ'은 된소리로 발음한다.

⇩

| 결과 | "그 사람을 잘 안다."의 '안다'가 표준 발음법의 된소리되기 규정의 적용을 받지 않은 것은 _____ ⓐ |

① '안다'에 대한 개인의 발음 습관 차이 때문이다.
② '안'이 길게 발음되어 '다'에 영향을 주었기 때문이다.
③ '안다'의 의미를 명확히 전달하려는 표현 의도 때문이다.
④ '안다'에서 '다'의 'ㄷ'이 모음 사이에 있지 않기 때문이다.
⑤ '안다'에서 '안'의 'ㄴ'이 어간 받침에 해당하지 않기 때문이다.

55 〈보기〉의 ⓐ와 동일한 과정으로 설명할 수 있는 단어는?

보기

　오늘 국어 시간에 두 가지 음운 규칙을 배웠다. 음절의 끝소리 규칙은 '잎'이 [입]으로 소리 나는 것처럼 우리말 받침으로 소리 나는 자음은 'ㄱ, ㄴ, ㄷ, ㄹ, ㅁ, ㅂ, ㅇ'의 일곱 개라는 것이다.
　또 하나의 규칙은 비음화인데 '밥만'이 [밤만]이 되는 것처럼 'ㄱ, ㄷ, ㅂ'이 'ㄴ, ㅁ' 앞에서 비음으로 소리 나는 것이다.
　이제 ⓐ '<u>꽃눈</u>'이 [꼰눈]으로 소리 나는 현상은 이렇게 설명할 수 있다.

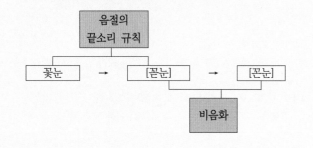

① 끝까지[끋까지]
② 부엌도[부억또]
③ 눈약[눈냑]
④ 놓는[논는]
⑤ 덮밥[덥빱]

나 없이

기출

풀지마라

| 과외식 기출 분석서, 나기출 |

나 없이
기출
풀지마라

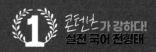

중세 국어

01
〈보기〉를 읽고, 중세 국어와 현대 국어의 의미 변화를 탐구한 내용으로 적절한 것은? 14학년도 예비B

보기

　나랏 ㉠ 말ᄊᆞ미 中듕國귁에 달아 文문字ᄍᆞ와로 서르 ᄉᆞᄆᆞᆺ디 아니ᄒᆞᆯᄊᆡ 이런 젼ᄎᆞ로 ㉡ 어린 百ᄇᆡᆨ姓셩이 니르고져 홇 배 이셔도 ᄆᆞᄎᆞᆷ내 제 ᄠᅳ들 시러 펴디 몯ᄒᆞᇙ ㉢ 노미 ㉣ 하니라 내 이ᄅᆞᆯ 爲윙ᄒᆞ야 ㉤ 어엿비 너겨 새로 스믈여듧 字ᄍᆞᆼᄅᆞᆯ 밍ᄀᆞ노니 사ᄅᆞᆷ마다 ᄒᆡᅇᅧ 수ᄫᅵ 니겨 날로 ᄡᅮ메 便뼌安ᅙᅡᆫ킈 ᄒᆞ고져 홇 ᄯᆞᄅᆞ미니라

― 『훈민정음』 언해, 세조 5년(1459) ―

[풀이]

　우리나라의 **말이** 중국과 달라 문자와 서로 통하지 아니하여서 이런 까닭으로 **어리석은** 백성이 말하고자 하는 바가 있어도 마침내 제 뜻을 능히 펴지 못하는 **사람이 많다.** 내가 이것을 위하여 **가엾게** 여겨 새로 스물여덟 자를 만드니, 모든 사람들로 하여금 쉽게 익혀 날마다 쓰는 데 편하게 하고자 할 따름이다.

① ㉠의 '말씀'은 '말'을 뜻하였는데, 현대 국어의 '말씀'은 남의 말을 높여 이르거나 자기 말을 낮추어 이르는 말을 뜻하니까 의미 확대의 예야.
② ㉡의 '어리다'는 '어리석다'를 뜻하였는데, 현대 국어의 '어리다'는 '나이가 적다'를 뜻하니까 의미 축소의 예야.
③ ㉢의 '놈'은 '사람'을 뜻하였는데, 현대 국어의 '놈'은 남자를 낮잡는 의미로 쓰이니까 의미 확대의 예야.
④ ㉣의 '하다'는 '많다'를 뜻하였는데, 현대 국어의 '하다'는 '사람이나 동물, 물체 따위가 행동이나 작용을 이루다'란 뜻이니까 의미 축소의 예야.
⑤ ㉤의 '어엿브다'는 '가엾다'를 뜻하였는데, 현대 국어의 '예쁘다'는 '모양이 작거나 섬세하여 눈으로 보기에 좋다'란 뜻이니까 의미 이동의 예야.

02
〈보기〉의 ㉠과 ㉡에 속하는 사례를 바르게 제시한 것은? 14학년도 6월B

보기

　모음 'ㆍ'는 중세 국어 이후 크게 두 단계의 변화를 겪었다. 제1 단계 변화에서는 ㉠ 단어의 둘째 음절 이하에 놓인 모음 'ㆍ'가 'ㅡ'로 변화하였다. 이 변화가 일어나고 난 뒤 제2 단계 변화에서는 ㉡ 첫째 음절에 놓인 모음 'ㆍ'가 'ㅏ'로 변화하였다. 단어에 따라 이러한 변화에 예외가 보이기도 하지만 대체로 이 두 단계의 변화를 겪어 'ㆍ'는 모음 체계에서 사라지게 되었다.

	㉠	㉡
①	마ᄂᆞᆯ > 마늘	ᄒᆞᆰ > 흙
②	사ᄉᆞᆷ > 사슴	ᄀᆞ장 > 가장
③	ᄒᆞ나 > 하나	오ᄂᆞᆯ > 오늘
④	사ᄅᆞᆷ > 사람	ᄃᆞ리 > 다리
⑤	아ᄃᆞᆯ > 아들	다ᄉᆞᆺ > 다섯

03
〈보기 1〉의 (가), (나)에 따른 표기의 사례를 〈보기 2〉의 ㉠~㉣에서 찾아 바르게 짝지은 것은? 14학년도 9월B

보기 1

(가) ㅇ를 입시울쏘리 아래 니ᅀᅥ 쓰면 입시울 가ᄇᆡ야ᄫᆞᆫ 소리 ᄃᆞ외ᄂᆞ니라
[풀이] ㅇ을 순음 아래 이어 쓰면 순경음이 된다.

(나) 첫소리를 어울워 ᄡᅮ디면 글방 쓰라
[풀이] 초성 글자를 합하여 사용할 때에는 나란히 써라.

보기 2

　나랏 말ᄊᆞ미 中듕國귁에 달아 文문字ᄍᆞ와로 서르 ᄉᆞᄆᆞᆺ디 아니ᄒᆞᆯᄊᆡ 이런 젼ᄎᆞ로 어린 百ᄇᆡᆨ姓셩이 니르고져 홇 배 이셔도 ㉠ ᄆᆞᄎᆞᆷ내 제 ᄠᅳ들 시러 펴디 몯ᄒᆞᇙ 노미 하니라 내 이ᄅᆞᆯ 爲윙ᄒᆞ야 어엿비 너겨 새로 스믈여듧 字ᄍᆞᆼᄅᆞᆯ ㉡ 밍ᄀᆞ노니 사ᄅᆞᆷ마다 ᄒᆡᅇᅧ ㉢ 수ᄫᅵ 니겨 날로 ᄡᅮ메 便뼌安ᅙᅡᆫ킈 ᄒᆞ고져 홇 ㉣ ᄯᆞᄅᆞ미니라

― 『훈민정음』 언해 ―

	(가)	(나)
①	㉠	㉡
②	㉠	㉢
③	㉡	㉣
④	㉢	㉡
⑤	㉢	㉣

04
〈보기〉의 (가)를 바탕으로 (나)를 이해한 것으로 적절하지 않은 것은? 14학년도 수능B

보기

(가) 15세기 국어의 음운과 표기의 특징
　㉠ 자음 'ㅿ'과 'ㅸ'이 존재하였다.
　㉡ 초성에 오는 'ㅲ'은 'ㅂ'과 'ㄷ'이, 'ㅄ'은 'ㅂ'과 'ㅅ'이 모두 발음되었다.
　㉢ 종성에서 'ㄷ'과 'ㅅ'이 다르게 발음되었다.
　㉣ 평성, 거성, 상성의 성조를 방점으로 구분하였다.
　㉤ 연철 표기(이어적기)를 하였다.

(나) 나·랏 :말ᄊᆞ·미 中듕國·귁·에 달·아 文문字·ᄍᆞᆼ·와·로 서르 ᄉᆞᄆᆞᆺ·디 아·니ᄒᆞᆯᄊᆡ ·이런 젼·ᄎᆞ·로 어·린 百·ᄇᆡᆨ姓·셩·이 니르·고·져 ·홇 배 이·셔·도 ᄆᆞᄎᆞᆷ·내 제 ·ᄠᅳ·들 시·러 펴·디 :몯홇 ·노·미 하·니·라 ·내 ·이·ᄅᆞᆯ 爲·윙ᄒᆞ·야 :어엿·비 너·겨 ·새·로 ·스·믈 여·듧 字·ᄍᆞᆼ·ᄅᆞᆯ 밍·ᄀᆞ노·니 :사ᄅᆞᆷ·마·다 :ᄒᆡ·ᅇᅧ :수·ᄫᅵ 니·겨 ·날·로 ·ᄡᅮ·메 便뼌安ᅙᅡᆫ·킈 ᄒᆞ·고·져 홇 ᄯᆞᄅᆞ·미니·라

① ㉠을 보니, ':수·ᄫᅵ'에는 오늘날에는 없는 자음이 들어 있군.
② ㉡을 보니, '·ᄠᅳ·들'의 'ㅲ'에서는 두 개의 자음이 발음되었군.
③ ㉢을 보니, ':어엿·비'에서 둘째 음절의 종성은 'ㄷ'으로 발음되었군.
④ ㉣을 보니, ':ᄒᆡ·ᅇᅧ'의 첫 음절과 둘째 음절은 성조가 달랐군.
⑤ ㉤을 보니, '·ᄡᅮ·메'에는 연철 표기가 적용되었군.

05 〈보기 1〉을 참고하여 〈보기 2〉의 ㉠과 ㉡에 알맞은 것을 고른 것은?

15학년도 6월B

보기 1

현대 국어의 관형격 조사는 '의'만 있지만, 중세 국어의 관형격 조사는 '익, 의, ㅅ, ㅣ'가 있었다. 이 중 '익, 의, ㅅ'은 결합하는 명사의 특징에 따라 다음과 같이 구분되어 사용되었다.

명사		관형격 조사
의미 특징	끝 음절 모음	
사람이나 동물	양성 모음	+ 익
사람이나 동물	음성 모음	+ 의
사람이면서 높임의 대상	양성 모음/음성 모음	+ ㅅ
사람도 아니고 동물도 아님	양성 모음/음성 모음	+ ㅅ

예 눔 + 익 : 노미 뜬 거스디 아니ㅎ거든 (남의 뜻 거스르지 아니하거든)

거붑 + 의 : 거부븨 터리 궅고 (거북의 털과 같고)

大王 + ㅅ : 大王ㅅ 말쓰미사 올커신마른 (대왕의 말씀이야 옳으시지만)

나모 + ㅅ : 나못 여름 먹느니 (나무의 열매 먹으니)

보기 2

• 父母ㅣ 아둘+㉠ 마롤 드르샤 (부모가 아들의 말을 들으시어)

• 다숫 술위+㉡ 글워롤 닐굴 디니라 (다섯 수레의 글을 읽어야 할 것이다)

	㉠	㉡
①	익	ㅅ
②	ㅅ	익
③	의	ㅅ
④	ㅅ	의
⑤	익	의

06 〈보기〉의 중세 국어 자료에 나타나는 특징을 탐구한 내용으로 적절하지 않은 것은?

15학년도 9월B

보기

중세 국어 : 뒤헤는 **모딘** 도죽 알픽는 어드븐 길헤 **업던** 번게를 하놀히 불기시니

현대어 역 : 뒤에는 모진 도적 앞에는 어두운 길에 없던 번개를 하늘이 밝히시니

중세 국어 : 뒤헤는 모딘 즁싱 알픽는 기픈 **모새 열븐** 어르믈 하놀히 구티시니

현대어 역 : 뒤에는 모진 짐승 앞에는 깊은 **못에** 엷은 얼음을 하늘이 굳히시니

① '모딘'이 현대 국어의 '모진'에 대응하는 것을 보니 구개음화 현상이 나타나지 않았군.

② '업던'이 현대 국어의 '없던'에 대응하는 것을 보니 이어 적기를 하였군.

③ '하놀히'를 보니 현대 국어에 쓰이지 않는 모음 'ㆍ'가 쓰였군.

④ '모새'가 현대 국어의 '못에'에 대응하는 것을 보니 모음 조화가 지켜졌군.

⑤ '열븐'을 보니 현대 국어에 쓰이지 않는 자음 'ㅸ'이 쓰였군.

07 [가]에 들어갈 내용으로 적절하지 않은 것은?

15학년도 수능B

학습 자료	[중세 국어] ㉠ 부텻 마롤 ㉡ 듣ᄌᆞᄫᆞᄃᆡ [현대 국어] 부처의 말씀을 듣되 [중세 국어] 닐굽 ㉢ 거르믈 거르샤 ㉣ 니ᄅᆞ샤ᄃᆡ [현대 국어] 일곱 걸음을 걸으시며 이르시되 [중세 국어] 니르고져 홇 ㉤ 배 이셔도 [현대 국어] 이르고자 할 바가 있어도
학습 활동	㉠~㉤을 현대 국어와 비교한 후 공통점과 차이점을 정리해 보자. (_____[가]_____)

① ㉠ : 관형격 조사로 'ㅅ'이 쓰였다는 점에서 현대 국어와 차이가 있다.

② ㉡ : 객체를 높이는 선어말 어미가 쓰였다는 점에서 현대 국어와 차이가 있다.

③ ㉢ : 어근의 원형을 밝혀 적었다는 점에서 현대 국어와 공통적이다.

④ ㉣ : 주체를 높이는 선어말 어미가 쓰였다는 점에서 현대 국어와 공통적이다.

⑤ ㉤ : 모음으로 끝나는 체언에 주격 조사 'ㅣ'가 결합했다는 점에서 현대 국어와 차이가 있다.

08 〈보기 1〉의 학생 의견과 관련된 한글의 제자 원리를 〈보기 2〉에서 찾아 바르게 짝지은 것은?

15학년도 수능B

보기 1

학습 활동 : 오늘날 우리가 한글을 사용하면서 생각한 바를 각자 정리하여 발표해 봅시다.

학생 1 : 'ㄱ'의 글자 모양이 그 소리를 낼 때 혀뿌리가 목구멍을 막는 모양과 관련된다니 한글은 정말 대단해요.

학생 2 : 휴대 전화 자판 중에는 'ㆍ, ㅡ, ㅣ'를 나타내는 3개의 자판만으로 모든 모음자를 입력하는 것도 있어서 참 편리해요.

학생 3 : 〈예사소리〉-〈거센소리〉-〈된소리〉의 관계가 〈A〉-〈A에 획 추가〉-〈AA〉로 글자 모양에 나타나 있어서 참 체계적인 문자인 것 같아요.

학생 4 : 'ㅁ'과 'ㅁ'에 획을 추가해서 만든 자음자들은 'ㅁ' 모양을 공통으로 포함하고 있는데, 이때 포함된 'ㅁ' 모양은 이들 자음자들의 공통된 소리 특징을 반영한 것이에요.

학생 5 : 한글은 음절 단위로 모아쓰기를 하면서도 받침 글자를 따로 만들지 않았어요. 만약 그렇지 않았다면 지금보다 글자 수가 훨씬 많아졌을 거예요.

보기 2

한글의 제자 원리

가. 초성자와 중성자의 기본자는 상형의 원리로 만들었다.

나. 기본자에 가획하여 새로운 초성자를 만들었다.

다. 초성자를 나란히 써서 또 다른 초성자로 사용하였다.

라. 기본자 외의 8개 중성자는 기본자를 합하여 만들었다.

① 학생 1 - 가, 나   ② 학생 2 - 다, 라

③ 학생 3 - 나, 다   ④ 학생 4 - 나, 라

⑤ 학생 5 - 가, 라

09 〈보기 1〉을 참고할 때, 〈보기 2〉의 ㉠~㉢에 들어갈 말로 적절한 것은?
`16학년도 6월B`

보기 1

중세 국어 체언 중에는 'ㅎ'을 끝소리로 가진 것들이 있다. 이러한 체언을 'ㅎ' 종성 체언이라고 하는데 조사가 뒤따를 경우에 다음과 같이 나타난다.

뒤따르는 조사	'ㅎ' 종성 체언의 실현 양상
모음으로 시작하는 조사	'ㅎ'은 뒤따르는 모음에 이어 적는다. 예 짜히 (짜+이) 즐어늘 (**땅이** 질거늘)
'ㄱ, ㄷ'으로 시작하는 조사	'ㅎ'은 뒤따르는 'ㄱ', 'ㄷ'과 어울려 'ㅋ', 'ㅌ'으로 나타난다. 예 짜토 (짜+도) 뮈더니 (**땅도** 움직이더니)
관형격 조사 'ㅅ'	'ㅎ'은 나타나지 않는다. 예 다른 짯 (짜+ㅅ) 風俗은 (다른 **땅의** 풍속은)

보기 2

중세 국어	현대 국어
㉠ (나랗+올) 아ᅀᆞ 맛디고	**나라를** 아우에게 맡기고
㉡ (긿+ㅅ) 네거리예	**길의** 네거리에
㉢ (않+과) 밧	**안과** 밖

	㉠	㉡	㉢
①	나라홀	긿	안콰
②	나라홀	긿	안과
③	나라홀	깑	안콰
④	나라올	긿	안콰
⑤	나라올	깑	안과

10 〈자료〉에 나타난 중세 국어의 특징을 탐구한 내용으로 적절하지 않은 것은?
`16학년도 9월B`

자료

[중세 국어] 五欲은 누네 됴흔 빗 보고져 귀예 됴흔 소리 듣고져 고해 됴흔 내 맏고져 이베 됴흔 맛 먹고져 모매 됴흔 옷 닙고져 홀 씨라
 - 『석보상절』 -

[현대어 풀이] 오욕은 눈에 좋은 빛 보고자, 귀에 좋은 소리 듣고자, 코에 좋은 냄새 맡고자, 입에 좋은 맛 먹고자, 몸에 좋은 옷 입고자 하는 것이다.

① '五欲은'이 '오욕은'에 대응되는 것을 보니, 보조사 '은'이 있었군.
② '누네 됴흔 빗 보고져'가 '눈에 좋은 빛 보고자'에 대응되는 것을 보니, '누네 됴흔 빗'은 목적어로 쓰였군.
③ '귀예'가 '귀에'에 대응되는 것을 보니, 부사격 조사 '예'가 있었군.
④ '됴흔'이 '좋은'에 대응되는 것을 보니, '됴흔'은 용언의 관형사형이었군.
⑤ '먹고져'가 '먹고자'에 대응되는 것을 보니, '-고져'는 종결 어미로 쓰였군.

11 〈보기〉를 바탕으로 중세 국어의 특징을 탐구한 내용으로 적절하지 않은 것은? `16학년도 수능B`

보기

王(왕)이 니ᄅᆞ샤ᄃᆡ 大師(대사) ㉠ 호샨 일 아니면 뉘 혼 거시 잇고 ㉡ 仙人(선인)이 ᄉᆞᆲ보ᄃᆡ 大王(대왕)하 이 ㉢ 南堀(남굴)ㅅ 仙人(선인)이 ᄒᆞᆫ ᄯᆞ를 길어 내니 양지 端正(단정)ᄒᆞ야 ㉣ 世間(세간)애 ㉤ 쉽디 몯ᄒᆞ니 그 ᄯᆞᆯ ᄒᆞ닗 ㉥ 時節(시절)에 자최마다 ㉦ 蓮花(연화)ㅣ ᄂᆞ니이다
 - 『석보상절』 -

[현대어 풀이]
왕이 이르시되 "대사 하신 일 아니면 누가 한 것입니까?" 선인이 아뢰되 "대왕이시여, 이 남굴의 선인이 한 딸을 길러 내니 모습이 단정하여 세상에 (모습을 드러내기가) 쉽지 못하니 그 딸 움직일 시절에 자취마다 연꽃이 납니다."

① ㉠에서는 주체인 '대사'를 높이기 위한 선어말 어미가 쓰였군.
② ㉡의 '이'와 ㉦의 'ㅣ'는 격 조사의 종류가 달라서 서로 다른 형태로 나타난 것이군.
③ ㉢을 보니 'ㅅ'은 현대 국어의 '의'에 해당하는 관형격 조사로 쓰였군.
④ ㉣과 ㉥을 보니 모음 조화에 따라 형태를 달리하는 부사격 조사가 있었군.
⑤ ㉤과 현대 국어의 '쉽지'를 비교해 보니 '-디'에서는 구개음화가 확인되지 않는군.

12 〈보기〉의 밑줄 친 부분에서 알 수 있는 중세 국어의 문법적 특징을 설명한 것으로 적절하지 않은 것은? `17학년도 9월`

보기

(가) 하ᄂᆞᆳ 벼리 눈 ᄀᆞᆮ 디니이다　　　　〈용비어천가〉
　　(현대어 풀이 : 하늘의 별이 눈과 같이 떨어집니다.)

(나) 王이 부텨를 請ᄒᆞᅀᆞᄫᆞ쇼셔　　　　〈석보상절〉
　　(현대어 풀이 : 왕이 부처를 청하십시오.)

(다) 어머니ᄅᆞᆯ 아라보리로소니잇가　　　　〈월인석보〉
　　(현대어 풀이 : 어머님을 알아보겠습니까?)

(라) 내 이ᄅᆞᆯ 爲ᄒᆞ야　　　　〈훈민정음언해〉
　　(현대어 풀이 : 내가 이를 위해서)

(마) 그 믈 미틔 金몰애 잇ᄂᆞ니　　　　〈월인석보〉
　　(현대어 풀이 : 그 물 밑에 금모래가 있는데)

① (가) : 무정 명사에 결합되는 관형격 조사 'ㅅ'이 쓰였다.
② (나) : 객체를 높이는 선어말 어미 '-ᅀᆞ-'이 쓰였다.
③ (다) : 판정 의문문의 '-아' 계열 의문형 어미가 쓰였다.
④ (라) : 모음으로 끝나는 체언 뒤에 주격 조사 'ㅣ'가 쓰였다.
⑤ (마) : 높이지 않는 유정 명사에 결합되는 관형격 조사 '의'가 쓰였다.

13 〈학습 활동〉의 (가)에 들어갈 내용으로 적절한 것은? 17학년도 수능

학습 활동

동사는 목적어 필요 여부에 따라 타동사와 자동사로 구분된다. ⓐ와 ⓑ를 보고, 중세 국어 '열다', '흩다'의 타동사, 자동사로서의 쓰임과 이에 대응하는 현대 국어 동사들의 쓰임을 비교하여 그 변화를 탐구해 보자.

ⓐ	[중세 국어] 큰 ᄆᆞᅀᆞ믈 <u>여러</u> [현대 국어] 큰 마음을 <u>열어</u>
	[중세 국어] 自然히 ᄆᆞᅀᆞ미 <u>여러</u> [현대 국어] 자연히 마음이 <u>열리어</u>
ⓑ	[중세 국어] 번게 구르믈 <u>흐터</u> [현대 국어] 번개가 구름을 <u>흩어</u>
	[중세 국어] 散心은 <u>흐튼</u> ᄆᆞᅀᆞ미라 [현대 국어] 산심은 <u>흩어진</u> 마음이다.

탐구 결과 : ⓐ와 ⓑ를 보니, ＿＿＿＿＿＿＿＿＿ (가) ＿＿＿＿＿＿＿＿＿

① 중세 국어 '열다', '흩다'는 타동사로만 쓰였고, 현대 국어 '열다', '흩다'도 타동사로만 쓰인다.
② 중세 국어 '열다', '흩다'는 자동사로만 쓰였고, 현대 국어 '열다', '흩다'도 자동사로만 쓰인다.
③ 중세 국어 '열다', '흩다'는 타동사 및 자동사로 쓰였고, 현대 국어 '열다', '흩다'는 타동사로만 쓰인다.
④ 중세 국어 '열다', '흩다'는 타동사 및 자동사로 쓰였고, 현대 국어 '열다', '흩다'는 자동사로만 쓰인다.
⑤ 중세 국어 '열다', '흩다'는 타동사 및 자동사로 쓰였고, 현대 국어 '열다', '흩다'도 타동사 및 자동사로 쓰인다.

14 〈보기 1〉을 참고할 때, 〈보기 2〉의 ㉠~㉢에 들어갈 말로 적절한 것은? 18학년도 6월

보기 1

일반적으로 중세 국어에서는 서술격 조사가 앞에 결합하는 체언의 끝소리에 따라 달리 나타났다.
먼저 체언의 끝소리가 자음일 때 '이'가 나타났다.

• 샹녜 ᄡᅳᄂᆞᆫ 힛 일후미라(일훔+이라)
(보통 쓰는 해의 이름이다)

체언의 끝소리가 모음 '이'이거나 반모음 'ㅣ'일 때는 아무런 형태가 나타나지 않았다.

• 牛頭는 쇠 머리라(머리+라)
(우두는 소의 머리이다)

그리고 체언의 끝소리가 모음 '이'도, 반모음 'ㅣ'도 아닌 모음일 때는 'ㅣ'가 나타났다.

• 生佛은 사라 겨신 부톄시니라(부텨+ㅣ시니라)
(생불은 살아 계신 부처이시다)

보기 2

• 齒는 ＿＿＿㉠＿＿＿ (치는 이이다)
• 所는 ＿＿＿㉡＿＿＿ (소는 바이다)
• 樓는 ＿＿＿㉢＿＿＿ (누는 다락이다)

	㉠	㉡	㉢
①	니이라	바이라	다락라
②	니라	배라	다락ㅣ라
③	니이라	바라	다락ㅣ라
④	니라	배라	다라기라
⑤	니ㅣ라	바이라	다라기라

15 〈보기 1〉의 중세 국어의 특징을 바탕으로 〈보기 2〉의 ⓐ~ⓓ를 탐구하는 활동을 수행하였다. 학생들이 탐구한 내용으로 적절하지 <u>않은</u> 것은?

`18학년도 9월`

보기 1

㉠ 설명 의문문과 판정 의문문에서 쓰이는 종결 어미가 서로 달랐다.
㉡ 체언에 결합하는 조사의 형태는 모음 조화에 따라 결정되었다.
㉢ 높임의 호격 조사로서 현대 국어에 없는 형태가 있었다.
㉣ 선어말 어미의 결합 순서가 현대 국어와 다른 경우가 있었다.
㉤ 듣는 이를 높이기 위한 선어말 어미가 사용되었다.

보기 2

ⓐ 므슴 마롤 니르ᄂᆞ뇨 [무슨 말을 말하느냐?]
ⓑ 져므며 늘구미 잇ᄂᆞ녀 [젊으며 늙음이 있느냐?]
ⓒ 虛空과 벼를 보더시니 [허공과 별을 보시더니]
ⓓ 世尊하 내 堂中에 이셔 몬져 如來 보ᅀᆞᆸ고 [세존이시여, 내가 집 안에서 먼저 여래 뵙고]

① ⓐ의 '니르ᄂᆞ뇨'와 ⓑ의 '잇ᄂᆞ녀'를 비교해 보면, ㉠을 확인할 수 있군.
② ⓐ의 '마롤'과 ⓒ의 '벼를'을 비교해 보면, ㉡을 확인할 수 있군.
③ ⓓ의 '世尊하'를 보면, ㉢을 확인할 수 있군.
④ ⓒ의 '보더시니'를 보면, ㉣을 확인할 수 있군.
⑤ ⓓ의 '보ᅀᆞᆸ고'를 보면, ㉤을 확인할 수 있군.

	㉠	㉡
①	王(왕)	듣ᄌᆞᄫᅥ며
②	王(왕)	듣ᄉᆞᄫᅵ며
③	부텨	듣ᄌᆞᄫᅥ며
④	부텨	듣ᄌᆞᄫᅵ며
⑤	므슴	듣ᄉᆞᄫᅵ며

16 〈보기〉의 ㉠과 ㉡에 들어갈 말로 바르게 짝지어진 것은? `19학년도 9월`

보기

중세 국어에서는 객체를 높이기 위해 선어말 어미를 사용했는데, 이 선어말 어미는 음운 조건에 따라 다음과 같이 다양한 형태로 실현되었다.

어간 말음 조건	형태	용례
'ㄱ, ㅂ, ㅅ, ㅎ'일 때	-ᄉᆞᆸ-	돕ᄉᆞᆸ고
'ㄷ, ㅈ, ㅊ'일 때	-ᄌᆞᆸ-	묻ᄌᆞᆸ고
모음이나 'ㄴ, ㅁ, ㄹ'일 때	-ᅀᆞᆸ-	보ᅀᆞᆸ고

객체 높임 선어말 어미 뒤에 모음으로 시작하는 어미가 오면, 객체 높임 선어말 어미는 '-ᄉᆞᇦ-, -ᄌᆞᇦ-, -ᅀᆞᇦ-'으로 실현되었다.

• 아래 문장에서 객체 높임의 대상은 (㉠)이다.
  - 王(왕)이 부텼긔 더욱 敬信(경신)ᄒᆞᆫ ᄆᆞᅀᆞᄆᆞᆯ 내ᅀᆞᄫᅡ
    [왕이 부처께 더욱 공경하고 믿는 마음을 내어]
• 어간 '듣-'과 어미 '-ᄋᆞ며' 사이에 객체 높임 선어말 어미가 결합하면 다음과 같이 활용했다.
  - 내 아래브터 부텼긔 이런 마롤 몯 (㉡)
    [내가 예전부터 부처께 이런 말 못 들으며]

17 〈보기〉의 ㉠~㉢에 들어갈 말로 적절한 것은? `20학년도 6월`

보기

중세 국어에서는 의문문의 종류에 따라 종결 어미나 보조사가 달리 쓰인다. 예를 들면 용언의 어간에 어미가 결합하여 서술어가 될 때 판정 의문문에서는 종결 어미 '-녀', 설명 의문문에서는 종결 어미 '-뇨'가 쓰인다. 반면, 체언에 보조사가 결합하여 서술어가 될 때 판정 의문문에서는 보조사 '가', 설명 의문문에서는 보조사 '고'가 쓰인다. 그런데 주어가 2인칭일 때에는 의문문의 종류와 관계없이 종결 어미 '-ㄴ다'가 쓰인다. 중세 국어 의문문의 예는 아래와 같다.

• 이 일후미 (㉠)
  [이 이름이 무엇인가?]
• 네 엇뎨 아니 (㉡)
  [네가 어찌 안 가는가?]
• 그듸는 보디 (㉢)
  [그대는 보지 않는가?]

	㉠	㉡	㉢
①	므스고	가ᄂᆞ뇨	아니ᄒᆞᄂᆞ다
②	므스고	가ᄂᆞ다	아니ᄒᆞᄂᆞ다
③	므스고	가ᄂᆞ뇨	아니ᄒᆞᄂᆞ녀
④	므스가	가ᄂᆞ다	아니ᄒᆞᄂᆞ다
⑤	므스가	가ᄂᆞ뇨	아니ᄒᆞᄂᆞ녀

18 〈보기 1〉의 ⑦~ⓒ에 해당하는 예만을 〈보기 2〉에서 고른 것은?

`20학년도 수능`

보기 1

중세 국어의 주격 조사는 음운 조건에 따라 '이', '∅(영형태)', 'ㅣ'로 실현되었다.

· 자음 다음에는 '이'가 나타났다. ·········· ⑦
  예) 바비(밥+이) [밥이]
· 모음 '이'나 반모음 'ㅣ' 다음에는 '∅(영형태)'로 실현되어, 나타나지 않았다. ·········· ⓒ
  예) 활 쏘리(활 쏠 이+∅) [활 쏠 이가], 새(새+∅) [새가]
· 모음 '이'와 반모음 'ㅣ' 이외의 모음 다음에는 'ㅣ'가 나타났다.
  예) 쇠(쇼+ㅣ) [소가]
· 음운 조건에 관계없이 생략되기도 했다. ·········· ⓒ
  예) 곶 됴코 [꽃 좋고], 나모 셨ᄂ [나무 서 있는]

보기 2

ⓐ : **나리** 져므러 [날이 저물어]

ⓑ : **太子** 오ᄂ다 드르시고 [태자 온다 들으시고]

ⓒ : 내해 **ᄃ리** 업도다 [개천에 다리가 없도다]

ⓓ : **아ᄃ리** 孝道ᄒ고 [아들이 효도하고]

ⓔ : **孔子ㅣ** 드르시고 [공자가 들으시고]

① ⑦ : ⓐ, ⓓ ② ⑦ : ⓐ, ⓔ ③ ⓒ : ⓑ, ⓒ
④ ⓒ : ⓑ, ⓓ ⑤ ⓒ : ⓒ, ⓔ

19 〈학습 활동〉을 수행한 결과로 적절하지 <u>않은</u> 것은? `21학년도 6월`

학습 활동

현대 국어와 달리 중세 국어의 관형격 조사에는 여러 형태가 있다. 선행 체언이 무정물일 때는 'ㅅ'이 쓰이고, 유정물일 때는 모음 조화에 따라 '이', '의' 등이 쓰인다. 다만 유정물이라도 존칭의 대상일 때는 이들 대신 'ㅅ'이 쓰인다. 이를 참고하여 선행 체언과 후행 체언이 관형격 조사로 연결되었을 때의 모습을 아래 표의 ⑦~⑩에 채워 보자.

선행 체언	아바님 (아버님)	그력 (기러기)	아ᄃᆯ (아들)	수플 (수풀)	등잔 (등잔)
후행 체언	곁 (곁)	목 (목)	나ᄒ (나이)	가온ᄃᆡ (가운데)	기름 (기름)
적용 모습	⑦	ⓒ	ⓒ	②	⑩

① ⑦ : 아바니믜(아바님+의) 곁
② ⓒ : 그려긔(그력+의) 목
③ ⓒ : 아ᄃᆞ리(아ᄃᆯ+익) 나ᄒ
④ ② : 수픐(수플+ㅅ) 가온ᄃᆡ
⑤ ⑩ : 등잣(등잔+ㅅ) 기름

20 〈보기〉에 대한 이해로 적절한 것은? `21학년도 9월`

보기

나·랏 :말ᄊᆞ·미 中듕國·귁·에 달·아 文문字·ᄍᆞ·와·로 서르 ᄉᆞᄆᆞᆺ·디 아·니ᄒᆞᆯ·ᄊᆡ 이런 젼·ᄎᆞ·로 어·린 百·ᄇᆡᆨ姓·셩·이 니르·고·져 **·홅 ·배** 이·셔·도 ᄆᆞ·ᄎᆞᆷ:내 제 ·ᄠᅳ·들 시·러 펴·디 :몯홇 ·노·미 **하·니·라** ·내 ·이·ᄅᆞᆯ 爲·윙·ᄒᆞ·야 :어엿·비 너·겨 **·새·로** ·스·믈여·듧 字·ᄍᆞ·ᄅᆞᆯ 밍·ᄀᆞ노·니 :사ᄅᆞᆷ:마·다 :ᄒᆡ·ᅇᅧ :수·ᄫᅵ 니·겨 ·날·로 **·ᄡᅮ·메** 便뼌安한·킈 ᄒᆞ·고·져 홇 ᄯᆞᄅᆞ·미니·라
– 『훈민정음』 언해, 세조 5년(1459) –

· **현대어 풀이**

우리나라의 말이 중국과 달라 문자와 서로 통하지 아니하여서 이런 까닭으로 어리석은 백성이 말하고자 하는 바가 있어도 마침내 제 뜻을 능히 펴지 못하는 사람이 많다. 내가 이를 위하여 가엾게 여겨 새로 스물여덟 자를 만드니, 모든 사람들로 하여금 쉽게 익혀 날마다 쓰는 데 편하게 하고자 할 따름이다.

① ':말ᄊᆞ·미'와 '·홅 ·배'에 쓰인 주격 조사는 그 형태가 동일하군.
② '하·니·라'의 '하다'는 현대 국어의 동사 '하다'와 품사가 동일하군.
③ '·이·ᄅᆞᆯ'과 '·새·로'에는 동일한 강약을 표시하는 방점이 쓰였군.
④ ':ᄒᆡ·ᅇᅧ'와 '便뼌安한·킈 ᄒᆞ·고·져'에는 모두 피동 표현이 쓰였군.
⑤ '·ᄡᅮ·메'에는 '사용하다'라는 의미를 지닌 동사 'ᄡᅳ다'가 쓰였군.

21 〈보기〉의 ⑦과 ⓒ에 들어갈 말로 적절한 것은? `21학년도 수능`

보기

학생 : 현대 국어와는 달리 중세 국어의 'ㅔ', 'ㅐ'가 이중 모음이었다는 근거가 궁금해요.

선생님 : 'ㅔ', 'ㅐ'로 끝나는 체언과 결합하는 조사의 형태가 무엇인지 (가)를 참고하여 (나)를 살펴보면 알 수 있단다.

(가)

체언의 끝소리	조사의 형태	예
자음	이라	지비라[집이다]
단모음 '이'나 반모음 'ㅣ'	∅라	<u>ᄉᆡ</u>라[ᄉᆡ(사이)이다] <u>불휘</u>라[불휘(뿌리)이다]
그 밖의 모음	ㅣ라	<u>젼ᄎ</u>라[젼ᄎ(까닭)이다] <u>곡되</u>라[곡도(꼭두각시)이다]

(나)

今(금)은 <u>이제라</u>[이제이다], 下(하)ᄂ <u>아래라</u>[아래이다]

학생 : (가)의 ⑦ 에서처럼 (나)의 '이제'와 '아래'가 ⓒ 형태의 조사를 취하는 것을 보니 'ㅔ', 'ㅐ'가 반모음 'ㅣ'로 끝나는 이중 모음이었음을 알 수 있어요.

	⑦	ⓒ
①	지비라	이라
②	ᄉᆡ라	∅라
③	불휘라	∅라
④	젼ᄎ라	ㅣ라
⑤	곡되라	ㅣ라

22 〈보기〉의 ㉠~㉤에 해당하는 예로 적절하지 <u>않은</u> 것은? `22학년도 9월`

보기

[중세 국어 조사의 쓰임]
㉠ 주격 조사 'ㅣ'는 모음 '이'나 반모음 'ㅣ' 이외의 모음으로 끝난 체언 뒤에 쓰였다.
㉡ 목적격 조사 '올' 또는 '을'은 자음으로 끝나는 체언 뒤에 쓰였다.
㉢ 관형격 조사 'ㅅ'은 사물이나 존대 대상인 체언 뒤에 쓰였다.
㉣ 부사격 조사 '로'는 모음이나 'ㄹ'로 끝나는 체언 뒤에 쓰였다.
㉤ 호격 조사 '하'는 존대 대상인 체언 뒤에 쓰였다.

① ㉠ : <u>드리</u> 즈믄 ᄀᄅ매 비취요미 [달이 천 개의 강에 비치는 것이]
② ㉡ : 바ᄇᆯ 머긂 대로 혜여 머굼과 [밥을 먹을 만큼 헤아려 먹음과]
③ ㉢ : 그 <u>나못</u> 불휘ᄅᆯ ᄲᅢᅘᅧ [그 나무의 뿌리를 빼어]
④ ㉣ : 물ᄀᆫ <u>믈로</u> 모ᄉᆞᆯ 밍ᄀᆞ노라 [맑은 물로 못을 만드노라]
⑤ ㉤ : <u>님금하</u> 아ᄅᆞ쇼셔 [임금이시여, 아십시오]

23 〈보기 1〉을 참고하여 〈보기 2〉에서 밑줄 친 부분을 중심으로 ㉠~㉤을 이해한 내용으로 적절하지 <u>않은</u> 것은? `23학년도 6월`

보기 1

객체 높임은 일반적으로 주체가 목적어나 부사어로 지시되는 대상인 객체보다 지위가 낮을 때 어휘적 수단이나 문법적 수단으로써 객체를 높이 대우하는 것이다. 전자는 **객체 높임의 동사**('숣-', '아뢰-' 등)를 쓰는 방법이고, 후자는 **객체 높임의 조사**('꾀', '께')를 쓰는 방법과 **객체 높임의 선어말 어미**('-숩-' 등)를 쓰는 방법이다. 중세 국어에서는 이 세 가지 방법을 다 썼으나 현대 국어에서는 객체 높임의 선어말 어미를 쓰지 않는다. 다음에서 중세 국어와 현대 국어를 비교해 보면 이를 확인할 수 있다.

이 말 다 숣고 부텨의 禮數ᄒᆞ숩고
[이 말 다 아뢰고 부처께 절 올리고]

보기 2

㉠ 나도 이제 너희 스승니믈 <u>보숩고져</u> ᄒᆞ노니
　[나도 이제 너희 스승님을 뵙고자 하니]
㉡ 須達이 <u>舍利弗의</u> 가 [수달이 사리불께 가서]
㉢ 내 이제 <u>世尊의</u> 숣노니 [내가 이제 세존께 아뢰니]
㉣ 여보, 당신이 <u>이모님께</u> 어머님 <u>모시고</u> 갔었어?
㉤ 선생님께서 그 아이에게 다친 덴 없는지 <u>여쭤</u> 보셨다.

① ㉠ : 어휘적 수단으로 객체인 '너희 스승님'을 높이 대우하고 있다.
② ㉡ : 문법적 수단으로 객체인 '舍利弗(사리불)'을 높이 대우하고 있다.
③ ㉢ : 조사 '의'와 동사 '숣노니'는 같은 대상을 높이기 위해 쓰이고 있다.
④ ㉣ : 조사 '께'와 동사 '모시고'는 서로 다른 대상을 높이기 위해 쓰이고 있다.
⑤ ㉤ : 주체와 객체의 관계를 고려하면 동사 '여쭤'의 사용은 부적절하다.

24 〈학습 활동〉을 수행한 결과로 적절하지 <u>않은</u> 것은? `23학년도 수능`

학습 활동

다음은 중세 국어의 문자 및 표기와 관련된 내용이다. 자료에서 ⓐ~ⓔ를 확인할 수 있는 예를 모두 골라 묶어 보자.

ⓐ 乃냉終즁ㄱ소리는 다시 첫소리ᄅᆯ ᄡᅳᄂᆞ니라
　[종성 글자는 따로 만들지 않고 다시 초성 글자를 사용한다]
ⓑ ㅇ를 입시울쏘리 아래 니ᅀᅥ 쓰면 입시울 가ᄇᆡ야ᄫᆞᆫ 소리 드외ᄂᆞ니라
　[ㅇ을 순음 글자 아래 이어 쓰면 순경음 글자가 된다]
ⓒ 첫소리ᄅᆯ 어울워 ᄡᅮᇙ디면 글바 쓰라 乃냉終즁ㄱ소리도 ᄒᆞᆫ가지라
　[초성 글자를 합하여 사용하려면 옆으로 나란히 쓰라 종성 글자도 마찬가지이다]
ⓓ ·와 ㅡ와 ㅗ와 ㅜ와 ㅛ와 ㅠ와란 첫소리 아래 브텨 쓰고
　['·, ㅡ, ㅗ, ㅜ, ㅛ, ㅠ'는 초성 글자 아래에 붙여 쓰고]
ⓔ ㅣ와 ㅏ와 ㅓ와 ㅑ와 ㅕ와란 올ᄒᆞᆫ녀긔 브텨 쓰라
　['ㅣ, ㅏ, ㅓ, ㅑ, ㅕ'는 초성 글자 오른쪽에 붙여 쓰라]

자료 ᄢᅵ니, 분, 사ᄫᅵ, 스ᄀᆞᄫᆞᆯ, ᄧᅡ, 훍

① ⓐ : 분, ᄧᅡ, 훍　　　② ⓑ : 사ᄫᅵ, 스ᄀᆞᄫᆞᆯ
③ ⓒ : ᄢᅵ니, ᄧᅡ, 훍　　④ ⓓ : 분, 스ᄀᆞᄫᆞᆯ, 훍
⑤ ⓔ : ᄢᅵ니, 사ᄫᅵ, ᄧᅡ

25 〈자료〉를 바탕으로 〈보기〉의 ⓐ~ⓔ 중 체언과 조사가 결합하여 이루어진 부속 성분이 있는 것만을 고른 것은? `24학년도 9월`

보기

ⓐ 내히 이러 바ᄅᆞ래 가ᄂᆞ니 [내가 이루어져 바다에 가니]
ⓑ 나랏 말ᄊᆞ미 中國에 달아 [우리나라의 말이 중국과 달라]
ⓒ 生人이 소리 잇도소니 [생인(산 사람)의 소리가 있으니]
ⓓ 나혼 子息이 양지 端正ᄒᆞ야 [낳은 자식이 모습이 단정하여]
ⓔ 내 닐오리니 네 이대 드르라 [내가 이르리니 네가 잘 들어라]

자료

〈보기〉에 나타난 체언과 조사
• 체언 : 내ㅎ, 바ᄅᆞᆯ, 나라ㅎ, 말ᄊᆞᆷ, 中國, 生人, 소리, 子息, 양ᄌᆞ, 나, 너
• 조사 : 주격(이, ㅣ, ∅), 관형격(ㅅ, 익), 부사격(애, 에)

① ⓐ, ⓑ, ⓒ
② ⓐ, ⓑ, ⓓ
③ ⓐ, ⓓ, ⓔ
④ ⓑ, ⓒ, ⓓ
⑤ ⓒ, ⓓ, ⓔ

26 〈탐구 활동〉의 ⓐ~ⓓ로 적절하지 <u>않은</u> 것은? `25학년도 6월`

탐구 활동

차자 표기는 우리말을 한자로 표기하는 것이다. 차자 표기된 한자는 한자의 훈이나 음으로 읽게 된다. 이때 한자의 본뜻이 유지되기도 하고 그렇지 않기도 하다. 아래는 이러한 차자 표기 방식들을 '水(물-수)'로써 응용해 보인 것이다.

	훈으로 읽음	음으로 읽음
본뜻 유지	예) '水'를 '물'의 뜻으로 '물'로 읽음 ……… ㉠	예) '水'를 '물'의 뜻으로 '수'로 읽음
본뜻 무시	예) '水'를 '물'의 뜻과 상관없이 '물'로 읽음 …………………… ㉡	예) '水'를 '물'의 뜻과 상관없이 '수'로 읽음 …………………… ㉢

다음 한자(훈-음)를 이용해 차자 표기를 해 보고 그 방식을 설명해 보자.

火(불-화), 土(흙-토), 多(많다-다), 衣(옷-의), 乙(새-을)

예컨대, 고유어 표현 ⓐ의 밑줄 친 부분을 ⓑ로 표기하고 ⓒ(으)로 읽는다면 ⓓ의 방식을 이용한 것이다.

	ⓐ	ⓑ	ⓒ	ⓓ
①	불<u>빛</u>이 일다	火	불	㉠
②	진<u>흙</u>이 굳다	土	흙	㉠
③	웃음이 <u>많다</u>	多	다	㉠
④	시<u>옷</u>을 적다	衣	옷	㉡
⑤	찬<u>물</u>을 담다	乙	을	㉡

27 〈보기〉를 참고할 때, ㉠~㉢에 들어갈 말로 적절한 것은? `25학년도 9월`

보기

중세 국어에는 문장의 주체를 높이는 선어말 어미와 문장의 객체를 높이는 선어말 어미가 있었다. [자료]의 밑줄 친 높임 표현의 선어말 어미가 높이는 대상이 무엇인지 알아보자.

[자료]에 나타난 체언과 조사
• 체언 : 妙光(묘광), 녜, 燈明(등명), 然燈(연등), 스승, 釋迦(석가), 道(도), 나, 부텨, 말씀
• 조사 : 이, 을, ㅅ, 룰, ㅣ, 씌, 을

[자료]
• 妙光이 녜 燈明을 돕ᄉᆞ바 然燈ㅅ 스스이 <u>ᄃᆞ외시고</u> 이제 釋迦를 돕ᄉᆞ바 燈明ㅅ 道룰 <u>니르시며</u>
  [현대어 풀이 : 묘광이 옛적 등명을 도와 연등의 스승이 되시고 이제 석가를 도와 등명의 도를 이으시며]
• 내 부텨씌 말ᄊᆞ믈 <u>ᄒᆞᅀᆞᄫᅩᄃᆡ</u>
  [현대어 풀이 : 내가 부처께 말씀을 드리되]

높임 표현	높이는 대상
ᄃᆞ외시고(ᄃᆞ외-+-시-+-고)	㉠
니르시며(닛-+-ᄋᆞ시-+-며)	㉡
ᄒᆞᅀᆞᄫᅩᄃᆡ(ᄒᆞ-+-ᅀᆞᇦ-+-오ᄃᆡ)	㉢

	㉠	㉡	㉢
①	妙光(묘광)	妙光(묘광)	부텨
②	妙光(묘광)	妙光(묘광)	말씀
③	스승	妙光(묘광)	부텨
④	스승	스승	말씀
⑤	스승	스승	부텨

나 없이
기출
풀지마라

언어와 매체

VI-1

교육청 기출

01 〈보기〉의 ㉠~㉣에 들어갈 말로 적절한 것은?

보기

선생님 : 중세 국어의 체언 중에는 뒤에 오는 조사에 따라 형태가 달리 실현되는 것이 있었습니다. 현대 국어에서 '나무', '하루'를 의미하는 중세 국어의 단어는 자음으로 시작하는 조사나 조사 '와'와 결합할 때 '나모', 'ᄒᆞᄅᆞ'의 형태로 나타났고, '와'를 제외한 모음으로 시작하는 조사와 결합할 때 '낡', 'ᄒᆞᆯ'의 형태로 나타났어요. [예문]에서 이 단어들은 조사 '마다', '와', '도', '은'과 결합하고 있는데요, 그럼 이 단어들은 ㉠~㉣에서 어떻게 나타날까요?

[예문]

ㄱ. 나비 (㉠) 들엿다 ᄒᆞᄂᆞ다
  [원숭이가 나무마다 매달렸다 한다]

ㄴ. (㉡) ᄒᆞᆰ그로 ᄒᆞ며
  [나무와 흙으로 하며]

ㄷ. (㉢) 번 업시 몯ᄒᆞ시더니라
  [하루도 벗 없이 하지 못하셨다]

ㄹ. (㉣) 조심 아니ᄒᆞ샤
  [하루는 조심하지 아니하셔]

	㉠	㉡	㉢	㉣
①	나모마다	나모와	ᄒᆞᄅᆞ도	ᄒᆞᆯ
②	나모마다	남과	ᄒᆞᆯ도	ᄒᆞᄅᆞ
③	나모마다	나모와	ᄒᆞᄅᆞ도	ᄒᆞᆯ
④	낡마다	남과	ᄒᆞᄅᆞ도	ᄒᆞᆯ
⑤	낡마다	나모와	ᄒᆞᆯ도	ᄒᆞᄅᆞ

02 〈보기〉는 중세 국어를 학습하기 위한 자료이다. 〈보기〉를 바탕으로 중세 국어의 특징을 탐구한 내용으로 적절하지 않은 것은?

보기

ⓐ	•ᄆᆡᄒᆡᆺ 새 놀애 브르ᄂᆞ다 [들의 새가 노래를 부른다] •하ᄂᆞᆯ 童男이 잇ᄂᆞ이다 [하늘의 사내아이가 있습니다]
ⓑ	•도ᄌᆞᄀᆡ 알ᄑᆞᆯ [도적의 앞을] •암ᄐᆞᆰ기 아ᄎᆞᄆᆡ 우러 [암탉이 아침에 울어]
ⓒ	•님그믈 救ᄒᆞ시고 [임금을 구하시고] •種種앳 됴ᄒᆞᆫ 오ᄉᆞᆯ 어드며 [종종 좋은 옷을 얻으며]
ⓓ	•반ᄃᆞ기 모매 잇ᄂᆞ녀 [마땅히 몸에 있느냐?] •究羅帝 이제 어듸 잇ᄂᆞ뇨 [구라제는 지금 어디 있느냐?]
ⓔ	•盲龍이 눈 ᄠᅳ고 [눈 먼 용이 눈을 뜨고] •ᄭᅮᆯᄀᆞ티 ᄃᆞᆯ오 비치 히더니 [꿀같이 달고 빛이 희더니]

① ⓐ를 통해, 선어말 어미 '-이-'가 상대를 높이기 위해 사용되었음을 알 수 있군.

② ⓑ를 통해, '이'가 관형격 조사와 주격 조사로 모두 사용되었음을 알 수 있군.

③ ⓒ를 통해, 체언에 목적격 조사가 결합할 때 모음 조화가 지켜졌음을 알 수 있군.

④ ⓓ를 통해, 판정 의문문과 설명 의문문에서 쓰이는 종결 어미가 서로 달랐음을 알 수 있군.

⑤ ⓔ를 통해, 초성에 서로 다른 자음이 함께 쓰일 수 있었음을 알 수 있군.

03 〈보기〉의 자료에 나타나는 중세 국어의 특징을 탐구한 내용으로 적절하지 않은 것은?

보기

[중세 국어] 부텻 뎡바깃뼈 노ᄑᆞ샤 ᄣᅩᆫ머리 ᄀᆞᄐᆞ실씨

[현대어 풀이] 부처님의 정수리뼈가 높으시어 튼 머리 같으시므로

[중세 국어] 大臣이 이 藥 ᄆᆡᆼᄀᆞ라 大王ᄭᅴ 받ᄌᆞᄫᆞᆫ대 王이 좌시고

[현대어 풀이] 대신이 이 약을 만들어 대왕께 바치니 왕이 드시고

① '부텻'을 보니, 높임의 대상에 관형격 조사 'ㅅ'이 결합하였음을 알 수 있군.

② '노ᄑᆞ샤'를 보니, 대상의 신체 일부를 높이는 간접 높임이 실현되었음을 알 수 있군.

③ 'ᄀᆞᄐᆞ실씨'를 보니, 현대 국어와 같은 형태의 주체 높임 선어말 어미가 쓰였음을 알 수 있군.

④ '받ᄌᆞᄫᆞᆫ대'를 보니, 목적어가 지시하는 대상을 높이기 위한 객체 높임 선어말 어미가 쓰였음을 알 수 있군.

⑤ '좌시고'를 보니, 높임의 의미를 갖는 특수 어휘를 통해 주체를 높이고 있음을 알 수 있군.

04 〈학습 활동〉을 수행한 결과로 적절한 것은?

학습 활동

㉠~㉢을 통해 중세 국어의 격 조사가 실현된 양상을 탐구해 보자.

㉠ 太子ㅅ(태자+ㅅ) 버들 사ᄆ샤 時常 겨틔(곁+의) 이셔
(현대어 풀이 : 태자의 벗을 삼으시어 늘 곁에 있어)

㉡ 衆生의(중생+의) ᄆ슨믈(ᄆ슴+을) 조차
(현대어 풀이 : 중생의 마음을 따라)

㉢ 니르고져 홇 배(바+ㅣ) 이셔도 ᄆ촘내 제 ᄠᅳ들(ᄠᅳᆮ+을)
(현대어 풀이 : 이르고자 하는 바가 있어도 마침내 제 뜻)

㉣ 바ᄅᆞ래(바ᄅᆞᆯ+애) ᄇᄅ미(ᄇ룸+이) 자고
(현대어 풀이 : 바다에 바람이 자고)

㉤ 그르세(그릇+에) 담고 버믜 고기란 도ᄀᆡ(독+익) 다마
(현대어 풀이 : 그릇에 담고 범의 고기는 독에 담아)

	비교 자료	탐구 결과
①	㉠의 '太子ㅅ' ㉡의 '衆生의'	체언이 무정 명사이냐 유정 명사이냐에 따라 관형격 조사의 형태가 다르게 나타난다고 볼 수 있겠군.
②	㉠의 '겨틔' ㉤의 '도ᄀᆡ'	체언 끝이 자음이냐 모음이냐에 따라 부사격 조사의 형태가 다르게 나타난다고 볼 수 있겠군.
③	㉡의 'ᄆ슨믈' ㉢의 'ᄠᅳ들'	체언 끝이 자음이냐 모음이냐에 따라 목적격 조사의 형태가 다르게 나타난다고 볼 수 있겠군.
④	㉢의 '배' ㉣의 'ᄇᄅ미'	체언의 모음이 양성 모음이냐 음성 모음이냐에 따라 주격 조사의 형태가 다르게 나타난다고 볼 수 있겠군.
⑤	㉣의 '바ᄅᆞ래' ㉤의 '그르세'	체언의 모음이 양성 모음이냐 음성 모음이냐에 따라 부사격 조사의 형태가 다르게 나타난다고 볼 수 있겠군.

05 〈보기〉를 바탕으로 중세 국어의 특징을 탐구한 내용으로 적절하지 <u>않은</u> 것은?

보기

羅雲(나운)이 져머 노ᄅᆞᆺ술 즐겨 法(법) 드로믈 슬히 너겨 ᄒ거든 **부톄** ᄌ로 **니ᄅᆞ샤도** 從(종)ᄒᅀᆞᆸ디 아니ᄒᆞ더니 後(후)에 부톄 羅雲(나운)이ᄃ려 니ᄅᆞ샤ᄃᆡ 부텨 맛나미 **어려ᄫᅳ며** 法(법) 드로미 어려ᄫᅳ니 네 이제 **사ᄅᆞ미** 모ᄆᆞᆯ **得**(득)하고 부텨를 맛나 잇ᄂᆞ니 엇뎨 게을어 法(법)을 아니 듣ᄂᆞ다
- 「석보상절」 -

[현대어 풀이]

나운이 어려서 놀이를 즐겨 법을 듣기를 싫게 여기니, 부처가 자주 이르셔도 따르지 아니하더니, 후에 부처가 나운이더러 이르시되, "부처를 만나기가 어려우며 법을 듣기 어려우니, 네가 이제 사람의 몸을 득하고 부처를 만나 있으니, 어찌 게을러 법을 아니 듣는가?"

① '부톄'를 통해 모음으로 끝나는 체언에 주격 조사가 결합했음을 확인할 수 있다.

② '니ᄅᆞ샤도'를 통해 두음 법칙이 적용되지 않았음을 확인할 수 있다.

③ '從(종)ᄒᅀᆞᆸ디'를 통해 주체를 높이는 선어말 어미가 쓰였음을 확인할 수 있다.

④ '어려ᄫᅳ며'를 통해 현대 국어에 쓰이지 않는 음운이 존재했음을 확인할 수 있다.

⑤ '사ᄅᆞ미'를 통해 현대 국어와 다른 형태의 관형격 조사가 사용되었음을 확인할 수 있다.

06 〈보기〉에 나타난 중세 국어의 특징을 탐구한 내용으로 적절하지 <u>않은</u> 것은?

보기

불휘 기픈 남ᄀᆞᆫ **ᄇᄅ매** 아니 뮐씨 곶 됴코 여름 **하ᄂᆞ니**
시미 기픈 **므른** **ᄀᄆ래** 아니 그츨씨 **내히** 이러 **바ᄅᆞ래** 가ᄂᆞ니

[현대어 풀이]
뿌리가 깊은 나무는 **바람에** 아니 움직이므로 꽃이 좋고 열매가 **많으니**,
샘이 깊은 물은 가뭄에 아니 그치므로 **내(川)가** 이루어져 **바다에** 가느니.
- 「용비어천가(龍飛御天歌)」 〈제2장〉 -

① '불휘'와 '시미'를 보니, 'ㅣ' 모음으로 끝난 체언 뒤에 동일한 형태의 주격 조사가 사용되었음을 알 수 있군.

② 'ᄇᄅ매'와 'ᄀᄆ래'를 보니, '애'가 현대 국어의 부사격 조사와 같은 기능으로 사용되었음을 알 수 있군.

③ '하ᄂᆞ니'를 보니, '하다'가 현대 국어와 다른 의미로 쓰였음을 알 수 있군.

④ '므른'과 '바ᄅᆞ래'를 보니, 앞 형태소의 끝소리를 다음 형태소의 첫소리로 옮겨 적는 방식이 사용되었음을 알 수 있군.

⑤ '내히'를 보니, 체언이 모음으로 시작하는 조사와 결합할 때 체언의 끝소리 'ㅎ'이 연음되어 나타나는 경우가 있었음을 알 수 있군.

07 〈보기〉는 중세 국어를 학습하기 위한 자료이다. 〈보기〉를 바탕으로 중세 국어의 특징을 탐구한 내용으로 적절하지 <u>않은</u> 것은?

보기

太子ㅣ 앗겨 ᄆᆞᅀᆞ매 너교ᄃᆡ 비들 만히 니르면 몯 삵가 ᄒᆞ야 닐오ᄃᆡ 金으로 ᄯᅡ해 ᄭᆞ로ᄆᆞᆯ 뽐 업게 ᄒᆞ면 이 東山ᄋᆞᆯ 푸로리라 須達이 닐오ᄃᆡ 니ᄅᆞ샨 양ᄋᆞ로 호리이다 太子ㅣ 닐오ᄃᆡ내 롱담ᄒᆞ다라 須達이 닐오ᄃᆡ 太子ㅅ 法은 거즛마ᄅᆞᆯ 아니ᄒᆞ시는 거시니 구쳐 푸ᄅᆞ시리이다

[현대어 풀이]

태자가 아껴 마음에 여기되 '값을 많이 이르면 못 살까.' 하여 이르되 "금으로 땅에 깔음을 틈 없게 하면 이 동산을 팔겠다." 수달이 이르되 "이르신 양으로 하겠습니다." 태자가 이르되 "내가 농담하였다." 수달이 이르되 "태자의 도리는 거짓말을 하시지 않는 것이니 하는 수 없이 파실 것입니다."

① '金으로'와 '양ᄋᆞ로'를 통해 모음 조화에 따라 형태를 달리하는 부사격 조사가 있었음을 확인할 수 있다.
② '뽐'을 통해 단어 첫머리에 자음이 연속하여 올 수 있었음을 확인할 수 있다.
③ '니ᄅᆞ샨'을 통해 주체인 수달을 높이는 선어말 어미가 쓰였음을 확인할 수 있다.
④ '太子ㅅ'을 통해 'ㅅ'이 관형격 조사로 쓰였음을 확인할 수 있다.
⑤ '거즛마ᄅᆞᆯ'을 통해 자음으로 끝나는 체언에 모음으로 시작하는 조사가 결합할 때 이어적기를 하였음을 확인할 수 있다.

08 〈보기〉를 바탕으로 중세 국어의 특징을 탐구한 내용으로 적절하지 <u>않은</u> 것은?

보기

㉠나랏 말ᄊᆞ미 中듕國귁에 달아 文문字ᄍᆞ와로 서르 ᄉᆞᄆᆞᆺ디 아니ᄒᆞᆯᄊᆡ 이런 젼ᄎᆞ로 어린 百ᄇᆡᆨ姓셩이 ㉡니르고져 홇 ㉢배 이셔도 ᄆᆞᄎᆞᆷ내 제 ᄠᅳ들 시러 ㉣펴디 몯ᄒᆞᇙ 노미 하니라 내 ㉤이ᄅᆞᆯ 爲윙ᄒᆞ야 어엿비 너겨 새로 스믈여듧 字ᄍᆞᆼᄅᆞᆯ 밍ᄀᆞ노니 사ᄅᆞᆷ마다 ᄒᆡ여 수ᄫᅵ 니겨 날로 뿌메 便뼌安ᅙᅡᆫ킈 ᄒᆞ고져 ᄒᆞᇙ ᄯᆞᄅᆞ미니라

[현대어 풀이]

우리나라의 말이 중국과 달라 문자와 서로 통하지 아니하여서 이런 까닭으로 어리석은 백성이 말하고자 하는 바가 있어도 마침내 제 뜻을 능히 펴지 못하는 사람이 많다. 내가 이것을 위하여 가엾게 여겨 새로 스물여덟 자를 만드니, 모든 사람들로 하여금 쉽게 익혀 날마다 쓰는 데 편하게 하고자 할 따름이다.

① ㉠의 'ㅅ'은 현대 국어의 '의'에 해당하는 관형격 조사로 쓰였군.
② ㉡의 '-고져'는 현대 국어의 '-고자'에 해당하는 연결 어미로 쓰였군.
③ ㉢의 'ㅣ'는 주격 조사로, 모음으로 끝나는 체언에 결합했음을 알 수 있군.
④ ㉣과 현대 국어의 '펴지'를 비교해 보니 '-디'에서는 구개음화가 확인되지 않는군.
⑤ ㉤의 '를'은 목적격 조사로, 자음으로 끝나는 체언에 결합했음을 알 수 있군.

09 〈보기〉의 중세 국어 자료에서 나타난 특징을 탐구한 내용으로 적절하지 <u>않은</u> 것은?

보기

[중세 국어]

나라히 파망(破亡)ᄒᆞ니 :뫼·콰 ᄀᆞ·ᄅᆞᆷ·ᄲᅮᆫ 잇고
·잣 ·앉 보·미 ·플·와 나모·ᄲᅮᆫ 기·펫도·다
시절(時節)·을 감탄(感嘆)·호니 고·지 눖·므를 ᄲᅳ·리게 ·코
여·희여·슈믈 슬후니 :새 ᄆᆞᅀᆞ·믈 :놀래ᄂᆞ·다
봉화(烽火)ㅣ :석·ᄃᆞᆯ를 니·ᅀᅥ시·니
지·ᄫᅵᆺ 음서(音書)·ᄂᆞᆫ 만금(萬金)·이 ·ᄉᆞ도·다

                       - 초간본 『분류두공부시언해』 중에서 -

[현대어 풀이]

나라가 망하니 산과 강만 있고
성 안의 **봄에** 풀과 나무만이 깊어 있도다.
시절을 감탄하니 꽃이 눈물을 **뿌리게** 하고
헤어져 있음을 슬퍼하니 새가 **마음을** 놀라게 한다.
봉화가 석 **달을** 이어지니
집의 편지는 만금보다 값지도다.

① '보·미'는 현대 국어의 '봄에'에 대응하는 것을 보니 끊어 적기를 하였군.
② '·플·와'가 현대 국어의 '풀과'에 대응하는 것을 보니 방점이 쓰였군.
③ 'ᄲᅳ·리게'가 현대 국어의 '뿌리게'에 대응하는 것을 보니 단어의 첫머리에 서로 다른 자음이 함께 사용되었군.
④ 'ᄆᆞᅀᆞ·믈'이 현대 국어의 '마음을'에 대응하는 것을 보니 현대 국어에서 사용되지 않는 'ㅿ', 'ㆍ'가 사용되었군.
⑤ '·ᄃᆞᆯ를'이 현대 국어의 '달을'에 대응하는 것을 보니 모음 조화가 지켜졌군.

10 〈보기〉의 중세 국어 자료에 나타나는 특징을 탐구한 내용으로 적절하지 <u>않은</u> 것은?

보기

善썬慧ᅠᆒ ㉠니ᄅᆞ샤ᄃᆡ 五ᅌᅩᆼ百ᄇᆡᆨ ㉡銀은도ᄂᆞ로 다숫 줄기를 사아지라
俱궁夷ᅌᅵᆼ 묻ᄌᆞᄫᅡ샤ᄃᆡ ㉢므스게 ㉣ᄡᅳ시리
善썬慧ᅠᆒ ㉤對됭答답ᄒᆞ샤ᄃᆡ 부텻긔 받ᄌᆞᄫᅩ리라

                       - 『월인석보』 권 1(1459년) -

[현대어 풀이]

선혜가 **이르시되** "오백 **은돈으로** 다섯 줄기를 사고 싶다."
구이가 물으시되 "**무엇에 쓰시리**?"
선혜가 **대답하시되** "부처께 바치리라."

① ㉠을 통해 두음 법칙이 적용되지 않았음을 알 수 있군.
② ㉡을 통해 조사가 결합할 때 모음 조화가 지켜졌음을 알 수 있군.
③ ㉢을 통해 이어 적기가 사용되었음을 알 수 있군.
④ ㉣을 통해 초성자의 서로 다른 자음을 가로로 나란히 붙여 쓰는 방식이 사용되었음을 알 수 있군.
⑤ ㉤을 통해 객체를 높이는 선어말 어미가 사용되었음을 알 수 있군.

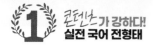
11 [가]에 들어갈 내용으로 적절하지 <u>않은</u> 것은?

학습 자료	중세 국어의 '-숩/줍/숩-'은 객체 높임의 의미를 나타내는 선어말 어미이다. 주체 높임은 선어말 어미 '-시-', 상대 높임은 선어말 어미 '-이-'를 사용하여 나타냈다. 또한 높임의 뜻을 가진 어휘로 높임이 실현되기도 했다. [중세 국어] 聖子를 내⊙시니ⓛ이다 [현대 국어] (하늘이) 聖子(성자)를 내셨습니다. [중세 국어] 世솅尊존ㅅ 安한否뿔 묻ⓒ줍고 [현대 국어] 世尊(세존)의 安否(안부)를 여쭙고 [중세 국어] ⓔ진지 오를 제 반드시 [현대 국어] 진지 올릴 때 반드시
학습 활동	⊙~ⓔ을 현대 국어와 비교하여 정리해 보자. ([가])

① ⊙ : 주체인 '聖子(성자)'를 높이는 '-시-'가 쓰인다는 점에서 현대 국어와 같다.

② ⓛ : 상대를 높이는 '-이-'가 쓰인다는 점에서 현대 국어와 차이가 있다.

③ ⓒ : 객체를 높이는 '-줍-'이 쓰인다는 점에서 현대 국어와 차이가 있다.

④ ⓔ : '밥'을 높여서 이르는 말을 사용하고 있다는 점에서 현대 국어와 같다.

⑤ ⊙+ⓛ : 주체와 상대에 대한 높임이 함께 나타난다는 점에서 현대 국어와 같다.

12 〈보기〉의 ⊙~ⓜ에서 알 수 있는 중세국어의 특징으로 적절하지 <u>않은</u> 것은?

> **보기**
>
> ⊙雙鵰(쌍조)ㅣ 호 사래 ⓛ뻬니 絶世(절세) 英才(영재)를 邊人(변인)이 拜伏(배복) ⓒ호스ᄫ니
>
> **[현대어 풀이]**
> 두 마리 독수리가 한 살에 꿰이니, 절세의 영재를 변방의 사람들이 절하며 복종하니
>
> 雙鵲(쌍작)이 호 ⓔ사래 ⓜ디니 曠世(광세) 奇事(기사)를 北人(북인)이 稱頌(칭송)호스ᄫ니
>
> **[현대어 풀이]**
> 두 마리 까치가 한 살에 떨어지니, 세상에 없는 기이한 일을 북녘 사람들이 칭송하니
>
> – 「용비어천가(龍飛御天歌)」〈제23장〉 –

① ⊙을 보니 모음으로 끝난 체언 뒤에 목적격 조사로 'ㅣ'가 사용되었군.

② ⓛ을 보니 음절의 초성에서 두 개 이상의 자음이 사용되었군.

③ ⓒ을 보니 'ㅿ', 'ㅸ', 'ㆍ' 등 현대 국어에서는 사용되지 않는 문자가 사용되었군.

④ ⓔ에서 양성 모음 'ㅏ'와 'ㅐ'가 어울리는 것을 보니 모음 조화가 지켜졌군.

⑤ ⓜ에서 'ㅣ' 앞의 'ㄷ'이 'ㅈ'으로 변하지 않은 것을 보니 구개음화 현상이 나타나지 않았군.

13 ⊙~ⓜ을 현대 국어와 비교한 내용으로 적절하지 <u>않은</u> 것은?

> **보기**
>
> [중세 국어] ⊙부톄 目連(목련)이ᄃ려 ⓛ니ᄅ샤ᄃ
> [현대 국어] 부처가 목련에게 이르시되
>
> [중세 국어] 耶輸(야수)ㅣ ⓒ부텻 使者(사자) 왯다 ⓔ드르시고
> [현대 국어] 야수가 부처의 사자가 왔다는 말을 들으시고
>
> [중세 국어] 내 ᄯᆞᆯ 勝鬘(승만)이 聰明(총명)ᄒ니 부텨옷 ⓜ보ᅀᆞᄫ면
> [현대 국어] 내 딸 승만이 총명하니 부처만 뵈면
>
> – 『석보상절』 –

① ⊙ : 모음으로 끝나는 체언에 주격 조사 'ㅣ'가 결합했다는 점에서 현대 국어와 차이가 있다.

② ⓛ : 고유어에서 두음 법칙이 적용되었다는 점에서 현대 국어와 공통적이다.

③ ⓒ : 관형격 조사로 'ㅅ'이 쓰였다는 점에서 현대 국어와 차이가 있다.

④ ⓔ : 주체를 높이는 선어말 어미가 쓰였다는 점에서 현대 국어와 공통적이다.

⑤ ⓜ : 객체를 높이는 선어말 어미가 쓰였다는 점에서 현대 국어와 차이가 있다.

14 〈보기 1〉을 바탕으로 〈보기 2〉의 ㉠~㉤을 바르게 분류한 것은?

보기 1

국어의 표기법은 이어 적기에서 끊어 적기가 확대되는 방향으로 변하여 왔다. 여기서 이어 적기란 형태소를 소리 나는 대로 이어 적는 방식이고, 끊어 적기란 각 형태소들을 분리하여 적는 방식이다. 한편 근대 국어에는 여러 형태소가 연결될 때에 형태소의 모음 사이에서 나는 자음을 각각 앞 음절의 종성으로 적고 뒤 음절의 초성으로도 적는 과도기적 방식이 나타났는데 이를 거듭 적기라 한다.

보기 2

부엉이 對答(대답)ㅎ야 갈오딕 이 地方(지방) 스룸은 내 ㉠우룸 쇼릭를 미워ㅎᄂᆞᆫ 故(고)로 나ᄂᆞᆫ 다른 地方(지방)으로 올무랴 ㅎ노라 ㅎ니 비둘기 ㉡우서 갈오딕 즈네 우ᄂᆞᆫ 쇼릭를 곳치지 안코 居處(거처)만 옴기면 如舊(여구)히 또 ㉢미워흐음을 免(면)치 못ᄒᆞ리라 ᄒᆞ얏소 이 이익기ᄂᆞᆫ 춤 滋味(자미)잇숩ᄂᆞ이다 여러분 중에도 自家(자가)의 악흔 ㉣일은 곳치지 안코 다른 딕로만 가랴고 ᄒᆞᄂᆞ니 ㉤잇스면 이ᄂᆞᆫ 亦是(역시) 이 비둘기의게 우슴을 보오리다

— 「신정심상소학」(1896년)에서 —

[현대어 풀이]

부엉이가 대답하여 가로되 "이 지방 사람은 내 울음소리를 미워하는 까닭에 나는 다른 지방으로 옮기려 한다."라고 하니 비둘기가 웃어 가로되 "자네가 우는 소리를 고치지 않고 거처만 옮기면 여전히 또 미워함을 피하지 못할 것이다."라고 하였다. 이 이야기는 참 재미있습니다. 여러분 중에도 자기의 악한 일은 고치지 않고 다른 데로만 가려고 하는 이가 있으면 이것 역시 이 비둘기에게 웃음을 살 것입니다.

	이어 적기	끊어 적기	거듭 적기
①	㉠, ㉡	㉢, ㉣	㉤
②	㉠, ㉢	㉡, ㉣	㉤
③	㉢, ㉣	㉠, ㉤	㉣
④	㉢, ㉤	㉠, ㉡	㉣
⑤	㉢, ㉣	㉡, ㉣	㉠

15 〈보기〉를 읽고 중세 국어의 의문문에 대해 탐구한 내용으로 적절하지 않은 것은?

보기

의문문에는 청자에게 가부(可否)를 묻는 판정 의문문과 구체적인 설명을 요구하는 설명 의문문이 있다. 중세 국어의 경우, 판정 의문문에는 '-아/어' 계열의 어미와 보조사가, 설명 의문문에는 '-오' 계열의 어미와 보조사가 쓰인다. 주어가 2인칭인 경우에는 '-ㄴ다'의 특수한 의문형 어미가 쓰인다.

ㄱ. 이 ᄯᆞ리 너희 **죵가** (이 딸이 너희들의 종이냐?)
ㄴ. 이제 **엇더ᄒᆞ고** (이제 어떠하냐?)
ㄷ. 네 **모ᄅᆞᆫ다** (너는 모르느냐?)
ㄹ. 네 엇뎨 **안다** (너는 어떻게 아느냐?)

① 'ㄱ'의 '이' 대신 '엇던'이 쓰이면, '죵가'를 '죵고'로 바꿔야겠군.
② 'ㄴ'의 '엇더' 대신 '평안'이 쓰이면, 'ᄒᆞ고'를 'ᄒᆞ가'로 바꿔야겠군.
③ 'ㄴ'과 'ㄹ'은 청자에게 구체적인 설명을 요구하는 의문문이군.
④ 'ㄷ'의 '너' 대신 3인칭인 '그'가 쓰이면, '모ᄅᆞᆫ다'를 '모ᄅᆞᆫ고'로 바꿔야겠군.
⑤ 'ㄷ'과 'ㄹ'을 보니, 주어가 2인칭인 경우의 의문형 어미는 판정 의문문과 설명 의문문에 따른 구분이 없군.

16 〈보기〉의 ㉠~㉤에 나타난 중세 국어의 특징으로 옳지 않은 것은?

보기

千世(천 세) 우희 미리 定(정)ᄒᆞ샨 漢水(한수) 北(북)에
累仁開國(누인개국)ᄒᆞ샤 卜年(복년)이 ㉠ᄀᆞ업스시니
聖神(성신)이 니ᅀᆞ샤도 敬天勤民(경천근민) ᄒᆞ샤ᅀᅡ 더욱 ㉡구드시리이다

㉢님금하 아ᄅᆞ쇼셔 ㉣洛水(낙수)예 山行(산행)가 이셔 하나빌 ㉤미드니잇가

— 「용비어천가(龍飛御天歌)」(세종 29년) 〈제125장〉 —

[현대어 풀이]

천 세(千世) 전에 미리 정하신 한강 북쪽에,
여러 대를 물린 어진 임금이 나라를 여[開]시어 왕조가 **끝이 없으시니**,
성신(聖神)이 대를 이으시어도 하늘을 공경하고 백성을 부지런히 섬겨야 더욱 **굳건할 것입니다.**
임금이시여, 아소서. 낙수(洛水)에 사냥을 가 있으면서 할아버지를 믿으시겠습니까?

① ㉠ : 현대 국어에는 쓰이지 않는 자음과 모음이 사용되었다.
② ㉡ : 선어말 어미 '-이-'는 듣는 이를 높이기 위해 사용되었다.
③ ㉢ : 조사 '하'는 부르는 대상을 높이는 역할을 하였다.
④ ㉣ : '예'는 장소를 나타내는 부사격 조사로 사용되었다.
⑤ ㉤ : 어간의 받침을 어간의 종성과 어미의 초성으로 겹쳐 표기하였다.

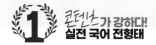

17 〈보기〉에서 ⊙~②에 들어갈 목적격 조사로 옳은 것은?

> **보기**
>
> 15세기 국어의 모음 중 'ㆍ, ㅏ, ㅗ'는 양성 모음, 'ㅡ, ㅓ, ㅜ'는 음성 모음, 'ㅣ'는 중성 모음에 해당한다. 당시에는 체언과 조사가 결합할 때 모음 조화가 엄격하게 지켜졌는데, 모음 조화란 양성 모음은 양성 모음끼리, 음성 모음은 음성 모음끼리 어울리는 현상이다. 15세기 국어에서 목적격 조사는 'ㄹ, 을, 롤, 를'이 있다. 이들 가운데 어떤 것이 선택되는가는 체언이 자음으로 끝나느냐 모음으로 끝나느냐와 함께 체언과의 모음 조화에 따라서 결정되었다.

중세 국어	현대 국어	중세 국어	현대 국어
사름+⊙	사람+을	누+ⓒ	누구+를
천하+ⓒ	천하+를	뜯+②	뜻+을

	⊙	ⓒ	ⓒ	②
①	올	룰	를	을
②	올	룰	을	를
③	을	울	를	룰
④	을	를	룰	올
⑤	룰	올	을	를

18 〈보기〉의 ⊙~⑩에 나타난 중세 국어의 특징을 설명한 내용으로 옳지 <u>않은</u> 것은?

> **보기**
>
> 乃냉終즁ㄱ 소리는 다시 첫소리를 ⊙쓰ᄂᆞ니라 ㅇ를 입시울쏘리 아래 ⓒ니서쓰면 입시울가비야ᄫᆞᆯ소리 두외ᄂᆞ니라 ⓒ첫소리를 ②어울워 ᄡᅮ디면 ⑩골바쓰라 냉終즁ㄱ 소리도 ᄒᆞ가지라
> ― 『훈민정음』 언해, 세조 5년(1459) ―

[현대어 풀이]

나중 소리(종성)는 다시 첫소리(초성)를 쓴다. ㅇ을 입술소리 아래 이어 쓰면 입술 가벼운 소리가 된다. 첫소리를 아울러 쓰려면 나란히 써야 하니 나중 소리도 마찬가지이다.

① ⊙: 첫음절 초성에 서로 다른 자음이 함께 나타난다.
② ⓒ: 두음 법칙이 적용되었음을 확인할 수 있다.
③ ⓒ: 'ㆍ'가 사용되었음을 확인할 수 있다.
④ ②: 모음 조화가 잘 지켜지고 있다.
⑤ ⑩: 현대 국어에서 쓰이지 않는 자음이 나타난다.

19 〈보기〉를 읽고 중세 국어에 대해 탐구한 내용으로 적절하지 <u>않은</u> 것은?

> **보기**
>
> 海東 六龍이 ᄂᆞᄅᆞ샤 일마다 天福이시니 ⊙古聖이 同符ᄒᆞ시니
> 〈제1장〉
> ⓒ불휘* 기픈 ⓒ남ᄀᆞᆫ* ②ᄇᆞᄅᆞ매 아니 뮐씨 곶 됴코 여름 하ᄂᆞ니
> 시미 기픈 ⑩므른 ᄀᆞᄆᆞ래 아니 그츨씨 내히 이러 ⑪바ᄅᆞ래 가ᄂᆞ니
> 〈제2장〉
> ― 「용비어천가(龍飛御天歌)」, 세종 29년 ―
>
> *불휘 : '불휘+Ø(주격 조사가 생략된 형태를 나타냄)'의 형태소로 분석함.
> *남ᄀᆞᆫ : '남ᄀᆞ+ᄋᆞᆫ'의 형태소로 분석함.

[현대어 풀이]

해동의 여섯 용이 나[飛]셔서 일마다 하늘이 도우시니, 옛 성인들[古聖]과 같으시도다.
〈제1장〉

뿌리가 깊은 나무는 바람에도 흔들리지 아니하므로 꽃이 좋고 열매가 많도다. 샘이 깊은 물은 가뭄에 그치지 아니하므로 내[川]가 이루어져 바다에 이르는도다.
〈제2장〉

① ⊙의 조사 '이'는 '古聖(고성)'이 비교나 기준으로 삼는 대상임을 나타내는군.
② ⓒ에는 현대 국어의 '가'에 해당하는 주격 조사의 형태가 드러나지 않는군.
③ ⓒ의 형태소 분석을 볼 때, 중세 국어 체언 중에는 조사와 결합할 때 'ㄱ'이 덧붙는 체언이 있군.
④ ⓒ의 조사 'ᄋᆞᆫ'과 ⑩의 조사 '은'은 형태는 다르지만 동일한 문법적 기능을 하겠군.
⑤ ②과 ⑪의 조사 '애'는 모두 앞의 체언이 '원인'임을 뜻하는 부사어임을 나타내는군.

20 〈보기〉를 바탕으로 중세 국어의 음운 'ㅸ', 'ㅿ', 'ㆍ'에 대해 탐구한 내용으로 적절하지 <u>않은</u> 것은?

보기

ㄱ. ᄆᆞᄉᆞᆯ 〉 ᄆᆞᅀᆞᆯ 〉 마을
　ᄀᆞᄉᆞᆯ 〉 ᄀᆞᅀᆞᆯ 〉 가을
ㄴ. (날씨가) 덥(다) + -어 : 더ᄫᅥ
ㄷ. (색깔이) 곱(다) + -아 : 고ᄫᅡ 〉 고와
　(고기를) 굽(다) + -어 : 구ᄫᅥ 〉 구워

① ㄱ으로 보아, 중세 국어 'ᄆᆞᄉᆞᆯ'과 'ᄀᆞᄉᆞᆯ'의 'ㅿ'은 음운 변화 양상이 같았음을 알 수 있군.
② ㄱ으로 보아, 'ㆍ'는 현대 국어에서 첫째 음절과 둘째 음절에서 변화된 음운의 모습이 같았음을 알 수 있군.
③ ㄴ으로 보아, 'ㅂ'으로 끝나는 어간이 모음으로 시작하는 어미와 결합하면 'ㅂ'이 'ㅸ'으로 바뀌는 것을 알 수 있군.
④ ㄷ으로 보아, 'ㅸ'에 결합되는 어미의 모음에 따라 현대 국어에서의 표기가 달라지는군.
⑤ ㄱ과 ㄷ으로 보아, 'ㅿ'과 'ㅸ'은 현대 국어에 표기되지 않게 되었음을 알 수 있군.

21 다음은 '훈민정음'에 대한 발표를 위해 학생들이 수집한 자료이다. 자료의 활용 방안으로 적절하지 <u>않은</u> 것은?

[초성자]

조음 위치에 따른 분류	기본자	가획자	이체자
어금닛소리	ㄱ	ㅋ	ㆁ
혓소리	ㄴ	ㄷ, ㅌ	ㄹ
입술소리	ㅁ	ㅂ, ㅍ	
잇소리	ㅅ	ㅈ, ㅊ	ㅿ
목구멍소리	ㅇ	ㆆ, ㅎ	

[중성자]

기본자	초출자	재출자
ㆍ, ㅡ, ㅣ	ㅗ, ㅏ, ㅜ, ㅓ	ㅛ, ㅑ, ㅠ, ㅕ

[종성자]
종성에는 초성 글자를 다시 쓴다.

① 같은 위치에서 소리 나는 기본자와 가획자는 형태상의 유사성이 있음을 설명한다.
② 가획자는 기본자에 획을 더하는 방식으로 만들었다는 점을 설명한다.
③ 이체자는 가획자에 한 번 더 획을 더하여 만들었다는 점을 설명한다.
④ 모음의 초출자와 재출자는 기본자의 결합으로 만들어졌다는 점을 설명한다.
⑤ 받침에 쓰는 자음을 추가로 만들지 않음으로써 문자 운용의 효율성을 높일 수 있었음을 설명한다.

나 없이

기출

풀지마라

나 없이
기출
풀지마라

언어와 매체

VII

지문형

[01~02]
다음은 용언의 활용에 관한 탐구 활동과 자료이다. 〈대화 1〉과 〈대화 2〉는 학생의 탐구 활동이고, 〈자료〉는 학생들이 수집한 학술 자료이다. 물음에 답하시오.

17학년도 6월

〈대화 1〉

A : '(길이) 좁다'와 '(이웃을) 돕다'는 어간의 끝이 'ㅂ'으로 같잖아? 그런데 '좁다'는 '좁고', '좁아'로 활용하고 '돕다'는 '돕고', '도와'로 활용하여, 모음으로 시작하는 어미 앞에서의 활용형이 달라.

B : 그러고 보니 '(신을) 벗다'와 '(노를) 젓다'도 어간의 끝이 'ㅅ'으로 같은데, '벗다'는 '벗어'로 활용하고 '젓다'는 '저어'로 활용해서, 모음으로 시작하는 어미 앞에서의 활용형이 달라.

A : 그렇구나. 어간의 끝이 같은데도 왜 이렇게 다르게 활용하는 걸까? 우리 한번 같이 자료를 찾아보고 답을 알아볼래?

〈자료〉

　　현대 국어 '좁다'와 '돕다'의 15세기 중엽의 국어에서의 활용형을 보면, '좁다'는 '좁고', '조바'처럼 자음과 모음으로 시작하는 어미 앞 모두에서 어간이 '좁-'으로 나타난다. 그러나 '돕다'는 자음으로 시작하는 어미 앞에서는 '돕고'처럼 어간이 '돕-'으로, 모음으로 시작하는 어미 앞에서는 '도바'처럼 어간이 '돕-'으로 나타난다. 다음으로 현대 국어 '벗다'와 '젓다'의 15세기 중엽의 국어에서의 활용형을 보면, '벗다'는 '벗고', '버서'처럼 자음과 모음으로 시작하는 어미 앞 모두에서 어간이 '벗-'으로 나타난다. 그러나 '젓다'는 자음으로 시작하는 어미 앞에서는 '젓고'처럼 어간이 '젓-'으로, 모음으로 시작하는 어미 앞에 서는 '저서'처럼 어간이 '졎-'으로 나타난다. 당시 국어의 음절 끝에는 'ㄱ, ㄴ, ㄷ, ㄹ, ㅁ, ㅂ, ㅅ, ㆁ'의 8개의 소리가 올 수 있었기에 '돕고'의 'ㅂ'과 '젓고'의 'ㅅ'은 각각 'ㅸ'이 'ㅂ'으로 교체되고 'ㅿ'이 'ㅅ'으로 교체된 것을 표기한 것이다. 그리고 '도바'와 '저서'는 'ㅸ'과 'ㅿ'이 뒤 음절의 첫소리로 연음된 것을 표기한 것이다.

　　그런데 'ㅸ', 'ㅿ'은 15세기와 16세기를 지나면서 소실되었다. 먼저 'ㅸ'은 15세기 중엽을 넘어서면서 '도바>도와', '더버>더워'에서와 같이 'ㅏ' 또는 'ㅓ' 앞에서는 반모음 'ㅗ/ㅜ[w]'로 바뀌었고, '도ᄫᆞ시니>도오시니', '셔ᄫᅳᆯ>셔울'에서와 같이 'ㆍ' 또는 'ㅡ'가 이어진 경우에는 모음과 결합하여 'ㅗ' 또는 'ㅜ'로 바뀌었으나, 음절 끝에서는 이전과 다름없이 'ㅂ'으로 나타났다. 다음으로 'ㅿ'은 16세기 중엽에 '아ᅀᆞ>아ᅌᆞ', '저서>저어'에서와 같이 사라졌으며, 음절 끝에서는 이전과 다름없이 'ㅅ'으로 나타났다. 이런 변화를 겪은 말 중에 '셔울', '도오시니', '아ᅌᆞ'는 18~19세기를 거쳐 '서울', '도우시니', '아우'로 바뀌어 오늘날에 이르렀다.

〈대화 2〉

A : 자료를 보니 'ㅸ', 'ㅿ'이 사라지면서 '도바'가 '도와'로, '저서'가 '저어'로 활용형이 바뀌었네.

B : 그럼 '(고기를) 굽다'가 '구워'로 활용하고, '(밥을) 짓다'가 '지어'로 활용하는 것도 같은 거겠네!

A : 맞아. 그래서 현대 국어에서는 '굽다'하고 '짓다'가 불규칙 활용을 하게 된 거야.

01 위 탐구 활동과 자료에 대한 이해로 적절하지 않은 것은?

① 현대 국어의 '도와', '저어'와 같은 활용형은 어간의 형태가 달라지는 불규칙 활용에 해당하는군.

② 15세기 국어의 '도바'가 현대 국어에서 '도와'로 나타나는 것은 'ㅸ'이 어간 끝에서 'ㅂ'으로 바뀐 결과이군.

③ 15세기 국어의 '저서'가 현대 국어에서 '저어'로 나타나는 것은 'ㅿ'의 소실로 어간의 끝 'ㅿ'이 없어진 결과이군.

④ 15세기 국어의 '돕고'와 현대 국어의 '돕고'는, 자음으로 시작하는 어미 앞에서 어간의 모양이 달라지지 않았군.

⑤ 15세기 국어의 '젓고'와 현대 국어의 '젓고'는, 자음으로 시작하는 어미 앞에서 어간의 모양이 달라지지 않았군.

02 위 탐구 활동과 자료에 따라, 현대 국어 용언들의 15세기 중엽 이전과 17세기 초엽에서의 활용형을 바르게 추정한 것은?

		15세기 중엽 이전			17세기 초엽		
		-게	-아/-어	-은/-은	-게	-아/-어	-은/-은
①	(마음이) 곱다	곱게	고바	고ᄫᆞᆯ	곱게	고와	고온
②	(선을) 긋다	긋게	그서	그ᅀᅳᆫ	긋게	그서	그슨
③	(자리에) 눕다	눕게	누ᄫᅥ	누ᄫᆞᆫ	눕게	누워	누은
④	(머리를) 빗다	빗게	비서	비ᅀᅳᆫ	빗게	비서	비슨
⑤	(손을) 잡다	잡게	자바	자ᄫᆞᆫ	잡게	자바	자븐

[03~04]

다음 글을 읽고 물음에 답하시오. **17학년도 9월**

여러 형태소로 이루어진 단어나 여러 단어들로 이루어진 문장은 그 구조를 명확히 파악하기 어렵다. 가령, '민물고기'가 합성어인지 파생어인지를 판별하기 어렵고 "언니가 찾던 책이 여기 있구나."와 같은 문장에서 주어가 무엇인지를 파악하기 쉽지 않다. 이처럼 복잡한 단어나 문장의 구조를 명확히 파악하기 위한 효과적인 방법으로 직접 구성 요소 분석이 있다.

직접 구성 요소란 어떤 말을 직접 이루고 있는 두 부분으로 나누었을 때 나오는 두 요소이다. 위의 '민물고기'에서는 '민물'과 '고기'가 직접 구성 요소가 된다. 이 분석은 '민물'에 대해서도 더 적용할 수 있다. 이렇게 직접 구성 요소를 분석해 보면 한 단어에 합성과 파생 과정이 모두 있는 '민물고기'는 파생어가 아닌 합성어임을 알 수 있다.

직접 구성 요소 분석 시에는 특히 두 가지를 고려해야 한다. 첫째, 직접 구성 요소로 분석되는 말이 실제로 존재하는가 하는 점이다. 가령, '살얼음'은 '살-'과 '얼음'으로 분석해야 하는데, 만약 '살얼-'과 '-음'으로 분석하면 '살얼다'가 존재하지 않으므로 잘못된 분석이 된다. 둘째, 직접 구성 요소들과 그 전체 구성의 의미가 서로 통하는가 하는 점이다. '벽돌집'을 직접 구성 요소로 나누면 '벽돌'과 '집'이 분석된다. 이를 '벽'과 '돌집'으로 나누면 '벽돌로 만든 집'이라는 의미를 갖지 못한다.

긴 문장도 직접 구성 요소 분석을 통해 그 구조를 알 수 있다. 일반적으로 문장에는 주어와 서술어가 나타나므로, 문장의 직접 구성 요소는 주어와 서술어가 된다. 그런데 서술어는 홀로 나오기도 하지만 주어 이외의 필수 성분과 결합하여 나오는 경우도 있다. 따라서 "내 동생은 엄마의 칭찬을 많이 받았다."는 첫 분석 층위에서 주어 '내 동생은'과 '엄마의 칭찬을 많이 받았다'로 그 직접 구성 요소가 분석된다. 또 '엄마의 칭찬을 많이 받았다'는 한 층위 아래에서 '엄마의 칭찬을'과 '많이 받았다'로 나뉜다. 또한 '내 동생'의 직접 구성 요소는 '내'와 '동생'인데, 이처럼 꾸미는 말과 꾸밈을 받는 말이 인접하면 그 두 요소는 바로 위 층위의 말을 이루는 직접 구성 요소가 된다. 이렇게 직접 구성 요소를 분석해 보면 "언니가 찾던 책이 여기 있구나."에서 '언니가'는 관형사절 속에 포함된 주어일 뿐이며 문장 전체의 주어, 즉 가장 위 층위에 있는 직접 구성 요소는 '언니가 찾던 책이'임을 알 수 있다.

03 〈보기〉는 윗글을 바탕으로 진행된 학습 활동이다. ⓐ~ⓔ에 대한 이해로 적절한 것은?

> **보기**
>
> **학생**: '민물고기'에 있는 접두사 '민-'은 '민물고기'의 직접 구성 요소가 아니라, '민물'을 직접 구성 요소로 분석할 때 나오는 것이군요. 이제 왜 '민물고기'가 파생어가 아니라 합성어인지 알겠어요.
>
> **선생님**: 직접 구성 요소 분석에 대해 잘 이해했구나. 그럼 아래의 단어들도 분석해 보자.
>
> | ⓐ 나들이옷 | ⓑ 눈웃음 | ⓒ 드높이다 |
> |---|---|---|
> | ⓓ 집집이 | ⓔ 놀이터 | |

① ⓐ는 그 직접 구성 요소 중 하나가 합성어인 합성어이다.
② ⓑ는 그 직접 구성 요소 중 하나가 파생어인 합성어이다.
③ ⓒ는 그 직접 구성 요소 중 하나가 합성어인 파생어이다.
④ ⓓ는 그 직접 구성 요소 중 하나가 파생어인 파생어이다.
⑤ ⓔ는 그 직접 구성 요소 중 하나가 합성어인 파생어이다.

04 윗글의 관점에서 〈보기〉의 ㉠~㉢을 분석한 것으로 옳지 않은 것은?

> **보기**
>
> ㉠ 지희는 목소리가 곱다.
> ㉡ 소포가 도착했다고 들었다.
> ㉢ 동수가 미애에게 선물을 주었다.
> ㉣ 그가 익명의 기부자임이 밝혀졌다.
> ㉤ 인생은 짧고 예술은 길다는 말은 명언이다.

① ㉠은 '지희는'과 '목소리가 곱다'로 분석되겠군.
② ㉡은 '소포가'와 '도착했다고 들었다'로 분석되겠군.
③ ㉢은 '동수가'와 '미애에게 선물을 주었다'로 분석되겠군.
④ ㉣은 '그가 익명의 기부자임이'와 '밝혀졌다'로 분석되겠군.
⑤ ㉤은 '인생은 짧고 예술은 길다는 말은'과 '명언이다'로 분석되겠군.

[05~06]

다음 글을 읽고 물음에 답하시오. `17학년도 수능`

국어에서 동사나 형용사에 붙어 새로운 단어를 형성하는 접미사는 다양한 문법적 특징을 지니고 있다. 그 특징은 다음과 같다.

첫째로, 접미사는 동사나 형용사에 붙어 새로운 어간을 형성한다. 예를 들면, '녹다'의 어근 '녹-'에 접미사 '-이-'가 붙어 새로운 어간 '녹이-'가 형성된다. 이렇게 만들어진 '녹이다'의 어간 '녹이-'는 '녹다'의 어간 '녹-'과 구별된다. 둘째로, 접미사는 동사나 형용사의 어근에 붙어 품사를 바꾸기도 한다. 예를 들면, 명사 '먹이'나 '넓이'는 각각 동사와 형용사의 어근에 접미사 '-이'가 붙어 형성된 단어이다. 이때 '먹이'와 '넓이'의 '먹-'과 '넓-'은 서술어로 기능하지 못한다. 셋째로, ㉠ 접미사는 동사나 형용사에 붙어 사동의 의미를 더하기도 한다. 예를 들면, 동사 '익다'와 '먹다'의 어근에 각각 접미사 '-히-'와 '-이-'가 붙어 형성된 '익히다'와 '먹이다'는 '고기를 익히다.'와 '아이에게 밥을 먹이다.'에서와 같이 사동의 의미를 가진다. 넷째로, ㉡ 접미사는 타동사에 붙어 피동의 의미를 더하기도 한다. 예를 들면, '안다'의 어근 '안-'에 접미사 '-기-'가 붙어 형성된 '안기다'는 '아기가 엄마한테 안기다.'와 같이 피동의 의미를 가진다. 이때 피동을 나타내는 접미사는 '눕다', '식다'와 같은 자동사에는 결합하지 않는다.

한편, 하나의 접미사가 모든 동사나 형용사에 자유롭게 결합하는 것은 아니다. 예를 들면, 접미사 '-히-'는 '읽다'의 어근 '읽-'에 붙어 '읽히다'를 만들 수 있지만, '살다'의 어근 '살-'에는 붙지 못한다. 어근 '살-'에는 접미사 '-리-'가 붙어 '살리다'가 형성된다. 또한 어근과 접미사 사이에는 다른 형태소가 끼어들 수 없다. 가령, 어근 '읽-'과 접미사 '-히-' 사이에 '-시-'와 같은 선어말 어미가 끼어든 '읽시히-'와 같은 것은 만들어지지 않는다.

05 윗글을 바탕으로 〈보기〉의 ⓐ~ⓔ를 이해한 내용으로 적절한 것은?

보기

ⓐ 달콤한 휴식을 위해 시간을 <u>비워</u> 놓았다.
ⓑ 아주 <u>높이</u> 나는 새라야 멀리 볼 수 있다.
ⓒ 마을 앞 공터를 <u>놀이</u> 공간으로 조성했다.
ⓓ 멀리서 찾아온 손님을 위해 차를 <u>끓였다</u>.
ⓔ 할아버지께서는 오늘 일찍 <u>오시기</u> 힘들다.

① ⓐ에서 '비워'의 어간은 '시간이 빈다.'에서 '비다'의 어간과 같다.
② ⓑ에서 '높이'는 형용사 '높다'의 어근 '높-'에 접미사 '-이'가 붙어 형성된 명사이다.
③ ⓒ에서 '놀이'는 명사이므로 '놀이' 속의 '놀-'은 서술어로 기능하지 못한다.
④ ⓓ에서 '끓였다'의 어근에 붙은 접미사 '-이-'는 모든 동사에 자유롭게 결합한다.
⑤ ⓔ에서 '오시기'는 '오-'와 '-기' 사이에 다른 형태소가 끼어든 것이므로 명사이다.

06 밑줄 친 부분이 ㉠, ㉡에 해당하는 예로 적절한 것은?

① ㉠ : 형이 동생을 <u>울렸다</u>.
   ㉡ : 그는 지구본을 <u>돌렸다</u>.
② ㉠ : 이제야 마음이 <u>놓인다</u>.
   ㉡ : 우리는 용돈을 <u>남겼다</u>.
③ ㉠ : 공책이 가방에 <u>눌렸다</u>.
   ㉡ : 옷이 못에 걸려 <u>찢겼다</u>.
④ ㉠ : 바위 뒤에 동생을 <u>숨겼다</u>.
   ㉡ : 피곤해서 눈이 자꾸 <u>감겼다</u>.
⑤ ㉠ : 나는 종이비행기를 하늘로 <u>날렸다</u>.
   ㉡ : 그는 소년에게 중요한 임무를 <u>맡겼다</u>.

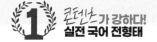
[07~08]

다음 글을 읽고 물음에 답하시오. **18학년도 6월**

　　단어의 의미 관계 중 상하 관계는 의미상 한 단어가 다른 단어를 포함하거나 다른 단어에 포함되는 관계를 말한다. 이때 다른 단어의 의미를 포함하는 단어를 상의어라 하고 다른 단어의 의미에 포함되는 단어를 하의어라 하는데, 상의어일수록 일반적이고 포괄적인 의미를 지니며 하의어일수록 구체적이고 한정적인 의미를 지닌다.

　　상하 관계에 있는 단어들은 상의어와 하의어가 상대적으로 정해진다. 이를테면 '구기'는 '스포츠'와의 관계 속에서 하의어가 되지만, '축구'와의 관계 속에서는 상의어가 된다. 그런데 '구기'의 하의어에는 '축구' 외에 '야구', '농구' 등이 더 있다. 이때 상의어인 '구기'에 대해 하의어 '축구', '야구', '농구' 등은 같은 계층에 있어 이들을 상의어 '구기'의 공하의어라 하며, 이들 공하의어 사이에는 ㉠ 비양립 관계가 성립한다. 곧 어떤 구기가 '축구'이면서 동시에 '야구'나 '농구'일 수는 없다.

　　한편 상하 관계에서는 하의어들이 상의어의 의미를 이어받아 상의어를 의미적으로 함의한다. 일례로 어떤 새가 '장끼'이면 그 '장끼'는 상의어 '꿩'의 의미를 이어받으므로 '꿩'을 의미적으로 함의하는 것이다. 그러나 어떤 새가 '꿩'이라 해서 그것이 꼭 '장끼'여야 하는 것은 아니므로, 상의어는 하의어를 의미적으로 함의하지 못한다. 이를 '[ ]'로 표현하는 의미 자질로 설명하면, 하의어 '장끼'는 상의어 '꿩'의 의미 자질들을 가지면서 [수컷]이라는 의미 자질을 더 가져, 결국 하의어 '장끼'는 상의어 '꿩'보다 의미 자질 개수가 많다. 곧 상의어보다 의미 자질이 많은 하의어는 상의어를 의미적으로 함의하는 것이다.

　　그런데 앞에서 살폈듯이 '구기'의 공하의어가 여러 개인 것과 달리, '꿩'의 공하의어는 성별로 구분했을 때 '장끼'와 '까투리' 둘뿐이다. '구기'의 공하의어인 '축구', '야구' 등과 마찬가지로 '장끼', '까투리'는 '꿩'의 공하의어로서 비양립 관계에 있다. 그러나 '장끼'와 '까투리'의 경우, '장끼'가 아닌 것은 곧 '까투리'이고 그 역도 성립한다는 점에서 ㉡ 상보적 반의 관계에 있다. 따라서 한 상의어가 같은 계층의 두 단어만을 공하의어로 포함하면, 그 공하의어들은 상보적 반의 관계에 있다고 할 수 있다.

07 윗글을 바탕으로 다음 자료를 탐구한 것으로 적절하지 <u>않은</u> 것은?

> **악기(樂器)**[-끼] 명
> [음악] 음악을 연주하는 데 쓰는 기구를 통틀어 이르는 말. 연주법에 따라 일반적으로 현악기, 관악기, 타악기로 나눈다.
>
> **타-악기(打樂器)**[타:-끼] 명
> [음악] 두드려서 소리를 내는 악기를 통틀어 이르는 말. 팀파니, 실로폰, 북이나 심벌즈 따위이다.

① '타악기'는 '실로폰'의 상의어로서 '실로폰'보다 포괄적인 의미를 갖겠군.

② '북'은 '타악기'의 하의어이므로 [두드림]을 의미 자질 중 하나로 갖겠군.

③ '기구'는 '악기'를 의미적으로 함의하고 '악기'는 '북'을 의미적으로 함의하겠군.

④ '타악기'와 '심벌즈'는 모두 '기구'의 하의어이지만, '기구'의 공하의어는 아니겠군.

⑤ '현악기'와 '관악기'는 '악기'의 공하의어이므로 모두 '악기'의 상의어 '기구'보다 의미 자질의 개수가 많겠군.

08 윗글을 바탕으로 할 때 ㉠과 ㉡을 모두 만족시키는 단어 쌍만을 〈보기〉에서 있는 대로 고른 것은?

보기

　　ⓐ <u>여름</u>에 고향을 출발한 그가 마침내 ⓑ <u>북극</u>에 도달했다는 소식에 나는 다급해졌다. 지구의 양극 중 ⓒ <u>남극</u>에는 내가 먼저 가야 했다. 남극 대륙은 ⓓ <u>계절</u>이 여름이어도 내 고향의 ⓔ <u>겨울</u>만큼 바람이 찼다. 남극 대륙에서 나를 위로해 준 것은 썰매를 끄는 ⓕ <u>개들</u>과 귀여운 몸짓을 하는 ⓖ <u>펭귄들</u>, 그리고 먹이를 찾아 날아다니는 ⓗ <u>갈매기들</u>뿐이었다.

① ⓑ-ⓒ

② ⓐ-ⓔ, ⓑ-ⓒ

③ ⓑ-ⓒ, ⓖ-ⓗ

④ ⓐ-ⓓ, ⓑ-ⓒ, ⓖ-ⓗ

⑤ ⓐ-ⓔ, ⓑ-ⓒ, ⓕ-ⓗ

[09~10]
다음을 읽고 물음에 답하시오. **18학년도 9월**

> **선생님** : 여러분, 현대 사회에서 인공위성이 다양하게 활용되고 있다는 것은 잘 알죠? 그런데 '인공위성'은 옛날에는 쓰이지 않았던 말입니다. '인공위성'이라는 말이 어떻게 쓰이게 되었는지 생각해 봅시다. 행성의 궤도를 도는 인공적 물체가 처음 만들어졌을 때, 그 물체를 가리키는 말이 필요해서 '인공위성'이라는 말이 생긴 거겠죠? 이 말은 어떻게 만들어졌을까요?
>
> **학생 1** : '인공'과 '위성'을 합쳐 만든 것입니다.
>
> **선생님** : 맞아요. 그래서 오늘은 '인공위성'이라는 말을 만든 것처럼 새 단어를 만드는 원리를 알아볼 텐데, 그중에서도 실생활에서 자주 사용되는 합성 명사가 어떻게 만들어지는지를 먼저 알아보려고 합니다. 합성 명사는 어떻게 만들어질까요?
>
> **학생 2** : 선생님, 합성 명사는 명사와 명사가 합쳐진 말 아닌가요?
>
> **선생님** : 네, 그런 경우가 많지요. 예를 들어 '논밭, 불고기'처럼 명사에 명사가 결합하는 경우가 있어요. 그 밖에 용언의 활용형이 명사와 결합한 '건널목, 노림수, 섞어찌개'와 같은 경우도 있고 '새색시'처럼 명사를 꾸며 주는 관형사가 앞에 오는 경우도 있어요.
>
> **학생 3** : 그런데 선생님, 말씀하신 합성 명사들을 보니 뒤의 말이 모두 명사네요?
>
> **선생님** : 그래요. 우리말에서 합성어의 품사는 뒤에 오는 말의 품사와 같은 것이 원칙이에요. 앞에서 말한 예들이 다 그래요. 그런데 이러한 일반적인 경우와는 달리 ㉠ 명사가 아닌 품사들로만 이루어진 합성 명사도 있답니다.
>
> **학생 4** : 아, 그렇군요. 그런데 선생님, 생각해 보니 요즘 자주 쓰는 말들은 그런 방식과는 다르게 만들어지는 것 같아요.
>
> **선생님** : 맞아요. 여러분들이 자주 쓰는 '인강'이라는 말은 '인터넷'과 '강의'가 합쳐지면서 줄어든 말인데, 앞말과 뒷말의 첫 음절만 따서 만들어진 것이에요. 또한 컴퓨터를 잘 다루지 못하는 사람이라는 뜻의 '컴시인'은 '컴퓨터'와 '원시인'이 합쳐지면서 줄어든 말인데, 앞말의 첫 음절과 뒷말의 둘째, 셋째 음절을 따서 만들어진 것이에요.

09 〈보기〉의 ㄱ~ㅁ 중 윗글에서 설명한 단어 형성 방법의 사례에 해당하는 것만을 있는 대로 고른 것은?

> **보기**
>
> ㄱ. '선생님'을 줄여서 '샘'이라는 말을 만들었다.
> ㄴ. '개-'와 '살구'를 결합하여 '개살구'라는 말을 만들었다.
> ㄷ. '사범'과 '대학'을 결합하여 '사대'라는 말을 만들었다.
> ㄹ. '점잖다'라는 형용사로부터 '점잔'이라는 말을 만들었다.
> ㅁ. '비빔'과 '냉면'을 결합하여 '비빔냉면'이라는 말을 만들었다.

① ㄱ, ㄹ
② ㄷ, ㅁ
③ ㄱ, ㄴ, ㄷ
④ ㄴ, ㄷ, ㅁ
⑤ ㄴ, ㄹ, ㅁ

10 밑줄 친 단어 중 ㉠의 예로 적절한 것은?

① 자기 <u>잘못</u>은 자기가 책임져야 한다.
② 언니는 가구를 전부 <u>새것</u>으로 바꿨다.
③ 아이가 <u>요사이</u>에 몰라보게 훌쩍 컸다.
④ <u>오늘날</u>에는 교육에서 창의성이 중시된다.
⑤ 나는 <u>갈림길</u>에서 어디로 가야 할지 몰랐다.

[11~12]
다음 글을 읽고 물음에 답하시오. 18학년도 수능

국어의 단어들은 ㉠ 어근과 어근이 결합해 만들어지기도 하고 어근과 파생 접사가 결합해 만들어지기도 한다. 어근과 파생 접사가 결합한 단어는 ㉡ 파생 접사가 어근의 앞에 결합한 것도 있고, ㉢ 파생 접사가 어근의 뒤에 결합한 것도 있다. 어근이 용언 어간이나 체언일 때, 그 뒤에 결합한 파생 접사는 어미나 조사와 혼동될 수도 있다. 그러나 파생 접사는 주로 새로운 단어를 만든다는 점에서 차이가 있다. 이에 비해 ㉣ 어미는 용언 어간과 결합해 용언이 문장 성분이 될 수 있도록 해 주고, ㉤ 조사는 체언과 결합해 체언이 문장 성분임을 나타내 줄 뿐 새로운 단어를 만들지는 않는다. 이 점에서 어미와 조사는 파생 접사와 분명하게 구별된다.

이러한 일반적인 상황과는 달리, 용언 어간에 어미가 결합한 형태나, 체언에 조사가 결합한 형태가 시간이 지나면서 새로운 단어가 된 경우도 있다. 먼저 용언의 활용형이 역사적으로 굳어져 새로운 단어가 된 예가 있다. 부사 '하지만'은 '하다'의 어간에 어미 '-지만'이 결합했던 것이었는데, 시간이 지나면서 굳어져 새로운 단어가 되었다. 다음으로 체언에 조사가 결합한 형태가 역사적으로 굳어져 새로운 단어가 된 예도 있다. 명사 '아기'에 호격 조사 '아'가 결합했던 형태인 '아가'가 시간이 지나면서 새로운 단어가 되었다.

[A] 또 다른 예로 미지칭의 인칭 대명사에, 의문문을 만드는 보조사 '고/구'가 결합한 형태가 굳어져 새로운 인칭 대명사가 된 경우를 들 수 있다. '이는 엇던 사름고 (이는 어떤 사람인가?)'에서 볼 수 있듯이 중세 국어에서 보조사 '고/구'는 문장에 '엇던', '므슴', '어느' 등과 같은 의문사가 있을 때, 체언 또는 의문사 그 자체에 결합해 의문문을 만들었다. 이와 같은 방식의 의문문 구성은 근대 국어를 거쳐 현대 국어의 일부 방언에까지 지속되고 있다.

11 다음 문장에서 ㉠~㉤에 해당하는 예를 찾아 이를 설명한 내용으로 적절하지 않은 것은?

아기장수가 맨손으로 산 위에 쌓인 바위를 깨뜨리는 모습이 멋졌다.

① '아기장수가'의 '아기장수'는 ㉠에 해당하는 예로, 어근 '아기'와 어근 '장수'가 결합했다.
② '맨손으로'의 '맨손'은 ㉡에 해당하는 예로, 파생 접사 '맨-'이 어근 '손' 앞에 결합했다.
③ '쌓인'의 어간은 ㉢에 해당하는 예로, 파생 접사 '-이-'가 어근 '쌓-' 뒤에 결합했다.
④ '깨뜨리는'은 ㉣에 해당하는 예로, 어미 '-리는'이 용언 어간 '깨뜨-'와 결합했다.
⑤ '모습이'는 ㉤에 해당하는 예로, 조사 '이'가 체언 '모습'과 결합했다.

12 [A]를 바탕으로 〈보기〉의 '자료'를 탐구한 '탐구 내용'으로 적절하지 않은 것은?

보기

[탐구 목표]
현대 국어의 인칭 대명사 '누구'의 형성에 대해 이해한다.
[자료]
(가) 중세 국어 : 15세기 국어
 • 누를 니르더뇨 (누구를 이르던가?)
 • 네 스승이 누고 (네 스승이 누구인가?)
 • 느믄 누구 (남은 누구인가?)
(나) 근대 국어
 • 이 벗은 누고고 (이 벗은 누구인가?)
 • 져 흔 벗은 누구고 (저 한 벗은 누구인가?)
(다) 현대 국어
 • 누구를 찾으세요?
 • 누구에게 말했어요?

[탐구 내용]

[탐구 결과]
미지칭의 인칭 대명사에 의문문을 만드는 보조사 '고/구'가 결합했던 형태인 '누고', '누구'는 시간이 지나면서 점점 굳어져 새로운 단어가 되었는데, 오늘날에는 '누구'만 남게 되었다.

① (가)에서 미지칭의 인칭 대명사의 형태는 '누', '누고', '누구'이다.
② (나)에서 미지칭의 인칭 대명사의 형태는 '누고', '누구'이다.
③ (다)에서 미지칭의 인칭 대명사의 형태는 '누구'이다.
④ (가)에서 (나)로의 변화를 보니, '누고', '누구'는 체언과 보조사가 결합한 형태였다가 새로운 단어가 되었다.
⑤ (나)에서 (다)로의 변화를 보니, 현대 국어에서는 미지칭의 인칭 대명사로 '누고'는 쓰이지 않고 '누구'만이 쓰이고 있다.

[13~14]

다음 글을 읽고 물음에 답하시오. **19학년도 6월**

현대 국어에서 '-(으)ㅁ'이나 '-이'가 결합된 단어들 중에 형태는 같으나 품사가 다른 경우가 있다. 예를 들어 명사 '걸음'과 동사의 명사형 '걸음', 명사 '높이'와 부사 '높이'가 그러하다. 이는 용언에 결합하는 명사 파생 접미사 '-(으)ㅁ'과 명사형 전성 어미 '-(으)ㅁ'의 형태가 같고, '높다' 등의 일부 형용사에 결합하는 명사 파생 접미사 '-이'와 부사 파생 접미사 '-이'의 형태가 같기 때문이다.

[A] ┌ 이들의 품사를 구별하기 위해서는 각 단어의 다음과 같은 문법적 특징을 고려해야 한다. 명사는 서술격 조사가 결합하는 경우를 제외하고는 서술어로 쓰일 수 없고, 관형어의 수식을 받는다. 반면 ㉠ 동사나 형용사는 명사형이라 하더라도 문장이나 절에서 서술어로 쓰이고, 부사어의 수식을 받는다. 그리고 부사는 격 조사와 결합할 수 없고 다른 부사
└ 어나 서술어 등을 수식한다.

한편 이들 '-(으)ㅁ'과 '-이'가 중세 국어에서는 그 쓰임에 따라 형태가 다르기 때문에 일반적으로 그 형태만으로 품사를 구별할 수 있다. 현대 국어의 두 가지 '-(으)ㅁ'은 중세 국어의 명사 파생 접미사 '-(ᄋ/으)ㅁ'과 명사형 전성 어미 '-옴/움'에 각각 대응한다. 이러한 구별은 '혼 거름 나소 거룸(한 걸음 나아가도록 걸음)'에서 확인된다. '걷-'과 달리, 마지막 음절의 모음이 양성 모음인 어근이나 용언 어간에는 모음 조화에 따라 '-(ᄋ)ㅁ'과 '-옴'이 각각 결합한다.

앞서 말한 현대 국어의 두 가지 '-이' 역시 중세 국어의 명사 파생 접미사 '-이/의'와 부사 파생 접미사 '-이'에 각각 대응한다. 이러한 구별은 '나못 노ᄑᆡ(나무의 높이)'와 '노피 ᄂᆞᄂᆞᆫ 져비(높이 나는 제비)'에서 확인된다. '높-'과 달리, 마지막 음절의 모음이 음성 모음인 어근에는 모음 조화에 따라 명사 파생 접미사 '-의'가 결합한다. 그런데 부사 파생 접미사는 '-이' 하나여서 모음 조화에 상관없이 '-이'가 결합한다.

13 윗글을 바탕으로 추론한 내용 중 적절하지 <u>않은</u> 것은?

① '됴ᄒᆞᆫ 여름 여루미 (좋은 열매 열림이)'에서 '여름'과 '여룸'의 형태를 보니, 이 둘의 품사가 다르겠군.

② '거름'과 '거룸'의 형태를 보니, '거름'은 파생 명사이고 '거룸'은 동사의 명사형이겠군.

③ '거룸'과 '노ᄑᆡ'의 모음 조화 양상을 보니, 중세 국어 '높-'에는 '-움'이 아니고 '-옴'이 결합하겠군.

④ '노ᄑᆡ'와 '노피'의 형태를 보니, '노ᄑᆡ'는 파생 부사이고 노피는 파생 명사이겠군.

⑤ 중세 국어의 형용사 '곧다', '굳다'가 부사 파생 접미사 '-이'와 결합할 때, 그 형태가 모음 조화에 따라 달라지지 않겠군.

14 [A]를 참고할 때, 밑줄 친 부분이 ㉠에 해당하는 예로만 묶인 것은?

① 많이 <u>앎이</u> 항상 미덕인 것은 아니다.
그의 목소리는 격한 <u>슬픔</u>으로 떨렸다.

② 멸치 <u>볶음</u>은 맛도 좋고 건강에도 좋다.
오빠는 몹시 <u>기쁨</u>에도 내색을 안 했다.

③ 요즘은 상품을 큰 <u>묶음</u>으로 파는 가게가 많다.
무용수들이 군무를 <u>춤</u>과 동시에 조명이 켜졌다.

④ 어려운 이웃을 <u>도움</u>으로써 보람을 찾는 이도 있다.
나는 그를 온전히 <u>믿음</u>에도 그 일은 맡기고 싶지 않다.

⑤ 아이가 <u>울음</u> 섞인 목소리로 빨리 오라고 소리쳤다.
수술 뒤 친구가 밝게 <u>웃음</u>을 보니 나도 마음이 놓였다.

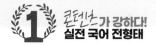
[15~16]

다음 글을 읽고 물음에 답하시오. **19학년도 9월**

단어를 공통된 성질에 따라 분류한 것을 '품사'라 한다. 품사 분류의 기준으로는 일반적으로 '형태, 기능, 의미'가 있다. '형태'는 단어가 활용하느냐 활용하지 않느냐에 관한 것이고 '기능'은 단어가 문장에서 하는 역할과 관련된다. '의미'는 단어의 구체적인 의미가 아니라 단어 부류가 가지는 추상적인 의미를 말한다.

이러한 기준의 전체 혹은 일부를 적용하여 ㉠ 활용하지 않으며 사물의 이름을 나타내는 말, ㉡ 활용하고 사물의 동작이나 작용을 나타내는 말, ㉢ 활용하지 않으며 수량이나 순서를 나타내는 말, ㉣ 활용하지 않으며 앞말에 붙어 앞말과 다른 말의 문법적 관계를 나타내거나 특수한 의미를 덧붙이는 말, ㉤ 활용하지 않으며 뒤에 오는 체언을 수식하는 말 등으로 개별 품사를 분류할 수 있다.

그런데 실제로 단어의 품사를 분류할 때에는 분류가 쉽지 않은 것들도 있다. 동사와 형용사의 구별이 대표적인데 사물의 속성이나 상태를 나타내는 형용사와 사물의 작용의 일종인 상태 변화를 나타내는 일부 동사는 의미상 매우 밀접하여 좀 더 세밀하게 구분하여야 한다. 가령 '햇살이 밝다'에서의 '밝다'는 상태를 나타내는 형용사이고, '날이 밝는다'에서의 '밝다'는 상태의 변화를 나타내는 동사이다. 동사와 형용사를 구별하는 또 다른 기준으로 활용 양상을 내세우기도 한다. 동사와 달리 형용

[A] 사는 원칙적으로 선어말 어미 '-ㄴ/는-', 관형사형 어미 '-는', 명령형·청유형 종결 어미, 의도나 목적을 나타내는 연결 어미 등과 결합하여 쓰이지 않는다.

다만, '있다'의 경우는 품사를 분류할 때 더욱 주의해야 한다. '존재', '소유'와 같이 상태의 의미를 나타내는 '있다'는 형용사로, '장소에 머묾'의 의미인 '있다'는 동사로 분류되는데, 동사 '있다'뿐만 아니라 형용사의 '있다'가 관형사형 어미 '-는'과 결합하기 때문이다. 형용사 '없다'의 경우도 반의어인 형용사 '있다'와 동일한 활용 양상을 보여 준다.

15 다음 문장에서 ㉠~㉤에 해당하는 예를 찾아 이를 설명한 내용으로 적절하지 않은 것은?

옛날 사진을 보니 즐거운 기억 하나가 떠올랐다.

① '옛날, 사진, 기억'은 ㉠에 해당하고 명사이다.
② '보니, 떠올랐다'는 ㉡에 해당하고 동사이다.
③ '하나'는 ㉢에 해당하고 수사이다.
④ '을, 가'는 ㉣에 해당하고 조사이다.
⑤ '즐거운'은 ㉤에 해당하고 관형사이다.

16 [A]를 참고하여 〈보기〉를 이해한 내용으로 적절하지 않은 것은?

보기

ⓐ	영희가 밥을 먹었다. / 꽃이 예뻤다. 영희가 밥을 먹는다. / *꽃이 예쁜다.
ⓑ	영희야, 밥 먹어라. / *영희야, 좀 예뻐라. 영희야, 밥 먹자. / *우리 좀 예쁘자.
ⓒ	밥 먹으려고 식당으로 갔다. / *예쁘려고 미용실에 갔다. 밥 먹으러 식당에 갔다. / *예쁘러 미용실에 갔다.
ⓓ	나에게는 돈이 있다. / 돈이 있는 사람 나에게는 돈이 없다. / 돈이 없는 사람
ⓔ	나무가 크다. / 나무가 쑥쑥 큰다. 머리카락이 길다. / 머리카락이 잘 긴다.

※ '*'는 비문임을 나타냄.

① ⓐ : 동사와는 달리 형용사는 현재를 나타내는 선어말 어미와 결합할 수 없다.
② ⓑ : 동사와는 달리 형용사는 명령형·청유형 어미와 결합할 수 없다.
③ ⓒ : 동사와는 달리 형용사는 의도·목적을 나타내는 연결 어미와 결합할 수 없다.
④ ⓓ : '있다'와 '없다'는 상태의 의미를 나타내지만 동사로 쓰이고 있다.
⑤ ⓔ : '크다'와 '길다'는 형용사, 동사로 모두 쓰이고 있다.

[17~18]
다음 글을 읽고 물음에 답하시오. 19학년도 수능

국어사적 사실이 현대 국어의 일관되지 않은 현상을 이해하는 데 도움이 되는 경우가 많다. 예를 들어 'ㄹ'로 끝나는 명사 '발', '솔', '이틀'이 ㉠ '발가락', ㉡ '소나무', ㉢ '이튿날'과 같은 합성어들에서는 받침 'ㄹ'의 모습이 일관되지 않는데, 이를 이해하기 위해서는 이들 단어의 옛 모습을 알아야 한다.

'소나무'에서는 '발가락'에서와는 달리 받침 'ㄹ'이 탈락하였고, '이튿날'에서는 받침이 'ㄹ'이 아닌 'ㄷ'이다. 모두 'ㄹ' 받침의 명사가 결합한 합성어인데 왜 이러한 차이를 보이는 것일까? 현대 국어에는 받침 'ㄹ'이 'ㄷ'으로 바뀌거나, 명사와 명사가 결합할 때 'ㄹ'이 탈락하는 규칙이 없기 때문에 이러한 차이는 현대 국어의 규칙만으로는 설명할 수 없다.

'발가락'은 중세 국어에서 대부분 '밠 가락'으로 나타난다. 중세 국어에서 'ㅅ'은 관형격 조사로 사용되었으므로 '밠 가락'은 구로 파악된다. 이는 '밠 엄지 가락(엄지발가락)'과 같은 예를 통해 잘 알 수 있다. 이후 'ㅅ'은 점차 관형격 조사의 기능을 잃고 합성어 내부의 사이시옷으로만 흔적이 남았는데, 이에 따라 중세 국어 '밠 가락'은 현대 국어 '발가락[발까락]'이 되었다.

[A]

'소나무'는 중세 국어에서 명사 '솔'에 '나무'의 옛말인 '나모'가 결합하고 'ㄹ'이 탈락한 합성어 '소나모'로 나타난다. 중세 국어에서는 현대 국어와 달리 명사와 명사가 결합하여 합성어가 될 때 'ㄴ, ㄷ, ㅅ, ㅈ' 등으로 시작하는 명사 앞에서 받침 'ㄹ'이 탈락하는 규칙이 있었기 때문에 '솔'의 'ㄹ'이 탈락하였다.

'이튿날'은 중세 국어에서 자립 명사 '이틀'과 '날' 사이에 관형격 조사 'ㅅ'이 결합한 '이틊 날'로 많이 나타나는데, 이 'ㅅ'은 '이틊 밤', '이틊 길'에서의 'ㅅ'과 같은 것이다. 중세 국어에서 '이틊 날'은 '이틋 날'로도 나타났는데, 근대 국어로 오면서는 'ㄹ'이 탈락한 합성어 '이틋날'로 굳어지게 되었다. 이와 함께 'ㅅ'이 관형격 조사의 기능을 잃어 가고, 받침 'ㅅ'과 'ㄷ'의 발음이 구분되지 않게 되었다. 이에 따라 「한글 맞춤법」에서는 '이튿날'의 표기와 관련하여 "끝소리가 'ㄹ'인 말과 딴 말이 어울릴 적에 'ㄹ' 소리가 'ㄷ' 소리로 나는 것"으로 보아 이를 '이튿날'로 적도록 했다. 그러나 이때의 'ㄷ'은 'ㄹ'이 변한 것으로 설명되지 않으므로 중세 국어 '뭀 사름'에서 온 '뭇사람'에서처럼 'ㅅ'으로 적는 것이 국어의 변화 과정을 고려한 관점에 부합한다고 할 수 있다.

17 윗글을 참고할 때, ㉠~㉢과 같이 이러한 차이를 보이는 예를 〈보기〉에서 각각 하나씩 찾아 그 순서대로 제시한 것은?

보기

무술(물+술)	쌀가루(쌀+가루)
낟알(낟+알)	솔방울(솔+방울)
섣달(설+달)	푸나무(풀+나무)

① 솔방울, 무술, 낟알
② 솔방울, 푸나무, 섣달
③ 푸나무, 무술, 섣달
④ 쌀가루, 푸나무, 낟알
⑤ 쌀가루, 솔방울, 섣달

18 [A]를 바탕으로 〈보기〉의 '자료'를 탐구한 내용으로 적절하지 않은 것은?

보기

[탐구 주제]
'숟가락'은 '젓가락'과 달리 왜 첫 글자의 받침이 'ㄷ'일까?

[자료]

중세 국어의 예	
• 술 자ᄇᆞ며 져 노ᄂᆞ니 (숟가락 잡으며 젓가락 놓으니)	
• 숤 귿 (숟가락의 끝), 졋 가락 귿 (젓가락 끝), 수져 (수저)	
• 물 (무리), 묺 사름 (뭇사람, 여러 사람)	

근대 국어의 예	현대 국어의 예
• 숫가락 장ᄉᆞ (숟가락 장사)	• *술로 밥을 뜨다
• 뭇사름 (뭇사람)	• 숟가락으로 밥을 뜨다
	• 밥 한 술

※ '*'는 문법에 맞지 않음을 나타냄.

① 중세 국어 '술'과 '져'는 중세 국어 '이틀'처럼 자립 명사라는 점에서 현대 국어 '술'과는 차이가 있군.
② 중세 국어 '술'과 '져'의 결합에서 'ㄹ'이 탈락한 합성어가 현대 국어 '수저'로 이어졌군.
③ 중세 국어 '술'과 '져'는 명사를 수식할 때, 중세 국어 '이틀'이나 '물'과 같이 모두 관형격 조사 'ㅅ'이 결합할 수 있었군.
④ 근대 국어 '숫가락'이 현대 국어에 와서 '숟가락'으로 적히는 것은, 국어의 변화 과정을 고려한 관점에 부합하지 않는다는 점에서 '이튿날'의 경우와 같군.
⑤ 현대 국어 '숟가락'과 '뭇사람'의 첫 글자 받침이 다른 이유는 중세 국어 '숤'과 '묺'이 현대 국어로 오면서 'ㄹ'이 탈락한 후 남은 'ㅅ'의 발음이 서로 달랐기 때문이군.

[19~20]

다음 글을 읽고 물음에 답하시오. `20학년도 6월`

> 어린 말은 망아지, 어린 소는 송아지, 어린 개는 강아지라고 한다. 이들은 모두 사람들이 친숙하게 기르는 가축이라는 공통점이 있으며, 새끼를 나타내는 단어가 모두 '-아지'로 끝난다는 점이 흥미롭다. 그런데 돼지도 흔한 가축인데, 현대 국어에서 어린 돼지를 가리키는 고유어 단어는 따로 없다. '가축과 그 새끼'를 나타내는 고유어 어휘 체계에서 '어린 돼지'의 자리는 빈자리로 남아 있는 것이다. 그렇다고 해서 어린 돼지를 사람들이 인식하지 못하는 것은 아니다. 다만 어린 돼지를 가리키는 고유어 단어가 없을 뿐인데, 이렇게 한 언어의 어휘 체계 내에서 개념은 존재하지만 실제 단어가 존재하지 않는 경우를 '어휘적 빈자리'라고 한다.
>
> 어휘적 빈자리는 계속 존재하기도 하지만, 다양한 방식으로 채워지기도 한다. 그렇다면 어휘적 빈자리가 채워지는 방식에는 어떤 것들이 있을까? 첫 번째 방식은 단어가 아닌 구를 만들어 빈자리를 채우는 방식이다. 어떤 언어에는 '사촌, 고종사촌, 이종사촌'에 해당하는 각각의 단어는 존재하지만, 외사촌을 지시하는 단어는 없다. 그래서 그 언어에서 외사촌을 지시할 때에는 '외삼촌의 자식'이라고 말한다고 한다. 현대 국어에서 어린 돼지를 가리킬 때 '아기 돼지, 새끼 돼지' 등으로 말하는 것도 이러한 방식에 해당된다.
>
> 두 번째 방식은 한자어나 외래어를 이용하여 빈자리를 채우는 방식이다. 무지개의 색채를 나타내는 현대 국어의 어휘 체계는 '빨강-주황-노랑-초록-파랑…'인데 이 중 '빨강, 노랑, 파랑'은 고유어이지만 '빨강과 노랑의 중간색', '풀의 빛깔과 같이 푸른 빛을 약간 띤 녹색' 등을 나타내는 고유어는 없기 때문에 한자어 '주황(朱黃)'과 '초록(草綠)' 등이 쓰이고 있다.
>
> 세 번째 방식은 상의어로 하의어의 빈자리를 채우는 방식이다. '누이'는 원래 손위와 손아래를 모두 가리키는 단어인데, 손위를 의미하는 '누나'라는 단어는 따로 있으나 '손아래'만을 의미하는 단어는 없어서 상의어인 '누이'가 그대로 빈자리에 들어가게 되었다. 이후 의미 구별을 위해 손아래를 의미하는 '누이동생'이 생겨나기는 했지만, 여전히 '누이'는 상의어로도 쓰이고, 하의어로도 쓰인다.

19 윗글을 바탕으로 〈보기〉에 대해 이해한 내용으로 적절한 것은?

> **보기**
>
> 지금의 '돼지'를 의미하는 말이 예전에는 '돝'이었고, '돝'에 '-아지'가 붙어 '돝의 새끼'를 의미하는 '도야지'가 쓰였다. 그런데 현대 국어의 표준어에서는 '돝'이 사라지고, '돝'의 자리를 '도야지'의 형태가 바뀐 '돼지'가 차지하게 되었다.

① '예전'의 '도야지'에 해당하는 개념이 지금은 사라졌다.
② '예전'의 '돝'은 '도야지'의 하의어로, 의미가 더 한정적이다.
③ 지금의 '돼지'와 '예전'의 '도야지'가 나타내는 개념은 다르다.
④ 지금의 '어린 돼지'에 해당하는 어휘적 빈자리는 '예전'부터 있었다.
⑤ '예전'의 '도야지'의 개념을 나타내기 위해 지금은 하나의 고유어 단어가 사용된다.

20 윗글의 어휘적 빈자리가 채워지는 방식이 적용된 사례만을 〈보기〉에서 있는 대로 고른 것은?

> **보기**
>
> ㄱ. 학생 1은 할머니 휴대 전화에 번호를 저장해 드리면서 할머니의 첫 번째, 네 번째 사위는 각각 '맏사위', '막냇사위'라고 입력했지만, 두 번째, 세 번째 사위를 구별하여 가리키는 단어가 없어 '둘째 사위', '셋째 사위'라고 입력하였다.
>
> ㄴ. 학생 2는 '꿩'에 대한 보고서를 작성할 때 꿩의 하의어로 수꿩에 해당하는 '장끼'와 암꿩에 해당하는 '까투리'는 알고 있었지만, 꿩의 새끼를 나타내는 단어를 몰라 국어사전에서 고유어 '꺼병이'를 찾아 사용하였다.
>
> ㄷ. 학생 3은 태양계의 행성을 가리키는 어휘 체계인 '수성-금성-지구-화성…'을 조사하면서 '금성'의 고유어로 '샛별'과 '개밥바라기'가 있음을 알았는데, '개밥바라기'라는 단어는 생소하여 '샛별'만을 기록하였다.

① ㄱ   ② ㄱ, ㄴ   ③ ㄱ, ㄷ
④ ㄴ, ㄷ   ⑤ ㄱ, ㄴ, ㄷ

[21~22]

다음 글을 읽고 물음에 답하시오. 20학년도 9월

> (1) 영수는 서울에서/서울에 산다.
> (2) 민수는 방에서/*방에 공부하고 있다.
> (3) 학교에서 체육 대회를 열었다.
>
> (1)에서는 '에'와 '에서'를 다 쓸 수 있는데, 왜 (2)에서는 '에서'를 쓰고 '에'는 쓸 수 없을까? 또 왜 (3)에서는 '에서'를 주격 조사로 쓸 수 있을까?
> '에'와 '에서'는 모두 '장소'를 의미하는 말에 붙지만, (1)에서 '서울'은 '에'가 붙어 위치를 나타내는 [지점]의 의미가 되고, '에서'가 붙어 행위를 하거나 일이 발생하는 [공간]의 의미가 된다. 즉, 똑같은 장소라도 지점으로 인식되면 '에'를 쓰고, 공간으로 인식되면 '에서'를 쓴다. (2)에서 '방에'를 쓸 수 없는 이유는 '공부'라는 행위를 하는 장소인 '방'은 지점이 아니라 공간의 의미를 가져야 하기 때문이다. 이렇듯 '에'와 '에서'의 쓰임이 구분되는 것은 '에서'의 중세 국어 형태인 '에셔'의 형성 과정에 기인한다.
> 중세 국어에서는 부사격 조사 '애/에/예, 익/의'와 '이시다(현대 국어 '있다')'의 활용형인 '이셔'가 결합된 말들이 줄어서 '애셔/에셔/예셔, 익셔/의셔'가 되었다. 그런데 이들은 본래 '이시다'를 포함하므로, 그 의미상 어떤 공간 속에 있음을 전제한다. 따라서 '애셔/에셔/예셔, 익셔/의셔' 앞의 명사는 공간으로 인식되었다. 그런데 이렇게 새로운 형태가 만들어졌지만 중세 국어에서는 현대 국어와 달리 이 새로운 형태가 쓰일 자리에 '애/에/예, 익/의'가 쓰이는 경우가 많았다. 이는 '애/에/예, 익/의'가 현대 국어의 '에'와 '에서'의 쓰임을 모두 지니고 있었음을 의미한다.
> 한편, '애셔/에셔/예셔, 익셔/의셔' 앞의 명사가 어떤 구성원으로 이루어진 공간이나 집단을 나타내면, 그 공간이나 집단 속에 있는 구성원의 행위를 그 공간이나 집단의 행위로 표현하는 것이 가능해진다. 그에 따라 중세 국어에서 '애셔/에셔/예셔, 익셔/의셔'가 주격 조사로도 쓰인 경우가 있다. 이들은 현대 국어의 '에서'로 이어지는데 (3)과 같은 예에서 그러한 쓰임을 확인할 수 있다.
> 현대 국어의 '에서'가 주격 조사로 쓰일 때에는 '에서' 앞에 공간이나 집단을 나타내는 명사가 오고 유정 명사는 올 수 없다. 부사격 조사 '에'에 '서'가 붙은 '에서'가 주격 조사로 쓰인 것처럼 부사격 조사 '께'에 '서'가 붙은 '께서'도 주격 조사로 쓰인다. '께서'의 중세 국어 형태인 부사격 조사 '끠셔' 역시 '끠'와 '셔'가 결합하여 형성되었는데, 근대 국어를 거치면서 주격 조사로 변화하여 현대 국어의 '께서'로 이어졌다. 중세 국어의 '에셔', 현대 국어의 '에서'와 달리 중세 국어의 '끠셔', 현대 국어의 '께서'는 높임의 유정 명사 뒤에 나타난다.

21 윗글의 내용과 일치하는 것은?

① 중세 국어에서 '에' 앞의 명사는 공간의 의미를 나타낼 수 있었다.
② 현대 국어에서 '에' 앞에 붙을 수 있는 명사는 '에서' 앞에 붙을 수 없다.
③ 중세 국어의 '애/에/예'는 '익/의'와 달리 주격 조사로 쓰일 수 있었다.
④ 현대 국어 '에서'의 중세 국어 형태인 '에셔'에서 '셔'는 지점의 의미를 나타냈다.
⑤ 중세 국어 '에셔'가 주격 조사로 쓰일 수 있었던 이유는 '에셔' 앞에 유정 명사가 오기 때문이다.

22 윗글을 바탕으로 〈보기〉를 이해한 내용으로 적절하지 않은 것은?

보기

현대 국어의 예
㉠ 그 지역에서 공룡 화석이 발견되었다.
㉡ 정부에서 홍수 대책안을 발표하였다.
㉢ 할머니께서 저녁 늦게 식사를 하셨다.

중세 국어의 예
㉣ 一物이라도 그위예셔 다 아소믈 슬노라
(물건 하나라도 관청에서 다 빼앗음을 슬퍼하노라.)
㉤ 부텨끠셔 十二部經이 나시고
(부처님으로부터 12부의 경전이 나오고)

① ㉠ : 공간을 의미하는 '그 지역'에 주격 조사 '에서'가 붙었군.
② ㉡ : 집단을 의미하는 '정부'에 주격 조사 '에서'가 붙었군.
③ ㉢ : 높임의 유정 명사인 '할머니'에 주격 조사 '께서'가 붙었군.
④ ㉣ : '그위예셔'는 '그위'에 주격 조사 '예셔'가 붙었군.
⑤ ㉤ : 높임의 유정 명사인 '부텨'에 부사격 조사 '끠셔'가 붙었군.

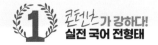
[23~24]

다음 글을 읽고 물음에 답하시오. `20학년도 수능`

다의어란 두 가지 이상의 의미를 가진 단어를 말한다. 다의어에서 기본이 되는 핵심 의미를 중심 의미라고 하고, 중심 의미에서 확장된 의미를 주변 의미라고 한다. 중심 의미는 일반적으로 주변 의미보다 언어 습득의 시기가 빠르며 사용 빈도가 높다. 그러면 다의어의 특징에 대해 좀 더 알아보자.

첫째, 주변 의미로 사용되었을 때는 문법적 제약이 나타나기도 한다. 예를 들면 '한 살을 먹다'는 가능하지만 '한 살이 먹히다'나 '한 살을 먹이다'는 어법에 맞지 않는다. 또한 '손'이 '노동력'의 의미로 쓰일 때는 '부족하다, 남다' 등 몇 개의 용언과만 함께 쓰여 중심 의미로 쓰일 때보다 결합하는 용언의 수가 적다.

둘째, 주변 의미는 기존의 의미가 확장되어 생긴 것으로서, 새로 생긴 의미는 기존의 의미보다 추상성이 강화되는 경향이 있다. '손'의 중심 의미가 확장되어 '손이 부족하다', '손에 넣다'처럼 각각 '노동력', '권한이나 범위'로 쓰이는 것이 그 예이다.

셋째, 다의어의 의미들은 서로 관련성을 갖는다.

> **줄** 〔명〕
> ① 새끼 따위와 같이 무엇을 묶거나 동이는 데에 쓸 수 있는 가늘고 긴 물건.
>   예) 줄로 묶었다.
> ② 길이로 죽 벌이거나 늘여 있는 것.
>   예) 아이들이 줄을 섰다.
> ③ 사회생활에서의 관계나 인연.
>   예) 내 친구는 그쪽 사람들과 줄이 닿는다.

예를 들어 '줄'의 중심 의미는 위의 ①인데 길게 연결되어 있는 모양이 유사하여 ②의 의미를 갖게 되었다. 또한 연결이라는 속성이나 기능이 유사하여 ③의 뜻도 지니게 되었다. 이때 ②와 ③은 '줄'의 주변 의미이다.

그런데 ㉠ 다의어의 의미들이 서로 대립적 관계를 맺는 경우가 있다. 예를 들어 '앞'은 '향하고 있는 쪽이나 곳'이 중심 의미인데 '앞 세대의 입장', '앞으로 다가올 일'에서는 각각 '이미 지나간 시간'과 '장차 올 시간'을 가리킨다. 이것은 시간의 축에서 과거나 미래 중 어느 방향을 바라보는지에 따른 차이로서 이들 사이의 의미적 관련성은 유지된다.

23 윗글을 참고하여 추론한 내용으로 적절하지 <u>않은</u> 것은?

① 대부분의 아이들이 '별'의 의미 중 '군인의 계급장'이라는 의미보다 '천체의 일부'라는 의미를 먼저 배우겠군.

② '앉다'의 의미 중 '착석하다'의 의미로 쓰이는 빈도가 '요직에 앉다'처럼 '직위나 자리를 차지하다'의 의미로 쓰이는 빈도보다 더 높겠군.

③ '결론에 이르다'와 '포기하기에는 아직 이르다'에서 '이르다'의 의미들은 서로 관련성이 없으니, 이 두 의미는 중심 의미와 주변 의미의 관계로 볼 수 없겠군.

④ '팽이를 돌리다'는 어법에 맞는데 '침이 생기다'라는 의미의 '돌다'는 '군침을 돌리다'로 쓰이지 않으니, '군침이 돌다'의 '돌다'는 주변 의미로 사용된 것이겠군.

⑤ 사람의 감각 기관을 뜻하는 '눈'의 의미가 '눈이 나빠져서 안경의 도수를 올렸다'에서의 '눈'의 의미로 확장되었으니, '눈'의 확장된 의미는 기존 의미보다 더 구체적이겠군.

24 밑줄 친 단어들의 의미를 고려하여 ㉠의 예에 해당하는 것만을 〈보기〉에서 있는 대로 고른 것은?

> **보기**
>
> **영희** : 자꾸 말해 미안한데 모둠 발표 자료 좀 줄래?
> **민수** : 너 <u>빚쟁이</u> 같다. 나한테 자료 맡겨 놓은 거 같네.
> **영희** : 이틀 <u>뒤</u>에 발표 사전 모임이라고 <u>금방</u> 문자 메시지가 왔었는데 지금 또 왔어. 근데 <u>빚쟁이</u>라니, 내가 언제 <u>돈</u> 빌린 것도 아니고……
> **민수** : 아니, 꼭 빌려 준 <u>돈</u> 받으러 온 사람 같다고. 자료 여기 있어. 가현이랑 도서관에 같이 가자. 아까 출발했다니까 <u>금방</u> 올 거야.
> **영희** : 그래. 발표 끝난 <u>뒤</u>에 다 같이 밥 먹자.

① 빚쟁이   ② 빚쟁이, 금방   ③ 뒤, 돈

④ 뒤, 금방, 돈   ⑤ 빚쟁이, 뒤, 금방

[25~26]
다음 글을 읽고 물음에 답하시오. 21학년도 6월

담화는 하나 이상의 발화나 문장으로 이루어진다. 담화가 그 내용 면에서 완결성을 갖추기 위해서는 담화를 이루는 발화나 문장들이 일관된 주제 속에 내용상 유기적인 관련을 맺고 있어야 한다. 이때 각 발화나 문장 간의 관련성을 보여 주는 형식적 장치가 필요하다. 이러한 장치에는 지시, 대용, 접속 표현이 있다.

우선 지시 표현은 담화 장면을 구성하는 화자, 청자, 사물, 시간, 장소 등의 요소를 직접 가리키는 표현이다. 그리고 대용 표현은 담화에서 언급된 말, 혹은 뒤에서 언급될 말을 대신하는 표현이다. 대표적인 지시 표현으로는 '이, 그, 저' 등이 있다. 이들이 담화에서 언급되는 말을 대신할 때는 대용 표현이 된다. 가령 친구가 든 꽃을 보면서 화자가 "이 꽃 예쁘네."라고 말했다면, '꽃'을 직접 가리키는 '이'는 지시 표현이다. 그러나 화자가 "그런데 지난번 꽃도 예쁘던데, 그때 그거는 어디서 샀어?"라고 발화를 곧장 이어 간다면 이때의 '그거'는 앞선 발화의 '지난번 꽃'이라는 말을 대신하는 대용 표현이다. 끝으로 접속 표현은 문장과 문장, 발화와 발화를 연결해 주는 표현으로, '그리고' 등과 같은 접속 부사가 대표적인 예이다. 앞서 언급된 두 번째 발화의 '그런데'도 앞의 발화를 뒤의 발화와 이어 주는 접속 표현에 속한다.

한편, 담화 전개 과정에서 화자는 청자 및 맥락을 고려하면서 발화나 문장을 통해 자신의 의도를 효과적으로 구현한다. 이때 여러 문법 요소가 활용된다. 가령 화자는 "아버지! 진지 드세요."라는 발화에서 '드세요'의 '드시-'를 통해 문장의 주체인 '아버지'를, 종결 어미 '-어요'를 통해 청자인 '아버지'를 높이고 있다. 이와 같이 화자는 특정 어휘나 조사, 어미 등을 사용하여 어떤 대상에 대해 높이거나 낮추는 태도를 드러낸다. 아울러 위의 '드세요'의 '-어요'는 화자가 청자에게 어떠한 행동을 요구하고 있음도 보여 준다. 즉, 종결 어미는 청자에게 답변을 요구하거나, 어떠한 사실을 새롭게 알게 되었다는 점을 두드러지게 나타내는 등 화자의 의도를 구현할 때도 쓰인다. 화자, 청자 및 맥락이 발화나 문장에서 문법 요소와 맺고 있는 관련성은 ㉠ "할아버지께서 마침 방에 계셨구나! 과일 좀 드리고 오렴."과 같이 연속된 발화로 이루어진 담화에서 더욱 다양하게 나타날 수 있다.

25 윗글을 바탕으로 〈보기〉의 ⓐ~ⓕ에 대해 설명한 내용으로 적절하지 <u>않은</u> 것은?

보기

(두 친구가 만나서 주말 나들이 장소를 정하는 상황)
선희 : 우리, 이번 주말 나들이 장소로 어디가 좋을까?
영선 : (딴생각을 하다가) ⓐ <u>지금 저녁 먹으러 가자.</u>
선희 : 그게 뭔 소리야? 주말 나들이로 어디 갈 거냐고.
영선 : (머쓱해하며) 아, 그럼 놀이동산 갈까?
선희 : 음, ⓑ <u>거기</u> 말고, (사진을 보여 주며) ⓒ <u>여기</u>는 어때?
영선 : ⓓ <u>거기</u>? 해수욕장은 아직 좀 춥잖아. ⓔ <u>그리고</u> 너무 멀잖아. (선희를 바라보며) 아, 작년에 같이 갔던 수목원은 어때?
선희 : 그래, ⓕ <u>거기</u>가 좋겠다. 그럼, 토요일에 보자. 안녕.

① ⓐ는 '주말 나들이 장소 정하기'라는 내용에 부합하지 않아서 담화의 완결성을 떨어뜨리고 있다.
② ⓑ는 '영선'이 발화한 '놀이동산'을 대신하는 대용 표현이다.
③ ⓒ, ⓓ는 발화 간의 관련성을 높이는 형식적 장치로서 형태가 다른 표현이지만 동일한 장소를 나타내고 있다.
④ ⓔ는 '해수욕장은 아직 좀 춥잖아.'와 '너무 멀잖아.'를 대등하게 이어 주는 접속 표현이다.
⑤ ⓕ는 '작년에 같이 갔던 수목원'을 직접 가리키는 지시 표현이다.

26 ㉠에 대한 이해로 적절하지 <u>않은</u> 것은?

① '할아버지께서'의 '께서'를 통해 화자가 문장의 주체인 '할아버지'를 높이고 있다.
② '계셨구나'의 '계시-'를 통해 화자가 문장의 주체인 '할아버지'를 높이고 있다.
③ '계셨구나'의 '-구나'를 통해 화자가 문장의 주체인 '할아버지'에 관한 사실을 새롭게 알게 되었음을 부각하고 있다.
④ '드리고'의 '드리-'를 통해 화자가 문장의 주체인 '할아버지'를 높이고 있다.
⑤ '오렴'의 '-렴'을 통해 화자가 청자에게 어떠한 행동을 요구하고 있다.

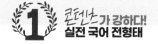
[27~28]

다음 글을 읽고 물음에 답하시오. **21학년도 9월**

사전의 뜻풀이 대상이 되는 표제 항목을 '표제어'라고 한다. 『표준국어대사전』의 표제어에는 붙임표 '-'가 쓰인 경우와 그렇지 않은 경우가 있다. 붙임표는 표제어의 문법적 특성, 띄어쓰기, 어원 및 올바른 표기에 대한 정보를 제공한다.

표제어에 붙임표가 쓰이는 대표적인 경우는 다음과 같다. 첫째, 접사와 어미처럼 자립적으로 쓰이지 않고 언제나 다른 말과 결합해야 하는 표제어에는 다른 말과 결합하는 부분에 붙임표가 쓰인다. 접사 '-질'과 연결 어미 '-으니'가 이러한 예이다. 다만 조사도 자립적으로 쓰이지 않지만 단어이므로 그 앞에 붙임표가 쓰이지 않는다. 용언 어간도 자립적으로 쓰이지 않지만 어미 '-다'와 결합한 기본형이 표제어가 되고, 용언 어간과 어미 '-다' 사이에 붙임표가 쓰이지 않는다.

둘째, 둘 이상의 구성 성분으로 이루어진 표제어에는 가장 나중에 결합한 구성 성분들 사이에 붙임표가 한 번만 쓰인다. '이등분선'은 '이', '등분', '선'의 세 구성 성분으로 이루어진 복합어이다. 이 복합어의 표제어 '이등분-선'에서 붙임표는 '이등분'과 '선'이 가장 나중에 결합했다는 정보를 제공한다. 복합어의 붙임표는 구성 성분들을 반드시 붙여 써야 한다는 점도 알려 준다.

한편 '무덤', '노름', '이따가'처럼 기원적으로 두 구성 성분이 결합한 단어이지만 붙임표가 쓰이지 않는 경우가 있다. '한글 맞춤법'에서는 현대 국어에서 새로운 단어를 만들지 못하는 접미사가 결합한 경우나 ㉠ 단어의 의미가 어근이나 어간의 본뜻과 멀어진 경우에 해당하는 단어를 소리대로 적는 것을 원칙으로 하고 있다. 이처럼 소리대로 적는 단어들은 구성 성분들이 원래 형태의 음절로 나누어지지 않으므로 표제어에 붙임표가 쓰이지 않는다.

'무덤'의 접미사 '-엄'은 현대 국어에서 새로운 단어를 만들지 못한다. 따라서 어근 '묻-'과 접미사 '-엄'이 결합한 '무덤'은 소리대로 적고 표제어에 붙임표가 쓰이지 않는다. '-엄'과 비슷한 접미사에는 '-암', '-억', '-우' 등이 있다.

'노름'은 어근 '놀-'의 본뜻만으로는 그 의미가 '돈이나 재물 따위를 걸고 서로 내기를 하는 일'이라는 사실을 알기 어렵다. '조금 지난 뒤에'를 뜻하는 '이따가'도 어간 '있-'의 본뜻과 멀어졌다. 따라서 '노름'과 '이따가'는 소리대로 적고 표제어에 붙임표가 쓰이지 않는다.

27 윗글을 읽고 추론한 내용으로 적절하지 **않은** 것은?

① '맨발'에서 분석되는 접두사의 뜻풀이를 표제어 '맨-'에서 확인할 수 있겠군.

② '나만 비를 맞았다.'에서 쓰인 격 조사의 뜻풀이를 표제어 '를'에서 확인할 수 있겠군.

③ '저도 학교 앞에 삽니다.'에서 쓰인 동사의 뜻풀이를 표제어 '살다'에서 확인할 수 있겠군.

④ '앞'과 '집'이 결합한 단어를 '앞 집'처럼 띄어 쓰면 안 된다는 정보를 표제어 '앞-집'에서 확인할 수 있겠군.

⑤ '논둑'과 '길'이 결합한 '논둑길'의 구성 성분이 '논', '둑', '길'이라는 정보를 표제어 '논-둑-길'에서 확인할 수 있겠군.

28 〈보기〉의 [자료]에서 ㉠에 해당하는 단어만을 있는 대로 고른 것은?

보기

[자료]는 '조차', '자주', '차마', '부터'가 쓰인 문장과 이 단어들의 어원이 되는 용언이 쓰인 문장의 쌍들이다.

[자료]

┌─ 나<u>조차</u> 그런 일들을 할 수는 없었다.
└─ 동생도 누나의 기발한 생각을 <u>좇았다</u>.

┌─ 누나는 휴일에 이 책을 <u>자주</u> 읽었다.
└─ 동생은 늦잠 때문에 지각이 <u>잦았다</u>.

┌─ 나는 <u>차마</u> 그의 눈을 볼 수 없었다.
└─ 언니는 쏟아지는 졸음을 잘 <u>참았다</u>.

┌─ 그 일은 나<u>부터</u> 모범을 보여야 했다.
└─ 부원 모집 공고문이 게시판에 <u>붙었다</u>.

① 자주, 부터

② 차마, 부터

③ 조차, 자주, 차마

④ 조차, 차마, 부터

⑤ 조차, 자주, 차마, 부터

[29~30]
다음 글을 읽고 물음에 답하시오. 〔21학년도 수능〕

우리는 단어의 의미와 유래를 통해 단어에 담긴 언중의 인식과 더불어 시대상을 짐작할 수 있다. 그리고 단어의 구조를 통해 단어 구성 방식도 이해할 수 있다.

유길준의 『서유견문』(1895)에는 '원어기(遠語機)'라는 말이 등장하는데, 이것은 영어의 'telephone'에 해당하는 단어로 '말을 멀리 보내는 기계'라는 뜻이다. 오늘날의 '전화기(電話機)'가 '전기를 통해 말을 보내는 기계'의 뜻이라는 점과 비교해 보면 '원어기'는 말을 '멀리' 보낸다는 점에, '전화기'는 말을 '전기로' 보낸다는 점에 초점을 맞춘 단어이다. 이처럼 대상을 어떻게 인식하느냐에 따라 그것을 표현하는 단어는 달라지기도 한다. 또한 개화기 사전에 등장하는 '소젓메쥬(소젖메주)'처럼 새롭게 유입된 대상을 일상의 단어로 표현한 경우도 있다. '소젓메쥬'는 '치즈(cheese)'에 대응하는 단어인데, 간장과 된장의 재료인 '메주'라는 일상의 단어를 통해 대상을 인식했음을 보여 준다.

한편, 『가례언해』(1632)에 따르면 '총각(總角)'은 '머리를 땋아 갈라서 틀어 맴'을 이르는 말이었으나 그러한 의미는 사라지고 오늘날에는 '결혼하지 않은 성년 남자'를 뜻한다. 특정한 행위를 나타내던 단어가 이와 관련된 사람을 지시하는 말로 그 의미가 변화한 것이다. 여기에서 남자도 머리를 땋아 묶었던 과거의 관습을 짐작할 수 있다. 또한 '부대찌개' 역시 한국 전쟁 이후 미군 부대에서 나온 재료로 찌개를 끓였던 것에서 유래한 단어라는 점에서 시대의 흔적을 담고 있다.

우리는 단어의 구조를 통해 단어가 구성되는 방식도 파악할 수 있다. 『한불자전』(1880)에는 이전 시기의 문헌에서는 볼 수 없었던 '두길보기'와 '산돌이'가 등장한다. "양쪽 모두의 눈치를 보는 사람"으로 풀이된 '두길보기'의 '두길'은 ㉠ 관형사가 후행하는 명사를 수식하는 것으로 분석된다. "같은 장소를 일 년에 한 번만 지나가는 큰 호랑이"로 풀이된 '산돌이'는 ㉡ 단어의 구성 요소들이 의미상 목적어와 서술어의 관계로 이루어져 '산을 돌다'라는 의미를 나타내고 있다. 이와 같이 예전에도 오늘날처럼 다양한 방식으로 단어를 만들어 생각을 표현하고 있었던 셈이다.

29. ㉠과 ㉡을 모두 충족하는 단어만을 〈보기〉에서 있는 대로 고른 것은?

보기

새해맞이, 두말없이, 숨은그림찾기, 한몫하다

① 새해맞이, 숨은그림찾기, 한몫하다
② 두말없이, 숨은그림찾기, 한몫하다
③ 두말없이, 숨은그림찾기
④ 새해맞이, 한몫하다
⑤ 새해맞이

30. 윗글과 〈보기〉를 바탕으로 추론한 내용으로 적절하지 않은 것은?

보기

• '립스틱'을 여성들이 입술에 바르던 염료인 '연지'라는 단어를 사용해 '입술연지'라고도 했다.
• '변사'는 무성 영화를 상영할 때 장면에 맞추어 그 내용을 설명하던 직업을 가진 사람을 뜻한다.
• '수세미'는 박과의 한해살이 덩굴풀을 뜻하는데, 그 열매 속 섬유로 그릇을 닦았다. 오늘날 공장에서 만든 설거지 도구도 '수세미'라고 한다.
• '혁대'의 순화어로 '가죽으로 만든 띠'라는 뜻의 '가죽띠'와 '허리에 매는 띠'라는 뜻의 '허리띠'가 제시되어 있다.
• '양반'은 조선시대 사대부를 이르는 말이었지만 지금은 '점잖은 사람'의 뜻으로 주로 쓰인다.

① '입술연지'는 '소젓메쥬'처럼 일상의 단어로 새로운 대상을 인식한 예로 볼 수 있겠군.
② '변사'는 무성 영화와 관련해 쓰인 단어라는 점에서 시대상이 반영된 예에 해당하겠군.
③ '수세미'는 기존의 의미에 새로운 의미가 더해졌다는 점에서 '총각'과 유사하겠군.
④ '가죽띠'는 '재료'에, '허리띠'는 '착용하는 위치'에 초점을 둔 단어라는 점에서 서로 다른 인식이 반영된 것이겠군.
⑤ '양반'은 신분의 구분이 있었던 사회의 모습을 엿볼 수 있다는 점에서 시대의 흔적을 담고 있겠군.

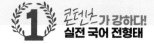
[31~32]

다음 글을 읽고 물음에 답하시오. `22학년도 6월`

　　한글 맞춤법 제15항과 제18항은 용언이 활용할 때의 표기 원칙을 규정하고 있다. 제15항은 '웃다, 웃고, 웃으니'처럼 규칙적으로 활용하는 용언의 표기 원칙을, 제18항은 '긋다, 그어, 그으니'처럼 ㉠ 불규칙적으로 활용하는 용언의 표기 원칙을 밝히고 있다. 한글 맞춤법의 이러한 내용들은 국어사전의 활용의 표기에 반영되어 있다. 아래는 국어사전의 일부를 간추려 제시한 것이다.

웃다

발음 [욷ː따]

활용 웃어[우ː서], 웃으니[우ː스니], 웃는[운ː는]

긋다

발음 [귿ː따]

활용 그어[그어], 그으니[그으니], 긋는[근ː는]

　　동사 '웃다'와 '긋다'의 활용에서 각각 '웃다'와 '긋다'의 활용형과 그 표준 발음을 확인할 수 있다. 활용에 제시되어 있는 정보, 즉 '활용 정보'를 통하여 ㉡ 활용 양상이 동일한 용언들을 알아볼 수 있다. 예를 들어 규칙 활용 용언 중 동사 '벗다'는 '벗어, 벗으니, 벗는'처럼 활용하므로 '웃다'와 활용 양상이 동일하고, 불규칙 활용 용언 중 '짓다'는 '지어, 지으니, 짓는'처럼 활용하므로 '긋다'와 활용 양상이 동일하다.

[A] ┌　　한편 용언이 활용할 때 음운 변동이 나타나는 경우에는 그 결과가 활용형의 표기에 반영되기도 한다. 예를 들어 '자다'의 활용 정보는 '자[자], 자니[자니]'처럼 제시되는데 이때의 활용형 '자'는 '자다'의 어간 '자-'가 어미 '-아'와 결합할 때 동일 모음의 탈락이 일어나 '자'로 실현된 결과가 활용형의 표기에 반영된 것이다. 이와는 달리 '좋다'는 '좋아[조ː아], 좋으니[조ː으니]'가 활용 정보에 제시되는데 이는 음운 변동의 결과가 활용형의 표기에 반영되지 않은 것이다. 즉 활용 정보에 나타나는 활용형 '자'와 '좋아'의 표기는 한글 맞춤법의 원리에 따른 것임을 확인할 수 있다.

31 ㉠과 ㉡을 모두 만족하는 용언의 짝으로 적절한 것은?

① 구르다 - 잠그다
② 흐르다 - 푸르다
③ 뒤집다 - 껴입다
④ 붙잡다 - 정답다
⑤ 캐묻다 - 엿듣다

32 [A]를 바탕으로 〈보기〉의 ⓐ~ⓔ의 밑줄 친 부분을 이해한 내용으로 적절하지 않은 것은?

보기

국어사전의 표제어와 활용 정보

ⓐ **서다**	활용	서, 서니 …
ⓑ **끄다**	활용	꺼, 끄니 …
ⓒ **풀다**	활용	풀어, 푸니 …
ⓓ **쌓다**	활용	쌓아, 쌓으니, 쌓는 …
ⓔ **믿다**	활용	믿어, 믿으니, 믿는 …

① ⓐ : 탈락이 나타나고 그 결과가 표기에 반영되었다.
② ⓑ : 탈락이 나타나고 그 결과가 표기에 반영되었다.
③ ⓒ : 탈락이 나타나고 그 결과가 표기에 반영되었다.
④ ⓓ : 교체가 나타나지만 그 결과가 표기에 반영되지 않았다.
⑤ ⓔ : 교체가 나타나지만 그 결과가 표기에 반영되지 않았다.

[33~34]

다음 글을 읽고 물음에 답하시오. `22학년도 9월`

'음절'은 발음의 단위이다. 음절의 특징을 이해하는 것은 국어 발음의 특징과 여러 가지 음운 변동 현상을 이해하기 위한 기초가 된다. 한글은 소리를 나타내는 문자이기 때문에 한글의 표기와 발음이 동일하다고 생각하기 쉽다. 하지만 한글 표기법에는 소리를 그대로 적는다는 원칙도 있지만 ㉠ 의미를 효과적으로 전달하기 위해 하나의 의미는 하나의 형태로 고정하여 적는다는 원칙도 있어서, ㉡ 표기가 실제 발음을 그대로 드러내지 않는 경우가 많다. 그런데 표기된 글자가 실제 발음과 다르더라도, 우리는 실제 발음이 아니라 ㉢ 표기된 글자 하나하나를 '음절'이라고 인식하는 관습이 있다. 끝말잇기도 이러한 관습을 규칙으로 하여 이루어지는 놀이이다. 그러나 발음의 특징을 이해하기 위해서는 표기가 아니라 발음을 기준으로 음절을 인식해야 한다.

발음을 기준으로 할 때 우리말의 음절은 네 가지 유형으로 나뉜다. 어떤 음절이든 자음과 모음의 결합 방식에 따라 ㉣ '모음', '자음+모음', '모음+자음', '자음+모음+자음' 중 한 가지 유형에 해당한다. 각 음절 유형은 표기 형태에 그대로 나타나는 경우도 있지만, '축하[추카]'와 같이 ㉤ 표기 형태가 음절 유형을 그대로 나타내지 않는 경우도 있다.

[A] ⎡ 그런데 우리말에는 음절의 구조에 제약이 존재한다. 우선 초성에는 'ㅇ'이 올 수 없다. 또한 종성에는 'ㄱ, ㄴ, ㄷ, ㄹ, ㅁ, ㅂ, ㅇ'만 올 수 있다는 제약이 있다. 그래서 종성 자리에 올 수 없는 자음이 놓여 발음할 수 없으면, 다른 자음으로 교체되는 음운 변동이 일어나 발음이 가능해진다. 그리고 종성에는 둘 이상의 자음이 올 수 없다는 제약이 있다. 종성 자리에 두 개의 자음이 놓이게 되면 둘 중 하나가 탈락하는 음운 변동이 일어난다. 한편 음절 구조 제약과 관계없이 일어나는 음운 변동도 있다. 예를 들어 '논일[논닐]'에서 'ㄴ'이 첨가되는 것은 음절 구조 제약과는 무관한 음운 변동이다. ⎣

33 ㉠~㉤을 이해한 내용으로 적절하지 <u>않은</u> 것은?

① ㉠에 따라 '싫증'은 싫다는 의미를 효과적으로 전달하기 위해 첫 글자의 형태를 고정하여 표기한 예이다.

② ㉡에 해당하는 예로 '북소리'와 '국물'을 들 수 있다.

③ ㉢에 따라 끝말잇기를 할 때, '나뭇잎' 뒤에 '잎새'를 연결할 수 있다.

④ ㉣의 구분에 따르면 '강'과 '복'은 같은 음절 유형에 해당하지만, '목'과 '몫'은 서로 다른 음절 유형에 해당한다.

⑤ ㉤에 해당하는 예로 '북어'를, 해당하지 않는 예로 '강변'을 들 수 있다.

34 [A]를 바탕으로 할 때, 〈보기〉의 ⓐ~ⓔ에 대한 설명으로 적절한 것은?

보기

	표기	발음
ⓐ	굳이	[구지]
ⓑ	옷만	[온만]
ⓒ	물약	[물략]
ⓓ	값도	[갑또]
ⓔ	핥는	[할른]

① ⓐ : 음절 구조 제약과 관련된 교체가 한 번 일어난다.

② ⓑ : 음절 구조 제약과 관련된 교체가 한 번, 음절 구조 제약과 무관한 교체가 한 번 일어난다.

③ ⓒ : 음절 구조 제약과 무관한 첨가가 한 번, 음절 구조 제약과 관련된 교체가 한 번 일어난다.

④ ⓓ : 음절 구조 제약과 관련된 탈락이 한 번, 음절 구조 제약과 무관한 첨가가 한 번 일어난다.

⑤ ⓔ : 음절 구조 제약과 관련된 탈락이 한 번, 음절 구조 제약과 관련된 교체가 한 번 일어난다.

[35~36]

다음 글을 읽고 물음에 답하시오. **22학년도 수능**

국어에서는 일반 어휘처럼 문법 형태소에서도 하나의 형태가 여러 의미로 쓰이거나 여러 형태가 하나의 의미로 쓰이는 현상을 발견할 수 있다. 가령, 전자로는 현대 국어에서 명사 '높이'에 쓰인 명사 파생 접사 '-이'와 부사 '높이'에 쓰인 부사 파생 접사 '-이'를 예로 들 수 있다. 명사 파생 접사 '-이'는 여러 의미로 쓰인다. 예컨대 '놀이'에서는 '…하는 행위'의 의미를, '구두닦이'에서는 '…하는 사람'의 의미를, '연필깎이'에서는 '…하는 데 쓰이는 도구'의 의미를 나타낸다. 후자로는 현대 국어의 명사 파생 접사 '-이'와 '-음'을 예로 들 수 있다.

중세 국어에서도 명사 파생 접사 '-이'와 부사 파생 접사 '-이'가 존재하였다. 가령, 현대 국어의 '길이'와 마찬가지로 '기리(길- + -이)'의 '-이'는 형용사 어간에 붙어 명사도 만들고 부사도 만들었다. 또한 '-이'는 '사리(살- + -이)'처럼 동사 어간에 붙어 '…하는 행위'의 의미를 나타내기도 하였으나, '…하는 사람', '…하는 데 쓰이는 도구'의 의미를 나타내지는 않았다.

중세 국어에서 명사 파생 접사 '-이'처럼 용언 어간에 붙는 명사 파생 접사 '-의'도 쓰였는데, 이 '-의'는 '-이'와 달리 부사는 파생하지 않았다. 또한 접사 '-의'는 모음 조화에 따라 양성 모음 뒤에서는 '-의'로 쓰였는데, 접사 '-이'는 중세 국어에서 'ㅣ' 모음이 양성 모음도 아니고 음성 모음도 아니어서 모음 조화와는 무관하게 결합하였다.

┌ 너븨(넙- + -의)도 ᄀᆞ티 ᄒᆞ고 [넓이도 같이 하고]
└ 노ᄑᆡ(높- + -익) 다ᄉᆞᆺ 자히러라 [높이가 다섯 자였다]

한편, 중세 국어에서는 '의'가 앞 체언에 붙어 관형격 조사와 부사격 조사로 쓰이기도 했다. 관형격 조사는 평칭의 유정 체언 뒤에 쓰였고, 부사격 조사는 서술어와 호응하여 장소나 시간을 나타내는 부사어에서 쓰였다. 그런데 이들 '의'도 모음 조화에 따라 양성 모음 뒤에서는 '익'로 쓰였다.

┌ 버믜(범 + 의) ᄲᅧ나 [범의 뼈나]
└ 사ᄅᆞ믜 (사ᄅᆞᆷ + 익) 무례 [사람의 무리에]
┌ 무틔(뭍 + 의) ᄃᆞ니ᄂᆞᆫ [뭍에 다니는]
└ 바믜(밤 + 익) 나디 아니ᄒᆞᄂᆞ니 [밤에 나가지 아니하니]

---

35 윗글을 바탕으로 추론한 내용으로 적절한 것은?

① 현대 국어의 '책꽂이'에서 '-이'는 '…하는 행위'의 의미를 나타내는 접사이다.

② 현대 국어 '놀이'에서의 '-이'는 중세 국어 '사리'에서의 '-이'와 달리 '…하는 사람'의 의미로 쓰인다.

③ 현대 국어 '길이'처럼 중세 국어 '기리'도 명사와 부사로 쓰였다.

④ 중세 국어에서 접사 '-익'가 붙어 파생된 단어는 두 가지 품사로 쓰였다.

⑤ 중세 국어에서 체언에 조사 '의'가 붙은 말은 관형어나 부사어로 쓰였다.

---

36 윗글을 바탕으로 〈보기〉의 중세 국어 자료를 이해한 내용으로 적절하지 않은 것은?

> **보기**
>
> ㉠ 王ㅅ **겨틔** 안잿다가 [왕의 곁에 앉아 있다가]
> ㉡ 曲江ㅅ **구븨**예 ᄀᆞ마니 ᄃᆞ니노라 [곡강의 굽이에 가만히 다니노라]
> ㉢ 光明이 **ᄇᆞᆯ기** 비취여 [광명이 밝히 비치어]
> ㉣ **글지싀**예 위두ᄒᆞ고 [글짓기에 으뜸이고]
> ㉤ **ᄯᆞ릭** 일후믄 [딸의 이름은]

① ㉠에서 '겨틔'의 '의'는 모음 조화에 따라 결합한 부사격 조사이군.

② ㉡에서 '구븨'의 '-의'는 모음 조화에 따라 결합한 부사 파생 접사이군.

③ ㉢에서 'ᄇᆞᆯ기'의 '-이'는 모음 조화와 무관하게 결합한 부사 파생 접사이군.

④ ㉣에서 '글지싀'의 '-이'는 모음 조화와 무관하게 결합한 명사 파생 접사이군.

⑤ ㉤에서 'ᄯᆞ릭'의 '익'는 모음 조화에 따라 결합한 관형격 조사이군.

[37~38]

다음 글을 읽고 물음에 답하시오. 23학년도 6월

음운은 단어의 뜻을 변별하는 데 사용되는 소리로 언어마다 차이가 있다. 예컨대 국어에서는 음운으로서 'ㅅ'과 'ㅆ'을 구분하지만 영어에서는 구분하지 않는다. 음운이 실제로 발음되기 위해서는 발음의 최소 단위인 음절을 이뤄야 하는데 음절의 구조도 언어마다 다르다. 국어는 한 음절 내에서 모음 앞이나 뒤에 각각 최대 하나의 자음을 둘 수 있지만 영어는 'spring[sprɪŋ]'처럼 한 음절 내에서 자음군이 형성될 수 있다.

음운은 그 자체로는 뜻이 없다. 음운이 하나 이상 모여 뜻을 가지면 의미의 최소 단위인 형태소가 된다. 그리고 우리는 이러한 형태소를 결합하여 단어를 만들고 말을 한다. 이때 ㉠ <u>형태소와 형태소가 만나는 경계</u>에서 음운이 다양하게 배열되고 발음이 결정되는데, 여기에 음운 규칙이 관여한다. 예컨대 국어에서는 '국물[궁물]'처럼 '파열음 - 비음' 순의 음운 배열이 만들어지면, 파열음은 동일 조음 위치의 비음으로 교체된다. 그런데 이런 음운 규칙도 모든 언어에 적용되는 것은 아니어서 영어에서는 'nickname[nikneim]'처럼 '파열음(k) - 비음(n)'이 배열되어도 비음화가 일어나지 않는다.

이러한 음운, 음절 구조, 음운 규칙은 말을 할 때뿐만 아니라 말을 들을 때도 작동한다. 이들은 말을 할 때는 발음을 할 수 있게 만드는 재료, 구조, 방법이 되고, 말을 들을 때는 말소리를 분류하고 인식하는 틀이 된다. 예컨대 '국'과 '밥'이 결합한 '국밥'은 된소리되기가 적용되어 늘 [국빱]으로 발음되지만, 우리는 이것을 '빱'이 아니라 '밥'과 관련된 것으로 인식한다. 그 이유는 [국빱]을 들을 때 된소리되기가 인식의 틀로 작동하여 된소리되기 이전의 음운 배열인 '국밥'으로 복원되기 때문이다. 더불어 외국어를 듣는 상황을 생각해 보자. 국어의 음절 구조와 맞지 않는 소리를 듣는다면 국어의 음절 구조에 맞게 바꾸고, 국어에 없는 소리를 듣는다면 국어에서 가장 가까운 음운으로 바꾸어 인식하게 된다. 영어 단어 'bus'를 우리말 음절 구조에 맞게 2음절로 바꾸고, 'b'를 'ㅂ' 또는 'ㅃ'으로 바꾸어 [버쓰]나 [뻐쓰]로 인식하는 것이 그 예이다.

37 윗글을 통해 추론한 내용으로 적절하지 <u>않은</u> 것은?

① 국어 음절 구조의 특징을 고려하면 '몫[목]'의 발음에서 음운이 탈락하는 것을 이해할 수 있겠군.

② 국어 음운 'ㄹ'은 그 자체에는 뜻이 없지만, '갈 곳'의 'ㄹ'은 어미로 쓰이고 있으므로 뜻을 가진 최소 단위가 되겠군.

③ 국어에서 '밥만 있어'의 '밥만[밤만]'을 듣고 '밤만'으로 알았다면 그 과정에서 비음화 규칙이 인식의 틀로 작동했겠군.

④ 영어의 'spring'이 국어에서 3음절 '스프링'으로 인식되는 것은 국어 음절 구조 인식의 틀이 제대로 작동한 결과이겠군.

⑤ 영어의 'vocal'이 국어에서 '보컬'로 인식되는 것은 영어 'v'와 가장 비슷한 국어 음운이 'ㅂ'이기 때문이겠군.

38 ㉠의 위치에서 음운 변동이 일어난 예만을 〈보기〉에서 고른 것은?

보기

ⓐ 앞일[암닐]　　ⓑ 장미꽃[장미꼳]　　ⓒ 넣고[너코]
ⓓ 걱정[걱쩡]　　ⓔ 굳이[구지]

① ⓐ, ⓑ, ⓒ
② ⓐ, ⓒ, ⓔ
③ ⓐ, ⓓ, ⓔ
④ ⓑ, ⓒ, ⓓ
⑤ ⓑ, ⓓ, ⓔ

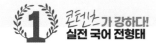
[39~40]

다음 글을 읽고 물음에 답하시오. `23학년도 9월`

국어에서는 명사가 동사나 형용사와 차례대로 결합하여 '손잡다'와 같은 합성 동사나 '쓸모없다'와 같은 합성 형용사가 만들어질 수 있다. 합성 동사와 합성 형용사를 묶어 합성 용언이라고 한다. 합성 용언은 크게 구성적 측면과 의미적 측면에서 분류할 수 있다.

먼저 구성적 측면에서 합성 용언은 그 구성 요소들이 맺는 문법적 관계에 따라 분류할 수 있다. 예를 들어 '쓸 만한 가치가 없다.'를 뜻하는 ㉠ '쓸모없다'는 명사 '쓸모'와 형용사 '없다'가 주어와 서술어의 관계를 보여 주고, '손을 마주 잡다.'를 뜻하는 ㉡ '손잡다'는 명사 '손'과 동사 '잡다'가 목적어와 서술어의 관계를 보여 준다. 그리고 '남에게 드러내어 뽐낼 만한 거리로 하다.'를 뜻하는 ㉢ '자랑삼다'는 명사 '자랑'과 동사 '삼다'가 부사어와 서술어의 관계를 보여 준다.

한편 의미적 측면에서 합성 용언은 그 구성 요소의 의미를 그대로 유지하는 경우와 구성 요소의 의미를 벗어나 새로운 의미를 획득한 경우로 분류할 수 있다. 가령 '쓸모없다'는 구성 요소인 '쓸모'와 '없다'의 의미를 그대로 유지한다. 반면 '주름잡다'는 구성 요소인 '주름'과 '잡다'의 의미를 벗어나 '모든 일을 자기가 하고 싶은 대로 처리하다.'라는 새로운 의미를 획득한 경우이다. '주름잡다'의 이와 같은 의미가 구성 요소의 의미를 벗어나 새롭게 획득되었다는 사실은, '나는 바지에 주름 잡는 일이 너무 어렵다.'의 '주름 잡는'의 의미를 고려하면 더욱 분명히 드러난다.

그런데 구성 요소의 의미를 벗어나 새로운 의미를 획득한 합성 용언 중에는 필수 부사어를 요구하는 경우가 있다. 예를 들어 '불타다'가 '나는 지금 학구열에 불타고 있다.'에서와 같이 '의욕이나 정열 따위가 끓어오르다.'라는 새로운 의미를 획득한 경우에는 '학구열에'라는 필수 부사어를 요구한다. 이러한 사실은 '불타다'가 '장작이 지금 불타고 있다.'에서와 같이 구성 요소의 의미를 그대로 유지하는 경우에는 필수 부사어를 요구하지 않는다는 점과 비교할 때 더 분명해진다.

39 윗글을 읽고 이해한 내용으로 적절하지 <u>않은</u> 것은?

① '나는 시장에서 책가방을 값싸게 샀다.'의 '값싸게'는 구성적 측면에서 ㉠과 동일한 유형의 합성 용언이겠군.

② '나는 눈부신 태양 아래에 서 있었다.'의 '눈부신'은 구성적 측면에서 ㉠과 동일한 유형의 합성 용언이겠군.

③ '누나는 나를 보자마자 뒤돌아 앉았다.'의 '뒤돌아'는 구성적 측면에서 ㉡과 동일한 유형의 합성 용언이겠군.

④ '언니는 밤새워 숙제를 다 마무리했다.'의 '밤새워'는 구성적 측면에서 ㉡과 동일한 유형의 합성 용언이겠군.

⑤ '큰형은 앞서서 골목을 걷기 시작했다.'의 '앞서서'는 구성적 측면에서 ㉢과 동일한 유형의 합성 용언이겠군.

40 윗글을 바탕으로 〈보기〉의 ⓐ~ⓔ를 탐구한 내용으로 적절한 것은?

보기

ㅇ 그는 학문에 대한 깨달음에 ⓐ <u>목말라</u> 있다.

ㅇ 그녀는 이 과자를 간식으로 ⓑ <u>점찍어</u> 두었다.

ㅇ 그녀는 요즘 야식과 ⓒ <u>담쌓고</u> 지내고 있다.

ㅇ 그녀는 노래 실력이 아직 ⓓ <u>녹슬지</u> 않았다.

ㅇ 그녀는 최신 이론에 마침내 ⓔ <u>눈뜨게</u> 됐다.

① ⓐ : 구성 요소의 의미를 그대로 유지하고 필수 부사어를 요구한다.

② ⓑ : 구성 요소의 의미를 그대로 유지하고 필수 부사어를 요구하지 않는다.

③ ⓒ : 구성 요소의 의미를 벗어나 새로운 의미를 획득했고 필수 부사어를 요구한다.

④ ⓓ : 구성 요소의 의미를 벗어나 새로운 의미를 획득했고 필수 부사어를 요구한다.

⑤ ⓔ : 구성 요소의 의미를 벗어나 새로운 의미를 획득했고 필수 부사어를 요구하지 않는다.

[41~42]

다음 글을 읽고 물음에 답하시오. 23학년도 수능

합성 명사는 직접 구성 요소가 모두 어근인 명사이다. 합성 명사의 어근은 복합어일 수도 있는데 '갈비찜'을 그 예로 들 수 있다. '갈비찜'의 직접 구성 요소는 '갈비'와 '찜'이다. 그런데 '갈비찜'을 형태소 단위까지 분석하면 '갈비', '찌-', '-ㅁ'이라는 형태소를 확인할 수 있다. 이처럼 합성 명사 내부에 복합어가 있을 때, ㉠ 합성 명사를 형태소 단위까지 분석하면 합성 명사의 내부 구조를 세밀히 알 수 있다.

다의어에서 기본이 되는 의미를 중심적 의미라 하고, 중심적 의미로부터 확장된 의미를 주변적 의미라 한다. 만약 단어가 하나의 의미만을 가지고 그 의미가 다른 의미로 확장되지 않았다면, 그 하나의 의미를 중심적 의미로 볼 수 있다. 합성 명사의 두 어근에도 ⓐ 중심적 의미나 ⓑ 주변적 의미가 나타날 수 있다. 그런데 자립적으로 쓰일 때에는 하나의 의미만을 가지고 있어 사전에서 뜻풀이가 하나밖에 없는 단어가 합성 명사의 어근으로 쓰일 때 주변적 의미를 새롭게 가지게 되는 경우도 있다. 가령 '매섭게 노려보는 눈'을 뜻하는 합성 명사 '**도끼눈**'은 '도끼'와 '눈'으로 분석되는데, '매섭거나 날카로운 것'이라는 '도끼'의 주변적 의미는 '도끼'가 자립적으로 쓰일 때 가지고 있던 의미라고 보기 어렵다.

합성 명사의 어근이 중심적 의미를 나타내든 주변적 의미를 나타내든, 그 어근은 합성 명사 내부에서 나타나는 위치가 대체로 자유롭다. 이는 '비바람', '이슬비'에서 중심적 의미를 나타내는 '비'의 위치와 '**벼락공부**', '**물벼락**'에서 주변적 의미를 나타내는 '벼락'의 위치를 통해 알 수 있다. 그런데 주변적 의미를 나타내는 어근 중 일부는 합성 명사 내부의 특정 위치에서 주로 관찰된다. 가령 '아주 달게 자는 잠'을 뜻하는 '**꿀잠**'에는 '편안하거나 기분 좋은 것'이라는 '꿀'의 주변적 의미가 나타나는데, '꿀'의 이러한 의미는 합성 명사의 선행 어근에서 주로 관찰된다. 그리고 '넓게 깔린 구름'을 뜻하는 '**구름바다**'에는 '무엇이 넓게 많이 모여 있는 곳'이라는 '바다'의 주변적 의미가 나타나는데, 이러한 '바다'는 합성 명사의 후행 어근에서 주로 관찰된다.

41 ㉠에 따를 때, 〈보기〉에 제시된 ㉮~㉣ 중 그 내부 구조가 동일한 단어끼리 묶은 것은?

보기

• 동생은 오늘 ㉮ 새우볶음을 많이 먹었다.
• 우리는 결코 ㉯ 집안싸움을 하지 않겠다.
• 요즘 농촌은 ㉰ 논밭갈이에 여념이 없다.
• 우리 마을은 ㉱ 탈춤놀이가 참 유명하다.

① ㉮, ㉯
② ㉯, ㉰
③ ㉰, ㉱
④ ㉮, ㉯, ㉱
⑤ ㉮, ㉰, ㉱

42 윗글의 ⓐ, ⓑ와 연관 지어 〈자료〉에 제시된 합성 명사를 탐구한 내용으로 적절한 것은?

자료

합성 명사	뜻
칼잠	옆으로 누워 불편하게 자는 잠
머리글	책의 첫 부분에 내용이나 목적을 간략히 적은 글
일벌레	일을 지나치게 열심히 하는 사람
입꼬리	입의 양쪽 구석
꼬마전구	조그마한 전구

① '칼잠'과 '구름바다'는 ⓐ를 나타내는 어근의 위치가 같군.
② '머리글'과 '물벼락'은 ⓐ를 나타내는 어근의 위치가 같군.
③ '일벌레'와 '벼락공부'는 ⓑ를 나타내는 어근의 위치가 같군.
④ '입꼬리'와 '도끼눈'은 ⓑ를 나타내는 어근의 위치가 다르군.
⑤ '꼬마전구'와 '꿀잠'은 ⓑ를 나타내는 어근의 위치가 다르군.

[43~44]

다음 글을 읽고 물음에 답하시오. `24학년도 6월`

[A]
> '나의 살던 고향'은 '내가 살던 고향'과 같은 의미로 '나'에 관형격 조사 '의'가 결합하여 '살던'의 의미상 주어를 나타내는 특이한 구조이다. 이처럼 관형격 조사 '의'가 주격 조사처럼 해석되는 경우가 중세 국어에서도 확인된다. 예를 들어, '聖人의(聖人+의) ᄀᆞᄅ치샨 法[성인의 가르치신 법]'의 경우, '聖人'은 관형격 조사 '의'와 결합하고 있지만 후행하는 용언인 'ᄀᆞᄅ치샨'의 의미상 주어로 기능하고 있다. 그런데 이러한 '의'는 중세 국어 관형격 조사 결합 원칙의 예외에 해당한다. 중세 국어의 관형격 조사는 평칭의 유정 체언에는 모음 조화에 따라 '이/의'가, 무정 체언 또는 존칭의 유정 체언에는 'ㅅ'이 결합하는 원칙이 있었는데, 'ㅅ'이 쓰일 자리에 '의'가 쓰였기 때문이다.

중세 국어 격조사 결합 원칙의 또 다른 예외는 부사격 조사에서도 확인된다. 시간이나 장소를 나타내는 부사격 조사는 결합하는 선행 체언의 끝음절을 기준으로, 모음 조화에 따라 '나죵애'(나죵+애), 'ᄆᆞ레'(ᄆᆞᆯ+에)에서처럼 '애/에'가 쓰인다. 단, 끝음절이 모음 '이'나 반모음 'ㅣ'로 끝날 때에는 ㉠'뉘예'(뉘+예)에서처럼 '예'가 쓰였다. 그런데 '애/에/예'가 쓰일 위치에 부사격 조사인 '이/의'가 쓰이는 경우도 있다. 이러한 예외는 '봄', '나조ㅎ'[저녁], ㉡'우ㅎ'[위], '밑' 등의 일부 특수한 체언들에서 확인된다. 가령, '나조ㅎ'에는 '이'가 결합하여 ㉢'나조ᄒᆡ'(나조ㅎ+이)로, '밑'에는 '의'가 결합하여 '미틔'(밑+의)로 나타났다.

중세 국어의 부사격 조사 가운데 관형격 조사가 그 구성 성분으로 분석되는 독특한 경우도 있다. 가령, '이그에'는 관형격 조사 '이'에 '그에'가 결합된 형태이고 'ㅅ긔' 역시 관형격 조사 'ㅅ'에 '긔'가 결합된 부사격 조사다. 이들은 ㉣'ᄂᆞᄆᆡ그에'(ᄂᆞᆷ+이그에)나 '어마닚긔'(어마님+ㅅ긔)와 같이 사용되었는데 평칭의 유정 명사 'ᄂᆞᆷ'에는 '이그에'가, 존칭의 유정 명사 '어마님'에는 'ㅅ긔'가 쓰인다. 중세 국어의 '이그에'와 'ㅅ긔'는 각각 현대 국어의 '에게'와 ㉤'께'로 이어진다.

43 윗글의 ㉠~㉤을 이해한 내용으로 적절하지 <u>않은</u> 것은?

① ㉠은 부사격 조사 '예'와 결합하는 선행 체언의 끝음절에서 반모음 'ㅣ'가 확인된다.

② ㉡에 시간이나 장소를 나타내는 부사격 조사가 결합하면 '우희'가 된다.

③ ㉢은 현대 국어로 '저녁의'로 해석되어 관형격 조사의 쓰임이 확인된다.

④ ㉣의 '이그에'에서는 관형격 조사 '이'가 분석된다.

⑤ ㉤이 현대 국어에서 존칭 체언에 사용되는 것은 중세 국어 관형격 조사 'ㅅ'과 관련된다.

44 [A]를 바탕으로 〈자료〉를 탐구한 내용으로 적절한 것은?

자료

ⓐ 수픐(수플+ㅅ) 神靈이 길헤 나아
　[현대어 풀이 : 수풀의 신령이 길에 나와]

ⓑ ᄂᆞᄆᆡ(ᄂᆞᆷ+이) 말 드르샤 알 씨라
　[현대어 풀이 : 남의 말 들어야 아는 것이다]

ⓒ 世界ㅅ(世界+ㅅ) 일을 보샤
　[현대어 풀이 : 세계의 일을 보시어]

ⓓ 이 사ᄅᆞᄆᆡ(사ᄅᆞᆷ+이) 잇ᄂᆞᆫ 方面을
　[현대어 풀이 : 이 사람의 있는 방면을]

ⓔ 孔子의(孔子+의) 기티신 글워리라
　[현대어 풀이 : 공자의 남기신 글이다]

① ⓐ : '神靈(신령)'이 존칭의 유정 명사이므로 '수플'에 'ㅅ'이 결합한 것이군.

② ⓑ : 'ᄂᆞᆷ'이 유정 명사이고 끝음절 모음이 음성 모음이므로 '이'가 결합한 것이군.

③ ⓒ : '世界(세계)ㅅ'이 '보샤'의 의미상 주어이고, 'ㅅ'은 예외적 결합이군.

④ ⓓ : '이 사ᄅᆞᄆᆡ'가 '잇ᄂᆞᆫ'의 의미상 주어이고, '이'는 예외적 결합이군.

⑤ ⓔ : '孔子(공자)의'가 '기티신'의 의미상 주어이고, '의'는 예외적 결합이군.

[45~46]

다음 글을 읽고 물음에 답하시오. 24학년도 9월

[A]

복합어는 합성과 파생을 통해 형성된 합성어와 파생어로 나뉜다. 의미를 고려하여 어떤 말을 둘로 나누었을 때 그 둘 각각을 직접 구성 요소라 하는데, 합성어는 직접 구성 요소가 모두 어근인 단어이고, 파생어는 직접 구성 요소가 어근과 접사인 단어이다. 그리고 한 개의 형태소가 직접 구성 요소가 되기도 하고 두 개 이상의 형태소가 모여 직접 구성 요소가 되기도 한다. 예를 들어 '꿀벌'은 그 직접 구성 요소 '꿀'과 '벌'이 모두 어근이므로 합성어이다. 그리고 '꿀'과 '벌'은 각각 한 개의 형태소이다.

일반적으로 합성과 파생을 통해 단어가 형성될 때에는 그 구성 요소의 형태가 유지된다. 그런데 단어가 형성될 때 형태가 줄어드는 경우도 있다. 먼저 ㉠ 한 단어에서 형태가 줄어드는 경우가 있다. '대낚'은 '낚싯대를 써서 하는 낚시질'을 뜻하는 '대낚시'의 일부가 줄어들어 형성된 단어이다. 다음으로 ㉡ 단어 형성에 사용된 말들의 첫음절끼리 결합한 경우가 있다. '고법(高法)'은, '고등(高等)'과 '법원(法院)'이 결합하여 형성된 '고등 법원'이라는 말의 '고(高)'와 '법(法)'이 결합하여 형성되었다. 또한 ㉢ 단어 형성에 사용된 말들에서 어떤 말의 앞부분과 다른 말의 뒷부분이 결합한 경우가 있다. '교과 과정을 이수하기 위하여 일선 학교에 나가 교육 실습을 하는 학생'을 뜻하는 '교생(教生)'은 '교육(教育)'의 앞부분과 '실습생(實習生)'의 뒷부분이 결합하여 형성되었다.

이처럼 단어 형성에 사용된 말이 줄어들어 형성된 단어는, 그 단어의 형성에 사용된 말과 여러 의미 관계를 맺을 수 있다. 예를 들어, '대낚'과 '대낚시'는 서로 바꾸어 써도 그 의미에 차이가 거의 없으므로 서로 유의 관계를 맺고, '고법'은 '법원'의 일종이므로, '고법'과 '법원'은 상하 관계를 맺는다. 그러나 '고법'이 형성될 때 사용된 '고등'은 '고법'과 의미 관계를 맺지 않는다.

45 [A]를 바탕으로 추론한 내용으로 적절한 것은?

① '용꿈'의 직접 구성 요소는 모두, 한 개의 자립 형태소로 이루어진 어근이군.

② '봄날'과 '망치질'은 모두, 직접 구성 요소 중 하나가 접사이므로 파생어이군.

③ '필자'를 뜻하는 '지은이'의 직접 구성 요소는 모두, 자립 형태소를 포함하고 있군.

④ '놀이방'과 '단맛'의 직접 구성 요소 중에는 의존 형태소만으로 이루어진 것이 있군.

⑤ '꽃으로 장식한 고무신'을 뜻하는 '꽃고무신'을 직접 구성 요소로 분석하면 '꽃고무'와 '신'으로 분석할 수 있군.

46 윗글을 바탕으로 〈보기〉의 ⓐ~ⓔ를 이해한 내용으로 적절한 것은?

보기

형성된 단어	뜻	단어 형성에 사용된 말
ⓐ 흰자	알 속의 노른자위를 둘러싼 흰 부분	흰자위
ⓑ 공수	공격과 수비를 아울러 이르는 말	공격, 수비
ⓒ 직선	선거인이 직접 피선거인을 뽑는 선거	직접, 선거
ⓓ 민자	민간이나 사기업이 하는 투자	민간, 투자
ⓔ 외화	다른 나라에서 만든 영화	외국, 영화

① ⓐ는 ㉠에 해당하고, 단어 형성에 사용된 말과 유의 관계를 맺지 않는다.

② ⓑ는 ㉠에 해당하고, 단어 형성에 사용된 두 말 중 어느 하나와 유의 관계를 맺는다.

③ ⓒ는 ㉡에 해당하고, 단어 형성에 사용된 두 말 중 어느 하나와 상하 관계를 맺는다.

④ ⓓ는 ㉡에 해당하고, 단어 형성에 사용된 두 말 중 어느 말과도 유의 관계를 맺지 않는다.

⑤ ⓔ는 ㉢에 해당하고, 단어 형성에 사용된 두 말 중 어느 말과도 상하 관계를 맺지 않는다.

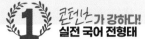
[47~48]

다음 글을 읽고 물음에 답하시오. `24학년도 수능`

훈민정음 초성자는 발음 기관을 본떠서 만든 기본자 5자가 있고 이를 바탕으로 가획의 원리(예 : ㄱ → ㅋ)에 따라 만든 가획자 9자와 그렇지 않은 이체자 3자가 있다. 중성자는 하늘, 땅, 사람의 모습을 본떠서 만든 기본자 3자가 있고 이를 토대로 한 초출자, 재출자가 각 4자가 있다. 종성자는 초성자를 다시 쓰되 종성에서 실제 발음되는 소리에 대응되는 8자만으로 충분하다 보았는데, 이는 『훈민정음』(해례본) 용자례에서 확인된다.

용자례에서는 이들 글자를 위주로 하여 실제 단어를 예로 들고 있다. 예컨대, 용자례에 쓰인 '콩'은 초성자 아음 가획자인 'ㅋ'의 예시 단어이다. 이 방식을 응용하면 '콩'은 중성자 초출자 'ㅗ'와 종성자 아음 이체자 'ㆁ'의 예시로도 쓸 수 있다. 용자례의 예시 단어 일부를 정리하여 제시하면 다음과 같다.

〈초성자 용자례〉

	아음	설음	순음	치음	후음	반설음	반치음
기본자	글	노로	뫼(산)	셤	부엉(뱀)		
가획자	콩	뒤(띠)	별	죠ᄒᆡ(종이)			
	고티	파	채	부헝			
이체자	러울(너구리)					어름	아ᅀᆞ(아우)

〈중성자 용자례〉

기본자	툭/ᄃᆞ리	믈/그력(기러기)	깃
초출자	논/벼로	밥	누에	브섭
재출자	쇼	남샹(거북의 일종)	슈룹(우산)	뎔

〈종성자 용자례〉

8종성자	독	굼벙(굼벵이)	반되(반딧불이)	갇(갓)
	범	섭(섶)	잣	별

이 중 일부 단어들은 오랜 시간이 지나면서 다양한 변화를 겪었다. 여기에는 표기법상의 변화라고 할 수 있는 예와 실제 소리가 변한 예, 그리고 다른 말이 덧붙어 같은 의미의 새 단어가 만들어진 예들이 포함된다. 예를 들어, '어름'을 '얼음'으로 적게 된 것은 표기법상의 변화로 볼 수 있다. 소리의 변화 중 자음이 변화한 경우로는 ⓐ '고티'(>고치)나 '뎔'(>절)처럼 구개음화를 겪은 유형이 있다. 모음이 변화한 경우에는, ⓑ '셤'(>섬)이나 '쇼'(>소)처럼 단모음화한 유형, 'ᄃᆞ리'(>다리)나 '툭'(>턱)처럼 'ㆍ'가 변한 유형, ⓒ '믈'(>물)이나 '브섭'(>부엌)처럼 원순모음화를 겪은 유형, '노로'(>노루)나 '벼로'(>벼루)처럼 끝음절에서 'ㅗ>ㅜ' 변화를 겪은 유형 등이 있다. 다른 말이 덧붙어 같은 의미의 새 단어가 만들어진 경우로는 ⓓ '부헝'(>부엉이)처럼 접사가 결합한 유형과 ⓔ '글'(>갈대)처럼 단어가 결합한 유형이 있다.

※ 본문 예시에서 후음 기본자는 'ㅇ', 아음 이체자는 'ㆁ'으로 표기함.

47 윗글에 대한 이해로 적절한 것은?

① 훈민정음의 모든 기본자는 발음 기관을 본떠 만든 것이다.
② 초성자 기본자는 모두 용자례 예시 단어의 종성에 쓰인다.
③ 〈초성자 용자례〉의 가획자 중 단어가 예시되지 않은 자음자 하나는 아음에 속한다.
④ 〈초성자 용자례〉 중 아음 이체자의 예시 단어는, 초성의 반설음자와 종성자의 반설음자의 예시 단어로 쓸 수 있다.
⑤ 〈중성자 용자례〉 중 초출자 'ㅓ'의 예시 단어는, 반치음 이체자와 종성자 순음 기본자의 예시 단어로 쓸 수 있다.

48 윗글을 바탕으로 중세 국어 단어의 변화 양상을 이해한 내용으로 적절하지 않은 것은?

① '벼리 딘'(>별이 진)의 '딘'은 ⓐ에 해당한다.
② '셔울 겨샤'(>서울 계셔)의 '셔울'은 ⓑ에 해당한다.
③ '플 우희'(>풀 위에)의 '플'은 ⓒ에 해당한다.
④ '산 거믜'(>산 거미)의 '거믜'는 ⓓ에 해당한다.
⑤ '닥 닙'(>닥나무 잎)의 '닥'은 ⓔ에 해당한다.

[49~50]

다음 글을 읽고 물음에 답하시오. `25학년도 6월`

> ㉠ 사람이나 사물 등을 가리켜 이를 때 사용되는 말은 지칭어, 그 대상을 부르는 말은 호칭어라고 한다. 지칭어 중에는 호칭어로 쓰이는 경우와 쓰이지 않는 경우가 있다.
>
> 지칭어가 호칭어로 쓰이는 경우에 그 형식은 다양하다. 단순하게는 '홍길동, 아버지, 당신, 여보' 등과 같이 명사, 대명사, 감탄사 등의 단어로 실현된다. 또 그 단어에 다른 단어나 '-님' 같은 접미사가 결합되는 복합적 형식도 있다.
>
> 동일한 대상이라도 그 사람의 신분, 직위, 대화 참여자와의 사적·공적 관계 등에 따라 지칭어나 호칭어가 달라질 수 있다. 즉, 화자와 상대방 혹은 제삼자가 사적 관계에 있고 대화의 상황이 비격식적이라면 그 대상을 이름이나 친족어 등으로 이르거나 부를 수 있다. 예컨대 ㉡ '홍길동'과 친족 관계에 있는 사람이라면 그를 '길동이, 삼촌, 아빠' 등으로 이르거나 부를 수 있다. ㉢ 공적 관계에 있고 격식적인 대화 상황이라면 그 대상을 공적인 직위나 지위 등을 사용하여 이르거나 부르는 것이 일반적이다. ㉣ 앞서 언급한 '홍길동'이 '이사'란 직위에 있다면 그를 '홍 이사, 홍길동 이사님' 등으로 이르거나 부를 수 있다. 또한 ㉤ 특수한 의도를 가지고 지칭어나 호칭어를 사용하는 경우도 있는데, 가령 공적인 상황에서 친밀감을 표현하기 위해 사적인 호칭어를 쓰기도 한다.
>
> 한편 사람이나 사물 등을 지칭할 때 사용되는 말 중에는 그 대상이 특정되지 않아 호칭어로 쓰일 수 없는 말들이 있다. 이들은 다시, 대상을 알지 못하는 미지칭과 대상이 정해지지 않아 불분명한 부정칭으로 나뉜다. 예컨대 '너희 학교는 어디야?'의 '어디'는 전자에, '어디 좀 가자.'의 '어디'는 후자에 해당된다. '어디 가?'의 '어디'는 맥락에 따라 전자와 후자 모두 가능하다. 이러한 대명사 외에 명사, 관형사, 부사 등도 알지 못함이나 불분명함을 나타낼 수 있다.

49 윗글을 바탕으로 할 때, 〈보기〉의 ⓐ~ⓓ에 대한 이해로 적절한 것은?

> **보기**
>
> ∘ 이 과일 한 상자에 ⓐ <u>얼마</u>예요?
> ∘ 그는 ⓑ <u>무슨</u> 일이든 척척 해내니?
> ∘ 지리산은 ⓒ <u>언제</u> 보아도 아름답겠지?
> ∘ 밖에 ⓓ <u>어떤</u> 분이 오셨어요?

① ⓐ, ⓑ는 불분명함을 나타내며 품사는 서로 다르다.
② ⓐ, ⓒ는 알지 못함을 나타내며 품사는 동일하다.
③ ⓐ, ⓓ는 알지 못함을 나타내며 품사는 동일하다.
④ ⓑ, ⓒ는 불분명함을 나타내며 품사는 서로 다르다.
⑤ ⓑ, ⓓ는 알지 못함과 불분명함을 모두 나타내며 품사는 동일하다.

50 다음 ㉮~㉱를 통해 윗글의 ㉠~㉤을 설명한 내용으로 적절한 것은?

> **아들**: ㉮ <u>엄마</u>, 진로 선택을 어떻게 해야 할지 모르겠어요.
> **엄마**: 음, 그래! 그럼 주말에 이모에게 상담 좀 받아 볼까?
> **딸**: 엄마, ㉯ <u>이모도</u> 주말에 쉬셔야 하는데 괜찮을까요?
> **아들**: 아니야. 전에 사촌 누나가 그러던데 이모 주말에 특별한 일 없으시대.
> **아빠**: ㉰ <u>여보세요</u>. ㉱ <u>김 선생님</u>의 사생활도 생각 좀 하시죠? 그리고, ㉲ <u>김수진 님</u>! 본인 아드님 진로 상담은 충분히 알아본 다음에 하는 것이 어떨까요?
> **엄마**: 김 부장님, 제가 언니한테 잘 부탁해 볼 테니 걱정 마세요.
> **아빠**: 그럼 ㉳ <u>이모님</u>께 감사 인사 꼭 드리고 상담도 집중해서 잘 받아라.

① ㉠은 같은 대상을 가리키는 호칭어 ㉮와 지칭어 ㉳를 통해 확인된다.
② ㉡은 지칭어 ㉯와 ㉳로도 확인되는데 비록 화자와 대상의 친족 관계가 다르더라도 같은 형식의 지칭어가 쓰일 수 있음이 확인된다.
③ ㉢은 공적이고 격식적인 상황에서 쓰인 호칭어 ㉲를 통해 확인된다.
④ ㉣은 지칭어 ㉱가, 같은 대상을 가리키는 호칭어 ㉲로 실현된 데에서도 확인된다.
⑤ ㉤은 화자가 친족 관계에 있는 청자에게 상황에 어울리지 않는 호칭어 ㉰를 사용하는 데에서 확인된다.

[51~52]

다음 글을 읽고 물음에 답하시오. `25학년도 9월`

국어에는 하나의 단어가 둘 이상의 쓰임을 보이는 경우가 있다. 하나의 단어가 둘 이상의 품사로 사용되는 현상인 품사 통용도 이러한 경우 중 하나이다. 가령 '그는 세계적 선수이다.'의 '세계적'은 관형사이고 '그는 세계적으로 유명하다.'의 '세계적'은 명사이므로 '세계적'은 품사 통용을 보이는 단어이다. 또한 '그는 그저께 낮에 왔다.'와 '그는 그저께 왔다.'의 '그저께'는 각각 명사와 부사이므로 '그저께'도 품사 통용을 보이는 단어이다. 이처럼 명사와 부사로 품사 통용을 보이는 단어에는 '약간'도 있다.

품사 통용을 보이는 단어는 그 품사에 따라, 결합하는 단어가 달라지기도 한다. 가령 명사 '세계적'은 '으로'와 '이다' 등과 같은 격 조사와 결합하지만 관형사 '세계적'은 격 조사와 결합할 수 없다. 명사 '그저께'는 다양한 격 조사와 결합한다. 품사 통용을 보이는 단어는 다양한 문장 성분으로 쓰인다. 가령 명사 '세계적'은 격 조사와 결합해 문장의 부사어와 서술어로 쓰일 수 있는데 관형사 '세계적'은 조사와 결합할 수 없고 항상 관형어로 쓰인다. 그리고 명사 '그저께'는 격 조사와 결합해 다양한 문장 성분으로 쓰인다.

그런데 국어에는 품사 통용을 보이지 않는 하나의 단어가 둘 이상의 쓰임을 보이는 경우도 있다. 먼저 ㉠ 하나의 명사가 자립 명사와 의존 명사로 모두 쓰이는 경우가 있다. 예컨대 '바람이 분다.'의 '바람'은 관형어 없이도 문장에 쓰일 수 있는 자립 명사이고, '그는 늦잠을 자는 바람에 회사에 지각했다.'의 '바람'은 관형어의 수식을 받아야만 문장에 쓰일 수 있는 의존 명사이다. 다음으로 ㉡ 하나의 동사가 본동사와 보조 동사로 모두 쓰이는 경우가 있다. '나는 힘을 내었다.'의 '내다'는 보조 동사 없이도 문장의 서술어로 쓰일 수 있는 본동사이고, '나는 고난을 견뎌 내었다.'의 '내다'는 본동사 없이는 문장에 쓰일 수 없는 보조 동사이다. 이를 통해, '바람'과 '내다'는 그 쓰임에 따라 반드시 필요로 하는 말의 유무가 달라짐을 알 수 있다.

51 윗글을 바탕으로 이해한 내용으로 적절한 것은?

① '내 생일은 그저께가 아니라 어제였다.'의 '그저께'와 '그저께 본 달은 매우 밝았다.'의 '그저께'는 품사가 서로 같다.

② '그는 세계적으로 매우 유명하다.'의 '세계적'과 '그는 그저께 서둘러 여기를 떠났다.'의 '그저께'는 품사가 서로 같다.

③ '첫눈이 그저께 왔다.'의 '그저께'와 '그는 세계적 명성을 얻었다.'의 '세계적'은 품사는 서로 다르지만 문장 성분은 서로 같다.

④ '여기는 그저께 낮만큼 더웠다.'의 '그저께'와 '꽃이 그저께 피었다.'의 '그저께'는 품사도 서로 다르고 문장 성분도 서로 다르다.

⑤ '그는 세계적인 선수이다.'의 '세계적인'과 '그는 세계적으로 매우 유명하다.'의 '세계적으로'는 모두, 명사에 조사와 어미가 결합한 문장 성분이다.

52 윗글을 바탕으로 〈보기〉를 이해한 내용으로 적절한 것은?

보기

ⓐ~ⓔ의 밑줄 친 단어는 모두 둘 이상의 쓰임을 보인다.

ⓐ 나는 급한 마당에 실수로 결재 서류를 휴지통에 버렸다.
ⓑ 나는 약간의 시간이 남아 자전거 바퀴를 깨끗이 닦았다.
ⓒ 작고 귀여운 강아지가 넓은 마당을 일곱 바퀴나 돌았다.
ⓓ 산꼭대기에 구름이 약간 껴 가지고 경치가 좋아 보였다.
ⓔ 나는 모임을 가지고 난 후 아주 급히 집으로 와 버렸다.

① '마당'은 ㉠에 해당되고 ⓐ에서는 자립 명사로 사용되었다.
② '약간'은 ㉠에 해당되고 ⓑ에서는 자립 명사로 사용되었다.
③ '바퀴'는 ㉠에 해당되고 ⓒ에서는 의존 명사로 사용되었다.
④ '가지고'는 ㉡에 해당되고 ⓓ에서는 본동사로 사용되었다.
⑤ '버렸다'는 ㉡에 해당되고 ⓔ에서는 본동사로 사용되었다.

[53~54]

다음 글을 읽고 물음에 답하시오. 25학년도 수능

훈민정음 반포 직후 간행된 『용비어천가』, 『석보상절』, 『월인천강지곡』을 보면 표기법이 통일되어 있지 않다. 예컨대 『훈민정음』(해례본)의 팔종성가족용, 즉 'ㄱ, ㆁ, ㄷ, ㄴ, ㅂ, ㅁ, ㅅ, ㄹ'로 모든 끝소리를 표기할 수 있다는 원리는 세 문헌에서 모두 예외가 보이는데 예외가 되는 표기가 서로 달랐다.

[A]
고유어의 이어 적기와 끊어 적기에서도 이들은 차이가 난다. 체언과 조사, 용언 어간과 어미의 결합에서, 『용비어천가』와 『석보상절』은 이어 적기 방식을 취했다. 다만, 『석보상절』은 체언의 끝소리가 'ㆁ'일 때 '쥬ᇰ의'(중의)처럼 이어 적기도 하고, '즁ᅌᅳ란'(중은)처럼 끊어 적기도 하였다. 『월인천강지곡』은 체언의 끝소리가 울림소리인 'ㆁ, ㄴ, ㅁ, ㄹ, ㅿ'일 때와 용언 어간의 끝소리가 'ㄴ, ㅁ'일 때 끊어 적기를 하였고, 그 밖에는 이어 적기를 하였다. 다만, '쑤늘', '말ᄊᆞ믈', '우수믈'에서는 이어 적기가 보인다.

사잇소리 표기에서는, 『용비어천가』는 'ㄱ, ㄷ, ㅂ, ㅅ, ㅎ, ㅿ'을 썼는데, 이 가운데 'ㅿ'은 '나랑 일훔'(나라의 이름), '님ᄀᆞᆷ ᄆᆞᅀᆞᆷ'(임금의 마음), '바ᄅᆞᆳ 우희'(바다의 위에) 등과 같이 모음 및 'ㄴ, ㅁ, ㄹ' 등의 울림소리 사이에서 나타났다. 『석보상절』은 사잇소리 표기에 'ㅅ'을 썼지만 'ㅅ' 대신 'ㄱ, ㄷ, ㅎ'을 쓰기도 하였다. 이와 달리 『월인천강지곡』은 사잇소리 표기를 'ㅅ'으로 통일하였다. 이후 문헌에서 사잇소리 표기는 'ㅅ'으로 통일되어 갔으며, 현대 국어에서 '촛불'의 'ㅅ'처럼 합성어의 사잇소리 표기에 남아 있다.

한자를 적을 때는, 『용비어천가』는 따로 한자의 음을 제시하지 않았지만, 『석보상절』은 한자를 적고 이어서 그 한자의 음을 제시하였으며, 『월인천강지곡』은 한자의 음을 적고 이어서 그 한자를 제시하였다.

한편 『용비어천가』는 'ㅸ'을 가진 'ᄃᆞᄫᆡ다'(되다), 'ᄒᆞᄫᅀᅡ'(혼자)를 이 형태로만 썼는데, 『석보상절』은 'ᄃᆞᄫᆡ다'는 'ᄃᆞᄫᆡ다'나 'ᄃᆞ외다'로 썼고 'ᄒᆞᄫᅀᅡ'는 'ᄒᆞ오ᅀᅡ'로 썼으며, 『월인천강지곡』은 각각 'ᄃᆞ외다', 'ᄒᆞ오ᅀᅡ'로만 썼다.

53 윗글을 바탕으로 이해한 내용으로 적절하지 <u>않은</u> 것은?

① 『용비어천가』에 나타나는 '높고'와 '빛'은 팔종성가족용의 원리에 어긋나는 예이다.

② '오ᄂᆞᆯ'(오늘)과 '날' 사이의 사잇소리 표기는 『용비어천가』에서는 'ㅿ', 『월인천강지곡』에서는 'ㅅ'을 썼다.

③ 현대 국어 '바닷물'의 'ㅅ' 표기는 중세 국어 사잇소리 표기에서 유래하였다.

④ 중세 국어 한자음이 '텬'인 '天'은 『석보상절』에서 '天텬', 『월인천강지곡』에서 '텬天'으로 적었다.

⑤ '혼자'의 중세 국어 표기는 『용비어천가』, 『석보상절』, 『월인천강지곡』 세 문헌을 통틀어 세 가지가 나타난다.

54 [A]와 〈자료〉를 통해 탐구한 내용으로 적절하지 <u>않은</u> 것은?

자료

∘ 뎌녁 ⓐ ᄀᆞ새(ᄀᆞᇫ + 애) 걷나가샤 　　　　　 - 『석보상절』
[저쪽 가에 건너가시어]

∘ 뫼화 그르세 ⓑ 담아(담- + -아) 　　　　　 - 『월인천강지곡』
[모아서 그릇에 담아]

∘ ⓒ 누네(눈+에) 빗 봄과 　　　　　 - 『석보상절』
[눈에 빛 봄과]

∘ 쏜 살이 세 낱 ⓓ 븗ᄊᆞᆫ(븘+ᄊᆞᆫ) ᄢᅦ여디니 　　　　　 - 『월인천강지곡』
[쏜 화살이 세 개 북만 꿰어지니]

∘ 너희 ⓔ 스ᇰ니믈(스ᇰ+-님+을) 보ᅀᆞᆸ고져 ᄒᆞ노니 　 - 『석보상절』
[너희 스승님을 뵙고자 하니]

① ⓐ는 『용비어천가』에서 'ᄀᆞᇫ애'로 적혀 있겠군.

② ⓑ는 『석보상절』에서 '다마'로 적혀 있겠군.

③ ⓒ는 『월인천강지곡』에서 '눈에'로 적혀 있겠군.

④ ⓓ가 조사 '을'과 결합하면 동일 문헌에서 '븘을'로 적히겠군.

⑤ ⓔ가 조사 '이'와 결합하면 동일 문헌에서 '스ᇫ이'나 '스승이'로 적히겠군.

나 없이

기출

풀지마라

나 없이

나 없이
기출
풀지마라

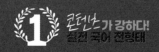

VII-1

교육청 기출

[01~02]
다음 글을 읽고 물음에 답하시오.

표준 발음과 현실 발음은 일치할 수도 있고, 다를 수도 있다. 표준 발음과 현실 발음을 살펴봄으로써 국어 발음에 대한 이해를 심화할 수 있다.

먼저 음운 체계 측면에서 살펴보면, 표준 발음법 제4항에서는 "'ㅏ ㅐ ㅓ ㅔ ㅗ ㅚ ㅜ ㅟ ㅡ ㅣ'는 단모음(單母音)으로 발음한다."라고 명시하고 있다. 그러나 현실 발음을 살펴보면 어떤 방언에서는 'ㅡ'와 'ㅓ'를 구별하지 않고 하나의 단모음으로 발음하기도 한다. 또한 여러 방언에서는 'ㅔ'와 'ㅐ'를 구별하지 않고 하나의 단모음으로 발음하기도 한다. 이러한 경우, 발음하는 단모음의 개수가 표준 발음법에서 규정한 것과 다를 수 있다. 한편 단모음 중 'ㅚ', 'ㅟ'에 대해서는 표준 발음법 제4항의 [붙임]에서 "'ㅚ, ㅟ'는 이중 모음으로 발음할 수 있다."라고 하였다. 제4항의 [붙임]을 고려하면 표준 발음으로 발음하더라도 사람에 따라 발음하는 단모음의 개수가 다를 수 있다.

다음으로 음운 변동 측면에서 살펴보면, 표준 발음으로 인정되고 대부분의 방언에서도 보편적으로 일어나는 음운 변동이 있다. 음절 끝에서 소리가 날 수 없는 자음이 음절의 끝에 왔을 때 'ㄱ, ㄷ, ㅂ' 중 하나로 바뀌는 ㉠음절의 끝소리 규칙이나 'ㄱ, ㄷ, ㅂ'이 비음인 'ㄴ, ㅁ' 앞에서 비음으로 바뀌는 ㉡비음화는 대부분의 방언에서 일어나고, 표준 발음으로도 인정된다.

반면에 표준 발음으로 인정되는 음운 변동 중에는 방언에 따라 일어나는 양상에 차이를 보이는 것도 있다. 거센소리되기의 경우, 'ㅎ'이 'ㄱ, ㄷ, ㅂ, ㅈ'보다 앞에 위치해 일어나는 ㉢순행적 거센소리되기는 표준 발음으로 인정되고 대부분의 방언에서도 일어난다. 하지만 'ㅎ'이 이들 자음 뒤에 위치해 일어나는 ㉣역행적 거센소리되기는 표준 발음으로 인정되지만 어떤 방언에서는 일어나지 않는다. 그리고 종성에 두 개의 자음이 올 경우 한 자음이 탈락하는 ㉤자음군 단순화는 방언에 따라 탈락하는 자음이 표준 발음과 다를 수 있다.

01 윗글을 통해 알 수 있는 내용으로 적절하지 않은 것은?

① 비음화는 대부분의 방언에서 일어나는 음운 변동이다.
② 종성의 겹받침이 표준 발음과 다르게 발음되는 방언이 존재한다.
③ 거센소리되기는 경우에 따라 표준 발음으로 인정되지 않는다.
④ 표준 발음으로 발음하더라도 사람에 따라 다르게 발음할 수 있는 단어도 있다.
⑤ 표준 발음법에서 규정한 단모음보다 적은 수의 단모음을 발음하는 방언이 존재한다.

02 윗글과 〈자료〉를 바탕으로 표준 발음을 탐구한 내용으로 적절한 것은?

자료

[표준 발음법]
제9항 받침 'ㄲ, ㅋ', 'ㅅ, ㅆ, ㅈ, ㅊ, ㅌ', 'ㅍ'은 어말 또는 자음 앞에서 각각 대표음 [ㄱ, ㄷ, ㅂ]으로 발음한다.
제11항 겹받침 'ㄻ, ㄿ, ㄿ'은 어말 또는 자음 앞에서 각각 [ㄱ, ㅁ, ㅂ]으로 발음한다.
다만, 용언의 어간 말음 'ㄻ'은 'ㄱ' 앞에서 [ㄹ]로 발음한다.
제12항 받침 'ㅎ'의 발음은 다음과 같다.
1. 'ㅎ(ㄶ, ㅀ)' 뒤에 'ㄱ, ㄷ, ㅈ'이 결합되는 경우에는, 뒤 음절 첫소리와 합쳐서 [ㅋ, ㅌ, ㅊ]으로 발음한다.
[붙임 1] 받침 'ㄱ(ㄺ), ㄷ, ㅂ(ㄼ), ㅈ(ㄵ)'이 뒤 음절 첫소리 'ㅎ'과 결합되는 경우에도, 역시 두 음을 합쳐서 [ㅋ, ㅌ, ㅍ, ㅊ]으로 발음한다.
제18항 받침 'ㄱ(ㄲ, ㅋ, ㄳ, ㄺ), ㄷ(ㅅ, ㅆ, ㅈ, ㅊ, ㅌ, ㅎ), ㅂ(ㅍ, ㄼ, ㄿ, ㅄ)'은 'ㄴ, ㅁ' 앞에서 [ㅇ, ㄴ, ㅁ]으로 발음한다.

① '창밖'의 표준 발음 [창박]은 ㉠과 ㉤이 일어난 발음으로서, 제9항이 적용되는 예로 제시할 수 있다.
② '읽고'의 표준 발음 [일꼬]는 ㉤이 일어난 발음으로서, 제11항이 적용되는 예로 제시할 수 있다.
③ '끊고'의 표준 발음 [끈코]는 ㉣이 일어난 발음으로서, 제12항의 1이 적용되는 예로 제시할 수 있다.
④ '놓는'의 표준 발음 [논는]은 ㉠과 ㉡이 일어난 발음으로서, 제12항의 [붙임 1]이 적용되는 예로 제시할 수 있다.
⑤ '읊는'의 표준 발음 [음는]은 ㉠, ㉡, ㉤이 일어난 발음으로서, 제18항이 적용되는 예로 제시할 수 있다.

[03~04]
다음 글을 읽고 물음에 답하시오.

현대 국어 표기의 기준이 되는 한글 맞춤법 규정은 표준어를 소리대로 적는다는 기본 원칙에 어법을 고려하여 형태소의 본모양을 밝혀 적는다는 또 하나의 원칙을 덧붙이고 있다. 그렇다면 중세 국어와 근대 국어의 표기는 어떤 특징이 있을까? 종성의 표기와 연음이 되는 환경에서의 표기를 중심으로 그 특징을 알아보자.

먼저 종성의 표기를 보면, 중세 국어에서는 원칙적으로 종성 표기에 여덟 개의 자음만 사용하였다. 이러한 표기법은 『훈민정음』 해례본의 '종성은 ㄱ, ㆁ, ㄷ, ㄴ, ㅂ, ㅁ, ㅅ, ㄹ의 여덟 자로써 넉넉히 쓸 수 있다.'의 내용에 근거를 두고 있다. 이렇게 ㉠ 종성 표기를 여덟 자에 국한시킨다는 것은 한 형태소가 환경에 따라 모습을 바꿀 때 바뀐 대로 적는다는 뜻이다. 그런데 중세 국어의 문헌 가운데 『용비어천가』의 '깊고', '곶'처럼 ⓐ 예외도 나타난다. 근대 국어에서는 종성의 'ㄷ'과 'ㅅ'이 발음상의 구별이 어려워지면서 'ㄷ'을 'ㅅ'으로 적는 경향이 나타났고, 그 결과 종성 표기에는 'ㄱ, ㄴ, ㄹ, ㅁ, ㅂ, ㅅ, ㅇ'의 일곱 자가 사용되었다.

다음으로 연음이 되는 환경에서의 표기를 보자. 받침이 있는 체언이나 용언 어간에 모음으로 시작하는 조사나 어미가 붙을 때 받침의 자음 소리가 뒤의 초성에 옮겨 가서 발음되는 연음이 일어난다. 중세 국어에서는 이러한 환경에서 소리 나는 대로 적는 이어 적기가 나타난다. 예를 들어 『용비어천가』의 '시미 기픈 므른'의 '시미', '기픈', '므른'이 있다. 그런데 중세 국어 문헌 가운데 『월인천강지곡』에는 현대 국어와 같이 끊어 적기를 한 경우가 보인다. ⓑ 체언이 'ㄴ, ㄹ, ㅁ, ㆁ, ㅿ'과 같은 불청불탁의 자음으로 끝날 경우에 끊어 적기가 나타났고, 용언 어간이 'ㄴ, ㅁ'으로 끝날 경우에도 끊어 적기가 나타났다. 근대 국어에서는 ⓒ 체언이나 용언 어간의 말음을 뒤에 이어 오는 조사나 어미의 초성에도 다시 적는 거듭 적기가 나타났다. '사름미', '깁픈'이 이에 해당한다. 이는 중세 국어의 이어 적기 방식이 현대 국어의 끊어 적기 방식으로 가는 과도기적 현상으로 볼 수 있다.

이처럼 시대의 흐름에 따라 표기의 양상은 다양한 모습으로 나타난다. 우리말 표기의 시대별 특징을 살펴보면서 그 변화 양상과 법칙을 탐구하는 것은 국어의 다양한 모습을 이해할 수 있다는 점에서 의의가 있다.

03 ㉠을 통해 알 수 있는 내용으로 가장 적절한 것은?

① 종성에서는 'ㅂ'과 'ㅍ'의 발음이 구별되었다.
② 종성에서는 'ㄷ'과 'ㅅ'의 발음의 구별이 어려웠다.
③ 종성에 오는 자음은 여덟 개의 자음 중 하나로 소리 났다.
④ 종성에서 여덟 자의 자음 표기를 통해 형태소의 본모양을 밝혀 적고자 했다.
⑤ 여덟 자 이외의 자음은 종성에서 환경에 따라 바뀐 모습으로 표기하지 않았다.

04 ⓐ~ⓒ에 해당하는 예로 적절한 것은?

	ⓐ	ⓑ	ⓒ
①	맛고(맞고)	안아(안아)	님플(님을)
②	첫(첫)	담아(담아)	동녁킈(동녁의)
③	받(밭)	꿈안해(꿈 안에)	먹글(먹을)
④	몆(몇)	ᄆᆞ숨애(마음에)	사라(살아)
⑤	닢(잎)	손ᄋᆞ로(손으로)	님금미(임금이)

[05~06]

다음 글을 읽고 물음에 답하시오.

형태소는 고유한 의미를 지닌 가장 작은 말의 단위로, 환경에 따라 그 형태가 달리 실현되기도 한다. 예를 들어 '맛'이라는 형태소는 모음으로 시작하는 조사 앞에서는 '맛이[마시]', 비음을 제외한 자음 앞에서는 '맛도[맏또]', 비음 앞에서는 '맛만[만만]'과 같이 실현되어 각각 '맛', '맏', '만'이라는 형태로 나타난다. 이처럼 하나의 형태소가 환경에 따라 다른 형태로 실현되는 것을 형태소의 교체라고 하며, 교체에 의해 달리 실현된 형태들을 이형태라고 한다. '맛', '맏', '만'과 같은 이형태들이 분포하는 환경은 서로 겹치지 않는데 이러한 분포를 상보적 분포라고 한다.

이형태 교체의 양상은 교체의 동기가 음운론적 제약으로 인한 것인지 그렇지 않은지에 따라 자동적 교체와 비자동적 교체로 나눌 수 있다. 음운론적 제약으로 인한 교체는, 말소리가 실현될 때 종성에 올 수 있는 음소의 종류를 제한하는 제약이나, 연속해서 결합할 수 없는 음소들의 결합을 제한하는 제약 등으로 인해 형태소의 형태가 교체되는 것이다. 이러한 교체는 예외 없이 필연적으로 일어나는데 이를 자동적 교체라고 한다. 예를 들어 '잇다[읻ː따]'와 '잇는[인ː는]'을 보면, 어간 '잇-'이 각각 '읻-'과 '인-'이라는 형태로 실현된다. 이는 종성에 자음 'ㄱ, ㄴ, ㄷ, ㄹ, ㅁ, ㅂ, ㅇ'만 올 수 있다는 음운론적 제약과 비음 앞에 'ㄱ, ㄷ, ㅂ'과 같은 평파열음이 연속해서 결합할 수 없다는 음운론적 제약으로 인해 형태소의 형태가 교체된 것이므로 자동적 교체에 해당한다. 반면에 '(신발을) 신고[신ː꼬]'에서 어미 '-고'가 'ㄴ' 뒤에서 '-꼬'라는 형태로 실현되는 것은 비자동적 교체에 해당한다. 이는 '산과[산과] (바다)'에서 'ㄴ' 뒤에 'ㄱ'이 그대로 실현되는 것을 통해, 'ㄴ' 뒤에 'ㄱ'이 연속해서 결합하는 것을 제한하는 음운론적 제약이 존재하지 않음을 알 수 있기 때문이다. 따라서 어미 '-고'가 'ㄴ' 뒤에서 '-꼬'로 실현되는 것은 예외 없이 필연적으로 일어나는 교체가 아니므로 비자동적 교체에 해당한다.

또한, 이형태 교체의 양상은 교체를 음운 규칙으로 설명할 수 있는지 그렇지 않은지에 따라 규칙적 교체와 불규칙적 교체로 나눌 수 있다. 앞서 보았던 '(신발을) 신고[신ː꼬]'와 마찬가지로 '(물건을) 담지[담ː찌]'에서도 어미가 이형태로 교체되는데, 이들은 'ㄴ, ㅁ'으로 끝나는 용언의 어간 뒤에서 일어나는 된소리되기라는 일반적인 음운 규칙으로 설명할 수 있기 때문에 규칙적 교체에 해당한다. 반면에 '(점을) 이어[이어]'에서 어간 '잇-'은 모음으로 시작하는 어미 앞에서 어간 말 'ㅅ'이 탈락하여 '이-'라는 형태로 실현되는데, 이는 일반적인 음운 규칙으로 설명할 수 없는 경우이기 때문에 불규칙적 교체에 해당한다.

05 윗글에 대한 이해로 적절하지 <u>않은</u> 것은?

① '몇'은 '몇이[며치]', '몇도[면또]', '몇만[면만]'에서 상보적 분포를 보이는 이형태들로 실현되었다.

② (얼굴이) 부어[부어]'에서 어간 '붓-'은 일반적인 음운 규칙에 따라 모음으로 시작하는 어미 앞에서 이형태로 실현되었다.

③ '숲과[숩꽈]', '숲조차[숩쪼차]'에서 '숲'은 각기 다른 자음으로 시작하는 형태소와 결합하지만 서로 동일한 형태로 실현되었다.

④ (날씨가) 궂다[굳따]'에서 어간 '궂-'이 '굳-'이라는 이형태로 실현된 것은 종성에 'ㅈ'이 올 수 없다는 음운론적 제약으로 인한 것이다.

⑤ (글씨를) 적느라고[정느라고]'에서 어간 '적-'이 '정-'이라는 이형태로 실현된 것은 비음 앞에 'ㄱ'이 올 수 없다는 음운론적 제약으로 인한 것이다.

06 윗글을 읽은 학생이 〈보기〉를 활용하여 이형태 교체의 양상을 이해할 때, ㉠~㉣에 해당하는 예로 적절한 것은?

보기

자동적 교체에 해당하는가?	규칙적 교체에 해당하는가?	
○	○	… ㉠
○	×	… ㉡
×	○	… ㉢
×	×	… ㉣

① ㉠ : 마음씨가 <u>고우니</u>[고우니] 눈길이 간다.

② ㉡ : 타인의 마음을 <u>짚는</u>[짐는] 것은 쉽지 않다.

③ ㉡ : 꾸중을 <u>들어서</u>[드러서] 기분이 좋지 않았다.

④ ㉢ : 두 눈을 지그시 <u>감자</u>[감ː짜] 잠이 쏟아졌다.

⑤ ㉣ : 나는 체력 강화에 초점을 <u>맞추고</u>[맏추고] 훈련을 해 왔다.

[07~08]
다음 글을 읽고 물음에 답하시오.

단어의 품사를 분류할 때 단어가 가지는 의미로 인해 품사를 혼동할 수 있다. 예컨대, '이것은 보관하고, 나머지는 파기해라.'에서 '나머지'가 '이것'을 제외한 다른 것들을 가리킨다고 생각하여 '이것'과 같은 품사라고 생각할 수 있다. 하지만 '이것'은 대명사로서 말하는 이에게 가까이 있는 어떤 사물이든 대신할 수 있는 반면에, '나머지'는 명사로서 '어떤 한도에 차고 남은 부분'이라는 의미를 일정하게 가지고 있다. 또한 '길게 남기다.'와 '길이 남기다.'에서 '길게'와 '길이'는 '길-'의 의미와 관련되므로, 모두 형용사라고 생각할 수 있다. 하지만 '길게'는 '길-'에 어미 '-게'가 결합한 형용사의 활용형이고, '길이'는 '같이', '깨끗이'처럼 '길-'에 부사 파생 접미사 '-이' 가 결합하여 만들어진 부사이다.

한 단어가 두 가지 이상의 품사로 쓰일 수 있다는 점도 품사 분류 시에 유의해야 한다. '박자가 늦다.'에서 '늦다'는 속도가 느림을 나타내는 형용사로 쓰였다. 하지만 '그는 약속 시간에 항상 늦는다.'에서는 어간 '늦-'에 어미 '-는-'이 결합하여 전형적인 동사의 특성이 나타난다. 따라서 '늦다'는 형용사, 동사의 두 가지 품사로 쓰인다. 다른 사례로 '열'은 조사와 결합할 수 있으며, 정확한 수량을 나타내므로 수사로만 분류하기 쉽다. 하지만 '열 명이 왔다.'에서 '열'은 관형사인 '한'이나 '두' 와 같이, 뒤에 오는 체언을 꾸며 주고 조사와 결합하지 않는다는 점에서 관형사로 분류하는 것이 일반적이다. 이와 마찬가지로 '그보다는 낫다.'의 '그'는 대명사로 분류하고, '그 책보다는 낫다.'의 '그'는 관형사로 분류한다.

ⓐ 중세 국어와 현대 국어에서 대응하는 단어의 품사가 같은 경우가 많다. 예컨대, '벼개ᄅᆞᆯ 노피 벼옛고[베개를 높이 베고 있고]'의 '노피'는 현대 국어의 '높이'처럼 부사로 분류할 수 있다. 하지만 현대 국어에서는 관형사로만 쓰이는 '새'가 중세 국어에서는 '새ᄅᆞᆯ[새것을]'처럼 '새것'이라는 의미를 가진 명사로도 쓰였다. 이처럼 ⓑ 중세 국어와 현대 국어에서 대응하는 단어가 쓰일 수 있는 품사가 다른 경우도 있다. 또한 중세 국어에서는 '맏이'의 의미로 쓰이던 명사 'ᄆᆞᆮ'이 현대 국어에서는 접사 '맏-'이 된 것처럼 ⓒ 중세 국어에서는 단어였지만 현대 국어에서는 품사 분류의 대상에서 제외되는 경우도 있다.

07 윗글을 바탕으로 〈보기〉의 ㉠~㉥을 탐구한 내용으로 적절한 것은?

보기

- ㉠ 이 장소에서도 잘 ㉡ 크는 식물이 ㉢ 둘이 있다.
- 크기가 ㉣ 큰 무가 ㉤ 여러 개가 있어서 ㉥ 반씩 나누었다.

① ㉠과 ㉤은 뒤에 오는 체언을 꾸며 주고 조사와 결합하지 않는다는 점에서 같은 품사로 분류할 수 있겠군.
② ㉠과 ㉥은 어떤 사물을 가리킨다는 의미를 가진다는 점에서 같은 품사로 분류할 수 있겠군.
③ ㉡과 ㉣은 어간에 동일한 형태의 어미가 결합하고 있다는 점에서 같은 품사로 분류할 수 있겠군.
④ ㉢과 ㉥은 대상의 수량을 정확하게 나타낸다는 점에서 같은 품사로 분류할 수 있겠군.
⑤ ㉣과 ㉤은 어미가 결합하며 뒤에 오는 성분을 꾸며 준다는 점에서 같은 품사로 분류할 수 있겠군.

08 윗글을 바탕으로 〈자료〉를 이해한 내용으로 적절한 것은?

보기

(가) 중세 국어 : 어늬(어느 + ㅣ) 解脫이 아니리오
[현대어 풀이 : 어느 것이 해탈이 아니리오]
(나) 중세 국어 : 기피(깊- + -이) 잇ᄂᆞᆫ 龍이 소리 업고
[현대어 풀이 : 깊이 있는 용이 소리 없고]
(다) 중세 국어 : 窓ᄋᆞ로 여ᅀᅥ(엿- + -어)
[현대어 풀이 : 창으로 엿보아]
(라) 중세 국어 : ᄂᆞᄅᆞᆯ(ᄂᆞᆯ + ᄋᆞᆯ) 사ᄒᆞ라
[현대어 풀이 : 날것을 썰어]
(마) 중세 국어 : 니르고져 홇 배(바 + ㅣ) 이셔도
[현대어 풀이 : 이르고자 할 바가 있어도]

① (가)에서 중세 국어의 '어느'는 ⓐ의 사례로, 현대 국어의 '어느'처럼 관형사로 분류할 수 있다.
② (나)에서 중세 국어의 '기피'는 ⓑ의 사례로, 현대 국어의 부사 '깊이'와 달리 형용사로 분류할 수 있다.
③ (다)에서 중세 국어의 '엿-'은 ⓑ의 사례로, 현대 국어의 접사 '엿-'과 달리 동사로 분류할 수 있다.
④ (라)에서 중세 국어의 'ᄂᆞᆯ'은 ⓒ의 사례로, 현대 국어의 접사 '날-'과 달리 명사로 분류할 수 있다.
⑤ (마)에서 중세 국어의 '바'는 ⓒ의 사례로, 현대 국어의 '바'와 달리 명사로 분류할 수 있다.

[09~10]
다음 글을 읽고 물음에 답하시오.

어떤 말의 앞이나 뒤에 다른 말이 올 수 있는 말들의 관계를 결합 관계라 한다. 현대 국어의 의존 명사와 결합하는 선행 요소의 유형에는 관형사, 체언, 체언에 관형격 조사가 붙은 것, 용언의 관형사형 등이 있다. 의존 명사 중에는 ㉠ 다양한 유형의 선행 요소와 결합하는 것도 있으나, 그렇지 않은 것도 있다. 즉 '것'과 같이 '어느 것, 언니 것, 생각한 것' 등 다양한 유형의 선행 요소와 두루 결합하는 의존 명사가 있는 반면, '가 본 데'의 '데'나, '요리할 줄'의 '줄'과 같이 ㉡ 선행 요소로 용언의 관형사형과만 결합하는 의존 명사도 있다.

의존 명사와 결합하는 후행 요소로는 격 조사와 용언 등이 있다. 의존 명사 중에는 ㉢ 다양한 격 조사와 결합하여 여러 문장 성분으로 쓰이는 것도 있으나, ㉣ 특정 격 조사와만 결합하는 것도 있다. 예를 들어, '데'는 다양한 격 조사와 결합하여 여러 문장 성분으로 두루 쓰이지만, '만난 지(가) 오래되었다'의 '지'는 주격 조사와만 결합하여 주어로 쓰인다. '요리할 줄(을) 몰랐다', '그런 줄(로) 알았다'의 '줄'은 주로 목적격 조사나 부사격 조사와 결합하여 목적어나 부사어로 쓰이고 주어로는 쓰이지 않는다. 또한 '뿐'은 '읽을 뿐이다'처럼 서술격 조사 '이다'와 결합하거나 '그럴 뿐(이) 아니라'처럼 보격 조사와만 결합하여 쓰인다. 한편 의존 명사가 용언과 결합할 때는 ㉤ 다양한 용언과 결합하여 쓰일 수 있는 것과 ㉥ 특정 용언과만 결합하는 것이 있다. 예를 들어, '것'은 다양한 용언과 두루 결합하지만, '줄'은 주로 '알다, 모르다'와 결합한다.

중세 국어에서도 선행 요소나 후행 요소와 결합할 때 제약 없이 두루 결합하는 의존 명사와 그렇지 않은 의존 명사가 있었다. 가령 중세 국어 '것'은 '어느 거시 이 가온ᄃᆡ 가ᄆᆞᆯ[어느 것이 이 가운데 감을]', '奇異ᄒᆞᆫ 거슬 머구머[기이한 것을 머금어]' 등과 같이 여러 유형의 선행 요소 및 후행 요소와 두루 결합하여 쓰였다. 반면 현대 국어의 '지'에 해당하는 중세 국어 'ᄃᆡ'는 선행 요소 및 후행 요소와의 결합에 제약이 있었다. 즉 'ᄆᆞᆯ ᄃᆞᆯ여 ᄃᆞ니건 디 스믈 ᄒᆞ니[말 달려 다닌 지 스물 해니]', '여희연 디 ᄒᆞ마 다ᄉᆞᆺ ᄒᆡ로ᄃᆡ[헤어진 지 벌써 다섯 해로되]'와 같이 'ᄃᆡ'는 선행 요소로 용언의 관형사형과만 결합할 수 있었고, 문장에서는 주어로만 쓰였다.

09 ㉠~㉥ 중 〈보기〉의 '바'에 해당하는 것만을 고른 것은?

보기

의존 명사 '바'
- 우리가 나아갈 바를 밝혔다.
- 이것이 우리가 생각한 바이다.
- 그것은 *그 / *생각의 바와 다르다.
- 그것에 대해 내가 아는 바가 없다.
- 그가 우리 사회에 공헌한 바가 크다.

※ '*'는 어법에 맞지 않음을 나타냄.

① ㉠, ㉢, ㉤ ② ㉠, ㉣, ㉥ ③ ㉡, ㉢, ㉤
④ ㉡, ㉣, ㉤ ⑤ ㉡, ㉣, ㉥

10 윗글과 〈보기〉의 중세 국어 자료를 이해한 내용으로 적절하지 않은 것은?

보기

- 달옳 ⓐ 주리 업스시니이다
[다를 줄이 없으십니다]
- 眞光이 어드우며 ᄇᆞᆯ근 ⓑ ᄃᆡᆯ 다 비취샤
[진광이 어두우며 밝은 데를 다 비추시어]
- 부텻 일훔 念홀 ⓒ ᄲᅮ네 이런 功德 됴ᄒᆞᆫ 利ᄅᆞᆯ 어드리오
[부처님의 이름을 생각할 뿐에 이런 공덕 좋은 이로움을 얻으리오]

① ⓐ의 '줄'은 현대 국어 '줄'과 달리, 주격 조사와 결합할 수 있었군.
② ⓐ의 '줄'은 중세 국어 '것'과 달리, 선행 요소로 용언의 관형사형과 결합할 수 있었군.
③ ⓑ의 'ᄃᆡ'는 현대 국어 '데'와 같이, 선행 요소로 용언의 관형사형과 결합할 수 있었군.
④ ⓑ의 'ᄃᆡ'는 중세 국어 'ᄃᆡ'와 달리, 목적격 조사와 결합할 수 있었군.
⑤ ⓒ의 'ᄲᅮ'은 현대 국어 '뿐'과 달리, 부사격 조사와 결합할 수 있었군.

[11~12]
다음 글을 읽고 물음에 답하시오.

부정의 뜻을 나타내는 문장을 부정문이라고 하는데, 부정문에는 '안' 부정문과 '못' 부정문이 있다. '안' 부정문은 주어의 의지에 의한 의지 부정이나 객관적인 사실을 부정하는 단순 부정을 나타내고, '못' 부정문은 주어의 능력 또는 상황에 의한 부정을 나타낸다. '안' 부정문에는 부정 부사 '안(아니)'이나 용언 '아니다', 보조 용언 '아니하다(않다)'를, '못' 부정문에는 부정 부사 '못'이나 보조 용언 '못하다'를 사용한다. 그리고 명령문과 청유문의 부정에는 보조 동사 '말다'를 사용한다.

이 가운데 '안' 부정문은 서술어의 종류에 따라 다양한 형태로 나타나는데, 서술어가 '체언+이다'로 된 경우에는 체언에 보격 조사 '이/가'를 붙여 '체언+이/가 아니다'의 형태로 나타난다. 서술어가 용언인 경우에는 서술어 앞에 '안'을 놓거나 용언의 어간에 보조적 연결 어미 '-지'를 붙여 '-지 아니하다'의 형태로 나타난다. 이때 전자를 '짧은 부정문', 후자를 '긴 부정문'이라고 한다. 그런데 짧은 부정문은 용언에 따라 부정문을 만들 수 없는 경우가 있다.

ㄱ. *밥이 안 설익다. / ㄴ. *내가 너를 안 앞서다.
※ '*'는 비문임을 나타냄.

일반적으로 '안' 부정문은 ㄱ, ㄴ과 같이 서술어로 쓰인 용언이 파생어나 합성어인 경우 짧은 부정문을 만들면 자연스럽지 않은 문장이 된다. 그러나 사동사, 피동사, 접미사 '-하다'로 파생된 일부 용언이나 '돌아가다, 들어가다'와 같이 보조적 연결 어미를 매개로 한 합성 동사는 어떤 제약도 없이 짧은 부정문을 만들 수 있다.

한편 중세 국어에서의 '안' 부정문은 현대 국어와 달리 수식언인 관형사와 부사의 앞에 '아니'가 위치하는 부정도 나타났다. 서술어가 용언인 경우에는 현대 국어와 마찬가지로 짧은 부정문과 긴 부정문이 모두 사용되었는데, 짧은 부정문은 서술어 앞에 '아니'를 사용하고, 긴 부정문은 보조적 연결 어미 '-디'를 사용하여 '-디 아니ᄒ다'의 형태로 나타났다. 한편 접미사 '-ᄒ다'가 결합한 동사의 어근이 명사나 한자어일 경우에는 어근과 접미사 '-ᄒ다' 사이에 '아니'를 넣어 짧은 부정문을 만들어 사용하기도 하였다.

11 윗글에 대한 이해로 적절하지 <u>않은</u> 것은?

① 짧은 부정문인 '그가 모기에 안 뜯기다.'가 자연스러운 이유는 서술어인 '뜯기다'가 합성 동사이기 때문이겠군.

② 짧은 부정문인 '이 자동차가 안 값싸다.'가 자연스럽지 않은 이유는 서술어인 '값싸다'가 합성어이기 때문이겠군.

③ 짧은 부정문인 '그가 약속 시간을 안 늦추다.'가 자연스러운 이유는 서술어인 '늦추다'가 사동사이기 때문이겠군.

④ 짧은 부정문인 '보따리가 한 손으로 안 들리다.'가 자연스러운 이유는 서술어인 '들리다'가 피동사이기 때문이겠군.

⑤ 짧은 부정문인 '할아버지 댁 마당이 안 드넓다.'가 자연스럽지 않은 이유는 서술어인 '드넓다'가 파생어이기 때문이겠군.

12 윗글을 바탕으로 〈보기〉의 중세 국어 자료를 이해한 내용으로 적절하지 <u>않은</u> 것은?

〔보기〕

ⓐ 敢히 노티 아니ᄒ다라 [감히 놓지 아니하더라]

ⓑ 비록 아니 여러 나리라도 [비록 여러 날이 아니더라도]

ⓒ 妙法이 둘 아니며 세 아닐씨
   [묘법이 둘이 아니며 셋이 아니므로]

ⓓ 塞外北狄인들 아니 오리잇가
   [변방 밖의 북쪽 오랑캐인들 아니 오겠습니까]

ⓔ 나도 現在 未來 一切 衆生을 시름 아니 호리라
   [나도 현재와 미래의 모든 중생에 대해 시름 아니 하리라]

① ⓐ와 ⓒ를 보니, '안' 부정문이 용언과 체언에 대한 부정을 나타내는 데 모두 사용되었음을 알 수 있군.

② ⓐ와 ⓓ를 보니, '안' 부정문이 평서문과 의문문에서 모두 사용되었음을 알 수 있군.

③ ⓐ와 ⓔ를 보니, '안' 부정문이 긴 부정문과 짧은 부정문에서 모두 사용되었음을 알 수 있군.

④ ⓑ와 ⓔ를 보니, '안' 부정문이 관형사와 부사에 대한 부정을 나타내는 데 모두 사용되었음을 알 수 있군.

⑤ ⓒ와 ⓔ를 보니, '안' 부정문이 단순 부정과 의지 부정을 나타내는 데 모두 사용되었음을 알 수 있군.

[13~14]
다음 글을 읽고 물음에 답하시오.

소리는 같으나 의미에 연관성이 없는 단어의 관계를 동음이의 관계라 하고, 이러한 관계를 가진 단어를 동음이의어라고 부른다. 동음이의어는 소리와 표기가 모두 같은 것이 일반적이지만 소리는 같고 표기가 다른 것도 있다. 전자를 동형 동음이의어, 후자를 이형 동음이의어라고 한다. 예를 들어 '신을 벗다.'의 '신'과 '신이 나다.'의 '신'은 동형 동음이의어이고 '걸음'과 '거름'은 이형 동음이의어이다.

한편, 동음이의어를 절대 동음이의어와 부분 동음이의어로 구분하기도 한다. 절대 동음이의어는 품사 등의 문법적 성질이 동일하면서 단어의 형태가 언제나 동일한 것이다. 이때 형태가 언제나 동일하다는 것은 동음이의어가 형태 변화가 없는 불변어이거나 활용하는 양상이 서로 동일한 용언에 해당한다는 의미이다. '모자를 쓰다.'의 '쓰다'와 '편지를 쓰다.'의 '쓰다'는 품사가 동사로 동일하고, '쓰고, 써, 쓰니' 등과 같이 활용하는 양상이 언제나 서로 동일하므로 절대 동음이의어이다.

부분 동음이의어는 문법적 성질이 동일한가, 형태가 언제나 동일한가의 두 가지 기준을 하나라도 만족하지 못하는 것이다. 가령 '날아가는 새'의 '새'와 '새 신발'의 '새'는 형태가 언제나 동일하지만 각각 명사와 관형사로, 문법적 성질은 동일하지 않다. 그리고 '김칫독을 땅에 묻다.'의 '묻다'와 '길을 묻다.'의 '묻다'는 둘 다 동사이지만 각각 '묻고, 묻어, 묻으니', '묻고, 물어, 물으니'와 같이 활용하는 양상이 언제나 동일하지는 않다. 앞에서 말한 ⊙ 두 가지 기준을 모두 만족하지 못하는 부분 동음이의어도 존재하는데, 이는 동음이의어가 각각 동사와 형용사이면서 활용하는 양상이 언제나 동일하지는 않은 경우이다.

13 윗글을 바탕으로 추론한 내용으로 적절하지 <u>않은</u> 것은?

① '반드시 약속을 지켜라.'의 '반드시'와 '반듯이 앉아 있다.'의 '반듯이'는 소리는 같고 표기가 다르므로 이형 동음이의어에 해당하겠군.

② '그 책을 줘.'의 '그'와 '그는 여기 있다.'의 '그'는 모두 대명사이고 형태 변화가 없는 불변어이므로 절대 동음이의어에 해당하겠군.

③ '전등을 갈다.'의 '갈다'와 '칼을 갈다.'의 '갈다'는 모두 동사이고 활용하는 양상이 언제나 동일하므로 절대 동음이의어에 해당하겠군.

④ '커튼을 걷다.'의 '걷다'와 '비를 맞으며 걷다.'의 '걷다'는 활용하는 양상이 언제나 동일하지는 않으므로 부분 동음이의어에 해당하겠군.

⑤ '한 사람이 왔다.'의 '한'과 '힘이 닿는 한 돕겠다.'의 '한'은 각각 관형사와 명사로 품사가 동일하지 않으므로 부분 동음이의어에 해당하겠군.

14 〈보기〉에서 ⊙에 해당하는 예를 옳게 짝지은 것은?

보기

누르다	1	우리 팀이 상대 팀을 <u>누르고</u> 우승했다.
	2	먼 산에 <u>누르고</u> 붉게 든 단풍이 아름답다.
이르다	1	약속 장소에 <u>이르니</u> 그의 모습이 보였다.
	2	아직 포기하기엔 <u>이르니</u> 다시 도전하자.
	3	그에게 조심하라고 <u>이르니</u> 고개를 끄덕였다.
바르다	1	생선 가시를 <u>바르고</u> 살을 아이에게 주었다.
	2	방에 벽지를 <u>바르고</u> 마를 때까지 기다렸다.

① 누르다 1과 2, 이르다 1과 2
② 누르다 1과 2, 이르다 1과 3
③ 누르다 1과 2, 바르다 1과 2
④ 이르다 1과 2, 바르다 1과 2
⑤ 이르다 1과 3, 바르다 1과 2

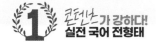
[15~16]
다음 글을 읽고 물음에 답하시오.

준말은 본말 중 일부가 줄어들어 만들어진 말이다. 한글 맞춤법은 준말과 관련된 여러 규정을 담고 있는데, 그중 제34항에서는 모음 'ㅏ, ㅓ'로 끝난 어간에 어미 '-아/-어, -았-/-었-'이 어울릴 적에는 준 대로 적는 것을 다루고 있다. '(열매를) 따-+-아 → 따/*따아', '따-+-았-+-다 → 땄다/*따았다' 등이 그 예에 해당한다. 하지만 어간 끝 자음이 불규칙적으로 탈락되는 경우에는, 원래 자음이 있었음이 고려되어 'ㅏ, ㅓ'가 줄어들지 않는다. '(꿀물을) 젓-+-어 → 저어/*저' 등이 그 예이다. 한편 제34항 [붙임 1]에서는 어간 끝 모음 'ㅐ, ㅔ' 뒤에 '-어, -었-'이 어울려 줄 적에는 준 대로 적는 것을 다루고 있다. 그렇지만 이때는 반드시 준 대로 적지 않아도 된다. 예를 들어 '(손을) 떼-+-어 → 떼어/떼'에서 보듯이 본말과 준말 모두로 적을 수 있다. 다만 모음이 줄어들어서 'ㅐ'가 된 경우에는 '-어'가 결합하더라도 다시 줄어들지는 않는다. 예컨대 '차-'와 '-이-'의 모음이 줄어든 '채-'의 경우 '(발에) 채-+-어 → 채어/*채'에서 보듯이 모음이 다시 줄어들지 않는다.

한글 맞춤법에서는 모음이 줄어들고 자음만 남는 경우 그 자음을 앞 음절의 받침으로 적는다는 것도 다루고 있다. 이와 관련한 표준어 규정 제14항에서는 준말이 널리 쓰이고 본말이 잘 쓰이지 않는 경우에는 준말만을 표준어로 삼음을, 제16항에서는 준말과 본말이 다 같이 널리 쓰이면서 준말의 효용이 뚜렷이 인정되는 것은 두 가지를 다 표준어로 삼음을 제시하고 있다. '온갖/*온가지'는 전자의 예이고, '(일을) 서두르다/서둘다'는 후자의 예이다. 다만 후자에서 용언의 어간이 줄든 일부 준말의 경우, 준말이 표준어로 인정되더라도 준말의 활용형은 제한되는 예도 있다. 모음 어미가 연결될 때 준말의 활용형이 표준어로 인정되지 않는 준말도 있다는 것이다. 예컨대 '서두르다'의 준말 '서둘다'는 자음 어미 '-고, -지'가 결합된 형태의 활용형 '서둘고', '서둘지'가 표준어로 인정되지만, 모음 어미 '-어, -었-'이 결합된 형태의 활용형 '*서둘어', '*서둘었다'는 표준어로 인정되지 않는다.

*는 규정에 맞지 않음을 나타냄.

15 윗글을 이해한 내용으로 적절하지 <u>않은</u> 것은?

① '(밭을) 매다'의 어간에 '-어'가 결합된 형태인 '매어'의 경우, 준말인 '매'로 적어도 한글 맞춤법에 어긋나지 않는다.
② '(병이) 낫-+-아'의 경우, 'ㅅ'이 불규칙적으로 탈락되므로 '나아'로만 적고, '나'로 적으면 한글 맞춤법에 어긋난다.
③ '(땅이) 패다'의 어간에 '-어'가 결합될 경우, '패다'의 'ㅐ'가 모음이 줄어든 형태이므로 '패'로 적으면 한글 맞춤법에 어긋난다.
④ '(잡초를) 베-+-었-+-다'와 '(베개를) 베-+-었-+-다'의 경우, 준말의 형태인 '벴다'로 적으면 한글 맞춤법에 어긋난다.
⑤ '(강을) 건너-+-어'와 '(줄을) 서-+-어'의 경우, 'ㅓ'로 끝난 어간에 '-어'가 어울리므로 본말로 적으면 한글 맞춤법에 어긋난다.

16 윗글을 바탕으로 ㉠~㉣을 '탐구 과정'에 따라 분류할 때, [A]에 들어갈 예만을 있는 대로 고른 것은?

[탐구 과정]

○ 답지를 ㉠ 걷다(←거두다)   ○ 가사를 ㉡ 외다(←외우다)
○ 일에 ㉢ 서툴다(←서투르다)   ○ 집에 ㉣ 머물다(←머무르다)

⇩

| 모음이 줄어들고 남은 자음을 앞 음절의 받침으로 적은 준말입니까? | 아니요 → [ ] |

↓ 예

| 모음 어미 '-어, -었-'이 결합된 형태의 활용형이 표준어로 인정되지 않는 준말입니까? | 아니요 → [ ] |

↓ 예

[A]

① ㉠, ㉢   ② ㉡, ㉣   ③ ㉢, ㉣
④ ㉠, ㉡, ㉢   ⑤ ㉠, ㉡, ㉣

[17~18]
다음 글을 읽고 물음에 답하시오.

음운 변동은 음운이 환경에 따라 바뀌는 현상이다. 음운 변동 중에는 음절의 끝소리 규칙, 비음화, 경음화가 있는데, 이들은 현대 국어와 15세기 국어에서 적용 양상의 차이가 있다.

우선 현대 국어에서 음절의 끝소리 규칙은 음절의 끝에 'ㄱ, ㄴ, ㄷ, ㄹ, ㅁ, ㅂ, ㅇ' 이외의 다른 하나의 자음이 오면 평파열음인 'ㄱ, ㄷ, ㅂ' 중 하나로 바뀌는 현상을 말한다. '밖 → [박]', '꽃 → [꼳]', '잎 → [입]'이 그 예이다. 한편 15세기 국어의 음절의 끝소리 규칙은 음절의 끝에서 발음될 수 없는 자음이 음절의 끝에 오면 'ㄱ, ㄷ, ㅂ, ㅅ' 중 하나로 바뀌는 현상으로, '곶 → 곳', '빛 → 빗'이 그 예이다. 이는 음절 끝에서 발음될 수 있는 자음이 'ㄱ, ㄴ, ㄷ, ㄹ, ㅁ, ㅂ, ㅅ, ㅇ'으로 제한된 것과 관련이 있다.

다음으로 비음화는 평파열음이 비음 앞에서 동일한 조음 위치의 비음으로 바뀌는 현상이다. '국물 → [궁물]', '받는 → [반는]', '입는 → [임는]'은 현대 국어에서 비음화가 일어난 예이다. 15세기 국어에서 비음화는 현대 국어에서만큼 활발하게 일어나지 않았고, 'ㄷ'의 비음화가 일어난 경우가 대부분이었다. '묻노라 → 문노라'는 용언의 활용형에서 'ㄷ'의 비음화가 일어난 예이다. 한편 15세기 국어에서 비음화는 현대 국어에서와 마찬가지로 음절의 끝소리 규칙이 일어난 후 실현되기도 했다. '븥논 → 븓논 → 븐논', '낳ᄂᆞ니 → 낟ᄂᆞ니 → 난ᄂᆞ니'는 음절의 끝소리 규칙으로 'ㅌ', 'ㅎ'이 'ㄷ'으로 바뀐 후 비음화가 실현된 예이다. 그런데 현대 국어에서와 달리 15세기 국어에서는 'ㅂ'의 비음화는 드물게 확인되고, 'ㄱ'의 비음화는 일어나지 않았다.

마지막으로 경음화는 평음이 일정한 조건에서 경음으로 바뀌는 현상이다. 현대 국어의 경음화에는 평파열음 뒤의 경음화, 어간 끝 'ㄴ, ㅁ' 뒤의 경음화, 'ㄹ'로 끝나는 한자와 'ㄷ, ㅅ, ㅈ'으로 시작하는 한자가 결합할 때 'ㄹ' 뒤의 경음화, 관형사형 어미 '-(으)ㄹ' 뒤의 경음화 등이 있다. '국밥 → [국빱]', '더듬지 → [더듬찌]', '발달 → [발딸]', '할 것을 → [할꺼슬]'이 그 예이다. 한편 15세기 국어에서는 '갈 딕 → 갈 띡'에서처럼 관형사형 어미 '-(ᄋᆞ/으)ㄹ' 뒤에서의 경음화가 흔히 일어났다. 평파열음 뒤의 경음화는 일어났을 것이라고 추측되나 표기에 잘 나타나지는 않는다. 또한 비음으로 끝나는 용언 어간 뒤에서 일어나는 경음화는 나타나지 않았고, 한자어에서 유음 뒤의 경음화는 확인되지 않는다.

17 윗글을 통해 알 수 있는 내용으로 적절하지 <u>않은</u> 것은?

① 15세기 국어의 '걷ᄂᆞᆫ → 건ᄂᆞᆫ'은 'ㄷ'의 비음화가 일어난 예일 것이다.

② 현대 국어와 달리 15세기 국어의 '막-+-노라'에서는 비음화가 일어나지 않았을 것이다.

③ 현대 국어의 'ㄱ-ㅇ', 'ㄷ-ㄴ', 'ㅂ-ㅁ'은 동일한 조음 위치의 '평파열음-비음'에 해당하는 쌍일 것이다.

④ 15세기 국어의 '안-+-게', '금-+-고'에서는 모두 어미의 평음 'ㄱ'이 경음 'ㄲ'으로 바뀌지 않았을 것이다.

⑤ 15세기 국어의 '젛-+-노라', '빛+나다'에서는 모두 음절의 끝소리 규칙과 비음화가 순차적으로 일어났을 것이다.

18 윗글을 참고할 때, <보기>의 [A]에 들어갈 '학생'의 답으로 적절하지 <u>않은</u> 것은?

보기

선생님 : 다음 제시된 현대 국어 자료에서 일어난 음운 변동을 설명해 봅시다.

㉠ 겉멋만 → [건먼만]	㉡ 꽃식물 → [꼳씽물]
㉢ 낮잡는 → [낟짬는]	

학생 : _____[A]_____

① ㉠에서는 음절 끝의 자음이 'ㄴ'으로 바뀌는 비음화가 두 번 일어났습니다.

② ㉡에서는 음절 끝의 자음이 'ㅇ'으로 바뀌는 비음화가 한 번 일어났습니다.

③ ㉡, ㉢에서 일어난 경음화는 평파열음 뒤에서 일어났습니다.

④ ㉠과 달리 ㉡, ㉢에서는 음절 끝의 자음이 'ㄷ'으로 바뀌는 음절의 끝소리 규칙이 일어났습니다.

⑤ ㉢과 달리 ㉠, ㉡에서는 'ㅁ'으로 인해 비음화가 일어났습니다.

[19~20]

다음 글을 읽고 물음에 답하시오.

[A]

　　접속 조사는 둘 또는 그 이상의 단어나 구를 같은 자격으로 이어 주는 조사이다. 접속 조사는 주로 체언과 결합하며, 이때 나열된 단어나 구들이 하나의 명사구가 되어 동일한 문장 성분으로 기능한다.

　　접속 조사에는 '와/과, (이)랑, (이)며, 하고' 등이 있다. 이 중 '와/과, (이)랑, (이)며'는 '봄에 개나리와 철쭉꽃과 진달래가 핀다.'에서처럼 결합하는 체언의 음운 환경에 따라 바뀌어 나타난다. 즉, 앞 음절이 모음으로 끝나면 '와, 랑, 며'가 쓰이고 앞 음절이 자음으로 끝나면 '과, 이랑, 이며'가 쓰인다. '(이)랑, 하고'는 체언이 나열될 때 마지막 체언에까지 결합할 수 있어서 '삼촌하고 이모하고 다 직장에 갔어요.'와 같이 쓰일 수 있다. 그런데 부사격 조사에도 '와/과'가 있기 때문에 접속 조사 '와/과'와 구분해야 한다. '나는 꽃과 나무를 사랑한다.'에서 접속 조사 '과'가 쓰인 '꽃과'는 생략해도 문장이 성립된다. 이와 달리 '나는 누나와 눈이 닮았다.'에서 부사격 조사와 결합한 '누나와'는 문장에서 반드시 필요한 필수적 부사어로, 생략할 수 없다.

　　중세 국어에서도 접속 조사는 현대 국어의 접속 조사와 같은 기능을 하였다. 접속 조사에는 '와/과, ᄒ고, (이)며, (이)여' 등이 있는데 '와/과'의 결합 양상은 현대 국어와 차이가 있다.

　　ㄱ. 나모와 곶과 果實와ᄂ [나무와 꽃과 과실은]

　　ㄱ처럼 중세 국어에서 '와'는 모음이나 'ㄹ'로 끝나는 체언과 결합하고 '과'는 'ㄹ'을 제외한 자음으로 끝나는 체언과 결합한다. ㄱ의 '果實와'에서처럼 '와/과'는 마지막 체언에까지 결합하는 것이 일반적이지만 그렇지 않은 경우도 있었다. 또한 마지막 체언과 결합한 '와/과' 뒤에 격조사가 결합하는 경우도 있었다. 한편 '(이)며, (이)여'는 '열거'의 방식으로, 'ᄒ고'는 '첨가'의 방식으로 접속의 기능을 나타내었다.

19　[A]를 참고하여 이해한 내용으로 적절하지 않은 것은?

① '나는 시와 음악을 좋아한다.'에서 '시와 음악을'의 문장 성분은 목적어이다.

② '네가 벼루와 먹을 가져오너라.'에서 '벼루와'를 생략하여도 문장이 성립된다.

③ '친구랑 나랑 함께 꽃밭을 만들었다.'에서 '랑'은 체언들을 이어 주는 접속 조사이다.

④ '가방과 신발을 샀다.'에서 '과'는 부사격 조사로서 '가방과'는 서술어가 필수적으로 요구하는 성분이 된다.

⑤ '수박하고 참외하고 먹자.'와 같이 '하고'는 결합하는 체언의 끝음절의 음운 환경이 달라도 형태가 변하지 않는다.

20　윗글을 바탕으로 〈보기〉의 중세 국어 자료를 탐구한 내용으로 적절하지 않은 것은?

보기

ⓐ 옷과 뵈와로 佛像ᄋ 쑤미ᅀᆞᆸ바도
　[옷과 베로 불상을 꾸미었어도]

ⓑ 子息이며 죵이며 집앗 사ᄅᆞᆷᄆᆞᆯ 다 眷屬이라 ᄒᆞᄂᆞ니라
　[자식이며 종이며 집안의 사람을 다 권속이라 하느니라]

ⓒ 밤과 낮과 法을 니ᄅᆞ시니
　[밤과 낮에 법을 이르시니]

ⓓ 입시울와 혀와 엄과 니왜 다 됴ᄒᆞ며
　[입술과 혀와 어금니와 이가 다 좋으며]

① ⓐ에서 '옷과 뵈와'는 접속 조사에 의해 하나의 명사구를 이루고 있군.

② ⓑ에서 '이며'는 열거의 방식으로 '子息'과 '죵'을 같은 자격으로 이어 주는 기능을 하고 있군.

③ ⓒ를 보니, 접속되는 마지막 체언에 '와/과'가 결합하지 않는 사례가 있었음을 확인할 수 있군.

④ ⓐ와 ⓓ를 보니, '와/과' 뒤에 격조사가 결합한 형태가 있었음을 확인할 수 있군.

⑤ ⓒ와 ⓓ를 보니, 'ㄹ'을 제외한 자음으로 끝나는 체언은 '과'와, 모음이나 'ㄹ'로 끝나는 체언은 '와'와 결합했음을 확인할 수 있군.

[21~22]
다음 글을 읽고 물음에 답하시오.

한글 맞춤법은 표준어를 소리대로 적되, 어법에 맞도록 함을 원칙으로 하고 있다. 우선 표준어를 소리대로 적는다는 것은 표준어를 발음되는 대로 표기하는 것을 가리킨다. 그런데 이것만으로는 충분하지 않은 경우가 있다.

예를 들어, '꽃'이라는 단어는 발음되는 환경에 따라 소리가 달라진다. '꽃'이 조사 '이', '만', '도'와 결합한 것을 발음되는 대로 적으면 '꼬치', '꼰만', '꼳또'이므로 의미를 파악하기 어렵다. 따라서 한글 맞춤법에서는 어법에 맞도록 한다는 원칙에 따라 '꽃이', '꽃만', '꽃도'와 같이 '꽃'이라는 하나의 형태로 적도록 하고 있다. 즉 여러 가지 발음을 고려한 대표 형태를 선택하여 일관되게 표기하게 한 것이다. 이러한 원칙은 용언의 어간에 어미가 결합할 때도 동일하게 적용된다. 다만 언제나 어법에 따라 의미가 같은 하나의 말을 하나의 형태로 고정하여 적을 수 있는 것은 아니다.

㉠ 대표 형태로는 여러 발음들이 나타나는 과정을 합리적으로 설명할 수 있다. [이써요], [인는데요], [읻떠라고요]와 같이 발음한 것을 한글 맞춤법에 따라 표기하기 위해 대표 형태를 선택하는 상황을 예로 들 수 있다. '있-', '인-', '읻-' 중에 '읻-'을 대표 형태로 본다면 [인는데요]는 비음화, [읻떠라고요]는 된소리되기로 둘 다 교체로 설명할 수 있지만, [이써요]는 설명할 수 없다. '인-'을 대표 형태로 본다면 [이써요]와 [읻떠라고요]는 설명할 수 없다. 그러나 '있-'을 대표 형태로 선택하면 [이써요]는 음운 변동 없이 연음된 것으로, [인는데요]와 [읻떠라고요]는 모두 교체로 설명할 수 있다. 따라서 '있-'을 대표 형태로 보는 것이 가장 합리적이다.

이와 달리 실제 발음에서 나타나지 않는 형태를 대표 형태로 선택하는 경우가 있다. 예를 들어 '놓으니', '놓다'는 [노으니], [노타]로 발음되는데 어간을 '놓-'이라는 대표 형태로 고정하여 적고 있다. 왜냐하면 대표 형태가 '노-'라면 [노타]를 설명할 수 없지만 '놓-'이라면 [노으니]는 탈락, [노타]는 축약으로 설명이 가능하기 때문이다.

21 〈보기〉의 활동을 수행한 결과로 적절하지 않은 것은?

보기

최근 **들어** 더운 날씨가 이어지고 있습니다. 이번 **여름**은 얼마나 **덥고**, **장마**의 시작과 **끝이** 언제일지 궁금하신 분들이 많을 것 같습니다. 올해도 더위가 기승을 **부릴** 것으로 예측됩니다.

① '들어'를 발음할 때는 음운 변동이 나타나지 않는군.
② '더운'과 '덥고'는 어간의 의미가 같지만 형태를 하나로 고정하여 적지 않은 경우이군.
③ '여름', '장마'는 표준어를 발음되는 대로 표기한 것이군.
④ '끝이'를 '끄치'로 적지 않은 것은 어법에 맞도록 한다는 원칙 때문이군.
⑤ '부릴'의 어간은 실제 발음에서 나타나지 않는 형태를 대표 형태로 선택해 표기한 것이군.

22 ㉠를 고려하여 〈보기〉의 ⓐ~ⓔ의 대표 형태를 탐구한 내용으로 적절한 것은?

보기

※ 다음은 어간과 어미가 결합할 때의 발음이다.

어간＼어미	-고	-아서	-지만	-는
ⓐ	[깍꼬]	[까까서]	[깍찌만]	[깡는]
ⓑ	[달코]	[다라서]	[달치만]	[달른]
ⓒ	[싸코]	[싸아서]	[싸치만]	[싼는]
ⓓ	[할꼬]	[할타서]	[할찌만]	[할른]
ⓔ	[갑꼬]	[가파서]	[갑찌만]	[감는]

① ⓐ : 대표 형태가 '깍-'이라면 [깍찌만]과 [깡는]을 음운 변동으로 설명할 수 없지만, 대표 형태가 '깎-'이라면 둘 다 탈락으로 설명할 수 있겠군.
② ⓑ : 대표 형태가 '달-'이라면 [달코]와 [달치만]을 음운 변동으로 설명할 수 없지만, 대표 형태가 '닳-'이라면 둘 다 축약으로 설명할 수 있겠군.
③ ⓒ : 대표 형태가 '싼-'이라면 [싸코]와 [싸아서]를 음운 변동으로 설명할 수 없지만, 대표 형태가 '쌓-'이라면 둘 다 탈락으로 설명할 수 있겠군.
④ ⓓ : 대표 형태가 '할-'이라면 [할꼬]와 [할찌만]을 음운 변동으로 설명할 수 없지만, 대표 형태가 '핥-'이라면 둘 다 축약으로 설명할 수 있겠군.
⑤ ⓔ : 대표 형태가 '갑-'이라면 [갑꼬]와 [감는]을 음운 변동으로 설명할 수 없지만, 대표 형태가 '갚-'이라면 둘 다 교체로 설명할 수 있겠군.

[23~24]

다음 글을 읽고 물음에 답하시오.

현대 국어에서 명사를 파생하는 접미사로 널리 쓰이는 것에 '-(으)ㅁ'이 있다. 접미사 '-(으)ㅁ'은 동사나 형용사를 명사로 바꿀 수 있으며 '묶음, 기쁨'과 같은 단어를 만든다. 한글 맞춤법에서는 어간에 '-(으)ㅁ'이 붙어서 명사로 된 것은 그 어간의 원형을 밝히어 적도록 규정하고 있다. '-(으)ㅁ'이 비교적 널리 여러 어간에 결합할 수 있고 이것이 결합하여 만들어진 단어의 의미가 어간의 본뜻을 유지하고 있기 때문이다. 이는 가령 '무덤'이 기원적으로 '묻-'에 '-엄'이 붙어서 된 것이기는 하지만 '-엄'은 현대 국어에서 새로운 단어를 만들지 못하므로 '무덤'에서 어간의 원형인 '묻-'을 밝히어 적지 않는 것과 대조된다.

그런데 명사형 어미에도 '-(으)ㅁ'이 있어서, 현대 국어에서 '-(으)ㅁ'이 결합한 단어들 중에는 형태는 같으나 품사가 다른 경우가 있다. 예를 들어 '그가 시원한 웃음을 크게 웃음은 시험에 합격했기 때문이다.'에서 앞에 나오는 '웃음'은 관형어 '시원한'의 수식을 받는 명사이므로 여기서 '-음'은 명사 파생 접미사이다. 그러나 뒤에 나오는 '웃음'은 명사절에서 서술어로 기능하고 있으며 부사어 '크게'의 수식을 받는 동사의 명사형이다. 그러므로 여기서 '-음'은 명사형 어미이다. '크게 웃음'을 '크게 웃었음'으로 바꾸어 쓸 수 있는 것에서 알 수 있듯이, 어미 '-(으)ㅁ'은 '-았/었-', '-겠-', '-(으)시-' 등 대부분의 선어말 어미와 결합할 수 있다.

현대 국어와 달리, 중세 국어에서는 ㉠ 파생 명사와 ㉡ 명사형 어미가 결합한 용언의 활용형이 형태적으로 구별되었다. 예를 들어 '짜 그륨과[땅을 그림과]'에서 서술어로 기능하는 '그륨'은 동사 '(그림을) 그리다'의 명사형인데, '그리다'의 파생 명사는 '그리-'에 '-ㅁ'이 붙어서 만들어진 '그림'이었다. 일반적으로 중세 국어에서는 명사 파생 접미사 '-(ᄋ/으)ㅁ'과 명사형 어미 '-옴/움'이 형태상으로 구분되었다. 모음 조화에 따라 양성 모음 뒤에서는 접미사 '-(ᄋ)ㅁ'과 어미 '-옴'이, 음성 모음 뒤에서는 접미사 '-(으)ㅁ'과 어미 '-움'이 쓰였다. 그러다가 'ᆞ'가 소실되고 명사형 어미의 형태가 달라지는 등 여러 변화를 입어 현대 국어에서는 명사 파생 접미사와 명사형 어미가 모두 '-(으)ㅁ'으로 나타나게 되었다.

23 윗글을 통해 〈보기〉의 ㄱ~ㅁ을 이해한 내용으로 적절하지 <u>않은</u> 것은?

보기

ㄱ. 나이도 어린 동생이 고난도의 <u>춤</u>을 잘 <u>춤</u>이 신기했다.
ㄴ. 차가운 <u>주검</u>을 보니 그제야 그의 <u>죽음</u>이 실감이 났다.
ㄷ. 나는 그를 조용히 <u>도움</u>으로써 지난날의 은혜에 보답했다.
ㄹ. 작가에 대해서 많이 <u>앎</u>이 오히려 감상을 방해하기도 한다.
ㅁ. 그를 전적으로 <u>믿음</u>에도 결과를 직접 확인할 필요는 있었다.

① ㄱ에서 '고난도의'의 수식을 받는 '춤'은 명사이고, '잘'의 수식을 받는 '춤'은 동사의 명사형이다.
② ㄴ에서 '죽음'은 접미사 '-음'이 붙어서 된 말이므로 '주검'과는 달리 어간의 원형을 밝히어 적는다.
③ ㄷ에서 '도움'은 동사의 명사형으로, 명사절에서 서술어로 기능하고 있다.
④ ㄹ에서 '앎'의 '-ㅁ'은 '알-'에 붙어 품사를 동사에서 명사로 바꾸었다.
⑤ ㅁ에서 '믿음'의 '믿-'과 '-음' 사이에는 선어말 어미 '-었-'이 끼어들 수 있다.

24 윗글을 바탕으로 하여, 제시된 중세 국어 용언들의 ㉠과 ㉡을 바르게 추정한 것은?

		㉠	㉡
①	(물이) 얼다	어름	어룸
②	(길을) 걷다	거름	거룸
③	(열매가) 열다	여룸	여름
④	(사람이) 살다	사룸	사름
⑤	(다른 것으로) 굴다	ᄀᆞ름	ᄀᆞ룸

[25~26]
다음 글을 읽고 물음에 답하시오.

국어에는 '않다', '못하다', '말다', '아니다', '없다' 등의 부정 의미의 용언과 주로 함께 쓰이는 단어가 있다. 이러한 단어는 여러 품사에서 나타나는데, 단어에 따라 호응하는 부정 의미의 용언이 다를 수 있다. 그런데 부정 의미의 용언이 나타나지 않은 문장이 문맥적으로 부정 의미를 내포하는 경우에 쓰이는 단어가 있다. 예를 들어 보면, '나는 그곳에 차마 가지 못했다(*나는 그곳에 차마 갔다)'와 같이 '차마'는 부정 의미를 나타내는 '가지 못했다'와 어울린다. 그러나 '내가 그곳에 차마 가겠니?'와 같은 의문문이 '나는 그곳에 차마 갈 수 없다(가지 못한다 / 가지 않는다)'를 뜻함으로써 용언의 의미를 부정하는 문맥일 때에는 '차마'가 쓰일 수 있다.

한편, 부정문 형식의 문장에 함께 쓰여 그 문장의 의미를 강한 긍정으로 해석되게 하는 단어가 있다. 예를 들어, '문제가 어렵지 않다'라는 부정문에 '이만저만'을 함께 써서 '문제가 이만저만 어렵지 않다'가 되면 '문제가 매우 어렵다'라는 의미로 해석된다. 이는 '이만저만'으로 인해 문장의 의미가 '어렵다'를 강조하는 긍정으로 해석된 것이다.

[A] ⎡ 부정 의미의 용언이 나타난 문맥에서 주로 쓰이는 단어들은 그 의미나 형태가 시대에 따라 다르게 나타나기도 하고 유사하게 나타나기도 한다. 예를 들어, 과거에는 부정 의미의 용언이 나타난 문맥뿐만 아니라 그렇지 않은 문맥에서도 쓰이던 단어가 현대에는 부정 의미의 용언이 나타난 문맥에서만 쓰이는 경우가 있다. 또한 과거에는 용언의 어간에 '-지 아니하다'를 결합한 형태로 쓰이던 것이 시대에 따라 '-잖다'나 '-찮다'로 축약된 형태가 쓰이기도 한다. 이들은 축약되기 전 형태의 의미와 유사하게 쓰이기도 하지만 다른 의미로 쓰이는 경우도 있다. ⎣

※ '*'는 비문임을 나타냄.

25 윗글을 바탕으로 〈보기〉를 이해한 내용으로 적절하지 않은 것은?

〈보기〉

ㄱ. *그 일은 나와 **아무런** 관계가 있다.
ㄴ. 화단의 꽃들이 **여간** 탐스럽지 않다.
ㄷ. 나는 밤새도록 이것**밖에** 하지 못했다.
ㄹ. 그 아이들이 **좀처럼** 제 말을 듣겠습니까?
ㅁ. *나는 무서워서 그 자리에서 **옴짝달싹했다**.
※ '*'는 비문임을 나타냄.

① ㄱ의 '아무런'은 긍정 의미의 용언이 나타나는 문맥에서 사용될 수 없군.
② ㄴ의 '여간'은 '탐스럽지 않다'라는 부정 의미를 강조하고 있군.
③ ㄷ의 '밖에'는 부정 의미의 용언과 어울려 쓰이고 있군.
④ ㄹ의 '좀처럼'은 부정 의미를 내포하는 문맥에서 쓰이고 있군.
⑤ ㅁ의 '옴짝달싹했다'를 '옴짝달싹하지 못했다'로 바꾸면 어법에 맞겠군.

26 [A]를 바탕으로 [자료]를 탐구했을 때 적절한 내용만을 〈보기〉에서 있는 대로 고른 것은?

[자료]		
㉠	국어사 자료	• 이거슨 **귀치 아니컨만**은 보내ᄂᆞ이다 [이것은 귀하지 아니하지마는 보내나이다]
	현대 국어	• 그날은 몸이 아파 만사가 다 **귀찮았다**.
㉡	국어사 자료	• 봉녹 밧씌도 **별로** 먹을 거슬 주시며 [봉록 밖에도 특별히 먹을 것을 주시며] • **별로** 인ᄉᆞ홀 톄도 업스니 [특별히 인사할 모양도 없으니]
	현대 국어	• 요즘은 공기가 **별로** 좋지 않다. • 나에게 그는 **별로** 매력이 없다.
㉢	국어사 자료	• 무슨 말이든지 다 못드르면 **시원치 안니ᄒᆞ여** [무슨 말이든지 다 못 들으면 시원치 아니하여]
	현대 국어	• 대답이 **시원찮다**.

〈보기〉

ⓐ ㉠에서, 현대 국어 '귀찮다'는 '귀하지 아니하다'가 축약된 형태로, 국어사 자료에서 확인할 수 있는 의미와 유사하게 쓰임을 알 수 있다.
ⓑ ㉡에서, 현대 국어 '별로'와 달리, 국어사 자료 '별로'는 부정 의미의 용언이 나타나지 않은 문맥에서도 쓰였음을 알 수 있다.
ⓒ ㉢에서, 현대 국어 '시원찮다'는 '시원하지 아니하다'가 축약된 형태로, 국어사 자료에서 확인할 수 있는 의미와 유사하게 쓰이지 않음을 알 수 있다.

① ⓐ   ② ⓑ   ③ ⓐ, ⓑ   ④ ⓐ, ⓒ   ⑤ ⓑ, ⓒ

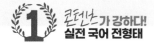
[27~28]

다음 글을 읽고 물음에 답하시오.

단어를 공통된 성질에 따라 분류한 것을 '품사'라고 하는데, 품사는 형태, 기능, 의미에 따라 분류할 수 있다. 그중 단어 부류가 가지는 공통 의미에 따라 분류하면 대상의 이름을 나타내는 명사, 명사를 대신하여 가리키는 대명사, 대상의 수량이나 순서를 나타내는 수사, 대상의 동작이나 작용을 나타내는 동사, 대상의 성질이나 상태를 나타내는 형용사, 주로 체언을 수식하는 관형사, 주로 용언이나 문장을 수식하는 부사, 주로 체언에 붙어 문법적 관계를 표시하거나 특별한 의미를 더하는 조사, 말하는 이의 놀람, 느낌, 부름 등을 나타내는 감탄사로 구분된다.

단어는 일반적으로 하나의 품사로 사용되지만 어떤 단어는 두 가지 이상의 문법적 성질을 가지고 있어 여러 가지의 품사로 쓰이는 경우가 있다. 이를 '품사 통용'이라고 한다. '같이'의 경우, '같이 가다'에서는 부사로, '소같이 일만 하다'에서는 조사로 쓰이고 있다. 품사 통용은 중세 국어에도 있었는데, 현대 국어의 품사 통용과 같은 양상으로 나타나기도 하고 다른 양상으로 나타나기도 했다. 그리고 현대 국어에서 하나의 품사로 쓰이는 단어가 중세 국어에서는 품사 통용이 나타나기도 했다. 예를 들어 현대 국어에서 관형사로만 쓰이는 '어느'를 살펴보자.

(ㄱ) 어느 뉘 請ᄒ니(어느 누가 청한 것입니까?)

(ㄴ) 迷惑 어느 플리(미혹한 마음을 어찌 풀 것인가?)

(ㄷ) 이 두 말을 어늘 從ᄒ시려뇨

　　(이 두 말을 어느 것을 따르시겠습니까?)

중세 국어에서 '어느'는 (ㄱ)에서는 체언을 수식하는 관형사로, (ㄴ)에서는 용언을 수식하는 부사로 쓰였다. (ㄷ)에서 '어늘'은 '어느'에 조사가 결합된 형태로 여기에서 '어느'는 명사를 대신하여 가리키는 대명사로 쓰였다. 현대 국어에서 관형사로만 쓰이는 '어느'가 중세 국어에서는 관형사, 부사, 대명사로 두루 쓰인 것이다.

27 윗글을 바탕으로 〈보기〉에 대해 이해한 내용으로 적절하지 <u>않은</u> 것은?

> **보기**
>
> ㄱ. <u>과연</u> 두 사람이 만날 수 있을까?
> ㄴ. 합격 소식을 듣고 그가 활짝 <u>웃었다</u>.
> ㄷ. <u>학생</u>, 아무리 바쁘더라도 식사<u>는</u> 해야지.

① ㄱ의 '과연'은 문장 전체를 수식하는 부사이군.
② ㄱ의 '두'는 대상의 수량을 나타내는 수사이군.
③ ㄴ의 '웃었다'는 대상의 동작을 나타내는 동사이군.
④ ㄷ의 '학생'은 대상의 이름을 나타내는 명사이군.
⑤ ㄷ의 '는'은 체언에 붙어 특별한 의미를 더하는 조사이군.

28 윗글을 바탕으로 〈보기〉의 자료를 탐구한 내용으로 적절하지 <u>않은</u> 것은?

> **보기**
>
> **선생님**: (가)에서 '이'는 두 개의 품사로, '새'는 하나의 품사로 쓰이고 있습니다. (가), (나)를 통해 '이'와 '새'의 현대 국어에서의 품사를 알아보고 중세 국어와 비교해 봅시다.
>
> [자료]
> (가) 현대 국어
> ◦ <u>이</u>보다 더 좋을 수는 없다. / <u>이</u> 사과는 맛있다.
> ◦ <u>새</u> 학기가 되다.
> (나) 중세 국어
> ◦ 내 <u>이</u>를 爲ᄒ야(내가 이를 위하여)
> 　 내 <u>이</u> 도ᄂᆞᆯ 가져가(내가 이 돈을 가져가서)
> ◦ <u>새</u> 구스리 나며(새 구슬이 나며)
> 　 이 나래 <u>새</u>ᄅᆞᆯ 맛보고(이날에 새것을 맛보고)
> 　 <u>새</u> 出家ᄒᆞᆫ 사ᄅᆞ미니(새로 출가한 사람이니)

① 현대 국어에서 '이'는 대명사로도 관형사로도 쓰이고 있군.
② 현대 국어에서 '이'의 품사 통용은 중세 국어 '이'의 품사 통용과 같은 양상으로 나타나는군.
③ 중세 국어에서 '새'는 대명사로도 부사로도 쓰였군.
④ 중세 국어에서 '새'는 현대 국어의 '새'와 동일한 품사로도 쓰였군.
⑤ 중세 국어에서 '새'는 다양한 품사로 두루 쓰였지만 현대 국어에서 '새'는 품사 통용이 나타나지 않는군.

[29~30]
다음 글을 읽고 물음에 답하시오.

용언의 어간에 여러 어미가 번갈아 결합하는 현상을 용언의 활용이라 한다. 어간은 용언이 활용할 때 변하지 않는 부분을 가리키고, 어미는 어간 뒤에 결합하여 여러 가지 문법적 의미를 더해 주는 요소를 가리킨다. 어미는 그것이 나타나는 자리에 따라 어말 어미와 선어말 어미로 나눌 수 있다. 어말 어미는 용언의 맨 뒤에 오는 어미이고, 선어말 어미는 어말 어미 앞에 나타나는 어미이다. 가령, "나는 물건을 들었다."라는 문장에서 '들었다'는 어간 '들-'에 선어말 어미 '-었-'과 어말 어미 '-다'가 결합된 용언이다. 어간과 어미의 결합 관계를 기호화하여 어간을 X, 선어말 어미를 Y, 어말 어미를 Z라고 할 때, 어간에 하나의 어미만 결합된 용언은 ㉠ X+Z로 표현될 수 있고, 어간에 둘 이상의 어미가 결합된 용언은 ㉡ X+Y+Z 혹은 ㉢ X+Y1+Y2+Z 등으로 표현될 수 있다.

어말 어미는 문법적 기능에 따라 종결 어미, 연결 어미, 전성 어미로 나뉜다. 종결 어미는 문장의 끝에 위치하여 한 문장을 끝맺는 기능을 하며, 대화의 상대방을 높이거나 낮추는 문법적 기능을 하기도 한다. 연결 어미는 두 문장을 나열, 대조 등의 의미 관계로 이어 주는 ⓐ 대등적 연결 어미, 앞 문장이 뒤 문장의 원인, 조건 등과 같은 의미를 가지도록 이어 주는 ⓑ 종속적 연결 어미, 본용언과 보조 용언을 이어 주는 ⓒ 보조적 연결 어미로 나눌 수 있다. 전성 어미는 용언이 서술성을 유지하면서 다른 품사처럼 기능하게 하는 것으로, 명사형 전성 어미, 관형사형 전성 어미 등으로 나눌 수 있다. 한편 선어말 어미는 문장의 주체를 높이거나 문장의 시제를 표현하는 것과 같은 문법적 기능을 한다.

29 윗글을 바탕으로 〈보기〉의 밑줄 친 부분을 이해한 내용으로 적절하지 않은 것은?

보기

선생님 : 다음 주에 있을 전국 학생 토론 대회 준비는 마쳤니?
라온 : 아직이요. 내일까지는 반드시 끝내겠습니다.
해람 : 사실 이번 주제는 저희들끼리 준비하기 너무 어려워요.
선생님 : 방금 교무실로 들어가신 선생님께 조언을 구해 보렴.
라온 : 창가 쪽에 서 계신 분 말씀이죠?
해람 : 아, 수업 종이 울렸네. 다음 시간에 다시 오자.

① '끝내겠습니다'는 ㉡에 속하며, 이때 Z는 대화의 상대방을 높이는 기능을 하고 있군.
② '준비하기'는 ㉠에 속하며, 이때 Z는 용언을 명사처럼 기능하게 하고 있군.
③ '들어가신'은 ㉡에 속하며, 이때 Y는 문장의 주체를 높이는 기능을 하고 있군.
④ '계신'은 ㉠에 속하며, 이때 Z는 용언을 관형사처럼 기능하게 하고 있군.
⑤ '울렸네'는 ㉢에 속하며, 이때 Y2는 과거 시제를 표현하는 기능을 하고 있군.

30 〈보기〉의 ㉮~㉲를 윗글의 ⓐ~ⓒ로 바르게 분류한 것은?

보기

◦원숭이가 바나나를 먹고 있다.
　　　　　　　　　㉮
◦김이 습기를 먹어 눅눅해졌다.
　　　　　　㉯
◦형은 빵을 먹고 동생은 과자를 먹었다.
　　　　　　㉰
◦우리는 상대편에게 한 골을 먹고 당황했다.
　　　　　　　　　　　㉱
◦그는 경기가 시작되기도 전에 겁을 먹어 버렸다.
　　　　　　　　　　　　　　㉲

	ⓐ	ⓑ	ⓒ
①	㉰, ㉱	㉯, ㉲	㉮
②	㉰, ㉱	㉯	㉮, ㉲
③	㉰	㉮, ㉱	㉯, ㉲
④	㉰	㉯, ㉱	㉮, ㉲
⑤	㉰	㉱, ㉲	㉮, ㉯

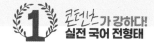
[31~32]
다음 글을 읽고 물음에 답하시오.

(가)

표준 발음법 제5장에서는 '음의 동화'에 대해 다루고 있다. 동화는 음운 변동 중 한 음운이 다른 음운으로 바뀌는 교체에 속한다. 대표적인 예로 'ㄱ, ㄷ, ㅂ'이 비음 'ㄴ, ㅁ' 앞에서 각각 동일한 조음 위치의 비음인 'ㅇ, ㄴ, ㅁ'으로 조음 방법이 바뀌는 비음화, 'ㄴ'이 'ㄹ'의 앞 또는 뒤에서 동일한 조음 위치의 유음인 'ㄹ'로 조음 방법이 바뀌는 유음화가 있다. 예컨대 '맏물[만물]'에서는 비음화가 일어나고, '실내[실래]'에서는 유음화가 일어난다.

[A] 한편 동화를 일으키는 음운은 동화음, 동화음의 영향을 받는 음운은 피동화음이라고 하는데, 동화는 동화의 방향이나 동화의 정도에 따라 나눌 수 있다. 동화의 방향에 따라서는 동화음이 피동화음에 선행하는 동화, ㉠ 동화음이 피동화음에 후행하는 동화로 나눌 수 있다. 그리고 동화의 정도에 따라서는 ㉡ 피동화음이 동화음과 완전히 같아지는 동화, 피동화음이 동화음의 조음 위치나 조음 방법과 같은 일부 특성만 닮는 동화로 나눌 수 있다. 예컨대 '실내'에서는 동화음이 피동화음에 선행하며 피동화음이 동화음과 완전히 같아지는 동화가 일어나지만, '맏물'에서는 동화음이 피동화음에 후행하며 피동화음이 동화음의 조음 방법만 닮는 동화가 일어난다.

(나)

국어의 로마자 표기는 국어의 표준 발음법에 따라 적는 것을 원칙으로 한다. 다음은 국어의 로마자 표기법의 일부를 정리한 것이다.

1. 표기 일람
(1) 모음

ㅏ	ㅗ	ㅜ	ㅣ	ㅐ	ㅕ	ㅛ	ㅘ
a	o	u	I	ae	yeo	yo	wa

• 장모음의 표기는 따로 하지 않는다.

(2) 자음

ㄱ	ㄷ	ㅂ	ㅅ	ㅁ	ㅇ	ㄹ
g, k	d, t	b, p	s	m	ng	r, l

• 'ㄱ, ㄷ, ㅂ'은 모음 앞에서는 'g, d, b'로, 자음 앞이나 어말에서는 'k, t, p'로 적는다.
• 'ㄹ'은 모음 앞에서는 'r'로, 자음 앞이나 어말에서는 'l'로 적는다. 단, 'ㄹㄹ'은 'll'로 적는다.

2. 표기상의 유의점
• 음운 변화가 일어날 때에는 변화의 결과에 따라 적는다.
• 고유 명사는 첫 글자를 대문자로 적는다.

31 (가)와 (나)를 참고해 〈보기〉의 ⓐ~ⓔ를 로마자로 표기하려 할 때, 이에 대한 설명으로 적절한 것은?

보기

◦ ⓐ 대관령[대:괄령]에서 ⓑ 백마[뱅마] 교차로까지는 멀다.
◦ ⓒ 별내[별래] 주민들은 ⓓ 삼목묘[삼몽묘]를 구입하였다.
◦ 작년에 농장 주인은 ⓔ 물난리[물랄리]로 피해를 보았다.
* ⓐ~ⓒ는 지명임.

① ⓐ : 종성 위치에서만 유음화가 일어나 [대:괄령]으로 발음되므로 'Dae:kwallyeong'로 표기해야 한다.
② ⓑ : 초성 위치에서만 비음화가 일어나 [뱅마]로 발음되므로 'Baengma'로 표기해야 한다.
③ ⓒ : 초성 위치에서만 유음화가 일어나 [별래]로 발음되므로 'Byeollae'로 표기해야 한다.
④ ⓓ : 초성 위치와 종성 위치에서 비음화가 일어나 [삼몽묘]로 발음되므로 'sammongmyo'로 표기해야 한다.
⑤ ⓔ : 초성 위치와 종성 위치에서 유음화가 일어나 [물랄리]로 발음되므로 'mullalri'로 표기해야 한다.

32 [A]를 바탕으로 〈보기〉에서 일어나는 동화의 양상을 분석할 때, ㉠과 ㉡이 모두 일어나는 단어만을 골라 묶은 것은?

보기

곤란[골:란]   국민[궁민]   읍내[음내]
입문[임문]   칼날[칼랄]

① 곤란, 입문
② 국민, 읍내
③ 곤란, 국민, 읍내
④ 곤란, 입문, 칼날
⑤ 국민, 입문, 칼날

[33~34]
다음 글을 읽고 물음에 답하시오.

사동 표현은 주어가 남에게 동작을 하도록 시키는 뜻을 나타내는 것으로, 파생적 사동과 통사적 사동으로 구분될 수 있다. 우선 파생적 사동은 사동 접사 '-이-, -히-, -리-, -기-, -우-, -구-, -추-'가 붙어 만들어지는데, '높이다', '좁히다', '울리다', '옮기다', '비우다' 등이 그 예이다. 다만 일부 용언은 사동 접사의 결합에 제약이 있기도 하다. 예컨대 '(회사에) 다니다', '(손을) 만지다'와 같이 어간이 'ㅣ'로 끝나는 동사, '(형과) 만나다', '(원수와) 맞서다'와 같이 특정한 상대 등을 필수적으로 요구하는 동사, '(돈을) 주다'와 같이 주거나 받는 뜻을 가진 동사 등은 대개 사동 접사가 결합되지 못한다. 한편 사동 표현은 '먹게 하다', '잡게 하다'와 같이 '-게 하다'에 의해 만들어지기도 하는데 이를 통사적 사동이라 한다.

15세기 국어에서도 사동 표현이 쓰였다. 우선 파생적 사동은 주로 '-이-, -히-, -기-, -오/우-, -호/후-, -ᅌ/으-' 등이 붙어 만들어졌다. 다만 '걷다'와 같은 ㄷ 불규칙 용언에 '-이-'가 결합될 때에는 어간 '걷-'의 받침 'ㄷ'이 'ㄹ'로 바뀌어 '걸이다'[걸리다]로 쓰였다. 한편 현대 국어의 '-게 하다'에 해당하는 통사적 사동도 있었다. 이때 보조적 연결 어미는 '-게/긔'가 주로 쓰였는데, 모음이나 자음 'ㄹ'로 끝나는 어간 뒤, 혹은 '이다'의 '이-' 뒤에서는 '-에/의'로도 쓰였다. '얻게 ᄒ다'[얻게 하다]는 '얻-'에 '-게 ᄒ다'가 결합된 통사적 사동의 예이다.

33 윗글을 바탕으로 할 때, 〈보기〉에서 적절한 것만을 있는 대로 고른 것은?

보기

ㄱ. '(선물을) 받다', '(시간이) 늦다'는 모두 파생적 사동이 불가능한 동사이다.

ㄴ. '(넋을) 기리다'와 달리 '(연을) 날리다'는 사동 접사가 붙어 만들어진 동사이다.

ㄷ. '(공을) 던지다'와 달리 '(추위를) 견디다'는 어간이 'ㅣ'로 끝나기 때문에 사동 접사가 결합되지 못한다.

ㄹ. '(적과) 싸우다', '(동생과) 닮다'는 모두 특정한 상대 등을 필수적으로 요구하는 동사이기 때문에 사동 접사가 결합되지 못한다.

① ㄱ, ㄴ   ② ㄱ, ㄷ   ③ ㄴ, ㄹ
④ ㄱ, ㄷ, ㄹ   ⑤ ㄴ, ㄷ, ㄹ

34 〈보기〉의 사동 표현에서 ⓐ~ⓓ를 탐구해 얻은 결과로 적절하지 <u>않은</u> 것은?

보기

° 사ᄅᆞᄆᆞᆯ ⓐ<u>알의</u>(알-+-의) ᄒᄂᆞᆫ 거시라
　[사람을 알게 하는 것이라]
° 風流를 ⓑ<u>들이</u>(듣-+-이-)ᅀᆞᆸ더니
　[풍류를 들리더니]
° 히마다 數千人을 ⓒ<u>사ᄅ</u>(살-+-ᅌᆞ-)니
　[해마다 수천 인을 살리니]
° 서르 짝 ⓓ<u>마촐씨니</u>(맞-+-호-+-ㄹ씨니)
　[서로 짝 맞출 것이니]

① ⓐ에서는 'ㄹ'로 끝나는 어간 뒤에 보조적 연결 어미 '-의'가 결합되었군.
② ⓑ에서는 사동 접사가 결합될 때 어간 받침 'ㄷ'이 'ㄹ'로 바뀌었군.
③ ⓑ를 통사적 사동으로 바꾸어 표현하면 '드데 ᄒ'로 나타낼 수 있겠군.
④ ⓒ는 '-ᅌᆞ-'가, ⓓ는 '-호-'가 동사 어간에 결합하여 만들어진 파생적 사동이겠군.
⑤ ⓒ, ⓓ에는 현대 국어에서 사용되지 않는 형태의 사동 접사가 결합되었군.

[35~36]
다음 글을 읽고 물음에 답하시오.

관형어는 체언을 수식하는 문장 성분으로 관형사나 체언이 그대로 관형어가 되기도 하며, 체언에 관형격 조사 '의'가 결합된 형태나 용언의 관형사형으로도 나타난다. 또한 관형절도 관형어의 기능을 한다. 관형어는 필수적인 성분은 아니지만 수식을 받는 체언이 의존 명사이면 그 앞에 반드시 관형어가 와야 한다. 한편 관형격 조사 '의'는 앞과 뒤의 체언을 의미상으로 어떤 관계에 놓이도록 연결하는 역할을 한다. 예를 들어 '조국 통일의 위업'은 앞 체언과 뒤 체언이 ㉠'의미상 동격'의 관계, '나의 옷'은 '소유주 - 대상'의 관계, '우리의 각오'는 ㉡'주체 - 행동'의 관계, '조카의 아들'은 '사회적 · 친족적' 관계로 연결된 것이다.

중세 국어의 관형어도 현대 국어와 같은 방식으로 실현되는 경우가 많았다. 하지만 현대 국어에서는 자주 나타나지 않거나 현대 국어의 관형어와 구별되는 특이한 현상도 있었다.

(가) 사ᄅᆞ미 몸 (사람의 몸)
(나) 불휘 기픈 남ᄀᆞᆫ (뿌리가 깊은 나무는)
(다) 前生앳 이리 (전생에서의 일이)
(라) 아비의 便安히 안존 둘 (아비가 편안히 앉은 것을)

(가)에는 관형격 조사 '의'의 결합에 의한, (나)에는 관형사형 어미 '-(ㅇ/으)ㄴ'이 붙어서 만들어진 관형절에 의한 관형어가 나타난다. 이와 달리 (다)의 '前生앳'은 '체언 + 부사격 조사'로 이루어진 부사어에 관형격 조사 'ㅅ'이 붙어 관형어가 된 경우이다. (라)의 '아비의'는 '아비가'로 해석되는데, '안존'의 의미상 주어인 '아비'에 주격 조사가 붙지 않고 관형격 조사 '의'가 붙은 것으로 안긴문장의 의미상 주어가 관형격 형태로 나타나는 경우에 해당한다. (다)와 (라) 같은 용법들은 현대 국어에도 일부 남아 있다.

35 윗글을 참고할 때, ㉠, ㉡에 해당하는 예끼리 묶인 것으로 적절한 것은?

	㉠	㉡
①	너의 부탁	친구의 자동차
②	자기 합리화의 함정	친구의 사전
③	회장의 칭호	영희의 오빠
④	은호의 아버지	친구의 졸업
⑤	질투의 감정	국민의 단결

36 윗글을 바탕으로 〈보기〉의 밑줄 친 관형어를 탐구한 내용으로 적절하지 않은 것은?

보기

〈중세 국어의 예〉
ⓐ <u>부텻</u> 것 도ᄌᆞ혼 罪 ·················· (부처의 것을 도둑질한 죄)
ⓑ <u>ᄉᆡ미 기픈</u> 므른 ·················· (샘이 깊은 물은)

〈현대 국어의 예〉
ⓒ <u>어머니의</u> 낡은 지갑은
ⓓ <u>저자와의</u> 대화

① ⓐ의 '부텻'은 의존 명사 앞에 쓰여 생략할 수가 없군.
② ⓑ의 'ᄉᆡ미 기픈'은 현대 국어와 같은 관형사형 어미가 쓰인 것이군.
③ ⓐ의 '부텻'은 체언에 관형격 조사가 결합한 형태가, ⓑ의 'ᄉᆡ미 기픈'은 관형절이 관형어의 기능을 하고 있군.
④ ⓒ의 '어머니의'는 관형절의 의미상 주어가 관형격으로 실현된 것으로 중세 국어의 용법과 관련이 있는 표현이군.
⑤ ⓓ의 '저자와의'는 부사어 뒤에 관형격 조사가 붙어 관형어가 된 것으로 중세 국어에서도 찾을 수 있는 용법이군.

[37~38]
다음 글을 읽고 물음에 답하시오.

부정하는 내용을 문법적으로 실현한 문장을 부정문이라고 한다. 부정문은 의미에 따라 '안' 부정문과 '못' 부정문으로, 길이에 따라 '짧은 부정문'과 '긴 부정문'으로 나누기도 한다. 한편 명령문과 청유문의 부정에는 '말다' 부정문이 쓰이고, '말다' 부정문은 '긴 부정문'만 가능하다.

'안' 부정문은 부정 부사 '안(아니)'으로 실현되는 짧은 부정문과 부정의 용언 구성 '-지 않다(아니하다)'로 실현되는 긴 부정문이 있고, 객관적인 사실을 부정하는 '단순 부정'과 동작 주체의 의도를 부정하는 '의도 부정'이 있다. '안' 부정문의 서술어가 동사이고 주어가 의지를 가질 수 있는 동작 주체인 경우에 '단순 부정'과 '의도 부정'의 해석이 모두 가능하다. 하지만 서술어가 형용사이거나 주어가 의지를 가질 수 없는 경우에는 대개 '단순 부정'으로 해석한다.

'못' 부정문은 부정 부사 '못'으로 실현되는 짧은 부정문과 부정의 용언 구성 '-지 못하다'로 실현되는 긴 부정문이 있다. 일반적으로 '못' 부정문은 동작 주체의 능력 부족을 드러내는 부정문이므로, 동작 주체의 능력으로는 어쩔 수 없는 심리적 상태를 나타내는 서술어는 '못' 부정문에 쓰이기 어렵다. 한편 '못' 부정문은 일반적으로 서술어가 형용사인 경우에는 성립할 수 없지만, '긴 부정문'에 한하여 '화자의 기대하는 기준에 이르지 못함'의 뜻을 나타내는 경우에는 쓰이기도 한다. 나아가 '못' 부정문은 화자의 능력을 부정하는 의미에서 발전하여 완곡한 거절, 또는 강한 거부와 같은 화자의 심리적 태도를 반영하기도 한다.

'말다' 부정문은 명령문 및 청유문에서 부정의 용언 구성 '-지 말다'로 실현된다. 형용사는 대부분 명령문이나 청유문의 서술어로 쓰일 수 없기 때문에 '말다' 부정문은 서술어가 형용사인 경우에는 성립하지 않는다. 하지만 문장의 서술어가 형용사라도 기원이나 희망을 나타낼 때는 '말다' 부정문이 쓰이기도 한다.

37 윗글을 바탕으로 〈보기〉를 이해한 내용으로 적절하지 않은 것은?

보기

태영 : 새로 배정받은 ㉠동아리실이 그리 넓지 못해 고민이야. 우리가 쓰던 ㉡물품이 전부 안 들어가겠는데?

수진 : 그 정도는 아닐 거야. 일단 물품을 옮겨 보자. 내일 어때?

태영 : 미안하지만 ㉢나는 내일 못 와. 이번 휴일에는 집에서 좀 쉬고 싶어.

수진 : ㉣나도 별로 안 내키는데, 다른 친구들은 내일 시간이 괜찮다고 하더라.

태영 : 그래? 그럼 나도 와서 도울게. 그나저나 ㉤내일은 제발 덥지만 마라.

① ㉠의 '못' 부정문은 형용사인 서술어에 '긴 부정문' 형태로 실현되어 화자가 기대하는 기준에 이르지 못한다는 의미를 나타내고 있군.

② ㉡의 '안' 부정문은 주어가 의지를 가질 수 있는 동작 주체인 경우이기 때문에 '단순 부정'과 '의도 부정'으로 모두 해석이 가능하겠군.

③ ㉢의 '못' 부정문은 완곡한 거절이라는 화자의 심리적 태도를 나타내고 있군.

④ ㉣의 서술어는 동작 주체의 능력으로는 어쩔 수 없는 심리적 상태를 나타내기 때문에 '못' 부정문에 사용될 수 없겠군.

⑤ ㉤의 '말다' 부정문은 형용사인 서술어에 '긴 부정문' 형태로 실현되어 화자의 기원이나 희망의 의미를 나타내고 있군.

38 다음은 수업의 일부이다. 윗글을 바탕으로 ⓐ~ⓓ에 대해 이해한 내용으로 적절하지 않은 것은?

선생님 : 중세 국어의 부정문은 현대 국어와 큰 차이가 없었습니다. 제시한 예문들을 현대 국어와 비교하여 이해해 봅시다.

[중세 국어] 世尊이 ⓐ아니 오실씨
[현대 국어] 세존이 아니 오시므로

[중세 국어] 닐웨사 ⓑ머디 아니ᄒᆞ다.
[현대 국어] 이레야 멀지 아니하다.

[중세 국어] 부텨를 몯 맛나며 法을 ⓒ몯 드르며
[현대 국어] 부처를 못 만나며 법을 못 들으며

[중세 국어] 이 ᄠᅳ들 ⓓ닛디 마ᄅᆞ쇼셔.
[현대 국어] 이 뜻을 잊지 마십시오.

① ⓐ를 보니 중세 국어에서도 현대 국어의 '안' 부정문에 해당하는 부정문이 사용되었음을 알 수 있군.

② ⓑ를 보니 현대 국어에서처럼 중세 국어에서도 '단순 부정'에 해당하는 부정문이 사용되었음을 알 수 있군.

③ ⓒ를 보니 현대 국어에서처럼 중세 국어에서도 동작 주체의 의도를 부정하는 부정문이 사용되었음을 알 수 있군.

④ ⓓ를 보니 현대 국어에서처럼 중세 국어에서도 명령문을 부정하는 부정문이 사용되었음을 알 수 있군.

⑤ ⓐ와 ⓑ를 보니 중세 국어에서도 현대 국어의 '짧은 부정문'과 '긴 부정문'에 해당하는 부정문이 사용되었음을 알 수 있군.

[39~40]
다음 글을 읽고 물음에 답하시오.

현대 국어의 시간 표현 중 하나는 선어말 어미를 활용하는 것이다. 동사는 어간에 선어말 어미 '-는-/-ㄴ-'을 결합하여 현재 시제를 표현하는데, 동사의 어간 말음이 자음인 경우에는 '-는-'이, 모음인 경우에는 '-ㄴ-'이 결합한다. 이와 달리 형용사와 '이다'는 어간에 선어말 어미가 결합하지 않고 현재 시제를 표현할 수 있다. 동사와 형용사, 그리고 '이다'는 어간에 선어말 어미 '-았-/-었-'을 결합하여 과거 시제를 표현하는데, 어간 '하-' 다음에는 선어말 어미 '-였-'을 결합하여 과거 시제를 표현한다. 동사와 형용사, 그리고 '이다'는 어간에 선어말 어미 '-겠-'을 결합하여 미래 시제를 표현하는데, 추측이나 의지 등의 의미를 나타내기도 한다.

중세 국어의 시간 표현은 ㉠용언의 어간에 선어말 어미를 결합하여 나타내는 경우와 ㉡용언의 어간에 선어말 어미를 결합하지 않고 나타내는 경우가 있었다. 이를 살펴보면, 동사는 어간에 선어말 어미 '-ᄂᆞ-'를 결합하여 현재 시제를 표현하였고, 형용사는 어간에 선어말 어미를 결합하지 않고 현재 시제를 표현하였다. 또한 동사는 어간에 선어말 어미를 결합하지 않고 과거 시제를 표현하기도 했고, 회상의 의미가 있는 선어말 어미 '-더-'를 결합하여 과거 시제를 표현하기도 했다. 형용사도 선어말 어미 '-더-'를 통해 과거 시제를 표현하였다. 또한 동사와 형용사는 추측의 의미가 있는 선어말 어미 '-리-'를 어간에 결합하여 미래 시제를 표현하였다.

39 윗글을 바탕으로 〈보기〉를 탐구한 내용으로 적절하지 <u>않은</u> 것은?

보기

◦ 동생이 지금 밥을 ⓐ <u>먹는다.</u>
◦ 우리 아기가 무럭무럭 ⓑ <u>자란다.</u>
◦ 이곳에 따뜻한 난로가 ⓒ <u>놓였다.</u>
◦ 신랑, 신부가 ⓓ <u>입장하겠습니다.</u>
◦ 나는 어젯밤에 무서운 꿈을 ⓔ <u>꿨다.</u>

① ⓐ는 동사의 어간 다음에 현재 시제 선어말 어미로 '-는-'이 사용된 예에 해당한다.
② ⓑ는 동사의 어간 다음에 현재 시제 선어말 어미로 '-ㄴ-'이 사용된 예에 해당한다.
③ ⓒ는 동사의 어간 다음에 과거 시제 선어말 어미로 '-였-'이 사용된 예에 해당한다.
④ ⓓ는 동사의 어간 다음에 미래 시제 선어말 어미로 '-겠-'이 사용된 예에 해당한다.
⑤ ⓔ는 동사의 어간 다음에 과거 시제 선어말 어미로 '-었-'이 사용된 예에 해당한다.

40 〈보기〉에서 ㉠과 ㉡에 해당하는 예를 찾아 바르게 짝지은 것은?

보기

◦ 너도 쏘 이 ⓐ <u>ᄀᆞᆮᄒᆞ다</u>
　(너도 또 이와 같다.)
◦ 네 이제 쏘 ⓑ <u>묻ᄂᆞ다</u>
　(네가 이제 또 묻는다.)
◦ 五百 도ᄌᆞ기 … ⓒ <u>도죽ᄒᆞ더니</u>
　(오백 도적이 … 도둑질하더니)
◦ 이 智慧 업슨 比丘ㅣ 어드러셔 ⓓ <u>오뇨</u>
　(이 지혜 없는 비구가 어디에서 왔느냐?)
◦ 이 善女人이 … 다시 나디 ⓔ <u>아니ᄒᆞ리니</u>
　(이 선여인이 … 다시 나지 아니할 것이니)

	㉠	㉡
①	ⓑ, ⓒ	ⓐ, ⓓ, ⓔ
②	ⓐ, ⓔ	ⓑ, ⓒ, ⓓ
③	ⓓ, ⓔ	ⓐ, ⓑ, ⓒ
④	ⓐ, ⓒ, ⓓ	ⓑ, ⓔ
⑤	ⓑ, ⓒ, ⓔ	ⓐ, ⓓ

[41~42]
다음 글을 읽고 물음에 답하시오.

관형사형 어미는 용언의 어간에 붙어 용언이 관형사와 같은 기능을 수행하게 하는 어미이다. 현대 국어에서 관형사형 어미는 '-(으)ㄴ', '-는', '-(으)ㄹ' 등으로, 이들이 용언의 어간에 붙으면 관형절이 만들어진다. 일반적으로 관형절은 '관계 관형절'과 '동격 관형절'로 분류된다. 수식을 받는 체언이 관형절 속의 한 성분으로 쓰일 수 있으면 관계 관형절이고, 그렇지 않으면 동격 관형절이다. 한편 동격 관형절은 관형절이 만들어지는 과정에서 원래 문장의 종결 어미가 그대로 유지되는 관형절과, 그렇지 않은 관형절로 다시 나눌 수 있다.

중세 국어에서도 현대 국어에서처럼 관형절을 관계 관형절과 동격 관형절로 구분할 수 있다. 중세 국어의 대표적인 관형사형 어미는 '-(ᄋᆞ/으)ㄴ'과 '-(ᄋᆞ/으)ㄹ'로, 각각 과거 시제와 미래 시제를 나타내는 것과 관련된다. 또한 관형절에서 현재 시제는 동사의 경우 '-ㄴ' 앞에 선어말 어미 '-ᄂᆞ-'를 붙여 나타냈다. 예컨대 '八媟女의 기론 찻므리 모ᄌᆞ랄ᄊᆡ(팔채녀가 길은 찻물이 모자라므로)'에서 '八媟女의 기론'은 사건시가 발화시보다 앞서는 시제가 나타난 관계 관형절이고, '주글 싸ᄅᆞ미어니(죽을 사람이니)'에서 '주글'은 발화시가 사건시보다 앞서는 시제가 나타난 관계 관형절이다. 그리고 '本來 求ᄒᆞ논 ᄆᆞᅀᆞᆷ 업다이다(본래 구하는 마음 없습니다)'에서 '本來 求ᄒᆞ논'은 발화시와 사건시가 일치하는 시제가 나타난 동격 관형절이다.

한편 중세 국어에서는 현대 국어에서와 달리 '-ㄴ'이 명사절을 이끄는 경우도 있었다. 곧 '-ㄴ'이 붙은 절 뒤에 절의 수식을 받는 체언이 없는 상태로, '그듸 혼 조초(그대 한 것 좇아)'에서 '그듸 혼'을 예로 들 수 있다. '혼'[ᄒᆞ-+-오-+-ㄴ]에서 선어말 어미 뒤에 쓰인 '-ㄴ'은 '~ㄴ 것' 정도로 해석된다. 더불어 '威化 振旅ᄒᆞ시ᄂᆞ로(위화도에서 군대를 돌이키신 것으로)'에서처럼 명사절을 이끄는 '-ㄴ' 뒤에 조사가 붙은 경우도 있었다. 'ᄒᆞ시ᄂᆞ로'[ᄒᆞ-+-시-+-ㄴ+ᄋᆞ로]는 '-ㄴ' 바로 뒤에 부사격 조사가 붙어 있는 예이다.

41 윗글을 바탕으로 a~c를 탐구한 내용으로 적절하지 않은 것은?

a. 福이라 호ᄂᆞᆯ[ᄒᆞ-+-오-+-ㄴ+을] 나ᅀᆞ라
 (복이라 한 것을 바치러)
b. 智慧 너비 비췰[비취-+-ㄹ] 느지오
 (지혜가 널리 비칠 조짐이오)
c. 法 즐기ᄂᆞᆫ[즑-+-이-+-ᄂᆞ-+-ㄴ] ᄆᆞᅀᆞ미 잇던댄
 (법 즐기는 마음이 있더라면)

① a의 '호ᄂᆞᆯ'에서 조사가 어미 '-ㄴ' 바로 뒤에 붙어 있음을 확인할 수 있군.
② a의 '호ᄂᆞᆯ'에서 '-ㄴ'은 '~ㄴ 것'으로 해석되며 명사절을 이끄는 기능을 하고 있음을 확인할 수 있군.
③ b의 '비췰'에서 '-ㄹ'을 통해 발화시가 사건시보다 앞서는 시제가 나타나 있음을 확인할 수 있군.
④ b와 c에서 관형절의 수식을 받는 체언이 절 뒤에 드러나 있음을 확인할 수 있군.
⑤ b와 c에 있는 관형절은 수식을 받는 체언이 관형절 속에서 한 성분으로 쓰일 수 있는 특징이 있음을 확인할 수 있군.

42 윗글을 근거로 〈보기〉의 ㉠~㉣을 바르게 분류한 것은?

보기

[탐구 자료]
· ㉠ 힘찬 함성이 운동장에 울려 퍼졌다.
· 누나는 ㉡ 자동차가 전복된 기억을 떠올렸다.
· 나는 ㉢ 형이 조사한 자료를 보고서에 인용했다.
· ㉣ 내가 그 일을 한다는 사실은 확실히 변함없다.

[탐구 과정]

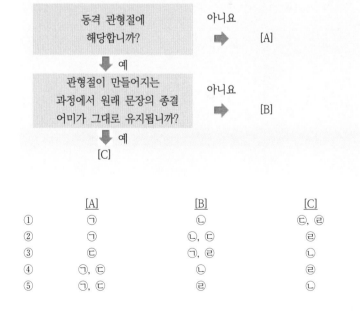

	[A]	[B]	[C]
①	㉠	㉡	㉢, ㉣
②	㉠	㉡, ㉢	㉣
③	㉢	㉠, ㉡	㉣
④	㉠, ㉢	㉡	㉣
⑤	㉠, ㉢	㉣	㉡

[43~44]
다음 글을 읽고 물음에 답하시오.

용언은 문장에서 사용될 때 다양한 모습으로 변화한다. 이때 변하지 않고 고정된 부분을 어간이라고 하고, 그 뒤에 붙어서 변화하는 부분을 어미라고 한다. 어간에 다양한 어미들이 결합하는 것을 활용이라고 하는데, '씻다'처럼 활용할 때 어간이나 어미의 기본 형태가 유지되거나, '쓰다'처럼 활용할 때 기본 형태가 달라진다 해도 그 현상을 일반적인 음운 규칙으로 설명할 수 있으면 이를 규칙 활용이라고 한다.

반면 특정한 환경이나 조건에서 불규칙적으로 어간이나 어미의 형태 변화가 일어나는 것은 불규칙 활용이라고 한다. 불규칙 활용은 '싣다'와 같은 'ㄷ' 불규칙, '젓다'와 같은 'ㅅ' 불규칙, '돕다'와 같은 'ㅂ' 불규칙, '푸다'와 같은 'ㅜ' 불규칙처럼 어간이 바뀌는 경우, '하다'와 같은 '여' 불규칙처럼 어미가 바뀌는 경우, '파랗다'와 같은 'ㅎ' 불규칙처럼 어간과 어미가 모두 바뀌는 경우로 구분할 수 있다.

현대 국어에서 기본 형태가 달라지는 용언의 규칙 활용과 불규칙 활용은 중세 국어 용언의 활용과 밀접한 관련이 있다. 중세 국어에서도 단모음과 단모음이 결합할 때 하나의 모음이 탈락하는 현상이 활발하게 일어났다. 대표적으로 '쓰다'가 '뻐'처럼 활용하는 'ㅡ' 탈락이 있는데 이는 현대 국어의 'ㅡ' 탈락에 대응한다.

또한 중세 국어에서 '싣다'의 어간이 자음으로 시작하는 어미 앞에서는 '싣-', 모음으로 시작하는 어미 앞에서는 '실-'로 교체되는 현상은 현대 국어의 'ㄷ' 불규칙으로 이어진다. '돕다'와 '젓다' 역시 자음으로 시작하는 어미 앞에서는 어간의 기본 형태를 유지하지만, 그 외의 경우에는 '돌-'과 '젓-'으로 교체된다. 이러한 교체는 'ㅸ'이 'ㅏ' 또는 'ㅓ' 앞에서 반모음 'ㅗ/ㅜ[w]'로 변화하거나 'ㆍ' 또는 'ㅡ'와 결합하여 'ㅗ' 또는 'ㅜ'로 바뀌어 현대 국어에서 'ㅂ' 불규칙으로 나타난다. 그리고 'ㅿ'은 소실되어 현대 국어에서 'ㅅ' 불규칙으로 나타난다. 또한 어간이거나 어간의 일부인 'ㅎ-'에 모음으로 시작하는 어미가 결합할 때 어미가 '-아'가 아닌 '-야'로 나타나는 것은 현대 국어의 '여' 불규칙으로 이어진다.

43 〈보기〉는 윗글을 바탕으로 용언의 활용에 대해 탐구한 내용이다. ㉠~㉢에 들어갈 말로 적절한 것은?

보기

[탐구 과제]
　다음 자료를 보고, 용언의 활용 양상을 탐구해 보자.

[탐구 자료]

따르다 ：　따르- + -고 → 따르고　/　따르- + -어 → 따라
푸르다 ：　푸르- + -고 → 푸르고　/　푸르- + -어 → 푸르러
묻다[問]：　묻- + -고 　→ 묻고 　/　묻- + -어 　→ 물어
묻다[埋]：　묻- + -고 　→ 묻고 　/　묻- + -어 　→ 묻어

[탐구 결과]
　'따르다'는 (㉠)처럼 'ㅡ'가 모음으로 시작하는 어미 앞에서 탈락하는 규칙 활용을 하는 반면, '푸르다'는 (㉡)에서 '따르다'와 다른 활용 양상을 보인다는 점에서 불규칙 활용을 한다. 또한 '묻다[問]'는 (㉢)에서 '묻다[埋]'와 다른 활용 양상을 보인다는 점에서 불규칙 활용을 한다.

	㉠	㉡	㉢
①	잠그다	어간	어미
②	다다르다	어간	어미
③	부르다	어미	어간
④	들르다	어미	어간
⑤	머무르다	어미	어간

44 윗글을 바탕으로 〈보기〉를 이해한 내용으로 적절하지 않은 것은?

보기

(가) 중세 국어	(나) 현대 국어
부텻 德을 놀애 지서 人生 즐거븐 ᄠᅳ디 一方이 변ᄒᆞ야	부처의 덕(德)을 노래로 지어 인생(人生) 즐거운 뜻이 일방(一方)이 변하여

① (가)의 '지서'는 '짓다'의 어간이 모음으로 시작하는 어미 앞에서 '짓-'으로 교체되는 현상을 보여 주는군.
② (가)의 '즐거븐'은 '즐겁다'의 어간이 모음으로 시작하는 어미 앞에서 '즐겁-'으로 교체되는 현상을 보여 주는군.
③ (가)의 '지서'가 (나)에서 '지어'로 나타나는 것은 'ㅿ'이 소실된 결과이군.
④ (가)의 '즐거븐'이 (나)에서 '즐거운'으로 나타나는 것은 'ㅸ'이 탈락한 결과이군.
⑤ (가)의 '변ᄒᆞ야'와 (나)의 '변하여'는 모두 활용을 할 때 어미의 기본 형태가 달라진 것이군.

[45~46]
다음 글을 읽고 물음에 답하시오.

하나의 형태소가 환경에 따라 다르게 나타나기도 하는데, 그 모습들을 이형태라고 한다. 이형태가 성립하기 위해서는 하나의 형태소가 다른 모습으로 나타나더라도 그 의미가 서로 동일해야 한다. '이'와 '가'는 주어의 자격을 나타내는 조사로 그 의미가 서로 동일하다. 하지만 의미의 동일성만으로는 이형태를 구분하기 힘든 경우가 있다. 이럴 때는 각각의 형태가 상보적 분포를 보이는지 확인하면 이형태인지를 알 수 있다. 주격 조사 '이'는 자음 뒤에만 나타나고 주격 조사 '가'는 모음 뒤에만 나타나므로, 이 두 형태가 나타나는 음운 환경은 서로 겹치지 않는다. 따라서 '이'와 '가'는 상보적 분포를 보이고, 의미가 동일하기 때문에 이형태 관계에 있다. 이형태는 음운 환경에 따라 다른 모습으로 나타나는 경우가 많은데 이를 음운론적 이형태라고 한다. '막았다'의 '-았-'과 '먹었다'의 '-었-'은 앞말 모음의 성질이 양성인지 음성인지에 따라 형태가 결정되므로 음운론적 이형태이다. 이와 달리 음운론적으로 설명할 수 없는 예외적인 환경에서 나타나는 이형태를 형태론적 이형태라고 한다. '하였다'의 '-였-'은 '하-'라는 특정 형태소와 어울려 음운론적으로 설명할 수 없는 경우이므로, '-였-'은 '-았-/-었-'과 형태론적 이형태의 관계에 있다.

이형태는 중세 국어에서도 나타났는데 현대 국어와 차이점을 보이기도 했다. 현대 국어에서 부사격 조사 '에'는 이형태가 존재하지 않는다. 하지만 중세 국어에서는 앞말 모음의 성질에 따라 이형태가 존재했다. 앞말의 모음이 양성 모음일 때는 '애'가, 음성 모음일 때는 '에'가, 단모음 '이' 또는 반모음 'ㅣ'일 때는 '예'가 사용되었다.

45 윗글을 바탕으로 〈보기〉의 자료를 탐구한 내용으로 적절하지 <u>않은</u> 것은?

보기

· 이 사과는 민수한테 주는 선물이다.
　　　　　ⓐ　　　 ⓑ
· 네 일은 네가 알아서 하여라.
　　　ⓒ　　　　　ⓓ
· 영수야 내 손을 꼭 잡아라.
　　ⓔ　　　　　　 ⓕ
· 영숙아 민수에게 책을 주어라.
　　ⓖ　　　ⓗ　　　　ⓘ

① ㉠은 모음 뒤에만 나타나고 ㉡은 자음 뒤에만 나타나기 때문에 서로가 나타나는 음운 환경이 겹치지 않겠군.
② ㉡과 ㉧은 상보적 분포를 보이지 않으므로 이형태의 관계가 아니라고 할 수 있겠군.
③ ㉣은 ㉫, ㉨과 비교했을 때, 특정 형태소와 어울려 음운론적으로 설명할 수 없는 이형태라고 볼 수 있겠군.
④ ㉤과 ㉦은 손아랫사람을 부를 때 쓰는 호격 조사로 형태론적 이형태의 관계이겠군.
⑤ ㉥과 ㉨은 앞말 모음의 성질에 따라 형태가 결정되겠군.

46 윗글을 참고할 때, 〈보기〉의 ⓐ~ⓓ에 들어갈 말로 적절한 것은?

보기

· 탐구 자료
　[중세 국어] 狄人(적인)ㅅ 서리(ⓐ) 가샤
　[현대 국어] 오랑캐들의 사이에 가시어

　[중세 국어] 世尊(세존)이 象頭山(상두산)(ⓑ) 가샤
　[현대 국어] 세존께서 상두산에 가시어

　[중세 국어] 九泉(구천)(ⓒ) 가려 하시니
　[현대 국어] 저승에 가려 하시니

· 탐구 내용
　ⓐ~ⓒ는 부사격 조사로, 앞말 모음의 성질에 따라 상보적 분포를 보인다. 따라서 ⓐ~ⓒ는 (ⓓ) 이형태의 관계라고 할 수 있다.

	ⓐ	ⓑ	ⓒ	ⓓ
①	예	애	에	음운론적
②	예	에	애	형태론적
③	애	에	예	음운론적
④	애	예	에	형태론적
⑤	에	애	예	음운론적

[47~48]

다음 글을 읽고 물음에 답하시오.

현대 국어에서는 음절의 종성에서 실제로 발음되는 소리가 제한되어 있다. ⊙ 음절의 종성에 마찰음, 파찰음이 오거나 파열음 중 된소리나 거센소리가 오면 모두 예사소리 'ㄱ, ㄷ, ㅂ'으로 교체되고, ⓛ 음절의 종성에 자음군이 올 때는 한 자음이 탈락한다. 그런데 모음으로 시작하는 형식 형태소가 뒤에 오면 앞 음절의 종성에 있던 자음이 곧바로 연음된다. 이렇게 연음되어 뒤 음절의 초성에서 소리 나는 자음은 제 음가대로 발음된다.

연음이 일어나는 조건이 갖추어지더라도 다른 현상이 일어나 제 음가대로 발음이 되지 않는 경우도 있다. 가령, ⓒ 'ㄷ, ㅌ'으로 끝나는 말 뒤에 'ㅣ'로 시작하는 형식 형태소가 오면 'ㄷ, ㅌ'이 'ㅈ, ㅊ'으로 변하는 구개음화가 일어난다. 또한 용언 어간 말음 'ㅎ'은 모음으로 시작하는 형식 형태소가 뒤에 오면 연음되지 않고 탈락한다. ② 용언 어간 말음 'ㅎ' 뒤에 'ㄱ, ㄷ, ㅈ'으로 시작하는 어미가 오면 'ㅎ'과 'ㄱ, ㄷ, ㅈ'이 거센소리로 축약되는데 이를 통해 용언 어간 말음 'ㅎ'이 존재함을 간접적으로 알 수 있다.

[A] 연음과 음운 변동에 대한 지식을 활용하여 중세 국어 자료를 검토해 보면 현대 국어에서 찾아보기 어려운 형태의 단어를 발견할 수 있다. 예를 들어, 현대 국어에서는 'ㅎ'을 말음으로 가진 체언을 찾아보기 어렵다. 그러나 중세 국어 자료를 살펴보면 '돓(돌)', '나랗(나라)'와 같이 'ㅎ'을 말음으로 가진 체언을 확인할 수 있다.

중세 국어 시기에는 체언 말음 'ㅎ'이 모음으로 시작하는 조사와 결합하면 '나라히'와 같이 연음되어 나타나는 것을 확인할 수 있다. 또한 'ㅎ'을 말음으로 가진 체언이 '과', '도'와 같은 조사와 결합하면 'ㅎ'이 뒤에 오는 'ㄱ, ㄷ'과 축약되어 'ㅋ, ㅌ'으로 나타났는데, 이를 통해서 'ㅎ'의 존재를 간접적으로 확인할 수 있다. 하지만 어떤 체언이 'ㅎ'을 말음으로 가지고 있다고 하더라도, 그 체언이 단독으로 쓰이거나 관형격 조사 'ㅅ'과 결합하여 쓰였을 때는 'ㅎ'이 실현되지 않아서 'ㅎ'을 말음으로 가지지 않은 체언과 구별되지 않았다. 해당 체언이 연음이나 축약이 일어나는 자리에 쓰인 사례를 검토해야 체언 말음 'ㅎ'의 존재 여부를 알 수 있다.

47 ⊙~②에 대한 이해로 적절한 것은?

① '한몫[한목]'을 발음할 때, ⊙이 일어난다.
② '놓기[노키]'를 발음할 때, ②이 일어난다.
③ '끓지[끌치]'를 발음할 때, ⓛ과 ②이 일어난다.
④ '값할[가팔]'을 발음할 때, ⓛ과 ②이 일어난다.
⑤ '맞힌[마친]'을 발음할 때, ⓒ과 ②이 일어난다.

48 [A]를 참조하여 〈보기〉의 ⓐ~ⓔ를 분석한 것으로 적절한 것은?

보기

[학습 목표]
중세 국어 자료를 통해 체언 '하눓'에 대해 탐구한다.

[중세 국어 자료]
· ⓐ 하눌히 ᄆᆞᅀᆞᄆᆞᆯ 뮈우시니 (하늘이 마음을 움직이게 하시니)
· ⓑ 하눐 光明中에 드러 (하늘의 광명 가운데에 들어)
· ⓒ 하눌 셤기ᇫ 듯 ᄒᆞ야 (하늘 섬기듯 하여)
· ⓓ 하눌토 뮈며 (하늘도 움직이며)
· ⓔ 하눌콰 싸콰ᄅᆞᆯ 니르니라 (하늘과 땅을 이르니라)

① ⓐ에서는 연음되어 음운의 개수에 변동이 없지만, ⓓ에서는 음운 변동이 일어나 음운의 개수가 줄어들었음을 알 수 있다.
② ⓑ에서는 'ㅎ'이 다른 음운으로 교체되었음을 알 수 있고, ⓒ에서는 'ㅎ'이 실현되지 않았다.
③ ⓑ에서는 체언 말음 'ㅎ'의 존재를 알 수 있지만, ⓓ에서는 체언 말음 'ㅎ'의 존재를 알 수 없다.
④ ⓑ와 ⓒ에서 동일한 체언이 단독으로 쓰일 때, 서로 다른 형태로도 실현되었음을 알 수 있다.
⑤ ⓓ와 ⓔ에서 체언에 현대 국어에 존재하지 않는 조사 '토', '콰'가 결합했음을 알 수 있다.

[49~50]
다음 글을 읽고 물음에 답하시오.

중세 국어에서는 주체나 객체로 표현되는 인물이 신분이나 지위가 높은 경우, 대개 그 인물을 직접적으로 높여 표현하였다. 그런데 어떤 때에는 현대 국어의 간접 높임에서처럼 높임의 대상이 되는 인물의 신체 부분, 소유물, 생각 등을 높임으로써 실제 높여야 할 인물을 간접적으로 높이기도 하였다.

(1) 太子(태자)ㅣ 東門(동문) 밧긔 <u>나가시니</u>
　　(태자께서 동문 밖에 나가시니)
(2) 부텻 누니 비록 <u>불ㄱ시나</u>
　　(부처의 눈이 비록 밝으시나)

(1)의 '-시-'와 (2)의 '-ㅇ시-'는 모두 현대 국어의 '-(으)시-'처럼 주체를 높이기 위한 선어말 어미이다. 그러나 (1)과 (2)에 쓰인 '-(ㅇ)시-'의 쓰임에는 차이가 있다. 즉 (1)에서는 주체인 '太子(태자)'를 직접적으로 높이고 있지만, (2)에서는 '부텨'의 신체 부분인 '눈'을 주체 높임 선어말 어미를 통해 높임으로써 실제 높이고자 하는 대상인 '부텨'를 간접적으로 높이고 있다.

한편 현대 국어에서는 객체 높임을 나타내기 위해 주로 '모시다', '뵙다' 등의 특수 어휘를 활용하지만 중세 국어에서는 주로 객체 높임 선어말 어미를 활용하였다.

(3) 너희 스승을 <u>보습고져</u> ᄒ노니
　　(너희 스승을 뵙고자 하나니)
(4) 부텻 敎化(교화)를 <u>돕ᄉ오</u>
　　(부처의 교화를 돕고)

(3)의 '-ᄉ오-'과 (4)의 '-ᄉ오-'은 중세 국어의 객체 높임 선어말 어미이다. (3)과 (4)는 모두 객체 높임 선어말 어미를 통해 객체에 해당하는 인물을 높이고 있다는 공통점이 있지만, 그 인물을 직접적으로 높이느냐 간접적으로 높이느냐에 차이가 있다. 즉 (3)에서 '-ᄉ오-'은 객체인 '스승'을 직접적으로 높이는 데 비해, (4)에서 '-ᄉ오-'은 '敎化(교화)'를 높임으로써 실제 높이고자 하는 대상인 '부텨'를 간접적으로 높이고 있다.

49 윗글을 바탕으로 하여 〈보기〉의 ㄱ~ㅁ을 이해한 내용으로 적절하지 <u>않은</u> 것은?

ㄱ. 王(왕)ㅅ 일후믄 濕波(습파)ㅣ러시니
　　(왕의 이름은 습파이시더니)
ㄴ. 님금 恩私(은사)를 <u>갑ᄉ오고져</u>
　　(임금의 은사를 갚고자)
ㄷ. 龍王(용왕)이 世尊(세존)을 <u>보ᄉ오고</u>
　　(용왕이 세존을 뵙고)
ㄹ. 太子(태자)ㅣ 講堂(강당)애 <u>모도시니</u>
　　(태자께서 강당에 모으시니)
ㅁ. 諸佛(제불)을 <u>供養(공양)</u>ᄒᄉ오게 ᄒ쇼셔
　　(제불을 공양하게 하소서)

① ㄱ에서는 '-시-'를 통해 '일훔'을 높임으로써 '王(왕)'을 간접적으로 높이고 있군.
② ㄴ에서는 '-ᄉ오-'을 통해 '恩私(은사)'를 높임으로써 '님금'을 간접적으로 높이고 있군.
③ ㄷ에서는 '-ᄉ오-'을 통해 '世尊(세존)'을 높임으로써 '龍王(용왕)'을 간접적으로 높이고 있군.
④ ㄹ에서는 '-시-'를 통해 '太子(태자)'를 직접적으로 높이고 있군.
⑤ ㅁ에서는 '-ᄉ오-'을 통해 '諸佛(제불)'을 직접적으로 높이고 있군.

50 다음은 윗글과 관련된 [활동]과 이를 수행하는 학생들의 대화이다. '학생 2'의 분류 기준으로 가장 적절한 것은?

[활동] 문맥을 고려하여 ⓐ~ⓓ에 사용된 '높임 표현'을 기준을 세워 분류하시오.
· 우리 할아버지의 치아는 여전히 ⓐ <u>튼튼하시다</u>.
· 언니가 고모님을 공손하게 안방으로 ⓑ <u>모시다</u>.
· 아버지께서는 저녁거리를 사러 장에 ⓒ <u>가시다</u>.
· 형님께서 부르신 그분의 생각이 ⓓ <u>타당하시다</u>.

학생 1

나는 'ⓑ, ⓒ', 'ⓐ, ⓓ'의 두 부류로 나누어 봤어.

나는 'ⓑ'와 'ⓐ, ⓒ, ⓓ'의 두 부류로 나누어 봤어.

학생 2

① 소유물을 높인 표현이 사용되는가의 여부
② 높임 대상을 직접적으로 높이는가의 여부
③ 객체에 해당하는 인물을 높이는가의 여부
④ 신체 부분을 높인 표현이 사용되는가의 여부
⑤ 객체 높임 선어말 어미가 활용되는가의 여부

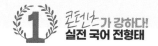
[51~52]
다음 글을 읽고 물음에 답하시오.

> 단어를 이루는 형태소 중에 실질적인 의미를 나타내는 중심 부분을 어근이라고 하는데, 어근이 두 개 이상 결합한 단어를 합성어라고 한다.
>
> [A] ⎡ 합성어는 형성 방법과 종류가 매우 다양하다. 그중 국어의 일반적인 단어 배열법에 따라 어근을 결합한 합성어를 통사적 합성어라 하고, 그렇지 않은 것을 비통사적 합성어라고 한다. 예를 들어, 명사와 명사가 결합한 '논밭', 용언의 관형사형과 명사가 결합한 '군은살', 용언의 연결형과 용언의 어간이 결합한 '스며들다' 등은 국어 문장에서 흔히 나타나는 배열법으로서 통사적 합성어에 해당한다. 반면에 용언의 어간이 명사에 직접 결합한 '덮밥', 용언의 어간과 어간이 연결 어미 없이 결합한 '오르내리다' 등은 국어의 문장 구성 방식에 없는 단어 배열법으로 ⎣ 비통사적 합성어에 해당한다.
>
> 이러한 단어 합성법은 중세 국어에서도 찾아볼 수 있다. 명사와 명사가 결합한 '바ᄂᆞ실(바느실)', 용언의 관형사형과 명사가 결합한 '져므니(젊은이)', 용언의 연결형과 용언의 어간이 결합한 '니러셔다(일어서다)' 같은 통사적 합성어와 '빌먹다(빌어먹다)'와 같이 용언의 어간과 어간이 연결 어미 없이 결합한 비통사적 합성어가 그러한 예이다.
>
> 한편 중세 국어에서 '뛰다'와 '놀다'의 합성어 형태로는 비통사적으로 결합한 '뛰놀다' 하나만 확인되고 있는데 현대 국어에는 비통사적 합성어인 '뛰놀다'와 통사적 합성어인 '뛰어놀다'의 두 가지 합성어 형태가 모두 쓰이는 것을 확인할 수 있다. 이와 반대로 현대 국어에는 하나의 합성어 형태로만 쓰이는 단어가 중세 국어에는 두 가지 합성어 형태로 모두 쓰였던 경우도 찾아볼 수 있다.

51 [A]를 바탕으로 다음 단어를 분석한 것으로 적절하지 <u>않은</u> 것은?

	단어	결합 방식	합성어의 종류
①	어깨동무	명사+명사	통사적 합성어
②	건널목	용언의 관형사형+명사	통사적 합성어
③	보살피다	용언의 연결형+용언의 어간	통사적 합성어
④	여닫다	용언의 어간+용언의 어간	비통사적 합성어
⑤	검버섯	용언의 어간+명사	비통사적 합성어

52 윗글을 바탕으로 〈보기〉의 자료에 나타난 중세 국어의 합성어를 탐구한 내용으로 적절하지 <u>않은</u> 것은?

> **보기**
>
> (가) **賈辣**이 슬허 **눈므를** 내요ᄃᆡ   〈번역 소학〉
>   [현대 국어] 가속이 슬퍼 눈물을 흘리되
> (나) 흘기 어울워 **즌ᄒᆞᆯ** 밍ᄀᆞ라   〈능엄경언해〉
>   [현대 국어] 흙에 어울러 진흙을 만들어
> (다) 그듸 가아 **아라듣게** 니르라   〈석보상절〉
>   [현대 국어] 그대가 가서 알아듣게 말하라.
> (라) 그지업슨 소리 世界예 **솟나디** 몯ᄒᆞ면   〈월인석보〉
>   [현대 국어] 끝이 없는 소리가 세계에 솟아나지 못하면
> (마) 짜해셔 **소사나신** … 菩薩 摩訶薩이 …   〈석보상절〉
>   [현대 국어] 땅에서 솟아나신 … 보살 마가살이

① (가)의 '눈믈'은 현대 국어의 '눈물'과 같이 통사적 합성어로 볼 수 있겠군.
② (나)의 '즌ᄒᆞᆯ'은 현대 국어의 '진흙'과 달리 비통사적 합성어로 볼 수 있겠군.
③ (다)의 '아라듣다'는 현대 국어의 '알아듣다'와 같이 통사적 합성어로 볼 수 있겠군.
④ (라)의 '솟나다'는 현대 국어의 '솟아나다'와 달리 비통사적 합성어로 볼 수 있겠군.
⑤ (라), (마)를 보니 현대 국어의 '솟아나다'는 중세 국어에서 두 가지 합성어의 형태로 모두 쓰였다고 볼 수 있겠군.

[53~54]

다음 글을 읽고 물음에 답하시오.

문장은 주어와 서술어 관계가 한 번 나타나는 홑문장과 두 번 이상 나타나는 겹문장으로 나뉘는데, 겹문장에는 이어진문장과 안은문장이 있다.

이어진문장은 둘 이상의 문장이 연결 어미에 의해 대등하게 혹은 종속적으로 결합된 문장을 말한다. 대등하게 이어진 문장은 앞뒤 문장이 '나열', '대조' 등의 대등한 의미 관계를 가지며, '-고', '-지만' 등의 연결 어미에 의해 이어진다. 종속적으로 이어진 문장은 앞 문장이 뒤 문장의 '원인', '조건', '목적' 등의 의미를 가지며, '-아서/-어서', '-(으)면', '-(으)러' 등의 연결 어미에 의해 이어진다.

[A] 한 문장이 하나의 성분처럼 기능하는 다른 문장을 안고 있을 때 그것을 안은문장이라 하고, 이때 하나의 성분처럼 기능하는 문장을 안긴문장이라 한다. 안긴문장에는 명사절, 관형절, 부사절, 서술절, 인용절이 있다. 명사절은 '-(으)ㅁ', '-기'가 붙어 만들어지며 문장 안에서 조사와 결합하여 주어, 목적어, 부사어와 같은 다양한 기능을 한다. 관형절은 '-(으)ㄴ', '-는', '-(으)ㄹ' 등이 붙어 뒤의 체언을 꾸민다. 부사어처럼 용언을 수식하는 기능을 하는 부사절은 '-이', '-게', '-도록' 등이 결합하여 이루어진다. 그리고 절 전체가 서술어의 기능을 하는 서술절은 다른 절들과 달리 특별한 표지(標識)가 붙지 않는다. 끝으로 다른 사람의 말이나 자신의 생각 등을 인용한 것을 인용절이라고 하는데, 문장을 그대로 인용하는 직접 인용절에는 '라고'나 '하고'와 같은 조사가, 말하는 사람의 표현으로 바꾸어 인용하는 간접 인용절에는 '고'와 같은 조사가 쓰인다. 한편 안긴문장의 한 요소가 안은문장의 요소와 동일한 경우 생략될 수 있으며, 하나의 안긴문장 안에 또 다른 문장이 안기기도 한다.

중세 국어의 문법 자료에서도 겹문장이 확인된다. 이어진문장은 현대 국어와 마찬가지로 둘 이상의 문장이 연결 어미에 의해 결합되는데, 현대 국어에 사용되지 않는 어미가 붙어 성립되기도 하였다. 안은문장의 경우 명사절이 '-옴/-움'이나 '-디', '-기'에 기대어 나타났으며, 관형절은 '-(으)ㄴ' 외에 'ㅅ'에 기대어 나타나는 경우가 있었다. 그리고 부사절은 현대 국어와 유사한 방식으로 나타났으며, 인용절이나 서술절은 조사나 어미와 같은 표지 없이 나타났다.

53 [A]를 바탕으로 〈보기〉를 이해한 내용으로 적절하지 **않은** 것은?

보기

ㄱ. 잘 다져진 음식은 아이가 먹기에 알맞다.
ㄴ. 나는 그가 소리도 없이 사라졌음을 알았다.
ㄷ. 운동장을 달리는 나에게 그가 발밑을 조심하라고 외쳤다.

① ㄱ은 ㄴ과 달리, 명사절에 조사가 붙어 부사어로 기능하고 있다.
② ㄴ은 ㄱ과 달리, 부사절이 사용되어 용언을 수식하고 있다.
③ ㄷ은 ㄴ과 달리, 다른 사람의 말을 말하는 사람의 표현으로 바꾸어 인용한 절이 있다.
④ ㄱ과 ㄷ은 모두 체언을 수식하는 안긴문장의 주어가 생략되어 있다.
⑤ ㄴ과 ㄷ은 모두 하나의 안긴문장 안에 또 다른 문장이 안겨 있다.

54 윗글을 바탕으로 〈보기〉를 탐구한 내용으로 적절하지 **않은** 것은?

보기

(가)
[중세] ᄆᆞᅀᆞᆯ히 멀면 乞食ᄒᆞ디 어렵고
[현대어 풀이] 마을이 멀면 걸식하기 어렵고
― 「석보상절」 ―

(나)
[중세] 이 東山ᄋᆞᆫ 남기 됴ᄒᆞᆯᄊᆡ 노니논 ᄯᅡ히라
[현대어 풀이] 이 동산은 나무가 좋으므로 내가 노니는 땅이다.
― 「석보상절」 ―

(다)
[중세] 불휘 기픈 남ᄀᆞᆫ ᄇᆞᄅᆞ매 아니 뮐ᄊᆡ 곶 됴코 여름 하ᄂᆞ니
[현대어 풀이] 뿌리가 깊은 나무는 바람에 아니 흔들리므로 꽃이 좋고 열매가 많으니
― 「용비어천가」 ―

① (가)의 '乞食ᄒᆞ디'를 보니 중세 국어에서는 현대 국어와 달리 명사절을 만들 때 '-디'가 사용되었군.
② (나)의 '남기 됴ᄒᆞᆯᄊᆡ'가 '이 東山ᄋᆞᆫ'의 서술어로서 기능하는 것을 보니 중세 국어에서도 서술절이 사용되었음을 알 수 있군.
③ (다)의 '곶 됴코'를 보니 중세 국어에서도 대등하게 이어진 문장을 만들 때 '-고'를 사용하였음을 짐작할 수 있군.
④ (가)의 'ᄆᆞᅀᆞᆯ히 멀면'과 (다)의 '불휘 기픈'을 보니 '-(으)ㄴ'이 붙어 관형절이 되었음을 짐작할 수 있군.
⑤ (나)의 '됴ᄒᆞᆯᄊᆡ'와 (다)의 '뮐ᄊᆡ'를 보니 현대 국어와 형태는 다르지만 문장을 종속적으로 연결해 주는 표지가 사용되었군.

[55~56]

다음 글을 읽고 물음에 답하시오.

국어에는 발음을 자연스럽게 하는 상황에서 어떠한 자음 두 개를 연달아 발음하는 것이 어려워 발생하는 음운 변동들이 있다. 가령 '국'과 '물'은 따로 발음하면 제 소리대로 [국]과 [물]로 발음되지만, '국물'처럼 'ㄱ'과 'ㅁ'을 연달아 발음하게 되면 예외 없이 비음화가 일어나 'ㄱ'이 [ㅇ]으로 바뀐다. 이것은 국어에서 장애음*과 비음을 자연스럽게 연달아 발음하는 것이 어려워 일어나는 현상이다. '국화[구콰]', '좋다[조ː타]'처럼 예사소리와 'ㅎ'이 거센소리로 축약되는 현상도 국어에서 연달아 발음하는 것이 어려운 자음들이 이어질 때 발생하는 음운 변동으로 볼 수 있다. 비음화와 자음 축약은 장애음 뒤에 비음이 이어질 때, 'ㅎ'의 앞이나 뒤에서 예사소리가 이어질 때와 같이 음운과 관련된 조건만으로 규칙성을 파악할 수 있다.

국어에서 일어나는 된소리되기를 살펴보면, 예사소리인 파열음 'ㅂ, ㄷ, ㄱ' 뒤에서 예사소리 'ㅂ, ㄷ, ㄱ, ㅅ, ㅈ'이 연달아 발음되기 어려워, 뒤에 오는 예사소리가 반드시 된소리로 바뀐다. 예를 들면, '국밥'은 반드시 [국빱]으로 발음된다. 이와 같은 현상은 필수적으로 일어나기 때문에 [갑짜기]로 발음되는 단어를 '갑자기'로 표기하더라도 발음할 때에는 예외 없이 [갑짜기]가 된다.

한편 자음의 본래 소리대로 발음할 수 있음에도 불구하고 일어나는 된소리되기가 존재한다. '(신을) 신고'가 [신ː꼬]로 발음되는 것처럼, 용언의 어간이 비음으로 끝나고 뒤에 오는 어미가 예사소리로 시작하면 예사소리가 된소리로 바뀐다. 그런데 명사인 '신고(申告)'는 [신고]로 발음되듯이, 국어의 자연스러운 발음에서 비음과 예사소리는 그대로 발음될 수도 있다. 따라서 비음 뒤의 예사소리가 된소리로 발음되는 현상의 규칙성을 파악하기 위해서는 음운과 관련된 조건뿐만 아니라 용언의 어간과 어미가 결합한다는 것과 같은 형태소와 관련된 조건까지 알아야 한다.

국어의 규칙적인 음운 변동 중에는 어떠한 자음 두 개를 연달아 발음하는 것이 어려워 발생하는 것도 있고, 자음의 본래 소리대로 발음할 수 있음에도 불구하고 발생하는 것도 있다. 이와 같은 음운 변동이 일어난 발음들은 모두 표준 발음으로 인정된다.

* 장애음 : 구강 통로가 폐쇄되거나 마찰이 생겨서 나는 소리. 일반적으로 장애의 정도가 큰 파열음, 마찰음, 파찰음을 이름.

55 윗글을 바탕으로 〈보기〉를 탐구한 결과로 적절한 것은?

보기

- ⓐ집념[짐념]도 강하다.
- 춤을 ⓑ곧잘[곧짤] 춘다.
- 책상에 ⓒ놓고[노코] 가라.
- 음식은 ⓓ담기[담ː끼]가 힘들다.
- 모기한테 ⓔ뜯긴[뜯낀] 모양이다.

① ⓐ와 ⓑ에서 이어져 있는 두 자음이 용언의 어간과 어미에 이어져 나타나면 음운 변동이 일어나지 않는다.

② ⓐ와 ⓔ에서 이어져 있는 두 자음을 제 소리대로 연달아 발음하는 것은 표준 발음으로 인정된다.

③ ⓑ와 ⓒ는 발음될 때, 음운과 관련된 조건만으로 규칙성을 파악할 수 있는 음운 변동이 일어난다.

④ ⓒ와 ⓓ는 발음될 때, 용언의 어간과 어미가 결합한다는 조건이 음운 변동을 일으키는 요인으로 작용한다.

⑤ ⓓ와 ⓔ는 발음될 때, 용언의 어간과 결합하는 어미의 첫소리가 예사소리에서 된소리로 바뀐다.

56 윗글을 바탕으로 〈보기〉의 '한글 맞춤법'을 이해한 내용으로 적절한 것은?

보기

제1항 한글 맞춤법은 표준어를 소리대로 적되, 어법에 맞도록 함을 원칙으로 한다.

제5항 한 단어 안에서 뚜렷한 까닭 없이 나는 된소리는 다음 음절의 첫소리를 된소리로 적는다.

　1. 두 모음 사이에서 나는 된소리 예 가끔, 어찌

　2. 'ㄴ, ㄹ, ㅁ, ㅇ' 받침 뒤에서 나는 된소리 예 잔뜩, 훨씬

　다만, 'ㄱ, ㅂ' 받침 뒤에서 나는 된소리는, 같은 음절이나 비슷한 음절이 겹쳐 나는 경우가 아니면 된소리로 적지 아니한다.

　　예 국수, 몹시

제13항 한 단어 안에서 같은 음절이나 비슷한 음절이 겹쳐 나는 부분은 같은 글자로 적는다. (ㄱ을 취하고, ㄴ을 버림.)

ㄱ	ㄴ
딱딱	딱닥

① 두 모음 사이에 예사소리가 오면 예외 없이 된소리가 되므로 '가끔'은 표기에 된소리를 밝혀 적는다.

② 예사소리인 파열음 뒤에서 된소리되기가 일어날 때 규칙성을 찾을 수 없으므로 '몹시'는 예사소리로 적는다.

③ '딱딱'은 '딱닥'으로 적으면 표준 발음이 [딱닥]이 될 수도 있으므로 두 번째 음절 첫소리를 예사소리로 적지 않는다.

④ '국수'는 두 번째 음절 첫소리를 된소리로 적지 않더라도 표준 발음인 [국쑤]로 발음되므로 표기에 된소리를 밝혀 적지 않는다.

⑤ '잔뜩'은 비음으로 끝난 용언의 어간 뒤의 예사소리가 된소리로 변했다는 뚜렷한 까닭이 있으므로 표기에 된소리를 밝혀 적는다.

[57~58]
다음 글을 읽고 물음에 답하시오.

현대 국어에서 사동 표현은 주동문의 동사나 형용사 어근에 사동 접미사 '-이-, -히-, -리-, -기-, -우-, -구-, -추-'가 붙거나, '-게 하다'에 의해 만들어진다.

서술어가 형용사나 자동사인 주동문을 사동문으로 바꿀 때, 사동문에 주어가 새로 도입되며 주동문의 주어는 사동문의 목적어가 된다. 이는 주동문 (ㄱ)과 사동문 (ㄴ)을 살펴보면 알 수 있는데, 서술어의 자릿수에도 변화가 일어난다.

(ㄱ) 얼음이 녹는다.
(ㄴ) 아이들이 얼음을 녹인다.

한편 서술어가 타동사인 주동문을 사동문으로 바꿀 때, 사동문에 주어가 새로 도입되며 주동문의 주어는 사동문의 부사어가 된다. 주동문의 목적어는 사동문에서도 그대로 목적어로 쓰인다. 이는 주동문 (ㄷ)과 사동문 (ㄹ)을 살펴보면 알 수 있는데, 여기서도 서술어의 자릿수 변화를 확인할 수 있다.

(ㄷ) 영희가 책을 읽었다.
(ㄹ) 선생님께서 영희에게 책을 읽히셨다.

한편 주동문의 동사나 형용사 어근에 사동 접미사가 붙은 사동사에 의한 사동을 단형 사동이라 하고, '-게 하다'에 의한 사동을 장형 사동이라 한다. 사동을 일으키는 주체가 사동 행위를 받는 대상의 행위에 함께 참여한다는 의미를 표현하는 경우를 직접 사동이라 하고 그렇지 않은 경우를 간접 사동이라 하는데, 단형 사동은 맥락에 따라 직접 사동과 간접 사동의 두 가지 의미를 모두 표현할 수 있으나 장형 사동은 간접 사동의 해석만을 허용한다.

15세기 국어에서 사동 범주는 주동문의 동사나 형용사 어근에 사동 접미사 '-이-, -히-, -기-, -오-/-우-, -호-/-후-, -ᅌᆞ-/-으-'가 붙어서 만들어지거나 현대 국어의 '-게 하다'에 해당하는 '-게 ᄒᆞ다'에 의해 만들어졌다.

57 윗글을 바탕으로 〈보기〉의 ㉠~㉢을 탐구한 내용으로 적절하지 <u>않은</u> 것은?

<보기>

㉠ 얼음 위에서 팽이가 돈다.
㉡ 지원이가 그 일을 맡았다.
㉢ 엄마가 아이에게 우유를 먹였다.
㉣ 엄마가 아이에게 우유를 먹게 하였다.

① ㉠을 '아이들이'를 주어로 삼는 단형 사동문으로 바꿀 때, ㉠의 주어는 목적어로 바뀔 것이다.
② ㉠을 '아이들이'를 주어로 삼는 단형 사동문으로 바꿀 때, 서술어의 자릿수가 한 자리에서 두 자리로 바뀔 것이다.
③ ㉡을 '선생님께서'를 주어로 삼는 단형 사동문으로 바꿀 때, ㉡의 주어는 부사어로 바뀔 것이다.
④ ㉡을 '선생님께서'를 주어로 삼는 단형 사동문으로 바꿀 때, 서술어의 자릿수가 두 자리에서 세 자리로 바뀔 것이다.
⑤ ㉣은 ㉢과 달리 직접 사동과 간접 사동의 의미 모두로 해석될 수 있을 것이다.

58 윗글을 바탕으로 〈보기〉의 ㉠~㉤을 이해한 내용으로 적절하지 <u>않은</u> 것은?

<보기>

◦ [15세기 국어] ᄀᆞᄅᆞ매 ᄇᆡ 업거늘 ㉠얼우시고
　 [현대 국어] 강에 배가 없으므로 (강물을) 얼리시고
◦ [15세기 국어] 묵수믈 ㉡일케 ᄒᆞ야뇨
　 [현대 국어] 목숨을 잃게 하였는가
◦ [15세기 국어] 比丘란 노피 ㉢안치시고
　 [현대 국어] 비구는 높이 앉히시고
◦ [15세기 국어] 나랏 小民을 ㉣사ᄅᆞ시리잇가
　 [현대 국어] 나라의 백성들을 살리시겠습니까
◦ [15세기 국어] 투구 아니 ㉤밧기시면
　 [현대 국어] 투구를 아니 벗기시면

① ㉠은 동일한 어근에 결합하는 사동 접미사가 15세기 국어와 현대 국어에서 다른 경우가 있음을 보여 주는군.
② ㉡은 현대 국어의 '-게 하다'에 해당하는 15세기 국어의 '-게 ᄒᆞ다'가 쓰인 모습을 보여 주는군.
③ ㉢은 15세기 국어에서 어근과 사동 접미사가 결합된 형태를 소리 나는 대로 적었다는 점에서 현대 국어와는 다른 양상을 보여 주는군.
④ ㉣은 현대 국어에서 쓰이지 않는 사동 접미사가 15세기 국어에서 쓰인 양상을 보여 주는군.
⑤ ㉤은 15세기 국어와 현대 국어에서 어근 형태가 달라짐에 따라 어근에 결합하는 사동 접미사가 달라진 양상을 보여 주는군.

[59~60]

다음 글을 읽고 물음에 답하시오.

[A]

공통된 성질을 가진 단어들을 모아 갈래 지어 놓은 것을 품사라고 한다. 국어의 품사는 단어의 형태, 기능, 의미를 기준으로 분류한다.

첫째, 단어는 형태 변화의 여부에 따라 형태가 변하지 않는 말인 불변어와, 활용하여 형태가 변하는 말인 가변어로 나뉜다. 둘째, 단어는 문장 속에서 해당 단어가 수행하는 기능에 따라 문장에서 주로 주어의 기능을 하는 체언, 문장의 주어를 서술하는 기능을 하는 용언, 다른 말을 수식하는 기능을 하는 수식언, 문장에 쓰인 단어들의 관계를 나타내는 기능을 하는 관계언, 다른 성분에 얽매이지 않고 독립적으로 쓰이는 독립언으로 나뉜다. 셋째, 단어는 개별 단어가 어떤 의미를 갖고 있느냐에 따라 대상의 이름을 나타내는 명사, 명사를 대신하여 그것을 가리키는 대명사, 대상의 수량이나 순서를 나타내는 수사, 사람이나 사물 따위의 움직임이나 작용을 나타내는 동사, 성질이나 상태를 나타내는 형용사, 주로 체언을 꾸며 주는 관형사, 주로 용언이나 문장을 꾸며 주는 부사, 앞말에 붙어 그 말과 다른 말과의 문법적 관계를 나타내거나 특별한 뜻을 더하는 조사, 말하는 이의 놀람이나 느낌, 부름, 응답 따위를 나타내는 감탄사로 나뉜다.

단어는 하나의 품사로 사용되는 경우가 일반적이지만 둘 이상의 품사로 사용되는 경우도 있다. 가령 '그는 모든 원인을 자기의 잘못으로 돌렸다.'의 '잘못'은 조사와 결합하는 명사이지만, '그는 길을 잘못 들어서 한참 헤맸다.'의 '잘못'은 용언을 수식하는 부사이다. '잘못'이 ㉠명사와 부사로 쓰인 것이다. 또한 '노력한 만큼 대가를 얻다.'의 '만큼'은 관형어의 수식을 받는 명사이지만, '집을 대궐만큼 크게 짓다.'의 '만큼'은 앞말과 비슷한 정도나 한도임을 나타내는 조사이다. '만큼'이 ㉡명사와 조사로 쓰인 것이다. 이 밖에도 국어에는 부사와 조사로 쓰이는 경우, 수사와 관형사로 쓰이는 경우와 같이 두 개 이상의 품사로 쓰이는 단어들이 존재한다.

59 [A]를 바탕으로 〈보기〉의 ⓐ~ⓒ를 이해한 내용으로 적절하지 **않은** 것은?

보기

ⓐ 아직까지는 그 사실을 <u>아무</u>도 모르고 있다.
ⓑ 할머니께서 <u>온갖</u> 재료로 만두를 곱게 빚으셨다.
ⓒ (대화 중) "<u>들어가도</u> 됩니까?" / "<u>네</u>, 어서 오십시오."

① ⓐ에서 '아무'는 문장에서 주어의 기능을 하는 체언이다.
② ⓑ에서 '온갖'은 문장에서 다른 말을 수식하는 수식언이다.
③ ⓒ에서 '네'는 말하는 이의 응답을 나타내는 감탄사이다.
④ ⓐ와 ⓑ에서 조사는 각각 3개씩이다.
⑤ ⓐ와 ⓑ에서 가변어는 각각 2개씩이다.

60 ㉠, ㉡에 해당하는 예로 적절한 것은?

① ㉠ ┌ 둘에 다섯을 더하면 일곱이다.
     └ 여기에 사과 일곱 개가 있다.

② ㉠ ┌ 너 커서 무엇이 되고 싶니?
     └ 가구가 커서 방에 들어가지 않는다.

③ ㉠ ┌ 식구 모두가 여행을 떠났다.
     └ 그릇에 담긴 소금을 모두 쏟았다.

④ ㉡ ┌ 나를 처벌하려면 법대로 해라.
     └ 큰 것은 큰 것대로 따로 모아 두다.

⑤ ㉡ ┌ 모두 같이 학교에 갑시다.
     └ 얼음장같이 차가운 방바닥이 생각난다.

[61~62]

다음 글을 읽고 물음에 답하시오.

> 화자가 어떤 대상에 대하여 높임이나 낮춤의 태도를 나타내는 문법 기능을 높임법이라 한다. 높임법은 높임이나 낮춤의 대상이 누구냐에 따라 주체 높임법, 객체 높임법, 상대 높임법으로 나누어진다.
>
> 주체 높임법은 화자가 문장의 주어인 서술의 주체에 대하여 높임의 태도를 나타내는 방법이다. 현대 국어에서는 선어말 어미 '-시-'를 통해 높임이 실현되는 것이 가장 일반적인 형태이지만, '주무시다'와 같은 특수한 어휘나 조사 '께서'에 의해 주체 높임법이 실현되기도 한다. 중세 국어의 경우에도 주로 '-시-'와 특수한 어휘가 사용된다는 점에서 현대 국어와 유사하다.
>
> 객체 높임법은 문장의 목적어나 부사어가 지시하는 대상, 곧 서술의 객체에 대하여 높임의 태도를 나타내는 방법이다. 현대 국어에서는 '드리다'와 같은 특수한 어휘나 조사 '께' 등을 통해 실현된다. 중세 국어의 경우에는 대표적으로 객체 높임 선어말 어미 '-ᅀᆸ-'을 통해 객체 높임이 실현되었으며, '-ᅀᆸ-'은 앞뒤의 음운적 환경에 따라 '-ᅀᆸ-, -ᅀᆸ-, -ᅀᇦ-, -ᅀᇦ-, -ᅀᇦ-'으로 실현되기도 하였다. 또한 현대 국어와 같이 특수한 어휘들이 사용되어 객체 높임이 실현되기도 하였다.
>
> 상대 높임법은 화자가 청자인 상대방에 대하여 높이거나 낮추어 말하는 법을 일컫는다. 현대 국어에서 상대 높임법은 종결 표현에 의해 실현된다. 중세 국어의 경우에는 종결 표현이나 상대 높임 선어말 어미 '-이-, -잇-' 등을 통해 실현되었다.

61 윗글을 바탕으로 〈보기〉를 이해한 내용으로 적절하지 **않은** 것은?

> **보기**
>
> • 仁義之兵(인의지병)을 遼左(요좌)ㅣ ㉠깃ᄉᆞᄫᅡ니
>   [현대어 풀이] 인의의 군대를 요동 사람들이 기뻐하니
>
> • 聖孫(성손)이 ㉡一怒(일노)ᄒᆞ시니 六百年(육백년) 天下(천하)ㅣ 洛陽(낙양)애 ㉢올ᄆᆞ니이다
>   [현대어 풀이] 성손(무왕)이 한번 노하시니 육백 년의 천하가 낙양으로 옮아간 것입니다.
>
> • 聖宗(성종)을 ㉣뫼셔 九泉(구천)에 가려 하시니
>   [현대어 풀이] 성스러운 어른을 모시고 저승에 가려 하시니
>
> • 하늘히 駙馬(부마) 달애샤 두 孔雀(공작)일 ㉤그리시니이다
>   [현대어 풀이] 하늘이 부마를 달래시어 두 공작을 그리신 것입니다.
>
> — 「용비어천가(龍飛御天歌)」 -

① ㉠은 현대 국어와는 달리, 선어말 어미 '-ᅀᆸ-'을 사용하여 목적어가 지시하는 대상을 높이고 있다고 할 수 있다.

② ㉡은 현대 국어와 마찬가지로 선어말 어미 '-시-'를 사용하여 '聖孫(성손)'을 높이고 있다고 할 수 있다.

③ ㉢은 현대 국어와는 달리, 청자를 높이기 위해 '-이-'라는 선어말 어미가 사용되었다고 할 수 있다.

④ ㉣은 현대 국어와 마찬가지로 서술의 주체를 높이기 위해 특수한 어휘가 사용된 것이라고 할 수 있다.

⑤ ㉤은 선어말 어미 '-시-'와 '-이-'를 사용하여 각각 문장의 주체와 청자인 상대방을 모두 높이고 있다고 할 수 있다.

62 윗글과 〈보기 1〉을 바탕으로 〈보기 2〉에서 사용된 높임의 양상을 바르게 분석하여 제시한 것은?

> **보기 1**
>
> 주체 높임에는 서술의 주체를 직접 높이는 직접 높임과, 높여야 할 대상의 신체 부분, 개인적 소유물 등을 높임으로써 해당 인물을 높이는 간접 높임이 있다.

> **보기 2**
>
> 아버지는 허리가 아프셔서 한영이가 아버지 대신 할아버지를 뵙고 왔습니다.

	주체 높임		객체 높임	상대 높임
	직접 높임	간접 높임		
①	×	○	○	높임
②	×	○	×	낮춤
③	○	×	○	높임
④	×	○	×	낮춤
⑤	○	×	○	낮춤

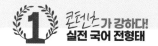
[63~64]
다음 글을 읽고 물음에 답하시오.

　15세기 국어의 모음 조화는 형태소 내부와 경계에서 비교적 잘 지켜졌다. 한 형태소 내의 모음들을 살펴보면 'ㅏ, ㅗ, ㆍ' 등의 양성 모음은 양성 모음끼리, 'ㅓ, ㅜ, ㅡ' 등의 음성 모음은 음성 모음끼리 어울렸다. 중성 모음 'ㅣ'는 양성 모음과 어울리기도 하고, 음성 모음과 어울리기도 하였다. 또 어근과 접사가 결합하여 단어가 형성되거나 체언에 조사가 연결될 때, 용언 어간에 어미가 연결될 때에도 조사나 어미의 첫 모음은 그에 선행하는 모음과 같은 성질의 모음이 연결되었다. 예를 들어, 목적격 조사는 그에 선행하는 명사의 모음에 따라 '올/을, 룰/를' 중 하나가 선택되었고, '-ㄴ/-은', '-옴/-움', ㉠'-아/-어'와 같은 어미도 선행하는 어간의 모음에 따라 규칙적으로 선택되었다. 다만, 조사 '도', '와/과'나 어미 '-고', '-더-' 등은 모음 조화가 적용되지 않았다.

　그런데 16세기부터 모음 조화는 약화되기 시작하였다. 이는 'ㆍ'의 소실과 관계가 있다. 16세기에는 둘째 음절 이하에서의 'ㆍ'가 소실되면서 주로 'ㅡ'에 합류하였다. 첫째 음절에서의 'ㆍ'는 여전히 양성 모음이었으나, 둘째 음절 이하에서는 'ㆍ' 대신 음성 모음인 'ㅡ'가 쓰인 것이다. 이러한 변화로 체언에 연결되는 'ㄴ/은', '올/을', 'ㅣ/의' 등의 조사는 점차 '은', '을', '의' 등으로 통일되었고, 모음 조화를 지키던 '사ᄆ'과 같은 단어들은 '사슴'과 같이 모음 조화를 어기는 형태가 되고 말았다.

　이후 18세기에 첫째 음절에서의 'ㆍ'가 주로 'ㅏ'에 합류하면서 'ㆍ'는 완전히 소실되었고, 국어의 모음 체계는 큰 변화를 겪게 되었다. 그리고 이러한 변화는 모음 조화가 약화되는 또 다른 요인으로 작용했다.

　현대 국어에서는 모음 조화가 형태소 내부와 경계에서 지켜지지 않는 경우가 많다. 다만 '촐랑촐랑', '출렁출렁'과 같은 음성 상징어에서나 ㉡일부 용언의 어간 뒤에 '-아/-어' 계열의 어미가 결합할 때 모음 조화가 이루어지는 모습을 확인할 수 있다.

63 ㉠과 ㉡을 모두 확인할 수 있는 예로 적절하지 <u>않은</u> 것은?

	15세기 국어		현대 국어	
	용언 어간	활용형	용언 어간	활용형
①	알-	아라	알-	알아
②	먹-	머거	먹-	먹어
③	싀오-	싀와	깨우-	깨워
④	ᄡ-	ᄡ ᅥ	쓰-	써
⑤	ᄀᆞ득ᄒᆞ-	ᄀᆞ득ᄒᆞ야	가득하-	가득하여

64 윗글을 읽고, 〈보기〉를 이해한 내용으로 적절하지 <u>않은</u> 것은?

보기

(가)

　겨ᄉᆞ레 소옴 둔 오ᄉᆞᆯ 닙디 아니 ᄒᆞ고 녀르메 서늘ᄒᆞᆫ ᄃᆡ 가디 아니 ᄒᆞ며 ᄒᆞᄅᆞ ᄡᆞᆯ 두 호ᄇᆞ로ᄡᅥ **죽을** 밍ᄀᆞ오 소금과 ᄂᆞᄆᆞᆯ ᄒᆞᆯ 머디 아니 ᄒᆞ더라

　　　　　　　　　　　　　- 『내훈』(1447년)에서 -

[현대어 풀이]

　겨울에 솜 든 옷을 입지 아니하고 여름에 서늘한 데 가지 아니하며 하루 쌀 두 홉으로써 죽을 만들고 소금과 나물을 먹지 아니하더라.

(나)

　타락과 **초와** 쟝과 소금과 계ᄌᆞ ᄀᆞᄅᆞ와 **파과** 마ᄂᆞᆯ과 부치와 기름과 댓무우과 외와 가지 등 여러가지 ᄂᆞ믈과 ᄃᆞᆰ긔 알과

　　　　　　　　　- 『박통사언해』(1677년)에서 -

[현대어 풀이]

　타락과 식초와 장과 소금과 겨자 가루와 파와 마늘과 부추와 기름과 당근과 오이와 가지 등 여러 가지 나물과 닭의 알과

① 15세기에는 한 단어 내에서 모음 조화가 잘 지켜졌음을 (가)의 '겨슬'과 'ᄒᆞᄅᆞ'를 통해 확인할 수 있군.

② 15세기에는 체언에 목적격 조사가 결합할 때 모음 조화가 지켜졌음을 (가)의 '오ᄉᆞᆯ'과 '죽을'을 통해 확인할 수 있군.

③ 용언 어간에 '-더-'가 결합할 때에는 모음 조화가 적용되지 않았음을 (가)의 'ᄒᆞ더라'를 통해 확인할 수 있군.

④ 17세기에는 모음 조화의 약화에 따라 조사 사용에 혼란이 있었음을 (나)의 '초와'와 '파과'를 통해 확인할 수 있군.

⑤ 둘째 음절의 'ㆍ'가 'ㅡ'로 변하였음을 (가)의 'ᄂᆞᄆᆞᆯ'과 (나)의 'ᄂᆞ믈'을 통해 확인할 수 있군.

[65~66]

다음 글을 읽고 물음에 답하시오.

[대화]

학생 A : '볍씨'는 '벼'와 '씨'가 결합한 말이잖아? 그런데 왜 '벼씨'가 아니라 '볍씨'야?

학생 B : 그리고 보니 '살'과 '고기'가 결합한 말도 'ㄱ'이 'ㅋ'으로 바뀌어서 '살코기'로 쓰이고 있어.

학생 A : 그렇구나. 왜 두 말이 어울릴 적에 'ㅂ' 소리나 'ㅎ' 소리가 덧나는 경우가 있는 것일까?

[자료]

현대 국어와 달리 15세기 국어에서는 어두에 두 개 이상의 서로 다른 자음, 즉 어두 자음군이 올 수 있었다. 그러한 자음군 중 맨 앞의 'ㅂ'은 당시에는 실제로 발음되었을 것으로 추정된다. 이 'ㅂ'은 훗날 탈락하였으나 과거에 만들어진 복합어 속에 그 흔적이 남아 있는 경우가 있다. 가령, 현대 국어의 '벼+씨→볍씨'에서 'ㅂ'이 생겨나는 이유는 'ㅄ>씨'의 변화와 관련이 있다. 15세기에는 'ㅄ'의 어두에 'ㅂ'이 있었는데, 당시 '벼+ㅄ→벼ㅄ'가 만들어진 후 나중에 'ㅄ'의 어두에 있는 'ㅂ'이 앞 형태소의 받침 자리로 가서 붙어 '볍씨'와 같은 어형이 생성되었다. 'ㅄ>씨'에서 보듯이 훗날 단일어에서는 'ㅂ'이 탈락하였다. 그러나 ㉠복합어 속에서는 'ㅂ'이 탈락되지 않고 그대로 남아 있는 경우가 현대 국어에서 확인된다.

15세기 국어에는 체언 종성에 'ㅎ'을 가진 단어들이 존재했는데, 이를 'ㅎ' 종성 체언이라고 한다. 이 'ㅎ' 역시 훗날 탈락하였으나 과거에 만들어진 단어 속에 그 흔적이 남아 있는 경우가 있다. 대표적인 'ㅎ' 종성 체언이었던 '술ㅎ'을 살펴보자. 'ㅎ' 종성 체언은 단독형으로 쓰일 때는 'ㅎ'이 실현되지 않았으나 '술ㅎ+이→술히'처럼 모음으로 시작하는 말 앞에서는 연음이 되어 나타났다. 현대 국어의 '살+고기→살코기'에서 'ㄱ'이 'ㅋ'으로 바뀌는 이유 역시 '술ㅎ>살'의 변화와 관련이 있다. 'ㅎ' 종성 체언은 'ㄱ, ㄷ, ㅂ'으로 시작하는 말과 결합할 때 'ㅎ' 종성이 뒤에 오는 'ㄱ, ㄷ, ㅂ'과 결합하여 'ㅋ, ㅌ, ㅍ'으로 축약되어 나타났다. 즉 '술ㅎ'이 '고기'와 결합한 말이 만들어질 때 'ㅎ'이 'ㄱ'과 결합하여 축약되었으므로 '살코기'와 같은 어형이 생성된 것이다. 현대 국어에서 단일어의 'ㅎ' 종성은 대체로 소멸하였으나 '살코기' 외에도 ㉡복합어 속에서 'ㅎ'이 탈락하지 않고 그대로 남아 있는 경우가 더 있다.

---

65 위 '대화'와 '자료'에 대한 이해로 적절하지 <u>않은</u> 것은?

① 15세기 국어에서 'ㅄ'의 어두에 있는 'ㅂ'은 실제로 발음이 되었을 것으로 추정되는군.

② 15세기 어두 자음군 중 맨 앞의 'ㅂ'은 단일어에서 훗날 탈락하였군.

③ 15세기 국어의 'ㅎ' 종성 체언은 모음으로 시작하는 말 앞에서는 'ㅎ'이 실현되지 않았겠군.

④ 현대 국어에는 어두에 두 개 이상의 서로 다른 자음이 오는 말이 존재하지 않는군.

⑤ 현대 국어의 '살코기'에서 'ㅋ'은 'ㅎ' 종성 체언의 흔적이 단어에 남아 있는 것이군.

66 ㉠, ㉡에 해당하는 예만을 〈보기〉에서 골라 바르게 묶은 것은?

보기

a. 휩쓸다 : '휘-'와 '쓸다'가 결합한 말인데, '쓸다'는 옛말 '쁠다'에서 온 말이다.

b. 햅쌀 : '해-'와 '쌀'이 결합한 말인데, '쌀'은 옛말 '쌀'에서 온 말이다.

c. 수꿩 : '수-'와 '꿩'이 결합한 말인데, '수'는 옛말에서 'ㅎ'을 종성으로 가지고 있었다.

d. 안팎 : '안'과 '밖'이 결합한 말인데, '안'은 옛말에서 'ㅎ'을 종성으로 가지고 있었다.

e. 들뜨다 : '들다'와 '뜨다'가 결합한 말인데, '뜨다'는 옛말 '쁘다'에서 온 말이다.

	㉠	㉡
①	a, b	c
②	a, e	c
③	a, b	d
④	b, e	d
⑤	a, b, e	c, d

나 없이

기출

풀지마라

나 없이

나 없이
기출
풀지마라

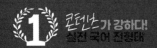

매체

풀이시간 　　　분　　　초

정답과 해설　　　p.180

[01~03]
(가)는 종이 신문이고, (나)는 (가)의 기사를 보고 인터넷 포털 사이트에서 뉴스를 검색한 화면이다. 물음에 답하시오. 22학년도 예비

(가)

3면 2020년 2월 △△일 목요일　　사회　　제2456호 ○○신문

넘치는 '가짜 뉴스' … 사실 왜곡과 사회적 갈등 유발 심각

누리소통망 통해 빠르게, 널리 퍼져
'사실 뉴스'보다 더 많이 공유되기도

　⊙'가짜 뉴스'가 날로 늘어나며 사회적 문제를 야기하고 있다. 인터넷의 발전과 스마트폰의 보급, 누리소통망의 발달 등 매체 환경의 변화가 가짜 뉴스의 파급력을 크게 키웠다는 분석이다.
　○○에서는 '가짜 뉴스 개념과 대응 방안'이라는 토론회를 개최하였다. ⓒ토론 과정에서 매체 환경의 변화로 특히 뉴스의 생산과 유포 양상이 바뀌었다는 점이 지적되었다.

인터넷 등의 매체를 통해 누구나 뉴스를 생산하고 유포할 수 있게 되었다는 점이 가짜 뉴스의 문제점을 심각하게 만들고 있다는 것이다. ⓒ미국의 △△ 기관은 지난 미국 대통령 선거 시기에 허위로 조작된 정보가 선거에 영향을 미쳤다고 분석하였다. ⓔ실제로 미국 일부 지역에서는 '가짜 뉴스'가 잘못된 여론을 형성하여 사회적 갈등을 유발하였다.

ⓜ이 토론회에서는 이와 함께 가짜 뉴스를 무엇으로 정의할 것인가에 대한 논의, 가짜 뉴스를 막기 위한 대응 방안에 대한 논의도 있었다.
　언론은 정확하고 수준 높은 보도를 하고, 언론 소비자는 가짜 뉴스를 판별하기 위한 능력을 갖추기 위해 노력해야 한다는 것이다.

김○○ 기자 kimth@□□□.co.kr

세계 도시 63% 하계 올림픽 개최 곤란
2050년… "지구 온난화 영향 탓"

미세 플라스틱, 1주에 신용카드 1장 삼켜

(나)

01 (가)와 (나)에 대한 이해로 가장 적절한 것은?

① (가)는 각 기사의 본문 내용이, (나)는 표제의 크기가 독자의 기사 선택에 영향을 미친다.
② (가)와 달리 (나)는 각 기사의 표제뿐만 아니라 부제의 내용과 표현도 독자의 주의를 끄는 요인이 된다.
③ (가)와 달리 (나)는 기사의 배열 기준을 선택할 수 있으므로 독자의 필요에 따라 순서를 재배열하여 활용할 수 있다.
④ (나)와 달리 (가)는 기사마다 제공되는 시간이 다르므로 독자가 언제 검색하느냐에 따라 노출되는 기사에 차이가 있다.
⑤ (나)와 달리 (가)는 한 면에서 여러 언론사의 기사를 확인할 수 있으므로 다양한 정보를 접하기 위해서 활용할 수 있다.

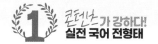
02 〈보기〉를 참고하여 (가), (나)에 적용된 '게이트 키핑'에 대해 판단한 내용으로 적절하지 <u>않은</u> 것은?

보기

선생님 : 세상의 모든 일이 뉴스가 되는 건 아니에요. 언론사는 뉴스를 생산할 때 '게이트 키핑'이라는 과정을 거쳐요. 기자나 편집자 같은 뉴스 결정권자가 언론사의 입장에 따라 어떤 것을 기사로 쓸 것인지, 어떤 기사를 더 비중 있게 다룰 것인지 등을 결정하는 과정이에요. 신문의 경우, 비중 있게 다루려는 기사를 지면의 윗부분에 크게 배치하는 게 일반적이에요. 포털 사이트에서도 게이트 키핑을 하는 경우가 있어요. 포털 사이트의 뉴스는 각 언론사의 기사를 그대로 게재하기도 하고, 포털 사이트의 뉴스 편집자가 다시 게이트 키핑을 하여 기사의 게재 여부를 결정하기도 해요.

① (가)의 언론사는 '가짜 뉴스' 관련 기사를 '지구 온난화'와 '미세 플라스틱' 관련 기사보다 더 중요하게 다루기로 결정한 것이겠군.
② (가)의 '지구 온난화', '미세 플라스틱' 관련 기사가 (나)에 없는 것은 입력된 검색어와 상관없이 포털 사이트의 뉴스 편집자가 게재 여부를 결정했기 때문이겠군.
③ (나)의 ⓐ~ⓓ를 생산한 언론사가 서로 다른 것으로 보아 복수의 언론사가 '가짜 뉴스'와 관련된 기사를 보도하기로 결정한 것이겠군.
④ (나)의 ⓐ는 가짜 뉴스 규제에 대해 문제를 제기하려는 언론사의 입장을, ⓑ는 정부의 정책을 사실적으로 보도하려는 언론사의 입장을 드러낸 것이겠군.
⑤ (나)의 ⓒ, ⓓ 기사를 낸 각 언론사들은 정부의 가짜 뉴스 대책과 관련된 기사를 생산할 때 서로 입장을 달리한 것이겠군.

03 (가)의 언어적 특성을 고려할 때, ㉠~㉤에 대한 설명으로 적절하지 <u>않은</u> 것은?

① ㉠ : '~고 있다'를 써서 기사에서 주목하는 사건이 진행 중임을 표현하였다.
② ㉡ : 피동 표현을 통해 '지적'한 주체는 드러내지 않고 '지적'된 내용을 기사에 제시하였다.
③ ㉢ : 직접 인용 표현을 써서 다른 나라의 사례를 기사에서 사실적으로 전달하였다.
④ ㉣ : 연결 어미를 사용하여 앞 절과 뒤 절이 인과 관계로 이어짐을 기사에서 나타내었다.
⑤ ㉤ : 지시 표현을 사용함으로써 기사 내의 정보들을 응집성 있게 나타내었다.

[04~06]
(가)는 학생들이 발표 준비를 위해 휴대 전화 메신저로 나눈 대화이고, (나)는 (가)를 바탕으로 '정민'이 제작해서 블로그에 올린 발표 자료 초안이다. 물음에 답하시오.

22학년도 예비

(가)

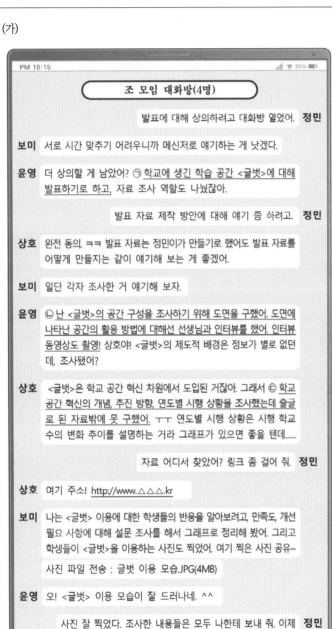

(나)

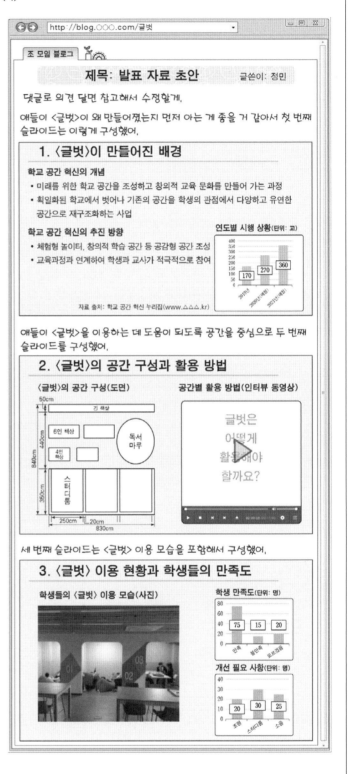

04 (가)의 대화에 대한 설명으로 가장 적절한 것은?

① '상호'는 불특정 다수의 사람들에게 대량의 정보를 전하는 방식으로 의사소통하고 있다.

② '정민'은 휴대 전화 메신저로 이루어지는 대화의 장점을 거론하며 해당 매체로 대화할 것을 제안하고 있다.

③ '윤영'은 하이퍼링크를 이용하여 대화 내용과 관련된 추가적인 정보를 다른 대화 참여자들에게 제공하고 있다.

④ '보미'는 대화가 이루어지는 매체의 특성을 활용하여 자신이 찍은 사진을 다른 대화 참여자들과 공유하고 있다.

⑤ '정민'과 '상호'는 한글 자음자로 된 기호를 활용하여 자신의 감정을 드러내고 있다.

06 〈보기〉는 (나)에 달린 '댓글'이다. 〈보기〉를 바탕으로 (나)의 세 번째 슬라이드를 수정한 ⓐ~ⓔ 중 적절하지 않은 것은?

보기

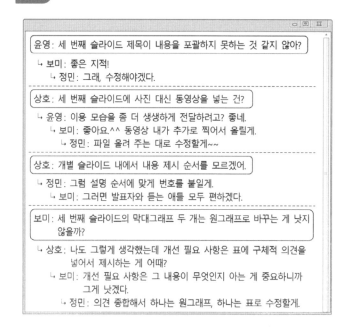

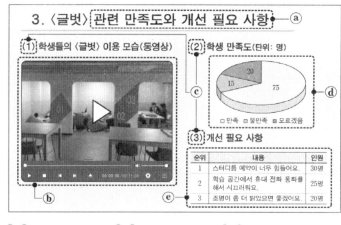

① ⓐ   ② ⓑ   ③ ⓒ

④ ⓓ   ⑤ ⓔ

05 ㉠~㉤을 바탕으로 '정민'이 세운 발표 자료 제작 계획 중 (나)에 반영되지 않은 것은?

① ㉠에서 언급된 학습 공간의 명칭을 제목에 일관되게 포함하여 각 슬라이드 상단에 배치해야겠군.

② ㉡에서 언급된 두 자료는 서로 관련이 있으므로 앞뒤 슬라이드에 연속적으로 배치해야겠군.

③ ㉢에서 언급된 자료 중 연도별 시행 상황에 대한 내용은 그래프로 바꿔서 제시해야겠군.

④ ㉣에서 언급된 내용 중 학교 공간 혁신에 대한 정보를 첫 번째 슬라이드에 배치하여 〈글벗〉이 만들어진 배경을 가장 먼저 제시해야겠군.

⑤ ㉤에서 언급된 자료를 문자 언어와 함께 배치하여 발표 내용을 복합 양식적으로 제시해야겠군.

[07~09]
다음은 학생이 과제 수행을 위해 인터넷에서 열람한 지역 신문사의 웹 페이지 화면
이다. 물음에 답하시오. **22학년도 6월**

△△군민신문

○○초등학교, 특색 있는 숙박 시설로 다시 태어난다
폐교가 지역 관광 거점으로… 지역 경제 활성화 기대

지난 1일 △△군은 폐교된 ○○초등학교 시설을 '△△군 특색 숙박 시설'로 조성하겠다고 밝혔다. 지역 내 유휴 시설을 활용해 지역만의 특색을 살린 숙박 시설을 조성하고, 지역을 대표하는

사진 : ○○초등학교 시설 전경

관광 자원으로 활용하겠다는 것이다.

이번 사업을 통해 ○○초등학교 시설은 ☆☆마을 등 주변 관광 자원과 연계해 지역의 새로운 관광 거점으로 조성될 계획이다. 건물 내부는 객실·식당·카페·지역 역사관 등으로 꾸미고, 운동장에는 캠핑장·물놀이장을 조성한다. △△군은 내년 상반기까지 시설 조성을 완료하고 내년 하반기부터 운영을 시작할 예정이다.

해당 시설에 인접한 ☆☆마을은 2015년부터 캐릭터 동산, 어린이 열차 등 체험 관광 시설을 조성하여 특색 있는 지역 관광지로서 인기를 끌고 있으나 인근에 숙박 시설이 거의 없어 체류형 관광객을 유인하는 데 한계가 있다는 평가를 받아 왔다.

[A]

△△군 관광객 및 숙박 시설 수 추이
＊자료 : △△군 문화관광체육과(2019)

여행 1회당 지출액(2018년 기준)
＊자료 : 문화체육관광부(2019)

이번 사업을 둘러싼 우려가 전혀 없는 것은 아니지만 대다수 지역 주민들은 이를 반기는 분위기다. 지역 경제 전문가 오□□ 박사는 "당일 관광보다 체류형 관광에서 여행비 지출이 더 많다"며 "인근 수목원과 벚꽃 축제, 빙어 축제 등 주변 관광지 및 지역 축제와 연계한 시너지 효과로 지역 경제 활성화에 도움이 될 것"이라고 말했다.

2021.06.02. 06:53:01 최초 작성 / 2021.06.03. 08:21:10 수정
△△군민신문 이◇◇ 기자

👍좋아요(213) 👎싫어요(3) ➢ SNS에 공유 🗐스크랩

관련 기사(아래를 눌러 바로 가기)
· 학령 인구 감소로 폐교 증가… 인근 주민들, "유휴 시설로 방치되어 골칫거리" 👆
· [여행 전문가가 추천하는 지역 명소 ①] ☆☆마을… 다섯 가지 매력이 넘치는 어린이 세상

댓글
방랑자 : 가족 여행으로 놀러 가면 좋을 것 같아요.
 ↳ **나들이** : 맞아요. 우리 아이가 물놀이를 좋아해서 재밌게 놀 수 있을 것 같아요. 캠핑도 즐기고요.
 ↳ **방랑자** : 카페에서 이야기도 나눌 수 있고요.

07 위 화면을 통해 매체의 특성을 이해한 학생의 반응으로 가장 적절한 것은?

① 기사를 누리 소통망[SNS]에 공유할 수 있으니, 기사 내용을 직접 수정할 수 있겠군.
② 기사에 대한 수용자들의 선호를 확인할 수 있으니, 기사에 제시된 정보의 신뢰도를 검증할 수 있겠군.
③ 기사와 연관된 다른 기사를 열람할 수 있으니, 수용자의 선택에 따라 정보를 추가로 확인할 수 있겠군.
④ 기사가 문자, 사진 등 복합 양식으로 구성되어 있으니, 시각과 청각을 결합하여 기사 내용을 이해할 수 있겠군.
⑤ 기사의 최초 작성 시간과 수정 시간이 명시되어 있으니, 다른 수용자들이 기사를 열람한 시간을 확인할 수 있겠군.

08 〈보기〉를 참고할 때, [A]에 대한 반응으로 적절하지 <u>않은</u> 것은?

보기

기자는 취재한 내용을 단순히 나열하는 것이 아니라, 전달하고자 하는 바를 효과적으로 드러내기 위해 취재 내용 중 일부를 선별하고 그중 특정 내용을 부각하는 방식으로 기사를 구성한다. 따라서 기사를 분석할 때에는 기사 자체의 내용뿐 아니라 정보를 배치하는 방식, 시각 자료의 이미지 활용 방식 등 정보가 제시되는 양상도 살펴봐야 한다.

① 사업을 추진하게 된 배경을 부각하기 위해 체류형 관광이 어려운 실정이라는 내용에 이어 시각 자료를 배치한 것이겠군.
② 지역 관광객의 증가 추세를 부각하기 위해 △△군 관광객 수 추이를 제시할 때 화살표 모양의 이미지를 활용한 것이겠군.
③ 체류형 관광의 경제적 효과를 부각하기 위해 여행 유형에 따른 지출액의 차이를 이미지로 강조하여 제시한 것이겠군.
④ 체류형 관광 지출액의 증가 현상을 부각하기 위해 관광객 수와 여행 지출액에 대한 시각 자료를 나란히 배치한 것이겠군.
⑤ 지역 경제에 끼칠 긍정적 영향을 부각하기 위해 사업에 우호적인 의견을 선별하여 구체적으로 제시한 것이겠군.

09 다음은 학생이 과제 수행을 위해 작성한 메모이다. 메모를 반영한 영상 제작 계획으로 적절하지 <u>않은</u> 것은?

수행 과제: 우리 지역 소식을 영상으로 제작하기
바탕 자료: '○○초등학교, 특색 있는 숙박 시설로 다시 태어 난다' 인터넷 기사와 댓글
영상 내용: 새로 조성될 숙박 시설 소개
• 첫째 장면(#1): 기사의 제목을 활용한 영상 제목으로 시작
• 둘째 장면(#2): 시설 조성으로 달라질 전후 상황을 시각·청각적으로 대비시켜 표현
• 셋째 장면(#3): 건물 내부와 외부에 조성될 공간의 구체적 모습을 방문객의 동선에 따라 순차적으로 제시
• 넷째 장면(#4): 지역 관광 거점으로서의 지리적 위치와 이를 통한 기대 효과를 한 화면에 제시
• 다섯째 장면(#5): 기사의 댓글을 참고해서 시설을 이용할 방문객들의 모습을 그림으로 그려 연속적으로 제시

영상 제작 계획	
장면 스케치	장면 구상
① ○○초등학교, 폐교의 재탄생	#1 ○○초등학교의 모습 위에 영상의 제목이 나타나도록 도입 장면을 구성.
② 무겁고 어두운 음악 → 밝고 경쾌한 음악	#2 무겁고 어두운 음악을 배경으로 텅 빈 폐교의 모습을 제시한 후, 밝고 경쾌한 음악으로 바뀌면서 사람들이 북적이는 모습으로 전환.
③ 건물 내부 공간 / 건물 외부 공간 · 객실 · 캠핑장 · 식당 · 물놀이장 · 카페 · 지역 역사관	#3 숙박 시설에 대한 정보를 건물 내·외부 공간으로 나누어 한눈에 볼 수 있도록 항목화하여 제시.
④ 	#4 숙박 시설을 중심으로 인근 관광 자원의 위치를 표시하고, 관광 자원과의 연계로 기대되는 효과를 자막으로 구성.
⑤ 	#5 가족 단위 관광객이 물놀이장, 캠핑장, 카페 등을 즐겁게 이용 하는 모습을 제시. 앞의 그림이 사라지면서 다음 그림이 나타 나도록 구성.

[10~12]
(가)는 텔레비전 방송 뉴스이고, (나)는 잡지에 실린 인쇄 광고이다. 물음에 답하시오. 22학년도 6월

(가)

[장면 1]
진행자 : 더워지는 요즘, 판매량이 급증하고 있는 제품이 있습니다. 휴대용 선풍기인데요. ㉠ 어떤 제품을 선택하는 것이 좋을까요? 박○○ 기자가 전해 드립니다.

[장면 2]
박 기자 : ㉡ 휴대하기 간편하면서도 힘들지 않게 시원한 바람을 선사해 인기가 높은 휴대용 선풍기. 시중에 판매되는 휴대용 선풍기 종류만도 수백 개가 넘습니다. 그러면 소비자들은 어떤 기준으로 휴대용 선풍기를 선택하고 있을까요?

[장면 3]
이△△ : 좋아하는 연예인이 광고하는 제품을 살까 하다가, 이왕이면 성능도 좋고 디자인도 맘에 드는 제품을 선택했어요.

[장면 4]
박 기자 : 대형 인터넷 쇼핑몰에서 소비자를 대상으로 휴대용 선풍기 구매 기준을 설문한 결과, 풍력, 배터리 용량과 같은 제품 성능이 1순위였습니다. 이어 디자인, 가격 등 다양한 응답이 뒤를 이었습니다. ㉢ 그런데 휴대용 선풍기는 안전사고의 위험도 있는 만큼 안전성을 고려하여 제품을 선택해야 합니다.

[장면 5]
박 기자 : ㉣ 그러면 안전성은 어떻게 확인할 수 있을까요? 먼저, KC 마크가 부착되어 있는지 살펴보아야 합니다. KC 마크는 안전성을 인증받은 제품에만 부착됩니다. 간혹 광고로는 안전 인증 여부를 확인하기

힘든 경우도 있으므로 실물을 보지 않고 구매하는 경우 소비자들의 주의가 필요합니다. 다음으로, 보호망의 간격이 촘촘하고 날이 부드러운 재질로 된 제품을 선택해야 손이 끼어 다치는 사고를 막을 수 있습니다.

[장면 6]
박 기자 : 휴대용 선풍기 사고가 빈번한 여름철, ㉤ 안전한 제품을 구매하기 위한 소비자들의 현명한 선택이 필요합니다.

(나)

10 (가), (나)에 대한 설명으로 가장 적절한 것은?

정보 구성의 주체	· (가)는 수용자의 설문 조사 결과를 다루고 있다는 점에서, 수용자들이 뉴스의 정보를 주체적으로 구성하고 있음을 알 수 있다. ············ ①
정보의 성격	· (가)는 제품의 판매량이 늘고 있는 시기에 소비자에게 필요한 정보를 제공한다는 점에서, 시의성 있는 정보로 구성되어 있음을 알 수 있다. ············ ② · (나)는 제품의 주된 소비자층을 명시하고 있다는 점에서, 수용자의 특성을 고려한 정보로 구성되어 있음을 알 수 있다. ············ ③
정보의 양과 질	· (가)는 제품 구매 기준이 다양함을 여러 소비자와의 인터뷰 영상으로 보여 준다는 점에서, (나)에 비해 정보를 현장감 있게 전달하고 있음을 알 수 있다. ············ ④ · (나)는 제품에 대해 소비자가 알고자 하는 점을 상세하게 밝히고 있다는 점에서, (가)에 비해 많은 양의 정보를 담고 있음을 알 수 있다. ············ ⑤

11 (가)의 언어적 특성을 고려할 때, ㉠~㉤에 대한 설명으로 적절하지 <u>않은</u> 것은?

① ㉠ : 의문형 어미를 사용하여 시청자에게 진행자 자신의 궁금한 점을 묻고 있다.

② ㉡ : 명사로 문장을 종결함으로써 뉴스에서 다루고자 하는 대상에 주의를 집중하게 하고 있다.

③ ㉢ : 접속 표현을 사용하여 뉴스의 중심 내용으로 화제를 전환하고 있다.

④ ㉣ : 묻고 답하는 방식을 통해 뉴스의 핵심 정보를 제시하고 있다.

⑤ ㉤ : 뉴스 내용에 따른 제품 선택을 '현명한 선택'이라고 표현함으로써 시청자들에게 기대하는 바를 전달하고 있다.

12 (가)를 본 학생이 (나)를 활용하여 다음의 학습 활동을 수행한 결과로 적절하지 <u>않은</u> 것은?

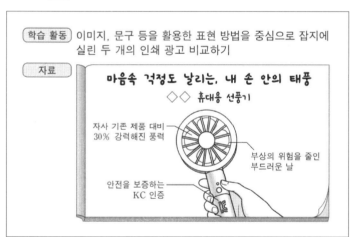

① (나)는 바람의 움직임을 연상하게 하는 곡선의 형태로 문구를 배치하여 제품의 쓰임새를 떠올리게 하고 있다.

② '자료'는 기존 제품과의 비교를 통해 제품이 소비자들이 중시하는 구매 기준에 부합한다는 점을 부각하고 있다.

③ '자료'는 (나)와 달리 제품의 안전 관련 정보를 이미지와 문구로 표시하여 제품의 안전성을 드러내고 있다.

④ (나)는 동일한 단어를 반복하여, '자료'는 비유적 표현을 활용하여 제품의 장점을 제시하고 있다.

⑤ (나)는 유명인의 이미지를, '자료'는 제품의 이미지를 제시하여 제품의 성능이 우수함을 강조하고 있다.

[13~16]
(가)는 인쇄 매체의 기사이고, (나)는 (가)를 바탕으로 학생이 만든 카드 뉴스이다. 물음에 답하시오. 22학년도 9월

(가)

⊙ 청소년의 사회 참여, 현주소는 어디인가?

청소년 사회 참여는 청소년이 사회 문제나 정치 문제에 관심을 갖고 의사 결정 과정에 참여해 영향력을 행사하는 것을 말한다. 지난해 발표된 ○○ 기관 보고서에 따르면, ⓛ '청소년도 사회 참여가 필요하다.'라고 응답한 청소년은 무려 88.3%에 달한다.

그렇다면 실제로 얼마나 많은 청소년에게 사회 참여 활동 경험이 있을까? ○○ 기관 통계 자료에 따르면, 사회 참여 활동 경험이 있다고 응답한 청소년은 21%에 그쳤다.

전문가들은 ⓒ 청소년이 주도하는 사회 참여 활동 기회가 부족하여 참여가 확산되지 못하고 있다고 지적한다. 현재의 청소년 사회 참여 활동이 기관을 중심으로 운영되기 때문에 활동을 확산해 나가는 데에 한계가 있다는 것이다. 따라서 청소년이 자신이 속한 공동체의 문제 해결을 위한 의사 결정 과정에 능동적으로 참여할 수 있는 ② 사회적 분위기가 만들어져야 한다고 주장한다. □□고 3학년 김 모 학생은 ⑩ 사회 참여 활동을 경험하면서 배운 것이 많지만 지속적으로 참여할 수 없어서 아쉬웠다고 하였다. 이에 덧붙여 앞으로는 스스로 문제를 찾아 해결하는 활동을 해 보고 싶다고 말했다.

△△대 사회학과 김◇◇ 교수는 "청소년의 사회 참여 활동은 사회성을 향상하여 민주 시민으로서의 자질을 갖추는 데 도움이 될 수 있습니다."라고 강조하며, "사회 참여 활성화를 위해 기관 중심의 청소년 참여와 청소년이 주도가 된 사회 참여가 함께 이루어지는 방향으로 나아가야 합니다."라고 하였다.

- 박▽▽ 기자 -

(나)

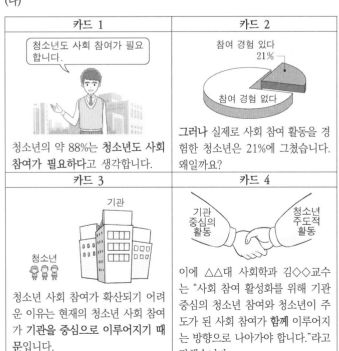

카드 1	카드 2
청소년도 사회 참여가 필요합니다. / 청소년의 약 88%는 **청소년도 사회 참여가 필요**하다고 생각합니다.	참여 경험 있다 21% / 참여 경험 없다 / 그러나 실제로 사회 참여 활동을 경험한 청소년은 21%에 그쳤습니다. 왜일까요?
카드 3	카드 4
기관 / 청소년 / 청소년 사회 참여가 확산되기 어려운 이유는 현재의 청소년 사회 참여가 **기관을 중심으로** 이루어지기 때문입니다.	기관 중심의 활동 / 청소년 주도적 활동 / 이에 △△대 사회학과 김◇◇교수는 "사회 참여 활성화를 위해 기관 중심의 청소년 참여와 청소년이 주도가 된 사회 참여가 **함께** 이루어지는 방향으로 나아가야 합니다."라고 말했습니다.

13 (가), (나)를 수용할 때 유의할 점으로 가장 적절한 것은?

① (가)는 다양한 이론을 종합하여 해결 방안을 마련하고 있으므로 이론에 대한 왜곡이 없는지 확인해야 한다.
② (나)는 제시된 정보 중 출처를 밝히지 않은 것이 있으므로 신뢰할 수 있는 정보인지 확인해야 한다.
③ (나)는 의견이 대립하고 있는 상황을 다루고 있으므로 편파적으로 서술되지 않았는지 확인해야 한다.
④ (가)와 (나)는 예상되는 반론에 반박하고 있으므로 논리적 타당성을 갖추었는지 확인해야 한다.
⑤ (가)와 (나)는 작성자의 주장이 나열되고 있으므로 납득할 만한 근거를 갖추고 있는지 확인해야 한다.

14 (나)를 제작하는 과정에서 반영된 학생의 계획으로 적절하지 않은 것은?

① '카드1'에는 (가)의 보고서에 담긴 사회 참여 필요성에 대한 청소년의 인식을 보여 주기 위해 청소년이 말하는 이미지로 제시해야겠군.
② '카드2'에는 (가)의 사회 참여 활동을 경험해 본 청소년의 비율을 그래프로 시각화하여 문제 상황을 드러내야겠군.
③ '카드3'에는 (가)의 기관 중심의 사회 참여를 선호하는 청소년의 경향을 드러내기 위해 기관의 이미지를 더 크게 그려야겠군.
④ '카드4'에는 (가)의 청소년 사회 참여 활동의 두 가지 유형이 서로 조화를 이루는 이미지를 제시해야겠군.
⑤ '카드4'에는 (가)의 청소년 사회 참여에 관한 교수 인터뷰 내용 중 활성화의 방향에 해당하는 내용을 문구로 제시해야겠군.

15 ⑦~⑩에 대한 설명으로 적절하지 <u>않은</u> 것은?

① ⑦ : 의문형 종결 어미를 활용하여 글의 화제를 드러내는 제목을 질문의 형식으로 제시하고 있다.

② ⑥ : 부사 '무려'를 사용하여 청소년도 사회 참여가 필요하다고 응답한 청소년의 비율이 높음을 강조하고 있다.

③ ⑥ : 연결 어미 '-여'를 사용하여 사회 참여 활동 기회에 대한 앞 절의 내용이 뒤 절 내용의 목적에 해당함을 나타내고 있다.

④ ⑧ : 피동 표현을 활용하여 행위의 주체보다는 행위의 대상인 '사회적 분위기'에 초점을 두어 서술하고 있다.

⑤ ⑩ : 인용 표현을 활용하여 사회 참여 활동을 경험한 학생의 소감을 전달하고 있다.

16 다음의 '카드 뉴스 보완 방향'을 고려할 때, '카드A', '카드B'의 활용 방안으로 가장 적절한 것은?

◦ 카드 뉴스 보완 방향 : 우리 학교 학생을 대상으로 하는 캠페인에 활용하기 위해 (나)에 카드 A, B를 추가

카드 A	
왜 사회 참여 활동을 하지 않나요?	
응답 내용	비율(%)
사회 참여가 어렵게 느껴져서	63
⋮	⋮
우리 학교 학생 중 사회 참여 경험이 없는 학생들에게 그 이유를 물었더니 위와 같은 결과가 나왔습니다.	

카드 B
청소년 사회 참여 어렵지 않습니다.
주변의 문제부터 하나씩! 차근차근!
우리 학교 쓰레기 분리배출 캠페인
우리 학교 앞 신호등 설치 건의

---

① (나)에서 청소년의 사회 참여가 필요한 이유는 언급하지 않았으므로 '카드A'를 활용하여 그 이유를 보여 준다.

② (나)에서 청소년 주도의 사회 참여 기회가 부족함을 지적하였으므로 '카드A'를 활용하여 우리 학교 학생들의 사회 참여 이유를 제시한다.

③ (나)에서 청소년 사회 참여 확산이 어려운 이유를 언급하지 않았으므로 '카드A'를 활용하여 그에 대한 우리 학교 학생들의 생각을 보여 준다.

④ (나)에서 사회 참여가 청소년에게 미치는 영향을 강조하였으므로 '카드B'를 활용하여 우리 학교 주변의 문제를 알려 준다.

⑤ (나)에서 청소년이 주도적으로 사회 참여를 할 수 있는 구체적 방법을 제시하지 않았으므로 '카드B'를 활용하여 우리 학교 학생들이 실천할 수 있는 방법을 제안한다.

[17~18]

(가)는 웹툰 동아리 학생들이 제작진 채팅방에서 나눈 대화이고, (나)는 (가)의 회의를 바탕으로 제작한 웹툰이 실린 누리집의 일부이다. 물음에 답하시오.

22학년도 9월

(가)

···········20□□. 08. 01.···········

하진 '마음을 그려 드려요' 게시판에 다음 주에 올릴 웹툰에 대한 제작진 회의를 시작할게! 학생들 사연을 받아서 연재하니 우리 웹툰에 관심이 높아졌어! 이번 사연 내용이야.

웹툰을 챙겨 보는 독자입니다. 친구에게 미안한 마음을 어떻게 전할지 고민이라 사연을 올려요. 친구가 시험공부를 도와 달라 했는데, 바쁘니까 알아서 하라고 짜증을 냈거든요. 서운해하는 걸 보고 후회하다가 한 달이 지나고 사이는 더 멀어졌어요. 어떻게 말할지 많은 독자들의 조언을 들을 수 있게 잘 그려 주세요.

우주 한 달이나 시간이 지난 건 어떻게 드러내지?

주혁 장면이 세로로 이어지니까, 이걸 고려해서 시각적으로 표현하면 좋겠어.

하진 좋은 생각이야. 그리고 한 달 동안 두 사람이 느꼈을 감정을 비교하기 좋게 양쪽으로 배치해 보면 어떨까?

우주 좋아. 친구 사이가 점점 멀어지는 건 둘 사이의 간격으로 보여 줄게.

하진 그러자. 대화는 말풍선에 쓰고, 속마음은 표정이나 몸짓에서 드러나게 해야겠지?

주혁 응. 그래도 사연을 보낸 학생이 느낀 감정들은 다른 방법으로 좀 더 분명하게 표현해 줘.

하진 그리고 많은 독자들의 조언을 듣고 싶다고 했으니 마지막 부분에 말풍선과 문구를 활용해서 유도해 줘.

우주 그래. 회의한 걸 토대로 그려 볼게! 아, 웹툰 끝에 사연 게시판 주소 링크도 올릴게.

···········20□□. 08. 12.···········

하진 댓글 봤어? 친구 입장에서 말해 보라는 의견도 있어.

우주 별점이 높은 것을 보니 독자들의 평가가 좋네.

주혁 그러게. 난 '좋은날' 님 댓글 보니 뿌듯했어. 수고했어.

+ [＿＿＿＿＿＿＿＿＿＿＿＿＿] [전송]

(나)

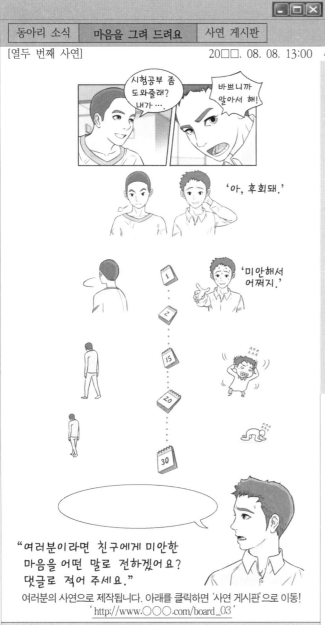

냥냥이 : "많이 서운했지? 미안해."라고 친구 입장에서 말하기.

　　　　　　　　　　　　　　　　　20□□. 08. 08. 15:32 👍87

파　도 : "정말 후회되고 미안하더라."라고 감정을 솔직히 말하는
　　　　것을 추천! 난 그렇게 해서 화해했어요.

　　　　　　　　　　　　　　　　　20□□. 08. 09. 17:20 👍55

　↳ **솜사탕** : 맞아요. 먼저 말 걸기가 어려워도 솔직한 게 중요해요.

　　　　　　　　　　　　　　　　　20□□. 08. 09. 17:53

　　↳ **파　도** : 그것도 맞는 말!　　　20□□. 08. 10. 19:12

좋은날 : 작가님! 독자들의 고민 사연을 그려서 공유하는 것이 너
　　　　무 좋아요! 왠지 제 얘기 같기도 하고.

　　　　　　　　　　　　　　　　　20□□. 08. 11. 18:05 👍333

17 (가), (나)에 대한 이해로 적절하지 <u>않은</u> 것은?

① (가)는 웹툰 제작자가 웹툰을 제작하기 위해 사연 신청자의 요청을 반영할
　수 있음을 보여 준다.

② (가)는 웹툰 제작자가 (나)의 댓글이나 별점을 통해 웹툰의 독자가 보인 반응
　을 확인할 수 있음을 보여 준다.

③ (나)는 웹툰의 독자가 댓글로 서로 공감하며 상호 작용하고 있음을 보여
　준다.

④ (나)는 웹툰의 독자가 하이퍼링크를 통해 웹툰 제작자가 지정한 곳으로 이동
　할 수 있음을 보여 준다.

⑤ (나)는 웹툰의 독자가 이미지에 담긴 의미에 대해 웹툰 제작자에게 직접
　묻고 답을 얻고 있음을 보여 준다.

18 (가)의 웹툰 제작 계획을 (나)에 반영한 내용으로 적절하지 <u>않은</u> 것은?

① 시간의 경과를 드러내기 위해 장면이 제시되는 방향을 고려하여 숫자를 세
　로로 배열해 날짜 변화를 표현했다.

② 한 인물이 겪는 두 가지 사건을 비교하기 위해 화면을 세로로 분할하여 인물
　의 행동 변화를 나란히 보여 주었다.

③ 멀어지는 친구 사이를 시각적으로 보여 주기 위해 인물들 사이에 여백을
　두어 점차 간격이 벌어지게 그렸다.

④ 속마음을 분명하게 표현하기 위해 표정이나 몸짓으로 드러내는 것뿐만 아니
　라 글로도 적어 감정을 명시적으로 드러냈다.

⑤ 많은 독자들의 조언을 유도하기 위해 말풍선을 의도적으로 비우고 댓글 참
　여를 권유하는 문구를 제시했다.

실전 국어 전형태

[19~22]

다음은 '지문 등 사전등록제'에 대한 신문 기사를 다루는 텔레비전 방송 프로그램의 일부이다. 물음에 답하시오. **22학년도 수능**

진행자 : ㉠ 시청자 여러분, 안녕하십니까! 며칠 전 김 모 군이 가족의 품으로 돌아온 사실, 다들 알고 계실 겁니다. 김 군이 돌아온 데는 '지문 등 사전등록제'의 역할이 컸습니다. ㉡ 그래서 오늘은 '지문 등 사전등록제'에 대한 기사들이 많습니다. 먼저 △△ 신문, 함께 보시죠.

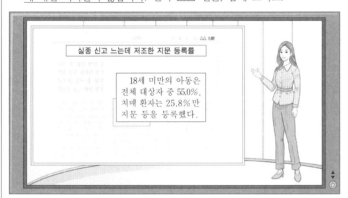

실종 신고 느는데 저조한 지문 등록률

18세 미만의 아동은 전체 대상자 중 55.0%, 치매 환자는 25.8%만 지문 등을 등록했다.

진행자 : 표제가 '실종 신고 느는데 저조한 지문 등록률'인데요, 기사 내용 일부를 확대해 보겠습니다. 18세 미만 아동은 55.0%, 치매 환자는 25.8%만 지문 등을 등록했다고 하는데요. 그러면 '지문 등 사전등록제'가 무엇이고, 왜 이렇게 등록률이 저조한지 말씀해 주시겠습니까?

전문가 : △△ 신문에서 언급한 대로 '지문 등 사전등록제'란 18세 미만의 아동, 치매 환자 등을 대상으로 보호자의 신청을 받아 지문과 사진, 신상 정보 등을 사전에 등록하여, 실종 시에 이 자료를 활용해 신속하게 찾을 수 있게 하는 제도를 말합니다. △△ 신문에서는 홍보가 부족해 지문 등록률이 저조하다고 했는데요, 제가 볼 때는 개인 정보 유출에 대한 우려도 크게 작용했다고 생각합니다.

진행자 : 개인 정보 유출은 민감한 사안이니 정보 관리가 중요하겠네요.

전문가 : ㉢ 사전등록 정보는 암호화 과정을 거쳐 저장하고 있습니다. 또 이 정보는 ㉣ 아동이 18세에 도달하면 자동 폐기되고, 보호자가 원하면 언제든 폐기할 수 있습니다.

진행자 : 네, 그래도 등록률을 높이려면 현재보다 강화된 개인 정보 보호 방안이 있어야겠네요. △△ 신문을 더 살펴볼까요? 지문 등을 사전등록하면 실종자를 신속하게 찾을 수 있다는 내용인데요, 시간이 얼마나 단축되나요?

전문가 : 지문 등을 등록하지 않으면 실종자를 찾기까지 평균 56시간, 등록하면 평균 50여 분 정도 걸립니다.

진행자 : 시간이 많이 단축되네요. 이제 다른 기사들도 살펴볼까요? □□ 신문인데요, 간단히 보면 '찾아가는 지문 등 사전등록제'를 실시하는 지역이 있다는 내용입니다. ○○ 신문에는 지문 등 사전등록 스마트폰 앱이 소개되어 있네요. 화면으로 만나 보시죠.

○○ 신문

'지문 등 사전등록 앱'의 ⓐ '첫 화면'은 메뉴가 그림과 문자로 표현되어 있어서, 고정된 메뉴 화면을 한눈에 보며 손쉽게 활용할 수 있다.

ⓑ '지문 등록' 메뉴를 누르면 대상자의 지문과 사진, 대상자와 보호자의 인적 사항 등을 언제 어디서든 등록할 수 있다.

ⓒ '함께 있어요' 메뉴에서는 게시판에 올라온 인적 사항과 사진들을 보면서 찾고 있는 사람이 있는지 알아볼 수 있다.

ⓓ '같이 찾아요' 메뉴에는 잃어버린 사람을 찾는 글을 올릴 수 있는데, 다른 사람의 글을 확인하거나 다른 사람의 글에 댓글을 다는 것도 가능하다.

ⓔ '보호소' 메뉴는 지도 앱과 연동되어 있어서 인근에 있는 보호소의 위치를 바로 확인할 수 있다.

지문 등 사전등록 앱

지문 등록   함께 있어요

같이 찾아요   보호소

진행자 : ㉤ 필요하신 분들은 앱을 한번 사용해 보시면 좋겠습니다. 이번에는 실시간 시청자 게시판, 화면으로 보시죠.

---

19 위 방송 프로그램을 시청한 학생의 반응으로 적절하지 <u>않은</u> 것은?

① 진행자가 △△ 신문의 내용보다 □□ 신문의 내용을 간단히 언급함으로써 방송에서 어떤 기사에 더 비중을 두었는지 드러내고 있군.

② 시의성 있는 화제를 다룬 신문 기사들을 제시함으로써 사회적으로 주목할 만한 사안에 대한 다양한 정보를 전달하고 있군.

③ △△ 신문 기사의 일부를 화면에 확대하여 제시함으로써 신문 기사의 특정 부분을 방송에서 선별하여 보여 주고 있군.

④ 진행자가 △△ 신문과 ○○ 신문의 기사 내용을 종합함으로써 특정 화제에 대한 비판적 입장을 나타내고 있군.

⑤ 전문가가 진행자의 질문에 답함으로써 △△ 신문 기사의 내용에 대한 자신의 의견을 덧붙이고 있군.

---

20 ㉠~㉤에 대한 설명으로 적절하지 <u>않은</u> 것은?

① ㉠ : 하십시오체 종결 어미 '-ㅂ니까'를 통해 시청자를 높이며 방송의 시작을 알리는 인사를 하고 있다.

② ㉡ : 접속 부사 '그래서'를 통해 앞 문장의 내용이 뒤에 이어지는 내용의 원인임을 드러내고 있다.

③ ㉢ : 보조사 '는'을 통해 '사전등록 정보'가 문장의 화제임과 동시에 주어로 사용됨을 보여 주고 있다.

④ ㉣ : 연결 어미 '-면'을 통해 앞 절의 내용이 '사전등록 정보'가 '자동 폐기'되는 조건임을 나타내고 있다.

⑤ ㉤ : 보조 용언 '보다'를 통해 '앱'을 사용하는 것이 시험 삼아 하는 행동임을 나타내고 있다.

21 다음은 위 방송 프로그램 '시청자 게시판'의 내용이다. 시청자의 수용 태도에 대한 설명으로 가장 적절한 것은?

> ↳ 시청자 1 제 주변에서는 많이 등록했던데요. 신문에 나온 등록률 현황은 어디에서 조사한 것인가요?
> ↳ 시청자 2 방송에서 지문 등 사전등록의 필요성 위주로 이야기하고 개인 정보 유출 문제에 대해서는 별로 언급하지 않네요.
> ↳ 시청자 3 미취학 아동만 대상자인 줄 알았는데 중학생도 해당되는 군요. 누가 대상자인지 궁금했던 사람들은 방송을 통해 알게 되었겠어요.
> ↳ 시청자 4 가족 중에 대상자가 있지만 저처럼 이런 제도가 있다는 것을 몰랐던 사람에게는 방송 내용이 도움이 될 것 같아요.
> ↳ 시청자 5 인터넷에서는 지문 등 사전등록을 하지 않으면 실종자를 찾기까지 81시간이 걸린다던데요. 어떤 것이 맞는지 궁금합니다.

① 시청자 1과 2는 △△ 신문 기사의 내용과 관련하여, 지문 등 사전등록제의 등록률에 대한 정보의 출처가 믿을 만한지 점검하였다.
② 시청자 1과 4는 ○○ 신문 기사의 내용과 관련하여, 지문 등을 사전등록하는 방법에 대한 정보의 양이 충분한지 점검하였다.
③ 시청자 2와 5는 △△ 신문 기사의 내용과 관련하여, 지문 등 사전등록제의 장단점을 공평하게 다루고 있는지 점검하였다.
④ 시청자 3과 4는 △△ 신문 기사의 내용과 관련하여, 지문 등 사전등록제가 어떤 사람에게 유용한지 점검하였다.
⑤ 시청자 3과 5는 ○○ 신문 기사의 내용과 관련하여, 지문 등 사전등록제의 효과에 대한 정보가 사실인지 점검하였다.

22 '○○ 신문'을 바탕으로 할 때, ⓐ~ⓔ에서 확인할 수 있는 의사소통의 특징으로 가장 적절한 것은?

① ⓐ에서, 화면에서 필요한 정보를 찾아 사용할 수 있는 것으로 보아 수용자가 대량의 정보를 요약하여 비선형적으로 표현할 수 있음을 알 수 있다.
② ⓑ에서, 시·공간의 제약 없이 정보를 생산하는 것으로 보아 생산자가 등록한 정보를 수용자가 변형하여 배포할 수 있음을 알 수 있다.
③ ⓒ에서, 글과 이미지로 표현된 정보를 확인할 수 있는 것으로 보아 수용자가 둘 이상의 양식이 결합된 매체 자료에 접근하여 실시간으로 수정할 수 있음을 알 수 있다.
④ ⓓ에서, 글을 쓸 수도 있고 다른 사람의 글을 읽을 수도 있는 것으로 보아 매체 자료의 생산과 수용이 쌍방향적으로 이루어질 수 있음을 알 수 있다.
⑤ ⓔ에서, 서로 다른 앱을 연결하여 사용할 수 있는 것으로 보아 매체 자료의 수용자가 생산자도 될 수 있음을 알 수 있다.

[23~24]
(가)는 학생의 개인 블로그이고, (나)는 발표를 위해 (가)를 참고하여 만든 스토리보드의 일부이다. 물음에 답하시오. 22학년도 수능

(가)

재생 종이, 왜 사용해야 할까요?

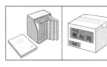

재생 종이를 아시나요? 재생 종이는 폐지를 활용하여 만든 종이인데요, 대체로 폐지가 40% 넘게 들어간 종이를 말합니다. 사진에서 보듯이 재생 종이는 책, 복사지 등으로 사용되고 있답니다.

재생 종이를 사용하면 **숲을 지킬 수 있어요.** 20××년 한 해에 국내에서 사용되는 종이를 만드는 데 2억 2천만 그루의 나무가 필요하다고 해요. 엄청난 면적의 숲이 종이를 만들기 위해 사라지고 있는 것이죠. 특히 일반 종이를 복사지로 사용하는 것이 가장 큰 문제인데요, 사무실에서 사용하는 복사지의 45%가 출력한 그날 버려지기 때문입니다. 복사지의 10%만 재생 종이로 바꿔도 1년에 27만 그루의 나무를 지킬 수 있다고 해요. 숲을 지켜야 하는 이유를 알고 싶으면 이전 글 숲의 힘(🖱️클릭)을 참고해 주세요.

또 재생 종이는 일반 종이에 비해 생산 과정에서 **환경에 유해한 물질이 덜 발생해요.** 일반 종이 1톤을 생산하면 2,541kg의 이산화탄소(CO_2)와 872kg의 폐기물이 발생하지만, 같은 양의 재생 종이를 생산하면 이산화탄소는 2,166kg이, 폐기물은 735kg이 발생한다는 연구 결과가 있어요. 그러니 종이를 써야 할 때는 재생 종이를 사용하는 게 좋겠죠?

(나)

	화면 설명	화면	내레이션 및 배경 음악
#1	그림이 먼저 나오고 글이 나중에 덧붙여짐.	재생 종이란? 폐지 함량 40% 이상	재생 종이는 폐지를 활용해 만든 종이랍니다. 여기서 폐지는 한번 사용한 종이를 말해요. (배경 음악) 잔잔한 느낌의 음악

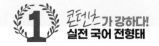

#2	잘린 나무 밑동이 서서히 사라지면서, 그 옆에 나무 그림이 나타남.		종이를 만들기 위해 숲이 사라져요. 하지만 복사지의 10%만 재생 종이로 바꿔도 1년에 27만 그루의 나무를 지킬 수 있어요. (배경 음악) 무거운 느낌에서 경쾌한 느낌의 음악으로 바뀜.
#3	그래프의 막대가 아래에서 위로 올라감.		일반 종이를 생산할 때 투입되는 에너지의 양과 발생하는 물질의 양입니다.
#4	자막이 '재생 종이 1톤 생산할 때'로 바뀌면서 그래프의 막대가 아래로 내려옴.		일반 종이 대신 재생 종이를 만들면 투입 에너지와 발생 물질의 양이 약 15% 정도 줄어들어요.

23 (가)에 나타난 표현 방식에 대한 설명으로 가장 적절한 것은?

① 재생 종이의 활용 사례를 글자의 굵기와 형태를 달리하여 강조했다.
② 재생 종이와 관련된 각 문단의 중심 내용을 소제목을 사용하여 부각했다.
③ 종이를 만들기 위해 사라지는 숲의 면적을 동영상 자료를 활용하여 보여 주었다.
④ 사무실에서 버려지는 일반 종이의 양을 글과 사진 자료를 함께 사용하여 제시했다.
⑤ 숲을 지켜야 하는 이유를 다룬 다른 게시물을 하이퍼링크 기능을 활용하여 안내했다.

24 (가)를 참고하여 (나)를 만드는 과정에서 학생이 고려했을 내용으로 적절하지 <u>않은</u> 것은?

① 정보가 보강될 수 있도록 (가)에서 제시한 종이 생산 과정에서 발생하는 물질 외에도 생산 과정에 투입되는 에너지의 양도 조사하여 추가해야지.
② 정보가 복합 양식적으로 전달될 수 있도록 (가)에서 제시한 재생 종이의 정의를 시각 자료와 문자 언어를 결합한 화면으로 표현하면서 내레이션으로 보완해야지.
③ 정보 간의 유기적인 관계가 드러나도록 (가)에서 두 문단으로 제시한 재생 종이 사용의 필요성을 배경 음악과 내레이션을 모두 포함한 각각의 화면 두 개로 구성해야지.
④ 정보 간의 차이점이 드러나도록 (가)에서 제시한 일반 종이와 재생 종이의 생산으로 발생하는 물질의 양적 차이를 그래프로 제시하고 이를 설명하는 내레이션을 포함해야지.
⑤ 정보가 효과적으로 표현될 수 있도록 (가)에서 제시한 재생 종이 사용에 따른 나무 보존에 대한 내용을 화면과 내레이션으로 표현하면서 이에 어울리는 배경 음악을 사용하여 나타내야지.

[25~28]
(가)는 텔레비전 뉴스이고, (나)는 이를 바탕으로 교내에 게시하기 위해 동아리에서 만든 포스터이다. 물음에 답하시오. 23학년도 6월

(가)

진행자 : 생활 속 유용한 경제 뉴스를 알려 드리는 시간이죠. 경제 뉴스 콕, 김 기자. ⓐ 요즘 화제가 되고 있는 제도에 대해 알려 주신다면서요?

기자 : 네. 한국○○공단에서 실시하는 '탄소 중립 실천 포인트 제도'를 소개해 드리겠습니다. ⓑ 일상 속 작은 노력으로 탄소 중립을 실천하고 포인트도 받을 수 있는 제도인데요,

제도 실시 후 석 달 만에 가입자 십만 명을 돌파했습니다. 기후 위기를 심각하게 여기고 친환경 생활을 실천하려는 국민들이 그만큼 많았단 뜻이겠죠. ⓒ 자, 그럼 구체적으로 어떻게, 얼마큼 받을 수 있는지 궁금하실 텐데요. 일단 이 포인트를 받으려면 누리집에 가입해야 합니다.

누리집에 가입해서 각종 탄소 중립 활동을 실천하면 연간 최대 칠만 원까지 포인트를 받을 수 있습니다. 대형 마트에서 종이 영수증 대신 전자 영수증으로 받으면 백 원, 배달 음식 주문할 때 일회 용기 대신 다회 용기를 선택하면 천 원, 세제나 화장품 살 때 빈 통을 가져가 다시 채우면 이천 원, 무공해차를 대여하면 오천 원이 적립됩니다. ⓓ 한국○○공단 관계자의 말을 들어 보겠습니다.

관계자 : 정산 시스템 구축이 완료될 다음 달부터 월별로 정산해 지급할 예정입니다. 많은 국민이 동참할 수 있도록…

기자 : 기존의 탄소 포인트 제도와 더불어 이 제도가 국민들의 탄소 줄이기 생활화에 이바지할 수 있을지 주목됩니다.

진행자 : 그렇군요. ⓔ 많은 국민이 동참해야 효과가 있는 제도인 만큼 참여도를 높이는 게 중요하겠네요. 오늘 준비한 소식은 여기까지입니다. 시청자 여러분, 고맙습니다.

(나)

25 ㉠~㉤에 대한 이해로 적절하지 <u>않은</u> 것은?

① ㉠은 글자의 크기와 굵기를 달리하여 보도의 주요 제재를 부각하였다.
② ㉡은 기자의 발화 내용을 의문형으로 요약 진술하여 시청자의 이해를 돕고자 하였다.
③ ㉢은 기자의 발화와 관련된 내용을 보충하여 정보의 구체성을 강화하였다.
④ ㉣은 관계자의 발화에서 생략된 내용을 보완하여 의미를 정확하게 전달하였다.
⑤ ㉤은 이후에 방영될 프로그램에 대한 정보를 제시하여 이에 대한 시청자의 관심을 유도하였다.

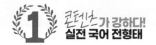
26 ⓐ~ⓔ에 대한 설명으로 가장 적절한 것은?

① ⓐ : 보조 용언 '있다'를 사용해 제도가 지속적으로 진행됨을 표현하였다.

② ⓑ : 보조사 '도'를 사용해 제도의 장단점을 아우르고자 하는 의도를 표현하였다.

③ ⓒ : 감탄사 '자'를 사용해 시청자의 해당 누리집 가입을 재촉하려는 의도를 표현하였다.

④ ⓓ : 선어말 어미 '-겠-'을 사용해 제도 시행 관련 정보를 관계자가 언급할 것이라는 추측을 표현하였다.

⑤ ⓔ : 의존 명사 '만큼'을 사용해 많은 국민이 동참해야 효과가 있는 제도라는 점이 이어지는 내용의 근거임을 표현하였다.

28 (나)의 정보 구성 및 제시 방식에 대한 이해로 적절하지 <u>않은</u> 것은?

① (가)에 제시된 제도의 실천 항목 중 청소년이 일상에서 실천할 수 있는 것을 선별하여 제시하였군.

② (가)에 제시된 누리집 주소와 함께 QR코드를 제시하여 누리집에 접속할 수 있는 경로를 추가하였군.

③ (가)에 제시된 제도의 개인적 혜택을 시각적으로 표현하기 위해 돈과 저금통의 이미지를 활용하였군.

④ (가)에 제시된 가입자 증가 현황 이외에 증가 원인을 추가하여 제도 가입자가 지닌 환경 의식을 표현하였군.

⑤ (가)에 제시된 수용자보다 수용자 범위를 한정하고 생산자를 명시하여 메시지 전달의 주체와 대상을 표현하였군.

27 (가)를 시청한 학생들의 휴대 전화 대화방의 내용이다. 학생들의 수용 태도에 대한 설명으로 적절하지 <u>않은</u> 것은?

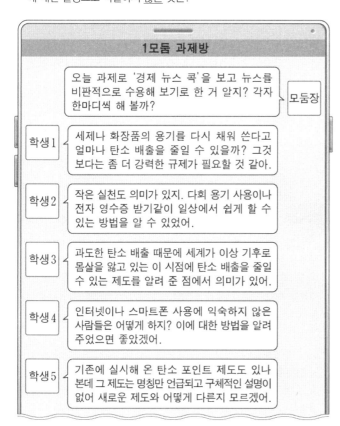

① 학생 1은 보도에서 제시한 실천 항목의 효과에 주목해 제도의 실효성 측면을 부정적으로 판단하였다.

② 학생 2는 일상에서 쉽게 할 수 있는 방법을 제시한 점에 주목해 제도의 실천 용이성 측면을 긍정적으로 판단하였다.

③ 학생 3은 제도의 시행이 현재의 문제 해결에 필요하다는 점에 주목해 보도의 시의성 측면을 긍정적으로 판단하였다.

④ 학생 4는 누리집 접근에 어려움을 겪는 사람에 주목해 제도의 실현 가능성 측면을 부정적으로 판단하였다.

⑤ 학생 5는 기존 제도의 세부 내용을 설명하지 않은 점에 주목해 보도 내용의 충분성 측면을 부정적으로 판단하였다.

[29~30]

다음은 실시간 인터넷 방송이다. 물음에 답하시오. **23학년도 6월**

우리 문화 지킴이들, 안녕! 우리 전통문화를 소개하고 체험하는 문화 지킴이 방송의 진행자, 역사임당입니다. 오늘은 과거 궁중 연회에서 장식 용도로 사용되었던 조화인 궁중 채화를 만들어 보려고 해요. 여러분도 실시간 채팅으로 참여해 주세요.

[A] ┌ ○ 빛세종 : 채화? '화'는 꽃인데 '채'는 어떤 뜻이죠?
　　　　빛세종님, 좋은 질문! 채화의 '채'가 무슨 뜻인지 물으셨네요. 여기서 '채'는 비단을 뜻해요. 궁중 채화를 만드는 재료로 비단을 비롯한 옷감
　　└ 이 주로 쓰였기 때문이죠.

　　(사진을 보여 주며) 주로 복사꽃, 연꽃, 월계화 등을 만들었대요. 자, 이 중에서 오늘 어떤 꽃을 만들어 볼까요? 여러분이 골라 주세요.

[B] ┌ ○ 햇살가득 : 월계화?? 월계화 만들어 주세요!
　　└ 좋아요! 햇살가득님이 말씀하신 월계화로 결정!

　　그럼 꽃잎 마름질부터 해 보겠습니다. 먼저 비단을 두 겹으로 겹쳐서 이렇게 꽃잎 모양으로 잘라 줍니다. 꽃잎을 자를 때 가위는 그대로 두고 비단만 움직이며 잘라야 해요. 보이시죠? 이렇게, 비단만, 움직여서. 그래야 곡선은 곱게 나오면서 가위 자국이 안 남아요. 이런 식으로 다양한 크기의 꽃잎을 여러 장 만들어요. 자, 다음은 뜨거운 인두에 밀랍을 묻힌 후, 마름질한 꽃잎에 대고 이렇게 살짝 눌러 주세요. 보셨나요? 녹인 밀랍을 찍어서 꽃잎에 입혀 주면 이렇게 부피감이 생기죠.

[C] ┌ ○ 꼼꼬미 : 방금 그거 다시 보여 주실 수 있어요?
　　　　물론이죠, 꼼꼬미님! 자, 다시 갑니다. 뜨거운 인두에 밀랍을 묻혀서
　　└ 꽃잎 하나하나에, 이렇게, 누르기. 아시겠죠?

　　필요한 꽃잎 숫자만큼 반복해야 하는데 여기서 이걸 계속하면 정말 지루하겠죠? (미리 준비해 둔 꽃잎들을 꺼내며) 짜잔! 그래서 꽃잎을 이만큼 미리 만들어 뒀지요! 이제 작은 꽃잎부터 큰 꽃잎 순서로 겹겹이 붙여 주면 완성! 다들 박수! 참고로 궁중 채화 전시회가 다음 주에 ○○시에서 열릴 예정이니 가 보셔도 좋을 것 같네요.

[D] ┌ ○ 아은맘 : ○○시에 사는데, 전시회 지난주에 이미 시작했어요. 아이랑
　　　　　　다녀왔는데 정말 좋았어요. ㅎㅎㅎ
　　└ 아, 전시회가 이미 시작되었다고 하네요. 아은맘님 감사!

　　자, 이제 마칠 시간이에요. 혼자서 설명하고 시범까지 보이려니 미흡한 점이 많았겠지만 끝까지 함께해 주셔서 감사합니다. 오늘 방송 어떠셨나요?

[E] ┌ ○ 영롱이 : 저 오늘 진짜 우울했는데ㅠ 언니 방송 보면서 기분이 좋아졌
　　　　　　요. 저 오늘부터 언니 팬 할래요. 사랑해요♥
　　　　와, 영롱이님께서 제 팬이 되어 주신다니 정말 힘이 납니다. (손가락
　　└ 하트를 만들며) 저도 사랑해요!

　　다음 시간에는 궁중 채화를 장식하는 나비를 만들어 볼게요. 지금까지

우리 문화 지킴이, 역사임당이었습니다. 여러분, 안녕!

29 위 방송에 반영된 기획 내용으로 가장 적절한 것은?

① 접속자 이탈을 막으려면 흥미를 유지해야 하니, 꽃잎을 미리 준비해 반복적인 과정을 생략해야겠군.

② 소규모 개인 방송으로 자원에 한계가 있으니, 제작진을 출연시켜 인두로 밀랍을 묻히는 과정을 함께해야겠군.

③ 실시간으로 진행되어 편집을 할 수 없으니, 마름질 과정에서 실수가 나올 것에 대비하여 미리 양해를 구해야겠군.

④ 텔레비전 방송에 비해 비공식적이고 사적인 매체이니, 방송에 대한 긍정적 평가와 고정 시청자 등록을 부탁해야겠군.

⑤ 방송 도중 접속한 사람은 이전 내용을 볼 수 없으니, 마무리 인사 전에 채화 만드는 과정을 요약해서 다시 설명해야겠군.

30 〈보기〉를 바탕으로, [A]~[E]에서 파악할 수 있는 수용자의 특징에 대한 이해로 적절하지 <u>않은</u> 것은?

보기

　　실시간 인터넷 방송은 영상과 채팅의 결합을 통해 방송 내용의 생산과 수용이 쌍방향으로 이뤄진다. 예컨대 수용자는 방송 중 채팅을 통해 이어질 방송의 내용과 순서를 정하는 데 영향을 미치고, 이미 제시된 방송의 내용을 추가, 보충, 정정하게 하는 등 능동적인 역할을 수행할 수 있다. 또 생산자와 정서적인 유대를 형성하기도 한다.

① [A] : '빛세종'은 더 알고 싶은 내용을 질문함으로써 진행자가 방송 내용을 보충하여 제시하도록 하고 있다.

② [B] : '햇살가득'은 자신이 원하는 바를 밝힘으로써 진행자가 생산할 내용을 선정하는 데 관여하고 있다.

③ [C] : '꼼꼬미'는 제시되지 않은 부분을 추가하도록 요청함으로써 진행자가 방송의 순서를 정하는 데 영향을 미치고 있다.

④ [D] : '아은맘'은 제시된 내용 중 잘못된 부분을 언급함으로써 진행자가 오류를 인지하고 정정하도록 하고 있다.

⑤ [E] : '영롱이'는 자신의 감정 변화를 제시함으로써 진행자와 정서적인 유대를 형성하고 있다.

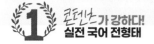
[31~33]
(가)는 학습 활동이고, (나)는 학생이 (가)를 수행하기 위해 활용한 전자책의 일부이다. 물음에 답하시오. `23학년도 9월`

(가)

[학습 활동] 다음 상황을 바탕으로 ○○구청 관계자의 입장에서 효과적인 광고 방안을 발표해 봅시다.

> ○○구청에서 '청소년 문화 한마당'을 기획하면서, ○○구 고등학생들을 대상으로 한 홍보 방안을 마련하고자 한다. 대중교통 광고의 효과를 바탕으로 학생들이 주로 이용하는 버스를 활용하여 광고 계획을 수립하기로 한다.

(나)

[화면 1]

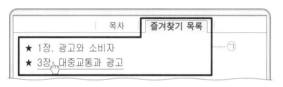

[화면 2]

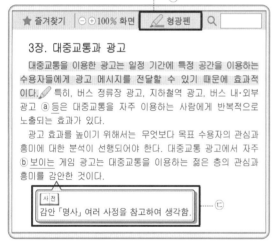

[화면 3]

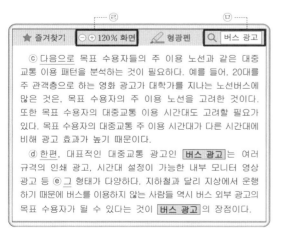

31 〈보기〉는 (나)의 전자책을 활용한 학생의 반응이다. 이를 바탕으로 (나)를 이해한 내용으로 적절하지 <u>않은</u> 것은?

보기

> 전자책은 중요한 부분에 강조 표시를 할 수 있다는 점이 종이 책과 비슷했어. 하지만 다시 봐야 할 내용을 선택해 별도의 목록으로 만들거나 어구를 검색해 원하는 정보에 더 쉽게 접근할 수 있다는 점은 종이 책과 달랐어. 책에서 모르는 단어가 나왔을 때, 사전을 찾아본 결과를 한 화면에서 바로 확인할 수 있어서 내용을 빠르게 이해했어. 또 화면 배율을 조정해 글자 크기를 조절하니 읽기에 편했어.

① ㉠에 1, 3장이 포함된 것은 학생이 해당 장의 내용을 다시 볼 필요가 있다고 판단했기 때문이군.
② ㉡을 통해 대중교통을 이용한 광고가 효과적인 이유를 언급한 부분에 강조 표시가 된 것은 학생이 해당 문장을 중요하다고 판단했기 때문이군.
③ ㉢의 '감안'에 대한 사전 찾기 결과는 [화면 2]에서 본문과 함께 제시되어 학생의 글 읽기에 도움을 주었군.
④ ㉣을 통해 [화면 3]의 글자 크기가 [화면 2]보다 커진 것은 학생의 읽기 편의성을 높여 주었군.
⑤ ㉤의 결과가 [화면 3]에 표시된 것은 학생이 '버스 광고'를 쉽게 찾아 버스 광고의 제작 기간을 확인하는 데 도움을 주었군.

32 다음은 학생이 (가)를 수행하는 과정에서 (나)를 바탕으로 작성한 메모이다. 이에 대한 이해로 적절하지 <u>않은</u> 것은?

> 메모 1 : '청소년 문화 한마당'에 ○○구 고등학생들이 좋아할 공연 프로그램이 많이 준비되어 있음을 광고에서 강조하면 효과적이겠다.
> 메모 2 : 버스 정류장이 아니라 버스 내·외부에 광고물을 부착하고, ○○구 고등학생들이 주로 이용하는 10번이나 12번 버스에 광고를 게시하면 효과적이겠다.
> 메모 3 : 등·하교 시간에 집중적으로 광고를 하기 위해 버스 내부의 모니터 영상 광고를 이용하고, 도보 통학 학생들에게도 홍보하기 위해 버스 외부의 옆면과 뒷면에도 광고를 게시하면 효과적이겠다.

① '메모 1'에서, 광고에서 부각할 내용을 선정한 것은 (나)에 제시된 목표 수용자와 관련하여 우선적으로 분석해야 할 요소를 고려한 것이겠군.
② '메모 2'에서, 정류장 광고와 버스 내·외부 광고 중 후자를 선택한 것은 (나)에 제시된 반복 노출 효과의 유무라는 기준을 고려한 것이겠군.
③ '메모 2'에서, 버스 노선 중에서 특정 노선을 선택한 것은 (나)에 제시된 영화 광고의 예처럼 목표 수용자의 대중교통 이용 패턴을 고려한 것이겠군.
④ '메모 3'에서, 광고 게시 시간대를 설정할 수 있는 광고 형태를 제안하려는 것은 (나)에 제시된 목표 수용자의 대중교통 이용 시간이라는 기준을 고려한 것이겠군.
⑤ '메모 3'에서, 버스 옆면과 뒷면 광고가 필요하다고 판단한 것은 (나)에 제시된 버스 외부 광고의 장점을 고려한 것이겠군.

33 ⓐ~ⓔ에 대한 설명으로 적절하지 <u>않은</u> 것은?

① ⓐ : 대중교통을 이용한 광고의 종류가 여럿임을 명시하기 위해 사용하였다.

② ⓑ : 젊은 층의 게임 광고 수용에 대한 자발적 의지를 나타내기 위해 사용하였다.

③ ⓒ : 광고의 효과를 높이기 위해 분석해야 할 요소가 더 존재함을 드러내기 위해 사용하였다.

④ ⓓ : 목표 수용자 분석과는 다른 내용으로 전환됨을 나타내기 위해 사용하였다.

⑤ ⓔ : 앞에 나온 표현을 그대로 반복하지 않고 대신하기 위해 사용하였다.

[34~36]
(가)는 교내 방송의 일부이고, (나)는 (가)를 들은 학생들이 휴대 전화 메신저로 나눈 대화의 일부이다. 물음에 답하시오. 23학년도 9월

(가)

진행자 : 방송을 듣고 계신 ○○고 여러분, 매주 수요일 마지막 순서는 청취자의 사연을 소개하는 시간이죠. 어제까지 많은 사연이 왔는데요, 시간 관계상 하나만 읽어 드릴게요. (잔잔한 배경 음악) "3학년 1반 이민지입니다. 제가 며칠 전 운동장에서 다쳤을 때 우리 반 지혜가 응급 처치를 해 줬어요. 우리 반에서 인기가 많은 친구인데, 이 친구가 곧 전학을 가요. 헤어지기 아쉬운 마음을 담아 □□의 노래 〈다시 만날 우리들〉을 신청합니다."라고 하셨네요. 신청곡 들려 드리면서 오늘 방송 마무리할게요.

(나)

상우 : 민지야, 사연 잘 들었어. 지혜가 전학 가기 전에 영상을 만들어서 선물하면 어때? 제목은 '잊지 말아요.'

민지 : 멋진데! 지금 보미랑 과제 때문에 다른 대화방에서 얘기 중인데, 보미도 같이 하고 싶대! 초대해도 돼?

상우 : 응.

보미 님이 '지혜를 위한 영상 제작 방'에 입장했습니다.

상우 : 우리 셋이 계속 얘기 나눠야 하니까 대화방 목록에서 찾기 쉽게 방 이름을 붙였어. 보미야, 어서 와.

보미 : 응. ^^ ㉠ 민지한테 얘기 다 들었어. 상우야, 어떤 장면 찍을 거야?

상우 : 지혜가 학교에 얽힌 추억을 기억할 수 있게 학교의 여러 공간을 담으면 좋겠어. 민지야, 네가 출연하면 어때?

민지 :

㉡

상우 : 그럼 첫 장면으로 교문에서 운동장까지 걸어가는 네 모습을 쭉 이어서 찍을게. 네가 교문과 운동장에서 카메라를 보면서 지혜랑 얘기하듯이 말해.

민지 : 알겠어.

상우 : 그 다음에 교실로 올라가서 지혜가 즐겨 보던 운동장을 찍자. 지혜가 5층에서 운동장 바라보는 걸 좋아했거든.

보미 : 그럼 운동장에 ♡를 크게 그리고, 민지가 사연으로 신청했던 노래의 제목을 그 안에 적어 놓자. 그렇게 하면 우리 마음이 드러날 것 같아.

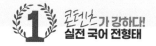
상우	오. 그렇게 찍자.
민지	ⓒ 아까 학교에 얽힌 추억을 지혜가 기억하면 좋겠다고 했으니까, 운동장에서는 지혜가 날 도와줬던 그때를 떠올리면서 지혜한테 얘기하듯이 말하면 되겠지?
상우	좋아. 마지막에 우리가 지혜에게 하고 싶은 말을 하는 장면을 넣자. 영상 제목과 어울리게 '함께한 순간들 잊지 마.'라고 말할까?
보미	그래, 우리가 세 글자씩 말하고, 화면에는 그 말이 한 문장으로 보이도록 하면 어때? 자막은 내가 넣을게.
상우	응. 근데 민지야, 생각해 보니 교문에서 운동장까지 꽤 머니까 네가 운동장으로 이동하는 과정은 빼고 찍자. 교문과 운동장에서 각각 찍고 편집해서 이어 붙이자.
민지	알겠어. ② 대화 내용을 다시 보니까 장면 구상이나 각자 역할은 얘기했는데 촬영 날짜는 안 정했네.
상우	ⓜ 그럼 아래 투표에 날짜를 몇 개 올릴 테니까 각자 가능한 날짜를 선택해 줘.

🗳 투표 제목 : 촬영 날짜 선택

34 (가), (나)에 드러나 있는 매체의 특성을 이해한 것으로 가장 적절한 것은?

① (가)에서는 정보를 전달할 수 있는 시간의 제약을 고려하여 정보의 양을 조절하고 있다.

② (나)에서는 불특정 다수의 수용자에게 정보를 제공하고 있다.

③ (가)에서는 (나)와 달리 대화 목적에 따라 또 다른 온라인 대화 공간을 설정하고 있다.

④ (나)에서는 (가)와 달리 음성 언어에 음향을 결합하여 정보를 생산하고 있다.

⑤ (가)와 (나)에서는 모두 정보 생산자가 정보 수용자의 반응에 따라 정보 제시 순서를 바꾸고 있다.

36 (나)의 대화 내용을 반영한 '영상 제작 계획'으로 적절하지 않은 것은?

영상 제작 계획	장면 스케치
① 교문에서부터 운동장까지 끊지 않고 촬영하여 지혜가 여러 공간에 얽힌 추억을 떠올릴 수 있도록 연출해야겠어.	
② 학교 공간을 촬영할 때, 민지가 지혜와 대화하는 듯한 느낌을 드러내야겠어.	
③ 지혜가 바라보던 운동장을 위에서 아래로 내려다보는 각도로 교실에서 촬영해야겠어.	
④ 운동장에 그린 하트 모양의 그림에 '다시 만날 우리들'이라는 글자가 적힌 장면을 촬영하여 영상을 제작하는 우리의 마음을 드러내야겠어.	
⑤ 우리가 다 같이 등장해서 '함께한', '순간들', '잊지 마'라고 나눠서 말한 내용이 하나의 문장처럼 보이게 자막을 삽입해야겠어.	

35 ㉠~㉤에 드러난 의사소통 방식에 대한 이해로 적절하지 않은 것은?

① ㉠ : 새롭게 대화에 참여한 '보미'는 공유된 맥락을 기반으로 '상우'에게 질문하고 있다.

② ㉡ : 동의의 뜻을 시각적 이미지로 제시하여 '상우'의 제안을 수락하고 있다.

③ ㉢ : '상우'의 이전 발화 중 일부를 재진술하면서 영상 제작에 관한 그의 의견에 이의를 제기하고 있다.

④ ㉣ : 진행된 대화 내용을 점검하여 영상 촬영과 관련해서 추가적으로 논의할 내용을 언급하고 있다.

⑤ ㉤ : 의견을 취합할 수 있는 기능을 활용하여 촬영 날짜를 선택하기 위한 의사 결정에 참여해 줄 것을 요청하고 있다.

[37~40]

(가)는 ○○군 공식 누리집 화면의 일부이고, (나)는 학생들의 온라인 화상 회의이다. 물음에 답하시오. **23학년도 수능**

(가)

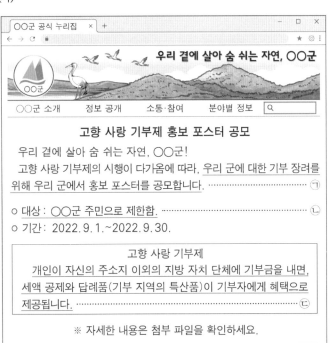

 박◇◇ 기부금은 어디에 쓰이나요?

 기부금은 문화 프로그램 운영 등 주민 복지 사업에 사용될 예정입니다. 고맙습니다.

(나)

해윤 : 이제 화상 회의 시작하자. 내 말 잘 들리지?

설아 : 해윤아, 소리가 너무 작아. 마이크 좀 확인해 줄래?

해윤 : 어? 내 마이크 음량을 키워 볼게. 이제 잘 들리지?

설아 : 응. 근데 오늘 나연이는 참석 못 한대. 내가 회의를 녹화해서 나중에 보내 주려고 해. 동의하지?

해윤, 종서, 수영 : 응, 그래.

| 채팅 | 설아 님이 회의 녹화를 시작합니다. |

해윤 : 오늘 고향 사랑 기부제 홍보 포스터를 어떻게 만들지 논의하기로 했잖아. 우리 ○○군 누리집에서 관련 정보 봤니?

종서 : 미안해. 나는 아직 못 봤어.

수영 : 음, 직접 말로 설명하려면 회의가 길어지니까 첨부 파일 보내 줄게. 파일에 자세히 설명돼 있으니까 읽으면서 들어.

| 채팅 | 수영 님이 종서 님에게 파일을 전송했습니다. 파일명: 고향 사랑 기부제 홍보 포스터 공모. pdf |

종서 : 고마워.

해윤 : 그럼 이어서 얘기할게. 내가 만들어 온 그래픽 자료를 보면서 포스터를 어떻게 구성할지 이야기하자.

| 채팅 | 해윤 님이 화면 공유를 시작합니다. |

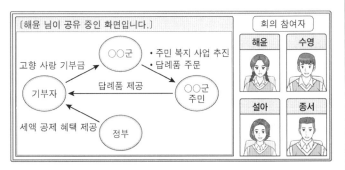

해윤 : 정부, 기부자, ○○군, ○○군 주민으로 구분해서 고향 사랑 기부제가 어떻게 운영되는지 나타낸 거야.

수영 : 좋은데, 포스터에 정부까지 그려 넣으면 너무 복잡할 거 같으니까, 나머지 셋으로만 구성하자.

설아 : 그리고 제도가 활성화되려면 많은 사람들이 기부에 동참하도록 하는 게 중요하니까, 기부자가 부각되도록 기부자를 가운데 두자.

수영 : 화살표를 곡선으로 해서 하트 모양으로 하면 기부자가 기부에 참여함으로써 사랑을 전할 수 있다는 걸 포스터에 드러낼 수 있을 거 같아.

해윤 : 좋아. 그런데 포스터에 정부가 없으면, 정부가 제공하는 세액 공제 혜택은 어떻게 나타내지?

종서 : 음, 고민해 보자. 그리고 첨부 파일을 읽어 보니 기부자의 현재 주소지가 아니면 어디든 기부할 수 있대. 우리 지역에 기부하게 하려면 답례품을 알려 줘야 할 거 같은데?

해윤 : 답례품 정보가 있는 누리집 주소 불러 줄게. 디, 에이, 엠… 아, 그냥 채팅 창에 링크로 올리는 게 편하겠다

| 채팅 | 해윤 https://damnyepum.□□□□.go.kr
종서 고마워. |

종서 : 찾아보니 인삼이 우리 지역 답례품이네. 이걸 그려 넣자.

해윤 : 그리고 우리 지역은 철새 도래지로 유명하니까, ○○군을 두루미 캐릭터로 나타내 보자.

수영 : 응, 좋아. 그러면 아까 말했던 세액 공제는 두루미가 말을 전해 주듯 설명하면 되겠다.

해윤 : 좋아. 그러면 지금까지 나온 의견대로 만들기로 하고, 오늘 회의는 마무리하자.

37 (가)에 대한 이해로 적절하지 <u>않은</u> 것은?

① 댓글 기능을 활용하여 누리집 이용자가 작성한 질문에 대해 정보를 제공하고 있군.

② 지역에 대한 만족도 표시 기능을 활용하여 지역 정책에 대한 주민들의 반응을 확인하고 있군.

③ 민원 서비스 메뉴를 제공하여 증명서나 행정 서식이 필요한 사람들의 편의를 도모하고 있군.

④ 누리집 상단에 홍보 문구와 풍경 그림을 제시하여 지역이 부각하고자 하는 특징을 강조하고 있군.

⑤ 지역의 관광 명소와 축제를 홍보하는 동영상을 볼 수 있도록 하여 관광객을 유치하려고 노력하고 있군.

39 (나)에 나타난 매체 활용 방식으로 가장 적절한 것은?

① '해윤'은 음성 언어 사용이 불가능한 상황에서 채팅 기능을 활용하여 정보를 전달하였다.

② '해윤'은 화면 공유 기능을 활용하여 참여자들의 의견을 반영하며 그래픽 자료의 오류를 수정하였다.

③ '수영'은 회의 시간을 절약하기 위해 회의 중에 참고할 수 있는 파일을 '종서'에게 전송하였다.

④ '설아'는 회의에 참여하지 못하고 있는 '나연'에게 문자 메시지를 이용해 회의 내용을 실시간으로 전달하였다.

⑤ '설아'는 특정 참여자에게 발언권을 부여하기 위해 해당 참여자의 음량을 조절하였다.

38 ㉠~㉢에 대한 설명으로 가장 적절한 것은?

① ㉠은 격 조사 '에서'를 사용하여 포스터를 공모하는 주체가 단체임을 드러내고 있다.

② ㉠은 종결 어미 '-ㅂ니다'를 사용하여 ○○군 기부에 동참한 기부자를 공손하게 높이고 있다.

③ ㉡은 명사형 어미 '-ㅁ'을 사용하여 포스터에서 제외해야 할 내용 항목을 간결하게 드러내고 있다.

④ ㉢은 연결 어미 '-면'을 사용하여 기부 대상 지역에서 제공하는 혜택 중 하나를 선택하는 조건을 제시하고 있다.

⑤ ㉢은 피동 접사 '-되다'를 사용하여 혜택을 제공하는 주체를 명확하게 밝히고 있다.

40 (나)를 바탕으로 다음과 같은 포스터를 만들었다고 할 때, 포스터에 대해 이해한 내용으로 적절하지 <u>않은</u> 것은?

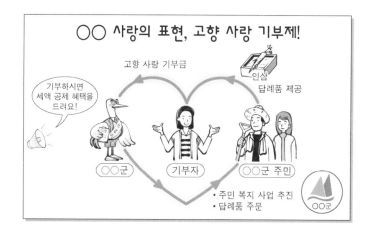

① '설아'의 의견을 바탕으로, 제도를 활성화하는 데 중요한 역할을 하는 기부자를 중심에 배치했다.

② '수영'의 의견을 바탕으로, 기부 행위에 담긴 긍정적인 마음을 연상시키는 기호의 모양을 사용했다.

③ '종서'의 의견을 바탕으로, ○○군에 기부했을 때 기부자가 받을 수 있는 답례품을 그려 넣었다.

④ '해윤'의 의견을 바탕으로, ○○군이 철새 도래지로 유명하다는 점을 활용하여 ○○군을 두루미 캐릭터로 표현했다.

⑤ '수영'의 의견을 바탕으로, 세액 공제 혜택을 제공하는 주체가 내용을 직접 알려 주듯이 말풍선을 제시했다.

[41~42]

다음은 온라인 카페 화면의 일부이다. 물음에 답하시오. 23학년도 수능

[화면1] ([게시판]에서 '1인 미디어 방송'을 클릭한 화면)

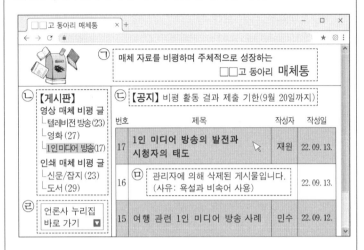

[화면2] ([화면1]에서 17번 게시물을 클릭한 화면)

1인 미디어 방송의 발전과 시청자의 태도
작성자 : 재원

　최근 많은 사람들이 1인 미디어 방송 제작에 나서고 있다. 그러면서 기존 매체들이 주목하지 않았던 다양한 소재들을 다루는 1인 미디어 방송들이 등장하고 있다. 내가 즐겨 보는 여행 관련 1인 미디어 방송 역시 밀림을 혼자 돌아다닌다든가 현지인들과 같이 생활하는 모습을 보여 주는 등 참신함이 돋보인다.

　1인 미디어 방송은 여러 가지 정보를 쉽고 재미있게 제공하여 시청자의 욕구를 만족시킨다. 그래서 나처럼 여행 탐험가라는 직업을 꿈꾸는 사람들은 1인 미디어 방송을 통해 어디서도 얻지 못했던 새로운 정보를 얻을 수 있게 되었다.

　그런데 요즘 1인 미디어 방송 가운데 신뢰성이 부족한 정보를 담은 방송이 늘고 있다. 이러한 성격이 드러나는 1인 미디어 방송을 시청할 때에는 비판적으로 수용하는 주체적 태도가 중요하다.

⤷ **민수 :** 나도 그 방송 봤어. 내가 모르던 낯선 문화에 대한 다양한 정보가 많이 나와서 좋았어. 그런데 갑자기 특정 상표를 언급하며 칭찬할 때에는 상업성이 짙어 보이더라. 그런 상업적인 의도에 현혹되지 않도록 조심해야 해.

⤷ **혜원 :** 어떤 1인 미디어 방송인은 특정 성분이 건강에 좋다고 강조했는데, 알고 보니 성분의 효과가 입증된 것이 아니었어. 방송에 나오는 정보라도 믿을 수 있는지 잘 따져 봐야 해.

⤷ **영진 :** 1인 미디어 방송들은 소재가 한정적이고 다 비슷비슷하지. 그리고 내가 보는 1인 미디어 방송은 사회적으로 의미 있는 내용을 다루는데도, 고정 시청자 수가 적고 어느 순간부터는 더 이상 늘지도 않더라. 그래서 1인 미디어 방송이 발전해도 사회적 파급력은 제한적이라고 생각해.

⤷ **지수 :** 난 1인 미디어 방송이 우리 사회에 큰 변화를 가져올 수 있다고 생각해. 예를 들어 '독립운동가의 발자취 따라가기' 방송이 인기를 많이 끌어서 독립운동가에 대한 국민들의 관심이 높아졌잖아.

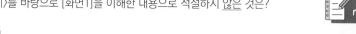

41 〈보기〉를 바탕으로 [화면1]을 이해한 내용으로 적절하지 <u>않은</u> 것은?

보기

'매체통' 동아리 카페 활동 규칙

개설 목적 : '매체통' 동아리원들이 다양한 매체 자료 비평 활동을 통해 매체 자료를 주체적으로 수용하는 능력과 태도를 기른다.

규칙 1. 동아리 활동 계획을 성실하게 이행하고 동아리 활동에 적극적으로 참여한다.

    2. 매체 자료 비평을 위한 글만 작성하고 각 게시판의 성격에 맞게 올린다.

    3. 불필요한 갈등을 유발하지 않도록 무례한 표현을 사용하지 않는다.

① ㉠을 보니, '개설 목적'을 고려하여 동아리 성격이 드러나도록 카페의 활동 주체와 활동 내용을 제시하였군.

② ㉡을 보니, '규칙 2'를 고려하여 매체 자료 유형에 따라 게시판을 항목별로 나누어 게시물을 체계적으로 분류하였군.

③ ㉢을 보니, '규칙 1'을 고려하여 동아리 활동 계획을 상기할 수 있도록 비평 활동 결과의 제출 기한을 제시하였군.

④ ㉣을 보니, '규칙 2'를 고려하여 사건 보도 기사를 작성하는 능력을 기르게 하기 위해 링크를 제시하였군.

⑤ ㉤을 보니, '규칙 3'을 고려하여 예의를 지키지 않은 글이 동아리원에게 공개되지 않도록 게시물을 삭제하였군.

42 [화면2]를 바탕으로 '1인 미디어 방송'에 대한 학생들의 수용 양상을 이해한 내용으로 적절하지 <u>않은</u> 것은?

① '재원'은 자신의 진로와 관련된 새로운 정보를 얻은 경험을 근거로 1인 미디어 방송이 유용하다고 판단하였다.

② '혜원'은 증명되지 않은 정보를 접했던 경험을 근거로 1인 미디어 방송이 제공하는 정보에 대한 신뢰성을 점검해야 한다고 판단하였다.

③ '재원'과 '민수'는 모두, 1인 미디어 방송의 상업적 의도를 알아차린 경험을 근거로 1인 미디어 방송을 시청할 때 주의가 필요하다고 판단하였다.

④ '재원'은 '영진'과 달리, 자신이 본 여행 관련 1인 미디어 방송을 근거로 1인 미디어 방송의 소재가 다양하다고 판단하였다.

⑤ '영진'은 '지수'와 달리, 고정 시청자 수가 늘지 않는 1인 미디어 방송 사례를 근거로 1인 미디어 방송이 사회에 미치는 영향력에는 한계가 있다고 판단하였다.

[43~46]
(가)는 보이는 라디오의 본방송이고, (나)는 이 방송을 들은 학생의 메모이다. 물음에 답하시오. 24학년도 6월

(가)

진행자 : ⓐ 매주 수요일, 여행 정보를 제공하는 '여행과 함께'를 시작합니다. 앱이나 문자로 언제든 방송에 참여하실 수 있고요, 보이는 라디오 시청자는 실시간 댓글도 이용하실 수 있습니다. ⓑ 오늘도 여행가 안○○ 님을 모셨습니다.

여행가 : 안녕하세요. 안○○입니다.

진행자 : 지난주부터 등대 스탬프 여행을 소개하고 있습니다. 저번에는 그 중 '재미있는 등대'라는 주제를 소개하셨는데요, 오늘은 어떤 주제인가요?

여행가 : 네, 오늘은 '풍요의 등대'입니다. 서해안에 위치한 16개 등대와 □□ 생물 자원관을 돌아보면서 풍요로운 해산물도 즐길 수 있는 여행 코스입니다.

진행자 : 이제부터 '풍요의 등대'에 속한 등대들을 알아볼 텐데요, 그중에서 가장 선호하시는 곳이 있나요?

여행가 : 저는 천사의 섬이라는 모티브를 살려 천사의 날개와 선박을 형상화한 △△ 등대가 가장 좋았습니다. 등대에 설치된 LED 조명이 켜지면 주변 경관과 어우러져 이국적인 경관을 연출하는 곳인데, 그 모습을 바라보면서 먹는 전복 라면은 정말 맛있죠.

진행자 : 정말 맛있겠네요. 많은 분들이 실시간 문자로 지난주에 안내했던 등대 스탬프 여행의 순서를 물으시네요. 예정된 건 아니지만 다시 안내해 주시겠어요?

여행가 : ⓒ 우선 모바일 여권과 종이 여권 중 하나를 선택하셔서 참가 신청을 해야 하는데요, 모바일 여권은 앱을 이용하시면 되고, 종이 여권은 '등대와 바다' 누리집에서 신청하시면 됩니다. 그러고 나서 등대들을 돌아다니면서 스탬프를 찍고 사진을 촬영하시는 겁니다. 사진을 다 모으시면 누리집에서 완주 인증을 하시는 거죠.

진행자 : ⓓ 실시간 댓글로 6789 님께서 스탬프 여행의 주의 사항에 대해 궁금증이 있으시답니다. 함께 알아볼까요?

여행가 : ⓔ 네, 앞에서 말씀드린 완주 인증은 날짜가 기록된 사진으로만 가능합니다. 처음엔 스탬프로 완주 인증을 했지만 지금은 그렇게 바뀐 거죠. 하지만 스탬프를 찍기 원하는 여행자들이 많아 여전히 스탬프를 유지하고 있습니다. 그런데 행복도 등대나 기쁨항 등대처럼 등대 주변에 스탬프가 없는 경우가 있으니 미리 확인하시는 것이 좋겠습니다.

진행자 : 스탬프가 등대 주변이 아닌 다른 곳에 위치한 경우도 있다는 거군요. 잠시만요, 나머지 등대를 소개하기에는 시간이 부족할 것 같으니 2부에서 계속하고요, 남은 시간 동안 '풍요의 등대'의 완주 기념품에 대해 이

야기해 볼까요?

여행가 : (테이블에 오르골을 올리며) 바로 이 등대 오르골입니다.

진행자 : 실시간 댓글 창에 오르골이 귀엽다는 반응이 많네요. 라디오로만 들으시는 분들은 실제 모양이 궁금하시죠? 작고 예쁜 등대가 나무 상자 안에 있고, 오른쪽에 태엽을 감는 손잡이가 있습니다. 아쉽지만 약속된 시간이 다 되어 1부는 여기서 마치고 2부에서 뵐게요.

(나)

> 등대 스탬프 여행을 여행 지리 수업 시간에 발표해야겠어. ㉠ 여행의 순서와 주의 사항에 대한 슬라이드는 여행가의 말을 정리하되 여행의 순서가 잘 나타날 수 있게 표현하고, 시각적 이미지를 활용해야지. ㉡ '△△ 등대'에 대한 슬라이드는 여행에 유용한 정보를 추가하고, 슬라이드의 내용을 포괄할 수 있는 제목을 넣어야지.

43 (가)에 나타난 정보 전달 방식으로 적절하지 <u>않은</u> 것은?

① 수용자에게 일정한 주기로 새로운 정보가 제공되므로 지난주 방송과 현재 진행되는 방송의 연관성을 제시한다.

② 본방송을 중간부터 청취한 수용자는 흐름을 따라가지 못할 수 있으므로 앞부분의 정보를 정리해서 전달한다.

③ 수용자에게 정보를 제공할 수 있는 시간상의 제약이 있으므로 방송에서 전달하려는 정보를 선택하여 조절한다.

④ 청각적 정보만 접할 수 있는 수용자가 있으므로 방송 중에 제공한 시각적 정보를 음성 언어로 풀어서 설명한다.

⑤ 수용자들이 방송에 실시간으로 참여하는 것이 가능하므로 실시간 댓글과 문자를 바탕으로 이어질 정보를 조정한다.

44 다음은 (가)가 끝난 후의 청취자 게시판이다. 참여자들의 소통 양상으로 가장 적절한 것은?

```
청취자 게시판          ×  +                      –  □  ×
←  →  ⟳  🔒

새달: 행복도 등대나 기쁨항 등대와 같이 등대 스탬프가 없는 곳도
      있다는데요. 그 등대는 스탬프를 찍을 수 없군요.
  ↳ 알콩: 저는 일반적인 등대와는 달리 등대 주변이 아닌 다른 곳에
          스탬프가 있다고 들었는데요.
      ↳ 사슴: 알콩 님 말씀과 같이 스탬프가 있긴 해요. 행복도 등대는
              행복도 역사관 내에, 기쁨항 등대는 선착장 앞에 있어요.
              모두 찾기 어렵지 않더라고요.
          ↳ 새달: 사슴 님 좋은 정보 감사해요.
```

① 방송 내용에 대한 '새달'의 잘못된 이해가 '알콩'과 '사슴'의 댓글에 의해 수정되고 있다.

② 방송 내용에 대하여 가지고 있던 '새달'과 '알콩'의 공통된 생각에 '사슴'이 동조하고 있다.

③ 방송을 듣고 '새달'이 느낀 감정을 '알콩' 및 '사슴'과 공유하여 정서적인 공감을 형성하고 있다.

④ 방송 내용에 대해 가지고 있던 '새달'과 '알콩'의 서로 다른 생각이 '사슴'에 의해 절충되고 있다.

⑤ 방송 내용에 대한 '새달'과 '알콩'의 긍정적 감정이 '사슴'의 댓글로 인해 부정적 감정으로 전환되고 있다.

45 다음은 (나)에 따라 제작한 발표 자료이다. 제작 과정에서 고려한 내용으로 적절하지 <u>않은</u> 것은?

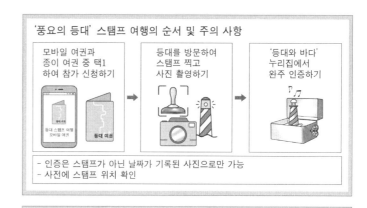

> **'풍요의 등대' 스탬프 여행의 순서 및 주의 사항**
>
> 모바일 여권과 종이 여권 중 택1 하여 참가 신청하기 → 등대를 방문하여 스탬프 찍고 사진 촬영하기 → '등대와 바다' 누리집에서 완주 인증하기
>
> - 인증은 스탬프가 아닌 날짜가 기록된 사진으로만 가능
> - 사전에 스탬프 위치 확인

> **△△ 등대 - 천사의 날개와 선박을 형상화한 등대**
>
> 특징: LED 조명이 만드는 이국적인 경관
> 주소: ▽▽도 ◇◇군 △△면
> 스탬프 위치: 등대 앞
> 볼거리: ◇◇ 철새 전시관, ◇◇산 전망대
> 먹을거리: 전복 라면, 복어 튀김, 소금 사탕
> 재밌거리: 자전거 여행, 조개 잡기 체험

① 여행가의 말을 정리하기로 한 ㉠은 여행가가 제시한 여행의 순서와 주의 사항을 모아 하나의 슬라이드로 구성하자.

② 여행의 순서를 나타내기로 한 ㉠에는 여행가가 제시한 여행 순서를 구분하고 차례가 드러나게 화살표를 사용하자.

③ 시각적 이미지를 활용하기로 한 ㉠에는 여행가가 소개한 여행의 순서와 관련된 주요 소재를 그림 자료로 보여 주자.

④ 여행에 유용한 정보를 추가하기로 한 ㉡에는 여행가가 언급한 먹을거리 이외에도 다양한 정보를 추가하자.

⑤ 내용을 포괄할 수 있는 제목을 넣기로 한 ㉡은 여행가의 말을 가져와 슬라이드의 내용을 요약할 수 있는 제목을 달자.

46 ⓐ~ⓔ의 높임 표현에 대한 설명으로 적절하지 <u>않은</u> 것은?

① ⓐ: 종결 어미 '-ㅂ니다'를 사용하여, 방송을 듣고 있는 불특정 다수의 청자를 높이고 있다.

② ⓑ: 특수 어휘 '모시다'를 사용하여, 객체인 여행가를 높이고 있다.

③ ⓒ: 선어말 어미 '-시-'를 사용하여, 여권 선택의 주체인 청자를 높이고 있다.

④ ⓓ: '있으시다'를 사용하여, 궁금증이 있는 주체인 '6789 님'을 간접적으로 높이고 있다.

⑤ ⓔ: '말씀'을 사용하여, 화자인 여행가의 말을 높이고 있다.

[47~48]
(가)는 전자 문서로 된 사용 설명서의 일부이고, (나)는 이를 바탕으로 나눈 누리소통망 대화이다. 물음에 답하시오. 24학년도 6월

(가)

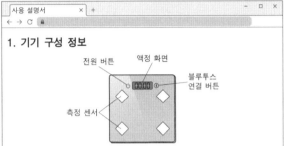

1. 기기 구성 정보

전원 버튼 액정 화면 블루투스 연결 버튼 측정 센서

2. 기기 연결 방법
1단계 [체중계] 전원 버튼을 눌러 체중계를 작동하세요.
2단계 [체중계] 블루투스 연결 버튼을 3초 이상 길게 누르세요.
3단계 [휴대 전화] **설정-블루투스-기기 찾기**를 선택하세요.
4단계 [휴대 전화] '연결 가능한 기기 목록'에서 ○○ **체중계**를 선택하세요.
5단계 [휴대 전화] ○○ 체중계 앱을 설치하고 실행하세요.
6단계 [휴대 전화] 앱에서 **기록**을 선택한 후 성별, 키 등 사용자 정보를 기록하세요(기록한 정보는 개인 데이터 분석에 활용).

3. 기기 기능 안내(자세한 안내는 해당 기능을 클릭)
몸무게 측정 개인 데이터 분석 자동 누적 기록 기타 기능

4. 기타 안내
1) 앱 설치 바로 가기 : https://jgsw.com/app
2) 기기 연결 동영상 바로 가기 : https://jgsw.com/set
3) 사용 설명서 다운로드 : https://jgsw.com/exp001

사용 설명서 정보 : 한국어 버전 2.1(2022. 10. 수정)

(나)

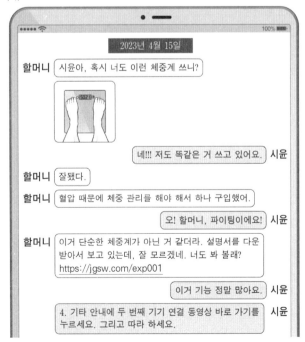

2023년 4월 15일

할머니: 시윤아, 혹시 너도 이런 체중계 쓰니?
시윤: 네!!! 저도 똑같은 거 쓰고 있어요.
할머니: 잘됐다.
할머니: 혈압 때문에 체중 관리를 해야 해서 하나 구입했어.
시윤: 오! 할머니, 파이팅이에요!
할머니: 이거 단순한 체중계가 아닌 거 같더라. 설명서를 다운 받아서 보고 있는데, 잘 모르겠네. 너도 봐 볼래? https://jgsw.com/exp001
시윤: 이거 기능 정말 많아요.
시윤: 4. 기타 안내에 두 번째 기기 연결 동영상 바로 가기를 누르세요. 그리고 따라 하세요.

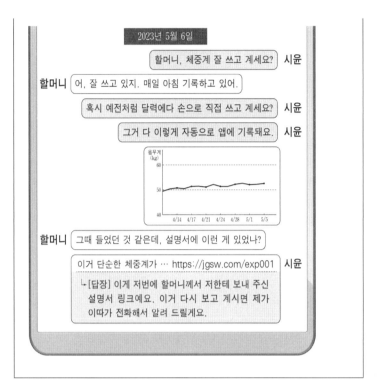

2023년 5월 6일

시윤: 할머니, 체중계 잘 쓰고 계세요?
할머니: 어, 잘 쓰고 있지. 매일 아침 기록하고 있어.
시윤: 혹시 예전처럼 달력에다 손으로 직접 쓰고 계세요?
시윤: 그거 다 이렇게 자동으로 앱에 기록돼요.
할머니: 그때 들었던 것 같은데, 설명서에 이런 게 있었나?
시윤: 이거 단순한 체중계가 … https://jgsw.com/exp001
시윤: └[답장] 이게 저번에 할머니께서 저한테 보내 주신 설명서 링크예요. 이거 다시 보고 계시면 제가 이따가 전화해서 알려 드릴게요.

47 (가)의 정보 구성 및 제시 방식으로 적절하지 않은 것은?

① 기기 구성 정보는 시각 자료를 활용하여 전달했다.
② 기기를 휴대 전화와 연결하는 방법을 조작 순서에 맞추어 안내했다.
③ 기기 연결 방법에서 앱에 기록할 정보는 글자의 크기와 굵기를 다르게 표시했다.
④ 기기 기능 안내에서는 안내받을 수 있는 기능의 항목을 나열하여 배치했다.
⑤ 사용 설명서의 버전 정보를 수정 시점과 함께 제공했다.

48 (가)와 (나)에서 확인할 수 있는 매체 활용에 대한 이해로 가장 적절한 것은?

① (가)의 내용이 (나)를 통해 전달되는 과정에서 사용자들이 정보를 선별하여 유통할 수 있군.
② (나)의 사용자들이 서로 교환한 정보를 바탕으로 (가)의 수정 과정을 점검할 수 있군.
③ (가)는 (나)와 달리 사용자가 필요한 정보를 질문하여 요청할 수 있군.
④ (나)는 (가)와 달리 사용자가 하이퍼링크를 통해 외부의 정보에 접근할 수 있군.
⑤ (가)와 (나)는 모두 정보를 교류한 이력에서 사용자가 필요한 부분을 불러와 상대방에게 이전 내용을 환기할 수 있군.

[49~52]
(가)는 학생회 소식을 알리는 실시간 방송이고, (나)는 이를 본 학생이 누리 소통망에 올린 게시물이다. 물음에 답하시오. 24학년도 9월

(가)

□□고 학생회 소식　　　　접속자 수: 253명

진행자 : □□고 학생들, 안녕하세요? '지켰다, 공약!' 세 번째 시간이죠. 현재 접속자 수가 253명인데요, 두 번째 방송보다 100명 더 입장했네요. ⓐ 오늘은 학습실 사용 원칙을 정하겠다는 공약에 관해 학생회장이 출연해 직접 알리기로 했습니다.

학생회장 : 네, ⓑ 우리 학교 학습실은 개별 및 조별 학습이 가능하고 다양한 기자재를 쓸 수 있어서 인기가 많죠. 근데 자리가 많지 않고 특별한 원칙 없이 사용하다 보니 불편함이 많았죠. 실시간 대화 창 볼까요?

[A]
동주　맞아. 자리 맡고 오느라 종례에 늦을 뻔한 적도 있었는데, 다른 학년하고 같이 쓰려니 눈치도 보였고.

동주 학생과 같은 경우가 많을 거예요. ⓒ 여러분도 이런 상황에 공감하시겠죠? 그래서 학생회가 나섰습니다.

□□고 학생회 소식

1. 학습실 사용 시 학년 구분이 필요한가?

구분	필요하다	필요없다	모르겠다	합계	전교생
응답 수(명)	512	10	14	536	617

2. 학년 구분이 필요하다면 어떻게 구분하는 것이 좋은가?

구분	합계	3학년	2학년	1학년
요일별 구분(명)	256	174	68	14
시간별 구분(명)	256	14	96	146

지금 화면에 나오는 설문 조사 결과를 바탕으로 학생회 내부 회의를 통해 사용 원칙을 마련했습니다.

[B]
다예　설문 조사에 근거해 원칙을 마련하려고 한 것을 보니까, 학생회가 마련한 원칙은 객관적이고 합리적일 것 같아. 학생회, 힘내세요!

재호　다들 학년 구분은 필요하다고 생각하는데, 학년별로 선호하는 방법은 다른 게 신기해. 이유가 뭘까?

다예 학생, 감사합니다. 원칙은 다음과 같습니다. 첫째, 학습실 사용은 학생회에 신청을 한 학생을 대상으로 합니다. 둘째, 학습실 사용은 학년별로 구분하되 3학년은 월·목, 2학년은 화·수, 1학년은 금요일에 사용합니다.

[C]
현지　저는 1학년인데요, 금요일엔 일찍 집에 가고 싶은데, 금요일만 사용해야 하는 것은 좀 그래요.

연수　학생회장님, 열심히 하는 모습이 보기 좋은데요, 설문 결과만으로 끌어내기 어려운 원칙은 어떻게 마련했나요?

□□고 학생회 소식　　　　접속자 수: 253명

〈합리적 원칙 마련, 드디어 성사〉
회의 등 투명한 절차에 따라!
공약 이행하는 멋진 학생회!

진행자 : 그럼 ⓓ 언제부터 새로운 사용 원칙에 따라 학습실 사용을 신청할 수 있나요?

학생회장 : ⓔ 네, 다음 대의원회에서 안건이 통과되면 신청을 받을 계획입니다. 학생 여러분께서는 이번 원칙에 대한 의견을 저희 학생회 공식 카페로 보내 주시면, 참고하여 대의원회에서 논의하겠습니다. 화면에 자막으로 나가고 있는 카페 주소를 참고해 주세요!

진행자 : □□고 학생들, 다음에 만나요!

(나)

예지
268명 읽음

구분	합계	3학년	2학년	1학년
요일별 구분(명)	256	174	68	14
시간별 구분(명)	256	14	96	146

　□□고 친구들 방송 봤어요? 제가 캡처해 둔 화면을 보면 학생회가 '요일별 구분'을 선택한 이유가 의아한 친구도 있을 것 같아요. 내부 회의의 과정과 내용이 방송에 나오지 않아 궁금해할 친구도 있을 거고요. 내부 회의뿐 아니라 설문 조사를 통해 학년별로 사용할 요일을 정하면 더 좋지 않을까요? 그리고 학생회장이 어떤 친구의 말에 반응한 건 좋았지만, 다른 친구가 궁금해하는 내용에는 답을 하지 않은 건 아쉬웠어요.

학생회 공식 카페 가기 (🖱클릭: 학생회에 전할 의견은 여기로)

댓글 창 열었으니 학습실 사용 원칙에 대해 의견 나눠요.

👍 99　댓글 [　　　　　　　　　] [입력]

　유선　2학년도 월요일에 쓰고 싶어요.　　　21:37
　　└태민　나도.　　　　　　　　　　　　21:51

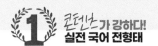
49 (가)에 나타난 의사소통 방식으로 적절하지 <u>않은</u> 것은?

① 진행자는 방송의 시작에 학교명을 언급하며, 소식을 들을 수용자를 밝히고 있다.

② 진행자는 접속자 수를 언급하며, 두 번째 방송과의 접속자 수 차이를 알려 주고 있다.

③ 학생회장은 학생의 이름을 언급하며, 수용자의 실시간 반응을 살펴보고 있다는 것을 보여 주고 있다.

④ 학생회장은 발화와 관련한 보충 자료로 표를 제시하며, 수용자에게 구체적인 정보를 전달하고 있다.

⑤ 학생회장은 자신의 발언 내용을 요약한 화면을 설명하며, 수용자가 요구한 정보를 강조하고 있다.

50 [A]~[C]에서 알 수 있는 학생들의 수용 태도에 대한 설명으로 가장 적절한 것은?

① [A] : 동주는 자신의 경험을 근거로 학생회장의 이야기가 사실에 부합하지 않는다고 판단하였다.

② [B] : 다예는 학생회장의 직전 발화를 듣고 학생회의 결정이 타당할 것 같다고 판단하였다.

③ [B] : 재호는 방송에서 제시된 자료를 보고 학생회의 설문 조사 결과가 잘못되었다고 판단하였다.

④ [C] : 현지는 학생회장의 직전 발화를 듣고 발언 내용의 논리적 오류를 점검하였다.

⑤ [C] : 연수는 방송에서 제시된 자료를 보고 학생회가 마련한 원칙의 실행 가능성을 점검하였다.

51 다음은 (나)를 작성하기 위한 메모이다. ㉠~㉢이 (나)에 반영된 양상으로 적절하지 <u>않은</u> 것은?

> 방송에서 학생회가 놓친 부분이 있는 것 같네. 일단 ㉠ <u>학생회장이 방송에서 보인 아쉬운 점</u>과 사용 원칙 마련에 ㉡ <u>친구들의 의견이 반영될 수 있는 방법</u>을 언급해야지. 또 ㉢ <u>친구들이 학생회에 의견을 보내거나 서로 생각을 나눌 수 있는 기능</u>을 활용해야지.

① ㉠ : '요일별 구분'을 원칙으로 정한 이유를 밝히지 않아 미흡했다는 점을 언급하기 위해, 저장한 방송 화면의 일부를 보여 주었다.

② ㉠ : 실시간 대화 창에서 학생회를 응원하는 말에는 호응하며 답을 들려주었지만 질문에는 답변이 없었던 모습을 이야기하였다.

③ ㉡ : 내부 회의에 대한 정보가 충분하지 않았다는 점을 언급하며, 학년별 사용 요일 결정에 대해 학생들의 의견을 반영할 수 있는 방법을 제안하였다.

④ ㉢ : 자막으로 제공된 주소는 바로 연결하기가 어려우니, 의견을 전달할 수 있도록 학생회 공식 카페로 연결하는 하이퍼링크를 제공하였다.

⑤ ㉢ : 학생회가 선정한 학습실 사용자들이 사용 원칙에 대해 제시한 의견을 학생회에 보낼 수 있도록 댓글 기능을 활성화하였다.

52 ⓐ~ⓔ에 대한 설명으로 적절하지 <u>않은</u> 것은?

① ⓐ : 부사 '직접'을 사용하여, 학생회장이 자신의 방송 출연 사실을 학생들에게 전달할 것임을 나타내고 있다.

② ⓑ : 어미 '-어서'를 사용하여, 학습실이 인기가 많은 이유를 밝히고 있다.

③ ⓒ : 어미 '-겠-'을 사용하여, 학생들이 학습실 사용의 불편에 공감할 것이라는 추측을 드러내고 있다.

④ ⓓ : 보조사 '부터'를 사용하여, 이 질문은 학습실 사용 신청이 시작되는 시점이 언제인지 묻고 있음을 드러내고 있다.

⑤ ⓔ : 어미 '-면'을 사용하여, 사용 원칙이 적용되기 전에 갖춰져야 할 조건을 언급하고 있다.

[53~54]
(가)는 ○○도서관 앱의 첫 화면이고, (나)는 이 앱을 사용한 학생이 도서관 누리집 게시판에 올린 글과 사서의 답변이다. 물음에 답하시오. **24학년도 9월**

(가)

(나)

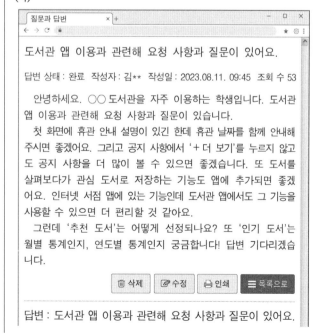

답변 : 도서관 앱 이용과 관련해 요청 사항과 질문이 있어요.

작성자 : 박** 작성일 : 2023.08.11. 15:53

안녕하세요. ○○ 도서관 사서입니다.
먼저 요청 사항에 대해 답변드립니다. 휴관 안내에 대한 요청 사항이 타당하다고 판단해 날짜도 함께 안내하기로 했습니다. 그리고 공지 사항 목록이 늘어나면 앱의 특성상 첫 화면이 너무 길어져 이용에 불편을 드릴 것 같아 현재 상태를 유지하기로 했으니 양해 바랍니다. 또 관심 도서 기능은 도서 이미지의 오른쪽 하단에 있는 ♡를 눌러 사용하실 수 있습니다.
다음으로 질문에 대해 답변드립니다. 앱의 '추천 도서'는 국립중앙도서관이 운영하는 도서관 정보나루의 자료를 토대로 우리 도서관 사서들이 의논하여 선정합니다. '인기 도서'는 기간을 한정하지 않고 누적 대출 건수를 기준으로 제시되는 것입니다. 또 '인기 도서'의 '+ 더 보기'를 누르면, 기간, 연령, 분야 중 하나를 선택하여 순위에 따라 배열된 도서 목록을 볼 수 있다는 것도 추가로 알려드립니다.
고맙습니다.

53 (가)와 (나)에 대한 설명으로 가장 적절한 것은?

① (가)에서는 (나)와 달리 게시물의 조회 수가 화면에 표시된다.

② (가)에서는 (나)와 달리 게시물을 수정할 수 있는 기능이 제공된다.

③ (가)에서는 (나)와 달리 도서 이용과 관련된 여러 기능이 제공된다.

④ (나)에서는 (가)와 달리 도서 대출 상태에 관한 정보가 표시된다.

⑤ (나)에서는 (가)와 달리 도서를 검색할 수 있는 기능이 제공된다.

54 ㉠~㉢과 관련하여 (나)를 이해한 것으로 적절하지 <u>않은</u> 것은?

① 학생은 정보의 구체성을 고려하여 ㉠에 추가 정보를 게시해 줄 것을 요청하고 있다.

② 사서는 앱 화면의 구성을 고려하여 ㉡에서 보이는 정보의 양을 늘리지 않겠다며 학생의 요청을 수용하지 않고 있다.

③ 사서는 정보 선정에 활용된 자료를 고려하여 ㉢의 선정 방식을 알려 주고 있다.

④ 학생은 앱 이용자의 편의를 고려하여 ㉣의 기능에 새로운 기능을 추가해 줄 것을 요구하고 있다.

⑤ 사서는 정보의 추가 제공을 고려하여 ㉤을 여러 조건으로 정렬하여 확인할 수 있는 기능을 안내하고 있다.

[55~58]
(가)는 텔레비전 방송 프로그램이고, (나)는 동아리 누리집이다. 물음에 답하시오. `24학년도 수능`

(가)

진행자 : 시청자 여러분, 안녕하세요? '오늘, 상식' 열 번째 시간입니다. 이번 시간에는 20여 년간 대학에서 어문 규범을 가르쳐 오신 김◇◇ 교수님을 모셨습니다.

전문가 : 안녕하세요?

진행자 : 오늘 짜장면에 대해 말씀해 주신다고 들었는데요, 어떤 이야기인지 궁금합니다.

전문가 : 우리가 맛있게 먹는 짜장면이, 한때는 자장면만 표준어로 인정됐다는 사실을 알고 계신가요?

진행자 : ㉠ 아, 예전에 그런 내용을 본 적 있어요.

전문가 : 네, 전에는 자장면만 표준어였죠. ㉡ 짜장면은 2011년 8월 31일에서야 복수 표준어로 인정되었습니다.

진행자 : 그런데 표준어로 인정되기 전에도 짜장면이 흔히 쓰이지 않았나요?

전문가 : 그렇습니다. 과거의 신문 기사를 보시죠.

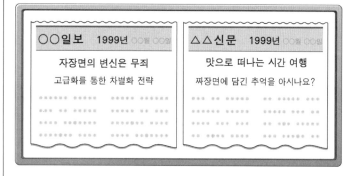

진행자 : 음, 화면을 보니 같은 해에 나온 기사인데도 자장면과 짜장면이 둘 다 쓰이고 있네요?

전문가 : 네, 보시는 자료 이외에 다른 신문 기사에도 짜장면이라는 표기가 나타납니다. 비교적 어문 규범이 정확하게 적용되는 신문에서 짜장면을 사용할 정도로, 일상에서 짜장면이 널리 쓰였다는 것을 알 수 있습니다. 이 무렵에 복수 표준어 선정을 위해 실시한 발음 실태 조사에서도, 비표준어였던 짜장면이 표준어인 자장면에 비해 세 배 이상 많이 사용된다고 나타났습니다.

진행자 : ㉢ 그렇다면 어문 규범이 언어 현실을 충분히 반영하지 못한 측면이 있군요.

전문가 : 당시 언중들이 일상에서는 어문 규범과 달리 짜장면을 흔하게 사용하고 있었던 거죠.

진행자 : 그러면 사람들의 언어 사용 실태를 반영하여 짜장면을 복수 표준어로 인정하게 된 거네요. 시청자 여러분께서 내용을 잘 파악하실 수 있도록 간략하게 말씀해 주시겠어요?

전문가 : 네, 많은 사람들이 오랜 시간 짜장면을 자연스럽게 사용해 왔고 자장이라 표기하면서도 짜장으로 발음해 온 언어 현실을 반영하여 짜장면이 자장면의 복수 표준어로 인정되었다고 할 수 있습니다.

진행자 : 그럼 짜장면처럼 지금 우리가 사용하는 말 중에서도 현재는 표준

어가 아니어도 언젠가 표준어로 인정받을 수 있는 말이 있겠군요.

전문가 : 맞습니다. ㉣ 표준어가 아닌 말도 많은 사람들이 일상에서 자주 사용하다 보면 표준어가 될 수 있는 거죠.

진행자 : ㉤ 말씀을 듣고 보니 짜장면이 표준어가 된 나름의 이유가 있었네요. 이렇게 오늘은 우리말에 대한 상식을 하나 더 배웠습니다. 말씀 감사합니다.

전문가 : 고맙습니다.

진행자 : 오늘 방송은 공식 누리집에서 언제든 다시 시청하실 수 있습니다. 그럼 다음 시간에 또 다른 이야기로 찾아오겠습니다.

(나)

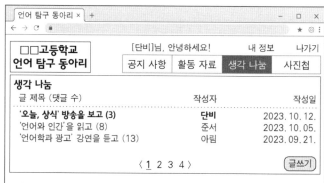

'**오늘, 상식' 방송을 보고**   작성자: 단비

오랜만에 '생각 나눔'에 글 남겨요. '오늘, 상식'을 봤는데, 짜장면이 복수 표준어가 된 이유에 대해 어문 규범을 가르치시는 교수님께서 설명해 주시니 믿음이 갔어요. 제가 본 이 내용이 동아리 부원들의 어문 규범 공부에도 도움이 될 것 같아서 링크를 걸어 둘게요.

'오늘, 상식' 10회 차 다시 보기 🖱 클릭

[좋아요] [누리 소통망 공유] [삭제하기] [수정하기] [인쇄하기]

좋아요(19) 댓글(3)

[아림] 나도 재밌게 봤어. 발음 실태 조사에 대해 듣고 당시 사람들도 짜장면을 자장면보다 훨씬 많이 썼다는 것도 알았고. 그런데 조사 기관이 언급되지 않아서 관련 자료를 찾아봐야겠어.

[준서] 나도 그 방송 봤는데, 자장면만 표준어로 인정됐던 이유를 자세히 설명해 주었다면 좋았을 거라고 생각했어.

[성호] 나는 방송에서 다룬 과거 신문 기사를 통해 자장면과 짜장면이 함께 쓰이고 있었다는 것을 알았어. 근데 신문에서 짜장면을 사용했다는 것만으로 일상에서 널리 쓰였다고 해도 괜찮을까?

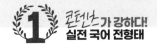
55 (가)에 나타난 정보 전달 방식으로 가장 적절한 것은?

① '전문가'는 시청자에게 정보가 일방적으로 전달되는 상황에서 방송 내용과 관련된 정보를 방송 이후에 추가적으로 확인할 수 있는 방법을 안내하였다.

② '전문가'는 방송 내용에 대한 시청자의 이해를 돕기 위해 앞서 제시한 정보를 정리하여 전달하였다.

③ '전문가'는 방송의 첫머리에 '진행자'와 문답을 이어 가는 방식으로 주요 용어의 개념을 설명하였다.

④ '진행자'는 방송 내용이 시청자에게 미칠 영향을 언급하며 방송 내용을 재확인할 때 주목해야 할 부분을 안내하였다.

⑤ '진행자'는 방송의 취지를 밝히며 방송에서 소개될 내용의 순서를 안내하였다.

56 (나)에 대한 설명으로 적절하지 않은 것은?

① 게시물 수정 이력을 확인할 수 있는 기능이 제공되고 있다.

② 게시물에 반응할 수 있는 공감 표시 기능이 제공되고 있다.

③ 게시물을 누리 소통망으로 가져갈 수 있는 기능이 제공되고 있다.

④ 게시물을 작성하여 올릴 수 있는 범주가 항목별로 설정되어 있다.

⑤ 게시물에는 다른 누리집에 있는 정보로 연결되는 하이퍼링크가 포함되어 있다.

57 (가)에 대해 (나)의 학생들이 보인 수용 태도에 대한 설명으로 적절하지 않은 것은?

① '단비'는 정보 전달자의 전문성에 주목하여 방송에서 다룬 내용이 신뢰할 만한 것이라고 판단하였다.

② '단비'는 짜장면이 복수 표준어로 인정된 이유에 주목하여 방송에서 언급된 내용이 다른 사람들에게도 유용할 것이라고 판단하였다.

③ '아림'은 발음 실태 조사에 주목하여 방송에서 제시된 정보의 출처를 확인할 수 없다고 판단하였다.

④ '준서'는 자장면만 표준어로 인정됐던 사실에 주목하여 그 사실과 관련된 내용이 충분히 다루어지지 않았다고 판단하였다.

⑤ '성호'는 과거의 신문 기사를 다룬 내용에 주목하여 방송에서 다루는 정보가 최근의 상황을 반영하지 않았다고 판단하였다.

58 ㉠~㉤에 대한 설명으로 적절하지 않은 것은?

① ㉠ : 관형사형 어미 '-ㄴ'을 사용하여, '전문가'의 직전 발화와 관련된 '진행자' 자신의 과거 경험을 드러내고 있다.

② ㉡ : 피동 접사 '-되다'를 사용하여, 행위의 주체를 드러내지 않으면서 행위의 대상인 짜장면에 초점을 두고 있다.

③ ㉢ : 보조 용언 '못하다'를 사용하여, 어문 규범이 언어 현실을 반영하는 일이 지속될 수 없음을 나타내고 있다.

④ ㉣ : '-ㄹ 수 있다'를 사용하여, 표준어가 아닌 말이 표준어가 될 가능성이 있음을 나타내고 있다.

⑤ ㉤ : '-고 보다'를 사용하여, '진행자'가 특정 사실을 알게 된 것이 '전문가'의 말을 듣고 난 후임을 드러내고 있다.

[59~60]

(가)는 '학교생활 안내 앱'을 최초 실행할 때의 화면이고, (나)는 학생회 누리 소통망 대화이다. 물음에 답하시오. 24학년도 수능

(가)

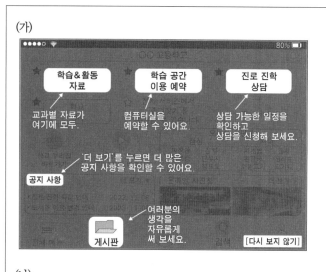

창규 '게시판' 도움말은? 없애긴 좀 그런데.

미희 '게시판' 메뉴 조회 수를 보고 있는데 아직도 꽤 많이 클릭하네. 일단 놔두자.

다들 고마워. 지금 나온 의견으로 수정해 볼게. **진아**

(나)

애들아, 이번 '학교생활 안내 앱' 업데이트에 학생들이 요청했던 사항이 다 반영될 거래! **진아**

미희 오!!! 와!!! 그럼 앱에서 도서관 자습실 예약 가능. ·········㉠

가원 좋다! 그럼 앱을 최초 실행할 때 나오는 메뉴 도움말도 바꿔야겠네.

진아 …㉡

선생님께서 이번엔 학생회 정보부에서 도움말을 수정해 보라고 하셨어. 어떻게 바꿀까?

정호 '진로 진학 상담'에서 상담 예약 가능한 내용도 추가해.

창규 '학습&활동 자료' 하위 항목에 자율 활동, 진로 활동이 새로 생기는 거지?

정호 응. 그것도 반영해야겠네.

창규 [정호] '진로 진학 상담'에서……가능한 내용도 추가해. ……㉢
↳[답장] '진로 진학 상담' 항목에서 추가된 건 없어.

가원 예약 가능한 학습 공간에 도서관 자습실과 모둠 활동실이 추가됐지? 예약 가능한 곳을 궁금해할 것 같아.

동주 좋아. 기존의 컴퓨터실도 포함해서 예약 가능한 곳을 모두 알려 주자.

또 다른 건 없어? **진아**

미희 아! 업데이트되면 이전과 달리 일과 시간이 아닐 때만 알림이 오도록 바뀐대. 이걸 어떻게 알려 줘야 하지? ···㉣
난 단체 문자로 알려 주면 좋겠어.

알림이 오는 시간만 바뀌는 거니까 그렇게 하자! **진아**

정호 좋아. 근데 '공지 사항' 도움말 꼭 필요해?

가원 그 정도는 알려 주지 않아도 아니까 없애자.

창규 학생들이 조건 검색 넣어 달라고 했는데 반영된 거야?

[앱 업데이트에 반영된 사항] **진아**
 - 요구 사항: 항목별, 기간별 검색
 - 요구 사항 외 추가된 것: 결과 내 검색
···㉤

미희 자료 찾는 게 빨라지겠네. 그럼 도움말에 이 내용도 넣자.

동주 '검색' 메뉴 도움말이 없었으니 추가해 줘.

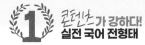
59 ㉠~㉤에 드러난 의사소통 방식에 대한 이해로 적절하지 <u>않은</u> 것은?

① ㉠ : 느낌표를 반복적으로 사용하여, 자신의 감정 상태를 표현하였다.

② ㉡ : 시각적 이미지를 활용하여, 상대방이 제시한 의견에 동의를 표현하였다.

③ ㉢ : 대화 내용을 복사하는 기능을 활용하여, 상대방의 질문에 답하였다.

④ ㉣ : 묻고 답하는 방식을 활용하여, 변경된 알림 전송 시간대를 안내하는 방법에 대한 자신의 의견을 제시하였다.

⑤ ㉤ : 줄을 바꾸는 방식으로 글을 입력하여, 변동 사항을 구분하여 안내하였다.

60 (나)의 대화 내용을 반영하여 (가)를 아래와 같이 수정했다고 할 때, 수정한 화면에 대한 설명으로 적절하지 <u>않은</u> 것은?

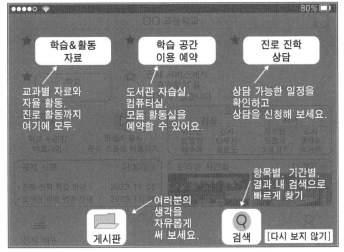

① '학습&활동 자료'에 대한 도움말은 메뉴 항목의 변화에 대한 '창규'와 '정호'의 대화를 반영하여 새로운 내용이 추가되었다.

② '학습 공간 이용 예약'에 대한 도움말은 이용 예약이 가능한 공간 추가에 대한 '가원'과 '동주'의 대화를 반영하여 수정되었다.

③ '공지 사항'에 대한 도움말은 메뉴 도움말의 필요성에 대한 '정호'와 '가원'의 대화를 반영하여 삭제되었다.

④ '게시판'에 대한 도움말은 메뉴 이용 빈도에 대한 '창규'와 '미희'의 대화를 반영하여 그대로 유지되었다.

⑤ '검색'에 대한 도움말은 검색 자료의 변화에 대한 '미희'와 '동주'의 대화를 반영하여 새로운 내용이 추가되었다.

[61~64]

다음은 텔레비전 뉴스이다. 물음에 답하시오. 25학년도 6월

진행자 : 시청자 여러분, 독도 바다사자를 아십니까? ⓐ 독도 바다사자는 예전에 독도와 인근 해역에 살았던 바다사자를 가리키는 말인데요, 하지만 안타깝게도 독도 바다사자는 멸종된 지 오래되어 현재는 볼 수가 없습니다. 그런데 최근 독도 옛 모습 찾기의 일환으로 이 바다사자를 되살리려는 움직임이 있어 지역 사회의 비상한 관심을 끌고 있습니다. 보도에 김◇◇ 기자입니다.

멸종된 독도 바다사자 복원 움직임

ㄱ

기자 : 저는 지금 독도 인근 해역에 나와 있습니다. ⓑ 1900년대 초까지만 해도 이곳은 독도 바다사자의 주요 서식지이자 번식지였습니다. 하지만 ⓒ 일제 강점기 남획으로 인하여 개체 수가 급격히 줄다가 완전히 자취를 감추었고, 국제자연보존 연맹에서는 1994년에 독도 바다사자를 멸종 동물로 분류 하였습니다. 그런데 최근 들어 독도 옛 모습 찾기를 위해 관련 기관을 중심으로 독도 바다사자의 복원 방안이 활발히 논의되고 있습니다.

국제자연보존연맹, 1994년 독도 바다사자 멸종 동물로 분류

ㄴ

관계자 : ⓓ 독도 바다사자는 다른 멸종 위기 동물보다 인간과의 충돌 가능성이 크지 않고, 독도 지역은 서식 환경의 적합성 면에서도 독도 바다사자의 복원에 유리합니다. 그리고 독도에 대한 국민적 관심과 독도의 생물 다양성을 고려할 때, 독도 바다사자 복원은 추진할 만한 가치가 있다고 봅니다.

기자 : 전문가들도 독도 바다사자의 복원 가능성을 염두에 두고 구체적인 복원 방안 모색에 나섰습니다.

전문가 : 독도 바다사자의 경우 동일 개체종이나 동일 개체군으로의 복원은 현재로서는 불투명합니다. 다만, 베링해 등에서 혈연적으로 가까운 개체군을 찾아서 들여오는 방식으로의 복원은 가능성이 있습니다. 예전에도 독도 바다사자는 독도 해역을 중심으로 베링해 인근까지 넓게 분포하고 있었기 때문에 베링해 등에서 개체군을 들여와도 문제없이 잘 서식할 것으로 생각합니다. 이 부분은 앞으로 연구가 더 필요합니다.

△△해양연구소 / 이○○ 연구원

다만, 베링해 등에서 혈연적으로 가까운 개체군을 찾아서 들여오는 방식으로의 복원은 가능성이 있습니다.

ㄷ

기자 : 지역 사회도 독도 바다사자를 복원하여 독도의 옛 모습을 찾을 수 있다는 기대감에 반가움을 표했습니다.

지역 어민 대표 : 독도 바다를 누비던 독도 바다사자를 다시 볼 수만 있다면, 제대로 정착할 수 있도록 저희도 적극 협조해야지요.

기자 : 일각에서는 동물의 서식지를 옮기는 것이 동물에게는 오히려 위험 요소가 될 수 있다며 신중한 접근을 요구하는 목소리도 나오고 있습니다. 이처럼 독도 바다사자의 복원에는 정확한 실태 조사, 사회적 합의 도출 등 앞으로 해결해야 할 과제가 많습니다. 하지만 ⓔ 독도 바다사자를 성공적으로 복원할 수 있다면, 독도의 옛 모습을 찾고 생물 다양성을 확보하는 데에도 도움이 될 것으로 전망됩니다. □□뉴스 김◇◇ 기자였습니다.

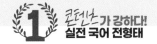
61 ㉠~㉢에 대한 이해로 가장 적절한 것은?

① ㉠, ㉡은 보도의 현장감을 높이기 위해 취재 현장에서 보도하는 영상을 제시하고 있다.

② ㉠, ㉢은 효과적인 의미 전달을 위해 보도 내용과 관련된 이미지와 문자를 사용하여 복합 양식의 특성을 드러내고 있다.

③ ㉡, ㉢은 보도 내용에 대한 신뢰를 주기 위해 인터뷰 대상에 대한 정보를 제시하고 있다.

④ ㉠, ㉡, ㉢은 보도의 주요 화제를 전환하기 위해 일상생활에 도움이 되는 정보를 화면 상단에 제시하고 있다.

⑤ ㉠, ㉡, ㉢은 보도 내용에 대한 시청자의 이해를 돕기 위해 추가 정보를 화면 하단의 자막 내용으로 제시하고 있다.

63 ⓐ~ⓔ에 대한 설명으로 가장 적절한 것은?

① ⓐ : 보조사 '는'을 사용하여, '독도 바다사자'를 다른 지역의 바다사자와 비교한다.

② ⓑ : 보조사 '만'을 사용하여, '1900년대 초까지'가 기대에 미치지 못하는 수준임을 표현한다.

③ ⓒ : 연결 어미 '-다가'를 사용하여, 개체 수의 감소 국면이 반전되었음을 표현한다.

④ ⓓ : 연결 어미 '-고'를 사용하여, 독도 바다사자의 복원이 상대적으로 수월한 이유를 나열하고 있다.

⑤ ⓔ : 피동사 '전망되다'를 사용하여, 독도 바다사자 복원의 주체를 숨기고 있다.

62 다음은 위 뉴스에 대한 시청자 게시판의 내용이다. 시청자의 수용 양상에 대한 설명으로 적절하지 <u>않은</u> 것은?

> **다랑이** : 뉴스에서 말하는 복원이 외국의 비슷한 종을 데려와 정착시킨다는 말인 것 같은데, 이것이 오히려 우리 생태계에 악영향을 줄 수 있지 않을까요?
>
> **행복이** : 복원 사업이 성공하려면 지역 어민들의 협조가 필요한데, 적극 협조한다는 지역 어민 대표님의 말씀이 참 고맙네요.
>
> **강치맘** : 지구 온난화로 해수 온도가 상승한다던데, 서식 환경의 적합성 면에서 독도 지역이 복원에 유리하다고 보긴 어려워요.
>
> **보리보리** : 독도 바다사자가 인간의 남획으로 사라졌다는 사실이 안타깝네요. 복원이 이루어진다면, 남획으로 사라지는 일이 없게 어로 금지 구역 설정 등의 보존 대책을 세웠으면 좋겠어요.
>
> **독도사랑** : 저는 독도 인근 주민인데, 독도 바다사자의 복원 추진에 대해 제 주변의 사람들은 모르고 있어요. 진행자가 지역 사회의 비상한 관심을 끌고 있다고 말한 것이 확실한지 모르겠어요.

① '다랑이'는 '전문가' 발화의 일부 내용에 주목하여 비판적 시각을 보이고 있다.

② '행복이'는 '지역 어민 대표' 발화의 일부 내용에 주목하여 자신이 이해한 정보가 맞는지 확인하고 있다.

③ '강치맘'은 '관계자' 발화의 일부 내용에 주목하여 그것과 다른 견해를 보이고 있다.

④ '보리보리'는 '기자' 발화의 일부 내용에 주목하여 자신의 의견을 제안하고 있다.

⑤ '독도사랑'은 '진행자' 발화의 일부 내용에 주목하여 그것이 실제 사실인지 의문을 제기하고 있다.

64 위 뉴스를 참고하여 학생들이 독도 옛 모습 찾기 캠페인을 홍보하는 포스터를 아래와 같이 만들었다고 할 때, 포스터의 정보 제시 및 구성 방식에 대한 이해로 적절하지 <u>않은</u> 것은?

① 독도 바다사자에 대한 정보를 확인할 수 있도록, 오른쪽 하단에 QR 코드를 제시했다.

② 행사 내용을 강조하기 위해, 상위와 하위 항목의 글자 크기와 굵기를 서로 달리하여 제시했다.

③ 캠페인의 목적을 분명히 드러내기 위해, 홍보용 포스터 제목을 글 상자에 넣어 상단 중앙에 제시했다.

④ 독도 옛 모습 찾기에 동참하자는 의미를 담기 위해, 학생의 말풍선에 청유 형식의 문구를 제시했다.

⑤ 독도와 독도 바다사자가 함께하는 독도의 옛 모습을 떠올릴 수 있도록, 독도를 배경으로 독도 바다사자가 헤엄치는 모습을 이미지로 제시했다.

[65~66]
다음은 '졸업 앨범 앱' 시안을 제작하기 위한 온라인 화상 회의이다. 물음에 답하시오. `25학년도 6월`

나영 : 이제 화상 회의 시작할게. 근데 수민이가 참석을 못 한다고 하니, 회의를 녹화해서 파일로 저장할게. 다들 동의하지?

지현, 민진, 윤하, 서형, 은준 : 그래, 알았어.

채팅	나영 님이 회의 녹화를 시작합니다.

귓속말 (1:1채팅)	은준→나영 : 나영아, 근데 수민이 무슨 일 있어? 걱정 되네. ㅠㅠ 나영→은준 : 몸이 좀 아프대. 회의 끝나고 연락해 보자.

지현 : '졸업 앨범 앱' 시안 제작을 위해 친구들이 학생회 사회 관계망 서비스 게시판에 의견을 제출해 주었어. 함께 검토해 보자. 게시판 주소를 보내 줄게.

채팅	http://www.○○고.kr/○○고 학생회

민진 : 많은 의견 중에 반영할 의견을 고르려면 소회의실을 만들어 진행해야 회의 시간을 줄일 수 있을 것 같은데 어때?

나영 : 좋은 생각이야. 회의실은 내가 만들어 줄게.

채팅	소회의실 회의가 시작되어 지정된 회의실로 이동합니다.

채팅	소회의실 회의가 종료되어 전체 회의실로 이동합니다.

나영 : 자, 그럼 소회의실에서 검토한 의견을 공유해 보자.

지현 : 우리 모둠에서는 본인이 쓴, 간직하고 싶은 글을 저장할 수 있는 공간이 있으면 좋겠다는 의견이 있었어. '나의 서재' 같은 메뉴를 추가하면 구현할 수 있을 것 같아.

민진 : 그럼 메뉴는 우리가 처음 구상한 것에 '나의 서재'를 추가해서 '나의 방', '나의 서재', '조별 사진', '단체 사진', '행사 사진'으로 하면 되겠다.

은준 : 우리 모둠에서는 자신의 사회 관계망 서비스 주소를 직접 입력할 수 있게 해 달라는 의견이 나왔어. '나의 방' 메뉴에 계정 주소 입력 공간을 만들고 입력하게 하는 건 어때?

윤하 : 좋아. 그러면 '친구 찾기' 메뉴도 만들어서 친구를 검색 하면, 입력된 친구 계정에 클릭 한 번으로 바로 이동할 수 있도록 '사회 관계망 서비스 바로 가기'를 추가하자.

지현 : 그럼, 추가한 '친구 찾기' 메뉴에 '쪽지 보내기' 기능을 넣어서, 친구에게 쪽지를 보낼 수 있게 하면 어때?

은준 : 우리도 '쪽지 보내기'에 대한 의견을 반영하려 했었어. 발신자가 쪽지를 보내면 수신자 휴대 전화에 알림이 가게 해 달라는 요구도 있었으니

함께 반영하자.

서형 : '학교 누리집 바로 가기'를 넣어 달라는 의견도 있던데, 페이지로 연결은 간단하니 이것도 반영하는 걸로 하자.

윤하 : 그래, 다양한 기능이 많이 생기겠다. 입학 때부터 지금까지 시간 순서에 따라 자동으로 사진을 볼 수 있게, '슬라이드 자동 넘김' 기능을 추가해 달라는 의견도 있었어.

민진 : 좋은 생각이네. '행사 사진' 메뉴에 적용하면 어울릴 것 같아. 그런데 그런 기능이 실제로 가능한가?

서형 : 동영상 공유 플랫폼에서 봤어. 영상을 공유해 볼게.

채팅	서형 님이 영상 공유를 시작합니다.

나영 : 영상 보니까 충분히 가능하겠네. 그럼, 지금까지 나온 의견 잘 반영해서 ㉠ 최종 시안이 나오면 다시 공유할게.

65 윗글에 나타난 매체 활용 방식으로 적절하지 <u>않은</u> 것은?

① '나영'은 회의 참여가 불가능한 '수민'을 위해 회의를 디지털 형태의 파일로 저장했다.

② '지현'은 게시판에 쉽게 접속할 수 있도록 학생회 사회 관계망 서비스 게시판 주소를 전송했다.

③ '민진'은 게시판에 제출된 의견을 효율적으로 검토하기 위해 '소회의실' 기능의 활용을 제안했다.

④ '은준'은 개인적으로 친구에 대한 안부를 확인하기 위해 '귓속말' 기능을 활용하여 '나영'과 대화했다.

⑤ '서형'은 '슬라이드 자동 넘김'에 대한 회의 참여자들의 선호 정도를 확인하기 위해 '영상 공유' 기능을 사용했다.

memo

66 위 회의를 바탕으로 ㉠을 아래와 같이 제작했다고 할 때, ⓐ~ⓔ에 대한 이해로 적절하지 <u>않은</u> 것은?

① 앱 이용 중에 학교 누리집에 접속할 필요가 있을 때, ⓐ를 이용하면 편리하겠군.

② 사용자는 '친구 찾기'에서 친구가 ⓑ에 입력해 둔 계정 주소를 통해 친구 계정으로 바로 이동할 수 있겠군.

③ 학교생활 중에 썼던 글을 ⓒ에 올려 두면, 저장한 글을 보고 싶을 때 다시 열어 볼 수 있겠군.

④ 학교 행사들을 추억하고 싶을 때 ⓓ를 이용하면 시간 순서에 따라 행사 사진들을 다시 볼 수 있겠군.

⑤ ⓔ를 사용하여 쪽지를 보냈다는 것을 알리려면 수신자의 사회 관계망 서비스에 접속해야 하겠군.

[67~69]
(가)는 학생회 학생들의 누리 소통망 대화이고, (나)는 학생회에서 발송한 뉴스레터 화면이다. 물음에 답하시오. 25학년도 9월

(가)

희경: 얘들아, 안녕? 뉴스레터 8월 호 제작 회의를 시작할게! 오늘 회의는 '따끈따끈 소식' 기사 내용 선정, '사람을 만나다' 면담 대상자 및 기사 내용 선정, '학생회 소식' 기사 내용 선정 순으로 진행할게. 먼저 '따끈따끈 소식'에는 어떤 기사를 담을까? … ㉠

승민: 구독하는 학생들에게 관심이 높은 운동장 야영을 다루면 어때? 2학기는 8월에 신청하는데, 1학기에도 경쟁률이 정말 높았어.

한빛: 좋아! 경쟁률이 높아서 신청서를 잘 작성해야 되니 선정된 학생들의 작성 비결을 다루면 좋겠어. …… ㉡

희경: 그래. 운동장 야영 신청서 작성에 대해 다루자. 또 하나는?

정희: 난 학교 도서관에 가면 책 고르기가 힘들어서 학생들이 많이 빌린 책 순위를 보고 빌려. 뉴스레터를 구독하는 학생들에게 순위를 알려 주면 도움이 될 것 같아. 어느 반이 책을 많이 빌리는지 그 순위도 궁금해할 거 같지 않아?

윤찬: 그건 책을 고르는 것에는 도움이 안 될 것 같아. 그냥 대출 순위만 알려 주자. 학생들이 1학기에 많이 빌린 책 목록을 받아 놓은 게 있어. 찾아서 올려 줄게.

희경: 알았어. 그럼 '사람을 만나다'에서는 누구를 만날까?

재환: 우리 반에 노래 대회에서 우승한 친구가 있는데 구독하는 학생들도 궁금해하니 그 친구는 어때? 학생들에게 인기라 요즘 이야기를 많이 해.

민하: 맞아. 유○○을 말하는구나. 면담 대상으로 좋은 듯해. 대회에서 부른 노래, 대회 참가 소감을 다루면 좋겠네. 내가 대회 공식 영상 링크를 올려 줄게.

'제3회 ◇◇ 노래 대회' 우승……
https://gutds.com/yJdShG

민하: https://gutds.com/yJdShG …… ㉢

한빛: 정말 잘 부른다!

희경: 그러게. 이제 한 명만 남았네?? 누구에 대해 다루는 게 좋을까??? … ㉣

범석: 이번 호에는 박□□ 선생님에 대해 기사를 쓰는 게 어떨까? 8월 말에 정년 퇴임을 하셔서 9월부터는 학교에서 뵐 수 없으니 학교에 계실 때 뵙고 이야기를 나누자.

수민: 좋은 생각이야. 이제 교단을 떠나시니 교사로서의 삶을 다루면 좋을 것 같아. 어때?

윤찬: 1학기 도서 대출 현황.pdf …… ㉤

빌린 책 순위가 여기 나와 있어. 이걸 활용해서 기사를 쓰자.

희경: 좋아. 박□□ 선생님과 면담한 내용으로 기사를 쓰자. 윤찬아, 확인했어. 그 내용으로 하자. 이제 '학생회 소식'에서 다룰 내용을 정해야 돼.

혜정: 8월의 학생회 행사는 '학습 도우미' 프로그램뿐이야. 23일에 하는데, 1학기에 어떤 프로그램인지 몰라서 신청을 못한 학생들이 많았대. 프로그램을 안내하는 기사를 쓰면 어때?

지호: 프로그램 일정 및 내용을 안내해 주면 참가하려는 학생들에게 도움이 될 거야. 그 내용으로 기사를 쓰자.

희경: 좋아. 이제까지 나온 의견을 반영해서 뉴스레터를 만들자.

(나)

수신 메일함

[우리끼리 소곤소곤] 8월 호 뉴스레터

보낸 사람 △△고 학생회
받는 사람 김▽▽
2024년 8월 5일(월) 18:03

안녕하세요, 구독자 여러분. 매월 첫 번째 월요일마다 발송되는, '우리끼리 소곤소곤'이 도착했습니다.

1. 따끈따끈 소식 - 우리 학교 소식을 알려 드립니다.

1) 운동장 야영 프로그램 신청서 작성 비결
운동장 야영 프로그램의 2학기 신청 기간이 8월 26일(월)~30일(금)입니다. 지난 학기에 선정된 팀들의 신청서 작성 비결을 공개합니다!
+전문 보기

2) 우리 학교 도서관 인기 도서 공개
책 고르기가 막막한 학생들을 위해 우리 학교 도서관 1학기 인기 도서를 공개합니다. 1위부터 10위까지의 순위를 공개합니다.
+전문 보기

2. 사람을 만나다 - 학교 구성원과 나눈 이야기를 전해 드립니다.

1) 노래 대회 우승자가 우리 학교에 있어요!
'제3회 ◇◇ 노래 대회' 우승자가 우리 학교 학생이라는 것 알고 있죠? 대회에서 겪었던 경험에 대한 이야기를 듣고 왔습니다.
+전문 보기

2) 정년 퇴임 기념 면담 - 박□□ 선생님의 교직 인생
8월 말 정년 퇴임을 앞둔 박□□ 선생님을 만나, 선생님의 교직 인생에 대해 들어 봤습니다.
+전문 보기

3. 학생회 소식 - 학생회에서 진행하는 행사에 대해 알려 드립니다.

◎ 학생회 주관 학습 도우미 프로그램
학생회에서 학습 도우미가 학습 전략을 공유하는 프로그램을 8월 23일(금)에 진행합니다. 프로그램 일정 및 내용을 알려 드립니다.
+전문 보기

☞ 이번 호는 만족했어요. ☞ 이번 호는 불만족했어요.

※ 기사의 내용 오류, 궁금한 점이나 제보할 내용이 있으면 '제보하기'를 클릭해서 의견을 보내 주세요. 여러분의 소중한 의견을 기다립니다. 고맙습니다.
제보하기

본 뉴스레터는 학생회 누리집에서 뉴스레터 구독을 신청했기에 발송되었습니다. 이 메일은 발신 전용 메일이므로, 회신할 수 없습니다. 이후 뉴스레터의 수신을 원하지 않는 경우, '수신 거부'를 클릭해 주세요.
수신 거부

67 (가)에 드러난 의사소통 방식에 대한 이해로 가장 적절한 것은?

① ㉠ : 회의할 내용을 차례대로 제시하여, 대화 참여자에게 회의와 관련된 정보를 알려 주었다.

② ㉡ : '승민'의 발화 일부를 재진술하여, 자신이 이해한 내용이 맞는지 확인하였다.

③ ㉢ : 영상 링크를 전송하여, '재환'의 의견에 반대하는 근거를 제시하였다.

④ ㉣ : 물음표를 반복적으로 사용하여, '한빛'의 의견에 대한 자신의 의문을 강하게 표현하였다.

⑤ ㉤ : 파일을 전송하여, '희경'이 자신에게 요청한 자료를 제공하였다.

68 (나)에 대한 설명으로 적절하지 <u>않은</u> 것은?

① 뉴스레터는 학생회 누리집을 통해 수신에 동의한 구독자에게 발송된다.

② 뉴스레터는 구독자에게 매월 첫 번째 월요일에 정기적으로 발송된다.

③ 뉴스레터 구독자는 '전문 보기'를 통해 이전 호 뉴스레터를 볼 수 있다.

④ 뉴스레터 구독자는 '제보하기'를 통해 기사에 대한 의견을 보낼 수 있다.

⑤ 뉴스레터 구독자는 이번 호 뉴스레터에 대한 만족 여부를 표현할 수 있다.

69 (가)의 대화 내용을 반영하여 (나)를 제작했다고 할 때, (나)에 대한 설명으로 적절하지 <u>않은</u> 것은?

① '따끈따끈 소식'에는 구독자 관심사에 대한 '승민'과 '한빛'의 대화를 반영하여, 운동장 야영 신청서 작성 비결과 관련된 내용이 포함되었다.

② '따끈따끈 소식'에는 구독자에게 미칠 영향에 대한 '정희'와 '윤찬'의 대화를 반영하여, 도서 대출을 많이 한 학급 순위와 관련된 내용이 포함되었다.

③ '사람을 만나다'에는 면담 대상자의 화제성에 대한 '재환'과 '민하'의 대화를 반영하여, 노래 대회 참여 경험과 관련된 내용이 포함되었다.

④ '사람을 만나다'에는 면담 시기의 시의성에 대한 '범석'과 '수민'의 대화를 반영하여, 정년 퇴임을 앞둔 선생님과 관련된 내용이 포함되었다.

⑤ '학생회 소식'에는 기사 내용의 유용성에 대한 '혜정'과 '지호'의 대화를 반영하여, 학습 도우미 프로그램의 활동 내용과 관련된 내용이 포함되었다.

[70~72]
다음은 학생의 개인 블로그이다. 물음에 답하시오. `25학년도 9월`

🏠 **준호의 일상 블로그**　　　　　준호 님, 반갑습니다.

공지 사항	**나의 일상**	나의 영상	유용한 정보

제목 : 나의 스마트폰 사용 이야기	2024.09.02. 19：35

　스마트폰을 얼마나, 어디에 쓰고 있는지 궁금해서 사용 시간을 세부적으로 확인해 봤어요.

　《스마트폰 사용 현황 및 분석》
아래는 일주일간 제 스마트폰 사용 시간 자료예요.

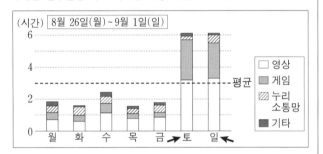

　지난주 일일 평균 사용 시간은 **3시간 정도**였어요. 화살표로 표시한 부분을 보면, 토요일 ㉠ 및 일요일에 많이 쓰는 편이었어요. ㉡ 주로 영상 시청과 게임을 했더라고요. 주말엔 영화도 보고, ㉢ 최근 요리사로 진로를 정하고 자격증 정보를 담은 영상을 많이 봐 그런 것 같아요. ㉣ 게다가 주말에 몰아서 게임을 해서 주말 사용 시간이 많은 듯했어요. 반면에 영상이나 게임에 비해 누리 소통망 사용 시간은 적은 ㉤ 편이었어요. 누리 소통망을 주변 사람과만 사용해 그런 것 같아요.

　《스마트폰을 적절히 사용하기 위한 실천 방안》
　사용 시간 자료를 보니, 제 삶에 긍정적인 영향을 미칠 수 있도록 습관을 개선하고 적절한 사용 방법을 찾아 실천해야겠다고 생각했어요. 그래서 주로 취미에 사용하던 스마트폰을 진로를 위해서도 사용하려고 실천 방안을 세웠어요.

'요리 공부 시간 늘리기'
'요리 연습 영상 일지 올리기'
'요리로 소통 넓히기'

　첫째, 요리 공부 시간 늘리기. 요리 공부는 많이 하지 못해서 스마트폰으로 영화뿐 아니라 요리하는 영상도 보려고요. 둘째, 요리 연습 영상 일지 올리기. 음식을 취미로만 만들었는데 이제는 조리법에 맞게 제대로 요리해 볼 생각이에요. 또 요리하는 영상 일지를 블로그에 올려 요리 실력이 얼마나 나아지는지를 확인해 볼 거예요. 셋째, 요리로 소통 넓히기. 요리사를 꿈꾸는 사람들과 누리 소통망을 활용해 조리법을 공유하고 소통하는 시간을 늘려 볼까 해요. 잘할 수 있겠죠?

　😊댓글 3　♥좋아요 8　　　　　　| 댓글 쓰기 | 좋아요 |

↳ **친하리** : 저도 사용 시간을 확인하니, 일일 평균이 2시간이고, 준호 님과 달리 평일에 더 썼네요. 평일엔 공부 관련 내용을 많이 찾아보는데, 주말엔 봉사 활동을 해서 스마트폰을 쓸 틈이 없었어요.

↳ **역사랑** : 저는 스마트폰으로 영상은 스포츠 분야만 봤어요. 역사에 대해 더 알고 싶어서 이제부터 역사에 대한 영상도 볼 거예요. 그리고 누리 소통망은 친구들과 대화하는 데에만 썼어요. 누리 소통망은 준호 님과 비슷한 방식으로 역사 공부를 좋아하는 사람들과 역사 이야기를 함께 나누면서 정보를 공유해 볼 생각이에요.

↳ **꿈자람** : 스마트폰을 진로와 취미에 적절히 사용하겠다는 것과 일지를 쓰면 도움이 될 것 같다는 글 내용에 공감했어요. 전 사진작가가 되기 위해 스마트폰으로 일지를 작성해 올릴 거예요. 상황에 따라 촬영 방법을 잘 선택하고 있는지 분석해서 쓰면 사진 찍는 기술이 향상되는지를 알 수 있을 거예요. 취미인 전자책 읽기도 하면서 스마트폰을 잘 사용해 보려고요.

70 '준호'의 글에 나타난 정보 구성 및 제시 방법으로 적절하지 <u>않은</u> 것은?

① 소제목을 활용하여 스마트폰 사용과 관련된 내용을 구분하여 제시하고 있다.

② 그래프 자료를 활용하여 스마트폰 사용 시간에 대한 정보를 제시하고 있다.

③ 글자 크기와 굵기를 달리하여 하루 평균 스마트폰 사용 시간을 제시하고 있다.

④ 글의 정렬 방식에 변화를 주어 스마트폰 사용 시 시간대별 유의 사항을 부각하고 있다.

⑤ 화살 모양의 표지를 활용하여 스마트폰 사용 현황의 일부에 주목하도록 표시하고 있다.

71 '준호'의 글에 대한 독자의 반응을 설명한 것으로 적절하지 <u>않은</u> 것은?

① '준호'가 언급한 스마트폰 사용 시간에 대한 내용을 바탕으로, '친하리'는 자신이 평일보다 주말에 스마트폰 사용 시간이 적은 이유를 드러내었다.

② '준호'가 언급한 영상 시청 분야에 대한 내용을 바탕으로, '역사랑'은 자신의 관심 분야에 대한 내용을 다룬 영상을 추가적으로 시청하고자 하는 의지를 드러내었다.

③ '준호'가 언급한 누리 소통망 활용 목적에 대한 내용을 바탕으로, '역사랑'은 누리 소통망으로 자신이 소통하고자 하는 대상과 화제를 드러내었다.

④ '준호'가 언급한 스마트폰 사용 습관 개선 방향에 대한 내용을 바탕으로, '꿈자람'은 자신의 진로를 고려하여 스마트폰 사용 용도를 일원화해야 할 필요성을 드러내었다.

⑤ '준호'가 언급한 일지 작성의 효용에 대한 내용을 바탕으로, '꿈자람'은 자신의 진로와 관련하여 일지를 효과적으로 활용하려는 계획을 드러내었다.

72 ㉠~㉤에 대한 설명으로 가장 적절한 것은?

① ㉠ : 스마트폰을 많이 사용하는 날이 토요일이나 일요일 중 하나임을 표현하기 위해 사용하였다.

② ㉡ : 스마트폰의 사용 시간 가운데 영상 시청과 게임이 중심이 됨을 표현하기 위해 사용하였다.

③ ㉢ : 요리사로서의 꿈을 꾸게 된 때가 자격증 관련 영상을 시청하게 된 때보다 나중임을 표현하기 위해 사용하였다.

④ ㉣ : 스마트폰으로 주말에 영상 시청과 게임 중 더 많이 한 일이 무엇인지 표현하기 위해 사용하였다.

⑤ ㉤ : 누리 소통망을 주변 사람과만 사용해서 누리 소통망 사용 시간이 적은 것이 당연함을 표현하기 위해 사용하였다.

[73~76]
(가)는 온라인 실시간 방송이고, (나)는 방송을 시청한 학생이 자신의 블로그에 작성한 글이다. 물음에 답하시오. 25학년도 수능

(가)

푸근 : 안녕하세요? '푸근의 지식 창고' 채널의 푸근입니다. 화면에 실시간 대화창을 띄울게요. 오늘은 공학 박사이신 전선 님을 모셨어요. 반갑습니다!

전선 : 안녕하세요! 전선입니다.

푸근 : 오늘 나눌 이야기는 무엇인가요?

전선 : '플러그와 콘센트'에 관한 이야기입니다.

푸근 : ⓐ 제가 얼마 전 일본 여행을 갔다가 현지 콘센트에 맞는 충전기 어댑터를 챙기지 않아 휴대 전화 충전에 애를 먹었어요.

전선 : 그랬군요. 우리나라와 '플러그와 콘센트' 규격에 차이가 있죠.

[A]

가을비	전 해외여행을 자주 가는데, 갈 때마다 그 나라 콘센트에 맞는 충전기 어댑터를 챙겨야 해서 번거로워요.

푸근 : 가을비 님, 맞아요. 번거롭죠. 전선 님, 그런데 왜 일본은 우리나라와 다른가요?

전선 : 일본은 전기를 보내고 받는 시스템이 우리나라와 다르기 때문이에요. ⓑ 나라마다 시스템을 독자적으로 구축하다 보니 '플러그와 콘센트'의 모양이 다양해졌어요. '플러그와 콘센트' 유형을 보여 주는 이미지를 띄워 주실래요?

푸근 : 네. 화면을 나눠서 이미지를 띄울게요. 질문이나 의견은 계속 올려 주세요.

전선 : 화면에 나오는 A형, B형은 모두 미국과 일본에서, C형, F형은 우리나라에서 사용해요. 질문이 올라왔네요.

[B]

아침	'플러그와 콘센트'도 국제 표준 규격이 있는 걸로 알고 있는데, '플러그와 콘센트' 규격이 나라별로 차이가 있기도 하네요. 왜 그렇죠?
풍경	국제 표준 규격을 정하는 게 생산 효율을 높이는 데 도움이 된다고 알고 있어요. '플러그와 콘센트'의 국제 표준 규격을 정하기 위한 움직임이 있었나요?

아침 님, 풍경 님. 국제전기기술위원회에서 1986년에 '플러그와 콘센트'의 국제 표준 규격을 N형으로 정했어요. 하지만 많은 나라가 이미 독자

적으로 표준을 정했었고, 그러다 보니 국제 표준 규격을 채택한 나라가 거의 없어요.

푸근 : 그렇군요. 근데 우리는 원래 A형을 쓰지 않았나요?

전선 : 네. 110V 전력 시스템을 사용하면서 A형을 썼었어요. 그러다 열악한 전력 사정을 고려해서 110V에 비해 전력 공급 효율이 높은 220V로 바꾸는 승압 사업을 1973년부터 시작했어요. 그러면서 '플러그와 콘센트'도 C형, F형으로 바꿨죠.

[C]

눈썹달	220V로 전압을 높이면 전력 공급 효율이 높아진다고 하셨는데, 그럼 일본은 왜 220V로 안 바꾼 거죠?
해맑음	1991년쯤, 저희 집 콘센트를 220V용으로 바꾼 기억이 나요. 그럼 A형에서 C형이나 F형으로 바뀐 거죠?

전선 : 해맑음 님, 맞습니다. 눈썹달 님, ⓒ 한 나라의 입장에서 비용 부담이 매우 클 수밖에 없어요. 우리도 30년 넘게 엄청난 사업비가 투입됐어요.

푸근 : ⓓ 그렇게 많은 시간과 비용이 투입됐다는 건 처음 알았네요. 전선 님 일정 때문에 오늘은 여기까지 해야겠네요. 나와 주셔서 감사합니다.

지환아빠	근데 '플러그와 콘센트'는 누가 처음 만들었나요? 처음에도 지금과 같은 형태였나요?

전선 : 감사합니다.

푸근 : 지환아빠 님, 방금 올리신 질문과 관련된 자료는 실시간 대화창에 링크로 대신할게요. 바로 올릴 테니 확인해 보세요!

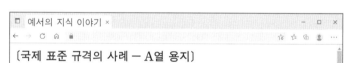

ⓔ 오늘 영상은 제 채널의 '다시 보기'에 올려 두겠습니다. 여러분, 다음에 만나요!

(나)

[국제 표준 규격의 사례 – A열 용지]

'*푸근의 지식 창고*' 실시간 방송에서 '플러그와 콘센트'의 국제 표준 규격이 있지만 실제로는 다양한 규격이 사용된다는 내용을 봤어요. ('플러그와 콘센트' 규격의 차이에 대한 내용은 해당 채널에 있는 '다시 보기' 영상 56화의 '1분 5초'부터 확인할 수 있어요.)

방송 후, 국제 표준 규격이 널리 사용되는 사례가 궁금해서 찾아봤는데, A열 용지가 있었어요. A열 용지의 국제 표준 규격에 관한 내용을 알려 드릴게요. (제가 본 자료는 하단에 파일을 첨부해 뒀어요.)

1. A열 용지의 비율

A열 용지의 가로와 세로 비율은 1 대 $\sqrt{2}$ 정도입니다. 사진을 보면 크기가 달라도 비율이 거의 같은 것을 확인할 수 있어요.

```
    841mm
┌──┬──┬────────┐
│A4│A4│        │
├──┴──┤   A2   │
│ A3  │        │
│     ├────────┤  1189mm
│ A0  │        │
│     │   A1   │
└─────┴────────┘
```
〈A열 용지 국제 표준 규격〉

2. A열 용지의 국제 표준 규격 제정과 그 이유

독일공업규격위원회에서 A열 용지의 표준 규격을 정했고, 이 규격을 국제 표준으로 정했어요. 종이를 반으로 자를 때 버리는 부분이 거의 없어 국제 표준으로 정했다고 해요.

📎 A열 용지 국제 표준 규격 자료.pdf 다운로드

73 ㉠~㉤에 대한 설명으로 적절하지 <u>않은</u> 것은?

① ㉠ : 실시간 방송이 이뤄지고 있는 채널 이름이 화면의 좌측 상단에 제시되었다.

② ㉡ : 실시간 방송에서 다룰 내용을 드러내는 자막이 제시되었다.

③ ㉢ : 실시간 방송 화면에 실시간 대화창이 보이도록 제시되었다.

④ ㉣ : 실시간 방송의 출연자들이 함께 나타나도록 분할된 화면이 제시되었다.

⑤ ㉤ : 시청자가 실시간 방송 내용과 관련하여 남긴 질문에 대해 답을 찾아볼 수 있도록 실시간 대화창에 링크가 제시되었다.

75 (나)의 정보 제시 방식으로 적절하지 <u>않은</u> 것은?

① A열 용지의 국제 표준 규격에 관한 내용을 항목별로 소제목을 붙여 제시하였다.

② '플러그와 콘센트'에 관한 '다시 보기' 영상의 출처를 글자를 기울여서 제시하였다.

③ A열 용지의 비율에 대한 이해를 돕기 위해 A열 용지 규격을 보여 주는 이미지를 제시하였다.

④ '플러그와 콘센트' 규격의 차이와 관련된 내용을 영상에서 찾을 수 있도록 해당 내용이 시작되는 지점을 제시하였다.

⑤ 규격이 국제 표준으로 정해지지 않은 사례에 대한 궁금증을 해소하기 위해 탐색한 자료를 첨부 파일로 제시하였다.

74 [A]~[C]에서 알 수 있는 시청자들의 반응에 대한 설명으로 적절하지 <u>않은</u> 것은?

① [A] : '가을비'는 자신의 여행 경험을 언급하며 '플러그와 콘센트' 규격의 차이로 인해 발생하는 불편함을 드러내었다.

② [B] : '아침'은 '플러그와 콘센트' 규격에 대한 배경지식을 언급하며 '플러그와 콘센트'의 규격이 국가에 따라 다르기도 한 이유에 대해 질문하였다.

③ [B] : '풍경'은 국제 표준 규격 제정의 효과를 언급하며 '플러그와 콘센트'의 국제 표준 규격을 제정하는 것이 가능한가에 대해 답변을 요청하였다.

④ [C] : '눈썹달'은 220V로 승압하는 것의 장점을 언급하며 일본이 220V로 바꾸지 않은 이유에 대한 설명을 요청하였다.

⑤ [C] : '해맑음'은 승압 사업에 따른 경험을 언급하며 승압으로 인해 바뀐 '플러그와 콘센트' 유형에 대해 자신이 이해한 내용이 맞는지 확인을 요청하였다.

76 ⓐ~ⓔ에 대한 설명으로 가장 적절한 것은?

① ⓐ : 연결 어미 '-다가'를 사용하여, 일본 여행을 간 것이 일본에서 어려움을 겪게 된 조건임을 나타낸다.

② ⓑ : 보조 용언 구성 '-다 보다'와 연결 어미 '-니'를 사용하여, '플러그와 콘센트' 모양의 다양화를 초래한 원인을 나타낸다.

③ ⓒ : 조사 '밖에'와 형용사 '없다'를 사용하여, 승압 사업에 대한 각국의 부담이 큼을 이중 부정을 통해 강조한다.

④ ⓓ : 종결 어미 '-네'를 사용하여, 승압 사업에 시간과 비용이 많이 들었다는 사실을 청자에게 확인받고 있음을 나타낸다.

⑤ ⓔ : 보조 용언 구성 '-어 두다'와 선어말 어미 '-겠-'을 사용하여, 영상을 채널에 올려놓게 될 가능성이 있음을 나타낸다.

[77~78]

(가)는 학생회에서 제작한 팸플릿이고, (나)는 학생회 학생들의 누리 소통망 대화이다. 물음에 답하시오. 25학년도 수능

(가)

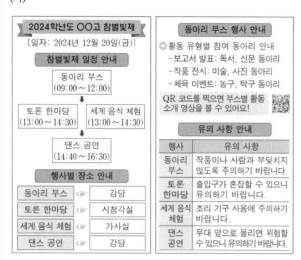

(나)

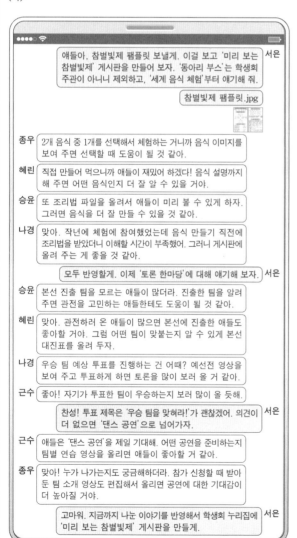

77 (가)에 대한 설명으로 적절하지 <u>않은</u> 것은?

① 각 행사별 진행 절차를 순서도를 통해 보여 주고 있다.

② 안전을 위한 행사별 유의 사항을 표를 통해 제시하고 있다.

③ 동아리 부스별 활동 내용을 확인할 수 있도록 QR 코드를 제시하고 있다.

④ 각 행사를 진행하는 장소를 손가락으로 지시하는 모양의 기호를 활용하여 알려 주고 있다.

⑤ 동아리 부스 행사에 참여하는 동아리를 활동 유형에 따라 구분하여 제시하고 있다.

78 (나)의 대화 내용을 반영하여 아래와 같이 게시판을 구성했다고 할 때, 이에 대한 설명으로 적절하지 <u>않은</u> 것은?

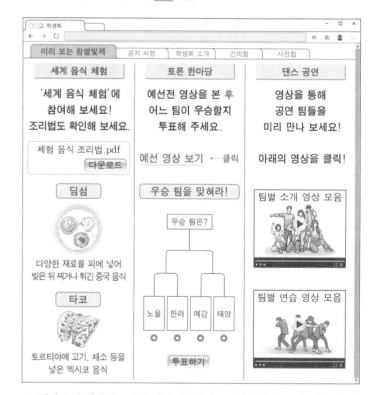

① '세계 음식 체험'에는 음식 정보 제공의 유용성에 대한 '종우'와 '혜린'의 대화를 반영하여 음식 이미지와 설명을 제시하였다.

② '세계 음식 체험'에는 조리법 정보 제공 시기에 대한 '승윤'과 '나경'의 대화를 반영하여 조리법을 확인할 수 있는 파일을 올려 두었다.

③ '토론 한마당'에는 본선 진출 팀의 요청 사항에 대한 '승윤'과 '혜린'의 대화를 반영하여 본선에서 겨루는 팀을 확인할 수 있는 대진표를 제시하였다.

④ '토론 한마당'에는 본선 관전 유도 방안에 대한 '나경'과 '근수'의 대화를 반영하여 예상 우승 팀에 투표할 수 있는 기능을 구현하였다.

⑤ '댄스 공연'에는 영상 제공 효과에 대한 '근수'와 '종우'의 대화를 반영하여 팀별 소개 영상 및 연습 영상을 올려 두었다.

나 없이

기출

풀지마라

나 없이

빠른 정답

01. 단어 [갈래]

01-05	③③③⑤③
06-10	④①①①①
11-15	③③①⑤③
16-20	⑤②②⑤②
21-23	④①④

01-1. 교육청 기출

01-05	③⑤⑤②④
06-10	①⑤④②①
11-15	⑤②②③⑤
16-20	④①①②④
21-25	③③②④①
26-30	④②③⑤③
31-35	①④②③③

02. 문장 [성분과 종류]

01-05	③④④⑤②
06-10	⑤①③①②
11-15	③④③①①
16-21	①②①①②①

02-1. 교육청 기출

01-05	⑤③⑤⑤⑤
06-10	④④①④①
11-15	②④⑤①④
16-20	②①②④②
21-25	⑤⑤④⑤④
26-28	②②②

03. 단어 [형성과 관계]

01-05	③⑤②②②
06-10	①②③⑤③
11-15	⑤④⑤②①
16-20	①③①⑤②
21-24	⑤④⑤③

03-1. 교육청 기출

01-05	③②①⑤①
06-10	②②③④②
11-15	②①④③④
16-20	④③④①④
21-25	③④⑤①④
26-30	④⑤⑤④③
31-35	④②④③②
36-39	②①①⑤

04. 문장 [표현]

01-05	①②③⑤①
06-10	③③③②⑤
11-15	③②①④②
16-20	③⑤②④⑤
21-25	⑤③⑤④②
26-28	③⑤②

04-1. 교육청 기출

01-05	③③①④①
06-10	④②③①①
11-15	④①④①①
16-20	②⑤③④⑤
21-25	③③①⑤②
26-30	④②④⑤⑤
31-35	②①①③②
36-39	④③②②

05. 음운 변동과 발음 규정

01-05	③④⑤④①
06-10	④③①①②
11-15	⑤①⑤⑤③
16-20	⑤②④⑤②
21-25	②③⑤⑤⑤
26-30	①②①①①
31-35	③④②④④
36-40	⑤④④④⑤
41-43	①④①

05-1. 교육청 기출

01-05	①④④④④
06-10	③④①①③
11-15	④①③⑤④
16-20	①③①④④
21-25	①④①①④
26-30	③④③①⑤
31-35	⑤③④④②
36-40	②⑤②③⑤
41-45	②③③②⑤
46~50	⑤②③②①
51-55	③④③⑤④

06. 중세 국어

01-05	⑤②⑤③①
06-10	②③③①⑤
11-15	②⑤③④⑤
16-20	③②①①⑤
21-25	③①①①①
26-27	③①

06-1. 교육청 기출

01-05	③②④⑤③
06-10	①③⑤①⑤
11-15	①①②①④
16-21	⑤①②⑤②③

07. 지문형

01-04	②①②②
05-08	③④③①
09-12	②①④①
13-16	④④⑤④
17-20	②⑤③①
21-24	①①⑤②
25-28	⑤④⑤④
29-32	④③⑤④
33-36	④②⑤②
37-40	③②③③
41-44	②④③⑤
45-48	④③④④
49-54	④⑤④③⑤④

07-1. 교육청 기출

01-05	③⑤③⑤②
06-10	④①④③②
11-15	①④②①④
16-20	③⑤④④③
21-25	⑤②④①②
26-30	②②③⑤④
31-35	③①③③⑤
36-40	④②③③⑤
41-45	⑤④④④④
46-50	①②①③③
51-55	③②⑤④③
56-60	④⑤⑤④③
61-66	④①⑤④③③

08. 매체

01-06	③②③④②①
07-12	③④③②①⑤
13-18	②③③⑤⑤②
19-24	④③④④⑤③
25-30	②⑤④④①③
31-36	⑤②②①③①
37-42	②①③⑤④③
43-48	②①⑤⑤③①
49-54	⑤②⑤①③④
55-60	②①⑤③③⑤
61-66	②②④②⑤⑤
67-72	①③②④④②
73-78	④③⑤②①③

나 없이

기출

풀지마라

나 없이

인강 강사가 떠먹여주는
" 과외식 기출 문제집 "

나기출

12개년
평가원 기출
전문항 수록

2026
수능 국어 대비

언어와 매체

단순 해설이 아니라,
최신 트렌드 설명과 풀이 방법까지 **과외식으로!**

콘텐츠가 강하다!
실전 국어 전형태

메가스터디 **전형태**

Contents | 이 책의 순서

| 과외식 기출 분석서, 나기출 |

나 없이
기출
풀지마라

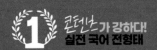

I

단어
[갈래]

			개념 정리 01	품사	

1	분류 기준	형태	가변어(용언) / 불변어(나머지 - 서술격 조사는 예외)		
		기능	체언 / 용언 / 수식언 / 관계언 / 독립언		
		의미	명사 / 대명사 / 수사 / 동사 / 형용사 / 관형사 / 부사 / 조사 / 감탄사		
2	종류	체언	명사	사람이나 사물의 이름을 나타내는 단어	
			대명사	사람이나 사물의 이름을 대신하여 나타내는 단어	
			수사	수량이나 순서를 나타내는 단어	
		용언	동사	주어의 동작이나 작용을 나타내는 단어	
			형용사	주어의 성질이나 상태를 나타내는 단어	
		수식언	관형사	체언 앞에 놓여 체언을 꾸며 주는 단어	
			부사	주로 용언이나 문장 전체를 꾸며 주는 단어	
		관계언	조사	체언 뒤에 붙어서 문법적인 관계를 나타내거나 의미를 더해 주는 단어	
		독립언	감탄사	부름, 느낌 등의 감탄을 나타내면서, 다른 성분들에 비하여 비교적 독립적인 단어	

01 용언 : 주로 문장의 주어를 서술하는 기능을 하며, 어미로 활용하는 말들을 가리켜 용언이라 한다.

1	동사	주어의 동작이나 작용을 나타내는 단어이다.	
		자동사	움직임이 주어에만 관련되는 동사이다. 예 영수가 뛴다. 　 철수가 집에 간다.
		타동사	움직임이 다른 대상(목적어)에 미치는 동사이다. 예 영수가 공을 잡는다. 　 철수가 종이를 태운다.
2	형용사	주어의 성질이나 상태를 나타내는 단어이다.	
		성상 형용사	성질이나 상태를 나타내는 형용사이다. 예 동네가 고요하다. 　 꽃이 예쁘다.
		지시 형용사	지시성을 나타내는 형용사이다. 예 사건의 실상은 이러하다. 　 그 애는 원래 저러하다.
3	동사와 형용사를 구분하는 기준	① 동사는 주어의 동작이나 작용을, 형용사는 성질이나 상태를 나타낸다. 　예 그는 자리에서 일어난다. (동작 → 동사) 　　 물이 솟는다. (작용 → 동사) 　　 과일은 맛이 달다. (성질 → 형용사) 　　 새가 아름답다. (상태 → 형용사)	
		② 기본형에 어미 '-ㄴ다/-는다'가 결합할 수 있으면 동사이고, 결합할 수 없으면 형용사이다. 　예 물이 솟는다.(○) → 동사 　　 맛이 단다.(×) → 형용사 　　 매우 예쁜다.(×) → 형용사	
		③ '의도'를 뜻하는 어미 '-(으)려'나 '목적'을 뜻하는 어미 '-(으)러'와 함께 쓰일 수 있으면 동사, 함께 쓰일 수 없으면 형용사이다. 　예 철수는 사과를 버리려 한다.(○) → 동사 　　 김 씨는 공책을 사러 나갔다.(○) → 동사 　　 영미는 아름다우려 화장을 한다.(×) → 형용사 　　 영미는 예쁘러 간다.(×) → 형용사	

		④ 동사는 명령형 어미 '-어라/-아라'와 청유형 어미 '-자'와 결합할 수 있는데 반하여, 형용사는 이러한 어미와 결합할 수 없다. 예 영수야, <u>먹어라</u>.(○) → 동사 영수야, <u>먹자</u>.(○) → 동사 영미야, 오늘부터 <u>착해라</u>.(×) → 형용사 영미야, 우리 오늘부터 <u>성실하자</u>.(×) → 형용사

4	보조 용언	용언 중에서 다른 용언의 뒤에 붙어서 보조적인 의미를 더하여 주는 것을 보조 용언이라 한다. 보조 용언은 '-아/-어, -게, -지, -고'와 같은 보조적 연결 어미에 의해 본용언과 결합한다.
	보조 동사	동사처럼 활용한다. 예 이 음악을 한번 들어 <u>보자</u>. / 그 책은 책상 위에 얹어 <u>두어라</u>.
	보조 형용사	형용사처럼 활용한다. 예 나도 좋은 책을 많이 읽고 <u>싶구나</u>. / 오늘은 날씨가 춥지 <u>않은</u> 날이다.

5	어간과 어미	활용할 때 변화하지 않는 부분을 어간이라 하고, 활용할 때 변화하는 부분을 어미라 한다.		
		어말 어미		용언의 맨 끝에 와서 단어를 이룬다.
			종결 어미	문장의 끝에 와서 문장을 종결시키는 어미 예 평서형 '-다' 의문형 '-느냐/-냐' 감탄형 '-구나/-는구나' 명령형 '-어라/-아라' 청유형 '-자'
			연결 어미	단어나 문장을 연결시키는 어미 예 대등적 연결 어미 '-고, -(으)며' 종속적 연결 어미 '-(으)면, -아서/어서, -(으)니' 보조적 연결 어미 '-아/-어, -게, -지, -고'
			전성 어미	품사를 바꾸지는 못하지만 다른 품사의 기능을 수행하게 하는 어미 예 명사형 전성 어미 '-(으)ㅁ, -기' 관형사형 전성 어미 '-(으)ㄴ, -는, -(으)ㄹ, -던' 부사형 전성 어미 '-게, -도록'
		선어말 어미		어간과 어말 어미 사이에 오는 형태소로, 주로 문법적 의미를 나타낸다. ① 주체 높임 선어말 어미 : -(으)시- ② 시제 선어말 어미 : -ㄴ-/-는-, -었-/-았-, -더-, -겠-, -었었-/-았었- ③ 공손 선어말 어미 : -옵-, -사옵-

6	용언의 활용	용언의 특징으로, 문장 속에서 담당하고 있는 기능에 따라 형태가 달라지는 것을 활용이라 한다. 즉, 용언의 어간에 어미가 붙어 문장의 성격을 바꾸는 현상이다.			
		규칙 활용		활용할 때에 어간이나 어미 모두 형태 변화가 없거나, 변화가 있더라도 그 현상을 일정한 규칙으로 설명할 수 있을 때를 규칙 활용이라고 하고, 이러한 활용을 하는 용언을 규칙 용언이라 한다. 예 'ㄹ' 탈락 규칙 : 울-+-는 → 우는 / 'ㅡ' 탈락 규칙 : 쓰-+-어 → 써		
		불규칙 활용		활용할 때에 어간과 어미의 기본 형태가 유지되지 않으며, 그 현상을 일정한 규칙으로 설명할 수 없을 때를 불규칙 활용이라 하고, 이러한 활용을 하는 용언을 불규칙 용언이라 한다.		
			어간이 바뀌는 경우	갈래	내용(조건)	용례
				'ㅅ' 불규칙	'ㅅ'이 모음 어미 앞에서 탈락	잇-+-어 → 이어 짓-+-어 → 지어
				'ㄷ' 불규칙	'ㄷ'이 모음 어미 앞에서 'ㄹ'로 변함	묻[問]-+-어 → 물어 싣[載]-+-어 → 실어
				'ㅂ' 불규칙	'ㅂ'이 모음 어미 앞에서 'ㅗ/ㅜ'로 변함	돕-+-아 → 도와 덥-+-어 → 더워
				'르' 불규칙	'르'가 모음 어미 앞에서 'ㄹㄹ' 형태로 변함	흐르-+-어 → 흘러 이르-+-어 → 일러[謂]
				'우' 불규칙	'우'가 모음 어미 앞에서 탈락	푸-+-어 → 퍼

			갈래	내용(조건)	용례
		어미가 바뀌는 경우	'여' 불규칙	'하-' 뒤에 오는 어미 '-아/-어'가 '-여'로 변함	공부하-+-아 → 공부하여
			'러' 불규칙	어간이 '르'로 끝나는 일부 용언에서, 어미 '-어'가 '-러'로 변함	이르[至]-+-어 → 이르러 누르[黃]-+-어 → 누르러 푸르-+-어 → 푸르러
			'오' 불규칙	명령형 어미 '-아'가 '-오'로 변함 (어간의 'ㄹ' 탈락은 규칙 활용이기에 '오' 불규칙은 어미가 바뀌는 불규칙으로 분류함)	달-+-아 → 다오
		어간과 어미가 모두 바뀌는 경우	갈래	내용(조건)	용례
			'ㅎ' 불규칙	'ㅎ'으로 끝나는 어간에 '-아/-어'가 오면 어간의 일부인 'ㅎ'이 없어지고 어미도 변함	하양-+-아서 → 하얘서 파랑-+-아 → 파래

02 **관계언** : 조사는 주로 체언 뒤에 붙어서 다양한 문법적 관계를 나타내거나 의미를 추가하는 의존 형태소이므로 '관계언'이라 한다. 조사는 그 기능과 의미에 따라 격 조사, 보조사, 접속 조사로 나누어진다.

1	격 조사	앞에 오는 체언이 문장 안에서 어떤 자격을 가지는지를 나타내 주는 조사이다.	
		주격 조사	이/가, 께서, 에서(단체)
		서술격 조사	이다
		목적격 조사	을/를
		보격 조사	이/가 ('되다, 아니다'의 지배를 받음)
		관형격 조사	의
		부사격 조사	에게(=한테), 에서(처소), 에, (으)로, 와/과(=랑), 처럼, 만큼, 같이
		호격 조사	아/야, (이)시여, (이)여
2	보조사	앞말에 특별한 뜻을 더하여 주는 조사로, 체언이 아닌 단어에도 결합할 수 있다.	
		종류	성분 보조사	'만, 는, 도'와 같이 문장 성분에 붙는 것을 말한다. 예 우리만 극장에 가서 미안하다. 　　이곳에서는 수영을 하면 안 됩니다. 　　영수도 수련회에 갔다.
			종결 보조사	'그려, 그래' 같은 보조사로, 이들은 문장 맨 끝에 와서 '감탄'의 의미를 덧붙인다. 예 그가 갔네그려. / 그가 갔구먼그래.
			통용 보조사	'요'는 상대 높임(비격식체)을 나타내며 어절이나 문장의 끝에 결합하는 독특한 성격을 가진다. 예 나는요, 오빠가요, 좋아요.
3	접속 조사	단어나 문장을 같은 자격으로 이어 주는 구실을 하는 조사이다.	
		종류	'와/과'(문어(文語)에서 잘 쓰임), '(이)랑, 하고, (이)며'(구어(口語)에서 잘 쓰임) 예 봄이 되면 개나리(와/랑/하고) 진달래가 가장 먼저 핀다.	
		접속 조사 '와'와 비교 부사격 조사 '와'의 구분	접속 조사	예 나는 사과와 배를 좋아한다. • '와'는 '나는 사과를 좋아한다.'와 '나는 배를 좋아한다.'라는 문장을 대등하게 이어 주고 　있다.
			비교 부사격 조사	예 배는 사과와 다르다. • 이 문장에서 '와'는 비교의 의미를 나타내는 부사격 조사의 기능을 하고 있다. 이것은 '사과+ 　와'의 형태가 용언 '다르다'와 함께 쓰여 비교 대상을 나타내기 때문이다.

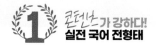
03 **수식언** : 단어들 중에서 다른 말을 수식하는 기능을 하는 말들의 부류이다.

		체언을 꾸며 주며, 조사와 결합할 수 없고, 형태가 변화하지 않는다.		
1	**관형사**	**성상 관형사**	의미	명사의 성질이나 상태를 꾸며 주는 관형사
			상태	예 온갖, 새, 헌, 순(純), 주(主)
			정도	예 약(約), 단(單)
		지시 관형사	의미	어떤 대상을 가리키는 관형사
			지시	예 이, 그, 저, 요, 고, 조, 이런, 그런, 저런, 다른[他](다른[異]-형용사), 무슨, 아무
			시간	예 옛, 현(現), 구(舊), 전(前)
		수 관형사	의미	수량을 나타내는 관형사
			양수	예 한, 두, 세(석, 서), 네(넉, 너), 다섯(닷), 여섯(엿), 일곱, 여덟, 아홉, 열, 열한, 열두, 열세(석, 서), …… 스무, 스물한, 스물두, ……, 한두, 두어, 두세, 두서너, 서너, 너댓, ……
			서수	예 첫, 첫째, 둘째, 셋째, …… 한두째, 두어째, 몇째, 여남은째, ……
2	**부사**	용언이나 문장, 다른 부사를 수식하는 것을 부사라 한다. 부사는 일반적으로 격 조사와 결합할 수 없으며, 형태가 변화하지 않는다.		
		성분 부사	의미	문장의 어느 한 성분만 수식하는 경우
			성상 부사	예 잘, 생생히, 슬피, 즐거이, 바로, 겨우, 아주, 모두, 다, 제각각, 멀리, 홀로, 참, 많이, 너무, 특히
			지시 부사 / 공간	예 이리, 그리, 저리, 이리저리, 요리조리
			시간	예 일찍이, 접때, 이때, 장차, 언제, 아까, 곧, 이미, 바야흐로, 앞서, 문득, 난데없이, 매일
			부정 부사	예 못, 안(아니)
			의성/의태 부사	예 졸졸, 방긋방긋
		문장 부사	의미	뒤에 오는 문장 전체를 수식하는 경우
			양태 부사	예 과연, 분명히, 미상불, 어찌, 도리어, 확실히, 의외로
			접속 부사	예 및, 즉, 또, 그러나, 하지만, 더욱이, 그러므로, 따라서

04 **체언** : 문장에서 주로 주어나 목적어나 보어가 되는 자리에 오는 부류들의 단어들로 명사, 대명사, 수사가 이에 해당된다.

		사람이나 사물의 이름을 가리키는 말로, 체언 중에서 가장 일반적인 부류이다.		
1	**명사**	**사용 범위에 따라**	고유 명사	특정한 하나의 개체를 다른 개체와 구별하기 위해 붙인 이름으로, 인명, 지역명, 상호명 등이 이에 속한다.
			보통 명사	어떤 속성을 지닌 대상들에 두루 쓰이는 이름이다. 예 나는 사과를 먹었다.
		자립 여부에 따라	의존 명사	관형어의 꾸밈을 받아야만 문장에 쓰일 수 있는 명사이다. 예 나는 기쁠 뿐이다. 그것은 그가 할 따름이다. 너는 본 대로 말하는 것이 바람직하다.
			자립 명사	혼자서 자립적으로 쓰이는 명사이다. 예 자동차, 피자, 하늘, 바다
2	**대명사**	대상의 이름을 대신하여 그것을 가리키는 말로 사용하는 체언이다. 그러므로 대명사란 명사를 대신하는 말이다.		
		지시 대명사	'이것, 그것, 저것' 등과 같이 사물을 가리키는 것과, '여기, 거기, 저기'와 같이 처소를 가리키는 것이 있다.	
		인칭 대명사	1인칭, 2인칭, 3인칭으로 나뉘며, 미지칭, 부정칭, 재귀칭은 3인칭으로 간주한다.	
			1인칭	나/우리, 저/저희, 소인, 짐(朕)
			2인칭	너/너희, 자네, 그대, 당신, 여러분
			3인칭	그/그녀, 이이/그이/저이, 이분/그분/저분
				미지칭: 대상의 이름이나 신분을 모를 때 쓰는 인칭 대명사이다. 예 거기 누구야?

				부정칭	특정 인물을 가리키지 않는 인칭 대명사이다. 예 <u>아무</u>도 없다.
				재귀칭	한 번 나온 명사를 다시 가리킬 때 쓰이는 인칭 대명사로, 다른 말로 재귀 대명사라고도 한다. 예 영수는 아직 어려서 <u>자기</u>만 안다. 　　할아버지께서는 소나무를 좋아하셨어, 저 소나무도 <u>당신</u>께서 심으셨지.
3	수사	사물의 수량이나 순서를 가리키는 단어로, 수사에도 조사가 결합할 수 있다.			
		양수사			'둘, 셋, 다섯, 이, 삼, 오' 등과 같이 수량을 나타낸다. 예 둘에 셋을 더하면 <u>다섯</u>이다.
		서수사			'첫째, 둘째, 제일, 제이' 등과 같이 순서를 나타낸다. 예 우리의 이념은 <u>첫째</u>는 진리이고 <u>둘째</u>는 정의이다.

05 독립언 : 문장 속의 다른 성분에 얽매이지 않고 독립성이 있는 단어로 감탄사가 이에 해당된다.

감탄사	화자의 부름, 대답, 느낌, 놀람 등을 나타내는 데 쓰이면서, 다른 성분들에 비하여 비교적 독립성이 있는 말을 감탄사라 한다. 예 <u>자</u>, 이제 가 보자. 　　<u>어머</u>! 깜짝이야. 　　<u>네</u>, 알겠습니다. 　　<u>여보</u>, 오늘 집에 일찍 들어오세요.

개념의 구조도

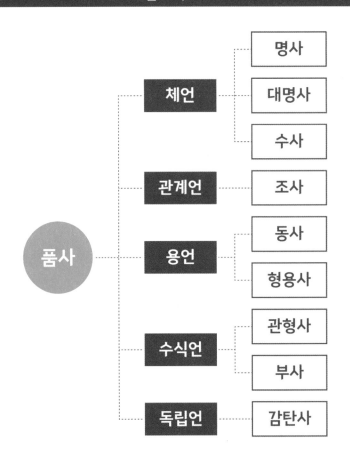

06 **품사 구별하기** : 같은 모양을 하고 있는 단어가 둘 이상의 품사로 쓰이는 경우가 있다. 이때는 띄어쓰기와 수식 관계를 고려해서 판단해야 한다.

1	의존 명사 조사	**'만큼'** : 용언의 관형사형 다음에 쓰이면 '의존 명사'로서 앞말과 띄어 쓰고, 체언 다음에 쓰이면 '조사'로서 앞말에 붙여 쓴다. 예 노력한 <u>만큼</u> 성공한다. → 의존 명사 　　나<u>만큼</u> 운 좋은 사람은 드물다. → 조사
	명사 관형사	**'전(前), 주(主)'** : 뒷말과 띄어 쓰고 뒷말이 체언이면 '관형사'이고, 뒤에 조사가 붙거나(생략될 수도 있음) 뒷말이 용언이면 '명사'이다. 　　단, '주'가 일부 명사의 뒤에 붙어 '주체'나 '소유주'의 뜻을 더할 경우에는 이와는 별개로 접미사에 해당한다. 예 그 사람을 <u>전</u>에 한 번 본 적이 있다. / 사흘 <u>전</u> → 명사 　　<u>전</u> 방송국 아나운서 → 관형사 　　올해는 액션 영화가 <u>주</u>를 이뤘다. → 명사 　　그녀의 <u>주</u> 무기는 울며 떼쓰기다. → 관형사 　　경영<u>주</u> / 건물<u>주</u> → 접미사
	대명사 관형사	**'이, 그, 저, 아무'** : 다음에 조사가 붙으면 '대명사'이고, 다음에 한 칸 띄고 체언이 오면 '관형사'이다 예 <u>이</u>는 우리가 생각하던 바입니다. → 대명사 　　<u>이</u> 나무는 잘 자라고 있다. → 관형사
	수사 수 관형사	**수량을 나타내는 말** : 다음에 조사가 붙으면 '수사'이고, 다음에 바로 체언이 오면 '수 관형사'이다. 예 영화를 좋아하는 사람 <u>다섯</u>이 모였어요. → 수사 　　영화를 좋아하는 <u>다섯</u> 사람이 모였어요. → 수 관형사
	명사 부사	**'모두, 진짜'** : 다음에 조사가 오면 '명사', 용언을 수식하면 '부사'이다. 예 <u>모두</u>가 성인이 되었다. → 명사 　　모인 인원을 <u>모두</u> 합해도 백 명이 안 된다. → 부사
2	의존 명사 조사	**'대로, 뿐'** : 용언의 관형사형 다음에 쓰이면 '의존 명사'로서 앞말과 띄어 쓰고, 체언 다음에 쓰이면 '조사'로서 앞말에 붙여 쓴다. 예 들은 <u>대로</u> 말하십시오. → 의존 명사 　　선생님 말<u>대로</u> 하면 문제가 해결될 것이다. → 조사
	의존 명사 복수 접미사 조사	**'들'** : 둘 이상의 사물을 나열한 다음에 쓰일 경우에는 '의존 명사'로서 앞말과 띄어 쓰고, 하나의 사물 다음에 쓰일 경우에는 '복수 접미사'로서 붙여 쓴다. 또한 그 문장의 주어가 복수임을 나타낼 경우에는 '조사'로서 앞말에 붙여 쓴다. 예 다섯 가지 중요한 곡식, 쌀, 보리, 콩, 조, 기장 <u>들</u>을 오곡이라 부른다. → 의존 명사 　　여기에 공구<u>들</u>을 놓아라. → 복수 접미사 　　이 방에서 텔레비전을 보고<u>들</u> 있어라. / 다<u>들</u> 갔구나. / 다 떠나<u>들</u> 갔구나. / 안녕<u>들</u> 하세요? → 조사
	부사 감탄사	**'아니'** : 용언 앞에 쓰여 부정의 뜻을 나타내거나, 명사와 명사 사이 또는 문장과 문장 사이에 쓰여 강조의 뜻을 나타내면 '부사'이고, 대답하거나 감탄할 때 독립적으로 쓰이면 '감탄사'다. 예 <u>아니</u> 먹다. / 나의 양심은 천만금, <u>아니</u> 억만금을 준다 해도 버릴 수 없다. / 나는 이것을 할 수가 없다. <u>아니</u> 죽어도 안 하겠다. → 부사 　　"잠 자니?" "<u>아니</u>, 안 자." / <u>아니</u>, 벌써 왔어? → 감탄사

번호	정답	정답률 (%)	선지별 선택비율(%)				
			①	②	③	④	⑤
1	③	68	8	11	68	6	7
2	③	95	1	1	95	1	2
3	③	79	4	8	79	6	3
4	⑤	80	1	1	11	7	80
5	③	71	4	14	71	5	6

01

정답설명

③ '-오'는 "나는 주인공이 아니오."에서 알 수 있듯이 평서문에도 사용 가능하다. 탐구 과정의 〈자료〉를 흘려 읽은 학생이라면 선지 판단이 쉽지 않았을 것이다. 문제에서 제시하는 〈보기〉나 〈자료〉는 꼼꼼히 볼 것!!

오답설명

① '-오'는 '아니오', '기쁘오'에서 알 수 있듯이 '아니-', '기쁘-'의 어간 뒤에 결합되는 어미이다.

② '-오'는 '멈추시오'에서 알 수 있듯이 '-시-'라는 선어말 어미 다음에 결합할 수 있는 어말 어미이다.

④ '*나는 주인공이 아니.', '*얼마나 기쁘?', '*일단 멈추시.'와 같이, 어말 어미 '-오'가 빠지게 되면 문장이 성립하지 않는다. 어간과 어미는 둘 다 의존 형태소이다.

⑤ 상대방을 보통으로 높이는 것은 청자를 높이는 상대 높임법의 '예사 높임'과 관련된 것이다. '예사 높임'을 표현할 때에는 '하오체'의 종결 어미 '-오'를 사용하므로 선지의 내용은 적절하다.

 학생들이 자주 묻는 질문

Q. '아니', '아니오', '아니요' 차이점이 뭔가요?

A. '아니'는 용언을 수식할 때에는 부사(아니 먹다), 대답의 의미로 쓰이면 감탄사(아니, 내가 안 먹었어)다. 여기에 보조사 '요'를 결합한 '아니요'는 대답할 때 쓰이는 감탄사다. 반면 형용사 '아니다'는 활용을 할 수 있고, '나는 학생이 아니다.'와 같이 서술어로 쓰인다. 어간 '아니-'에 종결 어미 '-오'를 결합한 '아니오' 역시 '나는 학생이 아니오.'와 같이 서술어로 쓰인다.

정리하자면, '아니', '아니요'는 대답의 감탄사로 쓰이고, 서술어로는 쓰이지 않는다. 반면, '아니다', '아니오'는 형용사이므로, '나는 학생이 아니다.', '나는 학생이 아니오.'와 같이 문장 내에서 대체로 서술어로 쓰이고, 대답의 의미로는 쓰이지 않는다.

02

정답설명

③ 기본적인 전성 어미는 암기를 해야 한다고 강조하였다. '-(으)ㄴ, -는, -(으)

르, -던'은 관형사형 전성 어미로, 해당 용언을 문장에서 관형어처럼 기능하게 한다. '가는 이유'에서 '가는'은 용언 '가다'의 어간 '가-'에 관형사형 전성 어미 '-는'이 결합해 체언 '이유'를 수식하는 관형어가 된 것이다. 따라서 '가는 이유'의 '-는'은 ㉡이 아닌, ㉢으로 파악해야 한다.

오답설명

① '-구나'는 화자가 새롭게 알게 된 사실에 주목함을 나타낸다. 문장을 끝맺어 주는 기능을 하므로 ㉠(종결 어미)에 해당한다.

② '-지'는 어떤 사실을 긍정적으로 서술하거나 묻거나 명령하거나 제안하는 뜻을 나타낸다. 문장을 끝맺어 주므로 ㉠에 해당한다.

④ '-으나'는 앞 절의 내용과 뒤 절의 내용이 서로 다름을 나타내면서 연결해 주고 있으므로 ㉡(연결 어미)에 해당한다.

⑤ '-기'는 용언을 명사처럼 기능하게 하는 명사형 전성 어미이므로 ㉢에 해당한다.

03

정답설명

③ '에서 ③'은 '에서'가 주격 조사로 쓰일 때를 나타내고 있는 것이다. '에서'는 주로 부사격 조사로 쓰이지만, '서울대학교에서 신입생을 모집한다.'처럼 주어가 단체일 때는 주격 조사로 사용된다. **앞말이 장소일 때는 부사격 조사, 단체의 의미를 나타낼 때는 주격 조사로 생각하면 되겠다.** "우리 학교에서 사람들이 운동을 한다."의 '에서'는 장소의 의미로 쓰였으므로 부사격 조사로 봐야 하며, '에서 ①'의 용례로 드는 것이 적절하다.

오답설명

① 제시된 사전 자료를 보면, '에'는 격 조사와 접속 조사로 쓰이지만 '에서'는 격 조사로만 쓰이는 것을 알 수 있다.

② '밥, 국, 떡'은 모두 서술어 '먹었다'의 목적어이다. 조사 '에'가 이들을 같은 자격(목적어)으로 이어 주는 접속 조사로 쓰이고 있으므로, '에 ②'의 용례로 적절하다.

④ '동생은 지금 집에 없다.'라는 문장을 '동생은 지금 집에서 없다.'로 바꾸면 문장이 어색해진다.

⑤ '형은 방금 집에 왔다.'의 '집'은 도착점이며, '형은 방금 집에서 왔다.'의 '집'은 출발점이므로 '에'를 '에서'로 바꾸면 문장의 의미가 바뀜을 알 수 있다.

04

정답설명

⑤ ㉤(저희)은 앞에 나온 '우리 아이들'을 다시 가리키는 재귀 대명사로, 3인칭 대명사에 해당한다.

오답설명

① ㉠(이것)은 '학생'이 '손에 들고 있는' '중생대 공룡에 관한 책'을 가리키는 말이다.

② ㉡(그것)은 할아버지께서 생일마다 사 주신 책들을 가리키는 말이다.

③ ㉢(당신)은 앞에 나온 '할아버지'를 다시 가리키는 재귀 대명사로, 3인칭 대명사에 해당한다.

④ ⓔ(우리)은 1인칭 대명사로, 화자를 포함한 여럿을 가리키는 말이다. ⓔ에서는 '선생님'의 가족을 가리키고 있으므로 청자를 포함하지 않는다.

05

정답설명
③ 〈보기〉에서 격 조사는 특정한 문장 성분에만 쓰이고, 보조사는 여러 문장 성분에 쓰일 수 있다고 하였다. '한테'는 문장의 주어, 목적어 등에 쓰일 수 없고 항상 부사어에만 쓰이는 조사이므로, 이를 통해 격 조사임을 판단할 수 있다. 참고로 '한테'는 부사격 조사 '에게'의 구어적 표현이다. 이러한 격 조사와 보조사의 차이점을 통해 둘을 구분할 수 있지만, 시험장에서 이 방법을 사용한다면 시간적으로 부담이 될 수 있으므로 자주 쓰이는 격 조사들은 암기하는 것을 권장하고 있다.

형태쌤의 과외시간

〈격 조사와 접속 조사의 구분〉

(1) 격 조사

체언으로 하여금 일정한 자격을 갖도록 해 주는 조사. 체언의 문장 성분을 표시한다.

① 주격 조사 : 이/가, 께서, 에서(단체)
② 서술격 조사 : (이)다
③ 목적격 조사 : 을/를
④ 보격 조사 : 이/가 ('되다, 아니다' 앞에서 사용)
⑤ 관형격 조사 : 의
⑥ 부사격 조사 : 에게, 에서, 에, 로, 와/과 등
   * 부사격 조사의 의미상 갈래
   – 처소 부사격 조사
     장소(소재지) : 에, 에서
     시간(때) : 에
     상대(행위의 귀착점) : 에(게), 한테, 께, 더러, 보고
     출발점 : 에서, 에게서, 한테서, 로부터
     지향점(방향) : (으)로, 에게로, 한테로, 에
   – 도구 부사격 조사 : 로써
   – 자격 부사격 조사 : 로서
   – 원인 부사격 조사 : 에, (으)로
   – 비교 부사격 조사 : 와/과, 처럼, 만큼, 보다, 하고, 같이
   – 변성(바뀜) 부사격 조사 : 로
   – 인용 부사격 조사 : 고, 라고
⑦ 호격 조사 : 아/야, (이)시여, (이)여

(2) 접속 조사

두 단어를 같은 자격으로 이어 주는 기능을 표시하는 조사. 양쪽의 체언을 대등하게 연결하여 같은 문장 성분이 되게 한다.
① 문어체 : 와/과
② 구어체 : 하고, 에다(가), (이)랑, (이)나

오답설명
① '만'이라는 조사는 '삼촌만 밤에 글을 썼다.', '삼촌이 밤에만 글을 썼다.', '삼촌이 밤에 글만 썼다.' 등과 같이 여러 문장 성분에 쓰일 수 있으므로

보조사임을 판단할 수 있다.
② '은'이라는 조사는 '선수들은 오늘 간식을 먹었다.', '선수들이 오늘은 간식을 먹었다.', '선수들이 오늘 간식은 먹었다.' 등과 같이 여러 문장 성분에 쓰일 수 있으므로 보조사임을 판단할 수 있다.
④ '도'라는 조사는 '아이들도 유치원에서 악기를 연주한다.', '아이들이 유치원에서도 악기를 연주한다.', '아이들이 유치원에서 악기도 연주한다.' 등과 같이 여러 문장 성분에 쓰일 수 있으므로 보조사임을 판단할 수 있다.
⑤ '까지'라는 조사는 '누나까지 일기를 책으로 만들었다.', '누나가 일기까지 책으로 만들었다.', '누나가 일기를 책으로까지 만들었다.' 등과 같이 여러 문장 성분에 쓰일 수 있으므로 보조사임을 판단할 수 있다.

문제분석 06-10번

번호	정답	정답률 (%)	선지별 선택비율(%)				
			①	②	③	④	⑤
6	④	91	2	5	1	91	1
7	①	88	88	2	7	2	1
8	①	92	92	3	2	1	2
9	①	94	94	1	2	2	1
10	①	92	92	2	2	1	3

06

정답설명
④ '소풍날'이라는 과거 시간에 '날씨'의 상태가 나빴음을 나타내고 있다. 따라서 ⓑ(과거에 일어난 사건의 결과 상태가 현재까지 지속되고 있음)를 나타내는 것이 아니라, ⓐ(사건이나 상태가 과거의 것임)를 나타내기 위해 '-았-'이 쓰인 것임을 알 수 있다.

오답설명
① 과거에 텔레비전을 보았음을 나타내므로 ⓐ에 해당한다.
② 과거에 선물을 사러 갔음을 나타내므로 ⓐ에 해당한다.
③ '아직도'를 통해 목이 잠긴 것이 현재까지 지속되고 있음을 나타내므로 ⓑ에 해당한다.
⑤ '오늘도 잠은 다 잤어.'라는 표현은 아직 일어나지 않은 미래의 일을 확정적으로 나타내는 표현이므로 ⓒ(미래의 일을 확정적인 사실로 받아들임)에 해당한다.

07

정답설명
① '그는 낯선 사람과 잘 사귄다.'에서 '과'는 '동반'의 의미를 가지므로 ㉠에 들어갈 수 없다. ㉠에 들어갈 수 있는 예로는 '오렌지는 귤과 다르다.' 등이 있다. '그는 낯선 사람과 잘 사귄다.'라는 문장은 '사귀다'라는 행위를 함께 함을 나타낸다는 점에서 ㉡에 들어갈 수도, '사귀다'라는 행위를 하는 상대방임을 나타낸다는 점에서 ㉢에 들어갈 수도 있다. 다만 시험장에서는 이렇게까지 고민할 필요는 없고, '㉠이 아니다.'라는 판단만 하면 된다.

오답설명

② '그는 형님과 고향에 다녀왔다.'에서 '과'는 '동반'의 의미를 가지므로 ⓒ에 들어가는 것이 적절하다.

③ '그는 거대한 폭력 조직과 맞섰다.'에서 '조직과'는 문장에서 부사어의 역할을 하므로, '과'는 체언 '조직'에 붙어 문장 안에서 부사어의 역할을 하도록 하는 부사격 조사에 해당한다.

④ '닭이랑 오리는 동물이다.', '책이랑 연필을 가져와라.' 등과 같이 '이랑'이 '과'를 대체할 수 있으므로 유의어로 적절하다.

⑤ '그와', '아내와', '친구와' 등과 같이 받침 없는 체언 뒤에는 '과'가 아닌 '와'가 사용된다.

08

정답설명

① 〈보기〉에서 "어간 모음 'ㅚ' 뒤에 '-어'가 붙어서 'ㅙ'로 줄어지는 것은 'ㅙ'로 적는다."라고 하였으므로, '쐬어'는 '쐐'로 줄어들 수 있다. 따라서 '쐬어라'는 '쐐라'로 줄어들 수 있다. '되어요, 돼요'는 맞는 말이지만 '되요'는 틀린 말이라고 하였으므로 '쐬어라, 쐐라'는 맞는 말이지만 '쐬라'는 틀린 말인 것이다.

오답설명

② '괴느냐'는 '괴-'와 '-느냐'가 결합한 것이다. 'ㅙ'는 'ㅚ'와 '-어'가 축약된 형태이므로, '-어'가 없으면 'ㅙ'로 줄어들 수 없다. 따라서 '괴느냐'는 '꽤느냐'로 적을 수 없다.

③ 'ㅙ'는 'ㅚ'와 '-어'가 축약된 형태이므로, '쫴도'는 '죄-'와 '-어도'가 결합된 '죄어도'가 줄어든 것이라 볼 수 있다.

④ '뵈-'가 '-어서'와 결합될 때, 'ㅚ'와 '-어'가 축약되어 '봬서'로 줄어들 수 있다.

⑤ 어간 모음 'ㅚ' 뒤에 '-어'가 붙어야 'ㅙ'로 적을 수 있다. '쇠더라도'는 어간 모음 'ㅚ' 뒤에 '-더라도'가 붙은 형태이므로 '쇄더라도'로 적을 수 없다.

09

정답설명

① **의존 명사는 반드시 관형어의 수식을 필요로 하지만, 자립 명사는 관형어의 수식 없이 홀로 쓰일 수 있다.** '군데'는 '낱낱의 곳을 세는 단위'라는 의미를 가지며, 관형어의 수식 없이 홀로 쓰일 수 없는 의존 명사이다. '여러 군데', '몇 군데'와 같이 수량을 표현하는 말의 뒤에 쓰여 단위를 나타낸다.

오답설명

② '그릇'은 '음식이나 물건 따위를 담는 기구를 통틀어 이르는 말'이라는 의미의 자립 명사이다. 따라서 '그릇에 담긴 음식이 맛있어 보인다.'와 같이 관형어의 수식 없이 홀로 쓰일 수 있다.

③ '덩어리'는 '크게 뭉쳐서 이루어진 것'이라는 의미의 자립 명사이다. 따라서 '덩어리가 매우 크구나.'와 같이 관형어의 수식 없이 쓰일 수 있다.

④ '숟가락'은 '밥이나 국물 따위를 떠먹는 기구'라는 의미의 자립 명사이다. 따라서 '숟가락이 없구나.'와 같이 관형어의 수식 없이 쓰일 수 있다.

⑤ '발자국'은 '발로 밟은 자리에 남은 모양'이라는 의미의 자립 명사이다. 따라서 '발자국이 많이 남았다.'와 같이 관형어의 수식 없이 쓰일 수 있다.

10

정답설명

① ㉠의 [아니요]는 문장의 종결형이므로, ⓐ를 적용하여 '아니오'로 표기하는 것이 적절하다. 간혹 ⓒ와 헷갈리는 학생들이 있는데, 〈보기〉를 다시 읽어 봐라. ⓒ는 어미 뒤에 덧붙는 보조사 '요'이다. ㉠의 '아니' 부분은 '아니다'의 어간이므로, 뒤의 '요'를 보조사로 볼 수는 없다. 따라서 종결형에서 '-오'가 '요'로 소리 나는 경우가 있더라도 그 원형을 밝혀 적어야 한다는 ⓐ가 ㉠에 적용되어야 한다.

오답설명

ㄴ [가지요]는 문장의 종결형이지만 ⓐ가 아니라 ⓒ를 적용해야 한다. '가지'는 '가다'의 어간 '가-'와 종결 어미 '-지'가 결합한 것이므로 ㄴ의 '요'는 어미 뒤에 덧붙는 보조사에 해당한다. 예문과 원칙을 대응시키는 문제는 꼼꼼히 따져 가면서 풀어야 한다.

ㄷ [설탕이요]는, '이것은 설탕이요'라는 문장과 '저것은 소금이다'라는 문장을 연결 짓고 있으므로 ⓑ를 적용해야 한다.

문제분석　11-15번

번호	정답	정답률 (%)	선지별 선택비율(%)				
			①	②	③	④	⑤
11	③	88	7	1	88	2	2
12	③	53	4	9	53	10	24
13	①	72	72	5	4	8	11
14	⑤	72	3	3	4	18	72
15	③	39	38	12	39	4	7

11

정답설명

③ 밑줄 친 형태소의 공통점을 찾는 문제이므로, 각각의 형태소를 정확히 분석해야 한다.

보조사 '은/는'은 음운 환경에 따라 형태가 바뀌는 음운론적 이형태이다. 모음 뒤에는 '는', 자음 뒤에는 '은'이 쓰인다.

동사 '듣다'의 어간 '듣-'은, 모음 어미와 결합할 때는 '들-'로 형태가 바뀐다.

선어말 어미 '-았-/-었-'은 음운론적 이형태이다. 어간의 끝음절이 양성 모음일 때는 '-았-', 음성 모음일 때는 '-었-'으로 쓰인다. 또한, 밑줄 친 형태소들은 모두 혼자 사용할 수 없는 의존 형태소이다.

오답설명

① 밑줄 친 형태소 모두 반드시 다른 말과 결합하여 쓰이지만, 단어의 자격을 갖는 것은 조사인 '은/는'뿐이다.

② 밑줄 친 형태소 중 보조사 '은/는'만 단어의 자격을 가질 수 있다. 또한 동사의 어간인 '듣-', '들-'은 실질적 의미를 나타낸다.

④ 밑줄 친 형태소 모두 음운 환경에 따라 형태가 바뀌지만, '듣-', '들-'은 실질

적 의미를 나타낸다.

⑤ 밑줄 친 형태소 모두 반드시 다른 말과 결합하여 쓰이지만, '듣-', '들-'은 실질적 의미를 나타낸다.

12

정답설명

③ '먹었겠니'는 '먹-+-었-+-겠-+-니'로 분석되며, 이 중 '-었-'은 과거 시제를 나타내는 선어말 어미, '-니'는 의문을 나타내는 종결 어미가 맞다. 하지만 '-겠-'은 주체의 의지가 아닌 추측의 의미를 나타내기 위해 사용되었다. '-겠-'이 주체의 의지를 나타내는 표현으로 사용된 경우로는 '나는 시인이 되겠다.', '이번 달까지 목표치를 달성하겠다.', '동생은 낚시하러 가겠다고 한다.' 등이 있다.

오답설명

① '심었구나'는 '심-+-었-+-구나'로 분석되며, '-었-'은 과거 시제를 나타내는 선어말 어미, '-구나'는 감탄의 의미를 나타내는 종결 어미이다.

② '청소하는'은 '청소하-+-는'으로 분석되며, '-는'은 동사의 현재 시제를 나타내는 관형사형 전성 어미이다. 선어말 어미는 사용되지 않았다.

④ '읽은'은 '읽-+-은'으로 분석되며, '-은'은 동사의 과거 시제를 나타내는 관형사형 전성 어미이다. 선어말 어미는 사용되지 않았다.

⑤ '불겠지만'은 '불-+-겠-+-지만'으로 분석되며, '-겠-'은 추측을 표현하는 선어말 어미, '-지만'은 반대되는 내용을 말할 때 사용되는 대등적 연결 어미이다.

13

정답설명

① '거기에는 눈이 왔겠다.'에서는 선어말 어미 '-겠-'이 과거의 사건을 추측하는 데에, '지금 거기에는 눈이 오겠지.'에서는 선어말 어미 '-겠-'이 현재의 사건을 추측하는 데에 쓰이고 있다. ㉠에는 미래의 사건이 제시되지 않았다.

오답설명

② '그가 집에 갔다.'는 선어말 어미 '-았-'을 통해 과거 시제를 나타내고 있다. 그러나 '막차를 놓쳤으니 나는 집에 다 갔다.'에서 과거 시제는 '막차를 놓쳤다'는 부분에만 나타난다. '집에 다 갔다.'의 '-았-'은 과거 시제가 아닌 아직 일어나지 않은 미래의 사건에 대한 확신을 나타낸다.

③ '내가 떠날 때 비가 올 것이다.'에 쓰인 관형사형 어미 '-ㄹ'은, '-ㄹ 것이다'라는 미래 시제와 함께 쓰였으므로 미래의 사건을 나타냄을 알 수 있다. 반면 '내가 떠날 때 비가 왔다.'에 쓰인 관형사형 어미 '-ㄹ'은 과거 시제 '왔다'와 함께 쓰였으므로, 미래의 사건을 나타낸다고 보기 어렵다.

④ '그는 지금 학교에 간다.'의 선어말 어미 '-ㄴ-'은 부사 '지금'과 함께 쓰였으므로 현재 시제를 나타낸다. 반면, '그는 내년에 진학한다고 한다.'의 선어말 어미 '-ㄴ-'은 명사 '내년'과 함께 쓰였으므로 미래의 사건을 나타내고 있다.

⑤ '오늘 보니 그는 키가 작다.'에서 알 수 있듯, 형용사에서 현재 시제를 나타낼 때는 시제 선어말 어미가 나타나지 않는다.

14

정답설명

⑤ 제시된 문장은 꿈속의 일이나 무의식중에 일어난 일을 말하는 경우가 아니다. 본인이 직접 느낀 감각을 표현하는 형용사(쓰다)가 서술어인 경우이고, 문맥상의 주어('내가')가 1인칭인 평서문이므로 ㉡에 해당한다.

오답설명

① 새롭게 알게 된 내용이 미래(다음 주)의 일이라도 그것을 안 시점이 과거(아까)인 경우이므로 ㉠에 해당한다.

② 본인이 직접 느낀 감정을 표현하는 형용사(놀랍다)가 서술어인 경우이고, 주어가 1인칭인 평서문이므로 ㉡에 해당한다.

③ 본인이 직접 느낀 감정을 표현하는 형용사(밉다)가 쓰인 의문문에서 2인칭 주어 '넌'이 '-더-'와 함께 쓰였으므로 ㉢에 해당한다.

④ 제시된 문장은 '우리는 정말 기뻤다'라는 의미를 나타내는 수사 의문문(문장의 형식은 물음을 나타내나 답변을 요구하지 아니하고 강한 긍정 진술을 내포하고 있는 의문문)이다. '-더-'와 함께 1인칭 주어 '우리'가 나타나고 있으므로 ㉣에 해당한다.

15

정답설명

③ ⓓ '운동장에 남은 아이들'의 '남다'는 동사이며 '남은'은 과거 시제를 나타내므로, 이에 쓰인 어미 '-(으)ㄴ'이 ㉡에 해당한다는 것은 옳은 설명이다. 한편 ⓕ '이미 아이들로 가득 찬 교실'의 '차다' 또한 동사이며 '찬'이 과거 시제를 나타내므로, 이에 쓰인 어미 '-(으)ㄴ' 또한 ㉡에 해당한다.

오답설명

① ⓐ '하늘에 뜬 태양'의 '뜨다'는 동사이므로, ㉡에 해당하는 관형사형 어미 '-(으)ㄴ'이 쓰인 것으로 볼 수 있다.

② ⓒ '늘 푸르던 하늘'의 '푸르다'는 형용사이며, '푸르던'이 과거 시제를 나타내므로 이에 쓰인 어미 '-던'이 ㉢에 해당한다는 것은 옳은 설명이다. 하지만 ⓑ '우리가 즐겨 부르던 노래'의 '부르다'는 동사이므로 이에 쓰인 어미 '-던'은 ㉢에 해당하는 것으로 볼 수 없다.

④ ⓔ '네가 읽는 소설'의 '읽다'는 동사이며, '읽는'에 쓰인 관형사형 어미 '-는'은 현재 시제를 나타내므로 ㉡에 해당하는 것으로 볼 수 없다.

⑤ ⓖ '달리기가 제일 빠른 친구'의 '빠르다'는 형용사이며, '빠른'에 쓰인 관형사형 어미 '-(으)ㄴ'은 현재 시제를 나타내므로 ㉠에 해당한다.

형태쌤의 과외시간

동사와 형용사의 구분

동사와 형용사의 구분법으로 있는 '명령/청유/현재형' 중에 가장 확실한 것은 '현재 시제 선어말 어미'를 붙여 보는 것이다. 명령형이나 청유형은 예외가 은근히 많기 때문이다.

즉, 현재 시제 선어말 어미인 '-ㄴ-/-는-'을 어말 어미인 '-다'와 결합시켜, **용언의 어간에 '-ㄴ다/-는다'가 결합 가능하면 동사고, 불가능하면 형용사**로 보는 것이다.

뜬다 O → 동사 / 부른다 O → 동사
푸른다 X → 형용사 / 남는다 O → 동사
읽는다 O → 동사 / 찬다 O → 동사
빠른다 X → 형용사

문제분석 16-20번

번호	정답	정답률 (%)	선지별 선택비율(%)				
			①	②	③	④	⑤
16	⑤	53	26	5	5	11	53
17	②	53	4	53	9	10	24
18	②	60	5	60	15	19	1
19	⑤	85	3	1	7	4	85
20	②	92	1	92	5	1	1

16

정답설명

⑤ 조사는 보통 체언 다음에 붙는다. 따라서 조사 앞에 오는 말이 체언인지 용언인지 구분하면서 판단을 하면 된다. ㉠의 '보다'는 체언 '봉사' 다음에 쓰였으며, 서로 차이가 있는 것을 비교할 때 '~에 비해서'라는 뜻을 나타내는 조사이므로 붙여 써야 한다. ㉢의 '밖에'는 체언 '너'의 다음에 쓰였으며, '그것 말고는', '그것 이외에는' 등의 뜻을 나타내는 보조사이므로 붙여 써야 한다. ㉣의 '만큼'은 체언 '때' 다음에 쓰였으며, '앞말에 한정됨'을 나타내는 조사이므로 붙여 써야 한다.

오답설명

②, ③, ④ ㉡의 '뿐'은 용언 '돕다'의 관형사형인 '도울' 다음에 쓰였으며, '다만 어떠하거나 어찌할 따름'이라는 뜻을 나타내는 의존 명사이므로 띄어 써야 한다.

형태쌤의 과외시간

관형어 ∨ 체언(+조사)
• 체언에 붙으면 조사, 관형어의 수식을 받으면 의존 명사!
• 조사는 체언에 붙여 쓰고, 의존 명사는 관형어와 띄어 쓴다!

17

정답설명

② 부사 '아주'는 관형사 '옛'을 수식하는 부사어로 쓰이고 있다.

오답설명

① '빵은'은 체언 '빵'에 목적격 조사 '을'이 생략된 후, 보조사 '은'이 결합하여 문장 내에서 목적어로 쓰였다.

③ '(우리가) 어른 돼서'의 서술어 '돼서'의 기본형은 '되다'이다. '되다'는 주어와 보어를 필수적으로 요구하는 서술어로, 해당 문장은 주어 '우리가'가 생략된 형태이다. 이때 '어른'은 서술어가 요구하는 필수 성분인 보어에 해당하며, 보격 조사 '이'가 생략된 것이다.

④ '장미였다(장미이었다)'는 체언 '장미'에 서술격 조사 '이다'가 결합하고, 과거 시제 선어말 어미 '-었-'이 삽입되었다. 조사는 모양이 변하지 않는 불변어로 분류되지만, **서술격 조사는 예외적으로 용언처럼 활용을 할 수 있다. 또한 어간(이-)과 어미(-다)로 나눌 수 있다.**

⑤ '세 마리'의 '세'는 의존 명사 '마리'를 수식하는 수 관형사가 관형어로 쓰인 것이다.

18

정답설명

② ⓑ(걸러서)는 '거르- + -어 → 걸러'의 과정을 거치는데, 이는 모음으로 시작하는 어미 앞에서 어간의 '르'가 'ㄹㄹ' 형태로 바뀌는 '르' 불규칙 활용의 예이다. 그러나 '푸르- + -어 → 푸르러'는 어간의 '르'가 아닌 어미의 '-어'가 '-러'로 바뀌는 '러' 불규칙 활용이 나타나고 있으므로, ⓑ와 같은 활용의 예로 볼 수 없다.

오답설명

① ⓐ(담가)와 '예뻐도'는 모두 'ㅡ' 모음으로 끝난 어간에 모음으로 시작하는 어미가 결합했을 때 'ㅡ'가 탈락하는 'ㅡ' 탈락의 예로 볼 수 있다.

③ ⓒ(간)와 '사니'는 모두 'ㄹ'로 끝난 어간에 'ㅅ, ㄴ, ㅂ, 오' 등으로 시작하는 어미가 결합했을 때 어간의 'ㄹ'이 탈락하는 'ㄹ' 탈락의 예로 볼 수 있다. 참고로 ⓒ는 '갈다'의 어간 '갈-'과 어미 '-ㄴ'이 결합하는 과정에서 'ㄹ'이 탈락한 경우이다.

④ ⓓ(하얬던)와 '동그래'는 모두 'ㅎ'으로 끝난 어간에 모음으로 시작하는 어미가 결합했을 때 어간과 어미가 모두 변하는 'ㅎ' 불규칙 활용의 예로 볼 수 있다.

⑤ ⓔ(저어)와 '그은'은 모두 'ㅅ'으로 끝나는 어간에 모음으로 시작하는 어미가 결합했을 때 어간의 'ㅅ'이 탈락하는 'ㅅ' 불규칙 활용의 예로 볼 수 있다.

19

정답설명

⑤ ㉒은 화자가 청자를 높이기 위해 자신을 낮춰 쓴 표현이다. 화자와 청자 모두를 낮추는 게 아닌 화자만 낮추는 표현이므로 선지의 내용은 적절하지 않다.

오답설명

① ㉠은 부사어이며, ㉡은 주어이다. ㉠의 경우 해당 문장의 서술어 '끝났니'는 '회의는'이라는 주어에 대응되므로, ㉠은 처소 부사격 조사 '에서'가 쓰인, 장소를 가리키는 부사어임을 알 수 있다. 그러나 ㉡의 경우 해당 문장의 서술어 '뭐라고 해'는 '학교에서'라는 주어에 대응되므로, ㉡은 단체 명사 뒤에 붙는 주격 조사 '에서'가 쓰인 주어임을 알 수 있다.

② '후배 2'의 발화인 "저희가 선배님과 함께 제안했던 예산안은 수용하기 힘들다고 했어요."를 통해 ㉢이 '선배'와 '후배 1, 후배 2'를 가리키는 대명사이며, 화자와 청자를 모두 포함하고 있음을 알 수 있다.

③ '후배 1'의 발화인 "학교에서는 자신의 형편을 감안해 달라는 동아리가 한둘이 아니라면서, 우리의 제안을 수용하기 쉽지 않다고 했어요."를 통해 ㉣은 '동아리'를 가리키는 말임을 알 수 있다.

④ ㉤은 관계를 이루는 두 대상을 가리키는 말로, 문맥상 '학교'와 선배, 후배 1, 후배 2가 속한 '동아리'가 두 대상에 해당한다. 따라서 ㉡과 ㉤을 모두 포함하여 가리키는 말을 알 수 있다.

20

정답설명

② ㉡이 가리키는 대상은 '영이'와 '별이'이다. 또한 ㉤은 '민수'와 '영이', '별이'를 가리키므로, ㉡이 가리키는 대상은 ㉤이 가리키는 대상에 포함된다.

오답설명

① ㉠이 가리키는 대상은 '민수'와 '영이'이고, ㉡이 가리키는 대상은 '영이'와 '별이'이므로 동일하지 않다.

③ ㉢이 가리키는 대상은 '봄이'와 '솜이'이고, ㉥이 가리키는 대상은 '민수'와 '영이', '봄이'이므로 선지의 내용은 적절하지 않다.

④ ㉣이 가리키는 대상은 '봄이'와 '솜이', '민수'이고, ㉤이 가리키는 대상은 '민수'와 '영이', '별이'이므로 선지의 내용은 적절하지 않다.

⑤ ㉣이 가리키는 대상은 '봄이'와 '솜이', '민수'이고, ㉥이 가리키는 대상은 '민수'와 '영이', '봄이'이므로 선지의 내용은 적절하지 않다.

21

정답설명

④ ⓓ '가셨겠구나'는 '어떤 상태가 없어지거나 달라지다.'라는 의미의 '가시다'에 두 개의 선어말 어미 '-었-', '-겠-'과 종결 어미 '-구나'가 사용된 것이다. 많은 학생들이 '가다'에 선어말 어미 '-시-'가 쓰인 것으로 보아 이를 적절하다고 판단하지 못했다. 너무 치사한 출제라고 한탄할 수도 있겠지만, **평가원은 용언에서 문제를 출제할 때 '기본형 확인, 정확한 어간 확인'을 집요하게 요구한다.** 킬러 문제도 모두 기본기에서 비롯됨을 명심하자.

오답설명

① ⓐ '즐거우셨길'은 '즐겁다'에 두 개의 선어말 어미 '-(으)시-', '-었-'과 명사형 전성 어미 '-기'가 사용된 것이다. 따라서 연결 어미가 사용되었다는 선지의 내용은 적절하지 않다.

② ⓑ '샜을'은 '새다'에 선어말 어미 '-었-'과 관형사형 전성 어미 '-을'이 사용된 것이다. 따라서 선어말 어미가 없다는 선지의 내용은 적절하지 않다.

③ ⓒ '번거로우시겠지만'은 '번거롭다'에 두 개의 선어말 어미 '-(으)시-', '-겠-'과 연결 어미 '-지만'이 사용된 것이다. 따라서 선어말 어미 세 개가 사용되었다는 선지의 내용은 적절하지 않다.

⑤ ⓔ '다다른'은 '다다르다'에 선어말 어미 없이 관형사형 전성 어미 '-(으)ㄴ'이 사용된 것이다. 따라서 선어말 어미 한 개가 사용되었다는 선지의 내용은 적절하지 않다.

학생들이 자주 묻는 질문

Q. '즐거우셨길'과 '번거로우시겠지만'은 어떻게 분석하나요?

A. '즐거우셨길'은 '즐겁-(어간)+-(으)시-(선어말 어미)+-었-(선어말 어미)+-기(전성 어미)+를(목적격 조사)'로, '번거로우시겠지만'은 '번거롭-(어간)+-(으)시-(선어말 어미)+-겠-(선어말 어미)+-지만(연결 어미)'으로 분석할 수 있다.

이때 '-(으)시-'의 '-으-'는 발음의 편의상 붙는 매개모음이다. 매개모음은 특정한 문법적 기능이 없기에 형태소로 따로 구분하지 않는다. 즉, 형태소 구분에서 '-으시-'와 '-시-'는 동일한 것으로 봐도 된다.

참고로 어간 '즐겁-'과 어간 '번거롭-' 뒤에 모음으로 시작하는 어미 '-(으)시-'가 결합하는 과정에서 'ㅂ' 불규칙이 적용되어 '즐거우-'와 '번거로우-'의 형태가 된 것이다.

문제분석 **21-23번**

번호	정답	정답률 (%)	선지별 선택비율(%)				
			①	②	③	④	⑤
21	④	39	21	5	32	39	3
22	①	39	39	12	21	14	14
23	④	55	7	9	12	55	17

22

정답설명

형태쌤의 과외시간

㉠-1 : 'ㅎ' 탈락 표기 반영, 'ㅏ+ㅏ' → 'ㅐ', 모음조화 ○

㉠-2 : 'ㅎ' 탈락 표기 반영, 'ㅓ+ㅓ' → 'ㅔ', 모음조화 ○

㉡ : 'ㅎ' 탈락 표기 반영, 'ㅓ+ㅓ' → 'ㅐ', 모음조화 ✕

㉢-1 : 'ㅎ' 탈락 표기 미반영, 한 음절로 줄어들 수 없음.

㉢-2 : 'ㅎ' 탈락 표기 미반영, 한 음절로 줄어들 수 있음.

① ㉠-1인 '노랗- + -아 → 노래'는 어간의 말음이 'ㅎ'인 용언이 '-아'로 시작하는 어미와 만날 때 보이는 불규칙 활용 유형이면서 양성 모음끼리의 모음조화가 적용된 유형에 해당한다. '조그맣-'은 어간의 말음이 'ㅎ'인 용언이 '-아'로 시작하는 어미와 만나 '조그매'로 활용하므로, ㉠-1과 활용의 유형이 같음을 알 수 있다. 하지만 '이렇-'은 어간의 말음이 'ㅎ'인 용언이 '-어'로 시작하는 어미와 만나 '이래서'로 활용하므로, 불규칙 활용이면서 음성 모음끼리의 모음조화가 적용되지 않은 ㉡과 활용의 유형이 같음을 알 수 있다.

오답설명

② ㉠-2인 '누렇- + -어 → 누레'는 어간의 말음이 'ㅎ'인 용언이 '-어'로 시작하는 어미와 만날 때 보이는 불규칙 활용 유형이면서 음성 모음끼리의 모음조화가 적용된 유형에 해당한다. '꺼멓-, 뿌옇-'은 어간의 말음이 'ㅎ'인 용언이 '-어'로 시작하는 어미와 만나 '꺼메, 뿌옜다'로 활용되므로 선지의 내용은 적절하다.

③ ㉡인 '어떻- + -어 → 어때'는 어간의 말음이 'ㅎ'인 용언이 '-어'로 시작하는 어미와 만날 때 보이는 불규칙 활용 유형이면서 음성 모음끼리의 모음조화가 적용되지 않은 유형에 해당한다. 이때 '둥그렇-, 멀겋-'은 '둥그렜다, 멀게'로 활용하므로 불규칙 활용이면서 음성 모음끼리의 모음조화가 적용된 유형인 ㉠-2와 활용의 유형이 같음을 알 수 있다.

④ ㉢-1인 '닿- + -아 → 닿아 (→ *다)'는 어간의 말음이 'ㅎ'인 용언이 '-아'로 시작하는 어미와 만날 때 보이는 규칙 활용 유형에 해당되며, '*다'와 같은 형태로 줄어들 수 없음을 확인할 수 있다. '낳-, 땋-'은 '-아'로 시작하는 어미와 만나 '낳아서, 땋았다'로 규칙 활용을 하며, '*나서, *땄다'로 줄어들 수 없으므로 ㉢-1과 활용의 유형이 같음을 알 수 있다.

⑤ ㉢-2인 '놓- + -아 → 놓아 (→ 놔)'는 어간의 말음이 'ㅎ'인 용언이 '-아'로 시작하는 어미와 만날 때 보이는 규칙 활용 유형에 해당되며, 모음 'ㅗ'로 끝난 어간에 'ㅏ'가 어울려 '놔'와 같은 형태로 줄어들 수 있음을 확인할 수 있다. 이때 '넣-, 쌓-'은 '-어/아'로 시작하는 어미와 만나 '넣어, 쌓아'로 규칙 활용할 수 있으며, '*너, *싸'로 줄어들 수 없으므로 ㉢-2가 아닌 ㉢-1과 활용의 유형이 같음을 알 수 있다.

23

정답설명

④ 문장에 추가된 '전혀'는 부사이며, 관형어 '딴'을 수식하는 부사어로 기능하

고 있다(㉢). 문장에 추가된 '한순간에'는 체언 '한순간'과 부사격 조사 '에'가 함께 쓰인 것이며, 서술어 '해결했다'를 수식하는 부사어로 기능하고 있다(㉣).

오답설명

① 문장에 추가된 '방긋이'는 부사이며, 관형어 '웃는'을 수식하는 부사어로 기능하고 있다(㉢). 문장에 추가된 '참'은 부사이며, 부사어 '귀엽게'를 수식하는 부사어로 기능하고 있다(㉠).

② 문장에 추가된 '조금'은 부사이며, 관형어 '굵은'을 수식하는 부사어로 기능하고 있다(㉢). 문장에 추가된 '세로로'는 체언 '세로'와 부사격 조사 '로'가 함께 쓰인 것이며, 서술어 '그었다'를 수식하는 부사어로 기능하고 있다(㉣).

③ 문장에 추가된 '무턱대고'는 부사로, 관형어 '싫어하는'을 수식하는 부사어로 기능하고 있다(㉢). 문장에 추가된 '많이'는 부사이며, 서술어 '있다'를 수식하는 부사어로 기능하고 있다.

⑤ 문장에 추가된 '원칙대로'는 체언 '원칙'과 보조사 '대로'가 함께 쓰인 것이며, 서술어 '처리했다'를 수식하는 부사어로 기능하고 있다(㉣). 문장에 추가된 '깔끔히'는 부사이며, 서술어 '처리했다'를 수식하는 부사어로 기능하고 있다.

학생들이 자주 묻는 질문

Q. '무턱대고'와 '많이'가 부사인지 어떻게 아나요?

A. 결론부터 말하자면, 우리는 사전을 암기할 수 없기에 모든 단어를 정확하게 판단하는 것은 불가능하다. '무턱대고'도 마찬가지다. 현장에서 이 단어를 만났을 때, '무턱대다'의 활용형인지 부사인지 바로 대답하기는 어렵다. 하지만 '많이'의 경우는 다르다. 접사 '-이/-히'의 경우 자주 등장하고, '-이'라는 어미는 없기에 '많이'가 부사라는 판단을 할 수 있다. 1번 선지의 '방긋이', 5번 선지의 '깔끔히'도 마찬가지이다. 즉, **자주 등장하는 접사와 어미를 암기해 둠으로써** 낯선 변수에 대비하는 것이다.

교육청 기출

1	③	2	⑤	3	⑤	4	②	5	④
6	①	7	⑤	8	④	9	②	10	①
11	⑤	12	②	13	②	14	③	15	⑤
16	④	17	①	18	①	19	②	20	④
21	③	22	③	23	②	24	④	25	①
26	④	27	②	28	③	29	⑤	30	③
31	①	32	④	33	②	34	③	35	③

01

정답설명

③ ㉡(우리)이 가리키는 대상은 '승준', '아영', '민찬', '서우'이며, ㉣(자기)이 가리키는 대상은 '서우'이다. 따라서 ㉡이 가리키는 대상은 ㉣이 가리키는 대상을 포함한다는 것을 알 수 있다.

오답설명

① ㉠(이미)은 발화 시점을 기준으로 과거를 가리키지만, ㉤(미리)은 발화 시점을 기준으로 미래를 가리키므로 선지의 내용은 적절하지 않다.

② ㉠이 가리키는 시간대는 ㉦(먼저)이 가리키는 시간대보다 앞서므로 선지의 내용은 적절하지 않다.

④ ㉡이 가리키는 대상은 '승준', '아영', '민찬', '서우'이지만, ㉥(우리)이 가리키는 대상은 '승준', '민찬'이므로 가리키는 대상은 동일하지 않다.

⑤ ㉢(우리)이 가리키는 대상은 '승준', '아영', '민찬'으로 담화에 참여한 모든 사람을 가리킨다고 볼 수 있다. 하지만 ㉥이 가리키는 대상은 '승준', '민찬'이므로 담화에 참여한 모든 사람을 가리킨다고 볼 수 없다.

02

정답설명

⑤ ㉨(우리)이 지시하는 대상은 '예은', '세욱'이며, ㉡(우리)이 지시하는 대상은 '예은', '세욱', '나라'이므로 ㉨이 지시하는 대상이 ㉡이 지시하는 대상에 포함된다는 선지의 설명은 적절하다.

오답설명

① ㉠(어제)과 ㉢(오늘) 모두 발화 시점에 따라 달라지므로 선지의 설명은 적절하지 않다.

② ㉣(그거)이 지시하는 대상은 '나라'가 오늘까지 제출해야 할 과제이며, ㉦(이거)이 지시하는 대상은 조별 과제 자료 정리이므로 선지의 설명은 적절하지 않다.

③ ㉤(너)이 지시하는 대상은 '나라'이며, ㉧(너)이 지시하는 대상도 '나라'이므로 선지의 설명은 적절하지 않다.

④ ㉥(지금)은 예은이 발화한 시점을 기준으로 정해지므로, ㉠(어제)을 기준으로 정해진다는 선지의 설명은 적절하지 않다.

03

정답설명

⑤ ⓐ는 '쌓- + -아 → 쌓아'의 규칙 활용으로, 어간과 어미의 형태가 유지되었다. 반면 ⓑ는 '파랗- + -아 → 파래'의 'ㅎ' 불규칙 활용으로, 어간의 'ㅎ'이 없어진 것은 맞지만, 어미는 형태가 변형되었을 뿐 탈락한 것은 아니다.

오답설명

① ⓐ는 '입- + -어 → 입어'의 규칙 활용으로, 어간의 형태가 유지되었다. 한편 ⓑ는 '아름답- + -어 → 아름다워'의 'ㅂ' 불규칙 활용으로, 어간의 'ㅂ'이 'ㅜ'로 바뀌었다.

② ⓐ는 '쑤- + -어 → 쑤어'의 규칙 활용으로, 어간의 형태가 유지되었다. 한편 ⓑ는 '푸- + -어 → 퍼'의 '우' 불규칙 활용으로, 어간의 'ㅜ'가 탈락했다.

③ ⓐ는 '걸- + -어 → 걸어'의 규칙 활용으로, 어간의 형태가 유지되었다. 한편 ⓑ는 '걷- + -어 → 걸어'의 'ㄷ' 불규칙 활용으로, 어간의 'ㄷ'이 'ㄹ'로 바뀌었다.

④ ⓐ는 '씻- + -어 → 씻어'의 규칙 활용으로, 어간의 형태가 유지되었다. 한편 ⓑ는 '잇- + -어 → 이어'의 'ㅅ' 불규칙 활용으로, 어간의 'ㅅ'이 탈락했다.

04

정답설명

② ㉡은 보조적 연결 어미 '-을까'와 보조 용언 '싶다'의 구성으로, 동사나 형용사, 서술격 조사 '이다' 뒤에서 '-을까 싶다' 구성으로 쓰여 앞말대로 될까 걱정하거나 두려워하는 마음이 있음을 나타내는 말이다.

오답설명

① ㉠은 보조적 연결 어미 '-나'와 보조 용언 '보다'의 구성으로, 동사나 형용사, 서술격 조사 '이다' 뒤에서 '-은가/-는가/-나 보다' 구성으로 쓰여 앞말이 뜻하는 행동이나 상태를 추측하고 있음을 나타내는 말이다.

③ ㉢은 보조적 연결 어미 '-어'와 보조 용언 '버리다'의 구성으로, 동사 뒤에서 '-어 버리다' 구성으로 쓰여 앞말이 나타내는 행동이 이미 끝났음을 나타내는 말이다. 이는 그 행동이 이루어진 결과, 말하는 이가 아쉬운 감정을 갖게 되었음을 나타낼 때 쓰인다.

④ ㉣은 보조적 연결 어미 '-어'와 보조 용언 '주다'의 구성으로, 동사 뒤에서 '-어 주다' 구성으로 쓰여 앞 동사의 행위가 다른 사람의 행위에 영향을 미침을 나타내는 말이다. ㉣에서는 말하는 이가 상대를 위해 무언가를 베푸는 심리적 태도가 나타나 있다.

⑤ ㉤은 보조적 연결 어미 '-어야'와 보조 용언 '하다'의 구성으로 동사나 형용사 뒤에서 '-어야 하다' 구성으로 쓰여 앞말이 뜻하는 행동을 하거나 앞말이 뜻하는 상태가 되는 것이 필요함을 나타내는 말이다.

05

정답설명

④ '밝은'은 ㉡에 따라 분류하면 용언이며, ㉢에 따라 분류하면 형용사이다. 한편 '잡았어'는 ㉡에 따라 분류하면 용언이며, ㉢에 따라 분류하면 동사이다. 따라서 ㉡에 따라 분류할 경우 서로 같은 부류로 분류되므로 선지의

내용은 적절하지 않다.

오답설명

① '나비 하나를 또 잡았어'를 ㉠에 따라 분류하면 '나비', '하나', '를', '또'라는 불변어 네 개와 '잡았어'라는 가변어 한 개로 분류할 수 있다.

② '나비 하나를'을 ㉡에 따라 분류하면 '나비', '하나'라는 체언 두 개와 '를'이라는 관계언 한 개로 분류할 수 있다.

③ '음, 우리가 밝은 곳에서 그 나비 하나를 또 잡았어'는 ㉢에 따라 분류하면 '음(감탄사)', '우리(대명사)', '가(조사)', '밝은(형용사)', '곳(명사)', '에서(조사)', '그(관형사)', '나비(명사)', '하나(수사)', '를(조사)', '또(부사)', '잡았어(동사)'로 분류할 수 있다. 따라서 아홉 개의 품사를 모두 확인할 수 있다.

⑤ '그'와 '또'를 ㉡에 따라 분류하면 둘 다 수식언에 해당하며, ㉢에 따라 분류하면 '그'는 관형사, '또'는 부사에 해당한다.

06

정답설명

① '내딛다'는 '내디디다'의 준말로 '내딛고, 내딛지, 내딛자' 등과 같이 자음으로 시작하는 어미의 활용형에는 쓰지만, '내딛어, 내딛으며, 내딛으니' 등과 같이 모음으로 시작하는 어미의 활용형에는 쓰지 않는다. 따라서 '그녀는 새로운 삶에 첫발을 내딛었다.'에서 모음으로 시작하는 어미의 활용형인 '내딛었다'는 '내디디었다(내디뎠다)'로 써야 한다.

오답설명

② '서투르다'는 본말이기에 '서투르지, 서투르니, 서툴러' 등과 같이 자음이나 모음으로 연결되는 어미의 활용형을 모두 쓸 수 있다. 따라서 '서투르-'에 어미 '-ㄴ'을 결합하여 '서투른'으로 쓸 수 있다.

③ '머물다'는 '머무르다'의 준말이지만 자음으로 시작하는 어미 '-면서'와 결합하였기 때문에 '머물면서'로 쓸 수 있다.

④ '서두르다'는 본말이기에 자음이나 모음으로 연결되는 어미의 활용형을 모두 쓸 수 있다. 따라서 '서두르-'에 어미 '-지'를 결합하여 '서두르지'로 쓸 수 있다.

⑤ '건드리다'는 본말이기에 '건드리며, 건드리니, 건드려(건드리어)' 등과 같이 자음이나 모음으로 연결되는 어미의 활용형을 모두 쓸 수 있다. 따라서 '건드리-'에 어미 '-어도'를 결합하여 '건드려도'로 쓸 수 있다.

07

정답설명

⑤ '정해진, 온갖'은 문장에서 생략이 가능한 관형어로 필수 성분이 아니다. '있는, 방황했던'의 경우 문장에서 생략은 불가능하지만 문장 성분 구분 상 부속 성분인 관형어에 해당된다. 관형어와 부사어는 일부의 경우(의존 명사 앞이나 필수 부사어를 요구하는 서술어 앞) 생략이 불가능하며, 문장에서 '있는'과 '방황했던'은 안긴문장의 서술어로 생략이 불가능하다. 하지만 학자들은 **관형어와 부사어의 일반적인 속성에 근거하여 필수 성분이 아닌, 부속 성분으로 분류를 하였다.** 따라서 간혹 예외는 있지만, 주성분이 아닌 부속 성분으로 분류한 학자들의 견해를 우리는 따르면 된다.

학생들이 자주 묻는 질문

Q. 필수적 부사어는 주성분인가요?

A. 그렇지 않다. 주성분은 문장의 골격을 이루는 성분으로 주어, 목적어, 보어, 서술어가 이에 해당되고, 부속 성분은 관형어와 부사어로 규정되어 있다. '필수적 부사어'는 특정한 서술어가 필수적으로 요구하는 성분이므로 이 문장에서만 예외적으로 필수 성분이 요구되는 것이다. 즉, 부사어는 대부분 생략이 가능하고, 예외적으로 필수적 부사어가 있지만 분류상 모든 부사어는 부속 성분인 것이다.

오답설명

① '그', '이', '온갖'은 모두 관형사이며, 관형사는 문장에서 그대로 관형어로 쓰인다.

② '정해진', '있는', '방황했던'은 모두 용언의 관형사형이 관형어로 쓰여 체언을 수식하고 있다.

③ '그', '이'는 모두 앞에서 이미 언급된 것을 가리키며 뒤에 있는 말을 꾸며 주는 역할을 하는 지시 관형사이다.

④ '나의'와 '사춘기의'는 각각 대명사와 명사에 관형격 조사 '의'가 결합하여 관형어로 쓰인 것이다.

08

정답설명

④ '묻었다'는 활용될 때 어간과 어미의 기본 형태가 바뀌지 않는 용언이고, '우러러'는 원형이 '우러르다'로, 활용될 때 어간이나 어미의 기본 형태가 바뀌는 모습을 일정한 규칙으로 설명할 수 있는 용언('ㅡ' 탈락)이므로 ㉠에 해당한다. '일러'는 활용될 때 어간이 불규칙적으로 바뀌는 용언('르' 불규칙)이므로 ㉡에 해당한다. '이르러'는 활용될 때 어미가 불규칙적으로 바뀌는 용언('러' 불규칙)이므로 ㉢에 해당한다. '파래'는 활용될 때 어간과 어미가 모두 불규칙적으로 바뀌는 용언('ㅎ' 불규칙)이므로 ㉣에 해당한다.

형태쌤의 과외시간

• '이르다'로 보는 '르' 불규칙과 '러' 불규칙

(1) '르' 불규칙 활용 : 용언 어간의 '르'가 'ㄹㄹ'로 바뀌는 현상

↳ '이르다(시간)' : 이르- + -어 → 일르- + -어 → 일러

(2) '러' 불규칙 활용 : 모음 어미인 '-어'가 '러'로 바뀌는 현상

↳ '이르다(도착)' : 이르- + -어 → 이르- + -러 → 이르러

09

정답설명

② ㉡은 본용언 '적어' 뒤에 보조 용언 '둘', '만하다'가 거듭 나타나는 경우이므로, 〈보기 1〉의 '보조 용언이 거듭 나타나는 경우는 앞의 보조 용언만을 본용언에 붙여 쓸 수 있다.'에 따라 '적어 둘 만하다'와 '적어둘 만하다'로만 쓸 수 있다.

오답설명

① ㉠은 본용언 '구해'에 보조 용언 '주었다'가 결합한 구조이다. 본용언 '구해'는 어근 '구'와 접사 '-하-'가 결합한 복합어(파생어) '구하다'의 활용형으로, 2음절에 해당한다. 〈보기 1〉에서 본용언이 합성어나 파생어라도 그 활용형이 2음절인 경우에는 본용언과 보조 용언을 붙여 쓰는 것도 허용한다고 하였으므로, '구해'와 '주었다'를 붙여 쓸 수 있다.

③ ㉢은 본용언 '읽어'에 보조 용언 '보았다'가 결합한 '읽어 보았다'에서 본용언 '읽어'에 보조사 '는'이 붙었다. 〈보기 1〉에서 본용언에 조사가 붙을 경우 그 뒤에 오는 보조 용언은 붙여 쓰지 않는다고 하였으므로, '읽어는'과 '보았다'를 붙여 쓰지 않는다.

④ ㉣은 본용언 '다시없을'에 보조 용언 '듯하다'가 결합한 구조이다. 본용언 '다시없을'은 '다시없다'의 활용형으로, '다시없다'는 부사 어근 '다시'와 형용사 어근 '없다'가 결합한 합성 용언이다. 〈보기 1〉에서 본용언이 합성 용언인 경우 그 뒤에 오는 보조 용언은 붙여 쓰지 않는다고 하였으므로, '다시없을'과 '듯하다'를 붙여 쓰지 않는다.

⑤ ㉤은 본용언 '공부해'에 보조 용언 '보아라'가 결합한 구조이다. 본용언 '공부해'는 '공부하다'의 활용형으로, '공부하다'는 명사 어근 '공부'에 '-하-'라는 동사 파생 접미사가 붙은 파생어이다. 〈보기 1〉에서 본용언이 파생어인 경우 그 뒤에 오는 보조 용언은 붙여 쓰지 않는다고 하였으므로, '공부해'와 '보아라'를 붙여 쓰지 않는다.

10

정답설명

① ㄱ의 '그곳'은 어떤 처소를 지시하는 대명사에 해당하지만 ㄴ의 '그'는 명사 '사람'을 수식하는 지시 관형사이다. **지시 대명사와 달리, 지시 관형사는 조사와 함께 쓰일 수 없다는 점을 기억하자.**

오답설명

② ㄱ의 '아주'와 ㄴ의 '잘'은 모두 용언 앞에 놓여서 그 뜻을 한정하는 부사에 해당한다.

③ ㄱ의 '구울(굽다)'은 'ㅂ' 불규칙 용언, ㄷ의 '지어(짓다)'는 'ㅅ' 불규칙 용언이다. 즉 ㄱ의 '구울'과 ㄷ의 '지어'는 모두 용언의 어간이 불규칙적으로 활용되는 동사에 해당한다.

④ ㄱ의 '쉽게(쉽다)'와 ㄷ의 '멋진(멋지다)'은 모두 어떤 대상의 성질이나 상태를 나타내는 형용사에 해당한다. '쉽다(X)', '멋진다(X)'와 같이 현재 시제 선어말 어미 '-ㄴ-'과 결합할 수 없다는 점을 통해, '쉽다', '멋지다'가 형용사임을 확인할 수 있다. '쉽게'는 '쉽다'라는 형용사에 부사형 전성 어미 '-게'가 붙은 것으로 문장에서 부사어로 쓰이고, '멋진'은 '멋지다'라는 형용사에 관형사형 전성 어미 '-ㄴ'이 붙은 것으로 문장에서 관형어로 쓰이나 품사는 모두 형용사이다.

⑤ ㄴ의 '가'는 주격 조사, ㄷ의 '에서'는 부사격 조사이다. ㄴ의 '가'와 ㄷ의 '에서'는 모두 앞말과 다른 말과의 문법적인 관계를 나타내는 조사에 해당한다.

11

정답설명

⑤ '흰 눈이 내립니다.'에서 '흰'의 '-ㄴ'은 현재의 상태를 나타내는 관형사형 어미이므로, '-ㄴ-'이 아닌 '-ㄴ ②'의 예문으로 추가할 수 있다.

오답설명

① '간다'를 보면 '-ㄴ-'은 종결 어미 '-다'의 앞에 붙을 수 있음을 확인할 수 있다. 반면, '짠'의 '-ㄴ'과 '유명한'의 '-ㄴ'은 어말 어미이기 때문에 뒤에 다른 어미가 붙을 수 없다.

② '간다'는 '가신다'로, '짠'은 '짜신'으로, '유명한'은 '유명하신'으로 쓸 수 있다.

③ '짠'은 '옷'을, '유명한'은 '성악가'를 수식하는 관형어 구실을 하고 있다.

④ '간다'와 '유명한'은 현재 시제를, '짠'은 과거 시제를 나타내고 있다.

12

정답설명

② 본동사와 본동사는 띄어 써야 하므로, '주고 갔다'로 띄어 써야 한다.

오답설명

① '-ㄹ지'는 추측에 대한 막연한 의문이 있을 때 사용하는 하나의 어미이므로 붙여 써야 한다.

③ '형 같다'에서 '같다'는 조사가 아닌 형용사이다. 따라서 두 단어는 띄어 써야 한다.

④ '것'은 의존 명사이다. 의존 명사는 앞말과 띄어 써야 하므로 적절하다.

⑤ '뿐'은 의존 명사, 조사로 쓰이는 품사 통용어이다. 의존 명사 '뿐'은 '-(으)ㄹ 뿐이다(사랑할 뿐이다) / -다 뿐이다(시간만 보냈다 뿐이지 한 일은 없다)'의 문형으로 쓰이며, 반드시 관형어의 수식을 받고 앞말(관형어)과 띄어 쓴다. 반면 조사 '뿐'은 체언 뒤에 붙여 쓴다. '공부뿐이다'에 쓰인 '뿐'은 조사 '뿐'이므로, 체언 '공부'에 붙여 써야 한다.

13

정답설명

② 〈보기〉의 [붙임 3]에서 "연결형에서 사용되는 '이요'는 '이요'로 적는다."라고 하였으므로, 이를 '이오'로 바꾸어 적을 수는 없다.

오답설명

① 하오체 종결 어미 '-오'는 [오]로 발음하는 것이 원칙이지만 [요]로 발음할 수 있다고 했다.

③ '부산이오'에 쓰인 '-오'는 하오체 종결 어미이므로, 해당 문장은 하오체 문장에 해당한다.

④ ㄹ의 다른 문장들이 하오체 종결 어미 '-오'를 취하고 있는 것으로 볼 때, 밑줄 친 '요'는 높임의 보조사가 아니라 모음으로 끝나는 체언 '영화' 뒤에서 '-이오'가 '-요'의 형태로 줄어 사용된 것이라고 판단할 수 있구나.

⑤ ㅁ의 '무얼 좋아하세요?'라는 문장이 높임의 보조사 '요'를 취하고 있는 것으로 볼 때, 밑줄 친 '요' 역시 청자를 높이기 위해 사용된 보조사임을 알 수 있구나. '소설'은 '모음으로 끝나는 체언'이 아니므로, '-이오'가 '-요'로

줄어 쓰인 것이 아니라는 점으로도 이와 같이 판단할 수 있겠다.

14

정답설명

③ '낫다'는 ©, '낳다'는 ®에 해당된다. 〈보기〉에서는 두 가지를 이야기하고 있다.

  1) 용언이 활용될 때 나타나는 음운 변동 : 어간 말음 탈락
  2) 그 음운 변동이 표기에 반영되는지 여부

'낫다'는 모음 어미와 활용할 때 어간의 형태가 바뀌는 'ㅅ' 불규칙 활용 용언에 속한다. 모음 어미 '-아'와 결합할 때 [나사]가 아닌 [나아]로 발음되며, 이렇게 어간 말음 'ㅅ'이 탈락하는 변동 현상을 표기에 반영하여 '나아'로 적는다.

'낳다'는 활용할 때 어간의 형태가 바뀌지 않는 규칙 활용 용언에 속한다. 모음 어미 '-아'와 결합할 때 [나하]가 아닌 [나아]로 발음되지만, 어간 말음 'ㅎ'이 탈락하는 변동 현상을 표기에 반영하지 않고 '낳아'로 적는다.

15

정답설명

⑤ 〈보기〉의 다섯 번째 문장을 보면, '빵만으로'와 같이 보조사('만')가 격 조사 ('으로')보다 앞에 위치할 수 있음을 확인할 수 있다.

오답설명

① 〈보기〉의 두 번째 문장을 보면, '민수가 운동을 싫어한다.'라는 문장에서 격 조사 '가'와 '을'은 보조사 '는', '은'으로 교체될 수 있으므로, 격 조사 자리에 보조사가 쓰일 수 있음을 확인할 수 있다.

② 〈보기〉의 세 번째 문장을 보면, 목적어인 '국수' 뒤에 목적격 조사 '를'이 생략되어 있음을 확인할 수 있다.

③ 〈보기〉의 첫 번째 문장을 보면, '형'과 같이 받침을 가진 말 뒤에는 '은'이, '나'와 같이 받침을 가지지 않은 말 뒤에는 '는'이 사용됨을 알 수 있다.

④ 〈보기〉의 네 번째 문장을 보면, '어서'와 같은 부사 뒤에 '요'와 같은 보조사가 결합될 수 있음을 확인할 수 있다.

16

정답설명

④ 〈보기〉의 설명에서, 본용언과 보조 용언은 앞말에 조사가 붙은 경우 띄어 써야 한다고 했어. 이에 따르면 '읽어도+보았다'의 경우, 앞말에 '도'라는 조사가 결합되어 있으므로 반드시 띄어 써야 한다. 하지만 학습지에는 '읽어도보았다'에 ○ 표시가 되어 있으므로 적절하지 않다.

오답설명

① 본용언과 보조 용언은 띄어 쓰는 것이 원칙이지만 붙여 쓰는 것도 허용한다. '꺼져+갔다'는 앞말에 조사가 붙거나 앞말이 합성 동사인 경우가 아니므로 띄어 쓸 수도, 붙여 쓸 수도 있는 경우에 해당하지.

② '밀어내+버렸다'의 경우, 앞말 '밀어내'가 합성 동사(밀다+내다)이므로 반드시 띄어 써야 한다.

③ '덤벼들어+보아라'의 경우, 앞말 '덤벼들어'가 합성 동사(덤비다+들다)이므

로 반드시 띄어 써야 한다.

⑤ '놀아만+나는구나'는 앞말에 조사가 붙은 경우이기 때문에 반드시 띄어 써야 한다.

17

정답설명

① 〈보기 1〉에서 수 관형사는 수사와 달리 단위를 나타내는 의존 명사와 함께 쓰인다고 하였다. ㉠의 '칠'은 수 관형사이며, 단위를 나타내는 의존 명사인 '개월'과 함께 쓰였다. 〈보기 2〉에서 ㉮의 '다섯'과 ㉯의 '팔'은 각각 단위를 나타내는 의존 명사인 '판', '년'과 함께 쓰이고 있으므로 수 관형사이고, ㉰와 ㉱는 단위를 나타내는 의존 명사와 함께 쓰이지 않았으므로 수사이다.

18

정답설명

① 이어지는 B의 대답을 볼 때, ㉠은 '민수가 화가 많이 난 것'이 아닌 '영희가 말도 없이 책을 가져간 것'을 가리킨다는 것을 알 수 있다.

오답설명

② ㉡은 앞에서 언급한 '영희'를 다시 나타내기 위해 사용한 재귀 대명사이다.

③ ㉢은 어떤 사람을 특별히 정하지 않고 나타내는 부정칭 대명사이다.

④ ㉣은 '어제 저녁에 교실에 있었던 애들'이라는 지시 대상을 정확히 모르고 있는 상태에서 지칭하는 미지칭 대명사이다.

⑤ ㉤은 앞에서 언급한 '교실'을 가리키기 위해 사용한 지시 대명사이다.

19

정답설명

② 탐구에서 '치러'는 어간이 'ㅡ'로 끝나는 용언이므로 모음으로 시작하는 어미와 결합할 때 'ㅡ'가 탈락한다고 하였어. '잠가'도 마찬가지로 어간이 '잠그-'이므로 모음으로 시작하는 어미와 결합하면 'ㅡ'가 탈락하게 된다. '잠그-+-아 → 잠ㄱ-+-아 → 잠가'와 같이 활용된 것이다.

오답설명

① '깨워'는 어간 '깨우-'가 'ㅜ'로 끝나므로 ㉠의 조건에 부합하지 않는다. 이는 '바꿔'와 같은 경우로, '깨우-+-어 → 깨워'와 같이 모음이 축약된 것이지.

③ '구워'는 어간 '굽-'의 말음(받침) 'ㅂ'이 모음으로 시작하는 어미와 결합할 때 'ㅜ'로 변화한 후 어미와 축약된 경우에 해당한다.

④ '하얘'는 어간 '하얗-'에 어미 '-아'가 결합되어 어간과 어미의 형태가 모두 변화한 경우에 해당한다.

⑤ '들어'는 어간 '듣-'의 말음(받침) 'ㄷ'이 모음으로 시작하는 어미와 결합할 때 'ㄹ'로 변화한 경우에 해당한다.

20

정답설명

④ 문맥으로 미루어 보았을 때 ㉣은 단정의 태도가 아니라, '엄마가 말한 내용을 전달하려는 태도를 나타내고 있다.

오답설명

① ㉠에서는 철수가 오늘 산에 간 사실에 대해 확인하고자 의문형 어미 '-지'를 사용하였으므로 적절하다.

② ㉡에서는 철수가 내일은 꼭 산에 갈 것임을 나타내기 위해 의지를 나타내는 선어말 어미 '-겠-'을 사용하고 있으므로 적절하다.

③ ㉢에서는 철수가 형이 산에 갔다는 사실에 대한 추측을 나타내는 어미 '-을걸'을 사용하고 있으므로 적절하다.

⑤ ㉣에서는 영희가 감탄을 나타내는 어미 '-구나'를 사용하여 철수의 형이 대단하다는 감탄을 나타내고 있으므로 적절하다.

21

정답설명

③ '뿐'의 앞말이 체언 '그것'이므로 '뿐'이 조사로 쓰인 것임을 알 수 있다. '뿐'이 조사로 쓰인 경우에는 앞말에 붙여 써야 한다.

오답설명

① '만큼'의 앞말이 용언의 관형사형인 '할'이므로 '만큼'이 의존 명사로 쓰인 것임을 알 수 있다. 따라서 띄어 쓰는 것이 적절하다.

② '대로'의 앞말이 체언 '나'이므로 '대로'가 조사로 쓰인 것임을 알 수 있다. 따라서 붙여 쓰는 것이 적절하다.

④ 해당 문장에서 '못해'는 '앞말이 뜻하는 행동이나 상태가 극에 달해 그것을 더 이상 유지할 수 없음'을 나타내는 말인 보조 형용사 '못하다'의 활용형이다. 그 자체로 하나의 단어이므로 띄어 쓰지 않는 것이 적절하다.

⑤ 해당 문장에서 '못하구나'는 '비교 대상에 미치지 아니함'을 나타내는 형용사 '못하다'의 활용형이다. 그 자체로 하나의 단어이므로 띄어 쓰지 않는 것이 적절하다.

22

정답설명

③ '소나무가 마당 쪽으로 굽다.'의 '굽다'는 '굽어'와 같이 활용할 때 어간이나 어미의 형태 변화가 없는 규칙 활용을 하지만, '어머니께서 빵을 굽다.'의 '굽다'는 '구워'와 같이 활용할 때 어간 'ㅂ'이 'ㅜ'로 변화하는 'ㅂ' 불규칙 활용을 한다.

오답설명

① 두 문장 모두 '낫다'가 모음 어미와 결합하여 활용할 때 '나아'와 같이 어간 'ㅅ'이 탈락하는 'ㅅ' 불규칙 활용을 한다.

② 두 문장 모두 '울다'가 '울어'와 같이 활용할 때 어간이나 어미의 형태 변화가 없는 규칙 활용을 하지. 다만 'ㄹ'로 끝나는 어간에 '-ㄴ, -니, -는'과 같이 'ㄴ'으로 시작하는 어미가 결합되는 경우 'ㄹ'이 탈락한다. '벽지가 울다'와 '어린이가 울다'의 '울다'가 '운, 우니, 우는'과 같이 활용되는 것이 그 예이다. 그러나 'ㄹ'이 'ㄴ' 앞에서 탈락하는 것은 규칙적으로 일어나는 음운 변동이기 때문에, 형태가 바뀌더라도 규칙 활용으로 간주한다.

④ '친구에게 약속 시간을 이르다.'에서의 '이르다'는 '일러'와 같이 '르' 불규칙 활용을 하고, '약속 장소에 이르다.'에서의 '이르다'는 '이르러'와 같이 '러' 불규칙 활용을 한다. 두 용언의 활용 형태가 서로 달라 두 용언이 동음이의

관계에 있다는 것을 알 수 있지만, <보기>에서 요구한 조건은 하나는 규칙, 하나는 불규칙 활용을 하는 것이기 때문에 ④번은 정답이 될 수 없다.

⑤ 두 문장 모두 '타다'가 모음 어미와 결합하여 활용할 때 '타'와 같이 어간의 'ㅏ'가 탈락한다. 동음 탈락은 음운 규칙으로 설명이 가능하므로, 규칙 활용을 한다는 것을 알 수 있다.

23

정답설명

② 사전에서 '가'가 '바뀌게 되는 대상을 나타낼 때' 조사 '로'로 바뀔 수 있다고 하였으므로, ⓑ의 '가'는 부정하는 대상이 아니라 바뀌게 되는 대상임을 나타내는 격 조사임을 알 수 있다.

오답설명

① 사전에서 '가'는 '받침 없는 체언 뒤에 붙어' 사용된다고 하였고, '이'는 '받침 있는 체언 뒤에 붙어' 사용된다고 하였다. 따라서 앞 체언의 받침 유무에 따라 '가'가 사용될지 '이'가 사용될지가 결정됨을 알 수 있다.

③ '가'를 '를'로 바꾸어 쓸 수 있으므로, ⓒ의 '가'는 연결 어미 '-지' 뒤에 붙어 강조하는 의미를 나타내는 보조사임을 알 수 있다.

④ 사전에서 '이'가 바뀌게 되는 대상을 나타낼 때 조사 '으로'로 바뀔 수 있다고 하였으므로, ⓓ의 '이'는 '되다' 앞에 쓰여 바뀌게 되는 대상임을 나타내는 격 조사임을 알 수 있다.

⑤ ⓔ의 '이'는 '-고 싶다' 구성에서 목적어 뒤에 붙어 앞말을 지정하여 강조하는 의미를 나타내는 보조사이다.

24

정답설명

④ '나는 너에 대한 기대가 크다.'에서 '크다'는 정도가 강하다는 의미를 나타내는 형용사이다. 하지만 '우리 아들은 키가 쑥쑥 큰다.'에서 '크다'는 '동식물이 몸의 길이가 자라다.'라는 의미를 나타내는 동사이다. '크다'의 현재형 표현인 '큰다'가 사용된 것을 통해 하나의 단어가 동사와 형용사 두 가지로 쓰이는 경우가 있음을 알 수 있다.

오답설명

① 두 문장에 쓰인 '길다'는 각각 '잇닿아 있는 물체의 두 끝이 서로 멀다.', '이어지는 시간상의 한 때에서 다른 때까지의 동안이 오래다.'라는 의미로 쓰인 형용사이다. 제시된 문장에서 '길다'는 현재형 어미와 결합이 불가능하므로, 형용사임을 알 수 있다.

② 두 문장에 쓰인 '젊다'는 각각 '보기에 나이가 제 나이보다 적은 듯하다.', '나이가 한창때에 있다.'라는 의미로 쓰인 형용사이다. 제시된 문장에서 '젊다'는 현재형 어미와 결합이 불가능하므로, 형용사임을 알 수 있다.

③ 두 문장에 쓰인 '따뜻하다'는 각각 '덥지 않을 정도로 온도가 알맞게 높다.', '감정, 태도, 분위기 따위가 정답고 포근하다.'라는 의미로 쓰인 형용사이다. 제시된 문장에서 '따뜻하다'는 현재형 어미와 결합이 불가능하므로, 형용사임을 알 수 있다.

⑤ 두 문장에 쓰인 '늦다'는 각각 '시간이 알맞을 때를 지나 있다.', '시기가 한창인 때를 지나 있다.'라는 의미로 쓰인 형용사이다. '늦다'가 동사로 사용

되는 경우도 있으나 해당 문장에서는 현재형 어미와 결합이 불가능하므로, 형용사임을 알 수 있다.

25

정답설명

① ㄱ의 '가다'는 '한 곳에서 다른 곳으로 장소를 이동하다.'라는 의미로 사용되었고, 이와 유사한 문맥으로 사용된 것은 ㄹ이다. 또한 ㄴ의 '가다'는 '말이나 소식 따위가 알려지거나 전하여지다.'라는 의미로 사용되었고, 이와 유사한 문맥으로 사용된 것은 ㅁ이다. ㄷ과 ㅂ에 사용된 '가다'는 각각 '중간', '무릎'이라는 대상을 기준으로 해서 어느 정도까지 이른다는 의미를 나타내고 있다.

오답설명

② '가다'가 '일정한 시간이 되거나 일정한 곳에 이르다.'라는 의미로 쓰인 용례로는 '검사 결과는 내일에 가서야 나온대.', '이 부분에 가서는 특히 현악기의 선율에 주의해야 한다.' 등이 있다.

③ '가다'가 '그러한 상태가 생기거나 일어나다.'라는 의미로 쓰인 용례로는 '자기에게 손해 가는 장사를 누가 하겠어?', '우리를 도와주신 그분 집안으로는 피해가 가지 않도록 해라.' 등이 있다.

④ '가다'가 '어떤 현상이나 상태가 유지되다.'라는 의미로 쓰인 용례로는 '작심삼일이라고 며칠이나 가겠니?', '담배를 끊겠다는 결심이 결국 사흘도 못 갔다.' 등이 있다.

⑤ '가다'가 '관심이나 눈길 따위가 쏠리다.'라는 의미로 쓰인 용례로는 '오늘 만난 남자에게 무척 호감이 간다.', '그 사람의 옷차림으로 자꾸 눈길이 간다.' 등이 있다.

26

정답설명

④ 해당 문장에는 '이렇게'라는 지시 표현(㉮)과 '다음'이라는 직접적으로 순서를 나타내는 어휘(㉯)가 모두 사용되었다.

오답설명

① 해당 문장에는 '먼저'라는 순서를 드러내는 어휘(㉯)가 사용되었다. 하지만 ㉮는 찾을 수 없다.

② 해당 문장에는 '여기'라는 지시 표현(㉮)이 사용되었다. 하지만 ㉯는 찾을 수 없다.

③ 해당 문장에는 '그러니'라는 접속 부사(㉮)가 사용되었다. 하지만 ㉯는 찾을 수 없다.

⑤ 해당 문장에는 앞 문장에서 등장했던 '사포질'이라는 단어가 반복적으로 나와 있을 뿐, ㉮와 ㉯를 찾을 수 없다.

27

정답설명

② ㉠ : 탐구 ②의 첫 번째 표를 보면, '쏟-+-은'의 경우 '쏟은'과 같이 'ㄷ'이 그대로 유지되지만 '듣-+-은'은 '들은'과 같이 'ㄷ'이 'ㄹ'로 교체됨을 확인할 수 있구나.

㉡ : 탐구 ②의 두 번째 표를 보면, '내밀-+-ㄴ'과 '부풀-+-ㄴ'의 두 경우 모두 '내민', '부푼'과 같이 'ㄹ'이 탈락함을 확인할 수 있구나.

오답설명

① 'ㄷ'이 'ㄹ'로 교체된다는 ㉠의 선지는 적절하나, ㉡은 'ㄹ'이 탈락하는 것으로 '-으-'가 삽입되는 것이 아니다.

③, ⑤ ㉠, ㉡ 모두 어간의 형태가 바뀌는 것이지 어미의 형태가 바뀌는 것이 아니다.

④ ㉠은 'ㄷ'이 'ㄹ'로 교체되는 것이지 'ㄷ'이 탈락하는 것이 아니다.

28

정답설명

③ ㉢를 보면, 추상적인 의미를 지닌 '인내심'이라는 말에 '키우다'뿐만 아니라 '기르다'도 사용됨을 알 수 있다.

오답설명

① '기르다', '키우다', '먹이다' 모두 가축에 사용할 수 있는 어휘들이므로, '사육하다'를 대신하여 사용할 수 있다.

② '기르다', '키우다'는 식물에 사용할 수 있는 어휘들이므로, '재배하다'를 대신하여 사용할 수 있다.

④ '수염을 기르다'와 반의 관계인 문장은 '수염을 깎다'이므로 적절하다.

⑤ '기르다'는 '돼지를', '감나무를', '인내심을'에 대해서 '키우다' 대신 사용할 수 있다. 하지만 '먹이다'는 '돼지를'에 대해서만 '키우다' 대신 사용할 수 있다.

29

정답설명

⑤ '그는 관객들에게 최면을 걸고 모두 잠들게 했다.'라는 문장의 '걸다'는 '어떤 상태에 빠지게 하다.'의 의미이다. '정보 산업에 미래를 걸고 있었다.'라는 문장의 '걸다'는 '앞으로의 일에 대한 희망을 품다.'라는 의미이다. '왜 지나가는 사람에게 시비를 걸고 그래.'라는 문장의 '걸다'는 '다른 사람을 향해 먼저 어떤 행동을 하다.'라는 의미이다. 그러므로 ㉠에 들어갈 내용은 '다른 사람을 향해 먼저 어떤 행동을 하다.'가 적절하다.

오답설명

① '걸다'가 '의논이나 토의의 대상으로 삼다.'라는 의미로 쓰인 용례로는 '그는 부당 해고라고 회사에 소송을 걸었다.', '빚쟁이에게 재판을 걸어서 돈을 받게 되었다.' 등이 있다.

② '걸다'가 '상대편을 넘어뜨리려는 동작을 하다.'라는 의미로 쓰인 용례로는 '그는 지나가는 친구에게 발을 걸어 넘어뜨렸다.' 등이 있다.

③ '걸다'가 '다른 사람이 관련이 있음을 주장하다.'라는 의미로 쓰인 용례로는 '그는 자신의 잘못이 드러나자 자기 일에 다른 사람을 걸고 나왔다.' 등이 있다.

④ '걸다'가 '명예나 목숨을 위해 희생할 각오를 하다.'라는 의미로 쓰인 용례로는 '그에게 운명을 걸다.', '조국의 광복에 생명을 걸다.' 등이 있다.

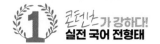
30

정답설명

③ 해당 문장에서 '걸'은 가벼운 반박이나 감탄의 뜻을 나타내는 것이 아니라, '것을'을 구어적으로 나타낸 것이므로('날이 흐린 것을 보니 곧 비가 오겠네.') ㉠에 해당하며 띄어 써야 한다.

오답설명

① 해당 문장에서 '걸'은 가벼운 반박이나 감탄의 뜻을 나타내는 것이 아니라, '것을'을 구어적으로 나타낸 것이므로('몸에도 좋지 않은 것을 왜 먹니?') ㉠에 해당한다.

② 해당 문장에서 '걸'은 가벼운 반박이나 감탄의 뜻을 나타내는 것이 아니라, '것을'을 구어적으로 나타낸 것에 해당하므로('내가 바라는 것을 너는 알고 있지?') ㉠에 해당한다.

④ 해당 문장에서 '걸'은 가벼운 반박의 뜻을 나타내고 있으므로 '-던걸'이라는 어미의 일부이다. 따라서 ㉡에 해당한다.

⑤ 해당 문장에서 '걸'은 감탄의 뜻을 나타내고 있으므로 '-는걸'이라는 어미의 일부이다. 따라서 ㉡에 해당한다.

31

정답설명

① 해당 문장에서 '-겠-'은 미래 시제 혹은 미래의 일에 대한 추측이나 가능성, 말하는 이의 의지를 나타내는 것이 아니라, 완곡한 태도(상대의 감정을 생각하여 부드러운 표현으로 돌려 말하는 태도)를 나타내기 위해 사용된 것이다.

오답설명

② 해당 문장은 미래의 일을 나타내고 있으므로, '-겠-'이 미래 시제를 나타내기 위해 사용되었다는 것을 알 수 있다.

③ 해당 문장은 미래인 '저녁'의 일에 대한 추측을 나타내고 있으므로, '-겠-'이 미래의 일에 대한 추측을 나타내기 위해 사용되었다는 것을 알 수 있다.

④ 해당 문장은 미래인 '다음 달'에 날씨가 시원해질 것을 추측하고 있으므로, '-겠-'이 미래의 일에 대한 추측을 나타내기 위해 사용되었다는 것을 알 수 있다.

⑤ 해당 문장은 말하는 이인 '나'의 고통 극복 의지를 나타내고 있으므로, '-겠-'이 말하는 이의 의지를 나타내기 위해 사용되었다는 것을 알 수 있다.

32

정답설명

④ ㉠은 관형사로 실질적 의미를 가지며 혼자 쓰일 수 있는 실질/자립 형태소이므로 C에 해당한다.
㉡은 용언의 어간으로 실질적 의미를 가지지만 혼자 쓰일 수는 없는 실질/의존 형태소이므로 B에 해당한다.
㉢은 조사로 실질적 의미를 가지지 않으며 혼자 쓰일 수 없는 형식/의존 형태소이므로 A에 해당한다.
㉣은 용언의 어미로 실질적 의미를 가지지 않으며 혼자 쓰일 수 없는 형식/의존 형태소이므로 A에 해당한다.

㉤은 명사로 실질적 의미를 가지며 혼자 쓰일 수 있는 실질/자립 형태소이므로 C에 해당한다.

33

정답설명

② '파래서'는 '파랗다'의 어간 '파랗-'과 어미 '-아서'가 결합한 것이다. 어간 '파랗-'의 형태와 어미 '-아서'의 형태가 모두 변화하였으므로('ㅎ' 불규칙 활용) ㉠에 해당한다.

오답설명

① '오너라'는 '오다'의 어간 '오-'와 어미 '-너라'가 결합한 것이다. 다만, 2017년 7월에 표준국어대사전이 개정되어 '너라' 불규칙 활용이 삭제되고, '와라(오-+-아라)'와 '오너라'가 모두 규칙 활용으로 인정되었다.

③ '지어'는 '짓다'의 어간 '짓-'과 어미 '-어'가 결합한 것이다. 결합 과정에서 어간 '짓-'의 'ㅅ'이 탈락되었으므로('ㅅ' 불규칙 활용) 어간만 바뀌는 경우에 해당한다.

④ '물어'는 '묻다'의 어간 '묻-'과 어미 '-어'가 결합한 것이다. 〈보기〉의 '걸어'와 같이 결합 과정에서 어간 '묻-'의 'ㄷ'이 'ㄹ'로 변화하였으므로('ㄷ' 불규칙 활용) 어간만 바뀌는 경우에 해당한다.

⑤ '하여'는 '하다'의 어간 '하-'와 어미 '-아/어'가 결합한 것이다. 결합 과정에서 어미 '-아/어'의 형태가 '-여'로 변화하였으므로('여' 불규칙 활용) 어미만 바뀌는 경우에 해당한다.

34

정답설명

③ 제시된 문장의 단어들을 기능에 따라 분류한다면 '깊다, 모르다(용언) ‖ 호수, 강, 깊이, 누구(체언) ‖ 가, 의, 는, 도(관계언)'와 같이 나누어야 한다.

오답설명

① 제시된 문장의 단어들을 형태에 따라 분류한다면 '깊다, 모르다(가변어) ‖ 호수, 가, 강, 의, 깊이, 는, 누구, 도(불변어)'와 같이 나누어야 한다.

② '누구'는 대명사이므로 체언에 포함된다. 따라서 '호수, 강, 깊이'와 함께 분류해야 한다. 또한 격 조사 '가, 의'와 보조사 '는, 도'는 모두 관계언이다.

④, ⑤ 제시된 문장의 단어들을 의미에 따라 분류한다면 '깊다(형용사) ‖ 모르다(동사) ‖ 호수, 강, 깊이(명사) ‖ 누구(대명사) ‖ 가, 의, 는, 도(조사)'와 같이 나누어야 한다.

35

정답설명

③ 두 문장의 '느끼다'는 모두 '감각 기관을 통하여 어떤 자극을 깨닫다.'라는 감각적 의미를 나타내고 있다. '느끼다'가 추상적 의미를 나타내는 경우로는 '슬픔을 느끼다.', '책임을 느끼다.' 등이 있다.

오답설명

① 위 문장의 '보다'는 '눈으로 대상의 존재나 형태적 특징을 알다.'라는 감각적

의미를 나타내지만, 아래 문장의 '보다'는 '대상을 평가하다.'라는 추상적 의미를 나타낸다.

② 위 문장의 '듣다'는 '사람이나 동물이 소리를 감각 기관을 통해 알아차리다.'라는 감각적 의미를 나타내지만, 아래 문장의 '듣다'는 '어떤 것을 무엇으로 이해하거나 받아들이다.'라는 추상적 의미를 나타낸다.

④ 위 문장의 '맛보다'는 '음식의 맛을 알기 위하여 먹어 보다.'라는 감각적 의미를 나타내지만, 아래 문장의 '맛보다'는 '몸소 겪어 보다.'라는 추상적 의미를 나타낸다.

⑤ 위 문장의 '맡다'는 '코로 냄새를 느끼다.'라는 감각적 의미를 나타내지만, 아래 문장의 '맡다'는 '어떤 일의 낌새를 눈치채다.'라는 추상적 의미를 나타낸다.

memo

나 없이

기출

풀지마라

나 없이

나 없이
기출
풀지마라

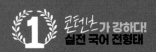
실전 국어 전형태

문장
[성분과 종류]

개념 정리 01 | 문장 성분

주성분	주어	• 문장의 주체가 되는 문장 성분 • 체언+주격 조사(격 조사는 생략되거나 보조사와 결합되기도 한다.) 예 영희가 범인이다. 　　선생님께서 오셨다. 　　학교에서 가정통신문을 발송했다.(주어) ↔ 학교에서 운동을 했다.(부사어) 　　⇒ 행위·사건이 이루어지는 처소(장소)일 때는 부사어, 서술어와 호응하는 단체일 때는 주어로 보면 된다.
	서술어	• 주어를 풀이하는 기능을 하는 문장 성분 • 동사, 형용사, 체언+서술격 조사(이다) • 서술어의 성격에 따라 문장 성분의 개수가 결정됨.(서술어의 자릿수) • 본용언과 보조 용언의 결합은 두 개가 아닌 하나의 서술어로 취급한다. 예 철수가 집에 가 버렸다.(하나의 서술어)
	목적어	• 서술어의 대상이 되는 문장 성분 • 체언+목적격 조사(격 조사는 생략되거나 보조사와 결합되기도 한다.) 예 철수는 영수를 좋아한다. 　　철수는 영수만 좋아한다. 　　철수는 영수만을 좋아한다.
	보어	• 서술어 '되다, 아니다' 앞에 놓여 불완전한 뜻을 보충해 주는 문장 성분 • 체언+보격 조사(이/가)+되다/아니다 예 철수는 대학생이 되었다. 　　그는 남자가 아니다.
부속 성분	관형어	• 체언을 수식하는 문장 성분 • 관형사, 용언의 관형사형, 체언+관형격 조사(격 조사 생략 가능) 예 새 옷, 헌 옷, 예쁜 옷, 철수의 옷(철수 옷)
	부사어	• 용언, 부사어 등을 수식하는 문장 성분 • 부사, 용언의 부사형, 체언+부사격 조사 예 나는 책을 매우 좋아한다. 　　철수는 그녀에게 사과를 주었다. 　　너는 참 빠르게 먹는구나. 　　철수는 학교로 갔다.
독립 성분	독립어	• 문장의 어느 성분과도 직접적인 관련이 없는 문장 성분 • 감탄사, 체언+호격 조사, 제시어 예 아, 벌써 새벽이구나. 　　철수야, 이따 보자. 　　사랑, 내 삶의 에너지여.

01 **문장의 종류** : 문장의 종류는 일반적으로 서술어를 중심으로 판별한다. 서술어가 하나이면 홑문장, 서술어가 두 개 이상이면 겹문장이다.

홑문장			주어와 서술어의 관계가 한 번만 이루어지는 문장
겹문장	안은문장		하나의 문장이 다른 문장의 문장 성분으로 안긴 형태의 문장. 서술어의 형태가 문장 성분에 맞게 변화되어 있기 때문에 서술어의 활용 모습을 보면 쉽게 판별된다.
		명사절을 안은 문장	명사의 자리에 절이 들어간 경우 / 명사형 어미 '-(으)ㅁ, -기'가 사용된다. 예 철수가 범인임이 밝혀졌다.
		서술절을 안은 문장	서술어의 자리에 절이 들어간 경우 / '주어+[주어+서술어]'의 형태를 취한다. 예 철수는 키가 크다.
		관형절을 안은 문장	관형어의 자리에 절이 들어간 경우 / 관형사형 어미 '-(으)ㄴ, -는, -던, -(으)ㄹ'이 사용된다. 예 이것은 내가 읽은 책이다.
		부사절을 안은 문장	부사어의 자리에 절이 들어간 경우 / 부사화 접사 '-이'나 부사형 어미 '-게, -도록'이 사용된다. 예 비가 소리도 없이 내린다.
		인용절을 안은 문장	절이 인용의 형태를 취해 안긴 경우 / 인용 조사인 '라고(직접 인용)', '고(간접 인용)'가 사용된다. 예 철수는 책을 좋아한다고 나에게 말했다.
	이어진문장		서술어가 연결형으로 활용되어, 다른 문장과 이어져 있는 형태의 문장
		대등하게 이어진 문장	대등적 연결 어미(-고, -며, -나, -지만, -든지, -거나 등)를 사용하여 대등한 관계를 표시한 문장 예 인내는 쓰고, 열매는 달다. 여름에는 날씨가 덥지만, 겨울에는 날씨가 춥다.
		종속적으로 이어진 문장	종속적 연결 어미(-므로, -니까, -면, -거든, -더라면, -려고, -고자 등)를 사용하여 종속적인 관계를 표시한 문장 예 눈이 내리니, 풍경이 아름답다.

02 **서술어의 자릿수** : 서술어의 자릿수란 서술어가 필요로 하는 필수 성분(주어, 목적어, 보어, 필수적 부사어)의 수를 말한다.

구분	필수 성분	서술어의 종류	예문
한 자리 서술어	주어	자동사, 형용사	• 꽃이 피었다. • 옷이 예쁘다.
두 자리 서술어	주어, 목적어	타동사	• 철수는 책을 읽는다.
	주어, 보어	되다, 아니다	• 철수는 대학생이 되었다. • 철수는 범인이 아니다.
	주어, 필수적 부사어	적합하다, 부딪치다, 싸우다, 마주치다, 악수하다, 같다 등	• 이곳의 기후는 농사에 적합하다. • 철수는 영희와 마주쳤다.
세 자리 서술어	주어, 목적어, 필수적 부사어	주다, 드리다, 바치다, 가르치다, 넣다, 얹다, 삼다, 여기다, 간주하다 등	• 할아버지께서 철수에게 용돈을 주셨다. • 철수는 영수를 제자로 삼았다. • 그는 나를 애인으로 여긴다.

문제분석 01-05번

번호	정답	정답률 (%)	선지별 선택비율(%)				
			①	②	③	④	⑤
1	③	55	12	11	55	10	12
2	④	53	5	3	16	53	23
3	④	89	3	2	3	89	3
4	⑤	59	5	16	14	6	59
5	②	69	14	69	8	6	3

01

정답설명

③ ㉠에는 '빵을'이라는 목적어가 선명하게 보인다. 다만 ㉧에서 목적어가 보이지 않아 틀린 학생들이 있었다. 조사 파트에서 보조사는 격 조사가 생략된 자리에 쓰일 수 있다고 이야기했다. 그리고 격 조사가 생략되더라도 문장 성분은 바뀌지 않는다고 하였다. 예를 들어서 '철수가 학생이다.'라는 문장을 '철수는 학생이다.'라는 문장으로 바꾸어도, '철수는'이라는 문장 성분이 주어라는 것에는 변함이 없다. 여기서도 마찬가지다. "우유를 마실까?"를 "우유나 마실까?"로 표현하더라도 '우유나'의 문장 성분이 목적어인 것에는 변함이 없다. 따라서 ㉧에도 '우유나'라는 목적어가 사용되었기에 선지의 내용은 적절하지 않다.

오답설명

① ㉠에서 '먹다'의 대상은 '빵', ㉢에서 '보다'의 대상은 '그런 내 모습'이다.
② ㉠에서는 목적어가 주어 다음에 쓰였으나, ㉢에서는 목적어가 주어 앞에 쓰였다.
④ ㉠의 '먹다'라는 동사는 '무엇을'에 해당하는 목적어를 필요로 하지만, ㉧의 '곱다'라는 형용사는 목적어를 필요로 하지 않는다.
⑤ '빵'과 같이 자음으로 끝나는 단어 뒤에는 목적격 조사 '을'이, '우유'와 같이 모음으로 끝나는 단어 뒤에는 목적격 조사 '를'이 결합함을 알 수 있다.

02

정답설명

④ 기본적인 개념이 흔들리면 안 된다. **부사어는 주로 용언을 수식하고, 관형어는 체언을 수식한다.** '겨울이 오기 전에'의 '전'은 분명 '에'라는 격 조사가 결합되어 있는 명사이다. 명사를 수식하는 것은 부사어가 아니라 관형어이다. 따라서 '겨울이 오기'는 부사어가 아니라 관형격 조사가 생략된 채 관형어로 쓰인 명사절에 해당한다.

오답설명

① 명사절 '색깔이 희기'에 주격 조사 '가'가 결합하여 주어로 쓰였다.
② 명사절 '비가 오기'에 목적격 조사 '를'이 결합하여 목적어로 쓰였다.
③ 명사절 '자식이 행복하기'는 조사가 결합하지 않고 목적어로 쓰였다.
⑤ 명사절 '우리가 학교에 가기'에 부사격 조사 '에'가 결합하여 서술어 '이르다'를 수식하는 부사어로 쓰였다.

03

정답설명

④ 해당 문장은 '나는 사실을 몰랐다.'라는 문장 안에 '정수가 은희와 결혼했다.'라는 문장이 관형절로 안겨 '사실'을 수식하고 있는 문장이다. 안긴문장과 안은문장 사이에 중복되는 성분이 없으므로 생략된 성분도 없다.

오답설명

① 해당 문장은 '형이 동생을 불렀다.'라는 문장 안에 '(동생이) 숙제를 했다.'라는 문장이 관형절로 안겨 '동생'을 수식하고 있는 문장이다. 안긴문장과 안은문장 사이에 '동생'이 중복되므로 안긴문장의 주어가 생략된 것이다.
② 해당 문장은 '동생은 형과 여행을 했다.'라는 문장 안에 '(형이) 대학생이 됐다.'라는 문장이 관형절로 안겨 '형'을 수식하고 있는 문장이다. 안긴문장과 안은문장 사이에 '형'이 중복되므로 안긴문장의 주어가 생략된 것이다.
③ 해당 문장은 '영수가 경희에게 말을 걸었다.'라는 문장 안에 '(경희가) 버스에 탔다.'라는 문장이 관형절로 안겨 '경희'를 수식하고 있는 문장이다. 안긴문장과 안은문장 사이에 '경희가' 중복되므로 안긴문장의 주어가 생략된 것이다.
⑤ 해당 문장은 '그는 화가의 전시회에 갔다.'라는 문장 안에 '(화가가) 이 그림을 그렸다.'라는 문장이 관형절로 안겨 '화가'를 수식하고 있는 문장이다. 안긴문장과 안은문장 사이에 '화가'가 중복되므로 안긴문장의 주어가 생략된 것이다.

04

정답설명

⑤ 당시 수능의 오답률 3위를 기록했던 문제다. 많은 학생들이 ㉡에서 '적합함을'을 보고 낚였다. 개념을 대충 머리로 아는 것과 직접 문장을 분석하며 훈련하는 것이 얼마나 다른지 잘 보여 주는 사례에 해당하는 문제라고 볼 수 있겠다. 일단 두 문장은 각각 '내가 노래 부르기', '이 지역 토양이 벼농사에 적합함'이라는 명사절이 안겨 있는 겹문장이다. ㉠의 안긴문장 '내가 노래 부르기'에는 '노래(를)'라는 목적어가 있지만, ㉡의 안긴문장 '이 지역 토양이 벼농사에 적합함'에는 목적어가 없다. 그러나 ㉡에는 분명 목적어가 있다. '이 지역 토양이 벼농사에 적합함을'이 목적어의 역할을 하고 있다. 다만 이는 안긴문장 전체가 안은문장의 목적어로 기능하는 것이지, 안긴문장 안에 목적어가 있는 것은 아니다.

오답설명

① ㉠에는 부사어가 없으며 ㉡에는 '벼농사에'라는 부사어가 있다.
②, ③ ㉠에는 '내가 노래 부르기'라는 명사절이 안겨 있으며 ㉡ 또한 '이 지역 토양이 벼농사에 적합함'이라는 명사절이 안겨 있다.
④ ㉠의 안긴문장에는 관형어가 없지만, ㉡의 안긴문장에는 '이'라는 관형어(관형사)와 '지역'이라는 관형어(관형격 조사 '의'가 생략된 체언)가 있다.

05

정답설명

② 해당 문장은 주어와 서술어의 호응이 맞지 않는 경우이다. '문제는'이라는 주어와 호응하도록 '많다'라는 서술어를 '많다는 사실이다.'로 수정한 것은

적절하다고 볼 수 있다. 하지만 발문을 보면 〈보기〉의 내용을 근거로 하여 잘못된 문장을 수정'하였는지를 묻고 있다. 〈보기〉에서는 문장 성분의 호응이 아닌 서술어의 자릿수에 대해 이야기하고 있으므로, 〈보기〉의 내용을 근거로 하여 수정했다고 볼 수 없다.

형태쌤의 과외시간

서술어의 자릿수란, 한 문장 안에서 서술어가 온전한 의미를 갖기 위해 필요로 하는 문장 성분의 수를 말한다. 주어, 목적어, 보어, 필수적 부사어가 대상이 된다.

- 한 자리 서술어 : 주어만을 필요로 하는 서술어
  예 아이유가 <u>예쁘다</u>.

- 두 자리 서술어 : 주어 외에 목적어, 보어, 필수적 부사어 중 하나를 필요로 하는 서술어
  예 아이유가 물을 <u>마신다</u>. (주어, 목적어)
  예 아이유는 가수가 <u>되었다</u>. (주어, 보어)
  예 아이유는 유인나와 <u>친하다</u>. (주어, 필수적 부사어)

- 세 자리 서술어 : 주어 외에 목적어, 필수적 부사어를 필요로 하는 서술어
  예 아이유는 어머니께 선물을 <u>드렸다</u>.

오답설명
① '요청하다'라는 서술어가 필요로 하는 성분인 필수적 부사어 '정부에'가 추가되었으므로 〈보기〉를 근거로 수정한 예로 적절하다.
③ '소개하다'라는 서술어가 필요로 하는 성분인 필수적 부사어 '누나에게'가 추가되었으므로 〈보기〉를 근거로 수정한 예로 적절하다.
④ '삼다'라는 서술어가 필요로 하는 성분인 목적어 '그 일을'이 추가되었으므로 〈보기〉를 근거로 수정한 예로 적절하다.
⑤ '어둡다'가 '어떤 분야에 대하여 잘 알지 못하다.'라는 뜻으로 사용될 때는 필수적 부사어가 있어야 한다. 따라서 '동네 지리에'를 추가한 것은 적절하다.

문제분석 06-10번

번호	정답	정답률 (%)	선지별 선택비율(%)				
			①	②	③	④	⑤
6	⑤	96	1	1	1	1	96
7	①	86	86	2	3	5	4
8	③	56	7	20	56	9	8
9	①	93	93	1	2	3	1
10	②	38	13	38	9	33	7

06

정답설명
⑤ ㉠에 따르면, '-(으)며'가 동작이 동시에 일어남을 의미하기 위한 조건은

두 가지이다. 1) **앞뒤 문장의 주어가 서로 같고,** 2) **'-(으)면서'로 바꾸어 쓸 수 있어야 한다.** '버스를 이용하며'와 '지하철을 이용한다'의 주어는 모두 '일부는'이지만, 낚이면 안 된다. '일부'라는 단어만 같을 뿐, 각각 다른 사람들을 의미하므로 행위 주체인 주어는 명백히 다르다. 또한 '일부는 버스를 이용하**면서** 일부는 지하철을 이용한다.'와 같이 바꿔 쓸 수 없으므로, ⑤의 문장은 ㉠에 해당하지 않는다. 물론 동일한 주어가 버스와 지하철을 동시에 이용할 수는 없으니 답은 쉽게 찾았을 것이다.

오답설명
① '함께 걸으며'와 '희망에 대해 이야기했다'의 주어는 모두 '우리는'으로 같다. 또한 '우리는 함께 걸**으면서** 희망에 대해 이야기했다.'로 바꾸어 쓸 수 있다.
② '음정에 주의하며', '노래를 제대로 부르자'의 주어는 '모두들'로 같다. 또한 '모두들 음정에 주의하**면서** 노래를 제대로 부르자.'로 바꾸어 쓸 수 있다.
③ '미소를 지으며', '내게 다가왔다'의 주어는 '아는 사람 하나가'로 같다. 또한 '~미소를 지**으면서** 내게 다가왔다.'로 바꾸어 쓸 수 있다.
④ '가쁜 숨을 몰아쉬며'와 '결승선을 통과했다'의 주어는 모두 '마라톤 선수가'로 같다. 또한 '마라톤 선수가 가쁜 숨을 몰아쉬**면서** 결승선을 통과했다.'로 바꾸어 쓸 수 있다.

07

정답설명
① 〈보기〉의 문형 정보 추출 과정을 이해한 뒤, 선지에 적용하며 풀어야 한다. 먼저 **문장 성분을 분석**하고 **필수적 문장 성분을 추출**하였다. 그리고 **주어를 제외**한 문장 성분만 **문형 정보에 제시**하였다. 주어를 제외한 이유가 무엇이냐고? 서술어는 주어의 움직임, 상태, 성질 따위를 서술하기 위한 문장 성분이다. 주어를 전제하지 않는 서술어는 없기 때문에, 주어는 굳이 문형 정보에 제시할 필요가 없는 것이지.
'이 나라는 국토가 대부분 산으로 되어 있다.' : '국토가 대부분 산으로 되어 있다.'가 주어 '나라는'의 서술어 역할을 하는 서술절로 안겨 있는 문장이다. '이(관형어) 나라는(주어) 국토가(안긴문장의 주어) 대부분(안긴문장의 부사어) 산으로(안긴문장의 필수적 부사어) 되어 있다.(안긴문장의 서술어)'로 분석된다. '되어'라는 서술어가 요구하는 필수 성분이 '국토가(주어)'와 '산으로(부사어)'이므로, 해당 문장에서 추출할 수 있는 문형 정보는 【…으로】이다.
'요즘에 가죽으로 된 지갑이 인기다.' : '(지갑이) 가죽으로 되어 있다.'로 생각하면, 서술어가 요구하는 필수 성분이 주어, 부사어임을 쉽게 알 수 있다. 따라서 해당 문장에서 추출할 수 있는 문형 정보는 【…으로】이다.

오답설명
② 각 문장에서 '속임수에', '꾀에'가 없으면 문장이 성립하지 않지만, '아무렇지 않게'와 '자연스럽게'는 생략되어도 문장에 큰 영향을 주지 않는다. 따라서 '넘어가다'는 【…에/에게】와 같은 필수적 부사어를 요구하는 서술어임을 알 수 있다.
③ 주어진 예문으로 보아, '다투다'는 '언니와', '누군가와'라는 필수적 부사어를 요구한다. 따라서 올바른 문형 정보는 【…와/과】이다.
④ '가방에', '책에'가 필수적 부사어이므로 【…에/에게】가 바른 문형 정보이다. '사은품으로', '부록으로' 역시 부사어이지만, 서술어가 요구하는 필수 성분은 아니다. '딸리다'는 '어떤 것에 매이거나 붙어 있다.'의 의미를 가지는

동사이므로, '가방에', '책에'가 생략되면 문장이 어색해지지만 '사은품으로', '부록으로'는 생략되어도 무방하다.

⑤ 각 예문의 '옷에서', '청바지에서'가 생략되면 문장이 어색해지므로 '빠지다'의 문형 정보는 【…에서】가 적절하다.

08

정답설명

③ 〈보기〉와 같이 안긴문장인 관형절을 완결된 문장으로 바꿔 보자. 안은문장에서 관형절의 수식을 받은 대상이, 관형절에서 어떤 문장 성분이 되는지 찾으면 된다. 관형절은 용언의 관형사형까지라고 했지?

두 사람이 어제 헤어진 공원이 지금 공사 중입니다.
→ 두 사람이 어제 **공원에서** 헤어졌다. : 부사어
나는 **어제 부모님이 시키신** 일을 오늘에야 다 끝냈다.
→ 어제 부모님이 나에게 **일을** 시키셨다. : 목적어

오답설명

① **어제 결혼한** 그들에게 나는 미리 선물을 주었다.
→ **그들이** 어제 결혼했다. : 주어
누나를 많이 닮은 친구를 우리는 오늘도 만났다.
→ **친구가** 누나를 많이 닮다. : 주어

② **나무로 된** 탁자에 동생이 낙서를 하고 있다.
→ **탁자가** 나무로 되다. : 주어
그들은 **시대에 뒤떨어진** 생각을 여전히 하고 있다.
→ **생각이** 시대에 뒤떨어지다. : 주어

④ **친구가 나에게 준** 옷이 나는 마음에 든다.
→ 친구가 나에게 **옷을** 주다. : 목적어
누나는 **털실로 짠** 장갑도 내게 주었습니다.
→ 누나가 **장갑을** 털실로 짜다. : 목적어

⑤ **아이들이 운동장에서 공을 찬** 주말을 기억해 보세요.
→ **주말에** 아이들이 운동장에서 공을 찼다. : 부사어
그는 **관중이 쓰레기를 남긴** 경기장을 열심히 청소했다.
→ 관중이 **경기장에** 쓰레기를 남기다. : 부사어

09

정답설명

① ⓐ : 아들이 "내일 사무실에 계십시오."라고 말한 것은 어제이므로, ⓐ는 '오늘'이 적절하다. 직접 인용을 간접 인용으로 바꿀 때는 발화 시점인 현재에 맞추어 수정해야 한다.

ⓑ : '계시다'는 주체 높임의 특수 어휘로, 아들이 어머니(또는 아버지)를 높이기 위해 사용한 표현이다. 간접 인용으로 바꿀 경우, 어머니(또는 아버지)가 스스로를 높일 필요가 없으므로 '있으라고'가 적절하다.

ⓒ : "나의 휴대 전화"의 '나'는 인용절에서 '언니'가 스스로를 가리킨 것이므로, '휴대 전화'는 '언니'의 것이다. 따라서 문장의 주어인 언니를 다시 가리키는 재귀 대명사를 사용한 '자기의'가 적절하다.

ⓓ : 명령형 어미 '-어라'는 간접 인용절에서 '-라'로 쓰인다. 또한 '라고'는 직접 인용격 조사이므로 간접 인용격 조사인 '고'를 쓰는 것이 적절하다. 따라서 "~남겨라."를 '남기라고'로 수정해야 한다.

10

정답설명

② 문장을 분석해 보자. 안긴문장은 용언의 활용형까지다. 전성 어미는 기본적으로 외워두라고 했지?

㉠ 그녀는 [[따뜻한] 봄이 빨리 오기]를 기다린다.
　　　　　 관형절 　　 명사절

㉡ [내가 만난] 친구는 [마음이 정말 착하다.]
　　 관형절 　　　　　 서술절

㉢ [피곤해하던] 동생이 [엄마가 모르게] 잔다.
　　 관형절 　　　　　 부사절

㉣ [그가 시장에서 산] 배추는 [값이 비싸다.]
　　　 관형절 　　　　　　 서술절

㉣의 경우 '값이 비싸다.'라는 서술절이 서술어의 기능을 하고 있다. 하지만 ㉢은 관형절 '피곤해하던'과 부사절 '엄마가 모르게'를 안고 있을 뿐, 서술절을 안고 있지 않다.

형태쌤의 과외시간

종결 어미
- 평서형 : -다, -네 …
- 감탄형 : -구나, -로구나 …
- 의문형 : -냐/-느냐, -ㄴ가/-는가 …
- 명령형 : -아/-어, -아라/-어라 …
- 청유형 : -자, -세 …

연결 어미
- 대등적 연결 어미 : -고, -며, -나, -지만, -요 …
- 종속적 연결 어미 : -아서/-어서, -면, -니 …
- 보조적 연결 어미 : -아/-어, -게, -지, -고 …

전성 어미
- 명사형 어미 : -(으)ㅁ, -기
- 관형사형 어미 : -(으)ㄴ, -는, -(으)ㄹ, -던
- 부사형 어미 : -게, -도록

선어말 어미
- 높임 : -시-
- 공손 : -오-/-옵- …
- 시제 ┬ 현재 : -는-/-ㄴ-
　　　├ 과거 : -었-/-았-, -더-(회상)
　　　└ 미래 : -겠-(추측과 의지를 표현하기도 함), -리-

오답설명

① ㉠은 '(봄이) 따뜻하다.'라는 문장이 관형절로 안겨 '봄'이라는 체언을 수식하고 있다. 한편, ㉡은 '내가 (친구를) 만나다.'라는 문장이 관형절로 안겨 '친구'라는 체언을 수식하고 있다.

③ ㉠에는 '따뜻한 봄이 빨리 오다.'라는 문장이 명사절로 안겨 있으며, 그 속에 '빨리'라는 부사어가 있다. 한편 ㉡에는 '마음이 정말 착하다.'라는 문장이 서술절로 안겨 있으며, 그 속에 '정말'이라는 부사어가 있다.

④ ㉠에는 '(봄이) 따뜻하다.'라는 문장이 관형절로 안겨 있다. 안은문장의 성분과 중복되는 주어 '봄이'가 생략된 후 안긴 것이다. 한편, ㉣에는 '그가 시장에서 (배추를) 사다.'라는 문장이 관형절로 안겨 있다. 안은문장의 성분과 중복되는 목적어 '배추를'이 생략된 후 안긴 것이다.

⑤ ㉢은 '엄마가 모르게'라는 부사절이 서술어 '잔다'를 수식하는 부사어의 기능을 하고 있다. 한편, ㉣은 '그가 시장에서 산'이라는 관형절이 명사 '배추'를 수식하는 관형어의 기능을 하고 있다.

형태쌤의 과외시간

관형어 만드는 방법
(1) 관형사 사용 : **그** 목소리
(2) 관형격 조사 사용(생략 가능) : **철수의** 목소리(**철수** 목소리)
(3) 용언의 활용 : **예쁜** 목소리

문제분석 11-15번

번호	정답	정답률(%)	선지별 선택비율(%)				
			①	②	③	④	⑤
11	③	94	2	2	94	1	1
12	④	57	8	6	18	57	11
13	③	74	2	3	74	18	3
14	①	77	77	8	6	4	5
15	①	58	58	20	9	8	5

11

정답설명

③ 부사어 '너무'는 서술어 '샀다'가 아닌, 관형어 '헌'을 수식하고 있다.

오답설명

① '눈이 부시다.'라는 문장에 부사형 전성 어미 '-게'를 결합하여 만든 부사절 '눈이 부시게'가 '푸른'을 수식하는 부사어로 쓰였다.

② 명사 '하늘'에 부사격 조사 '에서'가 결합하여 부사어로 쓰였다. '펑펑'과 같은 의태어는 모두 부사이다. 의성어도 마찬가지로 부사에 속한다.

④ '엄마와'를 생략하면 문장이 성립하지 않는 반면, '취미로'는 생략해도 문장이 어색해지지 않는다. 따라서 '엄마와'는 '취미로'와 달리 필수 성분임을 알 수 있다.

⑤ '재로'는 '되었다'를 수식하는 부사어, '재가'는 '되었다'를 보충하는 보어이다. '재로'와 '재가'를 생략하면 비문이 되므로 이들은 서술어가 반드시 필요로 하는 성분이다. 부사격 조사 '로', 보격 조사 '가'를 기억했다면 쉽게 찾았을 것이다. 격 조사는 반드시 외워둬야 한다고 강조한 바 있다. 실전에서 자주 떠올려야 할 개념이니, 혹시 아직 외우지 못한 학생들은 복습해 두자.

12

정답설명

④ ㉣은 '그는 공원에서 산책을 했다.'라는 문장 안에 '내가 (공원에서) 늘 쉬었다.'라는 문장이 관형절로 안긴 것이며, 안기면서 중복되는 성분인 부사어 '공원에서'가 생략되었다.

오답설명

① ㉠은 '부모님은 ~를 바란다.'라는 문장 안에 '자식이 건강하다.'라는 문장이 명사절로 안긴 것이며, 안기면서 생략된 문장 성분은 없다.

② ㉡은 '그 친구는 그곳에 안 왔다.'라는 문장 안에 '연락도 없었다.'라는 문장이 부사절로 안긴 것이며, 안기면서 생략된 문장 성분은 없다.

③ ㉢은 '동생은 ~을 깨달았다.'라는 문장 안에 '자신의 판단이 옳았다.'라는 문장이 명사절로 안긴 것이며, 안기면서 생략된 문장 성분은 없다.

⑤ ㉤은 '그 사람들은 과제를 금방 끝냈다.'라는 문장 안에 '(과제가) 아주 어려웠다.'라는 문장이 관형절로 안긴 것이며, 안기면서 중복되는 성분인 주어 '과제가'가 생략되었다.

13

정답설명

③ ⓒ는 '동주는 별을 응시했다.'라는 문장 안에 '(별이) 반짝이다.'라는 문장이 관형절로 안긴 것이며, 안기면서 중복되는 성분인 주어 '별이'가 생략되었다. 따라서 ⓒ의 '별을'은 안은문장에서는 목적어, 안긴문장에서는 주어에 해당한다.

오답설명

① '삼다'는 '~이 ~을 ~으로 삼다'의 문형으로 쓰인다. ⓐ에서도 '삼았다'는 '그는'이라는 주어 이외에도 '위기를'이라는 목적어, '기회로'라는 부사어를 필수적으로 요구하고 있다. '좋은'은 '기회'라는 명사를 수식하는 성분으로, '삼았다'라는 서술어를 기준으로 할 때 필수적인 성분이 아니다.

② ⓑ는 '바다가 파랗다.'라는 문장 안에 '눈이 부시다.'라는 문장이 부사절로 안긴 문장이다. 따라서 '바다가'는 '파랗다'의 주어, '눈이'는 '부시다'의 주어이다.

④ ⓐ는 '그는 위기를 기회로 삼았다.'라는 문장 안에 '(기회가) 좋다.'라는 문장이 관형절로 안겨 있는 문장이다. 또한 ⓒ는 '동주는 별을 응시했다.'라는 문장 안에 '(별이) 반짝이다.'라는 문장이 관형절로 안겨 있는 문장이다. '좋은'과 '반짝이는' 모두 안긴문장의 서술어로 쓰이고 있다.

⑤ ⓑ의 '눈이 부시게'는 '파랗다'라는 서술어를 수식하는 부사어로 사용되고 있고, ⓒ의 '반짝이는'은 '별'이라는 명사를 수식하는 관형어로 사용되고 있다.

14

정답설명

① '동생은 추운 날씨에도 얼음을 먹었다.'는 관형절을 안은 문장이다. '(날씨가) 춥다'의 문장이 관형사형 어미 '-(으)ㄴ'를 만나 관형절로 안겨 있으므로, 명사절을 안은 문장이 아니다.

오답설명

② '(동생이) 얼음을 먹다.'의 문장이 관형사형 어미 '-는'을 만나 관형절로 안겨 있으

므로 선지의 문장은 관형절을 안은 문장이 맞다.
③ '(동생은) 추위와 상관없다.'의 문장이 부사 파생 접사 '-이'를 만나 부사절로
안겨 있으므로 선지의 문장은 부사절을 안은 문장이 맞다.
④ '날씨가 춥다.'의 문장이 인용격 조사 '고'를 만나 인용절로 안겨 있으므로
선지의 문장은 인용절을 안은 문장이 맞다.
⑤ '-지만'은 대등하게 이어진 문장에서 사용하는 연결 어미로, 선지의 문장은
'형은 물을 마셨다.'와 '동생은 얼음을 먹었다.'의 문장이 대등하게 이어진
문장이 맞다.

15

정답설명

① ㉠이 서술어인 문장은 '주기적으로 운동하기가 건강의 첫걸음이다.'로, 이
문장에서 명사절 '주기적으로 운동하기'는 주격 조사 '가'와 함께 쓰여 문장
의 주어 역할을 하고 있다. 자주 쓰이는 격 조사들은 〈보기〉로 주지 않으니
자주 쓰이는 격 조사들은 반드시 암기를 해야 한다.

형태쌤의 과외시간

〈격 조사와 접속 조사의 구분〉

(1) 격 조사
　체언으로 하여금 일정한 자격을 갖도록 해 주는 조사. 체언의 문장 성분
을 표시한다.
　① 주격 조사 : 이/가, 께서, 에서(단체)
　② 서술격 조사 : (이)다
　③ 목적격 조사 : 을/를
　④ 보격 조사 : 이/가 ('되다, 아니다' 앞에서 사용)
　⑤ 관형격 조사 : 의
　⑥ 부사격 조사 : 에게, 에서, 에, 로, 와/과 등
　　* 부사격 조사의 의미상 갈래
　　　- 처소 부사격 조사
　　　　장소(소재지) : 에, 에서
　　　　시간(때) : 에
　　　　상대(행위의 귀착점) : 에(게), 한테, 께, 더러, 보고
　　　　출발점 : 에서, 에게서, 한테서, 로부터
　　　　지향점(방향) : (으)로, 에게로, 한테로, 에
　　　- 도구 부사격 조사 : 로써
　　　- 자격 부사격 조사 : 로서
　　　- 원인 부사격 조사 : 에, (으)로
　　　- 비교 부사격 조사 : 와/과, 처럼, 만큼, 보다, 하고, 같이
　　　- 변성(바뀜) 부사격 조사 : 로
　　　- 인용 부사격 조사 : 고, 라고
　⑦ 호격 조사 : 아/야, (이)시여, (이)여

(2) 접속 조사
　두 단어를 같은 자격으로 이어 주는 기능을 표시하는 조사. 양쪽의 체언
을 대등하게 연결하여 같은 문장 성분이 되게 한다.
　① 문어체 : 와/과
　② 구어체 : 하고, 에다(가), (이)랑, (이)나

오답설명

② ㉡이 서술어인 문장은 '(누군가가) 그것을 꾸준하게 실천하다.'이다. 이 문장
에는 명사절이 안겨 있지 않다.
③ ㉢이 서술어인 문장은 '(누군가가) 그것을 꾸준하게 실천하기(를) 원한다.'
이다. 명사절인 '그것을 꾸준하게 실천하기'는 목적격 조사가 생략된 채 문
장에서 목적어의 기능을 하고 있다.
④ ㉣이 서술어인 문장은 '(계획이) 제대로 되다.'이다. 이 문장에는 명사절이
안겨 있지 않다. 간혹 이 문장에서 '제대로 된'의 수식 범위를 '계획 세우기'
까지로 보는 것은 틀린 거냐고 묻는 학생들이 있다. 물론, 크게 틀린 내용은
아니다. 다만, 명사형 전성 어미와 명사 파생 접미사를 구분할 때 누누이
강조했던 것이 '관형어의 수식 여부'라는 것을 잊지 말기를 바란다. 여기서
'세우기'는 명사 파생 접미사가 아닌 명사형 전성 어미로 활용한 용언이므
로, 관형어의 수식을 받는 것이 문법적으로 옳다고 보기 힘들다. 따라서
'제대로 된'의 수식 범위는 '계획'으로 보는 것이 적절하다. 즉, ㉣이 서술어
인 문장은 '(계획이) 제대로 되다.'로 보는 것이 더 옳겠다.
⑤ ㉤이 서술어인 문장은 '제대로 된 계획 세우기가 선행되어야 한다.'이다.
이 문장에서 명사절인 '제대로 된 계획 세우기'는 주격 조사 '가'와 함께
쓰여 문장의 주어 역할을 하고 있다. 참고로, '제대로 된 계획 세우기'라는
명사절은 '(누군가가) 계획(을) 세우다.'라는 문장 안에 '계획이 제대로 되
다.'라는 문장이 관형절로 안겨 있다고 분석하면 된다.

문제분석　16-21번

번호	정답	정답률 (%)	선지별 선택비율(%)				
			①	②	③	④	⑤
16	①	33	33	3	32	9	23
17	②	71	8	71	2	17	2
18	①	44	44	3	2	4	47
19	①	35	35	6	6	49	4
20	②	56	7	56	22	10	5
21	①	47	47	9	14	26	4

16

정답설명

① 밑줄 친 부분이 어디까지인지 잘 확인해야 한다. 겹문장에서는 한 문장
속에 여러 개의 절이 함께 나타나기도 하기 때문이다. ⓐ에서 사용된 '-
다는'은 '-다고 하는'의 줄임말이다. 만약 '온다고'라는 예문이 주어지
고, 그에 밑줄이 그어져 있었다면 인용절이 쓰인 것으로 볼 수 있었을
것이다. 그러나 ⓐ에서 밑줄 친 '온다는'의 경우는 '온다고 하는' 전체
에 밑줄이 있는 것이다. 즉, 관형사형 어미가 결합하여 명사 '예보'를
꾸며 주고 있으므로, ⓐ는 인용절이 아닌 관형절로 파악해야 한다.

오답설명

② ⓑ는 관형사형 전성 어미 '-ㄴ'이 결합하여 형성된 관형절로, 명사 '도시'를
수식하고 있다.

③ ⓒ는 명사형 전성 어미 '-기'가 결합하여 형성된 명사절로, 관형격 조사가 생략된 채 관형어로 쓰여 '전'이라는 명사를 꾸미고 있다.

④ ⓓ는 명사형 전성 어미 '-음'이 결합하여 형성된 명사절로, 목적격 조사 '을'과 결합하여 주성분인 목적어로 쓰이고 있다.

⑤ ⓔ는 관형사형 전성 어미 '-는'이 결합하여 형성된 관형절로, 조사와 결합 없이 명사 '들판'을 수식하는 부속 성분인 관형어로 쓰이고 있다.

17

정답설명

② ㉮는 '노래를 부르기'라는 명사절을 안은 문장으로, 안긴문장이 안은문장의 주어로 쓰이고 있다. ㉯는 '아무도 모르게'라는 부사절을 안은 문장으로, 안긴문장이 안은문장의 부사어로 쓰이고 있다. ㉰는 '동생이 오기'라는 명사절을 안은 문장으로, 안긴문장이 안은문장의 체언 '전'을 수식하는 관형어로 쓰이고 있다. ㉱는 '마음씨가 착하다'라는 서술절을 안은 문장으로, 안긴문장이 안은문장의 서술어로 쓰이고 있다. 따라서 ⓐ에 해당하는 것은 ㉱, ⓑ에 해당하는 것은 ㉰, ⓒ에 해당하는 것은 ㉮, ㉯이다.

18

정답설명

형태쌤의 과외시간

서술어의 자릿수
우리말의 서술어는 그 성격에 따라서 필요로 하는 문장 성분들의 개수가 다르다. 어떤 서술어가 쓰였을 때, 문장이 성립하기 위해 반드시 필요한 문장 성분의 개수를 '서술어의 자릿수'라고 한다.
서술어의 자릿수는 총 세 가지 경우로 나눌 수 있다.

(1) 한 자리 서술어 : 주어 하나만을 필수적으로 요구하는 서술어
- 주어 + 서술어

(2) 두 자리 서술어 : 주어 외에 목적어나 보어 또는 부사어를 필수적으로 요구하는 서술어
- 주어 + 목적어 / 보어 / 부사어 + 서술어

(3) 세 자리 서술어 : 주어와 목적어와 부사어를 필수적으로 요구하는 서술어
- 주어 + 목적어 + 부사어 + 서술어
- 서술어가 수여 동사인 경우 - 주다, **보내다**, 바치다, 넣다, 얹다

(4) 자릿수를 달리하는 서술어
- 자동차가 움직이다. / 일꾼이 바위를 움직인다.
- 영희는 철수를 생각한다. / 철수는 영희를 천사로 생각한다.
- 달이 밝다. / 그가 서울 지리에 밝다.

① '이익이 있다.'라는 의미의 '유리하다'는 '…이 …에/에게 유리하다.'와 같이 주어와 부사어를 반드시 필요로 하는 두 자리 서술어이다. 주어진 문장에서 필수적인 문장 성분을 간단히 정리하면 '[지형은](주어) [외적의 침입

을 막기에](부사어) 유리하다.(서술어)'와 같이 정리할 수 있다. '관계되어 딸리다.'라는 의미를 지니는 '속하다' 역시 '…이 …에 속하다.'와 같이 주어와 부사어를 반드시 필요로 하는 두 자리 서술어로, 주어진 문장에서 필수적인 문장 성분을 간단히 정리하면 '[광물이](주어) [귀금속에](부사어) 속했다.(서술어)'와 같이 정리할 수 있다.

오답설명

② '벌어진 옷깃이나 장막 따위를 바로 합쳐 단정하게 하다.'라는 의미의 '여미다'는 '…이 …을 여미다.'와 같이 주어와 목적어를 필요로 하는 두 자리 서술어이다. 서술어가 요구하는 필수 성분의 개수는 〈보기〉의 문장과 같으나, 성분의 종류가 다르다.

③ '재료를 들여 밥, 옷, 집 따위를 만들다.'라는 의미의 '짓다'는 '…이 …을 짓다.'와 같이 주어와 목적어를 필요로 하는 두 자리 서술어이다. 서술어가 요구하는 필수 성분의 개수는 〈보기〉의 문장과 같으나, 성분의 종류가 다르다.

④ '다리를 움직여 바닥에서 발을 번갈아 떼어 옮기다.'라는 의미의 '걷다'는 '…이 걷다.'와 같이 주어 하나만을 필요로 하는 한 자리 서술어이다.

⑤ 시험장에서 정답을 고른 학생들보다 이 오답을 고른 학생들이 더 많았다. 그만큼 아주 매력적인 오답 선지라는 것이지. 선지의 서술어를 잘 봐라. 과외 시간에서 쌤이 친절하게 형광펜으로 표시해 주지 않았니? '보내다'라는 서술어는 '…이 …을 …에게 보내다.'와 같이 주어, 부사어 외에도 목적어까지 필요로 하는 세 자리 서술어였던 것이다. 〈보기〉에서 주어진 문장의 '침입을'은 '외적의 침입을 막기'라는 명사절의 목적어이지, 전체 문장의 목적어가 아니었다. 시험장에서 바쁘게 문제를 풀이하던 학생들은 이를 구분하지 못하고 겉으로 보이는 문장 성분만 확인하는 것에 급급했기에 함정에 걸려든 것이다.

19

정답설명

형태쌤의 과외시간

㉠ 나는 [[내 친구가 보낸] 책을 제시간에 받기]를 바란다.
　　　　　　 관형절　　　　　　 명사절

㉡ 나는 [[테니스 배우기]가 재미있다]고 친구에게 말했다.
　　　　　　 명사절　　　　　　 인용절

㉢ 이 식당은 [우리 가족이 점심을 먹은] 식당이 아니다.
　　　　　　　　 관형절

㉣ 그녀는 [아름다운] 관광지를 [신이 닳도록] 돌아다녔다.
　　　　　　 관형절　　　　　　 부사절

① ㉠에는 명사절 '내 친구가 보낸 책을 제시간에 받기'와 관형절 '내 친구가 보낸'이 안겨 있다. 이때 명사절 속 서술어인 '받다'는 '…에서' 혹은 '…에게서'를 나타내는 부사어를, 관형절 속 서술어인 '보내다'는 '…에' 혹은 '…에게'를 나타내는 부사어를 필수적으로 요구한다. 그런데 해당 안긴문장들에는 이와 같은 필수적 부사어가 생략되어 있다. 한편 ㉡에는 '테니스 배우기'

라는 명사절이 안겨 있는데, 여기서 주어가 생략되었으므로 선지의 설명은 적절하다.

오답설명

② ⓛ에서는 '테니스 배우기'라는 명사절이 주격 조사 '가'와 결합하여 '재미있다'라는 서술어의 주어 기능을 하고 있다. 그러나 ㉠의 명사절 '내 친구가 보낸 책을 제시간에 받기'는 목적격 조사 '를'과 결합하여 문장 내에서 목적어 기능을 하고 있으므로 선지의 설명은 적절하지 않다.

③ ㉠의 명사절 '내 친구가 보낸 책을 제시간에 받기'에는 '받기'라는 서술어와 호응하는 주어가 생략되어 있다. 그런데 ㉢의 관형절 '우리 가족이 점심을 먹은'에는 주어 '가족이'가 있으므로 선지의 설명은 적절하지 않다.

학생들이 자주 묻는 질문

"선생님, ㉠의 앞에 '나는'이 있는데요?"라고 묻는 학생이 있을 수 있는데 이 문장에서의 '나는'은 안은문장의 서술어 '바란다'와 호응하는 주어이지, 명사절의 주어가 아니다. 안은문장과 안긴문장의 주어가 중복되면 둘 중 하나가 생략되는데, 보통은 안긴문장의 성분이 생략된다고 보면 된다.

④ ㉣에는 '신이 닳도록'이라는 부사절이 안겨 있으므로 선지의 뒷부분은 적절하다. 그런데 ㉢에는 안긴문장이 관형절 하나이므로, 여기에 보어 기능을 하는 안긴문장이 있다는 설명은 적절하지 않다. 관형절은 관형어 기능만 한다. 참고로 관형절이 아니라 '식당이'가 안은문장에서 보어로 쓰이고 있다.

⑤ ㉢의 관형절에는 서술어 '먹은'과 호응하는 목적어 '점심을'이 있으므로 목적어가 생략되지 않았다. 한편 ㉣의 관형절은 '아름다운'인데, '아름답다'는 형용사이므로 목적어를 취하지 않는다. 따라서 ㉣의 관형절에서 목적어가 생략됐다는 선지의 설명은 적절하지 않다. 참고로 이 관형절에는 목적어가 아닌 '관광지가'라는 주어가 생략되어 있다.

20

정답설명

② ㉠에는 ⓐ와 ⓑ가 실현된 문장이 들어가야 한다. '사시는지요'를 통해 현재 시제임을 알 수 있다(ⓐ). 또한 여기서의 '살다'는 '어느 곳에 거주하거나 거처하다.'라는 의미이며 주어와 '…에' 혹은 '…에서'라는 부사어를 필요로 하므로 '학교 근처에'는 생략할 수 없는 필수적 부사어임을 알 수 있다. 따라서 서술어의 자릿수는 주어와 부사어를 취하는 두 자리이다(ⓑ).

오답설명

① ㉠에는 ⓐ와 ⓑ가 실현된 문장이 들어가야 한다. '자란다'는 현재 시제 선어말 어미 '-ㄴ-'이 쓰였으므로 ⓐ가 실현되었음을 알 수 있다. 그러나 여기서의 '자라다'는 '생물이 생장하거나 성숙하여지다.'라는 의미로, 주어만 필요로 하는 한 자리 서술어이다. 따라서 '그 집 마당에는'은 필수적 부사어가 아니며 생략이 가능하므로, ⓑ는 실현되지 않았다.

③ ㉡에는 ⓐ와 ⓒ가 실현된 문장이 들어가야 한다. '있으므로'와 '조용합니다'는 현재 시제에 해당하므로 ⓐ는 실현되었다. 그러나 이 문장은 '-으므로'라

는 종속적 연결 어미로 이어진 문장으로, 안긴문장은 없으므로 ⓒ는 실현되지 않았다.

④ ㉡에는 ⓐ와 ⓒ가 실현된 문장이 들어가야 한다. 서술어 '마음먹었니'는 과거 시제 선어말 어미 '-었-'이 사용되었으므로 ⓐ는 실현되지 않았다. 한편, 여기서의 안긴문장은 '아침으로 과일만 먹기'인데, 이는 명사절에 해당한다. 이 명사절이 부사격 조사 '로'와 결합하여 부사어로 기능하므로 ⓒ는 실현되었음을 알 수 있다.

⑤ ㉢에는 ⓑ와 ⓒ가 실현된 문장이 들어가야 한다. 여기서의 '슬다'는 '곰팡이나 곤충의 알 따위가 생기다.'라는 의미이며, 주어와 '…에'라는 부사어를 필요로 하므로 '책에'는 생략할 수 없는 필수적 부사어임을 알 수 있다. 따라서 서술어의 자릿수는 주어와 부사어를 필요로 하는 두 자리이다(ⓑ). 그러나 이 문장의 안긴문장 '오래전 큰아버지께 받은'은 관형절로, 부사어가 아니라 관형어로 기능하므로 ⓒ는 실현되지 않았다.

21

정답설명

① '할아버지는 형님 댁에 계신다.'의 '계시다'는 '있다'의 높임말로 '사람이나 동물이 어느 곳에서 떠나거나 벗어나지 아니하고 머물다.'라는 의미의 동사이며, 주어와 부사어 【…에】를 필수적으로 요구한다. 또한, '여객선이 도착한 항구엔 안개가 꼈다.'의 '도착하다'는 '목적한 곳에 다다르다.'라는 의미의 동사로, 주어와 부사어 【…에】를 필수적으로 요구한다.

오답설명

② '저 친구는 불평이 그칠 날이 없다.'의 '그치다'는 '계속되던 일이나 움직임이 멈추거나 끝나다. 또는 그렇게 하다.'라는 의미의 동사로, 주어만을 필수적으로 요구한다. 반면 '그는 배에서 내리는 장면을 상상했다.'의 '내리다'는 '탈것에서 밖이나 땅으로 옮아가다.'라는 의미의 동사로, 주어 외에 【…에서】라는 부사어를 필수적으로 요구한다.

③ '나는 이 호박을 죽으로 만들 것이다.'의 '만들다'는 '무엇이 되게 하다.'라는 의미로 쓰일 때, 주어 외에 【…을 …으로】와 같은 목적어와 부사어를 필수적으로 요구한다. 한편 '아버지는 뜬눈으로 밤을 새웠다.'의 '새우다'는 '한숨도 자지 아니하고 밤을 지내다.'라는 의미의 동사로, 주어 외에 【…을】이라는 목적어를 필수적으로 요구한다.

④ '얼음으로 된 성이 나타났다.'의 '되다'는 '어떤 재료나 성분으로 이루어지다.'라는 의미로 쓰일 때, 주어 외에 【…으로】라는 부사어를 필수적으로 요구한다. 한편 '그는 남이 아니고 가족이다.'의 '아니다'는 '어떤 사실을 부정하는 뜻을 나타내는 말'라는 의미의 형용사로, 주어 외에 【…이】라는 보어를 필수적으로 요구한다.

학생들이 자주 묻는 질문

Q. '되다'는 항상 보어를 필요로 하지 않나요?

A. '되다'는 일반적으로 '영호는 선생님이 되었다.'처럼 주어 외에 '선생님이'와 같이 보어를 필수적으로 요구하지만, '모든 것이 재로 되고 말았다.' 처럼 부사어 '재로'를 필수적으로 요구하기도 한다.

⑤ '그의 신중함은 아무래도 지나쳤다.'의 '지나치다'는 '일정한 한도를 넘어 정도가 심하다.'라는 의미의 형용사로, 주어만을 필수적으로 요구한다. 그러나 '언니는 간이역만 지나치는 기차를 탔다.'의 '지나치다'는 '어떤 곳을 머무르거나 들르지 않고 지나가거나 지나오다.'라는 의미의 동사로, 주어 외에 【…을】이라는 목적어를 필수적으로 요구한다.

교육청 기출

1	⑤	2	③	3	⑤	4	⑤	5	⑤
6	④	7	④	8	①	9	④	10	①
11	②	12	④	13	⑤	14	①	15	④
16	②	17	①	18	②	19	④	20	②
21	⑤	22	⑤	23	④	24	⑤	25	④
26	②	27	②	28	②				

01

정답설명

형태쌤의 과외시간

ㄱ. 마을 사람들은 [그가 가족과 만나기]를 바란다. → 명사절
ㄴ. 그들은 [옛 친구가 살던] 동네에서 시간을 보냈다. → 관형절
ㄷ. 어제 동생은 [무역 회사에 다니는] 사람을 만났다. → 관형절
ㄹ. 나는 문득 [그가 나에게 호의를 가졌음]을 느꼈다. → 명사절
ㅁ. [뒷산에서 다리를 다친] 언니는 병원에 입원하였다. → 관형절

⑤ ㄹ의 안긴문장 '그가 나에게 호의를 가졌음'에는 필수적 부사어 '나에게'와 목적어 '호의를'이 포함되어 있지만, ㅁ의 안긴문장 '뒷산에서 다리를 다친'에는 목적어 '다리를'만 포함되어 있을 뿐, 필수적 부사어가 포함되어 있지 않다. '다치다'는 목적어만을 요구하는 두 자리 서술어로, '뒷산에서'는 필수적 부사어가 아니다.

오답설명

① ㄱ의 안긴문장 '그가 가족과 만나기'와 ㄷ의 안긴문장 '무역 회사에 다니는'에는 각각 '가족과', '무역 회사에'라는 필수적 부사어가 있다.

② ㄱ의 안긴문장 '그가 가족과 만나기'는 목적격 조사 '를'과 함께 쓰여 문장 내에서 목적어 기능을 하고 있다. 한편, ㅁ의 안긴문장 '뒷산에서 다리를 다친'은 후행하는 체언 '언니'를 수식하는 관형어 기능을 하고 있다.

③ ㄴ의 안긴문장 '옛 친구가 살던'에서 서술어 '살다'는 '어느 곳에 거주하거나 거처하다.'라는 뜻으로 필수적 부사어를 요구하는데, 안기면서 전체 문장의 부사어 '동네에서'와 중복되어 생략되었다. 반면, ㄹ의 안긴문장 '그가 나에게 호의를 가졌음'에는 생략된 필수 성분이 없다.

④ ㄴ의 안긴문장 '옛 친구가 살던'과 ㄷ의 안긴문장 '무역 회사에 다니는'은 각각 후행하는 체언 '동네', '사람'을 수식하는 기능을 한다.

02

정답설명

형태쌤의 과외시간

> ㄱ. 나는 [동생이 좋아하는] 음식을 준비했다. : 관형사절 '동생이 좋아하는'
> 이 체언 '음식'을 수식하는 관형어의 기능을 하며, 해당 관형사절 내에는
> '음식을'이라는 목적어가 생략됨. → (다)
>
> ㄴ. [책의 내용을 모두 암기하기는] 불가능하다. : 명사절 '책의 내용을 모두
> 암기하기'가 주어로 기능함. → (가)
>
> ㄷ. [교실에 있던] 학생들이 운동장으로 나갔다. : 관형사절 '교실에 있던'이
> 체언 '학생들'을 수식하는 관형어의 기능을 하며, 해당 관형사절 내에는
> '학생들이'라는 주어가 생략됨. → (다)
>
> ㄹ. [악어가 물 밖으로 나온다는] 사실을 알았다. : 관형사절 '악어가 물
> 밖으로 나온다는'이 체언 '사실'을 수식하는 관형어의 기능을 하며, 해당
> 관형사절 내에는 생략된 문장 성분이 없음. → (나)
>
> ㅁ. 형이 내게 [아홉 시까지 집에 오라고] 말했다. : 인용절 '아홉 시까지
> 집에 오라'가 부사어로 기능을 함. → (가)
>
> ㅂ. 나는 [그 사람이 너를 속일] 줄은 꿈에도 몰랐다. : 관형사절 '그 사람이
> 너를 속일'이 체언 '줄'을 수식하는 관형어의 기능을 하며, 해당 관형사
> 절 내에는 생략된 문장 성분이 없음. → (나)

③ ㄴ과 ㅁ은 (가)로, ㄹ과 ㅂ은 (나)로, ㄱ과 ㄷ은 (다)로 분류할 수 있다.

03

정답설명

⑤ ㄷ의 안긴문장 '무장 강도가(주어) 은행에(부사어) 침입한(서술어)'에는 생
략된 문장 성분이 없다. 반면, ㄹ의 안긴문장 '따뜻한'에는 주어 '기후가'
생략되었으므로 선지의 설명은 적절하지 않다.

오답설명

① ㄱ의 안긴문장 '내가 읽던'에는 목적어 '책을'이 생략되어 있다.
② ㄴ의 안긴문장 '자신이 그 일의 적임자임'은 목적격 조사 '을'과 결합하여
안은문장 내에서 목적어의 기능을 하고 있다.
③ ㄱ의 안긴문장 '내가 읽던'은 체언 '책'을 수식하는 기능을 하는 관형절이며,
ㄷ의 안긴문장 '무장 강도가 은행에 침입한'은 체언 '사건'을 수식하는 기능
을 하는 관형절이다.
④ ㄴ의 안긴문장 '자신이 그 일의 적임자임'은 명사형 어미 '-(으)ㅁ'이 결합되
어 있으며, ㄹ의 안긴문장 '옥수수가 자라기'는 명사형 어미 '-기'가 결합되
어 있다.

04

정답설명

⑤ '저기 서 있는 아이가 특히 재주가 있게 생겼다.'에 안겨 있는 절은 관형절
'저기 서 있는'과 부사절 '재주가 있게'이다. 이 두 절은 문장 내에서 각각
관형어, 부사어로 쓰이므로 부속 성분에 해당한다. 이때 관형절은 생략할

수 있으나, 전체 문장의 서술어 '생겼다(생기다)'는 '사람이나 사물의 생김새
가 어떠한 모양으로 되다.'의 의미로 쓰여 부사어를 필수적으로 요구하므로
부사절은 생략할 수 없다.

오답설명

① '우리는 밤이 새도록 토론을 하였다.'에 안겨 있는 절은 부사절 '밤이 새도
록'이며, 이는 문장 내에서 부사어로 쓰이므로 부속 성분에 해당한다. 이때
전체 문장의 서술어 '하였다(하다)'는 주어와 목적어를 필요로 하는 두 자리
서술어이므로 부사절은 생략 가능하다.
② '나는 그가 있는 가게로 저녁에 갔다.'에 안겨 있는 절은 관형절 '그가 있는'
이며, 이는 문장 내에서 관형어로 쓰이므로 부속 성분에 해당한다. 이때
전체 문장의 서술어 '갔다(가다)'는 주어와 부사어를 필요로 하는 두 자리
서술어이므로 관형절은 생략 가능하다.
③ '그는 어느 날 갑자기 말도 없이 자취를 감췄다.'에 안겨 있는 절은 부사절
'말도 없이'이며, 이는 문장 내에서 부사어로 쓰이므로 부속 성분에 해당한
다. 이때 전체 문장의 서술어 '감췄다(감추다)'는 주어와 목적어를 필요로
하는 두 자리 서술어이므로 부사절은 생략 가능하다.
④ '부지런한 동생은 나와는 달리 일찍 일어난다.'에 안겨 있는 절은 관형절
'부지런한'과 부사절 '나와는 달리'이다. 이 두 절은 문장 내에서 각각 관형
어, 부사어로 쓰이므로 부속 성분에 해당한다. 이때 전체 문장의 서술어
'일어난다(일어나다)'는 '잠에서 깨어나다.'의 뜻으로 주어만을 필요로 하는
한 자리 서술어이므로 관형절과 부사절은 생략 가능하다.

05

정답설명

⑤ ㉠에서 안긴문장의 주어는 '아들이'이고, 안은문장의 주어는 '어머니는'이
다. 또한 ㉡에서 안긴문장의 주어는 '파수꾼이'이고, 안은문장의 주어는 '동
물은'이다. 그러나 ㉢에서 안긴문장의 주어와 안은문장의 주어는 '감독이'로
같다.

오답설명

① ㉠의 안긴문장은 '아들이 비로소 대학생이 되었음'으로, '대학생이'라는 보
어가 있고, ㉡의 안은문장에는 '늑대는'이라는 보어가 있다. 참고로 '늑대는'
은 보격 조사 '가'가 생략되고, 그 자리에 보조사 '는'이 결합한 형태이다.
② ㉠의 안긴문장 '아들이 비로소 대학생이 되었음'은 목적격 조사 '을'이 붙어
안은문장의 목적어로 사용되고, ㉢의 안긴문장 '그 선수를 야구부 주장으로
삼기'는 부사격 조사 '로'가 붙어 안은문장의 부사어로 사용된다.
③ ㉢의 안긴문장의 서술어는 '삼다'로, '삼다'는 주어, 목적어, 부사어를 필수
적으로 요구하는 세 자리 서술어이다. ([…을 …으로] 삼다.) 반면, ㉡의
안긴문장의 서술어는 '보다'로, '보다'는 주어, 목적어를 필수적으로 요구
하는 두 자리 서술어이다.
④ ㉡의 안긴문장에는 '동물을'이라는 목적어가 생략되어 있다. 반면, ㉢의 안
긴문장에는 '그 선수를'이라는 목적어가 나타나 있다.

06

정답설명

④ ⓐ는 앞 절의 '손을 쥐'는 동작이 이루어진 그대로 지속되는 가운데 뒤 절의 '팔씨름을' 하는 동작이 일어남을 나타내는 경우이므로 ⓒ에 해당한다. ⓑ는 앞 절의 어머니가 '나를 업'은 동작이 이루어진 그대로 지속되는 가운데 뒤 절의 '병원으로 달려'가는 동작이 일어남을 나타내는 경우이므로 ⓒ에 해당한다.

오답설명

ⓒ는 '그가 정직하다.'와 '그가 성실하다.'라는 두 절의 사실을 대등하게 벌여 놓는 대등적 연결 어미에 해당하므로 ㉠에 해당한다.

ⓓ는 '다리가 벌에 쏘이다.'라는 앞 절과 '(다리가) 퉁퉁 부었다.'라는 뒤 절의 두 사실 간에 계기적인 관계가 있음을 나타내므로 ⓒ에 해당한다.

ⓔ는 '그 책은 내가 읽을 책이다.'와 '이 책은 내가 읽은 책이다.'라는 두 절의 사실을 대등하게 벌여 놓는 대등적 연결 어미에 해당하므로 ㉠에 해당한다.

07

정답설명

④ ㄴ은 '밥 먹기'라는 명사절이 관형격 조사 '의'가 생략된 채 '전'이라는 명사를 수식하고 있다. '너는'은 '밥 먹기'라는 안긴문장의 서술어 '먹기'에 호응하는 주어이면서, 안은문장의 서술어 '씻어'에 호응하는 주어이다.

오답설명

① ㄱ은 '신중한'이라는 관형절이 '그'를 수식하고 있다. 관형절은 관형어로 기능하므로 안은문장의 부속 성분에 해당한다.

② ㄱ의 서술어 '의논했다'는 '【(…과) …을】【…에게 …을】 의논하다'와 같이 주체가 의논하는 상대방을 필요로 하는 서술어이다. 단, '…과'가 나타나지 않을 때는 여럿임을 뜻하는 말이 주어로 온다. 따라서 '가족들과'는 필수적 부사어로 생략할 수 없는 성분이다. 반면 ㄷ의 서술어 '아니다'는 '【 …이】 아니다'와 같이 보어를 필요로 하는 서술어이므로, 부사어 '정말'은 생략이 가능한 성분이다.

③ ㄴ의 '먹기'는 '밥 먹기'라는 안긴문장의 서술어이므로 안긴문장의 필수 성분에 해당한다.

⑤ ㄷ은 '네가 들은'이라는 관형절이 안겨 있으며, 이때 '네가'라는 안긴문장의 주어와 호응하는 서술어는 '들은'이다. 한편 '아니다'는 안은문장의 주어 '소문은'과 호응하는 서술어로, '사실이'는 안은문장의 보어에 해당하므로 선지의 내용은 적절하지 않다.

08

정답설명

① '화단도 아닌 곳에 진달래꽃이 피었다.'에는 '화단도 아닌'이라는 관형사절이 안겨 있으며, 이 관형사절은 '화단도'라는 보어를 포함하고 있다. 또한 해당 문장에서 용언은 '아닌', '피었다'인데 '아닌'은 주어와 보어를 필요로 하는 두 자리 서술어이며, '피었다'는 주어만을 필요로 하는 한 자리 서술어에 해당하므로 〈보기〉의 조건을 모두 만족한다.

오답설명

② '대학생이 된 누나가 주인공을 맡았다.'에는 '대학생이 된'이라는 관형사절이 안겨 있으며, 이 관형사절은 '대학생이'라는 보어를 포함하고 있다. 다만, 해당 문장에서 용언은 '된', '맡았다'인데 '된'은 주어와 보어를 필요로 하는 두 자리 서술어이며, '맡았다'는 '【…을】 맡았다.'와 같이 주어와 목적어를 필요로 하는 두 자리 서술어이다.

③ '학생이었던 삼촌은 마흔 살이 되었다.'에는 '학생이었던'이라는 관형사절이 안겨 있으며, 이 관형사절은 본래 문장이 '(삼촌이) 학생이었다.'로 보어를 포함하고 있지 않다. 또한 해당 문장에서 용언은 '되었다'인데 '되었다'는 주어와 보어를 필요로 하는 두 자리 서술어이다.

④ '큰언니는 성숙했지만 성인이 아니었다.'에는 관형사절이 안겨 있지 않다. 해당 문장은 '큰언니는 성숙했다.'와 '큰언니는 성인이 아니었다.'라는 두 문장이 '-지만'이라는 연결 어미로 이어진 문장이다. 또한 해당 문장에서 용언은 '성숙했다', '아니었다'인데 '성숙했다'는 주어만을 필요로 하는 한 자리 서술어이며, '아니었다'는 주어와 보어를 필요로 하는 두 자리 서술어이다.

⑤ '나무로 된 책상을 나는 그에게 주었다.'에는 '나무로 된'이라는 관형사절이 안겨 있으며, 이 관형사절에는 '나무로'라는 부사어가 포함되어 있을 뿐, 보어가 포함되어 있지 않다. 또한 해당 문장에서 용언은 '된', '주었다'인데 '된'은 주어 말고도 보어나 부사어를 필요로 하는 두 자리 서술어이며, '주었다'는 '【…에/에게 …을】 주다'와 같이 주어 말고도 목적어, 부사어를 필요로 하는 세 자리 서술어이다.

09

정답설명

④ ⓓ는 '상태'라는 명사에 부사격 조사 '로'가 붙은 형태이다. 또한 관형사절 '머리가 덜 마른'이 '상태'를 꾸미고 있으므로, 선생님의 질문에 대한 답으로 옳은 것은 ⓓ이다.

오답설명

ⓐ, ⓑ : 관형사절이 안겨 있지 않다.

ⓒ, ⓔ : 관형사절 '너에게 주어진', '열심히 공부하는'이 각각 명사 '문제', '친구들'을 꾸미고 있으나, '만'과 '은'은 부사격 조사가 아닌 보조사이다.

10

정답설명

① '아버지가 만든 책꽂이가 제일 멋지다.'는 '책꽂이가 제일 멋지다.'에 '아버지가 (책꽂이를) 만들었다.'라는 문장이 안긴 것으로, 안기면서 목적어 '책꽂이를'이 생략되었다. 따라서 '아버지가 만든 책꽂이가 제일 멋지다.'는 안긴문장에 생략된 문장 성분이 있는 ㉠의 예에 해당한다.

오답설명

② '어머니는 그 일이 끝나기를 기다렸다.'는 '그 일이 끝나기'라는 명사절이 안겨 있다. 이때 '그 일이 끝나기'의 원래 문장은 '그 일이 끝나다.'로 안긴문장에 생략된 문장 성분은 없다.

③ '그녀는 지난주에 고향 집으로 떠났다.'는 '그녀'라는 주어와 '떠났다'라는 서술어의 관계가 한 번만 나타나는 홑문장이다.

④ '창밖에는 비가 내리고 바람이 불었다.'는 '창밖에는 비가 내렸다.'와 '바람이 불었다.'라는 두 문장이 동등한 자격으로 이어진 문장이다.

⑤ '형은 개를 좋아하지만 나는 싫어한다.'는 '형은 개를 좋아한다.'와 '나는 개를 싫어한다.'라는 두 문장이 동등한 자격으로 이어진 문장이다.

11

정답설명

② ㉡의 안긴문장 '그가 범인이 아니었음'은 부사격 조사 '에'와 결합하여 부사어의 기능을 하고 있다. '그가 범인이 아니었음' 외에는 ㉡에 다른 안긴문장이 없으므로, 선지의 설명은 적절하지 않다.

오답설명

① ㉠의 안긴문장 '봄이 어서 오기'는 목적격 조사 '를'과 결합하여 목적어의 기능을 하고 있다.

③ ㉢의 안긴문장 '우유를 마신'은 '아이'를 수식하는 관형어의 기능을 하고 있다.

④ ㉢의 안긴문장 '우유를 마신' 속에는 부사어가 없다. ㉠의 안긴문장 '봄이 어서 오기' 속에는 '오기'를 수식하는 부사어 '어서'가 있다.

⑤ ㉡의 안긴문장 '그가 범인이 아니었음'에는 주어 '그가'가 있고, ㉢의 안긴문장 '우유를 마신'에는 주어 '아이가'가 생략되어 있다.

12

형태쌤의 과외시간

㉠ [약속 시간에 늦은] 친구들이 많았다.
　　　관형절

㉡ [마지막 문제를 풀기]가 생각보다 어렵다.
　　　명사절

㉢ 나는 [아버지께서 주신] 빵을 형과 함께 먹었다.
　　　관형절

㉣ 그는 [[지금 사는] 집에서 계속 머무르기]를 희망했다.
　　　관형절　　　　 명사절

㉤ 그들은 [우리가 어제 목적지에 도착했음]을 이미 알았다.
　　　명사절

정답설명

④ ㉣의 '지금 사는'은 '집에서'라는 부사어가 생략된 관형절이고, '지금 사는 집에서 계속 머무르기'는 목적격 조사 '를'과 결합하여 목적어로 쓰인 명사절이다.

오답설명

① ㉠에는 주어가 생략된 관형절인 '약속 시간에 늦은'이 있고, 명사절은 없다.

② ㉡에는 관형절이 없고, 주어로 쓰인 명사절인 '마지막 문제를 풀기'가 있다.

③ ㉢에는 목적어가 생략된 관형절인 '아버지께서 주신'이 있고, 명사절은 없다.

⑤ ㉤에는 관형절이 없고, 목적어로 쓰인 명사절인 '우리가 어제 목적지에 도

착했음'이 있다.

13

정답설명

⑤ ㉺에서는 '성적이 많이 오르기'가 명사절로 안겨 목적어의 기능을 하고 있다. 그러나 ㉻의 '장애물 달리기'의 '-기'는 명사절을 만드는 명사형 전성 어미가 아니라 명사를 파생시키는 명사 파생 접사이므로 ㉻에는 목적어의 기능을 하는 안긴문장이 없다. 참고로 우리말에서는 '*장애물을 달리다'가 아닌, '장애물을 뛰어넘다'로 표현하므로 '장애물 달리기'의 '달리기'에는 서술성이 없다. 따라서 '달리기'는 명사 파생 접사가 결합하여 형성된 명사에 해당한다.

오답설명

①, ② ㉮에서 '그 사람이 범인임'은 주어의 기능을 하는 명사절이고, 명사절에서 '그'는 '사람'을 수식하는 관형어이다.

③ ㉯에서 '부상을 당한'은 '선수'를 수식하는 관형절이고, 관형절의 주어 '선수가'가 생략되어 있다.

④ ㉺에서 '성적이 많이 오르기'는 목적어의 기능을 하는 명사절이고, 명사절에서 '많이'는 '오르기'를 수식하는 부사어이다. 반면 ㉮의 안긴문장 속에는 부사어가 없다.

14

정답설명

① ㉠에는 서술어의 기능을 하는 안긴문장이 없다. 반면 ㉢은 '손가락이(주어) 누구보다(부사어) 길다(서술어).'라는 문장이 문장 전체의 주어인 '영수는'의 서술어로 쓰이고 있으므로, 서술어의 기능을 하는 서술절이 안겨 있음을 알 수 있다.

오답설명

② ㉠의 '내가 빌린'은 '내가(주어) 자전거를(목적어) 빌리다(서술어).'라는 문장이 관형절로 안기면서 목적어인 '자전거를'이 생략된 것으로, 관형어로 쓰여 체언인 '자전거'를 수식하고 있다. 한편 ㉣의 '마을에 사는'은 '사람들이(주어) 마을에(부사어) 산다(서술어).'라는 문장이 관형절로 안기면서 주어인 '사람들이'가 생략된 것으로, 관형어로 쓰여 체언인 '사람들'을 수식하고 있다.

③ ㉡의 안긴문장은 명사절 '공연이(주어) 시작되기(서술어)'이다. 이 문장에서 부사어는 나타나지 않는다. 반면 ㉢의 안긴문장 '피아노를(목적어) 잘(부사어) 치는(서술어)'과 '손가락이(주어) 누구보다(부사어) 길다(서술어)'에는 부사어 '잘'과 '누구보다'가 있다.

④ ㉡의 '공연이 시작되기'는 명사절로, 관형격 조사 '의'가 생략된 채 명사인 '전'을 꾸며 주는 관형어의 기능을 하고 있다. 한편 ㉣은 명사절 '파수꾼이 마을에 사는 사람들을 속였음'이 주격 조사 '이'와 결합하여 문장에서 주어의 기능을 하고 있다.

⑤ ㉢의 '피아노를 잘 치는'은 주어인 '영수가' 생략된 안긴문장이다. ㉣의 '마을에 사는'은 주어인 '사람들이'가 생략된 안긴문장이다.

15

정답설명

④ ㉢의 주어는 '신임 장관은'으로, '신임'과 '장관'이 결합한 명사구에 보조사 '은'이 붙은 형태이다. ㉣의 주어는 '새 컴퓨터가'로 '새'와 '컴퓨터'가 결합한 명사구에 주격 조사 '가'가 붙은 형태이다.

학생들이 자주 묻는 질문

Q. '신임 장관은'과 '새 컴퓨터가'는 각각 '관형어+주어'로 분석해야 하는 것 아닌가요?

A. '신임 장관은'과 '새 컴퓨터'에서 '신임'과 '새'는 관형어, '장관은'과 '컴퓨터가'는 주어로 분석할 수 있습니다. 다만 새로 임명된 장관이라는 의미의 덩어리로 '신임 장관'을, 새로운 컴퓨터라는 의미의 덩어리로 '새 컴퓨터'를 묶어 명사구(두 개 이상 명사의 조합)로 분석할 수 있으며, 각각의 명사구에 조사가 붙어 주어의 역할을 한다고 볼 수 있는 것입니다.

오답설명

① ㉠의 주어인 '나도'는 대명사 '나'에 보조사 '도'가 결합한 형태이고, ㉡의 주어인 '바깥이'는 명사 '바깥'에 주격 조사 '이'가 결합한 형태이다. 대명사와 명사는 서로 다른 품사이다. 대명사가 명사에 속하는 관계가 아님을 유념하자.

② ㉠의 주어에는 보조사 '도', ㉢의 주어에는 보조사 '은'이 결합해 있다. ㉠과 ㉢의 주격 조사는 생략되었다.

③ ㉢의 서술어 '참석한다'는 동사이므로, 주어는 서술어가 나타내는 동작의 주체이다. 하지만 ㉡의 서술어 '어둡다'는 형용사이므로, 주어는 서술어가 나타내는 동작의 주체가 아니다.

⑤ ㉣의 서술어인 '되었다'는 주어와 보어를 필수적으로 요구한다. 따라서 '고물이'는 주어가 아니라 보어이다.

16

정답설명

② ㉢의 '철수가 산책을 한'은 '공원'을 수식하고 있는 관형절이다. 관형절이 만들어지는 과정에서 ㉡과 중복되는 '공원' 부분이 생략된 것이다. ㉠에서 '공원'은 부사격 조사 '에서'를 취하여 부사어로 사용되고 있으므로, ②의 설명이 가장 적절하다.

17

정답설명

① 해당 문장은 '[[(그가 아끼던) 제자가 상을 받았음]을 그녀가 알려 줬다.'의 구조로 이루어져 있다. '~을 그녀가 알려 줬다.'라는 문장 안에 '그가 아끼던 제자가 상을 받았다.'라는 문장이 명사절로 안겨 목적어로 사용된 것이다. 이 명사절에는 '그가 (제자를) 아꼈다.'라는 문장이 관형절로 안겨 있다. 따라서 '알려 줬다'의 주어는 '그녀가', '받았음'의 주어는 '제자가', '아끼던'의 주어는 '그가'이다.

18

정답설명

② ㉡은 '글이'라는 주어만을 필수적으로 요구하는 한 자리 서술어이다. 부사어 '이 한 구절로'는 문장에서 요구하는 필수 성분이 아니다.

오답설명

① ㉠은 '불씨가'라는 주어만을 필수적으로 요구하는 한 자리 서술어이다. 부사어 '바람 때문에'와 '다시'는 문장에서 요구하는 필수 성분이 아니다.

③ ㉢은 '그는'이라는 주어와 '벼슬을'이라는 목적어를 필수적으로 요구하는 두 자리 서술어이다. 부사어 '조선 시대에'와 '오랫동안'은 문장에서 요구하는 필수 성분이 아니다.

④ ㉣은 '그는'이라는 주어와 '일손을'이라는 목적어를 필수적으로 요구하는 두 자리 서술어이다. 부사어 '잠시'는 문장에서 요구하는 필수 성분이 아니다.

⑤ ㉤은 '형은'이라는 주어와 목적어 '책을', 부사어 '책상 위에'를 필수적으로 요구하는 세 자리 서술어이다. 해당 문장에서 어느 한 성분이라도 생략되면 의미를 온전하게 나타내지 못하는 문장이 된다.

19

형태쌤의 과외시간

ㄱ. [그가 이 사건의 범인임]이 밝혀졌다. → 명사절
ㄴ. [언니가 빵을 먹은] 사실이 드러났다. → 관형절
ㄷ. 오빠가 [동생이 가게에서 산] 빵을 먹었다. → 관형절
ㄹ. 나는 [집에 가기]만을 기다렸다. → 명사절
ㅁ. 누나가 [집에 가기]에 바쁘다. → 명사절

정답설명

④ ㄷ의 안은문장 '오빠가 빵을 먹었다.'의 주어는 '오빠가'이고, 안긴문장 '동생이 가게에서 산'의 주어는 '동생이'이므로 안긴문장의 주어와 안은문장의 주어가 다름을 알 수 있다. 하지만 ㅁ의 안은문장 '누나가 바쁘다.'와 안긴문장 '(누나가) 집에 가기'의 주어는 모두 '누나가'이므로 선지의 설명은 적절하지 않다.

오답설명

① ㄱ의 안긴문장 '그가 이 사건의 범인임'은 주격 조사 '이'와 결합하여 안은문장에서 주어로 쓰였다. 한편 ㄴ의 안긴문장 '언니가 빵을 먹은'은 안은문장 '사실이 드러났다.'의 '사실'을 수식하는 관형어로 쓰였다.

② ㄴ의 안긴문장 '언니가 빵을 먹은'은 안은문장 '사실이 드러났다.'의 '사실'을 수식하는 관형어로 쓰였다. 한편 ㄷ의 안긴문장 '동생이 가게에서 산' 역시 안은문장 '오빠가 빵을 먹었다.'의 '빵'을 수식하는 관형어로 쓰였다.

③ ㄴ의 안긴문장 '언니가 빵을 먹은'에는 생략된 필수 성분이 없지만, ㄷ의 안긴문장 '동생이 가게에서 산'에는 필수 성분인 목적어 '빵을'이 생략되어 있다.

⑤ ㄹ의 안긴문장 '집에 가기'는 목적격 조사 '을'과 결합하여 안은문장에서 목적어로 쓰였고, ㅁ의 안긴문장 '집에 가기'는 부사격 조사 '에'과 결합하여 안은문장에서 부사어로 쓰였다.

20

정답설명

② ㉡에서 '나는'에 대응하는 서술어는 ㉣이 아니라 '기다렸고'이다. ㉣은 ㉡에서 목적어로 쓰이고 있다.

오답설명

① ㉠은 ㉡과 ㉢이 대등적 연결 어미 '-고'로 연결되어 있는 이어진문장이다.
③ ㉡에서는 '나는 기다렸다.'와 '형이 오다.'가, ㉢에서는 '동생은 읽었다.'와 '형이 주었다.'가 '주어-서술어' 관계로 나타난다.
④ ㉣과 ㉤은 각각 '형이 오다.', '형이 주었다.'와 같이 '주어-서술어' 관계를 한 번씩만 가지고 있다.
⑤ ㉤은 체언 '책'을 수식하는 관형어의 역할을 하면서 ㉢ 문장 안에 안겨 있다. '동생은 책을 읽었다.'라는 문장 안에 '형이 (책을) 주었다.'라는 문장이 관형절로 안긴 것이지.

21

정답설명

⑤ 〈보기〉의 설명에 의하면, '나는 그 사람과 오래 전부터 서로 사귀어 왔다.'의 조사 '과'는 '그 사람'이 '나'가 행하는 행위(사귀다)의 상대임을 나타내므로 부사격 조사이다. 〈보기〉에서 '와/과'가 격 조사로 쓰일 때는 서술어가 하나이면 홑문장이라고 설명하였다. 해당 문장은 '과'가 격 조사로 쓰이고 서술어가 '사귀어 왔다.' 하나인 홑문장이다.

오답설명

〈보기〉에서, 서술어가 하나뿐이어서 홑문장처럼 보이더라도 두 개의 홑문장으로 나눌 수 있다면 접속 조사로 이어진 문장이라고 설명하였다.
① '나는 시를 좋아한다.'와 '나는 소설을 좋아한다.'라는 두 홑문장이 결합된 이어진문장이다.
② '그녀는 집에서 공부했다.'와 '그녀는 도서관에서 공부했다.'라는 두 홑문장이 결합된 이어진문장이다.
③ '고향의 산은 예전 그대로였다.'와 '고향의 하늘은 예전 그대로였다.'라는 두 홑문장이 결합된 이어진문장이다.
④ '성난 군중이 앞문으로 들이닥쳤다.'와 '성난 군중이 뒷문으로 들이닥쳤다.'라는 두 홑문장이 결합된 이어진문장이다.

22

정답설명

⑤ ㄴ은 '그는 사실을 알고 있었다.'라는 문장 안에 '지훈이가 성실하고 눈이 크다.'라는 문장이 관형절로 안겨 있는 문장이다. ㄴ의 안긴문장 '지훈이가 성실하고 눈이 크다는'에는 목적어가 나타나 있지 않으므로, 선지의 내용은 적절하다.

오답설명

① ㄱ은 '지훈이가 (어떠하다).'라는 문장 안에 '눈이 크다.'라는 서술절이 안겨 서술어의 역할을 하고 있는 문장이다. 따라서 ㄱ의 '크다'가 아닌 '눈이 크다'가 전체 문장의 서술어 역할을 하고 있다고 하는 것이 적절하다. 반면

ㄴ은 '알고 있었다'가 전체 문장의 서술어 역할을 하는 것이 맞다.
② ㄱ은 '지훈이가 (어떠하다).'라는 문장 안에 '눈이 크다.'라는 서술절이 안겨 서술어의 역할을 하고 있는 문장이므로, 주어와 서술어의 관계가 두 번 나타나는 겹문장이다.
③ ㄴ의 '성실하고'의 주어는 '지훈이가'가 맞다. 하지만 '크다'의 주어는 '지훈이가'가 아닌 '눈이'이다.
④ ㄴ의 안긴문장 '지훈이가 성실하고 눈이 크다는'에서 '지훈이가 성실하다.'라는 앞 절과 '(지훈이가) 눈이 크다.'라는 뒤 절이 대등적 연결 어미 '-고'를 통해 대등적으로 이어져 있다.

23

정답설명

형태쌤의 과외시간

ㄱ. <u>그가 마침내 대학생이 되었다.</u> → 홑문장
　　주어　부사어　보어　　서술어

ㄴ. <u>이 전시장은 [창문이 아주 많다].</u> → 서술절
　관형어　주어　[주어 부사어 서술어](서술어)

ㄷ. <u>우리는 [그가 정당했음]을 깨달았다.</u> → 명사절
　주어　[주어　서술어](목적어)　서술어

ㄹ. <u>절약은 부자를 만들고, 절제는 사람을 만든다.</u> → 이어진문장
　주어　목적어　서술어　주어　목적어　서술어

④ ㄱ은 주어와 서술어의 관계가 한 번만 나타나는 홑문장이지만, ㄴ은 서술절을 안고 있으므로 주어와 서술어의 관계가 두 번 나타나는 겹문장이다.

오답설명

① ㄱ은 '대학생이'를 보어로 가지고 있고, ㄷ에는 보어가 없다.
② ㄴ은 목적어가 없고, ㄹ은 '부자를', '사람을' 이라는 목적어를 가지고 있음을 확인할 수 있다.
③ ㄱ은 '마침내', ㄴ은 '아주'를 부사어로 가지고 있지만, ㄷ과 ㄹ은 부사어가 없다.
⑤ ㄷ은 명사절이 전체 문장 속에 안겨 있고, ㄹ은 대등한 관계로 이어져 있다.

24

정답설명

⑤ ㉢은 '동생이 (빵을) 사다.'라는 문장이 관형사형 전성 어미를 취하여 만들어진 관형절로, ㉢에서 생략된 문장 성분인 '빵을'은 안은문장의 목적어에 해당한다. 반면 ㉣은 '우리가 이곳으로 돌아오다.'라는 문장이 관형사형 전성 어미를 취하여 만들어진 관형절로, 생략된 성분이 없다.

오답설명

① ㉠은 목적격 조사 '를'과 결합하여, 안은문장의 목적어로 쓰이고 있다.
② ㉡은 부사격 조사 '에'와 결합하여 안은문장의 서술어 '바쁘다'를 수식하고 있다.
③ ㉢은 안은문장의 목적어로 쓰이고 있는 체언 '빵'을 수식하는 관형절이다.

④ ㉡에서는 '친구는 바쁘다.'라는 문장 안에 '(친구가) 밥을 먹다.'라는 문장이 명사절로 안겨 부사어의 역할을 하고 있다. 두 문장의 주어는 '친구는', '친구가'로 일치한다. 하지만 ㉣에서는 '그는 사실을 모른다.'라는 문장 안에 '우리가 이곳으로 돌아오다.'라는 문장이 관형절로 안겨 관형어의 역할을 하고 있다. 두 문장의 주어는 각각 '그는'과 '우리가'로 다르다.

25

정답설명
④ 안긴문장에서 '우리'라는 주어가 생략되었다는 것은 허용할 수 있다. 하지만 〈보기〉에서 확인할 수 있듯 해당 절은 관형절이 아닌 '-기'가 결합되어 만들어진 명사절이다.

오답설명
① '코가 길다.'라는 문장이 '코끼리는 (어떠하다).'라는 문장 안에 서술절로 들어가 서술어의 역할을 하고 있다.
② '친구가 내 뒤로 다가왔다.'라는 문장 안에 '소리도 없다.'라는 문장이 '-이'를 취하여 부사절로 들어가 서술어 '다가왔다'를 수식하고 있다.
③ '지금은 늦은 시간이다.'라는 문장 안에 '(내가) 학교에 가다.'라는 문장이 '-기'를 취하여 명사절로 들어가 '에'와 어울려 부사어의 역할을 하고 있다.
⑤ '현태는 주장했다.'라는 문장 안에 '자기가 옳다.'라는 문장이 '고'를 취하여 인용절로 들어가 부사어의 역할을 하고 있다.

26

정답설명
② ㉠과 ㉣에서 서로 다른 주격 조사가 사용된 것은 서술어의 자릿수에 따른 것이 아닌, 높임 표현의 사용 여부에 따른 것이다. ㉠의 주어는 '사촌 동생이'이기 때문에 높임 표현을 사용하지 않아도 되지만, ㉣의 주어는 '어머니께서'이기 때문에 높임 표현을 사용하여 '가' 대신 '께서'가 사용된 것이다.

오답설명
① ㉠, ㉣은 '무엇이 어찌한다.' 구조의 문장으로, 각각 '무엇이'에 대응되는 '사촌 동생이'와 '어머니께서'라는 주어를 가지고 있다. 또한 ㉻은 '무엇이 어떠하다.' 구조의 문장으로, '무엇이'에 대응되는 '친척도 서로 만나기가'라는 주어를 가지고 있다.
③ ㉡에서 주어가 밝혀져 있지 않은 것은 주어가 화자와 일치하기 때문이다. 즉, 문맥상 주어를 분명히 알 수 있기 때문에 생략한 것이다.

학생들이 자주 묻는 질문

Q. 주어가 생략되면 비문이 되는 것 아닌가요?
A. 주어가 생략된다고 전부 비문이 되는 것은 아닙니다. 1) 문맥상 주어를 분명히 알 수 있을 때 2) 의도적으로 주어를 드러내지 않을 때 3) 자연스러운 문장을 구사하기 위해 4) 명령문에서 5) 겹문장에서 주어가 반복될 때 주어는 생략 가능합니다.

④ ㉢에서는 주격 조사가 자음 뒤에서 '이'로 쓰이는 것을 알 수 있고, ㉤에서는 모음 뒤에서 '가'로 쓰이는 것을 알 수 있다.
⑤ ㉻에서는 '친척도 서로 만나기'라는 명사절이 주격 조사 '가'와 어울려 주어로 사용되고 있음을 확인할 수 있다.

27

정답설명
② '쉬는 시간에 은수가 교실 앞에 나와서 춤을 췄다.'와 '은수가 쉬는 시간에 교실 앞에 나와서 춤을 췄다.'에서 부사어 '쉬는 시간에'의 의미는 달라지지 않는다. 이를 통해 부사어는 문장 내에서 비교적 이동이 자유롭다는 것을 알 수 있다.

오답설명
① '바로'는 서술어로 쓰이고 있는 체언 '은수'를 수식하고 있고, '매우'는 부사어로 쓰이고 있는 부사 '잘'을 수식하고 있다.
③ '매우'는 생략하더라도('은수는 춤을 잘 춘다.') 문장에 큰 영향을 미치지 않는다. 하지만 '가수와'를 생략하면 '*은수는 요즘 인기가 많은 비슷했다.'가 되므로 비문이 된다. 이때 '가수와'는 문장에서 반드시 필요한 필수적 부사어이다.
④ ㉡에 '정말'을 넣으면 서술어 '비슷하다'의 의미를 강조해 준다.
⑤ 부사어 '무척' 뒤에 보조사 '이나'를 붙이면 '은수는 무척이나 즐거워했다.'와 같이 그 정도를 강조해서 표현할 수 있다.

28

정답설명
② ㄱ은 앞뒤 문장의 순서가 바뀌어도 동일한 의미를 나타낸다. 하지만 ㄴ은 앞 문장이 뒤 문장의 조건이 되는 관계로 이루어져 있으므로, 앞뒤 문장의 순서가 바뀌면 그 의미가 달라진다. '철수가 오면 그들은 출발할 것이다.'라는 문장과 '그들이 출발하면 철수가 올 것이다.'라는 문장은 의미가 다르다.

오답설명
① ㄱ은 두 문장이 '대조'의 관계로 연결된 것이고, ㄴ은 '조건'의 관계로 연결된 것이다.
③ ㄱ에서는 중복되는 주어 '동생은' 중 뒤의 것이 생략되었음을 확인할 수 있다. 한편 ㄹ에서도 중복되는 주어 '영수가'가 안긴문장에서 생략되었음을 확인할 수 있다.
④ ㄷ에서 안긴문장은 안은문장 안에서 명사처럼 쓰여 목적격 조사 '을'과 어울려 목적어로 사용되고 있다. 한편 ㄹ에서 안긴문장은 명사 '영수'를 꾸미는 관형어의 역할을 하고 있다.
⑤ ㄷ의 경우 안긴문장과 안은문장의 주어는 각각 '그 아이가', '언니는'으로 다르다. 반면 ㄹ의 경우 안긴문장과 안은문장의 주어가 '영수가'로 같다.

| 과외식 기출 분석서, 나기출 |

나 없이
기출
풀지마라

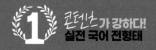

단어
[형성과 관계]

단어[형성과 관계]

개념 정리 01 | 단어의 형성

단일어 : 하나의 어근으로 된 단어 예 배, 시나브로, 먹다

복합어 ┬ 파생어 ┬ 접두사+어근 예 군말, 날고기, 돌배, 엿보다, 치솟다
     │   └ 어근+접미사 예 칠장이, 멋쟁이, 웃음, 넓이, 공부하다
     └ 합성어 : 어근+어근 ┬ 통사적 합성어 예 먹을거리, 밤낮, 눈물, 이슬비
                  └ 비통사적 합성어 예 먹거리, 덮밥, 검붉다, 부슬비

01 **단일어** : 그 짜임새가 하나의 실질 형태소로 된 단어

(1) 하나의 어근으로 된 경우
> 예 돌, 나무, 어머니, 시나브로

(2) 단순히 '어간(단일한 어근)+어미'의 활용형으로 된 경우
> 예 먹다, 먹었다(이때의 '-다', '-었다'는 어미로서 문법적 기능을 표시하는 말에 불과할 뿐, 새 단어를 만들어 내는 조어적 기능이 없다. 이렇게 문법적 기능만을 하는 어미는 단어의 짜임새를 이야기할 때 제외하고 판단한다. 따라서 '먹다, 먹었다'는 '먹-'이라는 어근으로 이뤄진 단일어이다.)

02 **합성어** : 둘 이상의 어근이 결합되어 형성된 단어

① 합성어의 종류에 따른 분류

대등 합성어	어근이 대등하게 본래의 뜻을 유지하는 합성어 예 손발, 논밭, 앞뒤
종속 합성어	한쪽의 어근이 다른 한쪽의 어근을 수식하는 합성어 예 손수건, 책가방, 돌다리
융합 합성어	어근들이 완전히 하나로 융합하여 새로운 의미를 나타내는 합성어 예 밤낮(늘, 항상), 집안(가족 공동체)

② 합성어의 형성 방법에 따른 분류

통사적 합성어	우리말의 일반적인 단어 배열법, 즉 통사적 구성과 일치하는 합성어. 명사와 명사가 결합하거나, 관형어와 체언이 결합하는 경우 등을 말한다. 예 이슬비, 사과나무, 뛰어가다, 스며들다, 앞서다

비통사적 합성어	우리말의 일반적 단어 배열법과 일치하지 않는 합성어를 말하며, 다음과 같은 경우가 있다.
	㉠ 관형사형 어미의 생략(어간+명사)
	  예 먹거리(먹을+거리 → '-을'의 생략), 덮밥(덮은+밥 → '-은'의 생략), 꺾쇠, 곶감
	㉡ 연결 어미(-아, -어, -게, -지, -고)의 생략
	  예 뛰놀다(뛰어+놀다 → '-어'의 생략), 굳세다(굳고+세다 → '-고'의 생략)
	㉢ 부사가 명사를 직접 꾸미는 경우
	  예 부슬비, 척척박사, 산들바람

03 **파생어** : 어근의 앞이나 뒤에 파생 접사가 붙어서 만들어진 단어. 어근의 앞에 붙는 파생 접사는 접두사, 뒤에 붙는 것은 접미사이다.

(1) 접두사에 의한 단어의 파생
'접두사'는 뒤에 오는 어근의 뜻을 제한할 뿐 품사를 바꾸는 일이 거의 없으며, 몇몇 어근과만 결합이 가능하여 제한된 분포를 보인다. 이렇게 한정적 접사에 의한 파생법을 어휘적 파생법이라고도 한다.

〈자주 나오는 접두사〉	
▸ 알- : 겉을 덮어 싼 것이나 딸린 것을 제거한 예 알밤	▸ 개- : 야생 상태의, 질이 떨어지는, 쓸데없는, 정도가 심한 예 개떡, 개살구
▸ 햇- : 그 해에 난 예 햇밤	▸ 뒤- : 몹시, 마구, 반대로, 뒤집어 예 뒤범벅, 뒤바꾸다
▸ 맨- : 다른 것이 없는 예 맨손	▸ 애-, 앳- : 어린 예 애호박, 앳되다
▸ 들- : 무리하게 힘을 들여, 마구, 몹시 예 들볶다	▸ 오-, 올- : 빨리 자란, 빨리 예 오조, 올벼, 올되다
▸ 시-, 새- : 매우 짙고 선명하게 예 시퍼렇다, 새빨갛다	▸ 짓- : 마구, 몹시, 심한 예 짓망신, 짓누르다
▸ 시- : 시집의 예 시누이, 시부모	▸ 돌- : 품질이 떨어지는, 야생으로 자란 예 돌배
▸ 헛- : 이유 없는, 보람 없는, 보람 없이, 잘못 예 헛수고, 헛디디다	▸ 홀- : 짝이 없고 하나뿐인 예 홀어미
▸ 군- : 쓸데 없는, 가외로 더한, 덧붙은 예 군소리	▸ 양- : 서구식 예 양송이
▸ 덧- : 거듭된, 겹쳐 신거나 입은 예 덧신, 덧입다	▸ 참- : 진짜, 진실하고 올바른, 품질이 우수한 예 참뜻, 참숯
▸ 풋- : 처음 나온, 덜 익은, 미숙한, 깊지 않은 예 풋사과	▸ 민- : 꾸미거나 달린 것이 없는, 그것이 없는 것 예 민얼굴, 민소매
▸ 치- : 위로 향하게, 위로 올려 예 치뜨다	▸ 휘-, 휩- : 마구, 매우 예 휘감다, 휩쓸다
▸ 선- : 서툰 예 선무당	

(2) 접미사에 의한 단어의 파생
'접미사'는 접두사와 같이 어근에 뜻을 더해 주는 한정적 기능을 지닐 뿐만 아니라 접두사와는 달리 어근의 품사를 바꾸어 주는 지배적 기능도 지니고 있다. 보통 품사를 바꾸는 접사를 지배적 접사라고 하지만, 넓게 보면 문장에 영향을 주는 접사(예 : -이-, -히-, -리-, -기-)도 지배적 접사로 볼 수 있다. 다만 넓은 의미의 지배적 접사를 물어볼 때는 반드시 〈보기〉를 주니까, 〈보기〉를 통해 출제자의 의도를 파악한 후에 접근하면 된다.

개념 정리 02 | 단어의 관계

01 **동의어**(同義語) : 둘 이상의 어휘가 서로 소리는 다르지만 의미가 같은 경우를 말한다. 서로 바꾸어 써도 문맥에 큰 지장이 없다.(최근에는 의학 용어 같은 특정 어휘를 제외하고는 엄밀한 의미의 동의어는 없다고 보기도 한다.)

　예 허파 : 폐 / 맹장 : 충양돌기

02 **유의어**(類義語) : 서로 소리는 다르지만 의미가 비슷한 경우를 말한다.

(1) 고유어와 한자어, 외래어의 유의 관계
　예 가락 : 율동 : 리듬 / 세모꼴 : 삼각형 : 트라이앵글

(2) 높임법에 따른 유의 관계
　예 밥 : 진지 / 나이 : 춘추

(3) 감각어의 발달에 따른 유의 관계
　예 노랗다 : 노르스름하다 : 노리끼리하다

(4) 금기어(禁忌語)나 완곡한 표현에 따른 유의 관계
　예 천연두 : 손님 / 뒷간 : 화장실

03 다의어(多義語) : 한 어휘에 여러 의미가 함축되어 있는 경우를 말한다. 본래 지닌 의미를 중심 의미, 넓혀지거나 변화된 의미를 주변 의미라 한다.

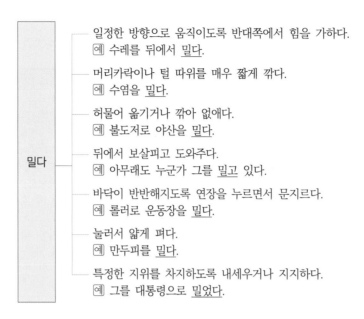

일정한 방향으로 움직이도록 반대쪽에서 힘을 가하다.
예 수레를 뒤에서 밀다.

머리카락이나 털 따위를 매우 짧게 깎다.
예 수염을 밀다.

허물어 옮기거나 깎아 없애다.
예 불도저로 야산을 밀다.

밀다

뒤에서 보살피고 도와주다.
예 아무래도 누군가 그를 밀고 있다.

바닥이 반반해지도록 연장을 누르면서 문지르다.
예 롤러로 운동장을 밀다.

눌러서 얇게 펴다.
예 만두피를 밀다.

특정한 지위를 차지하도록 내세우거나 지지하다.
예 그를 대통령으로 밀었다.

04 동음이의어(同音異義語) : 둘 이상의 어휘가 서로 소리는 같지만 의미가 다른 경우를 말한다. 다의어와 달리 사전에서 다른 표제어로 제시된다.

예 먹다¹ [동사] 귀나 코가 막혀서 제 기능을 하지 못하게 되다.
먹다² [동사] 1. 음식 따위를 입을 통해 배 속에 들여보내다.
2. 담배나 아편 따위를 피우다.

05 반의어(反意語) : 서로 의미가 대립되거나 짝을 이루어 관계를 맺은 경우를 말한다. 반의어는 공통적 의미 요소를 지니면서 반대되는 개념을 지녀야 한다.

예 낮 : 밤 / 느리다 : 빠르다 / 가다 : 오다

06 상의어(上義語)와 하의어(下義語) : 두 개의 어휘 중 한 어휘의 의미가 다른 어휘의 의미를 포함하거나, 그 의미에 포함되는 경우를 말한다. 상의어일수록 일반적이고 포괄적인 의미를 지니며, 하의어일수록 개별적이고 한정적인 의미를 갖게 된다.

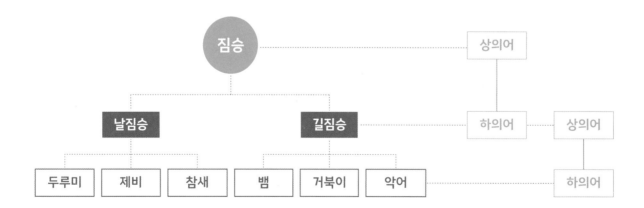

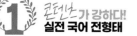

문제분석   01-05번

번호	정답	정답률 (%)	선지별 선택비율(%)				
			①	②	③	④	⑤
1	③	85	5	5	85	2	3
2	⑤	78	5	9	4	4	78
3	②	92	3	92	2	1	2
4	②	65	4	65	2	21	8
5	②	84	4	84	7	3	2

01

정답설명

③ 〈보기〉의 설명에 따라 예문을 분석하면 된다. 〈보기〉에 의하면 ㉠의 '달리기'는 '아침에 하는'이라는 관형어의 수식을 받는 명사이고, ㉡의 '달리기'는 '빨리'라는 부사어의 수식을 받는 동사이다. ㉠과 품사가 같은 것을 찾으라고 했으니, 관형어의 수식을 받는 명사를 찾으면 되겠구나.
㉰ '춤'은 관형어 '현란한'의 수식을 받으므로 명사이다. 동사 어근 '추-'에 명사 파생 접미사 '-(으)ㅁ'이 결합하여 명사가 된 것이다.
㉱ '걸음' 역시, 관형어 '학생들의'가 수식하고 있으므로 명사이다. 동사 어근 '걷-'에 명사 파생 접미사 '-(으)ㅁ'이 결합하여 명사 '걸음'이 파생된 것이다.

오답설명

㉯ '웃음'은 부사어 '멋쩍게'의 수식을 받고 있으므로 동사이다. 동사 '웃다'의 어간 '웃-'에 명사형 전성 어미 '-(으)ㅁ'이 결합된 활용형이다.
㉲ '그림'은 부사어 '잘'의 수식을 받고 있으므로 동사이다. 동사 '그리다'의 어간 '그리-'에 명사형 전성 어미 '-(으)ㅁ'이 결합된 활용형이다.

02

정답설명

⑤ 바래다'㉡은 '빛깔을 희게' 하는 것이니 '누렇게 바래다'는 어울리지 않지. '종이가 누렇게 바래다'의 '바래다'는 '볕이나 습기를 받아 색이 변하다.'의 뜻을 지니기 때문에 바래다'㉡이 아닌 바래다'㉠의 용례에 해당한다.

오답설명

① 다의어는 둘 이상의 뜻을 가진 단어를 말하는데, 바라다'과 바래다' 모두 각각 ㉠과 ㉡ 두 가지의 뜻을 지니기 때문에 다의어에 해당한다.
② 국어사전에서 【 】 표시는 주어 이외에 해당 단어가 반드시 필요로 하는 문장 성분을 나타낸다. 바라다'과 바래다'㉡ 모두 【…을】이 표시된 것으로 보아 주어 이외에 목적어를 필요로 함을 알 수 있다.
③ "나는 너의 성공을 바래."에 쓰인 '바래'는 문맥상 바라다'㉠의 뜻을 지니는데, 이는 잘못된 표현이다. '바라다'의 '바라-'에 종결 어미 '-아'가 붙어 동음 탈락한 '바라'가 정확한 표현이다. 사전의 활용 정보를 보면, '바래'는 바라다'의 활용형이며 바라다'은 '바라'라는 활용형을 가진다는 것을 알 수 있다.
④ 국어사전에서 [ ]는 일반적으로 발음 정보를 나타내는데, 바래다'의 발음이 [바:--]로 제시된 것으로 보아, 첫 음절 '바'를 장음(:)으로 발음해야 함을

알 수 있다.

03

정답설명

② 피동 접사가 붙는 파생적 피동사는 형용사가 아닌 타동사 어근으로만 형성할 수 있다. 따라서 '갈-리다'과 '갈-리다²'에 대응되는 '갈다'과 '갈다²'의 품사도 동사라는 점을 추론할 수 있다.

오답설명

① '갈-리다'의 정보에 '갈다' ①과 '갈다' ②가 적혀 있는 것으로 볼 때 '갈다'에 두 가지 의미가 있음을 알 수 있다. 즉, '갈다'은 두 가지 이상의 뜻을 가진 다의어에 해당한다.
③ '갈-리다'과 '갈다'은 피동사와 능동사의 관계이다. 즉, '갈-리다'은 '갈다'에 피동 접미사 '-리-'가 결합하여 형성된 단어이다.
④ '갈-리다' ①이 '갈다' ①의 피동사임을 고려하면, '갈다' ①은 '갈-리다' ①'에 대응하는 능동사적 의미를 지닐 것이라 추론할 수 있다.
⑤ '갈-리다²'와 '갈다²'가 피동사와 능동사의 관계에 있음을 고려하면, '갈다²'의 의미로 '농기구나 농기계로 땅을 파서 뒤집다.'를 추론할 수 있다.

04

정답설명

② ㉠ '무덤'은 어근 '묻-'에 접사 '-엄'이 결합하여 형성된 파생어이며, 어근의 원형을 밝히어 적지 않고 소리 나는 대로 적었다.
'지붕'은 어근 '집'과 접사 '-웅'이 결합하여 형성된 파생어이며, 어근의 원형을 밝히어 적지 않고 소리 나는 대로 적었다.
㉡ '뒤뜰'은 어근 '뒤'와 어근 '뜰'이 결합하여 형성된 합성어이며, 어근의 원형을 밝혀 적었다.
'쌀알'은 어근 '쌀'과 어근 '알'의 결합으로 형성된 합성어이며, 어근의 원형을 밝혀 적었다.

오답설명

① '길이'는 어근 '길-'에 접사 '-이'가 결합한 파생어로, 어근의 원형을 밝혀 적은 경우이므로 ㉠의 예로 적절하지 않다. '마중'은 어근 '맞-'에 접사 '-웅'이 결합한 파생어로, 어근의 원형을 밝혀 적지 않은 경우이므로 ㉠에 해당한다. 한편, '무덤'과 '지붕'은 ㉠에 해당한다.
③ '뒤뜰'과 '쌀알'은 ㉡에 해당하며, '무덤'과 '지붕'은 ㉠에 해당한다.
④, ⑤ '길이'는 어근의 원형을 밝혀 적은 파생어이므로 ㉠과 ㉡의 예로 적절하지 않다.

05

정답설명

② ㉠, ㉡, ㉱은 '은미의 고모부'를, ㉢, ㉣은 '은미의 고모'를 가리키는 표현이라는 것을 파악하면 쉽게 풀리는 문제이다. ㉠과 ㉢은 다른 인물이므로, '동일한 인물이 다르게 표현'되었다는 진술은 옳지 않다.

오답설명

① ㉠은 할머니가 화자, 고모가 청자이고, ㉡은 그 반대이므로 '은미의 고모부'가 다르게 표현된 것이다.

③ ㉠은 할머니가 화자, 고모가 청자이고, ㉤은 고모가 화자, 은미가 청자이므로 '은미의 고모부'가 다르게 표현된 것이다.

④ ㉡, ㉤의 화자는 '고모'로 동일하지만, ㉡은 할머니, ㉤은 은미가 청자이므로 '은미의 고모부'가 다르게 표현된 것이다.

⑤ ㉢, ㉣ 모두 청자인 '은미의 고모'를 가리키는 말이다. ㉢은 엄마, ㉣은 은미가 화자이므로 동일한 청자가 다르게 표현된 것이다.

문제분석　06-10번

번호	정답	정답률(%)	선지별 선택비율(%)				
			①	②	③	④	⑤
6	①	58	58	13	9	8	12
7	②	83	3	83	2	1	11
8	③	88	4	1	88	3	4
9	⑤	87	6	3	2	2	87
10	③	94	2	1	94	1	2

06

정답설명

① **평가원이 딱 어디까지 물어보는지 확인할 수 있는 좋은 문제였다. 다만 이렇게 좋은 문제가 당시 오답률 1위였다는 것이 참으로 아쉽기도 하다. 그만큼 문법 공부를 안 한다는 거 아니냐!**

일단 박스의 [확인 사항]을 보자. '단어와 단어는 띄어 쓴다.' 당연한 말이다. '먹던 빵'이라고 띄어 쓰지 '먹던빵'이라고 붙여 쓰지 않는다. 물론 예외적으로 '조사'는 단어임에도 앞에 나오는 체언에 붙여서 쓴다. 아무튼 해당 조건에서는 띄어쓰기를 했으면 각각이 단어라는 것이다. 그럼 합성어는 어떨까? '사과나무'는 '사과 나무'와 같이 띄어 쓰지 않고 붙여서 쓰는 하나의 단어(합성어)이다. 그럼 '먹고 가다'라고 띄어 쓰는 본용언과 본용언은 어떨까? 당연히 '먹고'와 '가다'는 각각이 하나의 단어이고, '먹고 가다'는 두 개의 단어로 이루어진 구라는 것이다. '단어와 단어는 띄어 쓴다.'라는 지극히 평범한 문장의 이면에는 '띄어 쓰면 각각을 단어로 인정, 붙여 쓰면 전체를 하나의 단어로 인정'이라는 중요한 정보가 있다는 것이다.

이번엔 '표제어'라는 말이 눈에 걸릴 것이다. '표제어'는 쉽게 말해 사전에 등재된 단어라는 것이다. 즉, '높다'는 단어이니 사전을 찾아보면 나오는데, '높'은 단어가 아니기에 사전에 표제어로 나오지 않는다는 것이다.

이번엔 선지로 가 보자. 눈치 빠른 학생이라면 당연히 ㉠에는 '살아가다'가 있고, ㉡에는 '받아가다'가 있고, ㉢에는 '닮아가다'가 있는 것이 눈에 들어왔을 것이다. 즉 출제자는 우리에게 대단한 판단을 요구한 것이 아니다. '살아가다'는 ㉠에 들어가니까 사전에 표제어로 실린다는 것이고, 사전에 표제어로 실리면 하나의 단어로 인정한다는 것인데, 그럼 '살아가다'를 붙여 써야 되냐 띄어 써야 되냐를 물어보고 있는 것이다. 하나의 단어라면 위의 '사과나무'처럼 당연히 붙여서 써야지!

이번엔 ㉡으로 가 보자. [확인 사항]에서 '-아'를 '-아서'로 교체 가능할 때에는 '본용언+본용언'의 구성이라 하였다. 따라서 '받아서 가다'가 가능한 ㉡의 '받아가다'는 '받아 가다'로 띄어 써야 함을 알 수 있다. '본용언+본용언'의 구성일 경우 띄어 써야 한다.

그리고 ㉢의 '닮아가다'는 '닮아서 가다'가 성립하지 않기 때문에 한 단어이거나 '본용언+보조 용언' 구성이다. 그런데 [문제 해결 과정]에서 이 녀석은 표제어로 실리지 않는다고 하였으니, 두 개의 단어임을 알 수 있다. 따라서 '본용언+보조 용언'의 구성임을 알 수 있고, '보조 용언은 띄어 씀을 원칙으로 하되 붙여 씀도 허용한다.'라는 [확인 사항]에 따라 띄어 쓰는 것과 붙여 쓰는 것이 모두 된다는 것을 알 수 있다.

설명을 길게 하였지만 막상 알고 보면 대단한 문제가 아니다. 다만 기초 개념이 흔들리는 학생, 아무 생각 없이 문법을 암기만 했던 학생이라면 시험장에서 상당히 힘들었을 것이다.

07

정답설명

② '돌아서다'는 '돌다'와 '서다'의 어간이 연결 어미 '-아'로 연결되어 형성된 단어이다. 이와 같이 우리말의 일반적인 통사 구성에 따르는 합성어를 통사적 합성어라고 한다.

오답설명

① '꿈꾸다'는 '목적어+서술어'의 구조로, '꿈(을)꾸다'와 같이 조사가 생략된 통사적 합성어에 해당한다. 조사의 생략은 우리말의 일반적인 통사 구성에 어긋나지 않으므로 통사적 합성어로 분류한다. 어간이 연결 어미로 연결되어 형성된 합성어가 아니므로 답이 될 수 없다.

③ '뒤섞다'의 '뒤-'는 '몹시, 마구, 온통'의 뜻을 더하는 접두사이다. 즉, '뒤섞다'는 합성어가 아니라 파생어이다.

④ '빛나다'는 '주어+서술어'의 구조로 '빛(이)나다'와 같이 조사가 생략된 통사적 합성어에 해당한다. 어간이 연결 어미로 연결되어 형성된 합성어가 아니므로 답이 될 수 없다.

⑤ '오르내리다'는 '오르다'와 '내리다'의 어간이 연결 어미 없이 바로 결합되어 형성된 합성어이다. 이와 같이 우리말의 일반적인 통사 구성에 맞지 않는 합성어를 비통사적 합성어라고 한다.

08

정답설명

③ '작다 ㉢'과 반의 관계를 이루는 것은 '크다 ①㉢'이다. 해당 자료를 통해 '작다 ㉢'의 반의 관계는 확인할 수 있으나, 자료에서 '크다 ②'의 반의어는 확인할 수 없다.

오답설명

① '크다 ①'은 형용사, '크다 ②'는 동사이다.

② '크다 ①㉠'과 '작다 ㉠'은 반의 관계이므로 '눈이 크다'를 '눈이 작다'로 바꾸면 '작다 ㉠'의 용례가 된다.

④ '키가 자라서 바지가 작다.'라는 문장은 '정하여진 크기에 (바지가) 모자라서 맞지 아니하다'는 의미이므로 '작다 ㉡'의 용례로 적절하다.

⑤ '작은 실수'는 실수의 규모, 범위, 정도, 중요성 따위가 보통 수준에 미치지

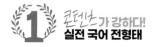
못한다는 의미이므로 '작다 ⓒ'의 용례로 적절하다.

09

정답설명

⑤ '덜하다'는 '어떤 기준이나 정도가 약하다.'라는 의미이다. 따라서 '덜하다'의 반의어는 '어떤 기준보다 정도가 심하다.'라는 의미를 지닌 '더하다 [Ⅰ]'로 보는 것이 적절하다.

오답설명

① '어떤 기준보다 정도가 심하다.'는 움직임이 아니라 상태를 나타내므로 형용사이다.

② 예문이 힌트다. '둘에 셋을 더하면'을 통해, 【…에 …을】임을 알 수 있다. 이전의 문제 풀이를 통해, 【 】 안에 서술어의 필수 성분(주어 제외)이 들어간다는 것은 알고 있었겠지? ^^

③ 【…에/에게 …을】의 구조로 '어떤 요소(재미)가 더 있게 하다.'라는 뜻을 나타내는 문장이므로 ⓒ에 넣을 수 있다.

④ '그들의 횡포가 점점 더한다.'는 '어떤 정도나 상태가 더 크거나 심하게 되다.'의 예문으로 적절하다.

10

정답설명

③ ㉠의 '뿌리'는 '사물이나 현상을 이루는 근본을 비유적으로 이르는 말'로 쓰였으므로 주변적 의미이다. ㉡의 '뿌리'는 '식물의 밑동'이라는 뜻으로, 중심적 의미로 쓰였다. 이때 〈보기〉의 ㉠과 ㉡은 각각 중심적 의미와 주변적 의미를 나타내므로 적절하지 않다.

오답설명

① ㉠의 '별'은 '빛이 관측되는 천체'로 중심적 의미이며, ㉡의 '별'은 '위대한 업적을 남긴 대가를 비유적으로 나타내는 말'로 주변적 의미이다.

② ㉠의 '번개'는 '구름과 대지 사이에서 전기의 방전이 일어나 번쩍이는 불꽃'으로 중심적 의미이며, ㉡의 '번개'는 '동작이 아주 빠르고 날랜 사람이나 사물을 비유적으로 이르는 말'로 주변적 의미이다.

④ ㉠의 '태양'은 '태양계의 중심이 되는 항성'으로 중심적 의미이며, ㉡의 '태양'은 '매우 소중하거나 희망을 주는 존재를 비유적으로 이르는 말'로 주변적 의미이다.

⑤ ㉠의 '이슬'은 '공기 중의 수증기가 기온이 내려가거나 찬 물체에 부딪힐 때 엉겨서 생기는 물방울'로 중심적 의미이며, ㉡의 '이슬'은 '눈물을 비유적으로 이르는 말'로 주변적 의미이다.

문제분석 11-15번

번호	정답	정답률 (%)	선지별 선택비율(%)				
			①	②	③	④	⑤
11	⑤	93	2	1	2	2	93
12	④	87	2	3	3	87	5
13	⑤	91	2	1	1	5	91
14	②	72	1	72	5	21	1
15	①	59	59	12	15	6	8

11

정답설명

⑤ '초콜릿이 순식간에 녹았다.'의 경우, 초콜릿이 액체 속에서 풀어져 섞였다는 의미가 아니므로 '녹다 ② ㉠'의 용례로 쓰일 수 없다. 이때의 '녹다'는 '고체가 열기나 습기로 말미암아 제 모습을 갖고 있지 못하고 물러지거나 물처럼 되다.'의 의미이므로 '녹다 ① ㉡'에 해당한다. 그러므로 주어 외에 다른 문장 성분을 필요로 하지 않는다.

오답설명

① '굳다'는 [Ⅰ]에 동(동사)으로, [Ⅱ]에 형(형용사)으로 제시되어 있는 품사 통용 단어이다. 하지만 '녹다'는 ①과 ②에 모두 동(동사)으로 제시되어 있다.

② '무른 물질이 단단하게 되다.'와 '고체가 열기나 습기로 말미암아 제 모습을 갖고 있지 못하고 물러지거나 물처럼 되다.'는 의미가 서로 반의적이므로, '시멘트가 굳다'의 '굳다'와 '엿이 녹다'의 '녹다'는 반의 관계에 있다고 볼 수 있다.

③ '굳다 [Ⅱ]'는 '흔들리거나 바뀌지 아니할 만큼 힘이나 뜻이 강하다.'라는 의미로, '마음을 굳게 닫다'의 '굳게'의 의미가 이에 해당하므로 '굳다 [Ⅱ]'의 용례로 해당 문장을 추가할 수 있다.

④ '글에는 글쓴이의 생각이 녹아 있다.'에서 '녹아 있다'는 '녹다 ② ㉡'의 의미를 가지고 있으므로 '녹다 ② ㉡'의 용례로 추가할 수 있다.

12

정답설명

④ '어법에 맞도록 함'은 형태소의 원형을 밝혀 적는다는 의미이다. '옷소매[온쏘매]'와 '밥알[바발]'은 '옷(어근)+소매(어근)', '밥(어근)+알(어근)'로, 어법에 맞도록 적은 합성어이므로 ㉣의 예로 적절하다.

오답설명

① 소리대로 적은 파생어에 '이파리(잎+-아리)'는 적절하나, '얼음(얼+-음)'은 어법에 맞도록 적은 파생어이기 때문에 적절하지 않다.

② 소리대로 적은 합성어에 '마소(말+소)'는 적절하나, '낮잠[낟짬]'은 어법에 맞도록 적은 합성어이기 때문에 적절하지 않다.

③ 어법에 맞도록 적은 파생어에 '웃음(웃+-음)'은 적절하나, '바가지(박+-아지)'는 소리대로 적은 파생어이기 때문에 적절하지 않다.

⑤ '꿈[꿈]'은 '꾸+-ㅁ'으로 ⓐ와 ⓑ를 모두 충족하는 파생어이나, '사랑니(사

랑+이)'는 소리대로 적은 합성어이므로 ⑩의 예로 적절하지 않다.

13

정답설명

⑤ ⑮은 영수의 누나이므로 화자(엄마)나 청자(아들)가 아닌 제삼자가 맞지만, ⑯은 대화에 참여하고 있는 해당 발화에서의 청자이므로, 제삼자가 아니다.

오답설명

① 영수의 엄마가 자기 자신을 ⑦(엄마)로, 딸을 ⑮(누나)로 지칭한 이유는 청자인 영수의 관점으로 지칭어를 사용하였기 때문이다.

② ⑦은 영수의 엄마, ⑭은 영수이므로 적절한 설명이다.

③ ⑭, ⑯은 모두 '저 옷 가게 광고판'을 가리킨다.

④ 가게 광고판에 쓰인 '오늘(⑭)'은 '2015년 12월 30일'을 의미한다. 영수의 "엄마, 올해 마지막 날 엄마와 쇼핑 나와서 참 좋아요.", 엄마의 "그러면 어제였네."라는 말을 통해, 발화 당시의 날짜는 그 다음 날인 12월 31일임을 알 수 있다. 즉 ⑭과 ⑩은 동일한 날을 가리킨다.

14

정답설명

② '매일같이 지하철을 타다'의 '같이'는 '앞말이 나타내는 그때를 강조하는 격 조사'인 '같이②②'로 보아야 한다.

오답설명

① '같이'의 뜻풀이에 ⑱와 ㉜가 있는 것을 통해 '같이'는 '부사'와 '조사로 쓰임을 알 수 있다. 이때 '같이②'의 용례에서 '얼음장같이', '새벽같이'가 용언 '차가운', '떠나다'를 수식하는 것을 통해 '같이'는 부사격 조사임을 알 수 있다.

③ '같이'와 '같이하다'의 뜻에 유사성이 있고, 사전에 등재된 '같이하다'가 '같이-하다'라고 표기된 것을 통해 '같이하다'는 '같이'와 '하다'가 결합된 복합어임을 알 수 있다.

④ 사전에 '[(…과)…을]'이 표기되어 있는 것을 통해 '같이하다'는 '…을'을 꼭 필요로 하며 '…과'는 생략하여 쓸 수 있음을 알 수 있다. 즉 '같이하다'는 두 자리 서술어, 세 자리 서술어로 모두 쓰일 수 있는 것이다.

⑤ '같이하다①'은 '함께하다①'과 같은 의미라고 하였으므로 '같이하다①'의 예시인 '평생을 같이한 부부'는 '평생을 함께한 부부'로 교체하여 쓸 수 있다.

15

정답설명

① '뛰노는(뛰놀다)'은 '뛰다'와 '놀다'의 어간 '뛰-'와 '놀-'이 연결 어미 없이 결합된 형태를 보인다. 우리말에서 어간은 항상 어미와 결합되어야 하므로, 이는 일반적인 문장 구성 방식을 따르지 않은 비통사적 합성어이다.

오답설명

② '몰라볼(몰라보다)'은 '모르다'와 '보다'의 어간 '모르-'와 '보-'가 연결 어미 '-아'를 통해 결합된 형태를 보인다. 따라서 이는 일반적인 문장 구성 방식을 따르는 통사적 합성어이다.

③ '타고난(타고나다)'은 '타다'와 '나다'의 어간 '타-'와 '나-'가 연결 어미 '-고'로 결합된 형태이다. 따라서 '타고난'은 일반적인 문장 구성 방식을 따르는 통사적 합성어이다.

④ '지난달'은 용언 '지나다'의 관형형 '지난'이 '달'이라는 명사를 수식하는 구조로 이루어져 있다. 관형어가 명사를 수식하는 것은 우리말의 일반적인 문장 구성 방식에 해당하므로 '지난달'은 통사적 합성어이다.

⑤ '굳은살'은 용언 '굳다'의 관형형 '굳은'이 명사 '살'을 수식하는 구조로 이루어져 있다. 이는 일반적인 문장 구성 방식에 해당하므로 통사적 합성어이다.

문제분석 16-20번

번호	정답	정답률 (%)	선지별 선택비율(%)				
			①	②	③	④	⑤
16	①	94	94	1	1	3	1
17	③	94	2	1	94	1	2
18	①	89	89	2	5	3	1
19	⑤	36	4	42	14	4	36
20	②	33	29	33	5	21	12

16

정답설명

① '물은 낮은 곳으로 흐른다.'의 '낮다'는 '아래에서 위까지의 높이가 기준이 되는 대상이나 보통 정도에 미치지 못하는 상태에 있다.'라는 공간과 관련된 중심적 의미이다. '환경에 대한 관심도가 낮다.'의 '낮다'는 '정도·지위 또는 능력·수준 따위가 기준이나 보통 정도에 미치지 못하다.'의 의미이므로 추상화된 주변적 의미라고 할 수 있다.

오답설명

② '그는 성공할 가능성이 크다.'와 '힘든 만큼 기쁨이 큰 법이다.'에 쓰인 '크다'는 '일의 규모·범위·정도 따위가 보통의 정도를 지나다.'의 의미이다. 이는 모두 공간적인 의미에서 추상화된 주변적 의미라 할 수 있다.

③ '두 팔을 최대한 넓게 벌렸다.', '도로 폭이 넓어서 좋다.'의 '넓다'는 '너비가 길다.'라는 뜻이므로 공간과 관련된 중심적 의미이다.

④ '내 좁은 소견을 말씀드렸다.', '마음이 좁아서는 곤란하다.'에 쓰인 '좁다'는 추상화된 주변적 의미인 '마음이 너그럽지 못하고 옹졸하다.'의 뜻이다.

⑤ '작은 힘이라도 보태고 싶다.'의 '작다'는 '규모·범위·정도·중요성 따위가 수준에 미치지 못하다.'의 뜻이므로 추상화된 주변적 의미이다. '우리 학교는 운동장이 작다.'의 '작다'는 공간과 관련된 중심적 의미로, '길이·넓이·부피 따위가 보통보다 덜하다.'의 의미를 지닌다.

17

정답설명

③ 인칭 대명사 '우리'는 두 가지 뜻을 가진다.
1) 말하는 이가 자기나 자기 무리를 포함한 여러 사람을 일컫는 말.

㉺ 우리가 나아갈 길은 학문의 길.

2) 말하는 이가 자기와 관련된 대상을 친근하게 일컫는 말.

㉺ 우리 엄마

1)의 의미를 갖는 것은 ⓑ, ⓓ, ⓔ이다. 2)에는 ⓐ(나경), ⓒ(수빈)가 해당된다. ⓑ, ⓔ는 수빈, 나경, 세은이 해당하고 ⓓ는 나경, 세은이 해당한다.

18

정답설명

① 표제어의 뜻풀이에 「10」 물건 따위를 구매할 때 카드로 결제하다.'가 추가된 것은 맞다. 그러나 추가된 것은 주변적 의미일 뿐, 다의어의 중심적 의미 「1」 손톱이나 뾰족한 기구 따위로 바닥이나 거죽을 문지르다.'는 수정되지 않았다.

오답설명

② '김밥'의 표준 발음에 [김:빱]이 추가로 인정되어 [김:밥]과 함께 제시되었다.

③ '내음'은 '냄새'의 방언(경상)이었으나, 표준어의 지위를 얻고 '코로 맡을 수 있는 나쁘지 않거나 향기로운 기운. 주로 문학적 표현에 쓰인다.'라는 새로운 뜻풀이가 제시되었다.

④ 태양계의 행성이 9개에서 8개로 갱신된 것은 과학적 정보를 반영한 것이다.

⑤ 표제어에 추가된 '스마트폰'은 새로운 문물을 지칭하는 신어이다.

19

정답설명

⑤ 〈보기〉의 ㉠, ㉡에 쓰인 '밭게'의 '-게'는 부사형 전성 어미로, 새로운 단어를 파생하지 못한다. 따라서 '밭게'는 표제어로 사전에 실릴 수 없으므로, ⓐ에는 '밭게'가 아닌 부사 '바투'가 들어가는 것이 맞다.

ⓑ에는 '바투'라는 단어가 쓰인 ㉢, ㉣ 중 하나가 들어가야 한다. ㉢에 쓰인 '바투'는 '시간이나 길이가 아주 짧게.', ㉣에 쓰인 '바투'는 '두 대상이나 물체의 사이가 썩 가깝게.'라는 의미이므로, ⓑ에는 ㉣이 들어가는 것이 맞다.

ⓒ에는 '밭게'가 쓰인 ㉠, ㉡ 중 하나가 들어가야 하는데, 두 경우 모두 '시간이나 공간이 다붙어 몹시 가깝다.'라는 의미로 쓰였으므로 어떤 것이 들어가든 무관하다. 이를 모두 충족하는 선지는 ⑤번 선지이다.

20

정답설명

② '떠넘기면'의 어간은 '떠넘기-'이다. 어간이 뜨-(어근), 넘-(어근), -기-(접사)'라는 3개의 구성 요소로 이루어져 있으므로 ㉠의 조건을 충족한다. '떠넘기면'을 직접 구성 요소로 분석해 보면 '뜨다+넘기다'로 분석이 되기 때문에, 먼저 어근(뜨-)과 어근(넘기-)으로 분석된다는 ㉡의 조건 역시 충족하고 있다.

학생들이 자주 묻는 질문

Q. '떠넘+기다'로 구성 요소를 나누면 안 되나요?

A. 안 된다. '떠넘다'라는 단어는 표준어에 없기 때문이다. 우리가 일상적으로 쓸 때도, '떠넘기다'라는 표현은 쓰지만, '떠넘다'라는 표현은 쓰지 않는다. 만약 쓰는 사람이 있으면 북한에서 온 사람일 가능성이 크다. 북한에선 '떠넘다'가 표준어이기 때문이다. 따라서 일단 '뜨다+넘기다'로 구성 요소를 나눠야 한다.

오답설명

① '내리쳤다'의 어간은 '내리치-'이다. 어간이 '내리-(어근), 치-(어근)'라는 2개의 구성 요소로 이루어져 있으므로 ㉠의 조건을 충족하지 못한다. 다만 직접 구성 요소가 어근과 어근으로 분석되므로 ㉡의 조건은 충족한다.

③ '헛돌았다'의 어간은 '헛돌-'이고, 어간이 '헛-(접사)+돌-(어근)'이라는 2개의 구성 요소로 이루어져 있으므로 ㉠의 조건을 충족하지 못한다. 또한, '헛돌았다'를 직접 구성 요소로 나누어 보면 '헛-(접사)+돌-(어근)'이기 때문에 ㉡의 조건도 충족하지 못한다.

④ '오간다'의 어간은 '오가-'이고 ,어간이 '오-(어근)+가-(어근)'라는 2개의 구성 요소로 이루어져 있으므로 ㉠의 조건을 충족하지 못한다. 다만 '오간다'를 직접 구성 요소로 나누면 '오-(어근)+가-(어근)'이므로 ㉡의 조건은 충족한다.

⑤ '짓밟혀도'의 어간은 '짓밟히-'이고, 어간이 '짓-(접사)+밟-(어근)+-히-(접사)'라는 3개의 구성 요소로 이루어져 있으므로에 ㉠의 조건을 충족한다. 그러나 하나의 어근만을 가지고 있기에 ㉡의 조건은 충족하지 못한다.

학생들이 자주 묻는 질문

Q. '짓+밟히다 / 짓밟+히다' 중 뭐가 맞나요?

A. 둘 다 된다. '밟히다'와 '짓밟다' 모두 사전에 표제어로 등록되어 있기 때문에, 무엇이 우선인지 얘기하기 어렵다. 따라서 이번 문제에서도 둘 중 무엇으로 봐도 〈보기〉 조건에 의해서 깔끔하게 지울 수 있도록 출제가 된 것이다.

문제분석 21-24번

번호	정답	정답률 (%)	선지별 선택비율(%)				
			①	②	③	④	⑤
21	⑤	93	3	2	1	1	93
22	④	66	1	20	1	66	12
23	⑤	87	1	6	3	3	87
24	③	73	3	14	73	4	6

21

정답설명

⑤ ⓒ은 신체 관련 어휘와 동음이의 관계인 단어를 의미한다. '어머니께서 목도리를 한 코씩 떠 나가셨다.'라는 문장에서의 '코'는 '그물이나 뜨개질한 물건의 눈마다의 매듭.'을 의미하므로 신체 관련 어휘인 '코¹'이 아닌, 그 동음이의어인 '코²'에 해당함을 알 수 있다.

오답설명

① '묽은 코가 옷에 묻어 휴지로 닦았다.'의 '코'는, '콧구멍에서 흘러나오는 액체.'를 의미하므로 신체 부위를 나타내는 중심적 의미에서 확장된 주변적 의미에 해당한다. 따라서 ⊙이 아닌 ⓛ에 해당한다.

② '어부가 쳐 놓은 어망의 코가 끊어졌다.'의 '코'는, '그물이나 뜨개질한 물건의 눈마다의 매듭.'을 의미하므로 신체 관련 어휘와 동음이의 관계인 단어 '코²'에 해당한다. 따라서 ⊙이 아닌 ⓒ에 해당한다.

③ '코끼리는 긴 코를 자유자재로 사용한다.'의 '코'는, '포유류의 얼굴 중앙에 튀어나온 부분.'을 의미하므로 신체 부위를 나타내는 중심적 의미에 해당한다. 따라서 ⓛ이 아닌 ⊙에 해당한다.

④ '동생이 갑자기 코를 다쳐서 병원에 갔다.'의 '코'는, '포유류의 얼굴 중앙에 튀어나온 부분.'을 의미하므로 신체 부위를 나타내는 중심적 의미에 해당한다. 따라서 ⓛ이 아닌 ⊙에 해당한다.

22

정답설명

④ ⓔ의 '살리다'와 '입히다'는 각각 어근 '살-'과 '입-'에 사동 접미사 '-리-'와 '-히-'가 결합하여 만들어진 사동사이다. 그러나 '밀치다'는 어근 '밀-'에 강조의 뜻을 더하는 접미사인 '-치-'가 결합된 것이며, '깨뜨리다'는 어근 '깨-'에 강조의 뜻을 더하는 접미사인 '-뜨리-'가 결합한 것이다. 이는 사동사를 만드는 접미사에 해당하지 않으므로 주동사에 결합하여 사동사를 만드는 예로 볼 수 없다.

오답설명

① ⊙의 파생어들은 각각 용언 어근인 '넓-', '믿-', '크-', '지우-'에 명사를 파생시키는 접미사인 '-이', '-음', '-기', '-개'가 결합하여 만들어진 명사들이다.

② ⓛ의 파생어들은 각각 부사 어근인 '끄덕', '출렁', '반짝'에 '-이-', '-대-', '-거리-'라는 접미사가 결합하여 만들어진 동사들이다.

③ ⓒ의 '-보'는 그것을 특성으로 지닌 사람의 뜻을 더하는 접미사, '-꾼'은 어떤 일을 전문적으로 하는 사람의 뜻을 더하는 접미사, '-쟁이'는 그것이 나타내는 속성을 많이 가진 사람의 뜻을 더하는 접미사, '-꾸러기'는 그것이 심하거나 많은 사람의 뜻을 더하는 접미사로 모두 사람을 가리키는 의미의 단어를 만든다.

⑤ ⓗ의 파생어들은 각각 '부채(어근)+-질', '풋-+나물(어근)', '휘-+감-(어근)', '빼앗-(어근)+-기'로 분석할 수 있으며, 이들의 품사는 어근의 품사와 일치한다.

23

정답설명

⑤ '찾아냈다'는 '찾아내었다'의 준말이며, '찾-'과 '내-'는 ⓛ(의존+실질), '-아', '-었-', '-다'는 ⓒ(의존+형식)에 속한다.

오답설명

① 대명사 '우리'와 부사 '드디어'는 ⊙(자립+실질)에 속한다.

② 명사 '비'와 '길'은 ⊙(자립+실질), 조사 '를/을'은 ⓒ(의존+형식)에 속한다.

③ 동사 '맞고'의 어간 '맞-'은 ⓛ(의존+실질), 동사 '맞서다가'의 '맞-'은 접두사이므로 ⓒ(의존+형식)에 속한다.

④ 명사 '바람'은 ⊙(자립+실질), 조사 '에'는 ⓒ(의존+형식)에 속한다.

형태쌤의 과외시간

형태소의 종류

1. **자립성에 따라** 혼자 쓰일 수 있느냐 없느냐에 따라 분류.
   ① 자립 형태소 : 혼자서 쓰일 수 있다.
   ② 의존 형태소 : 다른 말과 결합해야만 쓰일 수 있다.

2. **실질성에 따라** 실질적인 의미를 가지고 있느냐 없느냐에 따라 분류.
   ① 실질 형태소 : 실질적인 뜻을 가지고 있다.
   ② 형식 형태소 : 실질적인 뜻을 가지지 않고, 문법적인 기능만 한다.

24

정답설명

③ '나는 종소리를 듣지 못했다.'의 '듣다'는 '사람이나 동물이 소리를 감각 기관을 통해 알아차리다.'라는 의미이며, '충고까지 잔소리로 듣지 마.'의 '듣다'는 '어떤 것을 무엇으로 이해하거나 받아들이다.'라는 의미이므로 두 단어는 의미적 연관성이 있는 다의어 관계이다. 그러나 전자의 '듣다'는 주어와 목적어를 필수적으로 요구하는 두 자리 서술어이지만, 후자의 '듣다'는 주어, 목적어, 부사어를 필수적으로 요구하는 세 자리 서술어이다. 따라서 두 단어는 다의어 관계이면서 필수 성분의 개수가 다른 ⓒ에 해당한다.

오답설명

① '난로에 불을 피웠다.'의 '불'은 '물질이 산소와 화합하여 높은 온도로 빛과 열을 내면서 타는 것'을 의미하며, '그들의 사랑에 불이 붙었다.'의 '불'은 '불이 타는 듯이 열렬하고 거세게 타오르는 정열이나 감정을 비유적으로 이르는 말'을 의미한다. 따라서 두 단어는 의미적 연관성이 있는 다의어 관계이므로, ⊙이 아닌 ⓛ에 해당한다.

② '이곳엔 가위표를 <u>치는</u> 거야.'의 '치다'는 '붓이나 연필 따위로 점을 찍거나 선이나 그림을 그리다.'라는 의미이며, '구슬 <u>치는</u> 아이가 있다.'의 '치다'는 '손이나 손에 든 물건으로 물체를 부딪게 하는 놀이나 운동을 하다.'라는 의미이다. 따라서 두 단어는 의미적 연관성이 없는 동음이의어 관계이므로, ⓛ이 아닌 ⊙에 해당한다.

④ '배우가 <u>엷은</u> 화장을 했다.'의 '엷다'는 '빛깔이 진하지 아니하다.'라는 의미

이며, '아이가 옅은 잠에 들었다.'의 '옅다'는 '말이나 행동 따위가 깊지 아니고 가볍다.'라는 의미이므로 두 단어는 의미적 연관성이 있는 다의어 관계이다. 그러나 전자의 '옅다'는 '짙다'와 반의 관계이며, 후자의 '옅다'는 '깊다'와 반의 관계이므로 ㉣에 해당하지 않는다.

⑤ '이곳은 벌써 따뜻한 봄이 왔다.'의 '오다'는 '어떤 때나 계절 따위가 현재나 가까운 미래에 닥치다.'라는 의미이며, '그의 성공은 부단한 노력에서 왔다.'의 '오다'는 '어떤 현상이 어떤 원인에서 비롯하여 생겨나다.'라는 의미이므로 두 단어는 의미적 연관성이 있는 다의어 관계이다. 그러나 전자의 '오다'는 '봄이 오다'처럼 주어만을 필수적으로 요구하는 한 자리 서술어이고, 후자의 '오다'는 '성공은 노력에서 오다'처럼 주어와 부사어를 필수적으로 요구하는 두 자리 서술어이므로 ㉤에 해당하지 않는다.

1	③	2	②	3	①	4	⑤	5	①
6	②	7	②	8	③	9	④	10	②
11	②	12	①	13	④	14	③	15	④
16	④	17	③	18	④	19	①	20	④
21	③	22	②	23	②	24	①	25	④
26	④	27	⑤	28	⑤	29	④	30	③
31	④	32	②	33	④	34	③	35	②
36	②	37	①	38	①	39	⑤		

01

정답설명

③ ㉢(되찾기)의 어간 '되찾-'은 접두사 '되-'와 동사 어근 '찾-'으로 구성되어 있고, ㉤(뒤섞는)의 어간 '뒤섞-'은 접두사 '뒤-'와 동사 어근 '섞-'으로 구성되어 있다.

오답설명

① ㉠(놓친다)에는 현재 시제 선어말 어미 '-ㄴ-'이 쓰였다. 그러나 ㉣(끝마치곤)에서 '-곤'은 '-고는'의 준말로, 같은 일이 반복됨을 나타내는 연결 어미이므로 선지의 내용은 적절하지 않다.

② ㉡(넘기면)의 어간 '넘기-'에는 사동 접사 '-기-'가 쓰였다. 그러나 ㉣(앞당겼다)의 어간 '앞당기-'에는 사동 접사 '-기-'가 쓰인 것이 아니므로 선지의 내용은 적절하지 않다. 참고로 '앞당기다'는 명사 어근 '앞'과 동사 '당기다'의 어근 '당기-'가 결합하여 형성된 합성어이며, 이때 동사 '당기다'는 단일어이므로 '기'는 접사가 아니다.

④ ㉣은 '앞- + 당기- + -었- + -다'로 분석할 수 있다. 한 개의 선어말 어미('-었-')와 한 개의 어말 어미('-다')가 쓰였으므로 선지의 내용은 적절하지 않다.

⑤ ㉤의 어간 '끝마치-'는 접미사 없이 명사 어근 '끝'과 동사 어근 '마치-'로 구성되어 있으므로 선지의 내용은 적절하지 않다.

02

정답설명

② ㄴ의 '보리밥(보리로만 지은 밥)'은 앞의 어근 '보리'가 뒤의 어근 '밥'을 수식하는 종속 합성어이므로 ㉮가 아닌 ㉯에 해당한다.

오답설명

① ㄱ의 '논밭(논과 밭)'은 앞의 어근 '논'과 뒤의 어근 '밭'이 대등하게 결합하는 대등 합성어이므로 ㉮에 해당한다.

③ ㄷ의 '돌다리(돌로 만든 다리)'는 앞의 어근 '돌'이 뒤의 어근 '다리'를 수식하는 종속 합성어이므로 ㉯에 해당한다.

④ ㄹ의 '길바닥(길의 바닥 표면)'은 앞의 어근 '길'이 뒤의 어근 '바닥'을 수식하는 종속 합성어이므로 ㉯에 해당한다.

⑤ ㅁ의 '피땀(무엇을 이루기 위하여 애쓰는 노력과 정성)'은 앞의 어근 '피'와 뒤의 어근 '땀'이 만나 두 어근의 의미와 다른 새로운 의미를 가지는 융합

합성어이므로 ⑭에 해당한다.

03

정답설명

① '여닫다'는 어근 '열-'과 어근 '닫-'이 결합하여 만들어진 합성어이므로 파생어가 아닌 ⓐ에 해당한다. 한편, '접히다'는 동사 '접다'의 어근 '접-'과 접사 '-히-'가 결합하여 만들어진 파생어이며, 품사는 동사로 어근의 품사와 달라지지 않았으므로 ⓑ에 해당한다. 반면, '높이다'는 형용사 '높다'의 어근 '높-'과 접사 '-이-'가 결합하여 만들어진 파생어이며, 품사가 형용사에서 동사로 달라졌으므로 ⓒ에 해당한다.

04

정답설명

⑤ 접두사 '새-, 샛-, 시-, 싯-'은 결합하는 형용사의 어두음과 첫음절의 모음에 따라서 각각 다르게 사용된다. ⓐ~ⓒ를 보면 '새-, 시-'는 어두음이 'ㄲ'과 같은 된소리거나 'ㅍ'과 같은 거센소리 또는 'ㅎ'일 때 사용되며, ⓓ~ⓔ를 보면 '샛-, 싯-'은 어두음이 'ㄴ, ㅁ'과 같은 울림소리일 때 사용된다.

오답설명

② ㉮의 '새-'와 '샛-'은 모두 결합하는 형용사의 첫음절 모음이 'ㅏ, ㅗ'와 같은 양성 모음이다.

③ ㉯의 '시-'와 '싯-'은 모두 결합하는 형용사의 첫음절이 'ㅓ, ㅜ'와 같은 음성 모음이다.

05

정답설명

① ㉠은 둘 이상의 어근으로만 구성된 합성어이고, ㉡은 어근과 접미사로 구성된 파생어로, 접사가 어근의 뒤에 붙어서 어근의 품사를 바꾼다.
㉠ 합성어 :
어느새(관형사 '어느' + 명사 '사이'의 준말 '새'),
꺾쇠(동사 어근 '꺾-' + 명사 '쇠')
㉡ 파생어(어근+접미사, 품사 바뀜) :
마음껏(명사 '마음' + 접미사 '-껏', 명사→부사)
지우개(동사 어근 '지우-' + 접미사 '-개', 동사→명사)
- 파생어(어근+접미사, 품사 동일) : 톱질
- 파생어(접두사+어근, 품사 동일) : 헛수고

06

정답설명

② '사례 1'에서 ㉠은 '정확한' 혹은 '한창인'의 뜻을 더하는 접사인데, 학생들의 반응에서 ㉠을 어근으로 알고 있는 학생들의 수가 더 적으므로, ㉠을 잘못 알고 있는 학생들이 더 적음을 알 수 있다. 또한 '한복판'은 접사 '한-'과 어근이 결합한 단어이므로 접사인 ㉠이 쓰인 예로 적절하다.

오답설명

① '사례 1'에서 ㉠은 접사로, ㉠을 잘못 알고 있는 학생들이 더 많다는 내용은 적절하지 않다. 또한 '한번'은 관형사 어근 '한'과 다른 어근이 결합한 단어이므로, 접사인 ㉠이 쓰인 예로 적절하지 않다.

③ '사례 2'에서 ㉡은 '사람'의 뜻을 나타내는 명사 어근으로, ㉡을 잘못 알고 있는 학생들이 더 많다는 내용은 적절하다. 하지만 '먹이'는 어근에 접사 '-이'가 결합한 단어이므로, 어근인 ㉡이 쓰인 예로 적절하지 않다.

④ '사례 2'에서 ㉡은 어근으로, ㉡을 잘못 알고 있는 학생들이 더 적다는 내용은 적절하지 않다. 또한 '미닫이'는 어근에 접사 '-이'가 결합한 단어이므로, 어근인 ㉡이 쓰인 예로 적절하지 않다.

⑤ '사례 3'에서 ㉢은 '겉을 덮어 싼 것이나 딸린 것을 다 제거한'의 의미를 지니는 접사로, ㉢을 잘못 알고 있는 학생들이 더 적다는 내용은 적절하지 않다. 또한 '알사탕'은 명사 어근 '알'과 다른 어근이 결합한 단어이므로, 접사인 ㉢이 쓰인 예로 적절하지 않다.

07

정답설명

② '새롭게'는 관형사 어근 '새' 뒤에 접미사 '-롭다'가 붙어 형성된 '새롭다'의 활용형이므로 ㉠에 해당하는 예로 볼 수 없다.

오답설명

① '시퍼런'은 형용사 어근 '퍼렇-' 앞에 접두사 '시-'가 붙어 형성된 '시퍼렇다'의 활용형으로, ㉠에 해당하는 예이다.

③ '복된'은 명사 어근 '복' 뒤에 접미사 '-되다'가 붙어 형성된 '복되다'의 활용형으로, ㉡에 해당하는 예이다.

④ '정답게'는 명사 어근 '정' 뒤에 접미사 '-답다'가 붙어 형성된 '정답다'의 활용형으로, ㉡에 해당하는 예이다.

⑤ '사랑스러운'은 명사 어근 '사랑' 뒤에 접미사 '-스럽다'가 붙어 형성된 '사랑스럽다'의 활용형으로, ㉡에 해당하는 예이다.

08

정답설명

③ ㉠은 동사의 관형사형 '이른'과 의존 명사 '바'가 결합하여 만들어진 합성어이다. '이른바'의 품사는 부사로, 합성어의 뒤 어근 '바'의 품사(명사)와 일치하지 않아 [B]에 해당한다. ㉡은 동사 어근 '감-'에 동사 어근 '싸-'가 결합하여 만들어진 합성어로 우리말의 일반적인 문장 구성 방식에 맞지 않아 [A]에 해당한다. ㉢은 부사 어근 '바로'에 동사 어근 '잡-'이 결합하여 만들어진 합성어로, 우리말의 일반적인 문장 구성 방식에 맞다. '바로잡다'의 품사는 동사로, 합성어의 뒤 어근 '잡-'의 품사와 일치하므로 [C]에 해당한다. ㉣은 동사의 관형사형 '건널'에 명사 어근 '목'이 결합하여 만들어진 합성어로, 우리말의 일반적인 문장 구성 방식에 맞다. '건널목'의 품사는 명사로, 뒤 어근의 품사와 일치하므로 [C]에 해당한다.

형태쌤의 과외시간

통사적 합성어	우리말의 일반적인 단어 배열법, 즉 통사적 구성과 일치하는 합성어. 명사+명사, 관형어+체언, 주어+서술어, 부사어+서술어 등을 말한다. 예 이슬비, 사과나무, 뛰어가다, 스며들다, 앞서다
비통사적 합성어	우리말의 일반적 단어 배열법과 일치하지 않는 합성어. ㉠ 관형사형 어미의 생략 예 먹거리(먹을+거리='-을'의 생략), 덮밥(덮은+밥='-은'의 생략) ㉡ 연결 어미(-아, -어, -게, -지, -고 등)의 생략 예 뛰놀다(뛰어+놀다='-어'의 생략), 굳세다(굳고+세다='-고'의 생략) ㉢ 부사가 명사를 직접 꾸미는 경우 예 부슬비, 척척박사, 산들바람

09

정답설명

④ ㄷ은 문맥상 소비자의 입장에서 말하는 것으로, 값을 내려 주어야 다시 구매를 하러 올 것이라는 의미로 해석된다. 그러므로 ㄷ의 '에누리'는 '값을 내리는 일'의 의미로 쓰였다고 볼 수 있다.

오답설명

① '다른 사람의 말에 쉽게 흔들리는 것'을 '주책이 없다'로 표현한 것으로 보아 ㄱ의 '주책'은 '일정하게 자리 잡은 주장이나 판단력'의 의미로 쓰였다고 볼 수 있다.
② '뜬금없이 그런 말'을 하는 것을 '주책이다'라고 표현한 것으로 보아 ㄴ의 '주책'은 '일정한 줏대가 없이 되는 대로 하는 짓'이라는 부정적인 의미로 쓰였다고 볼 수 있다.
③ 〈보기 1〉에서 '주책없다'와 '주책이다'가 같은 의미로 쓰인다고 하였다.
⑤ '적게 팔고도 많은 이윤을 남긴다'라고 했으므로 '에누리 없이 장사를 한다'는 것은 가격을 낮추는 일이 없이 장사를 한다는 것으로 봐야 한다. 그러므로 ㄹ의 '에누리'는 '값을 내리는 일'의 의미로 쓰인 것으로 볼 수 있다.

10

정답설명

② ㉡의 '굵은소금'은 형용사 '굵다'의 활용형 '굵은'과 명사 '소금'이 결합한 합성 명사이다.

오답설명

① ㉠의 '새해'는 관형사 '새'와 명사 '해'가 결합한 합성 명사이다.
③ ㉢의 '산나물'은 명사 '산'과 명사 '나물'이 결합한 합성 명사이다.
④ ㉣의 '척척박사'는 부사 '척척'과 명사 '박사'가 결합한 합성 명사이다.
⑤ ㉤의 '어린아이'는 형용사 '어리다'의 활용형 '어린'과 명사 '아이'가 결합한 합성 명사이다.

11

정답설명

② ㉠은 수량을 나타내는 말 앞에 쓰여 '대략'의 뜻을 지닌 '한㉮④'이므로 관형사이고, ㉤은 조건의 뜻을 나타내는 '한㉯②'이므로 명사이다.

오답설명

① ㉠은 '대략'이라는 의미이므로 '한㉮④'의 뜻으로 쓰였으며, '한 이불'을 덮고 잔다는 것은 '같은 이불'을 덮고 잔다는 의미이므로 ㉡은 '한㉮③'의 뜻으로 쓰였다.
③ ㉡은 '한㉮③', ㉣은 '한㉯①'의 의미로 쓰였으며, '한㉮'과 '한㉯'는 별개의 표제어로 기술되었으므로 동음이의 관계임을 알 수 있다.
④ ㉢의 '한'은 뒤에 오는 체언 '걸음'에 수량의 의미를 더한 경우이므로 '한㉮①'에 해당하며, 관형사이므로 뒤에 오는 명사와 띄어 써야 한다.
⑤ ㉤의 '한 친구'와 선지의 '한 마을'의 '한'은 모두 '어떤'의 의미로 쓰였으므로 둘 다 '한㉯②'에 해당한다.

12

정답설명

① ㉠은 '-겠-' 뒤에 붙어 쓰여 의문을 나타내는 종결 어미로 사용되었다. 따라서 '-지³'에 해당하므로 선지의 내용은 적절하지 않다.

오답설명

② ㉡은 '걷다'의 어간 '걷-'에 어미 '-은'이 결합하여 이루어진 관형어 '걸은'의 수식을 받고 있으므로 의존 명사인 '지¹'에 해당한다.
③ ㉢은 어떤 사실을 서술하는 역할을 하는 종결 어미이므로 '-지³'에 해당한다.
④ '대등한 관계'와 '종속 관계'는 의미적으로 대조를 이룬다. 따라서 ㉣은 상반되는 사실을 서로 대조적으로 나타내는 연결 어미인 '-지²「2」'이다.
⑤ '마시오'는 '말다'에 명령형 어미가 결합하여 활용한 형태이다. ㉤ 다음에 움직임을 금지하는 의미의 '말다'가 뒤따르고 있으므로, ㉤은 '-지²「1」'에 해당함을 알 수 있다.

13

정답설명

④ 의미를 가진 가장 작은 말의 단위를 형태소라고 한다. 형태소는 자립성의 유무에 따라 자립 형태소와 의존 형태소로 나뉘고, 실질적 의미의 유무에 따라 실질 형태소와 형식 형태소로 나눈다. 밑줄 친 '묻-/물-', '-었-/-았-', '는/은'은 모두 반드시 다른 말과 결합하여 쓰이는 의존 형태소들이다. 또한 이들은 음운 환경에 따라 형태가 바뀐다. '묻-'은 자음으로 시작하는 어미 앞에 나타나고, '물-'은 모음으로 시작하는 어미 앞에 나타난다. 어미 '-었-/-았-'은 어간 끝음절이 양성 모음인지 음성 모음인지에 따라 형태가 바뀌고, 조사 '는/은'은 결합하는 앞말의 끝음절에 받침이 있는가, 없는가에 따라 형태가 바뀐다. 그리고 '-었-/-았-', '는/은'은 문법적인 의미를 나타내는 형식 형태소이고, '묻-/물-'은 실질적 의미를 나타내는 실질 형태소이다.

오답설명

① ㉠만 실질적 의미를 나타낸다는 진술은 적절하나, 단어의 자격을 가지는 것은 ㉢만이므로 옳지 않은 선지이다.

② 문법적 의미를 나타내는 것은 ㉠을 제외한 ㉡, ㉢이므로 옳지 않다.

③ ㉡, ㉢만 문법적 의미를 나타낸다는 진술은 적절하나, 조사에 해당하는 ㉢은 단어의 자격을 가지므로 옳지 않은 선지이다.

학생들이 자주 묻는 질문

Q. 단어의 자격이 무엇인가요?

A. 단어로 분류하는 기준은 자립성이다. 즉, 문장에서 띄어쓰기가 되어 홀로 쓰일 수 있는 것을 의미한다. 그런데 조사는 자립성이 없음에도 예외적으로 단어로 인정하고 있다. 이 점을 꼭 기억해 두자.

⑤ 어간인 ㉠은 반드시 어미와 결합하여 쓰이고, 선어말 어미인 ㉡은 반드시 어간, 어말 어미와 결합하여 쓰인다. 조사인 ㉢ 또한 체언에 결합하여 쓰이므로 ㉠, ㉡, ㉢ 모두 반드시 다른 말과 결합하여 쓰인다는 진술은 적절하다. 그러나 ㉠ 또한 자음으로 시작하는 어미 앞에 나타나는지, 모음으로 시작하는 어미 앞에 나타나는지에 따라 '묻-', '물-'과 같이 형태를 달리하고 있으므로 옳지 않은 선지이다.

14

정답설명

③ '겹겹이'는 어근과 어근이 결합(겹+겹)한 데 다시 접사 '-이'가 붙은 것이므로 ㉠을 충족한다. 또한 합성 명사 '겹겹'에 부사 파생 접미사 '-이'가 결합되어 파생 부사가 되었으므로 ㉡도 충족한다.

오답설명

① '군것질'에서 어근은 '것'밖에 없으므로 어근과 어근이 결합한다는 ㉠의 내용을 충족하지 못한다. 또한 '군것'은 명사이고, 이에 접사가 결합된 '군것질' 역시 명사이므로 ㉡도 충족하지 못한다.

② '바느질'은 '바늘'이라는 어근과 '-질'이라는 접사가 결합하여 만들어진 파생 명사이므로 ㉠을 충족하지 못한다. 또한 '바늘'과 '바느질' 모두 명사이므로 ㉡도 충족하지 못한다.

④ '다듬이'는 동사 '다듬다'의 어근 '다듬-'에 명사 파생 접미사 '-이'가 결합되어 만들어진 파생 명사이다. 따라서 ㉡은 충족하지만 ㉠을 충족하지 못한다.

⑤ '헛웃음'에서 어근은 '웃-'밖에 없으므로 어근과 어근이 결합한다는 ㉠의 내용을 충족하지 못한다. 동사 어근 '웃-'에 명사 파생 접미사 '-음'이 결합되어 파생 명사 '웃음'이 만들어졌다는 것에 초점을 맞추면 ㉡은 충족한다고 볼 수 있다.

15

정답설명

④ ㉣은 문맥상 〈보기 1〉의 1 「2」의 의미가 아닌 2의 의미를 나타낸다. 〈보기

1〉에서 '밖에'는 조사라고 하였으므로, 앞말에 붙여 쓰는 것이 올바르다.

오답설명

① ㉠은 '출입문'이라는 것을 기준으로 그것을 넘어선 쪽을 의미하므로 〈보기 1〉의 1 「1」의 의미로 쓰인 것임을 알 수 있다.

② ㉡은 '며칠' 말고는 그 이외에는 남지 않았음을 의미하므로 〈보기 1〉의 2의 의미로 쓰인 것임을 알 수 있다. 따라서 조사 '밖에'를 '며칠' 뒤에 붙여 써야 한다.

③ 졸업이 가까워지면 후련할 것이라고 '예상'했는데 아쉬움이 더 크다고 하였으므로 ㉢은 〈보기 1〉의 3의 의미로 쓰인 것임을 알 수 있다. 따라서 '뜻밖에'를 유의어인 '의외로'로 바꾸어 쓸 수 있다. 이때 '의외로'란 표현이 어색할 수도 있지만, '뜻밖에'와 '의외로'가 유의어라는 점에서 충분히 대체할 수 있는 것이다. **문제는 철저히 〈보기〉에 따라 풀어야 한다.**

⑤ ㉤은 '기대'했던 범위에 들지 않는 나머지 다른 부분을 의미하므로 〈보기 1〉의 1 「3」의 의미로 쓰인 것임을 알 수 있다.

16

정답설명

④ ㉣의 '긁도구'는 동사 어근인 '긁-'에 명사 어근 '도구'가 결합한 합성어이고, '밀도구'는 동사 어근인 '밀-'과 명사 어근 '도구'가 결합한 합성어이다. 두 단어 모두 어간이 어미 없이 명사와 직접 결합하였으므로 일반적인 문장의 통사 구조에 부합하지 않는 비통사적 합성어이다.

오답설명

① ㉠에서 '오이', '껍질', '칼'은 모두 명사 어근이다. 명사와 명사가 결합한 합성어는 일반적인 문장의 구조에 따른 통사적 합성어이다.

② ㉡에서 '갉작갉작', '사각사각'은 부사 어근, '칼'은 명사 어근이다. 명사를 수식하는 것은 관형사이므로, 부사가 명사를 수식하는 구조의 합성어는 일반적인 문장의 구조에 어긋나는 비통사적 합성어이다.

③ ㉢의 '까-', '깎-'은 동사 어근, '-개'는 접사이므로, 두 단어 모두 파생어이다.

⑤ ㉤에서 '박박', '쓱쓱'은 부사 어근, '-이'는 접사이므로 두 단어 모두 파생어이다.

17

정답설명

③ ㉢은 '집어먹다' 「1」에 해당하는 의미를 가지므로 하나의 단어이다. 따라서 '각각의 용언'이 주어와 호응한다고 볼 수 없다.

오답설명

① ㉠은 '집어먹다' 「2」에 해당하는 의미를 가지고 있는 하나의 단어이다. 따라서 '집어'와 '먹었다'를 반드시 붙여 써야 한다.

② ㉡의 '먹었다'는 실질적인 의미를 가지지 않고 앞말의 행동을 강조할 뿐이므로 이 용언만으로는 문장이 성립되지 않는다. 본용언+보조 용언 구성이므로 붙여 쓰는 것도 허용하나, 원칙적으로는 띄어 쓴다.

④ ㉣의 '먹었다'는 '음식 따위를 입을 통하여 배 속에 들여보내다.'라는 실질적인 의미를 가지는 개별 단어이므로 '그는 굶주림에 지쳐 땅 위에 버려진 빵을 집어 허겁지겁 먹었다.'와 같이 두 용언 사이에 다른 문장 성분이 올

수 있다. 본용언+본용언 구성이므로 반드시 띄어 써야 한다.
⑤ (나)에서 알 수 있듯 ⑭은 사전에 등재된 단어가 아니다. 또한 '먹었다'가 실질적인 의미를 가지지 않으므로 이 용언만으로 문장이 성립되지도 않는다. 따라서 본용언+보조 용언 구성이기 때문에 띄어 쓰는 것을 원칙으로 하되 붙여 쓰는 것을 허용한다.

18

정답설명
④ ㉠, ㉡, ㉣은 각각 '홀로', '충분히', '매우'라는 부사어의 수식을 받고 있으므로 명사형 어미와 결합하여 품사가 바뀌지 않은 용언이다.
㉢, ㉣은 각각 '시원한', '건전한'이라는 관형어의 수식을 받고 있으므로 접미사가 결합하며 품사가 바뀌어 만들어진 명사이다.

19

정답설명
① 사과를 껍질까지 전부 먹었다는 의미를 나타내므로, 접사 '-째'를 쓰는 것이 맞다.

오답설명
② 앉은 상태 그대로 잠이 들었다는 의미를 나타내므로, 의존 명사 '채'가 사용되어야 한다.
③ 똑똑한 듯 거짓으로 꾸민다는 의미를 나타내므로, 의존 명사 '체'가 사용되어야 한다.
④ 멧돼지를 살아 있는 상태 그대로 잡았다는 의미를 나타내므로, 의존 명사 '채'가 사용되어야 한다.
⑤ 죽은 듯 거짓으로 꾸민다는 의미를 나타내므로, 의존 명사 '체'가 사용되어야 한다.

20

정답설명
④ '크다[Ⅱ]'는 주어만을 필수적으로 요구하는 한 자리 서술어이지만, '크다[Ⅱ]'의 사동사 '키우다'는 주어에 더해 【…을】(목적어)을 필수적으로 요구하는 두 자리 서술어이다.

오답설명
① '크다[Ⅰ]'과 '크다[Ⅱ]'는 하나의 표제어에서 하위 범주로 처리되어 있는 것이므로 동음이의어라고 볼 수 없다. 동음이의 관계에 있는 단어들은 사전에서 각각 다른 표제어로 처리한다. '크다[Ⅰ]'과 '크다[Ⅱ]' 같이 하나의 단어가 여러 품사로 사용되는 경우는 '품사 통용'이라고 한다.
② '크다[Ⅰ]'의 반의어로는 '작다'가 가능하다. (예 : 키가 크다. ↔ 키가 작다.) 하지만 '크다[Ⅱ]'는 반의어로 '작다'를 갖지 못한다. (예 : '나무가 작지 못한다.' 성립 X)
③ '전보다 키가 몰라보게 컸구나.'에서 '크다'는 '자라다'의 의미를 나타내므로 '크다[Ⅰ]'의 용례가 아닌 '크다[Ⅱ]'의 용례로 사용되어야 한다.
⑤ '크다'는 어미 '-어'를 취할 때 어간 끝의 모음 'ㅡ'가 탈락되어 '커'로 활용되지만, '키우다'는 어간 '키우-'의 끝 모음 'ㅜ'가 탈락되지 않고 'ㅓ'와 축약되

어 '키워'로 활용된다.

21

정답설명
③ '이르다¹'의 활용형으로 [이르러]가 제시되어 있다. 즉, '이르다'의 어간 '이르-'에 어미 '-아/어'가 결합되면 어미가 '-러'의 형태로 변화하는 것이다. 이는 어미가 바뀌는 '러' 불규칙 활용에 해당한다. 또한 '이르다²'와 '이르다³'은 활용형으로 [일러]를 갖는데, 이는 어간 '이르-'가 어미 '-아/어'를 취할 때 어간이 '일ㄹ-'의 형태로 변화한 것으로, 어간이 바뀌는 '르' 불규칙 활용에 해당한다.

오답설명
① '이르다¹①'의 용례 '목적지에 이르다'를 '목적지에 다다르다'로 바꿀 수 있고, '이르다¹②'의 용례 '결론에 이르다' 역시 '결론에 다다르다'로 바꿀 수 있으므로 유의어로 '다다르다'를 제시할 수 있다.
② '이르다¹'과 '이르다²'와 '이르다³'은 사전에 각각 별개의 표제어로 제시되어 있으므로, 소리는 같지만 의미가 다른 단어들을 가리키는 관계인 동음이의 관계에 있음을 알 수 있다.
④ '이르다¹'과 '이르다²'는 '동'으로 제시되어 있고, '이르다³'은 '형'으로 제시되어 있다. 이는 '이르다¹'과 '이르다²'는 동사이고, '이르다³'은 형용사임을 나타낸다.
⑤ 해당 문장은 올해의 첫눈이 '예년'이라는 기준점보다 빨리 왔다는 의미를 나타내므로 '이르다³'의 용례로 추가할 수 있다.

22

정답설명
④ '귀머거리'는 '귀먹- + -어리'로 분석된다. 이때 '귀먹-'은 명사가 아닌 '귀먹다'라는 동사의 어간이므로, ㉣이 아닌 ㉡의 규정에 따라 '귀머거리'로 표기한 것이다.

오답설명
① 동사 '다듬다'의 어간 '다듬-'에 접미사 '-이'가 결합하여 만들어진 파생 명사를, 어간 '다듬-'의 원형을 밝히어 '다듬이'로 표기하는 것은 ㉠의 규정을 적용한 것이다.
② 동사 '막다'의 어간 '막-'에 접미사 '-애'가 결합하여 만들어진 파생 명사를, 어간 '막-'의 원형을 밝히어 적지 않은 것은 ㉡의 규정을 적용한 것이다.
③ '세 개의 발'이라는 의미를 가진 '삼발'이라는 명사성 어근 뒤에 접미사 '-이'가 결합하여 만들어진 파생 명사를, 원형을 밝히어 '삼발이'로 표기하는 것은 ㉢의 규정을 적용한 것이다. 다만 '삼발이'가 표준국어대사전에 하나의 명사로 등재되어 있지는 않다.
⑤ '덮개'는 동사 '덮다'의 어간 '덮-'에 자음으로 시작된 접미사 '-개'가 붙어서 만들어진 말이기 때문에 ㉣의 규정에 따라 어간의 원형을 밝혀 적은 것이다.

23

정답설명
⑤ '물에 빠질 뻔하다.'의 '뻔하다'는 의존 명사 '뻔' 뒤에 접사 '-하다'가 결합된

것이므로, '-하다02②'가 아닌 '-하다02④'의 용례로 보아야 한다.

오답설명
① '하다01⑴'은 ①, ②, ③ 세 개의 의미를 갖는 다의어이다.
② '하다01⑴'은 「동사」로, '하다01⑵'는 「보조 동사」로 제시되어 있다. 따라서 '하다01⑴'은 홀로 쓰일 수 있지만 '하다01⑵'는 본용언 뒤에 함께 쓰여 보조적인 의미를 더해 주는 기능을 함을 알 수 있다.
③ '-하다02'는 ①, ②, ③, ④의 의미에서 알 수 있듯 '접미사'로 사용되어, 명사 혹은 부사 뒤에 결합하여 동사 혹은 형용사를 파생하는 기능을 한다.
④ '새 옷을 한 벌 했다.'는 '새 옷을 한 벌 장만했다.'라는 의미이므로, '하다01 ⑴②'의 용례로 추가할 수 있다.

24

정답설명
① 〈보기〉의 [A]는 합성어의 품사가 '일차적으로 직접 구성 성분 분석을 했을 때 맨 끝 구성 성분의 품사에 따라 결정되는 경우'이다. '어느새'는 부사이며, 직접 구성 성분은 '어느(관형사)'와 '새('사이'의 준말로, 명사)'이므로 [A]의 사례로 추가하기에 적절하지 않다.

오답설명
② '남달랐다'의 기본형인 '남다르다'는 형용사이다. 이는 '남(명사)'과 '다르-(형용사)' 중 맨 끝 구성 성분인 '다르다'의 품사를 따른 경우이다.
③ '덮밥'은 명사이며, '덮-(동사)'과 '밥(명사)' 중 맨 끝 구성 성분의 품사를 따른 경우이다.
④ '낯선'의 기본형인 '낯설다'는 형용사이다. '낯설다'의 직접 구성 성분은 '낯(명사)'과 '설-(형용사)'로 분석되며 맨 끝 구성 성분의 품사를 따른 경우이다.
⑤ '하루빨리'는 부사이며, '하루(명사)'와 '빨리(부사)' 중 맨 끝 구성 성분의 품사를 따른 경우이다.

25

정답설명
④ '{속/*안}이 더부룩하다'에서 '속'이 신체의 일부인 '사람의 몸에서 배의 안 또는 위장.'이라는 의미로 쓰였으므로, 추상적인 대상을 가리킬 때 쓰인다는 설명은 적절하지 않다. '우리나라 {*속/안}의 일'에서 '안'은 '조직이나 나라 따위를 벗어나지 않은 영역.'이라는 의미로 쓰였는데, 어떤 특정한 공간을 가리키는 것이 아니므로 구체적인 대상의 내부를 가리킨다고 보기 어렵다.

오답설명
① '속'과 '안'은 ㄱ의 '건물 {속/안}으로 들어가다.'와 같이 모두 쓰일 수 있으므로, '사물이나 영역의 내부'라는 공통 의미를 지닌 유의어라 할 수 있다.
② ㄴ의 '한 시간 {*속/안}'을 통해 시간적 범위를 나타낼 때는 '안'만 사용된다는 것을 알 수 있다.
③ ㄷ의 '벙어리 냉가슴 앓듯 혼자 {속/*안}을 썩였다.'를 통해 사람의 마음이나 태도 등을 나타내는 관용구에는 '속'만 쓰인다는 것을 알 수 있다.

⑤ ㅁ의 '겉으로는 태연한 척하지만 속으로는 겁을 먹었다.'에서는 '속'과 '겉'의 반의 관계, '어제는 바깥에 나가지 않고 온종일 집 안에 있었다.'에서는 '안'과 '바깥'의 반의 관계가 드러난다.

26

정답설명
④ '너머'는 동사 '넘다'의 어간에 '-어'가 결합되어 만들어진 파생 명사이며, 어간 '넘-'의 원형을 밝히어 적지 않았으므로 ㉢의 조건에 따른 것이다.

오답설명
① '마중'은 동사 '맞다'의 어간에 '-웅'이 결합되어 만들어진 파생 명사이며, 어간 '맞-'의 원형을 밝히어 적지 않았으므로 ㉢의 조건에 따른 것이다.
② '걸음'은 동사 '걷다'의 어간에 '-음'이 결합되어 만들어진 파생 명사이며, 어간의 뜻을 유지하여 어간의 원형을 밝히어 적었으므로 ㉠의 조건에 따른 것이다. 이때 '걷다'의 어간 '걷-'과 '걸-'의 형태가 일치하지 않더라도, 연음하여 적지 않았다는 점에서 '원형을 밝히어' 적은 것으로 파악해야 한다. 만약 ㉡의 조건을 따랐다면, '걸음'이 아닌 '거름'이라고 적었을 것이기 때문이다.
③ '마개'는 동사 '막다'의 어간에 '-애'가 결합되어 만들어진 파생 명사이며, 어간 '막-'의 원형을 밝히어 적지 않았으므로 ㉢의 조건에 따른 것이다.
⑤ '노름'은 동사 '놀다'의 어간에 '-음'이 결합되어 만들어진 파생 명사이며, 어간의 뜻과 멀어져 어간의 원형을 밝히어 적지 않았으므로 ㉡의 조건에 따른 것이다.

27

정답설명
⑤ '배¹', '배²', '배³'은 의미적 연관성이 없으므로 다의어가 아닌 동음이의어 관계에 있다고 파악해야 한다. 이들은 동음이의 관계이므로 사전에 각각의 표제어로 등재되어 있다.

오답설명
① '배¹'은 하나의 표제어 아래 「1」과 「2」의 두 뜻을 지니고 있으므로 다의어이다.
② '배가 불룩한 돌기둥'에서 '배'는 '긴 물건 가운데의 볼록한 부분'을 말하므로 '배¹'의 「2」의 용례로 들 수 있다.
③ '사공이 많으면 배가 산으로 간다'에서 '배'는 '사람이나 짐 따위를 싣고 물 위로 떠다니도록 나무나 쇠 따위로 만든 물건'을 말하므로 '배²'를 활용한 속담으로 볼 수 있다.
④ '배¹'과 '배²'의 발음은 단음([배])이지만 '배³'의 발음은 장음([배:])이므로 소리의 길이를 통해 의미를 변별할 수 있다.

28

정답설명
⑤ '여닫이'는 동사 어근 '열-'이 동사 어근 '닫-'과 결합하면서 'ㄹ'이 탈락한 것이므로, 한글 맞춤법 제28항의 예에 해당한다. '열-'의 'ㄹ'이 'ㄷ'으로 발음되는 경우가 아니므로 한글 맞춤법 제29항과는 무관하다.

오답설명

① '칼날'은 명사 '칼'과 명사 '날'이 결합한 합성어로, 각각 그 원형을 밝혀 적는다. 이는 한글 맞춤법 제27항에 의한 것이다.

② '소나무'는 명사 '솔'과 명사 '나무'가 결합한 합성어이다. 한글 맞춤법 제28항에 의해, '솔'의 'ㄹ'이 탈락하여 소리가 나지 않는 것을 표기에 반영한다.

③ '마소'는 명사 '말'에 명사 '소'가 결합한 합성어로, 한글 맞춤법 제28항에 의해 '말'의 'ㄹ'이 탈락하여 소리가 나지 않는 것을 표기에 반영한다.

④ '아드님'은 명사 '아들'에 접미사 '-님'이 결합한 파생어로, 한글 맞춤법 제28항에 의해 '아들'의 'ㄹ'이 탈락하여 소리가 나지 않는 것을 표기에 반영한다.

학생들이 자주 묻는 질문

Q. 예외 조항까지 다 외워야 하나요?

A. 문법 문제를 풀다 보면 모르는 예시들이나 모르는 단어들이 나와서 당황스러울 때가 있다. 그렇다고 놀라거나 좌절하지 말자! 문법에는 항상 예외가 있기 마련이다. 발음이 되는 기본적인 원칙은 있지만, 그 원칙에 어긋나는 예외는 반드시 있다. 문제를 풀다가 예외가 툭툭 나온다고 해서 거기에 스트레스 받지 말자. 모든 법칙과 예시를 외우는 것은 불가능하다. 평가원은 학생들에게 예외적인 것을 주고 '이건 몰랐지?' 하고 출제하지 않는다. 본질적인 것을 출제하고, 예외적인 것은 출제하더라도 〈보기〉를 제시하고 출제한다. 그러니 기본을 탄탄하게 잡고, 반복되는 사례를 익히고 기본적인 조항은 암기해야 한다. 처음 공부할 때는 어렵고 힘들지만 계속 보면 그놈이 그놈이다.

29

정답설명

④ '한-번Ⅰ'은 명사, '한-번Ⅱ'는 부사이므로 모두 문장에서 자립하여 쓰일 수 있는 단어이다.

오답설명

① '번Ⅰ'의 용례에서 '번'이 관형어의 수식 없이 목적격 조사와 결합하였으므로 ㉠에 들어갈 말이 '명사'임을 알 수 있다. 또한 '한-번Ⅱ-③'의 용례에서 '한-번'이 명사 '춤', '공'의 뒤에 쓰였으므로, ㉣에 들어갈 말이 '명사'임을 알 수 있다.

② '둘째 번'은 '두 번째의 차례'를 나타내므로 ㉡에 들어갈 말은 '차례'이다.

③ '시간 날 때 낚시나 한번 갑시다.'의 '한번'은 '기회 있는 어떤 때에'의 의미를 지니므로 적절한 용례이다.

⑤ '난 제주도에 한 번 가 봤어.'의 '번'은 '번Ⅱ-②'의 '일의 횟수를 세는 단위'의 의미로 쓰였다.

30

정답설명

③ '나날이'는 준첩어인 명사 '나날' 뒤에 '-이'가 결합된 것이므로 ㉮에 해당한다.

'오뚝이'는 부사 '오뚝' 뒤에 '-이'가 결합된 것이므로 ㉰에 해당한다.

'일찍이'는 부사 '일찍' 뒤에 '-이'가 결합된 것이므로 ㉰에 해당한다.

'즐거이'는 'ㅂ' 불규칙 용언의 어간 '즐겁-' 뒤에 '-이'가 결합된 것이므로 ㉱에 해당한다.

'겹겹이'는 첩어인 명사 '겹겹' 뒤에 '-이'가 결합된 것이므로 ㉮에 해당한다.

31

정답설명

④ '발표 2'에 따르면 '꾀보'는 '-보'에 의해 의미가 더해진 경우에 해당한다. 하지만 '꾀'와 '꾀보' 둘 다 명사이므로 품사가 바뀌었다는 말은 적절하지 않다.

오답설명

① '군말'은 '하지 않아도 좋을 쓸데없는 군더더기 말.'이라는 의미를, '군살'은 '영양 과잉이나 운동 부족 따위 때문에 찐 군더더기 살.'이라는 의미를 갖는다. 공통적으로 '군더더기'라는 의미를 가지므로 '군-'이 '쓸데없는'이라는 의미를 어근에 더해 준다는 말은 적절하다.

② '무당'에 접두사 '선-'이 결합하여 '선무당'이라는 단어가 만들어지는 것, '꾀'에 접미사 '-보'가 결합하여 '꾀보'라는 단어가 만들어지는 것 등을 통해 확인할 수 있다.

③ '멋쟁이', '장난꾸러기' 모두 각각 '멋', '장난'이라는 어근에 '-쟁이', '-꾸러기'라는 접미사가 결합하여 의미가 더해진 것이므로 '발표 2'의 사례로 추가할 수 있다.

⑤ '발표 3'에서는 어근에 접미사가 결합하여 품사가 바뀌는 경우에 대해 이야기하고 있다. 동사 '숙제하다'는 명사 '숙제'에 접미사 '-하다'가 결합하여 만들어진 것이므로 '발표 3'의 사례로 추가할 수 있다.

형태쌤의 과외시간

자주 나오는 접두사

- 알- : 겉을 덮어 싼 것이나 딸린 것을 제거한 ▶ 알밤
- 햇- : 그 해에 난 ▶ 햇밤
- 맨- : 다른 것이 없는 ▶ 맨손
- 들- : 무리하게 힘을 들여, 마구, 몹시 ▶ 들볶다
- 시-, 새- : 매우 짙고 선명하게 ▶ 시퍼렇다, 새빨갛다
- 시- : 시집의 ▶ 시누이, 시부모
- 헛- : 이유 없는, 보람 없는, 보람 없이, 잘못 ▶ 헛수고, 헛디디다
- 군- : 쓸데없는, 가외로 더한, 덧붙은 ▶ 군소리
- 덧- : 거듭된, 겹쳐 신거나 입은 ▶ 덧신, 덧입다
- 풋- : 처음 나온, 덜 익은, 미숙한, 깊지 않은 ▶ 풋사과
- 치- : 위로 향하게, 위로 올려 ▶ 치뜨다
- 선- : 서툰 ▶ 선무당
- 개- : 야생 상태의, 질이 떨어지는, 쓸데없는, 정도가 심한 ▶ 개떡
- 뒤- : 몹시, 마구, 반대로, 뒤집어 ▶ 뒤범벅, 뒤바꾸다
- 애-, 앳- : 어린 ▶ 애호박, 앳되다
- 짓- : 마구, 몹시, 심한 ▶ 짓망신, 짓누르다
- 홀- : 짝이 없고 하나뿐 ▶ 홀어미
- 양- : 서구식의 ▶ 양송이
- 참- : 진짜, 진실하고 올바른, 품질이 우수한 ▶ 참뜻, 참숯
- 민- : 꾸미거나 달린 것이 없는, 그것이 없는 것 ▶ 민얼굴, 민소매
- 휘-, 휩- : 마구, 매우 ▶ 휘감다, 휩쓸다

32

정답설명

② '누나가 나에게 돈을 주다.'에서 '돈'은 '자격이나 권리, 점수 따위'가 아니라 '물건 따위'에 해당하는 말이므로 '주다①②'의 용례가 아닌 '주다①①'에 어울리는 용례이다.

오답설명

① '주다①①'의 의미인 '건네다'와 이에 해당하는 용례 '친구에게 선물을 주다.'로 보았을 때, 이에 대한 반의어로 '다른 사람이 주거나 보내오는 물건 따위를 가지다.'의 의미를 나타내는 '받다①①'을 제시하는 것은 적절하다.

③ '다른 사람에게 상처를 주다.'에서 '상처'는 '물건 따위', '자격이나 권리, 점수 따위'가 아닌 '좋지 아니한 영향'이라고 볼 수 있으므로 ㉢에 들어갈 말로 적절하다.

④ '받다①②'의 용례 '날아오는 공을 받다.'로 보았을 때, 이에 대한 반의어로 '손에 든 물건을 공중으로 내보내다.'의 의미를 나타내는 '던지다'를 제시하는 것은 적절하다.

⑤ '받다①③'의 용례 '따끈한 차를 찻잔에 받다.'로 보았을 때, ㉣에 들어갈 말로 '…을 …에'를 제시하는 것은 적절하다.

33

정답설명

④ '줄이다'는 '줄다'의 어근 '줄-'에 사동 접사 '-이-'가 결합하여 만들어진 파생어이다. 따라서 어근은 '줄-'이다.

'힘들다'는 명사 '힘'과 동사 '들다'가 결합하여 만들어진 합성어이다. 따라서 어근은 '힘'과 '들-'이다.

'오가다'는 동사 '오다'와 '가다'가 결합하여 만들어진 합성어이다. 따라서 어근은 '오-'와 '가-'이다.

34

정답설명

③ '소금의 무게를 저울에 달아 보았다.'에 쓰인 '달다'는 '물건을 일정한 곳에 걸거나 매어 놓다.'의 의미가 아닌 '저울로 무게를 헤아리다.'의 의미이므로 적절하지 않다.

오답설명

① '달다¹', '달다²'와 같이 소리는 같으나 뜻이 다른 단어를 동음이의어라 하고, 동음이의어는 사전에 별개의 표제어로 기술된다.

② '달다¹'과 '달다²'의 표제어 옆에 어미 '-니'가 결합되었을 때의 활용형이 각각 [다니]로 제시되어 있는 것을 통해 알 수 있다.

④ '새로 작곡한 곡에 부제를 달았다.'에서 '부제'는 제목을 의미하므로 '달다¹' ㉡의 용례로 추가할 수 있다.

⑤ '달다¹' ㉡은 주어 이외에 【…에 …을】이라는 두 성분을 필수적으로 요구하는 반면 '달다²' ㉡은 주어만을 필수적으로 요구한다.

35

정답설명

② ㄱ : 주체 '나'가 '군중'이라는 대상에게 '진정'을 하도록 하는 것이므로 적절하다.

ㄷ : 주체 '우리 군대'가 '적군'이라는 대상에게 '항복'을 하도록 하는 것이므로 적절하다.

ㄹ : 주체 '경수'가 '수희'라는 대상에게 '입원'을 하도록 하는 것이므로 적절하다.

오답설명

ㄴ : 생략된 주체 '나'가 '저희 가족'이라는 대상에게 '소개'를 하도록 하는 것이 아니라, '나'가 스스로 '저희 가족'을 소개하는 것이므로 사동 표현을 사용하는 것은 적절하지 않다. 이때에는 불필요하게 사동을 사용한 '소개시키다' 대신 '소개하다'를 사용하는 것이 적절하다.

36

정답설명

② '추석을 맞아 온 가족이 모였다.'에서 '추석'은 '사람이나 물건'이 아닌 '때'를 의미하므로 '맞다²'의 「1」의 용례보다는 「2」의 용례로 보는 것이 적절하다.

오답설명

① '맞다²'는 주어 이외에도 【…을】에 해당하는 목적어를 반드시 필요로 한다.

③ '맞다¹'과 '맞다²'는 사전에 각각 별개의 표제어로 제시되어 있으므로, 소리는 같지만 의미가 다른 단어들을 가리키는 관계인 동음이의 관계에 있음을 알 수 있다.

④ '맞다¹'의 「2」는 주어 이외에도 【…에/에게】에 해당하는 부사어를 반드시 필요로 한다.

⑤ '맞다¹'과 '맞다²'는 활용을 할 때에 '맞아, 맞으니, 맞는' 등과 같이 어간의 형태 변화를 보이지 않는다.

37

정답설명

① '메우다'는 '뚫려 있거나 비어 있는 곳을 막거나 채우다.'라는 의미의 단어이다. 따라서 '울퉁불퉁한 것을 평평하게 하거나 들쭉날쭉한 것을 가지런하게 하다.'라는 의미를 가진 '고르다¹ ㉠'의 유의어로 보기 어렵다.

오답설명

② '방바닥이 고르지 않다'에서 '고르다'는 '높낮이의 차이가 없이 한결같다.'라는 상태를 의미하므로 형용사 '고르다² ㉠'의 용례로 추가할 수 있다.

③ '숨소리가 거칠다'는 정상적이지 않은 호흡 상태를 나타내므로 '숨소리가 고르다'에서 '고르다'의 반의어로 '거칠다'를 제시할 수 있다.

④ '고르다¹'과 '고르다²'는 모두 어간 '고르-'에 어미 '-아'가 결합되면 [골라]로 나타난다. 이는 어간의 형태가 '골ㄹ-'의 형태로 변화하는 '르' 불규칙 활용이므로 '고르다'는 불규칙 용언에 해당한다.

⑤ '악기의 줄을 고르다'에서 '고르다'는 '악기의 줄 따위가 제 기능을 발휘하도록 다듬거나 손질하다.'라는 의미이므로 동사인 '고르다¹'에 해당한다. '치아가 고르다'에서 '고르다'는 '높낮이, 크기 따위의 차이가 없이 한결같다.'라는 의미이므로 형용사인 '고르다²'에 해당한다.

38

정답설명

① '싸움꾼'은 동사 '싸우다'의 어근 '싸우-'에 접미사 '-ㅁ'이 붙어 먼저 '싸움'이 만들어지고, 여기에 다시 접미사 '-꾼'이 붙어 만들어진 것이다. 따라서 '싸움꾼'은 '뜨개질'처럼 '(어근 + 접미사) + 접미사'의 구조로 된 파생어이다.

오답설명

② '군것질'은 '것'이라는 어근에 접두사 '군-'이 붙어 먼저 '군것'이 만들어지고, 여기에 다시 접미사 '-질'이 붙어 만들어진 것이다. 즉, '(접두사 + 어근) + 접미사'의 구조로 된 파생어이다.

③ '놀이터'는 동사 '놀다'의 어근 '놀-'에 접미사 '-이'가 붙어 먼저 '놀이'가 만들어지고, 여기에 다시 어근 '터'가 붙어 만들어진 것이다. 즉, '(어근 + 접미사) + 어근'의 구조로 된 합성어이다.

④ '병마개'는 동사 '막다'의 어근 '막-'에 접미사 '-애'가 붙어 먼저 '마개'가 만들어지고, 그 앞에 어근 '병'이 붙어 만들어진 것이다. 즉, '어근 + (어근 + 접미사)'의 구조로 된 합성어이다.

⑤ '미닫이'는 동사 '밀다'와 '닫다'의 어근 '밀-'과 '닫-'이 합쳐져 먼저 '미닫-'이 만들어지고, 여기에 다시 접미사 '-이'가 붙어 만들어진 것이다. 즉, '(어근 + 어근) + 접미사'의 구조로 된 파생어이다.

39

정답설명

⑤ '이다'는 서술격 조사로 하나의 단어이지만, (가)의 제41항에서 조사는 그 앞말에 붙여 쓴다고 하였으므로 붙여 써야 한다.

오답설명

① (가)의 제2항에서 문장의 각 단어는 띄어 쓴다고 하였다. ㉠의 '큰'은 '키가 큰'이라는 관형절의 일부이므로 '형'과 분리되는 단어이다. 따라서 '큰 형'은 띄어 써야 한다.

② (가)의 제43항에서 단위를 나타내는 명사는 띄어 쓴다고 하였다. ㉡의 '자루'는 길쭉하게 생긴 필기도구 따위를 세는 단위이므로 '한'과 띄어 써야 한다.

③ ㉢의 '뿐'은 체언 '너'의 뒤에 결합되어 있으므로 조사이고, 따라서 (가)의 제41항에 따라 붙여 쓴다. 하지만 ㉣의 '뿐'은 용언의 관형사형인 '샀을'의 뒤에 결합되어 있으므로 의존 명사이고, 따라서 (가)의 제42항에 따라 띄어 써야 한다.

④ (가)의 제47항에서 보조 용언은 띄어 씀을 원칙으로 하되, 경우에 따라 붙여 씀도 허용한다고 하였다. 따라서 '믿어 주다'는 본용언 '믿다'와 보조 용언 '주다'의 결합으로, '믿어 주다'의 활용형 '믿어 줄'에서 '믿어'와 '줄'은 띄어 쓰는 것이 원칙이나 붙여 쓰는 것도 허용됨을 알 수 있다.

| 과외식 기출 분석서, 나기출 |

나 없이
기출
풀지마라

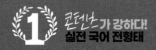

문장
[표현]

문장[표현]

개념 정리 01 | 높임법

01 **상대 높임법** : 말하는 이가 듣는 이에 대하여 높이거나 낮추어 말하는 방법(종결 어미, 높임의 보조사 '요'에 의해 실현)
'상대 → 듣는 이, 청자'

(1) 격식체 : 말하는 이와 듣는 이 사이의 심리적 거리가 멀 때 사용함. (공식적, 의례적, 직접적, 단정적, 객관적)

	해라체 (=아주 낮춤)	하게체 (=예사 낮춤)	하오체 (=예사 높임)	하십시오체(합쇼체) (=아주 높임)
평서형	-다	-네	-오	-ㅂ니다
의문형	-냐, -니	-ㄴ가, -나	-오	-ㅂ니까
감탄형	-구나, -어라	-구먼	-구려	-ㅂ니다
명령형	-어라, -렴	-게	-오, -시오, -구려	-ㅂ시오, -십시오
청유형	-자	-세	-ㅂ시다	-시지요

(2) 비격식체 : 말하는 이와 듣는 이가 심리적으로 가까울 때 사용함.

	해체 (=두루 낮춤)	해요체 (=두루 높임)
평서형	-어	-어요
의문형	-어	-어요
감탄형	-어, -군	-어요, -군요
명령형	-어, -지	-어요, -지요, -시지요, -시죠
청유형	-어	-어요, -시지요, -시죠

02 **주체 높임법** : 문장에서 서술어의 주체를 높이는 방법. 서술의 주체가 말하는 이보다 나이나 사회적 지위 등에서 상위자일 때 사용됨. (주체 높임 선어말 어미 '-시-'에 의해 실현되거나, 주격 조사 '께서', 높임의 어휘를 쓰기도 함.)

(1) 직접 높임 : 문장의 주체를 직접 높이는 표현
  예 할아버지께서 오신다.

(2) 간접 높임 : 주체와 관련된 대상(신체의 일부, 소유물 등)을 통해 간접적으로 높임.
  예 할머니께서는 귀가 밝으시다.
  예 교장 선생님의 말씀이 있으시겠습니다.

03 **객체 높임법** : 문장의 객체(목적어, 부사어)를 높이는 방법. 즉 서술의 객체를 높임. (객체 높임을 나타내는 특수 어휘[드리다, 여쭙다, 뵙다, 모시다, 알현하다 등]에 의해 실현되거나, 부사격 조사 '께'를 쓰기도 함.)
  예 나는 어머니를 모시고 병원에 갔다.
  예 나는 선생님께 과일을 드렸다.

개념 정리 02 | 시제

발화시를 기점으로 하여 '사건이 이전에 발생했는가? 동시에 발생했는가? 이후에 발생했는가?'에 따라 구분한다. 국어의 시제는 주로 선어말 어미에 의해 표현되며, 때로는 관형사형 어미에 의해 드러나기도 한다. 그리고 시간을 표현하는 부사어를 통해 드러낼 수도 있다.(절대 시제)

(1) 현재 시제 : 사건시가 발화시와 일치하는 시간 표현을 의미한다.
  - 현재 시제 선어말 어미, 시간 부사어, 관형사형 어미를 통해 드러낸다.

(2) 과거 시제 : 사건시가 발화시보다 앞서는 시간 표현을 의미한다.
  - 과거 시제 선어말 어미, 시간 부사어, 관형사형 어미를 통해 드러낸다.

(3) 미래 시제 : 사건시가 발화시보다 나중인 시간 표현을 의미한다.
  - 미래 시제 선어말 어미, 시간 부사어, 관형사형 어미를 통해 드러낸다.

개념 정리 03 | 사동

01 사동과 주동

- 사동 : 문장의 주어가 남에게 어떤 동작을 시키는 것을 나타냄.   예 선생님께서 영수에게 책을 읽히셨다.
- 주동 : 문장의 주어가 동작주로서 스스로 행하는 동작을 나타냄.   예 영수가 책을 읽었다.

02 사동문 만들기

① 파생적 사동(-이-, -히-, -리-, -기-, -우-, -구-, -추-)
  • 자동사 어근 + 접사(주동문 주어 → 목적어)
    예 불이 붙는다. → 영수가 불을 붙인다. / 얼음이 녹는다. → 아이들이 얼음을 녹인다.

  • 타동사 어근 + 접사(주동문 주어 → 부사어)
    예 영호가 책을 읽었다. → 선생님이 영호에게 책을 읽혔다. / 영미가 옷을 입었다. → 할머니가 영미에게 옷을 입혔다.

  • 형용사 어근 + 접사(주동문의 주어 → 목적어)
    예 담장이 높다. → 사람들이 담장을 높이다. / 길이 넓다. → 사람들이 길을 넓히다.

  • 일부 용언은 사동 접미사 두 개를 겹쳐 쓴다.
    예 서다 → 서이우다 → 세우다 / 자다 → 자이우다 → 재우다 / 뜨다 → 뜨이우다 → 띄우다 / 채우다, 씌우다, 태우다

② 통사적 사동(-게 하다)
  • 어간 + -게(보조적 연결 어미) + 하다(보조 동사)
    예 아이가 우유를 먹었다. → 어머니가 아이에게 우유를 먹게 하였다.

03 사동문의 쓰임과 범위

① 파생적 사동
  - 분포가 제한적이어서 일부 동사와 형용사에만 나타난다. 예 내가 그를 오이었다.(×)
  - 두 가지 뜻으로 해석 가능하다.   예 어머니께서 동생에게 약을 먹이셨다. → 직접 먹였다. or 먹게 하셨다.

② 통사적 사동
  - 분포가 자유롭다. 예 내가 그를 오게 했다.
  - 통사적 사동은 주어의 간접 행위로만 해석된다. 예 어머니께서 동생에게 옷을 입히셨다.(직접, 간접) → 입게 하셨다.(간접)

개념 정리 04 | 피동

01 피동과 능동

- 피동 : 주어가 남에게 어떤 행위를 당하는 것을 나타냄. 예 도둑이 경찰에게 잡히었다.
- 능동 : 문장의 주어가 동작주로서 제힘으로 행하는 동작을 나타냄. 예 경찰이 도둑을 잡았다.

02 피동문 되기

① 파생적 피동(-이-, -히-, -리-, -기-)
 - 타동사 어근 + 접사(능동문 주어 → 부사어, 능동문 목적어 → 주어)
   예 순경이 도둑을 잡았다. → 도둑이 순경에게 잡히었다.

② 통사적 피동(-어지다, -게 되다)
 - 모든 용언의 어간 + '-아/-어(보조적 연결 어미)' + '지다(보조 동사)'
   예 광수가 비로소 그의 오해를 풀었다. → 그의 오해가 광수에 의해 비로소 풀어졌다.
   예 연구진이 새로운 사실을 밝혔다. → 새로운 사실이 연구진에 의해 밝혀졌다.
   예 국운이 날로 쇠퇴했다. → 국운이 날로 쇠퇴해졌다.

03 피동문의 특징

- 능동문의 주어가 무정 명사일 때는 부사격 조사 '에게, 한테' 대신 '에'가 쓰인다.
   예 폭풍이 온 마을을 휩쓸었다. → 온 마을이 폭풍에 휩쓸렸다.
- 피동문의 부사어는 명사의 성질에 따라 '에게, 에'보다 '에 의해(서)'가 더 자연스러울 때가 있다.
   예 창수가 바위에 구멍을 뚫었다. → 바위에 구멍이 창수에 의해 뚫리었다.

개념 정리 05 | 부정문

언어 내용의 의미를 부정하는 문장.

01 부정문의 갈래

(1) '안' 부정문 : 상태 부정, 의도 부정
  ① 짧은 부정문 : 〈 안(아니) + 용언 〉 예 성민이는 아직 학교에 안 갔다.
  ② 긴 부정문 : 〈 용언 어간 + '-지(보조적 연결 어미)' + 않다 〉 예 성민이는 아직 학교에 가지 않았다.

(2) '못' 부정문 : 타의 부정, 능력 부정
  ① 짧은 부정문 : 〈 못 + 용언 〉 예 성민이는 아직 학교에 못 갔다.
  ② 긴 부정문 : 〈 용언 어간 + '-지(보조적 연결 어미)' + 못하다 〉 예 성민이는 아직 학교에 가지 못했다.

02 부정문의 중의성 : 부정이 미치는 범위에 따라 같은 문장이라도 둘 이상의 의미로 해석될 가능성이 있다.

   예 영수가 그녀와 사귀지 않았다.

① 주어 부정 : '영수'(그녀와 사귄 사람은 영수가 아니다.)
② 부사어 부정 : '그녀'(영수가 사귄 사람은 그녀가 아니다.)
③ 서술어 부정 : '사귀다'(영수는 그녀와 사귀지 않고, 짝사랑했다. / 그냥 친구였다.)

[해결책] 보조사 '는' : 영수가 그녀와 사귀지는 않았다.(사귄 행위를 부정한다.) 〈중의성 사라짐.〉

1 **콘텐츠가 강하다!**
실전 국어 전형태

문제분석 01-05번

번호	정답	정답률 (%)	선지별 선택비율(%)				
			①	②	③	④	⑤
1	①	67	67	13	7	3	10
2	②	68	6	68	14	9	3
3	③	92	3	1	92	1	3
4	⑤	67	3	6	18	6	67
5	①	96	96	1	1	1	1

형태쌤의 과외시간

높임법 문제는 같은 문장이라도 어디에 주목하느냐에 따라서 높임의 종류가 달라진다. 이게 높임법 문제에서 가장 신경 써야 하는 부분이다. **무엇을 높이고 있는지, 밑줄이 어디에 있는지** 항상 신경 쓰면서 풀이해야 한다.

[김교수**께서** 말씀해 주세**요**.]
밑줄이 '께서'에 있다면? 주어 '김교수'를 높이는 주체 높임이다.
밑줄이 '요'에 있다면? 청자 '김교수'를 높이는 상대 높임이다.

[아버지께서 할머니를 **모시고 오셨다**.]
밑줄이 '모시고'에 있다면? '할머니'를 높이는 것으로 목적어나 부사어를 높이는 객체 높임이다.
밑줄이 '오셨다'에 있다면? '오셨다(오시었다)'에 '-시-'가 들어갔으니 주체인 아버지를 높이고 있는 것이다.

[할머니께서 무엇을 **드실지 여쭈어보아라**.]
밑줄이 '드실지'에 있다면? 드시는 주체는 할머니겠지? 따라서 주체 높임이다.
밑줄이 '여쭈어보아라'에 있다면? 여쭈는 대상이 '할머니'이다. 이 문장은 '할머니께서 무엇을 드시다.'라는 문장과 '(네가) (할머니께) 여쭈어보아라.'라는 문장이 합쳐진 것이다. 여쭈는 대상은 생략된 부사어 '할머니께'이므로 객체 높임이 된다. 또 종결 어미 '-아라'를 통한 상대 높임도 실현되었다.

01

정답설명
① ㉠은 '중요한 점은'에 대응하는 서술어 '것이다'를 추가하여 주어와 서술어가 호응되지 않은 문장을 적절하게 고쳤다.
㉢은 '민수와 진희'가 각각 다른 사람과 결혼했는지, 민수와 진희가 부부가 된 것인지에 관해 중의적으로 해석될 수 있는 문장인데, 접속 조사 '와' 대신 부사격 조사 '와'를 사용함으로써 중의성 문제를 해결하였다.

오답설명
㉡ '비단'은 부정문과 어울리는 부사어이다. 따라서 '이것은 비단 우리 학교만의 문제가 아니었던 것이다.'로 고쳐야 한다.
㉣ '귀여운'이 '영희'를 수식하는지, '친구'를 수식하는지가 중의적이다. 따라서 친구가 귀여운 경우라면 '귀여운, 영희의 친구가 놀러 왔다.' 혹은 '영희의 귀여운 친구가 놀러 왔다.'로 고쳐야 한다.

02

정답설명
② ㉠ A : 동생이(주어) 숨는다. → 한 자리
   B : 누나가(주어) 동생을(목적어) 숨긴다. → 두 자리
   ㉢ A : 실내 온도가(주어) 낮다. → 한 자리
   B : 누나가(주어) 실내 온도를(목적어) 낮춘다. → 두 자리
㉠과 ㉢은 A에서 B로 바뀌면서 서술어의 자릿수가 한 자리에서 두 자리로 늘어났다.

오답설명
① ㉠에서 A의 주어 '동생이'는 C에서 목적어 '동생을'이 되었다. 또한 ㉡에서 A의 주어 '동생이'는 C에서 다른 문장 성분인 부사어 '동생에게'가 되었기에 적절하지 않다.
③ ㉡, ㉢ 모두 A에서 B로 바뀌어도 여전히 홑문장이다. 홑문장은 주어와 서술어 관계가 한 번 나타나는 문장을 말하고, 겹문장은 주어와 서술어의 관계가 두 번 이상 나타나는 문장을 말한다. A에서 B로 바뀌면서 서술어가 필요로 하는 문장 성분이 늘어나기는 했지만 새로운 주어가 생기거나 새로운 서술어가 추가된 것은 아니기에 겹문장이 되었다는 설명은 적절하지 않다.
④ 타동사는 목적어를 필요로 하는 동사를 말한다. ㉡은 A의 서술어 '먹는다'가 타동사임에도 대응되는 사동사 '먹이다'가 있기에 적절하지 않다.
⑤ ㉢은 A의 서술어 '낮다'가 형용사임에도 '누나가 실내 온도를 낮춘다.', '누나가 실내 온도를 낮게 한다.'라는 사동문을 만들 수 있다. 또한 ㉣의 A의 서술어 '찬다(차다)'는 형용사가 아니라 동사이다.

03

정답설명
③ 문장 성분의 호응과 관련된 문제가 나오면 서술어부터 확인하자. **서술어가 주어와 제대로 호응이 되는지 우선 확인하고, 그 다음 서술어가 필요로 하는 주어나 목적어나 부사어가 빠진 건 아닌지** 확인하는 순서로 풀이하면 된다. 주어 다음에는 빗금을 그어서 끊어 주고, 이 주어가 서술어와 어울리는지 바로 확인해 보자.
(가)의 경우는 부사어와 서술어가 어울리지 않는다. 원래 문장에서 부사어 '반드시'와 서술어 '하지 마세요'가 호응하지 않았기에 '반드시'를 '절대로'로 수정한 것은 ㉡을 고려한 것이다. (나)의 경우, 원래 문장에 '평등하다는'에 대응하는 주어가 없다. 따라서 이를 수정하기 위해 주어 '타인이'를 넣은 것은 ㉠을 고려한 것이다.

04

정답설명
⑤ '할머니 모시고'에서 생략된 격 조사를 복원하면 '할머니를 모시고'이다. 따라서 '모시고'는 목적어인 '할머니'를 높이므로 객체 높임의 어휘이다.

오답설명
① '-는구나'는 해라체의 감탄형 어미이므로, 대화 상대인 동생에 대한 높임의 의미는 없다. 오히려 '해라체'이니 높임이 아니라 낮춤이라고 할 수 있겠지. 참고로 해라체, 하게체는 낮춤 표현이고 하오체, 하십시오체가 높임을 나타낸다.

② '계시다'는 객체가 아니라 문장의 주체인 '아버지'를 높이는 어휘이다. '아 버지' 다음에 '께서'라는 조사가 생략된 형태이지. 위에서 설명했지만 '께서'는 주체 높임에서 사용하는 높임의 조사란다.

③ '께'가 주체를 높인다고? 말도 안 되지. 선지만 봐도 울컥 했어야 한다. 아래 정리한 내용을 보아라. '께'는 문장의 객체인 '아버지'를 높이는 조사이다.

④ '께서'는 문장의 주체인 '아버지'를 높이는 조사이다. '께서'를 보자마자 주체!라고 반응해야 한다.

형태쌤의 과외시간

주체 높임 vs 객체 높임 vs 상대 높임

주체 높임 = 문장의 주어를 높이는 것이다. 높임의 어휘, 높임의 주격 조사(께서), 주체 높임 선어말 어미 '-(으)시-'를 사용하여 나타낸다.
　예 선생님**께서** 진지를 **드신다**.

객체 높임 = 대상을 높이는 것인데, 문장의 목적어나 부사어를 높이는 것이라고 생각하면 된다. 높임의 어휘, 높임의 부사격 조사 '께'를 사용하여 높인다.
　예 철수가 사과를 선생님**께 드렸다**.

상대 높임 = 말을 듣는 상대인 청자를 높이거나 낮추는 것이다. 보조사 '요'를 통해 높임을, 종결 어미를 통해 높임이나 낮춤을 표현할 수 있다.
　예 밥을 먹어**요**.

05

정답설명
① 〈보기〉에서는 의문문을 대답이나 설명을 요구하는 의문문, 대답을 요구하지 않고 감탄이나 명령을 나타내는 의문문으로 나누어 설명하고 있다. ㉮는 '언제, 어디'에 대한 구체적인 설명을 요구하는 의문문으로 ㉠에 해당된다. ㉯는 의문문의 형식을 하고 있지만 실제로는 '얼른 일어나라.'라는 명령의 의미를 드러낸다. ㉰는 긍정이나 부정의 대답(예/아니요)을 요구하는 의문문이며, ㉱는 상황에 대한 감탄을 표현하는 의문문에 해당한다.

형태쌤의 과외시간

〈의문문의 갈래〉
- 판정 의문문 : 듣는 이에게 긍정, 부정(예/아니요)의 대답을 요구.
　예 너도 지금 떠나겠느냐?
- 설명 의문문 : 어떤 사실에 대하여 구체적인 정보의 설명을 요구.
　예 지금 거기서 무엇을 하니?
- 수사(반어) 의문문 : 의문의 형식과 달리 답변을 요구하지 않음.
　예 너한테 옷 하나 못 사 줄까?
- 감탄 의문문 : 감탄의 뜻을 지님. 느낌표를 붙이는 경우가 많음.
　예 그렇게만 된다면 얼마나 좋을까!
- 명령 의문문 : '명령, 금지, 권고'의 뜻을 지님.
　예 빨리 문을 못 닫겠느냐? (명령)
　예 그 일에 왜 참견입니까? (금지)
　예 빨리 가지 못하겠느냐? (강한 권고)

번호	정답	정답률 (%)	선지별 선택비율(%)				
			①	②	③	④	⑤
6	③	77	5	13	77	2	3
7	③	77	11	7	77	1	4
8	③	79	4	7	79	2	8
9	②	78	4	78	9	6	3
10	⑤	58	7	15	6	14	58

06

정답설명
③ "언니가 지금 교복을 입고 있다."는 교복을 입은 언니의 상태가 현재까지 유지된다는 의미와 교복을 입는 동작이 진행 중이라는 의미를 동시에 가지므로 여전히 중의성을 가지고 있는 문장이다. 교복을 입는 동작이 진행 중인 경우에는 "언니가 교복을 입는 중이다."로 고치는 것이 적절하다.

오답설명
① '예쁜 모자의 장식물'은 수식의 범위에 따른 중의성이 발생하는 표현으로 '모자가 예쁜 경우'와 '장식물이 예쁜 경우' 두 가지 의미로 해석될 수 있다. 이때 장식물이 예쁜 경우만으로 의미를 한정하기 위해서는 '예쁜, 모자의 장식물'과 같이 쉼표를 사용할 수도 있고, '모자의 예쁜 장식물'처럼 단어의 위치를 바꿀 수도 있다.

② '다 오지 않았어.'는 부정의 범위에 따른 중의성이 발생하는 표현으로 '손님들 중 일부만 온 경우'와 '한 명도 오지 않은 경우'의 두 가지 의미로 해석될 수 있다. 이를 손님들 중 일부만 온 경우만으로 의미를 한정하기 위해서는 "손님들 중 일부가 오지 않았어."나 "손님들이 다는 오지 않았어."처럼 수정할 수 있다.

④ "형은 나보다 동생을 더 좋아한다."라는 문장은 비교의 대상에 따른 중의성이 발생하는 표현으로 '형이 나와 동생 중 동생을 더 좋아한다'는 의미와 '내가 동생을 좋아하는 것보다 형이 동생을 더 좋아한다'는 두 가지 의미로 해석될 수 있다. 이를 나와 동생이 비교 대상인 경우로 한정하기 위해서는 "형은 나를 좋아하는 것보다 동생을 더 좋아한다." 혹은 "형은 나와 동생 중에서 동생을 더 좋아한다."처럼 수정할 수 있다.

⑤ "나는 웃으면서 매장에 들어오는 손님에게 인사했다."는 수식의 범위에 따른 중의성이 발생하는 문장으로 '나'가 웃으면서 인사하는 경우와 '손님'이 웃으면서 매장에 들어오는 경우 두 가지 의미로 해석될 수 있다. 이를 '나'가 웃으면서 인사하는 경우로 한정하기 위해서는 "나는 매장에 들어오는 손님에게 웃으면서 인사했다." 혹은 "매장에 들어오는 손님에게 나는 웃으면서 인사했다."처럼 단어의 위치를 바꿀 수 있다.

07

정답설명
③ 문장 성분의 호응 문제에서는 주어와 서술어를 신경 써야 한다고 했지? 이 문항 역시 그렇다. 서술어 '되지는'에 호응하는 주어가 들어가야 할 자리에 '여전히'라는 부사어가 들어갔기에 적절하게 수정되지 못한 것이다. 이때 '되

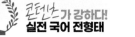

다'는 보어를 요구하는 서술어이므로, '해결책이'는 주어가 아닌 보어이다. 따라서 '정부는 기술을 외국에서 도입했지만 그 기술이 해결책이 되지는 못했다.' 정도로 고칠 수 있겠다.

오답설명

① '대하지'에 호응하는 부사어나 목적어가 빠져 있는데 '대하지'에 해당하는 대상인 부사어 '남에게'가 채워졌으므로 적절하다.

② '지내기도'에 해당하는 대상인 부사어 '친구와'가 채워졌으므로 적절하다.

④ '존경했다'에 해당하는 대상인 목적어 '선생님을'이 채워졌으므로 적절하다.

⑤ '유학자이다'의 서술 대상인 주어 '그는'이 채워졌으므로 적절하다. 많은 학생들이 선행절의 주어와 일치했기 때문에 생략되어 적절한 문장이 아니냐고 질문을 했었다. 이렇게 생각한 학생들은 선행절의 주어를 '이이'로 잘못 생각한 것이다. 선행절의 주어는 '이이'가 아니라 '이이의 호'이다. 만약 이 문장이 선행절의 주어와 후행절의 주어가 일치하여 후행절의 주어가 생략된 문장이라면, 후행절은 '이이의 호는 조선을 대표하는 유학자이다.'가 되어야 하는데, 이건 말도 안 되는 소리지.

08

정답설명

③ 〈보기〉의 조건은 두 가지이다. ㉠ **주체를 높이는 용언이 들어갈 것**, ㉡ **높여야 할 인물과 관련된 것을 높이는 명사가 들어갈 것.** '잡수시다'는 주체인 '할머니'를 높이는 용언으로 ㉠에 해당한다. 또한 '연세'는 높임의 대상인 '할머니'의 나이를 간접적으로 높이는 명사로 ㉡에 해당한다.

오답설명

① '성함'이 눈에 보이지? '성함'은 높임의 대상 '그분'과 관련 있는 '이름'을 간접적으로 높이는 명사로 ㉡에 해당된다. 하지만 주체를 높이는 용언 ㉠이 없구나.

② '댁'은 높임의 대상 '할머니'와 관련 있는 '집'을 높여서 이르는 말로 ㉡에 해당된다. 하지만 ㉠이 사용되지 않았구나. '여쭐'을 보고 망설였다면 반성하자. '여쭈다'는 주체인 '누나'를 높이는 것이 아니라 객체인 '할머니'를 높이는 용언이므로 객체 높임에 해당한다.

④ ㉠과 ㉡ 모두 사용되지 않았다. '모시다'는 객체인 '부모님'을 높이는 용언이다.

⑤ '주무시다'는 주체인 '어머니'를 높이는 용언으로 ㉠에 해당된다. 하지만 ㉡이 사용되지 않았구나. 참고로 '피곤하셨는지'는 주체 높임 선어말 어미 '-시-'를 사용해 높임을 표현한 경우이다.

09

정답설명

② **주어와 서술어 사이의 호응을 묻는 문제가 또 나왔다! 이런 문장은 주어 옆에 빗금을 긋고, 그 주어가 서술어와 호응하는지 비교해 보라고 했지?** 주어인 '이 글의 특징은'과 서술 '강하다'는 호응하지 않는다. 주어와 호응하는 서술어가 없으므로 주어와 서술어 사이에 호응이 이루어지지 않은 문장의 예에 해당되는구나. 적절한 문장으로 고치려면, '이 글의 특징은 길이가 짧지만 인상은 강하다는 것이다.'로 고쳐야 한다.

오답설명

① '구매'와 '구입'이라는 유사한 의미의 말이 반복되어 틀린 문장이다. '회원들은 상품을 싸게 구입할 수 있다.'로 고쳐야 한다.

③ 관형어와 서술어의 호응이 이루어지지 않았다. '여간한'은 부정어와 어울려 쓰이는 단어로, '기쁨이었다'와 같은 긍정문과 어울려 쓸 수 없다. 따라서 '아들의 성공 소식은 부모님께 여간한 기쁨이 아니었다.'로 고쳐야 한다.

④ 목적어 '유해 물질'과 서술어 '높여 주었다'가 호응하지 않는 문장이다. 따라서 '새 기계는 유해 물질을 줄여 주고 연료 효율을 높여 주었다.'로 고쳐야 한다.

⑤ 관형어와 서술어의 호응이 이루어지지 않았다. '형언할(형언하다)'은 부정어와 어울려 쓰이는 단어이다. 따라서 '그는 자신의 행복한 마음을 형언할 방법을 찾지 못했다.'로 고쳐야 한다.

10

정답설명

⑤ ㉠의 '안겼다'는 '형'이 '친구'로 하여금 '꽃다발'을 안게 한 것이므로 사동사에 해당한다.

㉡의 '안겼다'는 '아기 곰'이 '어미'에 의해 '안다'라는 행위를 당한 것이므로 피동사에 해당한다.

오답설명

① ㉠의 '풀렸다'는 '운동화 끈'이 무언가로 하여금 시킨 것이 아니므로 사동사로 볼 수 없다. 이는 '운동화 끈'의 입장에서는 당한 것이 되므로 피동사이다.

㉡의 '풀렸다'는 '피로'라는 대상이 '아빠'에 의해 풀어지게 된 것이므로 피동사이다.

② ㉠의 '업혔다'는 '우는 아이'가 '엄마'에 의해 '업다'라는 행위를 당한 것이므로 피동사에 해당한다.

㉡의 '업혔다'는 '누나'가 '이모'로 하여금 '아기를 업다'라는 행위를 하게 한 것이므로 사동사에 해당한다.

③ ㉠의 '말렸다'는 '나'가 '젖은 옷'으로 하여금 마르게 한 것이므로 사동사에 해당한다.

㉡은 조심해야 한다! 친구를 마르게 했다는 건 이상하지?

'말렸다'는 기본형 자체가 '말리다'이다. 기본형 자체에 '리'라는 글자가 들어있어서 마치 피동이나 사동의 느낌을 주지만, 그건 느낌적인 느낌일 뿐! 피동도 사동도 아니다. 쌤은 이런 단어를 '범죄형 단어'라고 한다. 피동이나 사동 문제에서는 이렇게 기본형 자체가 범죄형인 단어들을 조심해야 한다.

④ ㉠의 '녹였다'는 '새들'이 '몸'으로 하여금 녹게 한 것이므로 사동사에 해당한다.

㉡은 '햇살'이 '고드름'으로 하여금 녹게 한 것이므로 역시 사동사이다.

Q. 피동과 사동 구분은 어떻게 하나요?

A. 많은 학생들이 피동문과 사동문을 목적어의 유무로 판단한다. 목적어가 앞에 있으면 사동, 없으면 피동으로 구분하는 것이다. 하지만 이것은 원칙이 아니기에 예외적인 경우가 있다.

'토끼가 호랑이에게 다리를 물리다.'라는 문장을 보면, 토끼가 호랑이에게 '물다'라는 행위를 당했음을 나타내는 피동문이다. 하지만 피동문임에도 불구하고 '다리를'이라는 목적어가 있지? 목적어의 유무로 구분하게 된다면 이와 같은 문장에 낚일 수 있다. 목적어로 구분하는 방법보다는 **접사를 '-게 하다'로 바꿔 보는 것을 추천한다. 대부분 사동문은 '-게 하다'로 바꿀 수 있으니, 대체되면 사동문이고 대체되지 않으면 피동문이라고 판단하면 된다. 다만 이는 Tip일 뿐이며, 어느 맥락에나 항상 들어맞지는 않는다는 점을 감안해 두어야 한다.**

문제분석 11~15번

번호	정답	정답률 (%)	선지별 선택비율(%)				
			①	②	③	④	⑤
11	③	86	2	4	86	6	2
12	②	61	4	61	5	29	1
13	①	69	69	8	7	8	8
14	④	73	19	3	4	73	1
15	②	95	2	95	1	1	1

11

정답설명

③ 이 문장은 겹문장으로, '동물은 사람을 경계하기도 한다.'라는 문장과 '동물은 사람에게 기대기도 한다.'라는 문장이 합쳐진 것이다. 두 문장을 합치면서 중복되는 주어 '동물은'은 하나만 남아도 되지만, 서술어 '기대기도 한다'가 필요로 하는 '사람에게'를 삭제해 버리면 곤란하다. '기대다'는 '~에/에게'라는 부사어를 필요로 하는 서술어이다. 따라서 '사람에게'라는 부사어를 넣어서 '기대기도 한다.'라는 서술어와 호응할 수 있도록 수정하는 것이 적절하다.

오답설명

① 주어 '사람들은'은 서술어 '경향이다'와 호응하지 않는다. 서술어를 '경향인 것이다'로 수정하더라도 '사람들은 ~경향인 것이다.'로 여전히 서술어와 호응이 자연스럽지 않다. 따라서 쾌적한 환경을 위한 조치에 찬성하는 경향이 있다.' 정도로 수정하는 것이 자연스럽다.

② '야구를 찬다'? 이상하지? '찬다'라는 서술어는 '공을'에 호응하고, '야구'에는 맞지 않는다. '공이나 야구를 한다'로 수정하면 이번엔 '공을 한다'가 되는데, 여전히 목적어와 서술어가 호응하지 않는 문제가 발생한다. '공을 차

거나 야구를 한다.'로 수정해야 정확한 문장이 된다.

④ '사람을 좋아하는'이 수식하는 대상이 '친구'일 수도 있고 '고양이'일 수도 있다. 문장의 의미가 중의적이므로 쉼표를 사용하거나 위치를 이동하여 중의성을 해소해야 한다. 이때 쉼표는 넣기만 한다고 중의성이 해소되는 것이 아니라 적절한 곳에 잘 넣어야 한다. '사람을 좋아하는 친구의 고양이가,'라고 수정하면 여전히 중의성이 해소되지 않는다. '사람을 좋아하는 친구의, 고양이' 혹은 '사람을 좋아하는, 친구의 고양이'라고 해야 중의성이 해소된다.

⑤ 어떤 조사가 잘못 사용되었을까? '현실에 직시해야 한다.' 이 부분이 어색하다. '현실을 직시해야 한다.'로 수정해야 자연스러운 문장이 된다. '직시하다'는 '~을/를'이라는 목적어를 필수로 요구하는 서술어이기 때문에, 부사격 조사 '에'를 목적격 조사 '을'로 수정해야 한다. 참고로 '자기의'는 '처한'이라는 관형어와 연이어 사용되고 있으므로, 관형어의 남발을 막기 위해 이때의 '자기의'를 '자기가'로 수정하는 것이 좋다. 또한 여러 가지 중에서 어느 것을 막론하고 모두 포함함을 나타내는 보조사 '나'가 쓰인 '누구나'를 '누구도'로 수정한다면 의미가 부자연스러우므로, 이는 수정하는 않는 것이 적절하다.

12

정답설명

② ㉡에서 '말씀'은 말하는 이(경준)가 높이는 대상인 '선생님'과 관련된 것이기 때문에 서술어에도 선생님에 대한 높임 표현을 사용하는 것이 적절하다. 이와 같이 높이고자 하는 주체와 관련된 것을 높임으로써 궁극적으로 주체를 높이는 것을 간접 높임이라고 한다.

오답설명

① '경준'에게 친구인 '영희'가 하는 말이니 높임을 쓸 필요가 없겠지.

③ '선생님'께 '물어서' 알아본다는 것이 자연스럽게 느껴진다면 높임이 일상화되지 않은 친구들이다. 일반적으로 윗사람에게는 '물어서'가 아니라 '여쭤서'라고 말해야 한다.

④ 이 선지는 특히 조심하자. '자기의 애송시? 괜찮은데요?' 높임법이 익숙하지 않은 친구들에게는 자연스럽게 느껴질 수도 있다. 여기서 '자기'는 쉽게 말하면 '지'와 같은 말이란다. 선생님께 '지 애송시'라고 말하면 버르장머리 없는 녀석이 되겠지? '자기'는 높임의 재귀 대명사 '당신'으로 바꿔서 말해야 한다.

⑤ 말하는 주체가 '선생님'이므로, 높임 표현을 사용하여 '말씀하셨잖아'로 바꾸는 것이 적절하다.

13

정답설명

① '물에'는 관형어가 아니라 서술어 '넣었다'를 수식하는 부사어이다. **'에게, 에서, 에, 로, 와'는 부사격 조사의 대표적인 유형이니 기억해 두자.** 관형어는 체언을 수식하는 성분으로, '예쁜 발을 넣었다'라고 했을 때 '예쁜'이 관형어에 해당한다.

오답설명

② 주어 '내가 주장하는 바는'은 서술어 '개선된다'와 호응하지 않는다. '개선된

다는 것이다'로 수정해야 주어와 서술어가 호응하게 된다.

③ '불편'을 입는다는 건 누가 봐도 어색하다. 목적어 '불편을'에 해당하는 서술어 '겪고'를 넣어 주어야 적절한 문장이 된다.

④ '동참하다'는 '어떤 모임이나 일에 같이 참가하다'라는 의미의 동사로 '~에'라는 부사어를 반드시 필요로 한다. 따라서 '쓰레기 줄이기 운동을'이 아니라, 부사격 조사를 사용하여 '쓰레기 줄이기 운동에'라고 수정하는 것이 적절하다.

⑤ '여간'은 주로 부정의 의미를 나타내는 말과 함께 쓰여 그 상태가 보통으로 보아 넘길 만한 것임을 나타내는 말이다. '여간 ~아니다'와 같이 부정의 의미를 나타내는 말과 호응해야 자연스럽다.

형태쌤의 과외시간

부정문과 어울리는 부사

- **비단** 「부사」
  부정하는 말 앞에서 '다만', '오직'의 뜻으로 쓰이는 말.

- **여간** 「부사」
  (주로 부정의 의미를 나타내는 말과 함께 쓰여)
  그 상태가 보통으로 보아 넘길 만한 것임을 나타내는 말.

- **결코** 「부사」
  ('아니다', '없다', '못하다' 따위의 부정어와 함께 쓰여)
  어떤 경우에도 절대로.

14

정답설명

④ ㉠ '답사하다'에 대한 목적어 '유적지를'을 추가하여 문장의 필수 성분을 갖추었다.
㉡ '각 지역'이 '청소년'을 수식하는 의미이므로, '지역에'에서 부사격 조사 '에' 대신 관형격 조사 '의'를 결합하여 적절하게 수정하였다.
㉢ '의도'를 나타내는 어미 '-려는'을 지우고, 동작의 과거를 나타내는 관형사형 전성 어미 '-ㄴ'으로 수정하여 '지난여름'과 시제가 호응하게 하였다.

오답설명

㉣ 불필요한 의미 중복 표현은 사용되지 않아, 수정 사항에 반영되지 않았다. 참고로 불필요한 의미 중복의 대표적인 예는 '공기를 환기한다.'이다.

15

정답설명

② 짧은 담화 안에서 품사부터 피동·사동 표현, 부정문과 의문문까지 물어본 문제이다. ㉡의 '저기'는 생각이 잘 나지 않을 때, 말을 꺼내기 거북할 때에 쓰이는 말로 품사는 감탄사이다. 지시 대명사 '저기'는 말하는 이나 듣는 이로부터 멀리 있는 곳을 가리키는데, 이 대화의 맥락에 어울리지 않는다.

오답설명

① 본인의 의지와 무관하게 일어났다는 의미로 '끊어졌다'라는 피동 표현을 사용하였다. 본인이 '끊은' 것이 아니라 본인의 의지와 관계없이 당하였다는 의미로 피동 표현을 사용한 것인데, 이처럼 의지적인 행위가 아니라 어쩔 수 없는 일로 인해 일어난 경우는 피동 표현을 주로 사용한다.

③ '아차'는 감탄사로 무엇이 잘못된 것을 갑자기 깨달았을 때 하는 말이다.

④ '안'은 의지를 부정하는 것이고, '못'은 능력 부족이나 불가피한 상황일 때에 사용한다. 동생이 아파서 도서관에 가지 못한 것은 어쩔 수 없는 상황일 테니 '못' 부정이 어울리겠지.

⑤ "자세히 말해 볼래?"는 형식상으로는 의문문이지만 내용상으로는 말해 달라는 요청의 의미를 담고 있다. 이렇게 문장 종결 표현과 발화의 의도가 일치하지 않는 문장을 간접 표현이라고 한다.

문제분석 16-20번

번호	정답	정답률 (%)	선지별 선택비율(%)				
			①	②	③	④	⑤
16	③	95	1	2	95	1	1
17	⑤	92	1	1	5	1	92
18	②	93	3	93	2	1	1
19	④	84	4	3	5	84	4
20	⑤	58	19	7	6	10	58

16

정답설명

③ ㉡ 부사어 '비록'과 연결 어미 '-ㄹ수록'은 호응하지 않으므로, 부사어 '비록'과 어울리는 연결 어미 '-ㄹ지라도'로 수정하였다.
㉢ '작성할'의 대상인 목적어가 누락되었으므로 이에 맞는 '문서를'을 추가하였다.

17

정답설명

⑤ "어디 보자."는 A가 B에게 함께 무엇인가를 보자고 요청한 것이 아니라 A의 독백이므로 적절하지 않다.

오답설명

① A가 B에게 여기서 잠깐 기다리자고 요청하고 있다.

② A가 B에게 다친 곳을 보여 달라고 요청하고 있다.

③ A가 B에게 자신이 먼저 내릴 수 있도록 비켜 줄 것을 요청하고 있다.

④ A가 B에게 모자를 벗어 달라고 요청하고 있다.

18

정답설명

② 해당 문장은 '[참관인 자격으로 회의에 참석한] 두 사람은'이라는 주어, '[눈짓을 주고받은] 후(에)'라는 부사어, '조용히'라는 부사어, '회의장을'이라는

목적어, '빠져나갔다'라는 서술어로 이루어진 문장이다. 이는 문법적으로 정확한 문장으로 볼 수 있다.

오답설명

① 선행절인 '그는 자기가 창안한 사회 이론을 더욱 발전해'는 주어와 서술어의 호응이 어색하다. '그는 ~을 발전하다.'의 문형이 아니라 '그는 ~을 발전시키다.'의 문형으로 작성되어야 한다. '그는 자기가 창안한 사회 이론을 더욱 발전시켜'가 적절한 표현이다.

③ 접속 조사 '과'와 '따라'라는 단어 사용의 용례가 제대로 지켜지지 않았다. '~에 따라'라는 말은 '앞에 나오는 사실이나 근거에 비추어'라는 의미를 가지고 있는데, 문장에서 근거나 사실에 해당하는 것은 '생산 기술의 발달'을 의미한다. 한편 접속 조사 '과'는 앞말에 오는 대상과 뒤에 오는 대상을 대등하게 연결시키는 것인데(예 : 사과와 배, 한글과 영어), 앞말에 해당하는 '생산 기술의 발달'과 뒤에 오는 '그'는 동일한 대상이므로, 접속 조사로 연결시킬 필요가 없는 것이다. 따라서 '과'를 지우고, '생산 기술의 발달(사실, 근거)'을 뒤에 오는 '따라'에 곧바로 연결시켜야 자연스러운 문장이 된다. '~약 100년 동안 생산 기술의 발달에 따라 사회 조직의 큰 변화를 겪었다.'로 보는 것이 적절하다.

④ 주어는 '요점은'이며 서술어는 '알아야 한다'이므로 주어와 서술어의 호응이 어색하다. '이 책의 저자가 독자에게 말하려는 요점은 모름지기 사람은 남을 위하여 자기를 희생할 줄도 알아야 한다는 것이다.'가 적절하다.

⑤ 해당 문장은 '작품 이름의 혼동'과 '줄거리'가 서술어 '기억하지 못했다'의 목적어로 제시되어 있다. 이때 '작품 이름의 혼동'을 '기억하지 못했다'라는 부분이 어색한 호응 관계를 보인다. 따라서 '그의 작품들은 엇비슷해서 학생들이 작품 이름을 혼동하거나 각 작품의 이야기 줄거리를 잘 기억하지 못했다.' 정도가 적절하다.

19

정답설명

④ 〈보기〉에서 제시한 내용을 절대적인 판단 기준으로 삼아야 한다. ⓒ는 '동작의 진행, 상태의 지속' 두 가지 의미 모두로 해석될 수 있다고 하였다. 그러나 "안경 벗고 있어도 괜찮아."라는 문장은 안경을 벗은 상태가 지속되고 있어도 괜찮다는 의미만을 나타내므로, ⓒ가 아니라 ⓑ에 해당하는 예로 보아야 한다.

오답설명

① 양치질이 진행되고 있음을 나타내고 있으며, "양치질을 하는 중이었어요."로 교체하여도 의미가 유지되므로 ⓐ에 해당하는 예로 적절하다.

② 오해하는 상태의 지속을 의미하며, "오해하는 중이는 것 같아."로 교체하면 부자연스러운 문장이 되므로 ⓑ의 예에 해당된다.

③ '-고 있-'을 '-는 중이-'로 교체하면 '이미 아는 중이어.'가 되는데, 이는 어색한 문장이다. 따라서 ⓑ의 예에 해당된다.

⑤ "넥타이를 매고 있네."는 중의적 문장으로, 넥타이를 매는 동작이 진행되고 있다는 의미와 넥타이를 맨 상태가 지속되고 있다는 의미를 모두 가질 수 있다. 따라서 ⓒ에 해당하는 예로 적절하다.

20

정답설명

⑤ **문제 풀이의 제1원칙은 출제자의 요구를 확인하는 것이다.** 〈보기〉를 대충 보고 사동과 피동만 구분하러 선지로 갔으면 실수를 했을 가능성이 높다. 〈보기〉의 요구는 1) 사동과 피동을 구분해라. 2) 제시된 단어의 의미에 유의해서 동음이의어나 다의어를 구분해라. 이렇게 두 가지이다. 이것을 우선적으로 명확하게 확인하고 선지로 들어가야 한다.

'쓸다²'는 '비로 쓰레기 따위를 밀어내거나 한데 모아서 버리다.'의 의미를 가진 단어이다. '큰 마당의 눈이 빗자루에 쓸렸다.'에 쓰인 '쓸리다'는 '쓰레기 따위가 비로 밀리거나 한데 모아지다.'라는 의미를 나타내므로 '쓸다²'의 피동사로 적절하다. '내 동생에게 거실 바닥만 쓸렸다.'에 쓰인 '쓸리다'는 '비로 쓰레기 따위를 밀어내거나 한데 모아서 버리게 하다.'라는 의미를 나타내므로 '쓸다²'의 사동사로 적절하다.

오답설명

① '갈다¹'은 '어떤 직책에 있는 사람을 다른 사람으로 바꾸다.'의 의미를 가진 단어이다. '학생회 임원이 새 친구로 갈렸다.'에 쓰인 '갈리다'는 '어떤 직책에 있는 사람이 다른 사람으로 바뀌다.'라는 의미를 나타내므로 '갈다¹'의 피동사로 적절하다. 하지만 '삼촌이 형에게 그 텃밭을 갈렸다.'에 쓰인 '갈리다'는 '쟁기나 트랙터 따위의 농기구나 농기계로 땅을 파서 뒤집게 하다.'라는 의미를 나타내므로 '갈다¹'의 사동사로 적절하지 않다. 이는 '쟁기나 트랙터 따위의 농기구나 농기계로 땅을 파서 뒤집다.'라는 의미를 나타내는 '갈다³'의 사동사에 해당한다.

② '깎다'는 '값이나 금액을 낮추어서 줄이다.'의 의미를 가진 단어이다. '용돈이 이달에 만 원이나 깎였다.'와 '나는 저번 실수로 점수를 깎였다.'에 쓰인 '깎이다'는 모두 '값이나 금액이 낮추어져 줄게 되다.'라는 의미를 나타내므로 '깎다'의 피동사이다. '깎다'의 사동사 '깎이다(풀이나 털 따위를 잘라 내게 하다.)'의 용례로는 '이발사는 실습생에게 손님의 머리를 깎여 보았다.'를 들 수 있다.

③ '묻다¹'은 '가루, 풀, 물 따위가 그보다 큰 다른 물체에 들러붙거나 흔적이 남게 되다.'의 의미를 가진 단어이다. '내 친구는 가래떡에 꿀만 묻혔다.'와 '누나는 붓에 먹물을 듬뿍 묻혔다.'에 쓰인 '묻히다'는 모두 '가루, 풀, 물 따위를 그보다 큰 다른 물체에 들러붙게 하거나 흔적을 남기다.'라는 의미를 나타내므로 '묻다¹'의 사동사이다.

④ '물다²'는 '윗니와 아랫니 사이에 끼운 상태로 상처가 날 만큼 세게 누르다.'의 의미를 가진 단어이다. '아빠가 아이 입에 사탕을 물렸다.'에 쓰인 '물리다'는 '입 속에 넣게 하다.'라는 의미를 나타내므로 보기에 제시되지 않은 '물다[2]'의 사동사이다. 또한 '큰형이 동네 개에게 발을 물렸다.'에 쓰인 '물리다'는 '윗니와 아랫니 사이에 끼인 상태로 상처가 날 만큼 세게 눌리다.'라는 의미를 나타내므로 '물다²'의 피동사이다.

문제분석 21~25번

번호	정답	정답률(%)	선지별 선택비율(%)				
			①	②	③	④	⑤
21	⑤	79	1	11	2	7	79
22	③	70	11	5	70	5	9
23	⑤	76	7	2	2	13	76
24	④	75	5	3	13	75	4
25	②	82	2	82	4	10	2

21

정답설명

⑤ ㉠에 들어갈 예로 적절한 문장을 고르기 위해서는 두 가지 조건을 만족하는 문장 성분이 존재해야 한다.
(1) 안은문장에서 목적어로 쓰임
(2) 안긴문장에서의 객체 높임의 대상
'형은 [동생이 찾아뵈려던] 선생님을 학교에서 만났습니다.'라는 문장은 '형은 선생님을 학교에서 만났습니다.' + '동생이 선생님을 찾아뵈려고 하다.'로 나눌 수 있다. 안은문장의 목적어는 '선생님을'이며, 이는 안긴문장에서 객체 높임의 대상(목적어)에 해당하므로 적절한 예문이다.

오답설명

① '[편찮으시던] 어르신께서는 좀 건강해지셨나요?'는 '어르신께서는 좀 건강해지셨나요?' + '어르신께서 편찮으시다.'로 분석할 수 있다. 안은문장에 목적어가 나타나 있지 않으므로 ㉠에 들어갈 예문으로 적절하지 않다.
② '오빠는 [고향에 계신] 부모님을 집으로 모시고 갔다.'는 '오빠는 부모님을 집으로 모시고 갔다.' + '부모님이 고향에 계시다.'로 분석할 수 있다. 안은문장의 목적어인 '부모님을'은 안긴문장에서 '계시다'라는 특수 용언과 어울리는 주체 높임의 대상에 해당한다. 따라서 객체 높임의 대상이 아니므로 ㉠에 들어갈 예문으로 적절하지 않다.
③ '나는 [할아버지께서 선물을 주신] 날짜를 아직도 기억해.'는 '나는 날짜를 아직도 기억해.' + '할아버지께서 선물을 주시다.'로 분석할 수 있다. 안은문장의 목적어인 '날짜를'은 안긴문장의 객체 높임의 대상에 해당하지 않으므로 ㉠에 들어갈 예문으로 적절하지 않다.
④ '누나는 [다음 주에 인사를 드릴] 할머니께 편지를 썼어요.'는 '누나는 할머니께 편지를 썼어요.' + '(누나가) 할머니께 다음 주에 인사를 드리다.'로 분석할 수 있다. 안은문장의 목적어인 '편지를'이 안긴문장에서의 객체 높임의 대상에 해당하지 않으므로 ㉠에 들어갈 예문으로 적절하지 않다.

22

정답설명

③ '밝혀졌다'는 '밝히어지었다'의 준말로, 동사 '밝히다'의 어간 '밝히-'에 '-어지-'를 결합하는 방법으로 쓰였으므로 적절하다. 이때 동사 '밝히다'는 '밝다'에 사동 접미사 '-히-'가 붙은 형태가 아니라, 기본형 자체가 '밝히다'이다. 이때 '밝히다'는 '드러나지 않거나 알려지지 않은 사실, 내용, 생각 따위를 드러내 알리다.'의 의미를 가지며 쌤이 말했던 범죄형 단어(피동이나 사

동의 느낌을 주지만 피동도 사동도 아닌 단어)인 것이다. 따라서 '밝히-'에 '-어지-'가 붙어 피동문의 서술어가 된 것으로 적절한 선지이다.

오답설명

① '입혔다'는 '입히었다'의 준말로, 동사 어근에 접사 '-히-'가 결합하는 방법으로 쓰인 것은 맞지만, 피동 접사가 쓰인 것이 아니다. '아버지'라는 주체가 '아이'로 하여금 입는 행동을 하게 만든 것이므로, '입혔다'는 사동 접사가 쓰인 것이다. **선지의 밑줄 부분만 읽었다면 헷갈렸을 것이다. 전체 문장에서 동사가 어떻게 쓰였는지를 파악해야 한다.**
② '건네받았다'는 동사 '건네다'와 동사 '받다'가 합쳐진 동사이다. '건네받다'는 하나의 동사로, '건네받-'이 어간이므로 여기서의 '받-'은 동사 어간의 일부이자 어근이지, 접사가 아니다.
④ ㉣은 '많은 사람들이 그 사람을 존경한다.'처럼 대응하는 능동문을 상정할 수 있다. '존경받는다'는 '존경하다'의 접사 '-하-'를 접사 '-받-'으로 교체하는 방법인 ㉤에 해당하는 예시이다.
⑤ ㉥에서 '-어지-'는 형용사나 자동사에 변화의 의미를 더하기도 한다고 했는데, '이루다'는 타동사이므로 적절하지 않다. '이루어졌다'는 동사 '이루다'의 어간 '이루-'에 '-어지-'를 결합하는 방법으로 ㉢에 해당하는 예시이다.

23

정답설명

⑤ ㉠은 형용사 '고요하다'가 서술어로 쓰여 '-지 않다'가 단순 부정을 나타낸다. ㉡은 동사 '오다'가 서술어로 쓰이는 경우이며 주어 '비'가 의지를 가지지 못하는 무정물이므로, '안'이 단순 부정을 나타낸다.

오답설명

① ㉠은 동사 '발달하다'라는 서술어와 무정물 주어 '통신 기술'이 쓰여 '-지 않다'가 단순 부정을 나타내므로 ㉠이 아닌 ㉡에 해당하는 예시이기 때문에 적절하지 않다. ㉡은 동사 '도착하다'라는 서술어와 무정물 주어 '옷'이 쓰여 '-지 않다'가 단순 부정을 나타낸다.
② ㉠은 형용사 '어렵다'가 서술어로 쓰여 '-지 않다'가 단순 부정을 나타낸다. ㉡은 동사 '잊다'가 서술어로 쓰였고 '저'가 의지를 가지는 유정물 주어이며, 이 문장은 단순 부정이 아닌 의지 부정이기 때문에 ㉡에 해당하지 않는다.
③ ㉠은 형용사 '궁금하다'가 서술어로 쓰여 '-지 않다'가 단순 부정을 나타낸다. ㉡은 동사 '가져가다'가 서술어로 쓰였고 '동생'은 유정물 주어이므로 ㉡에 해당하지 않는다.
④ ㉠은 동사 '놀라다'가 서술어로 쓰였으므로 적절하지 않다. ㉡은 동사 '통하다'가 서술어이고 무정물 주어 '전기'가 쓰였으므로 적절하다.

24

정답설명

④ ㉤은 화자인 민수가 있던 장소(○○ 서점)로 정수가 이동했음을 나타낸다. 그러나 ㉥은 이를 전해들은 희철이 다시 언급한 것이므로, 화자가 있던 장소로의 이동을 나타내지 않는다.

오답설명

① ㉠과 ㉤은 각각 발화 시점의 다음 날과 전날을 가리킨다. 따라서 ㉠과 ㉤ 모두 발화 시점에 따라 언제인지가 정해지므로 선지의 진술은 적절하지 않다.

② ㉡은 바로 전의 민수의 발화를 직접 가리키지만, ㉢은 이전 발화가 아니라 장소인 '○○ 서점'을 가리키므로 적절하지 않다.

③ ㉣ '정수'는 사람의 이름, 즉 고유 명사이므로 담화 참여자에 따라 지시 대상이 달라지지 않는다. 반면 ㉨ '네'는 지시 대명사이므로, 청자에 따라 지시 대상이 달라진다.

⑤ ㉥은 '기영'을 제외한 '민수', '희철'만을 가리키므로 담화에 참여한 모든 사람들을 가리키지 않는다. 반면 ㉪은 담화에 참여한 세 명 모두를 가리킨다.

25

정답설명

② ⓒ에서 '동생'을 '할머니'로 바꾸면 '나는 할머니께 책을 읽었다.'가 된다. '할머니'는 높임의 대상이므로 부사어로 쓰일 때 '에게'가 아니라 높임의 부사격 조사 '께'를 쓰는 것은 옳은 판단이다. 그러나 사동사 '읽히다'의 주체는 '할머니'가 아니라 '나'다. 국어에서 자신을 포함한 1인칭을 높이는 것은 올바르지 않으므로 '읽혔다'에 '-시-'를 넣어서 '읽히셨다'로 바꾸는 것은 적절하지 않다.

오답설명

① ⓐ, ⓑ에서 '형'을 높임의 대상인 '어머니'로 바꾸면 각각 '어머니께서 동생을 업으셨다.', '동생이 어머니께 업혔다.'가 된다. ⓐ에서 서술어 '업었다'를 행하는 주체가 높임의 대상인 '어머니'이기 때문에 서술어에 '-으시-'를 넣어야 한다. 반면 ⓑ에서 서술어 '업혔다'를 행하는 주체는 '동생'인데, 이는 높임의 대상이 아니므로 서술어에 '-시-'를 넣지 않는 것이다.

③ ⓓ에서 '동생'을 '할머니'로 바꾸면 '나는 할머니께서 책을 읽으시게 했다.'가 된다. 이때, 책을 읽는 주체와 책을 읽도록 만드는 주체를 따로 생각해야 한다. 전자는 '할머니'이고 후자는 '나'인데, '나'는 '했다'의 주어가 된다. 따라서 '-으시-'는 '했다'에 넣으면 안 되고, 높임의 대상이 행하는 서술어인 '읽게'에 넣어야 한다(읽게 하셨다 X). 또, '할머니'는 책을 읽는 주체이므로 높임의 주격 조사 '께서'를 써서 '할머니께서'로 표현해야 한다.

④ ⓐ, ⓑ의 서술어에서 '-었-'을 '-고 있-'으로 바꾸면 각각 '형이 동생을 업고 있다.', '동생이 형에게 업히고 있다.'가 된다. 전자는 동작의 완료 후 상태 지속의 의미를 나타낼 수 있지만, 후자는 그럴 수 없으며 행동의 진행으로만 해석이 된다.

형태쌤의 과외시간

능동문과 피동문은 주어가 달라지고 이에 따라 초점이 달라진다. '형이 동생을 업고 있다.'는 형에게 초점이 부여되고, 동작이 완료되어도 형이 동생을 업고 있는 상태의 지속이 되지만, '동생이 형에게 업히고 있다.'는 동생에게 초점이 부여되고, 동작이 완료된 후 동생이 형에게 업히는 동작은 지속될 수 없다. 업히는 동작이 완료되었다는 것은 이미 업혀 있는 상태인 것이므로 업히는 동작이 지속되고 있다고 보기 어렵기 때문이다.

⑤ ⓐ의 서술어에서 '-었-'을 '-고 있-'으로 바꾼 '형이 동생을 업고 있다.'는 상태 지속의 의미, 동작의 진행 의미를 모두 나타낼 수 있다. ⓒ의 서술어에서 '-었-'을 '-고 있-'으로 바꾸면 '나는 동생에게 책을 읽히고 있다.'가 된다. 이는 동생에게 책을 읽히는 행위가 진행 중이라는 의미를 나타내므로 적절하다.

문제분석 26-28번

번호	정답	정답률 (%)	선지별 선택비율(%)				
			①	②	③	④	⑤
26	③	86	4	3	86	3	4
27	⑤	77	5	11	2	5	77
28	②	85	3	85	4	5	3

26

정답설명

③ ㉤은 '영민', '평화', '지혜'가 보려고 하는 영화의 시작 시간인 6시를 의미한다. 이때 '영민'이 4시 반에 진로 상담이 있다고 하였고, 이를 들은 '지혜'와 '평화'는 영화 시작 시간을 기준으로 1시간 앞서(㉢) 만나 저녁을 미리(㉤) 먹자고 하였다. 따라서 ㉢과 ㉤이 가리키는 시간대가 ㉤을 기준으로 정해진다는 선지의 내용은 적절하다.

오답설명

① ㉠과 ㉤은 모두 영화가 시작하는 시간인 6시를 가리키므로, 같은 시간이다.

② ㉡의 '미리'는 '평화'가 '어제' '진로 상담'을 받았음을 의미하므로 발화 시점을 기준으로 과거를 가리키는 것이 맞다. 하지만 ㉤의 '미리'는 '지혜'와 '평화'가 5시와 6시 사이에 만나 저녁 식사를 하는 것을 의미하므로, 아직 일어나지 않은 미래를 가리킨다.

④ ㉣의 출발 장소는 '지혜'와 '평화'가 가려고 하는 '분식집'이고, ㉨의 출발 장소는 '영민'이 '진로 상담'을 마치는 공간이므로 이동의 출발 장소는 서로 다르다.

⑤ ㉥은 영화관을 등지고 볼 때의 방향이고, ㉧은 영화관을 마주볼 때의 방향이다. 이때 ㉥과 ㉧은 '분식집'이라는 동일한 공간을 의미하므로 선지의 내용은 적절하지 않다.

27

형태쌤의 과외시간

[조건]
1. 겹문장이지만 명사절, 관형절, 부사절, 인용절, 서술절의 안긴문장 중 하나가 한 번만 나타나야 함.
2. 안긴절에 부정 부사 '안'이나 '못'이 사용되어야 함.*
3. 안은문장의 절대 시제가 과거여야 함.

* '않다/아니하다', '못하다' 등의 보조 용언이 사용된 부정 표현은 긴 부정 표현임.

정답설명

⑤ '그가 못 읽은'이 '소설'을 수식하는 관형절로 안겨 있고 그 외의 안긴절이 없으므로 첫 번째 조건을 충족한다. 그리고 이 관형절 속에는 부정 부사 '못'이 서술어 '읽은'을 수식하면서 부정문을 형성하고 있으므로 짧은 부정 표현이 나타나야 한다는 두 번째 조건도 충족한다. 또한 '읽었다'에서 안은 문장의 사건시가 발화시보다 앞선 과거 시제로 나타나 있으므로 세 번째 조건도 충족한다.

오답설명

① '차갑지 않은'이 '음식'을 수식하는 관형절로 안겨 있고 그 외의 안긴절은 없으며, '먹었었다'는 사건시가 발화시에 앞서는 과거이므로 첫 번째 조건과 세 번째 조건은 충족한다. 하지만 '차갑지 않은'은 긴 부정 표현이므로 두 번째 조건을 충족하지 않는다.

② 인용격 조사 '고'가 결합해 있는 인용절인 '바쁜 업무들이 안 끝났다'에는 부정 부사 '안'이 사용되고 있어 짧은 부정 표현이 나타나고, '통보했다'는 사건시가 발화시에 앞서는 과거이므로 두 번째 조건과 세 번째 조건을 충족한다. 하지만 인용절 '바쁜 업무들이 안 끝났다'에는 '바쁜'이라는 관형절이 안겨 있으므로 안긴절이 두 번 나타나고 있어 첫 번째 조건을 충족하지 않는다.

③ 인용격 조사 '고'가 결합해 있는 '결코 포기를 하지 않겠다'라는 인용절이 안겨 있고 그 외의 안긴절은 없으며, '결심했다'는 사건시가 발화시보다 앞선 과거이므로 첫 번째 조건과 세 번째 조건을 충족한다. 하지만 '하지 않겠다'는 '않다'라는 보조 용언을 활용한 긴 부정 표현이므로 두 번째 조건을 충족하지 않는다.

④ '그 버스가 제때 못 올'이 의존 명사 '것'을 수식하는 관형절로 안겨 있고 그 외의 안긴절은 나타나지 않으며, 부정 부사 '못'이 서술어 '올'을 수식하면서 부정문을 형성하고 있으므로 첫 번째 조건과 두 번째 조건을 충족한다. 하지만 '예상한다'는 사건시가 발화시와 같은 현재 시제이므로 세 번째 조건을 충족하지 않는다.

28

정답설명

② 〈보기〉에 따르면 간접 인용될 때 상대 높임 종결 어미는 문장의 종류별로 한 가지로 한정되며, 청유형에서는 '보다'가 '보자'로 나타난다. 따라서 그가 "청소를 같이 해요."라고 발화하였다면 ㉠과 같이 '청소를 같이 하자고'로 간접 인용될 수 있으므로, 선지의 내용은 적절하다.

오답설명

① 〈보기〉에 따르면 간접 인용될 때 원 발화의 시간 표현 등은 맥락에 따라 조정된다. 따라서 ㉠의 '오늘은'은 맥락에 따라 시간 표현이 조정된 것으로 볼 수 있으며, ㉠의 원 발화가 "모레는 청소를 같이 하자."였어도 ㉠과 같이 '오늘은 청소를 같이 하자고'로 간접 인용될 수 있다.

③ 〈보기〉에 따르면 간접 인용될 때 원 발화의 인칭 등은 맥락에 따라 조정된다. ㉡의 재귀칭 '자기'는 맥락을 고려할 때 원 발화에서 화자인 '김 선생'이 본인을 가리키기 위해 사용된 것이므로, "나도 시를 좋아한다."에서의 '나'와 같이 1인칭으로 나타났을 것이다.

④ 〈보기〉에 따르면 간접 인용될 때 상대 높임 종결 어미는 문장의 종류별로 한 가지로 한정된다. 따라서 ㉡의 원 발화가 "나도(저도) 시를 좋아합니다."였어도 ㉡과 같이 '시를 좋아한다고'로 간접 인용될 수 있다.

⑤ 〈보기〉에 따르면 간접 인용될 때는 원 발화의 시간 표현 등이 맥락에 따라 조정된다. 따라서 ㉢의 원 발화가 "내가 모레 퇴원을 할 수 있겠어?"처럼 미래 시제 선어말 어미 '-겠-'을 가졌어도 ㉢과 같이 '네가 내일 퇴원을 할 수 있겠냐고'로 간접 인용될 수 있다.

1	③	2	③	3	①	4	④	5	①
6	④	7	②	8	③	9	①	10	①
11	④	12	①	13	④	14	①	15	①
16	②	17	⑤	18	③	19	④	20	⑤
21	③	22	③	23	①	24	⑤	25	②
26	④	27	②	28	④	29	⑤	30	⑤
31	②	32	①	33	②	34	③	35	②
36	④	37	③	38	②	39	②		

01

형태쌤의 과외시간

[조건]
ⓐ : 과거 시제 '-았/었-', '-더-', '-(으)ㄴ', '-던' 등이 나타나야 함.
ⓑ : 객체 높임을 나타내는 특수 어휘나 부사격 조사 '께'가 나타나야 함.
ⓒ : 명사형 어미 '-(으)ㅁ, -기'가 사용된 명사절이 문장 안에 안겨 있어야 함.

정답설명

③ '그가 아침에 수영장에 갔음을 친구에게 전해 들었다.'의 문장은 '갔음(가 - + -았- + -음)'과 '들었다'에서 과거 시제 선어말 어미 '-았-', '-었-'을 사용해 과거 시제를 나타내고 있으므로 ⓐ 조건을 충족한다. 또한 명사절 '그가 아침에 수영장에 갔음'이 안겨 있으므로 ⓒ 조건을 충족한다. 따라서 해당 문장은 ⓐ, ⓒ의 조건이 실현된 ㉡의 예문으로 볼 수 있다.

오답설명

① '날씨가 좋으면 형이 할머니를 모시고 나올 것이다.'의 문장은 객체인 '할머니'를 높이기 위해 객체 높임을 나타내는 특수 어휘 '모시고'를 사용하고 있으므로 ⓑ 조건을 충족한다. 하지만 과거 시제가 나타나지는 않으므로 ⓐ 조건을 충족하지 못한다. 따라서 해당 문장은 ⓐ, ⓑ의 조건이 실현된 ㉠의 예문으로 볼 수 없다.
② '아버지께서 옷을 들고 저를 마중하러 나오셨습니다.'의 문장은 '나오셨습니다'에서 과거 시제 선어말 어미 '-었-'을 사용해 과거 시제를 나타내고 있으므로 ⓐ 조건을 충족한다. 하지만 객체 높임 표현이 나타나지는 않으므로 ⓑ 조건을 충족하지 못한다. 따라서 해당 문장은 ⓐ, ⓑ의 조건이 실현된 ㉠의 예문으로 볼 수 없다.
④ '동생은 우산이 없어서 비가 그치기를 기다리고 있다.'의 문장은 명사절 '비가 그치기'가 안겨 있으므로 ⓒ 조건을 충족한다. 하지만 과거 시제가 나타나지는 않으므로 ⓐ 조건을 충족하지 못한다. 따라서 해당 문장은 ⓐ, ⓒ의 조건이 실현된 ㉡의 예문으로 볼 수 없다.
⑤ '저는 어머니께 식사를 차려 드리고 학교에 갔습니다.'의 문장은 객체인 '어머니'를 높이기 위해 객체 높임을 나타내는 부사격 조사 '께'와 특수 어휘 '드리고'를 사용하고 있으므로 ⓑ 조건을 충족한다. 하지만 명사절이 안겨

있지는 않았으므로 ⓒ 조건을 충족하지 않는다. 따라서 해당 문장은 ⓑ, ⓒ의 조건이 실현된 ㉢의 예문으로 볼 수 없다.

02

정답설명

③ 안긴문장 '고향에 계신'의 원래 문장은 '(할머니께서) 고향에 계시다.'로, 특수 어휘 '계시다'를 활용하여 주체인 '할머니'를 높이고 있으므로 ㉠의 예로 적절하다.

오답설명

① 안긴문장 '친척 어르신께 안부를 여쭙기'에서 특수 어휘 '여쭙다'를 활용하고 있으나, 주체가 아니라 객체인 '친척 어르신'을 높이고 있으므로 ㉠의 예로 적절하지 않다.
② 안긴문장 '오랜만에 뵌'에서 특수 어휘 '뵈다'를 활용하고 있으나, 주체가 아니라 객체인 '은사님'을 높이고 있으므로 ㉠의 예로 적절하지 않다.
④ 안긴문장 '머리가 하얗게 세신'에서는 높임 선어말 어미 '-시-'를 활용하여 주체인 '할아버지'를 높이고 있을 뿐, 특수 어휘를 활용하고 있지 않으므로 ㉠의 예로 적절하지 않다.
⑤ 안긴문장 '삼촌이 편하게 쉬시도록'에서는 높임 선어말 어미 '-시-'를 활용하여 주체인 '삼촌'을 높이고 있을 뿐, 특수 어휘를 활용하고 있지 않으므로 ㉠의 예로 적절하지 않다.

03

정답설명

① ㄱ에서는 부사어가 지시하는 대상인 '할머니'를 높이기 위해 높임의 부사격 조사 '께'와 높임의 의미를 가진 특수한 어휘 '여쭈다'가 사용되었다.

오답설명

② ㄷ의 '마시고'에서 주어가 지시하는 대상인 '형님'을 높이기 위해 선어말 어미 '-시-'가 사용되었음을 확인할 수 있다. 하지만 주어가 지시하는 대상인 '형님'을 높이기 위해 조사 '께서'가 사용되지는 않았으므로 선지의 내용은 적절하지 않다. 참고로 '주무시다'는 주어가 지시하는 대상을 높이기 위한 특수 어휘이며, '형님' 또한 '형'을 높이는 특수한 어휘에 해당한다.
③ ㄱ과 ㄴ에서는 모두 주어가 지시하는 대상을 높이는 표현은 사용되지 않았으며, 각각 부사어와 목적어가 지시하는 대상인 '할머니'와 '손님'을 높이기 위해 높임의 의미를 가진 특수 어휘 '여쭈다'와 '모시다'가 사용되었다.
④ ㄴ과 ㄷ의 '가겠습니다.', '주무십시오.'에서 종결 어미를 통해 말을 듣는 상대를 높이는 격식체가 사용되었음을 알 수 있다. 하지만 조사를 통한 상대 높임 실현은 찾아볼 수 없다.
⑤ ㄴ의 '모시고'에서 목적어가 지시하는 대상을 높이기 위한 특수한 어휘가 사용되었음을 확인할 수 있다. 하지만 ㄱ의 '여쭈러'에서는 부사어가 지시하는 대상을, ㄷ의 '주무십시오.'에서는 주어가 지시하는 대상을 높이기 위해 특수한 어휘를 사용하였으므로 선지의 내용은 적절하지 않다.

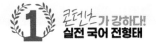
04

정답설명

④ 직접 인용절에서는 직접 인용절의 발화자 '친구'의 관점으로 '이곳이'라고
나타났지만, 간접 인용절에서는 '나'의 관점으로 지시 표현이 '그곳이'로 바
뀌어 나타났다.

오답설명

① 직접 인용절에서의 시간 부사 '내일'이 간접 인용절에서 '오늘'로 바뀌어
나타났다.

② 직접 인용절에서의 상대 높임 표현 '갑니다'가 간접 인용절에서 '간다고'로
바뀌어 나타났다.

③ 직접 인용절이 명령문일 때 간접 인용절의 인용 조사는 '고'가 사용되었다.

⑤ 직접 인용절에서의 감탄형 종결 어미 '-구나'가 간접 인용절에서 평서형
종결 어미 '-다'로 바뀌어 나타났다.

05

정답설명

① 해당 문장에서 '저희'는 그 자체에 낮춤의 의미가 있는 어휘로, '드리다'는
그 자체에 높임의 의미가 담긴 어휘로 볼 수 있다.

오답설명

② '연세'를 그 자체에 높임의 의미가 담긴 어휘로 볼 수 있으나, 그 자체에
낮춤의 의미가 있는 어휘는 사용되지 않았다.

③ '말씀'은 화자의 말을 가리킬 때에는 낮춤의 의미가 있는 어휘로, 타인의
말을 가리킬 때에는 높임의 의미가 담긴 어휘로 사용이 된다. '제 말씀'의
경우 '말씀'과 '제'는 그 자체에 낮춤의 의미가 있는 어휘로 볼 수 있으나,
그 자체에 높임의 의미가 담긴 어휘는 사용되지 않았다.

④ '여쭈다'를 그 자체에 높임의 의미가 있는 어휘로 볼 수 있으나, 그 자체에
낮춤의 의미가 있는 어휘는 사용되지 않았다.

⑤ '모시다'를 그 자체에 높임의 의미가 담긴 어휘로 볼 수 있으나, 그 자체에
낮춤의 의미가 있는 어휘는 사용되지 않았다.

06

정답설명

④ ㉣의 '읽히셨다'는 접사에 의한 사동 표현이고 '읽게 하셨다'는 '-게 하다'에
의한 사동 표현인데, 모두 '선생님께서 철수에게 책을 읽도록 시키는' 간접
사동의 의미로만 해석된다. 접사에 의한 사동 표현은 일반적으로 직접 사동
과 간접 사동의 의미를 모두 나타내지만 '읽히다'와 같이 직접 사동의 의미
로 해석되지 않는 사례들도 존재한다. '읽히다'가 사용된 사동문의 주어(사
동주)가 피사동주가 하는 '읽다'라는 행위에 직접적으로 관여할 수 없기에
간접 사동의 의미로만 해석하는 것이다.

오답설명

① ㉠의 '낮춘다'는 '낮다'라는 형용사에 사동 접사 '-추-'가 결합된 사동사이다.

② ㉡은 주동문이 사동문으로 바뀔 때 서술어가 주어와 목적어를 요구하는
두 자리 서술어에서 주어와 목적어, 그리고 부사어를 요구하는 세 자리 서

술어로 바뀌었다.

③ '이삿짐이 방으로 옮다'로 쓸 수 없으므로 ㉢의 경우 대응하는 주동문을
만들 수 없다는 이해는 적절하다.

학생들이 자주 묻는 질문

Q. '사람들이 방으로 이삿짐을 옮긴다.'가 왜 사동문인가요?

A. 사동문의 경우 주체가 제3의 대상에게 동작이나 행동을 하도록 시키는
것이 맞지만 '사람들이 방으로 이삿짐을 옮긴다.'와 같이 정확히 '주체',
'제3의 대상'을 상정하기 어려운 경우도 있다. 하지만 '옮기다'는 '움직여
자리를 바꾸다.'의 뜻을 갖는 '옮다'에 사동 접사 '-기-'가 결합해 '어떤
곳에서 다른 곳으로 자리를 바꾸게 하다.'라는 뜻을 가진 사동사에 해당
하며, 의미상 '사람들이 방으로 이삿짐의 자리를 바꾸게 한 것'이므로
사동문으로 판단하여 주면 된다.

⑤ ㉤에서 자동사가 서술어로 사용된 주동문의 주어 '아기가'는 사동문에서
목적어로, 타동사가 서술어로 사용된 주동문의 주어 '철수가'는 사동문에서
부사어로 바뀌었다.

07

정답설명

② ㉠의 '녹았다'는 주어를 필요로 하는 한 자리 서술어이고, ㉡의 '녹였다'는
사동사로 주어와 목적어를 필요로 하는 두 자리 서술어이다. ㉢의 '보았다'
는 주어와 목적어를 필요로 하는 두 자리 서술어이고, ㉣의 '보였다'는 피동
사로 주어를 필요로 하는 한 자리 서술어이다. 따라서 ㉡은 사동문이며,
㉢과 서술어 자릿수가 같다.

오답설명

① ㉠은 피동문이 아니다.

③ ㉡은 사동문이며 ㉣과 서술어 자릿수가 다르다.

④ ㉣은 피동문이나 ㉡과 서술어 자릿수가 다르다.

⑤ ㉣은 피동문이고 ㉢과 서술어 자릿수가 다르다.

08

정답설명

③ '넓다'는 형용사이고, '넓히다'는 동사이므로 품사가 달라지고, '(방이) 넓다'
에서 '(방을) 넓히다'로 문장 구조가 달라진다. '팔다'와 '팔리다'는 모두 동사
이므로 품사가 달라지지 않고, '(책을) 팔다'에서 '(책이) 팔리다'로 문장 구
조가 달라진다.

오답설명

① '깎다'와 '깎이다'는 모두 동사이므로 품사가 달라지지 않고, '(풀을) 깎다'에
서 '(풀이) 깎이다'와 같이 문장 구조는 달라진다. '밟다'와 '밟히다'는 모두
동사이므로 품사가 달라지지 않고, '(발을) 밟다'에서 '(발이) 밟히다'와 같이
문장 구조는 달라진다. 따라서 ㉮에 해당하는 사례가 적절하지 않다.

② '깎다'와 '깎이다'는 모두 동사이므로 품사가 달라지지 않고, '(풀을) 깎다'에서 '(풀이) 깎이다'와 같이 문장 구조는 달라진다. '밝다'는 형용사이고, '밝히다'는 동사이므로 품사가 달라지고, '(불이) 밝다'에서 '(불을) 밝히다'로 문장 구조가 달라진다. 따라서 ㉠와 ㉡에 해당하는 사례가 모두 적절하지 않다.

④ '넓다'는 형용사이고, '넓히다'는 동사이므로 품사가 달라지고, '(방이) 넓다'에서 '(방을) 넓히다'로 문장 구조가 달라진다. '높다'는 형용사이고, '높이다'는 동사이므로 품사가 달라지고, '(굽이) 높다'에서 '(굽을) 높이다'로 문장 구조가 달라진다. 따라서 ㉡에 해당하는 사례가 적절하지 않다.

⑤ '낮다'는 형용사이고, '낮추다'는 동사이므로 품사가 달라지고, '(음이) 낮다'에서 '(음을) 낮추다'로 문장 구조가 달라진다. '밀다'와 '밀치다'는 모두 동사이므로 품사가 달라지지 않고, '(문을) 밀다', '(문을) 밀치다'를 통해 알 수 있듯이 문장 구조가 달라지지 않는다. 따라서 ㉡에 해당하는 사례가 적절하지 않다.

09
정답설명

① ㉠의 '지루하다 못해 졸리다'에서 '못해'는 지루하다는 상태에 미치지 않음을 의미하는 것이 아니라, 지루함의 상태가 극에 달해 지루함을 넘어 졸린 상태에 이른 것을 뜻하므로 '지루하다'의 상태에 미치지 않았다는 것도, 뒷말을 부정하고 있다는 것도 모두 적절하지 않다.

오답설명

② 부정 표현 중에서 '능력'이나 '그 밖의 다른 상황'으로 인한 부정을 표현하는 '못' 부정문은 부사 '못'을 사용하거나 용언 '못하다'에 의해 실현된다. ㉡을 통해 '자전거를 탄다'의 부정문으로 '못 탄다'와 '타지 못한다' 모두 가능하다는 것을 알 수 있다.

③ 명령문의 부정 표현에서는 '안' 부정과 '못' 부정이 아닌 '말다' 부정을 사용한다.

④ '*못 넉넉하다.'를 통해 형용사 '넉넉하다'가 부정 부사의 수식을 받아 부정문을 이루는 것은 비문법적인 표현임을 알 수 있다. 따라서 부정 용언을 사용하여 '넉넉하지 못하다'와 같이 쓰는 것이 적절하다.

⑤ ㉣에서 '분명히'는 '했다', '하지 않았다' 모두와 호응을 이루지만 '결코'는 '하지 않았다'와만 호응을 이룬다. 이를 통해 반드시 부정 표현과 함께 쓰여야 하는 부사가 있다는 것을 알 수 있다.

10
정답설명

① (가)~(라)의 앞 절과 뒤 절의 사건들은 모두 과거에 일어난 것이다. (나)의 앞 절에는 과거 시제 선어말 어미 '-었-'이 사용되었지만('끓였다가'), (가)의 앞 절에는 어간 '먹-'에 시제 선어말 어미 없이 연결 어미 '-다가'가 바로 결합되어 있다.

오답설명

② (가)와 (다)의 앞 절에는 시제 선어말 어미가 쓰이지 않았지만 뒤 절의 시제가 과거인 것을 통해 앞 절의 시제를 과거로 해석할 수 있다.

③ (가)와 (라)의 앞 절에는 과거 시제 선어말 어미 '-았-/-었-' 등이 쓰이지 않았

다.

④ (나)에서 '-다가'는 '어떤 동작이나 상태 따위가 중단되고 다른 동작이나 상태로 바뀜.'의 뜻으로 쓰였으므로, 찌개를 끓이는 사건이 끝난 후 찌개를 식히는 사건이 일어남을 알 수 있다. (다)에서 '-어서'는 시간적 선후 관계를 나타내고 있으므로 종이를 접는 사건이 끝난 후 종이를 주머니에 넣은 사건이 일어나고 있음을 알 수 있다.

⑤ (라)는 문을 쾅 닫는 행위로 인해 동생이 잠을 깨는 사건이 발생한 것이므로, 두 사건에 인과 관계가 있다. 그러나 (다)에서는 종이를 접었기 때문에 주머니에 넣은 것이 아니므로 두 사건이 인과 관계로 해석되지 않는다.

11
정답설명

④ 해당 문장에서의 주체는 '선생님'이 아니라 '제(저)'이다. '말씀'에는 높임과 낮춤의 뜻이 모두 있다. 화자는 자신의 말을 '말씀'으로 낮춤으로써 주체가 아니라 대화 상대인 '선생님'을 높이고 있다.

오답설명

① 해당 문장은 높임의 주격 조사 '께서'와 주체를 높이는 특수 어휘 '계시다'를 사용하여 문장의 주체인 '할머니'를 높이고 있다.

② 해당 문장은 높임의 부사격 조사 '께'와 객체를 높이는 특수 어휘 '드리다'를 사용하여 문장의 객체(부사어)인 '어머니'를 높이고 있다.

③ 해당 문장은 높임의 주격 조사 '께서'와 주체 높임 선어말 어미 '-시-'를 사용하여 문장의 주체인 '할아버지'를 높이고 있다.

⑤ 해당 문장은 격식체 중 아주 높임 표현인 하십시오체 종결 어미 '-습니다'를 통해 대화 상대인 '아버지'를 높이고 있다.

12
정답설명

① 해당 문장이 잘못된 이유는 '나이'라는 대상에 대해 '작다'라는 개념을 사용했기 때문이다. '나이'는 '크다/작다'의 개념이 아니라 '많다/적다'의 개념이므로, '나이가 많고 적음은 큰 의미가 없다.'로 수정해야 한다.

오답설명

② '아버지'가 체언 '생신'을 수식해야 하므로, 부사어를 만드는 부사격 조사가 아닌 관형어를 만드는 관형격 조사가 사용되어야 한다.

③ '-던지'는 '얼마나 춥던지 손이 곱아 펴지지 않았다.'와 같이 막연한 의문이 있는 채로 그것을 뒤 절의 사실과 관련시키는 데 쓰는 연결 어미이다. 해당 문장은 '집'과 '학교' 중 선택할 것을 이야기하고 있으므로, '-던지'를 사용하는 것은 적절하지 않다. '나열된 동작이나 상태, 대상들 중에서 어느 것이든 선택될 수 있음을 나타내는 연결 어미'인 '-든지'로 수정하는 것이 적절하다.

④ 부사 '결코'는 '아니다', '없다', '못하다' 따위의 부정어와 함께 쓰여 '어떤 경우에도 절대로'라는 의미를 나타낸다.

⑤ '그녀는 노래와 춤을 추고 있다.'라는 문장은 '그녀는 노래를 추고 있다.'라는 문장과 '그녀는 춤을 추고 있다.'라는 문장이 합쳐진 것으로 분석된다. 하지만 '노래'와 '추다'라는 서술어는 어울리지 않으므로, '그녀는 노래를 부르며 춤을 추고 있다.'와 같이 '노래'에 대한 서술어를 밝혀주어야 한다.

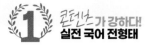
13

정답설명

④ ㉣의 '빨리 가라.'는 명령형 어미를 사용하여, 화자의 의도와 종결 표현을 일치시켜 표현한 것이다. 화자인 소연이 자신의 의도를 직접 드러내고 있으므로, 화자의 명령에 대한 청자의 부담을 덜어 주려 하는 것으로 볼 수 없다.

오답설명

① '(지연을 토닥이며)'라는 비언어적 표현으로 보아, 어머니가 지연을 조심스럽게 깨우고 있는 상황임을 알 수 있다. 어머니는 청자인 지연에게 '저기'와 '좀'이라는 언어 표현을 사용하여 일어나라는 명령의 의미를 완곡하게(=부드럽게) 나타내고 있다.

② 지연은 자신을 대신하여 선생님께 전화해 달라는 요청의 의미를 '전화해 주시겠어요?'와 같은 의문형 어미를 사용하여 완곡하게 표현하고 있다.

③ ㉢의 '가자'는 청유형 어미가 쓰인 것이다. 어떠한 행동을 같이 할 것을 요청하는 청유의 의도와 종결 표현이 일치하고 있으므로, 화자인 어머니가 자신의 의도를 직접 드러내고 있음을 알 수 있다.

⑤ ㉤은 '작은 소리로 말하라'는 명령의 의도를 보조사 '만'과 평서형 종결 어미 '-다'를 사용해 완곡하게 표현하고 있으므로 적절하다.

14

정답설명

① '고등학생이라면 모름지기 그 정도는 다 할 줄 안다.'는 문장 성분 간의 호응이 어긋난 문장이다. '모름지기'는 서술어 '~해야 한다'와 호응하는 부사어이므로, '고등학생이라면 모름지기 그 정도는 다 할 줄 알아야 한다.'와 같이 수정되어야 문법적으로 바른 문장이 된다. 이는 〈보기〉의 유형에 나오지 않은 것이므로 적절하지 않다.

오답설명

② '-ㄴ다면'은 어떠한 사실을 가정하여 조건으로 삼는 뜻을 나타내는 연결 어미이다. '예상치 못했던 결과가 나온다면'은 '실망할 필요가 없다'의 조건으로 삼기에 어색하므로, 이 문장은 연결 어미가 의미에 맞게 사용되지 않은 경우에 해당한다. 따라서 가정이나 양보의 뜻을 나타내는 연결 어미인 '-더라도'를 '-ㄴ다면' 대신 사용하여 '예상치 못했던 결과가 나오더라도 실망할 필요가 없다.'로 수정되어야 한다.

③ '운영되어지고'는 피동문을 만드는 '-되다'와 '-어지-'가 중복되어 쓰인 표현이므로, 피동 표현이 중복되어 과도한 피동이 된 경우에 해당한다. '그 복지 시설은 지금 민간에 위탁 운영되고 있다.'와 같이 수정해야 한다.

④ '~텔레비전이나 라디오를 듣는다.'의 서술어 '듣는다'는 목적어 '라디오'와만 호응하며, '텔레비전'과는 호응하지 않는다. 이는 목적어에 대응하는 서술어가 잘못 생략된 경우이므로 '텔레비전'과 호응하는 서술어를 추가하여 '~텔레비전을 시청하거나 라디오를 듣는다.'와 같이 수정해야 한다.

⑤ '어머니', '외할머니'는 높임의 대상이므로, 높임을 나타내는 격 조사를 사용하여 '어머니께서 외할머니께'로 수정해야 한다. 이는 〈보기〉의 높임 표현이 적절하게 사용되지 않은 경우에 해당한다.

15

정답설명

① '교실에 학생들이 다 오지 않았다.'라는 문장은 학생들이 한 명도 오지 않았다는 의미와 학생들이 몇 명만 왔다는 의미로 해석되는 중의적 표현이다. ㉠의 괄호에서 '한 명도 오지 않았다'의 의미를 전달하기를 요구했으므로 '않았다'를 '못했다'로 바꾸는 것은 적절하지 않다. '않았다'를 '못했다'로 바꾸는 것만으로는 '한 명도 오지 않았다'의 의미를 전달할 수 없기 때문이다. '교실에 학생들이 아무도 오지 않았다.' 등과 같이 수정해 주어야 '학생들이 한 명도 오지 않았다는 의미'를 전달할 수 있다.

오답설명

② '현규와 숙희는 어제 결혼했다.'라는 문장은 '현규'와 '숙희'가 각각의 배우자와 어제 결혼하였다는 의미와 '현규와 숙희'가 어제 결혼하여 둘이 부부가 되었다는 의미로 해석되는 중의적 표현이다. ㉡의 괄호에서 '현규가 숙희의 남편이 되었다는 의미'를 전달하기를 요구했으므로 '현규는 숙희와 어제 결혼했다.'라고 수정하는 것은 적절하다.

③ '이것은 선생님의 그림이다.'라는 문장은 선생님이 그린 그림이라는 의미와 선생님이 소유한 그림이라는 의미, 또 선생님을 그린 그림이라는 의미로 해석되는 중의적 표현이다. ㉢의 괄호에서 '그림 속 인물이 선생님이라는 의미'를 전달하기를 요구했으므로 '이것은 선생님을 그린 그림이다.'라고 수정하는 것은 적절하다.

④ '아버지께서 귤과 사과 두 개를 가져오셨다.'라는 문장은 귤 하나와 사과 두 개라는 의미와 귤 하나와 사과 하나, 총 두 개라는 의미로 해석되는 중의적 표현이다. ㉣의 괄호에서 '과일 세 개 중 두 개가 사과라는 의미'를 전달하기를 요구했으므로 '아버지께서 귤 한 개와 사과 두 개를 가져오셨다.'라고 수정하는 것은 적절하다.

⑤ '그녀는 밝은 표정으로 환영하는 사람들에게 인사했다.'라는 문장은 그녀가 밝은 표정을 하였다는 의미와 환영하는 사람들이 밝은 표정을 하였다는 의미로 해석되는 중의적 표현이다. ㉤의 괄호에서 '표정이 밝은 사람은 그녀라는 의미'를 전달하기를 요구했으므로 '그녀는 환영하는 사람들에게 밝은 표정으로 인사했다.'라고 수정하는 것은 적절하다.

16

정답설명

② ㄴ의 '해가 비치지 {않는다/못한다}.'는 행동 주체의 의지를 부정하는 문장이 아니라 객관적인 사실을 부정하는 문장이다. 객관적 사실 부정에서는 짧은 부정문도 쓸 수 있다.

오답설명

① '수학 공부를 안 했다.'는 의지 부정, '어려워서 못 풀었다.'는 능력 부정을 나타낸다.

③ '만나지 {*않아라/*못해라/마라}.'에서 알 수 있듯이, 명령문의 부정 표현은 보조 용언 '말다'를 활용하여 사용한다.

④ '결코 그 일을 {*했다/안 했다}.'에서 알 수 있듯이, 부사 '결코'는 반드시 부정 표현과 함께 쓰여야 한다.

⑤ '{안/*못} 깨끗하다'를 통해, 형용사를 부정할 때는 부사 '못'을 사용할 수

없다는 것을 알 수 있다.

17

정답설명

⑤ '인사 발령이 나서 가게 되었다.'의 '가다'는 '직책이나 자리를 옮기다.'의 의미를 가진 서술어로, 필수적 부사어 [⋯(으)로]나 [⋯에/에게]를 요구한다. 그러나 '급히'는 필수적 부사어가 아니라 수의적 부사어이므로 적절하지 않다. 따라서 '인사 발령이 나서 해외 부서로 가게 되었다.'와 같이 필수적 부사어가 추가되어야 적절한 문장이다.

오답설명

① '절대로'는 주로 부정 표현과 어울려 쓰이므로 부정문이 아닌 문장에서는 '틀림없이 꼭'의 의미를 나타내는 '반드시'를 사용하여 문장을 수정하는 것이 적절하다.
② '알맞다'는 형용사이다. 형용사에는 관형사형 전성 어미 '-는'을 사용할 수 없으므로 관형사형 전성 어미 '-(으)ㄴ'을 사용하여 문장을 수정하는 것이 적절하다.
③ 주어와 서술어가 '장점은~장점이다.'와 같이 중복되는 어휘를 사용하고 있으므로 불필요한 중복 어휘를 삭제하여 '장점은~것이다.'와 같이 문장을 수정하는 것이 적절하다.
④ '어제'는 과거를 나타내는 부사이므로 과거 시제를 나타내는 선어말 어미인 '-았-'과 어울려 쓰이도록 문장을 수정하는 것이 적절하다.

18

정답설명

③ ㉢에서 문장의 객체인 '할아버지'는 화자인 '혜연'이 높여야 할 대상이 맞다. 하지만 조사가 아닌 특수 어휘 '모시다'를 통해 높임을 실현하고 있으므로 적절하지 않다.

오답설명

① ㉠에서는 화자인 '혜연'이 자신을 기준으로 대상(혜연의 할머니)을 파악하여 '할머니'라는 지칭어를 사용하고 있다.
② ㉡에서 화자인 '삼촌'은 문장의 주체인 '어머니'를 높이기 위해 특수한 어휘 '계시다'를 통해 높임을 실현하고 있다.
④ ㉣에서는 화자인 '삼촌'이 청자인 '혜연'을 기준으로 대상(혜연의 어머니)을 파악하여 '어머니'라는 지칭어를 사용하고 있다.
⑤ ㉤에서는 '오다'의 주체인 '삼촌'을 높이기 위해 높임의 주격 조사 '께서'와 주체 높임 선어말 어미 '-시-'를 사용하고 있다.

19

정답설명

④ '윤서가 아침에 여행에서 돌아왔다는 것을 민수는 말했다.'라는 문장은 윤서가 여행에서 돌아온 시점이 아침임을 나타낸다. 윤서가 돌아온 사실을 민수가 말한 시점이 아침임을 나타내기 위해서는 '아침에 민수는 윤서가 여행에서 돌아왔다고 말했다.' 혹은 '민수는 윤서가 여행에서 돌아왔다고 아침에 말했다.', '민수는 아침에, 윤서가 여행에서 돌아왔다고 말했다.' 등

과 같이 표현해야 한다.

오답설명

① '현우는 새로 산 옷을 입는 중이다.'라고 수정하면 옷을 입는 동작이 진행 중임을 나타낼 수 있다. 덧붙여 새로 산 옷을 착용한 상태 자체를 나타내기 위해서는 '현우는 새로 산 옷을 입은 상태이다.' 등과 같이 수정해야 한다.
② '영철이는 지수를 좋아하는 것보다 야구 경기를 더 좋아한다.'라고 수정하면 영철이가 지수를 좋아하는 것보다 야구 경기를 더 좋아한다는 것을 나타낼 수 있다. 덧붙여 지수가 야구 경기를 좋아하는 것보다 영철이가 야구 경기를 더 좋아한다는 것을 나타내기 위해서는 '영철이는 지수가 야구 경기를 좋아하는 것보다 더 야구 경기를 좋아한다.' 등과 같이 수정해야 한다.
③ '친구들이 약속 장소에 다는 나오지 않았다.'라고 수정하면 친구들이 일부만 참석했다는 사실을 나타낼 수 있다. 덧붙여 친구들이 한 명도 오지 않았음을 나타내기 위해서는 '친구들이 약속 장소에 아무도 나오지 않았다.' 등과 같이 수정해야 한다.
⑤ '그는 내게 장미 한 송이와 튤립 두 송이를 주었다.'라고 수정하면 받은 꽃의 개수가 세 송이임을 나타낼 수 있다. 덧붙여 받은 꽃의 개수가 두 송이임을 나타내기 위해서는 '그는 내게 장미 한 송이와 튤립 한 송이를 주었다.' 등과 같이 수정해야 한다.

20

정답설명

⑤ 해당 문장은 '착한'이 '너'를 수식할 수도 있고, '너의 후배'를 수식할 수도 있으므로 수식 범위에 의한 중의성을 지닌다. 해당 문장에서 불필요하게 의미가 중복되는 부분은 찾을 수 없으므로 ㉤의 사례로 적절하지 않다.

오답설명

① '내가 하고 싶은 말은'이라는 주어에 호응되는 서술어가 존재하지 않는다. 따라서 '내가 하고 싶은 말은 다른 사람을 배려해서 행동하자는 것이다.' 등과 같이 주어에 대응되는 서술어를 첨가해 주어야 한다.
② '비단'이라는 부사어는 주로 '~뿐 아니다.', '~만이 아니다.' 등과 같은 형식으로 사용된다. 따라서 '새벽에 잠을 깬 사람은 비단 나뿐이 아니었다.' 등과 같이 부사어에 대응되는 서술어로 고쳐 주어야 한다.
③ '일정한 곳에 놓다.'라는 의미로 쓰이는 '두다'라는 서술어는 주어와 목적어, 부사어를 필수적으로 요구한다. 해당 문장에서는 처소의 부사어가 생략되어 있으므로, '나는 집에 오자마자 들고 있던 가방을 책상에 두었다.' 등과 같이 생략된 문장 성분을 첨가해 주어야 한다.
④ '짐'은 '태우다'라는 서술어와 호응하지 않으므로, '새로 산 자동차에 짐을 싣고 동생을 태우고 여행을 떠났다.'와 같이 '짐'에 어울리는 서술어를 밝혀 주어야 한다.

21

정답설명

③ ㉡의 능동문은 두 학생이 총 네 마리의 참새를 잡은 것인지, 두 학생이 각각 참새 네 마리씩을 잡은 것인지가 불분명하다. 하지만 피동문은 두 학생이 총 네 마리의 참새를 잡았다는 의미로만 해석된다. 또한 ㉢은 능동문

과 피동문 모두 중의적으로 해석되지 않는다.

오답설명

① 〈보기〉에서 피동문은 주어가 아닌 다른 주체에 의해 동작이 이루어지거나 영향을 받는 문장을 뜻한다고 하였다. 따라서 주어가 동작을 제힘으로 하는 능동문보다는 주어의 동작성이 잘 드러나지 않을 것이다.

② ㉠의 능동문의 주어 '눈이'와 ㉡의 능동문의 주어 '두 학생이'는 각각의 피동문에서 부사어로 사용되었다.

④ ㉢은 자동사 '날다'에서 피동사 '날리다'가 파생된 것을 보여 주는 예이다.

⑤ ㉣의 경우 피동문에 대응하는 능동문이 제시되어 있지 않으므로, 피동문에 대응하는 능동문을 상정할 수 없는 경우가 있음을 보여 준다.

22

정답설명

③ '차마'라는 부사어는 뒤에 오는 서술어를 부정하는 문맥에 쓰여 '부끄럽거나 안타까워서 감히'라는 의미를 나타낸다. 즉, 부정 표현과 어울려야 하는 부사이므로 '수지는 차마 친구에게 사실을 말하지 못했다.' 등과 같이 사용되어야 어법에 맞는 표현이 된다.

오답설명

① '절대로'라는 부사는 부정문에 쓰여 '어떠한 경우에도 반드시'라는 의미를 나타낸다.

② '여간'이라는 부사는 주로 부정의 의미를 나타내는 말과 함께 쓰여 '그 상태가 보통으로 보아 넘길 만한 것임을 나타내는 말'이다. '여간 ~이 아니다.', '여간 ~지 않다.' 등과 같은 형태로 사용된다.

④ '비단'이라는 부사는 부정하는 말 앞에서 '다만', '오직'이라는 의미를 나타낸다. '비단 ~뿐 아니다.', '비단 ~만이 아니다.' 등과 같이 사용된다.

⑤ '반드시'는 주로 긍정의 서술어와 어울리며 '틀림없이 꼭'이라는 의미를 나타낸다.

23

정답설명

① '너는 이제 집에 돌아오면 혼났다.'에서 '혼났다'는 집에 돌아온 후에 일어날 일에 대해 언급한 것이므로 사건시가 발화시보다 앞서 있다고 볼 수 없다. 이때의 '-았-'은 과거 시제 선어말 어미로 쓰인 것이 아니라 미래의 사건이나 일을 이미 정하여진 사실인 양 말할 때 쓰인 것이다.

오답설명

② '나는 예전에 그 집에 살았었다.'라는 문장은 지금은 그 집에 살지 않는다는 의미를 내포한다. 따라서 '-았었-'을 통해 발화시보다 전에 발생하여 현재와는 단절된 사건을 표현했다고 볼 수 있다.

③ '지난여름에는 정말 덥더라.'라는 문장은 '-더-'를 사용하여 과거의 경험을 회상하여 나타낸 것이다.

④ '방학 동안 읽은 책이 제법 여러 권이다.'라는 문장에서 '읽은'은 관형사형 어미 '-(으)ㄴ'을 사용하여 '방학'이라는 과거에 일어난 일을 나타내고 있다.

⑤ '여름에 푸르던 산이 붉게 물들었다.'라는 문장은 관형사형 어미 '-던'을 사

용하여 과거 시제를 표현하고 있다.

24

정답설명

⑤ 해당 문장은 '제가 어머니를 할머니 댁까지 모시게 되어 영광입니다.'라는 문장에서 주어와 목적어가 생략된 것이다. 즉, ㉤(모시게)은 '모시다'라는 특수 어휘를 사용하여 '할머니'가 아닌 객체 '어머니'를 높인 표현이므로 적절하지 않다.

오답설명

① '댁'은 남의 집이나 가정을 높여 이르는 말이다. '할머니'의 집을 '댁'으로 나타내었으므로 '할머니'를 높이는 표현임을 알 수 있다.

② 화자인 '진우'가 청자인 '어머니'를 높이기 위해 높임의 보조사 '요'를 사용한 것이다.

③ '가실까요?'는 어머니에게 같이 갈 것을 청유하는 표현이므로, 가는 행위의 주체는 '어머니'이다. 따라서 주체 높임 선어말 어미 '-시-'가 사용되어 '어머니'를 높이고 있다.

④ '께서'는 주격 조사 '이/가'의 높임말이다. 따라서 '할머니'를 높이기 위해 사용된 높임 표현임을 알 수 있다.

25

정답설명

② ㉠은 주체의 의지가 아닌, 그의 능력이나 외부의 원인으로 그 행위가 일어나지 못함을 나타내는 '못' 부정문을 가리키므로 '동생이 못 잔다.' 혹은 '동생이 자지 못한다.'가 적절하다.

㉡은 주체의 의지에 의한 행동의 부정을 나타내는 '안' 부정문 중 짧은 부정문을 가리키므로 '동생이 안 잔다.'가 적절하다.

㉢은 '안' 부정문 중 긴 부정문을 가리키므로 '동생이 자지 않는다.'가 적절하다.

26

정답설명

④ 해당 문장에는 주어 '문제는'에 대응되는 서술어가 나타나 있지 않다. 따라서 '문제는'에 대응되는 서술어를 추가해 '문제는 박물관에 전시된 유물이 다른 곳으로 이동되었다는 것이다.' 등과 같이 수정해 주어야 한다. '유물'은 스스로 이동할 수 없으므로 피동 표현을 사용해 주는 것이 적절하다.

오답설명

① '비'는 '불다'라는 서술어와 호응하지 않는다. 따라서 '비'와 호응하는 서술어 '내리다'를 추가해 주는 것이 적절하다.

② 부사 '반드시'는 '안 된다'라는 서술어와 호응하지 않는다. '안 된다'라는 서술어와 호응하는 부사 '절대로'로 바꿔 주는 것이 적절하다.

③ '회의를 갖다'라는 표현은 영어 번역투의 표현이다. '회의하다'라고 교체하여도 의미에 변화가 없으므로 번역투의 표현을 굳이 사용할 필요가 없다.

⑤ '근절(根絕)하다'라는 표현은 '다시 살아날 수 없도록 아주 뿌리째 없애 버리다.'라는 의미를 나타낸다. 즉, '뿌리 뽑아 근절하다'라는 표현은 같은 의미의 구절이 반복된 것이므로 둘 중 하나를 삭제해 '뿌리 뽑아야 한다' 혹은

'근절해야 한다'로 수정하는 것이 적절하다.

27

정답설명

② '있다'와 '없다'는 반의 관계이며, '없다'는 어휘를 통한 부정 표현에 속하지만 명령문으로 쓸 수는 없다. 따라서 ㄴ과 반의 관계에 있는 문장은 '너는 가만히 있지 마라.' 정도가 적절하다.

오답설명

① '모르다'가 '알다'의 반의어이므로 적절하다.

③ '있다'의 반의어 '없다'를 사용하여 '방 안에 없다'라는 문장을 만들 수도 있고, '안'의 반의어 '밖'을 사용하여 '방 밖에 있다'라는 문장을 만들 수도 있다.

④ '물리다'가 '물다'의 피동 표현이므로 적절하다.

⑤ '발 벗고 나서다'가 '적극적으로 나서다'라는 의미를 가지므로 적절하다.

28

정답설명

④ '주호는 책을 나보다 더 좋아한다.'라는 문장도 A의 문장과 마찬가지로 비교하는 대상이 불분명하다는 문제점을 갖는다. '주호는 내가 책을 좋아하는 것보다 더 책을 좋아한다.' 혹은 '주호는 나를 좋아하는 것보다 책을 더 좋아한다.' 등과 같이 수정해야 비교하는 대상이 명확해진다.

오답설명

① '불리우다'는 불필요한 사동이 사용된 표현이다. 피동의 의미만 전달하면 되는데 사동 접사('-우-')가 쓸데없이 결합되어 있는 것이므로, '불리다'로 수정해주는 것이 적절하다.

② 해당 문맥은 약속이나 의지를 나타내는 것이 아니라 완곡한 요청 표현을 사용해야 하므로 '-ㄹ게요'가 아닌 '-어요'를 사용하는 것이 적절하다.

③ '설레다'의 명사형을 만들기 위해서는 어간 '설레-'에 명사형 전성 어미 '-ㅁ'을 결합시켜야 한다. 즉, '설렘'이 맞는 표현이다. '설레임'은 '설레이다'에 '-ㅁ'이 결합된 형태인데, 우리말에서 '설레이다'라는 표현은 사용하지 않는다. '설레다'가 적절하다.

⑤ 해당 문장의 '신상품이셔요'에 대응되는 주어는 '제품'이다. '제품'을 높일 필요가 없으므로, 주체 높임 선어말 어미 '-시-'를 사용하지 않고 '신상품이에요'라는 표현을 사용하는 것이 적절하다.

29

정답설명

⑤ 의지 부정은 행동 주체의 의지가 작용할 수 있는 행위를 부정하는 것이다. '꽃'은 행동의 주체가 될 수 없으므로, '꽃이 안 예쁘다.'는 의지 부정이 아니라 상태 부정에 해당한다.

오답설명

① 긴 부정문인 경우, 명령문에서는 '마/마라'를 사용한다고 하였으므로 '마라'

를 사용한 것은 적절하다.

② 긴 부정문은 '아니다, 아니하다(않다), 못하다'가 쓰이는 부정문을 말한다. 또한 능력 부정은 '못, 못하다'를 사용한다고 하였으므로 능력 부정의 긴 부정문을 만들 때 '못하다'를 사용한 것은 적절하다.

③ 짧은 부정문은 '아니(안), 못'이 쓰이는 부정문을 말한다. 또한 능력 부정은 '못, 못하다'를 사용한다고 하였으므로 능력 부정의 짧은 부정문을 만들 때 '못'을 사용한 것은 적절하다.

④ 긴 부정문은 '아니다, 아니하다(않다), 못하다'가 쓰이는 부정문을 말한다. 또한 상태 부정은 단순히 사실을 부정하는 것이라 하였으므로 상태 부정의 긴 부정문을 만들 때 '않다'를 사용하여 '하늘이 어둡지 않다.'라는 문장을 만든 것은 적절하다.

30

정답설명

⑤ ⑩의 '-기-'는 행위 주체 '도둑'이 자신의 의지와 상관없이 '경찰'에 의해 '쫓다'라는 동작을 당하는 것을 나타내기 위해 사용된 피동 접미사이다.

오답설명

① ㉠에서는 '할머니'를, ㉡에서는 '아버지'를 높이기 위해 주체 높임 선어말 어미 '-시-'를 사용하였다. 참고로 '드시다'는 '먹다'의 높임말인 '들다'에 주체 높임을 나타내는 선어말 어미 '-시-'가 결합한 것이다.

② ㉠의 '-ㄴ-'은 현재 시제를 나타내는 선어말 어미이고, ㉢의 '-었-'은 과거 시제를 나타내는 선어말 어미이다.

③ ㉡의 '-리-'는 행위 주체 '아버지'가 '연'으로 하여금 '날다'라는 동작을 하게 끔 만드는 것을 나타내기 위해 사용된 사동 접미사이다.

④ ㉣의 '-겠-'은 '나'가 지금 영화관에 갈 것이라는 의지를 나타내기 위해 사용된 선어말 어미이다.

31

정답설명

② 해당 문장에서 주어 '나는'과 서술어 '의논했다'는 적절하게 호응한다. 고쳐 쓴 문장에 '그 일을'이라는 목적어가 추가되어 있으므로, 고쳐 쓴 이유를 목적어를 필수적으로 요구하는 서술어에 대해 목적어가 사용되지 않았기 때문으로 보는 것이 적절하다.

오답설명

① '예상(豫想)하다'는 '어떤 일을 직접 당하기 전에 미리 생각하여 두다.'라는 의미이다. '미리'라는 말과 '예상'이라는 말이 불필요하게 중복되므로 둘 중 하나를 삭제하여 '이는 예상했던 일이다.' 혹은 '이는 미리 생각했던 일이다.' 등과 같이 수정해야 한다.

③ ㉢은 하늘이 눈이 시릴 정도로 파랗다는 것인지, 하늘을 오랫동안 쳐다봐서 눈이 시리다는 것인지를 명확히 파악할 수 없다. 전자의 의미를 표현하기 위해서는 '눈이 시리도록 파란 하늘을, 나는 보았다.'와 같이 수정해야 하며, 후자의 의미를 표현하기 위해서는 '나는 눈이 시리도록, 파란 하늘을 보았다.' 혹은 '나는 파란 하늘을 눈이 시리도록 보았다.' 등과 같이 수정해야 한다.

④ '읽혀지다'는 '읽다'에 피동 접사 '-히-'가 결합된 후 피동 표현 '-어지다'가 중복 사용된 것이다. 피동 표현은 한 번만 사용되어야 하므로 '읽히다' 혹은 '읽어지다'의 형태로 사용하는 것이 적절하다.

⑤ 주체 높임의 간접 높임에서는 특수 어휘가 아닌 주체 높임의 선어말 어미 '-시-'를 사용해 높임을 실현한다. 따라서 '계시다'가 아닌 '있으시다'로 수정해야 한다.

32
정답설명

① 피동은 어떠한 행위를 당하는 것을, 사동은 어떠한 행위를 시키는 것을 의미한다. '아이에게 밥을 먹였다.'라는 문장은 생략된 주어가 아이로 하여금 밥을 먹게 한 것이므로, 피동이 아닌 사동 표현에 해당한다. 따라서 이 문장의 '먹였다'에 쓰인 '-이-'는 피동 접사가 아닌 사동 접사에 해당한다. '먹다'의 피동사는 '먹이다'가 아니라 '먹히다'이다.

오답설명

② '당하다'라는 단어는 피동의 의미를 나타낸다. '아이들이 꼬마를 놀렸다.'라는 문장에 '당하다'를 사용하여 피동문을 만들면 '꼬마가 아이들에게 놀림을 당했다.'가 된다.

③ '사냥꾼이 토끼를 잡았다.'에 피동 접미사 '-히-'를 사용하여 피동문을 만들면 '토끼가 사냥꾼에게 잡혔다.'라는 문장이 만들어진다.

④ '사람들이 생태계를 파괴하였다.'에 '-되다'를 사용하여 피동문을 만들면 '생태계가 사람들에 의해 파괴됐다.'라는 문장이 만들어진다.

⑤ '박 감독이 이 영화를 만들었다.'에 '-어지다'를 사용하여 피동문을 만들면 '이 영화는 박 감독에 의해 만들어졌다.'라는 문장이 만들어진다.

33
정답설명

① (가)는 간접 인용절 '(내가) 곧 가겠다.'의 뒤에 간접 인용의 조사 '고'가 아닌 직접 인용의 조사 '라고'를 결합했기 때문에 틀린 문장이다. '나는 그에게 "곧 갈게."라고 말했다.' 혹은 '나는 그에게 곧 가겠다고 말했다.'와 같이 수정해야 한다.

(나)에 쓰인 '환기(換氣)하다'는 '탁한 공기를 맑은 공기로 바꾸다.'라는 의미이다. '공기'라는 말과 '환기'라는 말이 불필요하게 중복되므로 둘 중 하나를 삭제하여 '공기를 바꾸어야 한다.' 혹은 '환기해야 한다.' 등과 같이 수정해야 한다.

(다)에서 '발생 원인'은 '세우다'라는 서술어와 호응하지 않으므로, '발생 원인'에 어울리는 누락된 서술어를 밝혀 주어야 한다. '그는 이번 사태의 발생 원인을 규명하고 재발 방지 계획을 세우겠다고 약속했다.'와 같이 수정해야 한다.

34
정답설명

③ '책을 사다'라는 행위가 '얼마 전'에 일어났다고 하였으므로, 이때의 '-ㄴ'은 발화시가 사건시에 앞서는 것이 아니라 사건시가 발화시에 앞선다는 것을 나타낸다.

오답설명

① '-고 있다'는 앞말이 뜻하는 행동이 계속 진행되고 있거나 그 행동의 결과가 지속됨을 나타내는 표현이다. ㉠에서는 '방 정리'라는 행위가 진행되고 있음을 나타내기 위해 '-고 있구나'라는 표현이 사용되었다.

② '필요 없는 물건을 다 내놓다'라는 행위가 이미 일어났다고 하였으므로, 이때의 '-았-'은 사건시가 발화시에 앞선다는 것을 나타낸다.

④ '-어 버리다'는 앞말이 나타내는 행동이 이미 끝났음을 나타내는 표현이다. ㉣에서는 '책을 동생에게 주다'라는 행위가 이미 끝난 일임을 나타내기 위해 '-어 버렸어요'라는 표현이 사용되었다.

⑤ '공부하다'라는 행위가 '조금 있다' 일어날 것이라고 하였으므로, 이때의 '-ㄹ'은 발화시가 사건시에 앞선다는 것을 나타내고 있다.

35
정답설명

② ㉠ '창작 활동'은 '열다'라는 서술어와 호응하지 않으므로, '창작 활동을 하고'와 같이 '창작 활동'에 어울리는 서술어를 밝혀 준 것은 적절하다.

㉢ '불려졌다'는 '부르다'의 피동사 '불리다'에 피동 표현인 '-어지다'가 결합된 이중 피동 표현이다. 따라서 피동 표현 '-어지다'를 지우고 '불렸다'라고 수정한 것은 적절하다.

㉤ '에게'는 유정 명사에 사용되는 조사이다. '나무'는 유정 명사가 아니므로 무정 명사에 사용되는 조사인 '에'로 수정한 것은 적절하다.

오답설명

㉢ '아버지의 그림'이라는 표현은 아버지가 그린 그림인지, 아버지를 그린 그림인지, 아버지 소유의 그림인지가 명확히 해석되지 않는 중의적 표현이다. 이 부분을 명확하게 드러내 주어야 하는데, 고친 문장은 이를 명확히 드러내고 있지 않으므로 적절하지 않다.

36
정답설명

④ 주체인 '우리 학교'가 다른 대상으로 하여금 도서관을 개방하게 하는 것이 아니므로, 사동 표현이 사용되어서는 안 된다. 따라서 사동 표현 '-게 하다'를 제거하여 '우리 학교는 도서관을 매일 개방하고 있습니다.'와 같이 수정하는 것이 적절하다. '개방시키다'에서 '-시키다' 역시 '-게 하다'와 같은 사동 표현이므로, 적절하지 않다.

오답설명

① '여간'이라는 부사는 주로 부정의 의미를 나타내는 말과 함께 쓰여 그 상태가 보통으로 보아 넘길 만한 것임을 나타내는 표현이다. '여간 ~이/가 아니다.', '여간 ~지 않다.'와 같이 사용되어야 하므로 적절하게 수정했다고 볼 수 있다.

② '자전거'는 '하다'라는 서술어와 호응하지 않으므로, '나는 주중에는 자전거를 타고, 주말에는 수영을 한다.'와 같이 '자전거'에 어울리는 서술어를 밝혀 주어야 한다.

③ '좌회전(左回轉)하다'는 '차 따위가 왼쪽으로 돎.'이라는 의미이다. '왼쪽'이라는 말과 '좌회전'이라는 말이 불필요하게 중복되므로 둘 중 하나를 삭제

하여 '버스가 왼쪽으로 돈 후' 혹은 '버스가 좌회전한 후'와 같이 수정해야 한다.

⑤ '풀려지지'는 '풀-+-리-+-어지-+-지'의 구조이다. 피동 접사 '-리-'가 결합 되어 있는 피동사 '풀리다'에 피동 표현인 '-어지-'가 중복 사용된 것이므로, 둘 중 하나를 삭제하여 '풀어지지' 혹은 '풀리지'로 수정하는 것이 적절하다.

37

정답설명

③ 철수가 사용한 '이'라는 지시 관형사는 말하는 이에게 가까이 있는 대상을 가리킬 때 쓰는 말이다. 또한 영희는 '그거'라는 표현을 사용하였는데, 이는 듣는 이에게 가까이 있는 대상을 가리킬 때 쓰는 말이다. 따라서 '과자'는 영희가 아니라 철수와 가까운 위치에 있음을 알 수 있다.

오답설명

① 영희가 '철수를 쳐다보며' 질문하였으므로, 철수가 빵을 먹었다고 의심하면 서 이를 확인하기 위해 ㉠과 같이 발화했음을 알 수 있다.

② 영희는 '빵'이 없어진 상황에 대해 부정적으로 인식하며 철수를 추궁하고 있으므로, ㉡은 실제로 철수가 옳은 행동을 했음을 표현하기 위한 것이 아 니라 반대되는 의미를 전달하기 위한 것임을 알 수 있다.

④ 철수가 "대신 (네가) 이 과자라도 먹을래?"라고 이야기하였고, 그에 대해 영희가 "(내가 그 과자를) 먹을래."라고 표현하였으므로, '먹다'의 주체 '나 (영희)'와 대상 '과자'가 생략되었음을 알 수 있다.

⑤ 영희가 과자를 먹다가 건네며 배가 고프지 않으냐고 묻는 행위는 철수에게 과자를 먹기를 권유하는 것이다. 철수는 이를 거절하려는 의도로 ㉤과 같이 답한 것임을 알 수 있다.

38

정답설명

② '저희'가 1인칭 대명사 '우리'를 낮추어 표현하는 어휘인 것은 맞으나, 이는 대화 상대방을 높이기 위한 것이지, '아버지'를 높이기 위한 것은 아니다.

오답설명

① '-ㅂ니까'는 상대에게 격식을 갖추어 아주 높이는 '하십시오체'의 의문형 종결 어미이다.

③ 해당 문장에서 생략된 성분들을 밝히면 '(손님께서) (아버지께) 선물로 드리 시면'이다. '-시-'를 사용해서 선물을 주는 사람인 주체 '손님'을, '드리다' 는 높임의 특수 어휘를 사용해서 선물을 받는 사람인 객체 '아버지'를 동시 에 높이고 있다.

④ 높임의 대상인 '아버지'를 직접 높이지 않고 그와 관련된 것을 높여 결과적 으로 '아버지'를 높이고 있다. 이는 주체 높임 중 간접 높임 표현에 해당한 다.

⑤ '모시다'라는 높임의 특수 어휘를 통해 객체인 '어르신(아버지)'에 대해 높임 의 의도를 나타내고 있다.

39

정답설명

② 〈보기〉는 뉴스의 한 장면이다. 일반적으로 뉴스는 정보 제공의 기능을 가진 담화인데, 해당 장면에서는 '사랑의 온도계'라는 대상에 대한 정보를 제공 하면서 동시에 도움이 필요한 이웃을 위한 모금이 필요함을 호소하고 있다.

오답설명

① 〈보기〉에서는 여러 청중을 대상으로 한 공적인 말하기의 특징만이 나타난다.

③ 〈보기〉에서는 상세한 내용을 제시한 후 일반적 내용을 제시하고 있지 않다.

④ 〈보기〉에서는 비문법적인 표현, 단어의 반복과 같은 구어 담화의 특성이 드러나지 않는다.

⑤ 〈보기〉는 뉴스의 한 장면으로, 일대다(一對多)의 일방적 의사소통에 해당하 는 특성을 보인다.

Free note.

나 없이

기출

풀지마라

| 과외식 기출 분석서, 나기출 |

나 없이
기출
풀지마라

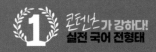

음운 변동과 발음 규정

음운 변동과 발음 규정

개념 정리 01 | 음운

말의 뜻을 구별하는 소리의 가장 작은 단위

```
├─ 분절 음운(음소) ── ┬─ 자음 : 19개 ──┬─ 예사소리 : ㄱ, ㄷ, ㅂ, ㅅ, ㅈ
│                    │                ├─ 거센소리 : ㅋ, ㅌ, ㅍ, ㅊ
│                    │                └─ 된 소 리 : ㄲ, ㄸ, ㅃ, ㅆ, ㅉ
│                    │
│                    │                   * 울림소리 : ㄴ, ㄹ, ㅁ, ㅇ
│                    │                   * ㅎ : 명확히 어느 소리에 속하는지 논란이 있음.
│                    │
│                    └─ 모음 : 21개 ──┬─ 단모음(10개) : ㅣ, ㅔ, ㅐ, ㅟ, ㅚ, ㅡ, ㅓ, ㅏ, ㅜ, ㅗ
│                                     └─ 이중 모음(11개) : ㅑ, ㅕ, ㅛ, ㅠ, ㅒ, ㅖ, ㅘ, ㅙ, ㅝ, ㅞ, ㅢ
│
└─ 비분절 음운(운소) : 장단, 억양, 연접
```

01 자음(子音)

목청을 통과한 공기의 흐름이 막히거나 통로가 좁아져서 공기의 흐름이 장애를 받아 만들어지는 소리(장애음)

조음 방법		조음 위치	양순음 (입술소리)	치조음 설단음 (혀끝소리)	경구개음 (센입천장소리)	연구개음 (여린입천장소리)	후음 (목청소리)
무성음 (안울림 소리)	파열음	예사소리	ㅂ	ㄷ		ㄱ	
		된소리	ㅃ	ㄸ		ㄲ	
		거센소리	ㅍ	ㅌ		ㅋ	
	파찰음	예사소리			ㅈ		
		된소리			ㅉ		
		거센소리			ㅊ		
	마찰음	예사소리		ㅅ			ㅎ
		된소리		ㅆ			
유성음 (울림소리)	비음		ㅁ	ㄴ		ㅇ	
	유음			ㄹ			

02 모음(母音)

공기가 목 안이나 입안에서 별다른 장애를 받지 않고 나는 소리(모든 모음은 울림소리)

├─ 단모음 : 발음하는 도중에 입술이나 혀가 고정되어 움직이지 않는 모음
└─ 이중 모음 : 발음하는 도중에 입술이나 혀의 모양이 변하는 모음(단모음과 반모음의 결합)

* 반모음(半母音) : 음성의 성질로 보면 모음과 비슷하지만, 반드시 다른 모음에 붙어야 발음될 수 있는 모음

▸ 단모음 체계

혀의 높낮이	혀의 최고점 위치 입술 모양	전설 모음		후설 모음	
		평순	원순	평순	원순
고모음		ㅣ	ㅟ	ㅡ	ㅜ
중모음		ㅔ	ㅚ	ㅓ	ㅗ
저모음		ㅐ		ㅏ	

▶ 이중 모음 체계

┌─ 반모음 'ㅣ[j]'로 시작되는 이중 모음(j계) : ㅑ, ㅕ, ㅛ, ㅠ, ㅒ, ㅖ
├─ 반모음 'ㅗ /ㅜ[w]'로 시작되는 이중 모음(w계) : ㅘ, ㅙ, ㅝ, ㅞ
└─ 반모음 'ㅣ[j]'로 끝나는 이중 모음 : ㅢ

┌─ 양성 모음 : ㅗ, ㅏ, ㅑ, ㅛ, ㅐ, ㅒ, ㅘ, ㅚ
└─ 음성 모음 : ㅜ, ㅓ, ㅠ, ㅕ, ㅔ, ㅖ, ㅝ, ㅟ, ㅡ

개념 정리 02 | 발음 규정

01 음운 변동

1. 음운 변동 : 발음을 쉽게 하기 위해서, 환경에 따라 음운이 변하는 현상

2. 음운 변동의 종류
   ▶ 교체 : A → B / 한 음운이 다른 음운으로 변하는 현상
      예 국물[궁물], 밖[박], 갈등[갈뜽], 굳이[구지]
   ▶ 탈락 : A + B → A or B / 한 음운이 없어지는 현상
      예 값[갑], 흙[흑], 좋으니[조으니]
   ▶ 첨가 : A + B → AcB / 새로운 음운이 생기는 현상
      예 맨입[맨닙], 솜이불[솜니불]
   ▶ 축약 : A + B → C / 두 음운이 하나의 새로운 음운으로 줄어드는 현상
      예 축하[추카], 잡히다[자피다]

02 발음 규정

- **음절의 끝소리 규칙** : 국어에서 음절의 끝소리로 발음될 수 있는 자음은 'ㄱ, ㄴ, ㄷ, ㄹ, ㅁ, ㅂ, ㅇ'의 일곱 소리뿐이다.

  ① ㄱ, ㄲ, ㅋ → [ㄱ]　　　　**예** 책, 밖, 동녘 → [책, 박, 동녁]
  ② ㄴ → [ㄴ]　　　　　　　**예** 안, 신 → [안, 신]
  ③ ㄷ, ㅅ, ㅆ, ㅈ, ㅊ, ㅌ, ㅎ → [ㄷ]　**예** 낟, 낫, 났, 낮, 낯, 낱, 낳 → [낟]
  ④ ㄹ → [ㄹ]　　　　　　　**예** 달, 물, 술 → [달, 물, 술]
  ⑤ ㅁ → [ㅁ]　　　　　　　**예** 감, 섬, 몸 → [감, 섬, 몸]
  ⑥ ㅂ, ㅍ → [ㅂ]　　　　　**예** 입, 잎 → [입]
  ⑦ ㅇ → [ㅇ]　　　　　　　**예** 강, 공, 형 → [강, 공, 형]

- **자음군 단순화** : 음절 말에 두 개의 자음이 놓일 때 둘 중 하나가 탈락하는 현상

  ① ㄳ, ㄺ → [ㄱ]　　　　**예** 넋, 닭, 흙 → [넉, 닥, 흑]
  ② ㄵ → [ㄴ]　　　　　　**예** 앉다 → [안따]
  ③ ㄼ, ㄽ, ㄾ → [ㄹ]　　**예** 넓다, 외곬, 핥다 → [널따, 외골, 할따]
  ④ ㅄ, ㅍ → [ㅂ]　　　　**예** 값, 없다, 읊다 → [갑, 업따, 읍따]
  ⑤ ㄻ → [ㅁ]　　　　　　**예** 삶, 젊다 → [삼, 점따]
  ※ 겹받침의 발음은 예외가 있으니, 〈보기〉를 꼭 확인하자.

- **자음 동화** : 음절의 끝 자음이 그 뒤에 오는 자음과 만날 때 어느 한쪽이 다른 쪽을 닮아서 그와 비슷하거나 같은 자음으로 바뀌기도 하고, 양쪽이 서로 닮아서 두 자음이 모두 바뀌는 현상 (발음하기 쉽게 변하는 현상으로 비음화와 유음화가 대표적이다.)
   예 먹는 → [멍는], 강릉 → [강능], 난로 → [날로]

1) 방향에 따라
  ① 역행 동화 : 뒷소리가 앞소리에 영향을 준 경우
      [예] 곤란[골란], 국물[궁물]
  ② 순행 동화 : 앞소리가 뒷소리에 영향을 준 경우
      [예] 종로[종노], 칼날[칼랄]
  ③ 상호 동화 : 서로 영향을 주고받아 변한 경우
      [예] 십리[심니], 독립[동닙], 막론[망논]

2) 정도에 따라
  ① 완전 동화 : 두 소리가 완전히 같아지는 경우
      [예] 신라[실라], 끝나다[끈나다], 값만[감만]

  ② 불완전 동화 : 두 소리가 비슷해지는 경우(공통점이 많은 다른 자음으로 변화)
      [예] 먹는다[멍는다], 심리[심니], 부엌문[부엉문]

- **비음화**
  ① 받침 'ㅂ, ㄷ, ㄱ'은 'ㅁ, ㄴ' 앞에서 [ㅁ, ㄴ, ㅇ]로 교체된다.
      [예] 먹는[멍는], 깎는 → [깍는] → [깡는], 닫는[단는], 긁는 → [극는] → [긍는]
  ② 받침 'ㅁ, ㅇ' 뒤에 연결되는 'ㄹ'은 [ㄴ]으로 교체된다.
      [예] 침략[침냑], 항로[항:노]
  ③ 받침 'ㄱ, ㅂ' 뒤에 연결되는 'ㄹ'도 [ㄴ]으로 교체된다.
      [예] 백 리 → [백니] → [뱅니], 십 리 → [십니] → [심니]

- **유음화** : 'ㄴ'은 'ㄹ'의 앞이나 뒤에서 [ㄹ]로 교체된다.
      [예] 신라[실라], 대관령[대:괄령], 칼날[칼랄]

- **구개음화** : 받침 'ㄷ, ㅌ'이 'ㅣ' 모음 계열의 형식 형태소와 결합되는 경우에는 [ㅈ, ㅊ]으로 교체하여 뒤 음절 첫소리로 옮겨 발음한다.
      [예] 미닫이 → [미다지], 벼훑이 → [벼훌치]

- **된소리되기(경음화)** (아래 말고도 다양한 규칙이 있다. 굳이 암기하지 말자!)
  ① 받침 'ㅂ, ㄷ, ㄱ' 뒤에서 된소리로 교체된다.
      [예] 국밥[국빱], 닭장 → [닥장] → [닥짱], 덮개 → [덥개] → [덥깨], 있던 → [읻던] → [읻떤]
  ② 어간의 받침 'ㄴ, ㅁ' 뒤에서 된소리로 교체된다.
      [예] 신고[신꼬], 닮고[담:꼬], 없다[업따]
  ③ 관형사형 어미 '-ㄹ' 뒤에서 된소리로 교체된다.
      [예] 할 바를[할빠를], 할 적에 → [할쩌게]

- **거센소리되기**
  ① 'ㄱ, ㄷ, ㅂ, ㅈ'이 'ㅎ'과 만나면 [ㅋ, ㅌ, ㅍ, ㅊ]으로 각각 축약된다.
      [예] 각하[가카], 축하[추카], 놓다[노타]
          잡히다[자피다], 좋지[조치]
  ② [ㄷ]으로 발음되는 'ㅅ, ㅈ, ㅊ, ㅌ'이 'ㅎ'과 만나면 [ㅌ]으로 축약된다.
      [예] 옷 한 벌 → [옫 한 벌] → [오탄벌]
          꽃 한 송이 → [꼳 한 송이] → [꼬탄송이]

- **ㄴ 첨가** : 합성어 및 파생어에서 앞말이 자음으로 끝나고 뒷말이 '이, 야, 여, 요, 유'인 경우에는 'ㄴ'을 첨가한다.
      [예] 솜-이불[솜:니불], 맨-입[맨닙], 막-일 → [막닐] → [망닐], 물-약 → [물냑] → [물략]

- **사잇소리 현상** : 국어 단어 중에는 두 개의 형태소 또는 단어가 합쳐져서 합성어가 될 때, 뒤의 안울림 예사소리가 된소리로 교체되거나 'ㄴ' or 'ㄴㄴ'이 첨가되는 음운 현상이 있다. 이러한 현상을 사잇소리 현상이라고 한다.(필연적 현상이 아닌 수의적 현상임)
      [예] 초+불[초뿔], 손+등[손뜽], 밤+길[밤낄], 길+가[길까], 코+날[콘날]
          예외 : 콩+밥[콩밥], 말+방울[말방울]

문제분석 01-05번

번호	정답	정답률 (%)	선지별 선택비율(%)				
			①	②	③	④	⑤
1	③	48	12	15	48	13	12
2	④	80	3	5	4	80	8
3	⑤	92	2	2	2	2	92
4	④	72	2	4	14	72	8
5	①	79	79	7	6	3	5

형태쌤의 과외시간

음운 파트 학습법

　음운 파트는 개념을 학습할 때는 큰 문제없이 '그런가 보다~' 하고 넘어가는데 막상 문제를 풀어 보면 헷갈린다. 이건 사례들이 눈에 잘 익지 않았기 때문이다. 개념을 배우긴 배웠는데 적용이 안 된다는 느낌이 든다면 개념이 아직 제대로 안착되지 않아서 그런 것이다. 발음 파트는 사례에 친숙해지는 것이 가장 중요하다. 문제를 풀다 보면 느끼겠지만, 사례로 나오는 단어들을 보면 그놈이 그놈이다. 나오는 놈이 계속 나오니까 힘들다고 포기하지 말고 사례를 중심으로 학습하도록 하자.

01

정답설명

③ 쉽게 말해 '어법에 맞도록 함'이라는 것은 형태소의 원형을 밝혀서 쓰는 것을 뜻하고, '소리대로 적'는다는 것은 형태소의 원형을 밝혀 적지 않는다는 것을 뜻한다. 간단히 정리해보면, **'소리대로 적었다 = 표음주의, 원형 알기 어려움, 독서 능률↓', '어법에 맞도록 한다 = 표의주의, 형태를 고정, 원형을 살림'이 되겠다.** 기본적으로 둘의 차이는 알고 가야 한다. 중요한 설명이니까 〈보기〉를 잘 봐 주자.
'푸+어서'와 '푸+었다'를 어간의 형태를 고정해 표기한다면 '푸어서'와 '푸었다'가 되어야 한다. 그러나 '푸+어서'와 '푸+었다'는 각각 어간의 'ㅜ'가 탈락된 형태인 '퍼서'와 '펐다'로 표기하므로, ㉠에 해당된다.

오답설명

① '먹어'와 '먹은'은 어간의 형태(먹-)와 어미(-어, -은)의 형태를 분리하여 형태소의 원형을 밝혀 적었으므로 ㉡에 해당된다.
② '굳이'와 '같이'는 구개음화([구지], [가치])와 같은 음운 현상을 반영하지 않고 형태소의 원형을 밝혀 적었으므로 ㉡에 해당된다.
④ '미덥다'는 '믿다'에서 나온 말로, '믿-+-업-+-다'로 분석할 수 있다. 한편 '우습다'는 '웃다'에서 나온 말로, '웃-+-읍-+-다'로 분석하는데, 모두 형태소의 원형을 밝혀 적지 않았으므로 ㉠에 해당된다.

⑤ '老(늙을 로)'를 '노'와 '로'로 표기한 것으로 볼 때, 이는 실제 발음되는 것을 표기에 적용한 것이라고 볼 수 있다. '노인'은 '로인'에서 두음 법칙이라는 음운 변동을 적용한 형태를 표기한 것이므로 ㉠에 해당된다. 간혹 두음 법칙에서 '법칙'이라는 것을 '어법'과 같은 것으로 이해하고 ㉡에 해당하는 것으로 착각하는 친구들이 있는데, **두음 법칙은 음운 변동을 표기에 반영하는 것으로, 소리대로 적은 것에 해당한다.**

02

정답설명

④ 음절의 끝소리 규칙을 묻는 문제이다. '가느다란 물방울(ㄱ, ㄴ, ㄷ, ㄹ, ㅁ, ㅂ, ㅇ)'이라고 외우고 있지? 음절의 끝소리 규칙만 알고 있다면 가볍게 풀 수 있는 문제이다. '밖'의 'ㄲ'은 'ㄱ'으로, '밑'의 'ㅌ'은 'ㄷ'으로 변동되므로 음절 끝의 자음이 바뀌는 경우의 예로 추가할 수 있겠지.

오답설명

① '간, 달, 섬, 창'은 음절 끝의 자음이 바뀌지 않지만 '부엌'은 음절 끝의 자음 'ㅋ'이 'ㄱ'으로 바뀌어 [부억]이 된다.
② '옷'과 '빛'의 경우 음절 끝의 자음이 예사소리다. 그래서 변동이 안 일어났니? 일어났지? '옷'과 '빛'은 발음을 할 때 [옫], [빋]으로 변동되었으니 선지의 설명은 적절하지 않다.
③ 음절 끝의 자음이 바뀌는 경우는 '부엌[부억], 옷[옫], 빛[빋], 앞[압]'이다. 따라서 〈보기〉의 사례에서 음운 변동이 일어나면 'ㄱ, ㄷ, ㅂ' 중 하나로 교체됨을 알 수 있다.
⑤ 음절 끝에서는 'ㄱ, ㄴ, ㄷ, ㄹ, ㅁ, ㅂ, ㅇ'만 발음된다. 'ㅅ'은 'ㄷ'으로 변동된다.

03

정답설명

⑤ '의'의 발음은 상황에 따라 여러 가지 경우의 수가 있다. 〈보기〉에 따르면 단어의 첫 음절 이외의 '의'는 [ㅣ]로, 조사 '의'는 [ㅔ]로 발음할 수 있으니, '충의의'를 [충이에]로 발음하는 것은 표준 발음에 해당한다.

오답설명

① 'ㅐ'와 'ㅔ'를 동일하게 발음해도 된다는 말은 〈보기〉에 제시되지 않았다.
② 〈보기〉에서 'ㅚ'를 [ㅞ]와 같은 이중 모음으로 발음하는 것을 허용한다고 하였으므로, '금괴'를 [금궤]로 발음하는 것은 표준 발음에 해당된다.
③ 〈보기〉에서 '예, 례' 이외의 'ㅖ'는 [ㅔ]로 발음할 수 있다고 하였으므로, '지혜'를 [지헤]로 발음하는 것은 표준 발음에 해당된다.
④ 'ㅟ'와 'ㅣ'를 동일하게 발음해도 된다는 말은 〈보기〉에 제시되지 않았다.

형태쌤의 과외시간

'의' 발음의 경우의 수

1) 자음을 첫소리로 가지고 있는 경우 반드시 [ㅣ]로 발음
   - 하늬바람[하니바람], 늴리리[닐리리], 유희[유히]

2) '의'로 시작하는 단어의 경우 반드시 [의]로 발음
   - 의사[의사], 의자[의자]

3) 단어의 첫 음절 이외의 '의'의 경우 [의/이] 둘 다 허용
   - 민주주의[민주주의/민주주이] 모두 가능
   → [민주주의] 원칙, [민주주이] 허용

4) 관형격 조사 '의'의 경우 [의/에] 둘 다 허용
   - 우리의[우리의/우리에] 모두 가능
   → [우리의] 원칙, [우리에] 허용

04

정답설명

④ '급행'이 발음되는 과정에서 'ㅂ'과 'ㅎ'이 하나의 음운 'ㅍ'으로 축약되는 현상을 확인할 수 있다. 또한 '급행'과 '열차'라는 두 단어가 합쳐지는 과정에서 '열'이 [녈]로 발음되므로 새로운 음운 'ㄴ'이 첨가되는 현상도 확인할 수 있다.

오답설명

① '가랑잎'이 [가랑닙]으로 발음되는 과정에서 '잎'에 'ㄴ'이 첨가되었다. 또한 'ㅍ'이 [ㅂ]으로 발음되는 '음절의 끝소리 규칙'을 확인할 수 있는데, 이는 어떤 음운이 다른 음운으로 바뀌는 교체 현상에 해당한다.

② '값지다[갑찌다]'의 경우 먼저 '값'이 [갑]으로 발음되는데, 이는 겹받침 중 하나가 탈락하는 자음군 단순화 현상이다. 또한 앞의 'ㅂ'의 영향을 받아 '지'의 'ㅈ'이 [ㅉ]으로 발음되는 과정은 교체(된소리되기) 현상에 해당한다.

학생들이 자주 묻는 질문

간혹 'ㅈ'이 'ㅉ'이 되었으니, 이는 'ㅈ' 하나가 첨가된 것이 아니냐고 하는 안타까운 학생들이 있는데, 문법에서 '된소리'는 하나의 음운으로 취급한다. 따라서 첨가가 아니라 교체로 보아야 한다. 이것은 문법의 약속으로 미리 알고 들어와야 하는 내용이다. 2015학년도 수능B형에서 이것 때문에 상당히 많은 학생들이 문법에서 고전하였다. 기출을 통해 알아야 하는 것과 알 필요가 없는 것들을 제대로 학습하지 못했기 때문이다.

③ '숱하다'의 경우 '숱' 뒤에 자음으로 시작하는 형태소 '-하-'가 결합되므로 먼저 '숱'의 'ㅌ'이 [ㄷ]으로 발음되는 '음절의 끝소리 규칙'을 확인할 수 있다. 이는 어떤 음운이 다른 음운으로 바뀌는 교체 현상에 해당한다. 또한 'ㄷ'과 'ㅎ'이 하나의 음운 'ㅌ'으로 축약되는 현상도 확인할 수 있다.

형태쌤의 과외시간

축약은

1) 한 단어 내부 2) 'ㄱ, ㄷ, ㅂ, ㅈ' + 'ㅎ'의 축약 조건 충족 이라는 두 가지 조건을 만족하면 우선적으로 적용된다.

예를 들어 '놓지'의 경우 1)과 2)의 조건을 모두 충족하기에 '놓지〉노치'가 되는 것이다.

반면 '닭하고'의 경우 2)의 조건은 충족하지만 1)의 조건을 충족하지 못한다. '닭하고'는 명사 '닭'과 조사 '하고'가 합쳐진 두 단어이기 때문이다. 따라서 '닭하고〉닥하고〉다카고'가 되는 것이다.

'숱하다'의 경우 1)의 조건은 충족하지만 2)의 조건은 충족하지 못한다. 'ㅌ+ㅎ'이라는 축약의 조건은 없기 때문이다. 따라서 음절의 끝소리 규칙(대표음화)을 적용하여 '숟하다'가 된 후 'ㄷ+ㅎ'이라는 축약의 조건이 완성되어 '수타다'로 소리 나게 된다.

⑤ '서른여덟'의 경우 우선 '서른'과 '여덟'이라는 두 단어가 합쳐지는 과정에서 '여'가 [녀]로 발음되므로 새로운 음운 'ㄴ'이 첨가되는 현상을 확인할 수 있다. 또한 '덟'이 [덜]로 발음되어 겹받침 중 하나가 탈락하는 자음군 단순화 현상을 확인할 수 있다.

05

정답설명

① '이야'는 견해에 따라 보조사 또는 서술격 조사 '이다'의 활용형으로 분석 가능하다. 어떻게 보더라도 '조사'로 분류되며, 조사는 형식 형태소이므로 ㉠에 해당된다. 따라서 [무르비야]가 아닌 [무르피야]로 발음해야 한다. 반면 '무릎 아래'는 '무릎' 뒤에 실질 형태소인 명사 '아래'가 결합되었으므로, ㉡에 해당되어 [무르파래]가 아닌 [무르바래]로 발음해야 한다.

오답설명

② '이나'는 견해에 따라 보조사 또는 접속 조사, 서술격 조사 '이다'의 활용형으로 분석 가능하다. 어떻게 보더라도 '조사'로 분류되므로 형식 형태소에 해당한다. 부사격 조사 '에서'도 형식 형태소이므로 둘 다 ㉠에 해당되어 [서녀키나], [서녀케서]로 발음해야 한다.

③ '으로'는 형식 형태소인 조사이므로 ㉠에 해당되어 [거트로]와 같이 발음해야 한다. 하지만 '아가미'는 실질 형태소인 명사이므로 ㉡에 해당되어 [거다가미]와 같이 발음해야 한다.

④ '이'는 형식 형태소인 조사이므로 ㉠에 해당되어 [배꼬치]로 발음해야 한다. 하지만 '배꽃 위'에서 '위'는 실질 형태소인 명사이므로 ㉡에 해당되어 [배꼬뒤]로 발음해야 한다.

⑤ '에'는 부사격 조사, '이며'는 서술격 조사 '이다'의 활용형이므로 모두 형식 형태소에 해당된다. 따라서 둘 다 ㉠에 해당되므로 [비제], [비지며]로 발음해야 한다.

문제분석 06-10번

번호	정답	정답률 (%)	선지별 선택비율(%)				
			①	②	③	④	⑤
6	④	88	6	1	4	88	1
7	③	66	27	4	66	1	2
8	①	86	86	4	3	1	6
9	①	88	88	3	5	3	1
10	②	94	1	94	2	1	2

06

정답설명

④ '장마+비'는 앞말이 모음 'ㅏ'로 끝난 합성어에 해당하므로 1단계를 만족시킨다. 또한 '고유어+고유어' 구성이므로 2단계도 만족시킨다. '장마+비'는 [장마비]로 소리 나는 것이 아니라 [장마삐]로 소리 나므로, 3-1단계를 만족시킨다. '장마+비'는 뒷말의 첫소리가 'ㄴ, ㅁ'이 아니라 안울림소리(ㅂ)이므로, 3-2단계의 조건을 충족시키지 못하는 것이다.

오답설명

① 성격이 급한 학생들이 '개-+살구'를 보고, '앞말이 모음으로 끝났구나' 하고 선택했는데, 여기서 '개-'는 접사다! 단어를 '개+살구'로 제시하지 않고 '개-+살구'로 제시한 것에서 '개-'가 접사임을 알 수 있다. 차근차근 살펴보도록 하자. '개살구'의 '개-'에서 분명 'ㅐ'는 모음이다. 따라서 1단계를 만족하니 '예'가 되어야 하는데!!! '개-'에 주목하시라. '개-'는 '야생 상태의' 또는 '질이 떨어지는', '흡사하지만 다른'의 뜻을 더하는 접두사이기 때문에 '개살구'는 합성어가 아닌 파생어이다. 따라서 1단계를 만족하지 못해 사이시옷을 표기하지 않은 '개살구'로 적어야 한다. 이게 중요하다. **자주 나오는 접사는 어휘적 차원에서 알고 들어오라는 평가원의 입장을 확인할 수 있는 중요한 선지다. 즉, 모든 내용을 〈보기〉에서 주고 친절하게 물어볼 것이라는 착각을 버려야 한다는 것이다. 자주 나오는 접사, 어미, 조사 등은 알 것이라는 전제로 출제를 하고 있다. 따라서 반드시 이것들은 미리 숙지를 해 둬야 한다.**

② '총무(總務)+과(課)'는 앞말이 모음 'ㅜ'로 끝난 합성어에 해당하므로 1단계를 만족시킨다. 하지만 '한자어+한자어' 구성이므로 2단계를 만족시키지 못해 사이시옷을 표기하지 않은 '총무과'로 적어야 한다.

③ '만두(饅頭)+국'은 앞말이 모음 'ㅜ'로 끝난 합성어에 해당하므로 1단계를 만족시킨다. 또한 '한자어+고유어' 구성이므로 2단계도 만족시킨다. '만두+국'은 [만두국]으로 소리나는 것이 아니라 [만두꾹]으로 소리나므로, 3-1단계를 만족시킨다.

⑤ '허드레+일'은 앞말이 모음 'ㅔ'로 끝난 합성어에 해당하므로 1단계를 만족시킨다. 또한 '고유어+고유어' 구성이므로 2단계도 만족시킨다. '허드레+일'은 [허드레일]로 소리나는 것이 아니라 [허드렌닐]로 소리나므로, 3-3단계를 만족시킨다.

07

정답설명

③ ㉠은 음절의 끝소리 규칙, ㉢은 축약이다. '따뜻하다'는 'ㅅ'이 'ㅎ'의 앞에 위치하므로 축약의 조건이 성립되지 않는다. 따라서 음절의 끝소리 규칙이 적용되어 'ㅅ'이 'ㄷ'으로 교체된 후, 'ㄷ'이 뒤의 'ㅎ'과 축약되어 최종적으로 [따뜨타다]로 발음된다.

오답설명

① ㉠은 음절 종성에 놓인 자음이 바뀌는 변동이 맞지만, ㉡은 앞 음절의 종성으로 인해 뒤 음절의 초성이 된소리로 바뀌는 변동(된소리되기)에 해당한다.

② ㉠은 음절 종성에 놓인 자음을 'ㄱ, ㄴ, ㄷ, ㄹ, ㅁ, ㅂ, ㅇ' 중 하나로 바꾸는 변동에 해당된다. '앞'이 [압]으로 변화한 것은 거센소리에서 예사소리로 바뀐 것이 맞지만, '빗'이 [빋]으로 변화한 것과 '안팎'이 [안팍]으로 변화한 것은 거센소리에서 예사소리로 바뀐 것으로 볼 수 없다. 또한 ㉢은 두 음운이 하나로 줄어드는 변동으로, 거센소리를 된소리로 바꾸는 변동이 아니다.

④ ㉡과 ㉢의 변동 모두 뒤의 자음이 앞의 자음에 동화된 것으로 보기 어렵다.

⑤ ㉢은 음운의 축약에 속하는 것이 맞지만, ㉡은 음운의 교체에 속한다.

08

정답설명

① 〈보기〉를 통해 조항을 모두 제시해 주던 아름다운 시절의 문제다. 최근에는 기본적인 내용은 조항 없이 출제하니 좀 더 꼼꼼한 학습이 필요하다. 여기서 '이랑'은 "엄마, 여기에 꽃이랑 나무랑 많이 있어요." 할 때의 '이랑'이 아니다. '꽃이랑 나무랑'에서 '이랑'은 형식 형태소(접속 조사)라서 [꼬치랑]이라고 발음이 된다. 하지만 〈보기〉에서는 '꽃이랑'이라는 새로운 단어의 의미를 '꽃잎 표면에 이랑처럼 주름이 진 부분'이라고 제시하고 있으므로, 이때의 '이랑'은 실질적인 의미를 가지는 명사임을 파악할 수 있다. 실질 형태소가 뒤에 온다면, 음절의 끝소리 규칙이 적용되어 '꼳'이 된 다음 뒤로 넘어간다. 여기서 잠깐! 제29항도 고려해야겠지? 뒤 단어의 첫 음절이 '이, 야, 여, 요, 유'일 때는 'ㄴ'을 첨가한다고 했으니 [꼳니랑]이 되어야 한다. 아직 끝이 아니다. 'ㄴ'은 엄청 힘이 센 비음으로, 비음이 아닌 애들을 비음의 세계로 오라고 꼬시는 역할을 한다. 즉, 'ㄴ'이 '꼳'의 'ㄷ'을 'ㄴ'으로 바꿔서 최종적으로는 [꼰니랑]이라고 발음이 되는 것이다. '꽃오목' 역시 그 뜻풀이를 통해 알 수 있듯이, '오목'이 실질 형태소니까 제15항에 따르면 앞말 '꽃'의 받침 정리가 필요하다. '꼳오목'에서 바로 연음이 되어 최종적으로는 [꼬도목]이 된다.

[꽃+이랑 〉 꼳이랑(음절의 끝소리 규칙) 〉 꼳니랑('ㄴ' 첨가) 〉 꼰니랑(비음화)]
[꽃+오목 〉 꼳오목(음절의 끝소리 규칙) 〉 꼬도목(연음)]

09

정답설명

① 〈자료〉의 'ㄴ'을 보면 초성과 중성으로 이루어진 음절에 '끼'가 있다. 'ㄹ'에도 '딸'이라는 음절이 있구나. 개념이 명확하지 않은 학생들은 여기서 고민에 빠진다. 과연 'ㄲ, ㄸ'은 자음 하나일까, 두 개일까. 쉽게 답을 하지 못했다면 이번 기회에 제대로 정리하고 가자!! **된소리는 하나의 자음이다.** 따

라서 초성에 최대 두 개의 자음이 온다는 것은 설명은 적절하지 않다.

오답설명

② 〈자료〉의 'ㄱ~ㄹ'을 보면 '중성' 자리에는 모음만 올 수 있다는 것을 알 수 있다.

③ 종성에 자음이 아니면 누가 오겠니. 종성은 비어 있거나 자음이 오거나 둘 중 하나이다.

④ 〈자료〉의 'ㄱ'은 '중성'으로만 이루어진 음절이니 초성과 종성이 없는 음절이다. 여기서 잠깐! "아, 야, 와, 의' 모두 초성에 'ㅇ'이 있는 거 아닌가요?" 라고 질문하는 학생이 있다면 다시 한 번 명확하게 개념을 잡고 가자. 문법에서는 **초성에 위치하는 'ㅇ'은 음운으로 인정하지 않는다는 것은 하나의 약속이다.**

⑤ 〈자료〉의 'ㄱ~ㄹ'을 보면 음절의 네 가지 유형에 모두 '중성'이 있음을 확인할 수 있다.

학생들이 자주 묻는 질문

Q. **된소리는 하나의 음운인가요? 두 개의 음운인가요?**

A. 된소리는 하나의 음운으로 간주한다! 예 ㄱ+ㄱ → ㄲ

Q. **그럼 겹받침도 하나의 음운인가요?**

A. 겹받침은 두 개의 음운으로 간주한다! 예 ㄴ+ㅈ → ㄵ

10

정답설명

② '높이다'를 '높히다'로 적는 것은 '높다'에 결합하는 사동 접미사 '-이-'를 '-히-'로 잘못 사용한 것이다. ⊙의 '들어서다'를 '드러서다'로 잘못 표기한 것은 연음에 따른 발음인 [드러서다]를 그대로 적은 것으로, 사동 접미사를 잘못 사용한 '높히다'와 같은 예시로 볼 수 없다.

오답설명

① **연음은 단순히 앞 음절 종성을 뒷 음절 초성으로 이동한 것일 뿐, 음운이 달라지는 것이 아니기에 음운 변동이라고 하지 않는다.** 또한 연음하여 발음한 것은 예외적인 경우가 아니라면 표기에 반영하지 않는다. '들어서다'를 [드러서다]로 연음하여 발음하는 것은 적절하지만 표기는 어법에 맞게 '들어서다'로 해야 한다.

③ '그렇지'는 '렇'의 'ㅎ'과 '지'의 'ㅈ'이 만나 축약의 조건을 형성한다. 따라서 발음을 할 때에는 거센소리되기가 적용되어 [그러치]로 발음한다. 하지만 올바른 표기는 어법에 맞게 '그렇지'로 적어야 한다.

④ '얽혀' 역시 거센소리되기에 의해 [얼켜]로 발음되지만, '얽혀'로 적는 것이 적절하다. 이는 거센소리되기를 표기에 그대로 반영하여 잘못 표기한 ⓛ의 경우와 같다.

⑤ ⓒ은 구개음화가 일어난 단어를 발음 그대로 적어서 표기를 잘못한 경우인데, '금붙이'를 발음 그대로 '금부치'로 잘못 적는 것도 ⓒ과 같이 구개음화가 일어난 발음대로 표기한 경우에 해당한다.

문제분석 11-15번

번호	정답	정답률 (%)	선지별 선택비율(%)				
			①	②	③	④	⑤
11	⑤	94	1	2	1	2	94
12	①	94	94	3	1	1	1
13	⑤	91	3	1	4	1	91
14	⑤	87	3	4	3	3	87
15	③	66	27	4	66	1	2

11

로마자 표기법이 나와서 많은 학생들이 여기까지 공부해야 하냐며 당황했었다. 하지만 차분히 문제를 다시 살펴보자. 문제에서는 친절하게 표준 발음을 알려 주고 올바른 표기를 제시하였다. 표준 발음이 표기에 어떻게 적용이 되었는지 확인만 하면 되는 것이다. 학습하지 않았던 파트라고 겁먹거나, 로마자 표기법의 상세한 내용을 외우려 하지 마라! 평가원은 항상 본질에 대해서만 출제한다.

정답설명

⑤ '앞집'은 된소리되기가 일어나 [압찝]으로 발음한다. 하지만 로마자 표기에서 '찝'은 'jip'으로 표기하였는데 이를 통해 '찝'의 된소리를 반영하지 않고 표기했다는 것을 알 수 있다. 된소리를 반영하여 표기하였다면 'jjip'이 되었겠지. [장:농]의 'ㅈ'과 [압찝]의 'ㅉ'을 모두 똑같이 'j'로 표기했으므로, 로마자 표기는 된소리되기를 반영하지 않는다는 것을 알 수 있겠지?

오답설명

① 제시된 ⊙을 보면, '가락'을 'garak'으로 표기하였다. 앞 음절과 뒤 음절에 모두 'ㄱ'이 있지만 앞 음절의 초성인 'ㄱ'은 'g'로, 뒤 음절의 종성은 'k'로 서로 다르게 표기하였다.

② '앞집'에서 '앞'의 'ㅍ'을 'p'로 표기했고 '집'의 'ㅂ' 역시 'p'로 표기한 것을 보아 서로 다른 자음인 'ㅍ'과 'ㅂ'을 동일한 로마자로 적었다는 것을 확인할 수 있다. 서로 다른 자음인데 왜 같은 로마자로 표기했을까? 표준 발음을 보면 답이 나온다. [압찝]이라는 표준 발음을 보렴. 'ㅍ'과 'ㅂ'이 'ㅂ'으로 동일하게 발음되고 있다는 것을 알 수 있다.

③ ':'은 우리말에서 장음(長吟)을 표시하는 기호이다. 실제로 '장롱'은 [장:농]으로 '장'을 길게 발음해야 하는 것이다. 하지만 로마자 표기에는 이러한 장음에 대한 별도의 표기가 없다는 것을 통해 장단의 구별은 로마자 표기에 반영하지 않음을 알 수 있다.

④ '장롱'은 자음 동화가 일어나서 [장:농]이라고 발음이 되는데, 이러한 표준 발음은 로마자 표기에도 반영되어 'jangnong'이라고 표기한다. 이를 통해 로마자 표기법에서는 자음 동화가 일어날 때에는 변화의 결과를 표기에 반영한다는 것을 알 수 있다.

형태쌤의 과외시간

로마자 표기법

'ㄱ, ㄷ, ㅂ'은 모음 앞에서는 'g, d, b'로, 자음 앞이나 어말에서는 'k, t, p'로 적는다. ([ ] 안의 발음에 따라 표기함.)

구미 Gumi	영동 Yeongdong	백암 Baegam
옥천 Okcheon	합덕 Hapdeok	호법 Hobeop
월곶[월곧] Wolgot	벚꽃[벋꼳] Beotkkot	

표기상의 유의점

제1항	음운 변화가 일어날 때에는 변화의 결과에 따라 다음 각호와 같이 적는다.

1. 자음 사이에서 동화 작용이 일어나는 경우

백마[뱅마] Baengma	신문로[신문노] Sinmunno
종로[종노] Jongno	왕십리[왕심니] Wangsimni
별내[별래] Byeollae	신라[실라] Silla

2. 'ㄴ, ㄹ'이 덧나는 경우

학여울[항녀울] Hangnyeoul	알약[알략] allyak

3. 구개음화가 되는 경우

해돋이[해도지] haedoji	같이[가치] gachi
굳히다[구치다] guchida	

4. 'ㄱ, ㄷ, ㅂ, ㅈ'이 'ㅎ'과 합하여 거센소리로 소리 나는 경우

좋고[조코] joko	놓다[노타] nota
잡혀[자펴] japyeo	낳지[나치] nachi

[붙임] 된소리되기는 표기에 반영하지 않는다.

압구정 Apgujeong	낙동강 Nakdonggang
죽변 Jukbyeon	낙성대 Nakseongdae
합정 Hapjeong	팔당 Paldang

12

정답설명

① 너무나 쉽고 기본적인 문제다. 친절하게 자음 분류표도 제시해 주었구나. 자음 분류표에서 왼쪽 상단의 '조음 위치'와 '조음 방식'을 보자. 비음화가 일어나는 단어들을 제시하고 각각 교체된 자음이 어떠한 기준으로 바뀌게 된 것인지 묻고 있다. 기본적인 개념이 있는 학생이라면 망설임 없이 '**비음화는 조음 방식의 변화!**'라고 판단하고 바로 정답을 찾았을 것이다. 하나하나 살펴보면, '입는'은 [임는]으로 발음되는데, 앞 말의 'ㅂ'이 'ㅁ'으로 바뀐 것이다. 표를 보니 'ㅂ'과 'ㅁ'은 모두 양순음이지? 따라서 조음 위치는 동일하다. 하지만 조음 방식이 파열음에서 비음으로 바뀌었다. 또한 '듣는'은 [든는]으로 발음되는데, 앞말의 'ㄷ'이 'ㄴ'으로 바뀐 것이다. 'ㄷ'과 'ㄴ'의 조음 위치는 치조음으로 동일하나 조음 방식에 차이가 있다. '식물' 역시 파열음인 'ㄱ'이 비음인 'ㅇ'으로 바뀌어 [싱물]이라고 발음된다. 조음 위치는 연구개음으로 동일하고 조음 방식만 변화한 것이다.

13

정답설명

⑤ '나의 삶만'에서 '삶만'은 명사 '삶'에 자음으로 시작된 조사 '만'이 결합한 것이다. 〈보기〉에서 설명한 ㉠의 조항에 따라 [삼만]으로 발음해야 한다.

오답설명

① '삶과 자연'에서 '삶과'는 명사 '삶'에 자음으로 시작된 조사 '과'가 결합한 것이므로, 자음 앞에서 [ㅁ]으로 발음한다는 〈보기〉의 ㉠ 원칙에 따라 [삼과]로 발음된다.

② '국수를 삶고'에서 '삶고'는 '삶다'의 어간 '삶-'에 자음으로 시작된 어미 '-고'가 결합한 것이다. 표준 발음이 [삼꼬]인 것은 'ㄻ'은 자음 앞에서 [ㅁ]으로 발음한다는 ㉠ 조항과, 뒤에 결합되는 어미의 첫소리 'ㄱ'은 된소리로 발음한다는 〈보기〉의 ㉢ 조항에 따른 것이다.

③ '바람직한 삶'에서 '삶'의 표준 발음이 [삼]인 것은 'ㄻ'은 어말에서 [ㅁ]으로 발음한다는 〈보기〉의 ㉠ 조항에 따른 결과이다.

④ '삶에 대한 의지'에서 '삶에'는 명사 '삶'에 모음으로 시작된 조사 '에'가 결합한 것이므로, 〈보기〉의 ㉡ 조항에 따라 뒤의 'ㅁ'만을 뒤 음절 첫소리로 옮겨 [살메]로 발음해야 한다.

14

정답설명

⑤ '일찍이'는 부사 '일찍'에 '-이'가 붙어서 역시 부사가 된 것이다. 이는 〈보기〉의 ㉢에 해당하며, 부사 '더욱'에 '-이'가 붙어 부사 '더욱이'가 된 것과 동일한 사례이다.

오답설명

① '급히'는 '급하다'의 어근 '급'에 '-히'가 붙어서 부사 '급히'가 된 것으로, 적용된 규정은 〈보기〉의 ㉡이다.

② '방긋이'는 부사 '방긋'에 '-이'가 붙어서 역시 부사인 '방긋이'가 된 것으로, 적용된 규정은 〈보기〉의 ㉢이다.

③ '많이'는 '많다'의 어간 '많-'에 '-이'가 붙어서 부사가 된 것으로, 적용된 규정은 〈보기〉의 ㉠이다.

④ '깊이'는 '깊다'의 어간 '깊-'에 '-이'가 붙어서 부사가 된 것으로, 적용된 규정은 〈보기〉의 ㉠이다.

15

정답설명

③ 모음의 탈락, 축약, 첨가를 묻는 문제이다. 문제의 예시를 하나씩 살펴보도록 하자.

㉡ 살피-+-어 → [살펴] : 모음 축약으로 인해 어간의 'ㅣ'가 반모음화되어 이중 모음이 만들어진 경우이다.

여기서 의문이 생길 수 있다. '기어', '살피어' 두 단어 모두 앞말이 'ㅣ' 모음이고, 뒷말이 'ㅓ'에서 '여'가 되었는데 왜 하나는 첨가고 하나는 축약이라고 하는 것일까? 두 단어의 차이는 음절의 수이다. '기어'는 [기여]로 모음이 변동되어도 음절 수가 변화 없이 유지되고 있으므로, 두 개의 단모음이 합쳐져 이중 모음이 된 것이 아니다. 반면 '살피어'는 [살펴]로 모음의 변화가

생기면서 3개의 음절이 2개의 음절로 줄어들었으므로, 탈락이나 축약 조건에 해당된다. 이때 어간과 어미를 나누면 다시 원래대로 복원이 가능하므로 축약에 의한 것으로 보는 것이다. 평가원에서는 두 단어에서 [여]로 발음되는 근거가 다르다는 차이점을 위주로 출제한 것이다.

학생들이 자주 묻는 질문

Q. '기어'가 [기여]가 되는 것은 첨가인가요? 교체인가요?
A. 해당 경우는 첨가 현상으로 바라보는 경우도 있고, 교체 현상으로 바라보는 경우도 있다. 첨가 현상으로 바라보는 측에서는 단모음 'ㅓ'에 반모음 'ㅣ'가 첨가되어 이중 모음 'ㅕ'로 발음된다고 간주하며, 교체 현상으로 바라보는 측에서는 단모음 'ㅓ'가 이중 모음 'ㅕ'로 교체되었다고 간주한다. 상당히 이견이 갈리는 현상이다. 반모음을 하나의 음운으로 인정하지 않는 입장에서는 해당 현상을 첨가가 아닌 교체 현상으로 바라보고, 반모음을 하나의 음운으로 인정하는 쪽에서는 해당 현상을 첨가 현상으로 이야기하기도 하는 것이다. 하지만 반모음을 독립된 음운으로 인정하지 않는 의견이 조금 더 우세한 편이다. 해당 음운 변동의 경우, 만약 출제된다면 별도의 판단 근거를 제시할 것이므로 크게 걱정하지 않아도 괜찮다.

ⓒ 배우-+-어 → [배워] : 어간의 단모음과 어미의 단모음이 합쳐져 이중 모음이 된 경우이다.

오답설명
ⓐ 기-+-어 → [기여] : 이 경우는 축약과 무관하게 반모음을 첨가하여 발음하는 경우다.
ⓒ 나서-+-어 → [나서] : '서'와 '어'가 만났는데, [서]만 남았다. '서+ㅓ'에서 중복되는 'ㅓ' 중 하나가 탈락한 것이다. 두 개의 단모음 중 하나가 없어지는 동음 탈락 현상이 나타난 것이다.

문제분석 16-20번

번호	정답	정답률(%)	선지별 선택비율(%) ①	②	③	④	⑤
16	⑤	29	9	1	51	10	29
17	②	56	5	56	4	8	27
18	④	69	10	5	10	69	6
19	⑤	84	2	3	5	6	84
20	②	94	1	94	1	2	2

16
정답설명
⑤ 정말 많은 학생들을 수능날 흔들어 놓았던 문제다. '밟는'은 '밟는〉밥는〉밤는'의 변동 과정을 거친다. 우선 '밟-'의 음절 끝 'ㄼ' 중 'ㄹ'이 탈락되어

'밥는'이 되고, 이후에 비음화에 의해 'ㅂ〉ㅁ'의 교체가 이뤄진다. 자 여기서 조심! 'ㅂ〉ㅁ'으로 교체된 것이 '받침 발음의 원칙'을 지키기 위한 것일까? '탈락'은 받침 발음의 원칙을 위해 적용된 것이 맞다. 그런데 [밥는]의 [밥]이 불가능한 발음은 아니지? 받침으로 발음될 수 있는 7개의 자음에 'ㅂ'도 있으니 [밥]이라고 발음해도 이상할 게 없다. [밥]이 가능한데도 굳이 'ㅂ〉ㅁ'의 변화가 일어나 [밤]이 된 것은 'ㄴ'으로 인한 비음화가 일어났기 때문이다.
즉, '밟→밥'의 1차 변화는 7개 자음만 발음해야 하는 '받침 발음의 원칙'을 위한 것이 맞지만, [밥는]→[밤는]으로 변하는 2차 변화는 '받침 발음의 원칙'을 위한 것이 아니다. [밥]의 'ㅂ'은 'ㄱ, ㄴ, ㄷ, ㄹ, ㅁ, ㅂ, ㅇ'이라는 받침소리 7개 자음 안에 들어가기 때문이다. 따라서 2차 변화는 ⓐ(받침 발음의 원칙)를 위한 것이 아니라 발음의 편의성(비음화) 때문에 일어난 것이기에, 선지의 내용은 적절하지 않다.
수능에서는 이 정도로 디테일하게 물어본다. 하지만 염려하지 말자. 기본적인 예시를 가지고 냉정한 판단을 요구하는 것이다. 예전 문제에서는 탈락과 교체만 물었다면, 최근에는 그러한 변동이 왜 일어났는지를 상세하게 출제하고 있다.

오답설명
① '읽다'에서 '읽'의 받침 'ㄺ'에서는 'ㄹ'이 탈락된다. 받침에 있는 음운이 두 녀석이었는데, 하나는 없어지고 하나만 남았지? ⓐ를 지키기 위해 탈락된 것이다.
② '옮는'은 ⓐ를 지키기 위해 'ㄻ' 중 'ㄹ'이 탈락된다.
③ '닭지'는 ⓐ를 지키기 위해 'ㄲ'이 'ㄱ'으로 교체된다. 'ㄱ'이 두 개였다가 하나가 되었으니 탈락이 된 게 아니냐고? 된소리는 하나의 자음으로 처리한다고 여러 번 얘기했다. 이걸 잊었기 때문에 자음이 하나 사라져서 '탈락'이 된 거라는 잘못된 판단을 내리는 것이다. **다시 한 번 정리하자. 된소리 자음은 두 음운(ㄱ+ㄱ)이 아니라 하나의 음운(ㄲ)으로 간주하므로, 탈락이 아닌 교체 현상이다.**
④ '읊기'는 ⓐ를 지키기 위해 'ㄿ' 중 'ㄹ'이 탈락된 후, 'ㅍ'이 'ㅂ'으로 교체된다.

17
정답설명
② '부치다'는 어떤 문제를 다른 곳이나 다른 기회로 넘기어 맡긴다는 의미로 맞춤법에 맞게 쓰였다. '부치다'는 '안건을 회의에 부치다.', '임명 동의안을 표결에 부치다.', '정부는 중요한 정책을 국민 투표에 부쳤다.'와 같이 사용한다.

오답설명
① '엇저녁'은 '엊저녁'으로 써야 한다. '어제저녁'의 준말이다.
③ '적잖다'는 적은 수나 양이 아니라는 의미의 형용사다. '적잖게, 적잖으니, 적잖은'과 같이 쓰이며, '적잖은'으로 쓰는 것은 적절하지 않다.
④ 우리가 먹는 것은 '깍뚜기'가 아니라 '깍두기'이다. 발음은 [깍뚜기]라고 하지만, 한글 맞춤법에 맞는 표기는 '깍두기'란다.

학생들이 자주 묻는 질문

Q. 왜 '깍뚜기'가 아니고 '깍두기'인가요?

A. '깍두기'와 관련된 한글 맞춤법 규정은 제5항 '한 단어 안에서 뚜렷한 까닭 없이 나는 된소리는 다음 음절의 첫소리를 된소리로 적는다.'이다. 규정의 상세 내용을 살펴보면,

1. 두 모음 사이에서 나는 된소리
   예 소쩍새, 어깨, 오빠, 아끼다, 기쁘다, 거꾸로, 가끔 등

2. 'ㄴ, ㄹ, ㅇ, ㅁ' 받침 뒤에서 나는 된소리
   예 산뜻하다, 잔뜩, 살짝, 훨씬, 움찔, 엉뚱하다 등

한편 'ㄱ, ㅂ' 받침 뒤에서 나는 된소리는 음의 변동이 일어나는 조건이기 때문에 발음상으로만 된소리가 나는 것이므로 표기에 반영하지 않는다.
   예 국수[국쑤], **깍두기[깍뚜기]**, 색시[색씨], 법석[법썩]

봤지? 'ㄱ, ㅂ' 받침 뒤에서 나는 된소리는 워낙 흔한 현상이라서 표기에 반영하지 않는 것이다. ^^

⑤ '펀펀하고 얇으면서 꽤 넓다'는 의미의 형용사는 '넓적하다'이다. 문법 공부를 많이 하다 보니, '넓적'만 보면 자음군 단순화가 떠오르고, '넓'에서 'ㅂ'이 선택되어 [넙]으로 발음된다는 것이 떠올랐지? 발음이 그렇다고 표기까지 '넙'이라고 하면 안 된다.

18

정답설명

④ 〈보기〉에서는 '동화'의 정의를 '어떤 음운이 주위에 있는 다른 음운의 영향을 받아 그것과 동일한 음운으로 바뀌거나, 조음 위치 또는 조음 방법이 그것과 같은 음운으로 바뀌는 현상'이라고 설명하고 있다.
'뽑느라'의 'ㅂ'은 뒤에 있는 'ㄴ'의 영향을 받아 'ㅂ'이 'ㄴ'과 같은 비음 'ㅁ'으로 바뀌는 것이기에 동화라고 볼 수 있다.

오답설명

① '듣고'의 경우 'ㄷ'의 영향을 받아 'ㄱ'이 'ㄲ'으로 교체되어 [듣꼬]로 소리난다. 'ㄱ'이 'ㄷ'으로 변화한 것도 아니고, 'ㄷ'과 조음 위치 또는 조음 방법이 같아진 것도 아니므로 동화라고 볼 수 없다.

② '놓고'의 경우 'ㅎ'과 'ㄱ'이라는 두 음운이 만나 'ㅋ'이라는 한 음운으로 축약된 것이기에 동화라고 볼 수 없다.

③ '훑네'는 자음군 단순화에 의해 'ㄾ' 중 'ㅌ'이 탈락된 뒤에, 'ㄴ'이 'ㄹ'의 영향을 받아 동일하게 'ㄹ'로 교체된다. 즉, '훑네'는 동화에 해당된다고 볼 수 있으나, 'ㄴ'이 'ㅌ'의 영향을 받은 것이 아니라 'ㄹ'의 영향을 받은 것이므로 선지의 내용은 적절하지 않다.

⑤ '넓더라'의 경우 'ㄼ'의 'ㅂ'의 영향을 받아 'ㄷ'이 'ㄸ'으로 교체된 후 'ㅂ'이 탈락된 것이다(넓더라〉넓떠라〉널떠라). 'ㅂ'이 'ㄷ'으로 바뀌는 것이 아니라 'ㄷ'이 'ㅂ'의 영향을 받아 'ㄸ'으로 바뀌는 것이기 때문에 적절한 답이 될 수 없다. 또한 된소리되기는 동화 현상으로 볼 수 없다.

19

정답설명

⑤ ㉠에서 어간 받침 'ㄵ' 뒤에 결합되는 어미의 첫소리 'ㅈ'은 된소리로 발음한다고 하였으므로, '얹지만'은 [언찌만]으로 발음된다. 또한 ㉢에서 '-(으)ㄹ'로 시작되는 어미의 경우 그 뒤에 연결되는 'ㅅ'은 된소리로 발음한다고 하였으므로, '앉을수록'은 [안즐쑤록]으로 발음된다. '앉을수록'은 어간 '앉-'에 어미 '-을수록'이 결합된 것이기 때문이다.

오답설명

① '삼고[삼꼬]'는 ㉠에 따른 것이 맞으나, '품을 적에[푸믈쩌게]'는 ㉢에 따른 것이다.

② '넓거든[널꺼든]'은 ㉡에 따른 것이 맞으나, '얇을지라도[얄블찌라도]'는 ㉢에 따른 것이다.

③ '신겠네요[신겐네요]'는 ㉠에 따른 것이고, '밟지도[밥찌도]'는 ㉡에 따른 것이다.

④ '비웃을지언정[비우슬찌언정]'은 ㉢에 따른 것이고, '훑던[훌떤]'은 ㉡에 따른 것이다. 참고로 '비웃을지언정'은 '비웃다'의 어간 '비웃-'에 연결 어미 '-(으)ㄹ지언정'이 결합된 것이다. 〈보기〉의 ㉢에서 '-(으)ㄹ'로 시작되는 어미의 경우 그 뒤에 연결되는 'ㅈ'은 된소리로 발음한다고 하였으므로, '비웃을지언정'은 [비우슬찌언정]으로 발음해야 한다.

20

정답설명

② 〈보기〉의 ㉠은 거센소리되기, ㉡은 자음군 단순화, ㉢은 된소리되기, ㉣은 비음화, ㉤은 유음화에 해당한다. '흙까지'는 자음군 단순화에 따라 겹받침 'ㄺ' 중 'ㄹ'이 탈락되어 [흑까지]로 발음된다. '값싸다' 또한 겹받침 'ㅄ' 중 'ㅅ'이 탈락되어 [갑싸다]로 발음되며, '닭똥' 또한 겹받침 'ㄺ' 중 'ㄹ'이 탈락되어 [닥똥]으로 발음된다. 이들은 모두 공통적으로 자음군 단순화(탈락)에 해당되는 용례들이다.

오답설명

① '밥하고'가 [바파고]로 발음되는 것은 'ㅂ'과 'ㅎ'이 축약되어 'ㅍ'이 되었기 때문이다. '먹히다'는 'ㄱ'과 'ㅎ'이 'ㅋ'으로 축약되어 [머키다]로 발음되나, '목걸이'는 축약 현상이 일어나지 않는다. '목걸이'는 된소리되기 현상이 일어나 [목꺼리]로 발음되므로 ㉢의 예시로 적절하다.

③ '잡고'가 [잡꼬]로 발음되는 것은 파열음 'ㅂ'으로 인하여 뒤의 'ㄱ'이 된소리로 교체되는 현상이 일어났기 때문이다. '굳세다[굳쎄다]'는 파열음 'ㄷ'으로 인하여 뒤의 'ㅅ'이 된소리로 교체되는 현상이 일어나지만, '솜이불'은 된소리되기 현상이 일어나지 않는다. '솜이불'은 '솜'과 '이불'이 합성되는 과정에서 'ㄴ'이 첨가되어 [솜니불]로 발음되는데, 'ㄴ 첨가'는 〈보기〉에서 제시한 음운 변동에 해당하지 않는다.

④ '듣는다'가 [든는다]로 발음되는 것은 'ㄷ'이 'ㄴ'의 영향을 받아 'ㄴ'과 같은 비음인 'ㄴ'으로 교체되는 비음화 현상이 일어났기 때문이다. '겹내다[겸내다]'는 'ㅂ'이 'ㄴ'의 영향을 받아 'ㅁ'으로 교체되는 비음화 현상이 일어나지만, '맨입'은 비음화 현상이 일어나지 않는다. '맨입'은 접두사 '맨-'과 어근 '입'이 결합되는 과정에서 'ㄴ'이 첨가되어 [맨닙]으로 발음된다.

⑤ '칼날'이 [칼랄]로 발음되는 것은 'ㄴ'이 'ㄹ'의 영향을 받아 같은 'ㄹ'로 교체

되는 유음화 현상이 일어났기 때문이다. '설날[설랄]'은 'ㄴ'이 'ㄹ'의 영향을 받아 같은 'ㄹ'로 교체되는 유음화 현상이 일어나지만, '잡히다'는 유음화 현상이 일어나지 않는다. '잡히다'는 'ㅂ'과 'ㅎ'이 축약되어 [자피다]로 발음되기에 ㉠의 예시로 적절하다.

번호	정답	정답률 (%)	선지별 선택비율(%)				
			①	②	③	④	⑤
21	②	64	17	64	7	6	6
22	③	76	6	3	76	14	1
23	⑤	82	3	3	4	8	82
24	⑤	41	6	7	38	8	41
25	⑤	67	9	12	4	8	67

21

정답설명

② '솥이나'는 '솥'의 'ㅌ'이 조사 '이나'의 모음 'ㅣ' 앞에서 [ㅊ]으로 바뀐 후 뒤 음절 첫소리로 옮겨져 최종적으로 [소치나]로 발음된다. 이는 ㉠의 내용에 해당한다.

오답설명

① '같이'가 [가치]로 발음되는 것은 맞으나, '같이'의 '-이'는 조사가 아니라 접미사이므로 ㉠이 아닌 ㉡을 적용해야 한다.

③ '팥이다'의 '이-'는 서술격 조사의 첫 음절에 해당하므로 ㉡이 아닌 ㉠을 적용해야 한다.

④ '받히다'는 '받다'라는 동사의 어근 '받-'에 접미사 '-히-'가 결합된 것이다. 따라서 ㉢을 적용하여 [바치다]로 발음해야 한다.

⑤ '붙이다'는 '붙다'라는 동사의 어근 '붙-'에 접미사 '-이-'가 결합된 것이다. 따라서 ㉡을 적용하여 [부치다]로 발음해야 한다.

22

정답설명

③ 음절의 끝소리에 발음될 수 있는 자음은 'ㄱ, ㄴ, ㄷ, ㄹ, ㅁ, ㅂ, ㅇ'의 일곱 소리뿐이므로 '깊'의 'ㅍ'은 'ㅂ'으로 소리 난다. 이때 ㉢의 경우 '숯'의 'ㅊ'과 '옷'의 'ㅅ'은 'ㄷ'으로 소리 나고, ㉣의 경우 '닭'의 'ㄲ'과 '억'의 'ㅋ'이 'ㄱ'으로 교체된 후 각각 'ㄴ', 'ㅁ'에 의해 비음화되어 'ㅇ'으로 소리 나므로 선지의 내용은 적절하다.

오답설명

① ㉠의 경우 'ㅎ'과 'ㅈ'이 만나 'ㅊ'으로, 'ㅂ'과 'ㅎ'이 만나 'ㅍ'으로 축약된 것을 확인할 수 있으나, ㉡에서는 축약이 아니라 'ㅎ'이 탈락하는 현상이 일어남을 알 수 있다.

② ㉠에서는 된소리되기 현상이 일어나지 않았다. ㉢에서는 '숯도 → [숟도] → [숟또]', '옷고름 → [옫고름] → [옫꼬름]', ㉤에서는 '읽지 → [익지] →

[익찌]', '훑거나 → [훌꺼나]'로 된소리되기 현상이 일어났다.

④ '겉모양'의 경우 '겉'의 'ㅌ'이 'ㄷ'으로 대표음화된 후 뒤의 'ㅁ'의 영향을 받아 'ㄴ'으로 교체된다. 'ㄴ'은 윗잇몸과 혀끝 사이에서 소리 나고 'ㅁ'은 입술에서 소리 나므로 선지의 설명은 적절하지 않다. 한편 '닭는'의 경우 '닭'의 'ㄲ'이 'ㄱ'으로 대표음화된 후 뒤의 'ㄴ'의 영향을 받아 'ㅇ'으로 교체되고, '부엌문'의 경우 '엌'의 'ㅋ'이 'ㄱ'으로 대표음화된 후 뒤의 'ㅁ'의 영향을 받아 'ㅇ'으로 교체된다. '겉모양'과 '닭는', '부엌문'은 조음 위치가 같아지는 현상이 아닌, 조음 방법이 같아지는 현상이다.

⑤ '앉고'의 경우 겹받침 'ㄵ' 중 'ㅈ'이 탈락되는 양상을 보인다. ㉤의 경우 이와 같이 '읽지'의 'ㄹㄱ' 중 'ㄹ'과 '훑거나'의 'ㄾ' 중 'ㅌ'이 탈락한 것을 볼 수 있지만, ㉣은 받침 자음의 일부가 탈락하는 것이 아니라 교체되는 현상을 보인다.

23

정답설명

⑤ '닭하고'는 명사 '닭'과 조사 '하고'의 결합으로 두 단어이다. 따라서 바로 축약되지 않고 자음군 단순화를 먼저 거치게 된다. ⓑ에 따라 'ㄹㄱ'이 [ㄱ]으로 발음되어 '닥하고'가 되는 것이다. 이후 ⓔ에 따라 'ㄱ'과 'ㅎ'이 만나 'ㅋ'으로 발음되어 최종적으로 [다카고]로 발음된다.

오답설명

① '여덟이'는 겹받침이 모음으로 시작된 조사와 결합되는 경우에 해당하므로, ⓐ에 따라 뒤엣것만을 뒤 음절 첫소리로 옮겨 [여덜비]로 발음된다.

② '몫을'은 겹받침이 모음으로 시작된 조사와 결합되는 경우에 해당하므로, ⓐ에 따라 뒤엣것만을 뒤 음절 첫소리로 옮겨 발음해야 한다. 이때 'ㅅ'은 [ㅆ]으로 발음한다고 하였으므로 최종적으로 [목쓸]로 발음된다.

③ '흙만'은 겹받침 'ㄹㄱ'이 자음 앞에 위치하는 경우에 해당하므로 ⓑ에 따라 [ㄱ]으로 발음되어 '흑만'이 된다. 이후 ⓒ에 따라 최종적으로 [흥만]이라고 발음된다.

④ '값까지'는 겹받침 'ㅄ'이 자음 앞에 위치하는 경우에 해당하므로 ⓑ에 따라 [ㅂ]으로 발음되어 [갑까지]로 발음한다. 이때 '까지'의 'ㄲ'은 어떤 음운 변동에 의한 것이 아닌, 본래의 표기이기 때문에 ⓓ의 적용을 받는다고 볼 수 없다.

24

정답설명

⑤ **최근에 변화된 문법 문제를 잘 보여 주는 사례이다. 불친절한 문제의 끝판왕이다. 이 문제는 음운 변동에 대한 규정이나 설명이 없다. 변동 과정은 기본적으로 알고 들어오라는 평가원의 요구와 출제 방향이 드러나는 문제다.**
'잃지'의 경우 겹받침 'ㄶ'의 'ㅎ'이 뒷말의 'ㅈ'과 축약되어 'ㅎ+ㅈ → ㅊ'으로 변동된다. 따라서 최종 발음 형태는 [일치]로 나타난다. 그러나 '긁고'의 경우 'ㄹㄱ'의 'ㄱ'이 뒷말 'ㄱ'을 된소리 'ㄲ'으로 교체시킨 후 탈락되어 최종적으로 [글꼬]로 발음된다. 이 과정에서 자음 축약이 나타나지 않았으므로 선지의 내용은 적절하지 않다.

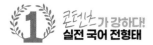

오답설명

① '값도'의 경우 '값'의 음절 끝 'ㅄ'이 'ㅂ'으로만 발음되고 있다. 이는 음절 끝에서 둘 이상의 자음이 발음되지 못하기 때문에 자음군 단순화에 의해 하나가 탈락된 것이다. 또한 남겨진 'ㅂ'이 뒤 자음 'ㄷ'을 된소리로 교체시켜 최종적으로 [갑또]로 발음된다. '맑네'의 경우 역시 '맑'의 음절 끝 'ㄲ' 중 'ㄹ'이 탈락된 후 뒤 자음 'ㄴ'에 의해 비음화되어 최종적으로 [망네]로 발음된다.

② '입니'의 경우 'ㅂ'이 'ㄴ'으로 인해 비음화되어 [임니]로 발음된다. '맑네'의 경우 '맑'의 음절 끝 'ㄲ' 중 'ㄹ'이 탈락된 후 뒤 자음 'ㄴ'에 의해 비음화되어 최종적으로 [망네]로 발음된다. 또한 '꽃말'의 경우 '꽃'의 음절 끝 'ㅊ'이 'ㄷ'으로 대표음화된 후 뒤 자음 'ㅁ'에 의해 비음화되어 최종적으로 [꼰말]로 발음된다. **비음화는 조음 방법이 같아지는 음운 변동**이므로 선지의 내용은 적절하다.

③ '물약'의 경우 '물+약'으로 이루어진 합성어이다. 그 실제 발음이 [무략]이 아닌 [물략]인 것은, 합성되는 과정에서 'ㄴ' 첨가가 일어났기 때문이다. 실제 시험에서 선배들이 이 문제를 힘들게 풀었는데, 그것은 'ㄴ' 첨가에 대한 정보 없이 출제하고 그 정도의 지식을 기본으로 요구했기 때문이다. **'ㄴ'이 첨가된다는 건 알고 오라는 평가원의 의도다.** 갑자기 난이도가 확 올라갔지? '물약'은 'ㄴ'이 첨가된 후 앞의 'ㄹ'에 의해 유음화되어 결과적으로 [물략]으로 발음된다. '낮일' 역시 '낮+일'로 이루어진 합성어이며, 그 실제 발음이 [나딜](낮일>낮닐)나딜]이 아닌 [난닐]인 것은 합성되는 과정에서 'ㄴ'이 첨가된 후 앞의 'ㅈ>ㄷ'을 비음화시켜 최종적으로 [난닐]로 발음되기 때문이다.

④ '팥죽'의 경우 '팥'의 음절 끝 'ㅌ'이 'ㄷ'으로 대표음화된 후 뒤의 'ㅈ'이 된소리가 되어 최종적으로 [팓쭉]으로 발음된다. 'ㅌ'이 'ㄷ'으로 교체되는 것은 'ㅌ'은 음절 끝에서 발음될 수 있는 자음이 아니기 때문이다. '낮일' 역시 '낮'의 음절 끝 'ㅈ'이 'ㄷ'으로 대표음화된 후 첨가된 'ㄴ'에 의해 비음화되어 최종적으로 [난닐]로 발음된다. '꽃말' 역시 '꽃'의 음절 끝 'ㅊ'이 'ㄷ'으로 대표음화된 후 뒤의 'ㅁ'에 의해 비음화되어 최종적으로 [꼰말]로 발음된다.

25

정답설명

⑤ 〈보기〉의 (가)는 음절의 끝소리 규칙에 대한 설명이고, (나)는 겹받침에서의 음운 탈락(자음군 단순화)에 대한 설명이다. '읊고'의 '읊'은 [읍]으로 발음되는데, 'ㄿ' 중 'ㄹ'이 탈락된 데서 (나)를, 'ㅍ'이 'ㅂ'으로 교체된 데서 (가)를 확인할 수 있다.

오답설명

① '꽂힌'은 한 단어 내부에서 축약의 조건을 만족하므로 앞말의 종성 'ㅈ'과 뒷말의 초성 'ㅎ'이 만나 'ㅊ'이 되는 음운 축약이 나타난다. (가)와는 무관하므로 적절하지 않다. 이 선지에 대해 정말 많은 학생들의 질문이 있었다. 왜 음절의 끝소리 규칙보다 축약이 먼저 일어났냐는 질문이었는데, 여기서 명확하게 정리하고 가자. **축약은 '1) 한 단어 내부, 2) 축약의 조건 충족'이라는 두 가지 조건을 만족하면 다른 음운 변동보다 우선 적용된다.**

② '몫이'는 '몫이>목시>목씨'의 변화 과정을 거친다. 'ㅅ'이 뒤 음절의 초성으로 옮겨 가는 것은 연음 현상으로 음운 변동이 아니지만, (연음은 음운 변동으로 보지 않는다.) 'ㅅ'이 앞의 'ㄱ'의 영향을 받아 'ㅆ'으로 변화되는 것은

'된소리되기' 현상으로 교체 현상에 해당한다. 이는 종성의 'ㄱ'과 'ㅅ(ㅆ)'이 탈락되지 않고 발음되므로 (나)와는 무관한 것이다.

학생들이 자주 묻는 질문

Q. '연음'은 왜 음운 변동이 아닌가요?

A. 연음은 단순히 앞 음절 종성이 뒤 음절 초성으로 이동한 것일 뿐 **음운이 달라지는 것이 아니기에** 음운 변동이라고 하지 않는다. 예를 들어, '눈이'는 [누니]라고 연음하여 발음하지만 연음이 되어도 음운은 'ㄴ, ㅜ, ㄴ, ㅣ'로 동일하기 때문이다.

③ '비옷'의 경우 종성 'ㅅ'에 음절의 끝소리 규칙이 적용되어 'ㅅ→ㄷ'으로 바뀌었으므로, (나)가 아니라 (가)에 해당한다.

④ '않고'의 경우 한 단어 내부에서 겹받침 'ㄶ'의 'ㅎ'이 뒷말의 'ㄱ'과 만나 'ㅋ'이 되는 음운 축약이 나타난다. (가)와 (나) 모두와 무관하므로 선지의 내용은 적절하지 않다.

문제분석 26-30번

번호	정답	정답률 (%)	선지별 선택비율(%)				
			①	②	③	④	⑤
26	①	57	57	6	19	13	5
27	②	78	6	78	8	3	5
28	①	49	49	10	16	15	10
29	①	73	73	4	17	4	2
30	①	82	82	6	6	4	2

26

갈수록 문법이 어려워지고 있음을 보여 주는 또 하나의 문제다. 예전에는 예시로 단어를 주고 이것이 어떤 음운 변동이었는지 구분하는 정도로 출제하였다면, 이제는 어떤 변화가 몇 번 일어났는지, 그래서 음운의 개수에는 어떤 변화가 생겼는지를 구체적으로 묻고 있는 것이다. **교체가 일어나면 음운의 개수는 변하지 않고, 탈락이나 축약이 일어나면 음운이 하나 줄어든다. 또한 첨가가 일어나면 음운 한 개가 늘어난다.** 이러한 사항을 기본적으로 숙지하고 꼼꼼하게 살펴보자.

정답설명

① 축약은 우선적으로 적용한다는 것을 어렴풋이 기억하고, [홀카고]라고 처리한 친구들이 많다. 기억하자. '한 단어 내'에서 축약 조건이 형성되면 그것을 먼저 적용하지만 **'둘 이상'의 단어가 결합된 경우에는 축약보다 음절의 끝소리 규칙이나 자음군 단순화를 먼저 적용한다.** 음절의 끝소리 규칙이나 자음군 단순화를 적용한 다음 축약 조건이 형성되면 축약을 하는 적용하는 것이다. '흙하고'는 '흙(명사)+하고(조사)'의 두 단어다. 따라서 우선적으

로 자음군 단순화를 적용한 후 '흑+하고'에서 'ㄱ+ㅎ'이 축약 조건이 되어 최종 발음은 [흐카고]가 되는 것이다. 정리해 보면, '흙하고'는 자음군 단순화에 의해 'ㄹ'이 탈락하여 [흑하고]로 바뀐 다음, 축약에 의해 [흐카고]가 된 것이다. 탈락과 축약이 일어나 결과적으로 음운의 개수가 두 개 줄어들었으므로 선지의 내용은 적절하다.

오답설명

② '저녁연기'는 'ㄴ'이 첨가되어 [저녁년기]로 일단 바뀐다. 비음은 힘이 엄청 세다고 했지? 자꾸 앞의 친구들을 비음의 세계로 유혹하는 것이 비음의 특징이다. '년'의 초성 'ㄴ'이 앞 음절 '녁'의 종성 'ㄱ'을 비음의 세계로 유혹하는 것이다. 이렇게 비음화가 일어나서 'ㄱ'이 'ㅇ'으로 교체되어 [저녕년기]가 된다. 결과적으로 'ㄴ'이 하나 첨가되었고, 교체가 한 번 일어나서 음운의 개수는 한 개가 늘어났다.

③ '부엌문'은 음절의 끝소리 규칙에 의해 'ㅋ'이 'ㄱ'으로 교체되어 [부억문]이 된 후 다시 비음인 'ㅁ'의 영향으로 'ㄱ'이 비음인 'ㅇ'으로 교체되어 [부엉문]이 된다. 교체가 두 번 일어났지만 교체이기 때문에 음운의 개수 변동은 없다. 한편 '볶는'은 음절의 끝소리 규칙에 의해 'ㄲ'이 'ㄱ'으로 교체되어 [복는]으로 바뀐 후 다시 비음화에 의해 'ㄱ'이 'ㅇ'으로 교체되어 [봉는]이 된다. 따라서 '부엌문', '볶는'은 각각 교체가 두 번 일어나 음운의 개수는 모두 변하지 않았다.

④ '엱지'는 뒤에 오는 'ㅈ'을 된소리로 교체시키는 된소리되기가 일어난다. 이후 자음군 단순화에 의해 'ㅈ'이 탈락하여 [언찌]로 발음되므로 탈락과 교체 현상이 나타남을 알 수 있다. 한편, '묽고'는 'ㄹ'의 'ㄱ'이 뒤에 오는 'ㄱ'을 된소리로 교체시키는 된소리되기가 일어난 후 자음군 단순화에 의해 'ㄱ'이 탈락하여 [물꼬]로 발음된다. 둘 다 음운의 개수가 하나씩 줄어든 것은 맞지만 축약이 아니라 탈락이 일어났으므로 선지의 내용은 적절하지 않다.

⑤ '넓네'는 자음군 단순화에 의해 'ㅂ'이 탈락하여 [널네]로 바뀐 후 유음화에 의해 'ㄴ'이 'ㄹ'로 교체되어 [널레]가 된다. '밝는'은 자음군 단순화에 의해 'ㄹ'이 탈락하여 [박는]으로 바뀐 후 비음화에 의해 'ㄱ'이 'ㅇ'으로 교체되어 [방는]이 된다. '넓네'와 '밝는'은 각각 탈락과 교체가 한 번씩 일어나 음운의 개수는 모두 한 개씩 줄어들었다.

27

정답설명

② ㉠과 ㉢은 '흙일〉흑일〉흑닐〉흥닐', '발야구〉발냐구〉발랴구'와 같이 'ㄴ'이 첨가되는 변동을 겪는다. 하지만 ㉡은 '닳는〉달는〉달른'과 같이 첨가되는 음운이 없다.

오답설명

① ㉠은 '흙일〉흑일〉흑닐〉흥닐'로 총 3번, ㉡은 '닳는〉달는〉달른'으로 총 2번, ㉢은 '발야구〉발냐구〉발랴구'로 총 2번의 음운 변동을 겪는다.

③ ㉠의 변동 전 음운은 'ㅎ, ㅡ, ㄹ, ㄱ, ㅣ, ㄹ'의 여섯 개이다. 변동 후 음운 역시 'ㅎ, ㅡ, ㅇ, ㄴ, ㅣ, ㄹ'의 여섯 개이므로 개수 변화가 없다.

④ ㉡은 '닳는〉달는〉달른'으로 총 2번, ㉢ 역시 '발야구〉발냐구〉발랴구'로 총 2번의 음운 변동을 겪는다.

⑤ ㉠과 ㉢은 '흙일〉흑일〉흑닐〉흥닐', '발야구〉발냐구〉발랴구'와 같이 'ㄴ'이 첨가되는 변동을 겪는다.

28

정답설명

① 지금까지 평가원에서는 사이시옷의 조건을 제시할 때, 선지에 '한자어' 여부도 같이 제시하였다. '한자어'를 모르더라도 틀리지 않게 하려는 배려다. 다만 이 문제는 그런 배려가 없다. 하지만 한자어를 다 암기해야 풀 수 있는 문제가 아니다. '합성 명사'의 개념만 정확히 알아도 풀 수 있다. '도매가격'과 '도맷값'은 각각 '도매+가격', '도매+값'과 같이 구성되어 있으므로, 둘 다 합성 명사이다. ㉠에서 차이 나는 1가지 조건은 ⓐ가 아니라 ⓑ이다. '도맷값'은 한자어+고유어로 이루어진 단어이기 때문에 ⓑ의 조건을 충족하지만, '도매가격'은 한자어+한자어로 이루어진 단어이기 때문에 사잇소리 현상이 일어나더라도 사이시옷을 표기하지 않은 것이다.

오답설명

② '아랫방'은 고유어+한자어로 이루어진 단어이므로 ⓑ의 조건을 충족한다. 하지만 '전세방'은 한자어+한자어로 이루어진 단어이므로 사잇소리 현상이 일어나더라도 사이시옷을 표기하지 않았다.

③ '조갯국'은 '조개+국'이므로 ⓒ의 조건을 충족한다. 하지만 '버섯국'은 '버섯+국'이므로 앞말이 모음으로 끝나지 않아 사잇소리 현상이 나타나는 단어라고 볼 수 없고, 따라서 사이시옷이 결합되지 않은 것이다.

④ '존대+말'은 [존대말]이 아니라 [존댄말]로 발음되기 때문에 ⓓ 중 "앞말 끝소리에 'ㄴ' 소리가 덧남."이라는 조건을 충족한다. 하지만 '인사말'은 [인산말]이 아니라 [인사말]로 발음되기 때문에 ⓓ의 조건을 충족하지 않는다.

⑤ '나무+가지'는 [나무가지]가 아니라 [나무까지]로 발음되기 때문에 ⓓ 중 '뒷말 첫소리가 된소리로 바뀜.'이라는 조건을 충족한다. 하지만 '나무+껍질'은 뒷말 첫소리 발음이 본래 된소리이므로, ⓓ의 조건을 충족하지 않는다.

29

정답설명

① ㉠의 비표준 발음은 [글른]이고 ㉡의 표준 발음은 [짤레]이다. 이는 '긁는'과 '짧네'에서 각각 'ㄱ', 'ㅂ'이 탈락하는 자음군 단순화 현상이 일어난 후([글는], [짤네]), 'ㄹ'의 영향을 받아 'ㄴ'이 'ㄹ'로 변화하는 유음화 현상이 일어난 것이다. 따라서 ⓐ에 들어갈 것은 '유음화'이다.
㉠의 표준 발음은 [긍는]이고 ㉡의 비표준 발음은 [짬네]이다. 이는 '긁는'과 '짧네'에서 각각 'ㄹ'이 탈락하는 자음군 단순화 현상이 일어난 후([극는], [짭네]), 'ㄴ'의 영향을 받아 'ㄱ', 'ㅂ'이 'ㅇ', 'ㅁ'으로 변화하는 비음화 현상

이 일어난 것이다. 따라서 ⓑ에 들어갈 것은 '비음화'이다.

ⓒ의 표준 발음은 [끈키고]이고 ⓓ의 표준 발음은 [뚤치]이다. 이는 각각 'ㅎ+ㄱ', 'ㅎ+ㅈ'이 'ㅋ', 'ㅊ'으로 축약되는 거센소리되기 현상이 일어난 것이다. 따라서 ⓒ에 들어갈 것은 '거센소리되기'이다.

30

정답설명

① ㉠은 'ㅌ'이 'ㅣ'와 인접하여 'ㅊ'으로 교체되는 구개음화 현상이 나타난 경우이고, 이때 로마자 표기는 구개음화 현상의 결과를 반영하여 표기의 'ㅌ'이 아닌 발음의 'ㅊ'을 'ch'로 나타내고 있다.

'땀받이' 역시 'ㄷ'이 'ㅣ'와 인접하여 'ㅈ'으로 교체되는 구개음화 현상이 나타나 [땀바지]로 발음되므로, 이때 로마자 표기는 구개음화 현상의 결과를 반영할 것이다.

오답설명

② ㉡은 받침 'ㅂ' 뒤에 연결된 'ㄷ'이 'ㄸ'으로 교체되는 된소리되기 현상이 나타난 경우이고, 이때 로마자 표기는 된소리되기 현상의 결과를 반영하지 않고 표기의 'ㄷ'을 'd'로 나타내고 있다.

'삭제' 역시 받침 'ㄱ' 뒤에 연결된 'ㅈ'이 'ㅉ'으로 교체되는 된소리되기 현상이 나타나 [삭쩨]로 발음되므로, 이때 로마자 표기는 된소리되기 현상의 결과를 반영하지 않을 것이다.

③ ㉢은 받침 'ㅎ'과 뒤에 연결된 'ㅈ'이 'ㅊ'으로 축약되는 거센소리되기 현상이 나타난 경우이고, 이때 로마자 표기는 거센소리되기 현상의 결과를 반영하여 표기의 'ㅎ', 'ㅈ'이 아닌 발음의 'ㅊ'을 'ch'로 나타내고 있다.

'닳아'는 'ㅀ' 뒤에 모음으로 시작된 어미가 결합되어 'ㅎ'이 탈락되는 현상이 나타나 [다라]로 발음되므로, ㉢에서 일어나는 음운 변동인 거센소리되기 현상이 나타난다고 볼 수 없다.

④ ㉣은 형태소와 형태소 사이에 'ㄴ' 음이 덧나는 'ㄴ' 첨가 현상이 나타난 경우이고, 이때 로마자 표기는 'ㄴ' 첨가 현상의 결과를 반영하여 'n'으로 나타내고 있다.

'한여름' 역시 형태소와 형태소 사이에 'ㄴ' 음이 덧나는 'ㄴ' 첨가 현상이 나타나 [한녀름]으로 발음되므로, 이때 로마자 표기는 'ㄴ' 첨가 현상을 반영할 것이다.

⑤ ㉤은 받침 'ㄱ'이 'ㅁ' 앞에서 'ㅇ'으로 변화하는 비음화 현상이 나타난 경우이고, 이때 로마자 표기는 비음화 현상의 결과를 반영하여 표기의 'ㄱ'이 아닌 발음의 'ㅇ'을 'ng'로 나타내고 있다.

'밥물' 역시 받침 'ㅂ'이 'ㅁ' 앞에서 'ㅁ'으로 변화하는 비음화 현상이 나타나 [밤물]로 발음되므로, 이때 로마자 표기는 비음화 현상의 결과를 반영할 것이다.

문제분석 **31-35번**

번호	정답	정답률 (%)	선지별 선택비율(%)				
			①	②	③	④	⑤
31	③	63	9	9	63	11	8
32	④	54	19	5	14	54	8
33	②	69	3	69	21	4	3
34	④	78	2	5	12	78	3
35	④	62	11	2	6	62	19

31

정답설명

③ 〈보기〉에서 선생님은 최소 대립쌍 '살'과 '쌀'의 뜻을 구분 짓는 'ㅅ'과 'ㅆ'이 음운의 자격을 얻게 된다고 설명한 후, [A]에서 최소 대립쌍의 음운들을 추출하여 [B]에서 확인해 보자고 하였다. [B]는 국어의 단모음 체계를 나타내는 표이므로, [A]에서 모음으로 인해 뜻이 구분되는 최소 대립쌍을 짝지어 보면 '쉬리-소리', '마루-머루', '구실-구슬'의 세 쌍이 나오게 된다. '쉬리-소리', '마루-머루', '구실-구슬'에서 뜻을 구분짓는 음운은 'ㅟ-ㅗ', 'ㅏ-ㅓ', 'ㅣ-ㅡ'이다. 이때 추출된 음운들 중 평순 모음은 'ㅣ, ㅡ, ㅓ, ㅏ' 네 개다.

오답설명

① 추출된 음운들 중 전설 모음은 'ㅣ, ㅟ' 두 개다.

② 추출된 음운들 중 중모음은 'ㅓ, ㅗ' 두 개다.

④ 추출된 음운들 중 고모음은 'ㅣ, ㅟ, ㅡ' 세 개다.

⑤ 추출된 음운들 중 후설 모음은 'ㅡ, ㅓ, ㅏ, ㅗ' 네 개다.

32

정답설명

④ ㉠의 경우 [풀잎-풀입-풀닙-풀립]으로 음절의 끝소리 규칙, 'ㄴ' 첨가, 유음화가 나타나는데, 이 중 'ㄴ' 첨가는 음운 개수가 하나 늘어나는 음운 변동이다.

㉢의 경우 [벼훑이-벼훌치]로 연음과 구개음화가 나타나는데, 이 중 연음 현상은 음운 변동으로 볼 수 없으며 구개음화는 교체로 음운 개수가 달라지지 않는 음운 변동이다.

오답설명

① ㉠에는 음절의 끝소리 규칙, 'ㄴ' 첨가, 유음화가 나타나고, ㉡에는 자음군 단순화, 음절의 끝소리 규칙, 비음화가 나타난다. 모두 음운 변동이 세 번씩 일어나는 경우에 해당한다.

② ㉠에는 음절의 끝소리 규칙, 'ㄴ' 첨가, 유음화가 나타나고, ㉡에는 자음군 단순화, 음절의 끝소리 규칙, 비음화가 나타난다. 이 중 유음화와 비음화는 인접한 자음과 조음 방법이 같아지는 음운 변동에 해당한다.

③ ㉠에서 첨가된 음운은 'ㄴ'이고 ㉡에서 탈락된 음운은 'ㄹ'로 서로 다르다.

⑤ ㉠은 'ㄹ'로 인해 'ㄴ'이 'ㄹ'로 동화되는 유음화가 나타나고, ㉢은 모음 'ㅣ'로 인해 'ㅌ'이 'ㅊ'으로 동화되는 구개음화가 나타난다.

형태쌤의 과외시간

동화에는 비음화, 유음화, 구개음화가 있다.

비음화와 유음화는 자음이 자음에게 영향을 줘서 조음 방식이 비슷하게 동화가 되는 것이고,

구개음화는 'ㄷ'과 'ㅌ'이 'ㅣ'모음의 영향을 받아 조음 위치가 비슷한 'ㅈ' 과 'ㅊ'으로 변하는 동화이다.

교과서에는 비음화와 유음화를 보통 동화로 다루고,

평가원도 이전에는 동화로 비음화와 유음화만 출제하였지만, 이번엔 구개음화도 동화로 명확하게 출제하였다.

33

정답설명

② 받침이 있는 단어의 뒤에 모음으로 시작하는 형식 형태소가 올 경우에는 '음절의 끝소리 규칙'이 적용되지 않는다. '안팎을'의 경우 '안팎' 다음에 조사 '을', 즉 모음으로 시작하는 형식 형태소가 왔기 때문에 '안팎을'은 '음절이 끝소리 규칙'이 적용되지 않고 연음이 되어 [안파끌]로 발음된다.

오답설명

① 받침이 있는 단어의 뒤에 모음으로 시작하는 형식 형태소가 올 경우에는 '자음군 단순화'가 적용되지 않는다. '찰흙이'는 '찰흙' 뒤에 조사 '이', 즉 모음으로 시작하는 형식 형태소가 왔기 때문에 '자음군 단순화'가 적용되지 않고 연음되어 [찰흘기]로 발음된다.

③ '넋이'의 경우도 받침이 있는 단어 뒤에 모음으로 시작하는 형식 형태소가 왔으므로 '자음군 단순화'가 적용되지 않는다. 따라서 '넋이'는 연음되어 [넉시]가 된 후 '된소리되기'를 적용해서 최종적으로 [넉씨]로 발음된다.

형태쌤의 과외시간

받침 발음 현상 – 교체와 탈락

받침 발음, 즉 '음절의 끝소리'에서는 교체나 탈락이 일어난다. **교체가 될 때는 '음절의 끝소리 규칙'**이라는 표현을 쓰고, **탈락이 될 때는 '자음군 단순화'**라는 표현을 쓴다.

Q. 모두 음절의 끝소리에서 일어나는 현상이니 '교체와 탈락' 모두 음절의 끝소리 현상이 아닌가요?

A. 맞다. 문법 전공 서적에서는 둘을 합쳐 '음절의 끝소리 현상'이라고 하기도 한다. 이때 중요한 것은 **출제자의 의도**다. 출제자가 단순히 음절의 끝에서 일어나는 다양한 현상에 주목하면, 둘을 구분하지 않아도 되지만, 이처럼 '음절의 끝소리 규칙'과 '자음군 단순화'로 표현을 나눠서 썼다면, 둘의 구분을 **'출제자가 요구'**하고 있는 것이다. 수능이라면 이런 고민을 하지 않게 선지를 좀 더 다듬었겠지만, 모평이나 교육청 문제에서는 출제자의 요구를 감안해서 들어가야 한다.

④ 구개음화는 끝소리가 'ㄷ, ㅌ'인 형태소가 모음 'ㅣ'나 반모음 'ㅣ'로 시작되는 형식 형태소와 만나면 'ㅈ, ㅊ'으로 바뀌는 현상이다. '끝을'의 경우 모음 'ㅣ'나 반모음 'ㅣ'로 시작되는 형식 형태소가 오지 않고 'ㅡ'가 왔기 때문에 구개음화가 적용되지 않는다. 따라서 구개음화를 적용하지 않고 연음되어 [끄틀]로 발음된다.

⑤ 거센소리되기는 'ㄱ, ㄷ, ㅂ, ㅈ'과 'ㅎ'이 서로 만나면 'ㅋ, ㅌ, ㅍ, ㅊ'이 되는 현상이다. '숲에'는 'ㅎ'도 없을 뿐더러 받침 뒤에 형식 형태소 '에'가 왔으므로 '음절의 끝소리 규칙'도 적용되지 않고 연음되어 [수페]로 발음된다.

34

정답설명

④ 'ㄱ'이 비음화로 인해 'ㅇ'으로 바뀌었으므로 교체에 해당하고, '국'과 '궁' 모두 자음+모음+자음으로 이루어진 음절이므로 옳은 설명이다.

오답설명

① 'ㅅ'이 된소리되기에 의해 'ㅆ'으로 바뀌었으므로 교체에 해당하고, '상'과 '쌍' 모두 자음+모음+자음으로 이루어진 음절이므로 잘못된 설명이다.

② '집일'이 [짐닐]로 발음되는 것은 'ㄴ' 첨가와 비음화가 일어났기 때문이다. [닐]은 첨가의 결과이고, '일'이 모음+자음의 음절 유형에 해당하는 것과 달리 자음+모음+자음의 음절 유형에 해당한다. **참고로 종성(받침)의 'ㅇ' 과 달리, 초성의 'ㅇ'은 음가가 없으므로 자음으로 취급하지 않는다.**

③ 'ㄱ'과 'ㅎ'이 합쳐져 'ㅋ'이 된 것은 축약의 결과에 해당한다. 그러나 '함'과 '캄' 모두 자음+모음+자음의 음절 유형에 해당하므로 잘못된 설명이다.

⑤ '활'과 '살'이 결합하여 '화살'이 된 것은 'ㄹ'이 탈락한 결과이다. 그러나 '화' 는 자음+모음, '활'은 자음+모음+자음의 음절 유형에 해당하므로 잘못된 설명이다.

35

정답설명

④ 〈보기〉에 따르면 "용언 어간 뒤에 '-아/어'로 시작하는 어미가 결합할 때, 단모음이 반모음으로 교체되는 음운 변동"이 나타난다. 어간 '견디-'와 어미 '-어서'가 결합하는 경우에도 이와 마찬가지로, 어간의 마지막 모음인 'ㅣ' 가 어미의 첫 모음 'ㅓ'와 만나 반모음 'ǐ'로 교체된 후, 어미 'ㅓ'와 결합하여 'ㅕ'라는 하나의 이중 모음이 되어 [견뎌서]로 발음된다.

오답설명

① 어간 '뛰-'와 어미 '-어'가 결합하여 [뛰여]로 발음되는 것은 어간 '뛰-'의 단모음 'ㅟ'가 반모음 'ǐ'로 교체되는 것이 아니라, 반모음 'ǐ'가 첨가된 것으로 이해할 수 있다.

② 어간 '차-'와 어미 '-아도'가 결합하여 [차도]로 발음하는 것은 어간의 마지막 모음과 어미의 첫 모음이 '-아'로 같아 동음 탈락이 나타났기 때문이다.

③ 어간 '잠그-'와 어미 '-아'가 결합하여 [잠가]로 발음하는 것은 어간의 마지막 모음이 'ㅡ'이고, 뒤에 모음으로 시작하는 어미가 오는 경우, 어간의 'ㅡ' 가 탈락하는 'ㅡ 탈락'이 나타났기 때문이다.

⑤ 어간 '키우-'와 어미 '-어라'가 결합하여 [키워라]로 발음하는 것은 어간의 마지막 모음인 'ㅜ'가 반모음 'ǐ'가 아닌 'w'로 교체된 후 어미의 'ㅓ'와 만나 'ㅝ'라는 이중 모음이 되었기 때문이다.

문제분석　36-40번

번호	정답	정답률 (%)	선지별 선택비율(%)				
			①	②	③	④	⑤
36	⑤	59	8	2	18	13	59
37	④	67	13	6	10	67	4
38	④	81	4	3	7	81	5
39	④	73	6	12	5	73	4
40	⑤	68	4	6	7	15	68

36

정답설명

⑤ 선지에서 요구한 조건이 무엇인지를 잘 보고 판단해야 하는 문제다. 정답 선지의 '누이-'와 '-어'의 결합의 경우, 어떤 조항을 적용하느냐에 따라 형태가 달라질 수 있기 때문이다. 차근차근 선지에서 제시한 내용을 검토해 보자. 선지에서는 ⑩을 적용한 후 ⓔ을 적용할 때를 물었지. 어간 '누-'에 '-이-'가 붙은 '누이-'에 ⑩을 적용하면 '뉘-'가 되겠지. ⓔ을 잘 보자. '' ㅣ' 뒤에 '-어'가 와서 'ㅕ'로 줄 적에'라고 했지? '뉘어'는 단모음 'ㅟ' 뒤에 '-어'가 결합한 것이니 ⓔ을 적용할 수 없겠구나.

오답설명

① '개었다'에서 'ㅐ' 뒤에 '-었-'이 어울려 준 것, '베어'에서 'ㅔ' 뒤에 '-어'가 어울려 준 것이므로 ㉠에 따라 각각 '갰다'와 '베'로 적을 수 있다.

② '꼬아'와 '쑤었다'는 모음 'ㅗ, ㅜ'로 끝난 어간에 '-아', '-었-'이 결합한 것이니 이것이 줄 적에는 ㉡에 따라 '꽈'와 '쒔다'로 적을 수 있다.

③ 많은 학생들이 걸려들었던 선지다. 조건에 따라 차근차근 따라가 보자. ⑩을 적용하면 '차-'에 '-이-'가 붙어 'ㅐ'로 주는 것에 해당하므로, '채-'로 적을 수 있겠지. 여기에 '-었-'이 붙으면 '채었다'로 적을 수 있다.

④ 선지에서는 ⑩을 먼저 적용하고 ㉢을 적용한다는 조건을 제시했다. 이에 따라 분석하면, 어간 '쏘-'에 '-이-'가 붙은 '쏘이-'는 ⑩에 따라 '쐬-'로 적을 수 있다. 이후 '쐬-'에 '-어'가 붙으면 ㉢을 적용하여 '쐐'로 줄여 적을 수 있지.

37

정답설명

④ 〈보기〉의 [A]에서는 자음군 단순화나 음절의 끝소리 규칙이 일어난 후 비음화 현상이 나타나는 예시를 들어야 한다. '겉늙다'의 경우, '겉'에서 음절의 끝소리 규칙이 적용되어 'ㅌ'이 'ㄷ'이 되고, '걷늙다'에서 '걷'의 'ㄷ'이 '늙'의 'ㄴ' 앞에서 비음화 현상이 적용되어 '건'이 되므로, 이는 [A]의 예시에 해당한다.

오답설명

① '밖만'은 음절의 끝소리 규칙이 적용되어 '밖'의 'ㄲ'이 'ㄱ'이 되어 [박만]이 된 후, '박'의 'ㄱ'이 '만'의 'ㅁ' 앞에서 비음화 현상에 의해 'ㅇ'이 되므로, 이는 자음군 단순화가 아닌 음절의 끝소리 규칙이 적용된 것에 해당한다.

② '폭넓다[퐁널때]'에서는 자음군 단순화와 비음화가 모두 적용되었는데, 〈보

기〉의 선생님이 말하는 비음화는 음운 변동의 결과로 받침 발음이 [ㄱ, ㄷ, ㅂ]으로 바뀐 후 비음화가 적용되는 것이다. '폭넓다'의 경우에는, '넓다'에서 자음군 단순화가 적용되어 '넓'의 'ㄼ'이 'ㄹ'이 되었다. 이때 받침 발음이 [ㄱ, ㄷ, ㅂ]으로 바뀌지 않았으며, 받침 발음 [ㄹ]이 뒤에 오는 비음으로 인해 비음화가 되지 않았다. 또한 '폭'의 'ㄱ'이 '넓'의 'ㄴ' 앞에서 'ㅇ'으로 바뀌는 비음화가 나타났는데, 여기서의 'ㄱ'은 자음군 단순화나 음절의 끝소리 규칙이 일어난 결과가 아니므로 이는 [A]의 예시에 해당하지 않는다.

③ '값만'에서는 자음군 단순화가 적용되어 '값'의 'ㅄ'이 'ㅂ'이 되어 [갑만]이 되고, '갑'의 'ㅂ'이 '만'의 'ㅁ' 앞에서 비음화 현상에 의해 'ㅁ'이 된다. 이는 음절의 끝소리 규칙이 적용된 것이 아니라 자음군 단순화가 적용된 것에 해당한다.

⑤ '호박잎'은 'ㄴ' 첨가와 음절의 끝소리 규칙으로 인해 [호박닙]이 되고 '박'의 'ㄱ'이 '닙'의 'ㄴ' 앞에서 'ㅇ'으로 바뀌는 비음화 현상이 적용되어 [호방닙]이 된다. 비음화 현상 전에 '박'에서 자음군 단순화나 음절의 끝소리 규칙이 일어나지는 않았으므로, 이는 [A]의 예시에 해당하지 않는다.

38

형태쌤의 과외시간

> 기본적으로 'ㄴ, ㅁ'은 장애음이 아니기 때문에 이 뒤에 예사소리가 온다고 해서 경음화가 일어나지는 않아. 그런데 어간이 'ㄴ, ㅁ'으로 끝나고 어미가 'ㄱ, ㄷ, ㅅ, ㅈ'로 시작하면 경음화가 일어난다. 즉, 'ㄴ, ㅁ'으로 끝나는 것이 어간, 'ㄱ, ㄷ, ㅅ, ㅈ'로 시작하는 것이 어미라는 조건을 만족해야 경음화가 일어나는 거야.
> 〈보기〉에서는 용언 어간에 피·사동 접미사가 결합하거나 어미끼리 결합하거나 체언과 조사가 결합하는 경우엔 된소리되기가 일어나지 않는다고 했으니 이를 잘 참고하자.

정답설명

④ 위에서 말했듯이 '어미끼리' 결합하면 경음화가 되지 않는 것은 맞아. 그런데 ⓓ의 '안겨라'는 어간 '안기-'에 어미 '-어라'가 결합한 것이야. 이때 '-기-'는 피동 접사지. 따라서 'ㄴ'으로 끝나는 어간에 'ㄱ'으로 시작하는 어미가 아닌 피동 접사가 결합한 소리기 때문에 경음화가 일어나지 않은 거야.

오답설명

① ⓐ의 '푼다'를 어간과 어미로 나누면 '풀-'과 '-ㄴ다'가 돼. 따라서 'ㄴ'과 'ㄷ'이 모두 어미에 속해 있는 소리라는 설명은 적절하지.

② ⓑ의 '여름도'는 체언 '여름'과 조사 '도'의 결합이므로 'ㅁ' 뒤의 'ㄷ'에서 경음화가 일어나지 않는다는 이해는 적절해.

③ ⓒ의 '잠가'를 형태소 단위로 분석하면 '잠그-, -아'가 돼. 'ㄴ, ㅁ' 뒤의 경음화 조건은 어간, 어미로 나뉘어야 되므로 다른 형태소 사이에서 일어나는 거지. 따라서 한 형태소 내에 속해 있는 소리기 때문에 경음화가 일어나지 않는다는 설명은 적절해.

⑤ '큰지'를 어간과 어미로 나누면 '크-'와 '-ㄴ지'가 돼. 'ㄴ', 'ㅈ' 모두 어미에 속한 소리이며, 어간과 어미가 결합하면서 이어진 소리가 아니기 때문에 경음화가 일어나지 않는 거야.

39

정답설명

④ ㉮에는 음절의 끝소리 규칙, 자음군 단순화, 된소리되기 모두가 일어나는
단어가 들어가야 하고, ㉯에는 음절의 끝소리 규칙, 된소리되기는 일어나야
하지만 자음군 단순화는 일어나지 않는 말이 들어가야 한다.

'흙빛'은 [흑삗]으로 발음되며, 'ㅊ'이 [ㄷ]이 되는 음절의 끝소리 규칙, 'ㄺ'이
[ㄱ]이 되는 자음군 단순화, 'ㅂ'이 [ㅃ]이 되는 된소리되기가 모두 일어나므
로 ㉮의 사례로 적절하다.

'쑥대밭'은 [쑥때받]으로 발음되며, 'ㅌ'이 [ㄷ]이 되는 음절의 끝소리 규칙,
'ㄷ'이 [ㄸ]이 되는 된소리되기가 일어나지만 자음군 단순화는 일어나지 않
으므로 ㉯의 사례로 적절하다.

오답설명

① '짓밟다'는 [진밥따]로 발음되며, 'ㅅ'이 [ㄷ]이 되는 음절의 끝소리 규칙,
'ㄼ'이 [ㅂ]이 되는 자음군 단순화, 'ㅂ'이 [ㅃ]이 되고 'ㄷ'이 [ㄸ]이 되는 된소
리되기가 모두 일어나므로 ㉮의 사례로 적절하다.

'늦깎이'는 [늗까끼]로 발음되며, 'ㅈ'이 [ㄷ]이 되는 음절의 끝소리 규칙이
일어나지만 된소리되기는 일어나지 않으므로 ㉯의 사례로 적절하지 않다.

② '넓디넓다'는 [널띠널따]로 발음되며, 'ㄼ'이 [ㄹ]이 되는 자음군 단순화, 'ㄷ'
이 [ㄸ]이 되는 된소리되기가 일어나지만 음절의 끝소리 규칙은 일어나지
않으므로 ㉮의 사례로 적절하지 않다.

'있다'는 [읻따]로 발음되며, 'ㅆ'이 [ㄷ]이 되는 음절의 끝소리 규칙, 'ㄷ'이
[ㄸ]이 되는 된소리되기가 일어나지만 자음군 단순화는 일어나지 않으므로
㉯의 사례로 적절하다.

③ '읊다'는 [읍따]로 발음되며, 'ㄿ'이 [ㅂ]이 되는 음절의 끝소리 규칙과 자음
군 단순화, 'ㄷ'이 [ㄸ]이 되는 된소리되기가 모두 일어나므로 ㉮의 사례로
적절하다.

'높푸르다'는 [놉푸르다]로 발음되며, 'ㅍ'이 [ㅂ]이 되는 음절의 끝소리 규칙
만 일어나므로 ㉯의 사례로 적절하지 않다.

⑤ '닭갈비'는 [닥깔비]로 발음되며, 'ㄺ'이 [ㄱ]이 되는 자음군 단순화, 'ㄱ'이
[ㄲ]이 되는 된소리되기가 일어나지만 음절의 끝소리 규칙은 일어나지 않으
므로 ㉮의 사례로 적절하지 않다.

'앞장서다'는 [압짱서다]로 발음되며, 'ㅍ'이 [ㅂ]이 되는 음절의 끝소리 규
칙, 'ㅈ'이 [ㅉ]이 되는 된소리되기가 일어나지만 자음군 단순화는 일어나지
않으므로 ㉯의 사례로 적절하다.

40

정답설명

⑤ '버들잎[버들립]'은 'ㄴ' 첨가, 유음화, 음절의 끝소리 규칙이 일어나므로
교체가 두 번, 첨가가 한 번 일어나는 예로 적절하다. 한편 '덧입어[던니
버]'는 'ㄴ' 첨가, 음절의 끝소리 규칙, 비음화가 일어나므로 역시 교체
가 두 번, 첨가가 한 번 일어나는 예로 적절하다.

오답설명

① '재밌는[재민는]'은 음절의 끝소리 규칙, 비음화가 일어나므로 교체만 두
번 일어난다. 따라서 교체가 한 번, 탈락이 한 번 일어나는 예로 적절하

지 않다. 한편, '얽매는[엉매는]'은 자음군 단순화, 비음화가 일어나므로
교체가 한 번, 탈락이 한 번 일어나는 예로 적절하다.

② '불이익[불리익]'은 'ㄴ' 첨가, 유음화가 일어나므로 교체가 한 번, 첨가
가 한 번 일어나는 예로 적절하다. 그러나 '견인력[겨닌녁]'은 비음화가
일어나므로 교체만 한 번 일어난다. 따라서 교체가 한 번, 첨가가 한 번
일어나는 예로 적절하지 않다.

③ '똑같이[똑까치]'는 경음화, 구개음화가 일어나므로 교체만 두 번 일어난
다. 따라서 교체가 한 번, 축약이 한 번 일어나는 예로 적절하지 않다.
한편, '파묻힌[파무친]'은 거센소리되기, 구개음화가 일어나므로 교체가
한 번, 축약이 한 번 일어나는 예로 적절하다.

④ '읊조려[읍쪼려]'는 자음군 단순화, 음절의 끝소리 규칙, 경음화가 일어
나므로 교체가 두 번, 탈락이 한 번 일어나는 예로 적절하다. 그러나
'겉늙어[건늘거]'는 음절의 끝소리 규칙, 비음화가 일어나므로 교체만
두 번 일어난다. 따라서 교체가 두 번, 탈락이 한 번 일어나는 예로 적
절하지 않다.

학생들이 자주 묻는 질문

Q. '연음'은 왜 음운 변동이 아닌가요?

A. 연음은 단순히 앞 음절 종성 → 뒤 음절 초성으로 이동한 것일 뿐 음운
이 달라지는 것이 아니기에 음운 변동이라고 하지 않는다. 예를 들어,
'눈이'는 [누니]라고 연음하여 발음하지만 연음이 되어도 실제 발음되는
음운은 'ㄴ, ㅜ, ㄴ, ㅣ'로 동일하기 때문이지.

되어 있다고 보아야 한다.

번호	정답	정답률 (%)	선지별 선택비율(%)				
			①	②	③	④	⑤
41	①	59	59	2	18	13	8
42	④	93	2	2	2	93	1
43	①	87	87	6	3	3	1

41

형태쌤의 과외시간

- ㉠ 실없네 → [시럽네](자음군 단순화) → [시럼네](비음화)
- ㉡ 깊숙이 → [깁숙이](음절의 끝소리 규칙) → [깁쑤기](된소리되기)
- ㉢ 짓밟지 → [짇밟지](음절의 끝소리 규칙) → [짇밟찌](된소리되기) → [짇밥찌](자음군 단순화)
- ㉣ 꺾는 → [꺽는](음절의 끝소리 규칙) → [껑는](비음화)
- ㉤ (1) 훑고 → [훑꼬] → [훌꼬]
     (2) 훑고 → [훌꼬] → [훌꼬]

* '훑고'는 (1)처럼 음절의 끝소리 규칙이 먼저 적용된 뒤 된소리되기와 자음군 단순화가 차례대로 일어나거나, (2)처럼 된소리되기와 자음군 단순화가 차례대로 일어나는 것으로 볼 수 있다. 이 두 가지 음운 변동 과정 중 어느 과정에 따라 음운 변동이 일어나는지에 대해서는 이견이 있다. 다만, 평가원은 이견이 있는 부분에 대해서는 〈보기〉 없이 출제하지 않으니, 제시된 〈보기〉의 조건에 의해 풀면 된다.

정답설명

① ㉠은 '실없네' → [시럽네]에서 자음군 단순화인 ⓐ가 일어나 'ㅂ'과 'ㄴ'이 인접하게 되고 그로 인해 [시럽네] → [시럼네]에서 비음화인 ⓒ가 일어나게 되었으므로 선지의 내용은 적절하다.

오답설명

② ㉡은 '깊숙이' → [깁숙이]에서 음절의 끝소리 규칙인 ⓓ가 일어나 'ㅂ'과 'ㅅ'이 인접하게 되고 그로 인해 [깁숙이] → [깁쑤기]에서 된소리되기인 ⓑ가 일어나게 되었다.

③ ㉢은 '짓밟지' → [짇밟지]에서 음절의 끝소리 규칙인 ⓓ가 일어나 'ㄷ'과 'ㅂ'이 인접하게 되고 그로 인해 [짇밟지] → [짇밥찌]에서 된소리되기인 ⓑ가 일어나게 되었다.

④ ㉣은 '꺾는' → [꺽는]에서 음절의 끝소리 규칙인 ⓓ가 일어나 'ㄱ'과 'ㄴ'이 인접하게 되고 그로 인해 [꺽는] → [껑는]에서 비음화인 ⓒ가 일어나게 되었다.

⑤ ㉤은 '훑고' → [훑꼬]에서 음절의 끝소리 규칙인 ⓓ가 일어났고, [훑고] → [훑꼬]에서 된소리되기인 ⓑ가 일어나게 되었다. 혹은 '훑고' → [훌꼬]에서 된소리되기인 ⓑ가 먼저 일어나고 [훌꼬] → [훌꼬]에서 자음군 단순화인 ⓐ가 나중에 일어난 것으로도 볼 수 있다. 다만, 자음군 단순화는 어말이나 자음 앞에서 일어나므로 ⓐ가 일어날 조건은 ⓑ가 일어나기 전에 이미 마련

42

정답설명

④ [자료]에 따르면 ⓓ '들녘을'은 받침 'ㅋ'이 다음 음절의 초성으로 연음된 [들녀클]이 표준 발음이다. 이때 [들녀글]은 받침 'ㅋ'에 ㉣(음절의 끝소리 규칙)이 적용되어 'ㄱ'으로 바뀐 후 연음되었기 때문에 비표준 발음이 된 것이다. 즉, ⓓ는 적용되지 않아야 할 ㉣이 적용됐기 때문에 비표준 발음이 된 것이므로 선지의 설명은 적절하지 않다.

오답설명

① [자료]에 따르면 ⓐ '인류가'는 'ㄴ'이 'ㄹ'로 바뀌는 ㉠(유음화)이 적용된 [일류가]가 표준 발음이다. 이때 [인뉴개는 ㉠ 대신 'ㄹ'이 'ㄴ'으로 바뀌는 ㉡('ㄹ'의 비음화)이 적용되었기 때문에 비표준 발음이 된 것이므로, 선지의 설명은 적절하다.

② [자료]에 따르면 ⓑ '순환론'은 'ㄹ'이 'ㄴ'으로 바뀌는 ㉡('ㄹ'의 비음화)이 적용된 [순환논]이 표준 발음이다. 이때 [순활론]은 ㉡ 대신 'ㄴ'이 'ㄹ'로 바뀌는 ㉠(유음화)이 적용되었기 때문에 비표준 발음이 된 것이므로, 선지의 설명은 적절하다. 참고로 'ㄹ'이 'ㄴ'으로 바뀌는 'ㄹ'의 비음화는 규정이 아니라 예외적인 현상이다. 일반적으로는 'ㄹ'과 'ㄴ'이 인접하면 유음화가 일어난다.

③ [자료]에 따르면 ⓒ '코끝이'는 받침 'ㄷ, ㅌ'이 'ㅣ' 모음 계열의 형식 형태소와 결합하는 경우 'ㅈ, ㅊ'으로 교체되는 ㉢(구개음화)이 적용된 [코끄치]가 표준 발음이다. 이때 [코끄티]는 ㉢이 적용되지 않았기 때문에 비표준 발음이 된 것이므로, 선지의 설명은 적절하다.

⑤ [자료]에 따르면 ⓔ '봄여름'은 합성어 및 파생어에서 앞말이 자음으로 끝나고 뒷말이 '이, 야, 여, 요, 유'일 때 'ㄴ'이 첨가되는 ㉤(ㄴ 첨가)이 적용된 [봄녀름]이 표준 발음이다. 이때 [보며름]은 ㉤이 적용되지 않았기 때문에 비표준 발음이 된 것이므로, 선지의 설명은 적절하다.

학생들이 자주 묻는 질문

Q. 어떤 단어는 'ㄴ 첨가'의 조건에 부합하는데도 왜 'ㄴ 첨가'가 이루어지지 않나요?

A. 'ㄴ 첨가'는 실제 단어 표기에는 반영되지 않으나 발음할 때 없던 'ㄴ'이 첨가되는 현상이다. 이때 'ㄴ 첨가'는 수의적 현상, 즉 필수적 변동이 아니기 때문에 음운론적 환경이 갖추어진다고 해서 'ㄴ 첨가'가 무조건 일어나지는 않는다. 따라서 〈보기〉에 제시된 명확한 판단 근거를 토대로 주어진 단어를 판단하면 된다.

43

형태쌤의 과외시간

ⓐ 덧쌓는
→ [덛쌓는] 음절의 끝소리 규칙 : 조음 방법 변화(ㅅ→ㄷ), 조음 위치와 조음 방법 변화(ㅎ→ㄷ)
→ [덛싼는] 비음화 : 조음 방법 변화(ㄷ→ㄴ)
▶ ㅅ : 치조음, 마찰음 / ㄷ : 치조음, 파열음 / ㄴ : 치조음, 비음
ㅎ : 후음, 마찰음

ⓑ 속력도
→ [송녁도] 비음화 : 조음 방법 변화(ㄱ→ㅇ, ㄹ→ㄴ)
→ [송녁또] 된소리되기 : 조음 위치와 조음 방법 변화 없음(ㄷ→ㄸ)
▶ ㄱ : 연구개음, 파열음 / ㅇ : 연구개음, 비음 / ㄹ : 치조음, 유음
ㄴ : 치조음, 비음 / ㄷ : 치조음, 파열음 / ㄸ : 치조음, 파열음

ⓒ 읽었고
→ [일겄고] 음절의 끝소리 규칙 : 조음 방법 변화(ㅆ→ㄷ)
→ [일걷꼬] 된소리되기 : 조음 위치와 조음 방법 변화 없음(ㄱ→ㄲ)
▶ ㅆ : 치조음, 마찰음 / ㄷ : 치조음, 파열음 / ㄱ : 연구개음, 파열음
ㄲ : 연구개음, 파열음

ⓓ 겉옷만
→ [걷옫만] 음절의 끝소리 규칙 : 조음 위치와 조음 방법 변화 없음(ㅌ→ㄷ), 조음 방법 변화(ㅅ→ㄷ)
→ [거돈만] 비음화 : 조음 방법 변화(ㄷ→ㄴ)
▶ ㅌ : 치조음, 파열음 / ㄷ : 치조음, 파열음 / ㅅ : 치조음, 마찰음
ㄴ : 치조음, 비음

ⓔ 맞붙임
→ [맏붙임] 음절의 끝소리 규칙 : 조음 위치와 조음 방법 변화(ㅈ→ㄷ)
→ [맏붙임] 된소리되기 : 조음 위치와 조음 방법 변화 없음(ㅂ→ㅃ)
→ [맏뿌침] 구개음화 : 조음 위치와 조음 방법 변화(ㅌ→ㅊ)
▶ ㅈ : 경구개음, 파찰음 / ㄷ : 치조음, 파열음 / ㅂ : 양순음, 파열음
ㅃ : 양순음, 파열음 / ㅌ : 치조음, 파열음 / ㅊ : 경구개음, 파찰음

정답설명

① ⓐ에서 'ㅅ→ㄷ(덧→덛)', 'ㅎ→ㄷ(쌓→싿)', 'ㄷ→ㄴ(싿→싼)'의 자음 교체를 확인할 수 있다. 'ㅅ→ㄷ', 'ㄷ→ㄴ'은 조음 방법만 변한 경우이고, 'ㅎ→ㄷ'은 조음 위치와 조음 방법이 모두 변한 경우이다. 따라서 ⓐ에 조음 위치와 조음 방법이 모두 변하는 자음 교체가 있다는 선지의 설명은 적절하다.

오답설명

② ⓑ에서 'ㄱ→ㅇ(속→송)', 'ㄹ→ㄴ(력→녁)', 'ㄷ→ㄸ(도→또)'의 자음 교체를 확인할 수 있다. 'ㄱ→ㅇ', 'ㄹ→ㄴ'은 조음 방법만 변한 경우이고, 'ㄷ→ㄸ'은 조음 위치와 조음 방법이 모두 변하지 않은 경우이다. 따라서 조음 위치는 변하고 조음 방법은 변하지 않는 자음 교체는 없다.

③ ⓒ에서 'ㅆ→ㄷ(었→얻)', 'ㄱ→ㄲ(고→꼬)'의 자음 교체를 확인할 수 있다. 'ㅆ→ㄷ'은 조음 방법만 변한 경우이고, 'ㄱ→ㄲ'은 조음 위치와 조음 방법이 모두 변하지 않은 경우이다. 따라서 조음 위치와 조음 방법이 모두 변하는 자음 교체는 없다.

④ ⓓ에서 'ㅌ→ㄷ(겉→걷)', 'ㅅ→ㄷ(옷→옫)', 'ㄷ→ㄴ(돋→돈)'의 자음 교체를 확인할 수 있다. 'ㅌ→ㄷ'은 조음 위치와 조음 방법이 모두 변하지 않은 경우이고, 'ㅅ→ㄷ', 'ㄷ→ㄴ'은 조음 방법만 변한 경우이다. 조음 방법만 변하는 자음 교체도 있으므로, 조음 위치와 조음 방법이 변하지 않는 자음 교체만 있다는 선지의 설명은 적절하지 않다.

⑤ ⓔ에서 'ㅈ→ㄷ(맞→맏)', 'ㅂ→ㅃ(붙→뿥)', 'ㅌ→ㅊ(팀→침)'의 자음 교체를 확인할 수 있다. 'ㅈ→ㄷ', 'ㅌ→ㅊ'은 조음 위치와 조음 방법이 모두 변한 경우이고, 'ㅂ→ㅃ'은 조음 위치와 조음 방법이 모두 변하지 않은 경우이다. 따라서 조음 위치는 변하지 않고 조음 방법만 변하는 자음 교체는 없다.

01

정답설명

① '할게'는 용언 어간 '하-'에 '-(으)ㄹ'로 시작되는 어미 '-ㄹ게'가 결합되어 'ㄱ'이 된소리로 발음된 경우에 해당한다. 따라서 제27항이 아니라 제27항의 [붙임]에 따라 된소리로 발음해야 한다.

오답설명

② '훑고'는 용언 어간 '훑-'의 받침 'ㄾ' 뒤에 어미의 첫소리 'ㄱ'이 결합되므로 제25항에 따라 된소리로 발음해야 한다.

③ '신다'는 용언 어간 '신-'의 받침 'ㄴ' 뒤에 어미의 첫소리 'ㄷ'이 결합되므로 제24항에 따라 된소리로 발음해야 한다.

④ '다듬지'는 용언 어간 '다듬-'의 받침 'ㅁ' 뒤에 어미의 첫소리 'ㅈ'이 결합되므로 제24항에 따라 된소리로 발음해야 한다.

⑤ '만날 사람'은 용언 어간 '만나-'에 관형사형 어미 '-ㄹ'이 결합된 '만날' 뒤에 'ㅅ'이 연결되므로 제27항에 따라 된소리로 발음해야 한다.

02

정답설명

 형태쌤의 과외시간

- 흙화덕[흐콰덕] : '흙'의 종성 'ㄺ' 중 'ㄹ'이 탈락하는 자음군 단순화 / 'ㄱ'이 뒤에 오는 초성 'ㅎ'과 만나 'ㅋ'으로 축약되는 거센소리되기

- 드넓다[드널따] : '넓'의 종성 'ㄼ' 중 'ㅂ'의 영향으로 뒤에 오는 'ㄷ'이 된소리 'ㄸ'으로 교체되는 된소리되기 / '넓'의 종성 'ㄼ' 중 'ㄹ'이 탈락하는 자음군 단순화

- 끊겼다[끈켣따] : '끊'의 종성 'ㄶ' 중 'ㅎ'이 뒤에 오는 초성 'ㄱ'과 만나 'ㅋ'으로 축약되는 거센소리되기 / '겼'의 종성 'ㅆ'이 'ㄷ'으로 교체되는 음절의 끝소리 규칙, 'ㄷ'의 영향으로 뒤에 오는 'ㄷ'이 된소리 'ㄸ'으로 교체되는 된소리되기

- 겉치레[걷치레] : '겉'의 종성 'ㅌ'이 'ㄷ'으로 교체되는 음절의 끝소리 규칙

* 공통적으로 일어나는 음운 변동
- '흙화덕'과 '드넓다' : ㉠(자음군 단순화)
- '흙화덕'과 '끊겼다' : ㉡(거센소리되기)
- '끊겼다'와 '겉치레' : ㉢(음절의 끝소리 규칙)
- '끊겼다'와 '드넓다' : ㉣(된소리되기)

④ '숱하다[수타다]'는 '숱'의 종성 'ㅌ'이 'ㄷ'으로 교체되는 ㉢(음절의 끝소리 규칙)이 일어난 후 'ㄷ'이 뒤에 오는 초성 'ㅎ'과 만나 'ㅌ'으로 축약되는 ㉡(거센소리되기)이 일어난다. 따라서 '숱하다[수타다]'는 ㉡과 ㉢이 모두 일어난 예에 해당한다.

오답설명

① '밝히다[발키다]'는 '밝'의 종성 'ㄺ' 중 'ㄱ'이 뒤에 오는 'ㅎ'과 만나 ㉡이 일어난다. 즉, '밝히다[발키다]'는 ㉡만 나타나므로 ㉠(자음군 단순화), ㉡이 모두 일어난 예로 적절하지 않다.

② '닭고기[닥꼬기]'는 '닭'의 종성 'ㄺ' 중 'ㄹ'이 탈락하는 ㉠이 일어나며, 'ㄱ'의 영향으로 뒤에 오는 'ㄱ'이 된소리 'ㄲ'으로 교체되는 ㉣(된소리되기)이 일어난다. 즉, '닭고기[닥꼬기]'는 ㉠, ㉣이 나타나므로 ㉠, ㉢이 모두 일어난 예로 적절하지 않다.

③ '깎고서[깍꼬서]'는 '깎'의 종성 'ㄲ'이 'ㄱ'으로 교체되는 ㉢이 일어난 후 'ㄱ'의 영향으로 뒤에 오는 'ㄱ'이 된소리 'ㄲ'으로 교체되는 ㉣이 일어난다. 즉, '깎고서[깍꼬서]'는 ㉢, ㉣이 나타나므로 ㉠, ㉣이 모두 일어난 예로 적절하지 않다.

⑤ '단팥죽[단팓쭉]'은 '팥'의 종성 'ㅌ'이 'ㄷ'으로 교체되는 ㉢이 일어난 후 'ㄷ'의 영향으로 뒤에 오는 'ㅈ'이 된소리 'ㅉ'으로 교체되는 ㉣이 일어난다. 즉, '단팥죽[단팓쭉]'은 ㉢, ㉣이 나타나므로 ㉡, ㉣이 모두 일어난 예로 적절하지 않다.

03

정답설명

형태쌤의 과외시간

- 꽃향기[꼬탕기] : 음절의 끝소리 규칙에 의해 '꽃'의 종성 'ㅊ'이 'ㄷ'으로 교체된 후, 뒤에 오는 초성 'ㅎ'과 만나 거센소리되기가 일어나 'ㅌ'으로 축약된다. (교체 1회, 축약 1회)
- 똑같이[똑까치] : '똑'의 종성 'ㄱ'의 영향으로 뒤에 오는 초성 'ㄱ'이 된소리 'ㄲ'으로 교체되는 된소리되기가 일어나며, '같'의 종성 'ㅌ'이 형식 형태소 '이'와 만나 구개음화가 일어나 'ㅊ'으로 교체된다. (교체 2회)
- 흙냄새[흥냄새] : 자음군 단순화에 의해 '흙'의 종성 'ㄺ' 중 'ㄹ'이 탈락한 후, 뒤에 오는 'ㄴ'의 영향으로 비음화가 일어나 'ㄱ'이 'ㅇ'으로 교체된다. (탈락 1회, 교체 1회)
- 첫여름[천녀름] : 음절의 끝소리 규칙에 의해 '첫'의 종성 'ㅅ'이 'ㄷ'으로 교체된다. 'ㄴ' 첨가가 일어난 후 첨가된 'ㄴ'의 영향으로 비음화가 일어나 앞 종성 'ㄷ'이 'ㄴ'으로 교체된다. (첨가 1회, 교체 2회)
- 넙죽하다[넙쭈카다] : '넙'의 종성 'ㅂ'의 영향으로 뒤에 오는 초성 'ㅈ'이 된소리 'ㅉ'으로 교체되는 된소리되기가 일어나며, '죽'의 종성 'ㄱ'과 뒤에 오는 초성 'ㅎ'이 만나 거센소리되기가 일어나 'ㅋ'으로 축약된다. (교체 1회, 축약 1회)
- 읊조리다[읍쪼리다] : 자음군 단순화에 의해 '읊'의 종성 'ㄽ' 중 'ㄹ'이 탈락한 후, 음절의 끝소리 규칙에 의해 'ㅍ'이 'ㅂ'으로 교체된다. 이후 'ㅂ'의 영향으로 뒤에 오는 초성 'ㅈ'이 된소리 'ㅉ'으로 교체되는 된소리되기가 일어난다. (탈락 1회, 교체 2회)

④ '첫여름'은 첨가와 교체가 일어나므로 두 유형 이상의 음운 변동(㉠)이 나타나며, 음절의 끝소리 규칙과 비음화, 즉 교체가 두 번 일어나므로 한 유형의 음운 변동이 여러 번 일어나는 경우(㉡)에 해당한다. '읊조리다'는 탈락과 교체가 일어나므로 두 유형 이상의 음운 변동(㉠)이 나타나며, 음절의 끝소리 규칙과 된소리되기, 즉 교체가 두 번 일어나므로 한 유형의 음운 변동이 여러 번 일어나는 경우(㉡)에 해당한다.

오답설명

① '꽃향기'는 교체와 축약이 일어나므로 ㉠에 해당하지만, 한 유형의 음운 변동이 여러 번 일어나지는 않으므로 ㉡에 해당하지 않는다. '똑같이'는 된소리되기와 구개음화, 즉 한 유형의 음운 변동인 교체가 두 번 일어나므로 ㉡에 해당하지만, 교체만 나타나므로 ㉠에 해당하지 않는다.
② '흙냄새'는 탈락과 교체가 일어나므로 ㉠에 해당하지만, 한 유형의 음운 변동이 여러 번 일어나지는 않으므로 ㉡에 해당하지 않는다.
③, ⑤ '넙죽하다'는 교체와 축약이 일어나므로 ㉠에 해당하지만, 한 유형의 음운 변동이 여러 번 일어나지는 않으므로 ㉡에 해당하지 않는다.

04

정답설명

형태쌤의 과외시간

- 겉옷[거돋] : '겉'의 종성 'ㅌ'이 'ㅗ'로 시작되는 실질 형태소 '옷'과 연결되어 대표음 'ㄷ'으로 바뀐 후 뒤 음절 '옷'의 첫소리로 옮겨 발음(ⓓ)되고, '옷'의 종성 'ㅅ'이 [ㄷ]으로 발음(ⓒ)된다.
- 국밥만[국빰만] : '국'의 종성 'ㄱ' 뒤에 연결되는 '밥'의 초성 'ㅂ'이 된소리로 교체되어 [ㅃ]으로 발음(ⓑ)되고, '밥'의 종성 'ㅂ'이 '만'의 초성 'ㅁ' 앞에서 [ㅁ]으로 발음(ⓐ)된다.
- 백분율[백뿐뉼] : '백'의 종성 'ㄱ' 뒤에 연결되는 '분'의 초성 'ㅂ'이 된소리로 교체되어 [ㅃ]으로 발음(ⓑ)되고, '율' 앞 단어의 끝이 자음이기 때문에 'ㄴ' 음이 첨가되어 [뉼]로 발음(ⓔ)된다.
- 색연필[생년필] : '연' 앞 단어의 끝이 자음이기 때문에 'ㄴ' 음이 첨가되어 [년]으로 발음(ⓔ)되고, '색'의 종성 'ㄱ'이 '년'의 초성 'ㄴ' 앞에서 [ㅇ]으로 발음(ⓐ)된다.
- 헛일[헌닐] : '일' 앞 접두사의 끝이 자음이기 때문에 'ㄴ' 음이 첨가되어 [닐]로 발음(ⓔ)되고, '헛'의 종성 'ㅅ'이 대표음 [ㄷ]으로 발음(ⓒ)되며, 'ㄷ'이 '닐'의 초성 'ㄴ' 앞에서 [ㄴ]으로 발음(ⓐ)된다.

④ '겉옷'과 달리 '백분율'에서는 ⓓ의 음운 변동을 확인할 수 없으므로 적절하지 않다.

오답설명

① '국밥만', '색연필', '헛일'은 ⓐ의 음운 변동을 모두 확인할 수 있다.
② '국밥만'과 '백분율'은 ⓑ의 음운 변동을 모두 확인할 수 있다.
③ '겉옷'과 '헛일'은 ⓒ의 음운 변동을 모두 확인할 수 있다.
⑤ '백분율', '색연필', '헛일'은 ⓔ의 음운 변동을 모두 확인할 수 있다.

05

정답설명

④ ㉣의 '보이어'는 '보-' 뒤에 '-이어'가 어울려 줄어들 수 있는 경우로, 제38항에 따라 '뵈어' 또는 '보여'로 적을 수 있다. 따라서 '봬어'로 적을 수 있다는 선지의 설명은 적절하지 않다.

오답설명

① ㉠의 '꼬았다'는 모음 'ㅗ'로 끝난 어간에 '-았-'이 어울려 줄어들 수 있는 경우로, 제35항에 따라 '꽜다'로도 적을 수 있다.
② ㉡의 '쇠었다'는 모음 'ㅚ' 뒤에 '-었-'이 어울려 줄어들 수 있는 경우로, 제35항 [붙임2]에 따라 '쇘다'로도 적을 수 있다.
③ ㉢의 '괴어'는 모음 'ㅚ' 뒤에 '-어'가 어울려 줄어들 수 있는 경우로, 제35항 [붙임2]에 따라 '괘'로도 적을 수 있다.
⑤ ㉤의 '트이어'는 모음 'ㅡ' 뒤에 '-이어'가 어울려 줄어들 수 있는 경우로, 제38항에 의하면 '틔어' 또는 '트여'로 적을 수 있다.

06

정답설명

형태쌤의 과외시간

ⓐ 국화꽃[구콰꼳] : 축약 1회, 교체 1회
　(거센소리되기, 음절의 끝소리 규칙)
ⓑ 옆집[엽찝] : 교체 2회 (음절의 끝소리 규칙, 경음화)
ⓒ 칡넝쿨[칭넝쿨] : 탈락 1회, 교체 1회 (자음군 단순화, 비음화)
ⓓ 삯일[상닐] : 탈락 1회, 첨가 1회, 교체 1회
　(자음군 단순화, 'ㄴ' 첨가, 비음화)
ⓔ 호박엿[호:방녇] : 첨가 1회, 교체 2회
　('ㄴ' 첨가, 음절의 끝소리 규칙, 비음화)

③ '값없이[가법씨]'는 '없'의 종성 'ㅅ'이 연음된 후 경음화가 되는 교체가 한 번, 자음군 단순화로 인해 '값'의 종성 'ㅄ'의 'ㅅ'이 탈락하는 현상이 한 번 일어난다. 이는 ⓒ와 짝을 이룰 수 있다.

오답설명

① '백합화[배카퐈]'에서는 첫 음절의 종성 'ㄱ'과 둘째 음절의 초성 'ㅎ'이 'ㅋ'으로 축약되고, 둘째 음절의 종성 'ㅂ'과 셋째 음절의 초성 'ㅎ'이 'ㅍ'으로 줄어드는 거센소리되기가 일어나므로 축약이 두 번 일어난다. 그러나 ⓐ는 축약 한 번, 교체 한 번이 일어나므로 둘은 짝을 이룰 수 없다.
② ⓑ에서는 교체가 두 번 일어난다. 그러나 '샅샅이[삳싸치]'에서는 음절의 끝소리 규칙(ㅌ 〉ㄷ), 경음화(ㅅ 〉ㅆ), 구개음화(ㅌ 〉ㅊ)로 교체가 총 세 번 일어나므로 둘은 짝을 이룰 수 없다.
④ '몫몫이[몽목씨]'에서는 첫 음절의 종성 'ㄳ'에서 'ㅅ'이 탈락하는 자음군 단순화가 일어난다. 또한 둘째 음절의 종성 'ㅅ'이 연음된 후 경음화가 되고, 첫 음절의 종성 'ㄱ'이 'ㅇ'이 되는 비음화가 나타나므로 교체 두 번, 탈락 한 번이 일어난다. 그러나 ⓓ는 탈락 한 번, 첨가 한 번, 교체 한 번이 일어나므로 둘은 짝을 이룰 수 없다.
⑤ ⓔ에서 교체가 두 번, 첨가가 한 번 일어난다. 그러나 '백분율[백뿐뉼]'에서는 첨가가 한 번('ㄴ' 첨가), 교체가 한 번(경음화) 일어나므로 둘은 짝을 이룰 수 없다.

학생들이 자주 묻는 질문

Q. '연음'은 왜 음운 변동이 아닌가요?
A. 연음은 단순히 앞 음절 종성 → 뒤 음절 초성으로 이동한 것일 뿐 음운이 달라지는 것이 아니기에 음운 변동이라고 하지 않는다. 예를 들어, '눈이'는 [누니]라고 연음하여 발음하지만 연음이 되어도 음운은 'ㄴ, ㅜ, ㄴ, ㅣ'로 동일하기 때문이다.

07

정답설명

④ '벽난로[병날로]'는 첫째 음절의 종성 위치에서 'ㄱ'이 'ㅇ'으로 변하는 비음화가, 둘째 음절 종성 위치에서 'ㄴ'이 'ㄹ'로 변하는 유음화가 일어난다. 둘째 음절의 초성 위치에서는 음운 변동이 일어나지 않는다.

오답설명

① '음운의 개수가 변하지 않는 음운 변동'은 '교체'를 뜻한다. '옷고름[옫꼬름]'에서는 첫째 음절의 종성 위치에서 'ㅅ'이 'ㄷ'으로 변하는 교체(음절의 끝소리 규칙)와, 둘째 음절의 초성 위치에서 'ㄱ'이 'ㄲ'으로 변하는 교체(경음화)가 한 번씩 일어난다.
② '색연필[생년필]'은 둘째 음절의 초성 위치에서 'ㄴ' 첨가가 일어난다. 이후 둘째 음절의 초성 'ㄴ'으로 인해 첫째 음절의 종성이 'ㄱ'에서 'ㅇ'으로 변하는 비음화가 일어난다. 'ㄱ'은 파열음이고 'ㅇ'은 비음이므로 이는 조음 방법이 변하는 음운 변동이다.
③ '꽃망울[꼰망울]'은 첫째 음절의 종성 위치에서 'ㅊ'이 'ㄷ'으로 변하는 음절의 끝소리 규칙이 일어난다. 이후 둘째 음절의 초성 'ㅁ'으로 인해 첫째 음절의 종성이 'ㄷ'에서 'ㄴ'으로 변하는 비음화가 순차적으로 일어난다.
⑤ '벼훑이[벼훌치]'는 둘째 음절의 종성 'ㄾ' 중 'ㅌ'이 모음 'ㅣ'와 결합되어 'ㅊ'으로 변하는 구개음화가 일어난다. 'ㅌ'은 치조음이자 파열음, 'ㅊ'은 구개음(경구개음)이자 파찰음이므로 구개음화는 조음 위치와 조음 방법이 모두 변하는 음운 변동이다.

08

정답설명

① ⓐ의 '떠서'는 '뜨다'의 어간 '뜨-'에 어미 '-어서'가 결합하여 '뜨- + -어서 → ㄸ- + -어서 → 떠서'와 같이 용언 어간 말의 모음 'ㅡ'가 탈락하였으므로 ㉮에 해당한다. ⓑ의 '둥근'은 '둥글다'의 어간 '둥글-'에 관형사형 전성 어미 '-ㄴ'이 결합하여 '둥글- + -ㄴ → 둥그- + -ㄴ → 둥근'과 같이 용언 어간 말의 자음 'ㄹ'이 탈락하고, 탈락의 결과가 표기에 반영되었으므로 ㉰에 해당한다. ⓒ의 '좋아'는 '좋다'의 어간 '좋-'에 어미 '-아'가 결합하여 용언 어간 말의 'ㅎ'이 탈락하지만, 탈락의 결과가 표기에 반영되지 않으므로 ㉯에 해당한다.

09

정답설명

① '훑이'는 동사 어근 '훑-'에 모음으로 시작하는 접사 '-이'가 결합하여 '무엇을 훑는 데에 쓰는 기구'라는 의미를 가진 '훑이', 즉 파생 명사가 된 것이다. 이는 앞말의 받침 'ㄷ, ㅌ'이 'ㅣ' 모음 계열의 형식 형태소와 결합하여 'ㅈ, ㅊ'으로 교체되는 구개음화의 조건에 해당한다. 따라서 [자료]의 두 번째 조건에 따라 자음군 단순화가 나타나지 않아 [훌치]로 발음된다.

오답설명

② '훑어'는 동사 어간 '훑-'에 모음으로 시작하는 어미 '-어'가 결합한 것으로, [자료]의 세 번째 조건에 따라 받침의 뒤의 자음인 'ㅌ'이 연음되어 [훌터]가 되고, 자음군 단순화는 일어나지 않는다.

③ '얹는'은 동사 어간 '얹-' 뒤에 자음으로 시작하는 어미 '-는'이 결합하여 받침 'ㄵ' 중 뒤의 자음인 'ㅈ'이 탈락하는 자음군 단순화만 일어나 [언는]이 된다.

④ '끓고'는 동사 어간 '끓-' 뒤에 자음으로 시작하는 어미 '-고'가 결합하여, 받침 'ㅀ' 중 뒤의 자음인 'ㅎ'이 그다음 음절 'ㄱ'과 만나 'ㅋ'으로 축약되어 [끌코]로 발음된다. [자료]의 두 번째 조건에 따라 자음군 단순화가 일어나지 않는다.

⑤ '끓는'은 동사 어간 '끓-' 뒤에 자음으로 시작하는 어미 '-는'이 결합하여, 받침 'ㅀ' 중 뒤의 자음인 'ㅎ'이 탈락하고 남은 받침 'ㄹ'로 인해 뒤의 'ㄴ'이 'ㄹ'로 교체되어(유음화) [끌른]으로 발음된다. 이는 자음군 단순화가 일어난 후에 유음화가 일어난 것으로 [자료]의 첫 번째 조건에 해당한다.

10

정답설명

③ ㉠ [자료] (4)의 사례를 보면 어간이 'ㄹ'로 끝날 때 그 어간 바로 뒤에 오는 어미의 초성에서는 된소리되기가 일어나지 않는다. 따라서 ㉠에 들어갈 말은 "'ㄹ'로"이다.

㉡ [자료] (1)의 현상이 어간 종성에서 일어나 어간 종성의 'ㅌ'이 'ㄷ'으로 교체된 후, [자료] (3)의 교체가 일어날 수 있다. 따라서 ㉡에 들어갈 말은 "'ㄷ'으로 교체된 후"이다.

11

정답설명

④ '급행요금[그팽뇨금]'은 '급'의 끝소리 'ㅂ'과 뒤에 오는 'ㅎ'이 축약되어 거센소리 [ㅍ]으로 발음되고 '급행'과 '요금' 사이에서 'ㄴ'이 첨가된다. 탈락의 음운 변동은 일어나지 않는다.

오답설명

① '물약[물략]'은 'ㄴ' 첨가가 일어나고 첨가된 'ㄴ'이 '물'의 끝소리 'ㄹ'의 영향을 받아 [ㄹ]로 교체되어 발음된다.

② '읊는[음는]'은 '읊'의 종성 'ㄿ' 중 'ㄹ'이 탈락한 후, 남은 'ㅍ'이 'ㅂ'으로 교체된다. 이후 'ㅂ'이 뒤에 오는 'ㄴ'의 영향을 받아 [ㅁ]으로 교체되어 발음된다.

③ '값하다[가파다]'는 '값'의 종성 'ㅄ' 중 'ㅅ'이 탈락되고, 남은 'ㅂ'이 뒤에 오는 'ㅎ'과 축약되어 거센소리 [ㅍ]으로 발음된다.

⑤ '넓죽하다[넙쭈카다]'는 '넓'의 종성 'ㄼ' 중 'ㄹ'이 탈락되고, 남은 'ㅂ'의 영향을 받아 뒤의 자음 'ㅈ'이 된소리 'ㅉ'으로 교체된다. 이후 '죽'의 끝소리 'ㄱ'과 뒤의 자음 'ㅎ'이 만나 거센소리 [ㅋ]으로 축약되어 발음된다.

12

정답설명

① '확인된 문제'의 사례에서 '출력된 자료'는 '표기된 자료'의 '표준 발음'이 그대로 출력되어 있다. 따라서 '표기된 자료'와 '출력된 자료'를 비교하여 분석하면 프로그램이 분석하지 못한 음운 변동 현상을 알 수 있다. 먼저 '끊어지다[끄너지다]'에는 'ㅎ 탈락'이, '암탉[암탁]'에는 '자음군 단순화'가 일어나는데, 이를 통해 프로그램은 음운의 탈락 현상을 분석하지 못한 것을

알 수 있다. 또한 '없애다[업:쌔다]'에는 '된소리되기'가, '피붙이[피부치]'에는 '구개음화'가, '웃어른[우더른]'에는 '음절의 끝소리 규칙'이 일어나는데, 이를 통해 프로그램은 음운의 교체 현상을 분석하지 못한 것을 알 수 있다. 따라서 프로그램이 분석하지 못한 음운 변동 현상은 ㉠(교체), ㉡(탈락)이다.

13

정답설명

③ '강릉[강능]'을 발음할 때에는 'ㄹ'이 'ㄴ'으로 바뀐다. 'ㄹ'과 'ㄴ'은 모두 치조음이므로 조음 위치에 변화가 없다. 그러나 조음 방법은 유음 'ㄹ'에서 비음 'ㄴ'으로 한 번 변한다.

오답설명

① '맏이[마지]'를 발음할 때에는 구개음화에 의해 파열음이자 치조음인 'ㄷ'이 경구개음이자 파찰음인 'ㅈ'으로 바뀌므로, 조음 위치와 조음 방법이 각각 한 번씩 변했다.

② '꽃눈[꼰눈]'의 경우 받침의 'ㅊ'이 음절의 끝소리 규칙에 따라 'ㄷ'으로, 비음화에 의해 'ㄴ'으로 변하였으므로 조음 위치는 한 번, 조음 방법이 두 번 변한 것이다.

④ '실내[실래]'는 'ㄴ'이 유음화에 의해 'ㄹ'로 바뀐 것이므로 조음 방법이 한 번 변한 것에 속한다. 조음 위치는 변하지 않았다.

⑤ '앞날[암날]'은 받침 'ㅍ'이 음절의 끝소리 규칙에 따라 'ㅂ'으로, 비음화에 따라 'ㅁ'으로 바뀌어 발음된다. 조음 방법만 변했을 뿐 조음 위치는 변하지 않았다.

14

정답설명

⑤ ㉠에서는 '밭'과 '일'이 결합하면서 'ㄴ'이 첨가되었고, '밭[받]'의 'ㄷ'이 'ㄴ'을 만나 'ㄴ'으로 교체되었다. ㉡에서는 '훑-'의 종성 'ㄾ'에서 'ㅌ'이 탈락한 뒤 'ㄹ'과 'ㄴ'이 만나 'ㄴ'이 'ㄹ'로 교체되었다. ㉢에서는 '같-'의 'ㅌ'이 'ㅣ' 모음과 만나 'ㅊ'으로 교체되었다. 따라서 공통적으로 일어난 음운 변동은 교체이므로, 탈락과 교체가 공통적으로 일어났다는 진술은 적절하지 않다.

오답설명

① ㉠의 '밭'에서는 음절 끝에 올 수 있는 자음이 7개(ㄱ, ㄴ, ㄷ, ㄹ, ㅁ, ㅂ, ㅇ)로 제한되어 있기 때문에 일어나는 음절의 끝소리 규칙에 의해 'ㅌ'이 'ㄷ'으로 교체되었다.

② ㉠은 첨가('ㄴ' 첨가)로 인해 음운의 개수가 1개 늘었고, ㉡은 탈락(자음군 단순화)으로 인해 음운의 개수가 1개 줄었다.

③ ㉠의 '밭'과 '일'은 모두 실질 형태소이며, ㉢의 '같-'은 실질 형태소, '-이'는 형식 형태소이다.

④ ㉡은 '훑[훌]'의 자음 'ㄹ'로 인해 뒤의 'ㄴ'이 'ㄹ'로 교체된 것이고, ㉢은 'ㅌ'이 뒤에 오는 모음 'ㅣ'로 인해 'ㅊ'으로 교체된 것이다.

15

정답설명

④ 'ㅔ'는 [-후설성], [-고설성], [-저설성], [-원순성], 'ㅗ'는 [+후설성], [-고설성], [-저설성], [+원순성]의 변별적 자질의 특성을 가지고 있다. 따라서 'ㅔ'와 'ㅗ'는 [-고설성]이라는 동일한 변별적 자질의 특성을 가지고 있으므로, [고설성]을 나타내는 변별적 자질의 특성이 서로 다르다는 진술은 적절하지 않다.

오답설명

① 'ㅡ'는 후설 모음이므로 [+후설성]을 가지고 있으며, 'ㅣ'는 전설 모음이므로 [-후설성]을 가지고 있다.

② 'ㅏ'는 저모음이므로 [+저설성]을 가지고 있으며, 'ㅓ'는 중모음이므로 [-저설성]을 가지고 있다.

③ 'ㅚ'는 원순 모음이면서 중모음이고, 'ㅜ'는 원순 모음이면서 고모음이므로 둘 다 [+원순성]과 [-저설성]을 가지고 있다.

⑤ 'ㅐ'는 전설 모음이면서 저모음이므로 [-후설성]과 [-고설성]을 가지고 있다. 'ㅟ'는 전설 모음이면서 고모음이므로 [-후설성]과 [+고설성]을 가지고 있다.

16

정답설명

① '잘 입다'를 이어서 한 마디로 발음하면 첨가('ㄴ' 첨가)와 교체(유음화, 된소리되기)가 일어나 [잘립따]가 되고, '값 매기다'를 이어서 한 마디로 발음하면 탈락(자음군 단순화)과 교체(비음화)가 일어나 [감매기다]가 된다. 따라서 ㄱ과 ㄴ에서 공통적으로 일어나는 음운 변동의 유형은 교체이다. '책 넣는다'는 음절의 끝소리 규칙과 비음화가 일어나 [챙넌는다]로 발음되기에 교체가 일어나는 예로 적절하다.

오답설명

② '좋은 약[조:은냑]'에서는 탈락('ㅎ' 탈락)과 첨가('ㄴ' 첨가)가 일어난다.

③ '잘한 일[잘한닐]'에서는 첨가('ㄴ' 첨가)가 일어난다.

④ '슬픈 얘기[슬픈내기]'에서는 첨가('ㄴ' 첨가)가 일어난다.

⑤ '먼 옛날[먼:녠날]'에서는 첨가('ㄴ' 첨가)와 교체(음절의 끝소리 규칙, 비음화)가 일어난다.

17

정답설명

③ ⓑ '밟힌'은 'ㅂ'과 'ㅎ'이 'ㅍ'으로 축약되는 현상이 일어나 [발핀]으로 발음된다. 그리고 ⓒ '숱한'은 'ㅌ'이 'ㄷ'으로 바뀌는 음절의 끝소리 규칙과, 'ㄷ'과 'ㅎ'이 'ㅌ'으로 축약되는 현상이 일어나 [수탄]으로 발음된다. ⓑ '밟힌', ⓒ '숱한' 모두 음운 변동의 결과 전체 음운의 개수가 1개 줄어들게 된다.

오답설명

① ⓐ '밭일'은 음절의 끝소리 규칙과 'ㄴ' 첨가, 비음화에 의해 [밭일〉받일〉받닐〉반닐]로 발음된다. '밭일'에서는 앞말의 종성이 뒷말의 초성과 조음 방법

이 같아지는 비음화(역행 동화)가 일어났음을 확인할 수 있다.

형태쌤의 과외시간

방향에 따른 동화의 구분
동화는 그것이 일어나는 방향에 따라 세 가지로 분류된다.
1) 순행 동화 : 앞 소리가 뒷 소리에 영향을 준 경우
   예) 종로[종노], 칼날[칼랄]
2) 역행 동화 : 뒷 소리가 앞 소리에 영향을 준 경우
   예) 밭일[반닐], 국물[궁물]
3) 상호 동화 : 서로 영향을 주고받은 경우   예) 십리[심리], 독립[동닙]

② ⓐ '밭일'은 실질 형태소인 '밭+일'로 분석되므로 구개음화가 일어나지 않고 'ㄴ' 첨가가 일어나 [밭일〉받일〉받닐〉반닐]로 발음된다. 'ㅌ'이 연음된 것은 아니다.

④ ⓑ '밟힌'은 'ㅂ'과 'ㅎ'이 'ㅍ'으로 축약되는 현상이 일어나 [발핀]으로 발음된다. ⓓ '굳혔다'는 'ㄷ'과 'ㅎ'의 축약, 구개음화, 음절의 끝소리 규칙, 된소리되기에 의해 [구쳗따]로 발음된다. 따라서 교체 현상은 ⓓ에서만 일어난다.

⑤ ⓒ '숱한'은 'ㅌ'이 'ㄷ'으로 바뀌는 음절의 끝소리 규칙이 먼저 일어난 후 거센소리되기가 일어나 [수탄]으로 발음된다. 즉, 구개음화가 일어나지 않았음을 확인할 수 있다. ⓓ '굳혔다'는 거센소리되기가 먼저 일어난 후 구개음화가 일어나며, 음절의 끝소리 규칙과 된소리되기의 음운 변동을 거쳐 [구쳗따]로 발음되므로 이 설명은 ⓓ에만 해당된다.

18

정답설명

① '산란기[살:란기]'는 역행적 유음화가, '표현력[표현녁]'은 'ㄹ'의 비음화가 일어난다.

오답설명

② '줄넘기[줄럼끼]'는 순행적 유음화가, '입원료[이붠뇨]'는 'ㄹ'의 비음화가 일어난다.

③ '결단력[결딴녁]'과 '생산량[생산냥]'은 모두 'ㄹ'의 비음화가 일어난다.

④ '의견란[의:견난]'과 '향신료[향신뇨]'는 모두 'ㄹ'의 비음화가 일어난다.

⑤ '대관령[대:괄령]'은 역행적 유음화만 일어나는 반면, '물난리[물랄리]'는 역행적 유음화와 순행적 유음화가 모두 일어난다.

19

정답설명

④ ㄹ '같이[가치]'는 구개음화가, ㅁ '난로[날:로]'는 유음화가 일어난다. 이는 음운 교체에 해당하므로 음운의 수에 변화가 없다. 따라서 A에 해당한다. ㄱ '집안일[지반닐]'은 'ㄴ' 첨가가 일어나므로 음운의 수가 늘어난다. 따라서 B에 해당한다. ㄴ '좋은[조:은]'은 'ㅎ' 탈락이, ㅂ '옮는[옴:는]'은 자음군 단순화가 일어난다. 이는 음운 탈락에 해당하므로 음운의 수가 줄어들지만,

새로운 음운은 없다. 따라서 C에 해당한다. ⓒ '않고[안코]'는 'ㅎ'과 'ㄱ'이 만나 새로운 음운인 'ㅋ'이 되는 음운 축약이 일어난다. 따라서 D에 해당한다.

20

정답설명

④ '앉을수록'을 [안즐쑤록]으로 발음하는 것은 '-(으)ㄹ'로 시작되는 어미인 '-(으)ㄹ수록'의 'ㅅ'을 'ㅆ'으로 발음하는 것이므로 ㉣에 해당한다. 한편 '기댈 곳이'를 [기댈꼬시]로 발음하는 것은 관형사형 어미 '-(으)ㄹ' 뒤에 연결되는 'ㄱ'을 [ㄲ]으로 발음하는 것이므로 이 또한 ㉣에 해당한다.

오답설명

① '국밥'을 [국빱]으로 발음하는 것은 앞말의 받침 'ㄱ' 뒤에 연결되는 'ㅂ'을 [ㅃ]으로 발음하는 것이므로 ㉠에 해당한다. 한편 '삶고'를 [삼꼬]로 발음하는 것은 어간 받침 'ㅁ(ㄲ)' 뒤에 결합되는 어미의 첫소리인 'ㄱ'을 [ㄲ]으로 발음하는 것이므로 ㉡에 해당한다.

② '꽃다발'을 [꼳따발]로 발음하는 것은 앞말의 받침 'ㄷ(ㅊ)' 뒤에 연결되는 'ㄷ'을 [ㄸ]으로 발음하는 것이므로 ㉠에 해당한다. 한편 '핥지만'을 [할찌만]으로 발음하는 것은 어간 받침 'ㄾ' 뒤에 결합되는 어미의 첫소리 'ㅈ'을 [ㅉ]으로 발음한 것이므로 ㉢에 해당한다.

③ '읊조리다'를 [읍쪼리다]로 발음하는 것은 앞말의 받침 'ㅂ(ㄿ)' 뒤에 연결되는 'ㅈ'을 [ㅉ]으로 발음하는 것이므로 ㉠에 해당한다. 한편 '먹을지언정'은 어간 '먹-'과 어미 '-을지언정'으로 분석되는데, 이것을 [머글찌언정]으로 발음하는 것은 '-(으)ㄹ'로 시작되는 어미인 '-(으)ㄹ지언정'의 'ㅈ'을 [ㅉ]으로 발음한 것이므로 ㉣에 해당한다.

⑤ '훑다'를 [훌따]로 발음하는 것은 어간 받침 'ㄾ' 뒤에 결합되는 어미의 첫소리 'ㄷ'을 [ㄸ]으로 발음하는 것이므로 ㉢에 해당한다. 한편 '떠날지라도'를 [떠날찌라도]로 발음하는 것은 어미 '-(으)ㄹ지라도'의 'ㅈ'을 [ㅉ]으로 발음하는 것이므로 ㉣에 해당한다.

21

정답설명

① '독립문'은 비음화가 일어나 [동님문]으로, '대관령'은 유음화가 일어나 [대괄령]으로 발음된다. 'ㄱ, ㄷ, ㅂ'은 모음 앞에서는 'g, d, b'로 적고 'ㄹㄹ'은 'll'로 적는다는 선생님의 말과 표기 일람에 따라 각각 'Dongnimmun'과 'Daegwallyeong'으로 적어야 한다.

22

정답설명

④ ㉠은 'ㅌ'이 'ㄴ'으로 발음되기까지 두 번(ㅌ〉ㄷ〉ㄴ)의 교체가 일어났어. ㉣ 역시 'ㅅ'이 'ㄴ'으로 발음되기까지 두 번(ㅅ〉ㄷ〉ㄴ)의 교체가 일어났구나.

오답설명

① ㉣은 어근 '첫'과 어근 '여름'이 결합되는 과정에서 뒷말의 첫소리에 'ㄴ'이 첨가되는 현상이 일어난다. 하지만 ㉠은 '낱낱이〉난나치'의 과정에서 교체(음절의 끝소리 규칙, 비음화, 구개음화) 현상만 일어났지.

② ㉡은 겹받침 'ㄳ' 중 'ㅅ'이 탈락하는 현상이 일어난다. 하지만 ㉢은 축약(ㅂ+ㅎ〉ㅍ), 교체(ㅅ〉ㅆ) 현상만 나타나고 탈락 현상은 나타나지 않는다.

③ ㉢에서 발음된 'ㅍ'은 'ㅂ'과 'ㅎ'이 축약된 음운이 맞아. 하지만 ㉠에서 발음된 'ㅊ'은 'ㅌ'이 'ㅣ' 모음과 인접하여 교체된 음운이다.

⑤ ㉡에서 'ㄳ'이 'ㄱ'으로 발음되는 것은 'ㅅ'이 탈락되는 한 번의 음운 변동을 수반한다. ㉢에서 'ㅅ'이 'ㅆ'으로 발음되는 것은 한 번의 교체 현상이 일어나는 것이지. 따라서 둘의 음운 변동 횟수는 동일하다!

형태쌤의 과외시간

음운 변동 파트 학습법

　음운 변동 파트는 개념을 학습할 때는 큰 문제없이 그런가 보다~ 하고 넘어가는데 막상 문제를 풀다 보면 헷갈린다. 이건 사례들이 눈에 잘 익지 않았기 때문이다. 개념을 배우긴 배웠는데 적용이 안 된다는 느낌이 든다면 개념이 아직 제대로 안착되지 않아서 그런 것이지. 음운 변동 파트는 사례에 친숙해지는 것이 가장 중요하다. 문제를 풀다 보면 느끼겠지만, 사례로 나오는 단어들을 보면 그놈이 그놈이다. 나오는 놈이 계속 나오니까 힘들다고 포기하지 말고 사례를 중심으로 학습하도록 하자.

23

정답설명

① '밭은소리'가 용언 '밭다'의 활용형인 '밭은'과 명사 '소리'가 결합한 단어인 것은 맞다. 그러나 '밭은'의 어미 '-은'은 형식 형태소이므로 '밭-'의 종성을 연음하여 [바튼소리]로 발음해야 한다.

오답설명

② '낱으로'의 조사 '으로'는 형식 형태소이므로 앞 음절의 종성을 연음하여 [나트로]로 발음한다. '낱알'의 '알'은 어근, 즉 실질 형태소이므로 곧바로 연음하지 않고 음절의 끝소리 규칙을 적용하여 [낟알]이 된 후에 연음해야 한다. 따라서 '낱알'은 [나달]로 발음한다.

③ '앞어금니'의 '어금니'는 어근이므로 실질 형태소이다. 따라서 음절의 끝소리 규칙을 적용해 '앞'의 종성을 'ㅂ'으로 바꾸어 연음한 [아버금니]로 발음해야 한다.

④ '겉웃음'의 어근 '웃-'은 실질 형태소이므로 '겉'의 종성은 'ㄷ'으로 바뀌어 연음되고, 접사 '-음'은 형식 형태소이므로 '웃-'의 종성은 그대로 연음되어 최종 발음은 [거두슴]이 된다.

⑤ '밭을'의 '을'은 조사이며, 조사는 형식 형태소이므로 '밭'의 종성을 그대로 연음해 [바틀]로 발음한다.

24

정답설명

① '깎다[깍따]'는 'ㄲ〉ㄱ(음절의 끝소리 규칙)', 'ㄷ〉ㄸ(된소리되기)'의 음운 변동이 일어난다. 두 변동 모두 '교체'에 해당하므로 ㉠의 예로 적절하다.

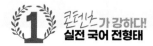

I   II   III   IV   **V**   VI   VII   VIII

음운 변동과 발음 규정

오답설명

② '막일[망닐]'은 '막일〉막닐〉망닐'의 과정을 거쳐 발음된다. 'ㄴ'이 첨가되는 현상과 'ㄱ'이 비음화(교체)되는 현상이 일어나므로 ㉠의 예로 적절하지 않다.

③ '색연필[생년필]'은 '색연필〉색년필〉생년필'의 과정을 거쳐 발음된다. 'ㄴ'이 첨가되는 현상과 'ㄱ'이 비음화(교체)되는 현상이 일어나므로 ㉠의 예로 적절하지 않다.

④ '값하다[가파다]'는 '값하다〉갑하다〉가파다'의 과정을 거쳐 발음된다. 겹받침 'ㅄ' 중 'ㅅ'이 탈락하는 현상(자음군 단순화)과 'ㅂ'과 'ㅎ'이 만나 'ㅍ'으로 축약되는 현상(거센소리되기)이 일어나므로 ㉠의 예로 적절하지 않다.

⑤ '설익다[설릭따]'는 '설익다〉설닉다〉설릭따'의 과정을 거쳐 발음된다. 'ㄴ'이 첨가되는 현상과 'ㄴ'이 유음화(교체)되는 현상, 'ㄷ'이 된소리로 교체되는 현상(된소리되기)이 일어나므로 ㉠의 예로 적절하지 않다.

25

정답설명

④ 〈보기 1〉에서 'ㄷ' 뒤에 형식 형태소 '-히-'가 올 때 'ㅎ'과 결합하여 이루어진 [ㅌ]이 [ㅊ]이 된다고 하였어. ㉣은 '묻-' 뒤에 접미사 '-히-'가 결합되어 있으므로 축약된 [ㅌ]이 [ㅊ]으로 교체되어 [무치고]로 발음되어야겠지.

오답설명

① 〈보기 1〉에서 받침이 'ㅌ'인 형태소가 모음 'ㅣ'로 시작되는 형식 형태소와 만나면 구개음 [ㅊ]이 된다고 하였어. ㉠은 '붙-' 뒤에 접미사 '-이-'가 결합되어 있으므로 [ㅌ]이 [ㅊ]으로 교체되는 구개음화 현상이 일어나 [부친]으로 발음된다.

② ㉡의 '-이'는 부사 파생 접미사이므로 실질 형태소가 아닌 형식 형태소야. 따라서 〈보기 1〉에서 언급한 구개음화의 조건을 충족하므로 [난나치]로 발음되어야겠지.

③ ㉢의 '이랑'은 '논이나 밭을 갈아 골을 타서 두두룩하게 흙을 쌓아 만든 곳.'이라는 의미를 가진 명사이므로 형식 형태소가 아닌 실질 형태소이다. 따라서 〈보기 1〉에서 언급한 구개음화의 조건을 충족하지 않으므로 [바치랑]이 아닌 [반니랑]으로 발음된다.

⑤ ㉤의 '이불'은 명사이므로 모음 'ㅣ'로 시작되는 실질 형태소가 맞아. 〈보기 1〉에서는 구개음화의 조건으로 '형식 형태소'를 제시하고 있으므로 ㉤에서는 구개음화 현상이 일어나지 않겠지? [호치불]이 아닌 [혼니불]로 발음되는구나.

26

정답설명

③ ㉢의 '입문하여[임문하여]'에서 나타난 음운 변동은 비음화이다. '입'의 종성 'ㅂ'이 '문'의 초성 'ㅁ'의 영향을 받아 비음화되어 'ㅁ'으로 교체된 것이지. '집문서'와 '맏누이'도 각각 [짐문서], [만누이]로 발음되므로 비음화 현상이 나타난 단어이다.

오답설명

① ㉠의 '옮겨서[옴겨서]'에서 나타난 음운 변동은 자음군 단순화이다. '옮'의 종성 'ㄹ' 중 'ㄹ'이 탈락하여 'ㅁ'만 발음되는 것이지. '굵기다'도 [굼기다로

발음되므로 '옮겨서'와 같이 자음군 단순화 현상이 나타난 단어이지만, '급하다[그파다]'는 한 단어 내에서 'ㅂ'과 'ㅎ'이 만나 'ㅍ'으로 축약되는 거센소리되기 현상이 나타난 단어야.

② ㉡의 '굳이[구지]'에서 나타난 음운 변동은 구개음화이다. '굳'의 종성 'ㄷ'이 'ㅣ' 모음과 인접하여 'ㅈ'으로 교체된 것이지. '미닫이'도 [미다지]로 발음되므로 '굳이'와 같이 구개음화 현상이 나타난 단어이지만, '뻗대다[뻗때다]'는 '뻗'의 종성 'ㄷ'으로 인해 '대'의 초성 'ㄷ'이 'ㄸ'으로 교체되는 된소리되기 현상이 나타난 단어이다.

④ ㉣의 '더듬지[더듬찌]'에서 나타난 음운 변동은 된소리되기이다. '듬'의 종성 'ㅁ'으로 인해 'ㅈ'이 'ㅉ'으로 교체된 것이지. '껴안다'도 [껴안따]로 발음되므로 '더듬지'와 같이 된소리되기 현상이 나타난 단어이지만, '꿈같이[꿈가치]'는 '같'의 종성 'ㅌ'이 'ㅣ' 모음과 인접하여 'ㅊ'으로 교체되는 구개음화 현상이 나타난 단어이다.

⑤ ㉤의 '듬직한[듬지칸]'에서 나타난 음운 변동은 거센소리되기이다. 'ㄱ'과 'ㅎ'이 만나 'ㅋ'으로 축약된 것이지. '굽히다'도 [구피다]로 발음되므로 '듬직한'과 같이 거센소리되기 현상이 나타난 단어이지만, '한여름[한녀름]'은 자음으로 끝난 형식 형태소 뒤에 첫음절이 '여'로 시작하는 단어가 위치하여 사이에 'ㄴ' 음운이 첨가되는 'ㄴ' 첨가 현상이 나타난 단어이다.

27

정답설명

④ '집일'은 '집일〉집닐〉짐닐'의 과정을 거쳐 발음된다. 자음으로 끝난 '집' 뒤에 모음 '이'로 시작하는 '일'이 위치하여 'ㄴ'이 첨가되고, 비음 'ㄴ'의 영향을 받아 'ㅂ'이 비음 'ㅁ'으로 교체된 것이지. 이는 제18항의 내용이 맞지만, 제13장이 아닌 제29항에 해당하는 내용이다.

오답설명

① '덮이다'는 [더피다]로 발음된다. 홑받침 'ㅍ'이 모음으로 시작된 접미사 '-이-'와 결합되어 제 음가대로 뒤 음절 첫소리로 옮겨진 것이므로 제13항의 내용이 맞다.

② '웃어른'은 [우더른]으로 발음된다. 받침 뒤에 모음으로 시작되는 실질 형태소가 연결되었으므로 'ㅅ'이 대표음으로 바뀐 후 뒤 음절 첫소리로 옮겨진 것이지. 이는 제15항의 내용이 맞다.

③ '굳이'는 [구지]로 발음된다. 받침 'ㄷ'이 접미사 '-이'와 결합되어 'ㅈ'으로 교체된 것이므로 제17항의 내용이 맞다.

⑤ '색연필'은 [생년필]로 발음된다. 자음으로 끝난 '색' 뒤에 모음 '여'로 시작하는 '연필'이 위치하여 'ㄴ'이 첨가되고, 비음 'ㄴ'의 영향을 받아 'ㄱ'이 비음 'ㅇ'으로 교체된 것이지. 이는 제18항, 제29항의 내용이 맞다.

28

정답설명

③ 다만 3에서 자음을 첫소리로 가지고 있는 음절의 'ㅢ'는 [ㅣ]로 발음한다고 하였다. 따라서 자음을 첫소리로 가지고 있는 '희'는 [히]로 발음해야 한다.

오답설명

① 다만 1에서 용언의 활용형에 나타나는 '져'는 [저]로 발음한다고 했다.

② 다만 4에서 단어의 첫음절 이외의 '의'는 [ㅣ]로 발음함을 허용한다고 하였

어. 따라서 '협의'의 표준 발음은 [혀븨] 혹은 [혀비]이다.
④ 다만 2에서 '예, 례' 이외의 'ㅖ'는 [ㅔ]로도 발음한다고 했다. 따라서 '지혜'의 표준 발음은 [지혜] 혹은 [지혜]이다.
⑤ 다만 4에서 조사 '의'는 [ㅔ]로 발음함을 허용한다고 하였어. 따라서 '우리의'의 표준 발음은 [우리의] 혹은 [우리에]이다.

 형태쌤의 과외시간

'의' 발음의 경우의 수
1) 자음을 첫소리로 가지고 있는 경우 반드시 [ㅣ]로 발음
　– 하늬바람[하니바람], 늴리리[닐리리], 유희[유히]

2) '의'로 시작하는 단어의 경우 반드시 [ㅢ]로 발음
　– 의사[의사], 의자[의자]

3) 단어의 첫 음절 외에 오는 '의'의 경우 [ㅢ/ㅣ] 둘 다 허용
　– 민주주의[민주주의/민주주이] 모두 가능
　　→ [민주주의] 원칙, [민주주이] 허용

4) 관형격 조사 '의'의 경우 [ㅢ/ㅔ] 둘 다 허용
　– 우리의[우리의/우리에] 모두 가능
　　→ [민주주의의] 원칙
　　→ [민주주의에/민주주이의/민주주이에] 허용

29
정답설명
① '깎는[깡는]'은 쌍받침 'ㄲ'이 'ㄱ'으로 교체된 뒤 'ㄴ'에 의해 비음화 현상(ㄱ〉ㅇ)이 일어난 것이지. 또한 '흙만[흥만]'은 겹받침 'ㄺ' 중 'ㄹ'이 탈락된 뒤 'ㅁ'에 의해 비음화 현상(ㄱ〉ㅇ)이 일어난 것이다.

오답설명
② '끝물[끈물]'은 홑받침 'ㅌ'이 'ㄷ'으로 교체된 뒤 비음화 현상(ㄷ〉ㄴ)이 일어난 것이므로 ㉠에 해당하는 것이 맞아. 하지만 '앉자[안짜]'는 겹받침 'ㄵ' 중 'ㅈ'이 탈락되기는 했지만 비음화 현상이 일어나지 않았으므로 ㉡에 해당한다고 볼 수 없지.
③ '듣는[든는]'은 비음화 현상(ㄷ〉ㄴ)이 일어나기는 하지만, 홑받침 'ㄷ'이 이미 대표음이므로 비음화 현상이 일어나기 전에 음절의 끝소리 규칙에 의해 대표음으로 교체되는 현상이 일어나지 않아 ㉠에 해당한다고 볼 수 없지. '읊는[음는]'은 겹받침 'ㄿ' 중 'ㄹ'이 탈락되고, 음절의 끝소리 규칙에 의해 'ㅍ'이 'ㅂ'으로 교체된 후 비음화 현상(ㅂ〉ㅁ)이 일어났으므로 ㉡에 해당한다고 볼 수 있구나.
④ '숯내[순내]'는 홑받침 'ㅊ'이 'ㄷ'으로 교체된 뒤 비음화 현상(ㄷ〉ㄴ)이 일어난 것이므로 ㉠에 해당하는 것이 맞다. 하지만 '닳은[다른]'은 겹받침 'ㅀ' 중 'ㅎ'이 탈락되기는 했지만 비음화 현상이 일어나지 않았으므로 ㉡에 해당한다고 볼 수 없어.
⑤ '앞마당[암마당]'은 홑받침 'ㅍ'이 'ㅂ'으로 교체된 뒤 비음화 현상(ㅂ〉ㅁ)이 일어난 것이므로 ㉠에 해당하는 것이 맞다. 하지만 '값이[갑씨]'는 'ㅄ' 중 탈락한 것이 없으며('ㅅ'은 탈락된 것이 아니라 연음되어 뒤 음절 첫소리로 넘어간 뒤 된소리로 발음되는 것이다.) 비음화 현상도 일어나지 않았으므로

㉡에 해당한다고 볼 수 없지.

30
정답설명
⑤ '사랑할수록'은 동사 '사랑하다'의 어간 '사랑하-'에 '-(으)ㄹ'로 시작되는 어미인 '-(으)ㄹ수록'이 결합한 형태이다. 따라서 표준발음법 제27항 [붙임] 규정을 적용하여 [사랑할쑤록]이라고 발음해야 한다.

오답설명
① '꽃다발'은 받침 'ㄷ(ㅊ)' 뒤에 'ㄷ'이 연결되어 있으므로, 표준 발음 법 제23항에 의해 [꼳따발]로 발음해야 한다.
② '껴안고'는 동사 어간 '껴안-'에 어미 '-고'가 결합한 형태이므로, 표준 발음법 제24항에 의해 [껴안꼬]로 발음해야 한다.
③ '옮기다'는 동사 어근 '옮-'에 사동 접미사 '-기-'가 결합한 형태이므로, 표준 발음법 제24항 다만에 의해 [옴기다]로 발음해야 한다.
④ '갈 데가'는 동사 어간 '가-'에 관형사형 전성 어미 '-(으)ㄹ'이 결합한 '갈' 뒤에 '데'의 'ㄷ'이 연결되므로 표준 발음법 제27항에 의해 [갈떼가]로 발음할 수 있다.

31
정답설명
⑤ ㉠은 음절의 끝소리 규칙(교체), ㉡은 자음군 단순화(탈락), ㉢은 거센소리되기(축약) 현상이다. '핥다[할따]'는 자음군 단순화와 된소리되기(교체)가 일어난 것으로, 거센소리되기가 일어나는 환경이 아니므로 ㉢의 변동을 확인할 수 없다.

오답설명
① '꽃[꼳]'은 음절의 끝에 위치한 'ㅊ'이 'ㄷ'으로 교체되었으므로 ㉠의 예로 적절하다.
② '넋[넉]'은 음절의 끝에 'ㄱ'과 'ㅅ'이 왔으므로 그중 'ㅅ'이 탈락한 자음군 단순화가 일어난 단어이다. 따라서 ㉡의 예로 적절하다.
③ '놓지[노치]'는 'ㅎ'과 'ㅈ'이 합해져 거센소리 'ㅊ'으로 소리 나는 축약 현상이 일어난 것이다. 따라서 ㉢의 예로 적절하다.
④ '첫해[처태]'는 음절의 끝 'ㅅ'이 'ㄷ'으로 교체된 후, 'ㅎ'과 축약되어 거센소리 'ㅌ'으로 발음된다. 따라서 ㉠과 ㉢의 변동이 모두 일어난 예로 추가할 수 있다.

34

정답설명

④ ㄹ은 'ㄺ'이 '모음'으로 시작된 조사나 어미, 접미사와 결합되는 경우에 대한 조항이다. '밝기'는 'ㄺ'이 자음 'ㄱ'으로 시작된 접미사와 결합되어 있는 경우이므로 ㄹ의 조건에 해당하지 않는다.

오답설명

① ㄱ은 'ㄺ'이 자음 앞에서 [ㄱ]으로 발음되는 경우에 대한 조항이므로, '밝다'를 [박따]로 발음하는 것은 ㄱ에 해당하지.

② ㄴ은 용언의 어간 말음 'ㄺ'이 'ㄱ' 앞에서 [ㄹ]로 발음되는 경우에 대한 조항이므로, '밝게'를 [발께]로 발음하는 것은 ㄴ에 해당해.

③ ㄷ에서 받침 'ㄺ'이 뒤 음절 첫소리 'ㅎ'과 결합되는 경우에는 뒤엣것과 'ㅎ'을 합쳐서 [ㅋ]으로 발음한다고 하였으므로, '밝혔다'를 [발켣따]로 발음하는 것은 ㄷ에 해당하는구나.

⑤ ㅁ은 받침 'ㄺ'이 'ㄴ' 앞에서 [ㅇ]으로 발음되는 경우에 대한 조항이므로, '밝는다'를 [방는다]로 발음하는 것은 ㅁ에 해당하지.

35

정답설명

② 자음을 첫소리로 가지고 있는 음절의 'ㅢ'가 'ㅣ'로 소리 나더라도 본 모양을 밝혀 적는다고 하였으므로 ㄱ이 아닌 ㄴ에 해당한다.

오답설명

① 'ㄷ, ㅌ'이 'ㅈ, ㅊ'으로 소리 나더라도 본 모양을 밝혀 적는다고 하였으므로 ㄴ에 해당한다.

③ 체언과 조사의 형태를 구분하여 적는다고 하였으므로 ㄴ에 해당한다.

④ 원형을 밝혀 적지 않는다고 하였으므로 소리대로 적는 ㄱ에 해당한다.

⑤ 각각 그 원형을 밝혀 적는다고 하였으므로 ㄴ에 해당한다.

36

정답설명

② '옷하고'는 '옷하고〉옫하고〉오타고'의 과정을 거쳐 발음된다. 음절 끝 'ㅅ'이 'ㄷ'으로 바뀐(음절의 끝소리 규칙) 후 'ㄷ'과 'ㅎ'이 'ㅌ'으로 축약되었으므로 (거센소리되기) ⓐ와 ⓓ에 해당한다.
'홑이불'은 '홑이불〉혼이불〉혼니불〉혼니불'의 과정을 거쳐 발음된다. 음절 끝 'ㅌ'이 'ㄷ'으로 바뀌며(음절의 끝소리 규칙) 'ㄴ'이 첨가되고('ㄴ' 첨가), 'ㄴ'으로 인해 'ㄷ'이 'ㄴ'으로 바뀌었으므로(비음화) ⓐ와 ⓒ에 해당한다.

37

정답설명

⑤ 제14항에서 겹받침이 모음으로 시작하는 조사와 결합되는 경우, 뒤엣것만을 뒤 음절 첫 소리로 옮겨 발음한다고 하였어. 따라서 '여덟이다'는 [여더리다]가 아닌 [여덜비다]로 발음해야 한다.

형태쌤의 과외시간

축약은
1) 한 단어 내부 / 2) 축약의 조건 충족
이라는 두 가지 조건을 만족하면 우선적으로 적용된다.

예를 들어 '놓지'의 경우 1)과 2)의 조건을 모두 충족하기에 '놓지〉노치'가 되는 것이다.

반면 '닭하고'의 경우 2)의 조건은 충족하지만 1)의 조건을 충족하지 못한다. '닭하고'는 명사 '닭'과 조사 '하고'가 합쳐진 두 단어이기 때문이다. 따라서 '닭하고〉닥하고〉다카고'가 되는 것이다.

'숱하다'의 경우 1)의 조건은 충족하지만 2)의 조건은 충족하지 못한다. 'ㅌ+ㅎ'이라는 축약의 조건은 없기 때문이다. 따라서 음절의 끝소리 규칙(대표음화)을 적용받아 '숟하다'가 된 후 'ㄷ+ㅎ'이라는 축약의 조건이 완성되어 '수타다'로 소리나게 된다.

32

정답설명

③ '꽃망울'은 'ㅁ' 앞에서 'ㄷ(ㅊ)'이 [ㄴ]으로 발음되어 [꼰망울]이 되므로 제18항만 적용된 것이다.

오답설명

① '앞마당'은 'ㅁ' 앞에서 'ㅂ(ㅍ)'이 [ㅁ]으로 발음되어 [암마당]이 되므로 제18항이 적용된 것이다.

② '늦가을'은 'ㄷ(ㅈ)' 뒤에 연결되는 'ㄱ'이 된소리로 발음되어 [늗까을]이 되므로 제23항이 적용된 것이다.

④ '맞먹다'는 'ㅁ' 앞에서 'ㄷ(ㅈ)'이 [ㄴ]으로 발음되고, 'ㄱ' 뒤에 연결되는 'ㄷ'이 된소리로 발음되어 [만먹따]가 되므로 제18항과 제23항이 모두 적용된 것이다.

⑤ '홑낚시'는 'ㄴ' 앞에서 'ㄷ(ㅌ)'이 [ㄴ]으로 발음되고, 'ㄱ(ㄲ)' 뒤에 연결되는 'ㅅ'이 된소리로 발음되어 [혼낙씨]가 되므로 제18항과 제23항이 모두 적용된 것이다.

33

정답설명

④ ㄱ : '맨입[맨닙]'의 경우 'ㄴ'이 덧나므로 '첨가' 현상이 일어나는 단어이다. 자료 중 '맨입'과 같이 첨가 현상이 일어나는 단어로 '논일[논닐]', '나뭇잎[나문닙]', '늦여름[는녀름]'을 들 수 있지.
ㄴ : '설날[설랄]'은 'ㄴ'이 'ㄹ'로 바뀌는 '교체' 현상이 일어나는 단어이며, '좋은[조은]'은 'ㅎ'이 발음되지 않는 '탈락' 현상이 일어나는 단어야. 자료 중 교체 현상과 탈락 현상이 함께 일어난 단어로 '닳는[달른]'을 들 수 있구나. '닳는〉달는(자음군 단순화)〉달른(유음화)'과 같이 탈락 현상이 일어난 후 교체 현상이 일어난다.

오답설명

① 제10항에서 겹받침 'ㄳ'은 어말에서 [ㄱ]으로 발음한다고 하였어. 따라서 '몫'을 [목]으로 발음하는 것은 적절하다.

② 제10항에서 겹받침 'ㄵ'은 자음 앞에서 [ㄴ]으로 발음한다고 하였어. 따라서 '앉는'을 [안는]으로 발음하는 것은 적절하다.

③ 제14항에서 겹받침이 모음으로 시작하는 어미와 결합되는 경우, 뒤엣것만을 뒤 음절 첫 소리로 옮겨 발음한다고 하였어. 따라서 '핥은'을 [할튼]으로 발음하는 것은 적절하다.

④ 제14항에서 겹받침이 모음으로 시작하는 어미와 결합되는 경우, 뒤엣것만을 뒤 음절 첫 소리로 옮겨 발음한다고 하였어. 또한 이 경우 'ㅅ'은 된소리로 발음한다고 하였으므로, '없어서'를 [업써서]로 발음하는 것은 적절하다.

38

정답설명

② '집안일[지반닐]'에서 나타나는 음운 변동 현상은 'ㄴ' 첨가 현상이다. 'ㄴ' 첨가 현상은 동화 현상과는 관계가 없지.

오답설명

① '붙이다[부치다]'에서 나타나는 음운 변동 현상은 구개음화이다. 치조음 'ㅌ'이 모음 'ㅣ'를 만나 구개음인 'ㅊ'으로 변화했어.

③ '권력[궐력]'에서 나타나는 음운 변동 현상은 유음화이다. 비음 'ㄴ'이 유음 'ㄹ'의 앞에서 'ㄹ'로 변화하였구나.

④ '먹는다[멍는다]'에서 나타나는 음운 변동 현상은 비음화이다. 파열음 'ㄱ'이 비음 'ㄴ'의 앞에서 비음 'ㅇ'으로 변화했다.

⑤ '굳이[구지]'에서 나타나는 음운 변동 현상은 구개음화이다. 치조음 'ㄷ'이 모음 'ㅣ'를 만나 구개음인 'ㅈ'으로 변화하였지.

39

정답설명

③ 다만 4에 따르면, '의무'의 '의'는 단어의 첫음절이므로 [ㅢ]로만 발음할 수 있다. 따라서 '의무'는 [의무]로만 발음된다.
다만 2에 따르면, '무예'의 '예'는 [ㅖ]로만 발음할 수 있다. 따라서 '무예'는 [무예]로만 발음된다.
다만 2에 따르면, '예절'의 '예'는 [ㅖ]로만 발음할 수 있다. 따라서 '예절'은 [예절]로만 발음된다.

오답설명

'예의'는, 다만 4에서 단어의 첫음절 이외의 '의'를 [ㅣ]로 발음할 수 있다고 하였으므로 [예의] 혹은 [예이]로 발음한다.

'의의'는, 다만 4에서 단어의 첫음절 이외의 '의'를 [ㅣ]로 발음할 수 있다고 하였으므로 [의의] 혹은 [의이]로 발음한다.

'절의'는, 다만 4에서 단어의 첫음절 이외의 '의'를 [ㅣ]로 발음할 수 있다고 하였으므로 [저릐] 혹은 [저리]로 발음한다.

40

정답설명

⑤ ㄹ은 축약 현상을 나타내고 있다. '오+아서'가 '와서'로 줄어드는 것은 모음 'ㅗ'와 'ㅏ'가 축약된 것이지. 하지만 '가+아'가 '가'가 되는 것은 같은 음인 'ㅏ' 중 하나가 탈락되는 것이므로, 모음 축약이 아닌 동음 탈락에 해당한다.

오답설명

① ㄱ은 음절 끝에서 일어나는 교체 현상(음절의 끝소리 규칙)을 나타내고 있고, ㄴ은 'ㄴ' 첨가 현상을 나타내고 있다. '홑이불'은 '홑이불〉혼이불〉혼니불〉혼니불'의 과정을 거쳐 발음되므로, ㄱ과 ㄴ의 변동이 모두 일어난 예로 들 수 있구나.

② ㄱ은 음절 끝에서 일어나는 교체 현상(음절의 끝소리 규칙)을, ㄷ은 예사소리가 된소리로 교체되는 현상(된소리되기)을 나타내고 있다.

③ '엎다'는 '엎다〉업다〉업따'의 과정을 거쳐 발음되므로, ㄱ과 ㄷ의 변동이 모두 일어난 예로 들 수 있구나.

④ ㄹ의 '낳다[나타]'는 'ㅎ'과 'ㄷ'이 축약되어 'ㅌ'이 되었으므로 자음 축약에 해당되며, '오+아서→와서'는 'ㅗ'와 'ㅏ'가 축약되어 'ㅘ'가 되었으므로 모음 축약에 해당된다.

41

정답설명

② 제29항 [붙임 1]에서 'ㄹ' 받침 뒤에 첨가되는 'ㄴ' 음은 [ㄹ]로 발음한다고 하였어. 따라서 '물약'에서 'ㄹ' 받침 뒤에 'ㄴ' 음이 첨가되면 [물냑]이 아닌 [물략]으로 발음해야 한다.

오답설명

① 제18항에서 받침 'ㄱ'은 'ㅁ' 앞에서 [ㅇ]으로 발음한다고 하였으므로 적절하다.

③ 제29항 [붙임 2]에서 두 단어를 이어서 한 마디로 발음하는 경우에도 'ㄴ'이 첨가된다고 하였다. 앞 단어의 끝이 자음이고 뒤 단어의 첫음절이 '이'이므로 'ㄴ'이 첨가된다.

④ 제29항에서, 합성어에서 앞 단어의 끝이 자음이고 뒤 단어의 첫음절이 '이'이면 'ㄴ' 음을 첨가한다고 하였으므로 '집일'이 [집닐]이 되는 것은 적절하다. 또한 제18항에서 받침 'ㅂ'은 'ㄴ' 앞에서 [ㅁ]으로 발음한다고 하였으므로 [집닐]이 [짐닐]이 되는 것은 적절하다.

⑤ 제29항에서, 합성어에서 앞 단어의 끝이 자음이고 뒤 단어의 첫음절이 '여'이면 'ㄴ' 음을 첨가한다고 하였으므로 '색연필'이 [색년필]이 되는 것은 적절하다. 또한 제18항에서 받침 'ㄱ'은 'ㄴ' 앞에서 [ㅇ]으로 발음한다고 하였으므로 [색년필]이 [생년필]이 되는 것은 적절하다.

42

정답설명

③ ⓐ : 'ㅂ'과 'ㅎ'이 축약되어 'ㅍ'으로 발음되는([이팍]) 사례이므로 (가)에 해당한다.
ⓑ : 'ㅎ'과 'ㄷ'이 축약되어 'ㅌ'으로 발음되는([조타며]) 사례이므로 (가)에 해당한다.

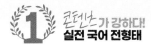
ⓒ : '나누다'의 어간 '나누-'에 선어말 어미 '-었-'이 연결되면서 어간의 '누'와 어미 '었'이 축약되어 '눴'이 된 사례이므로 (다)에 해당한다.

ⓓ : '뜨이다'의 어간 '뜨이-'가 '띄'로 축약된 사례이므로 (나)에 해당한다.

ⓔ : '보이다'의 어간 '보이-'에 선어말 어미 '-었-'이 연결되면서 어간의 '이'와 선어말 어미의 '었'이 축약되어 '였'이 된 사례이므로 (다)에 해당한다.

43

정답설명

③ '혼삿길'은 '혼사'와 '길'이 결합된 말로, 합성어를 이룰 때 앞말이 모음으로 끝나고 뒷말의 첫소리가 된소리로 나기 때문에 사이시옷을 붙인 것이지. 따라서 ㉠에 해당한다.

'섣달'은 '설'과 '달'이 결합된 말로, '설'이 '달'과 어울릴 적에 'ㄹ' 소리가 'ㄷ' 소리로 나므로 'ㄷ'으로 적은 것이지. 따라서 ㉡에 해당한다.

오답설명

① '삼짇날'은 '삼질(음력 삼월 초사흗날)'과 '날'이 결합된 말로, '삼질'이 '날'과 어울릴 적에 'ㄹ' 소리가 'ㄷ' 소리로 나므로 'ㄷ'으로 적은 것이지. 따라서 ㉡에 해당하는 것이 맞다. 하지만 '첫째'는 '첫'과 '-째'가 결합된 말이므로, 이때의 'ㅅ'은 사이시옷이 아니다. 따라서 ㉠에 해당하지 않는다.

② '맷돌'은 '매'와 '돌'이 결합된 말로, 합성어를 이룰 때 앞말이 모음으로 끝나고 뒷말의 첫소리가 된소리로 나기 때문에 사이시옷을 붙인 것이지. 따라서 ㉠에 해당하는 것이 맞다. 하지만 '미닫이'는 '밀-', '닫-', '-이'가 결합되면서 '밀-'의 'ㄹ'이 탈락되었을 뿐, 'ㄹ'이 'ㄷ'으로 소리 나 'ㄷ'으로 적은 것이 아니다. 따라서 ㉡에 해당하지 않는다.

④ '섣부르다'는 '설'과 '부르다'가 결합된 말로, '설'이 '부르다'와 어울릴 적에 'ㄹ' 소리가 'ㄷ' 소리로 나므로 'ㄷ'으로 적은 것이지. 따라서 ㉡에 해당하는 것이 맞다. 하지만 '나뭇잎'은 '나무'와 '잎'이 결합되는 과정에서 'ㄴㄴ'이 첨가되어 사이시옷을 붙인 것이므로 ㉠에 해당하지 않는다.

⑤ '샛노랗다'는 '샛-'과 '노랗다'가 결합된 말이므로, 이때의 'ㅅ'은 사이시옷이 아니다. 따라서 ㉠에 해당하지 않는다. 또한 '맏며느리'는 '맏-'과 '며느리'가 결합된 말로, 'ㄹ'이 'ㄷ'으로 소리 나 'ㄷ'으로 적은 것이 아니므로 ㉡에 해당하지 않는다.

44

정답설명

② '금융'이 [금늉]으로 소리나는 것은 'ㄴ'이 첨가되었기 때문인데, 〈보기〉에서는 이에 대해 언급하고 있지 않다. 또한 [금늉]과 [그뮹]이 모두 표준 발음으로 허용되는 이유 또한 〈보기〉에서 확인할 수 없지.

오답설명

① 제19항에서 받침 'ㅇ' 뒤에 연결되는 'ㄹ'은 [ㄴ]으로 발음한다고 하였으므로, 이를 이용하여 답변할 수 있구나.

③ 제20항에서 'ㄴ'은 'ㄹ'의 앞에서 [ㄹ]로 발음한다고 하였으므로, 이를 이용하여 [광할루]로 발음해야 한다는 것을 답변할 수 있구나.

④ 제20항에서 'ㄴ'은 'ㄹ'의 뒤에서 [ㄹ]로 발음한다고 하였으므로, 이를 이용하여 [칼랄]로 발음해야 한다는 것을 답변할 수 있구나.

⑤ 제18항에서 받침 'ㅂ'은 'ㅁ' 앞에서 [ㅁ]으로 발음한다고 하였으므로, 이를

이용하여 답변할 수 있구나.

45

정답설명

⑤ '좋아요'가 [조아요]로 소리 나는 것은, 받침 'ㅎ'이 끝소리인 어간이 모음으로 시작하는 어미 앞에서 탈락한 결과이다.

오답설명

① '하얗다'가 [하야타]로 소리 나는 것은 'ㅎ'과 'ㄷ'이 합쳐져 'ㅌ'으로 축약된 결과이다.

② '좁히다'가 [조피다]로 소리 나는 것은 'ㅂ'과 'ㅎ'이 합쳐져 'ㅍ'으로 축약된 결과이다.

③ '놓는다'가 [논는다]로 소리 나는 것은 '놓'의 'ㅎ'이 음절의 끝소리 규칙에 따라 'ㄷ'으로 교체되고, 'ㄴ'에 의해 비음화되어 'ㄴ'으로 교체된 결과이다.

④ '그렇죠'가 [그러쵸]로 소리 나는 것은 'ㅎ'과 'ㅈ'이 합쳐져 'ㅊ'으로 축약된 결과이다.

46

정답설명

⑤ 'ㄴ'이 'ㅁ'의 앞에서 동화되어 [ㅁ]으로 발음된다는 내용을 〈보기〉에서 찾을 수 없다. 〈보기〉의 마지막 항에서 위에서 지적한 이외의 자음 동화는 인정하지 않는다고 하였으므로 '신문'의 표준 발음은 [신문]이다.

오답설명

① 〈보기〉의 첫째 항에서, 받침 'ㄷ'이 접미사의 모음 'ㅣ'와 결합되는 경우에는 [ㅈ]으로 바꾸어서 뒤 음절 첫소리로 옮겨 발음한다고 하였어. 따라서 '미닫이'는 [미다지]로 발음해야 한다.

② 〈보기〉의 둘째 항에서, 받침 'ㄷ'은 'ㄴ' 앞에서 [ㄴ]으로 발음한다고 하였어. 따라서 '닫는'은 [단는]으로 발음해야 한다.

③ 〈보기〉의 셋째 항에서, 받침 'ㅁ' 뒤에 연결되는 'ㄹ'은 [ㄴ]으로 발음한다고 하였어. 따라서 '침략'은 [침냑]으로 발음해야 한다.

④ 〈보기〉의 넷째 항에서, 'ㄴ'은 'ㄹ'의 뒤에서 [ㄹ]로 발음한다고 하였어. 따라서 '칼날'은 [칼랄]로 발음해야 한다.

47

정답설명

② 'ㅔ'는 중모음(반개모음)이고, 'ㅐ'는 저모음(개모음)으로, 둘의 차이는 혀의 높낮이(입의 개폐)에 있다. 저모음은 입이 크게 열려서 혀의 위치가 낮은 것으로 '개모음'이라고도 하며, 중모음은 저모음보다 입이 더 열려서 혀의 위치가 중간인 것으로 '반개모음'이라고도 한다. 따라서 '개'를 발음할 때는 '게'에 비해 입을 크게 더 벌려 혀의 높이를 낮추어야 한다.

오답설명

① 'ㅔ'와 'ㅐ' 모두 평순 모음이므로 입술 모양에 따라서 구분하는 것은 적절하지 않다.

③ 'ㅔ'와 'ㅐ' 모두 단모음이므로 입술과 혀가 움직이는지 여부에 따라 구분하는 것은 적절하지 않다.

④ 'ㅔ'와 'ㅐ' 모두 평순 모음이며, 'ㅔ'는 중모음, 'ㅐ'는 저모음이므로 'ㅐ'를 발음할 때 입을 조금만 벌려야 한다는 말은 적절하지 않다.

⑤ 'ㅔ'와 'ㅐ' 모두 전설 모음이므로 혀의 최고점 위치에 따라서 구분하는 것은 적절하지 않다.

48

정답설명

③ ㉡ : '밟고'는 [밥꼬]로 소리 나는데, 이는 〈보기 1〉에서 언급한 '음절의 끝에 두 개의 자음이 올 때 이 중에서 한 자음이 탈락하는 경우'에 해당한다.

㉤ : '좋아서'는 [조아서]로 소리 나는데, 이는 〈보기 1〉에서 언급한 "끝소리 'ㅎ'이 모음으로 시작하는 어미나 접미사 앞에서 탈락하는 경우"에 해당한다.

오답설명

㉠ : '앉기'는 [안키]로 소리 나는데, 이는 'ㅎ'과 'ㄱ'이 합쳐져 'ㅋ'으로 축약되기 때문이다.

㉢ : '같이'는 [가치]로 소리 나는데, 이는 'ㅌ'이 'ㅣ'로 시작하는 형식 형태소와 만나면서 'ㅊ'으로 교체되기 때문이다.

㉣ : '멋진'은 [먿찐]으로 소리 나는데, 이는 음절의 끝에서 'ㅅ'이 'ㄷ'으로 교체되고, 'ㄷ'에 의해 'ㅈ'이 'ㅉ'으로 교체되기 때문이다.

학생들이 자주 묻는 질문

Q. 된소리는 하나의 음운인가요? 두 개의 음운인가요?
A. 된소리는 하나의 음운으로 간주한다! ➡ ㄱ+ㄱ ↛ ㄲ
Q. 그럼 겹받침도 하나의 음운인가요?
A. 겹받침은 두 개의 음운으로 간주한다! ➡ ㄴ+ㅈ → ㄵ

49

정답설명

② '막일'의 음운 변동을 정리한 도식에 따르면, ㉠은 'ㄴ'이 첨가된 후 그로 인해 비음화 현상이 일어나야 한다. '색연필'은 제29항(합성어에서 앞 단어의 끝이 자음이고 뒤 단어의 첫음절이 '여'이므로 'ㄴ' 음을 첨가하여 [녀]로 발음함)에 따라 [색년필]이 되고, 제18항(받침 'ㄱ'은 'ㄴ' 앞에서 [ㅇ]으로 발음함)에 따라 [생년필]이 된다.

오답설명

① '식용유'는 제29항에 따라 [시굥뉴]가 된다. 제18항은 적용되지 않는다.
③ '솜이불'은 제29항에 따라 [솜니불]이 된다. 제18항은 적용되지 않는다.
④ '맨입'은 제29항에 따라 [맨닙]이 된다. 제18항은 적용되지 않는다.
⑤ '국물'은 제18항에 따라 [궁물]이 된다. 제29항은 적용되지 않는다.

50

정답설명

① ⓐ '듬직한'이 [듬지칸]으로 발음되는 것은 'ㄱ'과 'ㅎ'이라는 두 음운이 'ㅋ'이라는 하나의 음운으로 줄어들었기 때문이다. 또한 '맏형'이 [마텽]으로, '좋다'가 [조타]로 발음되는 것은 'ㄷ'과 'ㅎ'이라는 두 음운이 'ㅌ'이라는 하나의 음운으로 줄어들었기 때문이다.

ⓑ '작문'이 [장문]으로 발음되는 것은 'ㄱ'이 'ㅁ' 앞에서 'ㅇ'으로 바뀌었기 때문이다. 또한 '해돋이'가 [해도지]로 발음되는 것은 'ㄷ'이 'ㅣ'의 영향을 받아 'ㅈ'으로 바뀌었기 때문이다.

51

정답설명

③ 〈보기 1〉에서 'ㄱ' 받침 뒤에서 나는 된소리는 같거나 비슷한 음절이 겹쳐 나는 경우가 아니면 된소리로 적지 않는다고 하였어. ㉢은 'ㄱ' 받침 뒤에서 나는 된소리이며, 같거나 비슷한 음절이 겹쳐 나는 경우가 아니므로 된소리로 적지 않는다. 따라서 '깍뚜기'가 아닌 '깍두기'로 써야 한다.

오답설명

① 〈보기 1〉에서 두 모음 사이에서 뚜렷한 까닭 없이 나는 된소리는 된소리로 적는다고 하였어. ㉠은 두 모음 사이에서 뚜렷한 까닭 없이 된소리로 발음되므로 '해쓱한'이라고 써야 한다.

② 〈보기 1〉에서 'ㅂ' 받침 뒤에서 나는 된소리 중 비슷한 음절이 겹쳐 나는 경우라면 된소리로 적는다고 하였어. ㉡은 'ㅂ' 받침 뒤에서 된소리로 발음되고 비슷한 음절이 겹쳐 나므로 '짭짤한'이라고 써야 한다.

④ 〈보기 1〉에서 'ㅁ' 받침 뒤에서 뚜렷한 까닭 없이 나는 된소리는 된소리로 적는다고 하였어. ㉣은 'ㅁ' 받침 뒤에서 뚜렷한 까닭 없이 된소리로 발음되므로 '듬뿍'이라고 써야 한다.

⑤ 〈보기 1〉에서 'ㅇ' 받침 뒤에서 뚜렷한 까닭 없이 나는 된소리는 된소리로 적는다고 하였어. ㉤은 'ㅇ' 받침 뒤에서 뚜렷한 까닭 없이 된소리로 발음되므로 '몽땅'이라고 써야 한다.

52

정답설명

④ 【표준 발음법】 제2장 제5항 다만4에서 단어의 첫 음절 이외의 '의'는 [ㅣ]로 발음함도 허용한다고 하였다. 또한 【국어의 로마자 표기법】 제2장 제1항 [붙임1]에서 'ㅢ'는 'ㅣ'로 소리 나더라도 ui로 적는다고 하였으므로, [ㅣ]로 발음되더라도 'ui'로 표기해야 한다.

오답설명

① 【표준 발음법】 제2장 제5항 다만2에 따르면 '숭례문'의 '례'는 'ㅖ'로 발음해야 하므로 로마자 'ye'로 표기해야 한다. 【국어의 로마자 표기법】 제2장 제1항에서 'ㅖ'는 'ye'로 적는다고 하였다.

② 'ㅖ'를 'ㅔ'로 발음할 수 있는 것은 【표준 발음법】 제2장 제5항 다만2에 설명된 '예, 례' 이외의 'ㅖ'이므로, '도예촌'의 '예'는 [ㅔ]로 발음할 수 없다. '도예촌'의 '예'는 [ㅖ]로 발음하고, 'ye'로 적어야 한다.

③ 【표준 발음법】 제2장 제5항 다만2에서 '예, 례' 이외의 'ㅖ'는 [ㅔ]로도 발음

한다고 하였으므로, 이때의 '계'는 [계] 혹은 [게]로 발음한다. 또한 [ㅖ]는 'e'가 아닌 'ye'로 표기해야 한다.

⑤ 【표준 발음법】 제2장 제5항 다만3에서 자음을 첫소리로 가지고 있는 음절의 'ㅢ'는 [ㅣ]로 발음해야 한다고 했으므로 '광희문'에서 '희'는 [ㅣ]로 발음해야 하는구나. 하지만 【국어의 로마자 표기법】 제2장 제1항 [붙임1]에서 'ㅢ'는 'ㅣ'로 소리 나더라도 ui로 적는다고 하였으므로, [ㅣ]로 발음되더라도 'ui'로 표기해야 한다.

53

정답설명

③ ⓒ는 'ㄴ' 소리가 첨가된 후, 'ㅁ'이 아닌 'ㄴ'의 영향으로 'ㄱ'이 비음화된 경우에 해당한다.

오답설명

① '선생님의 설명'에서, 합성어에서 앞말이 모음으로 끝나고 뒷말이 'ㄴ'으로 시작되는 경우 앞말의 끝소리에 'ㄴ' 소리가 첨가된다고 하였어. ⓐ는 '코'와 '날'이 합쳐져 만들어진 합성어로, 앞말이 모음으로 끝나고 뒷말이 'ㄴ'으로 시작되므로 앞말의 끝소리에 'ㄴ'이 첨가된 것이지.

② '선생님의 설명'에서, 합성어에서 앞말의 끝이 자음이고 뒷말이 '여'로 시작하는 경우 뒷말의 첫소리에 'ㄴ'이 첨가된다고 하였어. ⓑ는 '색'과 '연필'이 합쳐져 만들어진 합성어로, 앞말의 끝이 자음이고 뒷말이 '여'로 시작되므로 뒷말의 첫소리에 'ㄴ'이 첨가된 것이지.

④ '선생님의 설명'에서, 합성어에서 앞말의 끝이 자음이고 뒷말이 '야'로 시작하는 경우 뒷말의 첫소리에 'ㄴ'이 첨가된다고 하였어. ⓓ는 '물'과 '약'이 합쳐져 만들어진 합성어로, 앞말의 끝이 자음이고 뒷말이 '야'로 시작되므로 뒷말의 첫소리에 'ㄴ'이 첨가된 것이지. 또한 '지난 시간에 공부한 내용'에서 자음 'ㄴ'이 유음 'ㄹ'의 뒤에 위치한 경우 유음의 영향을 받아 'ㄹ'로 발음되는 유음화 현상이 일어난다고 하였으므로, 최종적으로 [물략]으로 발음된다.

⑤ '선생님의 설명'에서, 합성어에서 앞말이 모음으로 끝나고 뒷말이 'ㅁ'으로 시작되는 경우 앞말의 끝소리에 'ㄴ' 소리가 첨가된다고 하였어. ⓔ는 '이'와 '몸'이 합쳐져 만들어진 합성어로, 앞말이 모음으로 끝나고 뒷말이 'ㅁ'으로 시작되므로 앞말의 끝소리에 'ㄴ'이 첨가된 것이지. 이를 표시하기 위해 앞말에 사이시옷을 넣어서 '잇몸'으로 표기하였어.

54

정답설명

⑤ 탐구 (1)을 보면, 된소리로 발음되지 않는 '난다'의 경우 어간이 '난-'이 아니라 '날-'이고, 현재 시제 선어말 어미 '-ㄴ-'과 결합되면서 'ㄹ'이 탈락된 것임을 알 수 있구나. 즉, 이때의 'ㄴ'은 어간 받침이 아닌 어미이므로 표준 발음법 제24항의 적용을 받지 않는 것이지.

"그 사람을 잘 안다."에서의 '안다'도 어간이 '안-'이 아니라 '알-'이며, '-ㄴ-'은 어간 받침이 아닌 어미이므로 표준 발음법 제24항의 적용을 받지 않는다.

오답설명

① 탐구 과정에서는 개인의 발음 습관 차이에 대해 언급하지 않았다.

② "아기를 안다."에서의 '안다'도 '안'이 길게 발음되지만 '다'가 된소리로 발음된다.

③ '안다'의 '다'를 된소리로 발음하지 않는 것과 명확하게 의미를 전달하는 것 사이의 관계에 대해서는 언급되어 있지 않다.

④ "아기를 안다."에서의 '안다'도 'ㄷ'이 모음 사이에 있지 않지만 된소리로 발음된다.

55

정답설명

④ '놓는'은 음절의 끝소리 규칙에 따라 받침 'ㅎ'이 'ㄷ'으로 교체되어 [녿는]이 된 후, 'ㄷ'이 'ㄴ' 앞에서 비음 'ㄴ'으로 교체되어 [논는]으로 발음된다.

오답설명

① '끝까지'는 음절의 끝소리 규칙에 따라 받침 'ㅌ'이 'ㄷ'으로 교체되어 [끋까지]로 발음된다.

② '부엌도'는 음절의 끝소리 규칙에 따라 받침 'ㅋ'이 'ㄱ'으로 교체되어 [부억도]가 된 후, 'ㄱ'에 의해 'ㄷ'이 된소리로 교체되어 [부억또]로 발음된다.

③ '눈약'은 '눈'과 '약'이라는 두 어근이 결합하는 과정에서 'ㄴ'이 첨가되어 [눈냑]으로 발음된다.

⑤ '덮밥'은 음절의 끝소리 규칙에 따라 받침 'ㅍ'이 'ㅂ'으로 교체되어 [덥밥]이 된 후, 이 'ㅂ'에 의해 뒤의 'ㅂ'이 된소리로 교체되어 [덥빱]으로 발음된다.

| 과외식 기출 분석서, 나기출 |

나 없이
기출
풀지마라

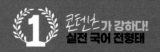

언어와 매체

VI

중세 국어

중세 국어

개념 정리 01 | 훈민정음의 창제 원리

01 초성의 제자 원리 : 발음 기관 상형(ㄱ, ㄴ, ㅁ, ㅅ, ㅇ) 후 가획과 병서의 원리 적용

	기본자	가획자	이체자	병서자
아음(어금닛소리)	ㄱ	ㅋ	ㆁ(옛이응)	ㄲ
설음(혀소리)	ㄴ	ㄷ, ㅌ	ㄹ(반설음)	ㄸ
순음(입술소리)	ㅁ	ㅂ, ㅍ		ㅃ
치음(잇소리)	ㅅ	ㅈ, ㅊ	ㅿ(반치음)	ㅆ, ㅉ
후음(목구멍소리)	ㅇ	ㆆ(여린히읗), ㅎ		ㆅ(쌍히읗)

- 이체자 : 가획의 원리 적용 안 됨.
- 병서자 : 나란히 쓴 글자
  ▸ 각자 병서 : 쌍자음(ㄲ, ㄸ, ㅃ, ㅆ, ㅉ)
  ▸ 합용 병서 : 다른 자음끼리 결합 – ㅂ계(ㅲ, ㅳ), ㅅ계(ㅺ, ㅻ), ㅄ계(ㅴ, ㅵ)

02 중성의 제자 원리 : 성리학에서 말하는 우주의 기본 요소 삼재(천, 지, 인)를 상형 후 초출, 재출, 합용의 원리 적용

	① 기본자	② 초출자(①+·)	③ 재출자(②+·)	④ 합용자(②+②, ③+③)
天(양성 모음)	·	ㅗ ㅏ	ㅛ ㅑ	ㅘ ㆇ
地(음성 모음)	―	ㅜ ㅓ	ㅠ ㅕ	ㅝ ㆊ
人(중성 모음)	ㅣ			

03 종성의 제자 원리 : 종성부용초성(초성을 다시 종성에 사용함.)

① 창제 당시 : 종성부용초성 표기(받침에 모든 글자가 올 수 있음.)
② 중세 국어 : 8종성 표기(받침에 'ㄱ, ㄴ, ㄷ, ㄹ, ㅁ, ㅂ, ㅅ, ㅇ'만 옴.) [예] 스믓디, 벋
③ 근대 국어 : 7종성 표기(8종성에서 'ㄷ' 생략) [예] 굳흔 → 굿흔, 듣고 → 듯고
④ 현대 국어 : 종성부용초성 표기(다만 받침에서는 'ㄱ, ㄴ, ㄷ, ㄹ, ㅁ, ㅂ, ㅇ'이 대표음으로 발음됨.)

※ 적기 법칙
① 이어 적기(연철) : 표음적 표기(발음대로) [예] 기픈, 니믈
② 끊어 적기(분철) : 표의적 표기(의미를 살려서) [예] 깊은, 님을
③ 거듭 적기(중철) : 과도기적 표기(①+②) [예] 깁픈, 님믈

※ 방점
① 글자 왼쪽에 찍는 점으로 성조(소리의 높낮이) 표현
② 현대에서는 소리의 장단으로 변화(상성 → 긴소리)

종류	소리	방점 수	예
평성	낮음	0	나
거성	높음	1	·미
상성	낮음 → 높음	2	:말
입성	빨리 끝을 닫음 받침 'ㄱ, ㄷ, ㅂ, ㅅ'으로 끝남	0, 1, 2	엿, ·랏, :몯

※ 동국정운식 한자음 표기
① 이상적 한자음(중국의 원음)에 가깝게 표기 예 中듕國귁, 便뻔安한
② 형식 종성(글자의 완성도를 위해 초성, 중성, 종성을 모두 갖춤) 예 世솅 ↔ 宗종(실제 음가가 있는 받침에는 옛이응(ㆁ)을 씀.)
③ 이영보래 : ㄹ 종성의 한자음에 ㆆ을 나란히 적어 그 발음이 입성임을 표시함. 예 佛뿛

※ 조사
① 주격 조사(서술격 조사도 환경이 동일)

형태	환경	예
ㅣ	'ㅣ' 모음 이외의 모음으로 끝난 체언 뒤에 쓰임	부텨+ㅣ→ 부톄(부처가) / 공자(공자가), 내(내가)
이	자음으로 끝난 체언 뒤에 쓰임	사룸+이 → 사루미(사람이)
ø	'ㅣ' 모음으로 끝난 체언 뒤에서 생략(ø)	불휘+ø → 불휘(뿌리가)

② 목적격 조사

형태	환경	예
울/을	자음 뒤	무ᅀᅡᆷ(마음을), 나라ᄒᆞᆯ(나라를), 이 ᄠᅳ들(이 뜻을)
룰/를	모음 뒤	놀애룰(노래를), 天下룰(천하를), 쎠를(뼈를)

③ 관형격 조사

형태	환경	특징	예
ㅅ	무정 명사, 높임 명사 뒤에 쓰임		歧王ㅅ 집(기왕의 집) 나랏 말씀(나라의 말씀)
ᄋᆡ	양성 모음 뒤	유정 명사 뒤에 쓰임	ᄂᆞ믹 ᄠᅳᆮ(남의 뜻)
의	음성 모음 뒤		崔九의 집(최구의 집)

④ 부사격 조사

형태	환경	예
애	양성 모음 뒤	바ᄅᆞ래 가ᄂᆞ니(바다에 가니)
에	음성 모음 뒤	굴허에(구렁에, 구덩이에)
예	'ㅣ' 모음 뒤	빅예(배에)

※ 어미
① 객체 높임 선어말 어미

형태	어간의 끝소리	다음 어미의 첫소리	예
-습-	ㄱ, ㅂ, ㅅ, ㅎ	자음	막습거늘(막다)
-ᅀᆞᆸ-		모음	돕ᅀᆞᄫᆞ니(돕다)
-줍-	ㄷ, ㅌ, ㅈ, ㅊ	자음	듣줍게(듣다)
-ᅀᆞᆸ-		모음	얻ᅀᆞᄫᅡ(얻다)
-습-	유성음	자음	보습게(보다)
-ᅀᆞᆸ-		모음	ᄀᆞ초ᅀᆞᄫᅡ(갖추다)

② 주체 높임 선어말 어미

형태	예
-시-	가시고, 가시니
-샤-	가샤, 누르샤, 가샤디, 미드샷다

③ 상대 높임 선어말 어미

분류	형태	예
아주 높임	-이/잇-	ᄒᆞᄂᆞ이다, ᄒᆞ니이다, ᄒᆞ리이다(평서형) / ᄒᆞᄂᆞ니잇가(의문형)
아주 낮춤	없음	ᄒᆞᄂᆞ다(평서형) / ᄒᆞ라(명령형) / ᄒᆞ다, ᄒᆞᄂᆞ다(의문형)

※ 의문문
① 설명 의문문 : 의문사(엇더, 뉘 …)가 있는 의문문으로, 구체적 설명을 요하며 '-오' 계열 의문형 어미나 보조사가 쓰인다.
　　예 이제 엇더ᄒᆞ고 (이제 어떠하냐?)

② 판정 의문문 : 의문사가 없는 의문문으로, 긍정이나 부정, 양자택일의 대답을 요하며 '-아' 계열 의문형 어미나 보조사가 쓰인다.
　　예 이 ᄯᆞ리 너희 죵가 (이 딸이 너희들의 종이냐?)

* 주어가 2인칭인 경우 '-ㄴ다'의 의문형 어미가 쓰인다.
　　예 네 모ᄅᆞᆫ다 (너는 모르느냐?) / 네 엇뎨 안다 (너는 어떻게 아느냐?)

둘째 음절의 'ㆍ'가 'ㅓ'로 변화한 것이므로 ㉠과 ㉡에 해당되지 않는다. 따라서 ㉠과 ㉡을 모두 만족하는 것은 ②이다.

03

정답설명

⑤ (가)는 'ㅇ'을 순음 'ㅁ, ㅂ, ㅍ, ㅃ' 아래 이어 쓴 'ㅱ, ㅸ, ㆄ, ㅹ' 중 하나가 쓰인 사례를 찾으면 된다. ㉢ '수비'에는 순경음 비음(ㅸ)이 사용되었으므로 (가)에 해당하는 사례로 적절하다.

(나)는 초성에 여러 글자를 합하여 나란히 쓴 사례를 찾으면 된다. ㉣ '쁘르미니라'에 'ㅳ'이라는 초성이 사용되었으므로 (나)에 해당하는 사례로 적절하다.

01

정답설명

⑤ 『훈민정음』 언해와 [풀이]를 비교해 보았을 때, '어엿비'는 '가엾게'에 대응되므로 중세의 '어엿브다(어여쁘다)'는 '가엾다'를 뜻하였다는 것을 알 수 있다. 하지만 현대 국어의 '어여쁘다'는 '예쁘다'를 의미하므로, 의미가 이동된 것임을 알 수 있다.

오답설명

① 『훈민정음』 언해와 [풀이]를 비교해 보았을 때, '말씀'은 '말'에 대응되므로 중세의 '말씀'은 '말' 전체를 뜻하였음을 알 수 있다. 하지만 현대 국어의 '말씀'은 '남의 말을 높여 이르는 말' 혹은 '자기 말을 낮추어 이르는 말'에 국한되므로, 의미가 확대된 것이 아닌 축소된 예로 보아야 한다.

② 『훈민정음』 언해와 [풀이]를 비교해 보았을 때, '어린'은 '어리석은'에 대응되므로 중세의 '어리다'는 '어리석다'를 뜻하였음을 알 수 있다. 하지만 현대 국어의 '어리다'는 '나이가 적다'를 의미하므로, 의미가 축소된 것이 아닌 이동된 예로 보아야 한다.

③ 『훈민정음』 언해와 [풀이]를 비교해 보았을 때, '놈'은 '사람'에 대응되므로 중세의 '놈'은 '사람' 전체를 뜻하였음을 알 수 있다. 하지만 현대 국어의 '놈'은 남자를 낮잡아 이르는 말에 국한되므로, 의미가 확대된 것이 아닌 축소된 예로 보아야 한다.

④ 『훈민정음』 언해와 [풀이]를 비교해 보았을 때, '하니라'는 '많다'에 대응되므로 중세의 '하다'는 '많다'를 뜻하였음을 알 수 있다. 하지만 현대의 '하다'는 '행동이나 작용을 이루다'를 의미하므로, 의미가 축소된 것이 아닌 이동된 예로 보아야 한다.

04

정답설명

③ 오늘날 종성에 위치한 'ㅅ'은 'ㄷ'으로 발음된다. 하지만 ㉢에 따르면, 15세기에는 오늘날과 달리 종성에서 'ㄷ'과 'ㅅ'이 다르게 발음되었다. 즉, ㉢을 통해 ':어엿·비'의 둘째 음절 종성 'ㅅ'은 'ㄷ'이 아닌 'ㅅ'으로 발음되었다는 것을 알 수 있다.

오답설명

① 오늘날에는 'ㅿ'과 'ㅸ'이라는 자음이 사용되지 않는다. 하지만 ㉠에 따르면, 15세기에는 오늘날과 달리 'ㅿ'과 'ㅸ'이라는 자음이 존재하였다. 즉, ㉠을 통해 ':수·비'에는 오늘날에는 존재하지 않는 'ㅸ'이라는 자음이 들어 있음을 알 수 있다.

② ㉡을 통해 '·쁘·들'의 'ㅳ'은 'ㅂ, ㄷ' 모두 발음됐다는 것을 알 수 있다.

④ ㉣에서 평성, 거성, 상성의 성조를 방점으로 구분하였다고 했다. 즉, 방점이 다르게 찍혀 있으면 성조가 다르다는 것이다. ':히·여'의 경우 첫 음절에는 방점이 두 개(: → 상성) 붙었고, 둘째 음절에는 방점이 하나(· → 거성) 붙었으므로 성조가 다름을 알 수 있다.

⑤ ㉤에 따르면 15세기에는 연철 표기를 하였다. '·뿌·메'의 형태소는 '쁘-(어간)+-움(명사형 어미)+에(조사)'로 분석되므로, 앞 음절의 종성 'ㅁ'을 뒤 음절의 초성으로 이어 적었음을 알 수 있다.

05

정답설명

① '아돌(아들)'은 높임의 대상이 아닌 사람이며, 끝 음절 '둘'의 모음이 양성 모음 'ㆍ'이므로, 관형격 조사로 '익'가 결합된다.

'술위(수레)'는 사람도 아니고 동물도 아니므로 관형격 조사 'ㅅ'이 결합된다.

02

정답설명

② ㉠은 단어의 둘째 음절 이하에 놓인 모음 'ㆍ'가 'ㅡ'로 변화한 것에 대해 이야기하고 있다. 따라서 ①, ②, ⑤는 ㉠의 사례로 적절하다. ③의 '흐나'는 첫 음절의 'ㆍ'가 'ㅏ'로 변화한 것이므로 ㉡에 해당되며, ④의 '사름'은 둘째 음절의 'ㆍ'가 'ㅡ'가 아닌 'ㅏ'로 변화한 것이므로 ㉠과 ㉡에 해당되지 않는다.

㉡은 단어의 첫째 음절에 놓인 모음 'ㆍ'가 'ㅏ'로 변화한 것에 대해 이야기하고 있다. 이때 ②, ④는 ㉡의 사례로 적절하다. ①의 '흙'은 첫 음절의 'ㆍ'가 'ㅡ'로 변화한 것이므로 ㉠과 ㉡에 해당되지 않으며, ③의 '오늘'은 둘째 음절의 'ㆍ'가 'ㅡ'로 변화한 것이므로 ㉠에 해당한다. 또한 ⑤의 '다숫'은

문제분석 01-05번

번호	정답	정답률 (%)	선지별 선택비율(%)				
			①	②	③	④	⑤
1	⑤	57	12	3	16	12	57
2	②	95	1	95	1	1	2
3	⑤	82	1	2	12	3	82
4	③	86	1	4	86	3	6
5	①	74	74	3	18	2	3

학생들이 자주 묻는 질문

Q. 국어의 시대 구분은 어떻게 하나요?
A. 고대, 중세, 근대, 현대 국어로 나눌 수 있어.

1. 고대 국어
   ① 시기 : 삼국 시대 ~ 통일 신라(~10세기 이전)
   ② 특징 : 신라의 삼국 통일로 경주어 중심, 최초의 언어 통일

2. 중세 국어
   ① 시기 : 고려 건국 ~ 임진왜란 전까지(10세기~16세기)
   ② 특징 : 언어의 중심지가 경주에서 개성으로 이동, 완전한 언어 통일, 우리말의 탄생
   ③ 구분 : 훈민정음 창제를 기준으로 중세 전기/중세 후기로 나눔.

3. 근대 국어
   ① 시기 : 임진왜란 후 ~ 갑오개혁(16세기 말~19세기)
   ② 특징 : 현대 국어 체계 형성

4. 현대 국어
   ① 시기 : 갑오개혁 후 ~ 현재(19세기 말~)
   ② 특징 : 한글 맞춤법 통일안 완성, 언문일치

문제분석 06-10번

번호	정답	정답률(%)	선지별 선택비율(%)				
			①	②	③	④	⑤
6	②	66	7	66	3	23	1
7	③	82	3	10	82	3	2
8	③	76	4	4	76	14	2
9	①	91	91	2	5	1	1
10	⑤	84	6	3	3	4	84

06

정답설명

② '이어 적기'는 뒤 음절이 모음으로 시작할 때 앞 음절의 종성을 뒤 음절의 초성으로 옮겨 적는 것을 의미한다(예: 깊은→기픈). 하지만 '업던'은 뒤 음절 '-던'이 모음으로 시작하지 않으므로 이어 적기의 조건을 만족하지 않는다.

오답설명

① 현대 국어에서는 'ㄷ, ㅌ' 뒤에 'ㅣ' 모음이 결합되면 'ㄷ, ㅌ'이 'ㅈ, ㅊ'으로 교체되는 구개음화 현상이 일어난다. 하지만 '딘'에서 'ㄷ' 뒤에 'ㅣ' 모음이 결합되었는데도 'ㅈ'으로 변화되지 않았으므로, 구개음화 현상이 나타나지 않았음을 알 수 있다.

③ 'ㆍ'는 현대 국어에서는 쓰이지 않는 모음이다.

④ 모음 조화란 체언과 조사가 결합할 때 혹은 용언의 어간과 어미가 결합할 때, 양성 모음은 양성 모음끼리(ㆍ, ㅏ, ㅗ 계열), 음성 모음은 음성 모음끼리(ㅡ, ㅓ, ㅜ 계열) 사용되는 것을 의미한다. 앞 음절 '못'의 중성이 양성 모음 'ㅗ'이고, 조사로 양성 모음을 사용하는 '애'가 결합되었으므로, 모음 조화가 지켜졌음을 알 수 있다. 참고로 현대 국어에서는 모음 조화가 붕괴되어 '못'에 'ㅗ'라는 양성 모음이 쓰였음에도 뒤에 음성 모음인 '에'가 사용된 것이다.

⑤ 'ㅸ'은 현대 국어에서는 쓰이지 않는 자음이다.

07

정답설명

③ 중세 국어에서는 '걸음'을 소리 나는 대로 '거름'으로 적었으며, 이러한 연철(이어 적기)은 어근의 원형을 밝혀 적는 것이 아니므로 현대 국어와 다름을 알 수 있다.

오답설명

① '부텻'이 [현대 국어]의 '부처의'에 대응되는 점을 고려할 때, 'ㅅ'이 관형격 조사 '의'에 대응됨을 알 수 있다. 현대 국어에서는 'ㅅ'이 관형격 조사로 사용되지 않는다.

② '듣ㅈ보디'의 경우, '듣-+-ㅈ-+-오디'로 분석된다. 이 중 '-ㅈ-'은 [현대 국어]의 '듣되'와 대조해 보았을 때 대응되는 성분이 없는, 객체를 높이는 선어말 어미이다. 현대 국어에는 객체를 높이는 선어말 어미가 존재하지 않는다.

④ '니르샤디'의 경우 [현대 국어]의 '이르시되'에 대응된다. 현대 국어의 주체 높임 선어말 어미 '-시-'에 대응되는 '-샤-'를 확인할 수 있다.

⑤ '배'가 [현대 국어]의 '바가'에 대응되는 것을 고려할 때, 모음 'ㅣ'를 제외한 모음으로 끝나는 체언 '바' 뒤에 주격 조사 'ㅣ'가 결합되었음을 알 수 있다. 현대 국어에서는 모음으로 끝나는 체언에 주격 조사 '가'가 결합되었다.

08

정답설명

③ 학생 3은 〈거센소리〉를 〈A(예사소리)에 획 추가〉라고 표현하였는데, 이는 기본자에 가획하여 새로운 초성자(자음)를 만들었음을 나타낸다(나). 또한 〈된소리〉는 〈AA〉라고 표현하였는데, 이는 초성자를 나란히 써서 또 다른 초성자로 사용하였다는 것을 나타낸다(다).

오답설명

① 학생 1은 'ㄱ'의 글자 모양이 혀뿌리가 목구멍을 막는 모양을 본떠서 만들어졌음을 이야기하고 있다. 이는 기본자가 상형(어떤 형상을 본뜸)의 원리로 만들어진 것임을 나타내는 '가'에 해당한다. 하지만 학생 1은 기본자에 가획하여 새로운 초성자를 만들었다는 '나'와 관련된 이야기를 하지 않았다.

② 학생 2는 'ㆍ, ㅡ, ㅣ'만으로 모든 모음자를 입력할 수 있는 한글의 특성을 제시하고 있다. 이는 기본자 'ㆍ, ㅡ, ㅣ' 외의 중성자(모음)는 기본자를 서로 합하여 만들어진 것임을 나타내는 '라'에 해당한다. 하지만 학생 2는 초성자에 대해 이야기하고 있지 않으므로 '다'를 짝짓는 것은 적절하지 않다.

④ 학생 4는 'ㅁ'에 획을 추가해서 만든 자음자들에 대해 이야기하고 있다.

이는 기본자에 가획하여 새로운 초성자를 만들었음을 나타내는 '나'에 해당한다. 하지만 학생 4는 중성자에 대해 이야기하고 있지 않으므로 '라'를 짝짓는 것은 적절하지 않다.

⑤ 학생 5는 받침 글자(종성)를 따로 제작하지 않았음을 언급하고 있는데, 이는 〈보기 2〉의 '가~라' 중 어디에도 해당되지 않는다.

09
정답설명

① ㉠의 경우, 뒤따르는 조사 '을'은 모음으로 시작하는 조사이다. 〈보기 1〉에서 뒤따르는 조사가 모음으로 시작하는 조사인 경우, 'ㅎ'은 뒤따르는 모음에 이어 적는다고 하였다. 따라서 'ㅎ'이 뒤 음절로 옮겨진 '나라홀'로 표기해야 한다.
㉡의 경우, 뒤따르는 조사 'ㅅ'은 관형격 조사이다. 〈보기 1〉에서 뒤따르는 조사가 관형격 조사 'ㅅ'인 경우, 'ㅎ'은 나타나지 않는다고 하였다. 따라서 'ㅎ'이 삭제된 '깂'로 표기해야 한다.
㉢의 경우, 뒤따르는 조사 '과'는 'ㄱ'으로 시작하는 조사이다. 〈보기 1〉에서 뒤따르는 조사가 'ㄱ'으로 시작하는 조사인 경우, 'ㅎ'은 뒤따르는 'ㄱ'과 어울려 'ㅋ'으로 나타난다고 하였다. 따라서 'ㅎ'이 'ㄱ'과 축약된 '안콰'로 표기해야 한다.

10
정답설명

⑤ 현대 국어에서 '-고자'는 어떤 행동을 할 의도나 욕망을 가지고 있음을 나타내는 연결 어미이며, 문장을 종결하는 기능을 가지지 않는다. [중세 국어]의 '먹고져'가 [현대어 풀이] '먹고자'에 대응되므로, '-고자'와 같이 '-고져' 역시 종결 어미가 아닌 연결 어미라고 파악해야 한다.

오답설명

① [중세 국어]의 '五欲온'은 [현대어 풀이] '오욕은'에 대응되므로, 현재는 쓰이지 않는 '온'이 보조사 '은'에 해당하는 것을 알 수 있다.
② '보다'는 목적어를 필요로 하는 타동사이다. '눈에 좋은 빛 보고자'는 '보고자'라는 서술어가 '눈에 좋은 빛(을)'이라는 목적어를 취하고 있는 구조로 볼 수 있다. [중세 국어]의 '누네 됴흔 빗 보고져'가 [현대어 풀이] '눈에 좋은 빛 보고자'에 대응되므로, '누네 됴흔 빗'은 목적어로 쓰였음을 알 수 있다.
③ [중세 국어]의 '귀예'가 [현대어 풀이] '귀에'에 대응되므로, 현재는 쓰이지 않는 '예'가 부사격 조사 '에'에 해당하는 것을 알 수 있다.
④ '좋은'은 형용사 '좋다'의 어간 '좋-'에 관형사형 전성 어미 '-은'이 결합하여 관형어로 쓰였음을 알 수 있다. [중세 국어]의 '됴흔'이 [현대어 풀이] '좋은'에 대응되므로, '됴흔' 역시 용언의 관형사형임을 알 수 있다.

문제분석 11-15번

번호	정답	정답률 (%)	선지별 선택비율(%)				
			①	②	③	④	⑤
11	②	82	4	82	2	6	6
12	⑤	41	4	14	12	29	41
13	③	23	6	3	23	8	60
14	④	68	6	8	10	68	8
15	⑤	65	9	13	6	7	65

11
정답설명

② ㉡은 [현대어 풀이]의 '선인이'에 대응된다. 이때 '이'는 주격 조사이다. ㉾은 [현대어 풀이]의 '연꽃이'에 대응된다. 이때 '이'는 주격 조사이다. 따라서 ㉡의 '이'와 ㉾의 'ㅣ'는 둘 다 주격 조사이므로 격 조사의 종류가 다르다고 볼 수 없다. 바로 앞에 놓인 음운이 무엇이냐에 따라서 '이'로 쓰이는지 'ㅣ'로 쓰이는지가 결정된 것이다. 참고로 중세 국어의 주격 조사는 자음 뒤에서는 '이'로, 'ㅣ' 모음을 제외한 모음 뒤에서는 'ㅣ'로 실현되며, 'ㅣ' 모음 뒤에서는 형태가 나타나지 않는다.

오답설명

① ㉠은 [현대어 풀이]의 '하신'에 대응된다. '하신'은 '하다'의 어간 '하-'에 주체인 '대사'를 높이기 위한 주체 높임 선어말 어미 '-시-'가 사용된 후 관형사형 전성 어미가 결합된 것이다. ㉠ 역시 'ᄒᆞ다'의 어간 'ᄒᆞ-'에 주체인 '대사'를 높이기 위한 선어말 어미 '-샤-'가 사용된 후 관형사형 전성 어미가 결합된 것으로 볼 수 있다.
③ ㉢은 [현대어 풀이]의 '남굴의'에 대응된다. 현대 국어의 관형격 조사 '의'가 'ㅅ'에 대응되므로, 중세 국어에서는 'ㅅ'이 관형격 조사로 쓰였음을 확인할 수 있다.
④ ㉣은 [현대어 풀이]의 '세상에'에 대응되고, ㉥은 '시절에'에 대응된다. '세상에', '시절에'에 쓰인 부사격 조사는 '에'로 같은데, 중세 국어에서는 '애'와 '에'로 다르게 쓰였음을 알 수 있다. '세간애'는 '애'의 앞 음절 모음이 'ㅏ'라는 양성 모음이기 때문에 양성 모음을 가진 '애'가 사용된 것이고, '시절에'는 '에'의 앞 음절 모음이 'ㅓ'라는 음성 모음이기 때문에 음성 모음을 가진 '에'가 사용된 것이다. 이처럼 **체언에 조사가 결합되거나 어간에 어미가 결합될 때 양성 모음은 양성 모음끼리, 음성 모음은 음성 모음끼리 결합하는 현상을 '모음 조화'라고 한다.**
⑤ 현대 문법에서는 'ㄷ, ㅌ' 뒤에 'ㅣ' 모음이 결합되면 'ㄷ, ㅌ'이 'ㅈ, ㅊ'으로 교체되는 구개음화가 나타난다. 하지만 '쉽디'를 보면 'ㄷ'이 'ㅣ'와 결합되었는데도 'ㅈ'으로 구개음화가 나타나지 않은 것을 확인할 수 있다.

12
정답설명

⑤ (마)의 '미틱'는 '밑+의'로 분석할 수 있다. 이때 '밑'은 유정 명사(감정을 나타내는, 사람이나 동물을 가리키는 명사)가 아닌 무정 명사(감정을 나타내지 못하는, 식물이나 무생물을 가리키는 명사)이므로 선지 내용은 적절하지 않다. 또한 '미틱'는 현대어 풀이의 '밑에'에 대응되므로, '의'는 관형격

조사가 아니라 부사격 조사라는 것을 알 수 있다.

오답설명

① (가)의 '하ᄂᆞᆶ'은 '하늘+ㅅ'으로 분석되며, 현대어 풀이의 '하늘의'에 대응된다. 따라서 무정 명사 '하늘' 뒤에 관형격 조사 'ㅅ'이 결합된 것으로 보는 것은 적절하다.

② (나)의 '請ᄒᆞᅀᆞᇦ 쇼셔'는 '청ᄒᆞ다'라는 용언의 어간에 '-ᅀᆞᇦ-'이라는 선어말 어미와 '-ᄋᆞ쇼셔'라는 종결 어미가 결합된 것으로 분석된다. 이때 '부처'라는 객체를 높이기 위한 선어말 어미 '-ᅀᆞᇦ-'가 사용된 것을 확인할 수 있다.

③ (다)의 '아라보리로소니잇가'에서 종결 어미 '-가'의 경우, 긍정이나 부정으로 대답할 수 있는 판정 의문문에서 사용되는 '-아' 계열의 어미이므로 적절하다. 참고로 의문문은 판정 의문문, 설명 의문문, 수사 의문문 등으로 나누어진다. 이때 중세 국어에서 판정 의문문의 종결 어미 형태는 '-아' 계열로, 설명 의문문의 종결 어미 형태는 '-오' 계열로 나타난다.

④ (라)의 '내'는 현대어 풀이의 '내가'에 대응된다. 이때 현대 국어의 대명사 '내'는 주격 조사 '가'나 보격 조사 '가'가 붙을 때의 형태로 기본형은 '나'이다. 현대어 풀이의 '내가'는 주격 조사 '가'가 붙은 형태이므로, 이에 대응하는 중세 국어의 '내'는 모음으로 끝나는 체언 '나'에 주격 조사 'ㅣ'가 결합된 형태임을 알 수 있다.

13

정답설명

③ **자동사는 목적어를 필요로 하지 않는 동사, 타동사는 목적어를 필요로 하는 동사이다.**

자료 ⓐ의 'ᄆᆞᅀᆞ믈(ᄆᆞᅀᆞᆷ+을) 여러(열+어)'에서는 '열다'가 목적어를 취하고 있으므로 타동사로 쓰였음을 알 수 있고, 'ᄆᆞᅀᆞ미(ᄆᆞᅀᆞᆷ+이) 여러(열+어)'에서는 목적어를 취하지 않는 자동사로 쓰였음을 알 수 있다. 즉, 중세 국어의 '열다'는 자동사와 타동사 모두로 쓰일 수 있는 것이다. 반면 현대 국어의 '열다'는 '마음을 열다'의 경우 타동사로 사용되고 있으나, 목적어가 없을 때는 '마음이 열리어'와 같이 '열리다'가 사용되었다. **이때 중요한 것은 '열다'와 '열리다'는 다른 단어라는 것이다. '열리다'는 파생어로 '열다'의 어근 '열-'에 접사 '-리-'가 붙은 새로운 단어다. 즉, 현대 국어 '열다'는 타동사로만 사용되고, 자동사가 필요한 자리에는 다른 단어인 '열리다'가 온다.**

자료 ⓑ 역시 '구르믈(구름+을) 흐터(흩+어)'에서는 '흩다'가 목적어를 취하고 있으므로 타동사로 쓰였음을 알 수 있고, '散心(산심)은 흐튼(흩+은)'에서는 목적어를 취하지 않는 자동사로 쓰였음을 알 수 있다. 즉, 중세 국어의 '흩다'는 자동사로도, 타동사로도 쓰일 수 있는 것이다. 반면 현대 국어의 '흩다'는 '구름을 흩어'와 같이 타동사로만 쓰이며, 자동사가 필요한 자리에는 '흩다' 대신에 '흩어지다'가 오는 것을 알 수 있다. **'흩어지다'는 '흩다'의 어근 '흩-'과 '지다'의 어근 '지-'가 결합한 합성어로 새로운 단어다. 즉, 현대 국어 '흩다'는 타동사로만 사용되고, 자동사가 필요한 자리에는 다른 단어인 '흩어지다'가 온다.**

14

정답설명

④ ㉮의 경우 체언(니)의 끝소리가 모음 '이'인 경우에 해당하므로 아무런 형태도 나타나지 않아야 한다. 따라서 '니+라〉니라'가 맞는 표현이다.
㉯의 경우 체언(바)의 끝소리가 모음 '이'도, 반모음 'ㅣ'도 아닌 모음인 경우에 해당하므로 'ㅣ'가 나타나야 한다. 따라서 '바+ㅣ라〉배라'가 맞는 표현이다.
㉰의 경우 체언(다락)의 끝소리가 자음인 경우에 해당하므로 '이'가 나타나야 한다. 따라서 '다락+이라〉다라기라'가 맞는 표현이다.

15

정답설명

⑤ ⓓ의 '보ᅀᆞᆸ고'가 높이고자 한 것은 듣는 이가 아닌 객체 '如來(여래)'이다. 따라서 '보ᅀᆞᆸ고'에서 ㉤을 확인할 수 없다. '-ᅀᆞᆸ-'은 듣는 이(상대)를 높이기 위한 선어말 어미가 아닌, 객체(목적어, 부사어)를 높이기 위한 선어말 어미이다.

오답설명

① ⓐ의 경우 '므슴(무슨)'이라는 의문사를 사용하여 청자로 하여금 자신의 의문점에 대한 답을 설명하게 하는 설명 의문문이다. 해당 문장의 종결 어미로 '-뇨'가 사용되었음을 확인할 수 있다. 반면 ⓑ의 경우 의문사가 사용되지 않으며 청자로 하여금 긍정이나 부정으로 답을 하게 하는 판정 의문문이다. 해당 문장의 종결 어미로 '-녀'가 사용되었음을 확인할 수 있다.

② '마ᄅᆞᆯ(말+ᄋᆞᆯ)'과 '벼를(별+을)'에 쓰인 'ᄋᆞᆯ'과 '을'은 모두 목적격 조사이다. 이때 '마ᄅᆞᆯ'은 앞의 체언(말)이 양성 모음 'ㅏ'를 취했기 때문에 조사 역시 양성 모음인 'ᆞ'를 취하고 있으며, '벼를'은 체언이 음성 모음 'ㅕ'를 취했기 때문에 조사 역시 음성 모음인 'ㅡ'를 취하고 있음을 알 수 있다.

③ '世尊하'의 '하'는 현대 국어에서 사용되지 않는 형태의 호격 조사이다. 현대어 풀이의 '이시여'에 대응되는 것으로 볼 때, 높임의 호격 조사임을 알 수 있다.

④ 현대어 풀이에서 알 수 있듯이 현대 국어에서는 높임의 선어말 어미(-시-)가 먼저, 시제 선어말 어미(-더-)가 뒤에 나타난다. 하지만 중세 국어에서는 시제 선어말 어미(-더-)가 먼저, 높임의 선어말 어미(-시-)가 뒤에 나타남을 확인할 수 있다.

문제분석 16-20번

번호	정답	정답률 (%)	선지별 선택비율(%)				
			①	②	③	④	⑤
16	③	73	7	3	73	15	2
17	②	62	20	62	9	7	2
18	①	85	85	4	5	3	3
19	①	83	83	6	4	5	2
20	⑤	45	12	5	35	3	45

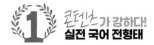

16

정답설명

③ ㉠ : 객체 높임은 문장의 객체인 목적어와 부사어를 높이는 표현이므로, '王(왕)이 부텻긔 더욱 敬信(경신)ᄒᆞᆫ ᄆᆞᅀᆞᄆᆞᆯ 내ᅀᆞᄫᅡ'라는 문장에서 서술어 '내ᅀᆞᄫᅡ'에 쓰인 객체 높임 선어말 어미가 높이고자 하는 대상은 문장의 객체인 '부텨'에 해당한다.

㉡ : 어간 '듣-'의 말음은 'ㄷ'이고, 어미 '-ᄋᆞ며'가 모음으로 시작하므로 '-ᄌᆞᆯ-'이 사용되어 '듣ᄌᆞᄫᅳ며'로 쓰여야 한다.

17

정답설명

② 체언에 보조사가 결합하여 서술어가 될 때 판정 의문문에서는 보조사 '가', 설명 의문문에서는 보조사 '고'가 쓰인다고 하였다. ㉠은 현대어로 '무엇인가'에 대응되는데, '무엇'에 해당하는 '므스'와 보조사 '가' 혹은 '고'가 결합하여 서술어가 되는 경우이다. '므스(무엇)'라는 의문사가 사용되었으므로 설명 의문문이며, 따라서 보조사 '고'가 선택되어 '므스고'의 형태로 나타난다. 또한 주어가 2인칭일 때에는 의문문의 종류와 관계없이 종결 어미 '-ㄴ다'가 쓰인다고 하였다. ㉡은 현대어로 '가는가'에 대응되는데, 주어가 2인칭이므로 '-ㄴ다'가 선택되어 '가ᄂᆞᆫ다'의 형태로 나타난다. ㉢은 현대어로 '않는가'에 대응되는데, 주어가 2인칭 '그듸(그대)'이므로 역시 '-ㄴ다'가 선택되어 '아니ᄒᆞᄂᆞᆫ다'의 형태로 나타난다.

18

정답설명

① ⓐ '나리 져므러'의 '나리'는 끊어 적기에 따라 표기하면 '날이'이므로, 자음 'ㄹ'로 끝난 체언 뒤에서 주격 조사의 형태가 '이'로 실현된 것임을 알 수 있다. 한편 ⓓ '아ᄃᆞ리 孝道ᄒᆞ고'의 '아ᄃᆞ리' 또한 끊어 적기에 따라 표기하면 '아들이'이므로, 자음 'ㄹ'로 끝난 체언 뒤에서 주격 조사의 형태가 '이'로 실현된 것임을 알 수 있다. 즉 ⓐ, ⓓ는 중세 국어의 주격 조사가 '자음 다음'이라는 음운 조건에 따라 '이'의 형태로 실현된 것이다.

오답설명

ⓑ '太子 오ᄂᆞ다 드르시고'에는 주어인 '太子' 다음에 주격 조사가 나타나 있지 않으므로, 주격 조사가 음운 조건에 관계없이 생략된 ㉢의 경우에 해당한다. 참고로 '太子(태자)'는 모음 'ㅏ'로 끝난 체언이므로 주격 조사가 'ㅣ'의 형태로 실현될 환경에 해당한다.

ⓒ '내해 ᄃᆞ리 업도다'의 주어는 'ᄃᆞ리'이다. 'ᄃᆞ리'는 모음 '이'로 끝난 체언이므로, 모음 '이'나 반모음 'ㅣ' 다음에는 주격 조사가 'ø(영형태)'로 실현되어 나타나지 않는 ㉡의 경우에 해당한다.

ⓔ '孔子ㅣ 드르시고'에서는 주어인 '孔子(공자)' 뒤에서 주격 조사가 'ㅣ'의 형태로 실현되고 있으므로, 모음 '이'와 반모음 'ㅣ' 이외의 모음 다음에 'ㅣ'가 나타난 경우에 해당한다.

19

정답설명

① 〈학습 활동〉의 설명에 따르면 '아바님(아버님)'은 유정물이지만 존칭의 대상이므로 관형격 조사로 '의, 의' 대신 'ㅅ'이 쓰여 최종적으로 '아바닚 곁이'되어야 한다.

오답설명

② '그력(기러기)'은 유정물이고 존칭의 대상이 아니므로 모음 조화를 지켜 관형격 조사 '의'를 사용해야 한다.

③ '아ᄃᆞᆯ(아들)'은 유정물이고 존칭의 대상이 아니므로 모음 조화를 지켜 관형격 조사 '의'를 사용해야 한다.

④ '수플(수풀)'은 무정물이므로 관형격 조사 'ㅅ'을 사용해야 한다.

⑤ '등잔(등잔)'은 무정물이므로 관형격 조사 'ㅅ'을 사용해야 한다.

20

정답설명

⑤ 현대어 풀이를 참고할 때, 'ᄡᅮ·메'는 '쓰는 데'라는 의미를 가지고 있다. 따라서 기본형 '쓰다'는 '어떤 일을 하는 데에 재료나 도구, 수단을 이용하다'라는 의미를 지닌 동사임을 알 수 있다. 참고로 'ᄡᅮ·메'는 '쓰-+-움+에'를 이어 적기한 형태이다.

오답설명

① ':말ᄊᆞ·미'는 자음으로 끝나는 명사 '말ᄊᆞᆷ'에 주격 조사가 '이'의 형태로 결합된 후 이어 적기한 것이고, ':홍 ·배'는 'ㅣ' 모음을 제외한 모음으로 끝난 명사 '바'에 주격 조사가 'ㅣ'의 형태로 결합한 것이므로 그 형태가 동일하다고 할 수 없다.

② '하·니·라'의 '하다'는 현대어 풀이를 고려했을 때, '많다'로 풀이되므로, 상태나 성질을 나타내는 형용사임을 알 수 있다. 현대 국어에서의 '하다'는 동사이므로 둘의 품사가 다르다.

③ '·이·를'과 '·새·로'에 나타난 방점 '·(거성)'은 성조를 표시하기 위한 것으로, 중세 국어의 성조는 소리의 강약이 아닌 소리의 높낮이를 나타낸다.

④ 현대어 풀이를 참고했을 때, ':히·여'는 '하여금'에 해당한다. 현대 국어에서 '하여금'은 '누구를 시키어'의 의미를 나타내므로, 피동 표현이 아닌 사동 표현으로 이해할 수 있다. 또한 '便뼌安한·킈 ᄒᆞ·고·져'는 현대어 풀이의 '편하게 하고자'에 대응되므로, 피동 표현이 아닌 사동 표현으로 이해할 수 있다.

문제분석 21-25번

번호	정답	정답률 (%)	선지별 선택비율(%)				
			①	②	③	④	⑤
21	③	71	3	12	71	10	4
22	①	85	85	3	8	3	1
23	①	62	62	5	8	5	20
24	①	73	73	11	9	4	3
25	①	69	69	13	6	9	3

21

정답설명

③ (나)의 '이제라'와 '아래라'는 모두 '이제', '아래'와 같이 'ㅔ', 'ㅐ'로 끝나는 체언에 서술격 조사가 결합한 경우이다. 그런데, 이 경우 단모음 '이'나 반모음 'ㅣ'에 결합하는 것과 같이 서술격 조사가 '∅라'와 같은 형태로 나타나는 것을 확인할 수 있다. 따라서 중세 국어에서 'ㅔ'와 'ㅐ'는 이중 모음이었으며, 서술격 조사가 반모음 'ㅣ'에 결합된 경우임을 추론할 수 있다. (가)에서 이에 해당하는 예는 '불휘+∅라 → 불휘라'이다.

오답설명

① '지비라'는 '집+이라'로 분석할 수 있다. 그런데 (나)에서 '이제라'와 '아래라'와 결합한 서술격 조사는 '∅라'이므로, '지비라'는 ㉠과 ㉡에 들어갈 말로 적절하지 않다.

② '스싀라'는 '스싀+∅라'로 분석할 수 있으며, 이는 단모음 '이'에 결합한 서술격 조사가 '∅라'의 형태로 나타난 것이다. (나)의 예와 같이 반모음 'ㅣ'에 결합한 것이 아니므로 ㉠에 들어갈 말로 적절하지 않다.

④, ⑤ '젼ᄎ라'와 '곡되라'는 모두 단모음 '이'나 반모음 'ㅣ' 이외의 모음에 결합한 서술격 조사가 'ㅣ라'의 형태로 나타난 것이므로, ㉠과 ㉡에 들어갈 말로 적절하지 않다.

22

정답설명

① 현대어 풀이를 고려했을 때 '두리'는 '둘+이'로 분석할 수 있다. 체언 '둘'은 자음으로 끝나는 체언이지, 모음 '이'나 반모음 'ㅣ' 이외의 모음으로 끝난 체언이 아니다. 또한 여기서 쓰인 주격 조사는 자음으로 끝난 체언 뒤에 결합하는 주격 조사 '이'이다.

오답설명

② 현대어 풀이를 고려했을 때 '바ᄇᆞᆯ'은 '밥+ᄋᆞᆯ'로 분석할 수 있다. 이는 자음으로 끝난 체언(밥) 뒤에 목적격 조사 'ᄋᆞᆯ'이 결합한 경우이다.

③ 현대어 풀이를 고려했을 때 '나못'은 '나모+ㅅ'으로 분석할 수 있다. '나모(나무)'는 사물 체언에 해당하며, 문장에서 관형어로 쓰였으므로 적절한 예이다.

④ 현대어 풀이를 고려했을 때 '믈로'는 '믈+로'로 분석할 수 있다. '믈'은 'ㄹ'로 끝나는 체언에 해당하며, 문장에서 부사어로 쓰였으므로 적절한 예이다.

⑤ 현대어 풀이를 고려했을 때 '님금하'는 '님금+하'로 분석할 수 있으며, '님금'은 존대 대상인 체언에 해당하므로 적절한 예이다.

23

정답설명

① ㉠은 객체 높임의 선어말 어미 '-ᄉᆞᆸ-'을 사용하였으므로, 어휘적 수단이 아닌 문법적 수단으로 객체를 높이는 것이다.

학생들이 자주 묻는 질문

Q. '뵙고자'는 객체 높임을 나타내는 특수 어휘이니 어휘적 수단이지 않나요?

A. 현대 국어에서는 객체 높임의 선어말 어미가 존재하지 않기에 '뵙다'라는 객체 높임을 나타내는 특수 어휘를 사용한 것이다. 하지만 현대어 풀이의 '뵙고자'에 대응되는 중세 국어의 '보ᅀᆞᆸ고져'에서는 객체 높임의 선어말 어미를 사용하고 있으므로, '문법적 수단'으로써 객체를 높이 대우한다고 보아야 한다.

오답설명

② ㉡은 객체 높임의 조사 '의'라는 문법적 수단으로 객체를 높인 것이다.

③ ㉢에서 조사 '의'는 문법적 수단으로, 동사 'ᄉᆞᆲᄂᆞ니'는 어휘적 수단으로 각각 객체를 높이는 수단은 다르지만 모두 '세존'이라는 같은 대상을 높이기 위해 쓰인 것이다.

④ ㉣에서 조사 '께'는 '이모님'을, 동사 '모시고'는 '어머님'을 높이므로 서로 다른 대상을 높이기 위해 쓰이고 있음을 알 수 있다.

⑤ ㉤에서 주체는 '선생님'이고 객체는 '아이'이며, '아이'는 높임의 대상이 아니다. '여쭈다'는 객체 높임 특수 어휘이기 때문에 주체와 객체의 관계를 고려하면 동사 '물어(묻다)'를 사용하는 것이 적절하다.

24

정답설명

① 〈학습 활동〉에 제시된 조건을 정확하게 파악해야 한다. 'ⓐ~ⓔ를 확인할 수 있는 예를 모두 골라 묶어 보자.'라고 한 것을 꼭 확인하자. ⓐ는 종성부용초성을 말하는 것이다. 초성에 쓰였던 자음을 종성에서 다시 쓸 수 있다는 원리인데, '스ᄀᆞᆶ'에서도 종성에 'ㄹ'이 쓰였으므로 이를 빠뜨린 ①은 적절하지 않다.

오답설명

② ⓑ는 순경음에 대한 설명이므로, 순경음 'ㅸ'이 쓰인 예를 고르면 된다.

③ ⓒ는 초성과 종성 자리에 쓰이는 병서에 대한 설명으로, 'ㅳ', 'ㅄ', 'ㄺ'에서 이를 확인할 수 있다.

④ 현대 국어에서 'ㅡ, ㅗ, ㅜ, ㅛ, ㅠ'가 초성의 아래에 쓰이는 것과 같이 중세 국어에서는 여기에 'ㆍ'를 더한 'ㆍ, ㅡ, ㅗ, ㅜ, ㅛ, ㅠ'를 초성의 아래에 쓰였다. 이는 'ㅜ', 'ㅡ', 'ㆍ'를 초성의 아래에 쓴 것에서 확인할 수 있다.

⑤ ⓔ는 'ㅣ, ㅏ, ㅓ, ㅑ, ㅕ'의 중성 글자가 초성 오른쪽에 쓰이는 것에 대한

내용으로, 'ㅣ', 'ㅏ'에서 이를 확인할 수 있다.

읽은 ⓒ에 해당한다.

25

정답설명

① 부속 성분은 관형어와 부사어를 가리킨다. 따라서 체언에 관형격 조사나 부사격 조사가 결합하여 관형어나 부사어로 쓰이는 예를 찾아야 한다. ⓐ에서는 '바ᄅᆞᆯ'이라는 체언에 부사격 조사 '애'가 결합하여 부사어로 쓰이고 있다. ⓑ에서는 '나라ㅎ'라는 체언에 관형격 조사 'ㅅ'이 결합하여 관형어로 쓰이고 있다. 참고로 'ㅎ' 종성 체언은 관형격 조사 'ㅅ' 앞에서는 'ㅎ'이 생략된 형태로 나타났다. ⓑ에서는 또한 '中國'이라는 체언에 부사격 조사 '에'가 결합하여 부사어로 쓰이고 있다. ⓒ에서는 '生人'이라는 체언에 관형격 조사 '인'가 결합하여 관형어로 쓰이고 있다. 따라서 ⓐ, ⓑ, ⓒ를 고른 ①이 답이 된다.

오답설명

ⓓ에 쓰인 체언은 '子息', '양ᄌᆞ'이다. 각각의 체언에는 주격 조사 '이'와 'ㅣ'가 결합하여 문장 내에서 주어(주성분)로 쓰이고 있다.

ⓔ에 쓰인 체언은 '나', '너'이다. 여기엔 모두 주격 조사 'ㅣ'가 결합하여 문장 내에서 주어(주성분)로 쓰이고 있다.

학생들이 자주 묻는 질문

Q. '바ᄅᆞ래(바다에)'는 필수 부사어인데 왜 부속 성분으로 분류하는 건가요?

A. '필수 부사어'는 서술어가 필요로 하는 문장 성분으로, 해당 부사어는 문장에서 필수적으로 요구될 수 있다. 하지만 일반적으로 부사어는 생략이 가능하며 필수적으로 요구되지 않는다. 학자들은 예외를 버리고 일반적인 사례를 토대로 문법을 만든다. 따라서 학자들은 모든 부사어를 '부속 성분'으로 분류한 것이다. 이때 '바ᄅᆞ래(바다에)'는 체언과 부사격 조사가 결합한 부사어이므로 부속 성분으로 분류해야 한다.

문제분석 26-27번

번호	정답	정답률(%)	선지별 선택비율(%)				
			①	②	③	④	⑤
26	③	76	4	7	76	9	4
27	①	86	86	4	5	1	4

26

정답설명

③ 고유어 표현 '웃음이 많다'의 '다'를 '多'로 표기하고 '다'로 읽는다면 이는 본뜻을 무시하고 음을 읽은 것이다. 종결 어미 '-다'와 '多'는 의미상 아무런 연관성이 없기 때문이다. 따라서 이는 '水'를 '물'의 뜻과 상관없이 '수'로

오답설명

① 고유어 표현 '불빛이 일다'의 '불'을 '火'로 표기하고 '불'로 읽는다면 이는 본뜻을 유지하며 훈으로 읽은 것이므로, 이는 '水'를 '물'의 뜻으로 '물'로 읽은 ⊙에 해당한다.

② 고유어 표현 '진흙이 굳다'의 '흙'을 '土'로 표기하고 '흙'으로 읽는다면 이는 본뜻을 유지하며 훈으로 읽은 것이므로, 이는 '水'를 '물'의 뜻으로 '물'로 읽은 ⊙에 해당한다.

④ 고유어 표현 '시옷을 적다'의 '옷'을 '衣'로 표기하고 '옷'으로 읽는다면 이는 본뜻을 무시하며 훈으로 읽은 것이므로, 이는 '水'를 '물'의 뜻과 상관없이 '물'로 읽은 ⓒ에 해당한다.

⑤ 고유어 표현 '찬물을 담다'의 '을'을 '乙'로 표기하고 '을'로 읽는다면 이는 본뜻을 무시하며 음으로 읽은 것이므로, 이는 '水'를 '물'의 뜻과 상관없이 '수'로 읽은 ⓒ에 해당한다.

27

형태쌤의 과외시간

〈중세 국어의 높임 선어말 어미〉
● 주체 높임: -시-, -샤-
● 객체 높임: -ᄉᆞᆸ/ᄌᆞᆸ/ᅀᆞᆸ-, -ᄉᆞᇦ/ᄌᆞᇦ/ᅀᆞᇦ-
● 상대 높임: -이-, -잇-

정답설명

① ⊙은 'ᄃᆞ외시고(되시고)'에 주체 높임 선어말 어미 '-시-'가 결합해 있으므로 'ᄃᆞ외시고'의 주체, 즉 그 문장의 주어가 높임의 대상이다. 현대어 풀이 '묘광이~연등의 스승이 되시고'를 참고할 때 '스승이'는 보어이며, '되시고'의 주어는 '묘광이'임을 알 수 있으므로 ⊙에는 '묘광이'가 제시되는 것이 적절하다.

ⓛ은 '니ᄉᆞ시며(이으시며)'에 주체 높임 선어말 어미 '-시-'가 결합해 있으므로 '니ᄉᆞ시며'의 주체, 즉 그 문장의 주어가 높임의 대상이다. 현대어 풀이 '묘광이~등명의 도를 이으시며'를 참고할 때, '이으시며'의 주어는 '묘광이'임을 알 수 있으므로 ⓛ에는 '묘광'이 제시되는 것이 적절하다.

ⓒ은 'ᄒᆞᅀᆞᆸ오ᄃᆡ(드리되)'에 객체 높임 선어말 어미 '-ᅀᆞᆸ-'이 결합해 있으므로 'ᄒᆞᅀᆞᆸ오ᄃᆡ'의 객체, 즉 그 문장의 부사어나 목적어가 높임의 대상이다. 이때 목적어인 '말ᄊᆞᆷ'은 부사어인 '부텻긔(부처께)'의 '부텨'를 높이기 위해 사용된 특수 어휘이므로, 높임의 대상은 '부텨'임을 알 수 있다. 현대어 풀이에서 '드리되'가 주어 '내가'나 목적어 '말씀을'이 아니라 부사어인 '부처께', 즉 객체인 '부처'를 높이고 있음을 통해서도 알 수 있다.

01

정답설명

③ 〈보기〉에 따르면 '나무'와 '하루'는 자음으로 시작하는 조사나 조사 '와'와 결합할 때 각각 '나모', 'ㅎㄹ'의 형태로 나타나고, '와'를 제외한 모음으로 시작하는 조사와 결합할 때 각각 '낡', '홀ㄹ'의 형태로 나타난다. '나무'가 ㉠에서는 자음으로 시작하는 조사인 '마다'와, ㉡에서는 조사 '와'와 결합하여 '나모'의 형태로 나타난다. 한편, '하루'는 ㉢에서 자음으로 시작하는 조사 '도'와 결합하여 'ㅎㄹ'의 형태로 나타나고, ㉣에서는 모음으로 시작하는 조사 '은'과 결합하여 '홀ㄹ'의 형태로 나타난다. 따라서 ㉠~㉣에 들어갈 말은 각각 '나모마다', '나모와', 'ㅎㄹ도', '홀ㄹ은'임을 알 수 있다.

02

정답설명

② ⓑ의 '도ㅈ기(도적의)'에서는 '익'가 관형격 조사로 쓰였음을, '아ㅊ미(아침에)'에서는 '익'가 부사격 조사로 쓰였음을 확인할 수 있다. ⓑ를 통해 '익'가 주격 조사로 사용되었음을 확인할 수는 없으므로, 선지의 내용은 적절하지 않다.

오답설명

① ⓐ를 통해, '브르ㄴ다(부른다)'와 달리 '잇ㄴ이다(있습니다)'는 선어말 어미 '-이-'를 사용하여 상대를 높이고 있음을 알 수 있다.

③ ⓒ를 통해, 음성 모음이 쓰인 체언 '님금'에는 목적격 조사 '을'이, 양성 모음이 쓰인 체언 '옷'에는 목적격 조사 '올'이 쓰였음을 확인할 수 있다.

④ ⓓ를 통해, 판정 의문문인 '반드기 모매 잇ㄴ녀'에는 종결 어미 '-녀'가, 설명 의문문인 '究羅帝 이제 어듸 잇ㄴ뇨'에는 종결 어미 '-뇨'가 쓰였음을 확인할 수 있다.

⑤ ⓔ를 통해, '쁘'의 초성 'ㅄ', '뿔'의 초성 'ㅳ'과 같이 초성에 서로 다른 자음이 함께 쓰일 수 있었음을 확인할 수 있다.

03

정답설명

④ '받ᄌᆞᄫᆞᆯ대'에서 객체 높임 선어말 어미 '-ᄌᆞᆸ-'을 통해 객체를 높인 것은 맞다. 그러나 이는 '大王(대왕)'을 높이고 있는데, 문장 내에서 '大王'은 부사격 조사 '씌(께)'와 결합하여 부사어 기능을 하고 있으므로, '목적어가 지시하는 대상'을 높인다는 선지의 내용은 적절하지 않다.

오답설명

① '부텻'의 현대어 풀이가 '부처님의'인 것을 통해 'ㅅ'이 관형격 조사로 사용되었음을 알 수 있다. 중세 국어의 관형격 조사 'ㅅ'은 무정 명사나 높임의 대상 뒤에 사용되었다. 높임의 의미를 나타내는 접미사 '-님'이 쓰인 현대어 풀이를 참고할 때, '부텨'가 높임의 대상이므로 관형격 조사 'ㅅ'이 쓰였음을 알 수 있다.

② '노ᄑᆞ샤'는 주체 높임 선어말 어미 '-샤-'를 사용해 '부텨'의 신체 일부인 '뎡바깃뼈(정수리뼈)'를 간접적으로 높이고 있다. 이를 통해 중세 국어에서도 현대 국어처럼 주체의 신체 일부분이 주어일 때, 주체 높임 선어말 어미를 사용하여 해당 주어를 높임으로써 주체를 간접적으로 높이는 간접 높임이 실현되었음을 알 수 있다.

③ 'ᄀᆞᄐᆞ실ᄊᆡ'는 현대어로 '같으시므로'라고 풀이된다. 이는 현대 국어와 동일하게 주체 높임 선어말 어미 '-(으)시-'를 사용하여 주체를 높이는 것이므로 선지의 내용은 적절하다.

⑤ '좌시고'는 현대어로 '드시고'로 풀이된다. '드시다'는 '들다'에 주체 높임 선어말 어미 '-시-'가 결합한 것이다. 이때, '들다'는 '먹다'의 높임의 의미를 갖는 특수 어휘이므로 '좌시다' 또한 주체 높임의 특수 어휘임을 알 수 있다.

04

정답설명

⑤ '바ᄅᆞ래'는 체언 '바ᄅᆞᆯ'의 모음이 양성 모음이므로 부사격 조사 '애'가 쓰였고, '그르세'는 체언 '그릇'의 모음이 음성 모음이므로 부사격 조사 '에'가 쓰였다. 이는 모음 조화에 따라 부사격 조사의 형태가 다르게 나타난 것이다.

오답설명

① '太子ㅅ(태자+ㅅ)'의 체언 '太子(태자)'와 '衆生의(중생+의)'의 체언 '衆生(중생)'은 모두 유정 명사이므로 선지의 내용은 적절하지 않다. '太子(태자)'는 높임 명사이지만 '衆生(중생)'은 높임 명사가 아니므로, 체언이 높임 명사냐 아니냐에 따라 관형격 조사의 형태가 다르게 나타난 것이다.

 학생들이 자주 묻는 질문

Q. 관형격 조사의 형태가 결정되는 환경은 무엇인가요?
A. 유정 명사(사람, 동물) 뒤에서는 '이/의'로 쓰여. 이때 체언이 양성 모음일 때는 '이'가, 음성 모음일 때는 '의'가 쓰이지. 무정 명사(식물, 무생물)나 높임 명사 뒤에서는 'ㅅ'이 쓰인다.

② '겨틔(곁+의)'의 체언 '곁'과 '도기(독+이)'의 체언 '독'은 모두 체언 끝이 자음이므로 선지의 내용은 적절하지 않다. '겨틔'는 체언 '곁'의 모음이 음성 모음이므로 부사격 조사 '의'가 쓰였고, '도기'는 체언 '독'의 모음이 양성 모음이므로 부사격 조사 '이'가 쓰인 것이다.

③ 'ᄆᆞᅀᆞᄆᆞᆯ(ᄆᆞᅀᆞᆷ+ᄋᆞᆯ)'의 체언 'ᄆᆞᅀᆞᆷ'과 '뜨들(뜯+을)'의 체언 '뜯'은 모두 체언 끝이 자음이므로 선지의 내용은 적절하지 않다. 'ᄆᆞᅀᆞᄆᆞᆯ'은 체언 'ᄆᆞᅀᆞᆷ의 모음이 양성 모음이므로 목적격 조사 'ᄋᆞᆯ'이 쓰였고, '뜨들'은 체언 '뜯'의 모음이 음성 모음이므로 목적격 조사 '을'이 쓰인 것이다.

④ '배(바+ㅣ)'의 체언 '바'와 'ᄇᆞᄅᆞ미(ᄇᆞ름+이)'의 체언 'ᄇᆞ름'의 모음은 모두 양성 모음이므로, 이로 인해 주격 조사의 형태가 다르게 나타나는 것이 아니다. 주격 조사 'ㅣ'은 'ㅣ' 모음 이외의 모음으로 끝난 체언 뒤에, '이'는 자음으로 끝난 체언 뒤에 쓰인다. 참고로 '불휘(뿌리가)'와 같이 'ㅣ' 모음으로 끝난 체언 뒤에는 'Ø(영형태)'로 쓰인다.

05

정답설명

③ '從(종)ᄒᆞᆸ디'에서는 주체를 높이는 선어말 어미가 아니라, 객체를 높이는 선어말 어미 '-ᄉᆞᆸ-'이 쓰였으므로 선지의 내용은 적절하지 않다.

오답설명

① '부톄'는 현대 국어로 '부처가'이므로 '부처+가'와 같이 '부텨'에 주격 조사 'ㅣ'가 결합한 것('부텨+ㅣ')임을 알 수 있다. 중세 국어에서는 'ㅣ' 이외의 모음으로 끝난 체언 뒤에는 주격 조사로 'ㅣ'가 쓰였다.

② **두음 법칙은 'ㄴ'이나 'ㄹ'이 단어 첫머리에서 탈락되거나 다른 음운으로 교체되는 현상을 말한다.** '니ᄅᆞ샤도'는 현대 국어로 '이르셔도'이며, 현대 국어와 달리 앞말의 'ㄴ'에 두음 법칙이 적용되지 않아 'ㄴ'으로 발음·표기되는 것을 확인할 수 있다.

④ '어려ᄫᅧ며'에서는 현재 쓰이지 않는 음운인 '순경음 비읍(ㅸ)'을 확인할 수 있다.

⑤ '사ᄅᆞ미'는 현대 국어로 '사람의'에 해당하므로, '사름+이'에서 '이'가 중세 국어의 관형격 조사였음을 추론할 수 있다. 이는 현대 국어의 관형격 조사 '의'와 다른 형태이므로 선지의 내용은 적절하다.

06

정답설명

① '불휘'에는 반모음 'ㅣ'로 끝난 체언 '불휘' 뒤에 주격 조사가 'Ø(영형태)'로 실현되어 주격 조사의 형태가 나타나지 않고, '식미'에는 자음으로 끝난 체언 '심' 뒤에 주격 조사 '이'가 결합한 후 체언의 끝소리가 연음되어 나타나 있으므로 선지의 내용은 적절하지 않다.

오답설명

② 'ᄇᆞᄅᆞ매'는 명사 'ᄇᆞ름'에 조사 '애'가, 'ᄀᆞᄆᆞ래'는 명사 'ᄀᆞ물'에 조사 '애'가 결합하고 있으며, 이때 '애'는 [현대어 풀이]에서 부사격 조사 '에'에 대응하므로 선지의 내용은 적절하다.

③ 'ᄒᆞᄂᆞ니'는 [현대어 풀이]에서 '많으니'에 대응하므로 선지의 내용은 적절하다.

④ '므른'에는 명사 '믈'의 끝소리 'ㄹ'을 조사 '은'의 첫소리로, '바ᄅᆞ래'에는 명사 '바ᄅᆞᆯ'의 끝소리 'ㄹ'을 조사 '애'의 첫소리로 옮겨 적는 방식이 사용되었음을 알 수 있다.

⑤ '내히'에는 끝소리에 'ㅎ'을 가진 체언이 모음으로 시작하는 조사인 '이'를 만나 'ㅎ'이 연음되어 나타나 있으므로 선지의 내용은 적절하다.

07

정답설명

③ '니ᄅᆞ샨'을 통해 주체를 높이는 선어말 어미 '-샤-'가 쓰였음을 확인할 수 있으나, 이때 높임의 대상은 수달이 아니라 太子(태자)이다.

오답설명

① '金으로'와 '양ᄋᆞ로'를 통해, 중세 국어에서 부사격 조사는 앞 음절 모음이 음성 모음일 때는 음성 모음으로 시작하는 '으로'로, 양성 모음일 때는 양성 모음으로 시작하는 'ᄋᆞ로'로 달리 나타났음을 확인할 수 있다.

② 'ᄠᆞᆷ'을 통해 중세 국어에서는 'ㅳ'과 같이 단어 첫머리에 자음이 연속하여 올 수 있었음을 확인할 수 있다.

④ '太子ㅅ'이 '태자의'로 풀이됨을 통해 중세 국어에서는 체언 '太子'에 관형격 조사 'ㅅ'이 결합하였음을 확인할 수 있다.

⑤ '거즛마를'을 통해 중세 국어에서 체언 '거즛말'에 조사 'ᄋᆞᆯ'이 결합할 때 앞말의 종성이 뒤의 초성으로 연음되는 것을 표기에 반영한 이어 적기를 하였음을 확인할 수 있다.

08

정답설명

⑤ ㉤은 [현대어 풀이]의 '이것을'에 대응되므로, '를'은 목적격 조사임을 알 수 있다. 하지만 목적격 조사 앞에 위치한 체언 '이'는 자음으로 끝나는 체언이 아니라 모음 'ㅣ'로 끝나는 체언이므로 선지의 내용은 적절하지 않다.

오답설명

① ㉠은 [현대어 풀이]의 '우리나라의'에 대응되므로, 중세 국어의 'ㅅ'은 현대 국어의 '의'에 대응되는 관형격 조사임을 알 수 있다.

② ㉡은 [현대어 풀이]의 '말하고자'에 대응되므로, 중세 국어의 '-고져'는 현대

국어의 '-고자'에 대응되는 연결 어미임을 알 수 있다.

③ ⓒ은 [현대어 풀이]의 '바가'에 대응되므로, 중세 국어의 'ㅣ'는 현대 국어의 '가'에 대응되는 주격 조사임을 알 수 있다. 'ㅣ' 모음 이외의 모음인 'ㅏ'로 끝나는 체언 '바'에 결합되었으므로 'ㅣ'의 형태로 주격 조사가 실현된 것이다.

④ ⓔ은 [현대어 풀이]의 '펴지'에 대응되므로, 중세 국어에서는 'ㄷ'과 'ㅣ'가 인접해도 'ㄷ'이 'ㅈ'으로 교체되는 구개음화가 일어나지 않았음을 알 수 있다.

09

정답설명

① '보·미'는 '봄+이'를 이어 적은 것이므로, 끊어 적기를 했다는 선지의 설명은 적절하지 않다.

오답설명

② [중세 국어]에는 방점이 사용되었고, [현대어 풀이]에는 방점이 사용되지 않았음을 확인할 수 있다.

③ 중세 국어에서는 단어의 첫머리에 서로 다른 자음인 'ㅅ'과 'ㅂ'이 함께 사용되었음을 확인할 수 있다.

④ 'ㅿ'과 'ㆍ'는 현대 국어에서 사용되지 않는 음운이다.

⑤ 현대 국어에서는 양성 모음 'ㅏ'와 음성 모음 'ㅡ'로 시작하는 조사가 어울리고 있지만, 중세 국어에서는 양성 모음 'ㆍ' 뒤에 양성 모음 'ㆍ'로 시작하는 조사가 사용되었으므로 모음 조화가 지켜졌음을 알 수 있다.

10

정답설명

⑤ ⓜ에 쓰인 것은 객체를 높이는 선어말 어미가 아니라, 주체를 높이는 선어말 어미 '-샤-'이다. 또한 [현대어 풀이]를 통해 '뒝답ᄒ샤ᄃ'가 높이고자 하는 대상이 객체가 아닌 주체 '쎤뼁'임을 알 수 있다.

오답설명

① **두음 법칙이란, 'ㄴ'이나 'ㄹ'이 단어 첫머리에서 탈락되거나 다른 음운으로 교체되는 현상을 말한다.** ⓐ의 '니ᄅ샤ᄃ'가 [현대어 풀이]에는 '이르시되'로 적혀 있는 것을 볼 때, 중세 국어에는 두음 법칙이 적용되지 않았음을 알 수 있다.

② ⓑ은 '은돈'이라는 명사에 부사격 조사 'ᄋ로'가 결합된 것이다. 단어의 끝음절에 양성 모음 'ㅗ'가 사용되었고, 그에 맞추어 부사격 조사도 양성 모음으로 시작하는 'ᄋ로'가 결합된 것이다. 이를 통해 중세 국어에는 모음 조화가 지켜졌음을 알 수 있다.

③ ⓒ이 [현대어 풀이]에 '무엇에'에 대응되므로, ⓒ을 '므슥+에'로 분석할 수 있다. 이어 적기 표기를 사용했기 때문에 '므슥에'가 아닌 '므스게'로 쓰인 것이다.

④ 'ᄡ'라는 음절을 보면, 초성 자리에 'ㅂ'과 'ㅅ'을 가로로 나란히 붙여 쓴 것을 확인할 수 있다. 이를 '어두 자음군'이라고 하는데, 현대 국어에서는 이러한 표기를 찾아볼 수 없다.

11

정답설명

① [현대 국어]에서도 주체 높임 선어말 어미 '-시-'를 사용하고 있는 것은 맞으나, '聖子(성자)'는 주체가 아니라 객체이다. 해당 문장의 주체는 '하늘'이다.

오답설명

② [현대 국어]에서는 선어말 어미 '-이-'가 아닌, 종결 어미 '-습니다'를 통해 상대를 높이고 있으므로 선지의 내용은 적절하다.

③ [현대 국어]에서는 객체를 높이는 선어말 어미 '-ᄌ-'이 쓰이지 않았고, 특수 어휘 '여쭙다'를 사용하여 객체를 높이고 있으므로 선지의 내용은 적절하다.

④ [현대 국어]에서도 '밥'을 높여서 이르는 말인 '진지'라는 어휘를 사용하고 있으므로 선지의 내용은 적절하다.

⑤ [현대 국어]에서도 주체를 높이는 선어말 어미인 '-시-'와 상대를 높이는 종결 어미인 '-습니다'를 사용해 주체와 상대에 대한 높임이 함께 나타나므로, 선지의 내용은 적절하다.

12

정답설명

① ㉠에 대응되는 현대어 풀이가 '두 마리 독수리가'이므로, 이때의 'ㅣ'는 목적격 조사가 아닌 주격 조사임을 알 수 있다.

오답설명

② 음절의 초성에 'ㅂ, ㅅ, ㄱ'과 같이 두 개 이상의 자음이 사용되었음을 확인할 수 있다.

③ 현대 국어에서 사용되지 않는 문자 'ㆍ', 'ㅿ', 'ㅸ'이 사용되었음을 확인할 수 있다.

④ 현대 국어에서는 '살에'와 같이 양성 모음 'ㅏ'와 음성 모음 'ㅔ'가 어울리고 있지만, 중세 국어에서는 '사래'와 같이 양성 모음 'ㅏ'와 'ㅐ'가 어울리고 있으므로 모음 조화가 지켜졌음을 알 수 있다.

⑤ ㉤에 대응되는 [현대어 풀이]가 '(떨어)지니'이므로, 중세 국어에서는 구개음화 현상이 일어나지 않았음을 알 수 있다.

13

정답설명

② '니ᄅ샤ᄃ'가 고유어인 것은 맞지만, 두음 법칙이 적용되어 있지 않다. 현대 국어에서는 두음 법칙이 적용되어 '이르시되'로 쓰인다는 점과 비교하여 알 수 있다.

오답설명

① 모음으로 끝나는 체언 '부텨'에 주격 조사 'ㅣ'가 결합되어 있다. 현대 국어에서는 모음으로 끝나는 체언 '부처'에 주격 조사 '가'가 결합되어 있으므로 그 차이를 확인할 수 있다.

③ '부텻'이 현대 국어의 '부처의'에 대응되는 것으로 보아, 중세 국어에서는 현대 국어와 달리 관형격 조사로 'ㅅ'이 쓰였음을 알 수 있다.

④ 현대 국어에서와 같이 주체를 높이는 선어말 어미 '-시-'가 사용된 것을 확인할 수 있다.

⑤ 객체 '부텨'를 높이기 위해 '-ᅀᆞᆸ-'이라는 객체 높임 선어말 어미가 사용되었다. 현대 국어에서는 객체 높임 선어말 어미를 사용하지 않고 있으므로 그 차이를 알 수 있다.

형태쌤의 과외시간

중세 국어의 주격 조사

형태	환경	예
ㅣ	'ㅣ' 이외의 모음으로 끝난 체언 뒤에 쓰임	부텨+ㅣ → 부톄(부처가) 공조+ㅣ → 공지(공자가)
이	자음으로 끝난 체언 뒤에 쓰임	사룸+이 → 사루미(사람이)
ø	'ㅣ' 모음으로 끝난 체언 뒤에 쓰임	불휘+ø → 불휘(뿌리가)

14

정답설명

① ㉠은 '울-+-음'을 소리 나는 대로 이어 적어 '우름'으로 표기한 것이므로 이어 적기에 해당한다.

㉡은 '웃-+-어'를 소리 나는 대로 이어 적어 '우서'로 표기한 것이므로 이어 적기에 해당한다.

㉢은 '미워홈+을'을 분리하여 '미워홈을'로 표기한 것이므로 끊어 적기에 해당한다.

㉣은 '일+은'을 분리하여 '일은'으로 표기한 것이므로 끊어 적기에 해당한다.

㉤은 '잇-+-으면'에서 'ㅅ'을 거듭 적어 '잇스면'으로 표기한 것이므로 거듭 적기에 해당한다.

15

정답설명

④ '너는 모르느냐?'라는 의문문은 가부(옳고 그름)를 묻는 판정 의문문에 해당한다. 따라서 2인칭이 아닌 3인칭 대명사 '그'가 주어가 되면, 판정 의문문에 쓰이는 어미인 '-가'가 결합되어야 한다. 따라서 '모ᄅᆞ던고'가 아닌 '모ᄅᆞ던가'로 수정하는 것이 적절하다.

오답설명

① '어떤 딸이 너희들의 종이냐?'라는 의문문은 구체적인 설명을 요구하는 설명 의문문에 해당한다. 따라서 이때는 설명 의문문에 쓰이는 보조사 '고'가 결합되어야 한다.

② '이제 평안하냐?'라는 의문문은 가부를 묻는 판정 의문문에 해당한다. 따라서 이때는 판정 의문문에 쓰이는 어미인 '-가'가 결합되어야 한다.

③ '엇뎌', '엇뎨'와 같은 의문사가 사용되는 의문문은 청자에게 구체적인 설명을 요구하는 설명 의문문이다.

⑤ 〈보기〉의 설명에서 "주어가 2인칭인 경우에는 '-ㄴ다'의 특수한 의문형 어미가 쓰인다."라고 하였다. 'ㄷ'과 'ㄹ'에서 판정/설명 의문문에 관계없이 '-

ㄴ다'가 사용되었으므로, 선지의 내용은 적절함을 알 수 있다.

16

정답설명

⑤ ㉤에서 어간은 '믿-'이다. 어간의 받침 'ㄷ'을 어간의 종성과 어미의 초성으로 겹쳐 표기하지 않고 이어 적은 것이다. 만약 겹쳐 표기한다면 '믿드니잇가'와 같이 써야 한다.

오답설명

① ㉠에는 현대 국어에는 쓰이지 않는 자음 'ᅀ'과 모음 'ㆍ'가 사용되었다.

② ㉡의 '구드시리이다'는 [현대어 풀이]의 '굳건할 것입니다'에 대응되므로, 이때의 '-이-'는 상대 높임 선어말 어미임을 알 수 있다.

③ ㉢의 '하'는 [현대어 풀이]의 '이시여'에 대응되는 높임의 호격 조사이다.

④ ㉣의 '예'는 [현대어 풀이]의 '에'에 대응되는, 장소를 나타내는 부사격 조사이다.

17

정답설명

① ㉠ '사름'은 자음으로 끝난 체언이며 끝 음절 모음이 양성 모음인 'ㆍ'이므로, '올/을' 중 '올'이 선택된다.

㉡ '천하'는 모음으로 끝난 체언이며 끝 음절 모음이 양성 모음인 'ㅏ'이므로, '롤/를' 중 '롤'이 선택된다.

㉢ '누'는 모음으로 끝난 체언이며 모음이 음성 모음인 'ㅜ'이므로, '롤/를' 중 '를'이 선택된다.

㉣ '뜯'은 자음으로 끝난 체언이며 모음이 음성 모음인 'ㅡ'이므로, '올/을' 중 '을'이 선택된다.

형태쌤의 과외시간

중세 국어의 목적격 조사

형태	환경	예
올/을	자음 뒤	ᄆᆞᅀᆞ몰(마음을), 나라홀(나라를), 이 ᄠᅳ들(이 뜻을)
롤/를	모음 뒤	놀애롤(노래를), 천하롤(천하를), 뼈를(뼈를)

18

정답설명

② **두음 법칙이란, 'ㄴ'이나 'ㄹ'이 단어 첫머리에서 탈락되거나 다른 음운으로 교체되는 현상을 말한다.** ㉡의 '니서쓰면'이 [현대어 풀이]에서 '이어 쓰면'으로 해석되는 것을 볼 때, 중세 국어에는 두음 법칙이 적용되지 않았음을 알 수 있다.

오답설명

① 첫음절 초성에 'ㅂ'과 'ㅅ'이 함께 나타남을 확인할 수 있다.

③ '룰'에 'ㆍ'가 사용되었음을 확인할 수 있다.

④ '어울워'에는 음성 모음 'ㅜ', 'ㅝ'가 사용되어 있으므로, 모음 조화가 잘 지켜지고 있다고 판단할 수 있다.

⑤ 현대 국어에서 쓰이지 않는 자음 'ㅸ'이 나타남을 확인할 수 있다.

19

정답설명

⑤ ㉣의 '애'는 앞의 체언인 'ㅂㄹㅁ'이 원인임을 나타내지만, ㉫의 '애'는 앞의 체언인 '믈'의 진행 방향을 나타낸다.

오답설명

① '古聖이 同符ㅎ시니'는 [현대어 풀이]의 '옛 성인들과 같으시도다'와 대응된다. 따라서 이때 쓰인 조사 '이'는 비교 부사격 조사 '과'의 역할을 하였음을 알 수 있다.

② ㉡의 각주에서 '불휘'는 주격 조사가 생략된 형태로 분석한다고 하였으므로 선지의 내용은 적절하다.

③ [현대어 풀이]를 참고할 때, ㉢은 나모(나무)에 보조사 '은'이 결합한 형태이다. 그런데 ㉢의 각주를 보면 '남ㄱ+운'과 같이 쓰였으므로, 조사와 결합할 때 체언에 'ㄱ'이 덧붙는 경우가 있었음을 확인할 수 있다.

④ [현대어 풀이]와 비교할 때 ㉢의 조사 '은'은 보조사 '는'에 대응되고, ㉫의 조사 '은'은 보조사 '은'에 대응된다. 따라서 둘은 형태는 다르지만 앞에 붙은 체언이 문장의 화제임을 알려 주는 동일한 문법적 기능을 하므로 선지의 내용은 적절하다.

20

정답설명

② 'ㅁ술'이 '마을'이 되고, 'ㄱ술'이 '가을'이 된 것으로 볼 때 'ㆍ'는 첫째 음절에서는 'ㅏ'로, 둘째 음절에서는 'ㅡ'로 바뀌었으므로, 변화된 음운의 모습이 다름을 알 수 있다.

오답설명

① 'ㅁ술'의 'ㅿ'과 'ㄱ술'의 'ㅿ' 모두 변화 과정에서 소멸되었음을 확인할 수 있다.

③ '덥다'의 어간이 모음으로 시작하는 어미 '-어'와 결합하여 'ㅂ'이 'ㅸ'으로 바뀌었음을 확인할 수 있다.

④ 어미 '-아'가 결합된 '고바'는 '고와'로, 어미 '-어'가 결합된 '구버'는 '구워'로 변화하였으므로, 'ㅸ'에 결합되는 어미의 모음이 양성인지 음성인지에 따라 현대 국어에서의 표기가 달라짐을 확인할 수 있다.

⑤ ㄱ에서 'ㅿ'이 소멸되었음을, ㄷ에서 'ㅸ'이 소멸되었음을 확인할 수 있다.

21

정답설명

③ '이체자'는 획을 더한 뜻이 없이 그 모양을 달리하는 문자들을 말한다. 특히 'ㅋ'과 'ㆁ'을 통해 이체자가 가획자에 획을 더하여 만든 것이 아님을 확인할 수 있다.

오답설명

①, ② 가획자 'ㅋ', 'ㄷ, ㅌ', 'ㅂ, ㅍ', 'ㅈ, ㅊ', 'ㆆ, ㅎ'는 각각 같은 위치에서 소리나는 기본자 'ㄱ, ㄴ, ㅁ, ㅅ, ㅇ'에 획을 더하여 만들어진 것이므로 형태상의 유사성이 있음을 설명할 수 있다.

④ 초출자 'ㅗ'는 'ㆍ'와 'ㅡ'를, 재출자 'ㅛ'는 'ㅗ'와 'ㆍ'를 더해 만들어진 것이다. 이와 같이 초출자와 재출자는 기본자의 결합으로 만들어진 것임을 확인할 수 있다.

⑤ 자료에서 종성에는 초성 글자를 다시 쓴다고 하였다. 이는 종성자를 추가로 만들지 않음으로써 문자 운용의 효율성을 높인 것이라 할 수 있다.

형태쌤의 과외시간

중세 국어의 음운 분류표

	기본자	가획자	이체자	병서자
아음 (어금닛소리)	ㄱ	ㅋ	ㆁ(옛이응)	ㄲ
설음 (혓소리)	ㄴ	ㄷ, ㅌ	ㄹ(반설음)	ㄸ
순음 (입술소리)	ㅁ	ㅂ, ㅍ		ㅃ
치음 (잇소리)	ㅅ	ㅈ, ㅊ	ㅿ(반치음)	ㅆ, ㅉ
후음 (목구멍소리)	ㅇ	ㆆ(여린히읗), ㅎ		ㆅ(쌍히읗)

	① 기본자	② 초출자 (①+①)	③ 재출자 (②+ㆍ)	④ 합용자 (②+②, ③+③)
天 (양성 모음)	ㆍ	ㅗ ㅏ	ㅛ ㅑ	ㅘ ㆇ
地 (음성 모음)	ㅡ	ㅜ ㅓ	ㅠ ㅕ	ㅝ ㆊ
人 (중성 모음)	ㅣ			

Free note.

나 없이

기출

풀지마라

나 없이
기출
풀지마라

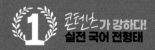

언어와 매체

VII

지문형

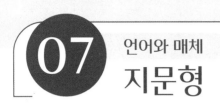
07 언어와 매체
지문형

문제분석 **01-04번**

번호	정답	정답률(%)	선지별 선택비율(%) ①	②	③	④	⑤
1	②	59	5	59	17	11	8
2	①	36	36	13	29	13	9
3	②	48	21	48	9	14	8
4	②	58	7	58	8	24	3

01

정답설명

② 〈자료〉의 2문단에서, 'ㅸ'은 15세기 중엽을 넘어서면서 'ㅏ' 또는 'ㅓ' 앞에서 반모음 'ㅗ/ㅜ'로 바뀌었다고 하였다. 따라서 15세기 국어의 '도ᄫᅡ'가 현대 국어에서 '도와'로 나타나는 것은 'ㅸ'이 'ㅗ/ㅜ'로 바뀐 결과라고 파악하는 것이 적절하다.

오답설명

① '도와', '저어'의 기본형은 '돕다', '젓다'이다. 이 어휘들은 모음으로 시작하는 어미가 붙어 활용할 때 어간의 'ㅂ'이 'ㅗ/ㅜ'로 바뀌거나 어간의 'ㅅ'이 탈락하므로 '어간의 형태가 달라지는 불규칙 활용'에 해당한다.

③ 〈자료〉와 〈대화 2〉 A의 말을 통해 '저ᅀᅥ'가 현대 국어에서 '저어'로 나타나는 것은 'ㅿ'이 사라졌기 때문임을 알 수 있다.

④ 〈자료〉의 1문단에서 15세기 국어에서 '돕다'는 자음으로 시작하는 어미 앞에서는 '돕고'처럼 어간이 '돕-'으로 나타난다고 하였다. 현대 국어에서도 자음으로 시작하는 어미 앞에서 '돕다'는 어간이 '돕-'으로 나타나므로 적절하다.

⑤ 〈자료〉의 1문단에서 15세기 국어에서 '젓다'는 자음으로 시작하는 어미 앞에서는 '젓고'처럼 어간이 '젓-'으로 나타난다고 하였다. 현대 국어에서도 자음으로 시작하는 어미 앞에서 '젓다'는 어간이 '젓-'으로 나타나므로 적절하다.

02

정답설명

① '곱다'는 불규칙 활용을 하는 용언이다. 15세기에 '곱-'은 자음으로 시작하는 어미 앞에서는 '곱-'으로, 모음으로 시작하는 어미 앞에서는 '곫-'으로 나타난다. 따라서 15세기 중엽 이전의 활용형은 '곱게, 고ᄫᅡ, 고ᄫᆞᆫ'으로 적는 것이 맞다. '-은'이 아니라 '-ᄋᆞᆫ'이 사용되는 이유는 앞 음절이 'ㅗ'라는 양성 모음을 취하고 있기 때문이다.

한편 〈자료〉의 2문단을 보면 15세기 중엽 이후 'ㅸ'이 소실되면서 'ㅸ'은 'ㅏ' 또는 'ㅓ' 앞에서 반모음 'ㅗ/ㅜ'로 바뀌고, 'ㆍ'나 'ㅡ'가 이어진 경우에는 모음과 결합하여 각각 'ㅗ'와 'ㅜ'로 바뀌었다고 하였으므로 17세기 초엽의 활용형은 '곱게, 고와, 고온'으로 적는 것이 맞다.

오답설명

② '긋다'는 불규칙 활용을 하는 용언이다. 15세기에 '긋-'은 자음으로 시작하는 어미 앞에서는 '긋-'으로, 모음으로 시작하는 어미 앞에서는 '그ᅀ-'으로

나타난다. 따라서 15세기 중엽 이전의 활용형은 '긋게, 그ᅀᅥ, 그ᅀᆞᆫ'으로 적는 것이 맞다.

한편 〈자료〉의 2문단을 보면 16세기 중엽 이후 'ㅿ'이 소실되면서 'ㅿ'은 음절 끝에서는 'ㅅ'이 되고, 다른 환경에서는 사라졌다고 하였으므로 17세기 초엽의 활용형은 '긋게, 그어, 그은'으로 적어야 한다.

③ '눕다'는 불규칙 활용을 하는 용언이다. 15세기에 '눕-'은 자음으로 시작하는 어미 앞에서는 '눕-'으로, 모음으로 시작하는 어미 앞에서는 '누ᄫ-'으로 나타난다. 따라서 15세기 중엽 이전의 활용형은 '눕게, 누ᄫᅥ, 누ᄫᆞᆫ'으로 적는 것이 맞다.

한편 〈자료〉의 2문단을 보면 15세기 중엽 이후 'ㅸ'이 소실되면서 'ㅸ'은 'ㅏ' 또는 'ㅓ' 앞에서 반모음 'ㅗ/ㅜ'로 바뀌고, 'ㆍ'나 'ㅡ'가 이어진 경우에는 모음과 결합하여 각각 'ㅗ'와 'ㅜ'로 바뀌었다고 하였으므로 17세기 초엽의 활용형은 '눕게, 누워, 누운'으로 적어야 한다.

④ '빗다'는 '빗어, 빗은'과 같이 규칙 활용을 하는 용언이다. 그렇기 때문에 모든 어미 앞에서 '빗-'의 형태를 유지한다. 따라서 15세기 중엽 이전에 어미 '-게' 앞에서 '빙게'가 아닌 '빗게'로 활용되는 것이 적절하다. 15세기 중엽 이전과 17세기 초엽의 활용형 모두 '빗게, 비서, 비슨'이다.

⑤ '잡다'는 '잡아, 잡은'과 같이 규칙 활용을 하는 용언이다. 그렇기 때문에 모든 어미 앞에서 '잡-'의 형태를 유지한다. 따라서 15세기 중엽 이전과 17세기 초엽의 활용형은 모두 '잡게, 자바, 자ᄇᆞᆫ'이다.

 학생들이 자주 묻는 질문

Q. 선생님, 그럼 '르 불규칙'은 무엇인가요?

A. '르 불규칙'은 어간이 '르'로 끝나는 동사가 모음 어미와 활용을 할 때, '르'가 'ㄹㄹ'로 바뀌는 활용을 말한다.

예 모르다 / 모르-+-아 〉 모ㄹㄹ+아 〉 몰라 → '르' 불규칙 활용

예 치르다 / 치르-+-어 〉 치ㄹ+어 〉 치러 → 'ㅡ' 탈락 규칙 활용

03

정답설명

② 2문단에 따르면, 직접 구성 요소란 어떤 말을 직접 이루고 있는 두 부분으로 나누었을 때 나오는 두 요소이다. '눈웃음'은 어근 '눈'과 어근 '웃음'으로 분석되는 합성어이며, 그중 '웃음'은 동사 어근 '웃-'에 접미사 '-음'이 결합되어 만들어진 파생어이다. 따라서 ⓑ는 직접 구성 요소 중 하나가 파생어인 합성어이다.

오답설명

① '나들이옷'은 어근 '나들이'와 어근 '옷'으로 분석되는 합성어이며, 그중 '나들이'는 동사 어근 '나들-'에 접미사 '-이'가 결합되어 만들어진 파생어이다. 따라서 ⓐ는 직접 구성 요소 중 하나가 파생어인 합성어이다.

③ '드높이다'는 '드높다'에 접사 '-이-'가 붙은 것인데, '드높다'는 '높다'에 접사 '드-'가 붙은 파생어이므로 직접 구성 요소 중 하나가 합성어인 파생어로 볼 수 없다. 다만 '드높이다'를 '드-+높이다'로 분석하는 학생들도 있는데, 이 경우에도 '드-'와 '높이다' 모두 합성어가 아니므로 틀린 선지가 된다.

참고로, 표준국어대사전에서는 '드높이다'를 '드높-+-이다'로 제시하고 있
다.

④ '집집이'는 어근 '집집'과 접사 '-이'로 분석되는 파생어이며, 그중 '집집'은
'집'이라는 명사 어근이 반복된 것이므로 합성어이다. 따라서 ⓓ는 직접 구
성 요소 중 하나가 합성어인 파생어이다.

⑤ '놀이터'는 어근 '놀이'와 어근 '터'('자리'나 '장소'의 뜻을 나타내는 명사)로
분석되는 합성어이며, 그중 '놀이'는 동사 어근 '놀-'에 접사 '-이'가 결합
되어 만들어진 파생어이다. 따라서 ⓔ는 직접 구성 요소 중 하나가 파생어
인 합성어이다.

04

정답설명

② 4문단에 따르면, 문장의 직접 구성 요소는 주어와 서술어가 된다. '소포가
도착했다고 들었다.'의 경우, '들었다'라는 서술어의 주체가 '소포'가 아니므
로, '소포가', '도착했다고 들었다'로 나눌 수 없다. 이 문장의 주어는 생략된
상태이며, '(나는) 들었다.'라는 문장에 '소포가 도착했다.'라는 문장이 인용
절로 안긴 것이다. 따라서 '소포가 도착했다고'와 '들었다'로 분석하는 것이
자연스럽다.

오답설명

① '지희는 목소리가 곱다.'의 경우, '지희는 (어떠하다).'라는 문장에 '목소리가
곱다.'라는 문장이 서술절로 안겨 서술어로 기능하고 있으므로 '지희는'과
'목소리가 곱다'로 분석하는 것이 자연스럽다.

③ 4문단에 따르면, 서술어는 홀로 나오기도 하지만 주어 이외의 필수 성분과
결합하여 나오는 경우가 있다. '동수가 미애에게 선물을 주었다.'의 경우,
'동수가'와 '미애에게 선물을 주었다'로 분석하는 것이 자연스럽다.

④ '그가 익명의 기부자임이 밝혀졌다.'의 경우, '그가 익명의 기부자이다.'라는
문장이 명사절이 되어 주어로 안긴 것이므로 '그가 익명의 기부자임이'와
'밝혀졌다'로 분석하는 것이 자연스럽다.

⑤ '인생은 짧고 예술은 길다는 말은 명언이다.'의 경우, '말은 명언이다.'라는
문장에 '인생은 짧고 예술은 길다.'라는 문장이 관형절로 안겨 주어를 수식
하고 있다. 4문단에서 문장 전체의 주어가 직접 구성 요소라고 밝혔으므로,
'인생은 짧고 예술은 길다는 말은'과 '명언이다'로 분석하는 것이 자연스럽
다.

번호	정답	정답률 (%)	선지별 선택비율(%)				
			①	②	③	④	⑤
5	③	65	16	12	65	4	3
6	④	72	5	4	9	72	10
7	③	73	4	5	73	9	9
8	①	69	69	20	4	3	4

05

정답설명

③ ⓒ의 '놀이'는 '놀다'의 어근 '놀-'에 명사 파생 접미사 '-이'가 결합된 것이
므로 명사가 맞다. '놀-'은 본래 동사 어근이지만, 접미사로 인해 품사가
바뀌었으므로 더 이상 서술어로 기능하지 못한다. 2문단의 "이때 '먹이'와
'넓이'의 '먹-'과 '넓-'은 서술어로 기능하지 못한다."와 같은 맥락이다.

오답설명

① '비우다'는 '비다'의 어근 '비-'에 사동 접미사 '-우-'가 결합되어 형성된 새
로운 단어이다. 2문단에 의하면, 접미사는 새로운 어간을 형성하므로 '비워'
는 '비우다'의 어간 '비우-'에 연결 어미 '-어'가 결합된 것으로 볼 수 있다.
따라서 '비워'의 어간('비우-')은 '비다'의 어간('비-')과 같지 않다.

② 형용사 '높다'의 어근 '높-'에 명사 파생 접미사 '-이'가 붙어 형성된 명사
'높이'는 '파도의 높이', '건물의 높이를 재다.'와 같이 사용된다. 하지만 ⓑ의
'높이'는 뒤에 오는 '날다'라는 용언을 수식하고 있으므로 명사로 볼 수 없
다. 이는 형용사 '높다'의 어근 '높-'에 부사 파생 접미사 '-이'가 붙어 형성된
부사로 보아야 한다. 이때의 부사 '높이'는 '하늘 높이 나는 새', '기온이 높이
상승하다.'와 같이 사용된다.

④ 3문단에서 '하나의 접미사가 모든 동사나 형용사에 자유롭게 결합하는 것
은 아니다.'라고 언급하였다. ⓓ의 '끓이다'에 결합되어 있는 사동 접미사
'-이-'는 '앉다'나 '돌다'에 결합되어 '앉이다', '돌이다'와 같이 사용되지 못한
다. 이들은 '앉히다', '돌리다'와 같이 다른 접미사와 결합한다.

⑤ 3문단에서 '어근과 접미사 사이에는 다른 형태소가 끼어들 수 없다.'라고
하였다. 즉, '오다'의 '오-'에 '-기'가 결합된 것이 만약 파생 명사라면, 그
사이에 '-시-'라는 선어말 어미가 끼어들 수 없다는 것이다. 따라서 '오시기'
를 명사라고 할 수 없다. '오시기'는 '오-+-시-+-기'의 구조로, '오다'의 어
간 '오-'에 높임의 선어말 어미 '-시-'와 명사형 전성 어미 '-기'가 결합되어
문장에서 명사처럼 쓰이는 '용언의 명사형'이다. 따라서 '오시기'의 품사는
동사이다.

06

정답설명

④ ㉠은 사동사를, ㉡은 피동사를 뜻한다. 사동은 문장의 주어가 다른 대상으
로 하여금 어떠한 행위를 하도록 만드는 것으로, 사동사의 경우 '-게 하다'
의 의미를 내포한다. ㉠의 경우, 문장의 생략된 주어(형, 나 등)가 '동생'이라
는 다른 대상으로 하여금 숨게 만들었으므로 '숨겼다'를 사동사로 볼 수
있다. 반면 피동은 문장의 주어가 다른 대상에 의해 어떠한 행위를 당하는
것으로, 피동사의 경우 '-게 되다' 혹은 '-아/어지다'의 의미를 내포한다.
㉡의 경우, '눈'이라는 문장의 주체가 자기 스스로 '감다'라는 행위를 하는
것이 아니라, 외부적 요인으로 인해 '감다'라는 행위를 당하고 있으므로 '감
겼다'를 피동사로 볼 수 있다.

학생들이 자주 묻는 질문

Q. 피동과 사동 구분은 어떻게 하나요?
A. 접사를 '-게 하다'로 바꿔 보는 것을 추천합니다. 대부분 사동문은 '-게 하다'로 바꿀 수 있으니, 대체되면 사동문이고 대체되지 않으면 피동문 이라고 판단하면 됩니다. 다만 이는 Tip일 뿐이며, 어느 맥락에나 항상 들어맞지는 않는다는 점을 감안해 두어야 합니다.

오답설명

① ㉠의 경우, 문장의 주어인 '형이'가 '동생'으로 하여금 '울다'라는 행위를 하 도록 만들었으므로 '울렸다'를 사동사로 볼 수 있다. 하지만 ㉡의 경우도 마찬가지로 문장의 주어 '그는'이 '지구본'으로 하여금 돌게 하였으므로, '돌렸다'를 피동사가 아닌 사동사로 판단할 수 있다.

② ㉠의 경우, 문장의 주어인 '마음이'가 자기 스스로 '놓다'라는 행위를 하는 것이 아니라, 외부적 요인으로 인해 '놓다'라는 행위를 당하고 있으므로 '놓 인다'를 사동사가 아닌 피동사로 판단할 수 있다. 또한 ㉡은 '우리는'이라는 문장의 주어가 '용돈'이라는 대상을 남게 만들었으므로, '남겼다'를 피동사 가 아닌 사동사로 판단할 수 있다.

③ ㉠의 경우, 문장의 주어인 '공책이'가 자기 스스로 '누르다'라는 행위를 하는 것이 아니라, 외부적 요인으로 인해 '누르다'라는 행위를 당하고 있으므로 '눌렸다'를 사동사가 아닌 피동사로 판단할 수 있다. 한편 ㉡의 경우 '옷'이 자기 스스로 '찢다'라는 행위를 하는 것이 아니라, 외부적 요인으로 인해 '찢다'라는 행위를 당하고 있으므로 '찢겼다'를 피동사로 판단할 수 있다.

⑤ ㉠의 경우, 문장의 주어인 '나는'이 '종이비행기'라는 대상으로 하여금 '날다' 라는 행위를 하도록 만들었으므로 '날렸다'가 사동사임을 알 수 있다. 하지 만 ㉡의 경우도 문장의 주어인 '그는'이 '소년'으로 하여금 '중요한 임무'를 맡도록 만들었으므로 '맡겼다'가 피동사가 아닌 사동사임을 알 수 있다.

07

정답설명

③ 3문단에서 '상하 관계에서는 하의어들이 상의어의 의미를 이어받아 상의어 를 의미적으로 함의한다.'라고 하였다. 따라서 상의어인 '기구'가 하의어인 '악기'를 의미적으로 함의한다고 볼 수 없다. 역으로 하의어인 '악기'가 상의 어인 '기구'를 의미적으로 함의한다고 보아야 한다. 또한 '악기'는 상의어, '북'은 하의어이므로 하의어인 '북'이 상의어 '악기'를 의미적으로 함의한다.

오답설명

① '타악기'의 예로 '실로폰'을 들고 있으므로 '타악기'가 '실로폰'의 상의어임을 알 수 있다. 1문단에서 '상의어일수록 일반적이고 포괄적인 의미를 지'닌다 고 하였으므로, '타악기'가 '실로폰'보다 포괄적인 의미를 갖겠다는 진술은 적절하다.

② '타악기'의 예로 '북'을 들고 있으므로 '북'이 '타악기'의 하의어임을 알 수 있다. 3문단에서 '하의어들이 상의어의 의미를 이어받아 상의어를 의미적 으로 함의한다.'라고 하였으므로 '북'이 '타악기'의 의미 자질인 [두드림]을 함의함을 알 수 있다.

④ 2문단에서 '공하의어'란 같은 계층에 속하면서 비양립 관계가 성립하는 것 이라고 하였다. 의미의 층위가 '기구>악기>타악기>심벌즈'로 이루어져 있으 므로 '타악기'와 '심벌즈'가 모두 '기구'의 하의어인 것은 맞다. 하지만 '타악 기'와 '심벌즈'는 같은 계층이 아니라 상하 관계를 가지고, '타악기'이면서 동시에 '심벌즈'일 수 있어 비양립 관계가 성립하지 않으므로 둘을 공하의 어라고 볼 수 없다.

⑤ '현악기'와 '관악기'는 같은 계층에 속하고, '현악기'이면서 동시에 '관악기' 일 수 없다는 비양립 관계가 성립하므로 공하의어라고 볼 수 있다. 3문단에 서 '장끼'와 '꿩'을 예로 들어 하의어가 상의어보다 의미 자질의 개수가 많음 을 나타내고 있으므로, 상의어 '기구'보다 하의어인 '현악기'와 '관악기'가 가지는 의미 자질이 많을 것임을 알 수 있다.

08

정답설명

① ㉠은 'A이면서 동시에 B'가 성립하지 않는 관계를 의미한다. '북극이면서 동시에 남극'인 경우는 없으므로, ⓑ와 ⓒ는 ㉠을 만족시킨다.
　㉡은 어떤 단어가 공하의어를 단 둘만 가지기 때문에 'A가 아니면 B', 'B가 아니면 A'가 성립하는 관계를 의미한다. '지구의 양극'의 하의어는 '북극'과 '남극'뿐이므로, ⓑ와 ⓒ는 '북극이 아니면 남극', '남극이 아니면 북극'을 만 족한다.

오답설명

② ⓐ - ⓔ : ⓐ와 ⓔ는 '계절'의 공하의어라고 할 수 있으며, '여름이면서 동시 에 겨울'인 경우는 없으므로 ㉠을 만족시킨다. 하지만 '계절'의 하의어는 '봄, 여름, 가을, 겨울'의 네 가지이므로 '여름이 아니면 겨울', '겨울이 아니 면 여름'을 만족시키지 않는다. ㉡에 해당되지 않는 것이다.

③ ⓖ - ⓗ : ⓖ와 ⓗ는 '조류'의 공하의어라고 할 수 있으며, '펭귄인 동시에 갈매기'인 경우는 없으므로 ㉠을 만족시킨다. 하지만 '조류'의 하의어에 '펭 귄'과 '갈매기' 둘만 있는 것은 아니므로 '펭귄이 아니면 갈매기', '갈매기가 아니면 펭귄'을 만족시키지 않는다. ㉡에 해당되지 않는 것이다.

④ ⓐ - ⓓ : ⓐ와 ⓓ는 서로 같은 계층에 속한 관계가 아닌 상하 관계에 해당하 므로 비양립 관계에 있지도 않고 상보적 반의 관계에 있지도 않다.

⑤ ⓕ - ⓗ : ⓕ와 ⓗ는 '동물'의 공하의어라고 할 수 있으며, '개인 동시에 갈매기'인 경우는 없으므로 ㉠을 만족시킨다. 하지만 '동물'에 '개'와 '갈매 기' 둘만 있는 것은 아니므로 '개가 아니면 갈매기', '갈매기가 아니면 개'를 만족시키지 않는다. ㉡에 해당되지 않는 것이다.

문제분석　09-12번

번호	정답	정답률 (%)	선지별 선택비율(%)				
			①	②	③	④	⑤
9	②	48	3	48	3	43	3
10	①	76	76	8	13	2	1
11	④	69	2	2	26	69	1
12	①	61	61	7	3	27	2

09

정답설명

② ㄷ. '사범'과 '대학'을 결합하여 만들어진 '사대'라는 말은 앞말과 뒷말의 첫 음절만 따서 만들어진 것이다. 지문에서 선생님은 '인강'이라는 단어를 예로 들어 해당 방법을 제시하고 있다.

ㅁ. '비빔'과 '냉면'을 결합하여 만들어진 '비빔냉면'이라는 말은 명사와 명사가 결합하여 만들어진 것이다. 지문에서 선생님은 '인공위성, 논밭, 불고기'라는 단어를 예로 들어 해당 방법을 제시하고 있다.

오답설명

ㄱ. '선생님'은 명사 어근 '선생'에 접미사 '-님'이 결합하여 만들어진 파생 명사이므로, 합성 명사에 대해 이야기하고 있는 지문과는 관련이 없다. 또한 '인강'과 '컴시인'은 각각의 단어의 일부 음절만 따와서 줄어든 것인데 '샘'은 이와는 양상이 다르다.

ㄴ. '개살구'에 쓰인 '개-'는 어근이 아니라 접사로, '질이 낮은, 야생의' 등의 뜻을 갖는 말이다. 따라서 합성 명사에 대해 이야기하고 있는 지문과는 관련이 없다.

ㄹ. '점잖다'라는 말로부터 '점잔'이라는 말을 만들어 내는 방법은 지문에 언급되지 않았다. 또한 지문에서는 합성 명사에 대해 이야기하고 있는데, '점잔'이라는 말은 합성 명사와는 관련이 없다.

10

정답설명

① '잘못'은 부사 '잘'과 부사 '못'이 합쳐져 만들어진 합성 명사이다. 따라서 ㉠(명사가 아닌 품사들로만 이루어진 합성 명사)의 예로 적절하다.

오답설명

② '새것'은 관형사 '새'와 의존 명사 '것'이 합쳐져 만들어진 합성 명사이다. 뒤에 오는 말인 '것'과 합성어 '새것'의 품사가 같은 일반적인 경우이다.

③ '요사이'는 "관형사 '이'를 낮잡아 이르거나 귀엽게 이르는 말"인 관형사 '요'와 명사 '사이'가 합쳐져 만들어진 합성 명사이다. 뒤에 오는 말인 '사이'와 합성어 '요사이'의 품사가 같은 일반적인 경우이다.

④ '오늘날'은 명사 '오늘'과 명사 '날'이 합쳐져 만들어진 합성 명사이다. 뒤에 오는 말인 '날'과 합성어 '오늘날'의 품사가 같은 일반적인 경우이다.

⑤ '갈림길'은 용언의 활용형 '갈림('갈리다'의 어간 '갈리-' + 명사형 전성 어미 '-ㅁ')과 명사 '길'이 합쳐져 만들어진 합성 명사이다. 뒤에 오는 말인 '길'과 합성어 '갈림길'의 품사가 같은 일반적인 경우이다.

11

정답설명

④ ㉤에서는 '용언 어간 + 어미'에 대해 이야기하고 있다. '깨뜨리는'의 기본형은 '깨뜨리다'로, 어간은 '깨뜨리-', 어미는 '-다'이다. '깨뜨리는'은 '깨뜨리다'의 어간에 관형사형 전성 어미 '-는'이 결합한 것이다. 이때, '깨뜨리고, 깨뜨리며, 깨뜨리니' 등과 같이 활용하는 것으로 보아 '리'는 어간의 한 부분에 해당함을 알 수 있다.

오답설명

① ㉠에서는 '어근 + 어근'에 대해 이야기하고 있다. '아기장수'는 '아기'라는 명사 어근과 '장수'라는 명사 어근이 결합하여 만들어진 합성 명사이다.

② ㉡에서는 '파생 접사 + 어근'에 대해 이야기하고 있다. '맨손'은 '손'이라는 명사 어근의 앞에 '맨-'이라는 파생 접사가 결합하여 만들어진 파생 명사이다.

③ ㉢에서는 '어근 + 파생 접사'에 대해 이야기하고 있다. '쌓이'의 기본형은 '쌓이다'로, '쌓이-' 부분이 어간, '-다' 부분이 어미이다. 이때 어간 '쌓이-'는 동사 어근 '쌓-'에 파생 접사 '-이-'가 결합된 구조이다.

⑤ ㉣에서는 '체언 + 조사'에 대해 이야기하고 있다. '모습이'는 체언 '모습'에 주격 조사 '이'가 결합하여 주어임을 나타내고 있는 것이다.

12

정답설명

① (가)는 미지칭의 인칭 대명사에 의문문을 만드는 보조사 '고/구'가 결합한 경우이다. '네 스승이 누고'는 '네 스승이 누구인가?'로 풀이되고, 'ㄴᄆᆫ 누구'는 '남은 누구인가?'로 풀이되므로, 여기서의 '고/구'는 인칭 대명사의 일부가 아니라 의문문을 만드는 보조사이다. 따라서 (가)에 나타난 미지칭의 인칭 대명사는 '누'의 형태만 띤다.

오답설명

②, ④ [A]에서 "미지칭의 인칭 대명사에, 의문문을 만드는 보조사 '고/구'가 결합한 형태가 굳어져 새로운 인칭 대명사가 된 경우"를 언급하고 있다. (나)의 '누고고', '누구고'에서는 의문의 보조사 '고'를 제외한 '누고', '누구'가 미지칭 대명사로 사용되었다. 이는 (가)에 쓰였던 '누'라는 미지칭 대명사의 뒤에 의문의 보조사 '고/구'가 결합된 '누고', '누구'의 형태가 굳어져 새로운 인칭 대명사가 되었음을 나타내는 것이다.

③, ⑤ (나)에서는 '누고', '누구'의 형태가 사용되었지만, (다)에서는 '누구'의 형태만 사용되고 있다. 이를 통해 현대 국어에는 '누고', '누구' 중 '누고'가 탈락하여 '누구'만 남게 되었음을 알 수 있다.

문제분석 13-16번

번호	정답	정답률 (%)	선지별 선택비율(%)				
			①	②	③	④	⑤
13	④	81	6	3	7	81	3
14	④	83	6	3	4	83	4
15	⑤	64	19	5	6	6	64
16	④	86	3	2	3	86	6

13

정답설명

④ 4문단에서 중세 국어의 명사 파생 접미사는 '-ᄋᆡ/의'이고 부사 파생 접미사는 '-이'라고 하였다. 이를 통해 '노픽'는 명사 파생 접미사 '-ᄋᆡ'를 취하여

만들어진 명사이고, '노피'는 부사 파생 접미사 '-이'를 취하여 만들어진 부사임을 알 수 있다.

오답설명

① 3문단에서 중세 국어의 명사 파생 접미사는 '-(으/으)ㅁ'이고, 명사형 전성 어미는 '-옴/움'이라고 하였다. 이를 통해 '여름'은 명사 파생 접미사 '-음'을 취하여 만들어진 명사이고, '여룸'은 '-움'을 취한 동사의 명사형임을 알 수 있다.

② 3문단에서 중세 국어의 명사 파생 접미사는 '-(으/으)ㅁ'이고, 명사형 전성 어미는 '-옴/움'이라고 하였다. 이를 통해 '거름'은 명사 파생 접미사 '-음'을 취하여 만들어진 명사이고, '거룸'은 '-움'을 취한 동사의 명사형임을 알 수 있다.

③ 모음 조화에 따라 음성 모음을 취하는 '걸-'에는 '-움'이 결합해 '거룸'이, 양성 모음을 취하는 '높-'에는 '-이'가 결합해 '노피'가 되었으므로, '높-'에는 '-옴'과 '-움' 중 '-옴'이 결합할 것임을 알 수 있다.

⑤ 4문단에서 부사 파생 접미사는 '-이' 하나여서 모음 조화에 상관없이 '-이'가 결합한다고 하였다. 따라서 '곧-'이든 '굳-'이든 '-이'를 취한다.

14

정답설명

☞ 명사 : 서술어로 쓰일 수 없음, 주로 관형어의 수식을 받음.

☞ 동사/형용사 : 서술어로 쓰임, 부사어의 수식을 받음.

④ 위 문장에서 '도움'은 '~가 어려운 이웃을 돕다.'와 같이 서술어로 쓰이고, '많이'나 '자주'와 같은 부사어의 수식을 받을 수 있으므로 동사이다. 아래 문장에서 '믿음' 역시 '내가 그를 온전히 믿다.'와 같이 서술어로 쓰이고, '온전히'라는 부사어의 수식을 받고 있으므로 동사이다.

오답설명

① 위 문장에서 '앎'은 '~가 ~을 많이 알다.'와 같이 서술어로 쓰이고, '많이'라는 부사어의 수식을 받고 있으므로 동사이다. 하지만 아래 문장에서 '슬픔'은 서술어로 쓰이지 않고, '격한'이라는 관형어의 수식을 받고 있으므로 명사이다.

② 아래 문장에서 '기쁨'은 '오빠는 몹시 기쁘다.'와 같이 서술어로 쓰이고, '몹시'라는 부사어의 수식을 받고 있으므로 형용사이다. 하지만 위 문장에서 '볶음'은 서술어로 쓰이지 않고, '멸치'라는 관형어의 수식을 받고 있으므로 명사이다.

③ 아래 문장에서 '춤'은 '무용수들이 군무를 추었다.'와 같이 서술어로 쓰이고, '빠르게' 등과 같은 부사어의 수식을 받을 수 있으므로 동사이다. 하지만 위 문장에서 '묶음'은 서술어로 쓰이지 않고, '큰'이라는 관형어의 수식을 받고 있으므로 명사이다.

⑤ 아래 문장에서 '웃음'은 '친구가 밝게 웃었다.'와 같이 서술어로 쓰이고, '밝게'라는 부사어의 수식을 받고 있으므로 동사이다. 하지만 위 문장에서 '울음'은 서술어로 쓰이지 않으므로 명사이다. 만약 '울음'이 서술어로 쓰였다고 오판한 학생이 있다면, '주어'와 대응해 보면 된다. '주어'인 '아이가'와 대응되는 서술어는 '소리쳤다'이다.

15

정답설명

⑤ 각 단어의 품사를 구분할 줄만 알면 되는 지극히 단순한 문제이다. '즐거운'은 형용사 '즐겁다'의 어간 '즐겁-'에 관형사형 전성 어미 '-(으)ㄴ'이 결합된 것이므로, ⑩(관형사)이 아닌 '활용하고 사물의 속성이나 상태를 나타내는 말'이다.

오답설명

① '옛날, 사진, 기억'은 형태가 변화하지 않으며 사물의 이름을 나타내는 명사로 ㉠에 해당한다.

② '보니'는 동사 '보다'의 어간 '보-'에 연결 어미 '-니'가 결합된 것이고, '떠올랐다'는 동사 '떠오르다'의 어간 '떠오르-'에 과거 시제 선어말 어미 '-았-', 종결 어미 '-다'가 결합된 것이다. 따라서 ㉡에 해당한다.

③ '하나'는 형태가 변화하지 않으며 수량을 나타내는 수사로 ㉢에 해당한다.

④ '을, 가'는 형태가 변화하지 않으며, 앞말에 붙어 다른 말과의 문법적 관계를 나타내는 조사로 ㉣에 해당한다.

16

정답설명

④ '있다'는 표준국어대사전에는 동사와 형용사 통용으로 등재되어 있지만 학교 문법에서는 형용사로 간주하기 때문에 굉장히 논란이 되는 단어이다. 이에 대해 명확히 정리해 달라고 하는 학생들이 많은데, 평가원에서는 이렇게 논란이 되는 부분에 대해 출제할 때 명확히 판단할 수 있는 준거를 제시하니 너무 걱정하지 않아도 된다.

[A]에서 동사 '있다'뿐만 아니라 형용사의 '있다' 역시 관형사형 어미 '-는'과 결합할 수 있고, 형용사 '없다'의 경우도 형용사 '있다'와 동일한 활용 양상을 보여 준다고 하였다. 따라서 관형사형 어미 '-는'을 취할 수 있는지 여부만으로는 '있다', '없다'가 동사인지 형용사인지를 파악할 수 없다. 해당 문맥에서 '있다', '없다'는 '한 장소에 머물다.'와 관련된 의미가 아니라 '물체가 실제로 존재하는 상태'와 관련된 의미를 나타내고 있으므로 동사가 아닌 형용사임을 알 수 있다.

오답설명

① ⓐ를 통해 동사 '먹다'는 현재를 나타내는 선어말 어미 '-는-'과 결합하여 '먹는다'와 같이 활용하지만, 형용사 '예쁘다'는 '-ㄴ-'과 결합하지 못함을 알 수 있다.

② ⓑ를 통해 동사 '먹다'는 명령형 어미 '-어라', 청유형 어미 '-자'와 결합하여 '먹어라', '먹자'와 같이 활용하지만, 형용사 '예쁘다'는 '-어라', '-자'와 결합하지 못함을 알 수 있다.

③ ⓒ를 통해 동사 '먹다'는 의도를 나타내는 연결 어미 '-으려고', 목적을 나타내는 연결 어미 '-으러'와 결합하여 '먹으려고', '먹으러'와 같이 활용하지만, 형용사 '예쁘다'는 '-(으)려고', '-(으)러'와 결합하지 못함을 알 수 있다.

⑤ '나무가 크다.'에서의 '크다'는 '나무'의 속성, 상태를 나타내므로 형용사이다. 하지만 '나무가 쑥쑥 큰다.'에서의 '크다'는 사물의 상태 변화를 나타내므로 동사이다. 현재 시제 선어말 어미 '-ㄴ-'과 결합했음을 통해서도 동사임을 알 수 있다.

'머리카락이 길다.'에서의 '길다'는 '머리카락'의 속성, 상태를 나타내므로 형용사이다. 하지만 '머리카락이 잘 긴다.'에서의 '긴다'는 사물의 상태 변화를 나타내므로 동사이다. 현재 시제 선어말 어미 '-ㄴ-'과 결합했음을 통해서도 동사임을 알 수 있다.

문제분석 17-20번

번호	정답	정답률 (%)	선지별 선택비율(%)				
			①	②	③	④	⑤
17	②	66	3	66	15	12	4
18	⑤	49	8	5	12	26	49
19	③	69	7	3	69	8	13
20	①	82	82	9	4	3	2

17

정답설명

② ㉠은 앞말 '발'의 받침 'ㄹ'이 보존된 경우, ㉡은 앞말 '솔'의 받침 'ㄹ'이 탈락된 경우, ㉢은 앞말 '이틀'에서 '틀'의 받침 'ㄹ'이 'ㄷ'으로 바뀐 경우에 해당한다.
〈보기〉 중 ㉠과 같이 앞말의 받침 'ㄹ'이 보존된 경우로는 '쌀가루, 솔방울'이 있다. 또한 ㉡과 같이 앞말의 받침 'ㄹ'이 탈락된 경우로는 '무술, 푸나무'가 있으며, ㉢과 같이 앞말의 받침 'ㄹ'이 'ㄷ'으로 바뀐 경우로는 '섣달'이 있다. '낟알'은 '날'의 받침 'ㄹ'이 'ㄷ'으로 바뀐 것이 아니라, 원래부터 '낟'이라는 명사가 사용된 것이므로 ㉠~㉢의 조건에 부합하지 않는다. 따라서 ㉠, ㉡, ㉢을 순서대로 적절하게 제시한 것은 ②이다.

오답설명

①, ④ '낟알'은 ㉢과 같이 앞말의 받침 'ㄹ'이 'ㄷ'으로 바뀐 경우에 해당하지 않는다.
③ '푸나무'는 ㉡과 같이 앞말의 받침 'ㄹ'이 탈락된 경우에 해당한다.
⑤ '솔방울'은 ㉠과 같이 앞말의 받침 'ㄹ'이 보존된 경우에 해당한다.

18

정답설명

⑤ '숟가락'은 '이튿날'과 같이 앞말의 받침 'ㄹ'이 'ㄷ'으로 바뀐 경우에 해당한다. 5문단에서, '이튿날'은 중세 국어에서 '이틀'과 '날' 사이에 관형격 조사 'ㅅ'이 결합한 '이틄 날' 혹은 '이틋 날'로 나타났다고 하였다. 이것이 근대 국어로 오면서 'ㄹ'이 탈락한 합성어 '이틋날'로 굳어지게 되고, 받침 'ㅅ'과 'ㄷ'의 발음이 구분되지 않아 「한글 맞춤법」에 따라 '이튿날'로 적게 되었다는 것이다. '숟가락'도 이와 같은 변천(술+가락 〉 숤 가락 or 숫 가락 〉 숟가락)을 거쳤을 것이다. 즉 '숫가락'이 '숟가락'이 된 것은 받침 'ㅅ'과 'ㄷ'의 발음이 구분되지 않았기 때문이므로, 'ㅅ'의 발음이 서로 달랐기 때문이라는 선지의 내용은 적절하지 않다.

오답설명

① 〈보기〉의 [자료]를 보면, 중세 국어에서 명사 '술'과 '져'가 '술 자ᄇ며 져 놋ᄂᆞ니'와 같이 자립적으로 쓰이고 있음을 확인할 수 있다. 현대 국어에서는 '술'이 '술로 밥을 뜨다'와 같이 자립적으로 쓰이지 못하고 '밥 한 술'과 같이 단위를 나타내는 의존 명사로 사용되므로 차이가 존재함을 알 수 있다.
② 4문단에서, 중세 국어에는 현대 국어에서와 달리 명사와 명사가 결합할 때 'ㅈ'으로 시작하는 명사 앞에서 받침 'ㄹ'이 탈락하는 규칙이 있었다고 언급하였다. 〈보기〉의 [자료]를 보면, 중세 국어에서 '술'과 '져'가 합쳐진 형태가 '수져'로 나타나고 그것이 현대 국어의 '수저'로 이어졌음을 확인할 수 있다.
③ 5문단을 통해, 중세 국어에서 '이틀'과 '물'이 명사를 수식할 때 '이틄 날', '묤 사람'과 같이 관형격 조사 'ㅅ'이 결합할 수 있었음을 확인할 수 있다. 〈보기〉의 [자료]를 보면, 중세 국어에서 '술'과 '져'가 명사를 수식할 때 '숤 근', '졋 가락'과 같이 관형격 조사 'ㅅ'과 결합했음을 확인할 수 있다.
④ 5문단을 통해, '이튿날'은 본래 형태가 '이틋날'인 것이 받침 'ㅅ'과 'ㄷ'의 발음이 구분되지 않아 「한글 맞춤법」에 따라 '이튿날'로 적게 된 것임을 알 수 있다. 지문에서는 이를 본래대로 'ㅅ'으로 적는 것이 국어의 변화 과정을 고려한 관점에 부합하는 것이라 언급하고 있다. '숟가락' 역시 〈보기〉의 [자료]에서 확인할 수 있듯 근대 국어에서 '숫가락'이라는 형태를 보이므로, '이튿날'의 경우와 같이 국어의 변화 과정을 고려한 관점에 부합하지 않음을 확인할 수 있다.

19

정답설명

③ 〈보기〉에서 말하는 '예전'의 '도야지'는 돝(돼지)의 새끼를 나타내는 표현으로, 지금으로 따지면 '새끼 돼지'를 가리키는 표현이다. 따라서 지금의 '돼지'가 가리키는 개념과는 다르다.

오답설명

① '예전'의 '도야지(새끼 돼지)'에 해당하는 개념은 지금도 존재하지만, 그것을 가리키는 고유어 단어가 따로 없는 것이다.
② '예전'의 '돝'은 '돼지'를 의미하는 말이었으므로 '도야지(새끼 돼지)'의 상의어이며, 의미가 더 일반적이고 포괄적이다.
④ '예전'에는 지금의 '어린 돼지'에 해당하는 말로 '도야지'가 쓰였으므로, 어휘적 빈자리가 없었다고 보는 것이 적절하다.
⑤ '예전'의 '도야지'의 개념을 나타내는 하나의 고유어 단어는 현재 존재하지 않는다. 이 개념은 '아기 돼지', '새끼 돼지' 등으로 표현하고 있다.

20

정답설명

① ㄱ. '두 번째 사위'와 '세 번째 사위'를 구별하여 가리키기 위해 각각을 '둘째 사위', '셋째 사위'라고 표현하는 것은, 2문단에서 제시한 '구를 만들어 빈자리를 채우는 방식'으로 볼 수 있다.

오답설명

ㄴ. '꿩의 새끼'를 나타내는 고유어 단어로 '꺼병이'가 존재하므로, '어휘적 빈

자리'가 존재하는 경우로 볼 수 없다.

ㄷ. '금성'의 고유어로 '샛별'과 '개밥바라기'가 존재하므로, '어휘적 빈자리'가 존재하는 경우로 볼 수 없다.

문제분석 21-24번

번호	정답	정답률 (%)	선지별 선택비율(%)				
			①	②	③	④	⑤
21	①	70	70	6	9	7	8
22	①	45	45	5	5	25	20
23	⑤	69	2	2	17	10	69
24	②	58	4	58	4	16	18

21

정답설명

① 3문단에 따르면, 중세 국어에서 부사격 조사 '애/에/예', '의/의'는 현대 국어의 '에'와 '에서'의 쓰임을 모두 지니고 있었으므로, '지점'과 '공간'의 의미를 모두 나타낼 수 있음을 알 수 있다. 따라서 중세 국어에서 '에' 앞의 명사가 공간의 의미를 나타낼 수 있다는 것은 적절하다.

오답설명

② 현대 국어에서 '에' 앞에 붙을 수 있는 명사는 '에서' 앞에 붙을 수 없다는 설명은 적절하지 않다. 첫 번째 예시 '서울에서/서울에'에서 확인할 수 있듯이 '에' 앞에서 사용하는 명사를 '에서' 앞에서도 사용할 수 있음을 확인할 수 있다. 다만, 쓰임이 다를 뿐이다.

③ 4문단을 통해 중세 국어에서 주격 조사로도 쓰였던 부사격 조사는 '애셔/에셔/예셔', '의셔/의셔'임을 알 수 있다. '애/에/예', '의/의' 모두 주격 조사로 쓰였다는 내용은 윗글에서 찾아볼 수 없으므로 적절하지 않다.

④ 3문단의 "그런데 이들은 본래 '이시다'를 포함하므로, 그 의미상 어떤 공간 속에 있음을 전제한다."에서 '셔'는 지점이 아닌 공간의 의미를 나타낸 것임을 알 수 있다.

⑤ 4문단에서 중세 국어 '에셔' 앞의 명사가 어떤 구성원으로 이루어진 공간이나 집단을 나타내면 그 공간이나 집단 속에 있는 구성원의 행위를 그 공간이나 집단의 행위로 표현하는 것이 가능해지며 이에 따라 '에셔'가 주격 조사로 쓰인 경우가 있다고 하였다. 또한 5문단에서 중세 국어의 '에셔'는 유정 명사 뒤에 나타나지 않는다고 하였으므로 적절하지 않다.

22

정답설명

① '그 지역'이 공간을 의미하는 것은 맞지만, 이 문장에서 '지역에서'의 성분은 부사어이기 때문에 여기서의 '에서'는 주격 조사가 아닌 부사격 조사이다.

오답설명

② '정부에서'의 문장 성분은 주어이므로, 집단을 의미하는 '정부'에 주격 조사

'에서'가 붙었다는 설명은 적절하다.

③ '할머니'는 높임의 대상이고 사람이기 때문에 높임의 유정 명사이다. 따라서 주격 조사 '께서'를 쓰는 것은 적절하다.

④ '그위예셔'의 현대어 풀이를 보면 '관청에서'라는 것을 알 수 있고, '관청'은 집단을 나타내는 무정 명사이기 때문에 주격 조사 '예셔'가 붙었다는 것은 적절하다.

⑤ 5문단에서 중세 국어 '의셔'는 부사격 조사라고 하였고, 이는 높임의 유정 명사 뒤에 나타난다고 하였으므로 적절하다.

23

정답설명

⑤ 3문단에서 '주변 의미는 기존의 의미가 확장되어 생긴 것으로서, 새로 생긴 의미는 기존의 의미보다 추상성이 강화되는 경향이 있다.'라고 하였다. '눈이 나빠져서 안경의 도수를 올렸다'의 문맥을 살펴봤을 때, '눈'의 확장된 의미는 '물체의 존재나 형상을 인식하는 눈의 능력(=시력)'으로, 기존 의미보다 더 추상적임을 알 수 있다.

오답설명

① 1문단의 '중심 의미는 일반적으로 주변 의미보다 언어 습득의 시기가 빠르며'를 통해 대부분의 아이들이 '별'의 의미 중 '천체의 일부'라는 중심 의미를 먼저 배우게 될 것임을 추론할 수 있다.

② 1문단의 '중심 의미는 일반적으로 주변 의미보다~사용 빈도가 높다.'를 통해 '앉다'는 '직위나 자리를 차지하다'라는 주변 의미보다 '착석하다'라는 중심 의미로 쓰이는 빈도가 더 높을 것임을 추론할 수 있다.

③ '결론에 이르다'의 '이르다'는 '어떤 정도나 범위에 미치다.'의 의미이며, '포기하기에는 아직 이르다'의 '이르다'는 '기준을 잡은 때보다 앞서거나 빠르다.'의 의미이다. 4문단에서 '다의어의 의미들은 서로 관련성을 갖는다.'라고 하였으므로, 이와 같이 의미 간 관련성이 없다면 다의어 관계에 해당하지 않을 것임을 추론할 수 있다.

④ 2문단을 통해 '주변 의미로 사용되었을 때는 문법적 제약이 나타나기도 한다'는 것을 알 수 있다. '팽이가 돌다'의 '돌다'는 사동 접미사와 결합하여 '팽이를 돌리다'와 같이 쓰일 수 있으나, '군침이 돌다'의 '돌다'는 '군침을 돌리다'와 같이 쓰이지 못하므로 문법적 제약이 나타나는 후자의 '돌다'가 주변 의미로 사용된 것임을 추론할 수 있다.

24

정답설명

② 민수의 말에서는 '빚쟁이'가 '남에게 무언가를 빌려준 사람을 낮잡아 이르는 말.'로 사용되었다. 반면 ,영희의 말에서는 '빚쟁이'가 '빚을 진 사람을 낮잡아 이르는 말.'로 사용되었다. 이는 의미 간 관련성을 가지며 서로 대립적인 의미를 나타내므로 ㉠의 예로 적절하다. 또한 영희의 말에서는 '금방'이 '말하고 있는 시점보다 바로 조금 전.'을 가리키나 민수의 말에서는 '금방'이 '말하고 있는 시점부터 바로 조금 후.'를 가리키므로 '금방' 또한 ㉠의 예로 적절하다.

오답설명

③, ④, ⑤ '이틀 뒤', '발표 끝난 뒤'의 '뒤'는 모두 '시간이나 순서상으로 다음이나 나중.'의 의미로 쓰였다. 그리고 '빌린 돈'과 '빌려 준 돈'은 대립적인 의미지만, '돈' 자체가 대립적인 의미로 쓰인 것은 아니다.

문제분석 25-28번

번호	정답	정답률(%)	선지별 선택비율(%)				
			①	②	③	④	⑤
25	⑤	82	2	3	8	5	82
26	④	79	2	3	12	79	4
27	⑤	81	2	8	4	5	81
28	④	82	2	5	5	82	6

25

정답설명

⑤ ⓕ는 지시 표현이 아니라 앞서 '영선'의 발화에서 언급한 '작년에 같이 갔던 수목원'을 가리키는 대용 표현이다.

오답설명

① 1문단에 따르면, 담화가 완결성을 갖추기 위해서는 담화를 이루는 발화나 문장들이 일관된 주제 속에 내용상 유기적인 관련을 맺고 있어야 한다. '영선'은 딴생각을 하다가 '주말 나들이 장소 정하기'라는 담화의 주제와 연관이 없는 발화를 했으므로, 담화의 완결성을 떨어뜨리고 있다고 볼 수 있다.

② 2문단에 따르면, 대용 표현은 담화에서 언급되는 말을 대신할 때 사용하는 표현이다. ⓑ는 앞서 '영선'이 발화한 '놀이동산'을 가리키는 말이므로 선지의 설명은 적절하다.

③ 1문단에서 '각 발화나 문장 간의 관련성을 보여 주는 형식적 장치'로 '지시, 대용, 접속 표현'을 언급했다. ⓒ는 '사진'에 나와 있는 '해수욕장'을 직접 가리키는 지시 표현이고, ⓓ는 '선희'가 언급한 '해수욕장'을 대신하는 대용 표현이므로 서로 동일한 장소를 가리키며 발화 간의 관련성을 높이고 있다.

④ 2문단에서 "접속 표현은 문장과 문장, 발화와 발화를 연결해 주는 표현으로, '그리고' 등과 같은 접속 부사가 대표적인 예"라고 언급했다. ⓔ는 앞 문장 '해수욕장은 아직 좀 춥잖아'와 뒤 문장 '너무 멀잖아'를 대등하게 이어 주고 있으므로 선지의 설명은 적절하다.

26

정답설명

④ 3문단에서 '화자는 특정 어휘나 조사, 어미 등을 사용하여 어떤 대상에 대해 높이거나 낮추는 태도를 드러낸다.'라고 하였다. 해당 문장은 "(네가 할아버지께) 과일 좀 드리고 오렴."이다. 이때 '드리고'의 기본형인 '드리다'는 '주다'의 높임말로, 주체를 높이는 것이 아닌 객체를 높이는 어휘이다. 이는 ㉠에서 생략된 부사어인 '할아버지께'를 높이고 있다.

오답설명

① '께서'는 높임의 주격 조사이므로, 문장의 주체인 '할아버지'를 높이는 표현이다.

② '계시다'는 '있다'의 높임말로, 주체를 높이는 특수 어휘이다. "할아버지께서 마침 방에 계셨구나!"에서 '계시다'의 주체는 '할아버지'이므로 적절한 설명이다.

③ 3문단에서 '종결 어미는 청자에게 답변을 요구하거나, 어떠한 사실을 새롭게 알게 되었다는 점을 두드러지게 나타내는 등 화자의 의도를 구현할 때도 쓰인다.'라고 하였다. 따라서 '계셨구나'의 '-구나'는 할아버지가 방에 계셨다는 사실을 화자가 새롭게 알게 되었음을 나타내는 역할을 한다.

⑤ '오렴'의 '-렴'은 부드러운 명령이나 허락을 나타내는 명령형 종결 어미이므로 선지의 내용은 적절하다.

27

정답설명

⑤ 2문단에 따르면, 표제어는 다른 말과 결합하는 부분에 붙임표 '-'를 쓰며, 3문단에 따르면 둘 이상의 구성 성분으로 이루어진 표제어에는 가장 나중에 결합한 구성 성분들 사이에 붙임표가 한 번만 쓰인다. 따라서 '논둑'과 '길'이 결합한 '논둑길'은 가장 나중에 결합한 '논둑'과 '길' 사이에 붙임표가 한 번만 쓰인 '논둑-길'이 표제어가 된다.

오답설명

① '맨발'은 접두사 '맨-'과 어근 '발'로 분석된다. 2문단에서 접사와 어미처럼 자립적으로 쓰이지 않고 언제나 다른 말과 결합해야 하는 표제어에는 다른 말과 결합하는 부분에 붙임표가 쓰인다고 하였으므로, 해당 접두사에 붙임표가 붙은 '맨-'이라는 표제어에서 그 뜻풀이를 확인할 수 있을 것이다.

② '나만 비를 맞았다.'에는 '를'이라는 목적격 조사가 쓰였다. 2문단에서 조사는 자립적으로 쓰이지 않지만 단어이므로 그 앞에 붙임표가 쓰이지 않는다고 하였으므로, 해당 격 조사의 뜻풀이는 표제어 '를'에서 확인할 수 있을 것이다.

③ '저도 학교 앞에 삽니다.'에서 쓰인 동사는 '삽니다'라는 서술어의 원형인 '살다'이다. 2문단에서 용언 어간은 자립적으로 쓰이지 않지만 어미 '-다'와 결합한 기본형이 표제어가 되고, 용언 어간과 어미 '-다' 사이에 붙임표가 쓰이지 않는다고 하였으므로, 해당 동사의 뜻풀이를 표제어 '살다'에서 확인할 수 있을 것이다.

④ '앞'과 '집'이 결합한 단어는 '앞집'이다. 3문단에서 복합어의 붙임표는 구성 성분들을 반드시 붙여 써야 한다는 점을 알려 준다고 하였으므로, 표제어 '앞-집'을 통해 '앞'과 '집'을 붙여 써야 함을 확인할 수 있다.

28

정답설명

④ ㉠은 '단어의 의미가 어근이나 어간의 본뜻과 멀어진 경우'이다. '자주'는 '같은 일을 잇따라 잦게'라는 의미로, '잦다'는 [자료]의 문장에서 '여러 차례로 거듭되는 간격이 매우 짧다.'라는 의미로 쓰였다. 이를 통해 '자주'는 '잦다'라는 단어의 어원에서 의미가 멀어지지 않았음을 알 수 있다.

'조차'는 '이미 어떤 것이 포함되고 그 위에 더함'이라는 의미로, '좇다'는 [자료]의 문장에서 '남의 말이나 뜻을 따르다.'라는 의미로 쓰였다. 따라서

'조차'는 '좇다'라는 단어의 어원에서 의미가 멀어졌음을 알 수 있다.
'차마'는 '부끄럽거나 안타까워서 감히'라는 의미로, '참다'는 [자료]의 문장
에서 '억누르고 견디다.'라는 의미로 쓰였다. 따라서 '차마'는 '참다'라는 단
어의 어원에서 의미가 멀어졌음을 알 수 있다.
'부터'는 '어떤 일이나 상태 따위에 관련된 범위의 시작'이라는 의미로, '붙
다'는 [자료]의 문장에서 '맞닿아 떨어지지 아니하다.'라는 의미로 쓰였다.
따라서 '부터'는 '붙다'라는 단어의 어원에서 의미가 멀어졌음을 알 수 있다.
그러므로 ㉠에 해당하는 단어는 '조차, 차마, 부터'이다.

문제분석 29-32번

번호	정답	정답률 (%)	선지별 선택비율(%)				
			①	②	③	④	⑤
29	④	30	51	7	5	30	7
30	③	86	4	5	86	3	2
31	⑤	63	16	13	4	4	63
32	④	78	5	3	4	78	10

29

정답설명

④ 새해맞이 : ㉠ O, ㉡ O / 관형사 '새'가 명사 '해'를 수식하는 것으로 분석
할 수 있으며, 동시에 '새해(를) 맞다.'와 같이 의미상 목적어와 서술어의
관계로 이루어졌다.
한몫하다 : ㉠ O, ㉡ O / 관형사 '한'이 명사 '몫'을 수식하고 있으며, 동시
에 '한몫(을) 하다.'와 같이 의미상 목적어와 서술어의 관계로 이루어졌다.

오답설명

두말없이 : ㉠ O, ㉡ X / 관형사 '두'가 명사 '말'을 수식하는 것으로 분석할
수 있으나, '두 말(이) 없다.'와 같이 주어와 서술어의 관계로 이루어진 말이
므로 ㉡을 충족시키지 못한다.
숨은그림찾기 : ㉠ X, ㉡ O / '숨은 그림(을) 찾다.'와 같이 의미상 목적어와
서술어의 관계로 이루어져 있으나, 관형사가 아닌 용언의 활용형 '숨은'이
명사 '그림'을 수식하는 것으로 분석할 수 있으므로 ㉠을 충족하지 못한다.

30

정답설명

③ '총각'은 **기존의 의미가 사라지고** '결혼하지 않은 성년 남자'로 의미가 변
화한 단어이다. 그러나 '수세미'는 기존의 의미에 새로운 의미가 더해졌으
나, 본래의 의미가 사라진 것은 아니므로 '총각'과 유사하다고 보기 어렵다.

오답설명

① 〈보기〉에서 기존에 사용되고 있던 일상의 단어인 '연지'를 사용하여 '립스
틱'이라는 새로운 대상을 표현했다고 하였으므로 '소젖메쥬'와 같은 예로
볼 수 있다.

② 〈보기〉에 따르면 '변사'는 무성 영화를 상영할 때 나타났던 직업을 의미하
므로 무성 영화가 상영되던 시대상이 반영된 예로 볼 수 있다.
④ '가죽띠'와 '허리띠'는 모두 '혁대'의 순화어이나, 각각 재료와 착용하는 위치
에 초점을 두고 만들어진 단어이므로 대상에 대한 서로 다른 인식이 반영된
예로 볼 수 있다.
⑤ '양반'은 조선시대 사대부를 이르는 말이었으므로, 신분의 구분이 있었던
당시 사회의 모습을 엿볼 수 있다는 점에서 시대의 흔적을 담고 있다고
할 수 있다.

31

정답설명

⑤ ㉠과 ㉡을 모두 만족하려면 불규칙 활용의 양상이 같은 용언끼리 짝으로
이어져 있어야 한다. '캐묻다'와 '엿듣다' 모두 모음으로 시작하는 어미와
만날 때 '캐물어', '엿들어'와 같이 어간의 'ㄷ'이 'ㄹ'로 바뀌는 'ㄷ' 불규칙
활용을 하는 용언이므로, 두 용언은 ㉠과 ㉡을 모두 만족한다.

오답설명

① '구르다'는 '구르고, 굴러, 구르니'로 모음 어미와 만나 어간의 '르'가 'ㄹㄹ'로
바뀌는 '르' 불규칙 활용 용언이므로, ㉠에 해당한다. 그러나 '잠그다'의 경
우, '잠그고, 잠가, 잠그니'로 모음 어미와 만나 어간의 'ㅡ'가 탈락하는, 규칙
활용을 하는 용언이므로 ㉠에 해당하지 않는다. 이때, '잠그다'는 '구르다'와
활용 양상이 동일하지 않으므로 ㉡에도 해당하지 않는다.
② '흐르다'는 '흐르고, 흘러, 흐르니'로 모음 어미와 만나 어간의 '르'가 'ㄹㄹ'로
바뀌는 '르' 불규칙 활용 용언이므로, ㉠에 해당한다. 한편 '푸르다'의 경우,
'푸르고, 푸르러, 푸르니'로 모음 어미와 만나 어미의 '어'가 '러'로 바뀌는
'러' 불규칙 활용 용언이므로 ㉠에 해당한다. 하지만 '푸르다'는 '흐르다'와
활용 양상이 동일하지 않으므로 ㉡에 해당하지 않는다.
③ '뒤집다'는 '뒤집고, 뒤집어, 뒤집으니'로 규칙 활용을 한다. '껴입다'의 경우
도 '껴입고, 껴입어, 껴입으니'로 규칙 활용을 한다. 따라서 둘은 규칙 활용
을 하므로 ㉠에 해당하지는 않으며, 두 용언의 활용 양상이 동일하므로 ㉡
에는 해당한다.
④ '붙잡다'는 '붙잡고, 붙잡아, 붙잡으니'로 규칙 활용을 한다. 따라서 ㉠에 해
당하지 않는다. '정답다'의 경우, '정답고, 정다워, 정다우니'로 모음 어미와
만나 어간의 'ㅂ'이 'ㅜ'로 바뀌는 'ㅂ' 불규칙 활용 용언이므로, ㉠에 해당하
나 '붙잡다'와 그 활용 양상이 동일하지 않으므로 ㉡에 해당하지 않는다.

32

정답설명

④ '쌓다'는 '쌓아[싸아], 쌓으니[싸으니], 쌓는[싼는]'으로 활용 정보가 제시되
었다. 이때, '쌓다'의 활용형 '쌓으니'의 경우 '쌓다'의 어간 '쌓-'에 어미 '-으
니'가 결합할 때 '쌓다'의 어간 '쌓-'의 'ㅎ'이 탈락(ㅎ 탈락)하여 '싸으니'로
발음되는데 그 결과가 활용형의 표기에는 반영되지 않는다. 즉, 교체가 아
닌 탈락이 나타나고 음운 변동의 결과가 표기에 반영되지 않은 것이다.

오답설명

① '서다'는 '서[서], 서니[서니]'로 활용 정보가 제시되는 것으로 보아, 음운

변동의 결과가 활용형의 표기에 반영되었음을 알 수 있다. '서다'의 활용형 '서'는 '서다'의 어간 '서-'에 어미 '-어'가 결합할 때 동일 모음의 탈락이 일어나 '서'로 실현된 결과가 활용형의 표기에 반영된 것이다.

② '끄다'는 '꺼[꺼], 끄니[끄니]'로 활용 정보가 제시되는 것으로 보아, 음운 변동의 결과가 활용형의 표기에 반영되었음을 알 수 있다. '끄다'의 활용형 '꺼'는 '끄다'의 어간 '끄-'에 어미 '-어'가 결합할 때 '끄다'의 어간 '끄-'의 'ㅡ'가 탈락하여 '꺼'로 실현된 결과가 활용형의 표기에 반영된 것이다.

③ '풀다'는 '풀어[푸러], 푸니[푸니]'로 활용 정보가 제시되었다. 이때, '풀다'의 활용형 '푸니'의 경우 '풀다'의 어간 '풀-'에 어미 '-니'가 결합할 때 '풀다'의 어간 '풀-'의 'ㄹ'이 탈락하여 '푸니'로 발음되는 결과가 활용형의 표기에 반영된 것이다.

⑤ '믿다'는 '믿어[미더], 믿으니[미드니], 믿는[민는]'으로 활용 정보가 제시되었다. 이때, '믿다'의 활용형 '믿는'의 경우 '믿다'의 어간 '믿-'에 어미 '-는'이 결합할 때 비음화가 일어나 '믿다'의 어간 '믿-'의 'ㄷ'이 'ㄴ'으로 교체되지만 그 결과가 표기에는 반영되지 않았다.

문제분석 **33-36번**

번호	정답	정답률(%)	선지별 선택비율(%)				
			①	②	③	④	⑤
33	④	92	1	4	1	92	2
34	②	76	6	76	7	5	6
35	⑤	75	4	2	10	9	75
36	②	81	5	81	7	6	1

33

정답설명

④ ㄹ은 '발음을 기준으로 할 때' 우리말의 음절을 네 가지 유형으로 나눈 것이다. '몫'은 자음군 단순화에 의해 [목]으로 발음되므로, '목[목]'과 같은 '자음+모음+자음' 유형에 해당한다.

오답설명

① '싫증'은 자음군 단순화와 된소리되기가 일어나 [실쯩]으로 발음된다. 그러나 '싫은 생각이나 느낌, 또는 그런 반응'이라는 의미를 효과적으로 전달하기 위해 어근 '싫-'의 형태를 고정하여 적는다.

② '북소리'는 된소리되기가 일어나 [북쏘리]로 발음되며, '국물'은 비음화가 일어나 [궁물]로 발음되므로, 표기가 실제 발음을 그대로 드러내지 않는 경우(ㄴ)에 해당한다.

③ ㄷ은 실제 발음이 아니라 '표기된 글자' 하나하나를 음절로 인식하는 경우를 가리킨다. 표기에 따르면 '나뭇잎'의 '잎'과 '잎새'의 '잎'은 그 형태가 같으므로 같은 음절로 인식되어 연결될 수 있다.

⑤ '북어'는 [부거]로 발음된다. '북'과 '어'라는 표기 형태는 각각 '자음+모음+자음', '모음'에 해당하고, [부]와 [거]의 음절 유형은 '자음+모음', '자음+모음'에 해당하므로 표기 형태가 음절 유형을 그대로 나타내지 않는 경우(ㅁ)에 해당한다. 그러나 '강변'은 그대로 [강변]으로 발음되므로, 표기 형태가

음절 유형을 그대로 나타내는 경우에 해당한다.

34

정답설명

② 옷만 → [옫만] → [온만]에서는 받침의 'ㅅ'이 음절의 끝소리 규칙에 따라 [ㄷ]으로 바뀌는, 음절 구조 제약과 관련된 교체가 나타난다. 받침 ㄷ과 뒷말의 첫소리 ㅁ이 만나 일어난 비음화는 [A]에 제시된 음절 구조 제약과 관련된 교체에 해당하지 않는다.

오답설명

① 굳이 → [구지]에서는 구개음화가 나타나는데, 이는 [A]에 제시된 음절 구조 제약과 관련된 교체에 해당하지 않는다.

③ 물약 → [물냑] → [물략]에서는 'ㄴ' 첨가와 유음화가 나타나는데, 'ㄴ' 첨가는 음절 구조 제약과는 무관한 첨가에 해당하며, 유음화 또한 [A]에 제시된 음절 구조 제약과 관련된 교체에 해당하지 않는다.

④ 값도 → [갑도] → [갑또]에서는 자음군 단순화와 된소리되기가 일어난다. 자음군 단순화는 '종성에는 둘 이상의 자음이 올 수 없다는 제약'에 따라 나타나는 것이므로 음절 구조 제약과 관련된 탈락에 해당한다. 그러나 된소리되기는 [A]에 제시된 음절 구조 제약과 관련된 교체에 해당하지 않는다.

⑤ 핥는 → [할는] → [할른]에서는 자음군 단순화와 유음화가 일어난다. 자음군 단순화는 '종성에는 둘 이상의 자음이 올 수 없다는 제약'에 따라 나타나는 것이므로 음절 구조 제약과 관련된 탈락에 해당한다. 그러나 유음화는 [A]에 제시된 음절 구조 제약과 관련된 교체에 해당하지 않는다.

35

정답설명

⑤ 4문단에서 "중세 국어에서는 '의'가 앞 체언에 붙어 관형격 조사와 부사격 조사로 쓰이기도 했다."라고 하였다. 따라서 중세 국어에서 체언에 조사 '의'가 붙은 말은 관형어나 부사어로 쓰였을 것임을 알 수 있다.

오답설명

① 현대 국어의 '책꽂이'는 '책을 세워서 꽂아 두는 물건이나 장치'를 의미하므로, 이때의 '-이'는 '…하는 데 쓰이는 도구'의 의미를 나타내는 접사로 볼 수 있다.

② 1문단에서 현대 국어의 '놀이'에서의 '-이'는 '…하는 행위'의 의미를 나타낸다고 하였다. 또한 2문단에서 중세 국어의 '사리'에서의 '-이'는 '…하는 행위'의 의미를 나타낸다고 하였으므로, 현대 국어와 중세 국어 모두 접사 '-이'가 동일한 의미로 사용되었음을 알 수 있다.

③ 3문단에서 용언 어간에 붙는 중세 국어의 접사 '-의'는 '-이'와 달리 부사는 파생하지 않았다고 하였으므로, '길-'에 '-의'가 붙어 형성된 '기릐'는 명사로만 쓰였을 것임을 알 수 있다.

④ 3문단에서 중세 국어의 명사 파생 접사 '-의'는 모음 조화에 따라 양성 모음 뒤에서 '-의'로 쓰였다고 하였으며, 이 접사는 부사는 파생하지 않았다고 하였다. 따라서 접사 '-의'가 붙어 파생된 단어는 두 가지 품사로 쓰이지 않았을 것이다.

36

정답설명

② ㉡의 '구븨'는 현대어 풀이를 참고할 때, 명사 '굽이'로 볼 수 있다. 음성 모음이 쓰인 용언 어간 '굽-'에 모음 조화에 따라 중세 국어의 명사 파생 접사 '-의'가 쓰인 것이다. 또한 3문단에서 '-의'는 부사를 파생하지 않는다고 하였다.

오답설명

① ㉠의 '겨틔'는 현대어 풀이를 참고할 때, 음성 모음이 쓰인 체언 '곁'에 모음 조화에 따라 중세 국어의 부사격 조사 '의'가 결합한 것으로 볼 수 있다.

③ ㉢의 '볼기'는 현대어 풀이를 참고할 때, 용언 어간 '붉-'에 부사 파생 접사 '-이'가 결합한 것으로 볼 수 있다. 또한 3문단에서 중세 국어의 접사 '-이'는 모음 조화와는 무관하게 결합한다고 하였다.

④ ㉣의 '글지시'는 현대어 풀이를 참고할 때, 용언의 어간 '글짓-'에 명사 파생 접사 접사 '-이'가 결합한 것으로 볼 수 있으며, 3문단에서 중세 국어의 접사 '-이'는 모음 조화와는 무관하게 결합한다고 하였다.

⑤ ㉤의 '뜨리'는 현대어 풀이를 참고할 때, 양성 모음이 쓰인 체언 '똘'에 모음 조화에 따라 중세 국어의 관형격 조사 '이'가 결합한 것으로 볼 수 있다.

문제분석 37-40번

번호	정답	정답률(%)	선지별 선택비율(%)				
			①	②	③	④	⑤
37	③	62	5	24	62	8	1
38	②	65	18	65	13	3	1
39	③	69	6	12	69	4	9
40	③	79	4	3	79	11	3

37

정답설명

③ 3문단에 따르면 '국밥'은 [국빱]으로 발음되지만, 우리는 이것을 '빱'이 아니라 '밥'과 관련된 것으로 인식한다. 그 이유는 [국빱]을 들을 때 된소리되기가 인식의 틀로 작동하여 된소리되기 이전의 음운 배열인 '국밥'으로 복원되기 때문이다. 따라서 '밥만[밤만]'을 듣고 비음화가 인식의 틀로 작동하였다면 '밥만'으로 알았을 것이므로 적절하지 않다.

오답설명

① 1문단에 따르면 국어는 한 음절 내에서 모음 앞이나 뒤에 각각 최대 하나의 자음을 둘 수 있으므로, '몫[목]'의 발음에서 겹받침 'ㄳ'의 'ㅅ'이 탈락하는 것을 이해할 수 있다.

② 2문단에 따르면 음운은 그 자체로는 뜻이 없지만, 음운이 하나 이상 모여 뜻을 가지면 의미의 최소 단위인 형태소가 된다. 이에 따르면 음운 'ㄹ'은 그 자체에는 뜻이 없지만, '갈 곳'의 'ㄹ'은 관형사형 전성 어미로 쓰이고

있으므로 뜻을 가진 최소 단위가 된다.

④ 3문단에 따르면 외국어를 듣는 상황에서는 외국어를 국어의 음절 구조에 맞게 바꾸어 인식하게 된다. 따라서 영어 단어 'spring'은 우리말 음절 구조에 맞게 3음절 '스프링'으로 바꾸어 인식된다.

⑤ 3문단에 따르면 국어에 없는 소리를 듣는다면 국어에서 가장 가까운 음운으로 바꾸어 인식하게 된다. 따라서 영어 단어 'vocal'이 '보컬'로 인식되는 것은 'v'와 가장 비슷한 국어 음운이 'ㅂ'이기 때문이다.

38

정답설명

② 〈보기〉의 모든 예시에서 음운 변동이 일어났다. 문제에서 요구한 대로 형태소와 형태소가 만나는 경계(㉠)에서 음운 변동이 일어난 예만을 골라야 한다.

ⓐ는 '앞+일'로, 두 형태소 '앞'과 '일'이 만나는 경계에서 첨가('ㄴ' 첨가)와 교체(비음화)가 일어났다.

ⓒ는 '넣+고'로, 두 형태소 '넣-'과 '-고'가 만나는 경계에서 'ㅎ'과 'ㄱ'이 'ㅋ'으로 축약(거센소리되기)되었다.

ⓔ는 '굳+이'로, 두 형태소 '굳-'과 '-이'가 만나는 경계에서 'ㄷ'이 'ㅈ'으로 교체(구개음화)되었다.

오답설명

ⓑ는 '장미+꽃'으로 '꽃'의 'ㅊ'이 'ㄷ'으로 교체되었다. 이는 ㉠의 위치에서 음운 변동이 일어난 것이 아니라, 어말에서 음운 변동이 일어난 것이다.

ⓓ는 두 개의 형태소로 분리되지 않는 단일어이므로, ㉠의 위치에서 음운 변동이 일어난 것이 아니라, 한 형태소 내부에서 일어난 것이다.

39

정답설명

③ '뒤돌다'는 명사 '뒤'와 동사 '돌다'가 부사어와 서술어의 관계(뒤로 돌다)를 보여 주므로 구성적 측면에서 ㉡이 아닌 ㉢과 동일한 유형의 합성 용언이다. 여기에서 '돌다'는 '방향을 바꾸다.'라는 자동사의 의미로 쓰였으며 목적어를 별도로 필요로 하지 않으므로, '뒤를 돌다'와 같은 목적어와 서술어의 관계로 보기 어렵다.

오답설명

① '값싸다'는 명사 '값'과 형용사 '싸다'가 주어와 서술어의 관계(값이 싸다)를 보여 주므로 구성적 측면에서 ㉠과 동일한 유형의 합성 용언이다.

② '눈부시다'는 명사 '눈'과 형용사 '부시다'가 주어와 서술어의 관계(눈이 부시다)를 보여 주므로 구성적 측면에서 ㉠과 동일한 유형의 합성 용언이다.

④ '밤새우다'는 명사 '밤'과 동사 '새우다'가 목적어와 서술어의 관계(밤을 새우다)를 보여 주므로 구성적 측면에서 ㉡과 동일한 유형의 합성 용언이다.

⑤ '앞서다'는 명사 '앞'과 동사 '서다'가 부사어와 서술어의 관계(앞에 서다)를 보여 주므로 구성적 측면에서 ㉢과 동일한 유형의 합성 용언이다.

40

정답설명

③ ⓒ의 '담쌓다'는 구성 요소인 '담'과 '쌓다'의 기존 의미를 벗어나 '관계나 인연을 끊다.'라는 새로운 의미를 획득한 경우이다. 이때 '야식과'와 같은 필수 부사어를 요구하므로 적절하다.

오답설명

① ⓐ의 '목마르다'는 구성 요소인 '목'과 '마르다'의 기존 의미를 벗어나 '어떠한 것을 간절히 원하다.'라는 새로운 의미를 획득한 경우이므로 선지의 앞부분이 옳지 않다. 이때 '깨달음에'와 같은 필수 부사어를 요구하므로 선지의 뒷부분은 적절하다.

② ⓑ의 '점찍다'는 구성 요소인 '점'과 '찍다'의 기존 의미를 벗어나 '어떻게 될 것이라고 또는 어느 것이라고 마음속으로 정하다.'라는 새로운 의미를 획득한 경우이며, '간식으로'와 같은 필수 부사어를 요구하므로 선지의 내용은 적절하지 않다.

④ ⓓ의 '녹슬다'는 구성 요소인 '녹'과 '슬다'의 기존 의미를 벗어나 '오랫동안 쓰지 않고 버려두어 낡거나 무디어지다.'라는 새로운 의미를 획득한 경우이므로 선지의 앞부분은 적절하다. 그런데 이는 필수 부사어를 요구하지 않으므로 선지의 뒷부분이 적절하지 않다.

⑤ ⓔ의 '눈뜨다'는 구성 요소인 '눈'과 '뜨다'의 기존 의미를 벗어나 '잘 알지 못했던 이치나 원리 따위를 깨달아 알게 되다.'라는 새로운 의미를 획득한 경우이므로 선지의 앞부분은 적절하다. 그런데 이는 '최신 이론에'와 같은 필수 부사어를 요구하므로 선지의 뒷부분이 적절하지 않다.

문제분석   41-44번

번호	정답	정답률 (%)	선지별 선택비율(%)				
			①	②	③	④	⑤
41	②	25	8	25	54	6	7
42	④	82	4	3	6	82	5
43	③	67	4	17	67	7	5
44	⑤	66	8	7	8	11	66

41

정답설명

② 자, 먼저 ㉠에 따라 제시된 단어들을 분석해 보자.

㉮ 새우볶음 : '새우', '볶-', '-음'
→ 명사 어근 + 동사 어근 + 명사 파생 접미사

㉯ 집안싸움 : '집', '안', '싸우-', '-ㅁ'
→ 명사 어근 + 명사 어근 + 동사 어근 + 명사 파생 접미사

㉰ 논밭갈이 : '논', '밭', '갈-', '-이'
→ 명사 어근 + 명사 어근 + 동사 어근 + 명사 파생 접미사

㉱ 탈춤놀이 : '탈', '추-', '-ㅁ', '놀-', '-이'
→ 명사 어근 + 동사 어근 + 명사 파생 접미사 + 동사 어근 + 명사 파생

접미사

따라서 내부 구조가 동일한 단어 묶음은 '㉯ 집안싸움'과 '㉰ 논밭갈이'이다.

형태쌤의 과외시간

이렇게 하나씩 분석해 놓으니, 정답이 ②번이라는 것은 바로 알 수 있지? 다만, 시험장에서 하나씩 분석하는 데 시간이 오래 걸렸을 수도 있겠다. 평가원은 역시 기본적인 개념에 대해 집요하게 묻는다는 것을 여실히 알 수 있었던 문제구나. 혹시라도 형태소 분석에서 머뭇거렸던 학생들은 반성하고 기본 개념을 철저히 학습하도록 하자.

42

정답설명

④ 입꼬리 : 입의 양쪽 구석 / 도끼눈 : 매섭게 노려보는 눈
2문단의 "'매섭게 노려보는 눈'을 뜻하는 합성 명사 '도끼눈'은~'도끼'가 자립적으로 쓰일 때 가지고 있던 의미라고 보기 어렵다."를 통해 '도끼ⓑ눈ⓐ'임을 알 수 있다.
즉, '입ⓐ꼬리ⓑ', '도끼ⓑ눈ⓐ'이므로 ⓑ를 나타내는 어근의 위치가 다르다.

오답설명

① 칼잠 : 옆으로 누워 불편하게 자는 잠 / 구름바다 : 넓게 깔린 구름
3문단의 "'넓게 깔린 구름'을 뜻하는 '구름바다'에는~합성 명사의 후행 어근에서 주로 관찰된다."에서 '구름ⓐ바다ⓑ'임을 알 수 있다.
즉, '칼ⓑ잠ⓐ', '구름ⓐ바다ⓑ'이므로 ⓐ를 나타내는 어근의 위치가 다르다.

② 머리글 : 책의 첫 부분에 내용이나 목적을 간략히 적은 글 / 물벼락 : 갑자기 세차게 쏟아지는 물
3문단의 "'물벼락'에서 주변적 의미를 나타내는 '벼락'의 위치"에서 물ⓐ벼락ⓑ'임을 알 수 있다.
즉, '머리ⓑ글ⓐ', '물ⓐ벼락ⓑ'이므로 ⓐ를 나타내는 어근의 위치가 다르다.

③ 일벌레 : 일을 지나치게 열심히 하는 사람 / 벼락공부 : 평소에는 하지 않고 있다가 시험 때가 닥쳐서야 갑자기 서둘러 하는 공부
3문단의 "'벼락공부', '물벼락'에서 주변적 의미를 나타내는 '벼락'의 위치를 통해 알 수 있다."에서 '벼락ⓑ공부ⓐ'임을 알 수 있다.
즉, '일ⓐ벌레ⓑ', '벼락ⓑ공부ⓐ'이므로 ⓑ를 나타내는 어근의 위치가 다르다.

⑤ 꼬마전구 : 조그마한 전구 / 꿀잠 : 아주 달게 자는 잠
3문단의 "'아주 달게 자는 잠'을 뜻하는 '꿀잠'에는~합성 명사의 선행 어근에서 주로 관찰된다."에서 '꿀ⓑ잠ⓐ'임을 알 수 있다.
즉, '꼬마ⓑ전구ⓐ', '꿀ⓑ잠ⓐ'이므로 ⓑ를 나타내는 어근의 위치가 같다.

형태쌤의 과외시간

혹시 지문을 읽지 않고 바로 문제를 풀려고 했다면 잘 안 풀렸을 수 있다. '구름바다'와 같이 판단하기 애매한 단어들이 있거든. 하지만 지문에 문제를 푸는 데 필요한 모든 힌트가 다 들어 있으므로 문제가 잘 풀리지 않는다면 바로 지문을 읽고 풀이하도록 하자.

43

정답설명

③ 2문단에서 '애/에/예'가 쓰일 위치에 부사격 조사인 '의/의'가 쓰이는 경우가 있었다며, 그 예로 ⓒ '나조히'를 들었다. 따라서 이는 현대 국어로 '저녁에'로 해석해야 하며, 관형격 조사가 아닌 부사격 조사의 쓰임으로 봐야 한다.

오답설명

① 2문단에서 끝음절이 모음 '이'나 반모음 'ㅣ'로 끝날 때에는 부사격 조사의 형태가 '예'로 쓰였다며, 그 예로 ㉠ '뉘예'(뉘+예)를 들었다. 이때 '뉘'는 반모음 'ㅣ'로 끝나는 체언이므로 선지의 진술은 적절하다.

학생들이 자주 묻는 질문

Q. 중세 국어에서 'ㅣ'로 끝나는 모음에는 무엇이 있나요?
A. 중세 국어의 모음 체계는 현대와 다르다. 중세 국어에서 말하는 'ㅣ' 계열 모음은 'ㅣ'를 포함해, 우측에 'ㅣ'가 있는 모음을 가리킨다. 여기엔 'ㅐ, ㅔ, ㅚ, ㅟ, ㅢ, ㆎ, ㅒ, ㅖ, ㅙ, ㅚ, ㅞ, ㆌ'가 있다. 중세에는 이러한 모음들을 단모음+반모음 'ㅣ'로 구성된 이중 모음이라고 보았다.

② 2문단에서 ㉡ '우ㅎ'는 시간이나 장소를 나타내는 부사격 조사 '애/에/예'가 쓰일 자리에 '의/의'가 쓰인다고 하였다. 이때, '우ㅎ'의 모음 'ㅜ'는 음성 모음이므로, 모음 조화에 따라 '의'가 쓰여 '우희'로 표기한다.

④ 3문단에서 "'ᅵ그에'는 관형격 조사 '의'에 '그에'가 결합된 형태"라고 하였으므로 적절하다.

⑤ 1, 3문단에 따르면 'ㅅ'은 중세 국어에서 존칭의 유정 체언에 쓰인 관형격 조사이며, 여기에 '긔'가 결합된 부사격 조사 'ㅅ긔'는 존칭의 유정 명사에서 쓰이다가 현대 국어에서 객체 높임의 대상에 쓰이는 '께'로 이어졌다. ㉢ '께'는 'ㅅ긔'가 이어진 형태이므로, '께'가 현대 국어에서 존칭 체언에 사용되는 것은 중세 국어 관형격 조사 'ㅅ'과 관련지어 생각할 수 있다.

44

정답설명

⑤ [A]에서는 관형격 조사 '의'가 주격 조사처럼 해석되는 경우를 설명하고 있다. ⓔ는 관형격 조사 '의'를 사용하고 있는데, 이는 '공자가 남기신 글이다.'로 해석하는 것이 자연스러우므로 '孔子(공자)의'를 '기티신'의 의미상

주어로 볼 수 있다. 이때 '孔子(공자)'는 관형격 조사 'ㅅ'이 결합하는 존칭의 유정 체언인데, 'ㅅ'이 쓰일 자리에 '의'가 쓰였으므로 이는 예외적 결합에 해당한다.

오답설명

① 관형격 조사의 형태는 그 조사의 뒤에 나오는 체언이 아니라 관형격 조사가 붙는 체언, 즉 조사의 앞에 나오는 체언에 따라 달라진다. '수플'에 'ㅅ'이 결합한 것은 '神靈(신령)'과는 관계가 없다. '수플'이 무정 체언이기 때문에 'ㅅ'이 결합한 것이다.

② '놈'은 평칭의 유정 명사이므로 '익'가 결합한 것은 맞다. 그러나 'ㆍ'나 'ㅣ'가 양성 모음인 것은 반드시 기본적으로 알아야 한다!

③ 관형격 조사가 주격 조사처럼 해석되는 예외적 결합은 관형격 조사와 결합한 체언이 바로 뒤의 서술어와 호응할 때이다. '世界(세계)ㅅ'은 '보샤'와 호응하는 것이 아니라 바로 뒤의 '일'을 수식하고 있으며, '世界(세계)'가 무정 체언이기 때문에 'ㅅ'이 결합한 것이므로 선지의 진술은 적절하지 않다.

④ '이 사ᄅᆡ'가 '잇ᄂᆞ'의 의미상 주어인 것은 맞지만, '이 사름'은 평칭의 유정 체언이며 모음 조화에 따라 양성 모음이 와야 하기에 '익'가 결합하는 것이므로 예외적으로 볼 수 없다.

문제분석 **45-48번**

번호	정답	정답률 (%)	선지별 선택비율(%)				
			①	②	③	④	⑤
45	④	29	50	8	12	29	1
46	③	73	3	2	73	4	18
47	④	40	11	16	13	40	20
48	④	86	2	5	3	86	4

45

정답설명

④ '놀이방'은 의미에 따라 직접 구성 요소를 '놀이'와 '방'으로 나눌 수 있다. 이때, '놀이'는 '놀-', '-이'라는 의존 형태소 두 개로 분석되므로, 의존 형태소만으로 이루어진 직접 구성 요소가 있다는 설명은 적절하다. 마찬가지로 '단맛'을 직접 구성 요소로 나누면 '단', '맛'이 되는데, 이때 '단'은 '달-', '-ㄴ'이라는 의존 형태소 두 개로 분석된다.

오답설명

① '용꿈'의 직접 구성 요소는 '용'과 '꿈'으로 나눌 수 있다. 이때 '용'은 한 개의 자립 형태소로 이루어진 어근이 맞지만, '꿈'은 '꾸-', '-ㅁ'이라는 의존 형태소 두 개로 이뤄져 있으므로 선지의 진술은 적절하지 않다.

② '망치질'을 직접 구성 요소로 나누면 어근 '망치', 접사 '-질'이 되므로 직접 구성 요소 중 하나가 접사인 파생어가 맞다. 그러나 '봄날'을 직접 구성 요소로 나누면 어근 '봄', 어근 '날'이 되므로 직접 구성 요소가 모두 어근인 합성어임을 알 수 있다.

③ '지은이'의 직접 구성 요소는 '지은'과 '이'다. 이 중 '이'는 명사(의존 명

사) 어근으로 자립 형태소에 해당한다. 그러나 '지은'은 '짓-', '-은'이라는 의존 형태소로만 구성되어 있으므로 직접 구성 요소 모두 자립 형태소를 포함한다는 선지는 적절하지 않다.

학생들이 자주 묻는 질문

Q. 명사 어근 '이'와 접미사 '-이'는 어떻게 구별하나요?
A. '사람'의 뜻을 나타내는 의존 명사 '이'는 단어 형성 과정에서 용언의 관형사형 뒤에 결합합니다. 반면, '사람'의 뜻을 더하는 접미사 '-이'는 명사나 동사의 어간, 부사 뒤에 결합합니다.

⑤ [A]에 따르면 직접 구성 요소는 의미를 고려하여 어떤 말을 둘로 나누었을 때 그 둘 각각을 이르는 말이다. '꽃고무신'의 의미는 '꽃으로 장식한 고무신'이므로 '고무신'이 중심 의미이고, '꽃'은 이를 수식하는 구조임을 알 수 있다. 따라서 '꽃고무'와 '신'으로 나누는 게 아니라 '꽃'과 '고무신'으로 나눠야 한다.

46

정답설명

③ ⓒ '직선'은 단어 형성에 사용된 말 '직접'과 '선거'의 첫음절끼리 결합한 경우이므로 ⓛ에 해당한다. 이때, '직선'은 선거인이 직접 피선거인을 뽑는 '선거'라는 의미를 나타낸다는 점에서 단어 형성에 사용된 '선거'와 상하 관계를 맺는다.

오답설명

① ⓐ '흰자'는 '흰자위'라는 단어에서 형태가 줄어든 경우이므로 ⓥ에 해당하는 것은 맞다. 그러나 '흰자'와 '흰자위'는 서로 바꾸어 써도 그 의미에 차이가 거의 없어 유의 관계를 맺으므로 선지의 진술은 적절하지 않다.

② ⓑ '공수'는 단어 형성에 사용된 말 '공격'과 '수비'의 첫음절끼리 결합한 경우이므로 ⓥ이 아니라 ⓛ에 해당한다. 또한, '공수'를 '공격'이나 '수비'로 바꾸어 쓰면 의미에 차이가 생기므로 이를 유의 관계로 파악할 수 없다.

④ ⓓ '민자'는 단어 형성에 사용된 말 '민간'의 앞부분과 '투자'의 뒷부분이 결합한 경우이므로 ⓛ이 아니라 ⓒ에 해당한다. 이때, '민자'를 '민간'이나 '투자'로 바꾸어 쓰면 의미에 차이가 생기므로 단어 형성에 사용된 두 말 중 어느 말과도 유의 관계를 맺지 않는다는 이해는 적절하다.

⑤ ⓔ '외화'는 단어 형성에 사용된 말 '외국'의 앞부분과 '영화'의 뒷부분이 결합한 경우이므로 ⓒ에 해당하는 것은 맞다. 이때, '외화'는 다른 나라에서 만든 '영화'라는 의미를 나타낸다는 점에서 단어 형성에 사용된 '영화'와 상하 관계를 맺으므로 선지의 진술은 적절하지 않다.

47

정답설명

④ 〈초성자 용자례〉에 제시된 아음 이체자의 예시 단어는 '러울'이다. 이때 '러'는 반설음자 'ㄹ'이 초성자로 쓰인 것이므로, '러울'은 초성자의 반설음

자의 예시 단어로 적절하다. 한편, '울'은 반설음자 'ㄹ'이 종성자로 쓰인 것이므로 '러울'은 종성자의 반설음자의 예시 단어로도 적절하다.

오답설명

① 1문단에서 중성자는 하늘, 땅, 사람의 모습을 본떠서 만든 기본자 3자가 있다고 하였으므로 '모든 기본자'가 발음 기관을 본떠 만든 것이라는 설명은 적절하지 않다.

② 〈초성자 용자례〉에 따르면 초성자 기본자는 'ㄱ, ㄴ, ㅁ, ㅅ, ㅇ'이다. 이때 용자례 예시 단어에서 후음 기본자 'ㅇ'은 단어의 종성에 사용되지 않았음을 확인할 수 있다. '콩, 부헝, 남샹, 굼벙'의 'ㆁ(옛이응)'은 아음 이체자에 해당한다.

③ 1문단에서 기본자 5자가 있고 이를 바탕으로 가획의 원리(예 : ㄱ → ㅋ)에 따라 만든 가획자 9자가 있다고 하였다. 이를 통해 아음 기본자 'ㄱ'의 가획자는 'ㅋ'이며, 〈초성 용자례〉의 가획자 단어 '콩'에서 해당 자음자가 예시되었음을 알 수 있다. 참고로 가획자 9자는 'ㅋ, ㄷ, ㅌ, ㅂ, ㅍ, ㅈ, ㅊ, ㅎ, ㆆ'인데 〈초성자 용자례〉에는 가획자 8자만 단어가 예시되어 있으며, 단어가 예시되지 않은 가획자는 'ㆆ'으로 이는 후음에 속한다.

⑤ 〈중성자 용자례〉에 제시된 초출자 'ㅓ'의 예시 단어는 '브섭'이다. 이때 '섭'은 반치음 이체자 'ㅿ'이 초성자로 쓰인 것이므로, '브섭'은 반치음 이체자의 예시 단어로 적절하다. 다만 '섭'의 종성에는 순음 가획자인 'ㅂ'이 쓰였으므로, 순음 기본자 'ㅁ'의 예시 단어로 쓸 수 있다는 설명은 적절하지 않다.

48

정답설명

④ ⓓ는 '부헝'(>부엉이)의 '부헝'이 접사 '-이'가 덧붙어 같은 의미의 새 단어 '부엉이'가 만들어진 것처럼 접사가 결합해 새 단어가 만들어지는 유형에 해당한다. 하지만 '산 거믜'(>산 거미)의 '거믜'는 이중 모음 'ㅢ'가 단모음 'ㅣ'로 변화한 것으로, 이중 모음 'ㅕ'가 단모음 'ㅣ'로 변하거나 이중 모음 'ㅛ'가 단모음 'ㅗ'로 변한 ⓑ의 '셤'이나 '쇼'와 같이 이중 모음이 단모음화한 유형에 해당한다.

오답설명

① '벼리 딘'(>별이 진)의 '딘'은 'ㄷ'이 'ㅈ'으로 변화한 것으로, 'ㅌ'이 'ㅊ'으로 변하거나 'ㄷ'이 'ㅈ'으로 변한 ⓐ의 '고틱'나 '뎔'과 같이 구개음화가 일어난 유형에 해당한다.

학생들이 자주 묻는 질문

Q. '진'은 한 단어인데 왜 구개음화가 일어나나요?
A. 현대 국어에서 구개음화는 받침 'ㄷ, ㅌ'이 'ㅣ' 모음 계열의 형식 형태소와 결합되는 경우에 [ㅈ, ㅊ]으로 교체되는 것으로, 형태소 경계에서 일어난다. 하지만 구개음화가 과도하게 일어난 근대 국어에서는 한 형태소 내부에서도 구개음화가 일어났고, 이를 표기에 반영하였다.

② '셔울 겨샤'(>서울 계셔)의 '셔울'은 이중 모음 'ㅕ'가 단모음 'ㅓ'로 변화한

것으로, 이중 모음 'ㅕ'가 단모음 'ㅣ'로 변하거나 이중 모음 'ㅛ'가 단모음 'ㅗ'로 변한 ⓑ의 '셤'이나 '쇼'와 같이 이중 모음이 단모음화한 유형에 해당한다.

③ '플 우희()풀 위에)'의 '플'은 평순모음인 'ㅡ'가 원순모음인 'ㅜ'로 변화한 것으로, 'ㅡ'가 'ㅜ'로 변한 ⓒ의 '믈()물'이나 '브섭()부엌)'과 같이 양순음 'ㅂ, ㅃ, ㅍ, ㅁ' 다음에서 비원순모음 'ㅡ(·)'가 원순모음 'ㅜ(ㅗ)'로 바뀌는 원순모음화가 일어난 유형에 해당한다.

⑤ '닥 닙()닥나무 잎)'의 '닥'은 다른 단어인 '나무'가 덧붙어 같은 의미의 새 단어인 '닥나무'가 만들어진 것으로, ⓔ의 '골()갈대)'에서 '골'에 '대'가 결합한 것과 같은 유형에 해당한다.

문제분석   49-54번

번호	정답	정답률 (%)	선지별 선택비율(%)				
			①	②	③	④	⑤
49	④	69	5	2	9	69	15
50	⑤	26	13	29	9	23	26
51	④	55	3	14	11	55	17
52	③	78	1	16	78	2	3
53	⑤	81	4	5	4	6	81
54	④	82	2	4	6	82	6

49

형태쌤의 과외시간

- ⓐ : 알지 못하는 금액을 이르는 말 → 미지칭
  서술격 조사 '이다'와 결합 → 명사
- ⓑ : 특정한 일이 아닌 불분명한 어떤 일을 이르는 말 → 부정칭
  체언 '일' 수식 → 관형사
- ⓒ : 특정한 어떤 때가 아닌 불분명한 어떤 때를 이르는 말 → 부정칭
  용언 '보다' 수식 → 부사
- ⓓ : 밖에 있는 대상이 누구인지 알지 못함을 나타내는 말 → 미지칭
  밖에 어떤 대상이 있는지 불분명한 상황에 이르는 말 → 부정칭
  체언 '분' 수식 → 관형사

정답설명

④ ⓑ는 대상이 정해지지 않아 불분명함을 나타내는 관형사이고, ⓒ는 대상이 정해지지 않아 불분명함을 나타내는 부사이다.

오답설명

① ⓐ는 대상을 알지 못함을 나타내는 명사이고, ⓑ는 대상이 정해지지 않아 불분명함을 나타내는 관형사이다.

② ⓐ는 대상을 알지 못함을 나타내는 명사이고, ⓒ는 대상이 정해지지 않아 불분명함을 나타내는 부사이다.

③ ⓐ는 대상을 알지 못함을 나타내는 명사이고, ⓓ는 대상을 알지 못함 혹은 대상이 불분명함을 나타내는 관형사이다.

⑤ ⓑ는 대상이 정해지지 않아 불분명함을 나타내는 관형사이고, ⓓ는 맥락에 따라 판단이 달라지는 관형사다. 즉, 대상을 알지 못하는 미지칭으로도, 대상의 유무가 정해지지 않아 불분명함을 나타내는 부정칭으로도 쓰일 수 있다.

50

형태쌤의 과외시간

〈시험장에서〉 선지를 봤는데, 판단이 잘 안 될 때는?

바로 판단의 기준이 명확하지 않기 때문이다. 선지를 봤는데, '지칭어, 호칭어'에 대한 판단이 잘 안 될 때는, 그 즉시 〈보기〉에 해당하는 '지문'으로 가서 판단의 기준을 정확하게 만들고 와야 한다. 이 상태에서 선지를 붙잡고 고민을 해봐야 시간만 날리는 행위이기 때문이다. 이 문제는 처참한 정답률이 어이없을 정도로 어려운 문법적 개념을 요구하지 않는다. 시험장에서 문제를 대하는 일관된 원칙이 없기에 오답으로 손이 간 것이다.

정답설명

⑤ ⑰ '여보세요'는 가까이 있는 사람을 부를 때 쓰는 말인 '여봐요'를 조금 높여 이르는 말이다. 이는 아버지가 아들의 생각에 주의를 주려는 특수한 의도를 가지고 상황에 어울리지 않는 호칭어를 사용한 사례(ⓜ)에 해당한다.

오답설명

① ㉮는 '아들'이 '엄마'를 부르는 호칭어이고, ㉯는 '아빠'가 '아내'를 부르는 호칭어이다. 따라서 ㉮와 ㉯는 ㉠이 아닌 화자와의 관계에 따라 같은 대상에 대한 호칭어가 달라지는 사례(ⓛ)에 해당한다.

② ㉰와 ㉱에서 화자와 대상의 친족 관계는 각각 조카와 이모, 형부와 처제로 다르지만 동일한 친족어를 사용하여 대상을 지칭하고 있으므로 ⓛ에 해당한다. 그러나 ㉰는 단일어이고, ㉱는 명사 '이모'에 접미사 '-님'이 결합한 복합어이므로 서로 같은 형식이라고 볼 수 없다.

③ ㉱가 제시된 상황은 가족 간의 대화 장면이므로 공적이고 격식적인 상황이라고 보기 어렵다.

④ ㉲은 공적 관계에 있고 격식적인 대화 상황에서 공적인 직위나 지위 등을 사용하여 대상을 이르거나 부를 수 있음을 보이는 사례인데, 제시된 상황은 가족 간의 대화 장면이므로 공적이고 격식적인 상황이라고 보기 어렵다. 또한 ㉰는 조카가 이모를 가리켜 이르는 지칭어이고, 같은 대상을 가리키는 ㉱는 호칭어가 아니라 형부가 처제를 가리켜 이르는 지칭어이다.

51

정답설명

④ 일반적으로 품사 통용에서 명사와 부사의 구분은 '조사 결합 여부나 용언 수식 여부'로 판단을 한다. 하지만 여기서는 '조사 결합'이 나타나지 않았다. 이때는 〈보기〉에 해당하는 〈지문〉의 내용을 통해 접근해야 한다. 1문단에서 '그는 그저께 낮에 왔다.'와 '그는 그저께 왔다.'의 '그저께'는 각각 명사와 부사로, 품사 통용을 보이는 단어라고 하였다. 전자의 '그저께'는 조사가 결합하지 않았지만 명사로 본 것이다. 이를 통해 명사 '그저께'가 관형격 조사가 생략된 채로 '낮'을 수식하는 관형어로 기능함을 알 수 있다. 이제 선지를 보자. '여기는 그저께 낮만큼 더웠다.'의 '그저께'는 명사로서 뒤에 오는 명사 '낮'을 수식하는 관형어로 쓰였으며, '꽃이 그저께 피었다.'의 '그저께'는 부사로서 용언 '피었다'를 수식하는 부사어로 쓰였으므로 선지의 설명은 적절하다.

오답설명

① '내 생일은 그저께가 아니라 어제였다.'의 '그저께'는 보격 조사 '가'가 결합했으므로 명사이다. 한편, '그저께 본 달은 매우 밝았다.'의 '그저께'는 동사 어간 '보-'에 관형사형 전성 어미 '-ㄴ'이 결합한 용언 '본'을 수식하고 있으므로 부사이다.

② '그는 세계적으로 매우 유명하다.'의 '세계적'은 부사격 조사 '으로'가 결합했으므로 명사이다. 한편, '그는 그저께 서둘러 여기를 떠났다.'의 '그저께'는 용언 '떠났다'를 수식하고 있으므로 부사이다.

③ '첫눈이 그저께 왔다.'의 '그저께'는 부사로서 용언 '왔다'를 수식하는 부사어로 쓰였다. 한편, '그는 세계적 명성을 얻었다.'의 '세계적'은 관형사로서 뒤에 오는 명사 '명성'을 수식하는 관형어로 쓰였다.

⑤ '그는 세계적인 선수이다.'의 '세계적인'은 명사 '세계적'에 서술격 조사의 어간 '이-'와 관형사형 전성 어미 '-ㄴ'이 결합해 뒤에 오는 명사 '선수'를 수식하는 관형어로 쓰였다. 한편, '그는 세계적으로 매우 유명하다.'의 '세계적으로'는 명사 '세계적'에 부사격 조사 '으로'가 결합해 용언 '유명하다'를 수식하는 부사어로 쓰였으며, 어미는 결합해 있지 않다.

학생들이 자주 묻는 질문

Q. 서술격 조사는 용언이 아닌데 어떻게 어미랑 결합할 수 있는 건가요?

A. 서술격 조사 '이다'는 조사이지만, 용언처럼 어미와 결합하여 활용하는 특징을 지니고 있습니다. 즉, '세계적이다'는 '세계적이-'까지를 어간으로 취급하여 어미와 결합할 수 있는 것입니다.

52

형태쌤의 과외시간

ⓐ 나는 급한 <u>마당</u>(의존 명사)에 실수로 결재 서류를 휴지통에 <u>버렸다</u>(본동사).

ⓑ 나는 <u>약간</u>(자립 명사)의 시간이 남아 자전거 <u>바퀴</u>(자립 명사)를 깨끗이 닦았다.

ⓒ 작고 귀여운 강아지가 넓은 <u>마당</u>(자립 명사)을 일곱 <u>바퀴</u>(의존 명사)나 돌았다.

ⓓ 산꼭대기에 구름이 <u>약간</u>(부사) 껴 <u>가지고</u>(보조 동사) 경치가 좋아 보였다.

ⓔ 나는 모임을 <u>가지고</u>(본동사) 난 후 아주 급히 집으로 와 <u>버렸다</u>(보조 동사).

정답설명

③ ⓑ에서 '바퀴'는 '자전거'라는 관형어가 없더라도 문장에 쓰일 수 있으므로 자립 명사이고, ⓒ에서 '바퀴'는 '일곱'이라는 관형어의 수식 없이는 쓰일 수 없으므로 의존 명사이다. 따라서 ㉠(하나의 명사가 자립 명사와 의존 명사로 모두 쓰이는 경우)에 해당한다.

오답설명

① ⓐ에서 '마당'은 '급한'이라는 관형어의 수식 없이는 쓰일 수 없으므로 의존 명사이고, ⓒ에서 '마당'은 '넓은'이라는 관형어가 없더라도 쓰일 수 있으므로 자립 명사이다. 즉, '마당'이 ㉠에 해당하는 것은 맞으나, ⓐ에서는 의존 명사로 사용되었으므로 선지의 설명은 적절하지 않다.

② ⓑ에서 '약간'은 관형어의 수식 없이 쓰인 자립 명사이고, ⓓ에서 '약간'은 용언 '껴 가지고'를 수식하는 부사이다. 그러나 1문단의 "명사와 부사로 품사 통용을 보이는 단어에는 '약간'도 있다."에서 알 수 있듯이 '약간'은 품사 통용을 보이는 단어이며, ㉠에 해당하는 단어가 아니다. 즉, '약간'이 ⓑ에서 자립 명사로 사용된 것은 맞으나, ㉠에 해당하지 않으므로 선지의 설명은 적절하지 않다.

④ ⓓ에서 '가지고'는 '껴'라는 본동사 없이는 문장에서 쓰일 수 없으므로 보조 동사이고, ⓔ에서 '가지고'는 다른 용언 없이 독립적으로 쓰이고 있으므로 본동사이다. 즉, '가지고'가 ㉡에 해당하는 것은 맞으나, ⓓ에서는 본동사로 사용된 것이 아니므로 선지의 설명은 적절하지 않다.

⑤ ⓐ에서 '버렸다'는 다른 용언 없이 독립적으로 쓰이고 있으므로 본동사이고, ⓔ에서 '버렸다'는 '와'라는 본동사 없이는 문장에서 쓰일 수 없으므로 보조 동사이다. 즉, '버렸다'가 ㉡에 해당하는 것은 맞으나, ⓔ에서는 본동사로 사용된 것이 아니므로 선지의 설명은 적절하지 않다.

53

정답설명

⑤ 5문단에 따르면 '혼자'는 『용비어천가』에서 'ㅎᆞᄫᅡᅀᅡ'로만, 『석보상절』과 『월인천강지곡』에서는 'ㅎᆞᅀᅡ'로만 썼다. 따라서 '혼자'의 중세 국어 표기는 세 문헌을 통틀어 세 가지가 아니라, 두 가지로 나타났음을 알 수 있다.

오답설명

① 1문단에 따르면 팔종성가족용은 여덟 자음자 'ㄱ, ㆁ, ㄷ, ㄴ, ㅂ, ㅁ, ㅅ, ㄹ'로 모든 끝소리를 표기할 수 있다는 원리이다. 따라서 끝소리를 각각 'ㅍ'과 'ㅊ'으로 표기한 '높고'와 '빛'은 팔종성가족용의 원리에 어긋난 예이다.

② 3문단에 따르면 『용비어천가』는 울림소리 사이에 사잇소리 표기로 'ㅿ'을 썼으며, 『월인천강지곡』은 사잇소리 표기를 'ㅅ'으로 통일하여 사용하였다. 따라서 『용비어천가』, 『월인천강지곡』에서는 '오늘'과 '날' 사이의 사잇소리를 각각 'ㅿ', 'ㅅ'으로 표기했을 것임을 알 수 있다.

③ 3문단의 "이후 문헌에서 사잇소리 표기는 'ㅅ'으로 통일되어 갔으며, 현대 국어에서 '촛불'의 'ㅅ'처럼 합성어의 사잇소리 표기에 남아 있다."를 통해 현대 국어 '바닷물'의 'ㅅ' 표기는 중세 국어의 사잇소리 표기에서 유래한 것임을 알 수 있다.

④ 4문단에 따르면 『석보상절』은 한자를 적고 이어서 그 한자의 음을 제시하였고, 『월인천강지곡』은 한자의 음을 적고 이어서 그 한자를 제시하였다. 따라서 한자음이 '텬'인 '天'은 『석보상절』에서는 '天텬', 『월인천강지곡』에서는 '텬天'과 같이 적었을 것임을 알 수 있다.

54

정답설명

④ [A]에 따르면 『월인천강지곡』은 체언의 끝소리가 울림소리인 'ㆁ, ㄴ, ㅁ, ㄹ, ㅿ'일 때 끊어 적기를 하였다. 이를 통해 『월인천강지곡』에서는 안울림소리인 'ㅍ'이 끝소리인 체언 '붚'이 조사 '을'과 결합할 때, '부플'로 이어 적기를 했을 것임을 추론할 수 있다.

오답설명

① [A]에 따르면 체언과 조사, 용언 어간과 어미의 결합에서, 『용비어천가』는 이어 적기 방식을 취했다. 이를 통해 『용비어천가』에서는 체언 'ㄱ'과 조사 '애'가 결합할 때, 'ㄱ새'로 이어 적기를 했을 것임을 추론할 수 있다.

② [A]에 따르면 『석보상절』은 체언의 끝소리가 'ㆁ'인 경우를 제외하고는 모두 이어 적기 방식을 취했다. 즉, 용언 어간과 어미의 결합에서 이어 적기를 한 것이다. 이를 통해 『석보상절』에서는 용언 어간 '담-'과 어미 '-아'가 결합할 때, '다마'로 이어 적기를 했을 것임을 추론할 수 있다.

③ [A]에 따르면 『월인천강지곡』은 체언의 끝소리가 울림소리인 'ㆁ, ㄴ, ㅁ, ㄹ, ㅿ'일 때 끊어 적기를 하였다. 이를 통해 『월인천강지곡』에서는 체언의 끝소리가 'ㄴ'인 명사 '눈'이 조사 '에'와 결합할 때, '눈에'로 끊어 적기를 했을 것임을 추론할 수 있다.

⑤ [A]에 따르면 『석보상절』은 체언의 끝소리가 'ㆁ'일 때 '쥬의'(중의)처럼 이어 적기도 하고, '중으란'(중은)처럼 끊어 적기도 하였다. 이를 통해 『석보상절』에서는 체언의 끝소리가 'ㆁ'인 명사 '스승'이 조사 '이'와 결합할 때, '스스이'로 이어 적기도, '스승이'로 끊어 적기도 했을 것임을 추론할 수 있다.

실전 국어 전형태

교육청 기출

1	③	2	⑤	3	③	4	⑤	5	②
6	④	7	①	8	④	9	③	10	②
11	①	12	④	13	②	14	①	15	④
16	③	17	⑤	18	④	19	④	20	③
21	⑤	22	②	23	④	24	①	25	②
26	②	27	②	28	③	29	⑤	30	④
31	③	32	①	33	③	34	③	35	⑤
36	④	37	②	38	③	39	④	40	⑤
41	⑤	42	④	43	④	44	④	45	④
46	①	47	②	48	①	49	⑤	50	③
51	③	52	②	53	⑤	54	④	55	③
56	③	57	⑤	58	⑤	59	④	60	④
61	④	62	①	63	⑤	64	④	65	③
66	③								

01

정답설명

③ 4문단에 따르면 거센소리되기의 경우, 순행적 거센소리되기와 역행적 거센소리되기 모두 표준 발음으로 인정된다.

오답설명

① 3문단에 따르면, 비음화는 대부분의 방언에서 일어나는 음운 변동이다.
② 4문단에 따르면, 종성에 두 개의 자음(겹받침)이 올 경우 한 자음이 탈락하는 자음군 단순화는 방언에 따라 탈락하는 자음이 표준 발음과 다를 수 있다.
④ 2문단에서 제4항의 [붙임]에 따라 단모음 'ㅚ, ㅟ'는 이중 모음으로 발음할 수 있으며, 이를 고려하면 표준 발음으로 발음하더라도 사람에 따라 발음하는 단모음의 개수가 다를 수 있다고 하였다. 따라서 'ㅚ, ㅟ'가 있는 단어는 표준 발음으로 발음하더라도 사람에 따라 다르게 발음할 수 있음을 알 수 있다.
⑤ 2문단에 따르면 어떤 방언에서는 'ㅡ'와 'ㅓ', 'ㅔ'와 'ㅐ'를 구별하지 않고 하나의 단모음으로 발음하기도 한다. 이는 표준 발음법에서 규정한 단모음보다 적은 수의 단모음을 발음하는 방언이 존재함을 의미하므로, 선지의 내용은 적절하다.

02

정답설명

형태쌤의 과외시간

[표준 발음법]
제9항 : ㉠(음절의 끝소리 규칙)
제11항 : ㉢(자음군 단순화)
제12항 1. : ㉣(순행적 거센소리되기)
제12항 [붙임 1] : ㉤(역행적 거센소리되기)
제18항 : ㉡(비음화)

⑤ '읊는[음는]'은 겹받침 'ㄿ'의 'ㄹ'이 탈락하는 ㉢이 일어나고, 'ㅍ'이 'ㅂ'으로 교체되는 ㉠이 일어나며, 교체된 'ㅂ'이 후행하는 비음 'ㄴ'의 영향을 받아 'ㅁ'으로 교체되는 ㉡이 일어난다. 이때 표준 발음법 제18항은 받침 'ㄿ'이 'ㄴ' 앞에서 [ㅁ]으로 발음됨을 명시한 조항이므로, 제18항이 적용되는 예로 '읊는[음는]'을 제시할 수 있다.

오답설명

① '창밖[창박]'은 'ㄲ'이 'ㄱ'으로 교체되는 ㉠이 일어나므로 표준 발음법 제9항이 적용되는 예로 제시할 수 있다. 그러나 ㉢은 일어나지 않는다.
② '읽고[일꼬]'는 겹받침 'ㄺ'이 'ㄱ' 앞에서 'ㄹ'로 발음되고 있으므로, 표준 발음법 제11항이 적용되는 예로 제시할 수 있다. 그러나 ㉣은 일어나지 않는다.
③ '끊고[끈코]'를 발음할 때, 'ㅎ'이 'ㄱ'보다 앞에 위치해 'ㅋ'이 되는 ㉣이 일어나므로, 표준 발음법 제12항의 1이 적용되는 예로 제시할 수 있다. 그러나 ㉤은 일어나지 않는다.
④ '놓는[논는]'은 'ㅎ'은 'ㄷ'으로 교체되는 ㉠이 일어나고, 교체된 'ㄷ'이 후행하는 비음 'ㄴ'의 영향을 받아 'ㄴ'으로 바뀌는 ㉡이 일어난다. 그러나 ㉤은 일어나지 않으므로, 표준 발음법 제12항의 [붙임 1]이 적용되는 예로 '놓는[논는]'을 제시할 수 없다.

03

정답설명

③ ㉠의 '한 형태소가 환경에 따라 모습을 바꿀 때 바뀐 대로 적는다'는 것은 형태소의 본모양을 밝혀 적지 않고, 소리대로 적는다는 뜻이다. 따라서 '종성 표기를 여덟 자에 국한시킨다는 것'은 종성에서 'ㄱ, ㆁ, ㄷ, ㄴ, ㅂ, ㅁ, ㅅ, ㄹ'의 여덟 자만 소리가 났음을 의미한다고 할 수 있다. 이를 통해 종성에 오는 자음은 여덟 개 자음 중 하나로 소리 났음을 알 수 있다.

오답설명

① 종성 표기에서 'ㅍ'을 사용하지 않은 것을 통해 'ㅍ'은 종성에서 소리가 나지 않았음을 알 수 있다. 따라서 'ㅂ'과 'ㅍ'의 발음이 구별되었다고 볼 수 없다.
② 종성 표기에서 'ㄷ'과 'ㅅ'이 각각 표기된 것을 통해 'ㄷ'과 'ㅅ'은 발음이 구별되었음을 알 수 있다. 따라서 'ㄷ'과 'ㅅ'의 발음의 구별이 어려웠다고 볼 수 없다. 참고로 종성에서 'ㄷ'과 'ㅅ'의 발음의 구별이 어려워진 것은

근대 국어의 시기부터이다.

④ '한 형태소가 환경에 따라 모습을 바꿀 때 바뀐 대로 적는다'는 것은 형태소의 본모양을 밝혀 적지 않고 소리대로 적는다는 의미이므로 선지의 내용은 적절하지 않다.

⑤ 여덟 자 이외의 자음을 종성에서 표기할 경우 'ㄱ, ㆁ, ㄷ, ㄴ, ㅂ, ㅁ, ㅅ, ㄹ'의 자음 중 하나로 바꾸어 표기해야 한다. 이는 여덟 자 이외의 자음은 종성에서 환경에 따라 바뀐 모습으로 표기된다는 것을 의미하므로, 선지의 내용은 적절하지 않다.

04

형태쌤의 과외시간

[연음이 되는 환경에서의 표시]

ⓐ : 한 형태소가 환경에 따라 모습을 바꿀 때 본모양을 밝혀 적은 예 → 표의적 표기

ⓑ : 체언이 불청불탁의 자음인 'ㄴ, ㄹ, ㅁ, ㆁ, ㅿ'로 끝날 때 끊어 적은 예 → 끊어 적기

ⓒ : 체언이나 용언 어간의 말음을 뒤에 이어 오는 조사나 어미의 초성에 다시 거듭하여 적은 예 → 거듭 적기

정답설명

⑤ '닢(잎)'은 형태소가 환경에 따라 모습을 바꿀 때 바뀌지 않은 본모양을 밝혀 적은 ⓐ의 예에 해당한다. '손ᄋ로(손으로)'는 불청불탁의 자음인 'ㄴ'으로 끝난 체언 '손'에 조사 'ᄋ로'가 붙어 끊어 적기가 나타났으므로 ⓑ에 해당한다. 한편, '님금미(임금이)'는 체언 '님금' 뒤에 오는 조사 '이'의 초성에 체언의 말음인 'ㅁ'을 다시 적는 거듭 적기가 나타났으므로 ⓒ에 해당한다.

오답설명

① '맛고(맞고)'는 여덟 자의 자음만 사용하는 종성 표기에 따라 'ㅈ'을 'ㅅ'으로 표기하였으므로 ⓐ에 해당하지 않는다. '안아(안아)'는 체언이 아닌 용언의 어간이 불청불탁의 자음 'ㄴ'으로 끝난 경우이므로 ⓑ에 해당하지 않는다. 한편, '님믈(님을)'은 체언 '님' 뒤에 오는 조사 '을'의 초성에 체언의 말음인 'ㅁ'을 다시 적는 거듭 적기가 나타났으므로 ⓒ에 해당한다.

② '첫(첫)'은 형태소가 환경에 따라 모습을 바꿀 때 바뀌지 않은 본모양을 밝혀 적은 ⓐ의 예에 해당한다. '담아(담아)'는 체언이 아닌 용언의 어간이 불청불탁의 자음 'ㅁ'으로 끝난 경우이므로 ⓑ에 해당하지 않는다. 한편, '동녁킈(동녁의)'는 체언 '동녁' 뒤에 오는 조사 '의'의 초성에 체언의 말음인 'ㄱ'을 다시 적는 거듭 적기가 나타났으므로 ⓒ에 해당한다.

③ '받(밭)'은 여덟 자의 자음만 사용하는 종성 표기에 따라 'ㅌ'을 'ㄷ'으로 표기하였으므로 ⓐ에 해당하지 않는다. '꿈안해(꿈 안에)'는 ㅎ 종성 체언인 '안ㅎ'의 종성 'ㅎ'이 이어 적기가 된 경우이므로 ⓑ에 해당하지 않는다. 참고로 '꿈'은 불청불탁의 자음 'ㅁ'으로 끝난 체언이지만 뒤에 오는 '안ㅎ'은 체언에 해당하므로, 연음이 되는 환경을 갖추고 있지 않다. 한편, '머글(먹을)'은 용언 어간 '먹-' 뒤에 오는 어미 '-을'의 초성에 용언 어간의 말음인 'ㄱ'을 다시 적는 거듭 적기가 나타났으므로 ⓒ에 해당한다.

학생들이 자주 묻는 질문

Q. 'ㅎ' 종성 체언이 무엇인가요?

A. 'ㅎ' 종성 체언은 중세 국어에서 'ㅎ'을 끝소리로 가진 체언을 말합니다. 이러한 체언은 조사가 결합할 때 실현 양상이 다르게 나타났습니다.
- 모음으로 시작하는 조사와 결합 : 'ㅎ'은 뒤따르는 모음에 연음됨.
  예) 싸히(ᄯㅏㅎ+이) 즐어늘 [땅이 질거늘]
- 'ㄱ, ㄷ'으로 시작하는 조사와 결합 : 'ㅎ'은 뒤따르는 'ㄱ', 'ㄷ'과 어울려 'ㅋ', 'ㅌ'으로 축약됨.
  예) 싸토(ᄯㅏㅎ+도) 뮈더니 [땅도 움직이더니]
- 관형격 조사 'ㅅ'과 결합 : 'ㅎ'이 나타나지 않음.
  예) 다른 ᄯㅏㅅ(ᄯㅏㅎ+ㅅ) 風俗은 [다른 땅의 풍속은]

④ '몇(몇)'은 형태소가 환경에 따라 모습을 바꿀 때 바뀌지 않은 본모양을 밝혀 적은 ⓐ의 예에 해당한다. 'ᄆㅏ슴애(마음에)'는 불청불탁의 자음인 'ㅁ'으로 끝난 체언 'ᄆㅏ슴'에 조사 '애'가 붙어 끊어 적기가 나타났으므로 ⓑ에 해당한다. 반면 '사라(살아)'는 받침이 있는 용언 어간 '살-'에 모음으로 시작하는 어미 '-아'가 붙을 때, 받침의 자음 소리가 뒤의 초성에 옮겨 가서 발음되는 연음이 일어난 경우이므로 ⓒ에 해당하지 않는다.

05

정답설명

② 3문단에 따르면, 모음으로 시작하는 어미 앞에서 어간 말 'ㅅ'이 탈락하는 것은 일반적인 음운 규칙으로 설명할 수 없는 경우에 해당한다. 따라서 '(얼굴이) 부어[부어]'에서 어간 '붓-'이 모음으로 시작하는 어미 앞에서 어간 말 'ㅅ'이 탈락하여 '부-'라는 형태로 실현되는 것은 일반적인 음운 규칙에 의한 것이 아니다.

오답설명

① '몇'은 모음으로 시작하는 조사 앞에서는 '몇이[며치]', 비음을 제외한 자음 앞에서는 '몇도[면또]', 비음 앞에서는 '몇만[면만]'과 같이 실현되어 각각 '몇', '면', '면'이라는 형태로 나타난다. 이 이형태들은 분포하는 환경이 서로 겹치지 않는 상보적 분포를 보이므로 선지의 설명은 적절하다.

③ '숲과[숩꽈]', '숲조차[숩쪼차]'에서 '숲'은 각각 'ㄱ', 'ㅈ'으로 시작하는 형태소와 결합했지만 '숩'이라는 동일한 형태로 실현되었으므로 선지의 설명은 적절하다.

④ '(날씨가) 궂다[굳따]'에서 어간 '궂-'이 '굳-'이라는 이형태로 실현된 것은 종성에 자음 'ㄱ, ㄴ, ㄷ, ㄹ, ㅁ, ㅂ, ㅇ'만 올 수 있다는 음운론적 제약으로 인한 것이므로 선지의 설명은 적절하다.

⑤ '(글씨를) 적느라고[정느라고]'에서 어간 '적-'이 '정-'이라는 이형태로 실현된 것은 비음 앞에 'ㄱ, ㄷ, ㅂ'과 같은 평파열음이 연속해서 결합할 수 없다는 음운론적 제약으로 인한 것이므로 선지의 설명은 적절하다.

06

정답설명

형태쌤의 과외시간

- **자동적 교체** : 음운론적 제약으로 인해 필연적으로 일어나는 교체
  ex) '잇다[읻ː따]'의 '읻-', '잇는[인ː는]'의 '인-' 등
- **비자동적 교체** : 음운론적 제약 X, 필연적으로 일어나는 교체 X
  ex) '(신발을) 신고[신ː꼬]'의 '-꼬'(↔ '산과[산과] 바다'의 '과') 등
- **규칙적 교체** : 일반적인 음운 규칙으로 설명할 수 있는 것
  ex) '(신발을) 신고[신ː꼬]', '(물건을) 담지[담ː찌]' 등
  ⇒ 'ㄴ, ㅁ'으로 끝나는 용언의 어간 뒤에서 일어나는 된소리되기
- **불규칙적 교체** : 일반적인 음운 규칙으로 설명할 수 없는 것
  ex) '(점을) 이어[이어]'의 'ㅅ' 탈락 등

	자동적 교체	비자동적 교체
규칙적 교체	㉠ 짚는[짐는], 맞추고[맏추고]	㉢ 감자[감ː짜]
불규칙적 교체	㉡ X	㉣ 고우니[고우니], 들어서[드러서]

④ '감자[감ː짜]'에서 어미 '-자'가 'ㅁ' 뒤에서 '-짜'라는 형태로 실현되는 것은 예외 없이 필연적으로 일어나는 교체가 아니므로, 비자동적 교체에 해당한다. 한편, 'ㄴ, ㅁ'으로 끝나는 용언의 어간 뒤에서 일어나는 된소리되기는 일반적인 음운 규칙으로 설명할 수 있으므로 규칙적 교체에 해당한다. 따라서 '감자[감ː짜]'는 ㉢의 예로 적절하다.

오답설명

① '고우니[고우니]'에서 어간 '곱-'의 'ㅂ'이 모음 앞에서 'ㅜ'로 교체되는 것은 예외 없이 필연적으로 일어나는 교체가 아니며, 일반적인 음운 규칙으로 설명할 수 없는 경우이므로 비자동적 교체이자 불규칙적 교체에 해당한다. 따라서 '고우니[고우니]'는 ㉠이 아닌 ㉣의 예로 적절하다.

② '짚는[짐는]'에서 어간 '짚-'이 '짐-'이라는 형태로 실현되는 것은 종성에 자음 'ㅍ'이 올 수 없다는 음운론적 제약과 비음 앞에 평파열음이 연속해서 결합할 수 없다는 음운론적 제약으로 인한 것이므로 자동적 교체에 해당한다. 한편, 이러한 교체 양상은 음절의 끝소리 규칙과 비음화라는 일반적인 음운 규칙으로 설명할 수 있으므로 규칙적 교체에 해당한다. 따라서 '짚는 [짐는]'은 ㉡이 아닌 ㉠의 예로 적절하다.

③ '들어서[드러서]'에서 어간 '듣-'의 'ㄷ'이 모음 앞에서 'ㄹ'로 교체되는 것은 예외 없이 필연적으로 일어나는 교체가 아니며, 일반적인 음운 규칙으로 설명할 수 없는 경우이므로 비자동적 교체이자 불규칙적 교체에 해당한다. 따라서 '들어서[드러서]'는 ㉡이 아닌 ㉣의 예로 적절하다.

⑤ '맞추고[맏추고]'에서 어간 '맞추-'가 '맏추-'라는 형태로 실현되는 것은 종성에 자음 'ㅊ'이 올 수 없다는 음운론적 제약으로 인한 것이므로, 자동적 교체에 해당한다. 한편, 이러한 교체 양상은 음절의 끝소리 규칙이라는 일반적인 음운 규칙으로 설명할 수 있으므로 규칙적 교체에 해당한다. 따라서

'맞추고[맏추고]'는 ㉣이 아닌 ㉠의 예로 적절하다.

07

정답설명

① 2문단에 따르면, 관형사는 일반적으로 뒤에 오는 체언을 꾸며 주고 조사와 결합하지 않는다. ㉠(이)은 뒤에 오는 체언 '장소'를 꾸며 주고 조사와 결합하지 않으며, ㉤(여러)은 뒤에 오는 체언 '개'를 꾸며 주고 조사와 결합하지 않으므로 ㉠과 ㉤은 모두 관형사로 분류할 수 있다.

학생들이 자주 묻는 질문

Q. 지시 관형사와 지시 대명사는 어떻게 구분하나요?

A. 지시 관형사는 뒤에 체언이 오고, 지시 대명사는 뒤에 조사가 결합합니다. 또한 지시 대명사 '이, 그, 저'는 대신에 '이것, 그것, 저것'으로 대치할 수 있으나, 지시 관형사 '이, 그, 저'는 '이것, 그것, 저것'으로 대치할 수 없습니다.

오답설명

② ㉠은 말하는 이에게 가까이 있는 '장소'를 가리키는 관형사이다. 반면 ㉡(반)은 어떤 사물을 가리키는 것이 아닌, '둘로 똑같이 나눈 것의 한 부분'을 의미하는 명사이다.

③ ㉡(크는)은 어간 '크-'에 어미 '-는'이 결합한 동사이며, ㉣(큰)은 어간 '크-'에 어미 '-ㄴ'이 결합한 형용사이다. 즉, ㉡과 ㉣은 동일한 형태의 어미가 결합하고 있지 않으며, 품사가 서로 다르므로 선지의 내용은 적절하지 않다. 참고로, **현재 시제를 나타내는 관형사형 전성 어미 '-는'은 동사와만 결합하므로 결합된 어미의 형태를 통해서 품사를 판단할 수 있다.**

④ ㉢(둘)은 '하나에 하나를 더한 수', 즉 대상의 정확한 수량을 나타내는 수사이다. 반면 ㉡은 대상의 수량을 정확하게 나타내는 것이 아닌, '둘로 똑같이 나눈 것의 한 부분'을 의미하는 명사이다.

⑤ ㉣은 어간 '크-'에 관형사형 전성 어미 '-ㄴ'이 결합하여 뒤에 오는 체언 '무'를 꾸며 주는 형용사의 활용형으로, 품사는 형용사이다. 반면, ㉤은 어간과 어미로 나눌 수 없는 관형사이므로 선지의 내용은 적절하지 않다.

08

정답설명

④ 현대어 풀이를 고려할 때, (라)에서 중세 국어의 '늘'은 '날것'의 의미로 쓰이던 명사였으나 현대 국어에서는 접사 '날-'로 사용되고 있으므로 ⓒ의 사례로 적합하다.

오답설명

① 현대어 풀이를 고려할 때, (가)에서 중세 국어의 '어느'는 '어느 것'의 의미로 쓰이던 명사였으나 현대 국어에서는 체언 '것'을 수식하는 관형사로 사용되고 있으므로 ⓐ가 아닌 ⓑ의 사례임을 알 수 있다.

② 현대어 풀이를 고려할 때, (나)에서 중세 국어의 '기픠'는 현대 국어의 '깊이'

와 같이 부사 파생 접사 '-이'가 결합하여 형성된 부사이므로 ⓑ가 아닌 ⓐ의 사례임을 알 수 있다.

③ 현대어 풀이를 고려할 때, (다)에서 중세 국어의 '엿-'은 '엿보-'의 의미로 쓰이던 동사의 어간이었으나 현대 국어에서는 접사 '엿-'으로 사용되고 있으므로 ⓑ가 아닌 ⓒ의 사례임을 알 수 있다.

⑤ 현대어 풀이를 고려할 때, (마)에서 중세 국어의 '바'는 현대 국어의 '바'와 같이 관형어 '할'의 수식을 받는 의존 명사로 사용되고 있으므로 ⓒ가 아닌 ⓐ의 사례임을 알 수 있다.

09

정답설명

형태쌤의 과외시간

- 우리가 나아갈 바를 밝혔다. : 의존 명사 '바'가 선행 요소로 용언의 관형사형인 '우리가 나아갈'과 결합하여 쓰이고 있다. 또한 목적격 조사 '를'과 결합하여 목적어로 쓰이고 있으며, 용언 '밝혔다'와 결합하여 쓰이고 있다.

- 이것이 우리가 생각한 바이다. : 의존 명사 '바'가 선행 요소로 용언의 관형사형인 '우리가 생각한'과 결합하여 쓰이고 있다. 또한 서술격 조사 '이다'와 결합하여 서술어로 쓰이고 있다.

- 그것은 *그 / *생각의 바와 다르다. : 의존 명사 '바'가 선행 요소로 관형사 '그'나 체언에 관형격 조사가 붙은 '생각의'와는 결합하지 못함을 알 수 있다. 한편, 부사격 조사 '와'와 결합하여 부사어로 쓰이고 있으며, 용언 '다르다'와 결합하여 쓰이고 있다.

- 그것에 대해 내가 아는 바가 없다. : 의존 명사 '바'가 선행 요소로 용언의 관형사형인 '내가 아는'과 결합하여 쓰이고 있다. 또한 주격 조사 '가'와 결합하여 주어로 쓰이고 있으며, 용언 '없다'와 결합하여 쓰이고 있다.

- 그가 우리 사회에 공헌한 바가 크다. : 의존 명사 '바'가 선행 요소로 용언의 관형사형인 '그가 우리 사회에 공헌한'과 결합하여 쓰이고 있다. 또한 주격 조사 '가'와 결합하여 주어로 쓰이고 있으며, 용언 '크다'와 결합하여 쓰이고 있다.

③ 〈보기〉를 통해 의존 명사 '바'는 선행 요소로 '우리가 나아갈', '우리가 생각한' 등 용언의 관형사형과만 결합(ⓛ)하며, 목적격 조사, 서술격 조사, 부사격 조사 등 다양한 격 조사와 결합하여 여러 문장 성분으로 쓰이는 것(ⓒ)을 알 수 있다. 또한 '밝혔다', '다르다', '없다' 등 다양한 용언과 결합하여 쓰일 수 있음(ⓜ)을 확인할 수 있다.

10

정답설명

② 현대어 풀이를 고려했을 때 ⓐ의 '줄'은 선행 요소로 '달옰'과 같은 용언의 관형사형과 결합하여 쓰였음을 알 수 있다. 한편 3문단에서 중세 국어의 '것'은 여러 유형의 선행 요소와 두루 결합하여 쓰였다고 하였으므로, '것' 역시 선행 요소로 용언의 관형사형과 결합하여 쓰였음을 알 수 있다.

오답설명

① 2문단에서 현대 국어 '줄'은 '주로 목적격 조사나 부사격 조사와 결합하여 목적어나 부사어로 쓰이고 주어로는 쓰이지 않는다.'라고 하였으므로, 주격 조사와는 결합할 수 없음을 알 수 있다. 반면, 현대어 풀이를 고려했을 때 ⓐ의 '주리'는 '줄+이'로 분석할 수 있으며, 이때 의존 명사 '줄'은 주격 조사 '이'와 결합하여 쓰였음을 알 수 있다.

③ 현대어 풀이를 고려했을 때 ⓑ의 '딕'는 선행 요소로 '블근'과 같은 용언의 관형사형과 결합하여 쓰였음을 알 수 있다. 한편, 1문단을 통해 현대 국어 '데' 역시 '선행 요소로 용언의 관형사형'과 결합함을 알 수 있다.

④ 3문단에서 중세 국어 '디'는 '문장에서는 주어로만 쓰였다.'라고 하였으므로 목적격 조사와는 결합할 수 없었음을 알 수 있다. 반면, 현대어 풀이를 고려했을 때 ⓑ의 '딜'은 '딕+ㄹ'로 분석할 수 있으며, 이때 의존 명사 '딕'는 목적격 조사 'ㄹ'과 결합하여 쓰였음을 알 수 있다.

⑤ 2문단에서 현대 국어 '뿐'은 서술격 조사 '이다'와 결합하거나 보격 조사와만 결합하여 쓰인다고 하였으므로, 부사격 조사와는 결합할 수 없음을 알 수 있다. 반면, 현대어 풀이를 고려했을 때 ⓒ의 '쑨네'는 '쑨+에'로 분석할 수 있으며, 이때 의존 명사 '쑨'은 부사격 조사 '에'와 결합하여 쓰였음을 알 수 있다.

11

정답설명

① 3문단에 따르면, 서술어로 쓰인 용언이 피동사인 경우 어떤 제약도 없이 짧은 부정문으로 만들 수 있다고 하였다. '그가 모기에 안 뜯기다.'의 문장에서 서술어인 용언 '뜯기다'는 어근 '뜯-'에 피동 접미사 '-기-'가 결합한 피동사이기에 짧은 부정문을 만들어도 자연스러운 것이다. 따라서 '뜯기다'가 합성 동사이기 때문에 짧은 부정문이 자연스럽다는 선지의 설명은 적절하지 않다.

오답설명

② '이 자동차가 안 값싸다.'에서 서술어인 '값싸다'는 명사 어근 '값'과 형용사 어근 '싸-'가 결합한 합성어이다. 3문단에 따르면, 서술어로 쓰인 용언이 합성어인 경우 짧은 부정문을 만들면 자연스럽지 않은 문장이 된다고 하였으므로 선지의 설명은 적절하다.

③ '그가 약속 시간을 안 늦추다.'에서 서술어인 '늦추다'는 동사 어근 '늦-'에 사동 접미사 '-추-'가 결합한 사동사이다. 3문단에 따르면, 서술어로 쓰인 용언이 사동사인 경우 어떤 제약도 없이 짧은 부정문을 만들 수 있다고 하였으므로 선지의 설명은 적절하다.

④ '보따리가 한 손으로 안 들리다.'에서 서술어인 '들리다'는 동사 어근 '들-'에 피동 접미사 '-리-'가 결합한 피동사이다. 3문단에 따르면, 서술어로 쓰인 용언이 피동사인 경우 어떤 제약도 없이 짧은 부정문을 만들 수 있다고 하였으므로 선지의 설명은 적절하다.

⑤ '할아버지 댁 마당이 안 드넓다.'에서 서술어인 '드넓다'는 접사 '드-'와 형용사 어근 '넓-'이 결합한 파생어이다. 3문단에 따르면, 서술어로 쓰인 용언이 사동사, 피동사, 접미사 '-하다'로 파생된 일부 용언을 제외한 파생어인 경우, 짧은 부정문을 만들면 자연스럽지 않은 문장이 된다고 하였으므로 선지의 설명은 적절하다.

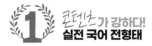
12

정답설명

형태쌤의 과외시간

부정문의 구분
1) '안' 부정문
- 짧은 부정문 : '안(아니) + 용언'
- 긴 부정문 : '용언 어간 + -지 아니하다(않다).'
2) '못' 부정문
- 짧은 부정문 : '못 + 용언'
- 긴 부정문 : '용언 어간 + -지 못하다.'
3) '말다' 부정문
- 명령문 : '용언 어간 + -지 마라.'
- 청유문 : '용언 어간 + -지 말자.'

④ ⓑ에서 부정 부사 '아니'는 수식언인 관형사 '여러' 앞에 위치해 관형사에 대한 부정을 나타내고 있다. 하지만 ⓔ에서 부정 부사 '아니'는 동사의 어근 '시름'과 접미사 '-호리라(-ᄒ다)' 사이에 놓여 동사에 대한 부정을 나타내고 있으므로, 부사에 대한 부정을 나타낸다는 선지의 내용은 적절하지 않다.

오답설명

① ⓐ의 '노티 아니ᄒ다라'는 '놓- + -디 아니ᄒ다'의 형태로, 보조 용언 '아니ᄒ다'는 용언 '노티'를 부정하고 있다. 한편 ⓒ에서 용언 '아니며'와 '아닐씨'는 각각 체언 '둘'과 '세'를 부정하고 있으므로 적절한 선지이다.

② ⓐ에서 보조 용언 '아니ᄒ다'는 '아니ᄒ다라(아니하더라)'와 같이 평서문에서, ⓓ에서 부정 부사 '아니'는 '오리잇가(오겠습니까)'와 같이 의문문에서 사용되었음을 알 수 있으므로 적절한 선지이다.

③ ⓐ에서 '노티 아니ᄒ다라'는 '-디 아니ᄒ다' 형태의 긴 부정문이며, ⓔ에서 '아니 호리라'는 '아니'를 사용한 짧은 부정문이므로 적절한 선지이다.

⑤ ⓒ에서는 '안' 부정문을 사용해 妙法(묘법)은 둘이나 셋이 아니라는 객관적인 사실을 부정하고 있으며, ⓔ에서는 '안' 부정문을 사용해 시름을 하지 않겠다는 '나'의 의지에 의한 부정이 나타나고 있으므로 적절한 선지이다.

13

정답설명

② '그는 여기 있다.'의 '그'는 3인칭 대명사가 맞지만, '그 책을 줘.'의 '그'는 대명사가 아니라 체언 '책'을 꾸미고 있는 지시 관형사이다. 둘 다 형태 변화가 없는 불변어인 것은 맞으나, 각각 대명사와 관형사로 문법적 성질이 동일하지 않으므로 절대 동음이의어가 아닌 부분 동음이의어에 해당한다.

오답설명

① 1문단에 따르면, 소리는 같고 표기가 다른 것을 이형 동음이의어라고 한다. '반드시'와 '반듯이'는 [반드시]로 소리는 같지만 표기가 다르므로 이형 동음이의어에 해당한다.

③ 2문단에 따르면, 품사가 같으면서 활용 양상이 서로 동일한 용언은 절대 동음이의어이다. '전등을 갈다.'의 '갈다'와 '칼을 갈다.'의 '갈다'는 모두 동작을 나타내는 동사이면서 '갈아', '갈고' 등으로 동일하게 활용하므로 절대 동음이의어에 해당한다.

④ 3문단에 따르면, 문법적 성질이 동일하지 않거나 형태가 언제나 동일하지 않을 경우 부분 동음이의어에 해당한다. '커튼을 걷다.'의 '걷다'와 '비를 맞으며 걷다.'의 '걷다'는 모두 동작을 나타내는 동사이다. 그러나 전자는 '걷어, 걷으니' 등으로 규칙 활용을 하고, 후자는 '걸어, 걸으니' 등으로 불규칙 활용을 하므로 부분 동음이의어에 해당한다.

⑤ '한 사람이 왔다.'에서의 '한'은 체언을 수식하는 관형사이고, '힘이 닿는 한 돕겠다.'의 '한'은 주로 '-는 한' 구성으로 쓰여 조건의 뜻을 나타내는 명사이다. 각각의 '한'은 소리가 같고 형태는 언제나 동일하지만, 문법적 성질이 다르므로 부분 동음이의어에 해당한다.

14

정답설명

① ㉠에 해당하려면 두 동음이의어가 품사도 다르고 활용 양상도 달라야 한다. 누르다 1은 동작을 나타내는 동사이며, '상대 팀을 눌러'와 같이 '르' 불규칙 활용을 한다. 그런데 누르다 2는 '*먼 산에 누른다'와 같이 현재형으로 나타낼 수 없으며 상태를 나타내므로 형용사이다. 또한 '누르러'와 같이 '러' 불규칙 활용을 한다. 따라서 두 단어는 동음이의어이지만 품사와 활용 양상이 다르므로 ㉠에 해당한다.

이르다 1은 동작을 나타내는 동사이며, '약속 장소에 이르러'와 같이 '러' 불규칙 활용을 한다. 그런데 이르다 2는 '*아직 포기하기엔 이른다.'와 같이 현재형으로 나타낼 수 없으므로 형용사이며, '포기하기엔 일러'와 같이 '르' 불규칙 활용을 한다. 따라서 두 단어 또한 ㉠에 해당한다.

오답설명

② 누르다 1과 2는 ㉠에 해당한다. 한편 이르다 3은 '그에게 조심하라고 일러'처럼 '르' 불규칙 활용을 하므로, '러' 불규칙 활용을 하는 이르다 1과 활용 양상이 다르다. 하지만 두 단어 모두 동사이므로 ㉠에 해당하지 않는다.

③ 누르다 1과 2는 ㉠에 해당한다. 반면 바르다 1과 2는 동작을 나타내는 동사이며, '발라'와 같이 '르' 불규칙 활용을 하므로 ㉠에 해당하지 않는다.

15

정답설명

④ 한글 맞춤법 제34항 [붙임 1]에 따르면 어간 끝 모음 'ㅐ, ㅔ' 뒤에 '-어, -었-'이 어울려 줄 적에는 준 대로 적을 수 있다. 따라서 '(잡초를) 베-+ -었-+-다'와 '(베개를) 베-+-었-+-다'가 어울려 줄 적에는, 준말의 형태인 '벴다'로 적어도 한글 맞춤법에 어긋나지 않는다.

오답설명

① 한글 맞춤법 제34항 [붙임 1]에 따르면 어간 끝 모음 'ㅐ, ㅔ' 뒤에 '-어, -었-'이 어울려 줄 적에는 준 대로 적을 수 있다. 따라서 '(밭을) 매-+-어'의 경우, 준말인 '매'로 적어도 한글 맞춤법에 어긋나지 않는다.

② 한글 맞춤법 제34항에 따르면 예외적으로 어간 끝 자음이 불규칙적으로

탈락되는 경우에는 'ㅏ, ㅓ'가 줄어들지 않는다고 하였다. 따라서 '(병이) 낫-+-아'의 경우, 어간 끝 자음인 'ㅅ'이 불규칙적으로 탈락되므로 '나아'로 적어야 하며, '*나'로 적으면 한글 맞춤법에 어긋난다.

③ 한글 맞춤법 제34항 [붙임 1]에 따르면 어간 끝 모음 'ㅐ, ㅔ' 뒤에 '-어, -었-'이 어울려 줄 적에는 준 대로 적을 수 있다. 하지만 예외적으로 모음이 줄어들어서 'ㅐ'가 된 경우에는 '-어'가 결합하더라도 다시 줄어들지는 않고 하였다. 따라서 '(땅이) 패-+-어'의 경우, '패다'가 이미 '파-'와 '-이-'의 모음이 줄어든 형태이므로 '*패'로 적으면 한글 맞춤법에 어긋난다.

⑤ 한글 맞춤법 제34항에 따르면 모음 'ㅏ, ㅓ'로 끝난 어간에 어미 '-아/-어, -았-/-었-'이 어울릴 적에는 준 대로 적어야 한다. 따라서 '(강을) 건너-+-어'와 '(줄을) 서-+-어'의 경우, 본말인 '*건너어', '*서어'로 적으면 한글 맞춤법에 어긋난다.

16

정답설명

③ '서툴다(ⓒ)'는 '서투르다'에서 모음 'ㅡ'가 줄어들고 남은 자음 'ㄹ'을 앞 음절의 받침으로 적은 준말이다. 또한 모음 어미 '-어, -었-'이 결합된 형태의 활용형 '*서툴어, *서툴었다'는 모두 표준어로 인정되지 않으므로, ⓒ은 [A]에 해당한다. 한편 '머물다(ⓔ)'는 '머무르다'에서 모음 'ㅡ'가 줄어들고 남은 자음 'ㄹ'을 앞 음절의 받침으로 적은 준말이다. 또한 모음 어미 '-어, -었-'이 결합된 형태의 활용형 '*머물어, *머물었다'는 모두 표준어로 인정되지 않으므로, ⓔ은 [A]에 해당한다.

오답설명

①, ②, ④, ⑤ '걷다(ⓖ)'는 '거두다'에서 모음 'ㅜ'가 줄어들고 남은 자음 'ㄷ'을 앞 음절의 받침으로 적은 준말이다. 하지만 모음 어미 '-어, -었-'이 결합된 형태의 준말의 활용형 '걷어, 걷었다'는 모두 표준어로 인정되므로, ⓖ은 [A]에 해당하지 않는다. 한편 '외다(ⓛ)'는 '외우다'에서 모음 'ㅜ'가 줄어든 형태로, 모음이 줄어들고 자음만 남아 앞 음절의 받침으로 적는 경우에 해당하지 않는다.

17

정답설명

⑤ 3문단에서 "15세기 국어에서 비음화는~음절의 끝소리 규칙으로 'ㅌ', 'ㅎ'이 'ㄷ'으로 바뀐 후 비음화가 실현된 예이다.'라고 했으므로, 15세기 국어의 '좋-+-노라'에서는 음절의 끝소리 규칙과 비음화가 순차적으로 일어났을 것임을 알 수 있다(좋노라 → 졷노라 → 존노라). 반면 2문단에서 "15세기 국어의 음절의 끝소리 규칙은~'빛 → 빗'이 그 예이다.'라고 했으므로, 15세기 국어의 '빛+나다'에서는 음절의 끝소리 규칙만 나타났을 것임을 알 수 있다(빛나다 → 빗나다).

오답설명

① 3문단에서 '묻노라 → 문노라'가 용언의 활용형에서 'ㄷ'의 비음화가 일어난 예라고 했으므로, 15세기 국어의 '걷는 → 건는'은 'ㄷ'의 비음화가 일어난 예임을 알 수 있다.

② 3문단에서 15세기 국어에서는 'ㄱ'의 비음화가 일어나지 않았다고 했으므

로, '막-+-노라'에서는 비음화가 일어나지 않았을 것임을 알 수 있다.

③ 3문단의 '비음화는 평파열음이~비음화가 일어난 예이다.'를 통해 'ㄱ-ㅇ', 'ㄷ-ㄴ', 'ㅂ-ㅁ'은 동일한 조음 위치의 '평파열음-비음'에 해당하는 쌍임을 알 수 있다.

④ 4문단에 따르면 15세기 국어에서 '비음으로 끝나는 용언 어간 뒤에서 일어나는 경음화는 나타나지 않았'으므로, '안-+-게', '곪-+-고'에서는 모두 어미의 평음 'ㄱ'이 경음 'ㄲ'으로 바뀌지 않았을 것임을 알 수 있다.

18

정답설명

④ ㉠, ㉡, ㉢ 모두 음절 끝의 자음이 'ㄷ'으로 바뀌는 음절의 끝소리 규칙이 일어났다. 다만, 음운 변동의 과정에 대해서는 문법적 견해차가 있을 수 있으니, 자세한 과정에 스트레스 받지 말고 음운 변동의 결과 측면에 초점을 맞추어 학습하는 것이 좋다.

㉠ 겉멋만 → 겉먿만(음절의 끝소리 규칙) → 건먼만(비음화)
㉡ 꽃식물 → 꼳식물(음절의 끝소리 규칙) → 꼰씽물(경음화, 비음화)
㉢ 낮잡는 → 낟잡는(음절의 끝소리 규칙) → 낟짬는(경음화, 비음화)

오답설명

① '겉멋만'이 [건먼만]이 되는 과정에서 음절 끝의 자음이 'ㄴ'으로 바뀌는 비음화가 두 번 일어났다. (ㅌ→ㄷ→ㄴ, ㅅ→ㄷ→ㄴ)

② '꽃식물'이 [꼰씽물]이 되는 과정에서 음절 끝의 자음이 'ㅇ'으로 바뀌는 비음화가 한 번 일어났다. (ㄱ→ㅇ)

③ ㉡, ㉢은 모두 평파열음 'ㄷ' 뒤에서 경음화가 일어났다. (ㅅ→ㅆ, ㅈ→ㅉ)

⑤ ㉠에서는 'ㅁ'으로 인해 'ㄷ'에, ㉡에서는 'ㅁ'으로 인해 'ㄱ'에 비음화가 일어났다. 반면, ㉢에서는 'ㄴ'으로 인해 'ㅂ'이 'ㅁ'으로 바뀌는 비음화가 일어났다.

19

정답설명

④ '가방과 신발을 샀다.'에서의 '과'는 '가방'과 '신발'을 같은 자격으로 이어 주는 접속 조사로, '가방과 신발'은 하나의 명사구가 된다. 이때 '가방과'는 생략되어도 문장이 성립하므로 서술어가 필수적으로 요구하는 성분이 아니다.

오답설명

① '나는 시와 음악을 좋아한다.'에서 '와'는 '시'와 '음악'을 같은 자격으로 이어 주는 접속 조사로, '시와 음악'은 하나의 명사구가 되어 동일한 문장 성분인 목적어로 기능한다.

② '네가 벼루와 먹을 가져오너라.'에서 '와'는 '벼루'와 '먹'을 같은 자격으로 이어 주는 접속 조사로, '벼루와 먹'은 하나의 명사구가 된다. 이때 '벼루와'를 생략하여도 문장은 성립된다.

③ '친구랑 나랑 함께 꽃밭을 만들었다.'에서 '랑'은 체언인 '친구'와 '나'를 같은 자격으로 이어 주는 접속 조사이다.

⑤ '수박하고 참외하고 먹자.'에서 '하고'는 자음으로 끝나는 체언 '수박' 뒤와 모음으로 끝나는 체언 '참외' 뒤에서 형태가 동일하다. 즉, '하고'는 결합하

는 끝음절의 음운 환경이 달라도 형태가 변하지 않는다.

20

정답설명

③ ⓒ에서 접속되는 마지막 체언은 '낯'인데, '낯' 뒤에도 '과'가 결합하였으므로 선지의 내용은 적절하지 않다.

오답설명

① ⓐ에서 '옷'과 '뫼와'는 접속 조사 '와/과'에 의해 하나의 명사구를 이루고 있다.

② ⓑ에서 접속 조사 '이며'는 열거의 방식으로 체언 '子息'과 '죵'을 같은 자격으로 이어 주는 기능을 하고 있다.

④ ⓐ의 '뫼와로'에서 '와' 뒤에 격 조사 '로'가 결합하였고, ⓓ의 '니왜'는 '니+와+ㅣ'의 형태로 '와' 뒤에 격 조사 'ㅣ'가 결합하였다.

⑤ ⓒ의 '밤', '낯'과 ⓓ의 '엄'은 'ㄹ'을 제외한 자음으로 끝나는 체언으로 모두 '과'와 결합하였고, ⓓ의 '입시울', '혀', '니'는 'ㄹ'이나 모음으로 끝나는 체언으로 모두 '와'와 결합했다.

21

정답설명

⑤ '부릴'은 동사 '부리다'의 어간 '부리-'에 관형사형 전성 어미 '-ㄹ'이 결합한 활용형으로, [부릴]로 발음한다. '부리니', '부리다'의 발음이 [부리니], [부리다]인 것을 고려할 때, 어간 '부리-'는 실제 발음에서 나타나는 형태를 대표 형태로 선택해 표기한 것임을 알 수 있으므로 선지의 내용은 적절하지 않다.

오답설명

① '들어'를 발음하면 [드러]가 되는데 이는 연음이 되어 앞말의 받침이 뒷말에 자리한 것이므로, 음운 변동은 나타나지 않았다.

② '더운'과 '덥고'는 모두 어간이 '덥-'으로 그 의미가 같다. 그러나 어간 '덥-'에 어미 '-(으)ㄴ'이 결합하여 '더운', 어미 '-고'가 결합하여 '덥고'가 되었으므로 어간의 형태는 하나로 고정되지 않았음을 알 수 있다.

③ '여름'과 '장마'는 모두 표준어를 소리나는 대로 표기한 것에 해당한다.

④ 2문단에 따르면 한글 맞춤법에서는 어법에 맞도록 한다는 원칙에 따라 여러 가지 발음을 고려한 대표 형태를 선택하여 일관되게 표기하도록 한다. '끝이'를 '끄치'로 적지 않은 것도 이 원칙에 따라 대표 형태인 '끝'을 선택하여 일관되게 표기했기 때문이다.

22

정답설명

② '달-'을 대표 형태로 볼 경우, 어미로 '-고'와 '-지만'이 왔을 때 [달꼬], [달지만]로 발음되므로 [달코]와 [달치만]을 음운 변동으로 설명할 수 없다. 그러나 대표 형태가 '닳-'이라면 [달코]는 '닳- + -고 〉 닳고 〉 [달코]'로 'ㅎ+ㄱ 〉 ㅋ' 축약에 의해 [달코]가 된 것으로 설명할 수 있으며, [달치만] 역시 '닳- + -지만 〉 닳지만 〉 [달치만]'으로 'ㅎ+ㅈ 〉 ㅊ' 축약에 의해 [달치만]이 된 것으로 설명할 수 있다.

오답설명

① '깍-'을 대표 형태로 볼 경우, 어미로 '-지만'과 '-는'이 왔을 때 [깍찌만], [깡는]으로 발음되므로 [깍찌만]은 된소리되기, [깡는]은 비음화로 둘 다 음운 변동으로 설명할 수 있다. 반면 대표 형태가 '깎-'이라면 [깍찌만]은 음절의 끝소리 규칙과 된소리되기, [깡는]은 음절의 끝소리 규칙과 비음화로 둘 다 탈락이 아닌 교체로 설명할 수 있다.

③ '싼-'을 대표 형태로 볼 경우, 어미로 '-고'와 '-아서'가 왔을 때 [싼고], [싸나서]로 발음되므로 [싸코]와 [싸아서]를 음운 변동으로 설명할 수 없다. 그러나 대표 형태가 '쌓-'이라면 [싸코]는 '쌓- + -고 〉 쌓고 〉 [싸코]'로 'ㅎ+ㄱ 〉 ㅋ' 축약에 의해 [싸코]가 된 것으로 설명할 수 있으며, [싸아서] 역시 '쌓- + -아서 〉 쌓아서 〉 [싸아서]'로 'ㅎ' 탈락에 의해 [싸아서]가 된 것으로 설명할 수 있다.

④ '할-'을 대표 형태로 볼 경우, 어미로 '-고'와 '-지만'이 왔을 때 [할꼬], [할찌만]로 발음되므로 [할꼬]와 [할찌만]을 음운 변동으로 설명할 수 없다. 그러나 대표 형태가 '핥-'이라면 [할꼬]는 '핥- + -고 〉 핥고 〉 핥고 〉 [할꼬]'로 음절의 끝소리 규칙, 된소리되기, 자음군 단순화에 의해 [할꼬]가 된 것으로 설명할 수 있다. 또 [할찌만] 역시 '핥- + -지만 〉 핥지만 〉 핥지만 〉 [할찌만]'으로 음절의 끝소리 규칙, 된소리되기, 자음군 단순화에 의해 [할찌만]이 된 것으로 설명할 수 있다. 즉, 둘 다 축약이 아닌 교체와 탈락으로 설명할 수 있는 것이다.

⑤ '갑-'을 대표 형태로 볼 경우, 어미로 '-고'와 '-는'이 왔을 때 [갑꼬], [감는]으로 발음되므로 [갑꼬]는 된소리되기, [감는]은 음절의 끝소리 규칙과 비음화로 둘 다 음운 변동으로 설명할 수 있다. 반면 대표 형태가 '값-'이라면 [갑꼬]는 음절의 끝소리 규칙과 된소리되기, [감는]은 음절의 끝소리 규칙과 비음화로 둘 다 교체로 설명할 수 있다.

23

정답설명

④ ㄹ에서 '앎'은 '작가에 대해서 많이 앎'이라는 명사절에서 서술어로 기능하고 있으며 '많이'라는 부사어의 수식을 받고 있으므로 동사의 명사형임을 알 수 있다. 따라서 '앎'의 '-ㅁ'은 명사형 어미에 해당하므로 품사를 동사에서 명사로 바꿀 수 없다.

오답설명

① 2문단에 따르면 관형어의 수식을 받는 것은 명사 파생 접미사가 결합한 명사, 부사어의 수식을 받는 것은 명사형 어미가 결합한 용언의 명사형이다. 따라서 ㄱ에서 '고난도의'라는 관형어의 수식을 받는 '춤'은 명사, '잘'이라는 부사어의 수식을 받는 '춤'은 동사의 명사형임을 알 수 있다.

② ㄴ에서 '죽음'은 '그의'라는 관형어의 수식을 받으므로, '죽-'이라는 동사 어간에 '-음'이라는 명사 파생 접미사가 결합한 파생 명사임을 알 수 있다. 1문단에 따르면 어간에 '-으(ㅁ)'이 붙어서 명사로 된 것은 그 어간의 원형을 밝히어 적어야 하므로 '죽-'에 '-엄'이 결합된 '주검'과는 달리 '죽음'은 어간의 원형을 밝혀 적어야 함을 알 수 있다.

③ ㄷ에서 '도움'은 '조용히'라는 부사어의 수식을 받고 있으며 '그를 조용히 도움'이라는 명사절의 서술어로 기능하고 있으므로 '돕-'이라는 동사 어간에 '-(으)ㅁ'이라는 명사형 어미가 결합한 동사의 명사형임을 알 수 있다.

⑤ ㅁ에서 '믿음'은 '전적으로'라는 부사어의 수식을 받고 있으며 '그를 전적으

로 믿음'이라는 명사절의 서술어로 기능하고 있으므로, '믿-'이라는 동사 어간에 '-(으)ㅁ'이라는 명사형 어미가 결합한 동사의 명사형임을 알 수 있다. 2문단에 따르면 어미 '-(으)ㅁ'은 선어말 어미 '-었-'과 결합할 수 있으므로, '그를 전적으로 믿었음에도 결과를 직접 확인할 필요는 있었다.'와 같이 쓸 수 있다.

24

정답설명

① 3문단에 따르면 중세 국어에서는 ㉠(파생 명사)을 만들 때 명사 파생 접미사 '-(ᄋᆞ/으)ㅁ'을 사용했으며, 모음 조화에 따라 음성 모음 뒤에는 '-(으)ㅁ'이 쓰였다. 따라서 '(물이) 얼다'의 ㉠은 동사의 어간 '얼-'에 접미사 '-(으)ㅁ'이 결합한 '얼음'을 이어 적기 하여 '어름'으로 표기할 것이다. 한편, 3문단에 따르면 중세 국어에서는 ㉡(명사형 어미가 결합한 용언의 활용형)을 만들 때 명사형 어미 '-옴/움'을 사용했으며, 모음 조화에 따라 음성 모음 뒤에는 '-움'이 쓰였다. 따라서 '(물이) 얼다'의 ㉡은 동사의 어간 '얼-'에 명사형 어미 '-움'이 결합한 '얼움'을 이어 적기 하여 '어룸'으로 표기할 것이다.

오답설명

① '(길을) 걷다'의 어간 '걷-'은 음성 모음이 사용되었으므로, ㉠을 만들 때 모음 조화에 따라 명사 파생 접미사 '-(으)ㅁ'이 쓰일 것이다. 또한 'ㄷ' 불규칙 활용에 의해 '걷음'이 아닌, '걸음'을 이어 적기 하여 '거름'으로 표기할 것이다. 반면, ㉡을 만들 때에는 모음 조화에 따라 명사형 어미 '-움'이 쓰일 것이며, 'ㄷ' 불규칙 활용에 의해 '걷움'이 아닌, '걸움'을 이어 적기 하여 '거룸'으로 표기할 것이다.

③ '(열매가) 열다'의 어간 '열-'은 음성 모음이 사용되었으므로, ㉠을 만들 때 모음 조화에 따라 명사 파생 접미사 '-(으)ㅁ'이 쓰일 것이다. 따라서 ㉠은 '열음'을 이어 적기 하여 '여름'으로 표기할 것이다. 반면, ㉡을 만들 때에는 모음 조화에 따라 명사형 어미 '-움'이 쓰일 것이며, '열움'을 이어 적기 하여 '여룸'으로 표기할 것이다.

④ '(사람이) 살다'의 어간 '살-'은 양성 모음이 사용되었으므로, ㉠을 만들 때 모음 조화에 따라 명사 파생 접미사 '-(ᄋᆞ)ㅁ'이 쓰일 것이다. 따라서 ㉠은 '살ᄋᆞᆷ'을 이어 적기 하여 '사ᄅᆞᆷ'으로 표기할 것이다. 반면, ㉡을 만들 때에는 모음 조화에 따라 명사형 어미 '-옴'이 쓰일 것이며, '살옴'을 이어 적기 하여 '사롬'으로 표기할 것이다.

⑤ '(다른 것으로) 고르다'의 어간 'ᄀᆞᆯ-'은 양성 모음이 사용되었으므로, ㉠을 만들 때 모음 조화에 따라 명사 파생 접미사 '-(ᄋᆞ)ㅁ'이 쓰일 것이다. 따라서 ㉠은 'ᄀᆞᆯ ᄋᆞᆷ'을 이어 적기 하여 'ᄀᆞᄅᆞᆷ'으로 표기할 것이다. 반면, ㉡을 만들 때에는 모음 조화에 따라 명사형 어미 '-옴'이 쓰일 것이며, 'ᄀᆞᆯ옴'을 이어 적기 하여 'ᄀᆞ롬'으로 표기할 것이다.

25

정답설명

② '여간'은 부정문 형식의 문장에 함께 쓰여 그 문장의 의미를 강한 긍정으로 해석되게 하는 단어이다. 따라서 ㄴ은 '여간'으로 인해 문장의 의미가 '탐스럽다'를 강하게 긍정하는 것으로 해석된다.

오답설명

① ㄱ에서는 '아무런'과 긍정 의미의 용언이 함께 쓰여 문장이 비문이 되었으므로, ㄱ의 '아무런'은 긍정 의미의 용언이 나타나는 문맥에서 사용될 수 없음을 알 수 있다.

③ ㄷ의 '밖에'는 '이것밖에 하지 못했다.'에서와 같이 부정 의미의 용언과 어울려 쓰이고 있다.

④ '좀처럼'은 부정 의미의 용언과 어울려 쓰이는데, 부정 의미의 용언이 나타나지 않더라도 부정 의미를 내포하는 문맥에서도 쓰일 수 있다. ㄹ의 '그 아이들이 좀처럼 제 말을 듣겠습니까?'는 '그 아이들이 좀처럼 제 말을 듣지 않을 것입니다.'라는 의미로 부정 의미를 내포하고 있으므로, 선지의 내용은 적절하다.

⑤ '옴짝달싹하다'는 부정 의미의 용언과 어울려 쓰인다. 따라서 ㅁ은 '나는 무서워서 그 자리에서 옴짝달싹하지 못했다'와 같이 수정하여야 어법에 맞는다.

26

정답설명

② ㉡의 국어사 자료의 '별로'는 긍정 의미의 용언이 나타난 문맥에서도 쓰이고, 부정 의미의 용언이 나타난 문맥에서도 쓰이고 있다. 그러나 현대 국어에서 '별로'는 부정 의미의 용언이 나타난 문맥에서만 쓰이고 있으므로 ⓑ의 내용은 적절하다.

오답설명

ⓐ ㉠에서, 현대 국어의 '귀찮다'는 국어사 자료 '귀치 아니컨만'에서 알 수 있듯이 '귀하지 아니하다'가 축약된 형태이다. 그러나 현대 국어 '귀찮다'는 '마음에 들지 아니하고 괴롭거나 성가시다.'라는 의미로 국어사 자료에서 확인할 수 있는 의미와 다르게 사용되고 있다.

ⓒ ㉢에서, 현대 국어의 '시원찮다'는 국어사 자료 '시원치 아니ᄒᆞ여'에서 알 수 있듯이 '시원하지 아니하다'가 축약된 형태이다. 이때 현대 국어 '시원찮다'는 국어사 자료에서 확인할 수 있는 의미인 '마음에 흡족하지 아니하다.'와 유사하게 쓰이고 있다.

27

정답설명

② ㄱ의 '두'는 후행하는 명사 '사람'을 수식하는 수 관형사이다.

오답설명

① ㄱ의 '과연'은 '두 사람이 만날 수 있을까?'라는 문장 전체를 수식하는 부사이다.

③ ㄴ의 '웃었다'는 대상의 동작을 나타내는 동사이다.

④ ㄷ의 '학생'은 '학교에서 공부하는 사람'을 의미하는 명사이다.

⑤ ㄷ의 '는'은 보조사로, 해당 문장에서 체언에 붙어 식사만큼은 해야 한다는 강조의 의미를 더해 주는 기능을 한다.

28

정답설명

③ 현대 국어에서 '새'는 '새 학기가 되다.'의 '새'처럼 명사를 수식하는 관형사로만 쓰이고 있다. 반면 중세 국어에서 '새'는 관형사, 명사, 부사로 두루 쓰였다. '새 구스리 나며'의 '새'는 후행하는 명사를 수식하는 관형사로, '이나래 새롤 맛보고'의 '새'는 조사와 결합하여 '새로 나오거나 만든 것'이라는 의미를 지닌 명사로, '새 出家ᄒᆞᆫ 사ᄅᆞ미니'의 '새'는 후행하는 용언을 수식하는 부사로 쓰이고 있다.

오답설명

①, ② 현대 국어에서 '이'는 대명사로도 관형사로도 쓰이고 있다. '이보다 더 좋을 수는 없다.'의 '이'는 조사와 결합하여 '말하는 이에게 가까이 있거나 말하는 이가 생각하고 있는 대상'을 가리키는 대명사로, '이 사과는 맛있다.'의 '이'는 '사과'라는 명사를 수식하는 관형사로 쓰이고 있다. 한편 중세 국어 '이' 또한 현대 국어와 마찬가지로 대명사와 관형사로 쓰였다. '내 이를 爲ᄒᆞ야'의 '이'는 조사와 결합한 대명사로, '내 이 도ᄂᆞᆯ 가져가'의 '이'는 후행하는 명사를 수식하는 관형사로 쓰였다.

④ 중세 국어 '새 구스리 나며'의 '새'와 현대 국어 '새 학기'의 '새'는 각각 '구슬'과 '학기'라는 체언을 수식하는 관형사로 쓰였다.

⑤ 〈보기〉의 [자료]에 의하면 중세 국어에서 '새'는 관형사, 명사, 부사로 쓰였으나, 현대 국어의 '새'는 관형사로만 쓰였다.

29

정답설명

⑤ '울렸네'는 어간 '울리-'와 과거 시제 선어말 어미 '-었-', 종결 어미 '-네'가 결합된 용언이므로 ⓒ이 아닌 ⓛ에 속한다.

오답설명

① '끝내겠습니다'는 어간 '끝내-'와 선어말 어미 '-겠-', 대화의 상대방을 높이는 기능을 하는 종결 어미 '-습니다'가 결합된 용언이므로 선지의 내용은 적절하다.

② '준비하기'는 어간 '준비하-'와 명사형 전성 어미 '-기'가 결합된 용언이므로 선지의 내용은 적절하다.

③ '들어가신'은 어간 '들어가-'와 문장의 주체를 높이는 기능을 하는 선어말 어미 '-시-', 관형사형 전성 어미 '-ㄴ'이 결합된 용언이므로 선지의 내용은 적절하다.

④ '계신'은 어간 '계시-'와 관형사형 전성 어미 '-ㄴ'이 결합된 용언이므로 선지의 내용은 적절하다.

30

정답설명

④ ㉣의 '-고'는 앞 문장과 뒤 문장을 나열의 의미 관계로 이어 주는 ⓐ(대등적 연결 어미)이다. ㉡의 '-어'와 ㉤의 '-고'는 앞 문장이 뒤 문장의 원인이라는 의미를 가지도록 이어 주는 ⓑ(종속적 연결 어미)이다. ㉠의 '-고'와 ㉢의 '-어'는 본용언과 보조 용언을 이어 주는 ⓒ(보조적 연결 어미)이다.

31

정답설명

③ '별내[별래]'에서는 초성 위치에 있는 'ㄴ'이 'ㄹ'의 뒤에서 동일한 조음 위치의 유음인 'ㄹ'로 바뀌는 유음화가 일어난다. (나)를 고려할 때, '별내[별래]'의 로마자 표기는 'Byeollae'이다.

오답설명

① (나)에서 '장모음의 표기는 따로 하지 않는다.'라고 하였고, 'ㄱ'은 모음 앞에서 'g'로 적어야 하므로 '대관령[대:괄령]'의 로마자 표기는 'Daegwallyeong'이다.

② '백마[뱅마]'에서는 초성 위치가 아닌 종성 위치에 있는 'ㄱ'이 'ㅁ' 앞에서 동일한 조음 위치의 비음인 'ㅇ'으로 조음 방법이 바뀌는 비음화가 일어난다.

④ '삽목묘[삼몽묘]'에서는 두 종성 위치에서 비음화가 일어난다.

⑤ (나)에서 'ㄹㄹ'은 'll'로 적는다고 하였으므로, '물난리[물랄리]'의 로마자 표기는 'mullalli'이다.

32

정답설명

① '곤란[골:란]'은 동화음 'ㄹ'이 피동화음 'ㄴ'에 후행하는 동화(㉠)가 일어나며, 피동화음 'ㄴ'이 'ㄹ'로 바뀌어 동화음 'ㄹ'과 완전히 같아지는 동화(㉡)가 일어난다. 그리고 '입문[임문]'은 동화음 'ㅁ'이 피동화음 'ㅂ'에 후행하는 동화(㉠)가 일어나며, 피동화음 'ㅂ'이 'ㅁ'으로 바뀌어 동화음 'ㅁ'과 완전히 같아지는 동화(㉡)가 일어난다.

오답설명

②, ③, ④, ⑤ '국민[궁민]'은 동화음 'ㅁ'이 피동화음 'ㄱ'에 후행하는 동화(㉠)가 일어나지만, 피동화음이 동화음의 일부 특성만 닮는 동화가 일어난다. '읍내[음내]'는 동화음 'ㄴ'이 피동화음 'ㅂ'에 후행하는 동화(㉠)가 일어나지만, 피동화음이 동화음의 일부 특성만 닮는 동화가 일어난다. 반면 '칼날[칼랄]'은 동화음 'ㄹ'이 피동화음 'ㄴ'에 선행하며, 피동화음인 'ㄴ'이 'ㄹ'로 바뀌어 동화음 'ㄹ'과 완전히 같아지는 동화(㉡)가 일어난다.

33

정답설명

③ ㄴ. '기리다'는 '뛰어난 업적이나 바람직한 정신, 위대한 사람 따위를 칭찬하고 기억하다.'라는 뜻을 가진 동사로, 사동 접사가 붙어 있지 않다. 반면 '날리다'는 '공중에 띄워서 어떤 위치에서 다른 위치로 움직이게 하다.'라는 뜻을 가진 동사로, 사동 접사 '-리-'가 붙어 있다.

ㄹ. 1문단에 따르면 특정한 상대 등을 필수적으로 요구하는 동사의 경우 사동 접사의 결합에 제약이 있기도 하다. '싸우다', '닮다'는 모두 이러한 특성을 가진 동사이다.

오답설명

ㄱ. '늦다'는 어간 '늦-'에 사동 접사 '-추-'를 결합하여 '늦추다'와 같은 파생적

사동이 가능한 동사이다. 그러나 '받다'는 주거나 받는 뜻을 가진 동사에 해당하여 사동 접사가 결합되지 못한다.

ㄷ. 1문단에 따르면 어간이 'ㅣ'로 끝나는 동사의 경우 사동 접사의 결합에 제약이 있기도 하다. 그 예로 '던지다'와 '견디다'를 들 수 있다.

34

정답설명

③ '들이숩더니'는 사동 접사 '-이-'가 결합된 파생적 사동의 예이다. 이를 통사적 사동으로 바꾸어 표현하려면 어간 '듣-'에 '-게 ᄒ다'를 붙이면 된다. 2문단에서 '-에'는 모음이나 자음 'ㄹ'로 끝나는 어간 뒤, 혹은 '이다'의 '이-' 뒤에서 쓰였다고 하였으므로, '드데 ᄒ(듣-+-에 ᄒ)'는 잘못된 사동 형태임을 알 수 있다.

오답설명

① '알외'는 'ㄹ'로 끝나는 어간 '알-' 뒤에 보조적 연결 어미 '-의'가 결합된 것이다.
② '들이'의 어간은 '듣-'인데 사동 접사 '-이-'가 결합될 때 어간의 받침 'ㄷ'이 'ㄹ'로 바뀌어 '들-'이 된 것이다.
④ '사ᄅ'는 동사 어간 '살-'에 사동 접사 '-ᄋ-'가 결합되어 연철한 것이고, '마촐씨니'에서는 동사 어간 '맞-'에 사동 접사 '-호-'가 결합되어 연철한 것이다.
⑤ ⓒ, ⓓ에는 각각 현대 국어에서 사용하지 않는 사동 접사 '-ᄋ-'와 '-호-'가 결합되어 있다.

35

정답설명

⑤ '질투의 감정'에서 '의'는 '질투'라는 것이 '감정'임을 나타내고 있으므로, 두 체언을 ㉠('의미상 동격'의 관계)로 연결하고 있다고 볼 수 있다. '국민의 단결'에서 '의'는 '단결'이라는 행동을 하는 주체가 '국민'임을 나타내므로, 두 체언을 ㉡('주체 - 행동'의 관계)로 연결하고 있다고 볼 수 있다.

오답설명

① '너의 부탁'에서 '의'는 ㉡을, '친구의 자동차'에서 '의'는 '소유주 - 대상'의 관계를 나타낸다.
② '자기 합리화의 함정'에서 '의'는 ㉠을, '친구의 사전'에서 '의'는 '소유주 - 대상'의 관계를 나타낸다.
③ '회장의 칭호'에서 '의'는 ㉠을, '영희의 오빠'에서 '의'는 '친족적' 관계를 나타낸다.
④ '은호의 아버지'에서 '의'는 '친족적' 관계를, '친구의 졸업'에서 '의'는 ㉡을 나타낸다.

36

정답설명

④ ⓒ의 '어머니의'는 관형격 조사 '의'에 의해 관형어가 나타난 것으로 관형절의 의미상 주어가 관형격으로 실현된 것이 아니다.

오답설명

① 1문단에서 '수식을 받는 체언이 의존 명사이면 그 앞에 반드시 관형어가 와야 한다.'라고 했으므로, 의존 명사 '것' 앞에 쓰인 관형어 '부텻'은 생략할 수 없다.
②, ③ ⓐ의 '부텻'은 관형격 조사 'ㅅ'이 결합하여, ⓑ의 '싀미 기픈'은 현대 국어와 같은 관형사형 어미 '-은'이 붙어 만들어진 관형절이 관형어의 역할을 하고 있다.
⑤ ⓓ의 '저자와의'는 '체언 + 부사격 조사'로 이루어진 부사어에 관형격 조사 '의'가 붙어 관형어가 된 경우이다. 이는 (다)의 '前生앳'과 같은 방식으로 실현된 것이므로 중세 국어에서도 찾을 수 있는 용법임을 알 수 있다.

37

정답설명

② ㉡에서 '안' 부정문의 주어인 '물품이'의 '물품'은 의지를 가질 수 없는 동작 주체인 경우에 해당하므로 '단순 부정'으로 해석해야 한다. 따라서 '단순 부정'과 '의도 부정'으로 모두 해석이 가능하다는 진술은 적절하지 않다.

오답설명

① '넓지 못해'에서는 형용사인 서술어 '넓다'에 '못' 부정문이 '긴 부정문' 형태로 실현되어 화자가 기대하는 기준에 이르지 못한다는 의미를 나타내고 있다.
③ ㉢에서는 '못' 부정문을 사용하여 물품을 내일 옮겨 보자는 제안을 완곡하게 거절하고 있다. 3문단에서 '못' 부정문은 화자의 능력을 부정하는 의미에서 발전하여 완곡한 거절과 같은 화자의 심리적 태도를 반영하기도 한다고 하였으므로, 선지의 내용은 적절하다.
④ '내키다'는 동작 주체의 능력으로는 어쩔 수 없는 심리적 상태이다. 3문단에서 동작 주체의 능력으로는 어쩔 수 없는 심리적 상태를 나타내는 서술어는 '못' 부정문에 쓰이기 어렵다고 하였으므로, '못' 부정문이 아닌 '안' 부정문이 사용된 것이다.
⑤ ㉤에서는 '말다' 부정문이 '덥다'라는 형용사인 서술어에 '긴 부정문'의 형태로 실현되어 화자의 기원을 나타내고 있다. 4문단에서 서술어가 형용사라도 기원이나 희망의 의미를 나타낼 때는 '말다' 부정문이 쓰일 수 있다고 하였으므로, 선지의 내용은 적절하다.

38

정답설명

③ ㉢는 현대 국어에서 '못 들으며'로 해석되는 것을 통해, 중세 국어에서 동작 주체의 의도를 부정하는 것이 아니라 능력 부족을 드러내는 부정문이 사용되었음을 알 수 있다.

오답설명

① '아니 오실씨'는 '아니 오시므로'로 해석되므로, 현대 국어의 '안' 부정문에 해당하는 부정문이 사용되었음을 알 수 있다.
② '머디 아니ᄒ다.'는 '멀지 아니하다.'로 해석되므로, 객관적인 사실을 부정하는 '단순 부정'에 해당함을 알 수 있다.
④ '닛디 마ᄅ쇼셔.'는 '잊지 마십시오.'로 해석되므로, 명령문을 부정하는 '말

다' 부정문이 사용되었음을 알 수 있다.

⑤ '아니 오실씩'에서는 짧은 부정문, '머디 아니ᄒᆞ다.'에는 긴 부정문이 사용되었다.

39

정답설명

③ '놓였다'는 '놓이다'의 어간 '놓이-'가 과거 시제 선어말 어미 '-었-', 종결 어미 '-다'와 결합한 것이다. 1문단에 따르면, 과거 시제 선어말 어미 '-였-'은 어간 '하-'에 결합하므로 선지의 내용은 적절하지 않다.

오답설명

① '먹는다'는 동사 '먹다'의 어간 '먹-'이 현재 시제를 나타내는 선어말 어미 '-는-', 종결 어미 '-다'와 결합한 것이다.

② '자란다'는 동사 '자라다'의 어간 '자라-'가 현재 시제를 나타내는 선어말 어미 '-ㄴ-', 종결 어미 '-다'와 결합한 것이다.

④ '입장하겠습니다'는 동사 '입장하다'의 어간 '입장하-'가 미래 시제를 나타내는 선어말 어미 '-겠-', 종결 어미 '-다'와 결합한 것이다.

⑤ '꿨다'는 동사 '꾸다'의 어간 '꾸-'가 과거 시제 선어말 어미 '-었-', 종결 어미 '-다'와 결합한 것이다.

40

정답설명

⑤ 2문단에 따르면 중세 국어의 선어말 어미에는 '-ᄂᆞ-', '-더-', '-리-'가 있었다. 이를 토대로 보면 ⓐ(ᄀᆞᆮᄒᆞ다)는 용언의 어간 'ᄀᆞᆮᄒᆞ-'에 선어말 어미를 결합하지 않은 것이다. ⓑ(묻ᄂᆞ다)는 용언의 어간 '묻-'에 선어말 어미 '-ᄂᆞ-'를 결합한 것이다. ⓒ(도죽ᄒᆞ더니)는 용언의 어간 '도죽ᄒᆞ-'에 선어말 어미 '-더-'를 결합한 것이다. ⓓ(오뇨)는 용언의 어간 '오-'에 선어말 어미를 결합하지 않은 것이다. ⓔ(아니ᄒᆞ리니)는 용언의 어간 '아니ᄒᆞ-'에 선어말 어미 '-리-'를 결합한 것이다. 따라서 ㉠에는 ⓑ, ⓒ, ⓔ, ㉡에는 ⓐ, ⓓ가 해당한다.

41

정답설명

⑤ 수식을 받는 체언이 관형절 속의 한 성분으로 쓰일 수 있는 관형절은 관계 관형절이다. b의 '늦(조짐)'이나 c의 'ᄆᆞᅀᆞᆷ(마음)'은 관형절의 수식을 받는 체언인데, 이들은 관형절 속의 한 성분으로 쓰일 수 없으므로 b, c는 동격 관형절을 포함한 문장이다.

오답설명

① a의 '호ᄂᆞᆯ[ᄒᆞ-+-오-+-ㄴ+ᄋᆞᆯ]'에서 조사 'ᄋᆞᆯ'이 어미 '-ㄴ' 바로 뒤에 붙어 있음을 확인할 수 있다.

② a의 '호ᄂᆞᆯ[ᄒᆞ-+-오-+-ㄴ+ᄋᆞᆯ]'은 '한 것을'로 해석된다. 3문단에서 중세 국어의 '-ㄴ'은 '~ㄴ 것' 정도로 해석되며, 명사절을 이끄는 경우가 있었음을 확인할 수 있다.

③ b의 '비췰[비취-+-ㄹ]'에서 '-ㄹ'을 통해 발화시가 사건시보다 앞서는 미래 시제가 나타나 있음을 확인할 수 있다.

④ b와 c에서 관형절의 수식을 받는 체언인 '늦(조짐)'과 'ᄆᆞᅀᆞᆷ(마음)'이 관형절의 뒤에 드러나 있음을 확인할 수 있다.

42

정답설명

④ [A] : '힘찬(㉠)'은 '함성이 힘차다.'로부터 만들어진 관계 관형절이다. 수식을 받는 체언 '함성'이 관형절 속에서 주어로 쓰일 수 있기 때문이다. '형이 조사한(㉡)'은 '형이 자료를 조사하다.'로부터 만들어진 관계 관형절이다. 수식을 받는 체언 '자료'가 관형절 속에서 목적어로 쓰일 수 있기 때문이다.

[B] : '자동차가 전복된(㉢)'은 '자동차가 전복되다.'로부터 만들어진 동격 관형절이다. 그리고 관형절이 만들어지는 과정에서 원래 문장의 종결 어미가 그대로 유지되지 않는 관형절이다.

[C] : '내가 그 일을 한다는(㉣)'은 '내가 그 일을 한다.'로부터 만들어진 동격 관형절이다. 그리고 관형절이 만들어지는 과정에서 원래 문장의 종결 어미가 그대로 유지되는 관형절이다.

43

정답설명

④ ㉠ '들르다'는 '들르-+-어'가 '들러'로, '따르다'와 마찬가지로 모음으로 시작하는 어미와 결합할 때 어간에서 '_'가 탈락하는 규칙 활용을 한다.

㉡ '푸르다'는 모음으로 시작하는 어미와 결합할 때 어미 '-어'가 '-러'로 변화하는 '러' 불규칙 활용을 한다.

㉢ '묻다[問]'는 모음으로 시작하는 어미와 결합할 때 어간이 '물-'로 교체되는 'ㄷ' 불규칙 활용을 한다.

오답설명

①, ② '잠그다'와 '다다르다'는 '잠가'와 '다다라'로 활용하므로 '_'가 탈락하는 규칙 활용을 하는 용언이지만, ㉡과 ㉢이 반대로 연결되어 있으므로 적절하지 않다.

③, ⑤ '부르다'와 '머무르다'는 '불러'와 '머물러'로 활용하므로, '르' 불규칙 활용을 하는 용언에 해당한다.

44

정답설명

④ '즐거본'이 현대 국어의 '즐거운'으로 나타난 것은 'ㅸ'이 '_'와 결합하여 'ㅜ'로 바뀌었기 때문이다.

오답설명

① '지서'는 '짓다'의 어간이 모음으로 시작하는 어미 앞에서 '짓-'으로 교체된 활용형이다.

② '즐거본'은 '즐겁다'의 어간이 모음으로 시작하는 어미 앞에서 '즐겁-'으로 교체된 활용형이다.

③ '지서'는 현대 국어에서 'ㅿ'이 소실되어 '지어'로 나타난 것이다.

⑤ 중세 국어의 '변ᄒᆞ야'와 현대 국어의 '변하여'는 어간이거나 어간의 일부인 'ᄒᆞ-', '하-'에 모음으로 시작하는 어미가 결합하여 어미의 기본 형태가 각각 '-야', '-여'로 달라진 것에 해당한다.

45

정답설명

④ ⑩(야)과 ⊗(아)은 손아랫사람을 부를 때 쓰는 호격 조사로 그 의미가 서로 동일하다. 이때 ⑩은 모음 뒤에만 쓰이고, ⊗은 자음 뒤에만 쓰이므로. ⑩과 ⊗은 서로 상보적 분포를 보이는 음운론적 이형태 관계이다. 따라서 ⑩과 ⊗이 형태론적 이형태 관계라는 선지의 내용은 적절하지 않다.

오답설명

① ㉠, ㉢과 함께 쓰인 체언 '사과', '일'을 통해, ㉠은 모음 뒤에 나타나고 ㉢은 자음 뒤에 나타난다는 것을 알 수 있다. 또한 '사과은', '일는'과 같이 쓰이지 않으므로, 서로가 나타나는 음운 환경이 겹치지 않음을 알 수 있다.

② '이 사과는 민수에게 주는 선물이다.', '영숙아 민수한테 책을 주어라.'와 같이 쓰일 수 있으므로, ㉡(한테)과 ㉵(에게)이 상보적 분포를 보이지 않는다는 것을 알 수 있다. 참고로, 부사격 조사 '한테'는 '에게'의 구어적인 표현이다.

③ ㉣(-여라)은 ㉰(-아라), ㉶(-어라)와 달리, '하다'의 어간 '하-'에 결합할 때만 형태를 달리하는 명령형 어미이므로 형태론적 이형태이다.

⑤ ㉰은 앞말 모음이 양성 모음으로 끝날 때, ㉶은 앞말 모음이 음성 모음으로 끝날 때 결합하는 명령형 어미로, 음운론적 이형태 관계에 있다.

46

정답설명

① 2문단에 따르면 ⓐ의 앞말 모음이 단모음 '이'이므로 ⓐ에는 '예'가, ⓑ의 앞말 모음이 양성 모음이므로 ⓑ에는 '애'가, ⓒ의 앞말 모음이 음성 모음이므로 ⓒ에는 '에'가 들어가는 것이 적절하다. ⓐ~ⓒ는 모두 부사격 조사로, 앞말 모음의 성질에 따라 상보적 분포를 보이므로, 음운론적 이형태의 관계라고 할 수 있다.

47

정답설명

② 축약이란 두 개의 음운이 합쳐져 하나의 음운으로 줄어드는 현상을 말한다. 국어에서는 'ㅎ'과 예사소리 'ㄱ, ㄷ, ㅂ, ㅈ'이 만나면 거센소리로 축약되는 현상이 일어난다. 이때 지문의 ㉣은, 그중에서도 용언의 어간 말음 'ㅎ' 뒤에 예사소리 'ㄱ, ㄷ, ㅈ'으로 시작하는 어미가 올 때 일어나는 축약을 가리킨다. '놓기[노키]'를 발음할 때, 어간 '놓-'과 어미 '-기'가 결합하여, 용언 어간 말음의 'ㅎ'과 어미의 'ㄱ'이 거센소리로 축약되었다.

오답설명

① '한몫[한목]'을 발음할 때, 종성에 있는 자음군에서 자음 하나가 탈락하므로 ㉡이 일어난다.

③ '끓지[끌치]'를 발음할 때, 용언 어간 말음의 'ㅎ'과 뒤에 오는 어미의 'ㅈ'이 'ㅊ'으로 축약되므로 ㉣이 일어난다.

④ '값할[가팔]'을 발음할 때, 종성의 자음군에서 자음 하나가 탈락하므로 ㉡이 일어난다. 이후 'ㅂ'과 'ㅎ'의 축약이 일어나지만 용언 어간 말음 'ㅎ' 뒤에 'ㄱ, ㄷ, ㅈ'으로 시작하는 어미가 결합할 때 일어나는 축약은 아니므로, ㉣이 일어난다고 볼 수 없다.

⑤ '맞힌[마친]'을 발음할 때, 'ㅈ'과 'ㅎ'의 축약이 일어나지만 용언 어간이 '맞히-'이므로, 용언 어간 말음 'ㅎ' 뒤에 'ㄱ, ㄷ, ㅈ'으로 시작하는 어미가 결합할 때 일어나는 축약은 아니다. 따라서 ㉢과 ㉣ 모두 일어나지 않는다.

48

정답설명

① ⓐ에서는 '하ᄂᆞᆶ'에 조사 '이'가 붙어 '하ᄂᆞᆯ히'로 연음되었으므로 음운의 개수에 변동이 없다. 그러나 ⓓ에서는 '하ᄂᆞᆶ'의 말음인 'ㅎ'과 뒤에 오는 '도'의 'ㄷ'이 'ㅌ'으로 축약되어 '하ᄂᆞᆯ토'로 나타났으므로, 음운의 개수가 줄어들었다.

오답설명

② ⓒ에서는 'ㅎ' 종성 체언이 단독으로 쓰여 'ㅎ'이 실현되지 않았다. ⓑ에서는 'ㅎ'이 'ㅅ'으로 교체된 것이 아니라, 'ㅎ' 종성 체언 뒤에 관형격 조사 'ㅅ'이 결합하여 'ㅎ'이 실현되지 않은 것이다.

③ ⓑ에서는 'ㅎ'이 실현되지 않았으므로 'ㅎ'의 존재를 알 수 없다. 반면 ⓓ의 '하ᄂᆞᆯ토'에서 'ㅌ'은 '하ᄂᆞᆶ'의 말음인 'ㅎ'과 뒤에 오는 조사 '도'의 'ㄷ'이 축약되어 나타난 것이므로, 'ㅎ'의 존재를 알 수 있다.

④ ⓒ에서는 '하ᄂᆞᆶ'이 단독으로 쓰였지만 ⓑ에서는 관형격 조사 'ㅅ'이 결합하였으므로 선지의 내용은 적절하지 않다.

⑤ ⓓ와 ⓔ에서는 '하ᄂᆞᆶ'에 조사 '도', '과'가 결합하여 'ㅎ'과 'ㄷ', 'ㄱ'이 축약됨으로써 '하ᄂᆞᆯ토', '하ᄂᆞᆯ콰'와 같이 나타난 것이다.

49

정답설명

③ '보ᄉᆞᆸ고'에는 객체 높임 선어말 어미 '-ᄉᆞᆸ-'이 사용되었다. '-ᄉᆞᆸ-'은 '世尊(세존)'만을 직접적으로 높이고 있으므로, '龍王(용왕)'을 간접적으로 높이고 있다는 선지의 내용은 적절하지 않다.

오답설명

① '일훔'은 '王(왕)'과 관련된 대상이다. ㄱ에서 주체 높임의 선어말 어미 '-시-'를 통해 '일훔'을 높임으로써 '王(왕)'을 간접적으로 높이고 있다.

② '恩私(은사)'는 '님금'과 관련된 대상이다. ㄴ에서 객체 높임의 선어말 어미 '-ᄉᆞᆸ-'을 통해 '恩私(은사)'를 높임으로써 '님금'을 간접적으로 높이고 있다.

④ '모도시니'에서 주체 높임 선어말 어미 '-시-'가 쓰였다. '모도시니'라는 행위를 한 주체는 '太子(태자)'이므로, '-시-'를 통해 '太子(태자)'를 직접적으로 높이고 있음을 알 수 있다.

⑤ '供養(공양)ᄒᆞᄉᆞᆸ게'에서 객체 높임 선어말 어미 '-ᄉᆞᆸ-'이 쓰였다. '供養(공양)ᄒᆞᄉᆞᆸ게'라는 행위의 대상은 '諸佛(제불)'이므로, '-ᄉᆞᆸ-'을 통해 '諸佛(제불)'을 직접적으로 높이고 있음을 알 수 있다.

50

정답설명

③ ⓐ에서는 주체 높임 선어말 어미 '-시-'를 사용해 '치아'를 높임으로써 '할아버지'를 간접적으로 높이고 있다. ⓑ에서는 객체 높임을 나타내기 위한 특

수 어휘 '모시다'를 사용해 '고모님'을 직접적으로 높이고 있다. ⓒ에서는 주체 높임 선어말 어미 '-시-'를 사용해 '아버지'를 직접적으로 높이고 있다. ⓓ에서는 주체 높임 선어말 어미 '-시-'를 사용해 '생각'을 높임으로써 '그분'을 간접적으로 높이고 있다.

'ⓑ'에는 객체 높임이 나타나 있고 ⓐ, ⓒ, ⓓ에는 주체 높임이 나타나 있으므로, '학생 2'는 객체에 해당하는 인물을 높이는가의 여부를 분류 기준으로 삼았음을 알 수 있다.

51

정답설명

③ '보살피다'는 용언 '보다'의 어간 '보-'가 연결 어미 없이 용언 '살피다'의 어간 '살피-'에 바로 결합한 합성 동사로, 비통사적 합성어이다.

오답설명

① '어깨동무'는 명사 '어깨'와 명사 '동무'가 결합한 합성 명사로, 통사적 합성어이다.

② '건널목'은 용언 '건너다'의 어간 '건너-'와 관형사형 어미 '-ㄹ'이 결합한 용언의 관형사형 '건널'이 명사 '목'과 결합한 합성 명사로, 통사적 합성어이다.

④ '여닫다'는 용언 '열다'와 용언 '닫다'의 어간 '열-', '닫-'이 연결 어미 없이 결합한 합성 동사로, 비통사적 합성어이다.

⑤ '검버섯'은 용언 '검다'의 어간 '검-'이 명사 '버섯'에 직접 결합한 합성 명사로, 비통사적 합성어이다.

52

정답설명

② (나)의 '즌흙'은 즐다(현대 국어의 '질다')의 관형사형 '즌'이 명사 '흙'과 결합한 통사적 합성어로서 현대 국어의 '진흙'과 동일한 방법으로 합성된 것이다.

오답설명

① 중세 국어의 '눈믈'과 현대 국어의 '눈물'은 형성 방법이 같다. 즉 (가)의 '눈믈'은 명사 '눈'과 명사 '믈'이 결합한 구성이므로, 통사적 합성어에 해당한다.

③ (다)의 '아라듣다'는 용언 '알다'와 '듣다'의 어간이 연결 어미 '-아'를 통해 결합한 통사적 합성어로, 현대 국어의 '알아듣다'와 동일한 방법으로 합성된 것이다.

④ (라)의 '솟나다'는 용언 '솟다'와 용언 '나다'의 어간이 연결 어미 없이 바로 결합한 비통사적 합성어이다. 반면 현대 국어의 '솟아나다'는 어간 '솟-'과 '나-'가 연결 어미 '-아'와 함께 결합한 통사적 합성어이므로, (라)의 '솟나다'는 현대 국어와 다르게 합성된 것이다.

⑤ (라)와 (마)를 통해 현대 국어의 '솟아나다'가 중세 국어에서는 비통사적 합성어인 '솟나다'와 통사적 합성어인 '소사나다'의 두 가지 형태로 모두 쓰였을 것이라고 추론할 수 있다.

53

정답설명

형태쌤의 과외시간

> ㄱ. [잘 다져진] 음식은 [아이가 먹기]에 알맞다.
>   관형절   명사절
> ㄴ. 나는 [그가 [소리도 없이] 사라졌음]을 알았다.
>   부사절   명사절
> ㄷ. [운동장을 달리는] 나에게 그가 [발밑을 조심하라]고 외쳤다.
>   관형절   인용절

⑤ ㄴ은 '나는 ~을 알았다.'라는 문장 안에 '그가 소리도 없이 사라졌다.'라는 문장이 명사절로 안겨 있고, 이 명사절은 '그가 사라졌다.'라는 문장 안에 '소리도 없다.'라는 문장이 부사절로 안겨 있는 복잡한 구조이다. 따라서 하나의 안긴문장 안에 또 다른 문장이 안겨 있는 것이 맞다.

ㄷ은 '나에게 그가 ~고 외쳤다.'라는 문장 안에 '(내가) 운동장을 달리다.', '(너는) 발밑을 조심해라.'라는 두 문장이 각각 관형절, (간접) 인용절로 안긴 것이므로, 하나의 안긴문장 안에 또 다른 문장이 안겨 있는 것이 아니다.

오답설명

① ㄴ의 명사절 '그가 소리도 없이 사라졌음'은 '을'이라는 목적격 조사를 취하여 목적어로 기능하고 있지만, ㄱ의 명사절 '아이가 먹기'는 '에'라는 부사격 조사를 취하여 부사어로 기능하고 있다.

② ㄱ에는 부사절이 사용되지 않았지만, ㄴ에는 '소리도 없이'라는 부사절이 사용되어 용언 '사라졌음'을 수식하고 있다.

③ ㄴ에는 다른 사람의 말을 인용한 절이 사용되지 않았지만, ㄷ에는 '그'의 말을 '나'의 표현으로 바꾸어 인용한 간접 인용절 '발밑을 조심하라'가 사용되었다. 이처럼 다른 사람의 말을 말하는 사람의 표현으로 바꾸어 인용한 절을 '간접 인용절'이라고 하며, 간접 인용절이 사용될 때는 간접 인용의 부사격 조사 '고'가 사용된다. 한편 다른 사람의 말이나 글을 변형 없이 직접 인용한 절은 '직접 인용절'이라고 하며, 직접 인용절이 사용될 때는 큰따옴표나 작은따옴표와 함께 직접 인용의 부사격 조사 '라고/이라고'가 사용된다. 참고로 ㄷ을 직접 인용절을 안은 문장으로 바꾼다면 '운동장을 달리는 나에게 그는 "발밑을 조심해!"라고 외쳤다.'와 같이 표현된다.

④ 체언을 수식하는 안긴문장은 관형절이다. ㄱ의 관형절 '잘 다져진'은 본래 '음식이 잘 다져지다.'라는 문장으로, 안은문장의 주어인 '음식'과 관형절의 주어인 '음식'이 중복되므로 관형절의 문장 성분이 생략된 것이다. 한편 ㄷ의 관형절 '운동장을 달리는' 또한 본래 '내가 운동장을 달리다.'라는 문장으로, 안은문장의 부사어인 '나'와 관형절의 주어인 '나'가 중복되므로 관형절의 문장 성분이 생략된 것이다.

54

정답설명

④ [현대어 풀이]를 참고하면, (가)의 'ᄆᆞ슬히 멀면'은 관형절이라고 볼 수 없다. 'ᄆᆞ슬히 멀다.'라는 문장이 '-면'이라는 종속적 연결 어미를 통해 뒤의

문장과 이어진 것이다.

(다)의 '불휘 기픈'은 '불휘 깊다.'라는 문장이 관형사형 전성 어미 '-은'을 취하여 '낡(나무)'를 수식하는 관형절이 된 것이 맞다.

오답설명

① (가)의 '乞食ᄒᆞ디'가 현대어의 '걸식하기'에 대응되므로, 중세 국어에서 명사절을 만들 때 '-디'가 사용되었음을 알 수 있다.

② (나)의 '남기 됴ᄒᆞᆯ씨'는 현대어의 '나무가 좋으므로'에 대응된다. 이때 '나무가 좋으므로'는 '이 동산은 (어떠하다.)'라는 문장 안에 들어가 서술어로 쓰인 것이므로, 중세 국어에서도 서술절이 사용되었음을 알 수 있다.

③ (다)의 [현대어 풀이를 참고할 때 '꽃이 좋고'는 대등적 연결 어미 '-고'로 뒤 문장과 이어진 것이다. 따라서 '좋고'에 대응되는 '됴코'는 '둏다'의 어간 '둏-'에 대등적 연결 어미 '-고'가 결합된 후, 'ㅎ'과 'ㄱ'이 축약되어 'ㅋ'이 된 것으로 파악할 수 있다.

⑤ (나)의 '됴ᄒᆞᆯ씨'는 현대어의 '좋으므로'에, (다)의 '뮐씨'는 현대어의 '흔들리므로'에 대응된다. 이를 통해 '-(ᄋᆞ)ㄹ씨'라는 어미가 현대 국어의 종속적 연결 어미 '-(으)므로'와 같은 기능을 한다는 것을 알 수 있다.

55

정답설명

③ ⓑ는 파열음 'ㄷ' 뒤에서 예사소리 'ㅈ'이 반드시 된소리로 바뀌는 된소리되기 현상이 일어난 단어이다. 한편 ⓒ는 예사소리 'ㄱ'과 'ㅎ'이 거센소리 'ㅋ'으로 축약된 단어이다. 1, 2문단에 따르면 이는 모두 음운과 관련된 조건만으로 규칙성을 확인할 수 있는 현상에 해당한다.

오답설명

① ⓐ는 비음화가 일어난 단어이다. 1문단에서 비음화는 음운과 관련된 조건만으로 규칙성을 파악할 수 있다고 하였다. 또한 ⓑ는 파열음 'ㄷ' 뒤에서 예사소리 'ㅈ'이 반드시 된소리로 바뀌는 된소리되기 현상이 일어난 단어이다. 2문단에 따르면 이 역시 음운과 관련된 조건만으로 규칙성을 파악할 수 있다. 따라서 ⓐ와 ⓑ에서 이어져 있는 두 자음은 형태소적 조건과는 무관하게 용언의 어간과 어미에 나타나도 음운 변동이 일어날 것임을 알 수 있다.

② ⓐ와 ⓔ에서 이어진 두 자음이 발음될 때 음운 변동(ㅂ〉ㅁ, ㄱ〉ㄲ)이 일어나는데, 4문단에 따르면 이는 표준 발음으로 인정된다. 따라서 '제 소리대로' 발음하는 것은 표준 발음으로 인정되지 않을 것이다.

④ 3문단에 따르면 ⓓ는 비음 뒤의 예사소리가 된소리로 발음되는 현상이다. 이에 대해서는 음운의 조건뿐만 아니라 용언의 어간과 어미가 결합한다는 조건까지 알아야 한다. 그러나 1문단의 '비음화와 자음 축약은~규칙성을 파악할 수 있다.'를 통해, ⓒ의 축약이 일어날 때에는 형태소와 관련된 조건이 필요하지 않음을 알 수 있다.

⑤ ⓓ의 어간은 '담-'이며 어미는 '-기'이므로, 용언의 어간과 결합하는 어미의 첫소리가 된소리로 바뀐 것이다. 그러나 ⓔ의 어간은 '뜯기-'이며 어미는 '-ㄴ'이므로, 용언의 어간과 결합하는 어미의 첫소리가 된소리로 바뀌었다는 선지의 설명에 해당하지 않는다.

56

정답설명

④ 2문단에서 파열음 'ㅂ, ㄷ, ㄱ' 뒤의 예사소리 'ㅂ, ㄷ, ㄱ, ㅅ, ㅈ'은 반드시 된소리로 바뀐다고 하였고, 4문단에서 '음운 변동이 일어난 발음들은 모두 표준 발음으로 인정된다.'라고 하였다. 따라서 '국수'는 '국수'로 적더라도 표준 발음은 [국쑤]이다. 이에 대해 한글 맞춤법 제5항의 '다만' 규정에서는 '국쑤'가 아닌 '국수'를 올바른 표기로 제시하였다.

오답설명

① 〈보기〉에 제시된 한글 맞춤법 제5항은 '뚜렷한 까닭 없이' 나는 된소리에 대한 조항이다. 이는 된소리되기의 규칙성이 적용되는 환경이 아닐 때 된소리가 나는 경우를 의미한다. 즉 '가끔', '어찌'와 같이 두 모음 사이에서 된소리가 날 수도 있지만, '아기[아기]'와 같이 된소리가 나지 않을 수 있다. 따라서 두 모음 사이에 예사소리가 오면 예외 없이 된소리가 되는 것은 아니므로 선지의 내용은 적절하지 않다.

② 예사소리인 파열음 뒤에서 일어나는 된소리되기는 2문단에 음운과 관련된 조건만으로 규칙성을 파악할 수 있는 현상으로 제시되어 있다.

③ 예사소리인 파열음 뒤에서 일어나는 된소리되기는 예외 없이 적용되므로, '딱닥'으로 표기하더라도 발음은 [딱딱]이 된다. 또한 〈보기〉에 제시된 한글 맞춤법 제13항에서는 한 단어 안에서 비슷한 음절이 겹쳐 나는 부분은 같은 글자로 적게 하고 있으므로, '딱딱'으로 표기해야 한다.

⑤ '잔뜩'은 부사이므로 용언의 어간을 갖지 않는다. 또한 〈보기〉에 제시된 한글 맞춤법 제5항에서, 'ㄴ, ㄹ, ㅁ, ㅇ' 받침 뒤에서 뚜렷한 까닭 없이 된소리가 나는 단어의 사례로 '잔뜩'을 제시하고 있다.

57

정답설명

⑤ ⓒ은 사동 접미사 '-이-'가 붙은 것이므로 단형 사동, ⓓ은 '-게 하다'가 붙은 형태이므로 장형 사동이다. 4문단에서 '단형 사동은 맥락에 따라 직접 사동과 간접 사동의 두 가지 의미를 모두 표현할 수 있으나 장형 사동은 간접 사동의 해석만을 허용한다.'라고 하였으므로, 직접 사동과 간접 사동의 의미 모두로 해석되는 것은 ⓓ이 아닌 ⓒ이다.

오답설명

①, ② ㉠의 서술어의 자릿수는 한 자리이다('팽이가 돈다.'). ㉠을 '아이들이'를 주어로 삼는 단형 사동문으로 바꾸면 '아이들이 얼음 위에서 팽이를 돌린다.'가 되는데, 이때 ㉠의 주어인 '팽이가'는 목적어인 '팽이를'로 바뀌고, 서술어의 자릿수는 두 자리가 된다('아이들이 팽이를 돌린다.').

③, ④ ㉡의 서술어의 자릿수는 두 자리이다('지원이가 일을 맡았다.'). ㉡을 '선생님께서'를 주어로 삼는 단형 사동문으로 바꾸면 '선생님께서 지원이에게 그 일을 맡기셨다.'가 된다. 이때 ㉡의 주어인 '지원이가'는 부사어인 '지원이에게'가 되고 서술어의 자릿수는 세 자리로 바뀐다('선생님께서 지원이에게 일을 맡기셨다.').

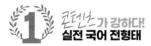
58

정답설명

⑤ ⓜ의 어근 형태는 '밧-'(15세기 국어)에서 '벗-'(현대 국어)으로 달라졌지만, 어근에 결합하는 사동 접미사는 '-기-'로 동일함을 확인할 수 있다.

오답설명

① ㉠을 통해 '얼-'이라는 동일한 어근에 15세기에는 '-우-', 현대에는 '-리-'라는 사동 접미사가 결합한 것을 알 수 있다.

② ㉡이 현대 국어의 '잃게 하였는가'에 대응한다고 하였으므로, 현대 국어의 '-게 하다'에 해당하는 표현이 15세기에는 '-게 ᄒ다'로 쓰였음을 알 수 있다.

③ ㉢에서는 어근 '앉-'과 사동 접미사 '-히-'의 결합된 형태를 소리 나는 대로 적어 '안치-'로 표기하였다. 반면 현대 국어에서는 원형을 밝혀 '앉히-'로 표기하였으므로, 서로 다른 양상을 보여 준다는 것을 확인할 수 있다.

④ '사ᄅ다'가 현대 국어의 '살리다'에 대응되는 것을 통해, 현대 국어의 사동 접사 '-리-'가 중세 국어의 '-ᄋ-'에 대응됨을 확인할 수 있다. '-ᄋ-'는 현대 국어에서 사동 접미사로 사용되지 않는다.

59

정답설명

④ ⓑ에는 '께서', '로', '를' 세 개의 조사가 쓰였다. 하지만 ⓐ에는 '까지', '는', '을', '도' 네 개의 조사가 쓰였다.

오답설명

① ⓐ는 '아직까지는(부사어) 그(관형어) 사실을(목적어) 아무도(주어) 모르고 있다(서술어).'의 구조를 가진다. '아무'는 이 문장에서 주어의 기능을 하는 체언(대명사)이다.

② ⓑ에서 '온갖'은 체언 '재료'를 수식하고 있다. '온갖'은 관형사로, 문장에서 체언을 꾸며 주는 수식언에 해당한다.

③ [A]에서 감탄사는 말하는 이의 놀람이나 느낌, 부름, 응답 따위를 나타낸다고 하였다. ⓒ에서 "네"는 말하는 이의 응답을 나타내고 있으므로, 감탄사에 해당한다.

⑤ [A]에서 가변어는 활용하여 형태가 변하는 말이라고 하였다. ⓐ에서 가변어는 '모르고', '있다' 두 개가 사용되었으며, ⓑ도 역시 '곱게', '빚으셨다' 두 개가 사용되었다.

60

정답설명

③ '식구 모두가 여행을 떠났다.'에서 '모두'는 '일정한 수효나 양을 기준으로 하여 빠짐이나 넘침이 없는 전체'라는 의미를 나타내며, 주격 조사 '가'와 어울려 주어의 역할을 하는 명사이다. 반면 '그릇에 담긴 소금을 모두 쏟았다.'에서 '모두'는 '일정한 수효나 양을 빠짐없이 다'라는 의미를 나타내며, '쏟았다'라는 용언을 수식하는 부사이다.

오답설명

① '둘에 다섯을 더하면 일곱이다.'에서 '일곱'은 대상의 수량을 나타내고 있으며, 서술격 조사를 취하여 서술어로 사용되었으므로 수사이다. 반면, '여기에 사과 일곱 개가 있다.'에서 '일곱'은 대상의 수량을 나타내면서 '개'라는 체언을 수식하고 있으므로 수 관형사이다.

② '너 커서 무엇이 되고 싶니?'에서 '커서'는 '사람이 자라서 어른이 되다.'라는 의미를 나타내며, '큰다, 크는, 크자, 크려고' 등과 같이 현재형, 청유형 등의 어미를 취할 수 있는 동사이다. 반면 '가구가 커서 방에 들어가지 않는다.'에서 '커서'는 '사람이나 사물의 외형적 길이, 넓이, 높이, 부피 따위가 보통 정도를 넘다.'라는 의미를 나타내며, '*(가구가) 큰다, 크는, 크자, 크려고' 등과 같이 현재형, 청유형 등의 어미를 취할 수 없는 형용사이다.

④ '나를 처벌하려면 법대로 해라.'의 '대로'는 '법'이라는 체언 뒤에 결합되어 그것에 근거하거나 달라짐이 없음을 나타내는 보조사이다. 반면, '큰 것은 큰 것대로 따로 모아 두다.'의 '대로'는 '것'이라는 체언 뒤에 결합되어 따로따로 구별됨을 나타내는 보조사이다.

⑤ '모두 같이 학교에 갑시다.'의 '같이'는 '둘 이상의 사람이나 사물이 함께'라는 의미를 나타내며, '갑시다'라는 용언을 수식하는 부사이다. 반면, '얼음장 같이 차가운 방바닥이 생각난다.'의 '같이'는 체언 뒤에 결합되어 '앞말이 보이는 전형적인 어떤 특징처럼'의 뜻을 나타내는 부사격 조사이다.

61

정답설명

④ [현대어 풀이]를 참고할 때, ㉣은 '모시고'로 해석되며 서술의 주체가 아닌 '聖宗(성종)'이라는 객체를 높이기 위해 쓰인 특수 어휘임을 알 수 있다.

오답설명

① ㉠은 [현대어 풀이]의 '기뻐하니'에 대응된다. [현대어 풀이]에는 목적어가 지시하는 대상을 높이는 선어말 어미가 사용되지 않았지만, ㉠에서는 객체 높임 선어말 어미 '-ᄉᆞᆸ-'이 쓰여 목적어가 지시하는 '仁義之兵(인의지병)'을 높이고 있다.

② ㉡은 [현대어 풀이]의 '한번 노하시니'에 대응된다. 중세 국어와 현대 국어 모두 선어말 어미 '-시-'를 사용하여 그 주체인 '聖孫(성손)'을 높이고 있음을 확인할 수 있다.

③ ㉢은 [현대어 풀이]의 '옮아간 것입니다'에 대응된다. 4문단에서 상대 높임법은 현대 국어에서는 종결 표현에 의해 실현되고, 중세 국어에서는 종결 표현이나 상대 높임 선어말 어미 '-이-, -잇-' 등을 통해 실현된다고 하였다. 현대 국어의 '옮아간 것입니다'에서 상대 높임법은 '-ㅂ니다'라는 종결 표현에 의해 실현되었지만, 중세 국어의 '올ᄆᆞ니이다'에서는 청자를 높이기 위해 상대 높임 선어말 어미 '-이-'가 사용되었음을 확인할 수 있다.

⑤ ㉤에 쓰인 '-시-'는 문장의 주체인 '하ᄂᆞᆯ'을 높이는 선어말 어미이고, '-이-'는 대화 상대방(청자)을 높이는 선어말 어미이다.

62

정답설명

① '아프셔서(아프-+-시-+-어서)'의 '-시-'는 '아버지'를 직접 높인 것이 아니라, '아버지'의 신체 일부인 '허리'를 높이기 위해 사용되었다. 따라서 주체

높임 중 간접 높임만이 쓰였음을 확인할 수 있다. 또한 '뵙고(뵙다)'라는 단어는 객체인 '할아버지'를 높이기 위해 사용된 표현이며, '왔습니다'에서 하십시오체의 종결 어미 '-습니다'를 통해 상대 높임을 표현하고 있음을 확인할 수 있다.

63

정답설명

⑤ 15세기 국어에서는 'ᄀᆞ득ᄒᆞ-'에 '-아/-어'가 결합되면 '-야'의 형태로 변화한다. 선행 모음 'ㆍ'가 양성 모음이기 때문에 '-여'가 아닌 '-야'의 형태로 결합된 것이므로 ㉠을 확인할 수 있다. 하지만 현대 국어에서는 '가득하-'에 '-아/-어'가 결합될 때 '-야'가 아닌 '-여'의 형태로 결합된다. 선행 모음 'ㅏ'가 양성 모음인데도 음성 모음을 사용하는 '-여'의 형태로 결합되므로 ㉡을 확인할 수 없다.

오답설명

① 15세기 국어와 현대 국어 모두 양성 모음을 취하는 '알-'에 '-아/-어'가 결합되면 '-아'가 선택되므로 ㉠과 ㉡을 확인할 수 있다.

② 15세기 국어와 현대 국어 모두 음성 모음을 취하는 '먹-'에 '-아/-어'가 결합되면 '-어'가 선택되므로 ㉠과 ㉡을 확인할 수 있다.

③ 15세기 국어에서 선행 모음이 양성 모음인 'ㅗ'이기 때문에 '-아/-어' 중 '-아'가 선택되었으므로 ㉠을 확인할 수 있다. 한편 현대 국어에서는 선행 모음이 음성 모음인 'ㅜ'이기 때문에 '-아/-어' 중 '-어'가 선택되었으므로 ㉡을 확인할 수 있다.

④ 15세기 국어와 현대 국어 모두 음성 모음을 취하는 '쁘-', '쓰-'에 '-아/-어'가 결합되면 '-어'가 선택되므로, ㉠과 ㉡을 확인할 수 있다.

64

정답설명

④ 시간이 흐를수록 모음 조화가 약화된 것은 맞다. 하지만 1문단에서 15세기부터 조사 '와/과'는 모음 조화가 적용되지 않았다고 하였으므로, 모음 조화의 약화에 따라 '초와'와 '파과'로 표기하게 되었다는 것은 적절하지 않은 설명이다.

오답설명

① 1문단에서 15세기에는 형태소 내부에서 모음 조화가 비교적 잘 지켜졌다고 하였다. 이는 (가)의 '겨슬', 'ᄒᆞᄅᆞ'를 통해 확인할 수 있다. '겨슬'과 'ᄒᆞᄅᆞ' 모두 한 단어이며, 각각 'ㅕ, ㅡ'와 'ㆍ, ㆍ'의 모음이 나타나므로 음성 모음은 음성 모음끼리, 양성 모음은 양성 모음끼리 어울렸음을 알 수 있다.

② 1문단에서 15세기에는 체언에 조사가 연결될 때 모음 조화가 잘 지켜졌다고 했다. 이는 (가)의 '오ᄉᆞᆯ', '쥭을'을 통해 확인할 수 있다. '오ᄉᆞᆯ'은 '옷+ᄋᆞᆯ', '쥭을'은 '쥭+을'로 분석되며, 각각 'ㅗ, ㆍ'와 'ㅠ, ㅡ'의 모음이 나타나므로 양성 모음은 양성 모음끼리, 음성 모음은 음성 모음끼리 어울렸음을 알 수 있다.

③ 1문단에서 15세기에는 어미 '-더-'는 모음 조화가 적용되지 않았다고 했다. 이는 (가)의 'ᄒᆞ더라'를 통해 확인할 수 있다. 선행 모음이 양성 모음 'ㆍ'인데도 음성 모음 'ㅓ'를 취하는 '-더-'가 사용되었다.

⑤ 2문단에서 16세기에 둘째 음절 이하에서의 'ㆍ'가 소실되면서 주로 'ㅡ'에 합류되었음을 언급하고 있다. 이는 (가)의 'ᄂᆞ믏'과 (나)의 'ᄂᆞ믈'을 통해 확인할 수 있다. [현대어 풀이]를 참고할 때 (가)의 'ᄂᆞ믏'과 (나)의 'ᄂᆞ믈'은 현대어의 '나물'에 해당하는 같은 단어이므로, 'ᄂᆞ믏'의 둘째 음절 'ㆍ'가 'ㅡ'로 변하여 'ᄂᆞ믈'의 형태가 되었음을 알 수 있다.

65

정답설명

③ 자료의 2문단에서 '슬ㅎ+이→슬히'를 예로 들어 'ㅎ' 종성 체언의 'ㅎ'이 모음으로 시작하는 말 앞에서 연음되어 나타났음을 설명하고 있다.

오답설명

① 자료의 1문단에서 어두 자음군 중 맨 앞의 'ㅂ'은 당시에 실제로 발음되었을 것으로 추정된다고 하였다.

② 자료의 1문단에서 'ᄢᅵ>씨'를 예로 들어 훗날 단일어에서는 어두 자음군 중 맨 앞의 'ㅂ'이 탈락하였음을 설명하고 있다.

④ 자료의 1문단에서 '현대 국어와 달리' 15세기 국어에서는 어두에 자음군이 올 수 있었다고 하였으므로, 이를 통해 현대 국어에서는 어두에 자음군이 올 수 없음을 알 수 있다.

⑤ 자료의 2문단에서 '슬ㅎ'이 '고기'와 결합한 말이 만들어질 때 'ㅎ'이 'ㄱ'과 결합하여 축약되었다고 하였으므로, 'ㅋ'에 'ㅎ' 종성 체언의 흔적이 남아 있음을 알 수 있다.

66

정답설명

③ a. '휩쓸다'가 '휘-'와 '쓸다'가 결합한 말임을 참고할 때, 갑자기 덧난 'ㅂ' 소리는 옛말 'ᄡᅳᆯ다'의 어두에 있는 'ㅂ'이 앞 형태소 '휘-'의 받침 자리로 가서 붙은 것이라고 판단할 수 있다(㉠).

  b. '햅쌀'이 '해-'와 '쌀'이 결합한 말임을 참고할 때, 갑자기 덧난 'ㅂ' 소리는 옛말 'ᄡᆞᆯ'의 어두에 있는 'ㅂ'이 앞 형태소 '해-'의 받침 자리로 가서 붙은 것이라고 판단할 수 있다(㉠).

  d. '안팎'이 '안'과 '밖'이 결합한 말임을 참고할 때, 'ㅂ'이 변화한 'ㅍ' 소리는 옛말 '안ㅎ'의 'ㅎ'이 '밖'의 'ㅂ'과 만나 축약된 것임을 알 수 있다(㉡).

오답설명

c. '수꿩'은 '수-'와 '꿩'이 결합된 말이므로, '수ㅎ'의 'ㅎ'이 탈락했다고 보아야 한다. 옛말 '수ㅎ'의 'ㅎ'이 현대 국어에서 탈락하지 않고 그대로 남아 있다고 판단하려면 '수꿩'에 'ㅋ, ㅌ, ㅍ' 중 하나의 음운이 존재했어야 한다.

e. '들뜨다'는 '들다'와 '뜨다'가 결합된 말이므로, 옛말 'ᄠᅳ다'의 'ㅂ'이 그대로 남아 있다고 판단할 수 없다. 앞 형태소의 받침 자리가 'ㅂ'으로 채워져 있지 않기 때문이다.

나 없이

기출

풀지마라

| 과외식 기출 분석서, 나기출 |

나 없이
기출
풀지마라

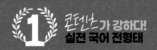

언어와 매체

매체

언어와 매체

매체

1	③	2	②	3	③	4	④	5	②	6	①

01

정답설명

③ (가) X, (나) O / (가)는 종이 신문이기 때문에 독자는 신문사에서 인쇄된 대로 배열된 기사를 접하게 된다. 따라서 독자는 기사의 순서를 재배열할 수 없다. 반면 (나)는 인터넷 포털 화면으로서, 독자의 필요에 따라 '관련도순' 혹은 '최신순'과 같은 배열 기준을 선택하여 기사의 순서를 재배열하여 활용할 수 있다.

오답설명

① (가) O, (나) X / (가)는 기사의 본문이 노출되어 있기에, 본문 내용이 독자의 기사 선택에 영향을 줄 수 있다. 그러나 (나)는 표제의 크기가 일정하게 제시되어 있으므로 독자의 기사 선택에 영향을 미치지 않는다.

② (가) O, (나) X / 부제의 내용과 표현이 독자의 주의를 끄는 요인이 되는 것은 (나)가 아니라 (가)이다. (가)에는 "누리소통망 통해 빠르게, 널리 퍼져 '사실 뉴스'보다 더 많이 공유되기도", '2050년… "지구 온난화 영향 탓"'이라는 부제가 있는 반면, (나)에는 이러한 부제 없이 표제만 노출되기 때문이다.

④ (가) X, (나) O / 기사마다 제공되는 시간이 다른 것은 (가)가 아닌 (나)이다. (가)는 종이 신문으로서, 모든 기사가 동시에 한 신문에 인쇄가 되어 제공된다. 반면 (나)는 '18분 전', '1시간 전', '2시간 전', '3시간 전'과 같이 각기 다른 시간에 제공된 기사가 함께 노출된다. 이를 '최신순'으로 본다면 오래된 기사는 화면에 노출되지 않으므로, 독자가 언제 검색하느냐에 따라 노출되는 기사에 차이가 있다.

⑤ (가) X, (나) O / 한 면에서 여러 언론사의 기사를 확인할 수 있는 것은 (가)가 아니라 (나)이다. (가)는 종이 신문으로 오른쪽 위에 표시된 '○○신문'의 기사만을 다룬다. 반면 (나)와 같은 인터넷 포털 사이트에서는 '□□일보', '△△일보' 등 여러 언론사의 기사를 확인할 수 있어서 다양한 정보를 접할 수 있다.

02

정답설명

② '지구 온난화', '미세 플라스틱' 관련 기사가 (나)에 노출되지 않은 이유는 독자가 '가짜 뉴스'를 검색했기 때문이다. 따라서 입력된 검색어와 상관없이 포털 사이트의 뉴스 편집자가 게재 여부를 결정했기 때문이라는 설명은 적절하지 않다.

오답설명

① <보기>에 따르면 '게이트 키핑'은 어떤 기사를 더 비중 있게 다룰 것인지 등을 결정하는 과정이다. (가)에서 '가짜 뉴스' 관련 기사를 지면의 윗부분에 크게 배치했다는 점에서 이 기사를 '지구 온난화'와 '미세 플라스틱' 관련 기사보다 더 중요하게 다루기로 결정한 것을 알 수 있다.

③ <보기>에 따르면 '게이트 키핑'은 어떤 것을 기사로 쓸 것인지 등을 결정하는 과정이다. (나)에서 '가짜 뉴스' 관련 기사를 여러 언론사가 생산했다는 것은 이 언론사들이 '가짜 뉴스'에 대한 내용을 기사로 쓰기로 결정했다는 의미이다.

④ @에서는 '가짜 뉴스, 규제만이 해결책일까'를 표제로 걸었기 때문에 가짜 뉴스 규제에 대해 문제를 제기하려는 언론사의 입장을 알 수 있다. ⓑ에서는 '정부, 가짜 뉴스 막을 민간 팩트 체크 기관 지원한다'를 표제로 걸어, 정부의 정책에 대한 찬성이나 반대 의견보다는 정부의 정책을 사실적으로 보도하려는 언론사의 입장을 알 수 있다.

⑤ ⓒ에서는 "정부의 가짜 뉴스 규제, 위헌 소지"를 표제로 걸어, 정부가 가짜 뉴스를 규제하는 것에 대한 비판적 입장을 드러낸 것을 알 수 있다. 반면 ⓓ에서는 "정부, 가짜 뉴스 방치 '여전'"을 표제로 걸어, 정부가 가짜 뉴스를 규제하지 않는 것에 대해 비판적 입장을 드러낸 것을 알 수 있다.

03

정답설명

③ ⓒ에서는 '지난 미국 대통령 선거 시기에 허위로 조작된 정보가 선거에 영향을 미쳤다'라는 인용구가 나오지만, 이는 따옴표("" 혹은 '')를 통해 직접 인용한 것이 아니라 간접 인용한 것이다.

오답설명

① '~고 있다'는 동작이나 사건이 현재 진행 중임을 나타내는 진행상이다. ㉠에서는 이를 통해 사건이 현재 진행 중임을 표현하고 있다.

② '뉴스의 생산과 유포 양상이 바뀌었다는 점'을 지적한 주체는 '토론회의 참여자'일 것이다. 그런데 ㉡에서는 주어를 '뉴스의 생산과 유포 양상이 바뀌었다는 점'으로 설정하고 피동 표현 '지적되었다'를 사용하여 이를 '지적'한 주체를 드러내지 않았다.

④ ㉣에서는 연결 어미 '-아/어'를 사용하였다. 이를 통해 "'가짜 뉴스'가 잘못된 여론을 형성"한 것이 원인, '사회적 갈등을 유발'한 것이 결과임을 나타내고 있다.

⑤ ㉤에서는 '이 토론회', '이와 함께'에서 지시 표현이 사용되고 있다. 이러한 지시 표현을 통해 기사의 앞부분에서 제시한 내용을 다시 반복하지 않고, 기사 내의 정보들을 응집성(긴밀한 연결성) 있게 나타내고 있다.

04

정답설명

④ '보미'는 대화가 이루어지는 매체의 특성을 활용하여 자신이 찍은 사진을 '사진 파일 전송 : 글벗 이용 모습.JPG(4MB)'와 같이 대화 참여자들에게 공유하고 있다.

오답설명

① '상호'는 하이퍼링크('http://www.△△△.kr')를 대화방에 공유함으로써 대화방에 있는 사람들에게 정보를 전하고 있으나, 대화방 사람들은 같은 조 학생들이지 불특정 다수의 사람들이 아니다.

② '정민'이 처음에 '발표에 대해 상의하려고 대화방 열었어.'라고 한 것은 해당 매체로 대화할 것을 제안한 것으로 볼 수 있으나 휴대 전화 메신저로 이루

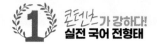
어지는 대화의 장점을 거론한 것은 아니다. '서로 시간 맞추기 어려우니까 메신저로 얘기하는 게 낫겠다.'라는 말은 휴대 전화 메신저로 이루어지는 대화의 장점으로 볼 수 있으나, 해당 매체로 대화할 것을 제안하고 있는 사람은 '보미'이므로 선지의 내용은 적절하지 않다.

③ '여기 주소! http://www.△△△.kr'라며 하이퍼링크를 이용하여 대화 내용과 관련된 추가적인 정보를 다른 대화 참여자들에게 제공하고 있는 것은 '윤영'이 아닌 '상호'이다. 하이퍼링크란, 클릭하면 현재 페이지의 다른 부분으로 가거나 전혀 다른 페이지로 이동하게 해주는 아이콘, 이미지, 텍스트 등을 말한다.

⑤ 'ㅋㅋ'나 'ㅎㅎ'와 같이 한글 자음자로 된 기호를 활용하여 자신의 감정을 드러내고 있는 것은 '상호'뿐이다.

05

정답설명

② ㄴ에서 언급된 두 자료는 학습 공간인 〈글벗〉의 도면과 선생님을 인터뷰한 동영상인데, 두 자료는 〈글벗〉의 공간 구성을 설명한다는 점에서 서로 관련이 있다. 그런데 (나)에서는 이를 앞뒤 슬라이드에 연속적으로 배치한 것이 아니라 두 자료를 한 슬라이드에 배치하였다.

오답설명

① ㄱ에서 언급된 학습 공간의 명칭 〈글벗〉을 제목에 일관되게 포함하여 각 슬라이드 상단에 배치하였음을 확인할 수 있다.

③ ㄷ에서 언급된 자료는 학교 공간 혁신의 개념과 추진 방향, 연도별 시행 상황이며 이 중 연도별 시행 상황에 대해서는 그래프로 제시되어 있음을 (나)의 첫 번째 슬라이드에서 확인할 수 있다.

④ ㄹ에서 언급한 발표 자료에 담을 내용은 〈글벗〉의 공간 구성과 활용 방법, 학교 공간 혁신에 대한 정보, 학생들의 이용 모습과 반응이다. 이 중 '학교 공간 혁신에 대한 정보'는 (나)의 첫 번째 슬라이드에서 확인할 수 있으며, 이를 통해 〈글벗〉이 만들어진 배경을 파악할 수 있다.

⑤ ㅁ에서 언급한 자료는 도면, 동영상, 사진, 그래프이다. (나)의 슬라이드에는 이들이 문자 언어와 함께 활용되어 발표 내용이 복합 양식적으로 제시되었음을 확인할 수 있다.

06

정답설명

① '세 번째 슬라이드 제목이 내용을 포괄하지 못하는 것 같지 않아?'라는 '윤영'의 댓글에 따라 세 번째 슬라이드의 제목을 @로 수정하였는데, 세 번째 슬라이드의 내용은 '학생들의 〈글벗〉 이용 모습과 학생 만족도, 개선 필요 사항'이므로 @ 역시 이를 포괄하지 않는다. 이는 '〈글벗〉 이용 현황과 만족도 및 개선 필요 사항'으로 고쳐야 세 번째 슬라이드의 전체 내용을 포괄할 수 있다.

오답설명

② '세 번째 슬라이드에 사진 대신 동영상을 넣는 건?'이라는 '상호'의 댓글에 따라 세 번째 슬라이드의 사진을 ⓑ와 같이 동영상으로 수정한 것을 알 수 있다.

③ '개별 슬라이드 내에서 내용 제시 순서를 모르겠어.'라는 '상호'의 댓글에 따라 ⓒ와 같이 각 자료에 (1), (2), (3)으로 번호를 붙여 내용 제시 순서를 표시하였음을 알 수 있다.

④ '세 번째 슬라이드의 막대그래프 두 개는 원그래프로 바꾸는 게 낫지 않을까?'라는 '보미'의 댓글과 '개선 필요 사항은 표에 구체적 의견을 넣어서 제시하는 게 어때?'라는 '상호'의 댓글의 의견을 취합하여 '정민'이 '하나는 원그래프, 하나는 표로 수정할게.'라고 댓글을 달았고, 이에 따라 '학생 만족도'의 그래프가 ⓓ와 같이 원그래프로 바뀌었음을 알 수 있다.

⑤ '개선 필요 사항은 표에 구체적 의견을 넣어서 제시하는 게 어때?'라는 '상호'의 댓글에 따라 '개선 필요 사항'의 그래프가 ⓔ와 같이 구체적 의견을 넣은 표로 바뀌었음을 알 수 있다.

문제분석 **07-12번**

번호	정답	정답률 (%)	선지별 선택비율(%)				
			①	②	③	④	⑤
7	③	94	1	2	94	2	1
8	④	55	30	1	6	55	8
9	③	95	1	1	95	2	1
10	②	80	4	80	4	9	3
11	①	88	88	1	3	2	6
12	⑤	68	3	5	3	21	68

07

정답설명

③ '관련 기사'란을 보면 제시된 기사 '○○초등학교, 특색 있는 숙박 시설로 다시 태어난다'와 연관된 다른 기사 '학령 인구 감소로 폐교 증가~', '☆☆마을… 다섯 가지 매력이 넘치는 어린이 세상'이 제시되고 있는데, 이는 수용자의 선택에 따라 추가로 열람할 수 있으므로 적절하다.

오답설명

① 기사의 하단에 'SNS에 공유' 버튼이 있으나, 이는 기사를 그대로 다른 곳에 공유하는 기능이지, 기사 자체를 수용자가 직접 수정할 수 있는 것은 아니다.

② 기사의 하단에 '좋아요'와 '싫어요'의 개수를 제시함으로써 수용자들의 선호를 확인할 수 있으나, 기사에 제시된 정보의 신뢰도는 이러한 반응을 통해 검증하는 것이 아니라 출처와 구체적인 수치 등으로 검증할 수 있는 것이므로 적절하지 않다.

④ 제시된 기사에는 '○○초등학교 시설 전경'의 사진, '△△군 관광객 및 숙박 시설 수 추이', '여행 1회당 지출액'에 대한 이미지 자료가 제시되어 있는데, 이는 모두 시각 자료에 해당한다. 음성 파일이나 동영상 등의 청각 자료는 제시되어 있지 않으므로 적절하지 않다.

⑤ 기사의 하단에 최초 작성 시간과 수정 시간이 명시되어 있는데, 이는 기자가 기사를 쓴 시간에 해당하지 다른 수용자들(기사를 읽는 독자들)이 기사를 열람한 시간을 나타낸 것은 아니므로 옳지 않다.

08

정답설명

④ [A]의 자료를 보면 '△△군 관광객 및 숙박 시설 수 추이', '여행 1회당 지출액'에 대한 이미지 자료가 제시되어 있다. 이들은 관광객은 증가했지만 숙박 시설 수는 그대로이며, 당일 여행보다 숙박 여행을 할 때 지출액이 더 크다는 것을 보여 준다. 체류형 관광 지출액의 증가 현상을 부각하려면 연도별로 체류형 관광에 쓰는 지출액이 커지는 것과 같은 통시적인 자료가 제시되어야 한다.

오답설명

① [A]의 시각 자료에서는 2015년, 2017년, 2019년 모두 숙박 시설 수는 3개로 동일하나, 관광객은 계속해서 늘어나는 추이를 보여 '인근에 숙박 시설이 거의 없어 체류형 관광객을 유인하는 데 한계가 있다'는 실정을 뒷받침하고 있다. 이를 통해 폐교된 ○○초등학교 시설을 '△△군 특색 숙박 시설'로 조성하는 사업을 추진하게 된 배경을 부각할 수 있다.

② '△△군 관광객 및 숙박 시설 수 추이'에서 화살표 모양의 이미지를 활용하여 △△군 관광객의 증가 추세를 부각하였으므로 적절하다.

③ '여행 1회당 지출액'에서 당일 여행보다 숙박 여행에 지출하는 비용이 크다는 것을 구체적인 액수뿐만 아니라 그림을 통해 강조하고 있는데, 이러한 여행 유형에 따른 지출액의 차이를 보여줌으로써 체류형 관광의 경제적 효과를 부각할 수 있다.

⑤ '이번 사업을 둘러싼 우려가 전혀 없는 것은 아니지만'을 통해 사업에 대해 우호적이지 않은 의견도 있음을 짐작할 수 있다. 그러나 기사에서는 이를 구체화하지 않고 '오□□ 박사'의 의견 우호적인 의견만을 선별하여 구체적으로 제시하여 지역 경제에 끼칠 긍정적 영향을 부각하고 있다.

09

정답설명

③ 학생이 작성한 메모에서는 셋째 장면에서 공간의 구체적 모습을 '방문객의 동선에 따라 순차적으로 제시'하기로 하였다. 그런데 영상 제작 계획에서는 공간이 동선에 따라 제시된 것이 아니라 내·외부 공간으로 나누어 한눈에 볼 수 있도록 제시되고 있으므로, 메모가 적절하게 반영되었다고 볼 수 없다.

오답설명

① 학생이 작성한 메모에서는 첫째 장면에서 기사의 제목을 활용한 영상 제목으로 시작하기로 하였다. 이에 따라 영상 제작 계획에 '○○초등학교, 특색 있는 숙박 시설로 다시 태어난다'라는 표제와 '폐교가 지역 관광 거점으로'라는 부제를 적절히 활용하여 '○○초등학교, 폐교의 재탄생'이라는 영상 제목으로 시작하므로 적절하다.

② 학생이 작성한 메모에서는 둘째 장면에서 시설 조성으로 달라질 전후 상황을 시각·청각적으로 대비시켜 표현하기로 하였다. 이에 따라 '무겁고 어두운 음악, 텅 빈 폐교의 모습 ↔ 밝고 경쾌한 음악, 사람들이 북적이는 모습'과 같이 시설 조성으로 달라질 전후 상황을 시각·청각적으로 대비시켜 표현하였으므로 적절하다.

④ 학생이 작성한 메모에서는 넷째 장면에서 지역 관광 거점으로서의 지리적

위치와 이를 통한 기대 효과를 한 화면에 제시하기로 하였다. 이에 따라 숙박 시설을 중심으로 주변 관광지 및 지역 축제까지의 거리를 나타내고, 이를 통해 '지역 경제 활성화'를 할 수 있다고 제시하였으므로 적절하다.

⑤ 학생이 작성한 메모에서는 다섯째 장면에서 기사의 댓글을 참고해서 시설을 이용할 방문객들의 모습을 그림으로 그려 연속적으로 제시하기로 하였다. 이에 따라 기사의 댓글 중 '가족 여행', '물놀이', '캠핑', '카페'라는 키워드를 활용하여 그림을 제시하고 앞의 그림이 사라지면서 다음 그림이 나타나도록 구성하였으므로 적절하다.

10

정답설명

② (가)의 '더워지는 요즘, 판매량이 급증하고 있는 제품이 있습니다. 휴대용 선풍기인데요.'를 통해 선풍기의 판매량이 늘고 있는 시기에 소비자에게 선풍기를 선택하는 기준, 안전한 선풍기를 고르는 방법을 제공하고 있다는 것을 알 수 있다.

오답설명

① 수용자들이 설문 조사에 응했다는 사실이 수용자들 스스로 뉴스의 정보를 주체적으로 구성한다는 것을 의미한다고 볼 수 없으므로 적절하지 않다.

③ (나)에서는 '인기 연예인 □□'의 이미지가 제시되어 있지만, 주된 소비자층을 명시하고 있지는 않으므로 적절하지 않다.

④ (가)에서는 소비자의 인터뷰 영상을 통해 제품 구매 기준이 다양함을 현장감 있게 전달하고 있으나, 소비자와의 인터뷰는 시민 '이△△'의 인터뷰 하나만 제시되고 있으므로 '여러 소비자와의 인터뷰' 부분에서 오답으로 처리할 수 있다.

⑤ (나)는 '◎◎ 휴대용 선풍기'의 디자인이 아름답다는 정보만 제시되어 있다. 따라서 선풍기를 선택하는 기준, 안전한 선풍기를 고르는 방법을 제공하는 (가)보다 정보의 양이 적다고 할 수 있다.

11

정답설명

① '뉴스'라는 매체의 특성을 고려할 때 '어떤 제품을 선택하는 것이 좋을까요?'는 진행자 스스로가 궁금해하는 점이 아니라 이후에 진행될 내용에 시청자가 집중할 수 있도록 질문의 방식을 사용한 것이므로 적절하지 않다.

오답설명

② ○에서는 '~휴대용 선풍기.'와 같이 명사로 문장을 종결하고 있다. 이는 용언으로 문장을 종결하는 것보다 '휴대용 선풍기'라는 대상에 더욱 주의를 집중하게 하는 효과를 가져온다.

③ 휴대용 선풍기는 무엇보다 안전성을 고려하는 게 중요하다는 것이 뉴스의 중심 내용이므로, 안전한 선풍기를 고르는 방법을 제시되어야 한다. 그러나 ○의 앞부분에서는 휴대용 선풍기를 고르는 기준에 대해 말하고 있기에, ○에서는 뉴스의 중심 내용을 제시하기 위해 화제를 전환하는 접속 표현 '그런데'를 사용한 것이다.

④ ○에서는 '그러면 안전성은 어떻게 확인할 수 있을까요?'에서 질문의 방식을 사용하고 있는데, 이후 '먼저, KC 마크가 부착되어 있는지 살펴보아야 합니다.'와 같이 질문에 대한 답을 바로 제시하여 뉴스의 핵심 정보를 전달

하고 있으므로 적절하다.

⑤ 휴대용 선풍기를 고를 때 안전성을 고려하여 선택하는 것을 '현명한 선택'이라고 표현하여, 시청자들이 이를 따르기를 기대하는 바를 전달하고 있다.

12

정답설명

⑤ '자료'가 제품의 이미지를 제시하여 제품의 성능이 우수함을 강조한 것은 맞지만, (나)는 유명인의 이미지를 제시했을 뿐 제품의 성능에 대한 언급은 없으므로 적절하지 않다.

오답설명

① (나)의 제목 '디자인의 새로운 바람을 일으키다'는 곡선의 형태로 배치되어 있으므로 적절하다.

② '자사 기존 제품 대비 30% 강력해진 풍력'을 통해 알 수 있다.

③ (나)에서는 제품의 안전 관련 정보가 제시되지 않았으나, '자료'에서는 KC 마크가 이미지로 제시되어 있고, '안전을 보증하는 KC 인증'이라는 문구를 통해 안전성을 드러내고 있으므로 적절하다.

④ (나)에서는 '디자인'이라는 단어를 반복하여 제품의 외형에 대한 장점을 제시하고 있고, '자료'에서는 '내 손 안의 태풍'이라는 비유적 표현을 활용하여 제품의 기능에 대한 장점을 제시하고 있다.

문제분석 13-18번

번호	정답	정답률(%)	선지별 선택비율(%)				
			①	②	③	④	⑤
13	②	92	1	92	1	1	5
14	③	91	2	3	91	2	2
15	③	94	1	1	94	3	1
16	⑤	92	1	1	5	1	92
17	⑤	97	0	0	1	2	97
18	②	89	1	89	1	8	1

13

정답설명

② (가)의 '지난해 발표된 ○○ 기관 보고서에 따르면', '○○ 기관 통계 자료에 따르면'에서 출처를 밝혔던 것과 달리, (나)에서는 정보의 출처를 밝히지 않고 있다. 제시된 정보의 신뢰성은 명확한 출처가 제시되어 있을 때 높아지므로, 출처를 밝히지 않을 경우 신뢰할 수 있는 정보인지 확인하며 수용해야 한다.

오답설명

① (가)에서 다양한 이론을 제시하거나 이를 종합하여 문제의 해결 방안을 마련하는 부분은 찾을 수 없다.

③ (나)에 서로 대립하는 의견은 제시되어 있지 않다.

④ (가)와 (나) 모두 예상되는 반론을 제시하지 않았다.

⑤ (가)와 (나)는 모두 작성자의 주장이 나열되어 있지 않다.

14

정답설명

③ '카드 3'에서는 청소년보다 기관의 이미지를 크게 제시하여 청소년 사회 참여가 확산되기 어려운 이유가 현재의 청소년 사회 참여가 기관 중심으로 이루어지고 있기 때문이라는 점을 밝혔을 뿐, 청소년이 기관 중심의 사회 참여를 선호하는 경향을 지녔음을 나타내고 있는 것은 아니다.

오답설명

① '카드 1'에서는 청소년이 직접 '청소년도 사회 참여가 필요'하다는 내용을 말하는 이미지를 사용하여 보고서에 담긴 사회 참여 필요성에 대한 청소년의 인식을 효과적으로 보여 주고 있다.

② '카드 2'에서는 (가)에 제시된 청소년의 사회 참여 활동 경험과 관련된 ○○ 기관의 통계 자료를 그래프로 시각화하여 제시하고 있다. 이는 청소년의 실제 사회 참여 활동 경험이 적다는 문제 상황을 효과적으로 드러낸다.

④ '카드 4'에서는 서로 마주 잡은 손 이미지를 통해 (가)에 제시된 '기관 중심의 청소년 참여'와 '청소년이 주도가 된 사회 참여'가 함께 이루어져야 한다는 김◇◇ 교수의 말을 표현하고 있다.

⑤ (가)에서 김◇◇ 교수는 청소년 사회 참여 활성화를 위해 기관 중심의 청소년 참여와 청소년이 주도가 된 사회 참여가 함께 이루어져야 한다는 점을 이야기하고 있다. '카드 4'에서는 이를 나타내기 위해 해당 내용을 문구로 제시하고 있다.

15

정답설명

③ ⓒ에서 연결 어미 '-여'를 사용한 것은 맞지만, 앞 절의 내용은 뒤 절의 목적이 아니라 원인에 해당한다. 즉 사회 참여 활동 기회가 부족하기 때문에(원인) 청소년의 사회 활동 참여가 확산되지 못하고 있는 것이다(결과).

오답설명

① ㉠에서 의문형 종결 어미 '-ㄴ가'를 활용하여 질문의 형식으로 제목을 제시해 글의 화제를 부각하고 있다.

② '무려'는 그 수가 예상보다 상당히 많음을 나타내는 부사이다. 이를 통해 ㉡에서는 사회 참여가 필요하다고 응답한 청소년의 비율이 예상보다 높음을 강조하고 있다.

④ ㉣은 '사회적 분위기를 만들어야 한다'가 아니라, '사회적 분위기가 만들어져야 한다'와 같이 피동 표현 '-어지다'를 사용해 주어를 '사회적 분위기'로 설정하여, 행위의 대상에 초점을 맞춰 서술한 것이다.

⑤ ㉤에서는 간접 인용 부사격 조사 '고'를 사용해 사회 참여 활동을 경험한 '김 모 학생'의 소감을 전달하고 있다.

16

정답설명

⑤ (나)에서 청소년이 주도적으로 사회 참여를 할 수 있는 구체적 방법을 제시

하지 않았으므로, '카드B'를 활용하여 우리 학교 학생들이 실천할 수 있는 쓰레기 분리배출 캠페인, 신호등 설치 건의를 제안하는 것은 적절하다.

오답설명

① (나)에서 청소년의 사회 참여가 필요한 이유를 언급하지 않은 것은 맞으나, '카드A'는 그 이유를 보여 주지 않는다.

② (나)에서 청소년 주도의 사회 참여 기회가 부족함을 지적한 것은 맞으나, '카드A'의 내용은 우리 학교 학생들이 사회 참여를 하는 이유가 아니라 사회 참여를 하지 않는 이유이므로 적절하지 않다.

③ (나)에서는 '청소년 사회 참여가 확산되기 어려운 이유는 현재의 청소년 사회 참여가 기관을 중심으로 이루어지기 때문입니다.'와 같이 청소년 사회 참여 확산이 어려운 이유를 언급하고 있으므로 적절하지 않다.

④ (나)에서는 사회 참여가 청소년에게 미치는 영향을 강조하지 않았다. 또한 '카드B'를 통해 우리 학교가 쓰레기를 적절히 분리배출하지 못하며, 학교 앞에 신호등이 없다는 문제를 추측할 수 있으나, 이는 사회 참여가 청소년에게 미치는 영향과 상관이 없다.

17

정답설명

⑤ (나)에서, 웹툰 제작자가 댓글 참여를 권유하는 문구를 제시하여 사연에 대한 독자들의 조언을 구하는 모습은 나타난다. 그러나 웹툰의 독자가 이미지에 담긴 의미에 대해 웹툰 제작자에게 직접 묻고 답을 얻는 모습은 나타나지 않는다.

오답설명

① (가)의 대화를 통해, 웹툰 동아리 학생들(웹툰 제작자)이 사연 신청자의 요청을 받아 그 사연을 내용으로 하여 웹툰을 연재하고 있음을 알 수 있다.

② (가)의 8월 12일자 대화에서, 웹툰 제작자가 (나)의 댓글이나 별점을 통해 웹툰에 대한 독자의 반응을 확인하고 있음을 알 수 있다.

③ (나)의 '파도'의 댓글에서 웹툰의 독자들이 댓글로 서로 공감하며 상호 작용하고 있음을 알 수 있다.

④ (나)의 웹툰 하단에 첨부된 링크는 웹툰 제작자가 웹툰의 독자들을 염두에 두고 제시한 것이며, 독자들은 해당 링크를 통해 웹툰 제작자가 지정한 곳(사연 게시판)으로 이동할 수 있으므로 선지의 내용은 적절하다.

18

정답설명

② 해당 사연은 두 인물(사연자와 사연자의 친구)이 겪은 하나의 사건이다. (가)의 '한 달 동안 두 사람이 느꼈을 감정을 비교하기 좋게 양쪽으로 배치해 보면 어떨까?'라는 '하진'의 발언을 고려할 때, (나)에서 화면을 세로로 분할한 이유는 두 인물이 느꼈을 감정을 용이하게 비교하기 위함이다.

오답설명

① (가)의 '한 달이나 시간이 지난 건 어떻게 드러내지?'라는 '우주'의 발언, '장면이 세로로 이어지니까, 이걸 고려해서 시각적으로 표현하면 좋겠어.'라는 '주혁'의 발언이 (나)에 반영된 것이다.

③ (가)의 '친구 사이가 점점 멀어지는 건 둘 사이의 간격으로 보여 줄게.'라는 '우주'의 발언이 (나)에 반영된 것이다.

④ (가)의 '대화는 말풍선에 쓰고, 속마음은 표정이나 몸짓에서 드러나게 해야겠지?'라는 '하진'의 발언, '응. 그래도 사연을 보낸 학생이 느낀 감정들은 다른 방법으로 좀 더 분명하게 표현해 줘.'라는 '주혁'의 발언이 (나)에 반영된 것이다.

⑤ (가)의 '그리고 많은 독자들의 조언을 듣고 싶다고 했으니 마지막 부분에 말풍선과 문구를 활용해서 유도해 줘.'라는 '하진'의 발언이 (나)에 반영된 것이다.

문제분석   19-24번

번호	정답	정답률 (%)	선지별 선택비율(%)				
			①	②	③	④	⑤
19	④	93	3	1	1	93	2
20	③	46	3	5	46	3	43
21	④	85	3	1	9	85	2
22	④	94	2	1	2	94	1
23	⑤	93	3	1	1	2	93
24	③	86	6	2	86	3	3

19

정답설명

④ 진행자는 화제 '지문 등 사전등록제'와 관련해 △△ 신문과 □□ 신문, ○○ 신문의 내용을 차례로 살펴보고 있긴 하나 △△ 신문과 ○○ 신문의 기사 내용을 종합하고 있지는 않다. 또한 특정 화제에 대한 비판적 입장을 나타낸 부분 또한 찾아볼 수 없다.

오답설명

① 진행자는, □□ 신문의 내용을 "간단히 보면 '찾아가는 지문 등 사전등록제'를 실시하는 지역이 있다는 내용입니다."와 같이 △△ 신문에 비해 간단히 언급하여 △△ 신문의 기사에 더 비중을 두고 있음을 알 수 있다.

② 해당 방송 프로그램은 '지문 등 사전등록제'라는 시의성(당시의 상황이나 사정과 딱 들어맞는 성질) 있는 화제를 다룬 여러 신문 기사들을 제시하여 사회적으로 주목할 만한 사안에 대해 다양한 정보를 전달하고 있다.

③ "표제가 '실종 신고 느는데 저조한 지문 등록률'인데요, 기사 내용 일부를 확대해 보겠습니다." 부분에서 확인할 수 있다.

⑤ 전문가가 진행자의 질문에 대해 "'지문 등 사전등록제'란~△△ 신문에서는 홍보가 부족해 지문 등록률이 저조하다고 했는데요, 제가 볼 때는 개인 정보 유출에 대한 우려도 크게 작용했다고 생각합니다."와 같이 답변한 데에서 확인할 수 있다.

20

정답설명

형태쌤의 과외시간

매체도 문법과 함께 '언어와 매체' 과목에 속해 있음을 간과하면 안 된다.

최근 매체 지문을 통해 문장에 쓰이는 다양한 문법 요소(어미, 조사, 부사 등)의 기본적인 의미·기능을 자연스럽게 녹여낸 문항들이 하나씩 출제되고 있는데, 이때 매체 문제라고 너무 방심해서도 안 되고 왜 매체인데 문법을 물어보느냐고 당황해서도 안 된다. 매체 또한 문법과 함께 '언어와 매체' 과목 안에 있음을 유념하자. 해당 문항은 보조사의 기본 의미·기능을 몰랐던 학생이라면 낚이기 쉽도록 출제되었다. 매체 문제를 풀 때에도 문법적 지식을 놓아서는 안 됨을 명심해야겠지.

③ 문장 첫머리의 주어 자리에 나타나는 보조사 '은/는'은 문장 속에서 어떤 대상이 화제(주제)임을 나타낸다. 그러나 ⓒ 문장은 '(정부는/앱은) 사전등록 정보(를)~저장하고 있습니다.'와 같이 문장의 주어는 따로 있는데 생략된 것이며, '사전등록 정보는'은 문장의 목적어인 것이다. 즉 여기 쓰인 보조사 '는'은 문장의 목적어인 '사전등록 정보(를)'을 강조하기 위해 쓰인 것이지, 문장의 화제임과 동시에 주어로 사용됨을 보여 주는 것은 아니다.

오답설명

① "안녕하십니까!"에서 하십시오체 아주 높임 종결 어미 '-ㅂ니까'를 통해 시청자를 높이며 방송의 시작을 알리는 인사를 하고 있음을 확인할 수 있다.
② '지문 등 사전등록제'가 실종되었었던 김 군이 가족의 품으로 돌아오는 데에 큰 역할을 했다고 하였고, 이로 인해 오늘 '지문 등 사전등록제'에 대한 기사들이 많다고 하였다. 따라서 접속 부사 '그래서'를 통해 앞 문장의 내용이 뒤에 이어지는 내용의 원인임을 드러내고 있다는 설명은 적절하다.
④ 연결 어미 '-면'을 통해 '사전등록 정보'가 '자동 폐기'되는 조건이 '아동이 18세에 도달하'는 것임을 나타내고 있으므로 적절하다.
⑤ 보조 용언 '보다'는 어떤 행동을 시험 삼아 함을 나타내는 말이다. "앱을 한번 사용해 보시면"에서 보조 용언 '보다'를 통해 앱을 사용하는 행동이 시험 삼아 하는 것을 나타내고 있으므로 적절하다.

21

정답설명

④ △△ 신문 기사 내용과 관련해, 시청자 3은 미취학 아동뿐만 아니라 중학생(사전등록제 대상자), 그리고 누가 대상자인지 궁금했던 사람들에게, 시청자 4는 가족 중에 대상자가 있지만 이런 제도가 있다는 것을 몰랐던 사람에게 '지문 등 사전등록제'가 유용함을 점검하고 있다.

오답설명

① 시청자 1은 '등록률 현황은 어디에서 조사한 것'인지 묻고 있다는 점에서 △△ 신문 기사에 제시된 지문 등 사전등록제의 등록률에 대한 정보의 출처가 믿을 만한지 점검하고 있다고 할 수 있으나, 시청자 2는 그렇지 않다.

② 시청자 1과 4가 ○○ 신문 기사의 내용과 관련해 지문 등을 사전등록 하는 방법에 대한 정보의 양이 충분한지 점검하는 모습은 찾아볼 수 없다.
③ 시청자 2는 '방송에서 지문 등 사전등록의 필요성 위주로 이야기하고 개인 정보 유출 문제에 대해서는 별로 언급하지 않'음을 지적하고 있다는 점에서, 소개된 기사 내용들과 관련해 지문 등 사전등록제의 장단점을 공평하게 다루고 있는지 점검하고 있다고 할 수 있으나, 시청자 5는 그렇지 않다.
⑤ 시청자 3은 지문 등 사전등록 스마트폰 앱과 관련해 지문 등 사전등록제의 효과에 대한 정보가 사실인지 점검하지 않았다. 시청자 5는 사전등록제와 관련하여 사전등록을 하지 않으면 56시간이 걸린다는 전문가의 정보를 점검하였으나, 이는 ○○ 신문이 아니라 △△ 신문과 관련된 내용이므로 적절하지 않다.

22

정답설명

④ ⓓ에서는 '잃어버린 사람을 찾는 글을 올릴 수 있'고, '다른 사람의 글을 확인하거나 다른 사람의 글에 댓글을 다는 것도 가능하다.'라고 하였으므로 매체 자료의 생산과 수용이 쌍방향적으로 이루어질 수 있음을 알 수 있다.

오답설명

① ⓐ에서, 수용자는 그림과 문자로 표현된 메뉴 화면을 한눈에 보고 필요한 정보를 찾아 손쉽게 사용할 수 있음을 알 수 있다. 그러나 수용자가 대량의 정보를 요약하여 비선형적(비순차적)으로 표현할 수 있다는 것은 확인할 수 없다.
② ⓑ에서, 수용자는 시·공간의 제약 없이 정보를 등록할 수 있음을 알 수 있다. 그러나 생산자가 등록한 정보를 수용자가 변형하여 배포할 수 있다는 것은 확인할 수 없다.
③ ⓒ에서, 수용자는 글과 이미지로 표현된 정보를 통해 찾고 있는 사람이 있는지 확인할 수 있다. 그러나 이를 통해 수용자가 해당 게시글을 실시간으로 수정할 수 있음은 확인할 수 없다.
⑤ ⓔ에서, 수용자가 서로 다른 앱을 연결하여 사용할 수 있는 것은 알 수 있지만 매체 자료의 수용자가 생산자도 될 수 있음을 확인할 수는 없다.

23

정답설명

⑤ 2문단 '숲을 지켜야 하는 이유를 알고 싶으면 이전 글 숲의 힘(🔗 클릭)을 참고해 주세요.'에서 확인할 수 있다.

오답설명

① 2, 3문단의 '숲을 지킬 수 있어요.', '환경에 유해한 물질이 덜 발생해요.' 부분에서 글자의 굵기와 형태를 달리하여 내용을 강조하고 있다고 할 수 있으나, 이는 재생 종이의 활용의 가치나 필요성을 말하는 것이지, 사례를 강조한 것이 아니다.
② (가)에서 소제목을 사용해 각 문단의 중심 내용을 부각한 부분은 찾아볼 수 없다.
③ 2문단에서, 사진 자료를 통해 종이를 만들기 위해 사라지는 숲의 면적을 보여 주고 있다고 허용할 수는 있으나 동영상 자료를 활용한 부분은 찾아볼

수 없다.

④ 2문단 '특히 일반 종이를~사무실에서 사용하는 복사지의 45%가 출력한 그날 버려지기 때문입니다.'를 통해 사무실에서 버려지는 일반 종이의 양을 글로 제시하고 있으나, 사진 자료를 함께 사용하고 있지는 않다.

24

정답설명

③ (가)에서 2, 3문단으로 제시된 재생 종이 사용의 필요성의 내용은 (나)에서 #2, #3, #4라는 각각의 화면 세 개로 구성되고 있다. 또한, 배경 음악과 내레이션을 모두 포함한 화면은 #2뿐이며, #3과 #4는 배경 음악 없이 내레이션만 포함된 화면임을 알 수 있다.

오답설명

① 화면 #3, #4에서 (가)에 제시된 종이 생산 과정에서 발생하는 물질 외에도 생산 과정에 투입되는 에너지의 양도 조사하여 추가하였음을 알 수 있다.

② 화면 #1에서 (가)에 제시된 재생 종이의 정의를 시각 자료(이미지)와 문자 언어를 함께 결합한 화면으로 표현하며 내레이션으로 보완하였음을 확인할 수 있다.

④ 화면 #4에서 (가)에 제시된 일반 종이와 재생 종이의 생산으로 발생하는 물질의 양적 차이를 그래프로 제시하면서 '투입 에너지와 발생 물질의 양이 약 15% 정도 줄어들어요.'라는 내레이션을 포함하고 있음을 확인할 수 있다.

⑤ 화면 #2에서 (가)에 제시된 재생 종이 사용에 따른 나무 보존에 대한 내용을 화면과 내레이션, 배경 음악을 통해 효과적으로 표현하고 있음을 확인할 수 있다.

문제분석 25-30번

번호	정답	정답률 (%)	선지별 선택비율(%)				
			①	②	③	④	⑤
25	②	81	1	81	14	2	2
26	⑤	62	17	4	2	15	62
27	④	87	3	1	7	87	2
28	④	95	1	1	2	95	1
29	①	93	93	1	2	2	2
30	③	93	1	1	93	4	1

25

정답설명

② ㉡의 첫째 문장은 기자의 "가입자 십만 명을 돌파했습니다."라는 발화를 요약 진술하여 시청자의 이해를 돕는다고 할 수 있지만, 둘째 문장은 기자의 발화 내용이 아니다. 기자는 "포인트를 받으려면 누리집에 가입해야 합니다."라고 말했으므로, '나도 가입해 볼까?'는 시청자의 입장에서 쓴 것이라 할 수 있다.

오답설명

① '탄소 중립 실천 포인트'를 '일상 속 친환경 활동으로', '챙기세요!'보다 크고 굵은 글자로 제시하여 보도의 주요 제재를 부각하고 있다.

③ 기자는 탄소 중립 실천 포인트를 받기 위해 누리집에 가입해야 한다고 말했다. ㉢에서 누리집에 '전 국민 누구나 가입 가능'하다는 정보와 '누리집 주소'를 추가하였으므로 기자의 발화와 관련된 내용을 보충하여 정보의 구체성을 강화하고 있다고 할 수 있다.

④ ㉣에서 '(현금이나 카드 포인트를)', '(앞으로)', '(홍보를 강화하겠습니다.)'와 같이 관계자의 발화에서 생략된 내용을 보완하여 의미를 정확하게 전달하고 있다.

⑤ ㉤은 뉴스 이후에 방영될 '여자 배구 결승전 중계'에 대한 정보를 제시하여 이에 대한 시청자의 관심을 유도하고 있다.

26

정답설명

⑤ '만큼'은 관형어 '제도인'의 수식을 받으므로 의존 명사이다. 또한, '참여도를 높이는 게 중요'하다는 내용의 근거를 '만큼'을 사용해 '많은 국민이 동참해야 효과가 있는 제도'라고 표현하였으므로 적절하다. 즉, 많은 국민이 동참해야 효과가 있는 제도이므로 참여도를 높이는 게 중요하다는 의미이다.

오답설명

① 보조 용언 '있다'를 사용해 제도가 아닌 화제가 지속적으로 진행됨을 표현하였다. 선지를 대충 읽었다면 ①번을 답으로 골라 틀렸을 수 있다.

② 보조사 '도'를 사용하여 제도의 장점만을 표현하였을 뿐, 단점은 나오지 않으므로 적절하지 않다.

③ 감탄사 '자'는 시청자의 누리집 가입을 재촉하려는 의도가 아니라, 청자의 주의를 불러일으키기 위하여 쓰인 표현이다.

④ '관계자의 말을 들어 보겠'다고 했으므로, 화자인 기자는 관계자가 말을 할 것이라는 사실을 이미 알고 있다. 따라서 제도 시행 관련 정보를 관계자가 언급할 것이라는 추측을 표현하였다고 볼 수 없다.

27

정답설명

④ 학생 4는 누리집 접근에 어려움을 겪는 사람에 주목해 이에 대한 대처 방법을 알려 주었으면 좋았을 것이라 했다. 이는 제도 자체를 부정적으로 보고 있는 것은 아니므로, 제도의 실현 가능성 측면을 부정적으로 판단하였다는 것은 적절하지 않다.

오답설명

① 학생 1은 (가)에서 제시한 '세제나 화장품 살 때 빈 통을 가져가 다시 채워'는 방법보다는 '좀 더 강력한 규제가 필요할 것 같'다고 했으므로, 보도에서 제시한 실천 항목의 효과에 주목해 제도의 실효성(실제로 효과를 나타내는 성질) 측면을 부정적으로 판단하였다고 할 수 있다.

② 학생 2는 '다회 용기 사용이나 전자 영수증 받기같이 일상에서 쉽게 할 수 있는 방법을 알 수 있었'다고 했으므로, 일상에서 쉽게 할 수 있는 방법을 제시한 점에 주목해 제도의 실천 용이성 측면을 긍정적으로 판단하였다

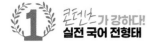
고 할 수 있다.

③ 학생 3은 '세계가 이상 기후로 몸살을 앓고 있는 이 시점에 탄소 배출을 줄일 수 있는 제도를 알려 준 점에서 의미가 있'다고 했으므로, 제도의 시행이 현재의 문제 해결에 필요하다는 점에 주목해 보도의 시의성 측면을 긍정적으로 판단하였다고 할 수 있다.

⑤ 학생 5는 '기존에 실시해 온 탄소 포인트 제도'는 '구체적인 설명이 없어 새로운 제도와 어떻게 다른지 모르겠'다고 했으므로, 기존 제도의 세부 내용을 설명하지 않은 점에 주목해 보도 내용의 충분성 측면을 부정적으로 판단하였다고 볼 수 있다.

28

정답설명

④ (가)의 '제도 실시 후 석 달 만에 가입자 십만 명을 돌파'를 가입자 증가 현황으로 허용할 순 있겠으나, (나)에 가입자 증가 원인이 제시되어 있지 않으므로 적절하지 않다. 또한, (나)에 제도 가입자가 지닌 환경 의식도 표현되어 있지 않다.

오답설명

① (가)에 제시된 실천 항목 중 '배달 음식 주문할 때 다회 용기 선택', '세제나 화장품의 용기는 다시 채워 쓰기', '물건 살 때 전자 영수증 받기'와 같이 청소년이 일상에서 실천할 수 있는 것을 선별하여 (나)에 제시하였으므로 적절하다.

② (가)에 제시된 '누리집 주소'와 함께 '누리집 접속 QR코드'를 제시하여 누리집에 접속할 수 있는 경로를 추가하였으므로 적절하다.

③ (가)에 제시된 '칠만 원', '백 원', '천 원', '이천 원', '오천 원'과 같은 제도의 개인적 혜택을 돈과 저금통의 이미지를 통해 시각적으로 표현하였으므로 적절하다.

⑤ (가)에 제시된 수용자는 '전 국민'이라 할 수 있다. (나)에서는 '◇◇고 친구들'로 수용자의 범위를 한정하고, '◇◇고등학교 환경 동아리'로 매체의 생산자를 명시하여 메시지 전달의 주체와 대상을 표현하였으므로 적절하다.

29

정답설명

① 실시간 인터넷 방송 특성상 접속자 이탈을 막으려면 접속자의 흥미를 유지해야 한다. "(미리~꺼내며) 짜잔! 그래서~미리 만들어 뒀지요!"에서 알 수 있듯이 꽃잎을 미리 준비해 꽃잎을 만드는 반복적인 과정을 생략하여 접속자의 흥미를 유지하고 있으므로 적절하다.

오답설명

② '소규모 개인 방송으로 자원에 한계가 있'음은 허용할 순 있겠지만, 제작진은 출연하지 않았으며 인두로 밀랍을 묻히는 과정은 진행자 혼자 한 것이므로 적절하지 않다.

③ 실시간으로 진행되는 과정에서 편집을 할 수 없는 것은 맞지만, 마름질 과정에서 실수가 나올 것을 대비하여 미리 양해를 구하진 않았으므로 적절하지 않다.

④ 실시간 인터넷 방송은 텔레비전 방송에 비해 비공식적이고 사적인 매체인

것은 맞지만, 진행자가 방송에 대한 긍정적 평가와 고정 시청자 등록을 부탁진 않았으므로 적절하지 않다.

⑤ 실시간으로 진행되어 방송 도중에 접속한 사람은 이전 내용을 볼 수 없는 것은 맞지만, 마무리 인사 전에 채화 만드는 과정을 요약해서 다시 설명하진 않았으므로 적절하지 않다.

30

정답설명

③ '꼼꼼미'의 요청이 진행자가 이후 방송의 순서를 정하는 데 영향을 미친 것은 맞지만, 제시되지 않은 부분을 추가하도록 요청한 것은 아니다. '꼼꼼미'는 '방금 그거' 다시 보여 주실 수 있냐고 요청하여, 이미 제시된 부분을 다시 요청한 것이므로 적절하지 않다.

오답설명

① '빛세종'은 '채'의 뜻이라는 더 알고 싶은 내용을 질문함으로써 진행자가 방송 내용을 보충하여 제시하도록 하고 있다.

② '햇살가득'은 '월계화 만들어 주세요!'라며 자신이 원하는 바를 밝힘으로써 진행자가 생산할 내용을 선정하는 데 관여하고 있다.

④ '아은맘'은 '전시회 지난주에 이미 시작했어요.'라며 제시된 내용 중 잘못된 부분을 언급함으로써 진행자가 오류를 인지하고 정정하도록 하고 있다.

⑤ '영롱이'는 '우울'했는데 방송을 보면서 '기분이 좋아졌'다며 자신의 감정 변화를 제시하였고, 진행자는 그에 대한 답변을 함으로써 진행자와 정서적인 유대를 형성하고 있다.

문제분석 31-36번

번호	정답	정답률 (%)	선지별 선택비율(%)				
			①	②	③	④	⑤
31	⑤	97	0	1	1	1	97
32	②	82	6	82	2	6	4
33	②	94	1	94	1	3	1
34	①	96	96	1	1	1	1
35	③	97	1	1	97	1	0
36	①	84	84	5	2	7	2

31

정답설명

⑤ 〈보기〉의 '어구를 검색해 원하는 정보에 더 쉽게 접근할 수 있다'를 통해 ⓤ의 결과가 [화면 3]에 표시되어 학생이 '버스 광고'를 쉽게 찾을 수 있다는 서술은 적절함을 알 수 있다. 그러나 [화면 3]에서는 버스 광고의 제작 기간에 대한 내용은 나오지 않으므로, 버스 광고의 제작 기간을 확인하는 데 도움을 주었다는 서술은 적절하지 않다.

오답설명
① 〈보기〉의 '다시 봐야 할 내용을 선택해 별도의 목록으로 만들거나'를 통해
㉠의 '즐겨찾기 목록'에 1, 3장이 포함된 것은 학생이 해당 장의 내용을
다시 볼 필요가 있다고 판단했기 때문임을 알 수 있다.
② 〈보기〉의 '전자책은 중요한 부분에 강조 표시를 할 수 있다'를 통해 ㉡의
'형광펜' 기능을 이용하여 학생이 중요하다고 판단한 부분에 강조 표시를
하였음을 알 수 있다.
③ 〈보기〉의 '책에서 모르는 단어가 나왔을 때, 사전을 찾아본 결과를 한 화면
에서 바로 확인할 수 있어서 내용을 빠르게 이해했어.'를 통해 '감안'에 대한
사전 찾기 결과가 [화면 2]에서 본문과 함께 제시되어 학생의 글 읽기에
도움을 주었다는 사실을 알 수 있다.
④ 〈보기〉의 '화면 배율을 조정해 글자 크기를 조절하니 읽기에 편했어.'를
통해 ㉣에서 [화면 3]의 글자 크기가 [화면 2]보다 커진 것은 학생의 읽기
편의성을 높여 주었음을 알 수 있다.

32
정답설명
② '메모 2'에서 정류장 광고와 버스 내·외부 광고 중 후자를 선택한 것은 맞지
만, (나)의 [화면 2]에 따르면 '버스 정류장 광고, 지하철역 광고, 버스 내·외
부 광고 등은 대중교통을 자주 이용하는 사람에게 반복적으로 노출되는
효과가 있다.'라고 하였다. 즉, 정류장 광고와 버스 내·외부 광고 모두 반복
노출 효과가 나타나므로, '반복 노출 효과의 유무라는 기준'을 고려한 것은
아니다.

오답설명
① '메모 1'에서 'OO구 고등학생들이 좋아할 공연 프로그램이 많이 준비되어
있음'을 부각할 내용으로 선정한 것은 (나)의 [화면 2]에 제시된 '목표 수용
자의 관심과 흥미에 대한 분석'이 선행되어야 함을 고려한 것이다.
③ '메모 2'에서 'OO구 고등학생들이 주로 이용하는 10번이나 12번 버스'라
는 특정 노선을 선택한 것은 (나)의 [화면 3]에서 제시된 영화 광고의 예처
럼 목표 수용자의 대중교통 이용 패턴을 고려한 것이다.
④ '메모 3'에서 '등·하교 시간'이라는 광고 게시 시간대를 설정할 수 있는
광고 형태를 제안하려는 것은 (나)의 [화면 3]에 제시된 '목표 수용자의 대
중교통 주 이용 시간대가 다른 시간대에 비해 광고 효과가 높기 때문'이라
는 기준을 고려한 것이다.
⑤ '메모 3'에서 '버스 외부의 옆면과 뒷면' 광고가 필요하다고 판단한 것은
(나)의 [화면 3]에 제시된 '버스를 이용하지 않는 사람들 역시 버스 외부
광고의 목표 수용자가 될 수 있다'는 버스 외부 광고의 장점을 고려한 것이
다.

33
정답설명
② ⓑ의 '보이는'은 '보다'의 피동사로, 대중교통 광고에 자주 등장하는 '게임
광고'를 강조하는 표현일 뿐, 젊은 층의 게임 광고 수용에 대한 자발적 의지
를 나타내는 것은 아니다.

오답설명
① ⓐ의 '등'은 '버스 정류장 광고, 지하철역 광고, 버스 내·외부 광고' 외에도
광고의 종류가 더 있음을 드러내어 대중교통을 이용한 광고의 종류가 여럿
임을 명시하기 위해 사용되었다.
③ ⓒ의 '다음으로'는 [화면 2]에 제시된 '목표 수용자의 관심과 흥미' 이외에
도 광고의 효과를 높이기 위해 분석해야 할 요소가 더 존재함을 드러내기
위해 사용되었다.
④ ⓓ의 '한편'은 어떤 일에 대하여, 앞에서 말한 측면과 다른 측면을 말할
때 쓰는 말로, 앞에서 말한 목표 수용자 분석과 관련된 내용과는 다른 버스
광고에 대한 내용으로 전환됨을 나타내기 위해 사용되었다.
⑤ ⓔ의 '그'는 앞에 나온 '버스 광고'를 그대로 반복하지 않고 대신하기 위해
사용되었다.

34
정답설명
① (가)는 교내 방송으로, "시간 관계상 하나만 읽어 드릴게요."에서 정보를
전달할 수 있는 시간의 제약을 고려하여 정보의 양을 조절하고 있음을 알
수 있다.

오답설명
② (나)는 휴대 전화 메신저로 나눈 대화로, 불특정 다수가 아닌 '상우', '민지',
'보미'라는 정해진 수용자에게 정보를 제공하고 있다.
③ (나)에서는 '지금 보미랑 과제 때문에 다른 대화방에서 얘기 중'과 '지혜를
위한 영상 제작 방'을 통해 대화 목적에 따라 또 다른 온라인 대화 공간을
설정하고 있다고 볼 수 있지만, (가)는 대화 목적에 따라 또 다른 온라인
대화 공간을 설정하고 있지 않다.
④ (가)에서는 음성 언어로 전달되는 교내 방송에서 '잔잔한 배경 음악'이라는
음향을 결합하여 정보를 생산하고 있지만, (나)에서는 음성 언어에 음향을
결합하여 정보를 생산하고 있지 않다.
⑤ (가)와 (나) 모두 정보 생산자가 정보 수용자의 반응에 따라 정보 제시 순서
를 바꾸고 있지 않다.

35
정답설명
③ ㉢에서 "지혜가 학교에 얽힌 추억을 기억할 수 있게"라는 '상우'의 이전
발화를 재진술하고 있는 것은 맞지만, 영상 제작에 대한 그의 의견에 이의
를 제기하고 있진 않다.

오답설명
① ㉠에서 새롭게 대화에 참여한 '보미'는 "민지한테 얘기 다 들었어."에서 공
유된 맥락을 기반으로 "상우야, 어떤 장면 찍을 거야?"라며 '상우'에게 질문
하고 있다.
② ㉡에서는 동의의 뜻을 시각적 이미지로 제시하여 앞서 나온 '상우'의 제안
을 수락하고 있다.
④ ㉣의 "대화 내용을 다시 보니까 장면 구상이나 각자 역할은 얘기했는데"에
서는 진행된 대화 내용을 점검하고 있으며, "촬영 날짜는 안 정했네."에서는

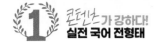
영상 촬영과 관련해서 추가적으로 논의할 내용을 언급하고 있다.

⑤ ⓜ에서는 촬영 날짜 선택과 관련하여 의견을 취합할 수 있는 기능인 '투표함'을 활용해 의사 결정에 참여해 줄 것을 요청하고 있다.

36

정답설명

① (나)의 "생각해 보니 교문에서 운동장까지 꽤 머니까~각각 찍고 편집해서 이어 붙이자."라는 상우의 말을 통해 영상 제작 계획의 '교문에서부터 운동장까지 끊지 않고 촬영'이 적절하지 않음을 알 수 있다.

오답설명

② (나)의 "네가 교문과 운동장에서 카메라를 보면서 지혜랑 얘기하듯이 말해."라는 상우의 말을 통해 적절함을 알 수 있다.

③ (나)의 "교실로 올라가서 지혜가 즐겨 보던 운동장을 찍자. 지혜가 5층에서 운동장 바라보는 걸 좋아했거든."이라는 상우의 말을 통해 적절함을 알 수 있다.

④ (가)의 "3학년 1반 이민지입니다.~〈다시 만날 우리들〉을 신청합니다."와 (나)의 "운동장에 ♡를 크게 그리고, 민지가 사연으로 신청했던 노래의 제목을 그 안에 적어 놓자. 그렇게 하면 우리 마음이 드러날 것 같아."라는 보미의 말을 통해 적절함을 알 수 있다.

⑤ (나)의 "영상 제목과 어울리게 '함께한 순간들 잊지 마.'라고 말할까?"라는 상우의 말과 "우리가 세 글자씩~자막은 내가 넣을게."라는 보미의 말을 통해 적절함을 알 수 있다.

문제분석 37~42번

번호	정답	정답률 (%)	선지별 선택비율(%)				
			①	②	③	④	⑤
37	②	90	2	90	1	3	4
38	①	89	89	3	3	3	2
39	③	92	1	5	92	1	1
40	⑤	97	0	1	1	1	97
41	④	96	1	1	2	96	0
42	③	94	2	1	94	2	1

37

정답설명

② (가)에서는 누리집의 특정 페이지에 제공된 정보가 충분한지에 대한 누리집 이용자들의 만족도를 확인하고 있을 뿐, 지역에 대한 만족도 표시 기능을 활용하여 지역 정책에 대한 주민들의 반응을 확인하고 있지 않다.

오답설명

① (가)의 담당자의 '기부금은~예정입니다.'에서 댓글 기능을 활용하여 누리집 이용자가 작성한 질문에 대한 정보를 제공하고 있다.

③ (가)의 '민원 서비스 메뉴'에서 '증명서 발급'과 '주요 행정 서식'을 제공하여 사람들의 편의를 도모하고 있다.

④ (가)의 누리집 상단에 '우리 곁에 살아 숨 쉬는 자연, ○○군'이라는 홍보 문구와 풍경 그림을 제시하여 지역이 부각하고자 하는 특징을 강조하고 있다.

⑤ (가)의 '○○군으로 놀러 오세요'에서 '두루미 생태 공원 동영상'과 '국화 축제 동영상'을 볼 수 있도록 하여 관광객을 유치하려고 노력하고 있다.

38

정답설명

① 단체를 나타내는 명사 뒤에 붙어 앞말이 주어임을 나타내는 격 조사 '에서'를 사용하여 포스터를 공모하는 주체가 '우리 군'이라는 단체임을 드러내고 있다.

오답설명

② 하십시오체 종결 어미 '-ㅂ니다'를 사용하여 높임의 뜻을 나타내고 있는 것은 맞다. 하지만 (가)를 접하는 일반 독자를 높이는 것이지, ○○군 기부에 동참한 기부자를 높이는 것은 아니다.

③ '제한함'은 동사 '제한하다'의 어간 '제한하-'에 명사형 어미 '-ㅁ'이 붙은 것이다. 다만 이는 홍보 포스터 공모의 대상을 제시하고 있는 것이지, 포스터에서 제외해야 할 내용 항목을 드러내는 것은 아니다.

④ '기부금을 내면'은 연결 어미 '-면'을 사용하여 혜택을 받을 수 있는 조건에 대해 설명하고 있는 것이지, 기부 대상 지역에서 제공하는 혜택 중 하나를 선택하는 조건을 제시하고 있는 것은 아니다.

⑤ '제공됩니다.'에서 피동 접사 '-되다'를 사용하였으나, 오히려 피동 표현이 쓰임으로써 혜택을 제공하는 주체가 명확히 드러나고 있지 않다.

39

정답설명

③ (나)에서 '수영'은 "직접 말로 설명하려면 회의가 길어지니까 첨부 파일 보내 줄게."라며 '종서'에게 회의 중에 참고할 수 있는 파일을 전송하였다.

오답설명

① '해윤'이 채팅 창에 링크를 올리며 채팅 기능을 활용하여 정보를 전달한 것은 맞다. 다만 누리집 주소 링크를 채팅 창에 올리는 것이 편해서 채팅 기능을 활용한 것일 뿐, 음성 언어 사용이 불가능한 상황이었기 때문은 아니다.

② '해윤'이 화면 공유 기능을 활용하여 참여자들과 의견을 나눈 것은 맞지만, 참여자들의 의견을 반영하며 그래픽 자료의 오류를 수정하지는 않았다.

④ '설아'는 "오늘 나연이는 참석 못 한대. 내가 회의를 녹화해서 나중에 보내 주려고 해."라며 회의를 녹화했을 뿐, '나연'에게 문자 메시지를 이용해 회의 내용을 실시간으로 전달하지는 않았다.

⑤ '설아'는 "해윤아, 소리가 너무 작아. 마이크 좀 확인해 줄래?"라며 다른 참여자의 소리가 작아 음량을 키워 달라고 요청했을 뿐, 특정 참여자에게 발언권을 부여하기 위해 해당 참여자의 음량을 조절하지는 않았다.

40

정답설명

⑤ '수영'은 "세액 공제는 두루미가 말을 전해 주듯 설명하면 되겠다."라고 말했지만, 포스터에는 두루미가 아닌 확성기 이미지에 말풍선 표시가 되어 있으므로 적절하지 않다.

오답설명

① "기부자가 부각되도록 기부자를 가운데에 두자."라는 '설아'의 의견을 반영하여, 포스터에 기부자를 중심에 배치했으므로 적절하다.

② "화살표를 곡선으로 해서 하트 모양으로 하면 기부자가 기부에 참여함으로써 사랑을 전할 수 있다는 걸 포스터에 드러낼 수 있을 거 같아."라는 '수영'의 의견이 포스터에 반영되어 있으므로 적절하다.

③ '종서'는 "우리 지역에 기부하게 하려면 답례품을 알려 줘야 할 거 같은데?", "인삼이 우리 지역 답례품이네. 이걸 그려 넣자."라고 했으며, 이를 반영하여 포스터에 답례품인 인삼을 그려 넣었으므로 적절하다.

④ "우리 지역은 철새 도래지로 유명하니까, OO군을 두루미 캐릭터로 나타내 보자."라는 '해윤'의 의견을 반영하여, 포스터에 OO군을 두루미 캐릭터로 표현하였으므로 적절하다.

41

정답설명

④ [화면1]의 ㉣은 '개설 목적'과 '규칙 2'를 고려하여 언론사에서 생산한 매체 자료에 쉽게 접근할 수 있도록 링크를 제시한 것으로, 사건 보도 기사를 작성하는 능력을 기르게 하기 위해 링크를 제시했다고 보기는 어렵다.

오답설명

① 〈보기〉에 제시된 '개설 목적'은 '매체통' 동아리원들이 다양한 매체 자료 비평 활동을 통해 매체 자료를 주체적으로 수용하는 능력과 태도를 기르는 것이다. [화면1]의 '㉠은 이러한 '개설 목적'에 맞추어 매체 자료를 비평하는 활동 내용, 주체적으로 성장하는 동아리의 성격, '□□고 동아리 매체통'이라는 카페 활동 주체를 제시하고 있다.

② [화면1]의 ㉡은 '매체 자료 비평을 위한 글만 작성하고 각 게시판의 성격에 맞게 올린다'는 '규칙 2'에 따라 '영상 매체 비평 글' 게시판과 '인쇄 매체 비평 글' 게시판으로 항목을 나누어 체계적으로 분류하고 있다.

③ [화면1]의 ㉢은 모든 동아리원에게 알리는 '공지'이다. 동아리 활동인 비평 활동에 대한 결과 제출 기한을 상단에 공지함으로써, '규칙 1'에 따라 활동 계획을 성실하게 이행하고 활동에 적극적으로 참여할 것을 상기할 수 있도록 하고 있다.

⑤ [화면1]의 ㉤은 '불필요한 갈등을 유발하지 않도록 무례한 표현을 사용하지 않는다'는 '규칙 3'에 따라 욕설과 비속어를 사용한 게시글이 삭제된 것이다.

42

정답설명

③ '민수'는 자신도 '재원'이 보았던 1인 미디어 방송을 봤는데, 다양한 정보가 많이 나와 좋았던 것과 별개로, 어떤 상품의 특정 상표를 언급하며 칭찬할

때 상업적인 의도가 보였다고 하였다. 또한 이러한 상업적인 의도에 현혹되지 않도록 조심해야 한다며 주의가 필요하다는 의견도 덧붙였다. 하지만 '재원'은 정보의 신뢰성을 지적했을 뿐, 상업적 의도에 대해 언급한 적이 없다.

오답설명

① '재원'은 여행 관련 1인 미디어 방송을 통해 어디서도 얻지 못했던 새로운 정보를 쉽게 제공 받았던 경험을 근거로, 1인 미디어 방송이 유용하다고 판단하였다.

② '혜원'은 1인 미디어 방송인이 건강에 좋다고 강조했던 특정 성분의 효과가 사실 입증된 것이 아니었던 경험을 통해, 1인 미디어 방송의 정보를 믿을 수 있는지에 대한 점검이 필요하다고 판단하였다.

④ '재원'은 밀림을 혼자 돌아다니거나 현지인들과 같이 생활하는 모습을 보여 준 1인 미디어 방송을 근거로, 1인 미디어 방송이 여러 가지 소재를 제공한다고 판단하고 있다. 그에 비해 '영진'은 '1인 미디어 방송들은 소재가 한정적이고 다 비슷비슷하'다고 판단하였다.

⑤ '지수'는 '독립운동가의 발자취 따라가기' 방송의 파급력을 예로 들면서 1인 미디어 방송이 인기를 끌면 사람들이 관심을 가지기 때문에 사회에 큰 변화를 가져올 것이라 주장하고 있다. 하지만 '영진'은 자신이 보는 1인 미디어 방송이 사회적으로 의미 있는 내용이라도 시청자 수가 늘지 않는 점을 언급하며, 1인 미디어 방송의 사회적 파급력이 제한적이고 사회에 미치는 영향력에 한계가 있다고 판단하였다.

문제분석   43-48번

번호	정답	정답률 (%)	선지별 선택비율(%)				
			①	②	③	④	⑤
43	②	86	2	86	2	8	2
44	①	78	78	1	2	19	0
45	⑤	63	10	3	10	14	63
46	⑤	85	1	1	3	10	85
47	③	96	1	1	96	1	1
48	①	85	85	4	2	4	5

43

정답설명

② 진행자는 방송을 시작하며 "지난주부터 등대 스탬프 여행을 소개하고 있습니다. 저번에는 그중 '재미있는 등대'라는 주제를 소개하셨는데요,"라며 지난 방송의 내용을 요약하여 전달하였으나, 이는 본방송의 처음 부분에서 언급한 것이므로 본방송을 중간부터 청취한 수용자를 고려한 정보 전달 방식으로 보기 어렵다.

오답설명

① "매주 수요일, 여행 정보를 제공하는 '여행과 함께'를 시작합니다."를 통해 수용자에게 일정한 주기(일주일)로 새로운 정보가 제공됨을 알 수 있으며,

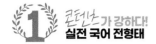

"지난주부터 등대 스탬프 여행을 소개하고 있습니다.~오늘은 '풍요의 등대' 입니다."를 통해 지난주 방송과 현재 진행되는 방송의 연관성(등대 스탬프 여행)을 제시하고 있음을 확인할 수 있다.

③ "잠시만요, 나머지 등대를 소개하기에는 시간이 부족할 것 같으니 2부에서 계속하고요, 남은 시간 동안 '풍요의 등대'의 완주 기념품에 대해 이야기해 볼까요?"에서 확인할 수 있다.

④ "라디오로만 들으시는 분들은 실제 모양이 궁금하시죠? 작고 예쁜 등대가 나무 상자 안에 있고, 오른쪽에 태엽을 감는 손잡이가 있습니다."에서 확인할 수 있다.

⑤ "많은 분들이 실시간 문자로 지난주에 안내했던 등대 스탬프 여행의 순서를 물으시네요. 예정된 건 아니지만 다시 안내해 주시겠어요?"와 "실시간 댓글로 6789 님께서 스탬프 여행의 주의 사항에 대해 궁금증이 있으시답니다. 함께 알아볼까요?"에서 확인할 수 있다.

44

정답설명

① 여행가가 "행복도 등대나 기쁨항 등대처럼 등대 주변에 스탬프가 없는 경우가 있으니 미리 확인하시는 것이 좋겠습니다."라고 말하자 진행자는 "스탬프가 등대 주변이 아닌 다른 곳에 위치한 경우도 있다는 거군요."라는 정보를 말하였다. '새달'은 방송 내용과 다르게 '행복도 등대'와 '기쁨항 등대'처럼 '스탬프를 찍을 수 없다'고 말하고 있으므로 잘못된 이해를 하고 있음을 알 수 있다. 이에 '알콩'은 등대 주변이 아닌 다른 곳에 스탬프가 위치하는 경우도 있다는 진행자의 발화를 언급하였고, '사슴'은 두 스탬프가 있는 정확한 위치를 '새달'에게 말해주고 있으므로 선지의 내용은 적절하다.

오답설명

② '사슴'은 '알콩 님 말씀과 같이 스탬프가 있긴 해요.'라며 '알콩'의 생각에 동조하고 있으나, '새달'과 '알콩'이 공통된 생각을 말하고 있지 않으므로 선지의 내용은 적절하지 않다.

③ '새달'이 방송 내용에 대한 아쉬움을 글에 담았다고 볼 수 있지만, 이러한 감정에 '알콩'과 '사슴'이 정서적인 공감을 형성하고 있다고 볼 수 없다.

④ 방송 내용에 대해서 '새달'과 '알콩'이 서로 다른 생각을 가진 것을 확인할 수 있으나, '사슴'은 '알콩'의 댓글에 내용을 추가하여 설명하고 있을 뿐 '새달'과 '알콩'의 생각을 절충하고 있지 않다.

⑤ 방송 내용에 대한 '새달'과 '알콩'의 긍정적 감정은 드러나지 않는다. 또한 이들이 '사슴'의 댓글로 인해 부정적 감정을 느끼고 있지도 않다.

45

정답설명

⑤ (나)의 ⓒ에서는 슬라이드의 내용을 포괄할 수 있는 제목을 넣어야 한다고 했지만, 발표 자료에 제시된 제목인 '△△ 등대-천사의 날개와 선박을 형상화한 등대'는 여행가의 발화인 "천사의 섬이라는 모티브를 살려 천사의 날개와 선박을 형상화한 △△ 등대"의 내용만을 반영하고 있다. 즉, 발표 자료에 제시된 제목은 특징, 주소, 스탬프 위치, 볼거리, 먹을거리, 재밌거리를 다룬 내용을 요약하고 있지 않다.

오답설명

① "우선 모바일 여권과 종이 여권 중 하나를 선택하셔서 참가 신청을 해야 하는데요.~사진을 다 모으시면 누리집에서 완주 인증을 하시는 거죠.", "앞에서 말씀드린 완주 인증은 날짜가 기록된 사진으로만 가능합니다.", "그런데 행복도 등대나 기쁨항 등대처럼 등대 주변에 스탬프가 없는 경우가 있으니 미리 확인하시는 것이 좋겠습니다."라는 여행가의 말이 발표 자료에서 슬라이드 하나로 구성되었음을 확인할 수 있다.

② "'풍요의 등대' 스탬프 여행의 순서 및 주의 사항"이라는 슬라이드에서 여행가가 제시한 여행 순서의 단계가 화살표로 구분되었음을 확인할 수 있다.

③ (나)에서 '시각적 이미지를 활용'한다는 내용에 따라 발표 자료의 슬라이드에 여행가가 소개한 여행의 순서와 관련된 여권과 등대, 스탬프 등을 그림 자료로 나타내었음을 확인할 수 있다.

④ 발표 자료에는 여행가가 언급한 '먹을거리'를 이외에도 여행자가 언급하지 않은 '먹을거리', '볼거리', '재밌거리'의 정보를 추가하였음을 확인할 수 있다.

46

정답설명

⑤ '말씀'을 사용하여 화자인 여행가 자신을 낮추고 방송을 듣는 불특정 다수의 청자를 높이고 있으므로 선지의 내용은 적절하지 않다.

오답설명

① "시작합니다."에 사용된 '-ㅂ니다'는 '현재 계속되는 동작이나 상태, 사실을 설명함을 나타내는 평서형 종결 어미'로 상대방을 높이는 격식체이다. 이를 통해 방송을 청취하고 있는 불특정 다수를 높이고 있으므로 적절하다.

② "모셨습니다."에서 '모시다'는 '데리다'의 높임말로 객체 높임의 특수 어휘이다. 이를 통해 문장의 객체인 여행가 '안○○'을 높이고 있으므로 적절하다.

③ 선어말 어미 '-시-'는 '어떤 동작이나 상태의 주체가 화자에게 사회적인 상위자로 인식될 때 이와 관련된 동작이나 상태와 결합하여 그것이 상위자와 관련됨을 나타내는 어미'이다. 이는 "선택하셔서"에서 '선택하다'라는 행위와 결합하여 여권을 선택하는 주체인 청자를 높이고 있으므로 적절하다.

④ '있으시다'는 소유나 존재의 뜻을 나타내는 '있다'의 높임 표현으로 주체와 관련된 신체 일부나 소유물, 생각 등의 대상을 통하여 주체를 간접적으로 높일 때 사용한다. "궁금증이 있으시답니다."에서 '있으시다'를 사용하여 궁금증을 가진 주체인 '6789 님'을 간접적으로 높이고 있으므로 적절하다.

47

정답설명

③ 기기 연결 방법에서 글자의 크기와 굵기를 다르게 표시한 것은 '설정-블루투스-기기 찾기'와 '○○ 체중계', '기록'이며, 이는 휴대 전화 앱에서 선택해야 하는 항목들에 해당한다. 앱에 기록할 정보에 해당하는 '성별, 키 등'은 글자의 크기와 굵기를 다르게 표시하지 않았으므로 선지의 내용은 적절하지 않다.

오답설명

① 기기 구성 정보에서 체중계의 그림을 활용하여 전원 버튼, 액정 화면 등의

구성 정보를 알려 주고 있으므로 선지의 내용은 적절하다.

② 기기 연결 방법에서 기기와 휴대 전화를 연결하는 방법을 조작 순서에 맞추어 1~6단계로 나누어 설명해 주고 있으므로 선지의 내용은 적절하다.

④ 기기 기능 안내에서 안내받을 수 있는 기능의 항목을 '몸무게 측정, 개인 데이터 분석, 자동 누적 기록, 기타 기능'으로 나열하여 배치했으므로 선지의 내용은 적절하다.

⑤ 사용 설명서의 버전 정보는 전자 문서 하단에 '한국어 버전 2.1(2022. 10. 수정)'로 수정 시점과 함께 제공했으므로 선지의 내용은 적절하다.

48

정답설명

① (나)의 시윤은 '4. 기타 안내에 두 번째~따라 하세요.'라며, (가)의 사용 설명서 내용 중 '4-2) 기기 연결 동영상 바로 가기' 정보를 선별하여 유통하고 있으므로 선지의 내용은 적절하다.

오답설명

② (나)의 할머니와 시윤은 체중계와 관련된 정보를 교환하고 있지만, 이를 (가)에 반영하여 수정하거나 수정 과정을 점검하고 있지는 않다.

③ 사용자가 필요한 정보를 질문하여 요청할 수 있는 것은 사용 설명서인 (가)가 아닌 누리 소통망 대화인 (나)이다.

④ (가)는 '4. 기타 안내'에서, (나)는 'https~'에서 하이퍼링크를 사용하고 있으므로, (가)와 (나) 모두 하이퍼링크를 통해 외부의 정보에 접근할 수 있음을 알 수 있다.

⑤ 시윤이 할머니의 '이거 단순한 체중계가~/exp001'를 불러와 답장을 한 것을 통해 (나)는 정보를 교류한 이력에서 사용자가 필요한 부분을 불러와 상대방에게 이전 내용을 환기하고 있음을 확인할 수 있다. 하지만 (가)에서는 이를 확인할 수 없으므로, (가)와 (나) 모두 가능하다는 선지의 내용은 적절하지 않다.

번호	정답	정답률 (%)	선지별 선택비율(%)				
			①	②	③	④	⑤
49	⑤	96	1	0	1	2	96
50	②	94	2	94	1	1	2
51	⑤	64	5	10	13	8	64
52	①	66	66	1	4	6	23
53	③	96	1	1	96	1	1
54	④	90	1	2	3	90	4

49

정답설명

⑤ 학생회장은 "학생회 내부 회의를 통해 사용 원칙을 마련했습니다.~금요일에 사용합니다."라며 학습실 사용에 대한 합리적 원칙을 마련했다는

내용을 설명하고 있다. 이러한 내용은 화면에 요약적으로 제시되어 자막으로 송출되고 있으나, 학생회장이 해당 화면을 설명하고 있지는 않다. 또한 수용자가 요구한 정보를 강조하고 있지도 않으므로 선지의 설명은 적절하지 않다.

오답설명

① "□□고 학생들, 안녕하세요?"에서 진행자가 방송의 시작에 학교명을 언급하며 소식을 들을 수용자를 밝히고 있으므로 선지의 설명은 적절하다.

② "현재 접속자 수가 253명인데요, 두 번째 방송보다 100명 더 입장했네요."에서 진행자가 접속자 수를 언급하며 두 번째 방송의 접속자 수 차이를 알려 주고 있으므로 선지의 설명은 적절하다.

③ 학생회장은 수용자가 올리는 실시간 대화 창을 보며 "동주 학생과 같은 경우가 많을 거예요.", "다예 학생, 감사합니다." 등 학생의 이름을 언급하며 수용자의 실시간 반응을 살펴보고 있다는 것을 보여 주고 있으므로 선지의 설명은 적절하다.

④ 학생회장은 "여러분도 이런 상황에 공감하시겠죠? 그래서 학생회가 나섰습니다."의 발화와 관련한 보충 자료로 설문 조사 결과를 정리한 표를 제시하며, 수용자에게 구체적인 정보를 전달하고 있으므로 선지의 설명은 적절하다.

50

정답설명

② [B]에서 다예는 학생회장의 직전 발화인 "지금 화면에 나오는 설문 조사 결과를 바탕으로 학생회 내부 회의를 통해 사용 원칙을 마련했습니다."를 듣고 '설문 조사에 근거해 원칙을 마련하려고 한 것을 보니까, 학생회가 마련한 원칙은 객관적이고 합리적일 것 같아.'라며 학생회의 결정이 타당할 것 같다고 판단하였다.

오답설명

① [A]에서 동주는 학교 학습실이 "자리가 많지 않고 특별한 원칙 없이 사용하다 보니 불편함이 많았"다는 학생회장의 발화에 '맞아. 자리 맡고 오느라 종례에 늦을 뻔한 적도 있었는데. 다른 학년하고 같이 쓰려니 눈치도 보였고.'라며 자신의 경험을 근거로 학생회장의 이야기가 사실에 부합한다고 판단하였다.

③ [B]에서 재호는 방송에서 제시한 설문 조사 자료를 보고 '다들 학년 구분은 필요하다고 생각하는데, 학년별로 선호하는 방법은 다른 게 신기해. 이유가 뭘까?'라며 학생회 설문 조사 결과와 관련된 궁금증을 드러내고 있다. 하지만 설문 조사 결과가 잘못되었다고 판단하지는 않았으므로 선지의 설명은 적절하지 않다.

④ [C]에서 현지는 학생회장의 직전 발화인 "학습실 사용은 학년별로 구분하되 3학년은 월·목, 2학년은 화·수, 1학년은 금요일에 사용합니다."를 듣고 '저는 1학년인데요, 금요일엔 일찍 집에 가고 싶은데, 금요일만 사용해야 하는 것은 좀 그래요.'라며 개인적인 이유를 근거로 학생회가 결정한 사용 원칙에 불만을 표하고 있다. 하지만 학생회장의 발언 내용의 논리적 오류를 점검하고 있지는 않았으므로 선지의 설명은 적절하지 않다.

⑤ [C]에서 연수는 '학생회장님, 열심히 하는 모습이 보기 좋은데요, 설문 결과만으로 끌어내기 어려운 원칙은 어떻게 마련했나요?'라며 학생회가 정한 사용 원칙 중 설문 결과만으로 도출하기 어려운 원칙의 근거가 무엇인지 묻고 있다. 하지만 학생회가 마련한 원칙의 실행 가능성을 점검하지는 않았으므로 선지의 설명은 적절하지 않다.

51
정답설명
⑤ (나)의 글쓴이는 댓글 창을 통해 '학습실 사용 원칙에 대해 의견 나눌' 것을 제안하고 있다. 하지만 학생회장이 안건이 통과되면 신청을 받겠다고 말한 것을 통해, 아직 학습실 사용자들이 선정되지 않았음을 알 수 있다.

오답설명
① (나)의 글쓴이는 방송에서 화면으로 제시한 설문 조사 결과의 일부 이미지를 게시물의 상단에 첨부하였다. 이후 "제가 캡처해 둔 화면을 보면 학생회가 '요일별 구분'을 선택한 이유가 의아한 친구도 있을 것 같아요."라며 학생회장이 '요일별 구분'을 원칙으로 정한 이유를 밝히지 않아 미흡했음을 언급하고 있으므로 선지의 설명은 적절하다.
② 학생회장은 방송에서 '학생회, 힘내세요!'라며 학생회를 응원하는 말에는 "다예 학생, 감사합니다."라며 호응을 해 주었지만, '학년별로 선호하는 방법은 다른 게 신기해. 이유가 뭘까?', '설문 결과만으로 끌어내기 어려운 원칙은 어떻게 마련했나요?' 등의 질문에는 답변을 하지 않는 모습을 보였다. 이와 관련하여 (나)의 글쓴이는 '학생회장이 어떤 친구의 말에 반응한 건 좋았지만, 다른 친구가 궁금해하는 내용에는 답을 하지 않은 건 아쉬웠어요.'라며 아쉬운 점을 밝혔으므로 선지의 설명은 적절하다.
③ '내부 회의의 과정과 내용이 방송에 나오지 않아 궁금해할 친구도 있을 거고요.'에서 내부 회의에 대한 정보가 충분하지 않았다는 점을 언급하고 있다. 또한 '내부 회의뿐 아니라 설문 조사를 통해 학년별로 사용할 요일을 정하면 더 좋지 않을까요?'라며 학년별 사용 요일 결정에 대해 학생들의 의견을 반영할 수 있는 방법을 제안하고 있으므로 선지의 설명은 적절하다.
④ 방송에서는 화면을 통해 카페 주소를 자막으로 제시하였으나 자막으로 제공된 주소는 바로 연결하기 어려우므로 학생회 공식 카페로 연결하는 하이퍼링크('학생회 공식 카페 가기')를 제공하였다. 또한 '🖱클릭 : 학생회에 전할 의견은 여기로'라는 문구를 하이퍼링크 옆에 제시해 학생들이 학생회 공식 카페에 의견을 전할 수 있도록 유도하였으므로 선지의 설명은 적절하다.

52
정답설명
① 부사 '직접'을 사용하여 학생회장이 학생들에게 '학습실 사용 원칙을 정하겠다는 공약'에 대해 전달할 것임을 나타내고 있다. 하지만 학생회장의 방송 출연 사실은 진행자가 전달하고 있으므로 선지의 설명은 적절하지 않다.

오답설명
② 학교 학습실이 인기가 많은 이유가 '개별 및 조별 학습이 가능하고 다양한 기자재를 쓸 수 있'기 때문임을 어미 '-어서'를 사용하여 밝히고 있으므로 선지의 설명은 적절하다.
③ 어미 '-겠-'은 추측을 나타내는 기능을 하기도 한다. 학생회장은 어미 '-겠-'을 사용해 학생들이 동주 학생과 같이 학습실 사용에 불편을 느끼는 상황이 많았을 것이기에 이에 공감할 것이라는 추측을 드러내고 있으므로 선지의 설명은 적절하다.
④ '부터'는 '어떤 일이나 상태 따위에 관련된 범위의 시작임을 나타내는 보조사'이므로 '부터'를 사용하여 학습실 사용 신청이 시작되는 시점이 언제인지를 드러내고 있다는 선지의 설명은 적절하다.
⑤ '-면'은 '일반적으로 분명한 사실을 어떤 일에 대한 조건으로 말할 때 쓰는 연결 어미'이다. "대의원회에서 안건이 통과되"는 것은 사용 원칙이 적용되기 전에 갖춰야 할 조건에 해당하며 이를 어미 '-면'을 사용해 언급하고 있으므로 선지의 설명은 적절하다.

53
정답설명
③ (가) O, (나) X / (가)에서는 ○○도서관 앱을 통해 '통합 검색', '대출 조회/연장', '대출 예약', '오디오 북' 등 도서관 이용과 관련한 여러 기능이 제공되고 있음을 알 수 있다. 하지만 (나)에서는 이러한 기능이 제공되고 있지 않으므로 선지의 내용은 적절하다.

오답설명
① (가) X, (나) O / (나)의 '조회 수 53'을 통해 게시물의 조회 수가 화면에 표시되는 것은 (가)가 아닌 (나)임을 알 수 있다.
② (가) X, (나) O / (나)의 '수정' 버튼을 통해 게시물을 수정할 수 있는 기능이 제공되는 것은 (가)가 아닌 (나)임을 알 수 있다.
④ (가) O, (나) X / (가)의 '추천 도서'에서 '상태 : 대출 가능'을, '신간 도서'에서 '상태 : 대출 중'을 확인할 수 있으므로 도서 대출 상태에 관한 정보가 표시되는 것은 (나)가 아닌 (가)임을 알 수 있다.
⑤ (가) O, (나) X / (가)의 '통합 검색'을 통해 도서를 검색할 수 있는 기능을 제공하는 것은 (나)가 아닌 (가)임을 알 수 있다.

54
정답설명
④ 학생은 '도서를 살펴보다가 관심 도서로 저장하는 기능도 앱에 추가되면 좋겠어요. 인터넷 서점 앱에 있는 기능인데 도서관 앱에서도 그 기능을 사용할 수 있으면 더 편리할 것 같아요.'라며 앱 이용자의 편의를 고려해 '관심 도서로 저장하는 기능(ㄹ)'을 앱에 추가해 줄 것을 요구하였다. 이때 '관심 도서 기능은 도서 이미지의 오른쪽 하단에 있는 ♡를 눌러 사용하실 수 있습니다.'라는 사서의 답변을 통해 학생이 요구한 기능은 이미 ○○도서관 앱에 탑재되어 있음을 알 수 있다. 따라서 학생이 ㄹ의 기능에 새로운 기능을 추가해 줄 것을 요구하고 있다는 선지의 내용은 적절하지 않다.

오답설명

① 학생은 '첫 화면에 휴관 안내 설명이 있긴 한데 휴관 날짜를 함께 안내해 주시면 좋겠어요.'라며 정보의 구체성을 고려해 '휴관 안내(㉠)'에 휴관 날짜를 함께 안내해 줄 것을 요청하고 있다.

② 사서는 '앱의 특성상 첫 화면이 너무 길어져 이용에 불편을 드릴' 수 있다는 점을 들어 '+더 보기'를 누르지 않고도 '공지 사항(㉡)'을 더 많이 볼 수 있게 해 달라는 학생의 요청을 수용하지 않고 있다.

③ 사서는 '추천 도서(㉢)'의 선정은 '국립중앙도서관이 운영하는 도서관 정보나루의 자료'를 토대로 함을 밝히며 추천 도서의 선정 방식에 대해 알려 주고 있다.

⑤ 사서는 '인기 도서'가 월별 통계인지, 연도별 통계인지 궁금해하는 학생의 질문에 "'인기 도서'는 기간을 한정하지 않고 누적 대출 건수를 기준으로 제시"됨을 설명해 주고 있다. 또한 '기간, 연령, 분야 중 하나를 선택하여 순위에 따라 배열된 도서 목록을 볼 수 있'는 기능에 대한 정보를 추가적으로 제공하고 있다.

문제분석 55-60번

번호	정답	정답률 (%)	선지별 선택비율(%)				
			①	②	③	④	⑤
55	②	76	11	76	8	3	2
56	①	92	92	1	1	3	3
57	⑤	94	1	2	2	1	94
58	③	93	1	3	93	1	2
59	③	85	1	2	85	7	5
60	⑤	55	7	3	4	31	55

55

정답설명

② '전문가'는 방송 내용에 대한 시청자의 이해를 돕기 위해 앞서 제시한 정보를 "많은 사람들이 오랜 시간 짜장면을 자연스럽게 사용해 왔고~복수 표준어로 인정되었다고 할 수 있습니다."라고 정리하여 전달하였다.

오답설명

① '전문가'가 아닌 '진행자'가 "오늘 방송은 공식 누리집에서 언제든 다시 시청하실 수 있습니다."라며 방송 내용을 방송 이후에 다시 시청할 수 있는 방법을 안내하였다. 또한 방송을 다시 볼 수 있는 것이지, 방송 내용과 관련된 정보를 방송 이후에 추가적으로 확인할 수 있는 방법을 안내한 것이 아니다.

③ '전문가'가 방송의 첫머리에 '진행자'와 문답을 이어 간 것은 맞지만, 이러한 방식으로 주요 용어의 개념을 설명하지는 않았다.

④ '진행자'는 방송 내용이 시청자에게 미칠 영향을 언급하지 않았으며, 방송 내용을 재확인할 때 주목해야 할 부분을 안내하지도 않았다.

⑤ '진행자'는 방송의 취지를 밝히지 않았으며, 방송에서 소개될 내용의 순서를 안내하지도 않았다.

56

정답설명

① 게시물을 수정할 수 있는 기능이 제공되고 있으나, 게시물 수정 이력을 확인할 수 있는 기능이 제공되고 있지는 않으므로 선지의 설명은 적절하지 않다.

오답설명

② 게시물 하단의 '좋아요' 탭을 통해 게시물에 반응할 수 있는 공감 표시 기능이 제공되고 있음을 알 수 있다.

③ 게시물 하단의 '누리 소통망 공유' 탭을 통해 게시물을 누리 소통망으로 가져갈 수 있는 기능이 제공되고 있음을 알 수 있다.

④ 누리집의 상단에 게시물을 작성하여 올릴 수 있는 범주가 '공지 사항', '활동 자료', '생각 나눔', '사진첩' 등 항목별로 설정되어 있음을 알 수 있다.

⑤ "'오늘, 상식' 10회 차 다시 보기 🔗 클릭"을 통해 게시물에는 다른 누리집에 있는 정보로 연결되는 하이퍼링크가 포함되어 있음을 알 수 있다.

57

정답설명

⑤ '방송에서 다룬 과거 신문 기사를 통해~알았어.'에서 '성호'가 과거의 신문 기사를 다룬 내용에 주목하고 있음을 알 수 있다. 하지만 '성호'는 신문에서 '짜장면'이 사용되었다는 것만으로 일상에서 널리 쓰였다고 일반화하는 것에 대해 의문을 제기하고 있을 뿐, 방송에서 다루는 정보가 최근의 상황을 반영하지 않았다고 판단하고 있지는 않다.

오답설명

① '짜장면이 복수 표준어가 된 이유에 대해 어문 규범을 가르치시는 교수님께서 설명해 주시니 믿음이 갔어요.'에서 확인할 수 있다.

② '짜장면이 복수 표준어가 된 이유에 대해~믿음이 갔어요.'와 '제가 본 이 내용이 동아리 부원들의 어문 규범 공부에도 도움이 될 것 같아서 링크를 걸어 둘게요.'에서 확인할 수 있다.

③ '발음 실태 조사에 대해~알았고.'와 '그런데 조사 기관이 언급되지 않아서 관련 자료를 찾아봐야겠어.'에서 확인할 수 있다.

④ '자장면만 표준어로 인정됐던 이유를 자세히 설명해 주었다면 좋았을 거라고 생각했어.'에서 확인할 수 있다.

58

정답설명

③ '못하다'는 '앞말이 뜻하는 행동에 대하여 그것이 이루어지지 않거나 그것을 이룰 능력이 없음을 나타내는 보조 용언'이다. ㉢에서는 보조 용언 '못하다'를 사용하여 어문 규범이 언어 현실을 반영하는 일이 충분히 이루어지지 않았음을 나타내고 있을 뿐, 지속될 수 없음을 나타내고 있지는 않으므로 선지의 설명은 적절하지 않다.

오답설명

① 관형사형 어미 '-ㄴ'은 사건이나 행위가 과거 또는 말하는 이가 상정한 기준

시점보다 과거에 일어남을 나타내는 기능을 하기도 한다. '진행자'는 "한때는 자장면만 표준어로 인정됐다는 사실을 알"고 있는지를 묻는 '전문가'의 발화와 관련하여 과거 "그런 내용을 본" 경험이 있음을 드러내고 있으므로 선지의 설명은 적절하다.

② 피동 접사 '-되다'를 사용하여 짜장면을 복수 표준어로 인정한 행위의 주체를 드러내지 않으면서, 복수 표준어로 인정된 행위의 대상인 짜장면에 초점을 두고 있으므로 선지의 설명은 적절하다.

④ '-ㄹ 수 있다'는 가능성의 의미를 지닌다. ㉣에서는 '-ㄹ 수 있다'를 사용하여 많은 사람들이 일상에서 자주 사용하다 보면 표준어가 아닌 말이 표준어가 될 가능성이 있음을 나타내고 있으므로 선지의 설명은 적절하다.

⑤ '-고 보다'를 사용하여 '진행자'가 짜장면이 표준어가 된 이유가 있었다는 특정 사실을 알게 된 것이 '전문가'가 한 말을 듣고 난 후임을 드러내고 있으므로 선지의 설명은 적절하다.

59

정답설명

③ '창규'는 '정호'가 말했던 내용이 복사되는 기능을 활용한 것이 아니라, '정호'의 대화 내용에 답장할 수 있는 기능을 활용하여 답을 하고 있으므로 선지의 내용은 적절하지 않다. 또한 '정호'는 질문한 것이 아니라 '학교생활 안내 앱' 도움말에 추가할 내용을 제시하고 있으며, '창규'는 '정호'의 의견에 잘못된 점이 있음을 지적하고 있는 것이므로, 상대방의 질문에 답하였다는 내용 역시 적절하지 않다.

오답설명

① '미희'는 "오!!!", "와!!!"라며 느낌표를 반복적으로 사용하여 자신의 감정 상태를 표현하고 있다.

② '진아'는 긍정적인 의미를 보여 주는 고양이 그림을 시각적 이미지로 활용하여, '가원'이 제시한 의견에 동의를 표현하고 있다.

④ '미희'는 스스로 "업데이트되면~이걸 어떻게 알려 줘야 하지?"라는 질문 후에 "난 단체 문자로 알려 주면 좋겠어."라고 답하는 방식을 활용하여, 변경된 알림 전송 시간대를 안내하는 방법에 대한 자신의 의견을 제시하고 있다.

⑤ '진아'는 [앱 업데이트에 반영된 사항]에 대해 줄을 바꾸는 방식으로 글을 입력하여, 변동 사항인 '요구 사항'과 '요구 사항 외 추가된 것'을 구분하여 안내하고 있다.

60

정답설명

⑤ "자료 찾는 게 빨라지겠네. 그럼 도움말에 이 내용도 넣자.", "'검색' 메뉴 도움말이 없었으니 추가해 줘."라는 '미희'와 '동주'의 대화를 반영하여, 수정한 화면에 '검색 메뉴'와 도움말이 새로 추가되었다. 하지만 **'검색 자료의 변화'에 따라 추가된 것이 아니라, 사용의 편의성을 위해 추가된 것**이다. 또한 '검색'의 도움말은 (가)에는 없던 것이므로 '검색'에 대한 도움말에 새로운 내용이 추가되었다는 설명도 적절하지 않다.

오답설명

① "'학습&활동 자료' 하위 항목에 자율 활동, 진로 활동이 새로 생기는 거지?", "응. 그것도 반영해야겠네."라는 '창규'와 '정호'의 대화를 반영하여, 수정한 화면에 '자율 활동, 진로 활동까지 여기에 모두.'가 추가되었다.

② "예약 가능한 곳을 궁금해 할 것 같아.", "'좋아.~예약 가능한 곳을 모두 알려주자."라는 '가원'과 '동주'의 대화를 반영하여, '컴퓨터실을 예약할 수 있어요.'가 예약 가능한 공간을 추가한 '도서관 자습실, 컴퓨터실, 모둠 활동실을 예약할 수 있어요.'로 수정되었다.

③ "근데 '공지 사항' 도움말 꼭 필요해?", "그 정도는 알려 주지 않아도 아니까 없애자."라는 '정호'과 '가원'의 대화를 반영하여, 수정한 화면에서 '공지 사항'에 대한 도움말은 삭제되었다.

④ "'게시판' 도움말은? 없애긴 좀 그런데.", "'게시판' 메뉴 조회 수를 보고 있는데~일단 놔두자."라는 '창규'와 '미희'의 대화를 반영하여, 수정한 화면의 '게시판'에 대한 도움말은 그대로 유지되었다.

문제분석 61-66번

번호	정답	정답률(%)	선지별 선택비율(%)				
			①	②	③	④	⑤
61	②	91	0	91	2	4	3
62	②	97	1	97	1	0	1
63	④	91	2	1	2	91	4
64	②	90	0	90	3	6	1
65	⑤	87	1	1	2	9	87
66	⑤	87	1	9	1	2	87

61

정답설명

② ㉠은 효과적으로 의미를 전달하기 위해 '독도 바다사자'와 관련된 이미지와 '멸종된 독도 바다사자 복원 움직임'이라는 문자를 사용하여 복합 양식의 특성을 드러내고 있다. 한편, ㉢은 효과적으로 의미를 전달하기 위해 지도 이미지와 전문가의 발화를 문자로 제시하여 복합 양식의 특성을 드러내고 있다.

오답설명

① ㉠ X, ㉢ O / ㉢은 보도의 현장감을 높이기 위해 기자가 취재 현장에서 보도하는 영상을 제시하고 있으나, ㉠은 뉴스 진행자의 화면만을 제시하고 있으므로 적절하지 않다.

③ ㉢ X, ㉣ O / ㉢은 인터뷰 대상에 대한 정보를 제시하고 있지 않으나, ㉣은 보도 내용에 대한 신뢰를 주기 위해 인터뷰 대상에 대한 정보를 '△△해양연구소 / 이○○ 연구원'으로 제시하고 있다.

④ ㉠ X, ㉢ X, ㉣ X / ㉠, ㉢, ㉣은 각각 '현재 미세 먼지 △△ 지역 보통', '현재 미세 먼지 ○○ 지역 보통', '현재 미세 먼지 ☆☆ 지역 나쁨'과 같이 일상생활에 도움이 되는 정보를 화면 상단에 제시하고 있지만, 해당 정보는 보도의 주요 화제를 전환하기 위해 제시한 것이 아니므로 적절하지 않다.

⑤ ㉠ X, ㉡ X, ㉢ X / ㉠, ㉡, ㉢ 모두 보도 내용에 대한 시청자의 이해를 돕기 위해 화면 하단에 자막을 제시하고 있다. 하지만 이는 추가적인 정보가 아니라, 보도에서 이미 다루고 있는 정보를 제시한 것이므로 적절하지 않다.

62

정답설명

② '행복이'는 "독도 바다를 누비던 독도 바다사자를 다시 볼 수만 있다면, 제대로 정착할 수 있도록 저희도 적극 협조해야지요."라는 '지역 어민 대표' 발화의 일부 내용에 주목하여 '적극 협조한다는 지역 어민 대표님의 말씀이 참 고맙네요.'라며 긍정적 반응을 보이고 있다. 하지만 자신이 이해한 정보가 맞는지 확인하고 있지는 않다.

오답설명

① '다랑이'는 "베링해 등에서 혈연적으로 가까운 개체군을 찾아서 들여오는 방식으로의 복원은 가능성이 있습니다."라는 '전문가' 발화의 일부 내용에 주목하여 '이것이 오히려 우리 생태계에 악영향을 줄 수 있지 않을까요?'라는 비판적 시각을 드러내고 있으므로 적절하다.

③ '강치맘'은 "독도 지역은 서식 환경의 적합성 면에서도 독도 바다사자의 복원에 유리합니다."라는 '관계자' 발화의 일부 내용에 주목하여 '지구 온난화로 해수 온도가 상승한다던데, 서식 환경의 적합성 면에서 독도 지역이 복원에 유리하다고 보기는 어려워요.'라며 '관계자'와는 다른 견해를 드러내고 있으므로 적절하다.

④ '보리보리'는 "일제 강점기 남획으로 인하여 개체 수가 급격히 줄다가 완전히 자취를 감추었고"라는 '기자' 발화의 일부 내용에 주목하여 '복원이 이루어진다면, 남획으로 사라지는 일이 없게 어로 금지 구역 설정 등의 보존 대책을 세웠으면 좋겠어요.'라는 자신의 의견을 제안하고 있으므로 적절하다.

⑤ '독도사랑'은 "최근 독도 옛 모습 찾기의 일환으로 이 바다사자를 되살리려는 움직임이 있어 지역 사회의 비상한 관심을 끌고 있습니다."라는 '진행자' 발화의 일부 내용에 주목하여 '진행자가 지역 사회의 비상한 관심을 끌고 있다고 말한 것이 확실한지 모르겠어요.'라며 그 내용이 실제 사실인지에 대한 의문을 제기하고 있으므로 적절하다.

63

정답설명

④ '-고'는 '두 가지 이상의 사실을 대등하게 벌여 놓는 연결 어미'이다. ⓓ에서는 독도 바다사자의 복원이 상대적으로 수월한 이유인 '인간과의 충돌 가능성이 크지 않'다는 점과 '독도 지역은 서식 환경'이 적합하다는 점을 연결 어미 '-고'를 사용하여 나열하고 있으므로 적절하다.

오답설명

① ⓐ에서 사용된 보조사 '는'은 '문장 속에서 어떤 대상이 화제임을 나타내는 보조사'로, '독도 바다사자'를 다른 지역의 바다사자와 비교하기 위해 사용되지 않았으므로 적절하지 않다.

② ⓑ에서 사용된 보조사 '만'은 '앞말이 나타내는 대상이나 내용 정도에 달함

을 나타내는 보조사'로, 이를 통해 1900년대 초까지는 독도 인근 해역이 독도 바다사자의 주요 서식지이자 번식지였음을 드러내고 있으므로 적절하지 않다.

③ ⓒ에서 사용된 연결 어미 '-다가'는 '어떤 일을 하는 과정이 다른 일이 이루어지는 원인이나 근거 따위가 됨을 나타내는 연결 어미'로, 이를 통해 개체 수의 감소 국면이 개체의 멸종의 원인이 됨을 나타내고 있으므로 적절하지 않다.

⑤ ⓔ에서 사용된 피동사 '전망되다'는 독도 바다사자 복원의 주체가 아니라, 전망의 주체를 숨기고 있으므로 적절하지 않다.

64

정답설명

② 행사와 관련된 정보를 전달하는 내용에서 상위와 하위 항목의 글자 크기와 굵기를 서로 다르게 제시하고 있지 않다. 즉, 행사 내용과 관련된 정보를 전달하는 글자 간에는 크기와 굵기의 차이가 없다.

오답설명

① 포스터 오른쪽 하단에 '독도 바다사자 알아보기(QR 코드)'를 제시하여 수용자가 독도 바다사자에 대한 정보를 확인할 수 있도록 하고 있으므로 적절하다.

③ '독도의 옛 모습을 찾기 위한 독도 바다사자 복원!!'의 홍보용 포스터 제목을 글 상자에 넣어 상단 중앙에 제시하여 캠페인의 목적을 분명히 드러내고 있으므로 적절하다.

④ 학생의 말풍선에 '독도의 옛 모습을 다시 찾을 때까지 우리 함께합시다.'라는 청유 형식의 문구를 제시하여 독도의 옛 모습을 찾기에 동참하자는 의미를 드러내고 있으므로 적절하다.

⑤ 독도를 배경으로 독도 바다사자가 헤엄치는 모습을 이미지로 제시하여 독도와 독도 바다사자가 함께하는 독도의 옛 모습을 떠올릴 수 있도록 하고 있으므로 적절하다.

65

정답설명

⑤ '서형'이 회의 참여자들에게 '슬라이드 자동 넘김'이 구현되는 모습을 보여 주기 위해 '영상 공유' 기능을 사용한 것은 맞다. 하지만 이는 해당 기능의 실현 가능성을 보여 주기 위한 것일 뿐, 해당 기능에 대한 회의 참여자들의 선호 정도를 확인하기 위한 것이 아니므로 적절하지 않다.

오답설명

① '나영'은 회의 참여가 불가능한 '수민'을 위해 "회의를 녹화해서 파일로 저장할게. 다들 동의하지?"라며 친구들에게 동의를 구한 후 '회의 녹화'를 시작했으므로 적절하다.

② '지현'은 친구들이 게시판에 쉽게 접속할 수 있도록 학생회 사회 관계망 서비스 게시판 주소인 'https://www.○○고.kr/○○고 학생회'를 전송하였으므로 적절하다.

③ '민진'은 게시판에 제출된 의견을 효율적으로 검토하기 위해 "많은 의견 중에 반영할 의견을 고르려면 소회의실을 만들어 진행해야 회의 시간을

줄일 수 있을 것 같은데 어때?"라며 '소회의실' 기능의 활용을 제안하였으므
로 적절하다.

④ '은준'은 '나영'에게 '귓속말' 기능을 활용하여 회의에 참석하지 못하는 '수
민'에 대한 안부를 확인하고 있으므로 적절하다.

66

정답설명

⑤ '은준'은 '쪽지 보내기' 기능에 대해 "발신자가 쪽지를 보내면 수신자 휴대
전화에 알림이 가게 해 달라는 요구도 있었으니 함께 반영하자."라는 의견
을 제시하였다. 따라서 ⓔ를 사용하면 수신자의 휴대 전화에 알림이 가기
때문에 쪽지를 보냈다는 것을 알리기 위해 수신자의 사회 관계망 서비스에
접속하지 않아도 된다.

오답설명

① "'학교 누리집 바로 가기'를 넣어 달라는 의견도 있던데, 페이지로 연결은
간단하니 이것도 반영하는 걸로 하자."라는 '서형'의 발화를 통해 ⓐ는 앱
이용 중 학교 누리집에 접속할 필요가 있을 때 이용할 수 있는 메뉴임을
알 수 있다.

② "'나의 방' 메뉴에 계정 주소 입력 공간을 만들고 입력하게 하는 건 어때?"라
는 '은준'의 제안에 '윤하'가 "'친구 찾기' 메뉴도 만들어서 친구를 검색하면,
입력된 친구 계정에 클릭 한 번으로 바로 이동할 수 있도록 '사회 관계망
서비스 바로 가기'를 추가하자."라는 의견을 제시하고 있다. 따라서 앱 사용
자는 '친구 찾기'에서 친구가 ⓑ에 입력해 둔 계정 주소를 통해 친구 계정으
로 바로 이동할 수 있음을 알 수 있다.

③ "우리 모둠에서는 본인이 쓴, 간직하고 싶은 글을 저장할 수 있는 공간이
있으면 좋겠다는 의견이 있었어. '나의 서재' 같은 메뉴를 추가하면 구현할
수 있을 것 같아."라는 '지현'의 발화를 통해 학교생활 중에 썼던 글을 ⓒ에
올려 두면, 저장한 글을 보고 싶을 때 다시 열어 보는 것이 가능함을 알
수 있다.

④ '민진'은 시간 순서에 따라 자동으로 사진을 볼 수 있는 '슬라이드 자동
넘김' 기능에 대해 "'행사 사진' 메뉴에 적용하면 어울릴 것 같아."라며 해당
기능을 '행사 사진' 메뉴에 적용하자고 제안하고 있다. 이를 통해 ⓓ를 이용
하면 시간 순서에 따라 행사 사진들을 다시 보는 것이 가능함을 알 수 있다.

문제분석 67~72번

번호	정답	정답률(%)	선지별 선택비율(%)				
			①	②	③	④	⑤
67	①	98	98	0	1	1	0
68	③	97	1	0	97	1	1
69	②	96	0	96	1	1	2
70	④	98	1	0	0	98	1
71	④	94	1	3	1	94	1
72	②	97	1	97	1	1	0

67

정답설명

① ㉠에서 '희경'은 "오늘 회의는 '따끈따끈 소식' 기사 내용 선정, '사람을 만나
다' 면담 대상자 및 기사 내용 선정, '학생회 소식' 기사 내용 선정 순으로
진행할게."라며 회의할 내용을 차례대로 제시하여 대화 참여자에게 회의와
관련된 정보를 제공하고 있다.

오답설명

② ㉡에서 '한빛'은 "경쟁률이 높아서 신청서를 잘 작성해야 되니 선정된 학생
들의 작성 비결을 다루면 좋겠어."라며 '승민'이 제안한 내용과 관련한 자신
의 의견을 밝히고 있을 뿐, '승민'의 발화 일부를 재진술하여 자신이 이해한
내용이 맞는지 확인하지는 않았다.

③ ㉢에서 '민하'가 'https://gutds.com/yJdShG'의 영상 링크를 전송한 것은
맞다. 하지만 노래 대회에서 우승한 자신의 반 친구를 면담 대상자로 선정
하자는 '재환'의 의견을 수용하여 '대회 공식 영상 링크'를 제시한 것일 뿐,
이에 반대하는 근거를 제시한 것이 아니다.

④ ㉣에서 '희경'은 "이제 한 명만 남았네?? 누구에 대해 다루는 게 좋을까???"
라며 물음표를 반복적으로 사용하고 있다. 하지만 이는 '사람을 만나다'의
추가적인 면담 대상자를 선정하는 것에 대한 의문을 강하게 표현한 것일
뿐, '한빛'의 의견에 대해 자신의 의문을 강하게 표현한 것이 아니다.

⑤ ㉤에서 '윤찬'은 '1학기 도서 대출 현황.pdf'라는 파일을 전송했다. 그러나
"학생들이 1학기에 많이 빌린 책 목록을 받아 놓은 게 있어. 찾아서 올려
줄게."라는 '윤찬'의 발화를 통해 해당 자료는 '희경'이 '윤찬'에게 요청한
자료가 아님을 알 수 있다.

68

정답설명

③ 뉴스레터 구독자는 '전문 보기'를 통해 이번 호 기사 내용의 전문을 확인할
수 있는 것이지, 이전 호 뉴스레터를 볼 수 있는 것은 아니다.

오답설명

① '본 뉴스레터는 학생회 누리집에서 뉴스레터 구독을 신청했기에 발송되었
습니다.'에서 뉴스레터는 학생회 누리집을 통해 수신에 동의한 구독자에게
발송됨을 알 수 있다.

② "매월 첫 번째 월요일마다 발송되는, '우리끼리 소곤소곤'이 도착했습니다."
에서 뉴스레터는 구독자에게 매월 첫 번째 월요일에 정기적으로 발송됨을
알 수 있다.

④ "기사의 내용 오류, 궁금한 점이나 제보할 내용이 있으면 '제보하기'를 클릭
해서 의견을 보내 주세요."에서 뉴스 구독자는 '제보하기'를 통해 기사에
대한 의견을 보낼 수 있음을 알 수 있다.

⑤ '☞ 이번 호는 만족했어요.', '☞ 이번 호는 불만족했어요.'에서 뉴스레터 구
독자는 이번 호 뉴스레터에 대한 만족 여부를 표현할 수 있음을 알 수 있다.

69

정답설명

② "난 학교 도서관에 가면 책 고르기가~그 순위도 궁금해할 거 같지 않아?",

"그건 책을 고르는 것에는 도움이 안 될 것 같아. 그냥 대출 순위만 알려 주자. 학생들이 1학기에 많이 빌린 책 목록을 받아 놓은 게 있어. 찾아서 올려 줄게."에서 '정희'와 '윤찬'은 구독자에게 미칠 영향에 대한 대화를 하고 있다. 이는 (나)의 '따끈따끈 소식'에서 책을 고르는 데 도움이 될 수 있는 1학기 인기 도서 순위에 대한 기사 내용으로 제시되었다. 하지만 이 대화에서 도서 대출을 많이 한 학급 순위는 책을 고르는 데 도움이 되지 않을 것 같다며 기사에 싣지 않기로 하였으며, (나)에서도 도서 대출을 많이 한 학급 순위에 관한 내용은 다루고 있지 않으므로 선지의 설명은 적절하지 않다.

오답설명

① **구독하는 학생들에게 관심이 높은 운동장 야영을 다루면 어때? 2학기는 8월에 신청하는데, 1학기에도 경쟁률이 정말 높았어.**", "좋아! 경쟁률이 높아서 신청서를 잘 작성해야 되니 선정된 학생들의 작성 비결을 다루면 좋겠어."라는 구독자 관심사에 대한 '승민'과 '한빛'의 대화를 반영하여, '따끈따끈 소식'에 운동장 야영 신청서 작성 비결과 관련된 내용이 포함되었다.

③ "우리 반에 노래 대회에서 우승한 친구가 있는데 구독하는 학생들도 궁금해하니 그 친구는 어때? 학생들에게 인기라 요즘 이야기를 많이 해.", "맞아. 유〇〇을 말하는구나. 면담 대상으로 좋은 듯해. 대회에서 부른 노래, 대회 참가 소감을 다루면 좋겠네. 내가 대회 공식 영상 링크를 올려 줄게."라는 면담 대상자의 화제성에 대한 '재환'과 '민하'의 대화를 반영하여, '사람을 만나다'에 노래 대회 참여 경험과 관련된 내용이 포함되었다.

④ "이번 호에는 박□□ 선생님에 대해 기사를 쓰는 게 어떨까? 8월 말에 정년 퇴임을 하셔서 9월부터는 학교에서 뵐 수 없으니 학교에 계실 때 뵙고 이야기를 나누자.", "좋은 생각이야. 이제 교단을 떠나시니 교사로서의 삶을 다루면 좋을 것 같아. 어때?"라는 면담 시기의 시의성(당시의 상황이나 사정과 딱 들어맞는 성질)에 대한 '범석'과 '수민'의 대화를 반영하여, '사람을 만나다'에 정년 퇴임을 앞둔 선생님과 관련된 내용이 포함되었다.

⑤ "8월의 학생회 행사는 '학습 도우미' 프로그램뿐이야. 23일에 하는데, 1학기에 어떤 프로그램인지 몰라서 신청을 못한 학생들이 많았대. 프로그램을 안내하는 기사를 쓰면 어때?", "프로그램 일정 및 내용을 안내해 주면 참가하려는 학생들에게 도움이 될 거야. 그 내용으로 기사를 쓰자."라는 기사 내용의 유용성에 대한 '혜정'과 '지호'의 대화를 반영하여, '학생회 소식'에 학습 도우미 프로그램의 활동 내용과 관련된 내용이 포함되었다.

70

정답설명

④ '준호'는 '스마트폰을 적절히 사용하기 위한 실천 방안'의 내용인 '요리 공부 시간 늘리기', '요리 연습 영상 일지 올리기', '요리로 소통 넓히기'를 가운데 정렬 방식으로 제시하여 글의 정렬 방식에 변화를 주고 있다. 하지만 이는 스마트폰 사용 시 시간대별 유의 상황을 부각하는 것이 아니라, 진로를 위한 스마트폰 실천 방안을 부각하는 것이므로 선지의 설명은 적절하지 않다.

오답설명

① '준호'는 《스마트폰 사용 현황 및 분석》, 《스마트폰을 적절히 사용하기 위한 실천 방안》에서 소제목을 활용하여 스마트폰 사용과 관련된 내용을 구분하여 제시하고 있다.

② '준호'는 일주일간 스마트폰 사용량을 보여 주기 위한 막대그래프를 자료로 활용하여 스마트폰 사용 시간에 대한 정보를 제시하고 있다.

③ '준호'는 '지난주 일일 평균 사용 시간은 **3시간** 정도였어요.'에서 글자 크기와 굵기를 달리하여 하루 평균 스마트폰 사용 시간을 제시하고 있다.

⑤ '준호'는 '스마트폰 사용 시간 자료'에서 화살 모양의 표지(↗, ↘)를 사용하여 스마트폰 사용 현황 중 토요일과 일요일에 해당하는 정보에 주목하도록 표시하고 있다.

71

정답설명

④ '꿈자람'은 '준호'가 언급한 스마트폰 사용 습관 개선 방향에 대한 내용을 바탕으로, 스마트폰을 '진로와 취미에 적절히 사용'할 것임을 밝히고 있다. 일지 작성, 전자책 읽기로 스마트폰 활용 계획을 다양하게 언급하고 있으므로, '꿈자람'이 자신의 진로를 고려하여 스마트폰 사용 용도를 일원화해야 할 필요성을 드러낸 것으로 볼 수 없다.

오답설명

① '친하리'는 '준호'가 언급한 스마트폰 사용 시간에 대한 내용을 바탕으로, '평일엔 공부 관련 내용을 많이 찾아보는데, 주말엔 봉사 활동을 해서 스마트폰을 쓸 틈이 없었어요.'라며 자신이 평일보다 주말에 스마트폰 사용 시간이 적은 이유를 드러내었다.

② '역사랑'은 '준호'가 언급한 영상 시청 분야에 대한 내용을 바탕으로, '역사에 대해 더 알고 싶어서 이제부터 역사에 대한 영상도 볼 거예요.'라며 자신의 관심 분야에 대한 내용을 다룬 영상을 추가적으로 시청하고자 하는 의지를 드러내었다.

③ '역사랑'은 '준호'가 언급한 누리 소통망 활용 목적에 대한 내용을 바탕으로, '누리 소통망은 준호 님과 비슷한 방식으로 역사 공부를 좋아하는 사람들과 역사 이야기를 함께 나누면서 정보를 공유해 볼 생각이에요.'라며 누리 소통망으로 자신이 소통하고자 하는 대상과 화제를 드러내었다.

⑤ '꿈자람'은 '준호'가 언급한 일지 작성의 효용에 대한 내용을 바탕으로, '전사진작가가 되기 위해 스마트폰으로 일지를 작성해 올릴 거예요. 상황에 따라 촬영 방법을 잘 선택하고 있는지 분석해서 쓰면 사진 찍는 기술이 향상되는지를 알 수 있을 거예요.'라며 자신의 진로와 관련하여 일지를 효과적으로 활용하려는 계획을 드러내었다.

72

정답설명

② '주로'는 '기본으로 삼거나 특별히 중심이 되게'라는 의미의 부사이다. ⓒ을 통해 스마트폰 사용 시간 가운데 영상 시청과 게임이 중심이 됨을 표현하고 있으므로 적절하다.

오답설명

① '및'은 "'그리고', '그 밖에', '또'의 뜻으로, 문장에서 같은 종류의 성분을 연결할 때 쓰는 말"이라는 의미의 부사이다. ⓐ은 스마트폰을 많이 사용하는 날이 토요일과 일요일임을 표현하기 위해 사용한 것이므로 선지의 설명은 적절하지 않다.

③ '최근'은 '얼마 되지 않은 지난간 날부터 현재 또는 바로 직전까지의 기간'이라는 의미의 명사이다. ⓒ은 요리사로 진로를 정하고 영상을 보기 시작한 것이 근래의 일임을 표현하기 위해 사용한 것이므로 선지의 설명은 적절하지 않다.

④ '게다가'는 '그러한 데다가'라는 의미의 부사이다. ㉣은 스마트폰의 주말 사용 시간이 많은 이유가 앞서 설명한 영상 시청과 더불어 게임을 몰아서 하기 때문임을 설명하기 위해 사용한 것이므로 선지의 설명은 적절하지 않다.

⑤ '편'은 '대체로 어떤 부류에 속함을 나타내는 말'이라는 의미의 의존 명사이다. ㉤은 자신이 전체 스마트폰 사용 시간에서 누리 소통망 사용 시간이 적은 부류에 속함을 드러내기 위해 사용한 것이므로 선지의 설명은 적절하지 않다.

문제분석   73-78번

번호	정답	정답률 (%)	선지별 선택비율(%)				
			①	②	③	④	⑤
73	④	95	1	1	1	95	2
74	③	96	1	1	96	1	1
75	⑤	88	2	8	1	1	88
76	②	89	2	89	4	3	2
77	①	69	69	3	17	2	9
78	③	88	2	4	88	3	3

73

정답설명

④ ㉣의 화면에는 실시간 방송 화면과 '플러그와 콘센트' 유형을 보여 주는 이미지가 분할되어 제시되었다. 이때 실시간 방송의 출연자들을 함께 나타내는 것이 아니라, 실시간 방송의 한 출연자만이 나타나도록 화면이 분할되었으므로 선지의 설명은 적절하지 않다.

오답설명

① ㉠을 통해 실시간 방송이 이뤄지고 있는 '푸근의 지식 창고'라는 채널 이름이 화면의 좌측 상단에 제시되었음을 확인할 수 있다.

② ㉡을 통해 실시간 방송에서 다룰 내용인 "'플러그와 콘센트'에 관한 이야기"를 드러내는 자막이 제시되었음을 확인할 수 있다.

③ ㉢을 통해 실시간 방송 화면에 실시간 대화창이 보이도록 제시되었음을 확인할 수 있다.

⑤ ㉤을 통해 시청자가 실시간 방송 내용과 관련하여 남긴 질문에 대해 답을 찾아볼 수 있도록 실시간 대화창에 'https://k34imj1.co.kr/1fjg'의 링크가 제시되었음을 확인할 수 있다.

74

정답설명

③ [B]에서 '풍경'이 '국제 표준 규격을 정하는 게 생산 효율을 높이는 데 도움이 된다고 알고 있어요.'라며 국제 표준 규격 제정의 효과를 언급한 것은 맞다. 하지만 "'플러그와 콘센트'의 국제 표준 규격을 정하기 위한 움직임이 있었나요?"는 국제 표준 규격을 정하기 위한 노력이 있었는지에 대한 답변을 요청한 것이지, 국제 표준 규격을 제정하는 것이 가능한가에 대한 답변을 요청한 것이 아니다.

오답설명

① [A]에서 '가을비'는 '전 해외여행을 자주 가는데,'라며 자신의 여행 경험을 언급하고 있다. 이어서 '갈 때마다 그 나라 콘센트에 맞는 충전기 어댑터를 챙겨야 해서 번거로워요.'라며 '플러그와 콘센트' 규격의 차이로 인해 발생하는 불편함을 드러내고 있으므로 선지의 설명은 적절하다.

② [B]에서 '아침'은 "'플러그와 콘센트'도 국제 표준 규격이 있는 걸로 알고 있는데,"라며 '플러그와 콘센트' 규격에 대한 배경지식을 언급하고 있다. 이어서 "'플러그와 콘센트' 규격이 나라별로 차이가 있기도 하네요. 왜 그렇죠?"라며 '플러그와 콘센트'의 규격이 국가에 따라 다르기도 한 이유에 대해 질문하고 있으므로 선지의 설명은 적절하다.

④ [C]에서 '눈썹달'은 '220V로 전압을 높이면 전력 공급 효율이 높아진다고 하셨는데,'라며 220V로 승압하는 것의 장점을 언급하고 있다. 이어서 '그럼 일본은 왜 220V로 안 바꾼 거죠?'라며 일본이 220V로 바꾸지 않은 이유에 대한 설명을 요청하고 있으므로 선지의 설명은 적절하다.

⑤ [C]에서 '해맑음'은 '1991년쯤, 저희 집 콘센트를 220V용으로 바꾼 기억이 나요.'라며 승압 사업에 따른 경험을 언급하고 있다. 이어서 '그럼 A형에서 C형이나 F형으로 바뀐 거죠?'라며 승압으로 인해 바뀐 '플러그와 콘센트' 유형에 대해 자신이 이해한 내용이 맞는지 확인을 요청하고 있으므로 선지의 설명은 적절하다.

75

정답설명

⑤ 첨부 파일 'A열 용지 국제 표준 규격 자료.pdf'는 규격이 국제 표준으로 정해지지 않은 사례에 대한 궁금증을 해소하기 위해 제시한 것이 아니라, 국제 표준 규격이 널리 사용되는 사례에 대한 궁금증을 해소하기 위해 탐색한 자료를 제시한 것이다.

오답설명

① A열 용지의 국제 표준 규격에 관한 내용을 '1. A열 용지의 비율', '2. A열 용지의 국제 표준 규격 제정과 그 이유'라는 소제목을 붙여 항목별로 제시하고 있다.

② '플러그와 콘센트'에 관한 '다시 보기' 영상의 출처를 '푸근의 지식 창고'와 같이 글자를 기울여서 제시하고 있다.

③ A열 용지 비율에 대한 이해를 돕기 위해 A0부터 A4까지의 용지 규격을 보여 주는 〈A열 용지 국제 표준 규격〉의 이미지를 제시하고 있다.

④ '('플러그와 콘센트' 규격의 차이에 대한 내용은 해당 채널에 있는 '다시 보기' 영상 56화의 '1분 5초'부터 확인할 수 있어요.)'에서 '플러그와 콘센

트' 규격의 차이와 관련된 내용을 영상에서 찾을 수 있도록 해당 내용이 시작되는 지점을 제시하고 있다.

76

정답설명

② ⓑ의 '-다 보니'는 앞말이 뜻하는 행동을 하는 과정에서 뒷말이 뜻하는 상태로 됨을 나타내는 보조 용언 '-다 보다'의 구성에 앞말의 원인이나 근거, 전제 따위가 됨을 나타내는 연결 어미 '-니'가 결합된 말이다. 이를 통해 '플러그와 콘센트' 모양의 다양화를 초래한 원인이 "나라마다 시스템을 독자적으로 구축"했기 때문임을 나타내고 있으므로 선지의 설명은 적절하다.

오답설명

① ⓐ의 '-다가'는 어떤 동작이 진행되는 중에 다른 동작이 나타남을 나타내는 연결 어미이다. 하지만 일본에서 어려움을 겪게 된 조건은 "현지 콘센트에 맞는 충전기 어댑터를 챙기지 않"은 것이므로 선지의 설명은 적절하지 않다.

③ ⓒ의 '밖에 없다'는 '그것 말고는', '그것 이외에는'의 뜻을 나타내는 보조사 '밖에'와 부정을 나타내는 형용사 '없다'가 연속된 말이다. 해당 발화에서 승압 사업에 대한 각국의 부담이 큼을 드러낸 것은 맞지만, 이중 부정이 쓰이지 않았으므로 선지의 설명은 적절하지 않다.

④ ⓓ의 '-네'는 지금 깨달은 일을 서술하는 데 쓰이는 종결 어미이다. 이를 사용하여 승압 사업에 시간과 비용이 많이 들었다는 사실을 처음 알게 되었다는 것을 서술하고 있으므로 선지의 설명은 적절하지 않다.

⑤ ⓔ의 '-어 두겠다'는 앞말이 뜻하는 행동을 끝내고 그 결과를 유지함을 나타내는 보조 용언 구성인 '-어 두다'에 주체의 의지를 나타내는 선어말 어미 '-겠-'이 결합된 말이다. 즉 영상을 채널에 올리고, 올려놓은 결과를 유지하겠다는 주체의 의지가 담긴 표현이므로 선지의 설명은 적절하지 않다. 참고로 '-겠-'은 '그런 것은 삼척동자도 알겠다.', '이걸 어떻게 혼자 다 하겠니?' 와 같이 가능성이나 능력을 나타내는 경우에도 쓰인다.

77

정답설명

① (가)의 '참별빛제 일정 안내'에서 각 행사의 진행 일정을 순서도를 통해 보여 주고 있을 뿐, 각 행사별 진행 절차에 대해 제시하지는 않았으므로 선지의 설명은 적절하지 않다.

오답설명

② (가)의 '유의 사항 안내'에서 안전을 위한 행사별 유의 사항을 표를 통해 제시하고 있다.

③ (가)의 'QR 코드를 찍으면 부스별 활동 소개 영상을 볼 수 있어요!'에서 동아리 부스별 활동 내용을 확인할 수 있도록 QR 코드를 제시하고 있다.

④ (가)의 '행사별 장소 안내'에서 각 행사를 진행하는 장소를 손가락으로 지시하는 모양의 기호(☞)를 활용하여 알려 주고 있다.

⑤ (가)의 '동아리 부스 행사 안내'에서 동아리 부스 행사에 참여하는 동아리를 '보고서 발표', '작품 전시', '체육 이벤트'로 그 활동 유형에 따라 구분하여 제시하고 있다.

78

정답설명

③ '토론 한마당'에는 "진출한 팀을 알려 주면 관전을 고민하는 애들한테도 도움이 될 것"이라는 '승윤'과 "관전하러 온 애들이 많으면~본선 대진표를 올려 두자."라는 '혜린'의 대화를 반영하여 본선에서 겨루는 팀을 확인할 수 있는 대진표를 제시하였다. 하지만 이는 본선 진출 팀의 요청 사항을 반영한 것은 아니므로 선지의 설명은 적절하지 않다.

오답설명

① "음식 이미지를 보여 주면 선택할 때 도움이 될 것 같다"는 '종우'와 "음식 설명까지 해 주면 어떤 음식인지 더 잘 알 수 있을 거"라는 '혜린'의 대화에서 음식 정보 제공의 유용성을 언급하고 있다. 이 대화를 반영하여 '세계 음식 체험'에 음식 이미지와 설명을 제시하고 있으므로 선지의 설명은 적절하다.

② "조리법 파일을 올려서 애들이 미리 볼 수 있게 하자."라는 '승윤'과 "작년에 체험에 참여했었는데 음식 만들기 직전에 조리법을 받았더니 이해할 시간이 부족했"던 경험을 언급하면서 "게시판에 올려 주는 게 좋을 것 같"다는 '나경'의 대화에서 조리법 정보 제공 시기를 언급하고 있다. 이 대화를 반영하여 '세계 음식 체험'에 조리법을 확인할 수 있는 파일을 올려 두고 있으므로 선지의 설명은 적절하다.

④ "우승 팀 예상 투표를 진행하"면 "토론을 많이 보러 올 거 같다"는 '나경'과 "자기가 투표한 팀이 우승하는지 보러 많이 올 듯"하는 '근수'의 대화에서 본선 관전 유도 방안이 언급되고 있다. 이 대화를 반영하여 '토론 한마당'에 예상 우승 팀에 투표할 수 있는 기능을 구현하였으므로 선지의 설명은 적절하다.

⑤ "어떤 공연을 준비하는지 팀별 연습 영상을 올리면 애들이 좋아할 거 같아." 라는 '근수'와 "팀 소개 영상도 편집해서 올리면 공연에 대한 기대감이 더 높아질 거"라는 '종우'의 대화에서 영상 제공 효과를 언급하고 있다. 이 대화를 반영하여 '댄스 공연'에 팀별 소개 영상 및 연습 영상 모음을 올려 두었으므로 선지의 설명은 적절하다.

프리미엄 국어 콘텐츠

역대급 투자를 통한 질적 차이를 경험하라!

2025

프리미엄 문제집 N제 시리즈 전격 출시

2020

나기출급 EBS 분석서 나BS 출시

2019

3년 연속 대성마이맥 파이널 교재 완판

2017

전형태 모의고사 교보문고 BEST 3

2014

과외식 기출분석서 나기출 출시

콘텐츠가 강하다!
실전 국어 전형태

국어강사 전형태

메가스터디 강사

동국대 국어교육과

53700

9 791193 609149

ISBN 979-11-93609-14-9

정가 17,900원 (SET/전 2권)